제4판

회사법

Company Law

오성근 저

박영사

제 4 판 머리말

제3판을 출간한 지 2년이 지났다. 그동안 2024년 9월에는 국내 지점소재지 등기제도를 폐지하여 본점소재지 등기로 통합하고, 외국회사의 국내 영업소 설치시 등기사항 등을 개선하는 개정이 있었다. 초판에서 밝혔듯이 이 책은 약 10년 전 은사님이신 李哲松 교수님의 권고 덕분에 출간되고 있다. 저자는 학부, 석사과정 및 박사과정을 거치면서 회사법과 회사관련법 및 舊증권거래법 등에 대하여 교수님으로부터 가르침을 받았다. 그런 연유로 연구자의 길을 걷게 된 후에도 교수님의 가르침을 새겨왔고, 이 책 역시 그 영향을 받은 바 적지 않다. 다만, 제4판부터는 가능한 한 여러 교수님들의 의견을 충실하게 반영하기 위하여 노력하였다. 그럼에도 불구하고 아직 미흡한 부분이 적지 않다. 앞으로 지속적으로 보완·개선하고자 한다. 교재의 기본 틀도 강의의 편리성 및 독자들의 가독성을 높이기 위하여 다소간 변화를 가했다. 그 점에 대하여는 李炯珪 교수님의 도움이 있었다. 교수님은 제3판의 미비점, 전반적인 내용과 체계에 관하여 조언하여 주셨다. 교수님께 깊은 謝意를 표한다.

이러한 과정을 거쳐 제4판에서는 다음과 같은 사항에 주안점을 두었다. 첫째, 본문의 내용 중 중복되거나 압축가능한 문장은 간소화하여 본문의 분량을 다소 축소하였다.

둘째, 최근 전 세계적으로 논의와 논쟁이 활발한 ESG경영의 포괄적 규범화에 대한 약간의 견해를 피력하였다.

셋째, 증권투자론에서 제시하는 대표적인 투자지표인 주가수익비율(PER), 주가순자산비율(PBR), 자기자본이익률(ROE) 및 총자산이익률(ROA)과 이사의 선관주의의무 또는 충실의무와의 관계에 대한 소견을 피력하였다. 이는 2024년 이목을 집중시켰던 이사의 충실의무에 대한 개정론과 직·간접적인 연관성이 있다.

넷째, 자기주식취득의 방법과 요건을 간명하게 재정리하였고, 위법한 자기주식취득시 양도인이 무효를 주장할 수 있는지, 그리고 자기주식취득으로 인한 이사의 책임 및 면책기준을 제시하였다.

다섯째, 이사의 내부통제시스템의 구축·운영의무의 적용상 한계 및 경영판단원칙과의 관계에 대한 소견을 밝혔다.

여섯째, 한글로 통용 가능한 한자어에 대하여는 가능한 한 줄이도록 하였다.

일곱째, 한글색인 이외에 새롭게 외국어색인을 추가하였다.

여덟째, 특히, 2023년 2024년 주요 신규판례는 물론 새롭게 중요성이 부각되고 있는 이전 판례에 대하여도 소개하고, 이를 분석하였다.

아홉째, 새로운 판례를 소개함에 따른 분량증가현상을 해결하기 위하여 곳곳에서 단문화 작업을 하였다.

이 밖에도 신주발행시 액면미달발행과 액면초과발행에 따른 자본금증가와 순자산증가간의 괴리현상에 대하여 수강생들과 실무가들이 이해를 하는 데 어려움을 겪고 있는 점을 감안하여 제6장 제5절 제1관 [표 7]에서 도표화하여 쉽게 소개하였다.

이 책을 출간하는 데에는 많은 분들의 도움이 있었다. 우선 박영사의 안종만 회장님과 안상준 대표님의 배려와 조성호 이사님의 변함없는 믿음에 깊이 감사드린다. 수차례의 교정과 편집을 거듭하는 데에도 끝까지 최선을 다하여 주신 박영사 이수연 대리님과 출간하는 과정에서 많은 격려를 하여 주신 박부하 과장님께도 깊은 謝意를 표한다. 박영사의 변함없는 발전을 기원한다.

이 책의 준비가 한창이던 2023년 7−8월과 2024년 1−2월에는 일본 고베대학(神戸大学)을 23년 만에 재차 방문하여 연구하였다. 이 기간 榊 素寬 교수님의 도움을 받았다. 마무리단계인 2025년 1−2월에는 후쿠오카세이난가쿠인대학(福岡西南学院大学)의 藤林大地 교수님의 도움을 받았다. 이 분들 모두에게 감사의 마음을 전한다.

회사법 교재는 최소한의 범위 내에서 세법 관련내용을 소개할 수밖에 없다. 초판부터 변함없이 해당 규정을 확인하고, 조언을 해 주고 있는 李明俊 변호사 겸 세무사에게도 감사의 마음을 전한다. 그리고 제주대학교 이정민 원생은 대기업의 주요 부서에서 다년간 근무했던 경험을 토대로 회사의 준비금과 조직개편부분에 대한 실무적인 고충을 설명해 주어 유용하였다. 그리고 원고를 박영사에 전

달하기 전 徐承範 변호사는 주로 회사설립 부분을, 趙焄潜 변호사는 주식과 주주
권 분야를 검토하여 주었다. 이분들 모두 앞날에 많은 발전과 행운이 있기를 기
원한다.

　　마지막으로 제4판을 집필하는 과정에서는 2024년 8월 자본시장법총설을 출간
하느라 당초 계획만큼의 시간을 투입하지 못하였다. 그리하여 많이 아쉽고 여전
히 부족하다. 독자분들이 많은 조언을 해 주시면 겸허하고 감사한 마음으로 수용
하고자 한다. 이를 바탕으로 기회가 되면 질적인 면을 더욱 향상시키고자 한다.

　　　　　　　　　　2025년 2월

　　　　　　　　　　吳 性 根

머리말

　기업은 가계 및 정부와 함께 국민경제의 주체로서 중요한 역할을 담당한다. 그러한 기업의 활동을 촉진하고 규율하는 일반법은 회사법이다. 그러므로 회사법은 현대 경제사회에서 중요한 역할을 담당한다. 그런 연유인지는 모르겠으나, 최근 개정이 빈번하다. 이에 따라 회사에 관한 기본서를 간행한 적이 없었던 저자로서는 회사법의 방대한 분량을 완성하여 집필하는 데 어려움을 느끼곤 했다. 무엇보다 저자의 노력과 재능이 완성본을 집필하기에는 많이 부족한 탓이기도 하다. 특히 2011년 이후의 개정 회사법의 내용은 회사법의 고유한 법리로는 이해하기 어려운 부분이 적지 않아 더욱 집필을 주저하게 하였다. 그런 와중에 약 5년 전 여름 李哲松 敎授님께서 교과서를 발간할 것을 권고하신 덕분에 본격적인 집필작업을 시작하여 이제 겨우 마무리하게 되었다.

　이 책은 막대한 수의 회사법 조문과 판례를 學習과 實務 쌍방에서 유용하게 쓰일 수 있도록 하는 데 목표를 두고 있다. 그런 까닭에 가능한 한 문장을 간명하게 기술하고 쉽게 표현하고자 하였다. 다만, 중요하다고 판단되는 학설과 판례에 대하여는 비교적 상세히 소개하여 受驗生에게 도움을 주고자 하였다.

　법조인을 양성하는 체제가 법학전문대학원으로 바뀐 이후 일부 수험생들은 완성형의 기본교재보다 주요 판례와 요약서 수준의 문헌들을 선호하고 있음을 저자는 잘 알고 있다. 그러나 주요 판례와 요약서 수준의 문헌만으로는 회사를 둘러싸고 빠르게 변화하는 경제·사회현상을 충분히 숙지·반영할 수 없고, 복잡다기한 회사 관련 분쟁들을 합리적으로 해결할 수 없다. 전혀 경험하지 못했던 쟁점이 발생하면 해석론에 의존하여야 한다. 해석론은 회사법 연구자는 물론 법조인의 몫이기도 하다. 대표적인 불문법 국가인 영국이 회사법을 성문화한 것도 해석론의 중요성을 반영한 것이다. 이 책을 집필한 주요 이유이기도 하다.

　회사법은 경제·사회현상을 반영하는 법이므로 「영원히 미완성의 법」이기는 하지만, 저자의 부족함을 절감하고 있다. 앞으로 기회가 된다면 보다 충실히 집필하여 보고자 하는 희망을 가지고 있다.

　이 책을 출판하는 데에는 박영사의 안종만 회장님의 배려와 조성호 이사님의 믿음이 있었다. 깊이 감사드린다. 그리고 편집과 교정을 하는 데 애를 써 주신 박영사의 이강용 선생님과 집필기간 동안 저자의 어리석은 질문에 항상 좋은 답변을 해 주신 李炯珪 敎授님께도 매우 고마운 마음을 전한다. 또한 교정을 보는 데 도움을 준 姜秉杉 辯護士, 洪載京 辯護士 및 邊景植 軍法務官께도 고마움을 전한다. 邊景植 軍法務官은 지난해 5월 입대하기 전의 기간을 이용하여 이 책 앞부분의 교정을 보느라고 고생이 많았다. 앞날에 행운이 있기를 빈다.

2019년 2월

吳 性 根

차 례

제1장 서 론

제 2 장 회사통칙

제 6 절 │ 회사법상의 소송

제 7 절 │ 합병

제 8 절 │ 조직변경

제 9 절 │ 해산명령과 해산판결

제 3 장 ▎합명회사

제 4 장 　합자회사

제 7 절 │ 회사의 회계

제 1 장

서 론

제 1 절 회사의 경제적 기능

Ⅰ. 기업의 의의와 종류

1. 객관적 의의의 기업 및 주관적 의의의 기업

기업이란 일정한 목적을 가지고 재화와 서비스의 생산, 유통, 분배 내지 공급을 하는 경제활동의 단위를 말한다. 따라서 기업이라는 어휘는 일반적으로 ① 경제활동의 주체 또는 ② 경제활동자체를 의미하는 데 사용된다. 전자는 일정한 목적을 위하여 계속적·반복적 그리고 계획적으로 활동하는 독립적인 경제단위이며, 목적달성을 위하여 제공되는 포괄적이고 계속적인 재산으로 구성된다. 이러한 조직적 재산을 객관적 의의의 기업이라고 할 수 있다. 이에 비하여 후자는 주관적 의의의 기업이라고 할 수 있다.

2. 공기업과 사기업

광의의 기업에는 公企業과 私企業이 포함된다. 공기업은 국가 또는 지방공공단체가 출자하고 직접 혹은 간접적으로 기업활동을 하는 조직체를 말한다. 그리고 공기업에는 국가와 지방공공단체가 사업을 할 목적으로 스스로 경영주체가 되어 기업활동을 하는 형태 예를 들면, 버스운행사업이나 수도사업 등이 있다. 또한 특별법에 의하여 독립적인 특수법인으로 설립하여 이에 기업활동을 위임하는 형태가 있다. 예를 들면, 한국전력공사법[1]에 의한 한국전력공사, 한국수자원공사법[2]에 의한 한국수자원공사 등이 이에 해당한다.

사기업은 사인이 출자하여 기업활동을 하는 조직체를 말한다. 사기업은 그 존재목적에 따라 영리기업과 비영리기업으로 나뉜다. 영리기업은 사인이 기업활동에 의하여 창출되는 이익 내지 이윤의 분배에 참여할 목적으로 출자하고, 최대이익의 획득을 목적으로 하여 기업활동을 한다. 이러한 점에서 영리기업은 자본주의사회에서 경제활동의 중심적인 존재라고 할 수 있다. 비영리기업은 영리를

---

1) 법률 제3304호.
2) 법률 제3997호.

목적으로 하지 않고 구성원의 상호부조 등을 목적으로 하여 기업활동을 한다. 각 종 협동조합이 이에 해당한다. 다만, 협동조합은 비영리기업이지만, 기업활동 자 체에는 영리기업의 영리활동과 질적으로 구분할 수 없는 면도 있어 실질적으로는 경쟁관계에 놓이는 경우도 있다.

사기업은 개인기업과 공동기업으로 대별된다. 공동기업에는 민법상의 조합 (민법 제703조 내지 제724조)과 상법상의 익명조합(제78조 내지 제86조)이 있고, 해상기업 에 특유한 선박공유(제753조 내지 제764조) 및 회사 등이 있다.

한편 협의로 기업이라고 할 때에는 영리를 목적으로 하는 사기업을 말한다.

Ⅱ. 개인기업과 회사의 경제적 기능

협의의 기업, 즉 영리를 목적으로 하는 사기업에는 개인기업과 회사가 있다.

1. 개인기업의 경제적 기능

개인기업의 주체는 개인인 기업소유자이다. 기업주는 타인의 제약을 받지 아 니하고 자기의 경영능력을 충분히 발휘하고 이익을 자기에게 귀속시킬 수 있다. 그리고 기업의 의사결정이 기동성 있게 이루어지는 장점도 있다.

그러나 개인에게는 자본적·노력적 측면 그리고 기업활동의 규모 면에서 한 계가 있다. 다만, 개인이라고 할지라도 소비대차를 통하여 타인자본을 이용할 수 있고, 고용인을 둠으로써 어느 정도 기업규모의 확대를 꾀할 수 있다. 그러나 그 경우에는 기업활동의 성과와는 관계없이 약정이자와 보수를 지급하여야만 하고, 상대방으로서도 예를 들면, 기업활동이 호황일지라도 수령할 수 있는 것은 약정 이자와 일정한 보수액에 그치기 때문에 기업활동을 보조할 묘미가 그다지 없다고 할 수 있다.

개인기업의 경우에는 기업의 모든 채무에 대하여 기업자 1인이 무한책임을 지므로 기업활동에 따른 위험을 분산시키거나 경감시킬 수 없다. 또한 개인기업 은 기업주의 개인적 사정 예를 들면, 질병·사망·파산 등으로부터 지대한 영향을 받기 때문에 기업유지에도 어려움이 있다. 나아가 개인기업의 경우에는 기업주 개인의 경영능력에 한계가 있으므로 경영이 조직화될 수 없다. 이러한 결점은 개인기업에게는 숙명적인 것으로서 이를 극복하고 우월한 경쟁력을 갖추고자 할 때에는 공동기업의 형태를 취하여야 한다.

2. 회사의 경제적 기능

가장 단순한 공동기업의 형태로는 민법상의 조합(민법 제703조 내지 제724조)과 상법상의 익명조합(제78조 내지 제86조)이 있다. 그리고 해상기업에 특유한 선박공유(제753조 내지 제764조)가 있다. 그러나 이러한 공동기업들은 법인격이 없다. 이 때문에 개인기업의 한계에서 완전히 벗어나지 못한다. 그러므로 보다 완비된 형태의 공동기업을 원할 때에는 회사형태를 선택하여야 한다.

회사는 공동기업의 전형이라고 할 수 있는데, 상법은 合名會社·合資會社·株式會社·有限責任會社·有限會社의 다섯 종류를 인정하고 있다. 회사는 영리를 목적으로 하는 복수인의 결합체로서 법인격을 향유한다(제169조). 그리고 회사는 공동기업주로서의 다수의 자가 자본과 노력을 결합하고, 손익에 참가하기 때문에 개인기업에서는 실현할 수 없는 규모와 효율성이 있다. 그리하여 대규모의 이익을 얻을 수 있고, 기업의 유지도 기대할 수 있다.

회사는 손실이 발생하더라도 다수의 공동기업주가 손실을 분담하므로 각자의 부담은 경감된다. 그리하여 위험이 큰 기업도 비교적 용이하게 경영할 수 있다. 다만, 회사의 종류에 따라 자본과 노력의 결합기능은 서로 다르다. 인적회사의 전형인 합명회사(제178조 이하)의 경우는 노력의 결합이 중시되고, 자본의 결합은 중시되지 아니한다. 물적회사의 전형인 주식회사는 주식발행을 통하여 일반대중으로부터 자본금을 모으고 결합할 수 있다. 다만, 1인주주로 설립되는 1인회사와 같이 개인기업에 상당하는 회사도 적지 아니한 실정이다.

경제발전에 의하여 기업의 경영형태는 개인기업에서 공동기업으로 바뀌고 있다. 공동기업도 민법상의 조합, 상법상의 익명조합·선박공유 및 회사 등 다양하지만, 자본주의의 발전은 주식회사제도에 결정적으로 기여하여 왔다. 자본주의의 고도화에 따라 카르텔(cartel), 트러스트(trust) 및 콘체른(concern) 등의 새로운 기업결합형태도 탄생하고 있는데, 이것도 주식회사제도를 기초로 한다.

이와 같이 회사제도는 자본과 노력의 결합, 위험의 분산 또는 경감, 기업유지라는 요청에 가장 부합하는 제도로서 중요하다. 다만, 본래의 목적이 사적 이익의 획득에 있기 때문에 위법한 활동을 하더라도 타인의 이익을 희생하여 자기의 이익을 추구하고자 하는 경향을 띠기도 한다. 일부의 자본가와 경영자가 회사내부에서 이기적인 이익추구에 몰두하거나 또는 회사자체가 대외적으로 채권자의 이익을 침해하기도 하며, 때로는 각종의 회사범죄를 저지르는 등 사회적 폐해를 야기하기도 한다.

오늘날 회사는 인간의 경제활동에서 매우 중요한 역할을 담당하면서 깊이 뿌리내리고 있다. 그리고 회사는 국민재산의 관리자이자 국민의 근로의 장으로서, 상품 또는 서비스의 제공자로서의 기능을 수행하고 있다. 이처럼 회사는 17세기 초 서구의 식민회사시에는 사적 이익의 획득과 분배의 도구로서 출발하였지만, 현대의 대규모 주식회사는 주주뿐만이 아니라 종업원, 소비자, 지역사회 및 환경을 포함한 다양한 이해관계자(stakeholder)간의 이해조정을 추구하여야 할 역할을 요청받고 있다.

제 2 절   회사법의 의의

Ⅰ. 실질적 의의와 형식적 의의

1. 실질적 의의

회사법은 실질적으로 공동기업의 형태인 회사를 규율하는 법이다. 기능적으로는 근대기업의 전형적 형태인 회사의 종류, 조직 및 활동에 대하여 규율하는 법규의 전체가 실질적 의의의 회사법이다. 단계적으로는 회사의 성립에서 소멸에 이르기까지의 회사의 설립, 운영, 해산 및 청산에서 회사의 조직과 그 구성원의 권리의무를 규율하는 법이다.

회사는 일반적으로 복수인이 참가하는 기업운영조직이다. 회사는 회사를 구성하는 각 구성원의 인격으로부터 독립적인 법인격을 가지고 기업거래의 주체성을 갖는 데서 회사법이라고 하는 특유한 법적 규제를 받게 된다. 따라서 회사법은 일응 일반 개인의 결합체인 민법상의 법인규정에 대하여 특유한 지위를 가진다.

회사법은 광의로 회사에 관계되는 모든 법규정을 포함한다. 회사법은 그 대부분이 사법적 법규이지만, 그 밖에도 그 사법적 법규를 실현하기 위하여 다수의 공법적 법규도 포함하고 있는데, 이러한 법규들도 실질적 의의의 회사법이다. 예를 들면, 행정법 또는 형법에 속하는 규정 및 회사소송에 관한 여러 법규가 이에 해당한다. 이러한 실질적 의의의 회사법 중에서 사법적 법규를 협의의 회사법이라고 하고, 통상 회사법학의 대상은 이 사법적 법규, 이른바 회사사법이며, 편의적으로 공법적 규정도 포함한다.

2. 형식적 의의

형식적 의의의 회사법은 독일, 미국, 영국 및 일본과 같은 회사법, 우리나라와 같이 상법 중 회사편 등으로 불리는 성문법전을 말한다. 형식적 의의의 회사법은 규정 내용의 실질적인 관계가 회사에 특유한 것인가를 묻지 않고, 오직 그 규정의 형식에 착안하여 그 명칭을 회사법이라고 한다. 우리나라는 모두 제6편으로 구성된 상법 중에서 제3편에 규정된 법규를 형식적 의의의 회사법이라고 한다.

3. 양 의의의 관계

회사법은 공동기업의 형태인 회사의 종류, 조직 및 활동에 관한 법률관계를 정한 법이다. 회사법은 기업의 주체에 관한 법으로서 실질적으로는 기업법인 상법의 중요한 일부를 구성하고 있다. 성문법전을 의미하는 형식적 의의의 회사법은 실질적 의의의 회사법과 대부분 일치하나 반드시 그 전부가 일치하는 것은 아니다. 그것은 실질적 의의의 회사법 가운데는 형식적 의의의 회사법 이외에도 자본시장과 금융투자업에 관한 법률(약칭 '자본시장법')[3] 등과 같은 회사특별법령, 정관과 같은 회사자치법 및 회사관습법 등이 있기 때문이다.

형식적 의의의 회사법에는 실질적 의의의 회사사법적 법규뿐만이 아니라 그 밖의 여러 공법적 규정도 포함되어 있다. 예를 들면 ① 회사설립무효의 소, 회사합병무효의 소, 주주총회결의취소의 소, 주주총회결의무효확인의 소, 주주총회부존재확인의 소 및 주주총회부당결의취소·변경의 소 등과 같은 회사소송법규, ②

---

3) 2007. 8. 3, 법률 8035호.

회사등기 및 기타 법원의 명령에 관한 규정 등 비송사건절차법규, ③ 회사에 관한 행정적 단속규정, ④ 회사형벌규정 등 회사형법규정 등이 이에 해당한다.

Ⅱ. ESG경영과 기업의 사회적 책임

1. 의의 및 배경

일반적으로 ESG경영(ESG management)이란 환경(Environment, E), 사회(Social, S) 및 지배구조(Governance, G) 등 세 가지 요소를 중시하는 경영을 말한다. 이는 기업의 지속가능성(Sustainability) 및 윤리적 영향력(ethical impact)을 측정하는 지표로 사용된다.[4] ESG라는 용어는 2004년 유엔글로벌콤팩트(UNGC)와 20여 개 금융기관이 공동으로 작성한 「살피는 자가 승리한다」라는 보고서[5]에서 공식적으로 사용되기 시작하였다.[6] ESG경영론은 국가의 경제규모가 커지는 시대에는 기업, 특히 대기업은 사회경제적·환경적으로 중요한 지위를 차지한다는 시각에서 등장하였다. 2020년 이후에는 일부학계 및 자산운용회사(예: 미국의 Black Rock, SSGA, Vanguard 등)를 중심으로 주장되고 있다.[7] ESG요소 가운데 사회(S)와 밀접하게 연관되는 것이 기업의 사회적 책임론이다.[8] 이는 회사의 극단적인 이윤추구는 부의 불평등을 심화시키는 등 여러 가지 병리적 현상의 원인이 될 수 있기 때문에 회사는 축적된 부의 일부를 사회에 환원하는 등 스스로가 사회에 공익적 기여를 해야 한다는 책임론을 말한다. 그러나 ESG경영이나 기업의 사회적 책임론은 아직 명확히 정립된 개념이 아니며, 회사법상의 개념은 더욱 아니다.

2. 외국의 입법현황

ESG경영과 관련하여 환경(E)부문, 특히 기후변화는 전 세계가 직면한 문제로서 1992년 5월 9일 UN의 기후변화조약(UNFCC)[9]이 채택된 이후 각국이 회사법이

---

4) Peter Yeoh(2022), p.340.
5) IFC, "Who Cares Wins," Issue Brief 2004－8(2004), p.1; 이형규, "ESG 정보공시와 상장회사의 대응," 비교사법 제29권 제4호(2022. 11), 104면.
6) ESG연혁에 대하여는 Peter Yeoh(2022), pp.14－26.
7) 이에 관한 상세한 내용은 오성근, "기업의 ESG경영에서의 인덱스 펀드의 역할 및 입법적 개선방안," 한양법학 제35권 제2집(2024. 5), 164면 이하.
8) 同旨 정준우(2024), 10면; 김정호(2023), 85면.

아닌 개별법령에서 규율하고 있다. 지배구조(G)에 대하여는 각국이 오래 전부터 주로 회사법상 기관구조 등에 반영하고 있다. 사회(S)부문, 특히 기업의 사회적 책임론은 1920년대부터 독일의 일부 회사법학자들의 '기업자체'(Unternehmen an sich) 이론에 의하여 주장되어 왔다. 기업자체이론이란 기업은 그 자체가 독립적인 존재이므로 구성원의 이해관계를 떠나 국민경제의 입장에서 회사를 보호·유지하여야 하며, 그에 상응하는 책임을 부담한다는 이론이다. 즉 회사에 대하여 공공적 성격을 부여하는 것이 기업자체이론의 핵심이다. 이 이론은 나치정권하에서 이사의 책임에 관한 규정으로 입법에 반영되기도 하였으나(1937년 구독일주식법 제70조 제1항), 1965년 현행 주식법에서는 삭제되었다. 미국의 대부분의 州회사법상 기업의 사회적 책임론은 주로 회사가 사회·국가에 대하여 기부행위를 할 수 있도록 하는 데에 중점을 두고 있다(Del Gen Corp 제122조(9)). 모범사업회사법은 회사가 '공공복지, 자선, 과학 및 교육을 위한 기부'를 할 수 있다고 규정하고 있다(MBCA 제3.02조(n)). 이는 회사의 경영자가 이러한 기부를 하더라도 회사에 대한 신인의무(fiduciary duty)를 위반하지 않는다는 점을 밝힌 것으로써 사회적 책임론의 본질과는 다소 거리가 있다. 일본에서는 주로 독일의 사회적 책임론과 1937년 주식법의 규정을 연구하여 학설을 전개하여 왔고, 중의원에서 두 차례[10]에 걸쳐 기업의 사회적 책임을 입법에 반영하도록 연구한다는 附帶決議까지 하였으나, 입법에는 이르지 못하고 있다.

이와 같이 오늘날 회사법상 기업의 사회적 책임론의 본질을 입법화하거나 지도해석원리로 삼고 있는 곳은 거의 없다. 다만, 영국의 2006년 회사법(Company Act of 2006)은 이사들에게 회사의 사업이 지역사회 및 환경에 미치는 영향을 고려하도록 하는 의무를 부여함으로써(동법 제172조 제1항) 기업의 사회적 책임론을 명시하고 있다.

3. ESG경영의 포괄적 규범화 및 기업의 사회적 책임론의 한계

우리나라는 물론 대부분의 선진국에서는 기업의 사회적 책임론을 회사법에 반영하는 데 대체로 소극적인데, 그 이유는 다음과 같다. 첫째, 기업의 사회적 책

---

9) United Nations Framework Convention on Climate Change in 1992.
10) 1973. 7. 3; 1981. 5. 13.

임은 그 개념이 불명확하여 일반적 규정을 두더라도 실효성이 없고, 재판관 또는 경영자의 자의와 재량권을 확대시키기 때문에 무익·유해하다.[11]

둘째, 이사가 공공의 이익을 명분으로 삼아 주주의 이익을 해칠 수 있다.[12]

셋째, 사회적 책임에 관한 규정을 두었을 때 이것은 훈시적·선언적 규정에 불과하므로 재판규범으로서의 실효성이 없다.[13]

넷째, 나치정권이나 파시즘 같이 사회가 극단적인 우익이나 좌익으로 기울었을 때 기업활동의 대부분이 해당정치권력의 이념을 구현하는 데 활용될 수 있다.

다섯째, 자본자산평가모델(CAPM) 등 재무이론에 의하면 기업의 사회적 책임론은 주가에 부정적인 영향을 미쳐 기업의 자금조달을 어렵게 할 수도 있다.[14] 한편 법원은 기부회사의 간접적, 장기적 이익을 판단기준으로 삼아 지나친 기부행위(예: 150억원)에 대하여 이사의 배상책임을 인정하고 있다.[15]

한편 ESG요소를 포괄적으로 규범화하더라도 기업의 사회적 책임론과 같은 한계가 있다. 또 이는 이상적인 외형을 띠지만, 그 개념과 범위는 기업의 사회적 책임론보다 가변적, 추상적이며 無限할 수 있다. 때문에 극단적인 정치이념이나 특정 종교와 결탁될 수 있다. 이로 인하여 법적 사회적 위험성이 커질 수 있다.[16] 때로는 기업경영에 제약을 가하고, 제조업보다 제3자·제4차 산업이 발달한 국가의 富를 창출하는 수단으로 誤用될 수도 있다. 이윤추구를 목적으로 하는 기업의 본질과도 상치될 수 있다. 대기업이 협력사의 ESG이행을 점검하는 행위가 공정거래법을 위반할 소지도 있다. 그러므로 환경부문의 법률적 수요에 대하여는 개별법률을 통하여,[17] 지배구조(G)에 대하여는 회사법상 각국의 사정에 맞도록 반영하는 것이 바람직하다. 결국 ESG경영은 기업의 자율적인 윤리경영(ethical management)의 표어로는 삼을 수는 있으나, 포괄적으로 규범화할 것은 아니다.

---

11) 石山卓麿, 『現代会社法講義』 第2版, 成文堂(2013), 6면.
12) 鈴木竹雄, "歷史はくり返す", ジュリスト No.578, 10−11면.
13) 竹内昭夫, 会社法の根本的改正の問題点, ジュリスト No.573, 19면.
14) 오성근, "기업의 사회적 책임(CSR)과 사회적 책임투자(SRI)에 관한 고찰," 비교사법 제13권 제4호(2006. 12), 505−523면.
15) 대법원 2019. 5. 16. 선고 2016다260455.
16) ESG법규의 위험성과 불확실성에 대하여는 Ligia Catherine(2025), p.136 이하.
17) 헌재 2024. 8. 29. 선고 2020헌마389(병합). 이 사례에서 헌법재판소는 탄소중립기본법 제8조 제1항에 의거한 시행령에서 탄소감축목표를 정하는 것은 법률유보원칙에 위배된다고 하여 헌법불합치 결정을 내렸다.

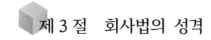

제 3 절   회사법의 성격

I. 서

회사법은 공동기업의 형태인 회사의 종류, 조직 및 활동에 관한 법률관계를 정한 법으로서 상법의 주요 부분이다. 그리고 회사법은 상법의 일부분으로서 일반사법과 구별되는 상법일반에 공통되는 성격, 이른바 기업의 생성·존속·강화의 지원, 기업활동의 원활 보장 및 기업의 거래안전의 보호를 위한 여러 가지 규정을 반영하고 있다. 다만, 회사법은 공동기업경영의 조직에 관한 법이라는 점에서 상법일반에 공통되는 성격으로부터 구분되는 다양한 성격을 가지고 있다.

먼저, 회사법은 기업조직에 관한 법이라는 점에서 행위법인 상행위법과는 구별되는 단체법 또는 조직법적인 성격을 가진다. 그리고 그 단체는 항상 영리성을 추구하는 상인으로 의제되므로, 회사법은 이를 촉진하기 위한 여러 가지 영리보장규정을 두고 있다. 또한 회사법은 그 단체가 영리추구의 정당한 한계를 벗어나지 않도록 법의 후견적 작용, 즉 강행법적 성격을 가지고 있다.

II. 단체법성

회사법의 대부분의 규정은 단체법의 속성을 지니고 있다. 다만, 주식의 양도나 사채에 관한 규정과 같이 개인법적 성질을 가지는 것도 있다. 그러나 대부분의 규정은 회사라는 단체의 내부적인 구성과 조직 및 활동을 정하는 규정, 즉 단체와 그 존재의 기초인 구성원과의 관계 및 단체와 그 활동의 기초인 기관관계를 정하는 것으로서 단체법적인 범주에 포함된다.

단체법의 영역에서는 개인간의 대등관계를 전제로 하는 개인법리와는 달리 구성원 상호간 그리고 단체와 구성원간의 수직적 관계를 규율하는 법리가 적용된다. 구체적으로는 단체와 기관의 관계를 정하는 기관원리, 각 구성원의 권리의무 평등의 원칙, 구성원의 의사와 행동방향을 결정하는 다수결의 원리, 각 구성원의 의결권행사를 통한 회사운영에의 참여규정, 법률관계의 획일적 확정원리, 회사기관에 대한 벌칙규정 및 손해배상책임에 관한 규정 등을 두고 있다. 이 점에서 회사법은 민법의 사단법인에 관한 규정과 같이 어떤 의미에서는 국가의 조직법이라고 할 수 있는 헌법이나 행정법과 같은 공법과 유사한 성질을 갖는다.

Ⅲ. 영리법성

회사는 구성원의 경제적 이윤획득을 목적으로 설립된다. 따라서 회사법은 회사자체의 영리목적달성과 구성원인 사원의 이익분배에 대하여 많은 규정을 두고 있다. 이러한 점에서 회사법은 영리성을 가지며, 공공의 이익을 목적으로 하는 공법 또는 비영리법인의 조직과 활동에 관한 민법과는 성질을 달리한다. 그리하여 회사법은 영리성을 회사의 기본개념으로 명시하고 있으며(제169조), 그 설립에 있어서도 민법이 비영리법인에 대하여 허가주의를 채택하고 있는 것과는 달리 준칙주의를 채택하여 설립절차와 영리성추구를 상대적으로 수월하게 하고 있다.

이 밖에도 회사법은 구성원인 사원이 회사조직을 자기의 수입원천으로 이용할 수 있도록 하는 여러 규정을 두고 있다. 회사법상 이익배당, 잔여재산의 분배 및 주식의 양도를 자유롭게 할 수 있는 규정 등이 그에 해당한다.

Ⅳ. 강행법성

회사는 제46조의 기본적 상행위를 하는지의 여부를 불문하고 영리성을 추구하는 상인이므로 회사조직의 대외관계에서 대립을 초래할 가능성이 있다. 그리하여 회사법은 구성원 개인의 영리추구에 대한 한계와 공익성을 중시하여 강행법성을 띤다. 그리고 회사법은 기업경영의 조직에 관한 법으로서 그 조직에 관하여 각 개인의 자의가 아닌 일반적 기준에 대한 명확한 기준을 확정할 것이 요구된다. 즉 회사법은 거래의 주체인 회사의 법률관계에서는 안전성과 명확성이 요구되기 때문에 대부분의 경우 당사자의 자유의사와 무관하게 간섭주의와 엄격주의가 반영되어 강행성을 띤다. 판례법을 중심으로 하는 영미법계 국가에서도 회사에 관한 성문법을 제정하는 것은 이러한 필요성에서 기인한다.

회사법의 강행법성은 효력적 규정과 명령적 규정으로 나눌 수 있는데, 전자의 경우는 법문에서 "할 수 있다(제374조의 2 등).", 후자의 경우는 "하여야 한다(제188조 등).” 또는 “하지 못한다(제260조 등).” 등으로 기술되고 있으나, 이러한 표현만을 기준으로 강행법성을 구별하는 것은 올바르지 않다. 따라서 회사법의 강행법성은 그 표현, 입법취지 및 학설의 해석에 의존할 수밖에 없는 한계가 있다.

V. 거래법성

회사법 중에는 회사와 제3자의 거래, 사원과 회사채권자의 관계와 같은 거래법적인 성질을 띠는 규정들도 적지 않다. 이러한 법률관계에 대하여는 민법과 같은 개인법상의 거래와 같이 사적자치의 원칙, 거래안전의 보호와 같은 사법상의 원리가 적용된다. 그 대표적인 것으로는 회사가 대표기관의 권한을 제한하더라도 善意의 제3자에게 대항하지 못하게 하는 규정(제209조 제2항·제389조 제3항), 대표자인 듯한 외관을 가진 자, 이른바 표현대표이사가 대표행위를 하는 경우, 회사로 하여금 책임을 지게 하는 규정(제395조) 등이 있다. 이러한 규정들은 거래의 안전이라는 거래법적 이념에서 마련된 것이다.

한편 단일한 법률관계가 일부에는 거래법적 원리가 지배하고 또 다른 일부에는 단체법적 원리가 지배하는 규정도 있다. 예를 들면, 주주가 주식을 양도할 때에 양도의 합의 외에 株券의 교부를 요하고(제336조 제1항), 주권의 점유에 권리추정력을 인정하는 규정(제336조)은 거래법적 성격을 가진 것이다. 이에 비하여 주식의 이전에 있어 명의개서를 하지 않으면 회사에 대항하지 못하게 하는 규정(제337조)은 단체법적 원리에 기초한 것이다.

제 4 절 우리나라 상법의 연혁과 회사법 개정

현행 회사법은 법전편찬위원회가 1960년 11월 29일 확정한 상법제정안을 기초로 한다. 동 법안은 각종 정치적 사건으로 제정·시행에 이르지 못하고 있던 중 1962년 1월 19일 당시 국회기능을 대신하던 국가재건최고회의에서 상법이 어음법·수표법과 함께 통과되어 1963년 1월 1일부터 시행되고 있다.

상법은 제정 당시 건국 후의 우리나라의 법제를 빠르게 정비하는 데 중점을 둔 까닭에 우리의 기업현실을 반영하는데 다소 소홀히 한 문제점이 있었다. 특히 1960년대에 들어 경제가 빠르게 발전함에 따라 다수의 기업이 설립되고 대규모화되면서 회사법분야에서는 법과 현실의 괴리가 심하였다. 이에 따라 회사법은 1963년 1월 1일 상법시행 후 수차례에 걸쳐 개정되었는데, 그 주요내용은 다음과 같다. 첫째, 1984년 개정법은 1963년 제정 당시 도입을 주저하였던 미국과 일본의 회사법제를 대폭 수용하였다는 특색이 있다.[18]

둘째, 1991년 법개정시에는 보험법과 해상법을 크게 개정하였다는 특색이 있다.[19] 이후 1995년 법개정시에는 경제계의 규제완화요구를 반영하기 위하여 회사법을 크게 개정하였다는 특색이 있다.[20]

셋째, 1997년에는 우리나라가 IMF경제위기에 봉착하게 되자, 기업들의 지배구조를 개선하기 위한 제도적 기반이 요구되었다. 그리고 경제위기를 극복하기 위한 기업의 자구노력의 일환으로 구조개편이 광범위하게 이루어졌다. 그리하여 이를 지원하기 위한 법적 기반조성에 필요한 규정을 대폭 도입하였다.

넷째, 1998년 말[21]과 1999년 말[22] 법개정시에는 주로 기업의 지배구조 개선과 구조개편을 지원하는 데 필요한 규정을 도입하였으나, 미흡하다는 평가가 있어 2001년 7월[23]에 또 한 차례 개정하는 등 보완작업이 이루어졌다.

다섯째, 2011년 법개정[24]은 개정내용의 중요성과 변화의 크기로 보아 상법제정 이후 가장 큰 개정이었다고 할 수 있다.[25] 그리고 개정사항이 많아 기업에게 대처할 시간을 주기 위하여 시행시기를 공포 후 1년 뒤인 2012년 4월 15일로 하였다. 개정의 기본방향은 경영자 편의주의와 정관자치의 확대 등에 있었다.

여섯째, 2015년 말 개정법은 기업조직개편에 관한 규정들을 수정하고 새로운 제도를 도입하였다.

---

18) 1984. 4. 10, 법률 제3724호.
19) 1991. 12. 31, 법률 제4470호.
20) 1995. 12. 29, 법률 제5053호.
21) 1998. 12. 28, 법률 제5591호.
22) 1999. 12. 31, 법률 제6086호.
23) 1999. 7. 24, 법률 제6488호.
24) 2011. 4. 14, 법률 제10600호.
25) 이에 관한 상세한 내용은 이철송(2011. 축조), 2011.

일곱째, 2016년 법개정[26]시에는 기업조직재편이 주된 사항이었고, 삼각주식
교환, 삼각분할합병, 간이영업양도·양수·임대, 소규모주식교환 요건완화, 증자
합병의 허용에 관한 규정 등이 도입되었다.

여덟째, 2020년 말에는 '경제민주화'라는 목표 하에 기업지배구조에 관한 규
정을 수정하고 새로운 제도를 도입하였다.

아홉째, 2024년에는 등기신청인의 시간적·경제적 부담을 완화하고 등기의
불일치를 방지하는 한편, 외국회사가 국내에 영업소를 설치하는 경우 등기할 사
항 등을 명확히 하는 데 필요한 개정을 하였다.

〈연도별 주요 개정사항〉

1. 1984년 개정

1984년의 주요 개정사항으로는 ① 주식회사의 최저자본제의 도입(제329조 제1
항), ② 감사에게 업무감사권(제412조) 부여, ③ 주식배당제도의 도입(제462조의 2),
④ 주식양도방법의 개정(株券의 交付만으로 가능), ⑤ 자회사의 모회사주식취득 금지
(제342조의 2), ⑥ 상호주소유에 대한 의결권 제한(제369조 제3항) 등을 들 수 있다.

2. 1995년 개정

1995년의 주요 개정사항으로는 ① 각종 문서의 서명제도 도입(제179조, 제289조,
제302조, 제349조, 제373조, 제413조의 2, 제474조, 제478조, 제515조, 제516조의 5, 제543조, 제589조),
② 주식회사 설립절차의 간소화(제299조의 2, 제310조 제2항), ③ 정관에 의한 주식의
양도제한 허용(제335조 제1항 단서), ④ 타회사주식취득의 통지(제342조의 3), ⑤ 우선주
에 대한 배당률의 확정(제344조 제2항), ⑥ 전환주식 등 신주의 배당기준일 조정(제
423조 제1항 후단, 제461조 제6항, 제462조의 2 제4항, 제516조 제2항, 제516조의 9), ⑦ 불소지신
고된 주권의 임치허용(제358조의 2 제3항), ⑧ 주주총회결의 요건의 완화(제368조 제1항,
제434조), ⑨ 반대주주의 주식매수청구권제도의 신설(제374조의 2, 제530조), ⑩ 결의취
소·무효사유의 변경(제376조 제1항), ⑪ 결의취소 등 판결의 소급효 인정(제376조 제2

---

26) 2016. 3. 2, 법률 제13523호.

항, 제380조·제190조 본문), ⑫ 경업의 승인기관 변경(제397조 제1항), ⑬ 감사의 지위·권한 강화(제410조, 제409조의 2, 제412조의 2, 제412조의 4, 제411조), ⑭ 설립 후 수권자본의 제한 철폐(개정 전 제437조 삭제), ⑮ 수종의 주식배당 허용(제462조의 2 제2항) 등을 들수 있다.

3. 1998년 개정

1998년의 주요 개정사항으로는 ① 채권자의 이의기간 단축(제232조 제1항), ② 주식의 최저액면가 인하(제329조 제4항), ③ 주식분할제도의 신설(제329조의 2), ④ 주주제안제도의 신설(제363조의 2), ⑤ 소수주주권 행사요건의 완화(제366조 등), ⑥ 집중투표제도의 도입(제382조의 2), ⑦ 이사의 충실의무규정 신설(제382조의 3), ⑧ 이사의 수 자율화(제383조 제1항 단서), ⑨ 업무집행지시자의 책임제도 도입(제401조의 2), ⑩ 신주발행시의 현물출자 검사제도 변경(제422조 제1항 후단), ⑪ 중간배당제도의 신설(제462조의 3), ⑫ 소규모합병절차(제527조의 3), ⑬ 신설합병시 공고로써 주주총회에 대한 보고 갈음(제527조 제4항), ⑭ 회사분할제도의 신설(제530조의 2 내지 제530조의 11), ⑮ 간이합병제도의 도입(제527조의 2) 등을 들 수 있다.

4. 1999년 개정

1999년의 주요 개정사항으로는 ① 주식매수선택권제도의 도입(제340조의 2 내지 제340조의 5), ② 자기주식취득제한의 완화(제341조의 2), ③ 총회의장의 지위 명문화(제366조의 2 제2항·제3항), ④ 총회의 서면 투표제도 도입(제368조의 3), ⑤ 이사회의 畫像會議 허용(제391조 제2항), ⑥ 이사회 의사록의 공시제한(제391조의 3 제4항), ⑦ 감사위원회 등 위원회제도 신설(제393조의 2, 제415조의 2), ⑧ 소규모분할합병의 신설(제530조의 11 제2항), ⑨ 유한회사규정의 개정(제565조, 제572조, 제581조 내지 제583조) 등을 들 수 있다.

5. 2001년 7월 개정

2001년 7월의 주요 개정사항으로는 ① 1인회사 설립의 허용(제288조, 제543조 제1항, 제609조 제1항 제1호), ② 모자회사의 요건 개정(제342조의 2 제1항), ③ 이익소각의 요건 완화(제343조의 2), ④ 주식의 포괄적 교환과 포괄적 이전의 신설(제360조의

2 내지 제360조의 23), ⑤ 전자문서에 의한 주주총회 소집허용(제363조 제1항), ⑥ 회사의 영업에 중대한 영향을 미치는 다른 회사의 영업 일부의 양수에 특별결의 강제(제374조 제1항 제4호), ⑦ 주식매수청구에 의한 매수주식의 가격산정방법의 개선(제374조의 2 제4항), ⑧ 이사의 비밀유지의 신설(제382조의 4), ⑨ 개별 이사의 이사회 소집권 명문화(제390조 제2항), ⑩ 이사회 권한의 구체화(제393조 제1항), ⑪ 이사의 정보접근권 명문화(제393조 제3항·제4항), ⑫ 대표소송비용의 명문화(제405조 제1항), ⑬ 주주의 신주인수권의 강화(제418조 제2항, 제513조 제3항 후단, 제516조의 2 후단), ⑭ 순자산의 용어정리(제462조 제1항, 제462조의 3 제2항·제3항·제4항) 등을 들 수 있다.

6. 2001년 말 개정

2001년 말의 주요 개정사항으로는 합명회사와 합자회사의 업무집행사원에 대하여 업무집행정지가처분 및 업무집행대행자제도 도입(제183조의 2, 제200조의 2) 등을 들 수 있다.

7. 2007년 8월 개정

2007년 8월에는 제5편 해상편을 전면개정하였다.

8. 2009년 1월 개정

2009년 1월의 주요 개정사항으로는 ① 사외이사를 회사법상의 개념으로 수용하고 관련선임절차를 규정(제382조·제542조의 8), ② 소수주주권에 관한 구증권거래법상의 특례를 상법으로 수용(제542조의 6·제542조의 7), ③ 주요주주와의 거래에 관한 특례를 상법으로 수용(제542조의 9), ④ 상근감사 및 감사위원회관련 특례를 상법으로 수용(제542조의 10·제542조의 11)한 것 등을 들 수 있다.

9. 2009년 5월 개정

2009년 5월의 주요 개정사항으로는 ① 회사가 하는 공고(제289조 제3항), ② 주주명부의 작성(제352조의 2), ③ 소수주주에 의한 주주총회의 소집청구(제366조), ④ 전자적 방법에 의한 의결권의 행사(제368조의 4), ⑤ 소수주주에 의한 집중투표의 청구(제382조의 2), ⑤ 최저자본제의 폐지(제329조 제1항), ⑥ 소규모회사(자본금

10억원 미만의 회사)의 설립절차를 간소화(제292조 단서, 제318조 제3항), ⑦ 소규모회사의 기관운영방법을 간소화(제363조 제5항, 제383조 제1항 단서, 제409조 제4항)한 것 등을 들수 있다.

10. 2010년 5월 개정

2010년 5월에는 상법총칙·상행위편을 대폭 개정하였다. 그리고 ① 기계, 시설, 그 밖의 재산의 금융리스에 관한 행위, ② 상호·상표 등의 사용허락에 의한 영업에 관한 행위, ③ 영업상 채권의 매입·회수 등에 관한 행위, ④ 신용카드, 전자화폐 등을 이용한 지급결제 업무의 인수에 관한 규정을 신설하였다(제49조 제19호 내지 제22호). 또 관련당사들의 권리·의무를 구체화하기 위하여 상행위편에 제12장, 제13장 및 제14장을 추가하였다.

11. 2011년 4월 개정

2011년 4월 주요 개정사항으로는 ① 합자조합(LP), 유한책임회사 등 새로운 기업형태의 도입(제86조의 2·제287조의 2 이하), ② 주식종류의 다양화(제344조 이하), ③ 무액면주식의 도입(제329조 제1항), ④ 현물출자시 검사인의 조사보고절차 축소(제299조 제2항), ⑤ 주금납입시 상계금지 폐지(제334조 삭제), ⑥ 자기주식취득의 원칙적 허용(제341조·제341조의 2), ⑦ 준비금제도의 유연화(제458조·제459조), ⑧ 이익배당 결정절차 완화(제462조 제2항 단서), ⑨ 현물배당(제462조의 4), ⑩ 사채종류의 다양화 및 사채발행총액제한 폐지(제470조), ⑪ 사채발행절차의 완화(제469조 제4항), ⑫ 이사의 회사에 대한 책임감면제도의 도입(제400조 제2항), ⑬ 이사의 자기거래범위 확대(제398조), ⑭ 이사의 회사기회유용금지 제도의 도입(제397조의 1), ⑮ 집행임원제도의 도입(제408조의 2), ⑯ 준법지원인제도의 도입(제542조의 3) 등이 있다.

12. 2014년 5월 : 무기명주식제도 폐지(제357조 및 제358조 삭제)

이 밖에 12월에는 보험금과 보험료청구권(제662조)에 관한 개정이 있었다.

13. 2015년 12월 개정 후 2016년 3월 시행

이에 관한 주요 개정사항으로는 ① 주식의 포괄적 교환에 의한 완전모회사의 설립내용 변경(제360조의 2 제2항 후단), ② 주식교환계약서의 내용변경(제360조의 3 제1항 제8호), ③ 모회사주식을 이용한 삼각조직재편의 허용(정삼각합병(제523조의 2), 역삼각합병(제523조의 2), 삼각주식교환(제360조의 3 제6항·제7항)), ④ 주식교환계약서 등의 공시(제360조의 4 제1항), ⑤ 완전모회사의 자본금증가의 한도액 제한(제360조의 7 제1항), ⑥ 소규모주식교환의 개정(제360조의 10 제1항·제2항), ⑦ 주식교환무효의 소의 판결확정으로 인한 주식이전(제360조의 14), ⑧ 주주총회에 의한 주식이전의 승인(제360조의 16), ⑨ 설립하는 완전모회사의 자본금의 제한(제360조의 18), ⑩ 주식매수청구권의 행사에 따른 의결권 없는 주주에 대한 주주총회소집통지(제363조 제7항), ⑪ 반대주주의 주식매수청구권행사시 의결권이 없거나 제한되는 주주를 포함하고(제374조의 2 제1항) 매수기간에 관한 표현 수정(동조 제2항), ⑫ 주식매수청구기간 일자의 명확화(동조 제4항), ⑬ 간이영업양도, 양수, 임대 등의 신설(제374조의 3), ⑭ 합병계약서 공시문구 수정(6월→6개월)(제522조의 2 제1항), ⑮ 합병반대주주의 주식매수청구권에 의결권이 없거나 제한되는 주주 포함(제522조의 3 제1항), ⑯ 흡수합병시 합병계약서의 내용변경(제523조 제2호·제3호), ⑰ 신설합병시 합병계약서의 내용수정(제524조 제4호·제5호), ⑱ 소규모합병시의 요건변경(제527조의 3 제1항), ⑲ 분할에 의한 회사의 설립시 검사인의 조사 보고의 비적용(제530조의 4), ⑳ 분할계획서의 기재사항의 변경(제530조의 5 제1항), ㉑ 분할합병계약서의 기재사항 및 분할합병대가가 모회사주식인 경우의 특칙의 변경(제530조의 6 제1항·제2항), ㉒ 분할 및 분할합병에 관한 계산규정 삭제(제530조의 8), ㉓ 분할 및 분할합병 후의 회사책임규정의 수정(제530조의 9), ㉔ 분할 또는 분할합병의 효과규정의 수정(제530조의 10) 등이 있다.

14. 2016년 3월 개정

이에 관한 주요 개정사항으로는 ① 유가증권 준용규정(제65조 제2항), ② 주식의 전자등록(제356조의 2 제1항 및 제4항) 등이 있다.

15. 2020년 6월 개정: 상호의 가등기제도 적용범위 확대(제22조의 2)

16. 2020년 12월 개정

이에 관한 주요 개정사항으로는 ① 전환주식의 전환시 이익배당규정(제350조 제3항) 삭제, ② 신주발행, 준비금의 자본전입, 주식배당, 전환사채의 전환, 신주인수권부사채권자의 신주인수권의 행사로 인한 신주에 대한 배당 및 중간배당시 제350조 제3항 준용규정삭제(제423조 제1항·제461조 제6항·제462조의 2 제4항·제516조 제2항·제516조의 10·제462조의 3 제5항 등), ③ 다중대표소송의 도입(제406조의 2), ④ 소수주주권행사시 일반규정과 특례규정의 조화(제542조의 6 제10항), ⑤ 전자적 방법에 따른 의결권행사시 감사·감사위원의 선임방식 신설(제409조 제3항·제542조의 12 제8항), ⑥ 대규모상장회사 감사위원의 분리선출제도 도입(제542조의 12 제2항 단서), ⑦ 대규모상장회사의 감사위원의 해임 및 지위상실에 관한 특별규정 신설(제542조의 12 제3항), ⑧ 상장회사의 감사·대규모상장회사 감사위원의 선임·해임시의 의결권행사 제한규정 강화(제542조의 12 제4항·제7항) 등이 있다.

17. 2024년 9월 개정

이에 관한 주요개정 사항으로는 ① 국내 지점소재지 등기제도폐지 및 본점소재지 등기로 통합(제34조, 제35조, 제38조, 제181조, 제182조, 제183조, 제183조의 2, 제192조, 제205조 제2항, 제228조, 제229조 제3항, 제233조, 제238조, 제243조, 제247조 제5항, 제253조 제1항, 제264조, 제271조, 제286조 제3항, 제287조의 5 제4항, 제287조의 39, 제317조 제3항, 제360조의 20, 제378조, 제407조 제3항, 제528조 제1항, 제549조 제3항, 제602조, 제606조), ② 외국회사의 국내 영업소 설치시 등기사항 등의 개선(제614조 제2항·제3항, 제614조의 2, 제615조) 등이 있다.

제 2 장

회사통칙

제1절 회사의 개념

Ⅰ. 개념요소

제169조는 회사라 함은 상행위 그 밖에 영리를 목적으로 하여 설립한 법인을 말한다고 규정하고 있다. 따라서 회사는 영리성·법인성을 개념요소로 하여 '영리를 목적으로 하는 법인'이라고 정의할 수 있다. 2011년 4월 개정 전 제169조는 "회사는 상행위 기타 영리를 목적으로 하는 사단을 이른다."라고 규정하고, 제171조 제1항에서는 "회사는 법인으로 한다."라고 하여 회사의 개념요소로 사단성을 명시하고 있었으나, 2011년 개정시 1인사원만으로도 회사를 설립할 수 있도록 한 유한책임회사(제287조의 2 이하) 제도의 도입, 주식회사 및 유한회사에서의 1인회사의 인정 등으로 사단성을 삭제하게 되었다.

그러나 회사란 기본적으로 복수의 사원이 인적 또는 자본적으로 결합하는 방법으로서 인정하는 법인형태이므로 그 본질은 사단이라고 보아야 한다. 따라서 회사는 '영리를 목적으로 하는 사단법인'이다.

사법상 人(사람)은 자연인과 법인으로 분류된다. 법인이란 법인격이 부여된 단체이다. 이러한 단체에는 재단과 사단이 있다. 즉 사단법인과 재단법인이 있는 것이다. 재단법인은 반드시 비영리이어야 한다. 이에 비하여 사단법인은 민법의 규율을 받는 비영리사단법인과 상법의 규율을 받는 영리사단법인이 있다.

이러한 점에서 보면 회사의 개념요소는 여전히 사단성, 법인성 및 영리성이라고 할 수 있다.

Ⅱ. 사단성

1. 사단의 의의

법률상 단체에는 정관으로 구성원의 자치를 인정하는 사단과 일정한 목적에 의거 제공받은 재산을 중심으로 결합한 단체인 재단으로 구별할 수 있다. 회사는 사단에 속한다. 이와 같이 사단은 인적 결합체이기 때문에 재산의 집합체인 재단과 구별된다. 상법상 회사조직을 이룰 수 있는 실체는 人(자본가)的 결합체이므로 재단은 회사가 될 수 없다. 회사가 사단이어야 한다는 것은 회사라는 단체가 복수의 사람, 즉 사원에 그 존립의 기반을 두고 있음을 뜻한다.

2. 사단성의 특징

2011년 개정 전 상법은 회사를 사단이라고 명시하였었다(개정 전 제169조). 이러한 의미의 사단은 공동의 목적을 갖는 복수인의 결합체, 즉 人의 단체로써, 그 단체의 구성원을 사원이라고 부른다. 같은 사단일지라도 그 사회학적 성질은 하나의 형태가 아니다. 예를 들면, 주식회사의 경우에는 단체의 조직적 일체성이 두드러져 구성원의 개성이 몰각되고, 그 이합집산이 자유롭고 단체의사결정에도 다수결원칙이 지배한다. 이에 비하여 합명회사인 경우에는 사원의 개성이 중시되고, 사원이 변동이 어렵고 다수결원칙이 지배하는 범위가 좁기 때문에 단체로서의 조직적 일체성이 비교적 희박하다.

이와 같이 종래의 상법은 회사를 인적 결합체라는 의미에서 사단으로 정의하였었는데, 현행 상법은 이 규정을 삭제하였다. 이전부터 주식회사 및 유한회사에 대하여는 1인회사를 인정하여 왔는데, 현행 상법은 유한책임회사에 대하여도 1인의 사원만으로도 회사를 설립할 수 있도록 하고 있다(제287조의 2). 현행 회사법이 회사의 정의로부터 사단이라는 문언을 삭제한 것은 이러한 배경이 있었다고 할 수 있다.

그러나 앞에서 기술한 바와 같이 회사는 법률상 구성원에 의한 자치, 이른바 정관을 인정하는 사단에 속한다는 사실은 부정할 수 없다. 그리고 1인회사의 경우에도 주식 또는 지분을 양도함으로써 복수의 사원이 존재할 수 있는 가능성이 있기 때문에 회사는 잠재적인 인적 결합체로서의 사단성을 갖고 있다.

3. 조합과의 비교

일반적으로 人(사람)이 공동의 목적을 위하여 결합한 단체로는 사단과 조합이 있다. 이 중에서 일반적으로 어느 결합체의 단체성이 우월하여 구성원으로부터의 독립성이 인정될 때에는 사단이라고 한다. 반면, 그 결합체의 단체성보다는 구성원들의 개성이 뚜렷할 때에는 조합이라고 한다.

사단과 조합은 양자는 실정법상의 취급에서도 차이가 있다. 우선, 사단은 단체법적인 조직원리에 의하여 규율된다. 이에 반하여 조합은 구성원들의 계약관계 일뿐이므로 기본적으로 구성원들의 합의 및 관련 계약법(민법 제703조 이하)에 의하여 규율된다.

상법규정에 의하여 설립된 회사는 일단 사단이라고 할 수 있다. 그러나 회사의 종류에 따라서는 조합적 성질을 갖는 것도 있다. 예를 들면, 합명회사, 합자회사, 유한책임회사와 같은 인적회사가 이에 해당한다. 이러한 회사의 법률관계를 규율하는 때에는 형식적 사단성과 조합적 실질을 어떻게 조화시킬 것인지의 여부가 문제된다.

상법은 대외적인 문제에 있어서는 법형식적 사단성에 따라 법률관계를 규율하는 한편, 사원과 회사 및 사원 상호간의 법률관계에 있어서는 조합의 실질에 따라 조합적 원리에 입각한 법규율을 마련하고 있다. 이에 부족한 부분은 민법상 조합의 법리에 따라 해결하고 있다(제195조, 제269조, 제287조의 18 등).

Ⅲ. 법인성

1. 법인의 의의

상법상 회사는 모두 법인이다(제169조). 법인이란 단체의 법률관계를 간명하게 처리하기 위한 입법기술로서 권리의무의 주체가 될 수 있는 지위(자격)이다. 사단성은 단체의 내부관계에서 구성원의 결합관계를 의미하는데, 법인격은 단체의 외부관계에서 인격자로 나타나는 문제이다.

2. 법인의 속성

회사의 법인성은 사원재산과 법인재산을 분리시켜 법인자체의 채권자에 대한 배타적인 책임재산을 조성하는 데에 그 의의가 있다. 그리하여 법인의 일반적 속성으로는 ① 법인자체의 명의로 권리의무의 주체가 되고, ② 법인자체의 명의로 소송당사자가 되며, ③ 법인의 재산에 대하여는 법인자체에 대한 집행권원(채무명의)에 의하여만 강제집행할 수 있고, ④ 법인의 재산은 법인 구성원(사원)의 재산과 구별되므로, 구성원 채권자의 책임재산(강제집행의 대상)이 되지 아니하고, ⑤

법인의 채권자에 대하여는 법인자체의 재산만이 책임재산이 되고, 법인 구성원(사원)의 재산은 책임재산이 되지 아니하는 것 등이 있다.

이러한 법인의 속성은 조합적 성질이 있는 합명회사·합자회사에서는 희박하고 주식회사에서 가장 뚜렷하다. 그리하여 합명회사, 합자회사 및 유한책임회사의 경우에는 사원의 채권자가 사원의 지분을 압류하여 그 사원을 퇴사시킬 수 있다(제223조, 제224조, 제269조, 제287조의 29). 이 경우에는 퇴사에 의한 지분반환청구권에 지분압류의 효력이 미치므로 ④의 속성이 없다. 그리고 합명회사·합자회사의 사원은 회사채권자에 대하여 직접책임을 지므로(제212조, 제268조), ⑤의 속성도 없다. 주식회사의 경우에는 채권자가 사원을 퇴사시킬 수 있는 제도가 없고, 사원의 유한책임원칙이 확립되어 있기 때문에 ① 내지 ⑤의 속성을 모두 갖고 있다. 그리하여 주식회사형태의 남용을 방지하기 위한 목적에서 발전한 이론이 法人格否認論이다.

이와 같이 같은 법인일지라도 재산관계의 독립성에는 회사마다 차이가 있다. 리고 비법인단체일지라도 사안에 따라서는 법인의 속성을 갖는 경우도 있다. 비법인사단(unincorporated association)[1] 등의 당사자능력이 이에 속한다(민사소송법 제52조). 대표적으로는 동창회, 정당, 종중, 학회 또는 설립 중의 회사 등을 들 수 있다.[2]

3. 회사와 법인성

법인의 속성은 회사마다 차이가 있지만, 공통적인 요소도 있다. 이에 해당하는 것으로는 ① 회사는 자기 스스로 법률상 모든 권리의무의 주체가 되고, ② 자연인과 같이 자기를 나타내는 상호가 있어야 하며, ③ 회사활동의 중심지로서 회사 스스로의 주소인 본점, 즉 주된 영업소를 가져야 한다(제171조).

회사를 법인으로 할 것인지 여부는 입법정책의 문제이다. 그리하여 각국은 입법례에 따라 약간의 차이가 있다. 프랑스법과 일본법은 우리나라와 같이 모든

---

1) 비법인사단이라고 함은 일정한 목적을 가지고 조직된 계속성이 있는 다수인의 결합체로서 그 의사결정과 구성에 관한 내부규약과 그에 의하여 자격이 인정되는 업무집행기관 및 대표자 등의 정함이 있는 법인 아닌 단체이다. 즉 일정한 목적을 달성하기 위하여 결합한 사람의 단체로서 법인격이 없는 사단이다.
2) 대법원 1991. 5. 28. 선고 91다7750; 1967. 1. 31. 선고 66다2334.

회사를 법인으로 규정하고 있다. 독일법이나 영미법은 회사에 따라 법인성이 인정되는 것과 인정되지 않는 것이 있다. 독일법에서는 주식회사(AG)와 주식합자회사(KGaA) 및 유한회사(GmbH)는 법인이지만 합명회사(OHG)와 합자회사(KG)는 법인이 아니고 단순한 조합에 불과하다. 영미법에서는 물적회사인 company(영국)와 corporation(미국)은 법인이지만 인적회사인 partnership과 limited partnership은 법인이 아니다.

Ⅳ. 영리성

1. 의의

회사는 상행위 기타 영리를 목적으로 하는 법인이다(제169조, 민법 제32조 참조). 영리성은 회사를 설립하는 동기이다. 그리고 영리성은 회사의 존재와 활동을 성격지우는 표상이므로 회사가 존속하는 동안 항상 요구되는 개념요소이다.

회사는 항상 영리를 추구하여야 하므로 정관에는 회사가 경영하는 사업으로서의 영리사업이 명시되어야 한다. 다만, 이러한 영리를 목적으로 하는 것은 대외적인 활동에 의하여 회사자신의 이익을 추구하는 것만으로는 부족하고, 대내적으로는 회사사업에서 발생한 이익을 사원에게 분배하는 구조를 갖추어야 한다.

2. 영리추구

회사가 영리를 추구하여야 한다는 것은 대외적인 거래에서 이익을 추구하여야 한다는 뜻이다. 이 점에서 단체내부에서 구성원의 이익을 추구하는 상호보험회사, 중소기업협동조합, 새마을금고 또는 회원조직인 각종 거래소나 협회 등과 구별된다. 즉 이들 단체는 사단법인이고 잉여금을 구성원들에게 분배하지만(보험업법 제63조, 중소기업협동조합법 제71조, 새마을금고법 제35조) 대외적인 수익활동을 하지 않으므로 제169조상의 영리활동을 하는 것이 아니다. 따라서 상법상 회사가 아니다.

회사는 대외적으로 기본적 상행위(제46조)를 할 때에는 당연상인(제4조)이지만, 기본적 상행위를 하지 않더라도 그 영리성으로 인하여 상인으로 본다(제5조 제2항). 이러한 회사를 의제상인 또는 설비상인이라고 한다. 따라서 회사에 대하여는 상법총칙과 상행위편이 일반적으로 적용된다. 그리고 그 활동에 있어서도 사업을 직접 영위하지 아니하고 이를 임대하여도 무방하다.

3. 이익의 분배

회사가 영리를 목적으로 하기 위하여는 영리행위를 목적으로 할 뿐 아니라 영리행위에 의하여 얻은 이익을 내부적으로 그 사원에게 분배하는 것까지를 그 목적으로 하여야 한다. 이 점에서 일반자선단체나 민법상의 비영리법인과 구별되며, 공법인이 그 수단으로서 영리사업을 하는 경우에도 영리법인, 즉 회사로 인정되지 아니한다. 예를 들면, 한국마사회가 시행하는 경마의 개최(한국마사회법 제3조), 한국방송공사의 상업방송 수익사업(방송법 제54조 제1항 제11호) 등이 이에 해당한다.

이익의 분배라 함은 이익배당, 지분증가 또는 잔여재산분배 등의 방법에 의하여 회사가 얻은 이익을 사원에게 귀속시키는 것을 말한다. 이익배당에 관한 제462조 및 제583조, 중간배당에 관한 제462조의 3의 규정 등이 이에 해당한다. 그리고 회사가 정관에 영리성을 정하고 있는 한 항상 현실적인 이익을 분배할 필요는 없다. 예를 들면, 결산시 결손으로 인하여 이익배당을 하지 못하거나 또는 자선단체나 학교에 기부함으로써 이익분배를 일시 중지하더라도 영리성이 부정되지 아니한다.

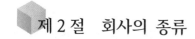

제 2 절   회사의 종류

Ⅰ. 상법전상의 분류

1. 회사법정주의

상법은 회사를 그 신용의 기초인 사원의 책임에 따라 합명회사, 합자회사, 주식회사, 유한회사 및 유한책임회사 등 5종류의 회사를 인정함과 동시에 회사를 5종류로 한정한다는 점을 밝히고 있다(제170조). 상법이 회사를 5종류로 한정한 것은 기업의 주체인 회사는 다수의 이해관계인이 있기 때문에 회사의 범위와 그 법률관계를 명확히 하여 회사, 주주 및 채권자 등 제3자의 이익을 보호하기 위함이다.

2. 구별기준 : 사원의 책임형태

(1) 유한책임과 무한책임

회사의 사원의 책임이란 넓은 의미에서는 사원이 그 사원자격에 기초하여 부담하는 모든 지급의무를 말한다. 그 내용에는 ① 사원이 회사에 대한 출자의무, ② 회사의 채무를 사원이 변제할 의무, ③ 사원 상호간의 손실분담의무, ④ 다른 사원의 현물출자의 가격부족액 또는 출자미필액을 회사에 대하여 塡補할 의무 등이 포함된다.

회사의 분류의 기준이 되는 책임은 위의 ②에서 말하는 협의의 책임인데, 이는 회사의 채무를 변제할 책임에 한계가 있느냐의 여부에 따라서 무한책임과 유한책임으로 나뉜다. 무한책임이란 사원이 회사의 채무를 변제할 무제한의 책임을 부담함을 뜻한다. 유한책임이란 사원이 각자의 출자액을 한도로 책임짐을 뜻한다. 이와 관련하여 합명회사는 2인 이상의 무한책임사원만으로 구성되는 회사이며(제212조), 합자회사는 무한책임사원과 유한책임사원 각 1인 이상으로 구성되는 회사이다(제268조). 이에 대하여 주식회사의 사원, 즉 주주의 책임은 유한책임이다(제331조). 유한회사의 사원의 책임도 유한책임이다(제553조). 다만, 회사에 대한 資本塡補責任이 있다는 점3)에서 주식회사와 다르다(제550조, 제551조). 유한책임회사는 유한회사와 유사하나 회사에 대한 자본전보책임이 없다는 점이 다르다.

(2) 직접책임과 간접책임

회사의 종류는 사원이 직접 회사채권자에 대하여 변제책임을 지는 직접책임 또는 회사재산으로 책임을 지는 간접책임인지의 여부에 따라 구별된다. 간접책임이란 회사의 사원은 회사채무에 대하여 어떠한 변제의무를 부담하지 아니하고 단순히 회사에 대하여 출자의무만을 부담하는 것을 말한다. 즉 그 출자가 회사를 통하여 간접적으로 회사채권자에 대한 변제의 담보가 되기 때문에 그러한 의미에서 간접책임이라고 한다.

---

3) 1. 현물출자 등에 따른 사원의 책임 : 현물출자 또는 재산인수의 목적인 재산의 實價가 증자결의에 의하여 정한 가격에 현저하게 부족할 때에는 그 결의에 동의한 사원은 회사에 대하여 그 부족액을 연대하여 지급할 책임이 있다(제593조 제1항).
   2. 미인수출자 또는 출자미필액에 대한 이사의 책임 : 증자 후 아직 인수되지 아니한 출자가 있는 때에는 이사와 감사가 이를 공동으로 인수한 것으로 본다(제594조 제1항).

(3) 회사별 책임분류

사원의 책임형태를 상법상 5종류의 회사에 적용하면, 주식회사는 간접적이고 유한책임을 지는 사원, 즉 출자금액을 한도로 회사에 대하여만 책임을 지고 회사채권자에 대하여는 직접책임을 부담하지 아니하는 간접·유한책임을 지는 주주로만 구성되는 회사이다. 유한회사도 마찬가지로 간접·유한책임을 지는 지분권자로만 구성되는 회사이다. 유한책임회사는 유한책임사원만으로 구성된다. 사원의 유한책임이란 주식인수인의 책임(제331조)과 같이 회사에 대한 출자이행책임만을 뜻하므로, 이 회사 역시 간접·유한책임사원으로 구성되는 회사이다.

이에 비하여 합명회사는 그 구성원이 무한책임사원이므로 회사채무에 대하여 채권자에게 직접·무한·연대책임 사원만으로 구성되는 회사이다(제212조). 합자회사는 무한책임사원과 유한책임사원으로 구성된다. 무한책임사원은 회사의 채무에 대하여 합명회사의 사원책임과 동일하나, 유한책임사원의 책임은 그 출자가 재산출자에 한정되고(제272조), 회사채무에 대하여는 출자액을 한도로 직접 책임을 지는 데 그치므로(제279조) 직접·유한책임사원이라고 할 수 있다.

3. 인적회사와 물적회사

(1) 인적회사

상법상 인적회사는 그 실질이 개인상인의 조합적 결합체로서 인적 신뢰관계에 있는 구성원만으로 이루어진 인적 집단기업의 법적 형태이다. 따라서 회사의 내부관계로서 회사와 사원간의 관계와 아울러 사원 상호간의 법률관계가 성립할 실질적 기초를 갖는다. 회사의 의사결정은 頭數主義를 취한다.

각 사원은 개인상인처럼 회사의 운영에 관한 의사결정 및 업무집행에 관한 권리를 가지고, 기업의 소유·지배·경영의 3자는 원칙적으로 각 사원에게 분속한다. 즉 소유와 경영이 일치하여 회사는 자기기관에 의하여 운영된다. 이 점에서 인적회사는 개인주의적 회사라고 할 수 있다. 그리고 대외적 신용 면에 있어서도 사원이 회사의 채권자에게 직접·무한책임을 지므로 각 사원의 인적 신용이 중시된다. 이러한 책임구조로 인하여 물적회사에서 강하게 요구되는 자본충실이 인적회사에서는 큰 의미를 갖지 못하고, 출자에 있어서도 재산출자 외에 노무출자·신용출자가 인정된다(예: 무한책임사원).

합명회사의 사원의 지위는 원칙적으로 이전이나 상속에 제한을 받고(제197조·제218조 제3호), 사원이 1인이 된 때에는 해산한다.

(2) 물적회사

물적회사는 사원의 개성보다는 회사재산이 중시되는 회사형태이다. 즉 물적회사는 각 사원의 조합적 결합체라기보다는 제공된 자본의 집중체이다. 따라서 회사의 내부관계에서는 회사와 사원간의 관계 외에 사원 상호간의 관계는 희박하다. 출자자는 단순히 자본이윤에의 참가만을 목적으로 하여 결합한다. 즉 사원은 유한책임만을 부담하며, 중요한 사항의 결정에는 참여하지만, 직접 업무집행에는 관여하지 아니하므로 소유와 경영이 분리된다. 이 점에서 물적회사는 단체주의적 회사라고 할 수 있다. 회사의 의사결정은 원칙적으로 인적회사에서와는 달리 頭數主義가 아닌 출자액의 크기에 비례한 다수결의 원칙을 따른다. 사원은 회사채권자에 대하여 간접·유한책임을 지므로 회사재산이 대외적 신용의 유일한 기초가 된다. 그리하여 출자의 종류도 금전 기타 담보가치가 있는 재산출자에 한하고, 회사의 채무에 대한 책임재산을 확보하기 위하여 資本充實責任이 강조된다. 그리고 회사의 조직개편시 채권자보호절차에 관한 규정도 정비되어 있다(제527조의 5·제530조의 9·제530조의 11).

한편 물적회사는 사원의 개성을 중시하지 아니하므로 사원수가 많은 것이 일반적이고, 사원의 지위는 원칙적으로 자유로이 양도할 수 있으며, 1인회사도 인정된다.

(3) 회사별 비교

인적회사와 물적회사의 특징에 비추어 보면 인적회사의 典型은 합명회사이다. 합명회사의 사원은 회사채권자에게 직접·연대·무한의 변제책임을 지는 반면에, 각 사원은 회사의 업무를 집행하고 회사를 대표할 권한을 갖으며 전 사원이 회사의 소유자이기 때문이다. 그리고 회사채권자에 대한 관계와 사원들 상호간의 관계에서도 사원 개인의 신용이 중시되고, 사원수가 다수일 필요는 없다. 그 지분의 양도도 다른 사원 전원의 동의를 요하는 등(제197조) 자유롭지 못하다. 이 점에서 장부상 회사재산은 상대적으로 덜 중요하다.

물적회사의 전형은 주식회사이다. 주식회사의 주주는 그가 가지고 있는 주식의 인수가액을 한도로 하는 출자의무를 부담할 뿐이고, 회사채무에 대하여는 어떠한 책임도 부담하지 아니한다. 동시에 주주인 자격에서 회사의 업무를 집행하는 권한을 가지는 것도 아니기 때문에 소유와 경영이 분리된다. 회사의 신용은 오로지 회사재산이 중심이 되므로 회사재산을 보전하는 것이 중요하다. 사원수는 일반적으로 다수이지만, 사원이 누구인지 그리고 사원개인의 재산은 중요하지 않다. 사원의 지위의 양도도 원칙적으로 자유롭다.

이 밖에 합자회사와 유한책임회사·유한회사는 두 가지 특징을 아울러 가지고 있다. 다만, 합자회사는 인적회사의 기초에 유한책임사원제도가 있기 때문에 물적회사의 요소를 가미한 회사이다. 유한회사는 물적회사의 기초에 조직의 폐쇄성이 있는 점 등에서 인적회사의 요소를 가미한 회사이다. 유한책임회사는 사원의 성명을 정관에 기재하는 점 등(제287조의 3 제1호, 제179조 제1호 내지 제3호·제5호·제6호)에서 기본적으로 인적회사인데, 사원의 유한책임이라고 하는 물적회사(주식회사)의 요소를 반영한 회사이다. 즉 대내적으로는 인적회사이고, 대외적으로는 사원의 책임부담 측면 등에서 물적회사의 성격을 띠고 있다.

한편 합명회사 및 합자회사는 사원이 1인이 되면 해산한다(제227조·제285조). 그러나 유한책임회사는 1인회사도 인정된다. 청산은 임의청산을 원칙으로 하고(제247조 제1항), 임의청산방법으로 할 수 없는 때에는 법정청산절차에 의한다(제250조). 다만, 유한책임회사가 해산한 때에는 임의청산(제247조 내지 제249조)이 허용되지 아니한다(제287조의 45). 그러므로 회사가 해산하면 총사원의 과반수로 청산인을 선임하여야 하며, 청산인을 선임하지 않은 때에는 업무집행자가 청산인이 된다(제287조의 45·제251조). 기타 청산절차는 합명회사의 경우와 같다(제251조 내지 제257조, 제259조 내지 제267조).

(4) 구별의 실익

회사를 그 성격에 따라 분류하는 것은 상법상 각종 회사의 기본적 특색을 파악할 수 있는 데 그 실익이 있다. 즉 사원의 개성이 회사에 어느 정도 몰입될 수 있는지에 따라 출자의 종류와 정도, 사원수의 다소, 사원의 책임의 종류와 정도, 회사재산의 독립성, 회사업무에 관여하는 정도, 지분양도의 용이성 여부, 회사의 의사결정의 방법 및 회사해산의 사유 등 회사의 법률관계 전반에 차이를 야기하므로 그 기본적 특질을 규명함에 있어 도움이 되는 점에 실익이 있는 것이다.

4. 모회사·자회사

상법상 모회사라고 함은 다른 회사(乙회사)의 발행주식총수의 100분의 50을 초과하는 주식을 가진 회사(甲회사)를 말하고, 자회사는 그 다른 회사(乙회사)를 뜻한다(제342조의 2 제1항 본문). 상법은 모자회사 관계를 확대하여 ① 자회사가 다른 회사(丙회사)의 발생주식총수의 100분의 50을 초과하는 주식을 갖거나, ② 자회사와 모회사가 가진 것을 합산하여 다른 회사(丙회사)의 주식을 100분의 50을 초과하는 경우 그 다른 회사(丙회사)는 모회사(甲회사)의 자회사로 본다(제342조의 2 제3항). 이를 孫會社라고 부르기도 한다.

5. 비모자회사

상법상 회사(甲), 母會社(乙) 및 子會社(丙) 또는 子會社(丙)가 다른 회사(丁)가 발행한 주식총수의 10분의 1을 초과하는 주식을 가진 경우, 그 다른 회사(丁)가 가지고 있는 회사(甲) 또는 母會社(乙)의 주식은 의결권이 없다. 이를 비모자회사 관계라고 한다.

Ⅱ. 법원상의 분류

상법을 근거로 하여 성립·존속하는 회사를 「상법상의 회사」 또는 「일반법상의 회사」라 하고, 상법규정 외에 특별법의 규율을 받는 회사를 「특별법상의 회사」라 한다. 특별법상의 회사는 다시 일반적 특별법에 의한 회사와 특수회사로 구별된다. 「일반적 특별법에 의한 회사」는 특정업종을 목적으로 하는 회사에 일반적으로 적용되는 특별법의 규제를 받는 회사로서 은행(은행법), 보험회사(보험업법), 자산운용회사(또는 투자신탁운용회사 혹은 에셋매니지먼트회사, 자본시장법) 등을 예로 들 수 있다. 「특수회사」는 특정의 회사를 위하여 특별히 제정된 특별법에 의하여 설립된 회사로서 한국전력공사(동법), 한국도로공사(동법) 및 한국조폐공사(동법) 등이 대표적인 예이다. 이들은 정부가 자본의 일부 또는 전액을 출자한 공기업이다.

Ⅲ. 민사회사·상사회사

영리를 목적으로 하는 사단은 상사회사 설립의 조건에 따라 이를 법인으로 할 수 있으며(민법 제39조 제1항), 이 법인에는 상사회사에 관한 규정을 준용한다(동조 제2항). 이로부터 상행위를 하는「상사회사」와 상행위를 하지 아니하고 영리를 목적으로 하는「민사회사」4)(의제상인)를 구분하는 것이 일반적인 설명이다. 그러나 상법상의 회사는 영리를 목적으로 하면 족하고(제169조), 상행위를 하는지의 여부를 불문하고 상인으로 보므로(제5조 제2항) 양자를 구별할 실익이 없다.

Ⅳ. 내국회사·외국회사·합작회사

내국회사는 우리나라의 법률에 의하여 설립된 회사를 말한다. 이에 대하여 외국법에 의하여 설립된 회사를 외국회사라고 한다. 외국회사도 상법상의 회사와 같은 실질을 가진 영리사단이어야 한다. 외국회사이더라도 국내에 그 본점을 설치하거나 국내에서 영업할 것을 주된 목적으로 하는 때에는 국내에서 설립된 회사와 동일한 규정의 적용을 받는다(제617조).

합작회사(joint company)는 두 개 이상의 회사가 특정사업을 공동으로 수행하기 위하여 자본 또는 기술을 출자하여 설립한 회사를 말한다. 오늘날은 주로 내국인이 외국인과 공동으로 출자하여 설립한 회사를 일컫는다.

Ⅴ. 상장회사·비상장회사

주식이 한국거래소에 상장되어 있느냐의 여부에 따라 구분하는 방식이다. 상장회사는 발행주식이 증권시장에서 거래될 수 있는 회사를 말한다(자본시장법 제542조의 2 제1항). 이에 대비되는 회사를 비상장회사라고 한다.

Ⅵ. 공개회사·폐쇄회사

공개회사는 일반 대중에 소유 지분이 공개된 회사를 말한다. 이에 대비되는

---

4) 대표적인 예로는 농업, 축산업, 수산업 등 원시사업을 목적으로 하는 회사를 들 수 있다.

회사를 폐쇄회사라고 한다. 이에 따라 회사법 및 자본시장법 등의 일부 규정의
적용을 달리하게 된다. 미국에서는 publicly held corporation, closely held
corporation, 영국에서는 public company, private company라고 한다.

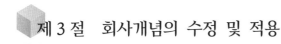

제 3 절 회사개념의 수정 및 적용

Ⅰ. 1인회사

1. 사단성의 입법적 수정

(1) 의의

1인회사(one man company)라고 함은 주식회사의 경우 1인의 주주가 회사의 발
행주식총수를 소유하는 회사를 말한다(예: 주식의 포괄적 교환·이전으로 인한 완전자회사).
회사의 주식 중 일부는 회사가 소유하고 잔여주식은 1인이 소유하는 때에도 1인
회사이다. 유한회사의 경우는 회사의 모든 지분을 1인의 사원이 소유하는 회사를
말한다. 유한책임회사의 경우도 같다.

(2) 학설 및 판례

종래에는 1인회사가 회사의 사단성에 반하고 유한책임의 개인기업을 인정하
는 결과가 된다는 점을 근거로 부정하는 입장도 있었다. 그러나 통설과 판례[5]는
주식회사의 설립 후의 1인회사의 존재를 인정하여 왔다.

(3) 상법의 규정

회사는 사단이므로 기본적으로 복수의 사원이 필요하다. 상법은 합명회사·
합자회사의 경우 모두 2인 이상의 사원이 있어야 성립할 수 있도록 하고 있으며
(제178조, 제268조, 제543조 제1항), 사원이 1인으로 된 때에는 해산사유로 하고 있다(제
227조 제3호, 제269조, 제609조 제1항 제1호). 따라서 합명회사와 합자회사의 경우에 2인
이상의 사원은 회사의 성립요건이자 존속요건이다.

---

5) 대법원 1967. 2. 28. 선고 63다981; 1966. 9. 20. 선고 66다1187·1188.

이에 대하여 상법은 주식회사·유한회사와 같은 물적회사 또는 물적회사의 성격을 겸비한 유한책임회사(제287조의 2·제287조의 38)에 관하여는 1인회사의 설립과 존속을 허용하고 있다(제288조, 제543조 제1항). 다만, 회사가 자기주식을 전부 소유하고, 그 밖의 주주가 없는 경우는 1인회사를 인정할 수 없다. 자기주식은 의결권이 없으므로(제369조 제2항) 의사결정기관인 주주총회가 기능할 수 없기 때문이다.

2. 1인회사의 법률관계

(1) 서

1인회사의 경우는 원칙적으로 주식회사, 유한회사 및 유한책임회사에 관한 규정, 특히 기업의 유지와 회사채권자의 보호에 관한 모든 규정이 적용된다. 다만, 제3자와 이해관계가 없는 내부의 법률관계에 대하여는 복수사원의 존재를 전제로 하는 회사법규정을 적용하거나 법률관계에 대한 수정이 불가피하다. 판례와 통설이 1인회사에 대하여 수정되어야 할 법리로 예시하는 것은 다음과 같다.

(2) 주주총회소집 및 결의에 관한 규정

1) 서

이사회의 결의 없이 주주총회를 개최하거나 1인주주가 주주총회를 열지 않고 의사록을 작성하는 등 주주총회의 운영에 관한 규정을 위반한 경우 해당주주총회 결의의 효력에 관한 규정의 적용 여부에 관하여 다툼이 있다.

2) 학설

가) 적용긍정설   이 학설은 1인회사라 하여 명문의 규정이 없이 조직법적 통제를 완화하는 것은 법적 안정의 측면에서 바람직하지 않다고 한다.[6]

나) 적용부정설   이 학설은 1인회사의 의사는 주주 1인의 의사에 의하여 결정되므로 주주총회의 소집과 결의에 관한 상법과 정관의 규정은 사단성이 없는 1인회사에는 적용되지 않고 그 효력이 일시적으로 정지된다고 한다(통설).

다) 사견   1인회사는 복수의 사원이 존재하여야 하는 사단성이 없으므로 1인주주에 의한 총회의 경우에는 이사회 소집결정이 반드시 필요하지 아니하고, 총회결의의 성립과 결의의 방법에 관한 하자를 이유로 하는 결의의 취소나 부존재는 문제되지 아니한다고 본다(적용부정설).

---

6) 이철송(2024), 49, 540-542면.

3) 판례

판례는 총회소집절차의 결여, 소집권한이 없는 자에 의한 소집 또는 소집결정을 위한 이사회결의에 하자가 있더라도 1인주주가 총회개최에 동의하고 총회에 참석하여 이의 없이 결의한다면 적법한 전원총회로서 결의가 있었다고 본다.[7] 그리고 ① 실제로 총회를 개최한 사실이 없고 단지 1인주주에 의하여 결의가 있었던 것처럼 주주총회 의사록이 작성되었더라도 특별한 사정이 없는 한 결의가 있었던 것으로 보며,[8] 나아가 ② 총회소집절차에 하자가 있거나 주주총회의사록이 작성되지 않았더라도, 1인주주의 의사가 총회의 결의내용과 일치한다면 그러한 내용의 결의가 있었던 것으로 본다(적용부정설).[9]

이 밖에도 판례는 영업양도를 하는 때에 1인주주이자 대표이사인 자의 동의가 있었다면 상법(제374조 제1항)이 요구하는 특별결의를 대신할 수 있다고 한다.[10]

(3) 1인회사와 이사의 자기거래

1) 서

1인회사의 경우에도 이사와 회사간의 거래에 관한 제398조에 따라 이사회의 승인이 필요한지 문제된다.

2) 학설

가) 승인필요설   이 학설에 따르면 회사의 재산은 주주 이외에 회사채권자에 대한 담보가 되므로 1인주주라고 하더라도 회사와 이해관계가 일치된다고 할 수 없기 때문에 제398조에 의한 이사회승인이 필요하다고 한다(다수설).

나) 승인불요설   이 학설은 1인주주와 회사간에는 이해의 충돌이 없기 때문에 1인회사에서의 이사의 자기거래는 이사회의 승인이 없더라도 1인주주의 동의가 있으면 유효하다고 본다(소수설).

다) 사견   소수설과 같이 해석하는 것은 기관의 분화를 본질로 하는 주식회사제도의 이념에 반한다. 그리고 회사채권자를 보호하기 위하여도 1인회사의 경우에도 이사와 회사간의 거래에는 이사회의 승인이 필요하다(승인필요설). 다만, 이사가 1인만 있는 회사가 자기거래를 하는 때에는 총회의 승인이 필요하므로(제383

---

7) 대법원 2010. 6. 24. 선고 2010다13541; 1966. 9. 20. 선고 66다1187·1188.
8) 대법원 1993. 6. 11. 선고 93다8702; 1976. 4. 13. 선고 74다1755.
9) 대법원 2020. 6. 4. 선고 2016다241515·241522.
10) 대법원 1976. 5. 11. 선고 73다52.

조 제4항) 1인주주 겸 1인이사는 이사회의 승인 없이 자기거래를 할 수 있다.

3) 판례

1인회사와 이사의 자기거래시 이사회의 승인이 필요한지에 대한 직접적인 판례는 없다. 다만, 간접적으로 승인불요설의 입장을 취하고 있다. 그리하여 대법원은 제398조는 회사와 주주의 이익을 보호하기 위한 규정이므로 1인회사가 아닌 경우에도 이사회의 승인을 요하는 채무부담행위에 대하여 사전에 주주 전원의 동의가 있었다면 회사는 이사회의 승인이 없었다는 점을 이유로 책임을 회피할 수 없다고 판시하였다.[11]

(4) 의결권의 제한

상법상 주주총회의 의안에 특별한 이해관계가 있는 주주는 의결권을 행사할 수 없다(제368조 제4항). 그러나 1인회사에 이 규정을 적용한다면 주주총회의 결의가 행해질 수 없다. 그리고 상법상 감사의 선임시 100분의 3 이상을 가진 주주의 의결권은 100분의 3으로 제한되는데(제409조), 이 규정 역시 총주식을 1인이 소유하고 있는 1인회사에 적용하는 것은 의미가 없다.

(5) 주식의 양도제한 규정

주식의 양도는 정관의 규정에 따라 이사회의 승인을 얻도록 할 수 있다(제335조 제1항 단서). 이 규정은 1인회사에도 적용된다. 그러나 이사가 1인 또는 2인인 회사에서는 이사회의 승인에 갈음하여 주주총회의 승인을 받아야 하므로(제383조 제4항, 제335조 제1항 단서) 1인주주는 임의로 주식을 양도할 수 있다.

(6) 1인회사와 업무상 배임·횡령

1인주주라고 해서 바로 「주주＝회사」라는 등식은 성립하지 않는다. 그러므로 (실질적) 1인주주 겸 대표이사인 자가 범죄적인 방법으로 회사에 손해를 가한 경우에는 배임죄가 성립한다.[12] 또 1인회사의 경우에도 회사와 주주는 별개의 인격을 가지고 있기 때문에 1인회사의 재산이 곧 1인주주의 것으로 볼 수 없다. 그러므로 1인주주가 회사재산을 임의로 영득한 경우에는 횡령죄가 성립한다.[13]

---

11) 대법원 2017. 8. 18. 선고 2015다5569; 1992. 3. 31. 선고 91다16310.
12) 대법원 2012. 6. 14. 선고 2010도9871; 1983. 12. 13. 선고 83도2330.
13) 대법원 2010. 4. 29. 선고 2007도6553; 1989. 5. 23. 선고 89도570.

(7) 법인격부인론과의 관계

1인회사는 주주의 재산과 회사의 재산이 혼용되어 법인격이 形骸에 불과한 경우가 많다. 따라서 1인회사에 대하여는 법인격부인론을 적용할 소지가 크다.

(8) 수탁주주지위와의 관계

종래의 판례는 형식적으로 복수의 주주(사원)가 존재하더라도 실질적으로는 1인주주(甲)가 주식(지분)을 전부 소유하고 다른 주주(乙)는 단지 그 1인주주(甲)의 株主名義受託者에 불과한 경우에도 甲의 1인회사로 보았다(실질설).[14] 그러나 최근의 주주확정에 관한 판례는 과거의 실질설에서 형식설로 입장을 변경하였다. 이에 따라 乙의 1인회사가 된다.[15]

Ⅱ. 법인격부인론

1. 의의

법인격부인론(doctrine of the disregard of the corporate entity)이란 회사가 법인제도를 남용하는 경우에 회사와 특정한 제3자간에 문제된 법률관계에 한하여 그 법인격을 부인하고 회사와 그 배후에 있는 사원을 동일시하여 회사의 책임을 사원에게 묻는 것을 말한다. 이 법리는 주로 주식회사의 주주가 유한책임제도를 악용함으로써 나타나는 弊端을 해결하기 위하여 등장하였다. 본래 회사는 법인이므로 구성원인 사원과는 별개의 인격을 갖는다. 그럼에도 불구하고 그 형식적 독립성을 관철하는 것이 회사제도의 목적에 어긋나고 정의와 형평에 반하는 경우에 적용되는 것이 법인격부인의 법리이다. 이에 따라 A회사가 자기의 채무를 변제할 능력이 없고 소정의 요건을 구비하면, A회사의 채권자 甲은 A회사의 존재를 부인하고 그 배후에 있는 지배주주 乙에게 책임을 물을 수 있게 된다.

---

14) 대법원 1993. 6. 11. 선고 93다8702.
15) 대법원 2017. 3. 23. 선고 2015다248342 전원합의체; 이 판결은 수탁주식에 대한 1인주주의 확정의 문제뿐만이 아니라 ① 명의개서미필주주의 지위, ② 하자 있는 주주총회에 대한 제소권자, ③ 타인명의에 의한 주식인수시의 주주의 확정 등 여러 가지 분야에 영향을 미치고 있다(박수영, "형식주의 주주권 - 대법원 2017. 3. 23. 선고," 경제법연구 제16권 제2호(2017. 8), 3면 이하).

2. 법인격부인론의 적용범위

법인격부인론은 주주가 사업으로 인한 위험부담을 줄이기 위하여 실제 사업은 개인기업과 다름없이 운영하고, 회사의 법인격은 제3자에 대한 책임을 회피하는 데만 이용되는 경우에 적용된다. 그리고 모자회사와 같이 주주가 법인인 경우에도 적용될 수 있다. 또한 소규모회사나 콘체른과 제3자와의 법률관계에서 회사와 주주를 동일시하여 제3자를 보호하려는 데에도 이용될 수 있다. 뿐만 아니라 소규모 주식회사가 도산한 경우 그 실질적인 1인주주의 개인책임을 추궁하기 위하여도 원용될 수 있다. 이른바 유한책임을 배제할 수 있는 것이다.

3. 법인격부인론의 발전

법인격부인론은 19세기 후반부터 미국의 판례와 학설에서 생성·발전하였다. 즉 회사가 그 배후에 있는 지배주주의 대리인 또는 수단에 지나지 아니하는 경우 회사의 법인격 또는 기업의 실체를 부인하거나(disregard of the corporate fiction) 회사의 베일을 벗긴다(Piercing the corporate veil)는 데에서 연유한다. 독일에서는 1920년대부터 미국과 같은 취지의 투시이론(Durchgriffslehre)을 통하여, 영국과 프랑스 등 많은 국가에서는 제2차 세계대전 이후 본격적으로 이 법리가 발전되었다. 일본은 1969년 최고재판소 판결이 이를 채택한 이래 회사법의 해석원리로 삼고 있다. 우리나라에서는 1974년 서울고법 및 1988년 대법원[16]에서 이 법리를 적용한 이후 판례이론으로 정착되었다.

4. 법인격부인의 이론적 근거

독일과 일본은 법인격부인론의 법리적 근거를 주로 權利濫用禁止에서 찾고 있다. 우리나라의 학설과 판례도 법인격부인론의 근거를 신의칙(민법 제2조 제1항)[17] 내지는 권리남용금지(민법 제2조 제2항)[18]의 원칙에서 구하는 것이 일반적이다. 예를 들면, 甲이라는 개인이 완전히 지배하고 있는 A회사가 오피스텔을 신축하여 분양하였는데, 자금난으로 공사를 계속하지 못하자, 분양계약자들이 분양계약을 해제

---

16) 서울고법 1974. 5. 8. 선고 72나2582; 대법원 1988. 11. 22. 선고 87다카1671.
17) 대법원 2019. 12. 13. 선고 2017다271643; 2004. 11. 12. 선고 2002다66892.
18) 대법원 1988. 11. 22. 선고 87다카1671.

하고 분양대금의 반환을 청구한 사건에서 대법원은 '회사(A)가 실질에 있어서 배후에 있는 타인(甲)의 개인기업에 불과하거나 배후자에 대한 법률적용을 회피하기 위한 수단으로 쓰여지는 때에는 회사와 그 배후자가 별개의 인격체임을 내세워 회사(A)에게만 법적 효과가 귀속됨을 주장하면서 배후자(甲)의 책임을 부정하는 것은 신의에 위반되는 법인격의 남용이다.'는 이론을 전개하였다.[19]

5. 적용요건

(1) 요건의 충족시점

법인격부인론의 적용요건으로는 객관적 요건과 주관적 요건이 있다. 객관적 요건의 충족시점은 법인격이 형해화되었다고 볼 수 있는 시점을 말한다. 그러므로 문제되는 법률행위나 사실행위를 한 시점을 기준으로 판단된다.[20] 주관적 요건의 경우는 법인격을 남용하였다고 볼 수 있는 시점을 말한다. 그러므로 법인격이 형해화 될 정도에 이르지 않더라도 채무면탈 등의 남용행위를 한 시점을 기준으로 판단된다.[21]

(2) 객관적 요건

1) 의의

국내 및 외국의 판례가 공통적으로 제시하는 법인격부인을 위한 객관적 요건은 다음과 같다.

2) 지배의 완전성

지배의 완전성이란 회사가 그 자체의 독자적인 의사 또는 존재를 상실하고 지배주주가 자신의 사업의 일부로서 회사를 운영한다고 할 수 있을 정도로 완전한 지배력(complete domination)을 행사하고 있는 것을 의미한다. 이 요건을 요구하는 것은 법인격을 부인하기 위하여는 회사가 별개의 인격체로서의 존재의의를 상실하였다고 볼 수 있어야 하기 때문이다. 따라서 ① 회사를 단독으로 또는 사실상 지배하면서 회사의 부동산을 정당한 대가를 지급하지 않고 사용·수익한 사정만으로,[22] 또는 ② 지배주주나 모회사가 회사의 이사 선임 등 의사결정에 강한

---

19) 대법원 2019. 12. 13. 선고 2017다271643; 2001. 1. 19. 선고 97다21604.
20) 대법원 2023. 2. 2. 선고 2022다276703; 2008. 9. 11. 선고 2007다90982.
21) 대법원 2023. 2. 2. 선고 2022다276703; 2013. 2. 15. 선고 2011다103984.
22) 대법원 2023. 2. 2. 선고 2022다276703; 2006. 8. 25. 선고 2004다26119.

지배력을 갖는 것은 주주로서의 정당한 권리행사이므로, 이런 사실만으로는 지배의 완전성을 충족하지 못한다.[23]

3) 업무 및 재산의 혼용

업무의 혼용이란 회사의 존재가 외견상 인정되기 어렵거나 또는 주주와 회사가 동종영업을 수행하는 경우 등을 말한다. 재산의 혼용이란 주주 및 회사간 영업소의 공동이용 또는 양자의 회계구분이 없는 경우 등을 말한다. 그리하여 지배주주와 회사 양자가 업무 및 재산 등이 서로 혼용되어 있어 그 주체를 구분하기 어려워야 한다.[24] 지배의 완전성 요건을 충족하더라도 업무와 재산이 혼용되지 아니한다면, 회사채권자가 책임의 주체에 오인을 하지 아니하고 회사의 책임재산도 보존될 수 있다. 다만, 이에 대하여는 외관법리에 의하여 상대방을 보호하여야 한다는 입장이 있다.[25]

4) 사업규모대비 과소자본

법인격부인론은 과소자본의 경우 사원의 유한책임을 배제하는데 그 독자적인 의의가 있다고 본다.[26] 법인격부인론을 적용한 판례 중에는 사업규모에 비하여 자본이 과소하다는 점을 지적한 사례도 있다.[27] 그러나 이 판례는 단지 보조적인 판단자료에 불과하고, 법인격부인의 요건으로 삼고 있지는 않다.

5) 휴면회사의 해산의제

상법은 거래의 안전을 보호하고, 주식회사와 등기제도에 대한 신뢰를 확보하고자 휴면회사의 해산의제제도를 두고 있다(제520조의 2. 후술). 이 제도와 법인격부인의 입법취지와 적용국면은 서로 다르다. 그리고 해산의제제도의 경우는 주주총회의 특별결의로 회사를 계속할 수 있다(제520조의 2 제5항). 따라서 해산간주등기만으로 곧바로 법인격이 형해화되었다고 단정할 수는 없다.[28]

---

23) 대법원 2006. 8. 25. 선고 2004다26119.
24) 김·노·천(2024), 62면; 이철송(2024), 55면; 同旨 대법원 2006. 8. 25. 선고 2004다26119; 2001. 1. 19. 선고 97다21604.
25) 黒沼悦郎(2020), 36面.
26) 同旨 이철송(2024), 55−56면; 정찬형(2022), 470면; 江頭憲治郎(2021), 47面.
27) 대법원 2001. 1. 19. 선고 97다21604.
28) 대법원 2023. 2. 2. 선고 2022다276703.

(3) 주관적 요건

1) 서

법인격부인이론을 적용하기 위하여는 객관적 요건 외에도 법인격을 이용한 위법 또는 부정한 목적, 즉 주관적 요건이 있어야 하는지에 관하여 견해가 나뉜다.

2) 학설

가) 불요설   이 학설은 법인격을 남용하고자 하는 주관적인 의사 내지 목적을 입증하기가 사실상 쉽지 않으므로 주관적 요건을 요구하여서는 아니 된다고 한다(다수설). 이같이 해석하면 법인격 남용의 입증책임이 완화되는 효과가 있다.

나) 필요설   이 학설은 법인격부인이론은 그 적용상의 남용을 방지하고 법적 안정성을 위하여 주관적 요건이 필요하다고 한다. 특히 위법 또는 부정한 목적의 요건에 대한 입증은 회사설립의 경과·지배상황 등 객관적인 사실에서 추정될 수 있는 것이므로 반드시 어려운 것은 아니라고 한다(소수설).[29]

3) 사견

주관적 요건, 즉 남용의사를 요구한다면 입증의 어려움으로 법인격부인이론의 효용은 반감될 것이다. 회사의 사업이 특정주주의 개인사업처럼 운용된다는 사실 자체만으로도 회사제도의 이익을 누릴 가치가 없으므로 주주의 남용의사는 필요하지 않다고 본다(불요설).

4) 판례

판례 중에는 법인격을 부인하기 위하여는 회사의 법인격이 지배주주에 대한 법률 적용의 회피, 채무면탈 또는 계약상의 채무회피 등 위법한 목적 달성을 위하여 회사제도를 남용하려는 주관적 의도가 있어야 한다고 본 사례가 있다.[30] 이 법리는 제3자가 개입한 폐업회사와 양수회사간에도 적용된다. 그리하여 제3자(甲)가 폐업회사(A)로부터 재산을 양수한 다음 이를 다시 다른 회사(B. 양수회사)에게 양도한 경우에는 그 다른 회사(B)가 제3자(甲)로부터 재산을 이전받는 대가로 폐업회사(A)의 자산을 이용하고도 그 폐업회사에 정당한 대가를 지급하지 아니한 것은 회사제도를 남용한 것으로써 법인격부인의 대상이 된다고 본다.[31] 따라서 A회사의 채권자는 B회사에게 채무의 이행을 청구할 수 있다.

---

29) 同旨 대법원 2023. 2. 2. 선고 2022다276703.
30) 대법원 2010. 2. 25. 선고 2007다85980; 2006. 8. 25. 선고 2004다26119.
31) 대법원 2019. 12. 13. 선고 2017다271643.

6. 부인효과

(1) 실체법적 효과

법인격부인론이 적용된다고 하더라도 회사의 법인격이 일반적으로 부정되는 것은 아니다. 단지 문제된 사안에 한하여 법인격이 부인된다. 그 결과 회사의 금전채무는 지배주주의 채무로 인정된다. 이때에도 회사의 책임은 소멸하지 않고 부진정연대책임을 진다. 이것이 법인격부인의 주된 효과이다. 이 외에도 공평의 원칙상 문제된 거래의 부수적인 효과, 즉 이행되지 않은 반대급부에 대한 회사의 권리는 주주가 취득하며 각종 항변권도 주주가 행사한다고 본다.32) 그리고 화해계약·경업금지의무 등 특정채무가 회사·주주간으로 확장되는 효과도 생긴다.

(2) 소송법적 효과

회사의 채권자가 회사를 상대로 한 소송에서 승소한 경우 법인격부인의 요건을 충족하는 그 회사의 지배주주에 대하여 기판력과 집행력 등 판결의 효력을 미치게 할 수 있는지 문제된다. 다수설은 집행절차의 형식성, 명확성 및 안정성의 요청에 따라 이를 부정한다. 판례 역시 법인격을 부인하기 위하여는 별도의 사실인정과 법해석이 필요하므로 회사에 대한 승소판결의 기판력이 당연히 주주에게 미친다고 볼 수 없다고 한다.33) 즉 회사의 채권자가 A라는 사실행위로 인하여 승소하더라도 그 기판력을 근거로 바로 법인격을 부인할 수는 없고, 별도의 사실인정과 법해석이 필요하다. 같은 논리로 회사의 채권자가 지배주주를 회사의 승계인에 준하는 자로 보고(민사집행법 제31조 제1항), 법인격부인의 요건을 충족함을 증명하여 집행문부여의 소를 제기하더라도 이를 부여받을 수 없다.34) 승계집행문은 (법인격부인에 관한) 변론종결 후 집행권원이 생긴 뒤에 집행당사자의 지위가 다른 사람(지배주주)에게 넘어간 후에 부여되기 때문이다.

7. 적용범위

(1) 서

법인격의 부인은 상법이 규정하는 기본원리 중의 하나인 주주의 유한책임을

---

32) 이철송(2024), 62면; 최준선(2024), 74면.
33) 대법원 1995. 5. 12. 선고 93다44531; 同旨 2006. 7. 13. 선고 2004다36130.
34) 同旨 이철송(2024), 61면; 전병서(2023), 83면; 이시윤(2014), 152 – 153면 참조.

부정하는 결과를 초래하기 때문에, 이 법리를 적용하는 것은 성문법상의 기본질
서를 무시하는 것이 되고 법률관계의 불안정을 야기한다. 그러므로 우리나라와
같은 성문법국가에서는 종래의 법이론으로 해결할 수 없는 극히 예외적인 법률관
계에 한하여만 동 이론을 적용하여야 한다. 법인격부인론의 적용대상과 관련하여
특히 문제가 되는 것은 다음과 같은 사항이다.

(2) 불법행위에서의 적용

회사가 제3자에게 부담하는 거래상의 채무를 지배주주에게 귀속시키는 것이
법인격부인론의 당초 취지이나, 이와는 별개로 회사가 제3자에게 부담하는 불법
행위책임도 법인격을 통하여 주주에게 귀속시킬 수 있는지 문제된다. 이는 중화
학·운송·해운·항공·건설과 같이 타인에게 가해할 위험이 상존하는 사업 또는
자동차·전기기구 등과 같이 우발적으로 가해할 위험이 높은 사업이 증가함에 따
라 제기되고 있다. 그리고 일반인들의 이러한 위험에 대한 접촉빈도는 갈수록 높
아지고 있다. 이 경우 해당사업자들이 손해배상책임으로 인한 손실을 제한하고자
소자본으로 회사를 설립하여 사업을 하는 때에는 피해자에 대한 보상이 불충분할
수 있다. 때문에 법인격부인론은 법인격을 남용한 경우에 적용되는 것과 같은 논
리로 불법행위에 대하여도 적용되어야 한다(통설).

하급심판례 중에는 회사의 불법행위책임에 관하여 법인격부인론을 적용하여
지배주주의 책임을 물은 사례가 있다.[35]

(3) 부인론의 역적용

1) 의의

법인격부인론의 逆適用이란 회사의 배후에 있는 주주(채무자)의 책임을 회사
에 부담시키는 것을 말한다. 이는 채무자가 강제집행을 면탈하기 위하여 회사를
설립하고 이에 출자하는 경우에는 대상회사의 재산을 주주의 재산으로 보는 데에
서 기인한다. 이러한 역적용에 인정할지에 대하여는 학설이 나뉜다.

2) 학설

부정설은 주주가 소유하는 면탈대상회사의 주식자체가 회사재산의 간접적 표현
이므로 주주의 채권자는 주주가 소유하는 해당회사의 주식을 강제집행하는 것으로

---

35) 부산지법 1997. 8. 20. 선고 96가합23873.

충분하다고 본다. 그리고 역적용보다는 사해행위취소(민법 제406조)와 같은 법리에 의하여 해결하여야 한다고 본다. 또 역적용은 결국 회사채권자에 우선하여 주주에게 환급하여 주는 결과를 초래한다고 본다.36) 긍정설은 주식은 일반 재산보다 환가하기 쉽지 않기 때문에 회사재산을 직접 강제집행하는 편이 유리하다고 본다.37)

3) 판례

대법원은 기존회사(A)가 채무를 면탈할 목적으로 기업의 형태·내용이 실질적으로 동일한 회사(B)를 신설하였다면, 신설회사의 설립은 기존회사의 채무면탈이라는 위법한 목적달성을 위하여 회사제도를 남용한 것이므로, 기존회사(A)의 채권자에게 위 두 회사(A, B)가 별개의 법인격을 갖고 있음을 주장하는 것은 신의칙상 허용될 수 없다고 본다. 따라서 기존회사의 채권자는 위 두 회사 어느 쪽에 대하여서도 채무의 이행을 청구할 수 있다고 한다(회사 vs. 신설회사의 사례).38) 또 개인사업체(A)를 운영하던 자(甲)가 채무를 면탈하기 위하여 A를 폐업하고 B라는 회사를 신설하여 B회사 주식의 50%는 甲, 30%는 형(乙), 20%는 아버지(丙)가 소유하고, 甲은 대표이사, 乙과 丙은 이사로 선임된 사례에서도, 대법원은 A의 채권자(丁)는 甲이 부담한 채무의 이행을 B에게 청구할 수 있다고 하였다(개인 vs. 신설회사의 사례).39)

위의 판례들은 같은 논리선상에 있다. 그리하여 기존의 채무자가 채무를 면탈할 목적으로 회사를 신설한 때에는 법인격부인론을 적용하여 회사의 재산을 주주의 재산으로 보고 강제집행할 수 있다고 한다. 다만, 후자의 사례는 '회사설립 전 개인의 채무'에 대한 신설회사의 책임을 부인하는 것이 심히 '정의와 형평'에 반한다고 인정되는 때에 회사의 책임을 물을 수 있다고 하는 점에서 전자와 구별된다.40) 이와 같이 판례는 동 법리의 적용시 배후자가 개인인 때에는 '정의와 형평'이라는 추상적인 요건을 적시하는 경향이 있는데,41) 그 기준이 명확하지는 않다.

---

36) 이철송(2024), 60면; 권기범(2021), 105면; 김홍기(2022), 299면.
37) 김·노·천(2024), 67면; 김정호(2023), 48면; 송옥렬(2022), 714면; 최·김(2014), 445면; 장덕조(2021), 244면; 김두진(2022), 23면.
38) 대법원 2019. 12. 13. 선고 2017다271643; 2010. 1. 14. 선고 2009다77327; 2006. 7. 13. 선고 2004다36130; 2004. 11. 12. 선고 2002다66892.
39) 대법원 2021. 4. 15. 선고 2019다293449.
40) 同늡 대법원 2023. 2. 2. 선고 2022다276703.
41) 대법원 2006. 8. 25. 선고 2004다26119; 2001. 1. 19. 선고 97다21604 참조.

4) 사견

법인격부인론은 성문법상 기본질서의 예외를 인정하는 법리인데, 역적용까지 인정하는 것은 법률관계를 더욱 불안정하게 할 수 있다. 그리고 신설회사의 채권자보다 설립 전 채권자에게 우선 변제하는 결과를 초래하여 공평의 원칙에 반할 수 있고 채권자보호를 결할 수 있다(부정설).

(4) 비지배회사에 대한 확장

법인격부인론은 변제자력이 부족한 회사의 채무를 그 지배주주에게 책임지우기 위한 이론이다. 그러나 최근 지배종속의 관계에 있지 않은 회사간에 법인격부인론을 적용하여 책임을 전가한 판례가 있다. 동 사례에서는 A라는 건설회사가 B에 대하여 임차보증금채무를 지고 있었는데, A의 주주와 임원들이 이 채무를 면탈할 목적으로 A'이라는 새로운 회사를 설립하여 A의 건설업면허를 양수받아 A와 동일한 회사인 것으로 홍보하며 A와 관련된 건설공사를 受注하였다. 이에 대하여 법원은 A'의 설립은 법인격의 남용에 해당한다고 하고, B는 A'에게도 채권을 행사할 수 있다고 판시하였다.[42] 이 판례는 법인격부인론의 적용요건인 지배의 완전성이라는 요건은 무시하고, 법인제도의 남용을 이유로 A'의 법인격을 부인함으로써 법인격부인론의 적용범위를 넓히고 있다. 이 같은 논리는 일시적으로 존재하는 특수목적회사(Special Purpose Company, SPC) 사건에도 적용된다(예: 피부사랑코스메틱 vs. 더블라썸묘동(SPC)).[43] SPC도 영리성이 있기 때문이다. 그리하여 SPC가 영업양도인(예: 부동산개발사업시행사)의 상호를 그대로 사용하는 경우 상호속용에 관한 제42조의 법리도 함께 적용되어 양도인의 채무(25억원)를 책임진다.

---

42) 대법원 2004. 11. 12. 선고 2002다66892; 이 밖에도 2019. 12. 13. 선고 2017다271643(공사대금청구사건)
43) 대법원 2024. 7. 11. 선고 2024다239548.

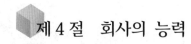

제 4 절 회사의 능력

Ⅰ. 권리능력

회사는 모두 법인이므로(제169조) 일반적인 권리·의무의 주체가 될 수 있는 능력인 일반적인 권리능력을 갖는다. 그러나 회사는 자연인이 아니고, 법인격은 生來的이 아닌 법에 의하여 인정되는 것이며, 또 회사는 그 목적에 따라 설립·유지되기 때문에 회사의 개별적인 권리능력은 그 성질과 목적에 의하여 다음과 같은 제한을 받는다.

1. 성질에 의한 제한

회사는 그 성질상 자연인임을 전제로 하는 권리를 향유하거나 의무를 부담하지 아니한다. 그리하여 신체·생명에 관한 권리 또는 친족권·부양권·상속권 등을 향유할 수 없다. 육체적인 노무를 제공하지 못하기 때문에 지배인이나 그 밖의 상업사용인은 될 수 없다.

그러나 노무의 제공이 요구되지 않는 대리인은 될 수 있으며, 명예권·상호권·사원권과 같은 인격권도 향유할 수 있다. 그리고 보통의 재산권을 가지며, 유증을 받을 수 있다. 발기인, 유한책임사원 및 주주가 될 수 있는 것은 당연하다. 다만, 주식회사의 이사는 될 수 없다.

2. 법령에 의한 제한

회사의 법인격은 법률에 의하여 부여되는 것이므로 법령상 제한이 있으면, 개별적인 권리능력은 그에 규율된다(민법 제34조 참조). 이에 따라 회사는 다른 회사의 무한책임사원이 될 수 없다(제173조). 회사가 다른 회사의 무한책임사원이 되어 자기의 운명을 다른 회사의 운명에 의하여 좌우되도록 하는 것은 각 회사의 독립운영을 전제로 하는 회사법의 원리에 반하기 때문이다. 다만, 자본시장법상 집합투자기구의 일종인 투자합자회사와 私募投資專門會社는 합자회사의 형태를 취하는데, 다른 회사도 이러한 회사의 무한책임사원이 될 수 있다(동법 제214조 제1항·제

277조 제2항). 하지만 이들 회사에 허용하는 입법취지와 그 배경은 회사법상의 회사와는 다르다. 청산 중인 회사의 권리능력은 청산의 목적범위 내로 한정되며(제245조, 제269조, 제542조 제1항, 제613조 제1항), 파산회사도 파산의 목적범위 내에서는 존속한다(채무자회생및파산에관한법률(이하 '파산법'이라 한다) 제328조).

회사는 민법상 조합원이 될 수 있다. 그리고 특별법은 특정한 회사에 대하여 일정한 행위를 제한하는 경우가 있다.[44] 일부 학설은 이 규정들을 내용에 따라 그 회사의 권리능력을 제한한다고 본다.[45] 그러나 이 규정들은 효력법규가 아닌 개별적인 특별법상의 행정규제목적에 따른 단속법규로 볼 수 있다.[46] 따라서 회사의 권리능력과는 관계없고, 관련 제한규정의 위반행위 역시 사법상의 효력에는 영향이 없다고 보아야 한다. 예를 들면, 금융기관이 업무용부동산을 취득하는 경우, 그 행위의 사법상 효력은 유효하지만, 정부의 행정규제대상이 된다. 다만, 판례는 상호신용금고법 제18조의 2 '채무의 보증과 담보의 제공금지'규정과 제17조 '차입제한'규정은 효력법규로서 이에 위반한 채무보증은 무효[47]라고 하는 반면, 동일인 신용공여한도에 관한 동법 제12조의 규정은 단속규정으로서 이에 위반한 대출은 유효라고 하는 등 그 판단기준이 명확하지 않다.[48]

3. 목적에 의한 제한

(1) 개요

회사의 정관에는 목적이 기재되어야 한다. 이는 등기사항이다(제179조 제1호, 제180조, 제269조, 제289조 제1항 제1호, 제317조 제2항 제1호, 제543조 제2항 제1호, 제549조 제2항 제1호). 회사는 이 목적사업을 위하여 설립되고, 사원은 목적에 따른 사업이 수행될 것을 예상하고 출자한다. 이에 따라 회사의 권리능력을 그 목적의 범위 내에서 이를 제한할 것인지의 여부에 대하여는 견해가 대립한다. 이는 민법 제34조에서 기인한다. 동조는「법인은 법률의 규정에 좇아 정관으로 정한 목적의 범위 내에서 권리와 의무의 주체가 된다.」고 규정하고 있다. 따라서 민법상 법인의 권리능력을

---

44) 예를 들어, 은행법 제27조·제38조 제2호는 금융기관에 대하여 업무용 이외의 부동산의 취득을 금하고 있다. 이 밖에 보험업법 제10조·제11조, 상호저축은행법 제18조의 2 등.
45) 정찬형(2022), 486면; 최기원(2012), 84면; 손주찬(2004), 446면.
46) 이철송(2024), 82면; 권기범(2021), 127면; 송옥렬(2022), 732면.
47) 대법원 2004. 6. 11. 선고 2003다1601; 1985. 11. 26. 선고 85다카122.
48) 대법원 1997. 8. 26. 선고 96다36753; 1987. 12. 22. 선고 87다카1458.

목적의 범위 내로 제한하면 목적 외의 행위는 영미법상 능력 외의 법리(ultra vires doctrine) 의거하여 무효가 된다. 그런데 상법은 이와 같은 취지의 규정을 두지 않고 있다. 그리하여 민법 제34조를 유추적용하여 회사도 정관의 목적에 의하여 권리능력의 제한을 받는지의 여부가 문제되는 것이다.

(2) 학설

1) 서

학설은 회사에 대하여도 민법 제34조를 유추적용하여 정관상 목적에 의한 제한을 인정하는 제한긍정설과 이를 부정하는 제한부정설(통설)로 나뉜다.

2) 제한긍정설 : 법인의제설에 입각한 학설

이 학설은 자연인만이 본래의 법적 주체이고, 법인은 자연인으로 의제되어 인정되는 인격자에 지나지 아니한다는 설이다. 그 주요 논지는 다음과 같다. 첫째, 민법 제34조는 법인 일반에 관한 기본원칙이므로 영리법인인 회사에 한하여만 이를 배제할 상법상의 근거가 없다(제1조 참조).

둘째, 법인은 자연인과는 달리 특정한 목적을 위하여 설립되는 인격체이다. 그러므로 그 목적 범위 내에서만 권리능력을 갖는 것은 법인의 본질에 속하며, 이는 영리법인인 회사에 있어서도 같다.

셋째, 회사의 목적은 정관의 필요적 기재사항이고(제179조, 제270조, 제289조, 제543조), 또 등기되어 공시되는데(제180조 제1호, 제271조, 제317조 제2항, 제549조 제2항 제1호), 그 목적에 의한 제한을 받지 않는다면 상법상 등기제도의 근본원칙(제37조)이 거래의 안전 때문에 배척되는 결과가 된다.

넷째, 주주는 회사재산이 특정한 목적을 위하여 이용될 것으로 기대하고 출자를 한다. 그러므로 회사설립의 기본이 되는 주주의 이익을 소홀히 하게 되면, 상법의 기본이념인 회사의 설립자체가 어려워진다.

3) 제한부정설 : 법인실재설에 입각한 학설

이 학설은 법인은 법의 의제가 아니고 사회적 실재라고 한다. 따라서 회사의 권리능력이 목적에 의하여 제한받지 않는다고 한다. 주요 논지는 다음과 같다. 첫째, 민법상 법인에 대한 규정 제34조는 공익법인이나 비영리법인에 관한 것으로서 私法人 一般에 관한 통칙은 아니다.

둘째, 상법상 민법 제34조를 준용한다는 명문의 규정이 없는 이상 회사의 권리능력이 목적에 의하여 제한된다고 해석할 근거가 없다.

셋째, 이윤을 추구하기 위하여 회사의 활동범위가 매우 넓은 오늘날의 현실을 감안하면, 제한긍정설을 취하는 경우 거래의 안전을 해치게 된다. 상법의 이념은 거래의 안전을 희생하면서까지 사원을 보호하는 데에 있는 것은 아니다.

넷째, 회사의 목적은 등기되지만, 제3자가 거래할 때마다 이를 확인한다는 것은 용이하지 않고, 확인했다고 하더라도 목적범위에 속하는지 여부에 대한 판단이 쉽지 아니하여 거래의 실정에도 맞지 않는다. 이 때문에 긍정설을 취하면, 분쟁이 발생하기 쉽고 제3자에게 불측의 손해를 입힐 수 있다.

4) 사견

제한부정설의 견해에 동의한다. 그 이유는 다음과 같다. 첫째, 상법규정의 형식에서 볼 때, 과거 합명회사에 관한 依用商法(舊商法) 제72조는 「정관의 변경 기타 회사의 목적의 범위 내에 들지 않는 행위를 함에는 총사원의 동의가 있어야 한다.」고 규정하였었다. 이에 해당하는 현행 규정 제204조는 「정관을 변경함에 있어서는 총사원의 동의가 있어야 한다.」라고만 명시하고 있다. 즉 회사의 목적 범위 내에 포함되지 않는 행위에 관한 부분은 삭제하고 있다. 이는 현행법이 회사의 권리능력은 목적에 의하여 제한되지 않는다는 입장을 취하였기 때문이다.

둘째, 비교법적으로 보더라도 전통적으로 독일주식법(제82조 제1항) 및 프랑스 상사회사법(제98조 제2항)은 제한부정설을 취하여 왔다. 제한긍정설의 모법이라고 할 수 있는 영국도 2006년 회사법을 통하여 제한긍정설의 입장을 사실상 철회하고 있다(2006년 회사법 제39조). 미국에서도 많은 주가 무제한설의 입장을 규정하고 있다(RMBCA 제3.04조, Cal.Corp.Act 제208조).

셋째, 제한긍정설은 목적의 범위를 목적수행에 직접·간접으로 필요한 행위 등으로 크게 확대하고 있다. 그리고 목적범위에 관한 판단기준도 객관적·추상적으로 결정하여야 한다고 하고 있다. 이 점에서 양 학설은 외형적으로는 차이를 보이지만, 실제적으로는 큰 차이가 없다.

(3) 판례

판례는 오래전부터 제한긍정설의 입장을 취하여 왔다.[49] 그러나 「목적범위 내」의 행위를 매우 넓게 해석하여, ① 정관에 명시된 목적을 수행하는 데 직접적

---

49) 대법원 1975. 12. 23. 선고 75다1479.

으로 필요한 행위, 예를 들면 어음발행 또는 자금차용뿐만이 아니라, ② 간접적으로 필요한 행위 예를 들면, 조의금이나 기부금의 제공과 같은 '상당 또는 유익한 행위' 혹은 '목적에 반하지 아니하는 한 일체의 행위'까지 포함하고 있다. 그리고 문제된 행위가 목적수행에 필요한 행위인지를 판단하는 때에도 행위자의 주관적인 의사를 기준으로 삼지 않고, 행위의 객관적 성질에 따라 추상적으로 판단하고 있다.50)

판례의 태도는 문제된 행위가 무효로 될 가능성을 줄이는 데 도움을 준다. 다만, 대표이사가 회사를 대표하여 회사의 사업범위 내에 속하지 아니하는 타인의 손해배상의무를 연대보증한 사례에서는 해당보증행위가 회사에 대하여 효력이 없다고 하였다.51)

(4) 상대방의 악의와 효력

회사의 대표기관이 목적 외의 행위를 하고 상대방이 이를 알고 거래하였을 때 그 효력의 유효성 여부가 문제된다. 제한긍정설을 취할 때에는 목적 외의 행위는 상대방의 선의·악의를 불문하고 무효가 된다. 이에 대하여 제한부정설을 취할 때에는 악의의 상대방이 거래의 유효를 주장하는 것은 권리남용이나 신의칙(민법 제2조 제2항)에 반하는 행위이므로 회사가 악의의 상대방에 대하여 대항할 수 있다고 본다.

(5) 정관상 목적의 기능

제한긍정설에 의하면 정관에 기재된 목적은 회사의 권리능력을 제한하는 기능을 한다. 그러나 제한부정설에 의하면 회사의 정관상 목적은 회사기관, 즉 업무집행기관 및 대표기관의 권한을 내부적으로 제한하는 기능을 하는 것으로 해석할 수 있다. 따라서 선의의 제3자에게는 대항할 수 없게 된다.

물적회사의 이사 등이 이러한 정관상 목적에 위반하면, 주주 또는 회사는 그 행위자에 대하여 損害賠償責任을 추궁할 수 있다. 그리고 이사의 해임청구(제385조 제2항, 제567조), 위법행위유지청구(제402조, 제567조) 및 대표소송(제403조) 등의 원인이 될 수 있다. 인적회사의 경우에는 업무집행사원이나 대표사원의 권한상실선고 사유(제205조 제1항, 제216조, 제269조) 등의 원인이 될 수 있다.

---

50) 대법원 2009. 12. 10. 선고 2009다63236; 1987. 9. 8. 선고 86다카1349.
51) 대법원 1975. 12. 23. 선고 75다1479.

(6) 회사의 권리능력과 기부행위 또는 정치헌금

1) 서

회사의 권리능력은 주로 회사의 영업과 그에 따르는 거래상대방의 보호와 관련되는 것이다. 때문에 회사가 영업이나 거래상대방의 보호와 관련이 없는 기부 또는 정치헌금을 할 수 있는지의 여부가 회사의 권리능력과 관련하여 문제된다.

2) 입법례

미국의 모범회사법은 회사의 사업과 업무를 촉진하는 적법한 기부행위는 가능하다는 규정을 두고 있다(RMBCA 제3.02조(13)). 일본의 최고재판소도 '일견 정관의 목적범위 내의 행위가 아닐지라도 회사에게 사회통념상 기대 또는 요청이 있는 때에는…정치자금을 기부할 수 있는데, 그 기준은 객관적 추상적으로 정하여져야 한다.'는 취지의 판시를 하고 있다.[52]

3) 학설에 따른 구분

우리나라의 경우 합리적인 규모의 기부행위는 가능하다는 견해가 있다.[53] 제한부정설은 그 유효성을 인정하는 데 큰 문제가 없다. 다만, 회사의 경영상태나 자본금에 비추어 과도한 기부로 株主權을 침해하는 때에는 업무상 배임죄가 될 수 있다.[54] 이에 비하여 제한긍정설은 그 유효성을 인정할 수 없게 된다.

4) 판례

이 문제를 직접 다룬 판례는 없다. 다만, 주주 가운데 1인인 폐광지역의 지방자치단체에 기부를 한 행위를 다룬 사례에서 대법원은 '폐광지역 자치단체 전체 및 기부회사의 장기적 이익에 도움이 되지 아니하면 이사의 선관주의의무위반'이라고 판시하였다. 이 점에서 대법원은 회사의 기부행위요건을 엄격하게 하여 이사의 책임을 묻고 있다.[55] 그리고 동 판례는 150억원이라는 기부액이 기부회사의 재무상태에 비추어 과다하지 않더라도 제399조 제1항의 이사의 책임을 면할 수 없다고 판단하였다.

---

52) 일본최고재판소 1970. 6. 24, 民集 제24권 제6호 625면.
53) 정동윤(2012), 358면; 정찬형(2022), 491면; 권기범(2021), 133면.
54) 대법원 2010. 5. 13. 선고 2010도568.
55) 대법원 2019. 5. 16. 선고 2016다260455.

Ⅱ. 의사능력·행위능력·불법행위능력

1. 의사능력·행위능력

(1) 서

회사는 법인으로서 권리능력이 있다. 회사는 회사조직의 일부인 기관 예를 들면, 대표이사와 같이 기관의 지위에 있는 자를 통하여 의사를 표시하고 행위를 한다. 이러한 기관의 행위는 곧 회사의 행위이므로 회사는 의사능력과 행위능력을 갖는다(법인실재설).

(2) 학설에 따른 능력

회사의 기관은 회사가 대내적·대외적 활동을 하기 위한 기구로서 회사조직의 일부이다. 통상 1인 또는 복수의 자연인으로 구성된다. 인적회사는 원칙적으로 社員資格과 기관자격이 일치한다. 이에 비하여 물적회사는 사원자격과 기관자격이 원칙적으로 일치하지 아니한다. 사원은 회사의 권리능력의 기초가 되는 자인데, 기관은 행위능력 내지는 의사능력의 기초가 되는 자이다.

회사의 정관상 목적에 의한 권리능력에 관한 제한부정설(법인실재설)은 대표권의 남용은 목적범위의 내외를 불문하고 문제된다.[56] 제한긍정설(법인의제설)은 목적범위 외의 행위는 무효가 되기 때문에 대표권의 남용을 거론할 필요가 없게 된다. 다만, 정관상 목적범위 내의 행위에 대하여는 대표권의 남용을 거론할 실익이 있다.

2. 불법행위능력

(1) 대표기관의 능력

회사의 행위능력이 인정되는 것과 동일한 이유로 회사의 불법행위능력이 인정된다. 상법은 회사의 불법행위능력에 대하여 특별규정을 두고 있다. 즉 상법은 회사를 대표하는 사원 또는 대표이사가 그 업무집행으로 인하여 타인에게 손해를 가한 때에 회사는 그 사원과 연대하여 배상할 책임이 있다고 규정하여 피해자의 이익을 보호하고 있다(제210조, 제269조, 제389조 제3항, 제567조). 이때에는 대표기관 개인도 피해자에 대하여 불법행위를 한 것이 되므로, 회사와 (공동)대표기관인 개인은 不眞正連帶責任[57]을 진다.[58] 동 규정은 민법 제35조 제1항[59]과 표현은 다르

---

56) 특히 목적범위 외의 행위를 한 경우에는 거의 전부 대표권남용의 문제가 발생할 것이다.

지만 같은 취지를 규정한 것이다.

회사가 피해자에 대하여 그 손해의 전부 또는 일부를 배상하였을 때에 회사는 당연히 그 대표기관 개인에 대하여 구상할 수 있다.[60]

(2) 대표기관 이외의 자의 능력

회사의 대표기관 이외의 자(피용자)가 회사의 사무집행에 관하여 불법행위를 하였을 때에 회사는 민법 제756조 제1항의 使用者賠償責任[61]의 법리에 의한 책임을 진다. 이때 동조의 「사무의 집행에 관하여」라는 것에 해당하는지의 여부는 행위의 외형을 기준으로 하여 객관적으로 판단할 것이며, 행위자의 의사를 기준으로 판단할 것은 아니다.[62]

Ⅲ. 공법상의 능력

회사는 그 성질에 반하지 아니하는 한, 공법상의 권리능력을 가진다. 그 내용은 개별 법령에서 구체화된다. 그리하여 소송법상 당사자능력(민사소송법 제51조, 민법 제34조)과 소송능력을 갖고(민사소송법 제64조, 형사소송법 제27조), 행정소송제기권·납세의무 등과 같은 권리능력도 갖는다. 회사는 일반적으로 형법상 범죄능력은 없으나, 특별법상 범죄능력은 있다(보험업법 제208조 제1항[63] 등).

---

57) 채무자 각자가 채무전부를 부담하는 연대책임을 말한다. 이러한 연대책임에는 채무자간 합의를 통한 주관적 공동관계가 없다.

58) 대법원 2013. 6. 27. 선고 2011다50165; 2007. 5. 31. 선고 2005다55473; 2003. 3. 11. 선고 2000다48272.

59) 민법 제35조(법인의 불법행위능력) 제1항 : 법인은 이사 기타 대표자가 그 직무에 관하여 타인에게 가한 손해를 배상할 책임이 있다. 이사 기타 대표자는 이로 인하여 자기의 손해배상책임을 면하지 못한다.

60) 대법원 2007. 5. 31. 선고 2005다55473.

61) 제756조(사용자의 배상책임) 제1항 : 타인을 사용하여 어느 사무에 종사하게 한 자는 피용자가 그 사무집행에 관하여 제3자에게 가한 손해를 배상할 책임이 있다. 그러나 사용자가 피용자의 선임 및 그 사무감독에 相當한 注意를 한 때 또는 상당한 주의를 하여도 손해가 있을 경우에는 그러하지 아니하다.
제2항 : 사용자에 갈음하여 그 사무를 감독하는 자도 전항의 책임이 있다.
제3항 : 전2항의 경우에 사용자 또는 감독자는 피용자에 대하여 求償權을 행사할 수 있다.

62) 대법원 1971. 6. 8. 선고 71다598; 1969. 7. 22. 선고 69다702.

63) 보험업법 제208조 제1항 : 법인(법인이 아닌 사단 또는 재단으로서 대표자 또는 관리인이 있는 것을 포함한다)의 대표자나 법인 또는 개인의 대리인, 사용인, 그 밖의 종업원이 그 법인 또는 개인의 업무에 관하여 제200조, 제202조 또는 제204조의 어느 하나에 해

제5절 회사설립의 일반론

Ⅰ. 설립 입법주의

1. 서

회사설립에 관한 입법주의에는 사회적 배경과 입법정책에 따라 여러 가지의 입법주의가 변천하여 왔다.

2. 자유설립주의

이 입법주의는 회사의 설립에 아무런 제한을 두지 않고 영리사단의 실체만 형성되면 회사의 성립을 인정하는 입법주의이다. 초기에 많이 이용되었다. 이 입법주의에서는 회사가 투기를 목적으로 濫設될 위험성이 많았다.

3. 특허주의

이는 국왕의 특허 또는 의회의 특별입법에 의하여 개별 회사의 성립을 인정하는 입법주의이다. 이 입법주의는 자유설립주의의 반성에서 나온다. 근대국가가 식민회사를 설립하는 데 활용되었다. 대표적으로 17세기 초 설립된 동인도회사, 그 이후 투기사건으로 유명한 미시시피회사(Companie du Mississippi)·남해회사(South Sea Company)는 모두 국왕의 특허에 의하여 설립되었다.

4. 면허주의 또는 허가주의

이는 회사에 관한 일반 법률을 미리 제정하고 이에 근거한 행정처분(면허 또는 허가)에 의하여 회사의 성립을 인정하는 입법주의이다. 이 입법주의는 특허주의가 회사설립을 지나치게 억제한다는 반성에서 비롯되었다. 이 주의는 행정관청에 의한 회사성립의 심사가 충분한 실효를 거두지 못하여 자본주의 경제발전에 부응하지 못하는 결점이 있다. 그러나 현재도 공익적 성격이 강한 기업(예: 은행 등)의 설

당하는 위반행위를 하면 그 행위자를 벌하는 외에 그 법인 또는 개인에게도 해당조문의 벌금형을 과(科)한다.

립에는 실질적으로 이 입법주의를 채택하고 있다. 1807년 프랑스상법이 최초로 면허주의를 채택하였고, 1861년 독일상법전(ADHGB)도 마찬가지이다.

5. 준칙주의

(1) 의의

특허주의와 허가주의는 국가 또는 행정관청의 허가를 받은 자에게만 특권을 부여할 수 있는 문제점이 있어 근대자유주의 헌법하에서의 평등의 원칙, 직업선택의 자유와 충돌하였다. 그리하여 자본주의가 널리 확산된 19세기의 산업혁명과 그에 따른 경제적 수요에 따라 회사설립에 관한 입법주의는 준칙주의로 변화하였다.

준칙주의는 회사에 관한 일반법률(예: 우리 상법)에 의하여 회사의 실체형성에 관한 대내적 요건과 거래안전에 관한 대외적 요건을 정하여 놓고, 이에 준거하여 설립한 회사에 대하여는 당연히 그 성립을 인정하는 입법주의이다. 다만, 등기는 필요하다. 오늘날 대부분의 국가는 이 입법주의를 취한다.

(2) 유형

회사설립에 관한 준칙주의는 설립요건의 엄격성 여부에 따라 단순준칙주의와 엄격준칙주의로 구분한다. ① 단순준칙주의는 설립의 책임에 관하여 상세한 규정을 두지 않는 입법주의를 말한다. 단순준칙주의하에서는 자유설립주의와 유사한 문제점이 발생할 수 있다. ② 엄격준칙주의는 설립의 책임 예를 들면, 발기인의 책임 등에 관하여 상세한 규정을 둔 입법주의이다. 오늘날 대부분의 국가는 엄격준칙주의를 취하고 있다.

상법은 엄격준칙주의를 원칙으로 하고 있으나, 일정한 영업에 관하여는 영업면허제도(예: 은행법 제8조)를 채택하고 있으므로 실질적으로는 엄격준칙주의를 기본으로 면허주의를 가미하고 있다.

Ⅱ. 설립행위의 법적 성질

설립행위의 법적 성질에 관하여는 계약설, 단독행위설 등으로 나뉜다. 현재의 다수설은 合同行爲說이다. 이에 관하여는 후술한다(제6장 제2절 제3관 Ⅲ. 참조). 다만, 합동행위설도 주식회사의 募集設立에서의 주식인수는 합동행위가 아닌, 계약

이라고 해석한다. 왜냐하면 주식인수는 당사자 각자가 상반된 의사표시의 합치로
서 채권·채무를 발생시키기 때문이다. 따라서 합동행위설은 정관작성에 의하여
사원이 확정되는 합명회사·합자회사·유한회사·유한책임회사의 설립행위에는
직접 적용될 수 있지만, 정관작성이 아닌 별도의 주식인수에 의하여 사원이 확정
되는 주식회사의 설립행위에는 합동행위와 계약이 병존하는 것으로 본다.

Ⅲ. 정관의 성질과 효력

1. 정관의 의의와 성질

(1) 의의

정관이란 실질적 의미에서는 사원들의 총의에 의하여 성립되어 회사의 단체
법적 법률관계, 즉 조직과 운영을 규율하는 자치규범을 말한다. 형식적 의미에서
는 그 규범을 기재한 서면을 말한다. 모든 유형의 회사는 설립시 정관을 작성하
여야 한다. 정관은 회사의 법률관계를 구속하므로 그 변경도 엄격한 법정절차를
따라야 한다. 이 경우 정관변경은 기본규칙을 변경하므로 서면의 변경 없이도 정
관변경의 효력이 발생한다(제204조, 제269조, 제433조, 제584조). 즉 실질적 의미와 형식
적 의미간 불일치가 발생할 수 있다.

(2) 법적 성질

정관의 법적 성질에 관하여는 契約說과 自治法說로 나뉜다. 계약설은 정관
이 계약의 성질을 갖는다고 한다(소수설). 그러나 자치법설은 정관이 그것을 작성
한 설립자 또는 발기인뿐만 아니라 회사의 기관, 새로이 회사조직에 가입한 자까
지 당연히 구속한다는 점을 들어 자치법규로서의 성질을 갖는다고 한다(통설).

생각건대 정관은 제3자에 대하여는 구속력이 없으나, 설립자, 발기인은 물론
회사의 구성원에 대한 보편적 구속력을 가진다. 그리고 성문법의 보충적 또는 변
경적 효력을 가지고, 이의 위반은 상고이유가 되므로 자치법설이 타당하다. 판례
도 자치법설을 취한다. 따라서 이사회나 사원총회가 정관의 규범적인 의미 내용
과는 다른 해석을 하더라도 그 해석은 사원이나 법원을 구속하지 못한다.[64]

---

64) 대법원 2000. 11. 24. 선고 99다12437.

2. 정관의 효력

(1) 구속력의 범위

정관은 자치법규성을 가지고 있지만, 자치법규는 강행법규 내에서만 효력이 인정되므로 강행법규에 반하는 정관규정은 구속력이 없다. 회사의 사원이나 기관이 정관에 구속되는 결과 이들과 거래한 제3자가 간접적으로 그 효과를 받을 수 있다. 예를 들면, 정관에서 공동대표제를 둔 까닭에 회사와 거래하는 제3자가 반드시 대표전원과 거래하여야 하는 경우가 그러하다(제389조 제2항 참조). 그러나 정관이 제3자를 직접적으로 구속하는 일은 없다.

(2) 정관위반의 효력

정관에 위반한 회사의 대내외적 행위는 자치법규에 위반한 행위가 되어 무효이다. 정관의 성질에 관한 계약설을 취하는 입장도 동일하다.[65] 다만, 제3자의 보호를 위하여 무효의 주장이 제한될 수 있다(제209조 제2항,[66] 제389조 제3항[67]). 그 이유는 상법상 대표사원 등의 대리권을 내부적으로 제한하는 경우에는 ① 이를 등기하여 공시하는 방법이 없고,[68] ② 대표사원 등의 권한을 정형화시켜서 거래의 안전과 신속을 보장하려는 법의 이념에 반하기 때문이다.

한편 정관은 법규성을 가지므로 그 해석의 문제는 법률의 해석의 문제가 되어 이에 대한 위반은 上告理由가 된다(민사소송법 제423조).[69] 다만, 정관의 성질을 계약설(소수설)이라고 하면, 정관에 관한 해석은 계약의 해석으로 보아야 하고, 이는 사실인정의 문제에 그쳐 상고이유가 되지 아니한다.

3. 정관의 작성 및 효력

정관의 작성은 법이 정하는 일정한 사항을 서면으로 작성하여 기재하고 작성

---

65) 계약설을 취하는 입장도 정관위반을 채무불이행책임이라고 주장하는 것 같지는 않다.
66) 제209조(대표사원의 권한) 제1항 : (합명)회사를 대표하는 사원은 회사의 영업에 관하여 재판상 또는 재판외의 모든 행위를 할 권한이 있다.
    제2항 : 전항의 권한에 대한 제한은 선의의 제3자에게 대항하지 못한다.
67) 제389조(대표이사) 제1항 : 회사는 이사회의 결의로 회사를 대표할 이사를 선정하여야 한다.
    제2항 : 전항의 경우에는 수인의 대표이사가 공동으로 회사를 대표할 것을 정할 수 있다.
    제3항 : 제208조 제2항, 제209조, 제210조와 제386조의 규정은 대표이사에 준용한다.
68) 이 규정은 민법과 다르다. 민법상 이사의 대표권의 제한은 등기할 수 있고, 등기하면 이로써 선의의 제3자에게 대항할 수 있다(민법 제60조).
69) 대법원 2000. 11. 24. 선고 99다12437.

자들이 記名捺印 또는 署名을 하여야 한다. 구체적인 기재사항은 회사의 종류에 따라 다르다(예: 제179조·제287조의 3). 물적회사의 원시정관은 공증인의 인증을 받아야 효력이 있다(제292조, 제543조 제3항). 다만, 정관변경은 해당주주총회의 결의시 바로 효력이 발생한다.70)

자본금 총액이 10억원 미만인 회사가 발기설립(제295조 제1항)을 하는 때에는 발기인의 서명 또는 기명날인으로 효력이 발생한다(제292조). 다만, 자본금 총액이 10억원 미만일지라도 모집설립의 경우에는 공증인의 인증을 받아야 한다(제292조 반대해석). 발기설립과 달리 모집설립에는 발기인 이외의 모집주주가 존재하는 데에서 나오는 차이점이다.

Ⅳ. 회사법상 등기

1. 취지

제3자는 회사와 거래시 중대한 이해관계를 가진다. 예를 들면, 회사의 거래상대방인 제3자의 입장에서 보면 회사의 대표이사는 실제 거래상대방을 의미하므로 제3자가 알아야 할 중대한 사항이다. 그러나 회사의 조직법적인 법률관계는 내부적인 법률관계로서 회사의 외부에서 알기에 용이하지 않다. 그리하여 회사법상 등기제도의 취지는 회사의 조직법적인 법률관계가 제3자와의 거래에 영향을 미칠 만한 사항에 대하여는 등기를 하여 공시하도록 하는 데에 있다. 그리고 등기관리방법으로서 회사 설립시에 등기할 사항을 규정하고 있다(제180조, 제271조, 제317조 제2항, 제549조 제2항). 그 등기사항을 변경하는 때에는 법정기간 내에 변경등기를 하여야 한다(제183조, 제269조, 제317조 제4항, 제549조 제4항). 나아가 회사설립시에는 등기하지 않은 새로운 법률관계가 창설될 때마다 등기하도록 하고 있다. 예를 들면, 액면주식의 액면가는 설립시부터 등기하여야 하는 사항이며, 설립 후 변화가 있을 때마다 변경등기를 하여야 한다(제317조 제2항). 회사의 자본금도 마찬가지이다.

한편 회사의 성립 후 신주인수권부사채를 발행할 때에는 새로운 사항으로서 등기하여야 하고(제516조의 8 제1항), 신주인수권의 행사가 있는 때에는 변경등기를 하여야 한다(제516조의 11·제351조). 전환사채의 경우도 같다. 그리하여 회사성립 후

---

70) 대법원 2007. 6. 28. 선고 2006다62362.

전환사채를 발행한 때에는 이를 등기하여야 하고(제514조의 2 제1항 내지 제3항), 전환사채를 전환한 때에는 변경등기를 하여야 한다(제514조의 2 제2항·제183조).

2. 등기의 효력 및 발생시기

회사법상 등기사항 중에는 등기를 하여야 등기된 법률관계가 창설되는 창설적 효력의 내용을 갖는 것이 적지 않다. 예컨대, 회사는 본점소재지에서 등기를 하여야만 성립하는데(제172조), 이는 설립등기가 창설적 효력을 갖기 때문이다.

설립 외에도 회사의 합병(제234조, 제269조, 제530조 제2항, 제603조), 회사의 분할(제530조의 11 제1항), 조직변경(제243조 제2항, 제286조 제3항, 제606조, 제607조 제5항), 주식의 포괄적 이전(제360조의 20)[71]은 모두 등기에 의하여 효력이 발생한다. 다만, 주식의 포괄적 교환(제360조의 2)의 경우는 등기를 요하지 아니한다. 주식의 포괄적 교환[72]은 포괄적 이전과는 달리 회사의 설립행위를 수반하지 않기 때문이다. 회사의 법률관계의 등기에 창설적 효력을 부여한 것은 회사의 법률관계에는 다수인의 이해가 연관되어 있어 그 효력발생시기를 객관적 기준에 따라 일률적으로 규율할 필요가 있기 때문이다.

창설적 효력이 없는 등기사항은 등기시가 아닌 행위시에 효력이 발생한다. 예를 들면, 지배인의 선임, 이사의 선임 또는 신주의 발행 등은 등기가 요구되는 사항이지만, 등기를 하지 않더라도 지배인의 선임, 이사의 선임 및 신주발행의 효력은 발생한다.

3. 미등기의 효력 및 일반원칙

상법상 등기에 관한 일반원칙은 회사에 관한 등기에도 적용된다. 따라서 등기할 사항을 등기하지 아니하면 선의의 제3자에게 대항하지 못한다(제37조 제1항). 예를 들면, 대표이사 甲이 乙로 변경되었는데도 불구하고 변경등기를 하지 아니

---

71) 이는 B사(및 C·D사 등)의 계획에 의하여 A사를 신설하고, B사의 주주가 가진 B사의 주식 전부를 A사에게 이전하고, 그 대가로 A사는 설립시 발행하는 주식을 B사의 주주에게 배정하는 방식이다. 이에 의거 A사는 B사의 완전모회사(100% 지분소유)가 된다.
72) 이미 존재하는 A회사와 B회사의 계약에 의하여 B회사의 주주가 소유하는 주식을 전부 A회사에 이전하고, 그 대가로 A회사가 B회사의 주주에게 신주를 발행하거나 자기주식을 교부하는 방식을 말한다.

하면 이전 대표이사 甲의 대표권을 신뢰하고 거래한 제3자에 대하여는 甲의 행위가 대표권이 없는 행위임을 주장할 수 없다. 다만, 이 규정은 창설적 효력이 있는 등기사항에는 적용되지 아니한다. 창설적 효력이 있는 등기사항은 오로지 등기에 의하여 효력이 발생하고, 상대방의 선의·악의를 묻지 않기 때문이다.

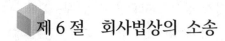

제 6 절 회사법상의 소송

Ⅰ. 의 의

회사가 거래법적 법률관계의 주체가 되어 발생하는 분쟁에 대하여는 자연인의 경우와 같이 민사소송법상 절차에 의하여 쟁송이 진행된다. 다만, 회사의 특성상 단체법적인 해결방법이 요구된다. 그리하여 상법은 이에 관한 특칙을 두어 소의 절차, 판결의 효력 등에 관한 사항을 규율하고 있다.

Ⅱ. 소송의 종류

1. 서

상법은 여러 가지 소에 관한 특칙을 두고 있다. 이러한 특칙은 주로 주식회사에 집중되어 있다. 그리고 일부의 소송내용은 모든 회사에 공통적으로 인정되며, 다른 일부의 소송은 인적회사 또는 물적회사에 대하여만 적용된다.

2. 모든 회사유형에 공통적으로 인정되는 소송

(1) 회사설립하자에 관한 소송

회사법은 인적회사인 합명회사, 합자회사, 유한책임회사뿐만 아니라 유한회사의 설립하자에 관하여는 설립취소의 소와 설립무효의 소를 모두 인정하고 있다.[73] 이에 대하여 주식회사의 설립하자에 관하여는 설립무효의 소만이 인정된

---

73) 제184조, 제269조, 제287조의 6, 제552조.

다(제328조).

(2) 회사해산에 관한 소송

이는 회사운영의 停頓 또는 失當 등으로 회사를 존속할 수 없는 사유가 있는 경우에 사원들이 회사의 해산판결을 청구하는 소송이다(제241조 제1항, 제269조, 제287조의 42, 제520조, 제613조 제1항).

(3) 합병무효의 소

이는 합병계약서가 법정요건(제523조·제524조)을 결하는 등의 사유로 회사합병에 하자가 있는 경우 회사합병 등기 후 6월 내에 무효판결을 구하는 소이다(제236조, 제269조, 제287조의 41·제529조, 제603조).

3. 인적회사에 인정되는 소송

(1) 업무집행사원의 권한상실선고관련 소송

이는 합명회사, 합자회사 또는 유한책임회사(287조의 12 제1항, 2011년 개정)의 업무집행사원 중 업무집행에 현저히 부적임하거나 중대한 의무에 위반한 자가 있을 경우 그 자의 업무집행권한을 상실시키는 판결을 구하는 소송을 말한다(제205조, 제269조, 제287조의 17). 주식회사와 유한회사에서는 타인기관구조를 띠므로 업무집행사원의 권한상실선고에 관한 소송이 있을 수 없다. 다만, 업무집행기관인 이사의 직무를 정지시키기 위한 가처분제도가 있다(제407조).

(2) 사원의 제명관련 소송

이는 합명회사, 합자회사 또는 유한책임회사는 일부 사원을 제명할 수 있는데, 이때 법원에 제명의 판결을 구하는 소송을 말한다(제220조, 제269조, 제287조의 27). 물적회사에서는 사원의 제명이 있을 수 없기 때문에 이러한 소송이 없다.

4. 물적회사에 인정되는 소송

(1) 주주총회결의 하자에 관한 소송

주식회사에서 주주총회의 결의가 외형상으로는 성립하였으나 그 성립과정 또는 내용이 위법하거나 부당한 때에는 이를 총회결의의 하자라고 한다. 상법은 총회결의하자에 관한 소송유형으로 결의취소의 소(제376조),[74] 결의무효확인의 소

(제380조),75) 결의부존재확인의 소(제380조),76) 부당결의취소·변경의 소(제381조)77)를 명시하고 있다. 유한회사의 경우에도 사원총회결의하자에 관한 소송으로서 위의 네 가지 유형을 두고 있다.

(2) 신주발행무효소송

이는 주식회사의 성립 후 수권자본 가운데 미발행분에 대한 신주발행(제416조)이 위법할 경우에 그 무효판결을 구하는 소송이다. 제소요건은 주주, 이사 또는 감사에 한하여 신주를 발행한 날로부터 6월 내에 소만으로 이를 주장할 수 있다(제429조). 유한회사에서도 주식회사와 유사하게 증자무효의 소가 인정된다. 그리하여 사원, 이사 또는 감사는 자본금증가의 등기규정(제591조)에 의하여 본점소재지에서 등기를 한 날로부터 6월 내에 소만으로 이를 주장할 수 있다(제595조).

(3) 자본금감소 무효소송

이는 주식회사 또는 유한회사가 자본금의 감소절차를 밟은 후 그 내용 또는 절차가 위법할 경우 그 무효판결을 구하는 소송이다. 제소요건은 주주·이사·감사·청산인·파산관재인 또는 자본금의 감소를 승인하지 아니한 채권자만이 자본금감소로 인한 변경등기가 된 날로부터 6개월 내에 訴만으로 주장할 수 있다(2011년 개정, 제445조, 제597조).

(4) 회사분할무효소송

이는 주식회사의 분할 또는 분할합병의 무효판결을 구하는 소송을 말한다(제530조의 11 제1항·제529조). 제소요건은 각 회사의 주주·이사·감사·청산인·파산관재인 또는 분할·합병을 승인하지 아니한 채권자에 한하여 소만으로 이를 주장할 수 있다. 이 소는 분할 또는 분할합병의 등기(제528조)가 있은 날로부터 6월 내에 제기하여야 한다(제530조의 11·제529조).

---

74) 절차상 하자(소집절차, 결의방법위반 등. 예를 들면, 주주가 아닌 자에 의한 결의, 감사선임시 100분의 3 제한 원칙 위반 등).
75) 내용상의 하자(주식평등에 위반한 결의, 사회상규에 반하는 결의 등. 예를 들면, 이사자격을 여성 또는 남성만으로 하는 결의 등).
76) 절차상 중대한 하자. 예를 들면, 대부분의 주주에게 통지하지 않은 결의, 이사 전원이 총회에 불참한 결의 등.
77) 내용상의 중대한 하자(특별이해관계가 있는 주주가 의결권을 행사하지 아니하여 부당한 결의가 이루어질 경우. 예를 들면, 영업양도결의시 부당한 염가로 제3자에게 양도할 것을 결의한 경우 등).

(5) 주식교환무효의 소·주식이전무효의 소

이는 주식회사가 주식의 포괄적 교환에 의한 완전모회사의 창설, 주식의 포괄적 이전에 의한 완전모회사의 설립시 위법행위가 있는 때에 그 무효를 구하는 소송이다. 제소요건은 각 회사의 주주·이사·감사·감사위원회의 위원 또는 청산인에 한하여 주식교환 또는 이전의 날로부터 6월 내에 소만으로 이를 주장할 수 있다(제360조의 14, 제360조의 23).

(6) 이사·감사해임의 소

이는 주식회사의 이사 또는 감사가 부정행위를 하였는데도 불구하고 회사가 총회의 결의로 이를 해임하지 않을 때에 발행주식총수의 100분의 3 이상에 해당하는 주식을 가진 소수주주가 법원에 해임판결을 청구할 수 있는 소를 말한다(제385조 제2항, 제415조). 유한회사에도 이사에 관하여 동일한 소송이 인정된다(제567조, 제570조). 합명회사와 합자회사는 사원이 아닌 업무집행자가 있을 수 없으므로 해당소송이 없다. 유한책임회사는 업무집행자를 사원이 아닌 자로 할 수 있음에도, 별도의 해임소송제도를 두지 않고 있다. 다른 인적회사와 같이 법원의 권한상실선고에 관한 규정을 두고 있을 뿐이다(제287조의 17 제1항·제269조·제205조).

5. 물적회사와 유한책임회사에 인정되는 소송

(1) 대표소송

이는 주식회사의 이사·감사(또는 감사위원), 유한회사의 이사 혹은 유한책임회사의 업무집행자(2011년 개정상법)가 회사에 손해를 가하였는데도 회사가 손해배상청구를 게을리할 때 소수주주 또는 사원이 회사를 위하여(대표하여) 이사나 감사 등에게 책임을 추궁하는 소송을 말한다(제287조의 22, 제403조, 제415조, 제415조의 2, 제565조). 주식회사의 경우 제소권자는 무의결권주식을 포함하여 발행주식총수의 100분의 1 이상(이사의 위법행위유지청구권(제402조)과 동일), 상장회사의 경우는 10,000분의 1 이상(소제기시점에서 6개월 전부터 보유 필요)을 보유하고 있는 자이다. 대표소송은 주식회사의 발기인에 대한 책임추궁, 불공정한 가액으로 신주를 인수한 자에 대한 차액청구, 주주권행사와 관련된 供與利益의 반환청구 등에도 인정된다(제324조, 제424조의 2 제2항, 제467조의 2 제4항).

한편 유한책임회사의 대표소송에 관한 제소요건 등에 대하여는 주식회사의

규정이 준용된다. 다만, 보유지분 1/100 이상의 요건은 적용되지 아니한다(제287조
의 22 제1항·제403조 제1항).

(2) 위법배당금반환청구소송

이는 주식회사, 유한회사 또는 유한책임회사가 배당가능이익이 없음에도 불
구하고 배당하거나 준비금을 적립하지 아니하고 배당한 때에 회사채권자가 주주
에 대하여 위법배당금을 회사에 반환할 것을 구하는 소송이다(제287조의 37 제2항,
제462조 제3항, 제583조).

Ⅲ. 특징 및 특칙

1. 서

회사의 조직법적 법률관계에는 회사조직과 관련된 다수의 이해관계인이 존
재한다. 소 역시 마찬가지이므로 소송의 절차와 판결에 대하여는 통일적인 규율
이 요구되는 특징이 있다.

따라서 상법은 일부의 회사소송에 관하여는 專屬管轄 정도의 특칙만을 정하
고 있지만, 대부분의 회사소송에 관하여는 제소권자, 절차 및 판결 등에 대하여
상세한 특칙을 두고 있다.

2. 소의 성질

대부분의 회사소송의 성질은 「形成의 訴」이다. 그 이유는 조직법적 법률관계
에 대한 소는 이미 형성된 법률관계에 변동을 가져오기 때문에 소가 아닌 자유로
운 주장 방법을 허용하는 경우에 발생할 수 있는 단체법률관계의 불안정을 방지
하기 위함이다. 그러므로 쟁점이 되는 법률관계의 효력은 오로지 소송에 의하여
만 다툴 수 있다. 그리고 법원이 원고의 청구를 받아들인 경우 그 판결에 의하여
만 법률관계가 무효 또는 취소되는 등의 형성의 효력이 생긴다. 이와 같이 형성
판결은 있어야 할 권리를 창설하거나 법률관계를 변경·소멸시키는 판결이다. 이
에 비해 이행의 소에 대한 이행판결 및 무효확인의 소에 관한 확인판결은 기존의
권리관계나 법률상태에 관하여 법원의 공권적 판단만을 내용으로 하고, 권리관계
등의 직접적인 변동을 목적으로 하지 않는다는 점에서 형성판결과 구별된다.

회사법상 소 중에는 형성의 소가 아닌 것도 있다. 대표소송이나 위법배당반환청구의 소는「履行의 訴」이고, 주주총회결의무효확인의 소와 결의부존재확인의 소(제380조·제578조)에 관하여는 확인소송설과 형성소송설이 대립하고 있다. 판례는 확인소송설을 취하고 있다.

3. 제소권자

주주총회결의무효확인의 소나 결의부존재확인의 소는 제소권자를 제한하지 아니한다. 그만큼 소의 원인이 중함을 의미한다. 그러나 형성의 소, 즉 ① 총회결의취소의 소(제376조)는 주주, 이사 또는 감사로, ② 부당결의취소·변경의 소(제381조)는 의결권을 행사하지 못한 특별한 이해관계 있는 주주 등으로 제소권자를 법정해 놓고 있다. 그 취지는 형성의 소는 이미 형성된 단체법률관계의 변동을 목적으로 하므로 특히 이해관계가 없는 자가 회사법률관계를 교란하는 것을 방지하는 데 있다.

4. 절차

(1) 제소기간

상법은 회사관계 형성의 소에 대하여 그 제소기간을 단기로 제한하고 있다. 그리하여 주주총회결의취소의 소와 부당결의취소·변경의 소는 결의일로부터 2월 내에 제기하여야 한다(제376조·제381조 제2항). 신주발행무효의 소는 신주발행 후 6월 내에 제기하여야 한다(제429조). 회사설립의 무효·취소에 관한 소는 설립 후, 즉 본점소재지에서 설립등기 후 2년 내에 제기하여야 한다(제184조, 제269조, 제287조의 6, 제328조, 제552조). 제소기간을 단기로 제한하는 것은 쟁점이 되는 법률사실에 기초하여 누적적으로 단체법률관계가 계속하여 형성되므로 분쟁가능상태를 신속히 종결짓고자 하는 데 그 취지가 있다.

한편 학설이 확인소송설과 형성소송설로 대립(판례는 확인소송설)하는 총회결의무효확인의 소 및 부존재확인의 소는 제소권자는 물론 제소기간에도 제한이 없다.

(2) 피고

합명회사, 합자회사 또는 유한책임회사 사원의 제명에 관한 소송이나 대표소송 또는 위법배당금반환청구소송과 같이 회사 아닌 자가 피고인 경우도 있지만,

회사관계형성의 소의 피고는 원칙적으로 회사이다. 이 점 명문의 규정은 없으나 이견이 없다(통설·판례78)). 그 이유는 소의 대상이 회사의 조직법적 법률관계이므로 판결의 효과가 회사를 기속하여야 함은 물론 회사와 관련된 이해관계인 모두에게도 미칠 수 있어야 하기 때문이다.

(3) 관할

회사소송 중 형성의 소의 관할은 모두 회사의 본점소재지의 지방법원의 관할에 전속한다(제186조 등). 이 점 회사법상의 소는 合意管轄79)이나 辯論管轄(민사소송법 제29조, 제30조)80)이 허용되지 아니함을 의미한다. 관할을 제한하는 것은 대부분의 소송에서 피고가 회사이기도 하지만, 동일사안에 관하여 다수의 법원에서 소송이 계속되어 서로 다른 판결이 내려지는 것을 방지하기 위함이다.

(4) 소제기의 공고

회사설립무효의 소 또는 설립취소의 소 등 회사관련 소가 제기되면 회사는 이 사실을 지체 없이 공고하여야 한다(제187조 등). 이는 소가 제기된 사실에 관하여 이해관계인들에 알리고 대비하게 하는 데 그 취지가 있다.

(5) 소의 병합

회사의 단체법률관계에는 다수의 이해관계인이 존재한다. 그리하여 같은 회사의 동일사안에 대하여 수개의 소가 제기될 수 있고, 사건이 상이함으로 인하여 서로 다른 판결이 내려질 우려가 있다. 이를 방지하기 위하여 상법은 동일사안에 대하여 수개의 소가 제기된 때에는 법원으로 하여금 하나의 소로 병합심리하도록 하고 있다(제188조 등). 이는 민사소송법 제67조상의 유사(우연)필수적 공동소송81)

---

78) 대법원 1982. 9. 14. 선고 80다2425; 同旨 2011. 2. 10. 선고 2006다65774.
79) 당사자의 합의에 의하여 정해지는 소송의 관할을 합의관할이라 한다.
80) 이는 원고가 관할권 없는 법원에 소를 제기하였는데, 피고가 이의 없이 본안변론함으로써 생기는 관할(구법상 응소관할)을 말한다. 피고가 제1심 법원에서 관할위반의 항변을 제출하지 아니하고 본안에 관하여 변론하거나 준비절차에서 진술할 때에는 그 법원은 관할권이 있다. 이는 계속 중인 소송에 관하여만 인정되고, 소제기 전에는 부인된다.
81) 이 소송은 공동소송의 형태를 갖추지 않더라도 본안판결을 구할 수 있지만, 우연히 일단 공동소송이 된 이상 그 판결은 각 당사자에 대하여 법률상 합일적으로 확정되어야 하는 공동소송을 의미한다(송·박(2014), 638면). 예를 들면, 복수인이 제기하는 합병무효의 소(제236조), 회사설립무효·취소의 소(제184조), 대표소송(제403조) 또는 주주총회결의하자의 소(제376조·제380조·제381조) 등이 있다.

의 법리를 적용하고 있는 것이다. 그 이유는 회사관계 형성의 소는 대세적 효력을 가지므로 수인이 소를 제기한 때에는 그 전원에 대하여 판결이 법률상 합일적으로 확정되어야 하기 때문이다.

5. 재량기각

(1) 의의 및 취지

상법은 대부분의 회사관련 형성의 소에서 원고의 주장이 이유 있더라도 법원이 제반의 사정을 고려하여 재량으로 기각할 수 있도록 하고 있다. 그 취지는 당체법률관계의 공익성과 상법상 기업유지의 이념을 구현하는 데 있다.

(2) 관련규정의 특징

상법은 합명회사의 설립무효·취소의 소에 관하여 "설립무효의 소 또는 취소의 소가 심리 중에 원인이 된 하자가 보완되고 회사의 제반사정을 참작하여 설립을 무효 또는 취소로 하는 것이 부적당하다고 인정될 때에는 법원은 그 청구를 기각할 수 있다."는 규정(제189조)을 두면서, 다수의 다른 회사소송에 이를 준용하도록 하고 있다. 이는 ① 회사설립의 무효·취소는 이미 형성된 회사의 단체법률관계를 허물어 버려 불측의 피해자를 양산할 수 있으므로 공익적 관점에서 바람직하지 못할 뿐만 아니라, ② 하자가 보완된 이상 상법상 기업유지이념의 구현을 위하여 기존의 법률관계의 효력을 유지시키는 것이 바람직하기 때문이다.

재량기각이 가능한 소송은 각종 회사의 설립무효 또는 취소의 소(제189조, 제269조, 제328조 제2항, 제552조 제2항), 주주총회결의취소의 소(제379조), 신주발행무효의 소(제430조), 감자무효의 소(제446조), 합병무효의 소,[82] 분할무효의 소(제530조의 11 제1항), 주식교환·이전무효의 소(제360조의 14 제4항, 제360조의 23 제3항) 등이다.

그러나 이 가운데 주주총회결의취소(제379조)에 관한 법문은 제189조와 다른 표현을 사용하여, "결의취소의 소가 제기된 경우에 결의의 내용, 회사의 현황과 제반사정을 참작하여 그 취소가 부적당하다고 인정한 때에는 법원은 그 청구를 기각할 수 있다."고 명시하고 있다. 즉 제189조와는 달리 '하자의 보완'이라는 요건을 요구하지 아니하고 있다. 이 점 결의취소의 소는 하자가 보완되지 아니하더라도 법원이 재량기각할 수 있음을 의미한다.

---

82) 제240조, 제269조, 제530조 제2항, 제603조.

한편 총회결의하자에 관한 소송 중 무효확인의 소(제380조), 부존재확인의 소(제380조), 부당결의취소·변경의 소(제381조 제1항)는 법원의 재량기각이 인정되지 아니한다. 결의내용상 하자나 절차상 중대한 하자에는 인정되지 않는 것이다.

(2) 판례의 태도

대법원은 제189조가 '하자의 보완'을 요구하고 있음에도 불구하고, 재량기각을 하는 경우가 있다. 대표적으로는 감자무효의 소(제446조)에 관한 판례[83]가 있다. 동 판결에서 대법원은 '감자무효의 소를 재량기각하기 위하여는 원칙적으로 제소 전이나 심리 중에 하자가 보완되어야 하지만, 추후 보완될 수 없는 성질의 하자로서(예: 의결권대리행사(제368조 제2항)시 대리권 증명에 신분증의 사본 등을 요구) 자본감소결의의 효력에는 아무런 영향을 미치지 않는 것인 경우 등에는 그 하자가 보완되지 아니하였다 하더라도 회사의 현황 등 제반 사정을 참작하여 자본감소를 무효로 하는 것이 부적당하다고 인정한 때에는 법원은 그 청구를 기각할 수 있다.'고 판시하였다. 분할합병무효의 소에 관하여도 같은 취지의 판례가 있다.[84]

생각건대 위 판례들은 형성의 소에 관한 하자가 보완되지 아니한 채 재량기각을 하고 있어 자칫 '하자의 보완'이라는 명문규정을 사문화시킬 수 있다. 때문에 그 논지는 매우 제한적인 사안에서만 적용되어야 한다.[85]

6. 판결의 효력

(1) 원고승소판결의 효력

1) 대세적 효력

민사소송법상 확정판결의 기판력은 당사자 등에게만 미치는 것이 원칙이다(민사소송법 제218조 제1항). 이 원칙을 회사법상의 소에 적용한다면 다수의 이해관계인, 즉 제소한 자와 그렇지 아니한 자 사이에 동일한 회사법률관계가 효력을 달리하는 모순이 생긴다. 예를 들면, 회사설립무효의 소를 제기한 사원에 대하여는 무효이고, 소를 제기하지 아니한 사원에게는 유효인 사례가 발생할 수 있다. 그러므로 회사법은 소 중에서 형성의 소는 대부분 당사자는 물론 제3자에게도 판결의

83) 대법원 2004. 4. 27. 선고 2003다29616.
84) 대법원 2010. 7. 22. 선고 2008다37193.
85) 同旨 권재열(2019), 213면.

효력이 미치는 것으로 하고 있다(제190조 본문 등). 이를 대세적 효력이라고 한다.

이와 같이 회사소송에서는 거의 대부분 편면적 대세효가 인정된다. 따라서 원고적격자들이 각각 별도의 결의취소의 소를 제기하더라도 합일확정의 필요성이 있으므로 유사필수적 공동소송의 법리가 적용된다(민사소송법 제67조).[86]

2) 소급효의 부인

회사설립무효·취소의 소,[87] 합병무효의 소,[88] 신주발행무효의 소(제430조), 분할무효·분할합병무효의 소(제530조의 11 제1항) 및 주식교환·이전 무효의 소[89]와 같이 원고의 청구가 이미 행하여진 단체법적 행위의 효력을 부정하는 소송에서 소급효를 인정하게 되면 그 행위를 토대로 형성된 후속의 법률관계가 일시에 무너지게 된다. 그러므로 회사법상 형성의 소의 대부분에서는 일반 민사소송에서의 판결의 효과와는 달리 판결의 소급효를 부인하고 장래에 향하여만 무효·취소의 효력이 미치는 것으로 하고 있다.

그러나 회사법률관계에 대한 주요한 소송 중에서 감자무효의 소(제446조), 주주총회결의취소의 소(제376조), 부당결의취소·변경의 소(제381조 제1항) 및 결의무효·부존재확인의 소(제380조)에는 원고승소판결의 효력 중 소급효부인의 규정(제190조 단서)이 준용되지 아니한다. 이 점 주의를 요한다. 다만, 이러한 소들에 대하여는 후술하는 원소패소판결로 인한 손해배상책임 규정(제191조)은 준용된다.

(2) 원고패소판결의 효력

회사관계 소송은 제소기간을 단기로 정하는 경우가 많아(제376조·제381조 제2항,[90] 제429조,[91] 제184조·제269조·제287조의 6·제328조·제552조[92]) 원고가 패소하였을 때에는 시기적으로 다른 이해관계인이 제소할 기회를 놓치게 된다. 그리하여 상법은 대부분의 회사관계 소송에 관하여 패소한 원고에게 회사에 대한 손해배상책임을 부담시키고 있다(제191조를 각 소송에 준용). 이는 주주가 무모한 소를 제기한 경우

86) 대법원 2021. 7. 22. 선고 2020다284977 전원합의체. 다만, 이에 대하여는 통상의 공동소송이라는 대법관들의 개별의견이 있었다.
87) 제190조 단서, 제269조, 제287조의 6, 제328조 제2항, 제552조 제2항.
88) 제240조, 제269조, 제287조의 41, 제530조 제2항, 제603조.
89) 제360조의 14 제4항, 제431조 제1항, 제360조의 23 제3항.
90) 총회결의취소의 소와 부당결의취소·변경의 소는 결의일로부터 2월 내에 제기하여야 한다.
91) 신주발행무효의 소는 신주발행 후 6월 내에 제기하여야 한다.
92) 회사설립의 무효·취소에 관한 소는 설립 후 2년 내에 제기하여야 한다.

그에 따른 결과책임을 묻고 남소를 방지하기 위한 규정이다. 다만, 패소원고에게 이러한 책임을 묻기 위하여는 원고에게 악의 또는 중대한 과실이 있어야 한다. 즉 원고가 자신이 주장하는 하자의 부존재를 악의 또는 중대한 과실로 알지 못하여야 한다. 따라서 하자가 보완되어 법원의 재량으로 기각하는 경우(제189조 등)에는 패소원고의 책임이 발생하지 아니한다.

한편 상법상 패소원고의 손해배상책임이 인정되는 소송으로는 각종회사의 설립무효 또는 취소의 소,93) 주주총회결의취소의 소(제376조), 주주총회결의무효·부존재확인의 소(제380조), 부당결의취소·변경의 소(제381조), 합병무효의 소,94) 분할무효의 소(제530조의 11 제1항), 주식교환·이전무효의 소,95) 신주발행무효의 소(제430조), 감자무효의 소(제446조) 등이 있다.

Ⅳ. 회사소송상 가처분

1. 의의

假處分이란 물건을 대상으로 청구권의 집행을 보전하거나(係爭物에 대한 가처분) 아니면 假地位를 정하여 후일 법률관계가 확정될 때까지 잠정적 법률상태를 정하는(임시지위를 정하는 가처분) 절차이다(민사집행법 제303조 이하).96) 회사에서는 쟁점이 되는 법률사실에 기초하여 누적적으로 단체법률관계가 계속하여 형성되므로 가처분의 효용이 적지 않다. 회사소송상 가처분은 개념상 '임시의 지위를 정하기 위한 가처분'이 많다. 상법은 이사 등 업무집행기관의 직무집행정지가처분과 직무대행자선임가처분을 규정하고 있다(제6장 제4절 제3관 Ⅹ에서 후술).97) 그러나 이 밖에도 모든 회사소송에서 가처분이 활용되고 법정진술로서도 유용하다.

---

93) 제191조, 제269조, 제328조 제2항, 제287조의 6, 제552조 제2항.
94) 제240조, 제269조, 제287조의 41, 제530조 제2항, 제603조.
95) 제360조의 14 제4항, 제431조 제1항, 제360조의 23 제3항.
96) 송·박(2014), 34면.
97) 제183조의 2, 제287조의 5, 제269조, 제407조 제1항, 제408조, 제567조, 제570조.

2. 보전처분의 필요성

(1) 일반론

보전처분은 일반적으로 피보전권리와 보전의 필요성을 요건으로 한다. 따라서 회사에 대한 가처분 여부를 재판함에 있어서도 保全의 必要性 요건을 충족하는지의 여부가 중요하다.[98] 민사집행법 제300조 제2항은 임시의 지위를 정하는 가처분에서의 보전의 필요성을 「특히 계속하는 권리관계에 끼칠 현저한 손해를 피하거나 급박한 위험을 막기 위하여, 또는 그 밖의 필요한 이유가 있을 경우」라고 표현하고 있다. 판례는 보전의 필요성을 판단하는 구체적 요소로서 ① 해당가처분신청의 인용 여부에 따른 당사자 雙方의 이해득실관계, ② 본안소송에서의 장래승패의 예상, ③ 기타의 제반사정을 고려하여 법원의 재량에 따라 합목적적으로 결정하여야 한다는 일반론을 제시하고 있다.[99]

(2) 만족적 가처분

만족적 가처분은 본안판결을 통해 얻고자 하는 내용과 실질적으로 동일한 권리관계를 형성하는, 즉 만족을 주는 가처분을 말한다(민사집행법 제305조 제2항·제308조·제309조 참조).[100] 예컨대, 甲회사로부터 명의개서를 거부당하고 있는 乙이 주주지위 확인을 구하는 청구를 본안으로 하여 주주총회에서의 의결권행사허용가처분을 받으면, 乙은 본안소송에서 승소한 것과 같은 지위를 갖게 된다. 그러나 가처분채권자가 패소할 때에는 본안의 종국판결과 다른 권리관계가 일시적으로 형성될 수 있으므로 보전의 필요성을 보다 신중하게 판단하여야 한다.[101] 보전의 필요성에 대한 신청인의 소명도 증명에 가까운 정도의 엄격한 소명이 요구된다.[102] 즉 고도의 개연성이 있어야 한다.

---

98) 보전의 필요성과 피보전권리는 서로 별개의 독립된 요건이다. 따라서 보전의 필요성은 피보전권리와는 관계없이 심리되어야 한다(대법원 2007. 7. 26. 자 2005마972 결정; 2005. 8. 19. 자 2003마482 결정).
99) 대법원 2007. 1. 25. 선고 2005다11626; 2006. 11. 23. 선고 2006다29983.
100) 김홍엽(2022), 514−515면.
101) 대법원 2007. 6. 4. 자 2006마907 결정; 2003. 11. 28. 선고 2003다30265.
102) 서울중앙지법 2017. 1. 9. 자 2016카합80389 결정; 김홍엽(2022), 515면.

제 7 절 합 병

Ⅰ. 의 의

1. 개념 및 목적

合倂이란 상법의 규정에 따라 2개 이상의 회사가 계약에 의거 1개의 회사로 되는 법률사실을 말한다. 합병은 경제적으로는 기업결합의 전형적인 형태이다. 주로 경쟁의 회피, 경쟁력강화, 기업규모의 확대 및 시장의 독과점률의 확대 등의 목적에서 이루어진다.

2. 법적 체계

합병은 주로 주식회사에서 나타나는 회사의 구조변경이다. 상법은 합병에 관하여 분산하여 규정하고 있다. 회사법 제1장은 합병의 일반론과 그 제한규정 및 신설합병시 설립위원에 관한 조문을 두고 있고(제174조, 제175조), 그 밖에는 회사유형별로 그 절차를 규정하고 있다. 그리하여 상법은 우선적으로 합명회사 합병의 효력발생시기, 효과 및 무효판결의 효력 등에 관한 상세한 규정을 두고 있다(제230조 내지 제240조). 주식회사와 유한회사의 장에서는 각 회사의 특유한 절차를 규정하면서, 합명회사 합병에 관한 규정을 다수 준용하도록 하고 있다(제522조 내지 제530조, 제598조 이하). 합자회사 및 유한책임회사의 경우에는 합명회사의 규정을 준용하도록 하고 있다(제269조·제287조의 41·제230조·제232조 내지 제240조). 이하에서는 합병에 관한 일반이론을 설명하고자 한다.

3. 유형

합병의 종류에는 흡수합병과 신설합병이 있다. 흡수합병은 회사가 소멸하는 다른 회사를 흡수하고 그 소멸하는 회사의 권리의무의 전부를 합병 후 존속회사에 승계시키는 합병을 말한다(제523조). 신설합병은 합병의 당사회사가 모두 소멸하고, 그 소멸하는 회사의 권리의무의 전부를 새롭게 설립되는 회사로 승계시키는 합병을 말한다(제524조). 우리나라는 물론 선진국에서도 흡수합병이 많다. 그 이유는 신설합병을 채택하는 때에는 ① 신설회사가 승계한 사업에 대하여 새롭게 인허가를 받아야 하는 경우가 발생할 수 있고, ② 소멸회사가 상장회사이었던 경우에는 신설회사가 새롭게 상장절차를 밟아야 하는 번거로움이 있으며, ③ 회사의 설립절차를 밟아야 하는 데에 따르는 번거로움과 경제적 부담이 있고, ④ 법인세, 소득세 및 등록세 등의 과표기준이 흡수합병보다 높을 수 있기 때문이다.

4. 영업양도와의 차이점

합병당사자는 회사간의 합병계약(제522조 제1항, 제623조 내지 제524조, 제603조)에 의거 당사회사의 일부(예: 분할합병시) 또는 전부가 소멸한다. 그 재산은 청산절차를 거치지 아니하고, 권리와 의무는 포괄적으로 존속회사 또는 신설회사로 이전한다. 이러한 점에서 영업재산을 이루는 개개의 구성부분을 이전하는 물권행위, 즉 부동산은 등기(민법 제186조), 동산은 인도(민법 제188조)하여야 하고, 채권은 대항요건(민법 제450조)을 갖추어야 하는 營業讓渡와 다르다.

5. 삼각합병

(1) 개념 및 유형

삼각합병(triangular merger)제도는 2015년 12월 개정상법에서 도입되어 2016년 3월부터 시행되고 있다.[103] 이는 자회사(A1)가 다른 회사(A2)를 흡수합병하면서 합병대상회사(Target Company)의 주주에게 합병의 대가로 모회사(P)의 주식을 지급하는 합병방식이다(제523조의 2). 이를 정삼각합병(존속회사가 A1)이라고 한다(예: 2019년 6월 HLB(P)+HLB USA(A1) vs. LSKB(A2)). 반대로 존속회사가 합병대상회사(A2)이면, 이를 역삼각합병이라고 한다.

(2) 경제적 효과

삼각합병은 외국회사가 국내회사 또는 국내회사가 외국회사를 합병하고자 하는 때에 유용하다. 예를 들면, 국내회사가 외국회사를 흡수합병을 하고자 하는 때에는 먼저 외국에 자회사를 설립하고, 그 자회사가 국내 모회사의 주식을 합병대가로 교부하여 외국의 합병대상회사를 흡수합병함으로써 실질적으로는 국내의 모회사가 외국의 회사를 합병하는 것과 같은 효과를 발휘할 수 있게 된다.

---

103) 법률 13523호.

Ⅱ. 합병의 법적 성질

1. 서

합병의 법적 성질에 관하여는 오래전부터 다양한 논의가 있었다. 그리하여 학설은 人格合一說, 현물출자설, 사원현물출자설, 재산합일설 등으로 나누어져 왔다. 기본적으로는 인격합일설과 현물출자설의 대립으로 볼 수 있다.

2. 인격합일설

이 학설은 합병이란 두 개 이상의 회사가 하나의 회사로 합일하는 조직법상의 특수한 계약이라고 한다. 즉 합병되는 것은 회사라는 법인격 자체이며, 권리의무 및 사원의 이전은 모두 인격합일의 결과라고 한다. 따라서 이 학설은 「會社合一說」이라고도 볼 수 있다. 이에 따르면 합병이 다른 법 현상과 뚜렷이 구분되는 특징은 피합병회사의 소멸, 권리의무의 포괄적 승계 및 사원의 수용에 있다.

3. 현물출자설

이 학설은 합병의 본질을 소멸회사의 영업 전부를 현물출자하는 존속회사의 자본증가(흡수합병의 경우) 또는 새로운 회사의 설립(신설합병의 경우)이라고 해석한다. 이 설은 합병의 효과로서 재산법적 요소를 중시한다.

그런데 현물출자설은 소멸회사의 사원이 존속회사(신설회사)의 사원이 되는 관계를 설명할 수 없다거나 또는 자본의 증가가 없는 회사의 합병을 설명할 수 없다는 난점이 있다. 그것은 합병의 경우 반드시 신주식이 발행되어야 하는 것은 아니고, 대가를 얻는 것은 회사가 아닌 그 주주이기 때문이다. 이를 보완하기 위한 것으로서 사원현물출자설이 있다.

4. 사원현물출자설

이 학설은 현물출자설에 수정을 가하여 합병의 본질은 소멸회사의 모든 주주가 그 株式을 존속회사 또는 신설회사에 현물출자하는 것이라고 한다. 이 학설은 현물출자설의 난점인 현물출자하는 자는 소멸회사인데, 소멸회사의 사원이 어떻게 하여 존속회사(신설회사)의 사원의 지위를 취득하는가를 해결하기 위한 것이다.

그러나 이 학설 역시 주주가 주식을 현물출자함에 따라 회사의 모든 재산이 이전하여야 하는 이유와 회사가 당연히 소멸하여야 하는 이유를 명확히 밝히지 못하고 있다.

5. 사견

회사의 개념요소에는 사단(영리사단)성이 있다. 현물출자설은 회사가 사단성을 갖는다는 점을 간과한 해석이라고 생각된다. 그리고 회사는 「法人」인데 소멸회사의 법인격이 소멸하는 점은 간과하고 자본증가 또는 회사설립의 면만을 강조하고 있는 문제점이 있다. 따라서 인격합일설에 찬성한다.

Ⅲ. 합병계약의 성질

1. 서

합병계약은 합병에 이르는 중요한 절차 중의 하나이다. 이러한 합병계약의 당사자는 사원이 아닌 회사이다. 합병에 의거 사원이 영향을 받는 것은 합병당사자인 회사의 구성원이기 때문이다.

2. 성질

합병계약은 인적회사의 경우 총사원의 동의, 물적회사의 경우 합병결의를 정지조건[104]으로 하는 본 계약 또는 합병의 예약(가계약)이라고 볼 수 있다(다수설). 합병계약을 예약으로 보면 합병결의에 의하여 본 계약으로서의 효력이 발생하게 된다. 본 계약으로 보면 합병결의를 정지조건으로 하여 그 효력이 발생하게 된다. 그리하여 합병결의를 통과하면 합병등기를 할 수 있다.

합병계약은 개인법상의 일반 債權契約이 아니고 단체법상에서만 발생할 수 있는 특별한 채권계약이다. 그러므로 계약당사회사는 계약에 따른 합병절차를 진행시킬 의무를 부담한다.

---

104) 정지조건이란 '법률행위 효력의 발생'을 불확실한 사실에 의존케 하는 조건을 말한다. 예를 들면, 아버지가 아들에게 '대학에 합격하면 자동차를 사주겠다.'는 것과 같다. 이에 대하여 해제조건이란 '법률행위의 효력의 소멸'을 불확실한 사실에 의존케 하는 조건을 발한다. 예를 들면, 아버지가 아들에게 자동차를 사주면서 '시험에 불합격하면 자동차를 사용하지 못하게 하겠다.'는 것과 같다.

Ⅳ. 합병의 자유와 제한

1. 서

회사는 원칙적으로 자유롭게 합병할 수 있다(제174조 제1항). 따라서 목적이 다른 회사간 합병도 자유이다. 다만, 상법은 기업유지 또는 사원과 제3자를 보호하기 위하여 몇 가지 제한을 두고 있다.

2. 상법상의 제한

첫째, 합병당사회사의 일방 또는 쌍방이 주식회사, 유한책임회사 또는 유한회사인 때에는 합병 후 존속회사 또는 신설회사는 주식회사, 유한책임회사 또는 유한회사이어야 한다(제174조 제2항). 이는 합명·합자·주식·유한책임·유한회사 중 어느 하나와 주식·유한책임·유한회사 중 어느 하나가 합병을 하면 존속회사나 신설회사는 주식회사, 유한책임회사나 유한회사이어야 함을 의미한다. 인적회사인 합명·합자회사가 존속회사 또는 신설회사로 되면 유한책임사원이 무한책임을 지게 되는 문제점이 있기 때문이다.

둘째, 유한회사와 주식회사가 합병할 경우 합병 후 존속 또는 신설회사를 주식회사로 하는 때에는 법원의 인가를 얻어야 한다(제600조 제1항). 주식회사는 유한회사와 달리 出資未畢에 대하여 사원이 책임지지 아니하는데, 동 규정은 이 점이 악용되는 것을 방지하는 데 그 취지가 있다(제551조, 제593조).

셋째, 주식회사와 유한회사가 합병할 경우 주식회사가 사채의 상환을 완료하지 않으면 유한회사를 합병 후 존속 또는 신설회사로 하지 못한다(제600조 제2항). 유한회사는 사채를 발행할 수 없기 때문이다.

넷째, 해산 후 청산 중에 있는 회사는 존립 중의 회사를 존속회사로 하는 경우에만 합병할 수 있다(제174조 제3항).

한편 합명회사가 주식회사와 합병하는 경우 합명회사의 사원은 합명회사에서 퇴사하는 것이 아니고, 원칙적으로 특별한 경우(예: 단주취득이나 주식매수청구권의 행사)를 제외하고는 합병계약에 따라 주식회사의 주주가 되기 때문에 지분환급청구권을 행사할 수 없다.[105]

---

105) 대법원 2003. 2. 11. 선고 2001다14351.

3. 기타 특별법상의 제한

특별법상의 합병제한으로서는 우선, 파산절차가 진행 중인 회사는 합병할 수 없고(파산법 제329조 제1항), 파산법에 의하여만 합병할 수 있다(동법 제193조 제2항, 제210조, 재211조). 그리고 공정거래법상 경쟁을 실질적으로 제한하는 합병은 제한되고 있다(동법 제7조 제1항 제3호, 제12조 제1항 제3호, 제4항·제5항). 금융기관 등의 일정한 공익회사(은행, 보험회사 등)는 주무관청의 허가를 받은 경우에 한하여 합병할 수 있다(은행법 제55조 제1항, 보험법 제139조, 자본시장법 제417조 등).

V. 회사합병의 절차

1. 합병계약

합병은 합병당사회사의 대표기관에 의하여 합병조건·합병방식 등 합병에 필요한 사항이 합의되어야 한다. 합병계약은 특별한 방식을 요하지 아니하나, 주식회사나 유한회사가 합병하거나, 신설 또는 존속하는 회사가 주식회사일 때에는 법정사항이 기재된 합병계약서를 작성하여야 한다(제522조 제1항, 제523조 내지 제525조, 제603조).

2. 합병대차대조표 등의 공고

주식회사와 유한회사는 합병대차대조표 등 소정서류를 작성하여 합병결의를 위한 주주총회 2주 전부터 합병 후 6월이 경과할 때까지 공시하여야 한다(제522조의 2, 제603조). 사원(주주)과 회사채권자는 대차대조표의 열람, 등본 또는 초본의 교부를 청구할 수 있다(제522조의 2 제2항, 제603조).

3. 합병결의

합병은 회사의 구조적 변경을 야기하므로 사원들은 중대한 이해관계를 갖는다. 따라서 합병계약이 체결되면 각각의 당사회사에서는 합병결의를 하여야 한다. 합병결의요건은 정관변경의 결의요건과 같다. 그리하여 합명회사, 합자회사 또는 유한책임회사에서는 총사원의 동의(제230조, 제269조, 제287조의 41), 주식회사에서는 주주총회의 특별결의, 즉 출석한 주주의 의결권의 3분의 2 이상의 수 그리고 발행주식총수의 3분의 1 이상(제522조 제3항·제434조), 유한회사에서는 사원총회의 특별결의, 즉 총사원의 반수 이상 그리고 의결권의 4분의 3 이상의 동의로 한다(제598조·제585조).

합병당사회사가 종류주식을 발행하고, 합병으로 인하여 어느 종류의 주주에게 손해를 미치는 경우에는 그 종류주주총회의 결의를 요한다(제436조·제435조). 주식회사의 합병반대주주는 주식매수청구권을 행사할 수 있다(제522조의 3).

합병결의는 필수요건이다. 따라서 합병당사회사의 일방 회사에서 합병결의가 이루어지지 않을 경우에는 합병이 성립할 수 없다. 합병계약의 효력이 없어지고 다른 회사의 합병결의도 무효이다. 다만, 주식회사가 흡수합병을 하는 경우 간이합병방식(제527조 2) 또는 소규모합병방식(제527조의 3)을 취하는 때에는 주주총회특별결의를 이사회의 승인으로 갈음할 수 있다(후술 [표 4] 참조).

4. 채권자보호절차

(1) 의의

합병은 주주는 물론 회사채권자도 중요한 이해를 가진다. 합병으로 인하여 당사회사들의 재산이 모두 합일귀속되므로 총채권자에 대한 책임재산이 합병 전과 달라지기 때문이다. 그러므로 상법은 소멸회사에서는 물론 존속회사에서도 회사채권자를 보호하기 위하여 특별한 절차를 정하고 있다.

(2) 이의제출의 공고·최고

회사는 합병총회결의가 있은 후 2주간 내에 회사채권자에 대하여 합병의 이의가 있으면 1월 이상의 일정한 기간 내에 그 이의를 제출할 것을 공고하고, 알고 있는 채권자에 대하여는 개별적으로 이를 최고하여야 한다(제232조 제1항, 제269조, 제287조의 41, 제527조의 5 제1항, 제603조). 다만, 간이합병 및 소규모합병의 경우에는 이사회의 승인결의를 주주총회의 승인결의로 본다(제527조의 5 제2항).

(3) 이의불제출의 효과

채권자가 해당기간 내에 이의를 제출하지 아니한 때에는 합병을 승인한 것으로 본다(제232조 제2항, 제269조, 제287조의 41, 제527조의 5 제3항, 제603조).

(4) 이의제출의 효과

이의를 제출한 채권자가 있는 때에 회사는 그 채권자에 대하여 변제 또는 상당한 담보를 제공하거나, 이를 목적으로 하여 상당한 재산을 신탁회사에 신탁하여야 한다(제232조 제3항, 제269조, 제287조의 41, 제527조의 5 제3항, 제603조). 주식회사의 사채권자가 이의를 제기하려면 사채권자집회의 결의가 있어야 한다. 이 경우 법원은 이해관계인의 청구에 의하여 이의제기기간을 연장할 수 있다(제530조 제2항 · 제439조 제3항). 이 기간의 연장은 사채권자만을 위하여 효력이 있다.

5. 신설합병에서의 설립위원선임

신설합병의 경우에 정관의 작성 기타 설립에 관한 행위는 각 회사에서 선임한 설립위원이 공동으로 하여야 한다(제175조 제1항). 설립위원의 선임은 합병결의와 같은 방법, 즉 특별결의에 의한다(동조 제2항).

6. 합병등기 및 합병의 효력발생시기

합병절차가 완료된 때에는 본점소재지에서 2주일 내에 합병등기를 하여야 한다. 그 기산점은 회사종류별로 다르다(제233조,[106] 제269조,[107] 제287조의 41,[108] 제528조 제1항,[109] 제602조[110]). 이때 존속하는 회사는 변경등기, 소멸회사는 해산등기, 신설회사는 설립등기를 하여야 한다. 합병 후 존속하는 주식회사 또는 합병으로 인하여 설립된 주식회사가 합병으로 인하여 전환사채 또는 신주인수권부사채를 승계한 때에는 합병등기와 동시에 사채의 등기를 하여야 한다(제528조 제2항).

한편 합병의 효력은 존속회사의 본점소재지에서 변경등기를 한 때 또는 신설회사의 본점소재지에서 설립등기를 한 때에 발생한다(제234조, 제269조, 제287조의 41,

---

106) (합명)회사가 합병을 한 때에는 본점소재지에서 2주일 내에 합병 후 존속하는 회사의 변경등기, 합병으로 인하여 소멸하는 회사의 해산등기, 합병으로 인하여 설립되는 회사의 설립등기(제180조)를 하여야 한다.

107) 합자회사에는 본장에 다른 규정이 없는 사항은 합명회사에 관한 규정을 준용한다.

108) 유한책임회사의 합병에 관하여는 제230조, 제232조부터 제240조까지의 규정을 준용한다.

109) 회사가 합병을 한 때에는 제526조의 주주총회가 종결한 날 또는 보고에 갈음하는 공고일, 제527조의 창립총회가 종결한 날 또는 보고에 갈음하는 공고일부터 본점소재지에서 2주일 내에 합병 후 존속하는 회사는 변경등기, 합병으로 인하여 소멸하는 회사는 해산등기, 합병으로 인하여 설립되는 회사는 설립등기(제317조 제2항)를 하여야 한다.

110) 유한회사가 합병을 한 때에는 제603조에서 준용하는 제526조 또는 제527조의 규정에 의한 사원총회가 종결한 날로부터 2주일 내에 본점소재지에서 합병 후 존속하는 유한회사는 변경등기, 합병으로 인하여 소멸하는 유한회사는 해산등기, 합병으로 인하여 설립되는 유한회사는 설립등기(제549조 제2항)를 하여야 한다.

제530조 제2항, 제603조). 이른바 창설적 효력이 있다.

Ⅵ. 합병의 효과

1. 회사의 소멸과 신설

흡수합병의 경우에는 존속회사 이외의 당사회사, 신설합병의 경우에는 모든 당사회사가 소멸한다. 합병은 상법상 해산사유의 하나이기 때문이다(제227조 제4호, 제287조의 38, 제269조, 제517조 제1호, 제609조 제1항 제1호). 다만, 합병으로 해산하는 회사는 법인격만이 소멸되고, 존속회사 또는 신설회사가 그 권리·의무를 승계하므로 청산절차를 거치지 아니한다. 신설합병의 경우에는 새로운 회사가 설립된다.

2. 권리·의무의 포괄적 이전·승계

합병에 의하여 존속회사 또는 신설회사는 소멸회사의 권리·의무를 포괄적으로 승계한다(제235조, 제269조, 제287조의 41, 제530조 제2항, 제603조). 포괄적으로 승계하는 권리·의무에는 그 성질상 이전이 허용되지 않는 것을 제외하고는 공법상의 권리·의무(예: 소멸회사의 시정명령 및 과징금)도 포함된다.[111] 영업양도와 달리 포괄승계이므로 개개의 재산과 채무에 관하여 개별적인 이전행위를 요하지 아니하고, 별도의 채무인수절차도 필요하지 않다. 다만, 존속회사 등이 승계한 권리를 처분하기 위하여는 따로 등기 또는 등록 등의 공시방법을 갖추어야 하는 경우가 있다(민법 제187조[112]). 그리고 권리의 유형에 따라 제3자에 대한 대항요건을 갖출 필요성이 있다. 예를 들면, 합병재산에 다른 회사(A)의 주식이 있는 경우 A회사에 대항하기 위하여는 존속회사 또는 신설회사의 명의로 개서하여야 한다(제337조 제1항). 이 밖에 부동산, 선박 또는 사채 등도 대항요건을 필요로 하는 권리이다.

3. 사원의 수용문제

2011년 개정 전에는 소멸회사의 사원이 당연히 존속회사 또는 신설회사의 사원이 되는 효과가 있었다. 왜냐하면 합병, 분할합병, 주식교환, 주식이전에 따라

---

111) 대법원 2022. 5. 12. 선고 2022두31433; 2004. 7. 8. 선고 2002두1946.
112) 상속, 공용징수, 판결, 경매 기타 법률의 규정에 의한 부동산에 관한 물권의 취득은 등기를 요하지 아니한다. 그러나 등기를 하지 아니하면 이를 처분하지 못한다.

소멸회사의 주주, 분할회사 또는 그 주주나 완전자회사로 되는 회사의 주주에게 교부되는 대가는 원칙적으로 존속회사, 신설회사, 완전모회사가 되는 회사의 주식으로 한정되었기 때문이다. 그러나 현행법에서는 사원의 지위가 당연히 이전된다고 보기 어렵다. 그 이유는 흡수합병이든 신설합병이든 합병의 대가로 존속회사 또는 신설회사의 주식 이외에 대가의 전부 또는 일부로서 금전이나 그 밖의 재산을 소멸회사의 주주에게 제공할 수 있기 때문이다(제523조 제4호, 제524조 제4호). 이른바 교부금합병(cash-out merger) 등이 인정되고 있기 때문이다.

결국 합병에 의하여 소멸회사의 사원이 존속·신설회사의 사원이 되는 경우에만 합병계약에 따라 사원의 지위의 크기(지분·주식)가 결정된다.

Ⅶ. 합병무효의 소

1. 서

합병절차와 내용에 하자가 있으면 무효의 원인이 된다. 다만, 합병은 단체법상의 효과를 발생시켜 다수의 자가 이해관계를 갖고 있기 때문에 일반원칙에 따른 처리보다는 단체법률의 안정성을 고려한 규정을 둘 필요가 있다. 그리하여 상법은 회사설립무효의 소 및 신주발행무효의 소와 유사한 합병무효의 소를 인정하고 있다. 그리고 그 무효에 대한 주장방법, 시기 및 무효의 효과 등을 규정하고 있다. 합병에 무효원인이 있는 경우 상법은 합병무효의 소에 의하여만 이를 주장할 수 있도록 하고 있다.

2. 합병무효의 원인

회사합병이 무효가 되는 원인으로는 ① 합병을 제한하는 상법규정에 위반한 경우 예를 들면, 합명회사가 유한책임회사, 유한회사 또는 주식회사를 흡수합병한 경우(제174조 제2항), ② 합병계약서가 법정요건을 결한 경우(제523조, 제524조), ③ 합병결의에 하자가 있는 경우, ④ 회사의 유형별 채권자보호절차를 위반한 경우, ⑤ 합병비율이 불공정한 경우[113] 등을 들 수 있다.

---

113) 대법원 2009. 4. 23. 선고 2005다22701·22718.

3. 제소권자

피고는 존속회사나 신설회사이다. 제소권자는 회사마다 다르다(제236조 제1
항,114) 제269조,115) 제287조의 41,116) 제529조 제1항,117) 제603조(유한회사합병의 주식회사규정
준용)). 이를 회사유형별로 보면 인적회사(유한책임회사 포함)는 각 회사의 사원, 청산
인, 파산관재인 또는 합병을 승인하지 아니한 회사채권자에 한하여 제소권자가
된다. 물적회사는 각 회사의 사원(주주)·이사·감사·청산인·파산관재인 또는 합
병을 승인하지 아니한 채권자에 한하여 제소권자가 된다.

4. 소의 절차

합병무효의 소는 합병등기가 있는 날로부터 6월 내에 제기하여야 한다(제236조
제2항, 제269조, 제287조의 41, 제529조 제2항, 제603조). 위 제소권자 이외에 관할, 소제기의
공고, 소의 병합심리, 하자가 보완된 경우의 재량기각판결, 패소원고의 책임 등은
회사설립무효의 소와 같다(제269조·제287조의 41·제530조 제2항·제603조·제240조·제186조
내지 제191조). 또 회사채권자가 소를 제기한 경우, 피고인 회사가 원고의 악의를 소
명하여 담보를 제공하게 할 것을 청구한 때에 법원은 담보제공을 명할 수 있다(제
269조·제287조의 41·제530조 제2항·제603조·제237조·제176조 제3항·제4항).

5. 합병무효판결의 효과

(1) 대세적 효력

합병무효를 인용하는 판결은 원고와 피고뿐만 아니라 제3자에 대하여도 효력
이 있다(제240조·190조 본문, 제269조, 제287조의 41, 제530조 제2항, 제603조). 따라서 합병무
효판결이 확정된 후에는 당사자는 물론 제3자도 새롭게 효력을 다투지 못한다.

---

114) 제236조(합병무효의 소의 제기) 제1항 : 합명회사의 합병의 무효는 각 회사의 사원, 청산
인, 파산관재인 또는 합병을 승인하지 아니한 회사채권자에 한하여 소만으로 이를 주장
할 수 있다.
115) 제269조(준용규정) 합자회사에는 본장에 다른 규정이 없는 사항은 합명회사에 관한 규
정을 준용한다.
116) 제287조의 41(유한책임회사의 합병) 유한책임회사의 합병에 관하여는 제230조, 제232조
부터 제240조까지의 규정을 준용한다. 따라서 제236조도 준용된다.
117) 제529조(주식회사의 합병무효의 소) 제1항 : 합병무효는 각 회사의 주주·이사·감사·청
산인·파산관재인 또는 합병을 승인하지 아니한 채권자에 한하여 소만으로 이를 주장할
수 있다.

(2) 소급효의 부인

합병무효의 판결은 회사설립에 관한 소송에서와 같이 소급효가 부인되고 장래에 향해서만 효력을 갖는다(제240조·제190조 단서, 제269조, 제530조 제2항, 제603조). 소급효를 부인하는 것은 설립무효의 판결이 확정되었을 때와 같이 합병 후 판결확정시까지 존속회사 또는 신설회사를 사실상의 회사[118]로서 존재하도록 하여 종래의 권리의무를 유지하도록 하는 데 그 취지가 있다.

따라서 합병 이후 존속회사나 신설회사에서 행하여진 조직법적 행위 예를 들면, 주주총회의 결의, 이익배당, 이사의 책임, 신주발행 또는 사채발행 등이나 대외적 거래는 모두 유효하고 그 회사의 지분이나 주식의 양도도 유효하다.

(3) 합병무효의 등기

합병무효의 판결이 확정되면 본점소재지에서 존속회사는 변경등기, 신설회사는 해산등기, 소멸회사는 회복등기를 하여야 한다(제238조, 제269조, 제287조의 41, 제530조 제2항, 제603조).

(4) 분할에 따른 효과

1) 개요

합병무효의 판결이 확정되면 흡수합병으로 소멸한 회사는 부활하여 존속회사로부터 분할된다. 신설합병으로 소멸한 모든 회사들은 부활하면서 분할된다. 이에 따라 존속회사 또는 신설회사가 승계한 권리·의무 및 합병 후의 취득재산과 부담채무를 처리할 필요성이 있다.

2) 승계한 권리·의무

존속회사 또는 신설회사가 소멸회사로부터 승계한 권리·의무는 합병무효판결당시에 잔존하는 경우 각각 부활회사로 복귀한다. 다만, 합병무효판결은 소급효가 부인되기 때문에 합병 후 존속회사나 신설회사가 권리의 처분 또는 의무의 이행행위를 한 때에는 그 가액에 따른 현재가치로 환산하여 定算하여야 한다.

---

118) 회사의 설립절차에 하자에 관한 판결의 효력은 장래에 향하여만 발생하고 소급하지 않는다. 이 때문에 회사의 성립시부터 설립무효·취소의 판결이 확정될 때까지 존속하는 회사의 법률문제가 발생한다. 이와 같이 존속하는 회사를 '사실상의 회사'(表見會社)라고 한다. 사실상의 회사는 회사가 유효하게 성립한 경우와 동일하게 취급된다.

3) 합병 후의 취득재산·채무

존속회사 또는 신설회사가 합병 후 부담한 채무에 관하여는 분할된 합병당사
회사들이 연대하여 변제책임을 진다.[119] 합병 후 취득재산은 분할된 회사의 공
유[120]로 한다.[121] 이 경우 합병당사회사는 연대채무에 관한 각자의 부담부분 및
공유재산에 대한 각자의 지분을 협의로 정하여야 한다. 협의로 정하지 못하는 때
에 법원은 그 청구에 의하여 합병 당시의 각 회사의 재산상태 기타의 사정을 참
작하여 이를 정한다(제239조 제3항, 제268조, 제287조의 41, 제530조 제2항, 제603조).

4) 발행주식의 무효

합병무효판결이 확정되면 합병 후 존속회사 또는 신설회사가 합병에 의하여
발행(또는 배정)한 주식은 장래에 무효가 된다.

5) 이사·감사의 지위

합병무효판결이 확정되더라도 부활한 회사의 합병 전 이사·감사의 지위가
당연히 회복되는 것은 아니다. 부활 후의 회사에서 다시 선임할 때까지는 무효판
결 확정시의 존속회사·신설회사의 이사·감사가 그 권리의무를 갖는다. 즉 존속
회사·신설회사의 이사·감사는 퇴임이사의 역할을 수행한다고 본다(제386조·제415
조 유추적용).[122]

(5) 패소원고의 책임

원고가 패소한 경우 악의 또는 중대한 과실이 있는 때에는 회사에 대하여 연
대하여 손해를 배상할 책임이 있다(제240조·제191조, 제269조, 제530조 제2항, 제603조).

---

119) 제239조 제1항, 제269조, 제287조의 41, 제530조 제2항, 제603조.
120) 민법상 공동소유의 형태에는 다음의 세 가지가 있다. 1. 共有: 가장 기본적인 공동소유
형태이다. 공유자가 물건을 공동으로 소유하고 있다는 것 이외에는 상호간에 단체적 구
속이 없고 개인적 색채가 강하다. 공유자가 지분을 포기하거나 상속인이 없이 사망하면
그의 지분은 다른 공유자에게 지분의 비율로 귀속한다(민법 제267조). 지분은 자유롭게
처분할 수 있다(민법 제263조). 2. 總有: 단체적 색채가 가장 강한 공동소유형태이다. 목
적물의 관리·처분은 단체 자체의 권한으로 하고(민법 제276조), 구성원은 지분을 가지
지 않고 분할청구도 할 수 없으며, 일정한 범위 내에서 사용·수익권만을 갖는다. 3. 合
有: 공유와 총유의 중간형태이다. 단체적 구속력이 강한 점에서 총유와 비슷하고, 지분
을 가지는 점에서는 공유와 비슷하다. 그러나 합유자의 지분은 자유롭게 처분하지 못하
고, 분할청구도 할 수 없는 점에서 공유지분과는 다르다. 다만, 합유자 전원의 동의가 있
으면 합유물의 지분을 처분할 수 있다(민법 제273조).
121) 제239조 제2항, 제269조, 제269조, 제287조의 41, 제530조 제2항, 제603조.
122) 同旨 정동윤(2012), 964면; 최·김(2014), 1157면; 江頭憲治郎(2021), 927面.

6. 다른 소송과의 관계 및 청구인낙의 가능성

합병등기로 합병의 효력이 발생한 후에는 합병무효의 소를 제기하는 이외에 합병결의무효확인청구만을 독립된 소(예: 이사회결의무효확인의 소·주주총회결의하자의 소)로서 구할 수는 없다(통설·흡수설). 그리고 합병무효의 소에서는 주주총회결의의 하자를 다투는 소와 같이 청구인낙도 허용되지 않는다.[123] 청구인낙은 당사자의 자유로운 처분이 허용되는 권리에 관하여만 허용되기 때문이다.

Ⅷ. 담보형차입매수와 대상회사의 채권자보호

합병도 기업인수의 한 유형인데, 기업인수에 흔히 쓰이는 것이 차입매수(Leveraged Buyout, LBO) 방식이다. 이는 인수대상회사의 자산을 활용하여 인수자금을 마련하는 방식이다. 또 법적 개념이 아니라 기업인수기법을 일괄하여 부르는 용어이다. 보통 담보형제공형 차입매수방식이 이용되는데, 이는 인수대상회사가 인수자(또는 특수목적회사(SPC))의 인수자금대출시 금융기관에 보증을 하거나 담보를 제공하는 방식이다. 이때 아무런 반대급부 없이 인수대상회사의 자산을 제공하게 되면, 그 회사에게 재산상의 손해를 입힌 것이므로 배임죄가 성립한다.[124] 설령 인수대상회사의 주식을 전부 취득하고, 그 후 합병에 이르게 되더라도 담보제공형에 해당하는 한 같다(예: 홍콩계 사모펀드 어피너티+SPC vs. 하이마트).[125]

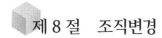

제 8 절   조직변경

Ⅰ. 의 의

조직변경(transformation)이란 회사가 법인격의 同一性을 유지하면서 다른 종류

---

123) 대법원 2004. 9. 24. 선고 2004다28047; 1993. 5. 27. 선고 92누14908.
124) 대법원 2008. 2. 28. 선고 2007도5987; 2006. 11. 9. 선고 2004도7027.
125) 대법원 2020. 10. 15. 선고 2016도10654.

의 회사로 법률상의 조직을 변경하는 것을 말한다. 그리하여 조직변경 전·후의 회사는 동일인이므로 권리·의무가 승계되는 것이 아니고 같은 회사에 그대로 존속한다. 이 점에서 회사가 다른 회사의 권리·의무를 포괄적으로 승계하는 회사합병이나 개별적으로 승계하는 영업양도와 다르다. 그리고 조직변경은 회사가 일단 해산하여 소멸하고 새롭게 다른 종류의 회사를 설립하는 것보다도 법률상 법인격의 일체성이 유지되기 때문에 기업유지의 이념에도 부합한다. 또한 사업자가 사업의 전개에 따라 종래의 회사종류가 적합하지 않다고 판단되는 경우에 새로운 상황에 적합한 회사형태로 전환하는 데에도 유용하다.

Ⅱ. 조직변경의 제한

상법은 원칙적으로 인적회사 상호간, 물적회사 상호간의 조직변경만 인정한다.126) 인적회사와 물적회사는 사원의 책임 및 내부조직이 서로 다르므로 이들 상호간에 조직변경을 인정하게 되면 동일성을 유지하기 어렵기 때문이다. 다만, 유한책임회사는 기본적으로 인적회사의 성격을 갖고 있지만, 사원의 책임문제는 물적회사와 동일하게 다루므로 주식회사와 상호 조직변경을 할 수 있다. 그리하여 명문상 조직변경은 ① 합명회사→ 합자회사, ② 합자회사→ 합명회사, ③ 주식회사→ 유한회사, ④ 유한회사→ 주식회사, ⑤ 주식회사→ 유한책임회사, ⑥ 유한책임회사→ 주식회사 등 여섯 가지의 유형이 있다.

Ⅲ. 조직변경의 유형

1. 합명회사에서 합자회사

(1) 절차 및 방법

합명회사는 존속 중이든 또는 해산 후 계속하는 중이든 총사원의 동의를 얻어 합자회사로 조직을 변경할 수 있다. 변경방법은 기존의 일부 사원을 유한책임사원으로 하거나 유한책임사원을 새로 가입시켜야 한다(제242조 제1항). 사원이 1인만 남게 되어 새로 사원을 가입시켜 회사를 계속할 때에는 조직변경을 동시에 할

---

126) 대법원 1985. 11. 12. 선고 85누69.

수 있다(제242조 제2항·제229조 제2항).

(2) 책임변경사원의 책임(채권자의 보호)

조직변경으로 인하여 종래의 무한책임사원이 유한책임사원으로 된 때에는 본점등기를 하기 전에 생긴 회사채무에 대하여 등기 후 2년 내에는 무한책임사원으로서 책임을 면하지 못한다(제244조). 이는 퇴사한 무한책임사원의 책임(제225조)과 같이 변경 전의 채권자를 보호하고 제도의 악용을 방지하는 데 그 목적이 있다.

2. 합자회사에서 합명회사

(1) 절차 및 방법

합자회사는 모든 사원의 동의로 합명회사로 변경할 수 있다(제286조 제1항). 유한책임사원은 무한책임사원으로 된다. 유한책임사원이 전원 퇴사한 경우에도 무한책임사원 전원의 동의로 합명회사로 변경할 수 있다(제286조 제2항). 다만, 잔존무한책임사원이 1人인 때에는 원칙적으로 조직변경을 할 수 없다. 이 경우에는 사원을 새로이 가입시켜 회사를 계속함과 동시에 조직변경을 할 수 있다(제269조·제242조 제2항·제227조 제3호).

(2) 책임변경사원의 책임(채권자의 보호)

조직이 변경되면, 유한책임사원은 무한책임사원이 되므로 변경 전보다 사원의 책임이 확대된다. 따라서 변경 전의 채권자보호절차를 밟을 필요는 없다.

3. 주식회사에서 유한회사 또는 유한책임회사

(1) 절차 및 방법

주식회사는 총주주의 일치에 의한 총회결의로서 유한회사 또는 유한책임회사로 조직을 변경할 수 있다(제604조 제1항·제287조의 43). 이 결의에서는 정관 기타 조직변경에 필요한 사항을 정하여야 한다(제287조의 43, 제604조 제1항 본문·제3항). 그러나 주식회사는 사채의 상환을 완료하기 전에는 유한회사 또는 유한책임회사로 변경하지 못한다(제604조 제1항 단서·제287조의 44). 유한회사 또는 유한책임회사는 사채를 발행할 수 없는 까닭이다. 이는 합병제한의 논리와 유사하다.

(2) 자본금의 제한

주식회사에 현존하는 순재산액보다 많은 금액을 변경 후 유한회사 또는 유한책임회사의 자본금의 총액으로 하지 못한다.[127] 이는 ① 채권자보호를 위하여 자본금에 해당하는 금액은 회사에 실제로 확보되어야 한다는 측면과, ② 주주의 유한책임원리에 반할 수 있다는 측면을 동시에 고려한 규정이다. 이에 위반하여 변경 후 현존하는 순재산액이 자본금 총액에 부족하는 때에는 조직변경 결의 당시의 이사와 주주는 회사에 대하여 연대하여 그 부족액을 지급할 책임이 있다(제605조 제1항·제287조의 44). 이때 주주의 전보책임은 면제하지 못하지만,[128] 이사와 감사의 책임은 총사원의 동의로 면제할 수 있다(제605조 제2항·제551조 제3항).

(3) 채권자의 보호

조직변경을 하는 때에는 합병의 경우와 마찬가지로 채권자보호절차를 밟아야 한다(제608조·제232조). 종전의 주식에 대한 질권[129]은 변경 후의 지분은 물론 조직변경시의 수령금에 대하여도 物上代位[130]의 효력이 있다(제604조 제4항·제601조 제1항·제339조).

4. 유한회사 또는 유한책임회사에서 주식회사

(1) 절차 및 방법

유한회사는 총사원의 일치에 의한 총회의 결의로, 유한책임회사는 총사원의 동의로 주식회사로 조직을 변경할 수 있다(제607조 제1항, 제287조의 43 제2항). 결의시에 정관 기타 조직변경에 필요한 사항을 정하여야 함은 주식회사를 유한회사 또는 유한책임회사로 변경할 때와 같다(제607조 제5항·제604조 제3항·제287조의 43).

유한회사 또는 유한책임회사에서 주식회사로의 조직변경은 법원의 인가를 얻지 않으면 그 효력이 없다(제607조). 이는 ① 조직변경이 주식회사의 엄격한 설립절차를 피하는 방법으로 이용되거나, ② 주식회사는 유한회사와 달리 出資未

---

127) 제287조의 44·제604조 제2항, 제607조 제2항.
128) 제605조 제2항, 제550조 제2항, 제551조 제2항, 제607조 제4항·제287조의 44.
129) 이는 담보물건을 채무의 변제가 있을 때까지 유치함으로써 채무의 변제를 간접적으로 강제하는 동시에, 변제가 없으면 그 질물로부터 우선적으로 변제를 받는 권리를 말한다. 질권을 설정할 수 있는 것은 동산과 양도할 수 있는 권리(채권·주식·특허권 등)이다.
130) 담보물권의 목적물의 가치가 다른 형태로 바뀌는 경우에 담보권자가 이에 대하여 우선변제권을 행사하는 것을 말한다.

畢에 대한 사원의 책임이 없는 점을 악용하는 것을 방지하기 위함이다. 이는 합병제한의 논리와 같다.

(2) 자본금의 제한

조직변경시에 발행하는 주식의 발행가액의 총액은 유한(또는 유한책임)회사에 현존하는 순재산액을 넘지 못한다(제607조 제2항). 이에 위반하는 때에는 조직변경 결의 당시의 이사·감사와 사원이 연대하여 그 부족액을 전보할 책임을 진다(동조 제4항). 이때 사원의 책임은 면제할 수 없으나, 이사·감사의 책임은 총주주의 동의로 면제할 수 있다(제607조 제4항, 제550조 제2항, 제551조 제2항·제3항).

(3) 채권자의 보호

조직변경시에는 위의 주식회사를 유한회사 또는 유한책임회사로 변경할 때와 마찬가지로 채권자보호절차가 요구된다(제608조·제232조). 그 결과 종래의 지분에 대한 질권은 새로 발행되는 주식은 물론 조직변경시의 수령금에 대하여도 물상대위의 효력이 있고, 지분의 등록질권자는 회사에 대하여 株券의 교부를 청구할 수 있다(제607조 제5항·제601조 제1항, 제340조 제3항).

5. 유한책임회사의 조직변경

유한책임회사가 주식회사로 조직을 변경하는 때에는 채권자보호절차를 밟아야 한다(제287조의 44조·제232조). 그 밖에 유한책임회사가 조직을 변경하는 때에는 제604조(주식회사의 유한회사로의 조직변경), 제605조(이사, 주주의 순재산액전보책임), 제606조(조직변경의 등기), 제607조(유한회사의 주식회사로의 조직변경)에 관한 규정이 준용된다.

Ⅳ. 조직변경의 효력발생 및 효과

1. 변경등기

조직을 변경한 때에는 본점소재지에서 2주일 내에 변경 전의 회사는 해산등기, 그리고 변경 후의 회사는 설립등기를 하여야 한다.[131] 다만, 이러한 등기는 실제로 청산절차와 설립절차를 밟아야 한다는 뜻은 아니며, 법인격의 동일성 유지와도 무관하다.

---

131) 제243조, 제286조 제3항, 제287조의 44, 제606조, 제607조 제5항.

2. 효력발생시기

조직변경의 효력발생시기에 대하여는 ① 효력발생의 불명확성을 피하기 위한 등기시설(다수설),[132] ② 회사의 법인격은 조직변경에도 불구하고 동일성을 유지하고 있으므로 등기는 형식에 불과하다는 이유에서 현실적으로 조직이 변경된 때라는 설이 대립한다(소수설).

생각건대 제244조가 합명회사에서 합자회사로 조직을 변경하는 때 유한책임사원으로 된 자의 무한책임부담 기간을 등기시점으로 판단하고 있고, 조직변경은 합병과 같이 제3자에게 이해관계가 크다는 점을 고려하면, 등기시설이 타당하다.

3. 효과(소송의 수계 등)

회사가 조직변경을 하면 법인격의 동일성을 유지하면서 다른 종류의 회사로 법률상의 조직이 변경된다. 권리의무의 주체에도 변화가 없다. 따라서 소송절차 역시 중단되지 아니하므로 변경 후의 회사가 이를 수계할 필요가 없다.[133] 그리고 신규출자가 없으므로 등록세 과세표준의 대상(지방세법 제28조 제1항 제6호 가목 참조)도 아니다.[134] 또 조직변경 전 법인의 소유물건(예: 자동차)을 변경 후 법인의 명의로 변경등록하더라도 '취득'에 해당하지 않는다(동법 제6조 제1호 참조).[135]

Ⅴ. 조직변경의 하자

상법은 조직변경절차의 하자에 관하여는 아무런 규정을 두고 있지 않다. 조직변경절차의 하자 역시 단체법상 획일적인 확정이 요구되므로 회사설립의 무효·취소의 소에 관한 규정이 준용되어야 한다고 본다(통설).[136] 다만, 조직변경의 무효판결이 확정되는 경우에는 회사설립무효와는 달리 청산을 할 것이 아니라 조직변경 전의 회사로 복귀한다.

---

132) 이철송(2024), 142면; 정찬형(2022), 509면; 권기범(2021), 257면; 장덕조(2021), 274면; 최준선(2024), 119면; 김두진(2022), 83면; 김홍기(2022), 324면.
133) 대법원 2021. 12. 10. 선고 2021후10855.
134) 대법원 2012. 2. 9. 선고 2010두6731; 조세심판원 2013지0757 결정.
135) 서울행정법원 2020. 5. 12. 선고 2019구합80077.
136) 同旨 서울민사지법 1990. 2. 13. 선고 88가합60411.

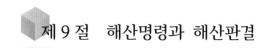

제 9 절 해산명령과 해산판결

Ⅰ. 법원의 해산명령

1. 의의

해산명령이란 법원이 공익적 목적을 달성하기 위하여 회사의 존속을 허용할 수 없을 때 내리는 명령이다. 해산명령은 사원·채권자 등의 이해관계인이나 검사의 청구 또는 법원의 직권에 의하여도 내릴 수 있는 점이 특색이다(제176조 제1항). 이는 회사설립의 준칙주의로 인하여 발생하는 濫設의 폐해를 사후적으로 시정하기 위한 제도이다. 이 명령에 의하여 회사는 해산한다. 그리하여 법인격부인론과는 달리 법인격이 전면적으로 박탈된다.

2. 사유의 유형

(1) 회사의 설립목적이 불법한 것인 때(제176조 제1항 제1호)

정관상 목적 자체가 불법인 경우뿐만이 아니라 회사설립의 실질적 企圖가 불법인 때에도 포함된다. 예를 들면, 마약밀매업을 사업목적으로 한다거나, 정관에는 무역업을 목적으로 기재하였으나 실제로는 밀수업을 목적으로 하는 경우 등이 이에 포함된다.

(2) 회사가 정당한 사유 없이 설립 후 1년 내에 영업을 개시하지 아니하거나 1년 이상 영업을 휴지하는 때(제176조 제1항 제2호)

이는 휴면회사를 의미하는 것이다. 장기간의 휴면회사는 법인격을 유지시킬 가치가 없다. 휴면회사를 장기간 방치한다면 어음이나 수표를 발행하여 타인으로부터 금전 또는 재산을 편취하기 위하여 법인격이 남용되거나 범죄에 악용될 우려가 있기 때문에 해산사유로 하고 있다. 다만, 정당한 사유에 해당하는지를 판단하는 것이 매우 중요한데, 사업자금의 부족, 영업실적의 부진 등과 같이 회사 내부사정으로 영업을 개시하지 못하거나 영업을 휴지하는 때에는 정당한 사유가 있다고 할 수 없다. 이에 대하여 개업의 준비를 하는 데 1년 이상 소요되었고, 영업의 성질로 보아 장기간의 준비가 불가피하다면 정당한 사유가 있다고 본다. 예를 들면 ① 원유개발을 목적으로 하는 회사가 시추작업을 하는 데에만 1년 이상 걸리거나, ② 광산개발을 목적으로 하는 회사가 탐광하는 데에만 1년 이상 걸리는 경우 등이 그에 해당한다.

이와 같이 영업의 성질상 또는 외부적 장애로 인하여 영업을 하지 않더라도 「영업을 위한 의지와 능력」이 객관적으로 표현된 경우에는 정당한 사유가 있다고 본다. 예를 들면, 대공황으로 원료도입이 장기간 불가능한 경우에는 이에 해당한다.

판례도 회사가 영업양도 후 수차례 신규사업에 진출하려고 하였으나, IMF 경제위기로 좌절된 사안에서 법원은 '영업을 위한 의지와 능력'이 객관적으로 표출되는 때에는 '정당한 사유'가 있기 때문에 해산명령사유에 해당하지 아니한다고 판시하였다.137) 그리고 사업용 기본재산에 관한 분쟁으로 인하여 1년 이상 영업을 하지 못하다가 회사가 승소하여 영업을 개시한 사건에서도 정당한 사유가 있다고 보았다.138) 그러나 유사한 사안, 즉 광천개발사업을 목적으로 하는 회사가 영업재산의 근간인 광천 소유권에 관한 분쟁으로 수년간 영업을 하지 못하다가 패소하여 광천을 상실한 사례에서는 '정당한 사유'가 없다고 보았다.139)

(3) 이사 또는 회사의 업무를 집행하는 사원이 법령 또는 정관에 위반하여 회사의 존속을 허용할 수 없는 행위를 한 때(제176조 제1항 제3호)

여기에는 이사 또는 업무집행사원 등이 기관의 지위에서 위법행위를 한 경우 등이 해당한다. 그리하여 회사가 公序良俗에 위반하는 영업을 하거나 이사 등이 개인적 이익을 위하여 기관의 지위를 남용한 경우 예를 들면, 대표이사가 ① 자기의 채무를 변제하기 위하여 회사의 중요재산을 처분한 경우 또는, ② 회사의 자산(예: 공사보증금)을 횡령하거나 회사의 업무와 관련하여 제3자에게 사기를 저지르는 행위 등이 포함된다.140) 그리고 이사나 업무집행사원 등의 교체만으로는 구제될 수 없을 정도로 이사 등의 위법행위와 회사와의 관계가 밀접하여야 한다.141)

---

137) 대법원 2002. 8. 28. 자 2001마6947 결정; 양승규, "주식회사의 해산명령 -대법원 2002. 8. 28. 2001마6947결정-," 법학연구 제1권 제1호(2002. 12), 205 - 221면.
138) 대법원 1978. 7. 26. 자 78마106 결정.
139) 대법원 1979. 1. 31. 자 78마56 결정.
140) 대법원 1987. 3. 6. 자 87마1 결정.
141) 대법원 1987. 3. 6. 자 87마1 결정.

3. 절차

(1) 청구 또는 법원의 직권명령

법원은 이해관계인이나 검사의 청구에 의하여 또는 직권으로 해산을 명할 수 있다(제176조 제1항 본문). 이해관계인의 범위에는 사원, 이사 등의 임원, 회사채권 자는 물론 이사 등의 위법행위로 피해를 입은 자도 포함된다. 이처럼 이해관계인 은 회사의 존립과 관련하여 직접적으로 법률상의 이해를 가진 자만을 의미한다. 예를 들면, '아시아자동차' 또는 '전자랜드'라는 상호를 사용하고자 하였으나, 휴 면회사가 이미 해당상호를 사용하고 있기 때문에 상호변경등기를 할 수 없다는 사실만으로는 이해관계인으로 볼 수 없다.[142]

(2) 담보제공명령

이해관계인이 해산명령을 청구한 때에는 법원은 회사의 청구에 의하여 해산 청구인에게 상당한 담보의 제공을 명할 수 있다(제176조 제3항, 비송사건절차법 제97조). 이는 해산명령청구제도의 남용 또는 부당한 청구를 방지하기 위한 규정이다. 회 사가 담보제공명령을 청구하는 때에는 이해관계인의 청구가 악의임을 소명하여 야 한다(제176제 제4항).

(3) 비송사건절차 준수

해산명령청구사건은 비송사건[143]이다. 따라서 재판절차는 비송사건절차법에 의한다(동법 제90조 제1항). 관할은 본점소재지의 지방법원 합의부에 속한다(동법 제72 조 제1항). 재판은 이유를 붙인 결정으로써 하여야 한다(동법 제90조 제1항·제75조 제1 항). 법원은 재판을 하기 전에 이해관계인의 진술과 검사의 의견을 들어야 한다 (동법 제90조 제2항). 다만, 항고심절차에서는 항고인에게 변론의 기회를 주지 아니 하여도 무방하다. 항고심에서는 반드시 변론을 거쳐야 하는 것은 아니기 때문이 다.[144]

---

142) 대법원 1995. 9. 12. 자 95마686 결정.
143) 私權관계의 형성, 변경, 소멸에 관하여 법원이 관여하는 사건을 말한다. 즉 원래 사인간 의 법률관계는 사적자치의 원칙이 지배하며 국가기관이 이에 관여하지 않는 것이 원칙 이나 공익상 이를 방임하는 것이 적당하지 않을 때에는 후견적인 입장에서 예외적으로 이에 관여하는데 이것이 비송사건이다.
144) 대법원 1987. 3. 6. 자 87마1 결정.

(4) 법원명령의 우선적 적용

해산명령은 공익적 목적을 달성하기 위한 제도이므로 다른 법령(예: 자동차운수
사업법)상 회사를 해산하는 때에는 행정관청(예: 국토교통부장관)의 인가를 얻어야 한
다고 풀이되더라도, 법원은 이와 무관하게 해산을 명할 수 있다.[145]

(5) 관리인 선임 등의 처분

해산명령의 청구가 있는 때에 법원은 해산명령을 내리기 전일지라도 이해관
계인이나 검사의 청구에 의하여 또는 직권으로 관리인의 선임 기타 회사재산의
보전에 필요한 처분을 할 수 있다(제176조 제2항, 비송사건절차법 제94조).

4. 효과

법원의 해산명령재판은 이유를 부기한 決定[146]으로 하는데(비송사건절차법 제90
조 제1항·제75조 제1항), 해산명령재판의 확정에 의하여 회사는 해산한다.[147] 해산
명령에 대하여 회사·이해관계인과 검사는 卽時抗告할 수 있다(비송사건절차법 제91
조). 이는 집행정지의 효력이 있다.

Ⅱ. 해산판결

1. 의의

해산판결이란 「회사의 존속이 사원의 이익을 해하는 경우에, 사원의 청구에
의하여 법원이 판결로써 회사의 해산을 명하는 재판」이다.[148] 이 판결에 의해 법
인격은 박탈된다. 해산판결제도는 공익이 아닌 사원의 이익을 보호하기 위하여
인정된다. 다만, 주식회사의 단체성으로 인한 구속으로부터 벗어나게 한다는 취

---

145) 대법원 1980. 3. 11. 자 80마68 결정.
146) 이는 민사소송법상 판결의 형식을 취하지 않는 법원의 재판을 말한다. 결정은 법원에 의
하여 행하여지는 점에서 개개의 법관에 의하여 행하여지는 명령과 다르다. 결정은 주로
소송절차에 관한 재판이며, 구두변론에 의하지 않고 당사자, 이해관계인, 참고인의 심문
에 의할 수 있다(동법 제124조). 판결과는 달리 결정에 대한 불복은 항고에 의한다(동법
제409조 내지 제421조). 은행에 의한 압류명령, 추심명령 및 전부명령도 법원의 판결,
결정 또는 명령 중 결정에 해당한다.
147) 제227조 제6호, 제269조, 제517조 제1항, 제609조 제1항 제1호.
148) 제241조·제269조, 제520조·제613조 제1항.

지와 기업유지의 요청을 조화시켜 청구권자의 자격과 지주요건을 강화하고 있다.

2. 청구사유

(1) 인적회사

부득이한 사유가 있어야 한다(제241조 제1항·제269조·제287조의 42). 이때 부득이한 사유란 인적회사의 특성을 고려하여 판단하여야 하지만 사원의 일신상의 사유는 해당하지 아니한다. 예를 들면, 사원간의 불화가 극심하여 그 상태로는 회사의 존속이 곤란한 경우로서, 사원의 제명·퇴사·지분양도(소극적 방법)나 총사원의 동의에 의한 해산(적극적 방법)이 곤란한 경우를 의미한다. 이 부득이한 사유는 회사의 해산명령 사유와도 중복될 수 있는데, 이 경우에 사원은 해산명령을 청구할 수도 있고, 해산판결을 청구할 수도 있다.

(2) 물적회사

물적회사의 해산판결청구는 ① 회사의 업무가 현저한 停頓상태를 계속하여 회복할 수 없는 손해가 생기거나 생길 염려가 있는 때, ② 회사재산의 관리 또는 처분의 현저한 失當으로 인하여 회사의 존립을 위태롭게 한 때에 「부득이한 사유」가 있어야 한다(제520조, 제613조). 이 가운데 ①은 이사들 상호간 또는 주주들 상호간의 대립이 심각하여 업무가 교착상태에 빠진 경우 이사의 해임이나 改選(제385조 제1항) 등으로는 주주의 정당한 이익을 보호할 수 없고, 회사를 정상적으로 운영하는 것이 현저히 곤란한 상태가 계속되는 경우 등이 해당한다.[149] ②는 이사가 회사의 재산을 부당히 유용하거나 수익이 없이 처분하여 회사의 재무적 기반을 위태롭게 하였음에도 이사의 改選이나 위법행위유지청구(제402조) 또는 대표소송의 방법 등으로는 경영정체나 경영파탄을 피할 수 없어 주주의 정당한 이익을 보호할 수 없는 경우 등이 해당한다. 그러므로 「부득이한 사유」란 법률상의 요건(제520조 제1항)에 더하여 회사해산 이외에는 달리 방법이 없는 경우를 말한다.[150]

이와 같이 기업유지의 이념에서 보면 해산판결제도는 최후의 수단이다. 따라서 물적회사의 청구사유는 인적회사의 그것보다 엄격하다.

---

149) 대법원 2015. 10. 29. 선고 2013다53175.
150) 서울중앙지법 1999. 9. 7. 선고 99가합17703.

3. 청구권자

해산판결은 해산명령과 달리 사원의 이익을 보호하기 위한 제도이므로 사원
에 한하여 청구할 수 있다. 청구권자는 인적회사인 합명회사, 합자회사 및 유한책
임회사의 경우는 각 사원이고(제241조 제1항, 제269조·제287조의 42), 물적회사인 주식회
사의 경우는 「발행주식총수의 100분의 10 이상」을 가진 주주이며, 유한회사의 경
우는 「자본의 100분의 10 이상」의 출자좌수를 가진 사원이다(제520조·제613조 제1항).

4. 절차

해산판결청구사건은 해산명령청구사건과는 달리 비송사건이 아닌 소송사건
으로서 형성의 소에 해당한다. 재판은 해산명령의 결정과는 달리 판결에 의한다.
이 소는 본점소재지를 관할하는 지방법원에 전속한다(제242조 제2항·제186조·제269조·제
287조의 42·제520조 제2항·제613조).

5. 효과

원고가 승소하여 해산판결이 확정되면, 회사는 해산하고 청산절차를 밟아야
한다. 원고가 패소한 경우에는 회사설립무효의 소에서의 패소원고에 준하는 책임
을 진다. 즉 원고에게 악의 또는 중과실이 있으면 원고는 회사에 대하여 연대하
여 손해배상책임을 부담한다(제241조 제2항·제191조·제269조·제520조 제2항·제613조 제1항).

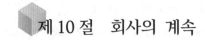

제 10 절   회사의 계속

Ⅰ. 의 의

회사의 계속이란 일단 解散한 회사가 사원들의 의사로 해산 전의 상태로 복
귀하여 해산 전 회사와 동일성을 유지하며 존립 중의 회사로서 존속하는 것을 말
한다. 본래 회사의 해산명령이 내려지거나 또는 해산판결이 확정되면 법인격을
박탈하여야 한다. 그러나 정관에서 정한 存立期間이나 기타 해산사유가 정해진

경우에는 사원들의 의사를 존중하여 회사를 계속하도록 허용하는 것이 기업유지의 이념에 합치된다. 그러므로 상법은 일정한 해산원인으로 인하여 회사가 해산한 때에는 사원들의 의사를 존중하여, 법률상 요건을 충족시키면 장래에 회사를 계속할 수 있도록 하고 있다.

Ⅱ. 회사해산사유 및 계속요건

1. 합명회사

합명회사는 ① 존립기간의 만료 기타 정관으로 정한 사유의 발생(제229조 제1항, 제227조 제1호) 및 총사원의 동의로 해산한 때(제229조 제1항·제227조 제2호)에는 사원의 전부 또는 2인 이상 일부의 동의로 회사를 계속할 수 있다(제229조 제1항). 그러나 동의를 하지 아니한 사원은 퇴사한 것으로 본다(제229조 제1항 단서). 이때에는 지분환급(제222조) 및 퇴사원의 책임(제225조)에 관한 규정이 적용된다. ② 사원이 1인으로 되어 해산한 때(제227조 제3호)에는 새로 사원을 가입시켜서 회사를 계속할 수 있다(제229조 제2항). 이 경우 합자회사로 조직을 변경하고자 하는 때에는 유한책임사원을 가입시킬 수도 있다(제242조 제2항). ③ 회사설립의 무효 또는 취소판결이 확정된 경우에 무효나 취소원인이 특정한 사원에 한한 것인 때에는 다른 사원 전원의 동의로써 회사를 계속할 수 있다. 무효 또는 취소원인이 있는 사원은 퇴사한 것으로 본다(제194조 제1항·제2항). 이때 잔존사원이 1인인 때에는 위 ②와 같이 새로 사원을 가입시켜서 회사를 계속할 수 있다(제229조 제2항·제194조 제3항). ④ 파산선고로 인하여 해산한 때(제227조 제5호)에는 파산폐지결정이 있으면, 정관변경에 따라 회사를 계속할 수도 있다(파산법 제540조).

2. 합자회사

합자회사는 합명회사의 해산사유 및 계속요건에서 설명한 ①과 ②의 내용은 합자회사에도 준용된다(제269조). 합자회사는 무한책임사원과 유한책임사원으로 구성되기 때문에 어느 한 종류의 사원이 전원 퇴사하여 해산하는 때(제285조 제1항)에는 잔존사원 전원의 동의로 다른 종류의 사원을 새로 가입시키거나 일부 사원의 책임을 변경하여 회사를 계속할 수 있다(제285조 제2항). 일부 사원의 동의만으로 회사를 계속하는 때에는 해당사원들만의 동의로 사원변동에 관한 정관변경 (제270조·제179조) 또는 존립기간에 관한 정관의 변경이나 폐지를 할 수 있다(제269 조·제180조).[151] 이 법리는 합명회사에도 동일하게 적용된다.

3. 주식회사

주식회사는 ① 존립기간의 만료 기타 정관에 정한 사유의 발생 또는 주주총 회의 결의에 의하여 해산한 경우에는 주주총회의 특별결의에 의하여 회사를 계속 할 수 있다(제519조). ② 최후의 등기 후 5년을 경과하고 또 그 후 법원에 영업을 폐지하지 아니하였다는 뜻을 신고기간 내에 신고하지 아니하여 신고기간이 만료 된 때에 해산한 것으로 본 휴면회사일지라도 신고기간이 만료된 후 3년 이내에는 주주총회의 특별결의에 의하여 회사를 계속할 수 있다(제520조의 2 제3항).

4. 유한회사

유한회사는 존립기간의 만료 기타 정관에서 정한 사유의 발생 또는 사원총회 의 결의에 의하여 해산한 경우 사원총회의 특별결의에 의하여 회사를 계속할 수 있다(제610조 제1항·제585조).

5. 유한책임회사

유한책임회사의 해산사유로는 ① 존립기간의 만료 기타 정관으로 정한 사유 의 발생, ② 총사원의 동의, ③ 합병, ④ 파산, ⑤ 법원의 명령 또는 판결(이하 제 287조의 38 제1호), ⑥ 사원이 없게 된 경우(제287조의 38 제2호) 등이 있다. 이 중에서 ① 존립기간의 만료 기타 정관으로 정한 사유의 발생, ② 총사원의 동의로 해산 하는 경우에는 사원의 전부 또는 일부의 동의로 회사를 계속할 수 있다. 그러나 동의를 하지 아니한 사원은 퇴사한 것으로 본다(제287조의 40·제229조 제1항).

Ⅲ. 회사계속의 제한

회사가 해산한 후 청산절차에 들어가 잔여재산을 분배한 이후에는 계속결의

---

151) 대법원 2017. 8. 23. 선고 2015다70341.

를 할 수 없다는 설[152]과 청산종결시까지는 계속결의를 할 수 있다는 설[153]이 있다. 생각건대 잔여재산분배가 개시된 때에는 회사의 계속이 사실상 어렵기 때문에 회사를 신설하는 것이 용이할 수 있다. 따라서 잔여재산분배가 개시된 때에는 회사계속이 허용되어서는 아니 된다고 본다.

Ⅳ. 계속등기

회사계속의 경우 회사가 이미 解散登記를 하였을 때에는 본점소재지에서 2주일 내에 회사의 계속등기를 하여야 한다.[154]

Ⅴ. 계속의 효과

1. 권리능력의 회복

해산한 회사는 회사계속에 따라 장래에 향하여 해산 전의 회사로 복귀하여 영업능력을 회복한다. 해산한 회사와 부활 후의 회사는 동일성을 가지므로 해산에 의하여 청산의 목적범위 내로 줄어들었던 권리능력도 회복된다. 다만, 회사의 계속은 해산의 효과를 소급적으로 배제하는 것이 아니다.

따라서 회사의 계속은 종래 해산 후 계속시까지 청산인이 한 청산사무의 효력에는 영향을 미치지 아니한다. 다만, 회사가 계속되면 청산인의 활동은 종료되고 존속 중의 회사의 기관으로 교체된다. 즉 청산인은 이사로, 청산인회는 이사회로, 대표청산인은 대표이사로 교체되는 것이다. 이 경우 해산시 이사로 있던 자는 이사로 자동적으로 복귀하는 것이 아니라 새로이 이사를 선임하여야 한다. 해산시의 이사를 재선임하는 것은 무방하다고 본다.

2. 효력발생시기

회사계속의 효력발생시기에 대하여는 상법의 규정이 없으므로 해석에 의존

---

152) 이철송(2024), 150면; 최기원(2012), 113면; 정경영(2022), 99면.
153) 정동윤(2012), 818면; 권기범(2021), 295면.
154) 제194조 제3항, 제229조 제3항, 제287조의 40(유한책임회사), 제269조, 제285조 제3항, 제521조의 2, 제611조.

할 수밖에 없다. 회사계속은 합병 및 조직변경의 경우와는 달리, 즉 회사의 소멸이나 다른 종류의 회사로 변경되지 않고 같은 종류의 회사로 복귀하고, 단지 청산의 목적범위 내로 줄어들었던 권리능력을 완전히 회복하는 것에 불과하다.

따라서 회사계속의 효력은 계속등기에 의하여 발생하는 것은 아니라 계속을 위한 결의가 있었던 때에 발생한다고 본다.

3. 신규가입사원의 책임

합명회사에서 사원이 1인이 되어 다른 사원을 가입시켜 회사를 계속하는 경우 또는 합자회사에서 무한책임사원 전원이 퇴사하여 다른 무한책임사원을 가입시켜 합자회사를 계속하는 경우 새로 가입한 무한책임사원은 그 가입 전에 생긴 회사채무에 대하여 다른 사원과 동일한 책임을 진다(제229조 제4항, 제285조 제3항, 제213조).

제 3 장

합명회사

제1절 서 설

Ⅰ. 조합적 특색

합명회사(partnership)는 회사의 채무에 관하여 직접·연대·무한책임을 지는 사원들로만 구성되는 인적회사이다. 사원 개개인이 연대·무한책임을 지기 때문에 각 사원의 신용은 회사채권자와 사원 상호간에게 매우 중요하다. 그리고 합명회사는 소수의 사원이 고도의 신뢰관계를 바탕으로 결합하기 때문에 지분 및 사원의 변동에 일정한 제한이 가해진다.

합명회사는 경영의 전문성이나 합리성보다는 안전성을 중시하는 인적회사이므로 사원이 직접 업무집행을 담당하는 경영구조를 갖는다. 즉 자기기관의 특색을 갖는다. 그리고 각 사원은 무한책임을 지기 때문에 사원의 출자규모는 손익배분의 기준이 될 뿐, 회사의 의사결정 내지 지배에 있어서는 의미가 없다. 이 점 합명회사의 의사결정은 持分主義가 아닌 頭數主義에 의함을 뜻한다.

위와 같은 특색에 따라 합명회사의 형식은 사단법인(제169조 참조)이지만, 그 실질은 組合的 성질이 있어 내부관계에 대하여는 정관 또는 상법에 다른 규정이 없으면 조합에 관한 민법의 규정을 준용한다(제195조).

Ⅱ. 법률관계

합명회사의 법률관계는 내부관계와 외부관계로 나뉜다. 내부관계는 조합의 실질을 반영한 것이고, 외부관계는 사단법인의 형식을 반영하여 대외적인 거래 및 책임에 관하여 규정하고 있다. 이러한 규정체계는 주식회사나 유한회사의 규정체계와는 크게 다르다. 그것은 주식회사나 유한회사의 법률관계는 자본 및 주식과 회사의 기관을 중심으로 전개되고, 주주의 유한책임에 따라 자본충실과 회사의 객관적 운영을 보장하기 위한 법리가 주를 이루기 때문이다.

합명회사의 내부관계(예: 손익분배, 업무집행, 정관변경, 경업금지, 지분변동, 퇴사)에 관한 많은 규정은 보충적이거나 임의적인 것으로써 정관으로 법률과 달리 정할 수 있다(예: 특정사원의 책임제한). 따라서 내부관계에는 일차적으로 정관, 다음으로 상법의 규정이 적용된다. 정관이나 상법에 다른 규정이 없으면, 조합에 관한 민법의 규정이 준용된다(제195조). 외부관계(예: 회사의 대표, 사원의 책임 등)에 관한 규정은 채권자 보호 또는 거래의 안전과 밀접한 관련이 있으므로 대체로 강행규정의 성격을 갖는다.

제 2 절 설 립

I. 특 징

합명회사의 설립을 위하여는 사원이 될 자들 상호간에 조합계약을 체결하는 것이 일반적이다. 다만, 합명회사의 사원과 출자는 정관에 의하여 확정되기 때문에 조합계약은 회사법상 구속력은 없다.

합명회사는 전형적인 인적회사이고 무한책임사원만으로 구성되기 때문에 설립시 주식회사와 비교하여 보면 다음과 같은 차이가 있다. 첫째, 사원은 정관에 의하여 확정되며, 사원의 개성이 중시되기 때문에 사원 개개인의 주관적인 하자는 설립무효·취소의 소의 원인이 된다.

둘째, 각 사원이 무한책임을 지므로 회사채무는 사원의 재산으로 담보된다. 그 결과 ① 회사설립등기 전에 자본의 액에 해당하는 납입의무, 출자이행의무가 없다. 즉 주식회사와는 달리 출자의무이행이 회사성립요건이 아니며, ② 자본금 충실의 원칙이 적용되지 아니하여 신용이나 노무출자를 할 수 있다. 따라서 ③ 설립에 관한 법원의 검사절차 또는 감독절차가 없다.

셋째, 각 사원이 회사대표권과 업무집행권이 있으므로 설립 전에 업무집행기관을 구성할 필요도 없다. 이에 따라 합명회사의 설립에는 정관작성과 설립등기만이 요구되어 주식회사의 설립절차에 비하여 매우 간단하다.

한편 합명회사의 설립행위는 회사설립을 목적으로 하는 합동행위이다.[1]

---

1) 최준선(2024), 843면.

Ⅱ. 절 차

1. 정관의 작성

(1) 의의

합명회사의 설립행위는 2人 이상의 사원이 공동으로 정관을 작성하고(제178조), 기재사항에 대하여 총사원이 기명날인 또는 자필서명함으로써 완료된다(제179조). 주식회사와 같은 공증인의 인증2)은 필요 없다(제292조 본문 참조). 정관의 기재사항은 절대적 기재사항, 상대적 기재사항 및 임의적 기재사항으로 나뉜다.

(2) 절대적 기재사항

정관에 기재하여야 할 절대적 사항으로는 ① 목적, ② 상호, ③ 사원의 성명·주민등록번호와 주소, ④ 사원의 출자의 목적과 그 가격 또는 평가의 표준, ⑤ 본점의 소재지, ⑥ 정관의 작성년월일(제179조 제1호 내지 제6호) 등이 있다. 회사는 다른 회사의 무한책임사원이 되지 못하므로(제173조) ③과 관련한 사원은 자연인이다. 절대적 기재사항을 일부라도 결하는 정관은 무효이기 때문에 설립무효의 원인이 된다.

(3) 상대적 기재사항

정관의 상대적 기재사항이란 기재 여부는 정관의 효력에 영향이 없지만, 정관에 기재하지 아니한 사항은 효력이 없는 것을 말한다. 여기에는 ① 업무집행사원제도(제201조 제1항), ② 회사대표사원의 결정(제207조 단서), ③ 공동대표의 결정(제208조 제1항), ④ 당연퇴사원인의 결정(제218조 제1호), ⑤ 회사의 존립기간 기타 해산사유의 결정(제217조 제1항·제227조 제1호), ⑥ 업무집행의 권리의무(제200조), ⑦ 사원의 퇴사권(제217조 제1항), ⑧ 노무 또는 신용으로 출자한 사원에 대한 지분환급의 제한, ⑨ 임의청산제도(제247조) 등은 상대적 기재사항이다.

(4) 임의적 기재사항

정관에는 강행법규, 사회질서 또는 합명회사의 본질에 반하지 아니하는 어떠한 사항도 자치적 규범으로서 기재할 수 있는데, 이를 임의적 기재사항이라고 한다.

---

2) 다만, 주식회사의 경우에도 자본금 총액이 10억원 미만인 회사를 발기설립하는 경우에는 각 발기인이 정관에 기명날인 또는 서명함으로써 효력이 생기므로 공증인의 인증을 요하지 아니한다(제292조 단서).

2. 설립등기

회사는 본점소재지에 설립등기를 함으로써 성립한다(제172조). 설립등기시에는
① 목적, ② 상호, ③ 사원의 성명·주민등록번호와 주소, ④ 본점 또는 지점의 소
재지, ⑤ 대표사원을 정한 경우에는 그 성명·주소 및 주민등록번호 등의 사항을
등기하여야 한다. 이 경우 대표사원 이외의 사원의 주소는 등기할 필요가 없다(제
180조 제1호 단서). 그리고 ⑥ 사원의 출자의 목적, 재산출자에는 그 가격과 이행한
부분, ⑦ 존립기간 기타 해산사유를 정한 때에는 그 기간 또는 사유, ⑧ 수인의
사원이 공동으로 회사를 대표할 것을 정한 때에는 그 규정 등도 등기하여야 한다
(제180조 제2호 내지 제5호). 회사가 지점을 설치한 경우에는 본점소재지에서 2주일 내
에 지점소재지와 설치 연월일을 등기하여야 한다(제181조). 그리고 지점의 설치,
본·지점의 이전 또는 등기사항에 변경이 있는 때에도 본점소재지에서 변경등기를
하여야 한다(제182조·제183조).

Ⅲ. 설립의 하자

1. 의의

합명회사 설립의 하자에는 客觀的 瑕疵와 주관적 하자가 있다. 객관적 하자,
즉 정관기재사항의 미비 등 객관적인 요건의 欠缺은 설립무효의 원인이 된다. 主
觀的 瑕疵, 즉 각 사원의 설립행위에 존재하는 하자는 그 내용에 따라 설립취소
의 원인 또는 무효의 원인이 된다. 합명회사는 사원의 개성이 중시되기 때문이다.
그리하여 합명회사의 설립하자의 유형에는 설립취소의 소와 설립무효가 있다.

2. 설립취소의 소

(1) 취소원인

합병회사의 설립취소의 원인에는 의사표시취소에 관한 일반이론이 적용된다.
그리하여 제한능력자가 ① 법정대리인의 동의 없이 사원으로서 회사설립의 의사
표시를 하거나(민법 제5조), ② 착오(민법 제109조 제1항), ③ 사기·강박에 의하여 회사
설립의 의사표시를 하거나(민법 제110조 제1항), ④ 사원이 자신의 채권자를 해할 것
을 알고 회사설립의 의사표시를 한 때(제185조)에는 취소원인에 해당한다.

그러나 설립취소판결은 소급효가 제한되기 때문에(제190조 단서), 설령 설립이 취소되더라도 제3자보호의 문제가 없다. 따라서 선의의 제3자를 보호하기 위하여 취소권의 행사를 제한하는 민법규정(동법 제109조 제2항·제110조 제3항)은 적용되지 아니한다.

(2) 소의 성질 및 주장방법

회사설립하자에 관한 소는 개인법상의 소와는 달리 다수인이 이해관계를 가지며 법률관계의 변동을 목적으로 하기 때문에 형성의 소이다. 따라서 소의 대상인 법률관계는 당사자의 제소와 확정판결에 의하여만 변동된다. 형성의 소는 모든 종류의 회사의 설립취소 또는 무효주장의 공통된 성질이다.

(3) 소의 당사자

제소권자는 ① 제한능력자, 錯誤·詐欺·强迫에 의하여 의사표시를 한 자 또는 그의 대리인 혹은 승계인(제184조·민법 제140조), ② 사해설립의 경우에는 그 行爲를 한 사원의 채권자이다(제185조). ①의 피고는 회사이지만, ②의 사해행위로 인한 취소의 소의 피고는 사해행위를 한 사원과 회사이다. 즉 共同被告가 된다(제185조).

(4) 소의 절차

회사성립의 날로부터 2년 내에 소를 제기할 수 있다(제184조 제1항). 관할은 본점소재지의 지방법원이며(제186조), 소가 제기되면 회사는 지체 없이 공고하여야 한다(제187조). 수개의 설립무효의 소 또는 설립취소의 소가 제기된 때에는 법원은 이를 倂合審理하여야 한다(제188조).

(5) 하자의 보완과 재량기각

설립무효의 소 또는 설립취소의 소가 그 심리 중에 원인이 된 하자가 보완되고 회사의 현황과 제반사정을 참작하여 설립을 무효 또는 취소하는 것이 부적당하다고 인정한 때에는 법원은 그 청구를 기각할 수 있다(제189조). 이는 상법상 기업유지의 이념에 부합하기 위한 것이다. 그리고 이때 패소원고는 책임이 없다.

110   회사법

(6) 판결의 효과

1) 원고승소의 경우

가) **대세적 효력**   원고가 승소한 경우 합명회사 설립의 무효 또는 취소의 판결은 형성판결로써 형성력이 생긴다. 회사의 성립은 부정된다. 이 판결의 효력은 당사자인 원고와 회사뿐만 아니라 제3자에게도 미친다(제190조 본문). 따라서 판결확정 후에는 다른 이해관계인이 재차 설립무효 또는 취소를 주장할 필요가 없고, 제3자가 설립의 유효를 주장하여서는 아니 된다.

나) **소급효의 제한**   합명회사설립의 무효·취소판결의 효력은 소급효가 없으므로 판결확정 전에 생긴 회사와 사원 및 제3자간의 권리의무에 영향을 미치지 아니한다(제190조 단서).

2) 원고패소의 경우

원고가 패소한 경우 그 판결은 당사자에게만 효력이 있다. 따라서 원고 이외의 다른 주주 등은 다시 설립하자의 소를 제기할 수 있다. 패소원고에게 악의 또는 중대한 과실이 있는 때에는 회사에 대하여 연대하여 손해배상책임을 진다(제191조).

(7) 등기, 청산 및 회사의 계속

1) 등기

합명회사설립의 무효 또는 취소판결이 확정된 때에는 본점소재지에서 이를 등기하여야 한다(제192조. 2024년 9월 개정).

2) 청산

합병회사의 설립무효 또는 설립취소의 판결이 확정되면 회사는 해산의 경우에 준하여 청산하여야 한다(제193조 제1항). 이는 판결의 효력에 소급효가 없기 때문이다. 이때 법원은 사원이나 이해관계인의 청구에 의하여 청산인을 선임할 수 있다(동조 제2항).

3) 회사의 계속

합명회사의 설립무효 또는 설립취소의 판결이 확정된 경우 그 무효 또는 취소사유가 특정 사원에 한정된 것인 때에는 다른 사원 전원의 동의로 회사를 계속할 수 있다(제194조 제1항). 이때 무효 또는 취소원인이 있는 사원은 퇴사한 것으로 본다(동조 제2항). 그 결과 사원이 1인으로 된 때에는 새로 사원을 가입시켜서 회사를 계속할 수 있다(동조 제3항). 이 경우 청산인이 이미 한 행위는 유효하다. 다만, 잔여재산을 분배한 때에는 이를 반환할 것을 청구하여야 한다. 회사의 계속은 이를 등기하여야 한다(제194조 제3항·제229조 제3항).

3. 설립무효의 소

(1) 무효원인

합명회사의 설립무효의 원인에는 설립에 관한 객관적 하자뿐만이 아니라 설립행위를 한 사원 개인의 주관적 하자도 포함된다. 객관적 하자에는 정관의 무효 예를 들면, 절대적 기재사항의 흠결, 위법한 기재 또는 합명회사의 본질에 반하는 기재 등은 물론 설립등기의 무효 등이 포함된다. 주관적 하자에는 심신상실(의사무능력), 상대방이 알고 있는 非眞意意思表示(민법 제107조 제1항 단서), 통정허위표시(민법 제108조 제1항) 등이 포함된다(통설). 그러나 설립취소의 소와 마찬가지로 선의의 제3자 보호를 위한 규정(민법 제107조 제2항, 제108조 제2항)은 적용되지 아니한다.

(2) 특징

합명회사설립무효의 소는 제소권자가 사원에 한정된다는 특징이 있고, 그 밖의 절차와 판결의 효력은 설립취소의 소와 같다(제184조 내지 제193조).

제 3 절 내부관계

앞에서 기술한 바와 같이 합명회사의 내부관계는 회사와 사원관계, 사원 상호간의 관계를 말한다. 이에 관한 상법규정은 상당수 임의규정이며 손익분배, 업무집행, 정관변경, 경업금지, 지분변동 및 퇴사제도 등이 있다.

Ⅰ. 출 자

1. 의의

출자(contribution)라 함은 사원이 회사의 목적사업을 수행하는 데 필요한 급여를 회사에게 제공하는 것을 말한다. 합명회사 사원의 급여에는 금전, 노무, 신용 또는 기타 재산 등이 있다. 합명회사의 사원은 출자의무를 부담한다(제179조 제4호, 제195조·민법 제703조). 출자의무는 설립행위, 즉 정관의 작성에 의하여 발생한다(제179조 제4호). 출자의무는 정관의 규정에 의하여도 이에 반하는 사항을 정할 수 없다.

사원의 출자목적 등은 정관의 절대적 기재사항이므로 출자액을 변경하는 때에도 정관변경절차를 밟아야 한다. 회사설립 후 입사하는 자에 대하여는 그 자의 출자에 관하여 정관으로 새로이 정하여야 한다. 합명회사에는 법률상 자본이라는 개념이 없지만, 노무출자와 신용출자를 제외한 「재산출자」의 총액을 자본이라고 하는 것이 통상적이다.

2. 출자의 종류

(1) 개요

합명회사 사원의 출자목적은 재산, 노무 또는 신용의 어느 것이라도 무관하다(제195조·제222조, 민법 제703조 제2항). 출자의 목적에 노무와 신용이 인정되는 점이 하나의 특징이다. 출자는 정관에 그 뜻과 출자의 목적·가격 또는 평가의 표준을 정한 경우에 인정된다(제179조 제4호, 제195조·민법 제703조). 노무와 신용의 출자가 인정되는 것은 무한책임사원만으로 구성되기 때문이다(제272조 참조).

(2) 재산출자

합명회사의 사원은 재산출자를 하는 경우 金錢出資는 물론 現物出資도 할 수 있다. 현물출자의 목적인 재산은 부동산·동산·유가증권·채권·무체재산권·영업상의 비결 등 그 제한이 없다. 영업을 일괄하여 현물출자할 수도 있다. 현물출자는 목적물 자체를 이전하는 移轉出資 또는 목적물의 사용을 출자하는 使用出資이든 무방하다.[3]

(3) 노무출자

노무출자는 사원이 회사를 위하여 노무를 제공함으로써 하는 출자이다. 이 노무는 정신적이든 육체적이든 어느 것이나 무방하고, 임시적이든 계속적이든 불문한다. 예를 들면, 특정한 기술을 가진 자가 그 기술을 회사에게 제공하는 것 등

---

3) 정찬형(2022), 570면; 정동윤(2012), 876면; 김정호(2023), 1126면.

이 이에 속한다. 다만, 그 노무에 대하여 별도의 보수가 주어진다면 출자라고 할 수 없다.[4]

(4) 신용출자

신용출자는 사원이 회사로 하여금 자기의 신용을 이용하게 하는 출자이다. 예를 들면, 회사를 위하여 인적 또는 물적담보를 제공하거나, 채무를 보증한다든지, 회사가 발행한 어음에 배서 또는 인수를 하는 것 등이 이에 속한다. 그리고 사원의 이름을 회사의 상호에 사용하게 하는 것도 신용출자에 포함된다. 상호는 인격권적 성질을 가진 재산권으로서 개인의 중요한 영업재산이기 때문이다.

3. 출자의무의 발생과 소멸

출자의무는 합명회사의 사원자격에 의거한 의무이므로 원칙적으로 회사성립이나 입사와 같은 사원자격의 취득과 함께 발생하고, 퇴사와 같이 사원자격의 喪失과 함께 소멸한다. 출자의무는 회사성립의 경우에는 정관의 작성, 성립 후 입사의 경우에는 정관의 변경에 의하여 발생한다. 출자의무의 종류와 범위도 정관에 의하여 결정된다.

출자의무는 의무의 이행 또는 사원자격의 상실로써 소멸한다. 그러나 회사의 催告 후 또는 기한의 도래로 인하여 구체화된 출자청구권은 讓渡·押留 또는 轉付[5]의 대상이 되고, 사원의 이러한 구체적 출자의무는 사원의 자격을 상실하더라도 소멸되지 않는다.[6]

4. 출자의무의 이행

(1) 시기

출자이행의 시기는 정관에 규정이 있으면 그에 의하고, 정관에 규정이 없으면 보통의 업무집행의 방법으로 자유로이 정한다(제195조·민법 제706조 제1항 제2항). 따라서 설립등기와 동시에 항상 이행기가 도래하는 것은 아니다. 출자의 이행에는 사원평등의 원칙이 적용된다. 다만, 상법은 합명회사 사원의 출자시기에 관하

---

4) 同旨 이철송(2024), 162면.
5) 채무자가 제3채무자에 대하여 가지는 채권을 지급에 갈음하여 압류채권자에게 이전하는 행위를 말한다.
6) 정찬형(2022), 569면; 정동윤(2012), 877면.

여 별도의 규정을 두고 있다. 즉 회사의 청산시 회사의 現存財産이 회사채무를 完濟하기에 부족할 때에는 청산인은 출자의 이행기에 불구하고 각 사원에 대하여 출자를 청구할 수 있다(제258조 제1항). 회사의 해산 당시에 이미 이행기에 있는 출자의무는 순수한 회사의 채권이기 때문에 제258조 제1항 대신 채권의 推尋에 관한 규정(제254조 제1항 제2호)이 적용된다.

(2) 방법

출자의 방법은 출자의 시기와 마찬가지로 정관에 정하여진 바에 따르지만, 정관에 규정이 없으면 보통의 업무집행방법으로 자유로이 정한다(제195조·민법 제706조). 출자이행의 방법은 출자의 종류에 따라 다르다. 즉 金錢出資의 경우는 금전의 납입, 현물출자의 경우는 목적재산의 이전, 勞務出資의 경우는 노무의 제공, 신용출자의 경우는 신용의 제공 등의 방법에 의한다. 다만, 사원이 채권을 출자를 하는 경우 해당사원은 그 채권이 변제기에 변제되지 아니한 때에는 그 채권액을 변제할 책임을 진다. 즉 채무자의 資力을 담보하는 것이다. 이때 해당사원은 회사에 대하여 이자를 지급하는 외에 채권출자로 인한 손해도 배상하여야 한다(제196조). 사원이 현물출자를 하는 경우에는 이에 대하여 위험부담·하자담보책임7)도 부담한다(제195조·민법 제567조·제570조 이하·제580조). 이는 출자의무에 따른 담보책임으로써 무과실책임이다.

현물출자시에는 목적인 특정물에 관한 위험부담·담보책임 등은 민법의 일반원칙에 따른다(제195조, 민법 제567조·제570조 이하·제580조). 합명회사의 사원은 회사채권자에 대하여 무한책임을 부담하여 회사재산이 중요하지 아니하므로 회사의 설립시 또는 입사시에 즉시 출자의무를 이행하여야 하는 것은 아니다.

(3) 출자불이행의 효과

합명회사의 사원이 출자의무를 이행하지 아니하는 때에는 채무불이행의 효과를 발생시킨다(민법 제387조). 그리고 사원의 除名(제220조 제1항 제1호), 업무집행권(제205조 제1항) 또는 대표권(제216조) 상실의 원인이 된다.

---

7) 賣買의 목적물에 하자가 있는 경우 買受人은 일정한 요건을 갖춘 때에 계약을 해제하고, 손해배상을 청구할 수 있다. 경우에 따라서는 흠이 없는 완전물의 給付를 請求할 수 있다. 물건의 하자에 대한 賣渡人의 담보책임을 보통 매도인의 하자담보책임이라고 한다.

Ⅱ. 업무집행

1. 의의

업무집행이란 회사조직을 유지하고 회사의 목적사업을 수행하기 위하여 하는 행위를 말한다. 여기에는 법률행위, 대내적 행위 또는 대외적 행위 여부를 포함한다. 그러나 업무집행은 통상의 영업상의 사무를 집행하는 것이므로 정관변경·영업양도·해산·조직변경 등 회사존립의 기초에 영향을 주는 행위는 제외된다.

2. 업무집행기관

(1) 원칙 : 자기기관

합명회사의 업무집행기관은 원칙적으로 각 사원이다(제200조 제1항). 이와 같이 합명회사의 각 사원은 선임행위 없이 社員資格과 機關資格이 일치한다. 이를 자기기관이라고 한다. 다만, 정관에 업무집행사원이 있는 경우에는 그 사원이 업무를 집행할 권리와 의무가 있다(제201조 제1항). 업무집행권한이 상실된 사원(제205조)은 업무를 집행할 권리와 의무가 없다.

합명회사는 정관의 규정이나 총사원의 동의가 있는 경우에도 사원 아닌 자에게 업무집행을 맡길 수는 없다. 각 사원의 업무집행행위에 대하여 다른 사원의 이의가 있는 때에는 곧 행위를 중지하고 총사원의 과반수의 결의에 의하여 업무집행방법을 정하여야 한다(제200조 제2항).

(2) 예외 : 업무집행사원

합명회사는 예외적으로 정관에 규정을 두어 1인 또는 수인의 특정한 사원을 업무집행사원으로 정할 수 있다(제201조 제1항). 수인의 사원을 공동업무집행사원으로 할 수도 있다(제202조 본문 참조). 정관으로 정하지 아니하는 경우에는 사원의 3분의 2 이상의 찬성으로써 정할 수 있다(제195조·제706조 제1항).

정관으로 1인 또는 수인의 업무집행사원을 정한 경우에는 그 사원이 업무를 집행할 수 있으나(제201조 제1항), 다른 업무집행사원이 이의가 있는 때에는 곧 그 행위를 중지하고 업무집행사원 과반수의 결의에 의하여 결정하여야 한다(제201조 제2항). 이는 사원 전원이 업무집행을 할 때와 같다.

사원이 업무를 집행하는 때에는 선량한 관리자의 주의의무를 다하여야 한다

(제195조, 민법 제707조·제681조).

(3) 지배인 선임의 예외

지배인은 영업주(회사)에 갈음하여 영업에 관한 재판상 그리고 재판 외의 모든 대리권을 행사한다. 따라서 사실상 사원에 갈음하여 회사를 경영하는 중요한 지위에 있다(제11조 제1항). 그리하여 상법은 합명회사의 지배인의 선임과 해임은 정관에 다른 정함이 없으면 업무집행사원이 있는 경우에도 총사원의 과반수 결의로 정하도록 하고 있다(제203조).

(4) 직무대행자

업무집행사원의 업무집행의 정지 및 직무대행자를 선임하는 가처분이 있는 때에는 직무대행자가 업무를 집행한다(제183조의 2 참조). 직무대행자는 가처분명령에 다른 정함이 있거나 또는 법원의 허가를 얻은 경우 외에는 법인의 통상업무에 속하지 아니한 행위를 하지 못한다(제200조 2 제1항). 직무대행자가 이에 위반한 행위를 한 경우에도 회사는 선의의 제3자에 대하여 책임을 진다(동조 제2항).

사원의 업무집행을 정지하거나 직무대행자를 선임하는 가처분을 하거나 그 가처분을 변경·취소하는 경우에는 본점이 있는 곳의 등기소에서 이를 등기하여야 한다(제183조의 2).

3. 업무집행권의 제한과 상실

각 사원은 업무집행권을 가지나 예외적인 경우에 업무집행권이 없는 사원이 생긴다. 정관으로 특히 어떤 사원을 업무집행사원이라 정하거나 또는 어떤 사원을 업무집행권 없는 사원이라 정하였을 때가 그러하다(제201조 제1항). 이러한 제한은 업무집행의 범위를 정해서도 할 수 있다. 업무집행권이 없는 사원일지라도 정관에 다른 정함이 없으면 지배인의 선임과 해임의 결의에는 참가한다(제203조).

업무집행사원은 정당한 사유 없이 「解任」할 수 없으며, 다른 사원의 일치가 아니면 「해임」할 수 없다(제195조·민법 제708조).

공동업무집행사원제도는 업무집행사원의 권한을 제한하는 방법이기도 한데, 정관으로 수인의 사원을 공동업무집행사원으로 정한 때에 그 전원의 동의가 없으면 업무집행행위를 하지 못한다(제202조 본문). 그러나 지체할 염려가 있는 때에는 예외이다(제202조 단서). 공동업무집행사원을 정한 때에는 등기하여야 한다(제180조 제5호). 등기하지 아니하는 때에는 선의의 제3자에게 대항하지 못한다(제37조 제1항).[8]

업무집행사원이 업무를 집행함에 있어 현저하게 不適任하거나 중대한 의무에 위반한 행위가 있는 때에는 법원은 사원의 청구에 의하여 「업무집행권의 상실」을 선고할 수 있다(제205조 제1항). 판결이 확정된 때에는 본점소재지에서 등기하여야 한다(동조 제2항). 그리고 합명회사는 정관으로 사원 또는 업무집행사원의 업무집행권을 박탈하는 사유를 정할 수 있는데, 이 경우 사원들은 제205조와 정관의 규정을 선택적으로 이용할 수 있다.[9]

4. 업무감시권

합명회사의 사원 중 업무집행권이 없는 사원은 회사의 업무와 재산상태를 檢査할 수 있는 권리를 갖는다(제195조·민법 제710조). 그 이유는 업무집행권이 없는 사원일지라도 업무집행의 결과와 회사채권자에 대하여 무한책임을 부담하는 등 회사의 업무집행에 관하여 중대한 이해관계가 있기 때문이다. 업무감시권에 관한 규정은 내부관계에 관한 규정에 속하나, 강행규정이므로 정관의 규정으로도 박탈하거나 제한할 수 없다(통설).

Ⅲ. 의사결정

1. 방법

합명회사의 사원결의에 관하여 먼저 지배인의 선임과 해임(제203조, 과반수 결의), 정관의 변경(제204조)과 같이 '사원의 의사결정'을 요하는 사안은 상법 또는 정관에서 정한 결의방법에 의한다. 그렇지 아니한 사안은 원칙적으로 총사원의 과반수에 의한다(제195조, 민법 제706조 제2항 제1문). 다만, 지분양도·정관변경 또는 해산과 같이 회사의 기본구조를 변동시키거나 사원 전체에 중대한 이해관계가 있는 사안은 사원 전원의 동의를 요한다(제197조, 204조, 제227조 제2호).

---

8) 대법원 2014. 5. 29. 선고 2013다212295.
9) 대법원 2015. 5. 29. 선고 2014다51541.

2. 사원총회

상법은 합명회사의 사원총회에 관한 규정을 두지 않고 있다. 합명회사는 전형적인 인적회사로써 소수사원으로 총회를 구성할 것을 예정하고 있기 때문이다. 그리하여 사원의 의사결정을 요하는 사안에는 별도로 회의를 소집할 필요는 없고 구두, 전화 또는 서면 등과 같은 방법으로 각 사원의 의사를 파악하면 된다.10) 다만, 정관의 규정으로 사원총회를 둘 수는 있다.

3. 의결권의 행사방식

합명회사의 사원은 출자액이 서로 다르더라도 회사의 운영결과와 채무에 대하여 무한책임을 부담한다. 이 때문에 사원의 의결권은 1인 1의결권을 갖는 頭數主義에 의한다. 합명회사의 의사결정시에는 사원의 개성이 중요하므로 물적회사의 경우와는 달리 의결권의 대리행사는 인정되지 아니한다.

4. 하자에 관한 소

상법은 주식회사와는 달리 합명회사에 대하여는 사원총회의 결의의 하자를 다투는 소에 관한 규정을 두지 않고 있다. 따라서 사원총회의 결의에 하자가 있는 때에는 일반 무효확인의 소(민사소송법 제250조)에 의하여 효력을 다투어야 한다. 이 소는 회사를 상대로 제기하여야 한다. 회사가 아닌 사원 등 개인을 상대로 한 확인판결은 회사에 그 효력이 미치지 아니하여 즉시확정의 이익이 없기 때문이다.11)

Ⅳ. 경업피지의무와 자기거래의 제한

1. 경업피지의무

(1) 의의

합명회사의 사원은 그 지위를 남용하여 회사에 損失을 끼칠 수 있다. 그리하여 상법은 대표사원 또는 업무집행사원 여부를 불문하고 합명회사의 모든 사원에게 商業使用人과 같이 競業禁止義務(협의의 競業避止義務)와 兼職禁止義務를 지우고 있다.

10) 대법원 1995. 7. 11. 선고 95다5820; 서울고법 1971. 11. 30. 선고 70다500.
11) 대법원 1991. 6. 25. 선고 90다14058.

　　사원은 다른 모든 사원의 동의가 없으면 자기 또는 제3자의 계산으로 회사의 영업부류에 속하는 거래를 하지 못하며(경업금지의무), 동종영업을 목적으로 하는 다른 회사의 無限責任社員 또는 理事가 되지 못한다(겸직금지의무)(제198조 제1항).

　　이 규정은 회사의 내부관계를 규율하는 규정으로서 任意法規라고 할 수 있다. 따라서 정관의 규정으로 이 의무의 범위를 좁히거나 면제할 수 있다.

(2) 위반의 효과

　　사원이 경업금지의무에 위반하면 회사는 介入權(제198조 제2항)[12]과 손해배상청구권을 행사할 수 있다(제198조 제3항). 또 다른 모든 사원의 과반수의 결의에 의하여 그 사원의 「除名」선고(제220조 제1항 제2호), 업무집행권 또는 대표권 상실의 선고(제205조, 제216조)를 법원에 청구할 수 있다. 회사가 개입권을 행사하는 경우 다른 모든 사원의 과반수의 결의를 요하며, 일정한 제척기간 내, 즉 다른 사원 1인이 그 거래를 안 날로부터 2주간 내 또는 그 거래가 있은 날로부터 1년 내에 행사하여야 한다(제198조 제4항).

　　사원이 겸직금지의무를 위반하면 회사는 경업금지의무와 달리 개입권을 행사할 수는 없고 손해배상청구권을 행사할 수 있다(제198조 제3항 유추적용). 그리고 다른 모든 사원의 과반수의 결의에 의하여 그 사원의 「제명」을 법원에 청구할 수 있을 뿐이다(제220조 제1항 제2호).

2. 자기거래의 제한

(1) 의의

　　합명회사의 각 사원은 원칙적으로 업무집행권을 가지며 그렇지 아니한 경우에도 업무감시권을 갖고 있는 까닭에 사원이 회사의 상대방이 되어 거래할 때에는 회사에 불이익을 끼칠 우려가 있다. 이 때문에 합명회사의 각 사원은 다른 사원의 과반수의 결의가 있는 때에 한하여 자기 또는 제3자의 계산으로 회사와 거래를 할 수 있다(제199조).

---

12) 사원이 경업금지규정에 위반하여 거래를 한 경우에 그 거래가 자기의 계산으로 한 것인 때에는 회사는 이를 회사의 계산으로 한 것으로 볼 수 있고, 제3자의 계산으로 한 것인 때에는 그 사원에 대하여 회사는 이로 인한 이득의 양도를 청구할 수 있다.

(2) 위반의 효과

사원이 자기거래제한에 위반한 경우에는 회사에 대하여 손해배상책임을 지고(제195조, 민법 제707조·제681조) 다른 사원의 청구에 의하여 법원으로부터 업무집행권 또는 대표권의 상실선고를 받을 수 있다(제205조, 제216조). 다만, 경업피지의무 위반의 경우와는 달리 사원의 제명사유에는 해당하지 않는다고 본다(제220조 제1항 참조).[13] 그 이유는 ① 상법은 사원의 제명사유로 경업피지의무 위반만을 명문화하고 있으며, ② 자기거래는 업무집행권 행사의 일환이 아닌 개인적 거래로 보아야 하고, ③ 자기거래는 경업거래만큼 합명회사의 업무를 위축시키는 중요한 사유에 해당하지 않기 때문이다. 이러한 점에서 자기거래행위까지 제명을 인정하는 경우 합명회사의 존립을 위태롭게 할 수 있다.

V. 손익분배

1. 의의

합명회사는 영리법인이므로 당연히 영업에서 얻은 이익 또는 손실을 사원에게 분배하여야 한다. 여기서 이익이란 합명회사의 매결산기 대차대조표(제30조 제2항)에서 純財産의 總額(적극재산에서 소극재산을 공제한 것)이 회사의 자본, 즉 재산출자총액을 초과할 때 그 초과액(자본금(사원출자액) < (순자산총액)을 말한다. 부족액(자본금(사원출자액) > (순자산총액)})은 손실을 의미한다.

회사의 순재산총액을 계산할 때에는 채권자를 위한 담보가치가 있는 재산만을 대상으로 하여야 할 필요가 있다. 이 때문에 신용출자와 노무출자는 포함되지 아니한다고 본다. 자본금을 계산할 때도 마찬가지이다.

2. 표준(비율)

상법은 손익분배의 표준(비율)에 관한 규정을 두지 않고 있으므로 정관 또는 총사원의 동의로 결정할 수 있다. 정관 또는 총사원에 의하여 손익분배의 표준을 정하지 아니한 때에는 민법의 조합에 관한 규정이 준용된다(제195조). 이 경우 출자비율에 따라 손익분배의 비율이 정하여지고(민법 제711조 제1항), 이익 또는 손실

---

13) 반대 : 이철송(2024), 168면; 최준선(2024), 854면.

의 어느 한쪽에 대하여만 분배비율을 정한 때에는 그 비율이 이익과 손실에 공통된 것으로 추정한다(민법 제711조 제2항). 이때의 출자가액이 分割出資인 경우에는 이미 이행된 출자액을 기준으로 한다.

3. 시기

손익분배의 시기에 대하여는 정관에 규정된 바가 있으면 그에 따르고, 규정된 바가 없으면 대차대조표를 작성하는 매결산기(제30조 제2항)로 한다(통설).

4. 방법

(1) 금전배당

이익의 분배는 정관에 특별한 정함이 없는 한 원칙적으로 금전으로 한다. 정관의 규정 또는 총사원의 동의에 의하여 이익의 전부 또는 일부를 회사에 적립할 수도 있다. 손실의 분담은 현실적으로 재산을 추가 제공할 필요는 없고 각 사원지분의 평가액이 감소하는 데 그친다. 그러나 퇴사 또는 청산의 경우 각 사원은 분담손실액을 납입하여야 한다. 사원의 출자는 유한하지만, 손실분담은 무한하다.

(2) 자본금충실원칙의 비적용

합명회사신용의 기초는 사원이므로 주식회사와 달리 자본금충실(유지)원칙이 적용되지 아니한다. 따라서 法定準備金制度(이익준비금[14] + 자본준비금[15])도 없고, 이익이 없는 경우에도 배당할 수 있다. 그리고 前 영업연도의 손실을 전보하지 아니한 상태에서도 이익배당을 할 수 있다.

(3) 배당금지급청구권의 양도 등

합명회사의 사원자격에서 가지는 이익배당청구권은 추상적인 권리이다. 그러나 이 권리로부터 발생하는 배당금지급청구권은 구체적인 개인법상의 채권이다. 이러한 구체적인 지급청구권은 지분양도의 제한에 관한 규정(제197조)을 적용받지 않기 때문에 자유롭게 양도하거나 입질의 대상이 될 수 있고, 押留·轉付命令의 목적이 될 수 있다.

---

14) 매결산기의 손익거래, 즉 영업거래로부터 발생하는 이익을 재원으로 하여 적립하는 준비금.
15) 매결산기의 영업이익 이외의 이익을 재원으로 하여 적립하는 준비금. 증자·감자·주식의 할증발행·자기주식거래 등이 이에 해당한다.

VI. 정관변경

1. 의의 및 절차

합명회사의 정관은 회사의 본질이나 강행규정에 반하지 아니하는 한 자유롭게 변경할 수 있다. 다만, 필요적 기재사항이든 임의적 기재사항이든 그 변경에는 총사원의 동의가 필요하다(제204조). 다수결이 아닌 총사원의 동의를 요구하는 것은 합명회사의 조합적 성질을 고려한 것이다. 그러므로 제204조는 내부관계에 임의규정으로써 정관의 규정에 의하여 그 요건을 완화할 수 있다(통설).

그러나 사원의 성명, 주민등록번호 및 주소는 정관의 절대적 기재사항이기는 하지만, 이미 다른 사원의 동의로 지분의 전부 또는 일부를 양도하여 발생한 사원변경(제197조), 사원의 사망(제218조 제3호), 사원의 임의퇴사(제217조) 또는 제명(제230조) 등으로 사원이 변경된 경우에는 사원의 동의 없이 바로 정관변경의 효력이 발생한다.

2. 등기

정관변경사항이 동시에 등기사항일 때에는 변경등기를 하여야 한다(제183조). 정관변경의 효력은 등기시가 아닌 변경결의시에 발생하지만 등기를 하지 아니하면 선의의 제3자에게 대항하지 못한다(제37조).

VII. 사원의 변동

1. 의의

상법상 합명회사 사원의 지분에는 두 가지 뜻이 있다. 첫째, 주식과 마찬가지로 사원의 지위 내지 사원권(제197조 참조), 둘째, 사원의 퇴사 또는 회사해산의 경우 사원자격에 기하여 회사로부터 還給받거나(적극지분), 회사에 지급할(消極持分) 재산상의 數額을 말한다(통설).

합명회사 등 인적회사의 지분은 각 사원에게 오직 1개만이 있다(持分單一主義). 다만, 그 크기가 출자액에 비례하여 상이하다(제195조, 민법 제711조). 이러한 점은 물적회사와 다른데, 주식회사와 유한회사의 사원의 지위는 均等한 比例的 單位로 구성되어 있다(持分複數主義, 제329조 제2항·제554조).

  합명회사의 사원자격은 원칙적으로 회사설립으로 취득되고, 해산에 의하여 소멸한다. 이 밖에 상법은 入社·退社·持分의 讓受 또는 지분전부의 양도 등과 같은 사원자격의 취득과 상실에 관한 규정을 두고 있다. 사원은 정관의 절대적 기재사항이고(제179조 제3항), 등기사항이다(제180조 제1항). 따라서 사원이 변동되는 때에는 정관을 변경하고 변경등기를 하여야 한다(제183조).

2. 입사

  사원의 입사란 회사성립 후에 출자하여 새롭게 사원자격을 원시적으로 취득하는 것을 말한다. 입사는 입사하려는 자와 회사와의 사이에 입사계약에 의한다. 새로운 사원의 가입은 정관의 절대적 기재사항의 변동을 가져오므로(제179조 제3호) 정관변경절차를 밟아야 한다. 따라서 총사원의 동의를 요한다(제204조). 다만, 총사원의 동의가 있으면 정관변경의 효력이 발생하므로 신입사원은 총사원의 동의가 있으면 서면의 경정이나 등기부의 기재 없이도 그 시점에서 사원지위를 취득한다.[16]

  사원의 가입은 회사의 책임재산을 증가시키므로 회사채권자를 보호하기 위한 별도의 절차를 요하지 아니한다. 뿐만 아니라 회사성립 후에 가입한 사원은 가입 전에 생긴 회사채무에 대하여 다른 사원과 동일한 책임, 즉 직접·연대 그리고 무한책임을 부담한다(제213조).

3. 퇴사

(1) 의의

  퇴사란 회사의 존속 중에 특정사원의 사원자격을 절대적으로 상실하는 것을 말한다. 퇴사는 물적회사에는 없는 제도이다. 합명회사의 사원에 대하여 퇴사를 인정하는 이유는 다음과 같다. 합명회사에서 퇴사제도가 인정되는 것은 ① 신뢰의 기초를 흔들리게 하는 사원이 있거나, ② 사원은 원칙적으로 업무집행의무와 무한책임을 부담하기 때문에 그 뜻에 반하여 지나치게 장기간 회사에 얽매어 두는 것은 개인의 자유를 구속하는 것이며, ③ 지분의 양도가 제한되어 있어 자본

---

16) 대법원 1996. 10. 29. 선고 96다19321.

회수의 방법이 퇴사 이외에 달리 있을 수 없기 때문이다.

퇴사제도는 일부 사원에게 회사를 계속하지 못할 사유가 발생하더라도 반드시 해산하지 아니하고 기업유지를 가능하게 하는 긍정적인 측면도 있다.

(2) 퇴사원인

1) 서

퇴사는 퇴사원인에 따라 임의퇴사, 당연퇴사 및 기타의 퇴사로 나뉜다. 임의퇴사는 사원의 자유로운 의사에 기하여 하는 퇴사를 말한다. 당연퇴사는 사원의 의사와 관계없이 법정사유의 발생에 따른 퇴사를 말한다. 그 밖에 회사채권자가 퇴사시키는 경우와 회사계속과 관련하여 퇴사가 의제되기도 한다.

2) 임의퇴사

정관으로 회사의 존립기간을 정하지 아니하거나 어느 사원의 종신까지 존립하도록 정한 때에는 사원의 자유로운 의사표시에 의하여 퇴사할 수 있다(제217조 제1항 본문). 따라서 다른 사원의 동의는 필요하지 않다. 이 경우 사원은 영업연도 말에 한하여 퇴사할 수 있으며, 6월 전에 회사에 대하여 예고하여야 한다(제217조 본문). 그러나 부득이한 사유가 있는 때에는 언제든지 퇴사할 수 있다(제217조 제2항). 부득이한 사유란 사원으로서 계속적으로 회사에 관여하기 어려운 개인사정 예를 들면, 갑작스런 질병 등을 말하며, 회사사업의 不振과 같이 통념상 사원이 감수하여야 할 사정은 포함되지 아니한다.[17]

3) 당연퇴사

사원은 다음과 같은 사유가 발생한 때에는 그 의사에 관계없이 퇴사한다. 첫째, 정관이 정한 사유가 발생한 때(제218조 제1호). 여기에는 조건·기한(예: 정년)·자격상실 등이 해당한다.

둘째, 총사원의 동의가 있을 때(제218조 제2호). 이는 사원이 임의퇴사사유에 해당하지 아니하지만, 자기의 의사에 기하여 퇴사하고자 하는 경우 총사원의 동의가 있을 때를 말한다.

셋째, 사원이 사망하였을 때(제218조 제3호). 이는 정관으로 상속을 규정하지 아니한 때에만 적용한다. 정관에 규정이 있으면 상속인이 피상속인의 사원자격을 상속한다(제219조).

---

17) 이철송(2024), 174면.

넷째, 사원이 성년후견개시심판을 받았을 때(제218조 제4호, 민법 부칙 제3호).

다섯째, 사원이 破産宣告를 받았을 때(제218조 제5호).

여섯째, 사원이 제명되었을 때(제218조 제6호) 등이 그에 해당한다.

4) 제명

가) 취지　제명은 사원의 자격을 그 의사에 반하여 강제적으로 박탈하는 다른 사원의 의사결정이다. 합명회사의 제명제도는 고도의 신뢰관계를 바탕으로 하는 회사의 구성원으로서 더 이상 신뢰를 기대할 수 없는 사원을 다른 사원들이 逐出함으로써 회사존속을 도모하여 기업유지의 이념을 실현하려는 것이다. 다만, 사원이 2인뿐인 (합자)회사에서 1인을 축출하는 것과 같이 제명으로 인하여 해산사유가 발생하여서는 아니 된다.[18]

나) 제명사유　상법은 제명사유를 열거하고 제명절차에 대하여도 엄격하게 규정하고 있다. 제명사유로는 사원이 ① 출자의무를 이행하지 아니한 때(제220조 제1항 제1호), ② 경업피지의무(제198조 제1항)에 위반한 때(제220조 제1항 제2호), ③ 회사의 업무집행 또는 대표행위에 관하여 부정한 행위를 한 때 또는 권한 없이 업무를 집행하거나 회사를 대표한 때, ④ 기타 중요한 사유가 있는 때(제220조 제1항 제4호)이다. 「기타 중요한 사유」라 함은 ① 내지 ③과 같은 정도의 신뢰관계를 파괴하는 사유를 의미한다.[19] 다만, 제명은 해당사원의 이익에 미치는 영향이 크기 때문에 형식적으로 상법상의 제명요건에 해당한다고 하더라도 회사의 존속이나 사업수행을 용이하게 하기 위하여 불가피한 경우에 한하여 허용되어야 한다. 그리하여 (합자)회사의 대표사원이 회사공금을 횡령하는 등 부정행위를 하였으나 그간의 기여도, 횡령액수의 규모 및 그 회수가능성 등을 참작하여 그 제명선언청구를 기각한 사례도 있다.[20]

다) 제명절차　제명사유가 있을 때에는 다른 사원 과반수의 결의에 의하여 법원에 제명의 선고를 청구할 수 있다(제220조 제1항 본문). 그리고 법원의 제명선고가 있어야 한다. 제명선고절차는 피제명사원의 권리를 보호하기 위한 강행규정이다. 따라서 사원의 결의만으로 제명할 수 있도록 정한 정관 규정은 효력이 없다.[21]

---

18) 대법원 1991. 7. 26. 선고 90다19206.
19) 대구지법 1991. 1. 8. 선고 90가합13042.
20) 부산동부지법 1991. 8. 16. 선고 90가합3057; 同旨 이철송(2024), 175면.
21) 춘천지법 2009. 5. 13. 선고 2008가합481.

수인을 제명하는 때에는 피제명사원 1인을 제외한 다른 사원 과반수의 결의가 있어야 한다. 사원 과반수에는 다른 피제명사원을 포함한다. 따라서 수인의 일괄제명결의는 효력이 없다.22) 제명청구의 소는 회사의 본점소재지 지방법원의 관할에 전속한다(제220조 제2항, 제206조, 제186조).

라) 제명효과　법원의 제명선고로 제명의 효과가 발생하고 해당사원은 퇴사한다. 다만, 제명된 사원과 회사와의 持分還給을 위한 계산은 제명의 소를 제기한 때의 회사의 재산상태에 따라서 하며 그때부터 법정이자를 붙여야 한다(제221조). 이 규정은 피제명사원을 보호하기 위한 것이다.

마) 제명등기　제명판결이 확정되면 본점소재지에서 등기하여야 한다(제220조 제2항·제205조 제2항).

5) 채권자에 의한 퇴사

이는 사원의 지분압류채권자에 의한 강제퇴사이다. 사원의 채권자는 회사와 채무자인 사원에게 6월 전에 예고하고 營業年度末에 그 사원을 퇴사시킬 수 있다(제224조 제1항). 퇴사의 예고는 형성권이다. 따라서 영업연도 말이 경과하면 당연히 채무자인 사원이 퇴사하는 효과가 생긴다.23) 이 제도는 사원의 채권자가 이익배당과 같은 지분압류채권만으로는 채권 전액을 변제받을 수 없는 경우 사원을 강제퇴사시키고 지분을 환급받아 자기의 채권을 변제받을 수 있도록 하는 데 그 취지가 있다.

그러나 채무자인 사원이 변제를 하거나 상당한 담보를 제공한 때에는 그 예고는 효력을 잃는다(제224조 제2항). 채권의 변제가 확실하여지기 때문이다. '상당한 담보를 제공'한다고 함은 채무자(甲)와 압류채권자(乙)와의 사이에서 ① 채무변제에 충분한 담보물권의 설정, ② 보증계약의 체결 또는, ③ 압류채권자(乙)가 제3자(丙)의 채무인수를 승낙하는 것을 말한다.24)

채무자의 변제 또는 담보제공은 퇴사가 예고된 영업연도 말 이전에 이루어져야 하므로 영업연도 말 이후에 변제되거나 담보가 제공되더라도 퇴사효력에 영향을 미치지 못하고, 퇴사예고도 철회할 수 없다.25)

---

22) 대법원 1976. 6. 22. 선고 75다1503.
23) 대법원 2014. 5. 29. 선고 2013다212295.
24) 대법원 1989. 5. 23. 선고 88다카13516.
25) 대법원 2014. 5. 29. 선고 2013다212295.

6) 기타

특정한 사원에 한하여 설립행위에 무효 또는 취소의 원인이 있어 설립무효 또는 설립취소의 판결이 확정된 때에는 다른 사원 전원의 동의로 회사를 계속할 수 있다(제194조 제1항). 이 경우 설립무효 또는 설립취소의 원인이 있는 사원은 퇴사한 것으로 본다(동조 제2항). 그리고 존립기간의 만료 기타 정관으로 정한 사유가 발생하여 회사가 해산하였으나 일부 사원의 동의로 회사를 계속하는 경우에 동의하지 않은 사원은 퇴사한 것으로 본다(제229조 제1항 단서).

(3) 퇴사의 효과

1) 서

퇴사에 의하여 퇴사원은 사원의 자격을 절대적으로 상실한다. 퇴사로 인하여 회사채권자의 보호와 회사에 대한 관계에서는 다음과 같은 효과가 발생한다.

2) 회사채권자의 보호(퇴사사원의 책임)

퇴사원은 본점소재지에서 퇴사등기를 하기 전에 생긴 회사채무에 대하여 등기 후 2년 내에는 다른 사원과 동일한 책임을 진다(제225조 제1항). 이는 퇴사제도가 사원의 무한책임을 免脫하는 수단으로 이용되는 것을 방지하기 위함이다. 지분을 양도하여 사원자격을 상실한 자도 회사채권자에 대하여 퇴사원과 같은 책임을 진다(제225조 제2항).[26]

3) 회사에 대한 관계

가) 상호변경청구권　　퇴사한 사원의 성명이 회사의 상호 중에 사용된 경우에는 그 사원은 회사에 대하여 그 사용의 폐지를 청구할 수 있다(제226조). 퇴사원의 성명이 사용되는 때에는 자칭사원으로서의 책임을 져야 한다(제215조). 그리고 명의대여자로서의 책임도 질 수 있다(제24조).

나) 지분의 계산　　퇴사한 사원의 지분의 계산은 회사의 내부관계이므로 정관으로 정할 수 있고, 상법 또는 정관에 다른 규정이 없으면 조합에 관한 민법규정에 의한다(제195조, 민법 제719조). 그리하여 지분의 계산은 퇴사일의 회사재산 상태에 따라서 하여야 한다. 다만, 제명의 경우는 앞서 기술한 바와 같다(제221조).

다) 지분환급청구권　　퇴사한 사원은 회사에 대하여 지분환급청구권을 가진다. 노무 또는 신용이 출자의 목적인 경우에도 그 지분의 환급을 받을 수 있다. 다

---

26) 대법원 1975. 2. 10. 선고 74다1727.

만, 정관에 다른 규정이 있는 때에는 그러하지 아니하다(제222조). 지분의 환급은 퇴사원이 한 출자의 종류와 무관하게 금전으로 할 수 있다(제195조, 민법 제719조 제2항).

퇴사원은 지분계산의 결과 積極持分(+)의 경우에는 환급을 받고, 消極持分(-)인 경우에는 손실분담의무에 따라 회사에 그 금액을 납입하여야 한다. 지분환급청구권은 사원자격을 상실한 자의 제3자적 권리의무로 잔존사원은 당연히 연대·무한 책임을 진다(제212조 참조).

Ⅷ. 지분의 변동

1. 지분의 양도

지분의 양도는 사원권의 전부 또는 일부를 계약에 의하여 타인에게 이전하는 것을 말한다. 지분의 양도는 당사자간의 계약에 의하여 성립하지만, 그 효력이 발생하기 위하여는 다른 사원 전원의 동의를 요한다(제197조). 이러한 점에서 합명회사 사원의 지분양도는 주식의 양도자유(제335조 제1항)와 대조를 이룬다. 이는 합명회사는 회사경영과 책임의 분담에 있어 사원 상호간의 신뢰를 중시하여 지분의 양도를 엄격히 제한하는 데에서 나오는 것이다. 지분의 양도시 다른 사원 전원의 동의를 요구하는 제197조를 임의규정으로 보고 정관으로 완화할 수 있다는 것이 통설이다. 지분을 전부 양도할 경우 양도인은 사원자격을 상실한다. 즉 퇴사한다. 양수인이 현존사원일 경우 그의 지분은 분량적으로 증가하고 반대의 경우는 감소한다. 양수인이 현존사원이 아닌 경우 사원자격을 취득한다. 즉 입사한다.

사원의 성명은 정관의 기재사항이다. 따라서 지분의 양도로 인하여 입사·퇴사가 있는 때에는 정관을 변경하여야 한다. 그러나 지분양도에 대한 동의는 동시에 정관변경결의를 포함하는 것으로 본다.[27]

한편 지분양도를 가지고 제3자에게 대항하기 위하여는 지분양도로 인하여 발생하는 사원변경의 등기를 요한다.[28] 지분을 양도한 사원은 본점소재지에서 사원변경등기를 하기 전에 생긴 회사채무에 대하여는 등기 후 2년 내에 다른 사원과 동일한 책임이 있다(제225조 제2항·제1항).

---

27) 대법원 1989. 11. 28. 선고 88다카33626.
28) 대법원 1968. 10. 29. 선고 68다1088.

2. 지분의 상속

합명회사는 사원의 인적 신뢰관계가 중요하므로 사원의 사망은 퇴사원인이 되며(제218조 제3호), 지분의 상속은 원칙적으로 인정되지 아니한다. 상속인은 사망한 사원의 持分還給請求權을 상속할 수 있을 뿐이다. 다만, 정관으로 상속인이 피상속인의 지분을 상속하도록 규정할 수 있다. 이때에는 상속인이 사원지위를 승계할 수 있고, 상속인은 상속의 개시를 안 날로부터 3월 내에 회사에 대하여 승계 또는 포기의 통지를 발송하여야 한다(제219조 제1항). 상속인이 통지 없이 3월을 경과한 때에는 사원이 될 권리를 포기한 것으로 본다(제219조 제2항). 통지의 효력은 發信主義에 의한다.

그러나 청산 중 회사의 사원이 사망한 경우에는 정관의 규정이 없더라도 상속인이 피상속인의 지분을 상속한다(제246조). 이는 청산 중의 회사의 재산은 채무변제 등의 청산절차에 따라 처분되므로 상속인에게 지분환급을 해줄 수 없기 때문이다.

3. 지분의 입질·압류

(1) 입질

상법상 합명회사 사원의 지분의 입질에 관하여는 명문규정은 없으나, 통설과 판례[29]는 사원권은 재산적 가치가 있는 권리이므로 權利質[30]의 목적이 될 수 있다고 본다. 따라서 사원의 지분도 민법규정(제345조)에 따라 권리질의 목적이 될 수 있다.

(2) 입질의 요건

1) 서

합명회사 사원의 지분의 입질의 요건에 대하여는 견해가 나뉜다.

2) 통설

통설은 지분양도에 관한 규정(제197조)을 유추적용하여 당사자간의 合意 외에 총사원의 동의가 있어야 한다고 해석한다.

---

29) 대법원 1971. 10. 25. 선고 71다1931(합자회사의 무한책임사원에 관한 사례).
30) 권리질은 재산권을 목적으로 하는 질권이다. 권리질권의 목적은 양도성이 있는 재산권이다. 그러나 재산권 중에서도 부동산의 사용·수익을 목적으로 하는 권리(민법 제345조)와 소유권, 地役權, 광업권, 어업권 등은 목적이 되지 못한다. 그러므로 채권, 주식, 무체재산권 등이 권리질권의 목적이 된다.

3) 소수설

소수설은 입질 자체에 다른 사원의 동의가 필요 없고, 채권자의 「持分의 換價」에 다른 사원의 동의가 필요하다고 하거나[31] 또는 입질은 자유로이 할 수 있으나 합명회사의 지분의 성질상 질권의 효력은 이익배당청구권·지분환급청구권·잔여재산분배청구권에 한하여 미칠 뿐이고(민법 제342조,[32] 제323조[33] 참조), 경매권은 주어지지 아니한다고 한다.[34]

4) 사견

지분의 입질은 지분의 양도와 동일하게 보아 입질 자체에 총사원의 동의가 필요하다는 통설을 지지한다. 다만, 이 경우 지분의 질권자는 지분에 대한 경매권은 없고, 장차 구체화될 사원의 이익배당청구권과 지분환급청구권에 질권의 효력을 미칠 뿐이다(민법 제342조).

(3) 지분의 압류

1) 서

합명회사 사원의 채권자가 강제집행으로 자기의 채무자인 사원의 지분을 압류할 수는 있지만, 그 換價 또는 轉付에 다른 총사원의 동의가 필요하기 때문에 실효성을 거두기 어렵다. 그리하여 상법은 압류채권자를 보호하기 위하여 다음과 같이 입법정책적인 배려를 하고 있다.[35]

2) 사원의 강제퇴사

사원지분의 압류채권자는 6월 전에 예고하고 영업연도 말에 그 사원을 퇴사시킬 수 있다(제224조 제1항). 압류채권자는 퇴사로 발생하는 持分還給請求權을 전부명령이나 추심명령을 얻음으로써 사원의 지분에 관한 채권의 만족을 얻을 수 있다. 다만, 강제퇴사의 예고는 사원이 변제를 하거나 상당한 담보를 제공한 때에는 그 효력을 잃는다(제224조 제2항).[36]

---

31) 정동윤, 상법(상), 법문사, 2012, 887면.
32) 제342조(物上代位) 질권은 질물의 滅失, 毁損 또는 公用徵收로 인하여 질권설정자가 받을 금전 기타 물건에 대하여도 이를 행사할 수 있다. 이 경우에는 그 지급 또는 인도 전에 압류하여야 한다.
33) 제323조(果實收取權) 유치권자는 유치물의 과실을 수취하여 다른 채권보다 먼저 그 채권의 변제에 충당할 수 있다. 그러나 과실이 금전이 아닌 때에는 경매하여야 한다.
34) 이철송(2024), 179면; 강·임(2009), 1065면; 정동윤(2012), 887면; 김·노·천(2024), 933면.
35) 대법원 1971. 10. 25. 선고 71다1931.

3) 이익배당청구권과 지분환급청구권에 대한 효력

사원지분의 압류는 사원이 장래이익의 배당과 지분환급청구권에 대하여도 그 효력이 있다(제223조). 이에 따라 이러한 청구권의 행사시기에 달하는 때에 채권자는 이를 추심하거나 전부할 수 있다고 본다.[37]

4) 임의청산의 경우 동의권

임의청산의 경우 사원의 지분을 압류한 채권자가 있는 때에는 그 채권자의 동의를 얻어야 한다(제247조 제4항). 이에 위반하여 그 재산을 처분한 때에는 사원지분의 압류채권자는 회사에 대하여 그 지분에 상당하는 금액의 지급을 청구할 수 있다(제249조 제1항).

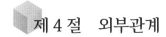

제 4 절   외부관계

Ⅰ. 회사대표

1. 개요

합명회사에서는 원칙적으로 각 사원이 회사를 대표한다. 다만, 정관으로 업무집행사원을 정하였을 때에는 대표권에 관한 정함이 없더라도 업무집행사원이 회사를 대표한다(제207조 본문). 정관의 규정으로 수인의 업무집행사원을 정한 경우에는 각 업무집행사원이 회사를 대표한다. 그러나 정관 또는 총사원의 동의로 업무집행사원 중 특히 회사를 대표할 자를 정할 수 있다(제207조). 이 경우 대표사원의 성명은 등기하여야 한다(제180조 제4호).

2. 대표권

(1) 권한과 제한

합명회사의 대표사원은 회사의 영업에 관하여 재판상·재판외의 모든 행위를

---

36) 대법원 1989. 5. 23. 선고 88다카13516.
37) 同旨 정찬형(2022), 583면.

할 권한이 있다(제209조 제1항). 정관 또는 총사원의 동의로 대표권을 제한하더라도 이로써 선의의 제3자에게 대항하지 못한다(제209조 제2항).

회사가 사원에 대하여 또는 사원이 회사에 대하여 소를 제기하는 경우에 회사를 대표할 사원이 없을 때에는 다른 사원 과반수의 결의로 회사를 대표할 자를 선임하여야 한다(제211조).

(2) 상실

대표사원은 정당한 사유 없이 사임할 수 없다. 대표사원은 다른 사원 전원의 일치가 아니면 해임할 수 없다(제195조·민법 제708조). 이는 업무집행사원의 경우와 같다. 대표권이 있는 사원이 업무를 집행함에 있어 현저하게 不適任하거나 중대한 의무에 위반한 행위가 있는 때에는 사원의 청구에 의하여 법원은 대표권의 상실을 선고할 수 있다(제216조·제205조 제1항). 이 역시 업무집행사원의 경우와 같다. 그리고 중대한 의무에 위반한 행위에는 출자의무 또는 경업금지의무 위반행위를 들 수 있다. 대표권 상실판결이 확정되면 본점소재지에 등기하여야 한다(제216조·제205조 제2항). 대표사원이 1인인 경우에는 업무집행사원의 경우와 같이 대표권의 喪失宣告를 할 수 없다고 본다.[38]

3. 공동대표

(1) 의의

합명회사는 정관 또는 총사원의 동의로 수인의 사원이 공동으로 대표할 것을 정할 수 있다(제208조 제1항). 이는 단독 대표권이나 각자 대표권의 남용을 방지하기 위한 제도이다.

(2) 의사표시방법

공동대표를 정한 경우 단독으로 한 행위는 권한 없는 대표행위가 된다. 즉 회사가 제3자에 대하여 의사표시를 하는 경우에는 반드시 공동으로 하여야 한다(能動代表)(제208조 제1항, 제202조 본문 참조). 그러나 상대방의 회사에 대한 의사표시는 공동대표의 권한 있는 사원 1인에 하더라도 회사에 대하여 효력을 갖는다(受動代表)(제208조 제2항).

---

38) 반대 : 정동윤(2012), 888면.

4. 대표사원의 불법행위책임

회사를 대표하는 사원이 그 업무집행으로 인하여 타인에게 손해를 가한 때에는 회사는 그 사원과 연대하여 배상할 책임이 있다(제210조). 이것은 회사와 거래한 제3자를 두텁게 보호하기 위하여 회사는 물론 대표사원에게도 불법행위책임을 물을 수 있도록 한 것이다(민법 제35조 제1항 참조). 이러한 책임규정은 지배인의 경우와 다르다. 지배인이 업무집행으로 인한 불법행위에 대하여는 회사가 사용자배상책임을 지고(민법 제756조 제1항 본문), 회사가 지배인의 선임 또는 감독에 상당한 주의를 한 것을 증명한 때에는 면책될 수 있다(민법 제756조 제1항 단서).

그러나 회사대표기관의 불법행위에 대하여는 회사 자신의 불법행위로서 회사는 제210조에 의한 책임을 지고 면책되지 아니한다.[39]

II. 사원의 책임

1. 개요

합명회사의 사원은 회사채권자에 대하여 人的·無限·直接·連帶責任을 진다(제212조). 이 점이 합명회사의 중요한 특질이다. 합명회사 사원의 성명과 주소가 등기되고 의사결정시 두수주의를 취하며, 자본제도가 없고, 사원에게 노무 및 신용출자가 인정되는 것 등은 이러한 책임을 전제로 파생되는 것이다.

따라서 합명회사 사원의 책임은 회사의 외부관계에 관한 강행규정으로서 정관의 규정 또는 총사원의 합의로도 제한하거나 면제할 수 없다.

2. 책임의 성질

(1) 강행성

사원의 회사채권자에 대한 무한책임은 합명회사의 기본적 특질이다. 그리하여 사원이 대내적으로 회사에 대하여 부담하는 출자의무나 손실분담의무와도 구별되고, 정관의 규정 또는 총사원의 합의로도 제한하거나 면제할 수 없는 것이다.

---

39) 정찬형(2022), 586면.

(2) 담보성

합명회사의 사원은 회사채권자에 대한 책임은 업무집행권이나 대표권의 유무에 따라 책임의 구별이 생기지 아니한다. 이는 회사의 담보기능을 수행함을 의미한다.

(3) 보충성

사원의 책임은 회사의 재산으로 회사채무를 완제할 수 없거나 또는 회사재산에 대한 강제집행이 奏效하지 못한 때에 생긴다(제212조 제1항·제2항).[40] 즉 사원의 대외적 책임은 회사의 채무를 주채무로 하여 이와 내용을 같이 하는 보충적 책임이다. 이때 사원이 책임을 면하기 위하여는 회사에 변제능력이 있으며 집행이 용이하다는 것을 입증하여야 한다. 그리하여 그 책임의 이행을 거절할 수 있다(제212조 제3항).

(4) 부종성

합명회사의 사원은 회사가 갖는 항변, 즉 權利不存在·消滅, 同時履行 등으로써 회사채권자에 대항할 수 있다(제214조 제1항). 그리고 회사가 그 채권자에 대하여 상계권, 취소권 또는 해제권이 있는 경우에는 사원은 회사채권자의 청구에 대하여 변제를 거부할 수 있다(제214조 제2항).

(5) 직접·연대·무한책임

「직접」책임은 사원이 회사에 出捐하고 회사로부터 다시 채권자가 변제받는 것이 아니라 채권자가 회사를 거치지 아니하고 사원에게 직접 변제를 청구할 수 있는 책임을 말한다. 「연대」책임은 사원들 상호간의 연대를 말하고, 사원과 회사와의 연대를 의미하는 것이 아니다. 「무한」책임은 책임금액이 출자액에 유한하지 않고, 회사의 채무전액에 대하여 책임을 지는 것을 말한다.

3. 책임의 요건

제212조에 의거 사원이 책임을 지기 위하여는 ① '회사의 재산으로 회사채무를 완제할 수 없는 때' 또는, ② '회사재산에 대한 강제집행이 奏效하지 못한 때'라는 요건을 충족하여야 한다(제212조 제1항·제2항). 이 가운데 ①은 회사의 부채총

---

40) 대법원 2012. 4. 12. 선고 2010다27847.

액이 회사의 자산총액을 초과하는 상태, 즉 채무초과상태를 뜻한다. 이는 회사가
실제 부담하는 채무의 총액과 실제 가치로 평가한 자산의 총액을 기준으로 하고,
대차대조표 등에 기재된 명목상의 부채 및 자산총액을 기준으로 삼아서는 아니
된다. 때문에 회사의 신용·노력·기능(기술)·장래의 수입 등은 자산총액 산정시
고려대상이 아니다. 즉 '회사재산'에는 환가가 가능한 자산만이 포함된다.[41] 그리
고 ②는 회사의 채권자가 회사재산에 대하여 강제집행을 하였음에도 결국 채권
의 만족을 얻지 못한 경우를 뜻한다.[42] 입증책임은 회사채권자에게 있다(통설).

한편 이러한 책임요건은 사원의 책임이행 요건에 불과하며 사원의 책임한도
를 의미하는 것은 아니다.[43]

4. 책임의 범위

(1) 서

합명회사의 사원이 부담하는 회사의 채무는 積極財産으로 변제해야 할 모든
채무이다. 그리하여 계약상의 채무, 불법행위나 부당이득으로 발생한 손해배상책
임과 같은 법정채무도 포함되고,[44] 조세 등 공법상의 채무이든 사법상의 채무이
든 그 발생원인을 묻지 않고 모든 채무가 포함된다. 다만, 회사의 채무는 원칙적
으로 대체성이 있어야 한다.[45]

(2) 회사채무의 내용과 사원책임의 내용과의 관계

사원의 책임문제와 관련하여서는 사원이 부담하는 책임의 내용이 회사가 부
담하는 채무의 내용과 동일하여야 하는지 문제된다. 회사의 채무가 代替性이 있
는 채무인 경우에는 사원의 책임도 회사의 채무의 내용과 동일하여야 한다. 그러
나 대체성이 없는 채무일지라도 그 채무가 손해배상채무로 化한 경우에는 사원
의 책임이 미치고, 사원책임의 내용은 금전배상책임이다.[46]

---

41) 이철송(2024), 181면; 대법원 2012. 4. 12. 선고 2010다27847; 2007. 11. 15. 자 2007마887
    결정. 반대: 권기범(2021), 346면.
42) 대법원 2011. 3. 24. 선고 2010다99453.
43) 대법원 2012. 4. 12. 선고 2010다27847; 2009. 5. 28. 선고 2006다65903.
44) 대법원 1975. 2. 10. 선고 74다1727.
45) 대법원 1956. 7. 5. 선고 4289민상147.
46) 대법원 1956. 7. 5. 선고 4289민상147.

(3) 사원이 회사채권자인 경우

회사가 사원에 대하여 부담하는 채무에 대하여도 사원이 책임(제212조)이 미쳐 다른 사원이 책임을 지는지 문제된다.

1) 부정설

이 학설은 사원이 회사의 채권자인 경우에는 다른 사원이 책임을 지지 않는다고 하고, 제212조의 적용을 부정한다. 그 이유는 ① 제212조는 본래 제3자인 회사채권자를 보호하기 위한 특별규정이며, ② 제212조를 적용하면 회사채권자인 사원에게 변제한 사원이 다시 회사에 대한 求償權(민법 제481조·제482조)으로써 다른 사원(채권자인 다른 사원을 포함한다)에게 제212조에 의거하여 책임을 추궁하게 될 것이므로, 결국 이러한 행위가 순환하기 때문이라고 한다(과거의 다수설).[47]

2) 긍정설

이 학설은 사원관계와 무관한 원인에 의하여 발생한 채권 예를 들면, 賣買·消費貸借[48]에 대하여는 원칙적으로 다른 채권자와 동일하게 취급하여야 하므로 제212조가 적용되어야 한다고 본다. 그리고 이 경우 채권자인 사원을 포함하여 숲 사원이 각자의 손실분담비율에 따라 책임지게 하는 것이 공평하다고 한다.[49] 다만, 이 학설은 사원관계를 원인으로 한 채권 예를 들면, 사원의 보수청구권·비용상환청구권 등에 대하여는 제212조가 적용되지 않는다고 한다.

3) 사견

회사가 사원에 대하여 부담하는 채무에 대하여는 그 채무가 그 사원이 사원으로서의 지위와 무관하게 발생한 것, 즉 그 사원이 제3자적 지위에서 회사에 대하여 채권(예: 매매)을 가지게 된 것이라면 채권자인 사원을 포함하여 전 사원이 각자의 손실비율에 따라 책임을 부담하여야 한다고 본다(긍정설).

---

47) 정희철(1989), 338면; 서·정(1999), 596-597면; 손주찬(2004), 503면; 정무동(1996), 622면; 정찬형(2022), 591면.
48) 소비대차는 당사자의 한쪽(貸主)이 금전 기타의 代替物(예: 약속어음, 국채, 예금통장 등)의 소유권을 상대방(借主)에게 이전할 것을 약정하고, 상대방(차주)은 동종·동질(동등)·동량의 물건을 반환할 것을 약정함으로써 성립하는 계약이다(민법 제598조). 그 특질은 차주가 빌린 물건 그 자체를 반환하지 않고, 다른 동종·동질·동량의 것을 반환하면 되는 데 있으며, 이 점에서 다른 임차형의 계약, 使用貸借 및 임대차와 다르다.
49) 이철송(2024), 182면; 정동윤(2012), 893면; 권기범(2021), 349면; 최준선(2024), 859면; 최·김(2014), 1093면; 채이식(1996), 886면.

5. 책임자의 유형

(1) 서

합명회사 사원의 책임은 대표사원 또는 업무집행사원 여부를 묻지 아니하고 모든 사원이 진다. 그 밖에 상법은 신입사원(제213조)·퇴사원(제225조 제1항) 및 自稱社員(제215조) 등에 대한 별도의 규정을 두고 있다.

(2) 신입사원의 책임

회사성립 후에 입사한 사원은 그가 입사하기 이전에 생긴 회사의 채무에 대하여도 다른 사원과 동일한 책임을 진다(제213조). 그 이유는 합명회사도 법인인 이상 대외관계에서 사원의 책임이 같아야 하기 때문이다.

(3) 퇴사(지분양도)사원의 책임(회사채권자의 보호)

퇴사하거나 지분을 양도한 합명회사의 사원은 퇴사 또는 지분양도에 따른 사원의 변경등기를 한 후 2년 내에는 변경등기를 하기 전에 생긴 회사채무에 대하여 다른 사원과 동일한 책임을 진다(제225조 제1항·제2항). 그 이유는 퇴사 또는 지분양도사원의 재산을 중시하여 회사와 거래한 채권자를 보호하기 위함이다. 채무면탈의 목적으로 퇴사하거나 지분을 양도하는 행위를 막기 위한 목적도 있다. 그리하여 퇴사 또는 지분양도사원에게 일정한 기간(등기 후 2년)까지는 책임을 지도록 하고 있는 것이다.

사원의 퇴사 또는 지분양도에 따르는 채무는 거래상대방의 선의·악의를 불문하고 책임을 부담한다. 이 점에서 제225조는 상업등기의 일반적 효력에 관한 제37조50)의 예외가 된다.

(4) 해산 후의 사원의 책임

합명회사가 해산한 경우에는 사원의 책임이 본점소재지에서 해산등기 후 5년까지 연장된다(제267조 제1항).

(5) 자칭사원의 책임

자칭사원은 사원이 아니면서 타인에게 자기를 사원이라고 오인시키는 행위

---

50) 제37조(등기의 효력) 제1항: 등기할 사항은 이를 등기하지 아니하면 선의의 제3자에게 대항하지 못한다.
제2항: 등기한 후라도 제3자가 정당한 사유로 인하여 이를 알지 못한 때에는 제1항과 같다.

를 하는 자를 말한다. 자칭사원은 오인으로 인하여 회사와 거래한 자에 대하여 사원과 동일한 책임을 진다(제215조). 이는 외관주의법리에 따른 表見責任이다. 그 책임의 성질은 다른 사원과의 부진정연대책임이다. 따라서 자칭사원은 회사가 갖는 항변으로 대항할 수는 있으나, 다른 사원이 갖는 항변을 원용할 수는 없다.

6. 변제자의 지위

(1) 의의

합명회사 사원의 변제행위는 제3자의 변제행위이다. 따라서 변제사원은 회사에게 求償權을 행사할 수 있다(민법 제425조 제11항 참조). 사원은 변제할 정당한 이익이 있는 자이므로 회사채권자에 代位한다(민법 제481조).

(2) 이행거절

1) 변제사원의 구상권행사

변제사원은 다른 사원에 대하여도 연대채무에 관한 규정에 따라 그 부담부분에 관하여 구상권을 행사할 수 있다(민법 제425조 제1항).

2) 이행거절에 관한 학설

변제사원의 구상권행사에 따른 부담부분은 손실분담의 비율에 따른다. 다만, 求償請求를 받은 다른 사원은 회사에 자력이 있다는 이유로 이행을 거절할 수 있는지에 관하여 학설이 나뉜다. 부정설은 이를 부정하여 다른 사원은 이행을 거절하지 못한다고 한다(다수설. 사견지지).[51] 긍정설은 다른 사원이 항변할 수 없다면, 변제사원이 다른 사원들의 이익을 포기할 수 있다는 이유로 이를 긍정한다.[52]

7. 책임의 성립과 소멸

사원의 책임은 회사가 채무를 부담함과 동시에 성립한다.[53] 또 그 책임은 회사의 채무가 존재하는 한 독립하여 소멸시효에 걸리지 아니한다. 다만, 사원의 책임은 해산의 경우에는 해산등기 후 5년, 퇴사 또는 지분양도의 경우에는 양도등기 후 2년이 경과함에 따라 소멸한다(제267조·제225조). 이 기간은 모두 除斥期間이다.

---

51) 정찬형(2022), 592면; 정동윤(2012), 895면; 정희철(1989), 338면; 서·정(1999), 482면; 손주찬(2004), 503면; 최·김(2014), 1091면.
52) 이철송(2024), 182면.
53) 대법원 2012. 4. 12. 선고 2010다27847; 2009. 5. 28. 선고 2006다65903.

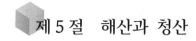

제 5 절 해산과 청산

Ⅰ. 해 산

1. 해산원인

합명회사의 해산원인에는 ① 존립기간의 만료 기타 정관으로 정한 해산사유의 발생, ② 총사원의 동의, ③ 사원이 1인으로 된 때, ④ 합병, ⑤ 파산, ⑥ 법원의 해산명령(제176조) 또는 해산판결(제241조) 등이 있다(제227조).

합명회사의 파산원인은 물적회사와 달리 채무초과가 아닌 지급불능이다. 그것은 합명회사의 사원은 무한책임을 지기 때문에 채무초과라도 존립할 수 있기 때문이다(파산법 제306조 제2항). 다만, 청산 중에 채무가 초과되면 파산한다.

2. 해산등기

합명회사가 해산한 때에는 합병과 파산의 경우 이외에는 해산사유가 있는 날로부터 본점소재지에서 2주일 내에 해산등기를 하여야 한다(제228조). 합병의 경우에는 합병등기(제233조 외)를, 파산의 경우에는 파산등기를 하여야 하므로(제109조) 해산등기를 요하지 아니한다. 해산등기를 할 때에는 해산한 뜻과 그 사유 및 연월일을 등기하여야 한다(상업등기법 제60조 제1항).

3. 해산의 효과

(1) 청산절차의 개시

합명회사는 해산에 따라 청산절차를 개시한다. 다만, 합병과 파산으로 인한 경우에는 제외된다. 합병은 상법상 특별규정에 의하여 바로 1개 이상의 회사가 소멸되어 권리의무가 포괄적으로 신설 또는 존속회사에 승계되고, 파산은 청산인이 아닌 파산관재인이 파산법의 규정에 따라 파산절차에 들어가기 때문이다. 청산절차가 개시되면 청산의 목적범위 내에서 회사가 존속한다(제245조). 청산 중의 회사는 해산 전의 회사와 동일한 회사이므로 종전의 법률관계는 변경되지 아니한다. 그리고 해산 전의 회사에 관한 법률의 규정 예를 들면, 상인자격, 상호, 출자의무 또는 사원의 책임규정도 청산의 목적에 반하지 아니하는 한 적용된다.

(2) 회사의 계속

1) 방법

위 해산원인 중 ①의 존립기간의 만료 기타 정관으로 정한 해산사유의 발생, ②의 총사원의 동의(제227조 제1호·제2호)로 인하여 해산한 때에는 사원의 전부 또는 일부의 동의로 회사를 계속할 수 있다. 이때 동의를 하지 아니한 사원은 퇴사한 것으로 본다(제229조 제1항). ③의 사원이 1인으로 됨으로써 해산한 때에는 새로 사원을 가입시켜서 회사를 계속할 수 있다(제229조 제2항).

2) 등기

회사의 해산등기가 완료된 이후에 회사를 계속하는 때에는 본점소재지에서 2주일 내에 회사의 계속등기를 하여야 한다(제229조 제3항).

4. 사원의 책임

합명회사의 해산등기는 사원의 책임(제212조)에 관한 제척기간의 始期가 된다(제267조 참조). 회사채권자에 대한 사원의 책임은 본점소재지에서 해산등기를 한 후 5년을 경과하면 소멸한다(제267조 제1항). 그러나 5년을 경과하더라도 분배하지 아니한 잔여재산이 있는 때에는 회사채권자는 변제를 청구할 수 있다(제267조 제2항). 이때 변제청구는 분배하지 아니한 잔여재산을 한도로 한다(제267조 제2항 본문).

II. 청 산

1. 의의

회사가 해산하면 즉시 권리능력이 소멸되는 것이 아니라 대내외적인 법률관계를 정리하고 재산을 처분하는 절차가 필요한데 이를 청산이라고 한다. 합명회사에는 法定淸算 이외에 任意淸算이 있는데, 이는 주식회사와 유한회사 같은 물적회사와 다르다.

2. 임의청산

(1) 방법과 한계

합명회사의 청산방법은 원칙적으로 임의청산으로 한다. 그리하여 재산의 처분방법은 정관 또는 총사원의 동의로 정할 수 있다(제247조 제1항). 그러나 사원이 1인으로 되어 해산한 때(제227조 제6호)와 해산명령 또는 해산판결에 의하여 해산한 때에는 재산처분의 공정을 기대하기 어려우므로 임의청산의 방법이 인정되지 아니한다(제247조 제2항). 그리고 합병과 파산으로 인한 해산의 경우에도 임의청산은 인정되지 아니한다.

따라서 임의청산은 존립기간의 만료 기타 정관으로 정한 사유가 발생하여 해산한 때(제227조 제1호)와 총사원의 동의로 해산한 때(제227조 제2호)에만 적용된다.

(2) 채권자보호

임의청산의 방법은 재산의 처분이 불공정하게 행하여질 우려가 있고, 회사채권자 및 사원 채권자의 이해에 중대한 영향을 미치므로 상법은 특히 채권자보호절차를 정하고 있다.

1) 회사채권자의 보호

가) 공고 회사는 해산사유가 있는 날로부터 2주간 내에 재산목록과 대차대조표를 작성하여야 한다(제247조 제1항). 그리고 그 기간 내에 회사채권자에 대하여 이의가 있으면 1월 이상의 일정기간 내에 이의를 제출할 것을 공고하고, 회사가 알고 있는 채권자에 대하여는 개별적으로 이를 催告하여야 한다(제247조 제3항·제232조 제1항).

나) 보호절차 회사채권자가 이의제출 기간 내에 이의를 제출하지 않을 때에는 임의청산을 승인한 것으로 본다(제247조 제3항·제232조 제2항). 그러나 이의를 제출한 채권자가 있을 때에는, 회사는 그 채권자에 대하여 변제 또는 상당한 담보를 제공하거나 이를 목적으로 하여 상당한 재산을 신탁회사에 신탁하여야 한다(제247조 제3항·제232조 제3항).

다) 위반의 효력 회사가 채권자보호절차에 위반하여 재산을 처분함으로써 회사채권자를 害한 때에 회사채권자는 법원에 위반행위를 안 날로부터 1년 내, 재산처분이 있는 날로부터 5년 내(제248조 제2항, 민법 제406조 제2항)에 재산처분의 취

소를 청구할 수 있다(제248조 제1항). 다만, 회사의 재산처분행위로 인하여 이익을 얻은 자나 轉得한 자가 그 처분 또는 전득당시에 채권자를 해함을 알지 못한 경우에는 취소의 청구를 할 수 없다(제248조 제2항·제406조 제1항 단서).

회사채권자의 회사재산처분에 대한 취소판결 및 원상회복은 모든 회사채권자의 이익을 위하여 그 효력이 있다(제248조 제2항·민법 제407조). 회사채권자의 취소의 소는 본점소재지의 지방법원의 관할에 전속한다(제248조 제2항·제186조).

2) 사원채권자의 보호

임의청산시 사원의 지분을 압류한 채권자(持分押留債權者)가 있는 경우에는 그 압류채권자의 동의를 얻어야 한다(제247조 제4항). 회사가 압류채권자의 동의를 얻지 아니하고 재산을 처분할 때에 압류채권자는 회사에 대하여 그 지분에 상당하는 금액의 지급을 청구할 수 있다(제249조 전단). 그리고 회사채권자의 보호규정을 준용하여 취소청구권을 행사할 수 있다(제249조·제248조).

3. 법정청산

(1) 사유

임의청산할 수 있는 사유 중에서 ① 존립기간의 만료 기타 정관으로 정한 사유의 발생, ② 총사원의 동의로 인하여 해산하는 경우(제227조 제1호·제2호) 임의청산(재산처분)방법을 정하지 아니한 때에는 법정청산을 하여야 한다(제250조). 그리고 사원이 1인으로 되어 해산한 때(제227조 제3호)와 법원의 해산명령·해산판결에 의하여 해산한 때에는 반드시 법정청산에 의한다(제247조 제2항).

(2) 청산인

1) 개념

청산인이란 법정청산절차에서 청산회사의 사무를 집행하고 법이 정하는 바에 따라 청산 중의 회사를 대표하는 기관을 말한다. 따라서 해산 전 회사에서의 업무집행사원 및 대표사원에 대응하는 지위에 있다.

회사가 청산절차를 밟으면 업무집행사원 및 대표사원은 그 지위를 상실하고 청산인이 청산사무를 집행한다.

2) 자격

합명회사 사원 과반수의 결의로 청산인을 선임할 경우 청산인은 사원이 아니거나 또는 회사와 이해관계가 없는 자도 자격이 있다.

3) 선임

청산인은 총사원 과반수의 결의로 선임한다(제251조 제1항). 청산인이 사원들에 의하여 선임되지 아니하는 때에는 업무집행사원이 청산인이 된다(제251조 제2항). 법원은 사원이 1인으로 되어 해산된 때와 법원의 해산명령 또는 해산판결에 의하여 해산된 때에는 사원 기타의 이해관계인이나 검사의 청구 또는 직권으로 청산인을 선임한다(제252조).

4) 해임

법원은 청산인이 그 직무를 집행함에 현저하게 不適任하거나 중대한 임무에 위반한 행위를 한 때에는 사원 기타의 이해관계인의 청구에 의하여 청산인을 해임할 수 있다(제262조). 다만, 사원이 선임한 청산인은 총사원의 과반수의 결의로 해임할 수 있다(제261조).

5) 의무

회사와 청산인간의 관계에는 위임에 관한 규정이 준용된다(제265조·제382조 제2항). 청산인의 자기거래는 제한되지만(제265조·제199조), 경업은 금지되지 아니한다.

6) 권한

청산인은 청산사무(제254조 제1항)를 집행하며, 청산인이 수인인 때에는 청산의 직무에 관한 행위는 그 과반수 결의로 정한다(제254조 제2항). 회사를 대표하는 청산인은 청산사무에 관하여 재판상·재판외의 모든 행위를 할 권한이 있다(제254조 제3항). 청산인이 수인인 때에는 각자가 회사를 대표한다. 다만, 총사원의 동의로 대표청산인을 정할 수 있고 또 공동으로 대표청산인의 지위를 가질 수 있다(제265조·제207조·제208조). 업무집행사원이 청산인으로 된 경우에는 종전의 정함에 따라 회사를 대표한다(제255조 제1항).

법원이 수인의 청산인을 선임하는 경우에는 회사를 대표할 자를 정하거나 수인이 공동하여 회사를 대표할 것을 정할 수 있다(제255조 제2항). 대표청산인의 권한에 대한 제한은 선의의 제3자에게 대항하지 못한다(제265조·제209조 제2항).

7) 손해배상책임

청산인이 고의·과실로 법령 또는 정관에 위반한 행위를 하거나 그 임무를 게을리한 경우에는 그 청산인은 회사에 대하여 연대하여 손해를 배상할 책임이 있다(제265조·제399조). 그리고 청산인이 고의 또는 중대한 과실로 그 임무를 게을리한 때에는 그 청산인은 제3자에 대하여 연대하여 손해를 배상할 책임이 있다(제265조·제401조). 그리고 대표청산인이 업무집행으로 인하여 타인에게 손해를 가한 때에는 회사는 그 사원과 연대하여 손해배상책임을 진다(제265조·제210조).

8) 등기

청산인이 선임된 때에는 선임된 날로부터, 업무집행사원이 청산인이 된 때에는 해산된 날로부터 2주일 내에 본점소재지에서 ① 청산인의 성명·주민등록번호 및 주소. 다만, 대표청산인을 정한 때에는 그 외의 청산인의 주소는 제외. ② 회사를 대표할 청산인을 정한 때에는 그 성명. ③ 수인의 청산인이 공동으로 회사를 대표할 것을 정한 때에는 그 규정 등을 등기하여야 한다(제253조 제1항). 청산인을 해임한 때에는 변경등기를 하여야한다(제253조 제2항·제183조).

(3) 청산사무의 집행

1) 사무의 개시

청산인은 就任 後 지체 없이 회사의 재산상태를 조사하고 재산목록과 대차대조표를 작성하여 각 사원에게 교부하여야 한다(제256조 제1항). 청산인은 사원의 청구가 있는 때에는 언제든지 청산의 상황을 보고하여야 한다(제256조 제2항).

2) 청산사무의 종류

청산인은 ① 현존사무의 종결, ② 채권의 推尋과 채무의 변제, ③ 재산의 換價處分, ④ 잔여재산분배에 관한 직무권한이 있다(제254조 제1항 제1호 내지 제4호). 그러나 청산인의 직무권한은 이에 한정되지 아니하고 청산의 목적 범위 내에 속하는 모든 행위를 할 권한이 있다(동조 제3항).

가) 현존사무의 종결   청산인은 회사의 영업 등 청산사무 이외의 모든 사무를 종결시켜야 한다. 私法關係 또는 공법관계를 불문하고 새로운 법률관계를 형성하지 못한다. 다만, 해산 전 회사가 당사자가 되어 진행 중이던 소송은 대표청산인이 수계하여야 한다(민사소송법 제235조).

나) 채권의 추심   청산인은 회사의 채권을 추심하여야 한다. 다만, 이 경우에도 회사채무자는 기한의 이익을 상실하지 아니한다.

다) 채무의 변제   채무의 변제는 원래 변제기에 하여야 한다. 그러나 청산인은 변제기에 이르지 아니한 회사채무에 대하여도 변제할 수 있다(제259조 제1항).

이는 청산사무처리의 신속성을 기하기 위함이다. 이자가 없는 채무를 변제기 전에 변제하는 때에 회사가 변제할 금액은 채무액 전액이 아니라 변제기까지의 법정이자를 가산하여 그 채권액에 달할 금액을 변제하여야 한다(제259조 제2항).

이자 있는 채무라도 그 利率이 법정이율(예: 상사법정이율 0.06%)보다 적은 경우에도 제259조 제2항을 준용하여 변제한다(동조 제3항). 예를 들면, 상거래의 경우 이자 있는 채무가 연 0.02%라면 연 0.04%(0.06% - 0.02%)에 해당하는 금액을 가산한 금액을 변제한다. 그리고 條件附債務, 존속기간이 불확정한 채권 기타 가액이 불확정한 채권에 대하여는 법원이 선임한 감정인의 평가에 의하여 변제하여야 한다(동조 제4항).

라) 변제액부족과 출자청구   회사의 현존재산이 채무를 변제함에 부족한 때에는 청산인은 변제기에 불구하고 각 사원에 대하여 출자를 청구할 수 있다. 그 출자액은 각 사원의 출자의 비율로 정한다(제258조 제1항·제2항). 그러나 합명회사의 사원은 연대·무한책임을 지기 때문에 출자비율에 따른 이행을 하였다고 할지라도 회사채무에 관한 사원의 변제책임은 소멸하지 아니한다.

마) 재산의 환가처분   청산인은 잔여재산분배 및 채무변제를 위하여 회사재산을 환가처분하여야 하는데, 그 방법으로서 회사영업의 전부 또는 일부를 양도하는 때에는 총사원의 과반수의 결의가 있어야 한다(제257조).

바) 잔여재산의 분배   청산인은 회사채무를 완제한 후가 아니면 재산을 사원에게 분배하지 못한다. 그러나 다툼이 있는 채무에 대하여는 그 변제에 필요한 재산을 留保하고 잔여재산을 분배할 수 있다(제260조). 잔여재산은 정관에 다른 규정이 없는 한 각 사원의 지분에 비례하여 분배한다(제195조·민법 제724조 제2항). 그리고 노무 또는 신용출자 사원도 지분에 따라 분배를 받는다.

3) 청산의 종결

가) 사원의 승인   청산인은 청산이 종결된 경우 지체 없이 계산서를 작성하여 각 사원에게 교부하고 승인을 얻어야 한다(제263조 제1항). 이때 계산서를 받은 사원이 1월 내에 이의를 제기하지 아니한 때에는 그 계산을 승인한 것으로 본다. 다만, 청산인에게 부정행위가 있는 경우에는 이러한 승인효과가 발생하지 아니한다(제263조 제2항 단서).

나) 청산종결등기   청산인은 청산이 종결된 경우 계산서에 관하여 총사원

의 승인이 있은 날로부터 2주일 내에 본점소재지에서 청산종결의 등기를 하여야한다(제264조).

다) 장부 및 서류의 보존　　회사의 장부와 영업 및 청산에 관한 중요서류는 본점소재지에서 청산종결의 등기를 한 후 10년간 보존하여야 한다. 다만, 전표 또는 이와 유사한 서류는 5년간 이를 보존하여야 한다(제266조 제1항). 보존인과 보존방법은 총사원의 과반수의 결의로 정하여야 한다(동조 제2항).

제 4 장

합자회사

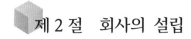

제 1 절 총 설

합자회사는 무한책임사원과 유한책임사원으로 구성되는 二元的 조직의 회사이다(제268조). 이러한 점에서 합자회사는 一元的 조직체인 합명회사와 다르다. 합자회사의 무한책임사원의 지위 및 책임은 합명회사의 무한책임사원과 같이 직접·인적·연대·무한의 책임을 진다. 그러나 유한책임사원은 출자액을 한도로 회사채권자에 대하여 직접·인적·연대·유한의 책임을 진다. 회사도 다른 합자회사의 무한책임사원은 될 수 없으나(제173조), 유한책임사원은 될 수 있다.

합자회사는 자본제공자와 노무제공자를 결합시켜 회사설립을 용이하게 할 경제적 목적에서 등장한 기업형태인데, 유한책임사원이 퇴사함으로써 무한책임사원이 되거나, 무한책임사원이 퇴사하여 유한책임사원이 된 경우에는 정관변경을 하여야 한다(제270조).

이와 같이 합자회사는 합명회사 조직의 무한책임사원을 기초로 하여 유한책임사원을 추가한 것이라 할 수 있다. 따라서 상법은 합자회사가 유한책임사원을 추가함으로써 발생하는 별단의 결과에 대하여만 특별규정을 두고 있고, 그 밖의 사항에 관하여는 합명회사의 규정을 준용하고 있다(제269조).

제 2 절 회사의 설립

Ⅰ. 서 설

합자회사의 설립절차는 합명회사와 같이 정관의 작성과 설립등기로 구성되고, 설립무효 또는 취소의 대상이 된다.

Ⅱ. 정관의 작성

합자회사는 무한책임사원이 될 자와 유한책임사원이 될 자 각 1인 이상이 정관을 작성하고 설립등기를 함으로써 성립한다. 정관의 절대적 기재사항은 합명회사와 같다(제270조, 제179조). 다만, 사원의 책임이 무한책임 또는 유한책임인지를 정관에 기재하여야 하는 점은 합명회사와 다르다(제270조). 정관은 총사원이 기명날인 또는 서명하여야 한다. 정관에는 특히 합명회사와 같이 사원의 출자의 목적과 가격 또는 그 평가의 표준을 기재하여야 한다(제269조, 제270조·제179조). 그리고 상호(제270조·제179조)에는 합자회사의 문자를 사용하여야 한다(제19조).

Ⅲ. 설립등기

합자회사의 설립등기사항은 합명회사와 같다. 다만, 정관작성과 같이 사원의 유한책임 또는 무한책임 여부를 등기하는 점은 합명회사와 다르다(제271조).

Ⅳ. 설립의 무효·취소

상법은 합자회사의 설립무효 및 취소에 관한 별도의 규정을 두고 있지 않다. 이에 관하여는 합명회사에 관한 규정(제184조 내지 제194조)이 준용된다. 그리하여 합명회사의 설립무효 및 취소소송의 원고(제184조), 소의 전속관할(제186조), 소제기의 공고(제187조), 소의 병합심리(제188조), 하자의 보완 등과 청구의 기각(제189조), 판결의 효력(제190조) 및 패소원고의 책임(제191조) 규정은 합자회사에도 그대로 적용된다.

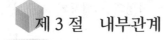

제 3 절 내부관계

Ⅰ. 출 자

합자회사 무한책임사원의 출자의 목적은 합명회사의 사원과 같다. 따라서 금전출자 또는 현물출자 외에 노무출자나 신용출자를 할 수 있다(제269조). 그러나 유한책임사원은 재산출자만 가능하고 신용출자 또는 노무출자를 하지 못한다(제272조).

Ⅱ. 업무집행

1. 업무집행기관

(1) 무한책임사원

합자회사의 업무는 정관에 다른 규정이 없는 때에는 무한책임사원 각자가 집행할 권리와 의무가 있다(제273조). 다만, 예외적으로 정관의 규정에 의하여 1인 또는 수인의 무한책임사원을 업무집행사원으로 정할 수 있다(제269조·제201조). 나아가 무한책임사원들만으로 업무집행사원이나 대표사원을 선임하도록 정한 정관규정도 유효하다.[1] 정관으로 업무집행사원을 정한 때에도 지배인의 선임과 해임은 무한책임사원 과반수의 결의에 의하여야 한다(제274조).

(2) 유한책임사원

1) 의의

유한책임사원은 회사의 업무집행이나 대표행위를 하지 못한다(제278조). 다만, 합자회사에서 정관 또는 내부규정으로 유한책임사원에게 업무집행권을 부여할 수 있는지에 대하여 학설이 대립한다.

2) 긍정설

이 학설은 회사의 업무집행은 내부관계에 불과하고, 따라서 이에 관한 규정은 임의규정이므로 정관 또는 총사원의 동의로 유한책임사원도 업무집행권을 가질 수 있다고 한다(통설).[2] 다만, 대표권만은 가질 수 없다고 한다.

3) 부정설

이 학설은 유한책임사원의 업무집행권과 대표권을 금지하고 있는 제278조를 강행규정으로 보아 유한책임사원은 업무집행권을 가질 수 없다고 한다.[3]

---

1) 대법원 2021. 7. 8. 선고 2018다225289.
2) 정동윤(2012), 910면; 권기범(2021), 370면; 김정호(2023), 1161면; 송옥렬(2022), 1320면; 정경영(2022), 1005면; 정찬형(2022), 610면; 김·노·천(2024), 954면.
3) 이철송(2024), 194면; 최준선(2024), 875면.

4) 판례

대법원은 제278조에도 불구하고 정관 또는 내부규정으로서 유한책임사원에게 업무집행권을 부여할 수는 있을 지라도 대표권까지를 부여할 수는 없다고 판시하고 있다(긍정설).[4]

5) 사견

합자회사는 내부관계와 외부관계의 구분이 가능하고 인적회사의 내부관계는 任意法規라는 점을 감안하면, 유한책임사원은 정관의 규정에 의하여 업무집행권을 가질 수 있다고 본다(긍정설).

2. 권한상실선고

(1) 청구

합자회사는 무한책임사원뿐만 아니라 유한책임사원도 업무집행사원에 대한 권한상실선고를 청구할 수 있다(제269조·제205조).[5] 따라서 지분의 대소와는 무관하다. 그러나 무한책임사원이 1인인 경우에 유한책임사원은 그의 권한상실선고를 신청할 수 없다.[6] 무한책임사원이 1인인 경우 업무집행권을 박탈한다면 업무집행을 담당할 자가 없어지기 때문이다.

(2) 효과

권한상실선고판결은 형성력이 있다. 따라서 무한책임사원이 권한상실선고판결로 업무집행권 및 대표권을 상실한 이후 어떠한 사유 등으로 합자회사의 유일한 무한책임사원이 되더라도 업무집행권 및 대표권은 부활하지 않는다.[7] 그 결과 해당무한책임사원이 이후 유일한 무한책임사원이 되더라도 회사의 정관을 근거로 단독으로 의결권을 행사하여 자신을 업무집행사원이나 대표사원으로 선임할 수 없다. 다만, 나머지 유한책임사원 전원이 동의하는 때에는 예외이다.[8]

---

4) 대법원 1977. 4. 26. 선고 75다1341.
5) 대법원 2012. 12. 13. 선고 2010다82189; 서울고법 1974. 1. 24. 선고 72나1588.
6) 대법원 1977. 4. 26. 선고 75다1341.
7) 대법원 2021. 7. 8. 선고 2018다225289.
8) 대법원 2021. 7. 8. 선고 2018다225289.

Ⅲ. 경업피지의무와 자기거래의 제한

1. 경업피지의무

합자회사의 무한책임사원은 다른 모든 사원9)의 동의가 없는 한 경업피지의무를 부담한다(제269조·제198조). 업무집행권이 없는 유한책임사원은 경업피지의무를 부담하지 아니한다. 그리하여 유한책임사원은 다른 사원의 동의 없이 자기 또는 제3자의 계산으로 회사의 營業部類에 속하는 거래를 할 수 있고, 동종영업을 목적으로 하는 다른 회사의 무한책임사원 또는 이사가 될 수 있다(제275조).

2. 자기거래의 제한

(1) 무한책임사원

합자회사의 무한책임사원은 원칙적으로 업무집행권을 갖는다. 업무집행권이 있는 무한책임사원은 다른 사원 과반수의 결의가 있는 경우에만 자기 또는 제3자의 계산으로 회사와 자기거래를 할 수 있다(제269조·제199조).

(2) 유한책임사원

유한책임사원이 회사와의 자기거래를 할 수 있는지에 대하여는 견해가 나뉜다.

1) 긍정설

자기거래제한규정은 업무집행권을 전제로 하는 것이므로 업무집행권이 없는 유한책임사원은 회사와 자기거래를 할 수 있다고 한다. 이 범위에는 업무집행권이 없는 무한책임사원도 포함된다고 한다(소수설).10)

2) 부정설

유한책임사원에게 자기거래를 인정하는 명문규정이 없다는 이유로(제275조와 비교) 유한책임사원에게도 회사와의 자기거래제한이 적용된다고 한다(제269조).11)

3) 사견

자기거래는 업무집행권의 유무에 불구하고 불공정한 거래를 함으로써 회사재산을 위태롭게 할 수 있는 거래이므로 제한되어야 한다고 본다(부정설). 따라서

---

9) 유한책임사원을 포함한 그 이외의 모든 사원을 의미한다.
10) 정동윤(2012), 910면; 정찬형(2022), 612면; 송옥렬(2022), 1321면.
11) 이철송(2024), 195면; 손주찬(2003), 528면; 최·김(2014), 1113면; 강위두(2000), 897면; 김홍기(2022), 890면.

유한책임사원은 다른 사원 과반수의 결의가 있는 때에 한하여 자기 또는 제3자의 계산으로 회사와 자기거래를 할 수 있다(제269조·제199조).

Ⅳ. 손익분배

유한책임사원과 무한책임사원에 대한 손익분배는 다르지 않다. 따라서 유한책임사원은 정관 또는 총사원의 결의에 의하여 달리 정함이 없으면 각 사원의 출자가액에 비례하여 損益이 分配된다(제269조·제195조, 민법 제711조). 그리고 유한책임사원은 정관에 다른 정함이 없으면 출자가액을 한도로 하여 손실을 분담한다.

Ⅴ. 지분의 양도, 사원의 변동

1. 지분의 양도

무한책임사원의 지분의 양도에는 유한책임사원을 포함한 총사원의 동의를 요한다(제269조·제197조). 다만, 유한책임사원의 지분의 전부 또는 일부의 양도에는 무한책임사원 전원의 동의만 있으면 족하다(제276조). 이 점 유한책임사원 상호간의 관계는 신뢰관계가 필수적이 아님을 의미한다.

2. 사원의 변동

(1) 입사와 퇴사

합자회사는 신규사원의 입사시 총사원의 동의를 얻어 정관을 변경하여야 한다(제270조·제179조). 판례 중에는 합자회사의 무한책임사원인 대표사원과 제3자 사이의 동업계약을 새로 유한책임사원의 지위를 원시취득한 것으로 본 사례가 있다.12)

유한책임사원의 사망은 퇴사원인이 아니므로 그 상속인이 지분을 승계하여 사원이 된다(제283조 제1항). 상속인이 수인인 때에는 사원의 권리를 행사할 자 1인을 정하여야 한다. 이를 정하지 아니한 때에는 회사의 통지 또는 최고는 그중의 1인에 대하여 하면 전원에 대하여 그 효력이 있다(제283조 제2항). 그리고 유한책임

---

12) 대법원 2002. 4. 9. 선고 2001다77567.

사원은 성년후견개시심판을 받은 경우에도 퇴사되지 아니한다(제284조).

(2) 제명

합자회사의 사원을 제명함에 있어서는 무한·유한책임사원이 모두 동일한 결의요건과 절차를 충족하여야 한다. 그리하여 사원의 종류를 불문하고 나머지(다른) 사원 전원의 과반수 결의에 의하여 법원에 제명선고를 청구할 수 있다(제269조·제220조 제1항). 그리고 어느 종류의 사원 모두를 제명하는 것은 해산사유가 되므로 어느 종류의 사원 전원을 제명할 수는 없다.[13] 제명을 인정하는 이유가 회사를 해산상태로 몰고 가는 것이 아니고 그 존속을 도모하여 회사의 해산 및 신설의 불이익을 면하도록 하는 데 있기 때문이다.

Ⅵ. 업무감시권

1. 유한책임사원

유한책임사원은 원칙적으로 업무집행권이 배제되지만, 업무감시권을 갖는다. 그리하여 유한책임사원은 영업연도 말에 영업시간 내에 한하여 회사의 회계장부·대차대조표 및 기타의 서류를 열람할 수 있고, 회사의 업무와 재산상태를 檢査할 수 있다(제277조 제1항). 다만, 유한책임사원은 중요한 사유가 있는 때에는 언제든지 법원의 허가를 얻어 열람과 검사를 할 수 있다(제277조 제2항).

2. 무한책임사원

무한책임사원도 정관의 규정에 의하여 업무집행권이 없는 때에는 감시권이 있다. 기술한 바와 같이 정관 등의 규정에 의하여 유한책임사원의 업무집행권을 인정하는 긍정설의 입장에서는 업무집행권이 있는 유한책임사원은 업무감시권이 없다.

---

13) 대법원 1991. 7. 26. 선고 90다19206.

제 4 절 외부관계

I. 회사의 대표

1. 무한책임사원

합자회사의 대표기관은 원칙적으로 각각의 무한책임사원이다(제269조·제207조 제1문). 다만, 정관의 규정에 의하여 수인의 업무집행 무한책임사원을 정한 때에는 각 업무집행사원이 회사를 대표할 수 있다(제269조·제207조 제2문). 그러나 정관 또는 총사원의 동의로 업무집행을 담당하는 무한책임사원 중에서 대표사원을 정할 수 있다(제269조·제207조 제3문).

2. 유한책임사원

유한책임사원은 어떠한 경우에도 합자회사의 대표기관이 될 수 없다(제278조 후단). 이는 강행규정이다. 따라서 정관, 내부규정 또는 총사원의 동의에 의하여도 달리 정할 수 없다(통설·판례14)). 정관 또는 총사원의 동의로 유한책임사원도 업무집행권을 가질 수 있다는 긍정설의 입장도 이에 일치한다.15)

II. 사원의 책임

1. 유한책임사원

유한책임사원은 회사채권자에 대하여 人的·連帶·有限·直接責任을 부담한다. 그리고 유한책임사원은 무한책임사원과 같이 회사채무에 대하여 附從性과 補充性을 가진다. 다만, 유한책임사원은 출자가액을 한도로 책임을 진다는 것이 무한책임사원의 경우와 다른 점이다. 따라서 유한책임사원이 회사채무에 대하여 직접 변제책임을 지는 한도는 그 출자가액에서 이미 회사에 이행한 부분을 控除한 가액(예: 1,000만원−700만원=300만원)이다. 이때 회사에 이익이 없음에도 유한책임사

---

14) 대법원 1966. 1. 25. 선고 65다2128.
15) 대법원 1977. 4. 26. 선고 75다1341; 1966. 1. 25. 선고 65다2128.

원이 배당을 받은 금액은 변제책임을 정함에 있어서 이를 가산한다(제279조).

유한책임사원은 정관변경에 의하여 그 출자가액이 감소한 후에도 본점소재지에서 등기를 하기 전에 생긴 회사채무에 대하여는 등기 후 2년 내에는 종래와 같은 책임을 진다(제280조).

2. 사원책임의 변경

정관변경에 의하여 유한책임사원이 무한책임사원으로 변경된 경우에 그 사원은 합명회사의 신입사원의 가입과 같이 사원책임변경 전의 회사채무에 대하여 다른 무한책임사원과 동일한 책임을 진다(제282조·제213조). 반대로 정관변경에 의하여 무한책임사원이 유한책임사원으로 변경된 경우에 그 사원은 합명회사의 퇴사원과 같이 사원책임 변경등기를 하기 전에 생긴 회사채무에 대하여 변경등기 후 2년간 무한책임사원으로서의 책임을 진다(제282조·제225조 제1항).

한편 유한책임사원이 무한책임사원으로, 무한책임사원이 유한책임사원으로 변경되는 때에는 사원의 책임이 변동되므로 정관변경사유에 해당한다. 따라서 이 경우에는 총사원의 동의가 필요하다.16)

3. 자칭무한책임사원의 책임

유한책임사원이 타인에게 자기를 무한책임사원이라고 誤認시키는 행위를 한 때에는 그 오인으로 인하여 회사와 거래한 자에 대하여 무한책임사원과 동일한 책임을 진다(제281조 제1항). 유한책임사원이 그 책임의 한도를 오인시키는 행위를 한 때에도 그 사원은 자기가 오인시킨 한도에서 책임을 진다(제281조 제2항). 양자 모두 외관을 신뢰한 거래상대방을 보호하기 위한 표현책임을 명시한 것이다.

---

16) 대법원 2010. 9. 30. 선고 2010다21337.

제 5 절   해산과 청산

I. 해   산

합자회사의 해산사유는 합명회사의 경우와 대체로 같다(제269조·제227조). 다만, 합자회사는 무한책임사원과 유한책임사원의 이원적 조직이므로 어느 종류의 사원이 전원 퇴사한 때에는 해산한다. 이 경우 잔존한 무한 또는 유한책임사원은 전원의 동의로 다른 종류의 사원을 새로 가입시켜 회사를 계속할 수 있다(제285조 제1항·제2항). 그리고 유한책임사원 전원이 퇴사했을 경우에는 회사가 해산하나, 무한책임사원 전원의 동의로 합명회사로 조직을 변경하여 계속할 수 있다(제286조 제2항). 이 경우 본점소재지에서 2주일 내에 합자회사는 해산등기를, 합명회사는 설립등기를 하여야 한다(제286조 제3항).

II. 청   산

합자회사의 청산방법에는 합명회사와 같이 任意淸算과 法定淸算이 있다(제269조, 제247조 내지 제266조). 다만, 법정청산의 경우에 청산인이 원칙적으로 총사원이 아니라 무한책임사원의 과반수 결의로 선임되는 점(제287조 본문)은 합명회사의 경우와 다르다. 그러나 청산인이 선임되지 않은 경우에 업무집행사원이 청산인이 되는 점(제287조 단서)은 합명회사와 같다. 그리고 사원이 1인이 되어 해산한 때와 법원의 해산명령 또는 해산판결에 의하여 해산된 경우에 법원이 사원 기타 이해관계자의 청구에 의하여 청산인을 선임할 수 있다는 점(제269조·제252조)도 합명회사의 경우와 같다고 본다.[17]

---

17) 최준선(2024), 879면; 정찬형(2022), 618면; 김·노·천(2024), 963면.

제 5 장

유한책임회사

제1절 총 설

Ⅰ. 의 의

유한책임회사는 2011년 개정상법에서 도입되었다. 이 회사는 내부적으로는 폭넓은 사적자치가 인정되어 조합의 실체를 가지고, 외부적으로는 출자금액을 한도로 사원의 유한책임만을 지는 회사이다. 즉 원칙적으로 인적회사인 합명회사의 성격을 가지면서 예외적으로 주식회사의 성격을 가미한 기업조직이다. 그리하여 유한책임회사의 내부관계에 관하여는 정관이나 상법에 규정이 없으면 합명회사에 관한 규정을 준용하고 있다(제287조의 18).

상법상 유한책임회사는 미국의 limited liability company(LLC) 그리고 일본이 2005년 미국의 LLC를 본받아 신설한 合同會社(일본상법 제576조 제4항)를 모델로 도입되었다. 그러나 구체적인 규율 면에서는 큰 차이를 보인다.

Ⅱ. 경제적 기능

유한책임회사는 사적자치가 폭넓게 인정되는 조합성을 원칙으로 하고 물적회사의 유한책임성이 가미되었다는 장점 때문에 벤처기업과 같이 창의적인 인적자산을 위주로 하는 사업에 유용하다고 할 수 있다. 그리고 합작기업, 기업매수를 위한 특수목적회사(SPC) 또는 집합투자기구(Collective Investment Scheme, CIS)의 한 유형으로서 활용될 수 있다.[1]

Ⅲ. 법률관계의 특색

유한책임회사의 법률관계는 다른 인적회사와 같이 내부관계와 외부관계로 분류된다. 상법상 내부관계로는 업무의 집행(제287조의 12), 의사결정(제287조의 12 제1항, 제287조의 19 제2항·제3항 등), 정관변경(제287조의 16), 사원의 변동(제287조의 23 제1항, 제287조의 24·제217조 제1항) 및 지분의 변동(제287조의 8) 등이 있다. 외부관계로는 사원

---

1) 대법원 2020. 1. 16. 선고 2016두35854·35861.

의 책임(제287조의 7), 회사의 대표(제287조의 19) 및 대표소송(제287조의 22) 등이 있다.

제 2 절 설 립

I. 특 색

유한책임회사는 사원이 정관에 의하여 특정되므로(제287조의 3·제179조 제3호) 원칙적으로 인적회사이다. 다만, 사원의 유한책임성으로 인하여 인적 결합을 중시하는 사단성은 크게 퇴색된다. 그리하여 상법은 물적회사와 같이 사원 1인만으로도 유한책임회사를 설립할 수 있도록 하고 있다(제287조의 2).

이 회사는 유한책임사원만으로 성립·존속하므로 무한책임사원이 있는 합명회사나 합자회사와는 달리 채권자를 보호할 필요가 있다. 그리하여 상법은 설립시부터 자본의 실체를 확보하도록 하여 설립시 전액납입주의를 취하고 있다(제287조의 4 제2항). 그리고 채권자를 위한 換價性을 확보하기 위하여 사원은 신용이나 노무를 출자의 목적으로 하지 못한다(제287조의 4 제1항). 이와 같이 유한책임회사의 설립시에는 주식회사에서 볼 수 있는 자본금충실의 이념이 반영되고 있다.

II. 설립절차

유한책임회사의 설립절차는 비교적 간단하다. 그리하여 정관의 작성, 출자의 이행 및 설립등기를 마치면 종료한다.

1. 정관의 작성

1인 이상의 사원은 아래의 사항을 기재한 정관을 작성하고 기명날인하거나 또는 서명하여야 한다(제287조의 2·제287조의 3).

(1) 절대적 기재사항

1) 목적, 상호, 사원의 성명·주민등록번호·주소, 본점의 소재지, 정관의 작성연월일(제287조의 3 제1호)

이는 합명회사와 같다(제287조의 3 제1호·179조 제1호 내지 제3호·제5호·제6호).

2) 사원의 출자의 목적 및 가액(제287조의 3 제2호)

사원은 신용이나 노무출자를 하지 못하므로(제287조의 4 제1항) '출자의 목적'은 금전 또는 현물의 구체적 내용을 말한다. '출자의 가액'은 현물출자의 경우 금전으로 평가한 가액을 의미한다.

3) 자본금의 액(제287조의 3 제3호)

사원 전원이 유한책임만을 부담하기 때문에 대외적인 책임이행능력의 표지로서 자본금이 중요하다. 그리하여 상법은 사원이 출자한 금전이나 그 밖의 재산의 가액을 유한책임회사의 자본금으로 한다(제287조의 35).

4) 업무집행자의 성명(법인인 경우에는 명칭) **및 주소**(제287조의 3 제4호)

유한책임회사는 정관으로 사원 또는 사원이 아닌 자를 업무집행자로 정하여야 한다(제287조의 12 제1항). 즉 사원 또는 제3자가 업무를 집행할 수 있으므로 이를 설립시의 정관에 명시하게 한 것이다. 업무집행자가 법인인 경우에 명칭을 기재하라고 함은 법인도 업무집행자가 될 수 있음을 전제로 한 것이다(후술).

(2) 상대적 등기사항

여기에는 ① 지분양도요건의 완화(제287조의 8 제3항), ② 정관변경요건의 완화(제287조의 16), ③ 업무집행자가 복수인 경우 대표사원의 결정(제287조의 19 제2항), ④ 공동대표의 결정(제287조의 19 제3항), ⑤ 임의퇴사요건의 결정(제287조의 24·제217조 제1항), ⑥ 당연퇴사원인의 결정(제287조의 25·제218조 제1호), ⑦ 제명결의요건의 결정(제287조의 27 단서), ⑧ 퇴사사원지분의 환급사항(제287조 28 제3항), ⑨ 잉여금 분배방법의 결정(제287조의 37 제4항·제5항), ⑩ 회사존립기간 및 그 밖의 해산사유의 결정(제287조의 24·제217조 제1항, 제287조의 36·제227조 제1호) 등이 해당한다.

(3) 임의적 기재사항

유한책임회사의 본질, 강행법규 또는 사회질서에 반하지 아니하는 사항은 자유롭게 임의적 기재사항으로 할 수 있다.

2. 출자의 이행

유한책임회사는 사원이 유한책임만을 부담하므로 합명회사나 합자회사와는 달리 설립시부터 자본의 실체를 확보하여야 한다. 그러므로 사원은 정관의 작성 후 설립등기를 하는 때까지 금전이나 그 밖의 재산의 출자를 전부 이행하여야 한다(제287조의 4 제2항). 이른바 설립시 전액납입주의를 취하고 있다. 신용이나 노무는 출자의 목적이 되지 못한다(제287조의 4 제1항). 그것은 자본은 회사의 책임재산이 될 수 있는 자산으로 구성되어야 하고, 사원은 유한책임만을 부담하기 때문이다. 현물출자를 하는 사원은 납입기일에 지체 없이 유한책임회사에 출자의 목적인 재산을 인도하고 등기, 등록, 그 밖의 권리의 설정 또는 이전이 필요한 경우에는 이에 관한 서류를 모두 갖추어 교부하여야 한다(제287조의 4 제3항).

3. 설립등기

유한책임회사는 본점의 소재지에서 설립등기를 함으로써 성립한다(제172조·제287조의 5). 사원은 정관의 절대적 기재사항이지만, 등기사항은 아니다. 등기사항으로는 ① 목적, ② 상호, ③ 본점의 소재지와 지점을 둔 경우에는 그 소재지, ④ 존립기간 기타 해산사유를 정한 때에는 그 기간 또는 사유, ⑤ 자본금의 액, ⑥ 업무집행자의 성명, 주소 및 주민등록번호. 다만, 유한책임회사를 대표할 업무집행자를 정한 경우에는 그 외의 업무집행자의 주소는 제외한다. ⑦ 유한책임회사를 대표할 자를 정한 경우에는 그 성명, 주소 및 주민등록번호(법인인 경우에는 명칭, 주소 및 법인등록번호), ⑧ 정관으로 공고방법을 정한 경우에는 그 공고방법, ⑨ 둘 이상의 업무집행자가 공동으로 회사를 대표할 것을 정한 경우에는 그 규정 등이 있다(제287조의 5 제1항·제179조 제1호·제2호 및 제5호·제180조 제3호).

지점의 설치(제287조의 5 제2항·제181조), 본점이나 지점의 이전(제287조의 5 제3항·제182조) 및 설립등기사항(제287조의 5 제1항)이 변경된 경우에도 본점소재지에서 2주일 내에 변경등기를 하여야 한다(제287조의 5 제4항).

Ⅲ. 설립의 취소·무효

유한책임회사에 대하여는 설립무효 및 취소의 소가 모두 인정된다. 그리하여 회사설립행위 또는 절차에 무효 혹은 취소원인이 있으면, 합명회사에서와 같이 2년 내에 訴만으로 이를 주장할 수 있다(제287조의 6·제184조). 다만, 무효의 소는 사원은 물론 사원 아닌 업무집행자도 제기할 수 있다. 취소의 소는 취소권 있는 자만이 제기할 수 있다(제287조의 6·제184조). 그 밖의 설립무효·취소의 소의 절차 및 판결의 효력은 합명회사의 규정이 준용된다(제287조의 6·제184조 내지 194조).

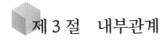

제 3 절   내부관계

Ⅰ. 개 관

기술한 바와 같이 유한책임회사는 원칙적으로 합명회사의 성격을 가지면서 예외적으로 주식회사의 성격을 가미한 기업조직이므로 내부관계는 합명회사와 거의 같다. 그리하여 유한책임회사의 내부관계에 관한 상법 규정은 원칙적으로 임의법규라고 할 수 있고, 정관이나 상법에 다른 규정이 없으면 합명회사에 관한 규정을 준용한다(제287조의 18). 이 점 정관자치 내지는 자율적 규율이 가능함을 의미한다.

그러나 사원이 유한책임을 지는 점은 채권자보호와 관련하여 정관자치와 자율적 운영을 제한하는 요인이 된다.

Ⅱ. 업무집행

1. 상법의 태도

상법상 유한책임회사는 미국의 경영자운영회사(§(b)(5) ULLCA)[2]와 같이 업무집행자가 회사를 운영한다. 그러나 업무집행자의 선임방법은 일본의 예외규정

---

2) 미국법은 유한책임회사(LLC)를 사원운영회사(member managed company)와 경영자운영회사(manager managed company)로 구분한다. 다만, 정관에 다른 규정이 없으면 회사는 사원운영회사가 된다. 사원운영회사는 사원 각자가 회사의 상무를 집행할 권한을 가진다. 사원 간에 이견이 있을 경우에는 사원 과반수의 결의로 결정한다(제407조 (a)(b)(2) Revised Uniform LLC Act(ULLCA)).

을 본받고 있다(일본회사법 제591조).3)

2. 업무집행자와 회사의 관계

명문의 규정은 없으나, 업무집행자와 회사는 위임관계를 갖는다. 따라서 업무집행자는 선관주의로써 회사의 이익을 위하여 업무를 집행하여야 한다(제287조의 18·제195조·민법 제707조·민법 제681조 내지 제688조).

3. 업무집행자의 선임

유한책임회사는 정관으로 업무집행자를 정하여야 한다(제287조의 12 제1항). 업무집행자는 사원 또는 사원이 아닌 자로 정할 수 있다. 사원이 아닌 자가 업무집행자가 될 수 있다는 점은 합명회사(제201조) 및 합자회사(제273조)와 구별된다.

4. 복수의 업무집행방법

1인 또는 2인 이상의 업무집행자를 정한 경우에는 업무집행자 각자가 회사의 업무를 집행할 권리와 의무를 가진다(제287조의 12 제2항). 이 경우 어느 사원의 업무집행에 관한 행위에 대하여 다른 업무집행자의 이의가 있는 때에는 곧 그 행위를 중지하고 업무집행자 전원의 과반수의 결의에 의하여야 한다(제287조의 12 제2항·제201조 제2항). 그리고 정관으로 2인 이상을 공동업무집행자로 정한 경우에는 그 업무집행자 전원의 동의가 없으면 업무집행에 관한 행위를 하지 못한다(제287조의 12 제3항).

5. 법인인 업무집행자

주식회사 및 유한회사는 명문의 규정이 없지만, 법인은 이사가 될 수 없다고 해석한다(통설). 그리고 합명회사의 사원 및 합자회사의 무한책임사원은 자연인이어야 한다. 이에 비하여 유한책임회사는 법인도 업무집행자가 될 수 있다(제287조의 3 제4호·제287조의 5 제4호). 법인이 업무집행자인 경우에 그 법인은 해당업무집행자의 직무를 수행할 자, 즉 직무수행자를 선임하고, 그 자의 성명과 주소를 다른 사원

---

3) 일본의 合同會社는 정관에 다른 정함이 없는 한 사원 각자가 업무를 집행할 권한을 가진다(사원운영회사). 사원간에 이견이 있을 경우에는 사원 과반수의 결의로 결정한다(일본회사법 제590조 제1항·제591조 제1항). 다만, 예외적으로 회사가 정관으로 업무집행사원을 선임할 수도 있다(일본회사법 제591조).

에게 통지하여야 한다(제287조의 15 제1항). 직무수행자는 다른 업무집행자와 마찬가지로 회사업무를 집행할 권리와 의무가 있다(제287조의 15 제2항·제287조의 12). 즉 직무수행자의 업무집행행위는 회사의 업무집행자의 행위로서 효력이 있는 것이다.

6. 업무집행정지 및 직무대행자

유한책임회사의 업무집행자에 대하여 그 업무집행을 정지 또는 직무대행자를 선임하는 가처분을 하거나 그 가처분을 변경·취소하는 경우에는 본점이 있는 곳의 등기소에서 등기하여야 한다(제287조의 5 제5항). 가처분에 의거 선임된 직무대행자는 가처분명령에 다른 정함이 있는 경우 외에는 법인의 통상업무에 속하지 아니한 행위를 하지 못한다(제287조의 13·제200조의 2 제1항 본문). 다만, 법원의 허가를 얻은 경우에는 그러하지 아니하다(제287조의 13·제200조의 2 제1항 단서). 직무대행자가 이에 위반한 행위를 한 경우 회사는 선의의 제3자에 대하여 책임을 진다(제287조의 13 제2항).

7. 업무집행자의 권한상실선고

업무집행자가 업무를 집행함에 현저하게 부적임하거나 중대한 의무에 위반한 행위가 있는 때에 법원은 사원의 청구에 의하여 업무집행권한의 상실을 선고할 수 있다(제287조의 17 제1항·제205조 제1항). 이 판결이 확정된 때에는 본점소재지에서 등기하여야 한다(제287조의 17 제1항·제205조 제2항). 그리고 이 소는 본점소재지의 지방법원의 관할에 전속한다(제287조의 17 제2항).

8. 업무집행자의 경업피지의무와 자기거래제한

(1) 경업피지의무

1) 의의

업무집행자는 사원 전원의 동의를 받지 아니하고는 자기 또는 제3자의 계산으로 회사의 營業部類에 속한 거래를 하지 못한다(경업금지의무). 그리고 같은 종류의 영업을 목적으로 하는 다른 회사의 업무집행자·이사 또는 집행임원이 되지 못한다(겸직금지의무)(제287조의 10 제1항).

2) 위반의 효과

업무집행의무자가 경업금지의무에 위반한 경우 회사는 개입권(제287조의 10 제2항, 제198조 제2항·제4항)과 손해배상청구권을 행사할 수 있다. 이는 합명회사의 경우와 같다. 개입권의 행사는 사원 또는 업무집행자가 사원인 경우에는 다른 사원의 과반수의 결의에 의한다. 그리고 개입권은 사원 또는 다른 사원의 1인이 그 거래를 안 날로부터 2주간을 경과하거나 그 거래가 있은 날로부터 1년을 경과하면 소멸한다(제287조의 10 제2항·제198조 제4항).

한편 업무집행자가 겸직금지의무에 위반한 경우 회사는 개입권을 행사할 수 없고, 손해배상청구권을 행사할 수 있을 뿐이다(제287조의 10 제2항·제198조 제3항).

(2) 자기거래의 제한

1) 의의

유한책임회사의 업무집행자는 다른 사원 과반수의 결의가 있는 경우에만 자기 또는 제3자의 계산으로 회사와 거래를 할 수 있다(제287조의 11). 이 경우에는 민법 제124조[4]를 적용하지 아니한다. 이 규정은 법인이 선임한 직무대행자에게도 준용된다(제287조의 15 제2항).

2) 위반의 효과

유한책임회사의 업무집행자가 자기거래제한에 위반한 경우에는 회사에 대하여 손해배상책임을 진다(제287조의 19·제195조, 민법 제707조·제681조).

9. 사원의 업무감시권

업무집행자가 아닌 사원은 합자회사의 유한책임사원에 관한 규정을 준용하여 업무집행자에 대한 업무감시권을 갖는다(제287조의 14·제277조). 이는 업무집행자가 아닌 사원이 회사에서 자신의 이익을 지킬 수 있도록 하기 위함이다. 다만, 합명회사에서의 비업무집행사원과 달리 업무집행에 대한 이의제기권(제201조 제2항)은 인정되지 아니한다.

---

4) 제124조(자기계약, 쌍방대리) 대리인은 본인의 허락이 없으면 본인을 위하여 자기와 법률행위를 하거나 동일한 법률행위에 관하여 당사자쌍방을 대리하지 못한다. 그러나 채무의 이행은 할 수 있다.

10. 업무집행자의 책임 및 대표소송

기술한 바와 같이 업무집행자는 회사의 수임인으로서 선관주의의무를 부담한다(민법 제681조). 따라서 업무집행자는 자신의 임무를 해태한 경우 회사에 대하여 채무불이행책임을 진다. 그리하여 상법은 사원이 업무집행자의 책임을 추궁하는 대표소송을 인정하고 있다. 즉 사원은 우선적으로 회사에 대하여 업무집행자의 책임을 추궁하는 소의 제기를 청구할 수 있다(제287조의 22 제1항). 회사가 訴를 제기하지 않을 경우 사원이 회사를 대표하여 소를 제기할 수 있다. 대표소송의 제기시에는 주식회사의 대표소송에 관한 규정 중 제403조 제1항과 제5항(주식보유요건)을 제외하고 제403조 제2항부터 제4항까지, 제6항, 제7항 및 제404조부터 제406조까지의 규정5)을 준용한다(제287조의 22 제2항).

Ⅲ. 의사결정

1. 결정방법

유한책임회사가 의사결정을 함에 있어서는 인적회사로서의 성격이 강하다. 그리하여 유한책임회사의 의결권은 持分主義가 아닌 頭數主義에 따른다(제287조의 11·제287조의 18·제195조·민법 제706조 제2항). 중요경영사항의 대부분은 정관으로, 나머지 일부사항은 사원다수결로 정할 수 있다. 구체적으로 보면, 업무집행자의 선정(제287조의 12 제1항), 대표자의 선정(제287조의 19 제2항·제3항), 사원의 가입(제287조의 23), 사원사망시 상속인의 권리 의무 승계에 관한 사항(제287조의 26·제219조), 사원의 제명결의방법(제287조의 27), 잉여금의 분배(제287조의 37 제5항)는 정관으로 정할 수 있다. 정관으로 정하는 사항은 사원 전원의 동의로 하는 것과 같다. 정관의 변경은 사원 전원의 동의를 요하기 때문이다(제287조의 16).

업무집행자의 경업승인(제287조의 10 제1항), 대표업무집행자의 선정(제287조의 19 제2항), 공동대표자의 선정(제287조의 19 제3항), 자본금의 감소(제287조의 36 제1항·제287조의 16)는 사원 전원의 동의를 요한다. 이에 비하여 업무집행자와 회사간의 자기거래(제287조의 11), 회사와 사원 간의 訴에서의 회사대표의 선정(제287조의 21)은 사원

---

5) 제404조(대표소송과 소송참가, 소송고지), 제405조(제소주주의 권리의무), 제406조(대표소송과 재심의 소).

과반수의 결의를 요한다.

그 밖에 사원의 의사결정이 필요한 때에는 조합의 운영원리에 따라 사원 과반수의 결의를 요한다(제287조의 18·제195조·민법 제706조 제2항). 다만, 유한책임회사에서는 업무집행자로 선임되지 아니하면 업무집행권한이 없기 때문에(제200조 제1항) 사원 과반수의 결의가 적용되는 범위는 그다지 넓지 않다.

2. 사원총회

유한책임회사는 의사결정기관으로서의 사원총회를 둘 필요가 없다. 어떤 방법으로든 사원들의 의사를 확인할 수 있으면 족하기 때문이다. 따라서 자율적으로 사원총회 기타 이와 유사한 의사결정기구를 두는 것은 무방하다.

Ⅳ. 정관변경

유한책임회사는 정관에 다른 규정이 없는 경우, 사원 전원의 동의로 정관을 변경할 수 있다(제287조의 16). 그러므로 상법은 정관변경방법을 달리 정할 수 있는 여지를 남겨 두고 있다. 이 점 제287조의 16은 임의규정이고, 정관에 보다 완화된 결의방법을 정하고 그 규정에 따라 정관을 변경할 수 있음을 의미한다.

Ⅴ. 회 계

상법은 상업장부의 작성과 같이(제29조 제2항) 유한책임회사의 회계에 대하여도 일반적으로 공정하고 타당한 회계관행에 따라 작성하도록 하고 있다(제287조의 32).

1. 자본금

(1) 자본금의 의의

유한책임회사는 사원이 출자한 금전이나 그 밖의 재산의 가액을 자본금으로 계상한다(제287조의 32). 자본금은 회사재산의 사내유보 및 사외유출의 통제항목이 되므로 중요하다.

(2) 자본금의 변동

1) 감소

상법은 유한책임회사의 자본금감소에 대하여만 명시하고 있다. 유한책임회사는 정관을 변경하여 자본금을 감소시킬 수 있다(제287조의 36 제1항). 자본금감소는 회사채권자들의 책임재산을 감소시키므로 채권자보호절차(제232조)를 밟아야 한다. 그리하여 ① 회사는 자본금감소의 결의가 있은 날부터 2주 내에 회사채권자에 대하여 자본금감소에 이의가 있으면 일정한 기간 내에 이를 제출할 것을 공고하고 알고 있는 채권자에 대하여는 따로따로 이를 최고하여야 한다. 이 경우 그 기간은 1월 이상이어야 한다. ② 채권자가 그 기간 내에 이의를 제출하지 아니한 때에는 자본금감소를 승인한 것으로 본다. ③ 이의를 제출한 채권자가 있는 때에는 회사는 그 채권자에 대하여 변제 또는 상당한 담보를 제공하거나 이를 목적으로 하여 상당한 재산을 신탁회사에 신탁하여야 한다(제287조의 36 제2항 본문·제232조).

2) 증가

상법은 유한책임회사의 자본금증가에 대하여는 명시하지 않고 있다. 그러나 유한책임회사는 ① 새로운 사원의 금전이나 그 밖의 재산의 출자(제287조의 23·제287조의 35), ② 기존사원들의 추가출자방식으로 자본금을 증가시킬 수 있다. 사원의 성명 등과 자본금의 액은 정관의 절대적 기재사항이고(제287조의 3 제1호·제3호), 자본금의 증가는 정관변경사항이므로 사원 전원의 동의가 있어야 한다(제287조의 16).

2. 재무제표의 작성·비치 등

(1) 작성

업무집행자는 결산기마다 대차대조표, 손익계산서, 그 밖에 유한책임회사의 재무상태와 경영성과를 표시하는 것으로서 대통령령으로 정하는 서류[6]를 작성하여야 한다(제287조의 33).

(2) 비치·공시 등

업무집행자는 이 서류들을 본점에 5년간 갖추어 두어야 하고, 그 등본을 지점에 3년간 갖추어 두어야 한다(제287조의 34 제1항). 사원과 회사의 채권자는 회사

---

6) 대통령령에서는 자본변동표 또는 이익잉여금처분계산서(혹은 결손금처리계산서)를 선택적으로 제시하고 있다(시행령 제5조).

의 영업시간 내에는 언제든지 재무제표의 열람과 등사를 청구할 수 있다(제287조의
34 제2항).

3. 잉여금의 분배

(1) 배당가능이익

유한책임회사는 대차대조표상의 순자산액으로부터 자본금의 액을 뺀 액, 즉
잉여금을 한도로 하여 사원에게 분배할 수 있다(제287조의 37 제1항). 주식회사에서
는 자본금과 더불어 법정준비금(자본준비금과 이익준비금)을 공제항목으로 하지만(제
461조 제1항), 유한책임회사는 준비금을 적립하지 아니한다.

(2) 분배기준과 방법

잉여금은 정관에 다른 규정이 없으면 각 사원이 출자한 가액에 비례하여 분
배한다(제287조의 37 제4항). 잉여금의 분배를 청구하는 방법이나 그 밖에 잉여금의
분배에 관한 사항은 정관에서 정할 수 있다(제287조의 37 제5항).

한편 유한회사의 이익배당은 정관에 다른 정함이 있는 경우 외에는 각 사원
의 출자좌수에 따라 하여야 한다(제580조). 이러한 점에서 유한책임회사의 잉여금
의 분배기준은 유한회사의 경우와 유사하다.

(3) 압류채권자의 권리

유한책임회사 사원의 지분에 대한 압류는 잉여금배당청구권에도 그 효력이
있다(제287조의 37 제6항). 따라서 회사는 압류채권자에게 잉여금을 분배하여야 한다.

(4) 위법배당

유한책임회사가 제287조의 37 제1항에 위반하여 배당가능이익 없이 잉여금
을 분배한 경우 회사의 채권자는 그 잉여금을 분배받은 자에 대하여 회사에 반환
할 것을 청구할 수 있다(제287조의 37 제2항). 이 규정의 취지는 주식회사의 위법배당
에 대한 회사채권자의 반환청구권(제462조 3항)과 같다. 이 청구에 관한 소는 본점
소재지의 지방법원의 관할에 전속한다(제287조의 37 제3항).

VI. 사원 및 지분의 변동

1. 개요

유한책임회사는 폐쇄적 운영을 위하여 고안된 회사이므로 사원의 책임형태에도 불구하고 사원지분의 변동절차를 다른 인적회사 못지않게 엄격하게 하고 있다. 사원지분의 변동에는 취득과 상실이 있다. 취득에는 ① 설립행위 또는 가입과 같은 원시적 취득과, ② 지분의 양수 또는 상속과 같은 승계적 취득이 있다. 상실에는 ① 해산 또는 퇴사와 같은 절대적 상실이 있고, ② 지분전부의 양도 또는 사망과 같은 상대적 상실이 있다.

2. 사원의 변동

여기에서는 입사와 퇴사가 있다.

(1) 입사

유한책임회사는 정관을 변경함으로써 새로운 사원을 加入시킬 수 있다(제287조의 23 제1항). 사원의 가입은 정관을 변경한 때에 효력이 발생한다. 다만, 정관을 변경한 때에 해당사원이 출자에 관한 납입 또는 재산의 전부 혹은 일부의 출자를 이행하지 아니한 경우에는 그 납입이나 이행을 한 때에 사원이 된다(제287조의 23 제2항). 사원가입시 현물출자를 하는 사원에 대하여는 그 절차는 회사설립시의 규정을 준용한다. 그리하여 현물출자를 하는 사원은 납입기일에 지체 없이 유한책임회사에 출자의 목적인 재산을 인도하고 등기, 등록, 그 밖의 권리의 설정 또는 이전이 필요한 경우에는 이에 관한 서류를 모두 갖추어 교부하여야 한다(제287조의 23 제3항·제287조의 4 제3항).

(2) 퇴사

상법은 채권자의 보호를 위하여 유한책임회사 사원의 퇴사를 허용하고 있다.

1) 원인

유한책임회사의 사원은 합명회사의 사원과 같이(제217조 내지 제224조) 퇴사원인에 따라 임의퇴사(제287조의 24·제217조 제1항), (압류채권자에 의한)강제퇴사(제287조의 29·제224조) 또는 당연퇴사(제287조의 25·제218조)할 수 있다. 임의퇴사의 경우에는 정관

으로 그 요건을 달리 정할 수 있다. 그리고 역시 합명회사의 사원의 당연퇴사원
인(제218조)과 같은 원인에 의하여 퇴사한다(제287조의 25).

제명의 경우에도 합명회사에서와 같은 사유와 절차가 적용된다(제287조의 27·제
220조). 그리하여 사원의 제명에는 사원 과반수의 결의가 필요하다(제220조). 다만,
유한책임회사 사원의 제명에 필요한 결의는 정관으로 달리 정할 수 있다(제287조의
27). 법원의 제명선고판결이 확정된 때에는 본점소재지에 등기하여야 한다(제287조
의 27·제220조 제2항·제205조 제2항). 사원지분의 압류채권자는 합명회사와 같이 해당
사원을 퇴사시킬 수 있다(제287조의 29·제224조).

2) 절차

사원이 퇴사하면 사원의 수에 변동이 생긴다. 사원은 정관의 절대적 기재사
항이다(제287조의 3 제1호·제179조 제3호). 따라서 정관을 변경하여야 한다. 이 경우 입
사와는 달리 퇴사는 퇴사원인이 있으면 행하여지는 것이므로 정관을 변경하더라
도 총사원의 동의절차(제287조의 16)를 밟을 필요는 없다고 본다.

한편 유한책임회사 사원의 성명 등은 등기사항이 아니다(제287조의 5 제1항 참조).
따라서 퇴사로 인한 사원등기를 요하지 아니한다. 이 점 합명회사(제180조·제183조)
및 합자회사(제271조)와 다르다.

3) 효과

가) 지분환급청구권   유한책임회사를 퇴사하는 사원은 그 지분의 환급을
금전으로 받을 수 있다(제287조의 28 제1항). 퇴사사원에 대한 환급금액은 퇴사시의
회사의 재산상황에 따라 정한다. 다만, 사원의 지분환급에 대한 기준과 방법은 정
관으로 달리 정할 수 있다(제287조의 28 제2항·제3항). 예를 들면, 사원이 현물출자를
한 경우 현물자체를 반환하도록 정할 수 있는 것이다.

나) 상호변경청구권   퇴사한 사원의 성명이 유한책임회사의 상호 중에 사
용된 경우에는 그 사원은 유한책임회사에 대하여 그 사용의 폐지를 청구할 수 있
다(제287조의 31). 퇴사한 사원이 그 사용을 폐지하지 아니하면 명의대여자로서의
책임을 질 수 있다(제24조).

4) 채권자보호절차

유한책임회사의 채권자는 퇴사하는 사원에게 환급하는 금액이 대차대조표상
의 순자산액으로부터 자본금의 액을 공제한 액(잉여금)을 초과한 경우에는 그 환급

에 대하여 회사에 이의를 제기할 수 있다(제287조의 30·제287조의 37). 그리하여 회사는 채권자에 대하여 일정기간 내에 이의를 제기할 것을 공고하고 이의를 제기한 채권자가 있는 때에, 회사는 그 채권자에 대하여 변제 또는 상당한 담보를 제공하거나 이를 목적으로 하여 상당한 재산을 신탁회사에 신탁하여야 한다. 다만, 지분을 환급하더라도 '채권자에게 손해를 끼칠 우려가 없는 경우'에는 그러하지 않다(제287조의 30 제2항 단서). '채권자에게 손해를 끼칠 우려가 없는 경우'란 환급이 행하여진 후에도 회사에 채무변제에 충분한 재산이 있는 경우를 뜻한다.

3. 지분의 변동

(1) 양도

사원은 다른 사원의 동의를 받지 아니하면 그 지분의 전부 또는 일부를 타인에게 양도하지 못한다(제287조의 8 제1항). 그러나 업무를 집행하지 않는 사원은 업무집행사원 전원의 동의가 있으면 지분을 양도할 수 있다. 다만, 업무집행사원이 없는 경우에는 사원 전원의 동의를 받아야 한다(제287조의 8 제2항). 유한책임회사는 지분의 양도에 관한 사항을 정관에서 달리 정할 수 있다(제287조의 8 제3항).

(2) 자기지분의 취득금지

유한책임회사는 그 지분의 전부 또는 일부를 양수할 수 없다(제287조의 9 제1항). 이에 위반하여 유한책임회사가 지분을 취득하는 경우에 그 지분은 취득한 때에 소멸한다(제287조의 9 제2항). 이 점은 합명회사와 유사하고, 주식회사와 다르다(제341조, 제341조의 2). 유한책임회사가 자기지분을 취득하지 못한다는 규정은 인적회사의 성격을 나타내는 것 중의 하나이다.

(3) 지분의 상속

유한책임회사의 사원이 사망할 경우 합명회사의 사원과 같이 퇴사원인이 되고 그 지분은 원칙적으로 상속되지 아니한다(제287조의 25·제218조 제3호). 다만, 합명회사에서와 같이, 정관으로 상속을 허용하는 규정이 있는 때에는 그 지위를 상속할 수 있다. 이 경우 지위의 승계 또는 포기절차는 합명회사의 경우와 같다(제287조의 26·제219조 제1항).

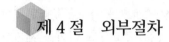

제 4 절   외부절차

I. 회사대표

1. 대표의 선정

유한책임회사의 대표기관은 원칙적으로 각각의 업무집행자이다(제287조의 19 제1항·제287조의 12 제2항). 업무집행자가 둘 이상인 경우에는 정관 또는 총사원의 동의로 회사를 대표할 업무집행자를 정할 수 있다(제287조의 19 제2항). 유한책임회사의 업무집행자는 사원이 아닌 자도 가능하므로(제287조의 12 제1항) 대표 역시 사원이 아닌 자를 선정할 수 있음은 물론이다.

2. 공동대표

유한책임회사는 정관 또는 총사원의 동의로 둘 이상의 업무집행자가 공동으로 회사를 대표할 것을 정할 수 있다(제287조의 19 제3항). 共同代表는 등기를 하여야만 제3자에게 대항할 수 있다(제287조의 5·제37조 제1항). 공동대표를 선정한 경우 제3자가 유한책임회사에 하는 의사표시는 공동대표 중 1인에 대하여 함으로써 그 효력이 생긴다(제287조의 19 제4항). 이 조항은 공동지배인 및 공동대표이사제도에서 볼 수 있는 수동대표권(제12조 제2항, 제389조 제3항·제208조 제2항)을 나타내는 것이다. 이에 비하여 회사가 제3자에 대하여 의사표시를 하는, 이른바 능동대표는 반드시 공동으로 하여야 한다(제287조의 19 제2항).

3. 대표권의 범위

회사를 대표하는 사원은 회사의 영업에 관하여 재판상 또는 재판 외의 모든 행위를 할 권한이 있다. 다만, 그 권한에 대한 내부적 제한은 善意의 제3자에게 대항하지 못한다(제287조의 19 제5항·제209조 제1항).

4. 대표자의 불법행위(제3자에 대한 책임)

유한책임회사를 대표하는 업무집행자가 그 업무집행으로 타인에게 손해를 입힌 경우에는 회사도 그 업무집행자와 연대하여 배상할 책임이 있다(제287조의 20). 이는 합명회사와 같이 유한책임회사의 불법행위능력을 인정한 것이다.

5. 회사와 사원간의 소의 대표

유한책임회사가 사원(사원이 아닌 업무집행자 포함)에 대하여 또는 사원이 회사에 대하여 소를 제기하는 경우 회사를 대표할 사원이 없을 때에는 다른 사원 과반수의 결의로 대표할 사원을 선정하여야 한다(제287조의 21). 회사를 대표할 사원이 없을 때라 함은 대표자의 부재 또는 회사와 대표자간에 訴가 제기된 경우를 의미한다.

Ⅱ. 사원의 책임

유한책임회사의 사원의 책임은 상법에 다른 규정이 있는 경우 외에는 그 출자금액을 한도로 한다(제287조의 7). 유한책임회사에서는 설립시 설립등기 전에 출자의 이행을 완료하여야 하고(제287조의 4 제2항), 설립 후 가입하는 신입사원도 납입을 완료한 때에 사원이 된다. 유한책임회사는 합자회사와는 달리 회사채권자와의 관계에서 출자의 이행을 완료하지 아니한 상태가 있을 수 없기 때문이다. 따라서 유한책임회사에서의 사원의 유한책임이란 주식회사에서의 주식인수인의 책임(제331조)과 같이 회사에 대한 출자이행의 책임만을 의미한다(간접유한책임). 즉 사원은 회사채권자에 대하여 간접·유한책임을 지고, 일반적인 회사채무에 대한 책임은 부담하지 아니한다. 이 역시 주식회사 주주의 책임구조와 같다.

제 5 절 해산과 청산

유한책임회사의 해산사유는 합명회사의 경우와 거의 같다(제287조의 38 제1호). 다만, 합명회사는 사원이 1인으로 되면 해산사유에 해당하지만, 유한책임회사는 그러하지 않다. 즉 유한책임회사는 1인에 의한 설립과 회사도 가능하므로 사원이 1인이 되더라도 해산사유에 해당하지 아니한다. 그러나 사원이 없게 된 경우에는 해산한다(제287조의 38 제2호).

한편 유한책임회사가 해산하는 경우 任意淸算(제247조 내지 제249조)은 허용되지 아니한다(제287조의 45). 그러므로 회사가 해산하면 사원 전원의 과반수로 청산인을 선임하여야 한다. 청산인을 선임하지 아니하면 업무집행자가 청산인이 된다(제287 조의 45·제251조). 기타 청산절차는 합명회사의 경우와 같다(제251조 내지 제257조, 제259 조 내지 제267조).

[표 1] 합명·합자회사의 무한책임사원과 유한책임사원의 비교

구 분	무한책임사원	유한책임사원
노무·신용출자	可	不可
업무집행권	有(제273조)	無(제278조)
업무감시권	無. 다만, 업무집행권이 없으면 인정 가능	有(제277조)
대표권	有(제296조, 제207조)	無(제278조)
업무집행의 이의제기	可(제269조, 제200조)	不可
경업금지	有(제269조, 제198조)	無(제275조)
자기거래	不可(원칙. 제199조)	不可(원칙. 제269조·제199조)
지분양도	총사원의 동의(제269조, 제197조)	무한책임사원의 동의(제276조)
사원의 사망	퇴사원인(제269조, 제218조 제3호)	지분상속(제283조)
사원의 성년후견개시	퇴사원인(제269조, 제218조 제4호)	퇴사하지 않음(제284조)
책임	무한(제269조, 제212조)	유한(제279조)
제명	可(제220조)	可(제269조·제220조)

[표 2] 회사의 유형별 비교 : 규정중심

구분		합명회사	합자회사	주식회사	유한회사	유한책임회사
설립		정관작성 설립등기	정관작성 설립등기	정관작성 주식인수 설립등기	정관작성 납입징수 설립등기	정관작성 납입징수 설립등기
사원	구성	무한책임사원	무한책임사원 유한책임사원	주주	유한책임사원	유한책임사원
	책임	직접·연대·	직접·연대·무한/	간접·유한	간접·유한책임	간접·유한

		무한책임	유한책임	책임	(전보책임 있음)	책임
	출자	유·무형재산	−무한책임사원 ·유·무형 재산 −유한책임사원 ·유형재산	재산	재산	재산
	지위	지분	지분	주식	지분	지분
	양도	다른 사원동의	−무한책임사원 ·다른 사원동의 −유한책임사원 ·무한책임사원동의	자유(원칙)	자유(2011년 개정)	다른 사원동의 (예외 : 비업무 집행사원의 경우 → 업무 집행사원 전원 동의, 정관)
	數	2인 이상	각 1인 이상	1인 이상	1인 이상	1인 이상
업무 집행기관		사원	무한책임사원	이사회/ 대표이사	이사	사원 또는 사원 이 아닌 자로서 정관이 정한 者
설립 취소 및 무효 인정 여부		○	○	설립무효만 인정	○	○
최저자본		없음	없음	없음	없음	없음
최저설립 사원 수		2인 이상	유한책임 : 1인 이상 무한책임 : 1인 이상	1인 이상	1인 이상	1인 이상
의사결정		다수결 (두수주의)	다수결 (두수주의)	다수결 (지분복수주의)	다수결 (지분복수주의)	두수주의
대표소송		X	X	○	○	○(지분보유요 건은 없음)
청산방법		임의(원칙)	임의(원칙)	법정	법정	법정
지분압류 채권자에 의한 퇴사		○(6월전예고. 영업연도말 퇴사)	○(6월전예고. 영업연도말 퇴사)	X	X	○(6월전예고. 영업연도말 퇴사)
퇴사원의 상호변경 청구권		○	○	X(정관변경)	X(정관변경)	○

제 6 장

주식회사

제1절 총 설

Ⅰ. 주식회사의 개념

1. 주식회사의 의의와 특색

상법에는 주식회사(corporation)에 관한 정의규정이 없다. 다만, 상법의 규정을 종합하여 보면, 주식회사는 ① 사원(주주)의 지위(지분)가 주식으로 세분화된 비율적 단위의 형식을 가지며, ② 모든 사원은 회사에 대하여 그가 갖는 주식의 인수가액을 한도로 유한출자의무를 부담할 뿐, ③ 회사 또는 회사채권자에 대하여 아무런 책임을 부담하지 아니하는 회사를 말한다. 따라서 주식회사의 기본적이고 본질적인 특색은 주식과 유한책임이다. 유한책임의 원칙이 특색인 관계로 자본제도가 요구되는데, 이는 주식회사의 부차적인 특색이라고 할 수 있다. 이러한 점에서 주식회사의 특색은 자본, 주식 및 사원의 유한책임이라고 할 수 있다.

2. 주식

주식회사 사원의 법률적 지위는 균등하게 세분화된 비율적 단위의 형식을 갖는다. 이 사원의 지위를 주식이라고 하고, 주식소유사원을 주주라고 한다. 주식회사 사원의 지위가 세분화된 비율적 단위의 형식을 갖는 것은 개성을 상실한 다수의 자가 쉽게 회사에 참가할 수 있도록 하는 기술적인 요청에 따른 것이다. 비율적 단위에서의 비율은 금액으로 표시할 수 있고, 간단한 숫자로 자본금에 대한 비율만을 표시할 수도 있다. 전자가 額面株式(제329조 제2항·제3항)이고, 후자가 무액면주식이다(제329조 제1항). 그리고 주식은 주권이라고 하는 유가증권에 화체되어 거래목적물의 기초가 되고 있다. 그 결과 다수의 사원으로 구성되는 회사의 법률관계를 간명하게 처리할 수 있고, 사원의 지위도 원활하게 양도할 수 있다. 그리고 회사자본금의 조달을 용이하게 할 수 있다.

결국 주식은 사원지위의 기초이고, 주식회사의 자본금을 구성하는 분할된 단위 형식이다(제329조의 2 제1항). 따라서 사원과 자본과의 관계에 있어 물적회사인 주식회사는 인적회사와 전혀 다르다.

3. 주주의 유한책임

(1) 의의

주주는 회사에 대하여 주식의 인수가액을 한도로 출자의무를 부담할 뿐(제331조) 그 이외에는 회사 또는 회사채권자에 대하여 아무런 책임을 부담하지 않는다. 추가출자의무도 없다. 이를 주주의 유한책임이라고 한다. 따라서 주주 또는 주식의 승계취득자는 그 이상의 책임을 부담하지 않고, 회사에 대하여 권리만을 갖는다. 이는 주식회사의 본질적인 특색이며, 정관이나 주주의 결의로 훼손할 수 없다.

상법은 주주의 출자의무이행을 담보하기 위하여 회사의 설립 전 또는 신주의 발행 전에, 즉 주주가 되기 전에 全額納入主義(제305조·제421조)를 취하고 있다. 따라서 주주의 유한책임은 정확히는 주주가 아닌 주식인수인의 유한책임이다. 이 책임은 회사에 대한 책임이 전부이므로 회사채권자에 대하여도 직접·유한의 변제책임을 지는 합자회사의 유한책임사원의 유한책임과는 다르다.

(2) 주주유한책임원칙의 장·단점

주주유한책임의 결과 주식회사제도는 오늘날의 산업발전을 이루는 데 큰 역할을 담당하게 되었고 고도로 조직화된 증권시장을 형성하게 하는 등 자본주의경제를 발전시키는 데 기여하여 왔다. 그리하여 주식회사제도는 불사조신드롬(phoenix syndrome)을 불러오기도 하였다. 다만, 이 책임은 '지배 있는 곳에 책임 있다.'는 원칙을 관철하는 무한책임원칙과는 달리 출자자에게 어떠한 책임도 추궁할 수 없다는 의미에서 회사채권자에게는 불리하게 작용한다. 그리하여 상법은 회사채권자를 보호하기 위한 각종의 제도를 마련하고 있다.

II. 채권자의 보호

1. 자본금

(1) 의의

1) 정의

상법상 자본금은 額面株式을 발행하는 회사의 경우에는 발행한 주식의 액면총액이다(제451조 제1항). 무액면주식을 발행하는 경우에는 주식발행가액의 2분의 1 이상의 금액으로서 이사회(제416조 단서1)에서 정한 주식발행의 경우에는 주주총회)에서 자본금으로 계상하기로 한 금액의 총액을 의미한다(제451조 제2항). 회사의 자본금은 액면주식을 무액면주식으로 전환하거나 무액면주식을 액면주식으로 전환함으로써 변경할 수 없다(제451조 제3항).

자본금은 일정한 계산상의 금액에 지나지 아니하므로 영업실적, 물가, 동산·부동산의 가격에 따라 항상 변동하는 회사의 구체적인 재산과는 구별된다. 그러므로 자본금은 회사재산과 항상 일치하는 것은 아니다.

2) 기능

자본금의 기능에 대하여는 회사·주주·회사채권자의 입장으로 나누어 볼 수 있다. 회사에 대하여는 회사성립의 기초가 되고, 증자시에는 재산확보기능을 하며, 목적사업수행에 필요한 기본재산이다. 그리고 회사의 순재산액이 자본금과 법정준비금의 합계액을 상회하는 때에만 배당을 하도록 함으로써 과도한 배당을 저지하는 수치로서 기능한다.

주주에 대하여는 출자액을 의미하여 동시에 회사채무에 관한 책임의 한계를 뜻한다. 주주의 권리의 大小는 출자금액이 자본금에서 차지하는 비율에 따른다.

회사채권자에 대하여는 원칙적으로는 그 채권의 담보가 되는 회사재산을 의미하며, 회사의 신용도를 유지하는 기능을 한다. 이러한 의미에서 회사설립 후의 자본금의 기능은 주주에 대한 과도한 배당으로 인하여 회사재산이 감소하여 회사채권자를 해하는 것을 방지하는 기능을 한다.[2]

그러나 자본금은 과거의 신주발행금액이 누적된 수치에 불과하므로 회사의 변제능력이나 수익성을 나타내는 수치는 아니다.[3] 이는 대차대조표상 자산이 있음에도 불구하고 유동성을 결여함으로써 기한이 도래한 채무를 변제하지 못하여 흑자도산을 하는 사례에서 알 수 있다. 그리하여 자본금의 채권자보호기능의 실효성에 대하여는 의문이 있다. 2009년 5월 개정시 5,000만원 이상으로 하였던 최저자본제도(개정 전 제329조 제1항)를 폐지한 것도 이러한 맥락으로 읽힌다.

---

1) 제416조(발행사항의 결정) 회사가 성립 후에 주식을 발행하는 경우에는 다음의 사항(예: 신주의 종류와 수 등)으로서 정관에 규정이 없는 것은 이사회가 결정한다. 다만, 이 법에 다른 규정이 있거나 정관으로 총회에서 결정하기로 정한 경우에는 그러하지 않다.
2) 설립 후에는 자본준비금을 자본금으로 전입하는 방식이 활용될 수 있다.
3) 반대 : 이철송(2024), 224면.

(2) 자본금에 관한 3원칙

1) 자본금확정의 원칙

이 원칙은 주식회사의 설립 또는 증자시 자본금액이 정관으로 확정되고 그 총액에 대한 주식인수가 확정되어야 하는 것을 말한다. 자본금이란 발행주식의 액면총액을 뜻한다(제451조). 상법은 ① 액면주식을 발행하는 경우 1주의 금액 및, ② 회사설립시에 발행하는 주식의 총수를 정관의 절대적 기재사항으로 하고, ③ 회사설립 전에 이 주식의 전부가 인수와 납입되어야 함을 규정하고 있는데(제289조 제1항 제3호·제4호·제5호, 제305조 제1항), 이는 자본확정의 원칙을 밝히는 규정이다.

무액면주식을 발행하는 경우에도 정관에 기재된 설립시 발행하는 주식총수는 당연히 인수와 납입되어야 하고, 이사회(제416조 단서에 따른 주주총회)에서 자본금액을 확정하게 하는 규정도(제451조 제2항) 자본확정의 원칙을 밝히는 것이다. 다만, 상법은 회사설립 후의 신주발행에 의한 자본금의 추가조달, 즉 증자시에는 이 원칙을 적용하지 아니하고 있다(제416조, 제423조 참조).

2) 자본금유지(충실)의 원칙

이 원칙은 회사가 자본금액에 상당하는 순자산을 실질적으로 유지하여야 하는 원칙을 말한다. 이 원칙은 자본금충실의 원칙이라고도 부르며, 채권자보호에 중요하다. 그런데 순자산은 회사의 영업실적, 물가변동 또는 동산·부동산의 가격에 따라 항시 변동하기 때문에 자본거래를 통하여 회사의 의지대로 유지하기 어렵다. 그러므로 자본금유지의 원칙이란 회사가 무분별하게 자기주식취득과 같은 자본거래 또는 잉여금배당을 통하여 회사의 재산이 부당히 주주에게 還流되는 것을 차단하여야 하는 원칙을 말한다.

자본금유지의 원칙은 회사채권자보호를 위하여 중요하므로, 상법은 이 원칙을 반영한 규정을 적지 않게 두고 있다. 대표적으로는 ① 설립시에 주식발행가액의 전액납입 또는 현물출자의 전부이행,4) ② 현물출자 기타 변태설립사항에 관한 엄격한 절차적 규제,5) ③ 발기인의 주식의 인수와 납입담보책임(제321조), 이사의 인수담보책임(제428조 제1항), ④ 주식 액면미달발행의 제한(제330조, 제417조), ⑤ 자기주식 취득요건에 관한 일정한 제한 및 질취의 제한,6) ⑥ 이익이 있는 경

---

4) 제295조, 제303조, 제305조, 제421조 제1항, 제425조 등.
5) 제299조, 제310조, 제313조, 제314조, 제422조.
6) 제341조·제341조의 2, 제341조의 3.

우에도 법정준비금(이익준비금과 자본준비금)의 적립(제458조, 제459조 제1항), ⑦ 이익배당의 제한(제462조) 등의 규정이 있다.

3) 자본금불변의 원칙

이 원칙은 자본유지의 기준이 되는 자본금을 법정의 절차를 밟지 아니한 채 자유로이 감소시키지 못하도록 하는 원칙을 말한다. 그리하여 자본금의 감소에는 주주총회의 특별결의가 있어야 한다. 다만, 缺損의 補塡을 위한 자본금의 감소는 보통결의에 의한다(제438조 제1항·제2항). 자본금감소의 경우에는 채권자이의절차를 밟아야 한다(제439조 제2항 본문·제232조). 다만, 결손의 보전을 위하여 자본금을 감소하는 경우에는 그러하지 않다(제439조 제2항 단서).

2. 채권자보호를 위한 공시 등

회사법은 회사채권자가 회사의 재산상황이나 조직개편상황을 정확히 파악할 수 있도록 각종 규정을 두고 있다. 예를 들면, 재무제표 등의 비치·공시(제448조), 합병계약서 등의 공시(제522조의 2), 합병에 관한 서류의 사후공시(제527조의 6), 분할대차대조표 등의 공시(제530조의 7), 대차대조표·사무보고서·부속명세서의 제출·감사·공시·승인(제534조)에 관한 규정 등이 있다.

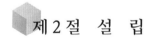

제 2 절 설 립

제 1 관 총 설

Ⅰ. 설립절차의 특징

합명회사 또는 합자회사를 설립할 때에는 정관의 작성에 의하여 사원과 그 출자액이 확정되고 사원이 회사의 기관을 구성하는 것이 원칙이다. 따라서 그 설립절차가 단순하고, 정관작성과 설립등기만으로 완료된다.

그러나 주식회사의 설립절차는 인적회사에 비하여 복잡하다. 그 이유는 ① 사원이 정관으로 정하여지지 아니하고(제289조 제1항 참조), ② 사원수가 많고, ③ 사원 상호관계도 희박하며, ④ 주주는 간접유한책임만을 부담하기 때문이다. 그리하여 채권자를 보호하고 출자자를 모집하기 위한 공정한 절차가 필요하다.

그 결과 주식회사의 설립절차에는 ① 설립사무를 담당하는 자가 발기인(제288 조, 제289조), ② 정관의 작성, ③ 주식인수인의 출자이행절차(제295조, 제303조 내지 제 307조), ④ 理事·監事 등의 기관구성절차(제296조, 제312조), ⑤ 설립경과에 대한 엄 격한 조사절차(제298조 내지 제300조, 제313조, 제314조), ⑥ 설립관여자에 대한 엄격한 책임추궁(제321조 내지 제327조) 등과 같은 특징이 있다.

Ⅱ. 설립의 방법

주식회사의 설립 절차는 먼저 발기인이 정관을 작성하고(제289조), 주식발행사 항을 결정한다(제291조). 주식발행사항의 결정내용에 따라 발기설립과 모집설립으 로 나뉜다.

1. 발기설립과 모집설립

(1) 발기설립

발기설립은 발기인들만이 설립시에 발행하는 주식을 인수하는 방법이다(제295조 이하). 발기인들이 발행주식 전부를 인수하면, 주식대금을 납입하여야 한다. 그리 고 이사와 감사를 선임하고, 선임된 이사와 감사는 바로 설립의 경과를 조사하여 발기인에게 보고한다. 그리고 설립등기를 함으로써 회사가 성립된다.

결국 발기설립절차는 ① 발기인의 정관작성(제288조, 제289조), ② 주식발행사항의 결정(제291조), ③ 발기인의 주식인수(제293조), ④ 주금납입(제295조), ⑤ 임원선임(제296 조), ⑥ 이사와 감사의 설립경과조사(제298조), ⑦ 설립등기(제317조) 순서를 밟는다.

(2) 모집설립

모집설립은 발기인들이 설립시에 발행하는 주식의 일부를 인수하고 잔여부 분에 대하여는 주식인수인을 모집하는 방법이다(제301조 이하). 모집주주는 요식의 서면(株式請約書)으로 주식인수를 청약하고 발기인은 인수시킬 주식을 배정한다. 주식인수가 완료되면 주식대금을 납입하여야 한다. 주식대금의 납입 후에는 주식인수인들로 구성되는 창립총회를 소집하여 이사와 감사를 선임하여야 한다. 이사와 감사는 설립경과를 조사하여 창립총회에 보고한다. 마지막으로 설립등기를 완료함으로써 회사가 성립된다.

결국 모집설립절차는 ① 발기인의 정관작성(제288조, 제289조), ② 주식발행사항의 결정(제291조), ③ 발기인의 주식인수(제293조), ④ 주주모집(제301조), ⑤ 모집주주 청약(제302조), ⑥ 발기인의 주식배정(제303조), ⑦ 주금납입(제305조), ⑧ 창립총회(제308조), ⑨ 임원선임(제312조), ⑩ 이사와 감사의 설립경과조사(제313조 제1항), ⑪ 설립등기(제317조) 절차를 밟는다. 여기서 ④, ⑤, ⑥ 및 ⑧의 절차를 거치도록 하는 것은 발기설립과 달리 모집주주가 존재하기 때문이다.

(3) 회사규모에 따른 설립방법의 이점

본래 발기설립은 소규모회사 또는 대기업의 자회사를 설립하는 데, 모집설립은 다수의 주식인수인을 모집하여야 한다는 점에서 대기업을 설립하는 데 적합하다. 특히 1995년 개정상법은 발기설립의 경우에도 모집설립과 같이 이사·감사로 하여금 설립경과를 조사하도록 하였기 때문에(제298조 제1항) 실제 소규모회사나 자회사의 설립시에는 발기설립이 효과적인 방법이라고 할 수 있다.

(4) 양 방법의 차이

발기설립절차상 납입을 게을리하면 채무불이행책임을 진다(민법 제389조, 제390조, 제544조). 반면, 모집설립의 경우에는 실권절차가 인정된다(제307조·제305조). 발기설립의 경우 이사와 감사의 선임은 발기인이 인수한 주식수에 비례한 의결권의 과반수로 한다(제296조). 모집설립의 경우는 창립총회에서 선임한다(제312조).

2. 변태설립사항이 있는 경우

회사설립시 변태설립사항이 있는 경우에는 이사가 법원에 검사인의 선임을 청구하고 이에 의하여 선임된 검사인의 조사를 받는 것이 원칙이다(제298조 제4항). 그러나 검사인의 조사는 변태설립사항이 ① 발기인의 특별이익, 발기인의 보수 또는 회사가 부담할 설립비용(제290조 제1호·제4호)에 관한 내용이라면 공증인의 조사·보고로 갈음하고(제299조의 2, 제310조 제3항), ② 현물출자 또는 재산인수에 관한 내용이라면 현물출자·재산인수의 대상이 된 자산에 대한 감정인의 감정(제290조의

2, 제310조 제3항)으로 대체할 수 있다.

Ⅲ. 최저자본금제도

1. 최저자본금제도와 액면주식

2009년 5월 개정 전 주식회사의 최저자본금은 5,000만원이었다(개정 전 제329조 제1항). 이는 회사성립의 요건이자 존속요건이었다. 최저자본금제도는 회사의 濫 設과 부실을 방지하기 위한 것이었으나, 현대의 기업사정에는 맞지 아니한다는 비판이 제기되어 왔다. 그리하여 2009년 개정시 이 제도를 폐지하였다.

현행법상 액면주식의 액면가는 100원 이상이다(제329조 제3항). 따라서 1인의 발기인(제289조 제1항)만으로 설립하는 회사의 경우에는 자본금을 100원으로 할 수 있다. 액면주식의 경우 주식분할 후의 1주의 금액은 100원 미만으로 하지 못한다 (제329조의 2 제2항).

2. 무액면주식과 최저자본금

무액면주식은 2011년 개정상법에서 도입되었다. 회사는 정관으로 정한 경우 에는 주식의 전부를 무액면주식으로 발행할 수 있다. 다만, 무액면주식을 발행하 는 때에는 액면주식을 발행할 수 없다(제329조 제1항). 회사는 정관이 정하는 바에 따라 발행된 액면주식을 무액면주식으로 전환하거나 무액면주식을 액면주식으로 전환할 수 있다(제329조 제4항). 이 경우에는 제440조(주식병합의 절차), 제441조 본문 (주식병합의 효력발생시기) 및 제442조(신주권의 교부)를 준용한다(제329조 제5항).

따라서 액면주식 등을 전환하는 경우 회사는 1월 이상의 기간을 정하여 그 뜻과 그 기간 내에 주권을 회사에 제출할 것을 공고하고 주주명부에 기재된 주주 와 질권자에 대하여는 각별로 그 통지를 하여야 한다(제329조 제5항·제440조). 전환은 통지기간이 만료한 때에 그 효력이 생긴다(제329조 제5항·제4항·제441조).

이 밖에도 액면주식 등을 전환하는 경우 구주권을 회사에 제출할 수 없는 자 가 있는 때에는 회사는 그 자의 청구에 의하여 3월 이상의 기간을 정하고 이해관 계인에 대하여 그 주권에 대한 이의가 있으면 그 기간 내에 제출할 뜻을 공고하 고 그 기간이 경과한 후에 신주권을 청구자에게 교부할 수 있다. 공고의 비용은 청구자의 부담으로 한다(제329조 제5항·제4항·제442조).

Ⅳ. 발기인

1. 의의

(1) 개념

발기인은 실질적으로는 회사설립의 기획자이자 그 절차를 주관하는 자를 의미하고(incorporator, promoter), 형식적으로는 정관에 발기인으로서 기재되고 기명날인 또는 서명한 자를 말한다(제289조 제1항). 따라서 법적인 개념으로는「정관을 작성하고 기명날인 또는 서명한 자로서 정관에 발기인으로 기재된 자」로 정의할 수 있다(제289조 제1항 제8호). 이러한 개념정의는 유사발기인(제327조)과 발기인을 구별하는 기준이 된다.

(2) 기능

주식회사의 설립과정에서 발기인은 다음과 같은 기능을 수행한다. 즉 ① 주식회사는 인적회사와 달리 정관으로 사원(주주)이 확정되지 아니하므로 설립사무 담당기구로서의 기능을 수행하고, ② 설립시 회사에 대한 자본금충실책임(인수담보책임과 납입담보책임)을 부담하며(제321조 제1항·제2항), ③「설립 중의 회사」의 기관으로서 회사가 성립한 경우 회사 또는 제3자에게 가해진 손해에 대한 책임부담주체로서 기능하며(제322조 제1항·제2항), ④「설립 중의 회사」의 기관으로서 회사가 성립하지 않은 경우 그 책임에 대한 부담주체로서 기능한다(제326조 제1항).

2. 발기인의 자격

발기인의 자격에는 제한이 없다. 제한능력자나 법인도 발기인이 될 수 있다(통설). 내국인 또는 외국인도 발기인이 될 수 있다. 다만, 발기인은 정관작성·주식인수 등 실제로 회사의 설립사무를 주관하여야 하기 때문에 행위무능력자는 행위능력제한에 관한 일반 법리의 적용을 받는다. 그리하여 미성년자는 법정대리인의 동의를 얻어 스스로 발기인이 되거나 법정대리인이 발기인을 대리한다. 발기인이 피성년후견인인 때에는 법정대리인이 발기인을 대리한다.

발기인이 될 수 있는 법인에는 공법인 또는 사법인을 묻지 아니한다. 법인의 경우 법인의 대표자 또는 대리인이 발기인으로서 정관의 작성 기타 설립사무에 종사할 수 있다고 본다.

3. 인원수

발기인의 수는 1인 이상이어야 한다(제288조). 따라서 발기인 중 일부가 사망하거나 무자격이 된 때에도 1人 이상이면 설립절차를 속행할 수 있다고 본다. 발기인 전원이 사망하거나 무자격(예: 발기인인 법인의 해산)이 되는 때에는 설립무효사유가 된다. 이 경우에는 인적회사의 계속사유와는 달리 다른 발기인을 충원할 수 없고, 정관작성부터 다시 시작하여야 한다. 그 이유는 발기인의 지위는 양도되거나 상속될 수 없기 때문이다.[7] 다만, 발기인인 법인이 합병된 경우에는 존속회사 또는 신설회사가 이를 승계할 수 있다고 본다.[8]

발기인의 인원수에 관한 요건은 회사의 실체형성이 완성될 때까지, 즉 발기설립시에는 설립경과에 관한 조사절차가 종료한 시점, 모집설립시에는 창립총회가 종료한 시점까지 유지되면 족하다고 본다.[9]

4. 발기인조합

발기인이 2인 이상인 경우 발기인들 간에는 발기인조합이 성립한다. 각 발기인은 발기인조합의 조합원으로서의 지위를 갖는다. 발기인조합은 민법상의 조합이므로 조합에 관한 민법규정이 적용된다(통설). 정관작성 또는 주식인수 등 회사 설립에 관한 발기인의 행위는 조합계약의 이행이다(통설).

설립 중의 회사는 발기인조합 이후에 성립하는데, 양자는 서로 다르다. 「설립 중의 회사」는 발기인이 1주 이상을 인수한 이후(다수설·판례) 성립하여 설립시까지 존재하는 社團的 存在로서 회사법적 효력을 가진다. 이에 대하여 「발기인조합」은 발기인 상호간에 내부적인 계약관계로서 개인법상 존재이기 때문에 설립 후의 회사 또는 설립 중의 회사와 직접적인 법적 관계를 갖지 못한다.

---

7) 이철송(2024), 234면; 권기범(2021), 417면.
8) 최준선(2024), 147면; 정동윤(2012), 381면.
9) 이철송(2024), 234면; 권기범(2021), 417면; 정동윤(2012), 381면.

5. 발기인의 의사결정

상법은 복수의 발기인이 있는 경우 발기인의 업무집행은 전부 공동으로 하도록 명시하고 있다. 공동으로 하여야 할 사항에 관한 의사결정은 조합의 규정에 따라 발기인의 과반수로 해야 한다(민법 제706조 제2항). 따라서 청약기간, 납입취급은행의 결정 및 모집설립시의 주식의 배정(제303조)은 발기인 과반수의 동의를 요한다. 다만, 정관의 작성(제289조 제1항)과 주식발행사항의 결정(제291조) 등은 명문으로 발기인 전원의 동의를 요한다.

한편 발기설립시 이사와 감사의 선임은 발기인이 인수한 주식수에 비례하여 의결권을 부여하고 그 의결권의 과반수로 결정한다(제296조). 이 경우 두수주의가 아닌 지분주의를 채택한 것은 발기인으로서의 업무집행이 아닌 출자자로서의 지분권을 행사하는 것이기 때문이다.

V. 설립 중의 회사

1. 의의

주식회사는 정관의 작성에서 시작하여 설립등기에 의하여 성립하기까지 점차 조직이 生成되고 실체가 형성되어 가는 과정을 거친다. 그 과정 중에 설립 중의 회사라는 실체가 존재하는데, 설립 중의 회사란 '회사의 설립등기 이전에 어느 정도 회사의 실체가 형성된 미완성의 회사'라고 정의할 수 있다.

통설(同一性說)에 따르면 설립 중의 회사는 장래에 성립할 회사의 전신으로서, 법인격은 없지만 회사설립의 목적범위 내에서 제한적 권리능력(예: 예금거래 또는 어음행위능력)을 가지고 성립 후의 회사와 실질적으로 동일한 실체이다. 판례도 설립 중의 회사는 주식회사의 설립과정에서 발기인이 회사설립을 위하여 취득 또는 부담하였던 권리의무가 발기인이나 출자자에게 귀속되지 않고, 설립된 회사에 귀속되는 관계를 설명하기 위한 강학상 개념이라고 한다.[10]

2. 법적 성질

민법학에서는 설립 중의 사단법인을 「권리능력 없는 사단」이라고 보고 있는

---

10) 대법원 1994. 1. 28. 선고 93다50215; 1970. 8. 31. 선고 70다1357.

데, 통설과 판례는 설립 중의 회사도「權利能力 없는 社團」이라고 한다.[11] 주요 논거는 근본규칙인 정관이 있고 발기인 또는 주식인수인(모집설립의 경우)을 구성원으로, 발기인을 업무집행기관으로 볼 수 있어 權利能力 없는 社團으로서의 요건을 갖추었다는 데에 있다. 그리하여 설립 중의 회사의 주식인수인, 이사, 감사 및 창립총회는 성립 후 회사의 주주, 이사, 감사 및 주주총회와 다를 바 없다.

이러한 성질에 따라 설립 중의 회사의 존재가 인정되지 아니하면 설립절차과정에서 발기인이 회사설립을 위하여 취득한 재산 예를 들면, 납입된 주금 또는 現物出資된 資産은 우선적으로 발기인의 재산으로 귀속되었다가 설립등기를 완료한 후 회사에 이전하는 절차를 밟아야 하는데, 설립 중 회사의 존재는 이러한 번거로움과 비경제적인 과정을 피할 수 있게 한다. 그리고 출자된 재산이 발기인의 사적 채무에 대한 책임재산을 구성하여 그의 채권자의 강제집행 대상이 되는 문제도 방지할 수 있다.

3. 성립시기

(1) 학설

설립 중 회사의 성립시기에 관하여는 ① 정관작성시설, ② 발행주식총수인수시설, ③ 그 중간시점을 선택하여 발기인이 1주 이상 인수시설이 대립한다.

1) 발기인이 1주 이상 인수시설

이 학설은 각 발기인이 1주 이상의 주식을 인수한 때를 설립 중의 회사의 성립시기로 본다(다수설).[12] 그 이유는 정관작성만 가지고는 구성원의 일부도 확정되지 않았으므로 권리능력 없는 사단이라고 보기 어려운 데 반해, 발기인이 주식을 인수하면 인적·물적 기초의 일부나마 확정되어 장차 주식회사로 발전할 단체의 형식이 갖추어지기 때문이라고 한다.

2) 정관작성시설

이 학설은 설립 중의 회사의 성립시기를「발기인의 1주 이상 인수할 때」로 보는 것은 문제가 있다고 한다. 그것은 상법상 발기인은 발기설립이든 아니면 모

---

11) 대법원 1970. 8. 31. 선고 70다1357.
12) 이병태(1988), 435면; 강희갑(2004), 176면; 권기범(2021), 439면; 김정호(2023), 105면; 정찬형(2022), 667면; 손주찬(2004), 551면; 최·김(2014), 497면; 장덕조(2021), 299면; 정경영(2022), 133면; 홍·박(2021), 158면.

집설립이든 반드시 주식을 인수하여야 하며(제293조), 발기인은 정관에 의하여 확정되므로, 발기설립시에는 구성원의 전부 또는 모집설립시에는 일부가 정관작성시에 이미 확정되기 때문이다. 그리고 설립 중의 회사를 인정하는 실익은 設立登記 이전에 발기인의 설립행위에 의하여 발생한 權利義務가 설립된 회사에 귀속하는 관계를 설명하는 점에 있는데, 이러한 필요성은 정관작성 후 발기인의 주식인수 전에도 존재하기 때문에(예: 변태설립사항에 관한 업무) 설립 중의 회사의 성립시기를 정관작성시로 보고 있다.[13)

3) 발행주식총수인수시설

이 학설은 ① 회사설립시에 발행하는 주식의 총수가 발기인에 의하여 인수되었을 때 설립 중의 회사가 성립한다고 본다. 이 논거는 독일주식법 제29조를 비교법적 근거로 한다.[14) 그리고 ② 법정최저자본제하에서는 최저자본금이 충족되지 아니하면 회사설립이 불가능하기 때문에 정관작성 후 회사설립시에 발행하는 주식의 총수가 인수되었을 때에 설립 중의 회사가 성립한다고 본다. 그러나 ①의 논지는 독일의 설립제도는 발기설립만이 있고, 정관은 공증인의 인증만으로 확정되는 등 우리나라 법제와는 많이 다르다. 따라서 이를 근거로 우리 법을 해석하는 것은 무리가 있다. ②의 논지는 2009년 5월 최저자본금제도가 폐지된 이상 타당하지 않다.

(2) 판례

판례는 정관이 작성되고 발기인이 적어도 1주 이상의 주식을 인수하였을 때 비로소 설립 중의 회사가 성립한다고 본다.[15)

(3) 사견

판례에 의하면 정관작성 후 주식인수 전까지의 법률관계는 성립 후의 회사에 귀속할 수 없을 뿐 아니라, 주식을 1주 이상 인수하는 것은 설립 중의 회사의 대내문제로서 공시되지도 아니한다. 이로 인하여 주식의 인수정도를 가지고 설립 중의 회사가 성립한다고 보는 것은 법적 안정성을 해한다. 그리고 발행주식총수인수시설도 발행주식총수가 인수된 단계에서는 이미 회사의 실체가 완성된 단계

---

13) 송옥렬(2022), 777면; 이·최(2022), 160면; 이철송(2024), 238면; 최준선(2024), 159면.
14) 정동윤(2012), 410면.
15) 대법원 2000. 1. 28. 선고 99다35737; 1998. 5. 12. 선고 97다56020.

로서 바로 설립등기하면 되기 때문에 이 단계에서 설립 중의 회사를 인정할 실익이 없다. 따라서 정관작성시설을 지지한다.

4. 법률관계

(1) 내부관계

권리능력 없는 사단에 관한 내부의 법률관계는 사원총회 다수결에 의하여 의사를 형성하고, 사원총회에서 선임되는 업무집행기관이 업무를 집행하는 것이 一般法理이다. 그러나 상법은 회사설립의 이행이라는 제한적인 범위 내에서만, 그리고 설립절차에 필요한 방식으로 내부적인 법률관계를 인정하고 있다. 그리하여 모집설립시 인정되는 창립총회의 결의는 출석한 주식인수인의 의결권의 3분의 2 이상이며 인수된 주식의 총수의 과반수에 해당하는 다수로 하도록 하고 있고(제309조), 서면에 의한 의결권행사(제368조의 3) 및 전자적 방법에 의한 의결권행사(제368조의 4)는 인정되지 아니한다(제308조 제2항 반대해석). 그리고 설립 중의 회사의 업무집행자는 발기인(제296조)이며, 발기인의 업무집행에 관하여는 법규와 정관으로 그 범위와 방법을 규율하고 있고, 설립 후 사원총회에 해당하는 창립총회는 설립절차의 완결적 단계에서 구성하도록 하고 있다. 창립총회의 권한도 설립경과의 조사(제310조) 또는 이사와 감사의 선임(제312조) 등 일부 제한된 사항에 대하여만 결의하도록 하고 있다. 창립총회에서 선임된 이사와 감사는 설립 중의 회사의 감사기관이지 업무집행기관은 아니다(제313조 참조).

따라서 권리능력 없는 사단의 내부관계에 관한 일반 법리는 설립 중의 회사에 적용될 여지가 거의 없다.

(2) 외부관계

일반 법리에 따르면 권리능력 없는 사단에 관한 외부의 법률관계는 社團法人에 준하는 행위능력, 불법행위능력 및 권리능력 등을 가지며, 대표기관이 대외적 행위를 한다. 그러나 상법상 설립 중의 회사의 발기인이 회사를 대표하여 할 수 있는 행위란 기본적으로 회사설립을 위하여 필수불가결한 범위 내로 국한되고, 제3자와의 법률행위는 募集株主와의 주식인수계약(제302조·제305조), 납입금보관은행과의 예금계약 등 몇 가지로 제한되고 그 효과도 법정되어 있다.

따라서 설립 중의 회사의 외부관계에 있어서도 권리능력 없는 사단에 관한 일반법리가 적용되는 것은 아니다. 그리하여 설립 중의 회사의 명의로 취득한 권리·의무는 설립 중의 회사에 總有的으로 귀속하였다가 회사가 성립하면 별도의 移轉行爲 없이 성립 후 회사에 귀속된다(통설). 다만, 이러한 효과가 발생하는 것은 발기인이 설립 중의 회사의 기관으로서 한 행위로 국한된다(통설). 발기인개인 명의 또는 발기인조합명의로 한 행위는 이와 같은 효과가 발생하지 않는다. 즉 그러한 행위는 권리의 양수나 채무인수 등 별도의 이전행위가 있어야 성립 후의 회사에 귀속한다.[16]

(3) 발기인의 권한 범위

1) 문제의 제기

발기인은 설립 중의 회사의 업무집행기관으로서 설립에 필요한 각종 행위를 하는데, 이 경우 성립 후의 회사에 효과를 귀속시킬 수 있는 행위, 즉 발기인의 권한이 미치는 범위가 문제될 수 있다.

2) 학설

가) 회사의 설립 그 자체를 직접적인 목적으로 하는 행위에 국한된다는 설(최협의설) 이 학설에 따르면 발기인은 정관의 작성, 주식의 인수 및 납입, 사원의 확정, 기관의 구비 및 창립총회의 소집 등의 행위만을 할 수 있고, 회사 성립 후의 개업준비행위는 발기인의 권한범위 내에는 속하지 아니한다. 다만, 예외적으로 법정의 요건을 갖춘 재산인수(제290조 제3호)는 인정된다.[17]

나) 회사설립을 위해 법률상·경제상 필요한 행위가 포함된다는 설(협의설) 이 학설에 따르면 발기인은 설립사무소의 임차, 설립사무원의 고용, 주식청약서 등 필요한 서류의 인쇄위탁, 주식모집광고의 위탁 등을 할 수 있다. 그러나 개업준비행위는 발기인의 권한범위 내에 속하지 아니하고, 다만 예외적으로 법정의 요건을 갖춘 재산인수(제290조 제3호)는 인정된다(다수설).[18]

다) 회사설립 후의 개업을 위한 준비행위도 포함된다는 설(광의설) 이 학설은 발기인은 회사설립에 필요한 법률상·경제상 모든 행위를 할 수 있고, 여

---

16) 대법원 2000. 1. 28. 선고 99다35737; 1994. 1. 28. 선고 93다50215.
17) 이철송(2024), 240면; 최·김(2014), 490면; 이·임·이·김(2012), 89면; 김·노·천(2024), 96면.
18) 권기범(2021), 445면; 김정호(2023), 108면; 김동훈(2010), 126면; 손주찬(2004), 553면; 이·최(2022), 159면; 임홍근(2000), 144면.

기에는 회사설립 후의 개업을 위한 준비행위도 포함된다고 한다. 그러므로 발기인은 성립 후의 회사를 위한 공장부지의 매입, 점포의 차입, 특허발명의 실시허락계약, 제품의 공급계약, 토지·건물의 양수, 원료의 구입, 종업원의 고용 등의 행위도 할 수 있다. 재산인수(제290조 제3호)는 위험성이 큰 행위이므로 상법이 이를 제한하고 있을 뿐 본래는 발기인의 권한에 속한다고 한다.[19]

라) 성립 후의 회사가 할 수 있는 모든 행위를 할 수 있다고 하는 설(무제한설)

3) 판례

대법원은 '발기인대표가 성립 후의 회사를 위하여 자동차조립계약을 체결한 것은, 비록 발기인대표의 個人名義로 되어 있다고 하더라도, 발기인대표로서 회사설립사무의 집행인으로서 위 계약을 체결한 것으로 회사에 책임이 있고, 이는 제290조(변태설립사항)의 각 호에 해당하지 않는다.'고 판시하였다. 그리하여 회사성립 후의 개업을 위한 준비행위도 포함한다는 입장을 취하고 있다.[20]

4) 사견

생각건대 앞의 가)의 설이 타당하다고 본다. 그 이유는 ① 상법은 설립 중의 회사의 발기인의 권한남용을 엄격하게 억제하고 있고, ② 회사설립을 위한 법률상·경제상 필요한 행위의 범위가 모호하기 때문에 발기인의 권한남용을 야기할 수 있는 앞의 나)의 설을 취하기 어렵고, ③ 상법상 財産引受는 변태설립사항으로써 엄격하게 제한하고 있는 취지에서 보면, 그 일종인 개업준비행위는 정관상 법정의 요건을 갖추지 않는 한 허용될 수 없다고 본다. 그리고 앞의 가)의 설을 취하는 결과 설립 중의 회사의 불법행위능력은 인정되지 않는다.[21]

(4) 소송당사자능력과 등기능력

민사소송법은 권리능력 없는 사단의 당사자능력을 인정하고 있고(동법 제52조), 不動産登記法은 등기능력을 인정하고 있다(동법 제30조). 따라서 설립 중의 회사도 이러한 능력이 인정된다고 본다. 예를 들면, 주식인수인들이 출자를 이행하지 아니하면 설립 중의 회사는 실권절차를 밟지 아니하고 바로 訴求하는 경우도 있으므로 당사자능력이 인정된다고 본다.

---

19) 최준선(2024), 149면; 정동윤(2012), 414면; 송옥렬(2022), 778면; 정찬형(2022), 663면; 장덕조(2021), 301면; 김홍기(2022), 346면.
20) 대법원 1970. 8. 31. 선고 70다1357.
21) 同旨 이철송(2024), 240면; 대법원 2000. 1. 28. 선고 99다35737.

발기인의 권한에 관한 앞의 가)의 설에 따르면 설립 중의 회사는 부동산을 현물출자로 받을 때에 부동산을 취득할 수 있다. 다만, 부동산을 현물출자하는 경우에는 등기 이전인 납입기일에 필요한 서류를 완비하여 교부하는 것으로 족하므로(제295조 제2항) 실제로 설립 중의 회사 명의로 등기하지 아니하여도 무방하다.

제 2 관 정관의 작성

Ⅰ. 의 의

주식회사설립의 첫 단계로 발기인은 정관을 작성하여 기명날인 또는 서명한다(제289조 제1항). 정관에는 실질적 의의와 형식적 의의가 있다. 전자는 회사의 조직과 활동에 관한 근본규칙을 의미하고, 후자는 이러한 근본규칙을 기재한 서면 또는 전자적 기록을 말한다(제289조 제3항). 주식회사 설립단계에서의 정관은 양자의 의미를 포함한다.

정관은 원칙적으로 공증인의 認證을 받음으로써 효력이 생긴다(제292조 본문). 다만, 자본금 총액이 10억원 미만인 회사를 발기설립하는 경우에는 각 발기인이 정관에 기명날인 또는 서명함으로써 효력이 생긴다(제292조 단서).

Ⅱ. 기재사항

정관의 기재사항에는 절대적 기재사항(제289조), 상대적 기재사항[22] 및 임의적 기재사항의 세 가지가 있다. 「절대적 기재사항」은 반드시 정관에 기재되어야 하고, 이의 기재에 흠결이 있거나 그 내용이 위법·부실하면, 정관이 무효가 되고 회사설립무효의 원인이 된다. 상법은 주주 등 이해관계인을 보호하기 위하여 설립의 첫 단계에서부터 절대적 기재사항을 열거하고 있다.

「상대적 기재사항」은 정관에 기재하지 않아도 정관자체의 효력에는 영향이 없지만, 정관에 기재하지 아니하면 특정사항의 효력이 발생하지 아니한다. 예를 들면, 현물출자는 정관에 기재하지 아니하여도 정관자체의 효력에는 영향이 없지

---

22) 제290조, 제344조 제2항, 제344조의 2 내지 제346조, 제356조의 2, 제357조, 제383조 제3항, 제387조, 제416조, 제418조, 제517조 제1호 등.

만, 정관에 기재되지 아니하면 현물출자를 하지 못한다. 「임의적 기재사항」은 위 두 가지에 해당하지 아니하나 강행법규 또는 주식회사의 본질에 반하지 아니하는 사항으로 이를 정관에 기재하면 기재사항대로 효력이 발생한다.

설립시에 확정된 정관의 변경에는 주주총회의 특별결의가 요구된다(제434조). 이하에서는 정관의 기재사항을 유형별로 살펴본다.

Ⅲ. 절대적 기재사항과 수권자본제

1. 절대적 기재사항

상법은 정관의 절대적 기재사항으로 ① 목적, ② 상호, ③ 회사가 발행할 주식의 총수, ④ 액면주식을 발행하는 경우 1주의 금액, ⑤ 회사설립시에 발행하는 주식의 총수, ⑥ 본점의 소재지, ⑦ 회사가 공고하는 방법, ⑧ 발기인의 성명·주민등록번호 및 주소를 기재하도록 하고 있다(제289조 제1항 제1호 내지 제8호).

(1) 목적(제1호)

「목적」이란 회사사업의 목적을 말한다. 상법은 목적인 사업에 대하여 특별한 제한을 두지 않고 있다. 따라서 상행위 그 밖의 영리사업을 하여도 무방하다. 목적사업은 수종이어도 무방하지만, 특수한 사업에 대하여는 특별법상 주무관청의 허가, 인가 또는 면허를 받도록 하는 경우가 있다.

회사의 목적은 주주에게는 출자의 동기를 이루며, 회사의 기관 및 회사와 거래하는 제3자의 이해관계에 영향을 미친다. 理事에게는 업무의 집행범위를 제시한다. 그리하여 이사가 목적에 반하는 행위를 한 때에는 손해배상책임을 지고(제399조), 解任事由(제385조)가 되며, 유지청구(제402조)의 대상이 된다. 제3자에게는 회사와의 거래시 회사에 대하여 기대할 수 있는 反對給付의 범위를 예측하는 기준이 된다.

한편 목적은 회사의 권리능력을 제한하는 기준이 되거나(제한설), 회사기관의 권한남용의 기준이 된다(무제한설).

(2) 상호(제2호)

상호는 회사의 명칭이다. 自然人과 달리 회사는 그를 표시하기 위한 방법으로서 상호가 있어야 한다. 주식회사는 상호 중에 반드시 「주식회사」라는 문자를 사용하여야 한다(제19조).

(3) 회사가 발행할 주식의 총수(제3호)

이는 회사가 존속하는 동안 정관의 변경 없이 발행 가능한 주식총수를 의미한다. 간단히 발행예정주식총수 또는 수권주식총수라고도 한다. 이에 대하여는 후술한다.

(4) 액면주식을 발행하는 경우 1주의 금액(액면가)(제4호)

상법은 액면주식과 무액면주식을 발행할 수 있도록 하고 있다(제329조 제1항). 액면주식 1주의 금액을 「액면가」라고 한다. 액면가는 균일하여야 하며, 1주의 액면가는 100원 이상이어야 한다(제329조 제2항·제3항). 액면가에 발행주식총수를 곱하면 자본금이 산출된다(제451조). 액면가는 회사가 주식인수대가로 제시하는 發行價 또는 특정시점에서의 매매가격인 時場價와는 다르다.

자본금유지의 원칙상 액면가는 100원 미만으로 발행하지 못한다(제330조). 다만, 회사가 성립한 날로부터 2년을 경과한 후에 주식을 발행하는 경우에는 주주총회의 특별결의와 법원의 인가를 얻어서 100원 미만의 액면가로 발행할 수 있다(제417조 제1항).

(5) 회사의 설립시에 발행하는 주식의 총수(제5호)

이는 회사의 발행예정주식총수 가운데 설립시 발행할 주식으로서 자본금 산출의 기초가 된다.

(6) 본점소재지(제6호)

본점은 주된 營業所로서 영업의 중심이 되는 장소를 뜻한다. 회사의 주소는 본점소재지에 있는 것으로 한다(제171조). 본점소재지는 회사가 받을 의사표시·통지의 수령지가 되며 등기 및 각종 회사법상의 訴에 있어서 관할의 표준이 된다(예: 제328조 제2항, 제186조). 본점소재지는 주주총회의 소집지를 제약하고(제364조), 등기관계상 국내에 있어야 한다. 그리고 선택적이어서는 아니 되고 단일해야 한다. 最小行政區域(예: 서울특별시 종로구 또는 제주특별자치도 서귀포시)을 기재하는 것으로 족하다는 견해가 다수설이고23) 실무상 그와 같이 기재하는 예가 많지만(상업등기선례

---

23) 정찬형(2022), 674면; 최준선(2024), 168면; 정동윤(2012), 387면; 최·김(2014), 503면; 이·

1-115, 1-137), 地番이나 도로명주소로 특정되어야 한다고 본다.

(7) 회사가 공고를 하는 방법(제7호)

1) 의의 및 유형

이는 회사의 법률관계 중에서 株主, 債權者 그 밖의 이해관계인를 보호하는 데 필요한 사항을 공시하도록 하기 위한 것이다. 예를 들면, 주주명부의 폐쇄공고 (제354조 제4항), 신주인수권자에 대한 최고(제419조 제2항), 자본금감소의 공고(제439조 제2항), 재무제표 등의 승인·공고(제449조 제3항) 및 청산인의 회사채권자에 대한 최 고(제535조 제1항) 등이 그에 해당한다. 회사의 공고는 서면공고가 원칙이며, 예외적 으로 전자적 공고(2009년 5월 개정)를 할 수 있다.

2) 서면공고

회사의 공고는 원칙적으로 관보 또는 時事에 관한 사항을 게재하는 일간신문 에 하여야 한다(제289조 제3항). 따라서 시사를 다루는 지방지는 가능하다. 복수의 일간신문을 정할 수는 있지만, 이를 선택적으로 이용할 수는 없다. '시사'에 관한 사항을 게재하는 일간신문이어야 하므로 특수한 기술(예: TV, 게임기), 오락·취미 (예: 스포츠나 예능), 특정산업이나 직역(예: 부동산, 증권, 농수산업), 특정단체(예: 회사 또는 동문회) 또는 동호회만을 대상으로 하는 신문 등은 제외된다.

3) 전자적 공고

가) 의의   상법은 예외적으로 정관으로 정하는 바에 따라 전자적 방법으로 공고를 할 수 있다(제289조 제3항 단서). 전자적 공고는 회사의 인터넷 홈페이지에 게 재하는 방법으로 하여야 한다(시행령 제6조 제1항).

나) 요건   사전에 정관으로 정하여야 한다. 정관에서 전자적 공고를 할 것 을 정한 경우에는 회사의 인터넷 홈페이지 주소를 등기하여야 한다(시행령 제6조 제2 항). 인터넷 홈페이지를 등기하지 아니하고 홈페이지에 공고를 하면 선의의 제3자 에게 대항하지 못한다(제37조 제1항). 그리고 정관에는 전자적 공고가 불가능한 경 우 서면공고할 신문을 기재해 두어야 한다. 회사가 전산장애 또는 기타 부득이한 사유로 전자적 공고를 할 수 없는 경우에는 정관에서 정하는 관보 또는 시사에 관한 사항을 게재하는 일간신문에 공고하여야 하기 때문이다(시행령 제6조 제4항).

다) 보완규정   전자적 공고는 디지털매체이다. 이 때문에 정보수령자의 입

최 (2022), 167면.

장에서는 의사전달의 확실성이 떨어질 수 있다. 이를 보완하기 위하여 상법은 다음과 같은 규정을 두고 있다.

① 공고기간

전자적 방법으로 공고할 경우에는 대통령령으로 정하는 기간까지 계속 공고하여야 한다(제289조 제4항 전단). 여기서 '대통령령으로 정하는 기간'이란 ① 법에서 특정한 날부터 일정한 기간 전에 공고하도록 한 경우에는 '그 특정한 날', ② 법에서 공고에서 정하는 기간 내에 이의를 제출하거나 일정한 행위를 할 수 있도록 한 경우에는 '그 기간이 지난 날', ③ 그 이외의 경우에는 '해당공고를 한 날부터 3개월이 지난 날'까지의 기간, 즉 공고기간을 말한다(시행령 제6조 제5항). 이는 정보이용자에게 정보접근의 기회를 보장하기 위한 규정이다.

회사가 재무제표를 전자적 방법으로 공고할 경우에는 정기총회에서 이를 승인한 후 2년까지 계속 공고하여야 한다(제289조 제4항 후단, 제450조). 이 규정은 정기총회에서 재무제표의 승인을 한 후 2년 내에 다른 결의가 없으면 회사는 이사와 감사의 책임을 해제한 것으로 본다는 규정(제450조)과의 균형을 고려한 것이다.

② 공고의 중단

공고기간 중에 불특정 다수가 제공받을 수 없게 되거나 그 공고된 정보가 변경 또는 훼손된 경우와 같이 공고가 중단되더라도, 그 중단기간의 합계가 공고기간의 5분의 1을 초과하지 않으면 공고의 중단은 공고의 효력에 영향이 없다(시행령 제6조 제6항). 다만, 이는 공고가 전산장애 등 불가항력적인 사유로 중단될 수 있음을 감안한 규정이기 때문에, 공고의 중단에 회사의 고의 또는 중대한 과실이 있어서는 아니 된다(동항 단서). 이때에는 공고기간을 준수하지 아니한 것이 된다.

③ 공고내용의 열람

회사가 전자적 공고를 하는 경우에는 공고기간 이후에도 누구나 그 내용을 열람할 수 있다(제289조 제4항 단서). 이는 회사가 공고하는 사항은 상당기간이 경과한 후에도 입증자료 기타 유용한 정보가 된다는 점과 이해관계자의 알 권리를 고려한 규정이다.

④ 게시내용 등에 대한 증명

회사가 전자적 방법으로 공고할 경우에는 게시기간과 게시내용에 대하여 증명하여야 한다(제289조 제5항). 이는 서면공고의 경우에도 마찬가지이므로 달리 의미가 있는 규정은 아니다.

⑤ 공고방법

회사가 전자적 방법으로 공고하려는 경우에는 그 정보를 회사의 인터넷 홈페이지 초기화면에서 쉽게 찾을 수 있도록 하는 등의 조치를 하여야 한다(시행령 제6조 제3항). 이 경우 초기화면에서 쉽게 발견할 수 있는 접속메뉴를 설치하고 연결메뉴에서 공고내용을 제공할 수도 있다고 본다.

(8) 발기인의 성명, 주민등록번호 및 주소(제8호)

이는 발기인의 동일성을 인식시키기 위한 규정이다. 발기인은 정관을 작성하고 기명날인 또는 서명하여야 하므로 기명날인 또는 서명한 발기인의 성명·주민등록번호 및 주소를 기재하도록 하는 것이다. 법인이 발기인인 경우에는 법인의 본점과 상호 그 밖의 명칭을 기재하여야 한다. 발기인은 회사설립기획자이므로 제8호의 내용은 당연히 정관변경의 대상이 아니다.

2. 수권자본제

주식회사의 정관에는 자본금을 표시하도록 하는 규정은 없으나, 절대적 기재사항에서 산출가능하다. 정관에는 ① 회사가 발행할 주식의 총수, 즉 발행예정주식총수, ② 액면주식을 발행하는 1주의 금액, ③ 회사의 설립시에 발행하는 주식의 총수(제289조 제1항 제3호·제4호·제5호)가 기재된다. 이 중에서 회사설립시의 최초 자본금은 ②×③에서 산출된다. 즉 자본금은 발행주식의 액면총액이다(제451조). 나머지 ①은 회사설립 후 정관을 변경하지 아니하고 발행할 수 있는 주식총수를 뜻한다. 2011년 개정 전 상법은 회사설립시 발행하는 주식의 총수(③)는 발행예정주식총수(①)의 4분의 1 이상이 되도록 강제하였으나(개정 전 제289조 제2항), 폐지되었다.

따라서 현행법상 회사의 발행예정주식총수(예: 10,000주)에서 회사설립시 발행이 강제되어야 하는 주식수(예: 2,500주)는 없다. 그리고 신주발행은 원칙적으로 이사회의 권한사항이므로(제416조 본문), 이사회는 신규자금이 필요할 때마다 정관상 발행예정주식총수(예: 10,000주)에서 회사설립시 발행한 주식총수(예: 1,000주)를 포함한 旣발행주식총수(예: 2,000주)를 공제한 범위 내에서(예: 8,000주) 주주총회의 결의를 거치지 아니하고 기동성 있게 신주를 발행하여 자금을 조달할 수 있다.

그러나 이사회가 발행예정주식총수를 초과하여 주식을 발행하고자 할 때에는 먼저 정관을 변경하여 발행예정주식총수를 늘려야 한다. 정관변경은 주주총회의 특별결의를 요한다. 그러므로 발행예정주식총수를 정관에 기재하는 것은 주주들이 이사회에게 주주의 동의 없이 주식을 발행할 수 있는 권한을 부여하였다는 뜻을 지니고, 그런 의미에서 이를 '授權資本'이라 부른다.

Ⅳ. 상대적 기재사항

1. 서

상대적 기재사항은 상법의 여러 부분에 규정되어 있다. 이 중에서 특히 변태설립사항은 회사의 설립시에 자본충실을 기하기 위하여 반드시 정관에 기재하여야만 효력이 있는 것으로써 중요하다.

2. 변태설립사항

(1) 의의 및 유형

상법은 설립시 발기인이 권한을 남용하는 경우 자본충실을 해칠 우려가 있는 사항, 이른바 「위험한 약속」으로 ① 발기인에게 주어지는 특별한 이익, ② 현물출자, ③ 財産引受, ④ 設立費用과 發起人의 報酬를 열거하고, 이를 「변태설립사항」이라 하여 정관에 기재하도록 하고 있다(제290조). 그리고 모집주주가 알 수 있도록 주식청약서에도 기재하여야 하며(제302조 제2항 제2호), 원칙적으로 법원이 선임한 검사인의 조사절차를 거쳐야 한다(제299조 제1항, 제299조의 2, 제310조). 만약 변태설립사항이 부당한 때에는 발기설립의 경우는 법원, 모집설립의 경우는 창립총회에서 변경할 수 있다(제300조, 제314조).

(2) 발기인의 특별이익

1) 의의

회사는 발기인이 받을 특별이익과 이를 받을 자의 성명을 정관에 기재하여야 그 효력이 있다(제290조 제1호). 발기인의 특별이익은 회사설립의 기획자로서 실패

에 대한 위험을 부담하고 활동한 설립공로에 대한 보상으로서 부여되는 채권적
권리이다.

2) 대상

발기인의 특별이익의 대상에는 이익배당, 잔여재산분배, 신주인수의 우선권,
회사와 계속적인 거래의 약속, 회사시설의 무상이용과 같은 특혜 또는 제품의 할
인거래와 같이 강행법규에 위배되지 아니하는 한 모든 재산적 이익이 포함된다
(통설).24) 다만, 발기인 소유주식에 대한 確定利子의 支給, 주금납입의 면제, 無
償株나 功勞株의 交付 등은 자본충실의 원칙에 반하므로 허용되지 아니한다.25)
주주총회에서의 의결권에 대한 특혜도 주주평등의 원칙상 허용될 수 없다. 장차
이사, 감사 또는 그 밖의 임원 등의 지위를 약속하는 것과 같이 단체법질서에 반
하는 이익도 허용될 수 없다.

3) 양도성 등

발기인의 특별이익은 정관상 특정한 발기인에게 부여되는 것이므로 이익의
성질상 양도할 수 없거나 정관에 의하여 양도가 금지되어 있는 경우를 제외하고
는 양도 또는 상속의 대상이 된다.

(3) 현물출자

1) 의의

회사는 현물출자를 하는 자의 성명과 그 목적인 재산의 종류, 수량, 가격과
이에 대하여 부여할 주식의 종류와 수를 정관에 기재하여야 그 효력이 있다(제290조
제2호). 현물출자는 금전 이외의 재산을 출자의 목적으로 하는 것을 말한다. 현물
출자는 회사입장에서 보면 유용한 출자형태이다. 그것은 설립 후 구입하여야 할
자산이 출자의 대상이 된다면, 재산구입으로 인한 비용을 줄일 수 있는 이점이
있기 때문이다.

2) 성질

현물출자의 성질은 상법이 정한 출자의 한 형태라고 할 수 있다. 다만, 현물
출자의 결과 그 재산권은 회사에 귀속되고, 雙務·有償契約的 性質을 갖기 때문

---

24) 同旨 최준선(2024), 169면; 정찬형(2022), 676면; 최·김(2014), 504면; 김정호(2023), 112
   면; 손주찬(2003), 577면; 정경영(2022), 148면.
25) 이철송(2024), 249면; 권기범(2021), 426면; 정찬형(2022), 676면.

에 위험부담·하자담보 등에 관한 민법의 규정(민법 제537조, 제570조 이하)이 적용된다
(통설).

3) 목적물

현물출자의 목적물은 금전 이외의 財産으로서 대차대조표상 資産의 部에
기재할 수 있는 것이면 모두 가능하다. 따라서 임차보증금채권, 動産, 不動産,
채권·어음 등의 유가증권, 특허권, 타 회사의 주식, 광업권, 상호, 營業上의 秘訣
이나 채무를 포함하는 일체로서의 영업의 일부 또는 전부 등도 출자의 목적으로
할 수 있다. 다만, 주식회사는 자본단체이므로 재산적 가치를 평가하기 어려운 노
무출자나 신용출자는 목적물이 될 수 없다(異說 없음).

한편 현물출자의 목적물을 양도하면 주주의 지위도 함께 양도되는 것으로 하
는 약정은 회사법상의 효력은 없고, 개인법상의 채권계약으로서는 유효하다.[26]

4) 조사절차

현물출자는 회사의 입장에서 보더라도 유용한 출자형태이지만, 목적물인 재
산이 가치가 없거나 과대평가되면 자본금충실의 원칙에 반하고 회사채권자를 해
할 염려가 있다. 그리하여 상법은 출자재산의 적정성과 평가의 공정성을 확보하
기 위하여 엄격한 조사절차를 두어 검사인의 조사절차 또는 공인된 鑑定人의 鑑
定을 거치도록 하고 있고, 공증인의 조사로 대체하는 것을 금지하고 있다(제298조
제4항, 제299조의 2, 제310조).

5) 부당평가의 효력

현물출자의 목적물인 재산이 무가치하거나 과대평가된 상태로 설립등기를 완
료한 경우, 그 효력은 부당평가의 정도에 따라 차이가 있다. 즉 부당평가의 정도가
경미하다면 발기인과 임원의 손해배상책임의 추궁만으로 해결할 수 있다(제322조, 제
323조). 그러나 무가치하거나 과대평가의 정도가 커 발기인이나 이사에 대한 책임추
궁만으로 자본구성의 결함을 보완하기 어려운 때 그 현물출자는 무효라고 본다.

6) 이행

현물출자를 하는 자는 납입기일에 지체 없이 현물출자를 이행하여야 한다(제
295조 제2항, 제305조 제3항). 이행방식은 목적재산의 유형별 권리이전방식에 따른다.
즉 動産인 경우에는 引渡, 有價證券인 경우에는 背書·交付 등의 방법을 취하여

---

26) 대법원 1967. 6. 13. 선고 67다302.

야 한다. 채권인 경우에는 채무자에게 통지 또는 채무자의 승낙이라는 대항요건도 갖추어야 한다(제295조 제2항·민법 제450조 참조).

부동산 기타 登記·登錄할 재산은 등기·등록에 필요한 서류를 완비하여 교부하여야 한다(제295조 제2항, 제305조 제3항). 따라서 그 재산은 설립 중의 회사의 이름으로 등기·등록하는 절차를 밟을 필요가 없이 일단 설립 중의 회사에 귀속하고, 회사의 성립 후에는 특별한 절차 없이 회사에 귀속한다(동일성설). 현물출자의 이행은 發起人代表에게 하여야 한다.

7) 불이행의 효과

현물출자가 이행불능의 경우 출자자에게 손해배상을 청구할 수 있다(민법 제390조·제544조·제551조). 이행지체의 경우에는 채무불이행의 일반원칙에 의하여 강제집행을 할 수 있다(민법 제389조). 다만, 어느 경우이든 정관을 변경하여 설립절차를 속행할 수 있다. 물론 회사불성립으로 귀결될 수도 있다.

(4) 재산인수

1) 의의

재산인수는 발기인이 설립 중 회사의 기관으로서 회사의 성립을 조건으로 하여 성립 후의 회사가 특정인으로부터 일정한 財産을 讓受하기로 약정하는 것을 말한다. 여기서 '회사성립 후에 양수할 것을 약정한다.'는 것은 발기인이 설립될 회사를 위하여 회사의 성립을 조건으로 다른 발기인, 주식인수인 또는 제3자로부터 일정한 재산을 매매의 형식으로 양수할 것을 약정하는 계약을 의미한다.[27]

재산인수는 약정한 재산의 종류, 수량, 가격과 그 양도인의 성명을 정관에 기재하여야 효력이 발생하고(제290조 제3호), 성립 후 회사는 약정한 재산을 양수할 의무를 부담한다. 현물출자는 재산과 주식을 교환하는 출자계약인 데 대하여 재산인수는 순수한 개인법상의 거래라는 점에서 차이가 있다.

2) 규제의 취지

상법이 재산인수를 변태설립사항으로 규정한 것은 발기인이 ① 재산인수의 목적재산을 과대평가하게 되면 회사의 자본충실을 해하는 결과를 초래하여 회사의 재산적 기초를 위태롭게 할 수 있고, ② 현물출자에 가하여지는 엄격한 규제를 잠탈하는 수단으로 악용될 수 있고,[28] ③ 불공정한 재산인수를 약정함으로써

---

27) 대법원 2015. 3. 20. 선고 2013다88829; 1994. 5. 13. 선고 94다323.

성립 후의 회사에 경제적 부담을 주는 폐단이 있기 때문이다. 따라서 재산인수는 검사인의 조사절차 또는 공인된 鑑定人의 鑑定을 거쳐야 하고, 공증인의 조사로 대체할 수는 없다(제298조 제4항, 제299조의 2, 제310조).

3) 당사자

재산인수에서의 양도인에는 제한이 없다. 발기인, 주식인수인 또는 그 밖의 제3자도 양도인이 될 수 있다. 그리고 인수계약은 발기인이 설립 중의 회사를 대표하여 체결한다. 어떤 매매행위가 회사설립 전 발기인에 의하여 이루어졌다면 재산인수에 해당할 수 있지만, 설립 후의 대표이사에 의하여 이루어졌다면 정관의 기재 여부를 불문하고 재산인수에 해당하지 아니한다.29) 다만, 소정의 요건을 충족하면 사후설립(제375조)30)에는 해당할 수 있다.31) 회사설립 전에 선임된 이사에 의하여 재산인수약정이 체결되더라도 이는 당연히 무효이다.

4) 목적물

현물출자의 목적물과 같다. 따라서 금전 이외의 財産으로서 대차대조표상 資産의 部에 기재할 수 있는 것이면 모두 가능하다(위의 현물출자의 목적물 참조).

5) 재산인수의 효력

가) 정관에 기재된 경우   재산인수는 변태설립사항으로써 정관에 기재되고 검사인의 조사 또는 공인된 감정인의 감정 등 법정절차를 밟은 때에 효력이 발생한다. 그 결과 성립 후의 회사가 계약상의 지위를 취득한다.

나) 정관에 기재되지 아니한 경우   정관에 기재되지 아니한 재산인수는 원칙적으로 무효이다(통설·판례).32) 무효는 회사뿐만이 아니라 재산인수계약의 상대방, 즉 재산의 양도인도 주장할 수 있다.33) 다만, 정관의 규정 없이 이루어진 재

---

28) 대법원 2015. 3. 20. 선고 2013다88829.
29) 대법원 1989. 2. 14. 선고 87다카1128.
30) 사후설립이란 회사 성립 후 2년 내에 그 성립 전부터 존재하는 재산으로서 영업을 위하여 계속하여 사용하여야 할 것을 자본금의 100분의 5 이상에 해당하는 대가로 취득하는 계약을 말한다. 취득계약을 하는 경우에는 주주총회의 특별결의를 요한다.
31) 대법원 1989. 2. 14. 선고 87다카1128.
32) 대법원 1994. 5. 13. 선고 94다323; 1992. 9. 14. 선고 91다33087.
33) 대법원 2015. 3. 20. 선고 2013다88829(대법원은 '이 사건 토지를 회사의 유효한 자산으로 취급하여 온 피고 회사로서는 피고 회사의 설립에 직접 관여하여 이 사건 토지에 관한 재산인수를 위한 약정을 체결하고 … 그 설립 후에는 장기간 피고 회사의 경영에까지 참여하여 온 원고가 … 피고 회사의 설립 후 15년이 지난 후에 이 사건 토지의 양도가 정관의 기재 없는 재산인수임을 내세워 자신이 직접 관여한 회사설립행위의 효력을 부정

산인수를 성립 후의 회사가 追認할 수 있는지에 대하여 학설이 나뉜다.

다) 추인인정 여부에 관한 학설

① 추인부정설

이 학설은 정관에 규정이 없는 재산인수의 추인을 인정하면 이는 제290조 제3호의 입법취지를 무의미하게 하여 결과적으로 재산인수의 탈법행위를 인정하게 된다고 한다. 그리고 자본충실에 관한 절차상의 규정은 다수결의 원리로 그 적용을 배제할 성질이 아니라는 이유로, 정관에 규정이 없는 재산인수는 주주총회의 특별결의로 추인할 수 없다고 한다(다수설).34)

② 추인긍정설

이 학설은 정관에 미기재재산인수행위는 무권대리행위로서 민법 제130조에 의거 추인할 수 있으며, 회사가 사후설립(제375조)의 경우를 유추적용하여 주주총회의 특별결의로써 이를 추인하면 그 효과가 회사에 귀속된다고 한다(소수설).35)

라) 판례   위법한 재산인수가 사후설립의 요건을 구비한 경우에는 특별결의에 의하여 추인할 수 있다고 한다. 추인 후에는 상대방도 무효를 주장할 수 없다.36)

마) 사견   상법상 성립 후 회사가 정관에 기재가 없는 재산인수를 특별결의에 의하여 추인할 수 있다는 근거규정이 없다. 그리고 추인에 의한 무효의 치유를 인정하는 것은 제290조 제3호에서 재산인수에 대하여 엄격하게 규제를 하고 있는 법의 취지에도 배치된다(추인부정설).

(5) 설립비용

1) 의의

설립비용이란 발기인의 설립준비행위에서 발생한 비용을 말한다(제290조 제4호). 예를 들면, 설립에 필요한 사용인의 보수, 설립 중 회사사무실의 임차료, 통신비, 정관·주식청약서 등의 인쇄비, 주주모집광고비, 납입금 취급은행의 수수료

하면서 그 무효를 주장하는 것은 … 제290조의 목적과 무관하거나 배치되는 것으로서 신의칙에 반하여 허용될 수 없다.'고 판시하였다. 이와 같이 대법원의 판결은 재산인수의 양도인도 무효를 주장할 수 있음을 전제로 하고 있다).

34) 이철송(2024), 253면; 홍·박(2021), 169면; 최준선(2024), 173면; 권기범(2021), 432면; 정동윤(2012), 390면; 송옥렬(2022), 761면; 정경영(2022), 153면.

35) 채이식(1996), 376면; 정찬형(2022), 679면; 김·노·천(2024), 125면.

36) 대법원 2015. 3. 20. 선고 2013다88829; 1992. 9. 14. 선고 91다33087.

등이 이에 해당한다. 성립 후 회사의 개업준비행위로부터 발생하는 비용 예를 들면, 공장·건물·원료 등 사업상 필요한 재산의 구입비인 개업준비비용은 이에 포함되지 않는다(통설). 설립 후 회사사무실의 임차료, 임대보증금도 설립비용이 아니라고 본다. 개업준비를 위한 금전차입도 설립비용에 해당하지 아니한다.[37]

2) 규제의 취지

설립비용은 회사를 설립하기 위하여 지출한 비용이므로 성립 후 회사의 자본으로 부담함이 원칙이다. 그러나 발기인이 권한을 남용하여 과다하게 지출할 경우에는 회사재산의 기초를 해하기 때문에 정관에 회사가 부담하는 비용을 기재하도록 하고 있다.

3) 내부관계

정관에 기재된 설립비용은 설립 중의 회사가 부담한다. 다만, 정관상 미기재 또는 기재된 금액을 초과하여 지출한 설립비용 혹은 검사인의 조사절차를 통과하지 못한 설립비용의 부담이 문제될 수 있다. 대내적으로는 정관에 기재가 없는 한 회사의 부담으로 할 수 없고 발기인이 이를 부담한다. 이 경우 발기인은 부당이득 또는 사무관리를 이유로 회사에게 설립비용을 청구할 수 없다(통설). 회사도 주주총회결의 등의 방법으로 그 지출을 추인할 수 없다. 다만, 설립등기의 등록세(자본금의 1,000분의 4. 지방세법 제28조 제1항 제6호 가목)와 같이 그 산정이 객관적이고, 성질상 발기인의 권한남용의 우려가 없는 비용은 정관의 기재가 없더라도 회사가 부담한다(통설).

4) 외부관계

가) 개념 발기인이 설립비용을 이미 지출한 경우에 회사의 부담으로 귀속될 금액에 대하여는 설립 후 회사에 구상할 수 있다. 그러나 회사의 성립당시에 발기인이 아직 거래상대방에 대하여 채무를 이행하지 않는 경우 예를 들면, 발기인(甲)이 설립 중 회사의 사무실을 임차하였는데 그 임차료가 정관에 규정이 없거나 정관에서 정한 금액을 초과한 경우 임대인(乙)이 누구에게 임차료를 청구할 수 있는지의 여부가 문제될 수 있다. 이 문제는 변태설립사항뿐만이 아니라 발기인의 권한의 범위와도 연관성이 있다.

---

37) 대법원 1965. 4. 12. 선고 64다1940.

나) 학설

① 발기인전액부담설

설립비용의 지출은 발기인의 권한에 속하지 아니하지만, 설립비용은 일단 발기인이 제3자에 대하여 전액부담한 후, 정관에 기재된 범위 내에서 발기인이 회사에 구상할 수 있다는 학설이다.38)

② 회사전액부담설

발기인전액부담설과는 달리 회사의 설립에 필요한 행위는 모두 발기인의 권한에 속한다고 보고, 제3자에 대한 권리의무는 회사의 성립과 동시에 당연히 회사에 귀속한다고 하는 학설이다. 이 경우 아직 이행되지 아니한 채무는 일단 회사가 이행하고, 정관에 기재되지 아니한 금액은 발기인에게 구상할 수 있다(다수설).39)

③ 회사와 발기인의 중첩부담설

설립 중 회사의 채무는 성립 후의 회사에 인계되지만, 대외적인 설립비용에 관하여는 발기인과 회사가 중첩적으로 책임을 진다고 하는 학설이다.40)

④ 회사·발기인분담설

대외적 부담관계도 내부적 부담관계와 마찬가지로 정관의 기재를 기준으로 하여 회사는 정관에 기재된 금액을 부담하고, 발기인은 초과금액에 대하여 제3자에게 지급책임을 진다고 한다.41)

다) 사견   상법은 설립 중의 회사의 개념을 인정하고 성립 후의 회사와의 관계를 동일성설에 의하여 해결하고 있다. 때문에 회사전액부담설이 논리적인 일관성이 있고 거래안전의 관점에서도 타당하다. 따라서 제3자와의 관계에서의 설립비용은 일단 회사가 부담하고, 정관에 기재되지 아니한 비용은 발기인에게 구상할 수 있다.

라) 판례   판례는 "회사의 설립비용은 발기인이 설립 중의 회사가 기관으로서 회사설립을 위하여 지출한 비용으로서 원래 회사성립 후에는 회사가 부담해야

---

38) 최·김(2014), 509−510면; 김·노·천(2024), 126면.
39) 정동윤(2012), 391면; 정찬형(2022), 680면; 권기범(2021), 434면; 이철송(2024), 254면; 최준선(2024), 177면; 홍·박(2021), 173면; 장덕조(2021), 311면.
40) 손주찬(2003), 560면.
41) 김정호(2023), 117면.

하는 것"이라고 하여 회사전액부담설을 취하고 있다.[42] 따라서 위 사례의 임대인
(乙)은 회사에 임차료 전액을 청구할 수 있으며, 회사는 정관에 기재되지 아니한
부분에 대하여는 발기인(甲)에게 구상할 수 있다.

(6) 발기인의 보수

발기인의 보수(제290조 제4호)는 발기인이 설립 중의 기관으로서 설립사무에 종
사한 노무의 대가로서 지급되는 것을 말한다. 따라서 회사성립에 대한 功勞로서
주어지는 「발기인이 받을 특별이익」(제290조 제1호)과는 다르다. 그러므로 설립 전
에 그 원인이 발생하고 설립 중의 회사가 부담한다. 이에 비하여 발기인이 받을
특별이익은 會社創設의 공로에 대하여 주어지는 것이므로 회사가 성립되었을 때
발생하고 성립 후의 회사가 그 채무를 부담한다. 발기인의 보수 역시 과다하게
지출되면 회사의 재산적 기초를 위태롭게 할 우려가 있으므로 정관에 기재하도록
하고 있다.

3. 기타의 상대적 기재사항

회사설립시 정관의 상대적 기재사항에는 變態設立事項 외에도 많은 사항이
있다. 대표적으로 명의개서대리인의 설치(제337조 제2항), 종류주식의 발행(제344조 제
2항), 償還株式 및 轉換株式의 發行(제345조 제1항, 제346조 제1항), 주주총회의 권한(제
361조), 資格株(제387조), 주주총회에서의 대표이사선임(제389조 제1항 단서), 신주발행
사항의 결정(제416조), 이사회소집기간의 단축(제390조 제3항 단서), 제3자의 신주인수
권(제418조 제2항) 등은 모두 상대적 기재사항이다.

V. 임의적 기재사항

임의적 기재사항이란 강행법규 또는 주식회사의 본질에 반하지 않는 한 정관
에 기재함으로써 그 효력이 발생하는 사항을 말한다. 대표적으로는 주권의 종류,
이사·감사의 수, 영업연도 등이 있다.

---

42) 대법원 1994. 3. 28. 자 93마1916 결정.

VI. 정관의 효력발생

정관은 공증인의 인증을 받음으로써 효력이 생긴다(제292조). 따라서 공증인의 인증을 받지 못한 정관은 회사설립의 근거가 될 수 없다. 다만, 2009년 5월 개정법은 특례규정을 두고 있는데, 자본금 총액이 10억원 미만인 소규모회사가 발기설립을 하는 경우에 그 정관의 효력은 각 발기인이 제289조 제1항에 따라 정관을 작성하고 기명날인(또는 서명)함으로써 발생한다(제292조 단서). 이 특례규정의 취지는 영세한 회사의 설립(인증)비용을 절감시켜 회사설립을 용이하게 하는 데 있다.

한편 정관변경의 효력은 주주총회의 결의시 즉시 발생한다. 따라서 설립시의 원시정관과는 달리 공증인의 인증을 요하지 아니한다.

제 3 관   자본과 기관의 구성

I. 총 설

주식회사는 그 실체를 형성하기 위하여 정관작성 후 몇 가지 절차를 추가적으로 밟게 된다. 즉 ① 회사의 구성원인 사원(주주=출자자)의 확정, ② 회사의 물적 요소가 되는 출자의 이행, ③ 회사활동을 담당하는 기관의 구성 등이 그에 해당한다. 이러한 실체형성절차에는 발기인만이 발행주식을 전부 인수하여 자본을 구성하는 「發起設立」, 발기인과 그 이외의 자가 주식을 함께 인수하는 「募集設立」이 있다. 발기설립 또는 모집설립의 형태는 발기인의 합의로 선택할 수 있다. 어느 설립방법을 선택하든 주식의 발행사항을 우선적으로 결정하여야 한다.

II. 주식발행사항의 결정

1. 결정사항

주식회사의 설립시 주식발행사항 가운데 회사가 발행할 주식의 총수(제289조 제3호), 설립시에 발행하는 주식의 총수(제289조 제5호) 및 액면주식 1주의 금액(제289조 제4호)은 정관의 절대적 기재사항으로써 정관에서 미리 정해진다. 그러나 그 이외의 구체적인 주식발행사항은 정관에 정할 수도 있고, 정관작성 후 발기인이 정할 수도 있다. 그 내용에는 ① 주식의 종류와 수(제291조 제1호), ② 액면주식의 경우에 액면 이상의 주식을 발행하는 때에는 그 수와 금액(제291조 제2호), ③ 무액면주식을 발행하는 경우에는 주식의 발행가액과 주식의 발행가액 중 자본금으로 계상하는 금액(제291조 제3호) 등이 있다(2011년 개정상법). 이 중에서 ①의 주식의 종류에는 이익배당, 잔여재산분배, 주주총회에서의 의결권의 행사, 상환주식 및 전환주식 등의 종류주식(제344조)을 포함한다. 따라서 '주식의 종류와 수'는 회사가 우선주, 보통주, 열후주 또는 종류주식 등을 발행할 때에 의미가 있다.

2. 액면미달 또는 액면초과발행

회사설립시에는 액면미달발행을 하지 못한다(제330조). 이에 대하여 액면초과발행은 주식발행초과금으로 계상되므로 회사순자산이 증가한다. 따라서 자본충실의 이념상 바람직하다. 발행가액도 발기인이 결정한다.

3. 발기인 전원의 동의 및 하자의 보완

주식발행사항은 발기인 전원의 동의로 결정한다(제291조 본문). 그것은 회사 및 이해관계자들에게 매우 중요하기 때문이다. 전원동의의 시기는 정관작성 후 발기인에 의한 주식인수 이전이어야 한다. 발기인 전원의 동의를 얻지 못하면 원칙적으로 그 주식의 인수가 무효가 되어 회사설립무효사유가 되지만 추후에 전원의 동의를 받으면 예외적으로 그 하자는 치유된다(통설). 다만, '추후'의 시기, 즉 보완시기에 관하여는 ① 설립등기 이전까지로 한정하는 견해,[43] ② 설립등기 후라도 무방하다는 견해[44]의 대립이 있다. 후자 ②의 학설에서는 상세한 논거가 제시되고 있지 아니하나, 설립등기 후 설립무효의 소가 제기된 경우에도 하자가 보완되면 법원은 재량기각을 할 수 있기 때문이라는 주장은 새길 만하다.[45] 그러나 주식발행사항(제291조)의 결정은 매우 중요사항이기 때문에 발기인 전원의 동의를 요구하고 있고, 그 결정사항의 중요성에도 불구하고 정관의 절대적 기재사항

---

43) 이철송(2024), 256면; 최준선(2024), 179면; 최·김(2014), 513면; 송옥렬(2022), 764면; 홍·박(2021), 174면; 정경영(2022), 161면; 이·최(2022), 181면.
44) 권기범(2021), 436면; 정찬형(2022), 682면; 정동윤(2012), 393면; 안택식(2012), 128-129면; 장덕조(2021), 311면.
45) 권기범(2021), 436면; 안택식(2012), 128-129면.

으로 하지 아니한 것은 실권주(모집설립시) 등이 발생한 경우에 기동적으로 대처하는 한편 자본금충실을 기할 수 있도록 하는 데에 있다고 본다. 이러한 점을 고려하면 설립등기 이전까지를 동의의 보완시기로 보아야 한다(①설 찬성).

4. 기타의 사항

앞의 제291조의 세 가지 사항을 제외한 나머지 사항 예를 들면, 주식의 청약기간, 납입기일, 납입취급은행 등은 발기인 과반수의 동의로 결정한다(민법 제706조 제2항).[46]

Ⅲ. 발기설립

1. 발기인의 주식총수의 인수

(1) 의의

발기설립은 발기인만이 설립시의 발행주식총수를 인수하여 주주를 구성하는 설립방법이다(제295조 제1항). 주식의 인수는 서면으로 하여야 한다(제293조). 설립등기를 신청하는 경우에는 주식의 인수를 증명하는 정보를 제공하여야 한다(상업등기규칙 제129조 제2호).

(2) 법적 성질
1) 서

발기인이 수인인 경우 발기인의 주식인수는 총발행주식의 안분을 전제로 한다. 따라서 발기인 전원의 합의가 있어야 하는데, 그 성질에 대하여 다툼이 있다.

2) 합동행위설

이 학설은 발기인의 주식인수는 정관의 작성과 더불어 설립행위를 이루고, 설립행위는 복수인 전원이 동일한 목적을 향한 합동행위라는 전제 아래 또 발기인의 주식인수는 전체 발기인의 意思合致에 의하여 이루진다는 점을 근거로 合同行爲라고 한다(다수설).[47] 그러나 모집주주의 주식인수는 발기인의 주식인수와

---

46) 정찬형(2022), 682면; 정동윤(2012), 393면; 최준선(2024), 179면; 최·김(2014), 513면; 손주찬(2004), 573면; 이·최(2022), 181면.
47) 정찬형(2022), 683면; 손주찬(2004), 566면; 최·김(2014), 514면; 서·정(1999), 320면; 홍·박(2021), 175면; 최기원(2012), 173면.

구별하여 「설립 중의 회사」에의 入社契約이라고 설명한다. 이 학설은 설립 중의 회사의 성립시기에 관한 다수설과 판례를 주요 논지로 삼기도 한다.

3) 입사계약설

이 학설은 모집주주의 주식인수나 발기인의 주식인수는 모두 성립 후 회사의 주주가 될 것을 목적으로 하며, 그로 인한 법적 효과도 동일하므로 양자 모두 설립 중의 회사에의 入社契約이라고 한다(소수설·판례).[48]

4) 사견

설립 중 회사의 성립시기에 관하여 정관작성시설을 취한다. 따라서 정관의 작성으로 설립 중의 회사가 이미 성립되었으므로 정관작성 후의 발기인의 주식인수는 입사계약이라고 보는 것이 타당하다.

(3) 인수시기

1) 다수설

다수설은 발기인의 주식인수시기에 관하여는 제한이 없고 현실적으로 규제할 필요도 없기 때문에 정관작성 전후를 불문한다고 본다.[49]

2) 소수설

소수설은 정관작성 전에는 발기인이란 지위가 없으려니와, 정관이 작성되지 않았다는 것은 발행할 주식도 아직 생겨나지 않았음을 의미한다고 본다. 따라서 이 단계에서는 주식인수인의 지위를 취득하는 행위가 있을 수 없고, 발기인의 주식인수는 정관작성 이후에 이루어져야 한다고 본다.[50]

3) 사견

생각건대 설립 중의 회사의 성립시기를, 설령 다수설과 판례의 태도와 같이 발기인이 1주 이상 인수한 때라고 보더라도, 정관작성 전에는 발기인이라는 지위가 없기 때문에 주식인수인의 지위를 취득하는 일도 있을 수 없다. 따라서 주식인수의 시기는 정관작성과 동시 또는 그 이후이어야 한다(소수설).

48) 이철송(2024), 256면; 김홍기(2022), 359면; 대법원 2004. 2. 13. 선고 2002두7005.
49) 최준선(2024), 180면; 권기범(2021), 436면; 손주찬(2004), 565면; 서헌제(2007), 123면; 정경영(2022), 163면; 안택식(2012), 129면; 김·노·천(2024), 106면.
50) 이철송(2024), 257면; 정찬형(2022), 683면; 정동윤(2012), 394면; 이·최(2022), 183면.

(4) 방식

발기인의 주식인수는 서면으로 한다(제293조). '서면으로 한다.'는 것은 발기인이 인수할 주식의 종류와 수, 인수가액을 기재하고 기명날인 또는 서명해야 함을 뜻한다. 이는 발기인의 주식인수내용을 대내외적으로 증명하기 위함이다. 서면에 의하지 않은 주식인수는 무효이다(통설).

2. (금전)출자의 이행

(1) 전액납입주의 및 납입장소의 지정

현물출자의 이행에 대하여는 정관의 상대적 기재사항 중 '현물출자' 부분에서 기술하였기 때문에 여기에서는 금전출자의 이행에 대하여만 기술한다. 발기인은 설립시에 발행하는 주식의 총수를 인수한 때에는 지체 없이 각 주식에 대하여 그 인수가액의 전액을 납입하여야 한다(제295조 제1항). 이 경우 발기인은 납입을 맡을 은행 기타 금융기관과 장소를 지정하고 납입하여야 한다(제295조 제1항 후단). 이와 같이 상법은 금전출자의 이행에 대하여 전액납입주의를 취하고 있다.

상법이 전액납입주의를 채택하고 납입기관을 지정하는 것은 회사설립의 전도를 안정되게 하고 납입의 확실성을 확보하기 위함이다.

(2) 납입금보관증명서의 발급

주식인수인이 납입한 후 납입금보관자는 발기인·이사의 청구를 받으면 납입금보관증명서를 발급하여야 한다(제318조 제1항). 이 증명서는 납입의 불충실을 방지하는 기능을 한다. 다만, 2009년 5월 개정법은 자본금 총액이 10억원 미만인 회사를 발기설립하는 때에는 납입금보관증명서를 은행이나 그 밖의 금융기관의 잔고증명서로 대체할 수 있도록 하고 있다(제318조 제3항). 이 규정은 소규모회사의 창업을 용이하게 하는 데 그 목적이 있다.

(3) 납입의무불이행의 효과

발기인이 주식을 인수하고 납입의무를 이행하지 아니하는 경우 발기설립은 모집설립과 달리 실권절차(제307조)가 인정되지 아니하므로 납입의 이행을 訴求하거나 회사불성립으로 귀결된다. 그러나 이를 간과하고 설립등기가 완료되면, 납입불이행부분이 경미한 때에는 발기인이 연대하여 납입담보책임을 지고(제321조 제2항), 상당부분이 불이행된 때에는 설립무효의 사유가 된다.

3. 이사와 감사의 선임

(1) 선임방법

발기설립의 경우 발기인이 인수한 주식에 대하여 출자의 이행이 완료되면 발기인은 지체 없이 의결권의 과반수로 이사와 감사를 선임하여야 한다(제296조 제1항). 감사위원회를 두는 때에는 감사 대신 감사위원을 선임하여야 한다(제415조의 2 제6항·제296조). 다만, 자본금의 총액이 10억원 미만인 회사는 감사를 선임하지 아니할 수 있다(제409조 제4항). 이때의 발기인의 선임행위는 설립 중의 회사의 기관이 아니라 설립 중 회사의 구성원의 자격, 즉 출자자로서 하는 것이다. 따라서 의결권은 持分主義에 의해 인수주식 1주에 대하여 1개로 한다(제296조 제2항).

그러나 종류주식을 발행한 회사에서 이사의 선임에 관한 의결권제한주식(제344조의 3)을 발행한 때에는 그 종류주식을 갖고 있는 발기인은 의결권을 행사할 수 없다고 본다. 발기인은 의사록을 작성하여 의사의 경과와 그 결과를 기재하고 기명날인 또는 서명하여야 한다(제297조). 이는 후일의 증거로 삼기 위함이다. 그리고 발기인의 임원선임결의는 창립총회의 결의방법[51]보다는 완화된 것이다.

(2) 이사·감사의 법적 지위

이사와 감사의 선임시부터 설립등기 전까지 누가 설립 중의 회사의 기관인지 문제된다. 이에 대하여는 학설이 나뉜다.

1) 발기인이라는 설

이사와 감사의 임기가 회사의 설립시에 개시되므로 발기인이 여전히 설립 중의 회사의 기관이고, 이사·감사는 상법에 규정된 권한(예: 설립경과의 조사)만을 행사하는 일종의 감독기관에 불과하다고 한다(다수설).[52]

2) 이사·감사라는 설

이사와 감사의 선임과 동시에 회사의 실체는 형성된 것이므로 그때부터 발기인 대신에 이사와 감사가 설립 중의 회사의 기관이 된다고 한다.[53]

---

51) 창립총회의 결의는 출석한 주식인수인의 의결권의 3분의 2 이상이며 인수된 주식의 총수의 과반수에 해당하는 다수로 하여야 한다(제309조).
52) 최·김(2014), 517면; 최준선(2024), 182면; 서헌제(2007), 565면; 김·노·천(2024), 114면; 안택식(2012), 131면; 강위두(2000), 202면.
53) 권기범(2021), 452면; 정동윤(2012), 395면.

3) 발기인과 이사·감사라는 설

이사·감사는 선임되면 그때부터 발기인과 더불어 설립 중의 회사의 기관이 되지만,[54] 그 임무는 설립경과의 조사로 제한되고(제298조 제1항·제313조), 발기인이 여전히 업무를 결정하고 집행한다는 설이다.

4) 사견

발기인이 선임한 이사와 감사 등은 회사가 성립하면 회사의 기관이 되지만, 회사가 성립하기 이전에는 법률에서 규정한 설립에 관한 감독기관으로서의 지위만이 인정된다고 본다(다수설).

(3) 대표이사의 선임 등

발기인이 선임한 이사들은 정관에 달리 정한 바가 없으면 이사회를 개최하여 대표이사 또는 대표집행임원을 선임하여야 한다(제389조 제1항, 제317조 제2항 제9호). 이에 대하여는 후술한다. 임원은 설립등기시 별도의 절차 없이 바로 회사의 이사 또는 감사가 된다. 임원의 임기는 설립시에 개시된다.

4. 이사·감사의 설립경과조사

(1) 의의 및 취지

이사와 감사(또는 감사위원회)는 취임 후 지체 없이 회사의 설립에 관한 모든 사항이 법령 또는 정관의 규정에 위반되지 아니하는지의 여부를 조사하여 발기인에게 보고하여야 한다(제298조 제1항). 조사결과 설립절차에 위법 또는 정관위반사항이 있을 경우에는 이를 시정하여 설립절차를 속행할 수 있다. 그러나 위반사항 등이 치유될 수 없는 흠이라면 회사불성립사유가 된다. 설립경과의 조사는 사기적 방법에 의한 회사설립을 방지하기 위한 것이다.

(2) 제척사유와 공증인의 조사

이사와 감사(또는 감사위원회 위원) 중 발기인이었던 자, 현물출자자 또는 회사성립 후 양수할 재산의 계약당사자인 자는 위의 조사·보고에 참가하지 못한다(제298조 제2항). 만약 이사와 감사(또는 감사위원회 위원)의 전원이 이 除斥事由에 해당하면 이사는 공증인으로 하여금 그 조사·보고를 하게 하여야 한다(제298조 제3항).

---

54) 이철송(2024), 258면; 송옥렬(2022), 766면.

5. 변태설립사항의 조사

(1) 개요

변태설립사항이 있는 경우에는 자본충실을 기하기 위하여 이사·감사의 조사 외에 원칙적으로 법원이 선임한 검사인의 조사를 받아야 한다(제298조 제4항). 다만, 변태설립사항은 그 유형별로 공증인의 조사 또는 감정인의 감정으로 갈음할 수 있다. 따라서 발기인들은 간편한 절차를 선호하기 때문에 법원의 검사인제도는 사실상 사문화된 실정이다.

(2) 법원에 의한 조사

1) 검사인의 선임

변태설립사항이 있는 경우 이사는 이에 관한 조사를 하게 하기 위하여 검사 인의 선임을 법원에 청구하여야 한다(제298조 제4항 본문).

2) 검사인의 조사·보고

검사인은 변태설립사항(제290조)과 현물출자의 이행에 관한 사항(제295조)을 조 사하여 법원에 보고하여야 한다(제299조 제1항). 다만, ① 변태설립사항인 현물출자 와 재산인수(제290조 제2호·제3호)의 재산총액이 자본금의 5분의 1을 초과하지 아니 하고 대통령령으로 정한 금액(5,000만원)을 초과하지 아니하는 경우, ② 현물출자와 재산인수의 재산이 거래소에서 시세가 있는 유가증권인 경우로서 정관에 적힌 가 격이 대통령령으로 정한 방법으로 산정된 시세를 초과하지 아니하는 경우, ③ 그 밖에 대통령령으로 정하는 경우에는 법원에 보고하지 아니할 수 있다(제299조 제2 항. 2011년 개정상법). 이 조사보고서의 謄本은 각 발기인에게 교부된다(제299조 제2항). 그리고 설립등기시에 제공되어야 한다(상업등기규칙 제129조 제6호). 조사보고서에 사 실과 다른 사항이 있을 때에 발기인은 그에 대한 설명서를 법원에 제출할 수 있 다(제299조 제4항).

3) 법원의 변경처분

가) 의의   법원은 검사인 또는 공증인의 조사보고서 혹은 鑑定人의 감정결 과와 발기인의 설명서를 심사하여 변태설립사항(제290조)이 부당하다고 인정한 때 에는 이를 변경하여 각 발기인에게 통고할 수 있다(제300조 제1항). '부당하다.'는 것 은 자본충실에 반하는 것을 뜻하며, 법원의 변경처분의 사유가 되어야 한다.

나) 변경처분의 내용에 관한 학설   이에 관하여는 현물출자의 평가액의 감액과 같이 소극적인 것만 가능하다는 견해(소극설)와,[55] 현물출자자에 대한 배정주식수의 삭감, 회사가 부담할 설립비용 또는 재산인수대가의 감액과 같이 자본충실의 견지에서 변태설립사항의 내용을 조정하는 것은 모두 포함된다는 견해가 있다(적극설).[56]

생각건대 변태설립사항의 조사는 자본충실, 즉 주금납입과 현물출자의 이행 기타 모든 사항이 정관의 규정을 준수하고 있는 지를 확인하는 데에 그 취지가 있다고 본다. 따라서 적극설에 찬성한다.

다) 변경처분의 효과   변경처분이 있는 경우 발기인과 이사는 그 처분에 따라 정관을 변경하여 설립절차를 속행하거나 또는 즉시항고(非訟事件節次法 제75조 제3항) 혹은 설립을 포기할 수도 있다. 그리고 변경처분에 불복하는 발기인(예: 현물출자발기인)은 그 주식의 인수를 취소할 수 있다. 이 경우 법원은 정관을 변경하여 설립에 관한 절차를 속행할 수 있다(제300조 제2항). 법원의 변경통고가 있은 후 2주 내에 주식의 인수를 취소한 발기인이 없는 때에는 통고에 따라 정관이 변경된 것으로 본다(제300조 제3항).

(3) 공증인의 조사 또는 감정인의 감정

변태설립사항이 발기인에 대한 特別利益의 부여(제290조 제1호), 회사가 부담할 설립비용 또는 발기인이 받은 보수액에 관한 것(제290조 제4호)인 때에는 공증인의 조사로 법원의 검사인에 의한 조사를 대체할 수 있다. 이에 대하여 변태설립사항이 現物出資 또는 財産引受에 관한 것(제290조 제2호·제3호)인 때에는 공인된 감정인의 감정으로 대체할 수 있다(제298조 제4항 단서, 제299조의 2).

변태설립사항의 종류에 따라 조사자를 구분하는 것은 발기인의 특별이익, 보수 및 설립비용의 경우에는 회사자본이나 사업의 규모 등 제반사정을 참작하여 법률적 공정성을 판단하는 것이 중요하므로 공증인을 적임자로 본 것이다. 현물출자나 재산인수의 경우에는 資産의 評價와 대가의 균형을 참작하는 경제적 공정성을 확보하는 것이 중요하므로 감정인을 적임자로 본 것이다.

---

55) 정동윤(2012), 397면; 권기범(2015), 420면; 최기원(2005), 175면.
56) 이철송(2024), 259면; 송옥렬(2017), 762면.

(4) 조사를 결여한 변태설립사항의 효력

변태설립사항을 정관에 기재하지 아니하고 검사인 등의 조사도 없이 실행한 경우에는 무효이다.[57) 이때에 정관에는 기재하되 검사인 등의 조사절차를 거치지 아니한 경우 그 효력이 어떠한지 문제된다. 檢査人·公證人의 조사 또는 鑑定人의 감정은 절차적인 문제로서 그 자체가 변태설립사항의 효력을 좌우한다고 볼 수는 없다.[58) 대법원도 신주발행시 검사인의 조사절차를 거치지 아니한 현물출자가 당연무효는 아니라는 입장이다.[59) 다만, 자본금충실을 현저히 해치는 등 그 내용이 부당한 때에는 그 효력을 부정하여 무효라고 해석하여야 한다.[60)

6. 대표이사 또는 대표집행임원의 선임

대표이사 또는 대표집행임원은 설립등기사항이므로(제317조 제2항 제9호), 설립 중의 회사에서는 대표이사 또는 대표집행임원을 선임하여야 한다. 代表理事 등의 선임기관에 대하여는 명문의 규정이 없으나, 존립 중의 회사에서는 원칙적으로 이사회가 대표이사 및 대표집행임원을 선임하는 것(제389조 제1항·제408조의 2 제3항)과 같이 설립 중의 회사에서도 이사들이 선임한다고 본다. 다만, 정관으로 달리 정할 수 있다. 예를 들면, 정관으로 발기인이 대표이사 등을 선임할 수 있도록 할 수 있다.

Ⅳ. 모집설립

1. 의의

모집설립에서는 발기설립시와 달리 발기인 이외에도 제3자(募集株主)가 주주가 된다. 그러나 설립사무는 발기인이 담당하고 모집주주는 주주모집과정의 의사결정에 관여할 수 없다. 따라서 모집설립절차에서는 모집주주를 보호하는 것이 중요하다. 그리하여 상법은 모집주주에게 회사의 개황을 알리기 위하여 소정의 사항을 기재한 주식청약서를 사용하게 하고, 설립경과의 조사와 이사·감사의 선임시 創立總會(제308조)를 개최하도록 하여 모집주주의 의사를 반영시키고 있다.

---

57) 대법원 1992. 2. 14. 선고 91다31494.
58) 同旨 대법원 2020. 5. 14. 선고 2019다299614; 광주고법 1979. 12. 17. 선고 76나482 참조.
59) 대법원 1980. 2. 12. 선고 79다509.
60) 정동윤(2012), 397면; 이철송(2024), 260면; 송옥렬(2022), 767면; 최준선(2024), 184면.

2. 발기인의 주식인수

모집설립의 경우에도 발기인은 1주 이상의 주식을 인수하여야 한다(제293조). 발기인의 주식인수 시점은 모집주주가 주식인수를 청약하기 이전이어야 한다.

3. 주주의 모집

발기인이 인수하고 남은 주식은 인수할 자를 모집하여 배정하여야 한다. 募集株主의 인원수와 인수주식수에는 최저제한이 없다. 따라서 인원수는 1인, 인수 주식수는 1주라도 무방하다. 주주모집은 반드시 일반공중을 대상으로 할 필요는 없고, 모집방법은 公募이든 私募, 즉 緣故募集61)이든 무방하다.

상법은 모집주주를 보호하기 위하여 주식청약서주의를 채택하고 있다. 따라서 발기인은 회사의 존립기간, 납입금융기관, 절대적 기재사항과 변태설립사항 등 회사의 개황을 기재한 주식청약서를 작성하여야 한다(제302조 제2항). 모집주주는 반드시 주식청약서에 의하여서만 주식인수를 청약할 수 있다(제302조 제1항).

그러나 50인 이상의 다수인을 상대로 공모를 할 때에는 자본시장법에 의거 금융위원회에 증권신고서를 제출하는 등 별도의 절차를 밟아야 한다(동법 제9조 제7항·제9항, 제119조, 시행령 제11조 제1항 이하). 이른바 투자설명서주의, 즉 사업계획서주의를 채택하고 있는 것이다(동법 제123조). 그 결과 대부분의 회사는 연고모집, 즉 사모방법으로 주주를 모집하고 있다.

4. 주식의 인수

(1) 성질

모집주주의 주식인수는 주식을 인수하고자 하는 자(募集株主)가 인수의 청약을 하고, 발기인이 이를 배정함으로써 이루어진다. 주식인수의 성질에 관하여 통설·판례는 설립 중의 회사에의 入社契約이라고 설명한다.62) 다만, 장래 성립할 회사에 대한 입사계약이라고 하는 소수설이 있다.63)

---

61) 이는 新株 또는 社債를 발행할 때, 발행회사의 거래선·임원·종업원 등 연고관계에 있는 자들만을 대상으로 주주 또는 사채권자를 모집하는 방식을 말한다.
62) 대법원 2004. 2. 13. 선고 2002두7005.
63) 정동윤(2012), 400면.

생각건대 설립 중의 회사의 성립시기를 정관작성시(소수설. 사견)로 보든 아니
면 다수설과 판례와 같이 발기인이 1주 이상의 주식을 인수한 시점으로 보든 주
식의 모집 전에 발기인이 이미 주식의 일부를 인수하므로 설립 중의 회사에의 입
사계약으로 보는 것이 옳다.

한편 주식인수는 附合契約[64]이다. 그리고 주식인수는 사단법상 특수한 계약
이므로 상행위가 아니다. 따라서 상사소멸시효나 상사법정이율의 적용을 받지 아
니한다. 또한 주식인수는 단체법상의 계약으로서 회사법률관계의 안정에 중점을
두기 때문에 일반계약에 대한 다수의 예외가 인정된다.

(2) 청약

주식인수의 청약은 발기인이 아닌 주식인수인이 되고자 하는 자가 하여야 한
다(제302조 제1항). 발기인은 청약의 유인만을 할 수 있을 뿐이다. 주식인수의 청약
을 하고자 하는 자는 주식청약서 2통에 인수할 주식의 종류 및 수와 주소를 기재
하고 기명날인 또는 서명하여야 한다(제302조 제1항).

이와 같은 要式行爲 이외의 방식에 의한 請約은 無效이다. 주식인수가 부합
계약이므로 청약자는 주식청약서에 기재된 청약조건을 변경하거나 제한을 가하
여 청약할 수 없다. 이러한 변경이나 제한은 회사에 대하여 효력이 없다. 실무적
으로는 청약과 동시에 납입금의 전부 또는 일부를 청약증거금으로 납입하는 것이
일반적이다.

(3) 배정

청약자가 주식인수의 청약을 하면 발기인은 배정을 한다(제303조). 배정은 일반
계약에 있어서의 「承諾」에 해당한다. 따라서 配定을 하면 주식인수가 성립한다.
일반계약에서는 승낙의 내용이 청약의 내용과 일치하여야 계약이 성립하지만, 발
기인이 배정함에 있어서는 청약된 수량과 달리 배정할 수 있으며, 청약인은 청약
한 수량과 다른(적은) 수량이 배정되더라도 이에 구속된다. 즉 발기인에게 배정의
자유가 인정된다(配定自由의 原則). 그것은 배정을 함에 있어서는 청약비율, 인수인의
이행능력, 주주간의 보유주식수의 均衡 등을 고려할 필요가 있기 때문이다.

그러나 청약한 주식수보다 많은 수량을 배정하거나 청약한 인수가액보다 높

---

[64] 부합계약이란 계약의 형식은 취하고 있으나, 내용은 미리 당사자의 일방이 결정하고 상대
방은 이에 따라야 하는 계약을 말한다. 보험약관이 대표적인 예이다.

은 가액으로 배정하는 것은 무효이다. 그것은 청약자가 감내하고자 하였던 유한 책임의 수량과 금액을 초과하기 때문이다. 그리고 청약한 주식과 종류가 다른 주식을 배정하는 것도 무효이다. 이는 청약자의 출자의 동기에 반하는 주식배정이기 때문이다.

(4) 주식청약인 또는 주식인수인에 대한 통지·최고

발기인은 주식청약인에 대하여는 배정결과를 통지하여야 하고, 주식인수인에 대해 納入을 催告하고, 창립총회의 소집통지를 하여야 한다. 이러한 통지나 최고는 주식인수증 또는 주식청약서에 기재한 주소 혹은 그 자가 회사에 통지한 주소로 하면 된다(제304조 제1항). 不到達로 인한 불이익은 주식청약인 또는 주식인수인이 부담한다. 그리고 이 통지 또는 최고는 보통 그 도달할 시기에 도달한 것으로 본다(제304조 제2항).

(5) 가설인 또는 타인명의의 주식인수

설립시 가설인의 명의로 모집주식을 인수하거나 타인의 승낙 없이 그 명의로 주식을 인수한 자는 주식인수인으로서의 책임이 있다(제332조 제1항). 타인의 승낙을 얻어 그 명의로 주식을 인수한 자는 그 타인과 연대하여 납입할 책임이 있다(제332조). 이 경우 누가 진정한 주식인수인으로서 주주가 되는지에 대하여는 형식설(소수설)[65]과 실질설(다수설)이 있다. 이러한 현상은 회사성립 후 주식인수에서도 동일하게 발생하므로 후술한다(제6장 제3절 제2관 Ⅵ. 이하 참조).

(6) 주식인수의 하자(무효·취소)

1) 일반원칙의 적용

주식인수는 청약과 배정의 의사표시로 이루어지는 계약이므로 법률행위와 意思表示의 무효·취소에 관한 일반원칙이 적용된다. 따라서 발기인은 청약인의 制限能力·錯誤·詐欺·强迫·通情虛僞表示·無權代理·詐害行爲(민법 제406조) 등을 이유로 인수행위의 무효·취소를 주장할 수 있다. 청약자는 발기인이 작성·배부한 주식청약서의 요건흠결(예: 의결권배제종류주식을 발행하면서 이를 청약서에 미기재)이나 착오나 무권대리 등을 이유로 취소나 무효를 주장할 수 있다. 그 예로는 50주를 청약하였는데 200주로 잘못 알고 이를 배정하거나 발기인의 대리인이 아닌 자가 주

---

65) 대법원 2020. 6. 11. 선고 2017다278385·278392; 2017. 3. 23. 선고 2015다248342.

식을 배정하는 경우를 들 수 있다. 전자의 경우는 착오로 인한 취소사유에 해당하고 후자는 청약인이 추인하지 아니하는 한 무효사유에 해당한다(민법 제130조).

한편 주식인수인이 無權代理인 경우 발기인은 그 인수행위의 무효를 주장할 수 있으나, 주식인수 후 본인이 창립총회에서 의결권을 행사한 경우에는 무권대리행위를 추인한 것으로 본다.

2) 무효·취소에 관한 특칙

주식의 인수는 자본단체의 설립에 관한 행위이기 때문에 개인법상의 행위와는 달리 意思表示者의 보호만을 중시할 수 없다. 그리하여 상법은 단체법률관계의 안정과 기업유지의 이념에서 의사표시의 일반원칙에 대한 몇 가지 특칙을 두고 있다.

가) 비진의의사표시의 특례 상대방이 아는 비진의의사표시에 관한 민법 제107조 제1항 단서가 적용되지 아니한다(제302조 제3항). 따라서 청약인이 비진의의 주식청약을 한 것을 상대방(발기인)이 알았거나 알 수 있었을 경우에도 그 청약은 유효하다.

나) 주장시기의 제한 회사성립 후 주식인수인은 주식청약서의 요건의 흠결을 이유로 하여 그 인수의 무효를 주장하거나 사기, 강박 또는 착오를 이유로 하여 그 인수를 취소하지 못한다(제320조 제1항). 창립총회에 출석하여 그 권리를 행사한 자는 회사의 성립 전에도 무효 또는 취소를 주장하지 못한다(제320조 제2항). 여기서의 권리는 의결권을 말한다.

한편 상법은 행위능력제한, 무권대리(민법 제130조) 및 사해행위(민법 제406조)를 이유로 하는 주식인수의 무효·취소를 제한하지 아니하므로 회사성립 후에도 이를 주장할 수 있다. 그리고 주식인수인이 주식청약서에 기명날인 또는 서명하지 아니한 경우는 인수행위가 성립하지 아니하므로 위 특례규정의 무효 또는 취소의 주장이 제한되지 아니한다. 또한 주식청약서에 기재된 일정한 시기까지 창립총회를 종결하지 아니한 때에도 주식인수를 취소할 수 있다(제302조 제2항 제8호).

3) 회사설립의 유효

주식인수의 하자는 바로 會社設立의 무효로 이어지지 아니한다. 주식회사는 물적회사로서 사원의 개성이 중요하지 아니하기 때문에 설립시 주관적 하자는 문제되지 아니한다. 설령 주식인수가 무효·취소되더라도 발기인이 引受擔保責任

을 지기 때문에(제321조 제1항) 자본구성에도 영향이 없다. 다만, 그 하자가 발기인이 이행하기 어려운 정도라면 설립무효사유가 된다.

5. (금전)출자의 이행66)

(1) 전액납입주의

모집설립시에도 주식인수인은 배정된 주식의 수에 따라 引受價額納入義務를 부담한다. 발기인은 주식의 총수가 인수된 때에는 지체 없이 주식인수인에 대하여 각 주식에 대한 인수가액의 전액을 납입시켜야 한다. 이른바 전액납입주의를 취하고 있다(제303조, 제305조 제1항). 납입은 회사에 금전이 현실로 제공되어야 한다. 따라서 납입의무의 免除·代物辨濟·更改 등은 허용되지 아니한다. 수표·어음 등으로 출자를 이행한 때에는 지급인이 지급하여야만 유효한 납입이 된다.67)

(2) 납입장소의 지정 및 보관

발기인은 주식청약서에 납입을 맡을 은행 기타 금융기관과 장소를 지정하여야 한다(제302조 제2항 제9호). 그리고 금전출자의 이행은 주식청약서에 기재된 장소에서 하여야 한다(제305조 제2항). 이는 주금납입의 확실성을 확보하고 부정행위(예: 가장납입)를 방지하는 데 그 취지가 있다.

납입금보관자 또는 납입장소를 변경할 때에는 법원의 허가를 얻어야 한다(제306조). 그리고 납입금보관자는 회사설립 후에 납입금을 회사에 반환하여야 한다. 이는 회사성립 전에는 납입금을 회사에 반환하지 못한다는 뜻이기도 하다.

(3) 납입금보관증명서의 발급

주식인수인이 납입한 후 납입금보관자는 발기인·이사의 청구를 받으면 납입금보관증명서를 발급하여야 한다(제318조 제1항). 모집설립의 경우는 일반대중이 출자한 재산의 보관상황을 명확하게 할 필요가 있기 때문이다. 이때 은행이나 그 밖의 금융기관은 증명한 보관금액에 대하여는 납입이 부실하거나 그 금액의 반환에 제한이 있다는 것을 이유로 회사에 대항하지 못한다(제318조 제2항). 발기설립과 달리 자본금 총액이 10억원 미만인 회사를 모집설립하는 때에는 납입금보관증명

---

66) 여기에서는 발기설립의 경우와 마찬가지로 금전출자의 이행에 대하여만 소개한다. 현물출자의 이행에 대하여는 정관의 상대적 기재사항 중 '현물출자' 부분에서 기술하였다.
67) 대법원 1977. 4. 12. 선고 76다943.

서를 잔고증명서로 대체할 수 없다(제318조 제3항 반대해석).

(4) 가장납입

1) 의의

株金은 실제로 납입되어야 하는데, 이를 납입하지 아니하고 납입된 것으로 가장하고 설립등기를 하는 행위를 가장납입(가장설립)이라고 한다. 가장납입은 개인기업이 주식회사로 조직을 변경시키는 과정에서 특히 발생하기 쉽다. 가장납입의 유형에는 통모가장납입(예합)과 위장납입(견금)이 있다. 納入金保管制度는 가장납입을 방지하는 데 유용하다. 그럼에도 불구하고 가장납입을 한 경우에는 각종의 형사책임이 따른다. 한편 가장납입은 회사성립 후에는 이사 또는 집행임원 등에게 적용된다(제628조 제1항·제622조 제1항).

2) 유형

가) **통모가장납입**(예합) 발기인들과 납입금보관은행이 通謀하여 납입금이 없는데도 은행이 발기인에게 출자이행이 완료된 것처럼 가장하여 납입금보관증명서를 발급하고, 발기인은 그 증명서를 가지고 설립등기를 하는 것을 통모가장납입 또는「預合」이라고 한다.

상법은 이를 방지하기 위하여 납입금보관은행이 納入金保管證明書를 발급하여 증명한 보관금액에 대하여는 납입의 부실 또는 그 금액의 반환에 제한이 있음을 이유로 회사에 對抗하지 못한다고 규정하고 있다(제318조 제2항). 따라서 납입금보관은행은 회사성립 후 대표이사가 납입금보관증명서에 해당하는 금액의 반환을 청구하는 때에는 이를 거절하지 못한다. 그리고 가장납입행위의 관계자는 5년 이하의 징역 또는 1,500만원 이하의 벌금에 처하여지게 된다(제628조 제1항). 이러한 규정들로 인하여 통모가장납입은 현실적으로 발생하기 어렵다.

나) **위장납입**(見金) 이는 발기인이 ① 납입금보관은행 이외의 제3자로부터 금전을 차입하고, ② 이를 현실로 납입하고 납입금보관증명을 받아 설립등기를 마친 후, ③ 납입금보관은행으로부터 즉시 인출하여, ④ 이를 제3자에게 차입금을 변제하는 방식을 말한다. 위장납입은 실제로 자주 발생한다.

3) 가장납입(견금)의 효력

가) **쟁점** 통모가장납입은 무효라는 데 이론의 여지가 없다. 그리고 위장납입의 경우도 위의 ① 내지 ③까지는 현실적인 자금이동이 있었고, 통상의 주금납

입 및 그 반환행위이므로 문제없다. 그러나 위 ④의 행위가 있기 때문에 그 납입의 유효성 여부가 문제된다.

나) 학설

① 무효설

형식상으로는 주금의 납입이 있으나 실질적인 자금유입이 없으므로 무효라고 한다(통설).

② 유효설

가장납입의 경우는 자금의 이동이 현실적으로 있었다는 점, 회사는 주주에 대하여 납입금의 상환을 청구할 수 있으며,[68] 또한 발기인들이 위장납입한 납입대금을 회사설립과 동시에 또는 함부로 인출하면 공동불법행위를 구성하여 회사에 대하여 연대하여 손해배상책임을 지는 점(제322조)[69] 등에서 회사는 어느 정도 자본금충실을 기할 수 있으므로 유효하다고 한다(소수설).[70]

다) 판례   진실한 납입의사의 유무는 발기인의 주관적인 문제에 불과하고, 실제 금원의 이동에 따른 현실의 납입이 있으므로 유효하다고 한다.[71] 이 경우 납입금이 회사에 없는 것은 회사가 주주의 납입금을 替當[72]하였기 때문이므로 주주에게 상환을 청구할 수 있다고 본다.[73]

라) 사견   차입, 납입, 보관증명서의 발행 및 설립등기 등의 일련의 절차는 위법·부당하다고 할 수 없다. 그러나 전체적으로 보면, 이는 납입가장을 위하여 계획적으로 의도된 절차이다. 그리고 이를 유효하다고 하면, 회사자본금의 충실을 기하고자 하는 법의 취지는 몰각된다. 주주권을 부당하게 유지하는 결과도 초래한다. 따라서 무효설이 타당하다.

4) 위장납입의 판단기준

발기인의 납입행위가 위장납입에 해당하는지를 판단하기 위하여는 ① 회사성립 후 차입금변제까지의 소요기간, ② 납입금이 회사자금으로서 운용된 사실 여부,

---

68) 대법원 1985. 1. 29. 선고 84다카1823·1824.
69) 대법원 1989. 9. 12. 선고 89누916.
70) 정찬형(2022), 692면.
71) 대법원 1998. 12. 23. 선고 97다20649; 1994. 3. 28. 자 93마1916 결정.
72) 나중에 상환 받기로 하고 금전이나 재물 따위를 대신 지급하는 일을 말한다.
73) 대법원 2004. 3. 26. 선고 2002다29138.

③ 차입금의 변제가 회사자금관계에 미치는 영향 등을 고려하여야 한다고 해석한다.

5) 가장납입의 책임

판례에 따르면 僞裝納入設立行爲는 주로 발기인과 이사들의 共同不法行爲를 구성한다. 따라서 발기인과 이사들은 연대하여 회사에 대해 손해배상책임을 진다.[74] 그리고 발기인 등의 행위가 상법상의 책임요건을 충족하면, 발기인의 손해배상책임(제322조) 및 이사의 회사에 대한 책임(제399조) 규정에 의거한 배상책임을 부담한다. 또한 판례는 僞裝納入設立도 현실에 의한 납입이 있는 것으로 보기 때문에 납입은 이루어졌으나, 납입금이 회사에 없는 것은 회사가 주주의 납입금을 替當한 것으로 보고, 회사가 주주에게 상환을 청구할 수 있다고 해석한다.[75]

가장납입설립에 관여한 발기인 또는 이사 등은 형사책임을 부담한다. 그리하여 발기인 등은 상법상 납입가장죄(제628조 제1항)는 물론 공정증서원본부실기재죄(형법 제228조) 및 동행사죄(형법 제229조)의 처벌을 받는다. 다만, 업무상 횡령죄에는 해당하지 아니한다.[76]

6) 회사자금에 의한 가장납입

성립한 회사가 신주를 발행하는 경우 임직원 등에게 명의상 신주인수권을 부여하고 회사자금을 융자하여 주금을 납입하게 하는 것은 외형적으로는 납입절차의 이행이 있는 것으로 볼 수 있다. 그러나 신주발행에도 불구하고 제3자 인수주식의 액면금액에 상당하는 회사의 자본이 증가되었다고 할 수 없으므로 위와 같은 주식인수대금의 납입은 단순히 납입을 가장한 것으로써 무효이다.[77]

(5) 납입의무불이행의 효과

모집설립에서 株式引受人이 금전출자를 이행하지 아니하는 경우에는 발기설립과 달리 실권절차가 인정된다. 즉 본래의 주식인수인의 지위를 박탈하고 새로운 주식인수인을 모집할 수 있는 것이다. 그리하여 주식인수인이 금전출자를 이행하지 아니한 때에 발기인은 일정한 기일을 정하여 그 기일 내에 納入하지 아니하면 인수인의 권리를 잃는다는 뜻을 기일의 2주간 전에 그 주식인수인에게 통지하여야 한다(제307조 제1항).

---

74) 대법원 1989. 9. 12. 선고 89누916.
75) 대법원 2004. 3. 26. 선고 2002다29138; 1985. 1. 29. 선고 84다카1823·1824.
76) 대법원 2013. 4. 11. 선고 2012도15585; 2004. 6. 17. 선고 2003도7645.
77) 최기원(2005), 188면; 최준선(2024), 191면; 대법원 2003. 5. 16. 선고 2001다44109.

失權豫告附의 통지를 받은 주식인수인이 그 기일 내에 납입의 이행을 하지 아니한 때에는 실권한다. 이때 발기인은 다시 그 주식을 인수할 주주를 모집할 수 있다(제307조 제2항). 또 실권절차와는 별도로 주식인수인의 납입불이행으로 인하여 설립 중의 회사가 손해를 입은 때에는 배상을 청구할 수 있다(제307조 제3항).

6. 창립총회

(1) 의의

창립총회는 주식회사의 모집설립시 회사설립의 최종단계에서 주식인수인(발기인인 주식인수인을 포함한다)으로 구성되는 설립 중의 회사의 의결기관이다. 창립총회는 성립 후 회사의 주주총회의 전신으로서 모집설립의 주식인수인이 설립경과에 관한 보고를 받고 그 내용을 검토한 후 설립절차를 마무리하기 위하여 인정된다.

(2) 소집 및 운영

발기인은 각 주식에 대한 인수가액의 전액납입과 현물출자의 이행을 완료한 때에는 지체 없이 창립총회를 소집하여야 한다(제308조 제1항). 창립총회의 소집절차(제363조), 소집지(제364조), 의결권의 행사(제368조 제2항·제3항, 제368조의 2), 의결권수의 계산(제371조 제2항), 결의하자의 소(제376조 내지 제381조), 총회의 연기와 속행의 결의(제372조), 의사록(제373조), 종류주주총회(제435조) 기타 창립총회의 운영에 관하여는 주주총회에 관한 규정을 준용한다(제308조 제2항).

(3) 결의

창립총회의 결의대상은 임원(이사·감사)의 선임 및 설립경과의 조사 등 설립절차를 종료하는 데 필요한 사항이다. 따라서 회사설립 이외의 사항 예를 들면, 영업용 부동산의 구입 등을 결의할 수는 없다. 결의요건은 주주총회와는 달리 ① 출석한 주식인수인의 의결권의 3분의 2 이상이며, 동시에 ② 인수된 주식의 총수의 과반수에 해당하는 다수로 하여야 한다(제309조). 결의요건을 주주총회의 특별결의요건(제434조)보다 가중한 것은 회사설립의 최종단계에서 결의에 신중을 기하고 발기인의 영향력을 약화시키기 위함이다.

(4) 권한

1) 창립사항의 보고청취

발기인은 서면으로 주식인수와 납입에 관한 제반상황 및 변태설립사항에 관한 실태를 명확히 기재한 서면에 의하여 회사의 창립에 관한 사항을 창립총회에 보고하여야 한다(제311조). 발기인이 부실한 보고를 하거나 사실을 은폐한 때에는 임무해태로써 손해배상책임을 지고(제322조), 벌칙이 적용된다(제625조 제1호, 제635조 제1항 제5호).

2) 이사와 감사의 선임

창립총회에서는 이사와 감사를 선임하여야 한다(제312조). 이는 발기설립시 발기인의 의결권의 과반수로 이사와 감사를 선임하여야 하는 점(제296조)과 다르다. 선임시에는 성립 후 회사와는 달리 집중투표제(제382조의 2)에 의하여서는 아니 된다. 그리고 발기설립에서와 같이 설립 중 회사에서 선임된 이사·감사는 상법에 규정된 권한만을 행사하는 일종의 감독기관에 불과하고 업무집행기관은 여전히 발기인이다(다수설).[78]

3) 설립경과의 조사

가) 조사내용   이사와 감사(또는 감사위원회)는 취임 후 지체 없이 회사의 설립에 관한 모든 사항이 법령 또는 정관의 규정에 위반되지 아니하는지의 여부를 조사하여 창립총회에 보고하여야 한다(제313조 제1항). 이는 발기설립의 경우 발기인에게 보고하여야 하는 것(제298조 제1항)과 다르다. 이사와 감사가 조사하여 보고하는 사항에는 당연히 ① 주식인수의 정확성 여부, ② 주금납입 또는 현물출자이행(제305조·제295조)의 정확성 여부, ③ 변태설립사항에 대한 내용(제310조·제290조), ④ 공증인(제298조 제4항)이나 감정인(제299조의 2)의 조사보고서(제310조 제3항)의 정확성 여부 등이 포함되어야 한다.

나) 조사절차   理事와 監事 중 발기인이었던 자, 현물출자자 또는 회사성립 후 양수할 재산의 계약당사자(재산인수의 당사자)는 이 조사·보고에 참가하지 못한다(제313조 제2항·제298조 제2항). 이사와 감사 전원이 이러한 제척사유에 해당하는 때에는 이사는 공증인으로 하여금 설립경과를 조사·보고하도록 하여야 한다(제313조

---

78) 최기원(2005), 174면; 최준선(2024), 182면; 서헌제(2007), 565면; 김·노·천(2024), 114면; 안택식(2012), 131면; 강위두(2000), 202면.

제2항·제298조 제3항). 이사와 감사의 이러한 권한은 설립 중의 회사의 기관이 아닌 감독기관의 지위에서 발생하는 것으로 본다.

4) 변태설립사항의 조사

변태설립사항이 있을 때에 발기인은 이에 관한 조사를 하게 하기 위하여 검사인의 선임을 법원에 청구하여야 한다(제310조 제1항). 이는 발기설립의 경우 이사가 법원에 대하여 검사인의 선임청구를 할 수 있는 점(제298조 제4항)과 구별된다. 검사인은 변태설립사항에 관한 보고서를 창립총회에 제출하여야 한다(제310조 제2항). 다만, 변태설립사항 중 발기인이 받을 특별이익이나 보수 또는 회사가 부담하는 설립비용(제290조 제1호·제4호)에 대하여는 공증인의 조사·보고로, 그리고 현물출자(제290조 제2호), 재산인수(제290조 제3호) 혹은 현물출자의 이행(제305조 제3항)에 대하여는 감정인의 감정으로 갈음할 수 있다(제310조 제3항, 제298조 제4항, 제299조의 2). 이는 발기설립의 경우와 같고, 변태설립사항이 없을 때에는 생략된다. 공증인·감정인의 조사 또는 감정결과는 창립총회에 보고하여야 한다(제310조 제3항). 이는 발기설립의 경우 법원에 보고하여야 하는 점(제299조)과 구별된다.

5) 변태설립사항의 변경

창립총회에서는 변태설립사항이 부당하다고 인정한 때에는 이를 변경할 수 있다(제314조 제1항). 이는 발기설립의 경우 법원이 변경처분을 할 수 있는 것(제300조 제1항)과 구별된다. 창립총회의 변경처분에 불복하는 발기인은 주식인수를 취소할 수 있으며, 발기설립의 경우와 같이 정관을 변경하여 설립절차를 속행할 수 있다(제314조 제1항·제2항, 제300조 제2항·제3항). 창립총회의 변경통고가 있은 후 2주 내에 주식의 인수를 취소한 발기인이 없는 때에는 정관은 변경통고에 따라서 변경된 것으로 본다(제314조 제2항·제300조 제3항).

한편 창립총회의 변경처분이 있다고 하더라도 손해가 있으면 발기인에게 별도의 손해배상을 청구할 수 있다(제315조).

6) 정관변경 또는 설립폐지

창립총회에서는 정관변경 또는 설립의 폐지를 결의할 수 있다(제316조 제1항). 이는 소집통지서에 그에 관한 기재가 없는 경우에도 가능하다(제316조 제2항). 본래 창립총회는 발기인이 창립총회의 목적으로 정한 사항만을 결의할 수 있는데, 제316조 제2항은 이 원칙에 대한 예외이다. 그리고 제316조의 규정은 발기설립의 경우 발기인 전원의 동의와 공증인의 인증으로 원시정관을 변경할 수 있는 점(제 289조 제1항·제292조)과 구별된다.

7. 대표이사의 선임 및 권한

모집설립시에는 발기설립의 경우와 마찬가지로 회사성립 전에 이사회를 개최하여 대표이사를 선임하여야 한다(제389조 제1항, 제317조 제2항 제9호). 다만, 설립 중 회사의 업무집행기관은 여전히 발기인이므로 선임된 대표이사는 회사의 성립 전에는 업무집행권과 대표권을 행사하지 못한다.

제 4 관   설립등기

I. 의 의

회사는 본점소재지에서 설립등기를 함으로써 성립한다(제172조). 즉 주식회사의 설립절차는 설립등기에 의하여 완료된다. 설립등기제도의 목적은 ① 회사의 설립시기를 명확히 하고, ② 대외적인 공시시점을 결정하여 거래의 안전을 도모하며, ③ 국가가 회사설립의 법정요건의 구비 여부를 심사하게 함으로써 회사설립에 관한 준칙주의 채택에서 발생할 수 있는 부실설립을 방지하는 데 있다.

II. 등기시기

설립등기는 발기설립의 경우에는 검사인(또는 공증인·감정인)의 변태설립사항에 관한 조사·보고(제299조)와 법원의 변태설립사항에 관한 변경처분(제300조) 절차가 종료한 날로부터 2주간 내, 모집설립의 경우에는 창립총회의 종결일 또는 변태설립사항의 변경절차(제314조)가 종료한 날로부터 2주간 내에 하여야 한다(제317조 제1항).

III. 등기절차

주식회사의 설립등기신청은 업무집행의 일환이므로 대표이사가 담당한다. 설립등기를 신청하는 경우에는 상업등기규칙상의 정보를 제공하여야 한다(동 규칙 제 129조). 발기인, 검사인, 공증인 또는 감정인 등은 설립등기를 게을리하면 500만원 이하의 과태료의 제재를 받는다(제635조 제1항 제1호). 그리고 발기인, 검사인, 공증인 또는 감정인 등이 설립등기를 위하여 주식 또는 출자의 인수나 납입, 현물출자의 이행 또는 변태설립사항(제290조)에 관하여 법원 또는 창립총회에게 부실한 보고를 하거나 사실을 은폐한 때에는 5년 이하의 징역 또는 1천 500만원 이하의 벌금에 처하여진다(제625조 제1호). 설립등기시에는 지방세인 등록세가 부과된다.

Ⅳ. 등기사항

회사설립시의 등기사항은 공시의 목적에서 정하여지는 것이므로 회사설립에 필요한 정관의 절대적 기재사항과는 다르다. 상법이 정하는 등기사항은 ① 목적, 상호, 발행예정주식총수, 1주의 금액, 본점소재지, 회사가 공고하는 방법, ② 자본금의 총액, ③ 발행주식의 총수, 그 종류와 각종 주식의 내용과 수, ④ 주식의 양도에 관하여 이사회의 승인을 얻도록 정한 때에는 그 규정, ⑤ 주식매수선택권을 부여하도록 정한 때에는 그 규정, ⑥ 지점소재지, ⑦ 회사의 존립기간 또는 해산사유를 정한 때에는 그 기간 또는 사유, ⑧ 주주에게 배당할 이익으로 주식을 소각할 것을 정한 때에는 그 규정, ⑨ 전환주식을 발행하는 경우에는 제347조 소정의 사항, ⑩ 이사, 감사 및 집행임원의 성명·주민등록번호, ⑪ 회사를 대표할 이사 또는 집행임원의 성명·주민등록번호·주소, ⑫ 공동대표이사 또는 공동대표집행임원을 둔 때에는 그 규정, ⑬ 명의개서대리인을 둔 때에는 그 상호 및 본점소재지, ⑭ 감사위원회를 설치한 때에는 감사위원회 위원의 성명 및 주민등록번호 등이 있다(제317조 제2항). 그리고 지점설치나 본·지점의 이전도 등기사항이며, 위의 ① 내지 ⑭의 사항 중 변경이 있는 경우에는 변경등기를 하여야 하는데, 그 구체적인 절차는 대체로 합명회사에 관한 규정이 준용된다(제317조 제4항·제181조 내지 제183조).

Ⅴ. 설립등기의 효과

1. 창설적 효력

설립등기는 법인으로서의 주식회사를 성립시키는 효력이 있다(제172조). 이른바 창설적 효력이 있다. 즉 설립등기를 함으로써 설립 중의 회사는 법인격을 취득하고, 설립 중 회사에 발생한 법률관계는 성립 후 회사로 귀속되며, 출자를 이행한 주식인수인은 주주가 된다.

2. 부수적 효력

설립등기를 하면 부수적 효력이 발생하는데 그 내용은 다음과 같다. 즉 회사가 성립하면, ① 주식인수인은 주식청약서의 요건의 흠결을 이유로 하여 그 인수의 무효를 주장하거나 사기, 강박 또는 착오를 이유로 하여 그 인수를 취소하지 못한다(제320조 제1항). ② 주식인수인이 주주가 되어 권리주상태가 종식되므로 권리주의 양도제한에 관한 규정(제319조)이 적용되지 아니한다. ③ 회사성립 전 주권발행금지규정이 적용되지 아니하므로 지체 없이 주권을 발행하여야 한다(제355조 제1항·제2항). ④ 발기인 등의 자본금충실책임(제321조)과 손해배상책임(제321조·제322조)의 문제가 발생할 수 있다. ⑤ 상호권, 즉 상호사용권과 상호전용권(제23조 제2항·제3항) 등이 발생한다. ⑥ 설립절차에 하자가 있는 것으로 판명되어도 설립무효의 소로서만 그 무효를 주장할 수 있다(제328조 제1항).

제 5 관 설립에 관한 책임

Ⅰ. 서 설

상법은 주식회사의 설립에 준칙주의를 채택하고 있기 때문에 원칙적으로는 법정요건을 충족하면 회사를 설립할 수 있다. 그러나 주식회사는 그 역사적 경험에서 알 수 있는 바와 같이 설립과정에서 과오나 부정이 개입되기 쉽고, 사기를 목적으로 설립되는 등의 폐단이 있다. 이 때문에 상법은 설립관여자들에 대하여 강행법적인 규율을 하고 있다. 그리하여 상법은 회사설립을 주도하여 온 발기인뿐만 아니라 설립의 종결단계에서 중요한 역할을 하는 이사, 감사 또는 검사인에 대하여도 엄격한 책임을 부과함으로써 준칙주의의 채택으로 인하여 발생할 수 있는 문제점을 해소하고 있다.

이러한 설립관여자들에 대한 책임은 민사상의 책임(제321조 내지 제327조), 형사상의 책임(제622조, 제625조, 제628조 및 제630조) 또는 행정상의 책임(제635조)으로 나눌 수 있다.

Ⅱ. 발기인의 책임

1. 개요

발기인의 책임은 회사가 성립한 경우와 불성립한 경우에 그 내용을 달리한다. 회사가 성립한 경우에는 회사에 대한 책임과 제3자에 대한 책임을 진다. 불성립한 경우에는 연대책임과 비용에 관한 책임을 진다.

2. 회사성립의 경우

(1) 회사에 대한 책임

1) 자본금충실책임

가) 의의　　발기인은 설립시에 발행하는 주식에 대하여 引受擔保責任과 納入擔保責任을 진다. 즉 자본금충실책임은 주식인수와 주금납입에 흠결이 있는 경우 회사설립을 무효로 하지 아니하고, 발기인에게 이를 보완하도록 함으로써 자본금형성의 결함을 제거하고, 회사설립의 무효화를 방지하여 기업유지의 이념을 구현할 목적에서 인정되고 있다. 그리고 회사설립에 대한 일반주주와 회사채권자 등의 기대와 신뢰를 보호하는 것도 중요한 입법취지이다.

나) 인수담보책임

① 개념

회사설립시에 발행한 주식으로서 회사성립 후에 아직 인수되지 아니한 주식이 있거나 주식인수의 청약이 취소된 때에는 발기인이 이를 공동으로 인수한 것으로 본다(제321조 제1항). 이를 발기인의 인수담보책임이라고 한다.

② 책임의 발생원인

'아직 인수되지 아니한 주식'이 있는 예로서는 ① 등기서류를 위조하여 설립등기를 완료한 경우, ② 의사무능력, 허위표시 또는 무권대리로 인하여 주식인수가 무효가 되는 경우를 생각할 수 있다.

'주식인수의 청약이 취소된 때'와 관련하여서는 ① 회사성립 후에는 착오·사기·강박을 이유로 하는 주식인수의 취소는 허용되지 아니하므로 그 원인이 되지 아니하나(제320조 제1항), ② 제한능력자 또는 사해행위자의 주식인수는 그 원인이 될 수 있다.

③ 책임의 법적 성질

인수담보책임은 손해배상책임이 아니고 자본금충실과 기업유지이념의 구현 요청에 따른 법정책임으로서 무과실책임이다(이설 없음). 따라서 주식이 인수되지 아니하거나 주식인수의 청약이 취소된 사실에 발기인의 과실을 요하지 아니한다.

④ 책임의 형태

법문상 발기인이 수인인 경우에는 '이를 공동으로 인수한 것으로 본다.'고 규정하고 있다. 따라서 발기인간에 주식이 공유적으로 귀속한다. 즉 공동인수로 의제하고 있다. 그 결과 공동인수의제주식에 관한 발기인의 권리·의무는 민법상 공유관계규정(민법 제262조 이하)과 상법상 주식공유관계규정(제333조)이 적용된다.

⑤ 책임의 효과

법문상 발기인의 주식인수를 의제하고 있으므로 발기인은 자기의 의사와 관계없이 또 발기인의 별도의 인수행위절차를 거치지 아니하고, 그 주식을 인수한 것으로 된다. 따라서 발기인은 지체 없이 납입의무를 부담한다. 그리고 발기인 스스로가 주주가 된다.

⑥ 설립무효와의 관계

기술한 바와 같이 인수담보책임제도는 이미 진행된 설립절차의 효력을 유지하고, 자본금충실과 기업유지이념을 구현하기 위한 것이다. 그러므로 인수되지 아니하거나 또는 주식인수의 청약이 취소된 주식의 수가 적은 경우에는 그 흠결을 치유할 수 있다. 그러나 그 흠결이 현저하여 발기인에게 책임을 전액 부담시키는 것이 불가능할 때에는 설립무효의 원인이 된다(통설).

그런데 인수담보책임은 설립무효판결이 확정되더라도 소멸하지 아니한다. 그 것은 설립무효판결의 효력은 소급효가 제한되므로(제190조 단서) 설립등기 후 판결시까지는 사실상의 회사가 존재하기 때문이다. 즉 그 동안에 발생한 법률관계를 청산하기 위하여는 자본금이 충실하게 회사에 유보되어 있어야 하는 것이다.

다) 납입담보책임

① 개념

발기인은 회사설립 후 인수가액 전액의 납입을 완료하지 아니한 주식이 있는 때에는 연대하여 그 납입을 하여야 한다(제321조 제2항). 이를 발기인의 납입담보책임이라고 한다.

② 책임의 발생원인

주식은 이미 인수되었으나 회사성립 후에도 납입이 완료되지 아니한 경우에 납입담보책임이 발생한다. 따라서 인수조차 되지 아니한 주식이 있는 때에 발기인은 인수담보책임을 부담하므로 인수인으로 의제되어 주식인수인으로서의 납입책임도 부담한다.

③ 현물출자 불이행의 책임

현물출자 불이행의 경우에도 발기인이 자본금충실책임(납입담보책임)을 지는지 문제된다. 이에 대하여는 다음과 같이 학설이 대립하고 있다.

ㄱ. 부정설: 현물출자는 출자의 개성이 강하기 때문에 그 불이행의 경우에는 타인이 대체이행할 수 없다는 이유로 발기인의 납입담보책임을 부정하고 설립무효사유로 본다(다수설).[79]

ㄴ. 긍정설: 현물출자에도 대체가능한 것이 있고, 대체불가능한 경우에도 그 가액에 해당하는 금전을 출자시켜 사업을 하는 것이 바람직하므로 발기인의 납입담보책임을 전면적으로 인정한다(소수설).[80] 이 학설에 의하면, 단지 현물출자가 이행되지 아니한 것은 설립무효사유에 해당하지 아니하게 된다.

ㄷ. 제한적 긍정설: 현물출자의 목적재산이 사업목적의 수행에 불가결한 것이라면 설립무효사유로 보고, 그렇지 않으면 발기인이 그 부분의 주식을 인수하

---

79) 정찬형(2022), 704면; 손주찬(2004), 589−590면; 최기원(2005), 204면; 안택식(2012), 157면; 이·임·이·김(2012), 117면; 정경영(2022), 189면.
80) 정동윤(2012), 425면; 권기범(2021), 477면.

여 금전으로 납입할 수 있다고 보는 것이 기업유지이념상 바람직하다고 한다.[81]

ㄹ. 사견 : 대체가능한 현물출자 또는 회사의 사업수행에 불가결한 것이 아닌 경우에는 금전으로 환산하여 발기인에게 금전으로 납입책임을 지우는 것이 발기인의 자본금충실의 입법취지에 부합한다고 본다(제한적 긍정설).

한편 現物出資의 대상자산이 과대평가된 경우 발기인은 후술하는 바와 같이 손해배상책임을 진다.

④ 책임의 법적 성질

납입담보책임도 인수담보책임과 같이 자본금충실과 기업유지이념의 구현의 요청에 따른 법정책임으로서 무과실책임이다(이설 없음). 따라서 주금미납과 현물출자가 불이행된 사실에 발기인의 과실을 요하지 아니한다.

⑤ 책임의 형태

발기인이 수인인 경우 납입담보책임은 연대채무이다. 발기인 각자의 부담부분은 균등한 것으로 추정한다(민법 제424조). 자기의 부담부분을 초과하여 담보책임을 이행하거나 전액이행한 발기인은 다른 발기인에 대하여 구상권을 행사할 수 있다(민법 제425조).

⑥ 주식인수인과의 관계 및 효과

발기인이 납입담보책임을 부담한다고 하여 주식인수인의 채무가 면제되는 것이 아니고 부진정연대책임을 부담한다. 인수담보책임과 달리 발기인은 납입담보책임을 이행하더라도 스스로 주주가 될 수는 없고, 株式引受人의 채무를 이행한 것에 불과하다. 그러므로 발기인은 납입을 하지 아니한 주식인수인에 대하여 회사를 대위하여 변제를 청구할 수 있다(민법 제481조).

라) 손해배상책임과의 관계   발기인이 인수담보책임과 납입담보책임을 지더라도 발기인에 대한 회사의 손해배상청구에는 영향을 미치지 아니한다(제321조 제3항·제315조). 따라서 발기인이 임무해태로 인하여 인수되지 아니한 주식의 발생, 인수의 취소 또는 납입이 되지 아니한 주식이 있어 회사에 손해가 생긴 때에는 발기인은 회사에 대하여 연대하여 손해배상책임을 진다.

---

81) 최준선(2024), 205면; 이철송(2024), 276면; 홍·박(2021), 184면; 김홍기(2022), 354면; 송옥렬(2022), 780면.

마) 이행청구 및 책임추궁   발기인의 자본금충실책임에 관한 이행은 대표이사 또는 대표집행임원이 청구할 수 있다. 발행주식총수의 100분의 1 이상에 해당하는 주식을 가진 (모회사)소수주주 역시 회사를 위하여 (다중)대표소송을 제기하여 발기인의 책임을 추궁할 수 있다. 즉 (모회사)소수주주는 발기인의 책임을 추궁하는 소를 제기할 것을 회사에 청구할 수 있으며, (자)회사가 30일 이내에 소를 제기하지 아니할 때에는 직접 (다중)대표소송을 제기하여 발기인의 책임을 추궁할 수 있다(제324조·제403조 내지 제406조·제406조의 2). 다만, 대표이사, 대표집행임원 또는 (모회사)소수주주가 발기인에 대하여 그 이행청구를 하더라도 (자)회사의 발기인에 대한 손해배상청구에는 영향을 미치지 아니한다(제321조 제3항·제315조).

바) 책임의 면제   발기인의 자본금충실책임(인수 및 납입담보책임)은 총주주의 동의로도 면제할 수 없다(異說 없음). 이 책임은 물적회사 존립의 기초에 관한 사항이며, 기업유지이념을 구현하고 채권자보호에 불가결하기 때문이다.

2) 손해배상책임

가) 의의   발기인이 회사의 설립에 관하여 그 임무를 해태한 때에는 그 발기인은 회사에 대하여 연대하여 손해를 배상할 책임이 있다(제322조 제1항). 본래 발기인은 설립 후의 회사와 직접적인 책임관계가 없으나, 설립 중의 회사의 기관으로서 선량한 관리자의 주의의무를 부담하므로 명문으로 이를 인정하고 있다. 그리고 설립 중의 회사가 발기인에 대하여 행사할 수 있는 손해배상청구권을 동일한 실체인 설립 후의 회사가 승계한다는 의미도 있다.

나) 책임의 성질   이 책임은 상법이 인정하는 특수한 손해배상책임으로써 발기인의 임무해태를 요하는 과실책임이다(통설). 이는 발기인의 자본금충실책임이 무과실책임이라는 것과 다르다. 발기인과 회사간에는 계약관계가 없으므로 계약상의 책임 또는 위법성을 요하지 아니하므로 불법행위책임이 성립되지 아니한다.

다) 책임의 범위 및 설립무효와의 관계   발기인은 선관주의의무를 부담하고, 설립행위 중에 과실이 있으면 상당인과관계가 있는 회사의 모든 손해에 대하여 손해배상책임을 부담한다. 책임의 범위는 상법상 발기인의 임무라고 명시된 정관의 작성(제288조·제289조), 주식청약서의 작성(제302조 제2항), 주식납입의 최고(제305조 제1항), 창립총회의 소집(제308조 제1항) 및 창립총회에서의 보고(제311조)에 국한되지 아니한다. 예를 들면, 설립시에 발행하는 주식총수에 대한 인수가액전액의

납입과 현물출자의 이행이 없음에도 불구하고 회사를 성립시킨 때, 납입·이행시키지 아니한 것에 과실이 있는 발기인은 기술한 자본금충실의무를 이행하더라도 일반의 납입기일로부터 회사성립일까지의 지연이자에 대한 손해배상책임이 있다(제321조 제3항·제315조). 그리고 변태설립사항(제290조)을 창립총회가 확인하거나 또는 변경한 때에 과실로 인하여 창립총회의 판단을 그르치게 한 발기인은 그로 인한 손해배상책임을 진다(제314조·제315조). 또한 발기인들이 주식인수대금을 가장납입하고 회사의 성립과 동시에 그 대금을 인출한 경우,[82] 주식을 공모하면 액면초과액을 얻을 수 있음에도 불구하고 액면가액으로 가족에게 배정한 경우,[83] 설립사무를 특정인에게 일임하고 그 자가 임무를 해태한 경우에도 발기인은 회사에 대하여 손해배상책임을 진다.[84] 나아가 현물출자 대상자산을 과대평가하거나 또는 설립비용을 부당하게 지출한 경우에도 마찬가지이다. 다만, 경기예측을 잘못하거나 발기인이 선임한 이사가 회사에 입힌 손해 등은 발기인의 책임이 아니다.[85] 설령 이사의 선임 자체에 과실이 있다고 하더라도 이는 별개의 사안으로 다루어져야 한다.

한편 발기인의 회사에 대한 손해배상책임은 회사의 성립을 전제로 하기 때문에 회사가 불성립된 경우에는 발생하지 아니한다. 그 결과 회사가 성립한 후 설립무효가 되더라도, 사실상의 회사[86]가 존재하므로 일단 발생한 발기인의 책임에는 영향이 없다(제328조 제2항·제190조 후단).

라) 책임의 시효 발기인의 회사에 대한 손해배상책임은 회사성립시부터 인정된다. 따라서 회사설립이 무효가 되더라도 사실상 회사의 존재로 인하여 발기인의 이 책임은 소멸하지 아니한다. 때문에 발기인의 회사에 대한 손해배상책임은 일반 민사채권과 같이 10년의 소멸시효(민법 제162조 제1항)에 걸린다(통설).[87]

마) 이행청구 및 책임추궁 발기인의 회사에 대한 손해배상책임의 이행은

---

82) 대법원 1989. 9. 12. 선고 89누916.
83) 정찬형(2022), 705면; 정동윤(2012), 426면; 同旨 최준선(2024), 206면.
84) 최준선(2024), 206면; 정찬형(2022), 705면; 정동윤(2012), 426면.
85) 이철송(2024), 277면.
86) 기술한 바와 같이 회사의 성립시부터 설립무효·취소의 판결이 확정될 때까지 존속하는 회사를 '사실상의 회사'(表見會社)라고 한다. 사실상의 회사에 대하여는 회사가 유효하게 성립한 경우와 동일하게 취급한다.
87) 김정호(2023), 152면; 권기범(2021), 479면; 최기원(2005), 206면; 이철송(2024), 278면; 최준선(2024), 207면; 이·최(2022), 208면; 임재연(2019 I), 295면.

자본금충실책임과 같이 대표이사 또는 대표집행임원이 청구할 수 있다. 그리고 발행주식총수의 100분의 1 이상에 해당하는 주식을 가진 (모회사)소수주주는 (다중)대표소송을 제기하여 책임을 추궁할 수 있다(제324조·제403조 내지 제406조·제406조의 2).

3) 책임의 면제

발기인의 자본금충실책임과는 달리 발기인의 회사에 대한 손해배상책임은 총주주의 동의로 면제할 수 있다(제324조·제400조). 그 취지는 이사의 경우와 같다.

(2) 제3자에 대한 책임

1) 의의 및 취지

발기인이 회사의 설립에 관하여 악의 또는 중대한 과실로 인하여 그 임무를 해태한 때에는 그 발기인은 제3자에 대하여 연대하여 손해를 배상할 책임이 있다(제322조 제2항). 발기인은 설립 중의 회사의 기관이므로 불법행위의 경우를 제외하고는 제3자에 대하여 책임을 지지 아니하고 회사가 그 책임을 부담하는 것이 원칙이다.

그러나 상법은 발기인의 설립행위가 제3자에게 미치는 영향이 크므로 발기인이 직접 제3자와 법률관계가 없고, 불법행위를 하지 아니하였음에도 불구하고 제3자를 보호하기 위하여 발기인에게 책임을 지도록 하고 있다.

2) 법적 성질

가) 서 발기인이 직접 제3자와 법률관계를 갖지 않음에도 불구하고 제3자에게 부담하는 손해배상책임의 법적 성질에 대하여 견해가 나뉜다. 이 책임의 성질은 이사의 제3자에 대한 손해배상책임의 경우와 같다.

나) 학설 발기인의 제3자에 대한 책임의 성질에 대하여 ① 법정책임설은 회사설립과 관련되어 제3자를 보호하기 위하여 불법행위책임과는 별개로 인정되는 회사법상의 특수한 책임이라고 설명하는데, 타당하다고 본다(통설).[88] ② 특수한 불법행위책임설은 발기인의 책임은 본질적으로 불법행위책임이지만, 그 요건상 경과실은 제외되고 위법성이 배제되는 책임이라고 한다.[89] 법정책임설을 취하는 한 발기인의 행위가 동시에 제3자에 대한 불법행위의 요건을 충족하는 경우에는 상법상 청구권(제322조 제2항)과 불법행위에 의한 청구권이 경합하게 된다.

---

88) 정동윤(2012), 427면; 권기범(2021), 480면; 최기원(2005), 208면; 강위두(2000), 250면; 임홍근(2000), 159면; 김정호(2023), 153면; 정찬형(2022), 706면.
89) 서·정(1999), 335면.

3) 책임의 요건

회사설립에 대한 발기인의 임무해태가 있고 이로 인하여 제3자가 손해를 입어야 한다. 다만, 악의 또는 중과실은 발기인의 임무해태에만 있으면 족하고, 제3자의 손해에 관하여 있을 필요는 없다. 경과실을 배제한 것은 발기인이 직접 제3자와 법률관계가 없고, 불법행위가 있는 것도 아님에도 불구하고 경과실까지 포함시켜 책임을 지도록 하는 것은 가혹하기 때문이다.

4) 제3자의 범위

발기인이 책임져야 할 제3자는 회사 이외의 모든 자를 가리키므로 회사사채권자는 물론 주식인수인과 주주도 이에 포함된다고 본다(통설).[90]

5) 책임의 유형

발기인의 제3자에 대한 책임의 유형 중 전형적인 예로는 설립시의 발행주식 중 납입이 되지 아니한 것이 있음에도 불구하고 발기인이 악의 또는 중대한 과실로 회사를 설립시켜 설립무효가 됨으로 인하여 채권자가 입은 손해를 들 수 있다. 나아가 제3자의 범위에 관한 통설에 따르면 ① 모집설립시의 발기인이 사업설명서에 허위기재를 하고, 그 기재사실을 믿은 주식인수인이 주식을 인수함으로서 입은 손해, ② 발기인의 임무해태로 회사설립이 무효가 됨으로써 해당주식의 유통성이 상실되어 주식인수인 혹은 주주가 입은 손해, 또는 ③ 정관의 기재가 없는 재산인수계약의 무효로 말미암아 주식인수인 혹은 주주가 입은 손해에 대하여도 발기인이 책임을 져야 한다.

한편 회사가 손해를 입은 결과가 주식의 재산적 가치의 하락, 즉 주가하락에 반영되는 경우와 같이 간접손해를 입은 주주가 제3자의 범위에 포함되는지에 대하여 학설이 나뉜다. 통설은 이를 긍정하지만, 소수설은 이를 부정한다. 이는 이사의 제3자에 대한 책임과 성질을 같이하는데, 판례는 이를 부정한다.

6) 설립무효와의 관계

발기인의 회사에 대한 손해배상책임과 같이 회사가 성립한 후 설립무효가 되더라도, 일단 발생한 발기인의 제3자에 대한 책임에는 영향이 없다(제328조 제2항·제190조 후단).

---

90) 권기범(2021), 480면; 최기원(2005), 209면; 안택식(2012), 160면; 송옥렬(2022), 782면; 정찬형(2022), 707면; 이철송(2024), 279면; 정동윤(2012), 427면.

3. 회사불성립의 경우

(1) 의의

발기인은 회사가 성립하지 못한 경우 그 설립에 관한 행위에 대하여 연대하여 책임을 지며(제326조 제1항), 회사설립과 관련하여 지급한 비용을 부담한다(제326조 제2항). 이에 비하여 회사가 형식적으로는 성립되었으나 설립무효가 된 경우에 발기인은 제326조가 아닌 '회사성립'에 따른 책임(제321조, 제322조)을 진다.

(2) 불성립의 개념

회사의 불성립이라 함은 정관작성 후 회사설립절차에 착수하였으나 설립등기에 이르지 못하고 중도에 설립이 좌절된 경우를 말한다. 그 예로는 설립시 발행주식의 대부분이 인수·납입되지 아니하거나 창립총회에서 설립폐지를 결의한 경우(제326조 제1항)와 같이 사실상 또는 법률상 불성립이 확정되는 경우를 들 수 있다. 설립 중의 회사의 성립시기에 관한 학설상 대립에도 불구하고, 불성립의 개념과 관련하여 '정관작성 후'라고 한 것은 정관도 작성되지 않는 경우에는 설립 중의 회사는 물론 발기인도 존재하지 아니하여 발기인의 책임을 물을 수 있는 법률관계가 성립되지 않기 때문이다. 그럼에도 회사설립을 의도한 자와 제3자간에 법률관계가 성립하면, 회사법(단체법)이 아닌 개인법상의 책임원리가 적용된다.

(3) 책임의 법적 성질

1) 개요

제326조에 의거한 책임은 무과실연대책임이다. 그리하여 회사의 불성립에 관하여 발기인의 고의·과실을 요하지 않는다. 다만, 발기인이 책임을 지는 근거에 대하여는 크게 법정책임설과 당연설로 나뉜다.

2) 법정책임설

이 학설은 회사가 불성립한 경우에는 설립 중의 회사가 목적불도달로 해산한 것이므로 본래는 주식인수인의 출연재산으로 청산을 해야 하지만, 채권자와 주식인수인을 보호하기 위하여 법정책적으로 설립절차를 주관한 발기인에게 특별히 책임을 부담시키는 것이라고 한다(통설).[91]

---

91) 이철송(2024), 280면; 정찬형(2022), 708면; 정동윤(2012), 428면; 권기범(2021), 480면; 김정호(2023), 154면; 안택식(2012), 161면; 김두진(2022), 130면.

3) 당연설

이 학설은 회사불성립의 경우는 설립 중의 회사가 처음부터 소급하여 존재하지 않은 것이 되어 발기인 이외에는 형식적으로나 실질적으로 권리·의무의 귀속주체가 존재하지 않기 때문에 발기인이 제3자에게 책임을 지는 것은 당연하다고 한다.[92)]

4) 사견

회사가 불성립한 경우 설립 중의 회사는 목적을 달성할 수 없어 해산한 것으로 되기 때문에 본래는 청산하여 재산을 분배하여야 한다. 그럼에도 불구하고 상법은 주식인수인과 채권자를 보호하기 위하여 회사불성립의 경우에도 법정책적으로 발기인에게 특별히 책임을 부담시키고 있다고 본다(법정책임설).

(4) 책임내용

발기인은 회사설립에 관한 행위에 대하여 연대하여 책임을 지며(제326조 제1항), 회사설립에 관하여 지급한 비용을 부담한다(제326조 제2항). 「설립에 관한 행위」에 대한 책임에는 ① 주식인수인에 대한 납입금의 반환, ② 회사설립에 필요한 거래행위에서 발생한 회사채권자에 대한 채무의 이행 등이 포함된다. 「설립비용」은 변태설립사항으로 정관에 기재된 것에 한하지 않고 정관의 인증수수료·광고비·사무실 임차비·인건비·납입취급사무의 위탁수수료 등 설립을 위하여 지출한 비용을 뜻한다.

(5) 주식인수인의 책임

설립 중의 회사와 주식인수인은 사단과 구성원의 관계가 성립되지 아니하므로 상호 책임관계도 발생하지 아니한다. 따라서 주식인수인의 납입대금은 설립중의 회사의 책임재산을 구성하지 아니하며, 주식인수인은 설립 중의 회사의 채무에 대하여 하등의 책임을 부담하지 아니한다. 단지 발기인만이 책임을 진다.

4. 기타 형사책임과의 관계

판례는 법령에 정한 요건과 절차에 따라 회사를 설립하였다면, 설립당시 실제로 회사를 운영할 의사 없이 범죄에 이용할 목적(예: 대포통장의 유통)이었다고 하

---

92) 최기원(2005), 210면; 강·임(2009), 565면; 정경영(2022), 193면.

더라도 공정증서등의불실기재(형법 제228조 제1항)에 해당하지 않는다고 본다.[93] 불실기재죄에 해당하기 위하여는 단순한 설립무효사유가 아니라 부존재(예: 정관미작성·주금전액미납 등)에 해당하여야 하기 때문이다. 다만, 불법목적의 법인설립인 경우에는 통상 가장납입죄(제628조 제1항) 및 자본금등기에 관한 공정증서(공전자기록)불실기재 및 그 행사(형법 제228조·제229조)로 처벌할 수는 있을 것이다.[94] 회사해산명령사유에 해당함은 물론이다(제176조 제1항 제1호).

Ⅲ. 이사·감사·검사인·공증인·감정인의 책임

1. 이사·감사의 책임

(1) 의의

이사·감사(또는 감사위원회)는 취임 후 지체없이 회사의 설립에 관한 모든 사항이 법령·정관의 규정에 위반되는지를 조사하여 발기인 또는 창립총회에 보고하여야 한다(제298조 제1항, 제313조 제1항). 이 보고의무를 게을리하여 회사 혹은 제3자에게 손해를 입힌 때에는 이를 배상할 책임을 진다. 이 경우 발기인도 책임을 질 때에는 그 이사, 감사와 발기인은 서로 연대하여 손해를 배상하여야 한다(제323조).

(2) 발생요건

상법은 설립시 이사나 감사의 제3자에 대한 책임의 발생요건에 관하여 규정하지 않고 있다. 그러나 발기인의 제3자에 대한 책임과의 균형상 악의·중과실이 있는 경우에 한한다고 본다(제322조 제2항 유추적용)(통설).

(3) 책임의 성질 및 추궁

이사 또는 감사의 회사에 대한 책임은 과실책임이므로 발기인의 경우와 같이 총주주의 동의로 면제할 수 있다(제324조, 제400조 유추적용). 그리고 그 책임을 추궁함에 있어서는 주주(또는 모회사주주)의 (다중)대표소송이 인정되는 것도 발기인의 경우와 같다(제324조, 제430조부터 제406조·제406조의 2 유추적용).

---

93) 대법원 2020. 2. 27. 선고 2019도9293; 同旨 2020. 3. 26. 선고 2019도7729.
94) 이 사건 원심 수원지법 2019. 6. 14. 선고 2019노176.

2. 검사인의 책임

(1) 의의

법원이 선임한 검사인이 변태설립사항을 조사·보고함에 있어 악의 또는 중대한 과실로 인하여 그 임무를 해태한 때에는 회사 혹은 제3자에 대하여 손해를 배상할 책임이 있다(제325조).

(2) 책임의 특징 및 성질

상법은 검사인의 회사에 대한 손해배상책임의 경우에도 '악의 또는 중과실'을 요구하고 있다. 이 점은 발기인, 이사 또는 감사의 회사에 대한 책임발생 요건과 구별된다. 그리고 법원이 선임한 검사인은 회사 또는 제3자와 아무런 법률관계가 없음에도 책임을 지도록 하는 것은 제325조의 책임의 성질이 상법이 인정하는 특수한 책임, 즉 법정책임이라는 것을 의미한다(이설 없음).

3. 공증인·감정인의 책임

상법은 법원에서 선임하는 검사인에 갈음하여 공증인이나 감정인이 변태설립사항을 조사·평가하는 경우에 회사 또는 제3자에 대한 손해배상책임 규정을 두지 않고 있다. 공증인과 감정인은 회사가 선임하므로 회사와 위임관계에 있다. 따라서 공증인이나 감정인이 고의 또는 과실로 회사에 손해를 입힌 때에는 일반 채무불이행책임을 물을 수 있다. 그리고 그들의 고의 또는 과실로 제3자에게 손해를 입힌 때에는 이사·감사(또는 감사위원회)의 책임에 관한 규정(제323조)을 유추적용하여야 한다(이설 없음). 또한 공증인·감정인이 고의 또는 과실로 인하여 직접 제3자에게 불법행위를 구성하는 때에는 일반 불법행위책임을 진다.

IV. 유사발기인의 책임

1. 의의

주식청약서 기타 주식모집에 관한 서면에 성명과 회사의 설립에 찬조하는 뜻을 기재할 것을 승낙한 자는 발기인과 동일한 책임이 있다(제327조). 이를 유사발기인의 책임이라고 한다. 주식회사의 설립에 관하여 정관에 발기인으로서 서명 또는 기명날인되지 아니한 자는 발기인이 아니다. 그러나 상법은 실질적으로 설립에 관여한 외관을 갖춘 자를 발기인으로 신뢰한 주식인수인 등을 보호하기 위하여 이 책임을 인정하고 있다.

따라서 이 책임은 외관법리 또는 금반언의 법리에 기초를 두고, 발기인개념의 형식주의를 수정하는 의미가 있다.

2. 발생요건

유사발기인의 책임은 주식청약서 기타 '주식모집에 관한 서면'에 '설립찬조의 뜻'을 기재할 것을 '승낙'한 경우에 성립한다. '주식모집에 관한 서면'은 주식청약서는 물론 주주모집광고·설립안내문 등 회사설립에 관하여 이해관계인의 판단을 유인할 수 있는 모든 서면을 의미한다.

'설립찬조의 뜻'은 설립을 지지하는 뜻을 명시하거나 설립위원·창립위원·자문위원 등의 명칭을 사용함으로써 회사설립을 간접적으로 지지하는 다양한 표현을 의미한다. 특히 지명도가 높은 자가 주주모집을 용이하게 하기 위하여 허위의 모집문서 등에 설립찬조의 뜻을 기재함으로써 인수인을 기망한 때에도 유사발기인의 책임을 진다. '승낙'에는 명시적 승낙·묵시적 승낙 모두 포함된다. 따라서 자기명의를 서면에 사용한 것을 알고도 방치하는 것도 승낙에 해당한다.

3. 내용

유사발기인의 책임은 발기인의 책임과 동일하다(제327조). 그러나 유사발기인은 발기인과 달리 회사설립에 관한 임무를 수행하지 아니하기 때문에, 임무해태를 전제로 한 제315조(발기인에 대한 손해배상청구) 또는 제322조(발기인의 손해배상책임)의 규정에 의거한 배상책임은 지지 아니한다. 따라서 유사발기인은 자본금충실책임(제321조 제1항·제2항)과 회사불성립시의 청약증거금 또는 납입된 주금반환의무 및 설립비용에 관한 책임(제326조)만을 부담한다(통설).

4. 면제 및 추궁

유사발기인의 책임은 임무해태를 요하지 아니하는 법정책임이다. 따라서 유사발기인의 자본금충실책임은 총주주의 동의로도 면제할 수 없다. 그리고 이 책임에 대하여는 대표이사, 집행임원 또는 소수주주(또는 모회사주주)에 의한 (다중)대표소송으로 추궁할 수 있음은 발기인의 경우와 같다(제324조, 제430조 내지 제406조·제406조의 2 유추적용).

제 6 관   설립의 무효

Ⅰ. 개 요

상법은 회사의 설립에 준칙주의를 채택하고 있다. 그리하여 설립등기를 완료하여 주식회사가 성립되더라도 설립이 법정요건을 충족하지 못하는 경우에는 설립행위는 무효가 되고 회사성립효과는 발생하지 아니한다.

그러나 무효의 일반원칙에 따르면 무효주장의 방법, 상대방 및 시기 등에 제한이 없고, 판결의 대세적 효력이 인정되지 아니하기 때문에 이를 주식회사의 설립무효의 소에 적용하는 때에는 법률관계가 불안정해진다.

따라서 상법은 주식회사의 설립무효의 소에 대하여 ① 소의 원인을 한정하고, ② 그 주장방법을 제한하며, ③ 판결의 대세적 효력을 인정하고, ④ 소급효를 제한시키는 등의 특별규정을 두고 있다.

Ⅱ. 특 징

주식회사는 다른 회사들과는 달리 설립무효의 소만 인정된다. 물적회사의 전형인 주식회사에서는 주주의 개성이 중시되지 않기 때문이다. 그리고 주식인수인의 개별적인 인수행위에 관한 무효·취소의 주장이 제한된다(제320조). 주식인수 또는 납입에 하자가 있더라도 발기인의 자본금충실책임(제321조)에 의하여 자본금이 구성되므로 회사설립 자체에는 영향이 없다. 발기인 각자의 설립행위, 즉 정관작성에 무효 또는 취소의 원인이 있더라도 그 발기인을 배제하는 것에 그친다. 다만, 그로 인하여 발기인이 존재하지 아니하는 때에는 설립요건의 흠결로 귀결된다.

Ⅲ. 원 인

주식회사설립의 경우에는 人的會社와 달리 주관적 무효원인은 인정되지 않는다. 그리하여 설립과 관련된 주주 개인의 의사무능력이나 의사표시의 하자는 설립무효의 사유가 아니다.[95] 설립절차에 중대한 객관적 하자만이 무효원인이 된다. 예를 들면 ① 정관의 절대적 기재사항이 불비한 때, ② 설립목적이 위법하거나 사회질서에 어긋날 때, ③ 정관에 발기인의 기명날인(또는 서명) 혹은 공증인의 인증이 없거나 무효인 때, ④ 발기인이 존재하지 아니하는 때, ⑤ 발행주식총수의 인수 또는 납입의 흠결이 현저하여 발기인의 인수·납입담보책임만으로는 치유될 수 없을 때, ⑥ 주식발행사항(제291조)에 관한 발기인 전원의 동의가 없거나 또는 그 내용이 위법한 때, ⑦ 창립총회를 소집하지 아니하였거나 조사·보고를 아니한 때 또는 총회결의가 무효인 때, ⑧ 설립시 발행주식을 1주도 인수하지 아니한 발기인이 존재하는 때, ⑨ 설립등기가 무효인 때 등이 그에 해당한다. 다만, 설립시 발행주식수가 발행예정주식총수의 4분의 1에 미달하는 경우 설립무효의 소의 원인이었으나(구법 제289조 제2항), 2011년에 삭제되었다.

한편 변태설립사항에서 기술한 바와 같이 정관에는 기재하되 검사인 등의 조사절차를 거치지 아니한 재산인수는 절차적인 문제에 그친다. 그러므로 그 점만으로는 설립무효사유에 해당하지 않는다.[96] 이는 자본금충실이 아니라 회사영업의 문제이기 때문이다. 다만, 자본금충실을 현저히 해치는 등 그 내용이 부당한 때에는 무효이다.[97]

Ⅳ. 무효의 소

이에 관하여는 '회사법상의 소송'편(제2장 제6절)에서 공통의제로 기술하였으므로 여기에서는 간략히 소개한다.

---

95) 대법원 2020. 5. 14. 선고 2019다299614.
96) 대법원 2020. 5. 14. 선고 2019다299614.
97) 同旨 정동윤(2012), 397면; 송옥렬(2022), 767면; 최준선(2024), 184면.

1. 제소기간, 당사자 및 관할

주식회사설립의 무효의 소는 형성의 소이다. 그리하여 이 소는 회사성립의 날로부터 2년 내에 訴로써만 주장할 수 있다(제328조 제1항). 이 소의 원고는 주주·이사·감사이다. 피고는 회사이다. 이 소의 관할은 본점소재지의 지방법원의 관할에 전속한다(제328조 제2항·제186조).

2. 소제기의 공고·병합심리·재량기각

설립무효의 소가 제기된 때 회사는 이를 지체 없이 공고하여야 한다(제328조 제2항·제187조). 수개의 설립무효의 소가 제기된 때에는 법원은 이를 병합심리하여야 한다(제328조 제2항·제188조). 또 설립무효의 소가 그 심리 중에 원인이 된 하자가 보완되고 회사의 현황과 제반사정을 참작하여 설립을 무효로 하는 것이 부적당하다고 인정한 때 법원은 그 청구를 기각할 수 있다(제328조 제2항·제189조).

3. 판결의 효과

(1) 원고승소의 경우

설립무효의 판결은 대세적 효력이 인정되어 제3자에 대하여도 그 효력이 있다. 그러나 소급효는 제한되기 때문에 판결확정 전에 생긴 회사와 사원 및 제3자간의 권리의무에 영향을 미치지 아니한다(제328조 제2항·제190조). 따라서 회사성립시부터 설립무효판결의 확정시까지는 사실상의 회사의 존재가 인정된다. 사실상의 회사는 해산의 경우에 준하여 청산하여야 한다(제328조 제2항·제193조 제1항).

한편 설립무효의 판결이 확정된 때에는 본점소재지에서 등기하여야 한다(제328조 제2항·제192조).

(2) 원고패소의 경우

설립무효의 소를 제기한 자가 패소한 경우에 악의 또는 중대한 과실이 있는 때에는 회사에 대하여 연대하여 손해를 배상할 책임이 있다(제328조 제2항·제191조). 濫訴를 방지하기 위한 규정이다. 위의 대세적 효력과 소급효 제한규정은 적용되지 아니한다. 오직 당사자에게만 기판력이 있는 것이다(민사소송법 제218조 제1항).

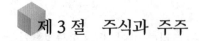

제 3 절 주식과 주주

제 1 관 주 식

Ⅰ. 주식의 개념

상법상 주식에는 두 가지의 뜻이 있다. 그 하나는 자본금의 균등한 구성단위를 뜻하고(제329조 제2항, 제451조 제1항·제2항), 또 다른 하나는 주식회사의 사원의 지위(주주권)를 뜻한다(持分均一主義). 이 주식의 소유자를 주주라고 한다. 각 주주는 인적회사의 지분권자와는 달리 주식을 복수로 소유할 수 있다(持分複數主義). 이에 따라 주주와 회사간의 집단적 법률관계를 수량적으로 간편하게 처리할 수 있다. 그리고 실무계에서는 株券(stock(share) certificate)이라는 용어와 주식이라는 용어를 혼용하는 경우가 있으나, 상법상 주권은 주주권을 표창하는 유가증권을 의미한다(제335조 제3항, 제336조 제1항). 따라서 주권은 주식과 달리 유가증권으로서 재물에 해당하므로 횡령죄(형법 제355조 제1항)의 객체가 될 수 있다.98)

Ⅱ. 주식의 본질(사원권)

주주의 여러 권리와 주식과의 관계에 대하여는 주식회사를 조합으로 보고 주식을 주주의 회사재산에 대한 공유지분으로 보는 株式物權說 등 여러 학설이 있었다. 그러나 오늘날은 주식을 주주권 또는 주주의 지위를 뜻하는 사원권으로 보는 것이 일반적이다(株式社員權說). 사원권의 내용으로는 ① 주식매수청구권·이익배당청구권·잔여재산분배청구권·명의개서청구권 등의 自益權과, ② 주주제안권·이사의 위법행위유지청구권·이사해임청구권·의결권·각종의 소 제기권 등의 共益權이 있다. 이러한 권리는 주식이 양도·상속될 때 포괄적으로 이전된다.

---

98) 대법원 2023. 6. 1. 선고 2020도2884; 2005. 2. 18. 선고 2002도2822.

Ⅲ. 주식의 유형

1. 개설

액면주식의 액면가는 균일하여야 한다(제329조 제2항). 그러나 그 밖에 주식의 속성을 감안하여 주식을 다양하게 발행할 수 있다. 종류주식이 대표적이다.

2. 액면주식·무액면주식

(1) 의의

액면주식은 1주의 금액이 정관과 주권에 기재되는 주식이다. 즉 정관에는 액면가, 주권에는 주금액이 기재된다. 액면주식의 1주의 액면가는 100원 이상이어야 한다(제329조 제3항). 無額面株式은 1주의 금액이 정관에 기재되지 않고 주권에는 주식수만 기재되는 주식이다(제329조 제1항 후단 참조). 무액면주식은 2011년 개정시 도입되었다. 회사는 정관으로 정한 경우에만 주식의 전부를 무액면주식으로 발행할 수 있다(제329조 제1항 본문). 무액면주식을 발행하는 경우에는 액면주식을 발행할 수 없다(제329조 제1항 단서). 이는 동일 회사에서 양자를 모두 발행하였을 경우의 혼란을 방지하기 위함이다.

(2) 자본금의 구성단위

액면주식을 발행하는 회사의 자본금은 발행주식의 액면총액이다(제451조 제1항). 상법은 자본금충실의 요청에 따라 액면주식의 액면미달발행을 허용하지 아니한다(제330조 본문). 다만, 회사성립 후의 신주발행시에는 엄격한 제한하에 액면미달발행을 허용하고 있다(제330조 단서·제417조).

회사가 무액면주식을 발행하는 경우 회사의 자본금은 주식발행가액의 2분의 1 이상의 금액으로서 이사회에서 자본금으로 계상하기로 한 금액의 총액으로 한다(제451조 제2항). 다만, 정관으로 신주발행을 주주총회에서 결정하기로 한 회사(제416조 단서)는 주주총회에서 자본금을 정한다. 무액면주식의 발행가액 중 자본금으로 계상하지 아니하는 금액은 자본준비금으로 계상하여야 한다(2011년 개정상법. 제451조 제2항 후단).

(3) 전환

1) 의의

회사는 정관으로 정하는 바에 따라 발행된 액면주식을 무액면주식으로 전환하거나 무액면주식을 액면주식으로 전환할 수 있다(제329조 제4항). 전환 후의 재전환도 가능하다. 상법개정 전 주식회사는 액면주식만을 발행하고 있을 터이니 그 전부를 무액면주식으로 전환하는 방식으로 무액면주식을 발행할 수 있다.

2) 절차

가) 정관변경 액면주식과 무액면주식은 정관의 규정으로 하나만 선택적으로 발행할 수 있다(제329조 제1항 본문). 따라서 양 유형의 주식간 전환은 기존의 발행주식의 모두를 교체함을 뜻하므로 정관변경절차를 거쳐야 한다(제289조 제1항 제4호). 액면주식의 존재에 대한 기본적인 변화가 생기기 때문이다.

나) 전환비율과 발행주식총수 양 유형의 주식간 전환이 결정되면 정관변경절차를 거쳐야 하는데, 그 경우 발행예정주식총수의 범위 내에서(제289주 제1항 제3호) 현재 기준의 발행주식총수를 변경하는 것은 무방하다. 이 경우에는 양 유형의 주식간 전환비율에 따라 발행주식총수가 결정된다. 예를 들면, 전환비율(액면주식 : 무액면주식)이 1 : 1이면 변화가 없으나, 1 : 2이면 발행주식총수가 2배 비례적으로 증가하게 된다. 반대의 경우도 성립한다.

다) 공고

① 절차

전환을 하는 때에는 전환비율에 따라 株券의 기재사항과 주주들의 소유주식수에 변화를 가져올 수 있다. 그리하여 상법은 전환시 공고절차를 요구하고 있다. 그리하여 회사는 양 유형의 주식을 전환할 경우 1월 이상의 기간을 정하여 그 뜻과 그 기간 내에 주권을 회사에 제출할 것을 공고하고 株主名簿에 기재된 주주와 질권자에 대하여는 각별로 그 통지를 하여야 한다(제329조 제5항·제440조).

② 신주권의 교부

양 유형의 주식을 전환하는 경우 액면주식은 무액면주식을, 무액면주식은 액면주식을 교부하여야 한다. 교환 전 구주권을 회사에 제출할 수 없는 자가 있는 때에는 회사는 그 자의 청구에 의하여 3월 이상의 기간을 정하고 이해관계인에 대하여 그 주권에 대한 이의가 있으면 그 기간 내에 제출할 뜻을 공고하고 그 기간이 경과한 후에 신주권을 청구자에게 교부할 수 있다. 공고의 비용은 청구자의 부담으로 한다(제329조 제5항·제442조 제1항·제2항).

3) 자본금의 불변

회사의 자본금은 액면주식을 무액면주식으로 전환하거나 무액면주식을 액면주식으로 전환함으로써 변경할 수 없다(제451조 제3항). 이는 전환으로 인하여 자본금이 감소하거나, 실제 자산의 증가 없이 장부상의 자본금만을 증가하는 것을 방지하기 위함이다.

4) 효력발생시기 및 채권자보호절차

주식의 전환은 주주에 대한 공고기간이 만료한 때에 그 효력이 생긴다. 이는 강행규정이다. 다만, 합병시 채권자보호절차에 관한 제232조의 규정은 준용되지 아니한다(제329조 제5항·제441조 본문). 따라서 별도의 채권자보호절차는 필요하지 않다. 양 주식간의 전환은 자본금의 변동을 야기하지 아니하여 채권자의 이해와는 무관하므로 공고기간의 만료만으로 효력이 발생하여도 무방하기 때문이다.

3. 기명주식·무기명주식

記名株式과 무기명주식은 주식의 속성이 아니라 주권과 주주명부에 주주의 성명이 기재되는가의 여부에 따른 구분이다. 기명주식은 당연히 주주의 성명이 주권에 표시되며 주주명부에도 기재된다. 무기명주식은 그러하지 않다. 2014년 5월 개정으로 상법은 기명주식만을 인정하고 있다. 그것은 무기명주식을 발행한 사례도 없었고 조세회피 수단으로 활용될 우려도 있었기 때문이다.

따라서 현행법상 회사는 주주를 인식함에 있어 주주명부에 근거하면 된다. 예를 들면, 주주에 대한 회사의 통지 또는 최고는 주주명부에 기재한 주소 또는 그 자로부터 회사에 통지한 주소로 하면 된다(제353조 제1항). 주주총회의 소집은 주주명부상의 주소로 통지를 하면 족하다(제363조). 주주가 회사에 대해 권리행사를 할 때 회사가 주주명부를 가지고 주주의 인적 동일성만 확인하면 된다. 주주는 주권불소지를 할 수 있다(제358조의 2). 주식의 양도는 주권의 교부만으로 가능하다(제336조 제1항). 주식의 입질에는 ① 질권설정의 합의와 주권의 교부만으로 하는 약식입질과, ② 주주명부에 질권의 등록, 즉 질권설정의 합의, 주권의 교부 및 주주명부에 질권자의 성명과 주소를 기재하고, 그 성명을 주권에도 기재하는 등록질도 가능하다(제340조). 주주가 주식을 양도할 경우 명의개서를 하여야만 회사에 대항할 수 있으므로 회사 측은 주식의 이동을 파악하기 용이하다.

Ⅳ. 종류주식

1. 의의 및 연혁

(1) 의의

상법상 種類株式이란 '이익의 배당, 잔여재산의 분배, 주주총회에서의 의결권의 행사, 상환 및 전환 등에 관하여 그 내용이 다른 주식'을 말한다(동법 제344조 제1항). 이처럼 종류주식이란 일정한 사항에 관하여 권리의 내용 등이 다른 주식을 말한다. 본래 주식자본을 다른 종류주식으로 구분하는 것은 영국에서 최초로 시도되었다. 영국에서는 17세기 초반이 이미 우선주식(preference share)이 발행된 사례가 있었다.[99] 상법은 2011년 4월 개정시부터 '종류주식'이라는 표현을 사용하고 있다. 그리고 종류주식을 발행하는 경우에는 정관으로 각 종류주식의 내용과 수를 정하도록 하여(동조 제2항), 정관자치를 폭넓게 인정하고 있다. 이는 다른 유형의 종류주식간에는 주주평등의 원칙을 관철시킬 필요가 없음을 뜻한다.

(2) 연혁

제정상법[100] 제344조 제1항은 '회사는 이익이나 (건설)이자의 배당 또는 잔여재산의 분배에 관하여 내용이 다른 수종의 주식을 발행할 수 있다.'라는 규정을 두어 '수종의 주식'제도를 인정하여 왔다. 그리고 이익배당우선주에만 인정되는 상환주식, 전환주식 및 무의결권우선주는 수종의 주식과 별도의 독립된 개념이 아니라 수종의 주식 내에 있어서의 다른 형태의 개념인 '특수한 주식'으로 보았다.[101] 상법상 종류주식제도는 '수종의 주식'제도를 확대 개편한 것이다. 그 방식으로는 종류주식(class stock(share))에 대한 총론적인 규정을 두고, 그 유형을 몇 가지로 분류하고 있다(제344조 제1항).

---

99) John. H. Farrar(1988), p.186; W. R. Scott(1921), p.129.
100) 법률 제1000호.
101) 정찬형(2022), 724면 각주3).

2. 종류주식의 유형

종류주식은 주주들의 다양한 경제적 수요를 충족시키고 회사의 효율적인 자본조달수단을 제공하기 위하여 허용된 주식이다. 상법은 ① 이익배당이나 잔여재산의 분배에 관한 종류주식(제344조 제1항·제344조의 2), ② 주주총회에서 의결권의 배제·제한에 관한 종류주식(제344조 제1항·제344조의 3), ③ 상환에 관한 종류주식(제344조 제1항·제345조), ④ 전환에 관한 종류주식(제344조 제1항·제346조)을 인정하고 있다. 이 가운데 상환에 관한 종류주식은 회사가 상환주식취득의 대가로 주식 이외에 현금 및 현물도 주주에게 교부할 수 있으므로 엄격한 의미에서의 종류주식이라고 보기는 어렵다고 본다(제345조 제4항 본문).

상법은 곳곳에서 '株式의 種類'(제290조 제1호·제302조 제1항·제317조 제2항 제3호·제352조 제1항 제2호·제416조 제1호·제436조)라는 표현을 하는데, 이는 '종류주식' 중 '어떠한 것'이라는 뜻이다.[102] 따라서 액면·無額面株式, 기명·無記名株式은 주권이나 주주권의 표창방법이 서로 다른 것에 불과하므로 종류주식이 아니다.

3. 종류주식의 발행

(1) 정관의 기재 및 공시

회사는 정관으로 각 종류주식의 내용과 수를 정한 경우에만 이를 발행할 수 있다(제344조 제2항). 회사설립시 종류주식을 발행할 때에는 상업등기부에 등기하여야 한다(제317조 제2항 제3호). 그리고 주식청약서, 신주인수권증서, 주주명부, 株券 등에도 기재하여야 한다. 종류주식을 발행하는 것은 기존 주주나 장래 주주가 되려는 자들에게 중대한 이해가 있고, 경우에 따라서는 자본금충실을 해할 수도 있으므로 정관의 기재 및 공시는 중요하다.

(2) 중복발행

상법은 종류주식을 다양하게 발행할 수 있도록 하고 있으므로 종류주식을 중복하여 발행할 수도 있다. 예를 들면, 우선주를 의결권배제주식(우선주 + 의결권배제주식) 또는 우선주를 의결권제한주식으로 하면서 전환주식으로 발행(우선주 + 의결권제한주식 + 전환주식)할 수도 있는 것이다. 그러나 주주가 상환권을 행사할 수 있는

---

102) 이철송(2024), 291면.

상환전환우선주(RCPS)는 국제회계기준(IFRS)상 원칙적으로 부채로 분류된다. 다만, 회사가 상환권을 가지면 자본으로 인정될 수 있다.

한편, 이러한 유형의 상환전환우선주의 인수는 메자닌(Mezzanine) 투자로 인정되기 때문에 신탁자산을 활용하여 직·간접적으로 투자할 수 없다.[103)]

(3) 결의

종류주식은 정관에 정해진 범위 내에서, 회사설립시에는 발기인 전원의 동의로 그 종류와 수량을 정하여 발행할 수 있다(제291조 제1호). 신주발행시에는 이사회가 발행할 수 있다(제416조 제1호).

4. 종류주식에 관한 특칙

(1) 주주평등의 원칙에 대한 예외

정관자치가 폭넓게 인정되는 종류주식 상호간에는 주주평등의 원칙이 적용되지 아니한다. 그리하여 종류주식을 발행한 때에는 정관에 다른 정함이 없는 경우에도 회사는 주식의 종류에 따라 신주의 인수, 신주의 병합·분할·소각 또는 합병·분할로 인한 주식의 배정에 관하여 특수하게 정할 수 있다(제344조 제3항). 그리하여 신주발행시 보통주와 우선주간 新株引受權에 차등을 둔다든지, 주식소각시 의결권이 있는 주식과 의결권이 배제된 주식간에 차등을 둔다든지 또는 합병시 소멸회사의 보통주와 우선주간 차등을 두어 존속회사의 주식을 배정하는 것 등은 정관에 규정이 없어도 가능하다. 즉 이러한 사항은 이사회 또는 주주총회의 결의로 가능한 것이다.

구체적으로는 신주발행에 관한 이사회결의(제416조), 준비금의 자본전입에 관한 이사회결의(제461조), 주식의 병합·소각 등을 통한 자본금감소나 주식의 분할에 관한 주주총회의 결의(제438조 이하), 회사합병이나 분할에 관한 주주총회의 결의(제522조 이하) 등으로 정하면 된다.

(2) 종류주주총회

회사가 종류주식을 발행한 경우에 정관을 변경함으로써 어느 종류의 주주에게 손해를 미치게 될 때에는 관련 이사회나 주주총회의 결의 외에 그 종류의 주

---

103) 금융감독원지침(한국경제신문, "증권사신탁의 RCPS편입금지,"(2018. 3. 23), A25면).

주만의 총회인 種類株主總會의 決議를 거쳐야 한다(제435조 제1항·제436조).[104] 이러한 점에서 종류주식간 차등을 둘 수 있는 것은 종류주식의 주주들의 호의적 양보를 전제로 한다. 종류주주총회의 결의는 출석주주의 의결권의 3분의 2 이상의 수와 그 종류의 발행주식총수의 3분의 1 이상의 수로써 하여야 한다(제435조 제2항). 이 결의요건은 주주총회의 특별결의 요건과 유사하다(제434조 참조). 다만, 종류주주총회의 경우에는 의결권이 배제되는 종류주식 또는 의결권이 제한되는 종류주식도 발행주식총수에는 물론 의결권의 수에도 포함된다는 점(제435조 제3항)은 주주총회의 특별결의요건과 다르다(제371조 제1항 참조).

5. 이익배당 또는 잔여재산분배에 관한 종류주식

(1) 의의

회사는 이익의 배당 또는 잔여재산의 분배에 관하여 내용이 다른 종류주식을 발행할 수 있다(제344조의 2 제1항·제2항). '내용이 다르다.'는 것은 일반적으로 이익배당 또는 잔여재산의 분배에 관하여 보통주식보다 우선순위의 권리를 부여하거나 또는 후순위의 지위를 부여함을 뜻하지만, 반드시 배당의 순서에 국한하는 것은 아니다. 그리하여 해당종류주주에게 교부할 배당재산·잔여재산가액의 결정방법 또는 이익배당에 관한 조건을 달리 정하는 것도 포함된다고 본다.

2011년 개정법은 이익배당에 관하여 현물배당도 가능하게 하였는데(제462조의 4), 큰 변화의 하나이다. 따라서 종류주식에 대하여 배당을 할 때에는 정관이 정하는 바에 따라 금전배당, 주식배당 또는 현물배당을 할 수 있다.

(2) 정관으로 정할 사항

1) 이익배당에 관한 종류주식

회사가 이익배당에 관한 종류주식을 발행하는 경우에는 정관에 그 종류주식의 주주에게 교부하는 배당재산의 종류, 배당재산의 가액의 결정방법, 이익을 배당하는 조건 등 이익배당에 관한 내용을 정하여야 한다(제344조의 2 제1항).

'배당재산의 종류'란 금전배당, 주식배당 또는 현물배당 중 회사가 채택할 종류를 말한다. 현물배당을 할 때에는 배당대상재산을 말한다. 다만, 이익배당에 관하여 우선적 내용이 있는 종류주식(우선주)에 대하여는 정관으로 최저배당률을 정

---

104) 대법원 2006. 1. 27. 선고 2004다44575·44582.

하도록 한 규정(구상법 제344조 제2항 후단)은 2011년 개정시 폐지되었다.[105]

'배당재산 가액의 결정방법'이란 시가평가 또는 장부가평가 방법 등을 의미한다. 다만, 이러한 평가방법은 관계법령에 위배되어서는 아니 된다.

'이익배당의 조건'이란 보통주식의 주주 대비 해당종류주식의 주주의 배당순위 및 배당의 내용 등을 의미한다.

2) 잔여재산분배에 관한 종류주식

회사가 잔여재산의 분배에 관한 종류주식을 발행하는 경우에도 정관에 잔여재산의 종류, 잔여재산가액의 결정방법, 그 밖에 잔여재산분배에 관한 내용을 정하여야 한다(제344조의 2 제2항). 이 종류주식에 대하여도 이익배당에 있어서와 마찬가지로 주주권의 내용을 차별화할 수 있다. 그리하여 잔여재산분배에 대한 참여의 선후, 즉 우선적 참여인지 열후적 참여인지를 정할 수도 있다(제538조).

잔여재산의 분배시에는 주식으로 분배하는 일은 있을 수 없고, 일본회사법 제504조 및 제505조와 같이 현물분배를 할 수 있는 근거가 없기 때문에(제538조 참조) 잔여재산의 종류와 가액의 결정방법을 정관으로 정하도록 하는 것은 의미가 없는 규정이라고 본다.[106] 따라서 잔여재산분배에 관하여는 단지 종류주식에 대한 분배의 순위와 내용을 명시하면 족하다.

그러나 환가비용을 절감하기 위하여 현물로 분배할 수 있으면 현물로 분배할 수 있다고 보고, 그 구체적인 내용을 정하는 것은 의미가 있다는 주장도 있다.[107]

한편 회사는 회사채권자보다 선순위로 잔여재산의 분배에 참여할 수 있는 권리가 부여된 우선주식을 발행할 수 없다(제542조 제1항·제260조).

(3) 유형

이익배당에 관하여 내용이 다른 주식을 발행할 때 그에 대하여 표준이 되는 주식을 보통주식이라고 한다. 회사는 기술한 바와 같이 보통주식과 다른 내용의 주식을 다양하게 발행할 수 있으나, 실무상으로는 다음과 같이 유형화할 수 있다.

---

105) 이 규정은 1995. 12. 29. 개정시 도입되었으나, 2011년 개정법에서 폐지되었다.

106) 이철송(2024), 296면; 권기범(2021), 532면.

107) 임재연(2019 Ⅰ), 389면; 정수용·김광복, "개정상법상 종류주식의 다양화," BFL 제51호 (2012), 103면.

1) 보통주

가) 의의   普通株(common share; Stammaktie)는 이익배당 또는 잔여재산분배시 어떠한 제한이나 優先權이 없는 株式이다. 보통주의 주주에 대하여는 회사에 이익이 있다고 하여 반드시 배당을 하여야 하는 것은 아니며, 주주가 배당을 청구할 수도 없다. 보통주의 주주는 회사채권자와 우선주의 주주가 권리를 행사하고서야 잔여회사재산에 대한 잔여의 권리(residual claim)를 갖는다. 상법은 「보통주」를 명문화하지 않고 있는데, 이는 보통주가 주식의 원형(prototype)임을 전제로 하기 때문이다. 즉 보통주는 優先株와 後配株의 표준이 되는 주식이므로 보통주를 발행하지 아니한 상태에서 우선주나 후배주를 발행할 수는 없다.

나) 보통주식의 종류주식성

① 서

현행법상 보통주가 제344조의 종류주식에 해당하는지의 여부에 대하여는 크게 종류주식성을 부정하는 견해와 긍정하는 견해로 나뉜다.

② 부정설

종류주식성을 부정하는 견해의 논지는 주로 현행법이 보통주식이라는 개념을 종류주식이 아닌 주식을 지칭하는 용어로 사용하고, 종류주식은 이익배당이나 잔여재산분배에 관하여 보통주식과 내용이 다른 주식, 의결권이 없거나 제한되는 주식, 상환주식, 전환주식을 포함하는 개념으로 사용하고 있다고 한다.[108]

③ 긍정설

종류주식성을 긍정하는 견해는 주로 현행법이 보통주가 종류주식임을 전제로 한 규정을 두고 있음에 착안하고 있다. 그 근거로는 전환주식에 관한 제346조를 들고 있다. 즉 보통주를 종류주식으로 보지 않으면 실무상 발행되는 전환주식의 대부분인, 보통주로 전환되는 전환주식의 근거를 찾을 수 없다고 한다.[109]

④ 사견

보통주의 종류주식성을 인정하는 견해는 당위론적인 성격이 강하다. 그리고

---

108) 김건식(2015), 156면; 홍·박(2021), 207면; 이철송(2024), 292면; 김홍기(2022), 375면; 권기범(2021), 526면.
109) 최준선(2024), 227면; 임재연(2019 I), 382면; 장덕조(2023), 122면; 송옥렬(2022), 795면; 정동윤, "보통주와 종류주식의 개념에 관하여," 상사법연구 제31권 제1호(2012), 50면.

현행법 제344조의 문리해석상 보통주를 종류주식의 한 유형으로 보기는 어렵다. 또한 전환주식에 관한 제346조 역시 종래 상법에서 허용하던 우선주의 보통주로의 전환을 부정할 이유는 없고, 또 그와 같은 해석론이 입법과정에서 논의된 적도 없다. 이 문제는 종래의 '수종의 주식'이라는 표현을 '종류주식'으로 단순전환한 데에서 나오는 것으로 판단된다.

따라서 제346조 제1항의 '다른 종류주식'은 '다른 주식'으로 해석하여 종류주식이 보통주로 전환하는 것을 인정할 수 있다.

2) 우선주

가) 개념　　우선주식(preference share; Vorzugsaktie)은 이익배당 또는 잔여재산분배에 관하여 다른 종류의 주식보다 우선적 지위가 인정된 주식이다. 그러나 회사채권자에 대하여는 열후하다.

나) 참가적 우선주와 누적적 우선주　　우선주에 대하여 고정배당률 또는 정기예금이자율 등으로 배당률을 정하는 경우 영업실적이 양호한 영업연도에는 보통주에 대한 배당률이 우선주보다 높을 수 있다. 이때 우선주가 보통주의 배당액과의 차액에 참가할 수 있는 우선주를 참가적 우선주라고 한다. 참가할 수 없는 우선주는 비참가적 우선주(non-participating preferred shares)라고 한다.

누적적 우선주는 어느 결산기의 부족한 배당금을 차기로 이월시켜서 차기의 배당금과 합산하여 받을 수 있게 하는 우선주를 말한다. 차기로 이월시킬 수 없는 우선주를 비누적적 우선주(non-cumulative preferred stock)라고 한다.

회사는 참가 여부와 누적 여부를 결합하여 참가적·비누적적 우선주식 등을 발행할 수 있다. 이 경우에는 경제적으로 사채와 매우 흡사하게 된다.

다) 1% 우선주 배당률, 변동배당률부 우선주, 배당률조정 우선주 또는 수익률경매우선주 등　　2011년 개정 전 상법은 최저배당률 조항을 두고 있었다. 이는 보통주의 배당금액에 액면가의 1%에 해당하는 금액을 더하여 배당하는 이른바 +1% 우선주와 같이 우선주에 우선배당을 하지 아니하고, 보통주에 비하여 일정비율을 가산하여 배당하는 종류주식의 발행을 금지하기 위하여 입법되었다. 그러나 현행법하에서는 무의결권주식을 우선주에만 발행할 수 있는 것은 아니므로 이른바 +1%의 (우선)주식을 무의결권주식으로 발행할 수 있다.[110]

---

[110] 법무부유권해석, 상사법무과-446, 2012. 2. 16.

기술한 바와 같이 2011년 개정상법은 최저배당률 조항(구상법 제344조 제2항 후단)을 삭제하였기 때문에 변동배당률부 우선주, 배당률을 국채금리 또는 KOFR금리[111])에 일정금리를 가산하는 방식의 우선주를 발행하는 것도 가능하다.[112] 다만, 정관으로 우선배당률의 상한선과 하한선을 정하는 방식으로 규정하는 경우 변동배당률부 우선주는 발행할 수 없다.[113]

일정기간마다 배당이 재조정되는 배당률조정 우선주(adjustable-rate preferred stock), 배당률을 경매방식으로 재조정하는 화폐시장 우선주(money market preferred stock), 경매에 의하여 배당금이 유동적으로 정해지는 경매배당률 우선주(auction-rate preferred stock) 등도 정관에 구체적인 내용이 기재되어 있다면 발행이 가능하다.[114] 그리고 보통주에 대하여는 연 1회의 배당만 하고, 우선주의 경우에는 중간배당을 포함하여 연 2회, 상장법인의 경우는 자본시장법상 분기배당이 가능하므로(동법 제165조) 우선주주에게만 분기배당을 할 수 있는 우선주도 발행할 수 있다.[115]

한편 우선주가 영구적으로 존속하는 경우 회사의 재정상의 부담을 주게 된다. 그러므로 우선주의 우선권을 일정한 조건의 성취 또는 기한의 도래로 소멸하도록 하여 우선주가 자동적으로 보통주로 전환되게 할 수도 있다.[116]

3) 후배주

후배주(deferred share; Nachzugsaktie)는 이익(利子)배당이나 잔여재산분배에 있어 보통주보다 불리하게 차등을 둔 주식이다. 그러나 실제 발행되는 예는 드물다.

4) 혼합주

어떤 권리에 있어서는 우선적 지위를 갖고, 다른 권리에 있어서는 열후적 지위를 갖는 주식이다. 예를 들면, 이익배당에서는 보통주에 우선하고, 잔여재산분배에 있어서는 열후한 것과 같다. 역시 실제 발행되는 예는 거의 없다.

---

111) 무위험지표금리인 Korea Overnight Financing Repo Rate의 약칭이다. 또 국채 등을 담보로 하는 익일물 RP거래 금리를 사용하여 산출한 무위험지표금리(RFR)의 별칭이다.
112) 同旨 김순석, "종류주식,"「주식회사법대계 I」, 한국상사법학회, 법문사(2019), 525면; 권재열, "개정상법상 주식관련제도의 개선내용과 향후과제," 선진상사법률 제56호 (2011), 10면.
113) 同旨 임재연(2019 I), 386면.
114) 同旨 임재연(2019 I), 386면; 정수용·김광복, 앞의 논문, 100면.
115) 이철송(2011. 축조), 190 – 191, 204 – 206면.
116) 표준정관 제8조의 2 제7항.

5) 특정사업(또는 자회사)연동주식

가) 의의 이는 회사의 자회사 또는 독립채산으로 운영하고 있는 특정사업부문의 실적과 배당금액이 연동되는 주식을 말한다.[117] 예를 들면, 모회사의 주식이 모회사가 아닌 특정자회사의 업적에 연동되어 있는 주식의 경우 해당자회사가 자회사 주주에게 지급하는 액과 같은 금액의 배당금을 받게 되는데 이를 트래킹주식(tracking stock)이라고 한다. 그리고 어느 백화점회사가 호텔사업에 진출하고자 하는 때에 백화점부문보다 호텔업부문의 수익성이 훨씬 양호할 것으로 예상되는 경우 주주들에 대한 配當財源을 구분하여 백화점부문의 수익은 구주주들에게, 호텔업부문의 수익은 신규로 호텔업부문에 투자한 자에게 배타적으로 배당하기로 하는 조건의 주식을 발행하는 것도 트래킹주식의 일종이다.

나) 학설 특정사업연동주식이 상법상 허용되는 것인지에 대하여는 학설이 대립한다.

① **긍정설** 배당재원의 차별화는 주주평등의 원칙에 어긋나는 문제점이 있지만, 종류주식(제344조 제1항)의 하나로 봄으로써 해소할 수 있다고 한다.[118] 다만, 긍정설 중에는 배당재원은 제462조의 적용을 받아야 한다는 견해도 있다.[119]

② **부정설** 이 주식은 자회사나 특정사업부문의 실적에 연동하여 이익배당이 결정되므로 회사 전체의 의사결정시 다른 주식과 동일하게 1개의 의결권을 부여하기 어렵고, 명확한 법적 근거 없이 주주간의 차별을 허용하게 된다고 한다. 때문에 '1주 1의결권의 원칙'(제369조 제1항)에 위배될 수 있다고 한다.[120]

③ **사견** 2011년 개정상법은 이 주식의 도입을 보류하기로 하였다.[121] 실제 미국에서도 이익상반거래를 통하여 자회사의 실적을 조작하는 등의 문제점 등으로 많이 이용되지는 않고 있다. 따라서 굳이 해석상 인정할 필요는 없다고 본다(부정설). 다만, 이러한 논란을 해소하기 위하여는 세밀한 입법조치가 필요하다.

---

117) 黒沼悦郎(2020), 352面.
118) 이철송(2024), 298면; 임재연(2019Ⅰ), 388면; 정수용·김광복, 앞의 논문, 102면; 송옥렬(2022), 798면; 김건식(2015), 164면; 최준선(2024), 222면.
119) 권기범(2021), 491면.
120) 김홍기(2022), 379면; 정찬형(2022), 728면; 정동윤(2012), 450면.
121) 법무부(2011), 133-134면.

6. 의결권의 배제 또는 제한에 관한 종류주식

(1) 의의

회사는 의결권이 없거나 일부 제한되는 종류주식을 발행할 수 있다. 다만, 이 때 정관에 의결권을 행사할 수 없는 사항과, 의결권행사 또는 부활의 조건을 정한 경우에는 그 조건 등을 정하여야 한다(제344조의 3 제1항).

(2) 효용성

의결권이 없거나 제한되는 주식은 소유와 경영의 분리를 촉진하고 주주총회에 관심이 없는 주주들을 주주총회의 정족수계산에서 제외시킴으로써 정족수 미달로 인한 주주총회의 불성립을 방지하는 데 유용하다(제371조 제1항 참조). 그리고 중소기업의 공동경영자간 또는 합병회사의 상대방의 입장에서는 주식소유비율은 달리하지만(예: 5.5 vs. 4.5. 등) 의결권비율은 동등하게 하여 자본다수결에 따르지 아니하는 대등한 지배권분배를 바라는 수요가 있는데, 이 종류주식은 그러한 수요에도 부합한다. 자본금산정시는 의결권 있는 주식과 동일하므로 자본조달에는 영향을 받지 아니하면서 경영권의 균형·유지·방어수단으로서의 효용성도 높다.

(3) 특징

2011년 개정 전에는 이익배당우선주에 대하여만 무의결권주식을 발행할 수 있었다(개정 전 제370조). 그러나 현행법은 이익배당우선 여부와 무관하게 이 유형의 종류주식을 발행할 수 있게 하여 보통주도 의결권이 배제 또는 제한되는 주식으로 발행할 수 있게 되었다. 그 결과 현재는 의결권이 없거나 일부 제한되는 우선주식 또는 보통주식을 발행할 수 있다. 이는 개정 전·후의 큰 차이점이다. 그리하여 해석에 따라서는 의결권에 관하여 보다 폭넓은 내용을 부여할 수 있는 주식을 발행할 수 있다는 주장이 제기될 소지도 남기고 있다.

(4) 유형

상법은 ① 의결권이 없는 종류주식이나, ② 의결권이 제한되는 종류주식을 발행할 수 있다고 규정하고 있다(제344조의 3 제1항). ①의 유형은 주주총회에서의 일체의 사항에 대하여 의결권이 제거되는 주식을 말한다. ②의 유형은 주주총회 결의의 일부 사항에 대하여 의결권을 행사할 수 없는 주식을 말한다. 따라서 이러한 주식을 발행하고자 하면 정관에 의결권행사를 할 수 없는 의안을 열거하여

야 한다. 예를 들면, 이사·감사의 선임, 정관의 변경 등에 한하여 의결권이 없다
는 사항을 정하여야 하는 것이다. 이러한 종류주식은 우선주식으로 발행할 수 있
음은 물론 개정 전과 달리 보통주식으로도 발행할 수 있다. 다만, 의결권의 수량
을 축소하는 주식 예를 들면, 5주에 1개의 의결권을 부여하는 주식의 발행은 주
주총회의 일부의안에 관한 의결권행사를 제거하고자 하는 상법의 취지를 감안하
면, 의결권제한주식에 해당하지 아니한다.

한편 상법이 명문으로 위와 같은 규정을 두고 있으므로 거부권부주식이나 차
등의결권주식은 발행할 수 없다.[122)

(5) 정관의 규정과 의결권행사·부활의 조건

회사가 의결권이 배제 또는 제한되는 종류주식을 발행할 경우에는 정관에 그
규정을 명시하여야 한다(제344조의 3 제1항). 그리고 정관에 ① '의결권을 행사할 수
없는 사항'과 ② '의결권행사의 조건' 또는 ③ '의결권부활의 조건'을 명시한 경우
에는 그 조건 등을 정하여야 한다. ①의 '의결권을 행사할 수 없는 사항'이란 앞에
서 기술한 바와 같이 주주총회에서 의결권이 일부 제거되는 사항을 말한다. ②의
'의결권행사의 조건'이란 이 유형의 종류주주에게 특정 주주총회 또는 특정의안
에 대하여 의결권의 행사를 허용할 수 있는 조건을 정하라는 의미이다. 예를 들
면, 무의결권우선주를 발행하였는데, 개별주주가 우선배당을 포기하면, 의결권을
행사할 수 있도록 하는 것과 같다.

위 ③의 '의결권부활의 조건'이란 이 유형의 종류주식 전체의 의결권을 회복
할 수 있는 조건을 의미한다. 구체적으로는 2011년 개정 전 "의결권 없는 우선주
의 경우, 정관에 정한 우선적 배당을 받지 아니한다는 결의가 있는 총회의 다음
총회부터 그 우선적 배당을 받는다는 결의가 있는 총회의 종료시까지에는 의결권
이 있다."(개정 전 제370조 제1항 단서)는 내용을 정관으로 정할 수 있을 것이다. 그 밖
에도 다양한 조건을 붙일 수 있다.

한편 이 유형의 종류주식을 소유한 주주는 창립총회, 종류주주총회, 총주주
의 동의 또는 결의가 필요한 경우, 회사의 분할·합병승인총회(제530조의 3 제3항)에
서는 예외적으로 의결권을 행사할 수 있다.

---

122) 이형규, "상법개정안상 거부권부주식의 도입에 관한 검토," 상사법연구 제25권 제4호
(2007), 134 – 135면.

(6) 발행의 제한

회사가 의결권이 없거나 제한되는 종류주식을 발행하는 경우 그 총수는 발행주식총수의 4분의 1을 초과하지 못한다(제344조의 3 제2항 전단). 이는 출자와 지배가 왜곡될 수 있을 정도로 지나치게 과소한 수량의 의결권 있는 주식으로 회사를 지배하는 폐단을 방지하기 위한 규정이다. 의결권이 없거나 제한되는 종류주식이 발행주식총수의 4분의 1을 초과하여 발행된 경우에 회사는 지체 없이 그 제한을 초과하지 아니하도록 하기 위하여 필요한 조치를 하여야 한다(제344조의 3 제2항 후단). 이는 설령 4분의 1를 초과하여 이 유형의 종류주식이 발행되더라도 무효가 아님을 전제로 한 규정이다. 그 대신에 이 유형의 종류주식의 일부를 소각하거나, 반대로 의결권 있는 주식을 신주발행하여 이 유형의 종류주식의 비율이 4분의 1 이하가 되도록 '필요한 조치'를 하여야 한다.

한편 주권상장법인의 경우에는 그 비율이 2분의 1을 초과하지 못한다(자본시장법 제165조의 15 제2항).

7. 상환주식

(1) 의의

償還株式(redeemable stock, callable stock)이란 발행시부터 정관이 정하는 바에 따라 회사가 스스로 또는 주주의 청구에 의하여 회사의 이익으로써 상환하여 소멸(소각)시킬 것을 예정한 종류주식이다(제345조). 이 유형에는 회사가 스스로 상환할 수 있는 주식(회사상환주식)과 주주가 회사에 대하여 상환을 청구할 수 있는 주식(주주상환주식)이 있다(제345조 제1항·제3항). 즉 회사상환주식은 회사가 매수선택권(call option)을 행사할 수 있는 주식이고, 주주상환주식은 주주가 해당주식을 발행한 회사에게 매도선택권(put option)을 행사할 수 있는 주식이다.

한편 상환주식은 그 종류주식에게만 소각이 예정되어 있는 주식이므로 모든 주식을 평등하게 소각하는 주식의 소각(제343조)과 다르다.

(2) 효용성

회사상환주식은 ① 주식의 분산·양도대책으로 이용할 수 있고, ② 우호적이지 아니한 주주로부터 주식을 강제로 취득하여 경영권을 보호하고, ③ 중소기업의 사업승계수단으로서도 활용될 수 있다. 그리고 회사가 주식을 발행하여 필요한 자금을 조달한 후 자금사정이 호전되었을 때 그 주식을 상환함으로써 발행 전의 주식소유구조를 회복하는 데 유용하다. 주주상환주식은 주주가 상환기간 내에 회사의 현재와 미래의 경영성과를 가늠하여 봄으로써 기동적으로 투자자금을 회수하는 데 유용하다. 즉 자본이득을 높일 수 있는 수단으로서의 효용성이 있다. 그리고 회사에 의한 매수가 일단은 보장되므로 주주는 장래의 제약 없이 출자할 수 있고, 회사로서도 용이하게 자금을 조달할 수 있다.

한편 상환주식과 사채는 일시적인 자금조달수단이라는 점에서 경제적 효용성이 유사하다. 그러나 ① 상환주식은 자기자본이고, 사채는 타인자본이라는 점, ② 상환주식은 이익으로써만 상환하여야 하기 때문에 이익이 없으면 상환이 지연되지만, 사채는 이익의 유무와는 무관하게 만기상환하여야 한다는 점에서 다르다.

(3) 특징

상법상 상환주식에 관한 규정은 2011년 개정 전 규정과 비교하여 중요한 변화가 있다. 그 내용은 다음 세 가지로 나눌 수 있다. 첫째, 종래에는 우선주만 상환주식으로 발행할 수 있었으나, 현행법하에서는 우선주 아닌 종류주식 예를 들면, 의결권이 없거나 제한되는 보통주식도 상환주식으로 발행할 수 있다.

둘째, 종래에는 회사가 상환할 권리를 갖는 주식, 이른바 회사상환주식만을 발행할 수 있었으나, 현행법은 주주가 상환할 권리를 갖는 주식, 즉 주주상환주식도 발행할 수 있다.

셋째, 종래의 상환주식은 우선주식에 상환조항이 부가된 것에 불과하다고 보아 주식의 종류로 분류하지 않았으나, 현행법은 이를 별도의 종류주식으로 취급하고 있다(제344조 제1항). 따라서 상환주식의 주주만의 종류주주총회도 가능하다.

(4) 대상과 유형

1) 보통주와 상환주식

상법은 2011년 개정 전과 달리 상환주식을 우선주에 국한하지 않고, 상환주식과 전환주식을 제외한 다른 종류주식에 대해서도 발행할 수 있도록 하고 있다(제345조 제5항). 이와 같이 상환주식은 종류주식에 한정하여 발행할 수 있기 때문에 의결권이 있는 보통주식은 상환주식으로 할 수 없다. 이는 보통주식을 상환주식으로 발행하는 경우에는 사실상 경영권방어를 위한 포이즌 필과 유사한 기능을 하게 되어 종류주식이 적대적 M&A에 대한 방어수단으로 활용되는 것을 금지하는 입법정책에 배치되기 때문이다.[123] 다만, 보통주를 종류주식의 일종으로 해석하는 일부에서는 보통주식도 상환주식으로 발행할 수 있다고 한다.[124]

한편 앞에서 기술한 바와 같이 의결권이 배제 또는 제한되는 보통주에 대하여는 상환주식으로 발행할 수 있음은 물론이다.

2) 발행가능유형

상법상 상환주식과 전환주식을 제외한 종류주식이란 이익배당·잔여재산분배 및 의결권의 배제·제한에 관한 종류주식을 말한다(제345조 제5항 참조). 이 개념을 회사상환주식(제345조 제1항)과 결부시키면 ① 회사가 상환할 수 있는 이익배당 또는 잔여재산분배에 관한 종류주식, ② 회사가 상환할 수 있는 의결권배제 또는 제한되는 종류주식을 발행할 수 있게 된다. 그리고 주주상환주식(제345조 제3항)과 결부시키면 ① 주주가 상환청구를 할 수 있는 이익배당 또는 잔여재산분배에 관한 종류주식, ② 주주가 상환청구를 할 수 있는 의결권배제 또는 제한되는 종류주식을 발행할 수 있다. 이 가운데 잔여재산분배 또는 회사상환주식 중 의결권행사에 관한 종류주식이 발행되는 사례는 드물 것으로 판단된다. 해당권리가 소각당할 것을 覺悟하고 그 상환주식을 인수할 자는 거의 없을 것이기 때문이다.

상환주식은 상환의 강제성 여부에 따라 강제상환주식과 임의상환주식이 있다. 회사상환주식은 상환조항의 정함에 따라 주주의 의사와 무관한 강제상환주식과 주주의 의사를 존중한 임의상환주식을 발행할 수 있다. 이에 대하여 주주상환주식은 임의상환은 성립하지 아니하고, 주주의 청구가 있으면 회사가 반드시 상환하여야 하는 강제상환주식만을 발행할 수 있다.

(5) 발행
1) 정관규정 및 발행가능범위

상환주식을 발행하기 위하여는 정관에 償還條項이 있어야 한다. 그리하여 회사상환주식의 경우 정관에 회사의 이익으로써 소각할 수 있다는 뜻을 기재하고 상환가액, 상환기간, 상환의 방법과 상환할 주식의 수를 정하여야 한다(제345조 제1항).

---

123) 법무부(2011), 148면; 송종준, "방어적 주식제도의 국제적 입법동향과 도입과제-2006년 회사법 개정안을 중심으로-," 경영법률 제17집 제2호(2007), 133면; 권기범(2021), 539면. 각주 234); 장덕조(2023), 126면; 김홍기(2022), 384면.
124) 정동윤(2012), 454면; 송옥렬(2022), 803면.

주주상환주식을 발행할 때에는 정관에 주주가 회사에 대하여 상환을 청구할 수 있다는 뜻, 상환가액, 상환청구기간, 상환의 방법을 정하여야 한다(제345조 제3항).

주식의 상환은 회사의 이익으로써 하기 때문에 다른 주주의 배당가능이익을 감소시킨다. 이로 인하여 정관에서 정하는 바에 따라서만 이를 허용하는 것이다. 그리고 상환주식은 회사의 발행예정주식총수(제289조 제1항 제3호)의 범위 내에서만 발행할 수 있다.

2) 발행시기

상환주식의 발행시기에 대하여는 제한이 없다. 그러므로 회사설립시는 물론 설립 후에도 발행할 수 있다. 따라서 설립시에는 발기인 전원의 동의(제291조 제1호), 그리고 설립 후에는 신주발행절차에 따라 정관에 다른 정함이 없으면 이사회의 결의로 발행할 수 있다(제416조 제1항).

3) 상환조항의 내용

정관에 기재하여야 할 償還條項 중 '상환가액'이란 주식의 상환대가로서 회사가 주주에게 지급하는 금액을 말한다. 특정금액이나 額面價額, 發行價額 또는 상환시점의 時價 등과 같은 산정기준으로 정할 수도 있다. 상법은 상환가액에 대한 제한을 두지 않고 있지만, 지나치게 고액상환을 하는 경우에는 다른 주주들의 이익배당청구권을 해하게 되므로 당해 상환주식의 발행무효사유가 될 수 있다(제429조 참조).[125] 그리고 '공정한 시장가격'에 따른다는 조항을 두는 경우 비상장주식에 대하여는 회사가치가 적정하게 반영된 거래사례가 있으면 그 가격을 기준으로 정하면 된다. 그러한 사례가 없으면 법원이 보편적으로 인정하는 '가격결정원칙'에 따라 산정하여야 한다. 감정인의 감정결과는 보조수단으로 활용할 수 있고, 상이한 여러 개의 감정결과 중 그 선택은 법원의 전권에 속한다.[126]

'상환기간'은 회사상환주식의 경우 정관에 정하여져야 하는데(제345조 제1항), 상환이 이루어져야 할 기간으로써 통상 始期와 終期를 뜻한다. 회사의 입장에서는 자금을 활용한다는 측면에서 시기의 설정이 보다 중요하다. 예를 들면, '발행 후 3년 이후 10년 내에 배당금의 支給時 상환한다.'는 것과 같다. 終期는 상환의무의 이행기한을 뜻하지만 회사의 (배당가능)이익이 없는 경우에는 강제성이 인정

---

125) 이철송(2024), 306면.
126) 대법원 2020. 4. 9. 선고 2016다32582; 2018. 10. 12. 선고 2016다243115.

되지 아니한다.

'상환청구기간'은 주주상환주식의 경우 정관에 기재되어야 하는데(제345조 제3항), 해당기간에 상환청구를 하지 않으면 원칙적으로 상환청구권이 소멸하는 기간을 뜻한다. 다만, 주주가 상환청구를 하더라도 상환자금에 사용될 이익이 없으면 상환하지 못할 수도 있다.

'상환방법'으로는 회사상환주식의 경우 ① 강제상환 또는 임의상환, ② 일시상환 또는 분할상환의 선택, 그리고 ③ 2011년 개정법은 현물상환을 허용하므로 현물상환 대상자산도 정관에 기재하여야 한다.

상환조항은 주식청약서(제302조 제2항 제7호·제420조 제2호) 및 주권(제356조 제6호)에 기재하여야 하며, 또 등기하여야 한다(제317조 제2항 제6호).

(6) 상환절차

1) 상환결정

상환결정에 관한 절차는 회사상환주식과 주주상환주식이 서로 다르다.

가) 회사상환주식 회사상환주식은 정관의 규정에 따르는 한, 이사회의 결의로써 상환결정을 할 수 있다. 그러나 상환에 사용되는 자금에 대하여는 주주총회 또는 이사회의 재무제표 승인절차를 요한다(제449조 제1항·제462조 제2항).

나) 주주상환주식 주주상환주식은 주주가 상환을 청구하면 그 자체로 회사를 구속한다. 따라서 회사의 의사결정이나 승낙절차, 재무제표의 승인절차는 불필요하고, 회사는 상환의무를 진다. 이 점에서 주주의 상환청구는 형성권이다.

2) 주주에 대한 통지 또는 공고

주주에 대한 통지 또는 공고는 회사상환주식의 경우 행하여진다. 즉 회사상환주식의 상환을 결정하는 때에 회사는 상환대상인 주식의 취득일부터 2주 전에 그 사실을 그 주식의 주주 및 주주명부에 적힌 권리자에게 따로 통지하여야 한다. 다만, 통지는 공고로 갈음할 수 있다(제345조 제2항). 여기서 '그 주식의 주주'란 주주명부상의 주주를, '주주명부에 적힌 권리자'란 등록질권자를 뜻한다. 주주상환주식의 경우에는 주주에 대한 최고 또는 공고는 요구되지 아니한다.

3) 상환재원

상환은 이익으로써만 할 수 있다(제345조 제1항). 여기서의 '이익'은 배당가능이익(제462조 제1항)을 뜻한다. 다만, 주주상환주식에 대하여는 이러한 규정이 없기 때문에(제345조 제3항) 문리적으로는 회사의 기본재산으로도 할 수 있는 것처럼 해석할 수 있다. 그러나 회사의 자본금 감소절차(제438조 이하)와의 관계를 고려하면 무의미한 해석이다. 따라서 주주상환주식도 이익으로써 상환할 수 있다.

4) 상환시기

회사상환주식은 정관으로 정한 상환기간 내에, 주주상환주식은 주주가 상환청구기간 내에 청구한 때에 상환하여야 한다. 다만, 이익이 없으면 지연되거나 불가능할 수도 있다. 영업연도 중간에 주주가 상환을 청구하는 경우에도 마찬가지이다. 설령 이러한 이유로 지연되더라도 회사 또는 제3자에 대한 이사의 손해배상책임(제399조·제401조)은 발생하지 아니한다.

5) 현물상환

가) 상법규정   2011년 개정법은 회사상환주식이든 주주상환주식이든 현물상환을 허용하고 있다. 그리하여 회사는 주식의 취득의 대가로 현금 외에 유가증권(다른 종류주식은 제외)이나 그 밖의 자산을 교부할 수 있다(제345조 제4항 본문). 다른 종류주식을 교부대상자산에서 제외한 것은 회사가 스스로의 편의에 따라 상환주식을 이용하여 회사의 지배구조 또는 배당구조를 왜곡시키는 것을 방지하기 위한 것으로 풀이된다.

나) 현물상환의 개념   현물상환이란 금전에 갈음하여 주식취득의 대가로 다른 재산을 교부하는 것을 말한다. 정관의 정함이 없이 회사가 상환을 결정한 단계 혹은 주주의 상환청구를 받은 단계에서 주주와 협의하여 현물로 급부하는 것은 단순한 代物辨濟이며, 여기서의 현물상환에 해당하지 아니한다.

다) 현물의 범위   상법은 금전 외의 다른 종류의 주식을 제외한 유가증권이나 그 밖의 자산으로 교부할 수 있다고 하고 있다. 따라서 현물상환에 사용할 수 있는 교부자산의 범위는 발행회사의 종류주식을 제외하고는 제한이 없다(제345조 제4항 괄호). 상법은 발행회사의 다른 종류주식(예: 이익배당, 잔여재산분배 또는 의결권행사에 관한 종류주식)만 제외하고 있으므로, 자기주식인 보통주식으로 상환하는 것은 가능하다. 보통주식은 종류주주에 해당하지 아니한다고 보기 때문이다.

일반적으로는 발행회사의 사채 또는 모회사·자회사·계열회사의 주식이나 사채와 같은 유가증권이 교부될 것이다. 그것은 다수의 상환주주에게 상환주식의 대가로 지급하려면 소규모로 단위화되어 있는 자산이어야 하기 때문이다. 물론 제품과 같은 것도 교부할 수 있다.

신주발행의 방식으로 보통주식을 상환대가로 교부하는 경우에는 이는 전환주식에 해당한다. 따라서 전환주식의 발행절차를 밟아야 한다. 그리고 제345조 제5항과의 관계에서 보면, 회사는 상환의 대가로 상환과 전환에 관한 종류주식을 발행할 수 없다. 명문의 규정은 없지만 상환가액의 일부는 금전으로, 다른 일부는 그 밖의 재산으로 급부하는 것은 가능하다고 본다.

라) 상환대가와 장부가액　　상환대가로 지급하는 자산의 장부가액은 제462조에 따른 배당가능이익을 초과하여서는 아니 된다(제345조 제4항 단서). 이 규정은 日本會社法 제166조 제1항 단서·제465조 제1항 제4호 및 제170조 제5항과 유사하지만, 일본의 경우는 상환대가로서 발행회사의 다른 주식을 교부할 수 있고(동법 제166조 제1항), 이러한 경우에는 이 규제의 적용을 받지 아니한다는 점에서 우리법 규정과는 차이가 있다. 그리고 장부가액과 배당가능이익은 서로 다른 개념임을 감안하면 제345조 제4항 단서규정은 몇 가지 문제점이 있다. 우선, 이를 문리적으로 해석하면, 지급자산의 장부가액이 주당 15,000원인 주식일지라도 배당가능이익이 주당 10,000원에 불과하면, 10,000원의 범위 내에서 상환하여야 한다.

둘째, 장부가가 시가를 하회하는 경우에도 문제된다. 예를 들면, 시가가 10,000인 주식의 장부가액이 8,000원인 경우에는 실제가치보다 1주당 2,000원의 손실을 초래한 상태로 배당가능이익과 비교하여 지급하여야 하기 때문이다. 가령 배당가능이익이 6,000원이면, 시가가 10,000원인 주식을 6,000원의 범위 내에서 상환하여야 한다. 반대의 경우는 장부가액이 시가보다 과대평가되어 지급되는 문제점도 발생한다(예: 장부가 20,000원, 시가 10,000원, 배당가능이익 15,000원).

그런데 제345조 제1항에서 이미 상환은 배당가능범위 내에서만 가능함을 명시하였고, 현물상환의 경우 역시 이 규정의 적용을 받기 때문에 동조 제4항은 불필요한 규정으로 보인다.

6) 주식불가분의 원칙과 주식평등원칙의 적용

주식불가분의 원칙에 따라 株金額의 일부에 대한 상환은 인정되지 아니한다.

그리고 주식평등의 원칙에 따라 상환주식 상호간에는 持株數에 비례하여 상환되어야 한다.

7) 주식병합절차의 준용

회사가 임의상환을 하는 경우에는 주주의 의사에 따라 개별적으로 주식을 취득하여야 하고, 강제상환을 하는 경우에는 모든 주주를 획일적으로 구속하므로 자본감소에서의 주식병합절차에 관한 규정을 준용하여야 한다(제440조 ㅁ 제441조). 다만, 상환주식의 소각은 자본금에는 영향이 없기 때문에 채권자이의절차에 관한 규정은 준용되지 아니한다(제441조 단서·제232조).

(7) 상환의 효과

1) 자본금 등에 미치는 영향[127]

상환주식의 상환의 효력에 대하여는 크게 다음과 같이 분설할 수 있다. 우선, 상환주식의 상환은 회사의 이익으로써 소각을 하고, 자본금 감소절차(제438조 이하)에 의한 주식의 소각이 아니므로 자본금이 감소하지 아니한다. 따라서 자본감소시의 채권자보호절차를 밟을 필요가 없고(제441조 단서·제232조 참조), '자본은 발행주식의 액면총액으로 한다.'는 규정(제451조)의 예외적 현상이 발생한다.

둘째, 회사의 발행주식총수는 상환된 주식수만큼 감소한다. 따라서 상환의 효력이 발생한 후 회사는 지체 없이 변경등기 절차를 밟아야 한다(제317조 제2항 제3호·제4항, 제183조).

셋째, 상환주식에 설정된 질권의 효력은 상환대가에 미친다(제339조).

2) 자기주식취득과 실효절차

상환주식의 상환시 상법상 자기주식취득 절차를 거쳐야 하는지에 대하여는 긍정설과 부정설로 나뉜다. 肯定說은 상환의 경우 회사는 자기주식을 취득한 것이므로 그에 따른 절차를 거쳐야 한다(제341조)고 본다.[128] 否定說은 상환주식의 상환의 효력은 ① 임의상환의 경우에는 회사가 주주로부터 주식을 취득한 때, ② 강제상환의 경우는 회사가 설정한 주권제출기간이 경과한 때(제440조·제441조)에 발생하는데, 이 경우 주식은 실효하므로 상환을 위하여 회사가 자기주식을 취득·보

---

127) 이 부분은 오성근, "상법상 종류주식에 관한 고찰─영국회사법과의 비교를 중심으로," 증권법연구 제17권 제1호(2016), 14면을 일부 수정한 것이다.
128) 정동윤(2012), 456면.

유하는 일은 없다고 한다.[129] 이에 따르면 자기주식취득과 소각에 필요한 이사회 결의(제343조 제1항) 등 별도의 법적 절차를 밟을 필요가 없게 된다.

생각건대 부정설이 옳다고 본다. 단지 상환의 회계처리기준에서는 자기주식의 취득·소각으로 다루고 있을 뿐이다.

3) 현물상환에 따른 지위변동

현물상환을 하는 경우 예를 들면, 사채나 주식을 상환대가로 지급하는 경우에는 새로운 사채권자 또는 주주의 지위를 취득하게 된다. 이 경우에는 사채권자 또는 주주가 되는 시점이 중요한데, 이에 대하여는 관련규정이 없어 향후 異論이 예상된다. 명문의 규정으로 해결하는 것이 바람직하다.

4) 수권주식총수에 미치는 영향(재발행가능 여부 등)

상환주식의 상환의 효력 중에서 수권주식총수에 미치는 영향은 다음과 같다. 우선, 상환주식의 상환은 회사가 발행할 주식총수, 즉 수권주식총수에는 변동을 초래하지 아니한다. 이는 정관변경에 의하여만 가능하기 때문이다(제289조 제1항 제3호).

둘째, 주식을 상환하면 상환으로 인하여 발행예정주식총수 중 미발행주식의 수가 증가한다. 이때 상환된 주식수 만큼의 상환주식을 재발행할 수 있는지에 관하여 학설이 나뉜다. 통설은 재발행을 허용하는 것은 이사회에 대한 2중수권이기 때문에 인정할 수 없다고 하여 재발행불가설을 취하고 있다.[130] 다만, 재발행불가설 중에서도 예외적으로 정관에 상환된 주식수만큼 보통주를 발행할 수 있다는 규정을 명시적으로 둔 경우에는 이를 긍정하는 견해[131]가 있다. 이에 대하여 소수설은 재발행을 허용하여야 한다고 주장한다.[132]

생각건대 재발행을 허용하는 것은 이사회에 대한 2중수권 내지는 무한수권의 폐단이 있고, 회사의 자본준비금을 감소시켜 주주의 이익배당권이 침해될 수 있

---

129) 임재연(2019 I), 409면; 이철송(2024), 309면.
130) 정찬형(2022), 735면; 정동윤(2012), 456-457면; 홍·박(2021), 216면; 권기범(2021), 544면; 안택식(2012), 192면; 김홍기(2022), 383면; 장덕조(2023), 128면; 임재연(2019 I), 410면; 김정호(2023), 173면; 정경영(2022), 222면; 최기원(2012), 243면; 손주찬(2003), 626면; 강위두(2000), 283면.
131) 정찬형(2022), 735면; 권기범(2021), 545면.
132) 이철송(2024), 310, 471면; 김순석, 앞의 논문, 556면; 최준선(2024), 230면; 송옥렬(2022), 806면; 김·노·천(2024), 175면.

다. 따라서 재발행을 허용할 수 없다고 본다(재발행불가설).

5) 주주의 지위 및 상환주식의 실효시기

주주상환주식의 경우 주주가 상환권을 행사하면 회사는 상환금을 지급할 의무를 부담하고, 주주는 상환금을 지급받음과 동시에 회사에게 주식을 이전할 의무를 부담한다. 따라서 정관이나 상환주식인수계약 등에서 특별히 정한 바가 없으면 주주가 회사로부터 상환금을 전부 지급받을 때까지는 상환권을 행사한 이후에도 여전히 주주의 지위에 있다.[133] 즉 상환대가가 지급되었을 때 상환이 완성되어 상환주식이 실효되는 것이다.

6) 지연손해금

상환금에 대한 다툼이 있고, 지급시기가 경과하면 지연손해금이 발생한다. 이 경우 회사는 일부의 금액을 공탁함으로써 그 부분 지연책임을 면하려고 할 수 있다. 이에 대하여 판례는 일부의 공탁만으로는 변제의 효력이 없을 뿐만 아니라 주주의 지연손해금 전액청구가 신의칙에도 반하지 않는다고 보아 상환가액 전체에 대한 지연책임을 인정하고 있다.[134] 그러나 회사와 주주간에 다툼이 없는 부분에 대한 선지급을 인정하는 등의 방식으로 그 부분 지연책임을 면하게 하는 것이 옳다고 본다. 입법적 보완이 요구된다.

8. 전환주식

(1) 의의 및 유형

轉換株式(convertible share)이란 정관이 정하는 바에 따라 株主의 청구에 의하여 주주가 인수한 주식을 다른 종류주식으로 전환하거나(주주전환주식)(제346조 제1항) 또는 정관에서 정한 일정한 사유가 발생할 때 회사가 주주의 인수주식을 다른 종류의 주식으로 전환할 수 있는 권리가 부여된 주식(회사전환주식)(제346조 제2항)을 말한다. 예를 들면, 우선주를 보통주로, 보통주를 우선주로 전환하는 것과 같다.

따라서 주식의 종류의 교체가 아닌 단순히 액면주식을 무액면주식으로, 무액면주식을 액면주식으로 전환하는 것은(제329조 제4항) 전환주식의 전환이 아니다. 定款의 규정으로 일정한 기한의 도래, 조건의 성취에 의하여 다른 종류의 주식으

---

133) 대법원 2020. 4. 9. 선고 2017다251564.
134) 대법원 2020. 4. 9. 선고 2016다32582.

로 자동전환되는 기한부 또는 조건부 우선주는 상법상 전환주식이 아니다.[135]

한편 2011년 개정 전은 이른바 주주전환주식의 발행만 허용하였으나, 현행법은 회사전환주식의 발행도 허용하고 있다.

(2) 효용성 및 상환주식과의 이동

전환주식은 상환주식과 유사하게 회사의 자금조달을 용이하게 한다. 우선주의 배당성향과 보통주의 투자성이 가미되어 투자매력도가 높기 때문이다. 그리고 재무관리를 탄력적으로 할 수 있다. 또한 보통주를 무의결권우선주로 전환하는 등의 방법을 활용하는 경우 M&A로부터 경영권을 방어하는 수단으로 유용하다. 또 상환주식과 전환주식은 회사가 주주로부터 주식을 매입하여 소멸시키는 점에서는 같다. 다만, 전자는 회사가 그 대가로 금전 또는 유가증권을 포함한 자산을 교부하는 데 비해 후자는 회사가 발행한 주식을 교부한다는 점에서 다르다.

(3) 발행

1) 정관의 규정

전환주식을 발행하기 위하여는 정관에 근거규정이 있어야 한다(제346조 제1항·제2항). 우선, 주주전환주식의 경우는 정관에 전환의 조건, 전환의 청구기간, 전환으로 인하여 발행할 주식의 수와 내용을 정하여야 한다(제346조 제1항 후단). 회사전환주식의 경우는 전환의 사유, 전환의 조건, 전환의 기간, 전환으로 인하여 발행할 주식의 수와 내용을 정하여야 한다(제346조 제2항 후단). 이 중 회사전환주식의 경우는 정관에 전환의 사유를 정하여야 한다는 점에서 특징적이다.

위와 같은 내용이 정관에 정하여져 있으면, 전환주식의 발행은 통상의 신주발행에 해당하므로 이사회(또는 주주총회)가 그 발행사항을 결정한다(제416조).

2) 공시

전환주식을 발행할 때에는 주식청약서 또는 신주인수권증서(제420조의 2 제1항)에 ① 주식을 다른 종류의 주식으로 전환할 수 있다는 뜻, ② 전환의 조건, ③ 전환으로 인하여 발행할 주식의 내용, ④ 전환청구기간 또는 전환의 기간을 기재하여야 한다(제347조). 그리고 해당사항을 등기하여야 하며(제317조 제2항 제7호), 株主名簿(제352조 제2항·제347조)와 株券(제356조 제6호)에도 기재하여야 한다. 다만, 회사전환

---

135) 정찬형(2021), 733면; 이철송(2024), 310면; 정동윤(2012), 457면.

주식의 경우에는 정관으로 정하는 '일정한 사유'가 발생한 때에만 전환권을 행사할 수 있는데, 공시사항에서는 이를 누락시키고 있다(제317조 제2항 제7호 ㅁ 제347조 참조). 이 사유는 회사의 주식취득사유로써 주주의 입장에서 보면, 중대한 이해관계가 있다. 따라서 실무적으로는 주식청약서 및 신주인수권증권증서에 기재하고, 또 등기하여야 한다고 본다.

3) 새로 발행할 주식수의 확보

전환주식의 전환으로 인하여 새로 발행할 주식의 수는 전환청구기간 또는 전환의 기간 내에는 그 발행을 留保하여야 한다(제346조 제4항). 따라서 장차 定款을 변경하여 발행예정주식수를 확대할 것을 예정하고 전환주식을 발행하여서는 아니 된다.

(4) 전환절차

1) 주주전환주식

가) **청구서와 주권의 제출**　　이 주식의 전환절차는 주주의 전환청구시 개시된다. 우선 전환주식의 전환을 청구하고자 하는 주주는 청구서 2통에 주권을 첨부하여 회사에 제출하여야 한다(제349조 제1항). 이 청구서에는 전환하고자 하는 주식의 종류, 수와 청구년월일을 기재하고 기명날인 또는 서명하여야 한다(제349조 제2항). 전환청구기간에 대하여는 명문의 규정이 없기 때문에 정관으로 정하면 된다. 일반적으로는 始期와 終期가 될 것이다. 다만, 終期가 없으면 회사는 장기간 불안정한 자본구조를 갖게 되므로 전환청구기간을 무기한으로 하거나 통념상 무기한이나 다름없는 장기로 하는 것은 허용될 수 없다.[136)

나) **효력발생시기**　　株主의 전환청구권은 株主의 상환청구권과 같이 形成權이다. 따라서 전환청구를 한 때에 그 효력이 발생한다(제350조 제1항). 이처럼 주주의 전환청구는 주주의 권리이지 의무가 아니다. 이 점 주주가 전환청구를 하지 않을 수도 있음을 의미한다. 그리고 주주명부의 폐쇄기간 중에도 전환청구를 할 수 있다(1995년 개정시 제349조 제3항 삭제).

2) 회사전환주식

이 주식의 전환절차는 회사가 전환을 결정함으로써 개시된다. 다만, 다음과 같은 점은 주주전환주식과 차이가 있다.

가) **일정한 전환사유의 발생**　　회사전환주식은 정관에서 정한 일정한 사유

---

136) 이철송(2024), 314면.

가 발생할 때에 한하여 회사가 주주의 인수주식을 다른 종류의 주식으로 전환할 수 있다(제346조 제2항). 그러나 상법은 정관으로 정할 '일정한 사유'의 내용에 관하여 규정하지 않고 있다. 이로 인하여 자의적이지 아니하고 확정성, 객관성 및 명확성이 있으면 적법하다고 보는 견해가 있지만,[137] 특별히 불합리하지 아니하는 한 이에 국한할 필요는 없고, 어떠한 사유이든지 정할 수 있다고 본다.[138]

대표적으로는 회사가 적대적 매수의 대상이 되어 경영권의 방어가 필요한 경우를 들 수 있고,[139] 전환주식의 유형별로 필요한 사유를 정하여도 무방하다. 그리고 보통주식이 교부되는 때에는 '주식의 상장결정' 등과 같은 정지조건형, 우선주식이 교부되는 때에는 '특정한 일자의 도래'와 같은 기한형을 일정한 사유로 정하는 것도 가능하다.

이 밖에도 전환주식의 효용성 중의 하나가 탄력적인 재무관리에 있기 때문에 일정한 사유를 '재무적 상황의 호전' 등과 같은 부정확한 개념을 정한 후, 이에 대한 판단은 회사의 결정에 맡기는 것도 무방하다고 본다.

나) 전환의사결정   회사전환주식의 경우 정관에서 정한 전환사유가 발생하면 전환할 수 있으나(제346조 제2항), 자동으로 전환되는 것은 아니고, 이사회에서 의사결정을 하여야 한다. 따라서 제346조 제3항의 이사회의 주주 등에 대한 통지 규정은 이사회가 전환결정권을 아울러 갖고 있음을 뜻한다.

다) 통지 또는 공고   회사가 전환할 것을 결정하면, 이사회는 ① 전환할 주식, ② 2주 이상의 일정한 기간 내에 그 주권을 회사에 제출하여야 한다는 뜻, ③ 그 기간 내에 주권을 제출하지 아니할 때에는 그 주권이 무효로 된다는 뜻을 전환주식의 주주 및 주주명부상의 권리자에게 통지하여야 한다(제346조 제3항 본문). 다만, 통지는 공고로 갈음할 수 있다(제346조 제3항 단서).

주권제출기간 내에 주권을 제출하지 아니하면 명문의 규정과 같이 그 주권은 무효가 되지만, 주주가 전환으로 인하여 새로 발행되는 新株式에 관한 권리를 잃는 것은 아니다.

라) 효력발생시기   전환의 효력은 2주 이상으로 정한 주권제출기간이 종료되는 시점에서 발생한다(제350조 제1항).

---

137) 김순석, "종류주식," 「주식회사법대계 II」, 한국상사법학회, 법문사(2016), 568면.
138) 同旨 이철송(2024), 314면.
139) 同旨 이철송(2024), 314면; 송옥렬(2022), 809면.

(5) 신주식의 발행가액

제348조는 전환으로 인하여 新株式을 발행하는 경우에는 전환 전의 주식의 발행가액을 신주식의 발행가액으로 한다고 정하고 있다. 이는 전환 전후의 주식 발행가액의 總額이 같아야 한다는 뜻이다. 또 액면주식의 액면미달발행금지규정(제417조)과 연계하여 보면 전환조건, 즉 전환비율을 제한하는 효과가 있다. 예컨대, 액면가액이 10,000원인 우선주를 1주당 발행가 12,000원에 100주를 이미 발행하였다고 하면, 전환 전 주식의 발행가액의 총액은 1,200,000원이 된다.

따라서 전환으로 인하여 발행할 수 있는 보통주의 총발행가액도 1,200,000원이 되어야 한다. 보통주의 액면가액은 이미 10,000원이므로 전환비율(우선주 : 보통주)을 1 : 1.5로 하면, 1주당 발행가액은 8,000원이 된다. 이는 액면미달발행이므로 강행규정인 제417조에 반하게 된다. 때문에 제417조 및 제348조에 반하지 않기 위하여는 전환비율이 1 : 1.2 이하이어야 한다. 이 경우 발행가액은 10,000원 이상이 된다. 이와 같이 총발행가액을 제약하는 것은 전환조건을 제한함으로써 이사회가 무모한 조건으로 전환주식을 발행하여 資本金充實을 해치는 것을 방지하는 취지도 있다.

한편 제348조는 액면주식의 경우 의미가 있고 자본금을 이사회에서 정하도록 하는 무액면주식에 대하여는 의미 없는 규정이다.

(6) 전환의 효과

1) 자동전환 및 권리행사의 제한

가) 효력발생 및 자동전환　　주주전환주식의 경우 株主의 전환청구권은 形成權이므로 전환청구를 한 때에 그 효력이 발생한다(제350조 제1항). 즉 회사의 승낙이나 신주발행절차를 거치지 아니하고 주주는 전환으로 인하여 발행하는 신주의 주주가 된다. 따라서 신주식을 가지고 주주권을 행사할 수 있다. 전환의 청구와 동시에 舊株式은 소멸하고 舊株券은 실효하므로 주주는 舊株券을 회사에 제출하여야 한다(제349조 제1항). 회사전환주식의 경우는 주권제출기간이 종료한 때에 전환의 효력이 발생한다(제350조 제1항).

한편 상법은 주주가 신주식의 권리를 행사함에 있어 다음과 같은 제한을 두고 있다.

나) 의결권의 행사   주주명부의 폐쇄기간 중에도 전환할 수 있다(1995년 개정
시 제349조 제3항 삭제). 이 경우 주주명부폐쇄기간 중에 전환된 신주식의 주주는 그
기간 중의 주주총회의 결의에 관하여는 신주식을 가지고 의결권을 행사할 수 없
다(350조 제2항). 따라서 전환 전 舊株式을 가지고 의결권을 행사하여야 한다.

2) 자본금의 증감

가) 전환조건과 자본금의 변동   전환조건이 1 : 1(우선주 : 보통주)인 경우에는
전환으로 인한 자본금의 변동은 없다. 그러나 전환조건이 1 : 1이 아닌 경우에는
자본금이 변동된다. 즉 전환조건이 1 : 1을 초과하면 발행주식총수가 증가하여 자
본금도 증액되고, 반대인 경우에는 발행주식총수가 줄어들어 자본금이 감소한다.

3) 자본금감소의 허용 여부

전환조건이 1 : 1에 미달할 때에는 자본금이 감소한다. 이로 인하여 상법이 자
본금감소를 초래하는 전환이 허용되는지에 대하여는 학설이 대립한다. 우선 긍정
설은 자본금이 감소되는 경우에는 채권자보호절차를 밟으면 되므로 허용된다고
한다. 그러나 부정설은 상법은 자본금 감소절차를 엄격하게 규제하고 있기 때문
에 허용되지 아니한다고 한다(통설).[140]

자본금감소 또는 증가 어느 경우에나 발행가액에서 액면가액을 공제한 금액
은 자본준비금으로 적립하여야 한다.

4) 발행예정주식총수

전환주식이 전환을 하는 경우 舊株式의 종류에 관하여는 전환된 주식수만큼
발행예정주식총수 중 未發行部分이 증가한다. 이 부분에서 다시 新株를 발행할
수 있느냐에 관하여 이론이 있다. 통설은 재발행을 인정하더라도 理事會에 대한
수권주식의 한계는 준수되므로 발행할 수 있다고 한다. 다만, 재발행은 종전의 전
환권이 없는 전환 전 주식의 종류에 한정되며 다시 전환주식으로 할 수 없다.[141]
예를 들면, 우선주를 발행하여 보통주로 전환한 때에는 비전환우선주만을 발행할
수 있다. 그 이유는 전환우선주는 이미 전환권을 행사하였기 때문이다.

---

140) 정찬형(2022), 739면; 최기원(2012), 245면; 정동윤(2012), 459면; 손주찬(2003), 628－629
면; 권기범(2021), 551면; 최준선(2024), 233면; 김정호(2023), 176면; 홍·박(2021), 219면;
송옥렬(2022), 810면.
141) 同旨 정동윤(2012), 459면; 김홍기(2022), 388면; 안택식(2012), 196면.

5) 질권의 물상대위 효력

전환주식의 전환이 있는 때에는 이로 인하여 종전의 주주가 받을 주식에 대하여도 종전의 주식을 목적으로 한 질권을 행사할 수 있다(제339조). 즉 종전의 전환주식에 설정된 질권의 효력은 전환으로 인하여 발행된 新株式에 미치는 것이다.

6) 변경등기

주식의 전환으로 인한 변경등기는 주주전환주식의 경우에는 전환을 청구한 날 또는 회사전환주식의 경우에는 주권제출기간(제346조 제3항 제2호)이 끝난 날이 속하는 달의 마지막 날부터 2주 내에 본점소재지에서 하여야 한다.

제 2 관 주주의 권리의무

Ⅰ. 주주의 의의 및 자격

1. 개념

주식회사의 사원을 주주(shareholder)라고 한다. 주식회사에서는 다른 회사와 달리 출자시점이 아닌 주식 취득시 사원(주주)이 된다. 따라서 주식의 취득이 아닌 다른 원인으로 주주가 될 수 있는 약정(예: 발기인간의 약정)은 무효이다.142)

2. 주주의 자격 및 인원

주주가 될 수 있는 자격에는 원칙적으로 아무런 제한이 없다. 자연인, 법인, 내국인, 외국인 또는 행위능력의 유무를 묻지 아니한다. 다만, 상법상 자기주식취득(제341조) 및 상호주보유제한(제342조의 2 제1항)의 경우와 이 밖에 특별법에서 제한을 가하는 경우가 있다(자본시장법 제172조, 공정거래법 제9조 제1항).

한편 상법은 1인회사를 인정하므로(제517조 제1호·제227조 제3호) 1인주주도 가능하며 최고한도의 수적 제한도 없다.

---

142) 대법원 1967. 6. 13. 선고 67다302.

Ⅱ. 주주의 권리

1. 주주의 권리와 주주권

주주의 권리란 주주의 지위에서 회사에 대하여 가지는 단체법상의 개별적인 권리를 말한다. 따라서 주주의 지위를 전제로 인정된다. 다만, 개별적인 권리라는 점에서 주주의 사원권적 지위를 포괄적으로 표현하는 개념인 주주권과 다르다. 즉 주주의 권리는 주주권의 내용이 되는 권리이다.

2. 특성

주식에 내재되어 있는 각종의 추상적인 주주의 권리는 그 자체로서 분리, 양도, 담보 또는 압류의 목적이 될 수 없다. 독립적으로 시효에도 걸리지 아니한다. 그리고 주주의 권리는 주식이 양도되면 당연히 양수인에게 이전한다. 대표적으로는 주주의 의결권, 회계장부열람청구권 및 대표소송제기권 등의 권리가 그러하다.

주주의 권리는 주주가 주주의 지위에서 분리되어 통상의 채권자로서 갖는 권리, 즉 債權者的 權利와 구별된다. 예를 들면, 주주총회의 승인에 의하여 구체화된 이익배당청구권(제449조 제1항·제464조의 2 제1항)은 ① 본래는 주주권의 내용인 이익배당청구권에서 생기는 권리이지만, 구체화됨으로써 보통의 債權化하여 금전채권이 된다. 그리하여 ② 주식과 분리되어 양도, 담보 또는 압류의 대상이 되며, 독립적으로 시효에도 걸린다. 또 ③ 이익배당청구권과 같은 채권자적 권리는 주식이 양도되더라도 자동적으로 양수인에게 이전하지 아니한다. 구체적으로 2025년 2월 28일 주주총회에서 이익배당안을 결의하면(제462조 제2항) 당시 주주 甲은 (구체적)이익배당청구권을 취득하는데, 같은 해 4월 5일 해당주식을 乙에게 양도하더라도 그 이익배당청구권은 자동적으로 乙에게 이전하지 아니한다.

3. 권리의 제한 및 한계

주주의 권리는 법률상 주어지는 권리이므로 정관의 규정, 주주총회의 결의 또는 이사회의 결의로 박탈·제한하거나 변경할 수 없다. 예를 들면, 이사회의 결의로 주주권을 제한하거나, 같은 종류주주간의 배당률을 달리 정하는 정관규정은 효력이 없다. 다만, 신주인수권의 제한규정(제418조 제2항. 제3자배정)과 같이 명문으

로 유보하는 때에는 예외이지만, 이 경우에도 주식평등의 원칙에 따른 제한이어
야 하며, 특정주주의 권리를 박탈하거나 제한하여서는 아니 된다.

4. 권리의 분류

(1) 자익권·공익권

1) 자익권

自益權이란 주주가 회사로부터 경제적 이익이나 출자금의 회수 기타 편익을
제공받는 것을 목적으로 하는 권리를 말한다. 그 예로는 이익배당청구권(제462조),
중간배당청구권(제462조의 3), 신주인수권(제418조), 주주전환주식의 전환청구권(제346
조 제1항), 잔여재산분배청구권(제538조), 주식매수청구권,[143] 주식양도의 자유(제335
조 제1항 본문), 명의개서청구권(제337조), 신주발행유지청구권(제424조) 및 주권교부청
구권(제355조) 등이 있다. 자익권행사의 효과는 해당주주에게만 미친다.

2) 공익권

共益權이란 회사의 관리·운영 및 이사회의 행위를 감독·시정할 것을 목적으
로 하는 권리를 말한다. 이사의 부당한 업무집행행위의 예방, 부당운영에 대한 사
후구제 또는 이와 관련하여 행사하는 권리도 공익권이다. 예를 들면, 주주총회결
의 무효·취소·부존재확인의 소권(제376조, 제380조), 임시주주총회소집청구권(제366
조), 주식이전무효소권(제360조의 23), 집중투표청구권(제382조의 2, 제547조의 7), 설립무
효의 소 등 각종의 소 제기권,[144] 의결권(제369조), 이사의 위법행위유지청구권(제
402조), 대표소송제기권(제403조), 다중대표소송제기권(제406조의 2), 회계장부열람권
(제466조), 이사·감사의 해임청구권(제385조, 제415조), 회사의 업무 및 재산상태의 검
사청구권(제467조), 신주발행무효의 소권(제429조), 해산판결청구권(제520조) 등이 있
다. 공익권행사의 효과는 자익권과 달리 다른 주주에게 미친다.

(2) 단독주주권·소수주주권

1) 구분의 취지

자익권은 모두 독자적으로 행사할 수 있는 단독주주권이다. 그러나 공익권은
그 행사의 효과가 다른 주주에게도 미치기 때문에 단독주주권 이외에 발행주식총

---

143) 제360조의 5, 제360조의 22, 제374조의 2, 제522조의 3, 제530조의 11 제2항.
144) 제328조, 제429조, 제445조, 제529조 등.

수의 일정한 비율에 해당하는 주주에게만 인정되는 소수주주권에 관한 규정을 별도로 두고 있다.

2) 단독주주권

자익권은 모두 단독주주권이며, 공익권도 단독주주권인 경우가 있다. 예를 들면, 설립무효의 소권(제328조), 주식이전무효의 소권(제360조의 23), 신주발행무효의 소권(제429조), 의결권(제369조), 주주총회결의 무효·취소·부존재확인의 소권(제376조, 제380조), 감자무효의 소권(제445조), 주식교환무효의 소권(제360조의 14), 합병무효의 소권(제529조), 분할무효의 소권(제530조의 11 제1항) 등이 이에 해당한다.

3) 소수주주권

가) 취지 상법이 공익권의 일부를 소수주주권으로 한 것은 대주주나 경영자의 독선적인 경영을 방지하는 한편, 단독주주권으로 하였을 경우에 발생할 수 있는 주주권의 남용을 방지하기 위함이다.

나) 일반규정(지주요건별 소수주주권)

① 100분의 3 이상을 요하는 소수주주권

이에 해당하는 소수주주권으로는 주주제안권(제363조의 2 제1항), 주주총회소집청구권(제366조), 집중투표청구권(제382조의 2 제1항), 이사·감사해임청구권(제385조 제2항·제415조), 회계장부열람청구권(제466조 제1항), 업무·재산상태검사청구권(제467조 제1항) 등이 있다.

② 100분의 1 이상을 요하는 소수주주권

이에 해당하는 소수주주권으로는 이사, 집행임원 또는 감사위원회의 위법행위유지청구권(제402조·제408조의 9·제415조의 2), 대표소송제기권(제403조), 다중대표소송제기권(제406조의 2) 및 총회검사인선임권(제367조 제2항) 등이 있다.

③ 100분의 10 이상을 요하는 소수주주권

이에 해당하는 소수주주권으로는 해산판결청구권(제520조)이 있다.

다) 상장회사의 특례

① 주식보유(지주)요건의 완화

상장회사의 주식은 대중투자자들에게 분산소유되기 때문에 영세주주들이 세력화하여 지배주주나 경영진의 전횡을 막기가 어렵다. 그리하여 상법은 2009년

개정을 통하여 상장회사의 소수주주권의 행사요건을 크게 완화하고 있다(제542조
의 6, 제542조의 7 제2항). 나아가 자본금이 1천억원 이상인 상장회사에 대하여는 시
행령으로 행사요건을 2분의 1로 완화하고 있다(제542조의 6·시행령 제32조).[145]

[표 3] 일반규정과 특례규정의 비교

소수주주권	일반규정	상장회사특례규정	
		자본금 1000억원 미만	자본금 1000억원 이상
총회검사인선임청구권	100분의 1 (제367조 제2항)	좌동	좌동
대표소송	100분의 1 (제403조)	1만분의 1 (제542조의 6 제6항)	좌동
이익공여관련대표소송	100분의 1 (제467조의 2)	1만분의 1 (제542조의 6 제6항)	좌동
불공정인수관련대표소송	100분의 1 (제424조의 2)	1만분의 1 (제542조의 6 제6항)	좌동
발기인책임추궁대표소송	100분의 1 (제324조)	1만분의 1 (제542조의 6 제6항)	좌동
청산인책임추궁대표소송	100분의 1 (제542조)	1만분의 1 (제542조의 6 제6항)	좌동
이사의 위법행위유지 청구권	100분의 1 (제402조)	10만분의 50 (제542조의 6 제5항)	10만분의 25 (시행령 제32조)
이사·감사해임청구권	100분의 3 (제385조 제2항· 제415조)	1만분의 50 (제542조의 6 제3항)	1만분의 25 (시행령 제32조)
청산인해임청구권	100분의 3 (제539조 제2항)	1만분의 50 (제542조의 6 제3항)	1만분의 25 (시행령 제32조)
회계장부열람청구권	100분의 3 (제466조)	1만분의 10 (제542조의 6 제4항)	1만분의 5 (시행령 제32조)
주주총회소집청구권	100분의 3 (제366조)	1,000분의 15 (제542조의 6 제1항)	좌동
업무·재산상태를 검사하기 위한 검사인선임청구권	100분의 3 (제467조)	1,000분의 15 (제542조의 6 제1항)	좌동
주주제안권 (무의결권주식제외)	100분의 3 (제363조의 2)	1,000분의 10 (542조의 6 제2항)	1,000분의 5 (시행령 제32조)
집중투표청구권	100분의 3 (제382조의 2)	좌동	100분의 1 (제542조의 7 제2항·

---

145) 참고로 금융회사지배구조법 제33조는 소수주주권의 행사요건을 다시 낮추고 있다.

			시행령 제33조): **자산 규모 2조원 이상**
해산판결청구권	100분의 10 (제520조)	좌동	좌동
다중대표소송	100분의 1 (제406조의 2 제1항)	10,000분의 50 (제542조의 6 제7항)	좌동

② 주식보유요건의 계속성

ㄱ. 현행규정

비상장회사의 소수주주권 행사에 필요한 보유비율은 행사하는 시점에서 충족시키면 된다. 이에 대하여 상장회사의 소수주주권은 그 권리의 행사시점에서 소급하여 6개월 전부터 행사에 요구되는 보유비율에 해당하는 주식을 계속 보유하여야 한다(제542조의 6 제6항). 상장회사의 경우 6개월이라는 기간을 설정한 것은 상당기간 회사와의 이해관계가 안착되어 있는 주주에 한하여 소수주주권 행사에 필요한 지주요건을 완화할 실익이 있기 때문이다.

ㄴ. 舊특례규정과의 관계

종래의 제542조의 2 제2항은 '상장회사에 대한 특례규정은 제4장 주식회사에 대한 다른 규정에 우선하여 적용한다.'고 하고 있어 해석상 문제되어 왔다. 학계에서는 소수주주권행사시 동 규정을 우선 적용하여야 한다는 우선적용긍정설과 이를 부정하는 우선적용부정설이 대립하여 왔다. 일부 하급심에서는 특례규정들이 일반규정을 배척하여 배타적으로 적용된다고 해석한 바도 있다.[146]

대법원은 상장회사에 대한 해당규정은 일반규정에 보충적으로 적용된다고 풀이하여 왔다. 그리하여 상장회사의 주주가 일반규정에서 요구하는 지주비율 이상을 보유하는 경우에는 6개월이라는 보유기간을 충족하지 못하더라도 당연히 소수주주권을 행사할 수 있다고 보았다(우선적용부정설).[147]

ㄷ. 특례규정배제조항의 도입

위와 같은 논의과정과 대법원의 판단에도 불구하고 해석상 논란이 이어지자 2020년 12월 개정상법은 상장회사에 대한 특례규정인 제542조의 2 제2항은 다른

---

146) 인천지법 2010. 3. 4. 자 2010카합159 결정; 서울중앙지법 2011. 1. 13. 자 2010카합3874 결정; 서울고법 2019. 3. 21. 자 2019라20280 결정.
147) 대법원 2004. 12. 10. 선고 2003다41715; 그리고 위 지방법원판결 이후의 고등법원판결도 대법원과 같은 판단을 내렸다(서울고법 2011. 4. 1. 자 2011라123 결정).

소수주주권의 행사에 영향을 미치지 아니한다고 명시하였다(제542조의 6 제10항). 그
결과 상장회사의 주주는 특례규정에 따른 소수주주권 행사요건과 일반규정에 따
른 행사요건을 고려하여 선택적으로 권리를 행사할 수 있게 되었다.

4) 요건의 완화

상장회사는 정관으로 소수주주권 행사에 필요한 6개월이라는 주식보유기간
보다 단기의 기간을 정하거나 보유비율을 낮게 정할 수 있다(제542조의 6 제8항). 반
대로 정관으로 주식보유기간을 늘리거나 보유비율을 높이는 것은 허용되지 아니
한다. 비상장회사의 경우도 소수주주권 행사요건을 완화할 수 있지만, 강화할 수
는 없다. 소수주주권 행사요건의 완화는 회사의 양보를 전제로 하는 것이어야 하
며 소수주주의 양보를 전제로 하는 것이어서는 아니 되기 때문이다.

5) 주식보유요건의 구비방법

소수주주권 행사에 필요한 보유요건은 주주 1인이 충족시켜야 되는 것은 아
니다. 수인의 소유주식을 합하여 요건을 충족하면 그 수인의 명의로 소수주주권
을 행사할 수 있다. 이와 관련하여 제542조의 6 제9항은 '주식을 보유한 자'란 주
식을 소유한 자, 주주권 행사에 관한 위임을 받은 자, 2명 이상 주주의 주주권을
공동으로 행사하는 자를 말한다고 규정하고 있는데, 바로 위의 뜻이다.

(3) 고유권·비고유권

고유권은 해당주주의 동의 없이는 정관의 규정 또는 주주총회의 결의로서도
박탈하거나 제한할 수 없는 주주의 권리를 말한다. 비고유권은 정관의 규정 또는
주주총회의 결의로 박탈할 수 있는 주주의 권리를 말한다.

이러한 구분은 주주의 권리를 보장하기 위한 법 규정이 불비한 시대에는 의
의가 있었으나, 법 규정이 정비된 오늘날에는 실익이 없다. 따라서 주주의 권리에
관한 규정은 강행법규로써 다른 주주 전원의 일치로써도 이를 박탈할 수 없다(이
설 없음). 즉 주주의 권리는 법률에서 정한 사유로 인하여만 상실되고, 당사자 사
이의 특약이나 주주의 권리포기 의사표시만으로는 상실되지 아니한다.[148]

(4) 비례적 권리·비비례적 권리

比例的 權利는 출자의 크기, 즉 소유주식수에 비례하여 행사할 수 있는 권리

---

148) 대법원 2002. 12. 24. 선고 2002다54691.

를 말한다. 대표적으로는 이익배당청구권(제462조), 의결권(제369조), 잔여재산분배
청구권(제538조), 신주인수권(제418조) 또는 준비금의 자본금전입시의 신주배정청구
권(제461조) 등이 있다. 非比例的 權利는 출자의 크기와는 무관하게, 지주요건을
충족하는 경우 균등하게 행사할 수 있는 주주의 권리를 말한다. 대표적으로는 소
수주주권이 있다.

　아래의 주주평등의 원칙을 적용하는 경우 비례적 권리에 대하여는 비례적 평
등이 준수되어야 한다. 이에 대하여 비비례적 권리에 관하여는 일정요건을 갖춘
주주에게 균등한 내용의 권리가 절대적으로 주어진다. 예를 들면, 집중투표청구
권의 행사에 필요한 지주요건은 100분의 3(제382조의 2) 이상인 바, 100분의 3을 가
진 주주이든, 100분의 10을 가진 주주이든 균등하게 이를 행사할 수 있다.

Ⅲ. 주주평등의 원칙

1. 의의

　주주평등의 원칙은 주주의 법률상의 지위가 균등한 주식으로 단위화되어 있
으므로 주주를 그 보유주식의 수에 따라 평등하게 취급하여야 한다는 원칙이다.
회사가 발행한 주식의 종류가 다양할 때에는 같은 종류의 주식은 평등한 권리를
갖는다는 뜻에서 종류적 평등을 뜻하기도 한다.

　상법은 이 원칙에 관한 일반규정을 두지 않고 있고, 종류주식제도가 확대되
었음에도 불구하고, 여전히 우리 회사법을 관통하는 최고원리이다.

2. 근거

　주주평등의 원칙은 18세기의 정치적·법적 평등사상이 주식회사에 반영된 것
이다. 이 원칙은 합명회사나 합자회사의 무한책임사원과는 달리 주주에 대한 '기
회와 위험의 비례적 균등'을 제도화한 것이다. 무한책임사원은 위험부담과 기회
는 출자액에 비례하지 아니하기 때문이다.

　외국의 경우 이 원칙을 반영한 입법례도 있다. 독일주식법에서는 '주주는 동
일한 조건하에서는 평등하게 취급된다.'고 규정하고 있다(동법 제53조a). 일본회사법
도 2005년 제정시부터 관련규정을 두고 있다(동법 제109조 제1항).

3. 적용범위

주주평등은 어떠한 방법으로 평등을 실현하느냐에 따라 절대적 평등, 비례적 평등 또는 종류적 평등으로 나누어 볼 수 있다. 非比例的 權利에 대하여는 절대적 평등의 원칙이 적용되고, 比例的 權利에는 비례적 평등의 원칙이 적용된다.

따라서 주주평등의 원칙은 주로 비례적 권리에 관하여 논할 실익이 있다. 종류적 평등은 원칙적으로는 주주평등원칙의 예외에 해당하지만, 회사가 종류주식을 발행한 경우에는 동일 종류주식의 주주에 대하여는 지주수에 따라 비례적으로 평등하게 대우를 하여야 한다.

4. 내용

주주평등의 원칙은 기본적으로 회사의 수익, 순재산, 그리고 회사지배에 대한 비례적 이익(권리)으로 구체화된다.149) 수익에 대한 비례적 이익은 신주인수(제418조 제1항)·이익배당(제464조 본문)에서의 각 주주가 가진 주식의 수에 따른 평등(신주인수권·이익배당청구권), 순재산에 대한 비례적 이익은 잔여재산분배에서의 각 주주가 가진 주식의 수에 따른 평등을 뜻한다(잔여재산분배청구권, 제538조 본문). 회사지배에서의 비례적 이익은 1주 1의결권의 평등(제369조 제1항)을 뜻한다.

그 밖의 주주평등에 관한 여러 규정은 위의 세 가지 비례적 이익에서 파생하거나, 이를 유지·실현하기 위한 것이다.

5. 예외

(1) 관련규정

주주평등의 원칙에 대하여는 법률에 규정을 두어 이 원칙에 대한 예외를 인정할 수 있다.150) 상법상 이러한 예외규정으로는 다음과 같은 것이 있다. 첫째, 정관의 규정으로 종류주식을 발행한 경우 회사는 이익배당, 잔여재산의 분배, 주주총회에서의 의결권의 행사, 상환 및 전환 등에 관하여 내용이 서로 다른 주식을 발행할 수 있다(제344조 제1항). 그리고 정관으로 각 종류주식의 내용과 수를 정하여야 한다(제344조 제2항). 이들 다른 유형의 종류주식간(예: 이익배당우선주 vs. 의결권

---

149) 이철송(2024), 329면; 同旨 송옥렬(2022), 821면; 정동윤(2012), 440면.
150) 대법원 2009. 11. 26. 선고 2009다51820.

제한보통주)에는 주주평등의 원칙이 적용되지 아니한다. 다만, 같은 종류주식간에는 적용된다. 따라서 회사가 종류주식을 발행한 경우에 정관을 변경함으로써 어느 종류주식의 주주에게 손해를 미치게 될 때에는 주주총회의 결의 외에 그 종류주식의 주주총회결의가 있어야 한다(제435조 제1항). 각각의 종류주주총회는 주주평등의 원칙이 지켜져야 한다.

둘째, 회사가 종류주식을 발행하는 때에는 정관에 다른 정함이 없는 경우에도 주식의 종류에 따라 신주의 인수, 주식의 병합·분할·소각 또는 회사의 합병·분할로 인한 주식의 배정에 관하여 특수하게 정할 수 있다(제344조 제3항). 이 범위 내에서도 주주평등의 원칙이 적용되지 아니한다. 이 경우에도 종류주주총회의 결의를 거쳐야 하는 수가 있다(제436조).

셋째, 모든 상장회사가 사내이사인 감사위원회위원(감사위원)을 선임 또는 해임하는 경우(제542조의 12 제3항), 최근 사업연도 말 현재 자산총액이 2조원 이상인 상장회사가 사외이사인 감사위원을 선임하는 경우(제542조의 12 제4항) 및 정관으로 집중투표제를 배제하거나 배제된 정관을 변경하는 경우(제542의 7 제3항)에는 의결권이 없는 주식을 제외한 발행주식총수의 100분의 3을 초과하는 수의 주식을 가진 주주는 그 초과분에 대하여 의결권을 행사할 수 없다.

넷째, 감사의 선임시(상장회사는 해임시에도 동일기준 적용(제542조의 12 제3항)) 100분의 3을 초과하는 수의 주식을 가진 주주의 의결권제한(제409조), 소수주주권(제366조 등), 단주의 처리(제443조) 등에 관한 규정에 대하여도 주주평등의 원칙이 적용되지 아니한다.

이 밖에 특별법상 비금융주력자는 은행지주회사의 의결권 있는 발행주식총수의 100분의 10까지 취득할 수 있으나, 100분의 4를 초과하는 보유주식에 대하여는 의결권을 행사할 수 없다(금융지주회사법 제8조의 2 제2항).

그러나 이러한 법률상 예외규정은 형식적 평등을 구현하는 것은 아니지만, 주식평등의 원칙을 실질적·내용적으로 구현하는 법 기술적 표현이다.

(2) 주주간 차별의 허부와 판단기준

최근 대법원의 일부판결은 일부 주주에게 우월적 권리나 이익을 부여하여 다른 주주들과 다르게 대우하는 것도 가능하다고 해석하였다.[151] 공통적인 주요 논

---

151) 대법원 2023. 7. 13. 선고 2021다293213; 같은 날 2022다224986; 2023. 7. 27. 선고 2022

지는 '주주와 회사 전체의 이익'을 위해 필요하였는지 여부에 있다. 그러나 분쟁이 발생하는 순간 이 전제는 성립하지 아니한다. 그리고 주주평등의 원칙은 주주의 권리의 정도를 정하는 공평의 견지에서 인정되는 것으로서 '회사 전체의 이익'과는 법익이 다르다. 또 기술한 바와 같이 상법 및 특별법은 주주평등의 원칙에 대한 예외를 명문으로 인정하고 있는데, 이러한 원리는 성문법국가인 우리나라 회사의 단체법률관계를 운영하는 데 합리적이다. 위 판결들은 그러한 원리를 벗어나고 있다. 그리하여 대법원이 유권해석의 범위를 넘어 입법기능을 하고 있다는 비판을 면할 수 없다.

6. 위반의 효과

상법은 주주평등의 원칙에 관한 일반규정을 두지 아니하고, 개개의 권리별로 이를 규정하고 있을 뿐이지만, 이 원칙은 주주와 회사간의 모든 법률관계에 적용되는 기본원칙이다. 따라서 주주평등의 원칙은 재산권인 주주권의 내용을 이루는 것으로서 강행규범이며, 이에 반하는 정관의 규정, 주주총회의 결의, 이사회의 결의 또는 업무집행은 회사의 선의·악의를 불문하고 무효이다.[152] 예를 들면, 회사가 직원들을 유상증자에 참여시키면서 퇴직시 출자손실금을 보전해 주기로 하는 약정은 직원 주주들에게만 우월한 권리를 부여한 것으로써 주주평등의 원칙에 위배되어 무효이다.[153] 제3자배정방식의 유상증자를 하면서 주주의 지위를 갖게 되는 자에게 납입금을 보전해 주기로 하거나 별도의 수익을 지급하기로 약정한 경우도 같다.[154]

Ⅳ. 주주의 의무(출자의무)

1. 의의

주주는 회사에 대하여 주식의 인수가액을 한도로 하는 출자의무를 부담한다

다290778.

152) 대법원 2020. 8. 13. 선고 2018다236241; 2009. 11. 26. 선고 2009다51820; 同旨 2018. 9. 13. 선고 2018다9920·9937.
153) 대법원 2007. 6. 28. 선고 2006다38161·38178.
154) 대법원 2020. 8. 13. 선고 2018다236241.

(제331조). 그러나 주식의 인수가액에 대한 납입은 회사설립 전 또는 신주발행 전, 즉 주주의 지위를 취득(제423조)하기 전에 전액 이행하여야 하므로(제295조, 제303조, 제421조) 출자의무란 엄밀히 말하면 주주의 의무가 아니라 주식인수인의 의무라고 할 수 있다(통설).155)

주주는 출자의무만을 부담하고, 그 밖의 의무는 없다. 따라서 회사채권자에 대하여 직접·유한책임을 지는 합자회사의 유한책임사원의 의무와 다르다.

2. 유한책임원칙과의 관계

주주의 출자의무는 주주유한책임의 전제로서 주식회사의 본질적인 요소이기 때문에 정관의 규정 또는 주주총회의 결의로 추가부담하게 할 수 없다. 즉 주주는 출자의무를 한도로 유한책임을 부담한다. 주주의 유한책임원칙은 주주의 의사에 반하여 새로운 부담을 가중시킬 수 없다는 원칙이므로 주주들의 동의 아래 주주들이 회사채무를 분담하는 것까지 금하지는 아니한다.156) 이러한 행위는 추가출자가 아닌 개인법적인 약정에 해당하기 때문이다. 다만, 주주의 동의를 얻지 아니한 채 유한책임원칙을 부정하는 법리로는 법인격부인론이 있다.

3. 상계제한의 폐지

2011년 개정 전 상법은 주주는 납입에 관하여 상계로써 회사에 대항하지 못한다고 규정하였다(구상법 제334조). 상계를 허용하면 회사재산으로부터 주주가 회사채권자보다 우선변제를 받는 결과가 되기 때문이다.

그러나 자본금충실을 해치지 아니하는 한 회사가 하는 상계나 상호합의에 따른 상계는 허용되어야 한다는 주장이 제기되어 왔다. 그리하여 대법원예규는 금융기관이 회사에 대하여 갖는 채권을 출자전환하는 경우에는 상계를 허용하여 왔다.157) 이를 반영하여 개정상법은 주주가 주금납입시 회사의 동의를 얻은 경우 납입채무와 주식회사에 대한 채권을 상계할 수 있도록 하여(제421조 제2항), 종래의 상계금지규정을 폐지하였다.

---

155) 정찬형(2022), 744면; 정동윤(2012), 460면; 최기원(2012), 286면; 이·최(2022), 250면; 장덕조(2023), 142면; 안택식(2012), 182면; 김흥기(2022), 396면.
156) 대법원 1989. 9. 12. 선고 89다카890; 1983. 12. 31. 선고 82도735.
157) 대법원 1999. 1. 25, 등기예규 제960조 참조.

4. 회사의 대위변제

주주의 유한책임은 주식회사의 본질적인 요소이므로, 회사는 이를 가중·감경하거나 주주에 대한 납입청구권을 포기하여서는 아니 된다. 따라서 회사는 주주의 주금납입의무를 대신하여 이행할 수 없다.[158] 회사가 대위변제를 하면, 주주에게 금전채권을 행사할 수는 있겠지만, 현실적인 출자의 효과를 거둘 수 없기 때문이다.

회사가 제3자에게 주식인수자금을 대여하고 제3자는 그 대여금으로 주식인수대금을 납입한 경우 그 신주발행은 무효이다.[159] 제3자가 인수한 주식의 액면금액에 상당하는 회사의 자본이 증가되었다고 할 수 없으므로 이러한 주식인수대금의 납입은 가장납입이기 때문이다.

5. 이행방법

출자는 재산출자에 한정되며 인적회사의 무한책임사원에게 인정되는 노무출자나 신용출자는 인정되지 아니한다. 재산출자는 금전출자가 원칙이고, 현물출자는 예외적으로 인정되나, 엄격한 절차를 요한다(제290조 제2호). 따라서 법정절차에 의하지 아니하는 代物辨濟는 인정되지 아니한다. 어음이나 수표로 금전출자를 이행한 때에는 어음금이나 수표금이 지급되는 때에 납입이 있는 것으로 본다.[160]

6. 출자의무의 예외

상법은 회사의 성립 후 또는 신주발행의 효력발생 후 주주가 예외적으로 출자의무를 부담하는 경우를 명시하고 있다. 먼저, 회사의 성립 후 또는 신주발행으로 인한 변경등기 후 아직 인수되지 아니한 주식이 있거나 주식인수의 청약이 취소된 때에는 발기인 또는 이사는 공동으로 그 주식을 인수하여야 한다(제321조 제1항, 제428조 제1항).

둘째, 회사의 성립 후 납입을 완료하지 아니한 주식이 있는 때에는 발기인은 연대하여 그 납입을 하여야 한다(제321조 제2항). 이는 주주로서의 출자의무는 아니다.

---

158) 대법원 1963. 10. 22. 선고 63다494.
159) 대법원 2003. 5. 16. 선고 2001다44109.
160) 대법원 1977. 4. 12. 선고 76다943.

셋째, 이사와 통모하여 현저하게 불공정한 발행가액으로 주식을 인수한 자는 회사에 대하여 공정한 발행가액과의 차액에 상당한 금액을 지급할 의무가 있는데 (제424조의 2 제1항), 이 역시 실질적인 추가출자의무이다.

Ⅴ. 주식불가분의 원칙과 주식의 공유

1. 주식불가분의 원칙

주식은 자본금의 균등한 구성단위이면서(제329조 제2항, 제451조 제1항·제2항), 주식회사의 사원의 지위(주주권)를 뜻하므로 이를 단위 미만으로 세분화할 수 없다. 이를 株式不可分의 원칙이라고 한다.

2. 공유의 원인

(1) 공유의 인정근거

주식불가분의 원칙에 따라 주주가 1개의 주식을 분할하여 수인이 소유하는 것은 불가능하다. 그러나 1개 또는 수개의 주식을 수인이 공유하는 것은 가능하다(제333조 제1항). 이는 주식자체를 세분화하는 것이 아니라 수인이 공유하는 것에 불과하기 때문이다.

(2) 공유의 원인

주식의 공유는 ① 수인이 주식을 공동으로 인수한 경우(제333조 제1항), ② 수인이 주식을 공동으로 상속(민법 제1006조)하거나 공동으로 양수하는 경우, ③ 발기인 또는 이사가 未引受株式에 대한 인수담보책임을 부담하는 경우(제321조 제1항, 제428조 제1항) 등을 원인으로 발생한다. 이 가운데 주로 문제 될 수 있는 것이 주식 공동상속의 경우이다. 이 경우 주식은 금전채권과 다르고, 可分給付[161]를 목적으로 하는 채권이라고 할 수 없다. 때문에 상속대상주식이 분할되기 전까지는 주식 전부에 대하여 상속분에 따른 준공유관계가 성립한다고 본다.

---

161) 성질이나 가치를 해치지 않고 분할할 수 있는 급부를 말한다. 예를 들면, 금전 50만원, 쌀 200가마와 같이 2회, 3회 또는 4회 등으로 분할급부하여도 전체를 합치면 가치나 성질 면에서 아무런 변동이 없는 것과 같다. 이에 반대되는 개념이 不可分給付이다. 예컨대, 급부목적물인 소를 분할할 수 없는 것과 같다. 다만, 당사자가 분할하여 급부하지 못한다고 계약을 하면, 성질상으로는 가분급부일지라도 불가분급부가 된다.

한편 자본시장법도 공유의 원인이 될 수 있는 규정을 두고 있는데, 예탁자의 투자자와 예탁자는 각각 같은 종류·종목 및 수량에 따라 예탁증권에 대한 공유지분을 가지는 것으로 추정한다(동법 제312조 제1항).

3. 공유주식의 권리행사

(1) 회사에 대한 권리관계

주식은 소유권이 아니라 주주의 지위 내지는 주주권을 뜻하므로, 주식의 공유관계는 정확히 표현하면 준공유관계를 뜻한다. 준공유에 대하여는 공유규정을 준용하도록 하고 있으므로(민법 제278조), 주식공유의 법률관계에 대하여도 민법의 공유관계에 대한 규정(민법 제262조(물건의 공유) 내지 민법 제270조(분할로 인한 담보책임))이 준용된다.

나아가 상법은 공유자에 의한 권리행사에 관한 특별규정을 두고 있다. 우선 수인의 주식공유자는 주주의 권리를 행사할 자, 즉 주주권리의 행사자 1인을 정하여야 한다(제333조 제2항). 주주권리의 행사자가 없는 때에는 공유자에 대한 통지나 최고는 그 1인에 대하여 하면 된다(제333조 제3항). 주주권리의 행사자가 선정되면, 이익배당청구권·의결권·각종의 소수주주권 및 총회결의취소나 무효의 소와 같은 소 제기권 등 주주로서의 모든 권리는 그 자가 행사하게 되고, 공유자가 공유지분에 따라 행사할 수는 없다.

따라서 권리행사자는 단독명의로 권리를 행사할 수 있으며, 공유자 전원의 공동명의로 할 필요는 없다. 다만, 회사에 대하여 공유관계를 주장하려면 공유자 전원의 성명·주소와 공유사실이 주주명부에 등재되어야 한다.[162]

한편 예탁결제원에 예탁한 주식에 대하여는 예탁자와 투자자가 공유관계가 아니라 각자의 지분에 상당하는 주식의 수만큼 단독으로 주주권을 행사한다(자본시장법 제315조 제1항). 그것은 실질주주명부에의 기재는 주주명부에의 기재와 같은 효력을 가지기 때문이다(동법 제316조 제2항).

(2) 제3자에 대한 권리관계

주주권리의 행사자는 회사에 대한 권리관계에서 권리를 행사하는 자에 불과하므로 제3자에 대한 관계에서는 다른 공유자도 권리를 행사할 수 있다. 그리하

---

162) 권기범(2015), 480면; 최기원(2012), 264-268면.

여 공유자는 자기의 지분을 처분할 수 있지만(민법 제263조), 권리행사자가 임의로 주식을 처분하거나 주식의 종류를 변경할 권한은 없다(민법 제264조). 공유지분을 양도하는 때에는 명의개서를 할 수 있다.163)

(3) 조합·권리능력 없는 사단과 주식공유

제333조 제2항은 '공유', '공유자'라는 표현만을 사용하고 있다. 그리하여 다른 공동소유형태인 총유와 합유에도 동 규정이 적용되는지의 여부가 문제될 수 있다. 동조의 규정취지에 비추어 주식의 '공유'를 '공동소유'로 해석하여 동조를 적용하는 것이 타당하다.164) 먼저, 민법은 조합의 소유형태를 합유(민법 제704조)로 하고 있으나, 제333조의 취지가 동일한 주식에 관하여 수인이 권리를 행사함으로 인하여 생기는 단체법률관계의 혼란을 막기 위한 데에 있기 때문에, 조합의 명의로 주주명부에 등재되어 있는 경우에도 조합원이 공동소유하는 것으로 보고 동조를 적용하는 것이 옳다고 본다.165) 그리고 권리능력 없는 사단이 소유하는 주식은 대표자의 개인명의가 주주명부에 등재되어 있으면 그 대표자가 대표권을 행사할 수 있다(제337조).

그러나 사단명의로 주주명부에 등재되어 있는 때에는 그 단체의 공동소유로 보고, 총유에 관한 일반규정(민법 제275조)이 아닌 제333조를 준용하는 것이 옳다고 본다. 따라서 조합명의의 주식이나 권리능력이 없는 사단명의의 주식에 대하여는 권리행사자 1인을 정하여야 한다(제332조 제2항).

VI. 타인명의의 주식인수

1. 서

주식을 인수하는 경우 자신의 진실한 성명을 사용하지 않고 지인, 가족 또는 종업원 등 타인의 명의로 인수하거나, 나아가 死者나 虛無人의 명의로 인수하는 사례도 있다. 이러한 경우 누가 인수주식에 대한 주금납입의무를 부담하는지 또 주주의 지위를 갖는 자가 누구인지 문제된다.

---

163) 서울민사지법 1968. 9. 5. 선고 68가7597.
164) 박상근, "공유주식의 권리행사," 강원법학 제10권(1998), 268면 이하; 최기원(2012), 264면.
165) 同旨 이철송(2024), 334면.

2. 주금납입의무

타인명의에 의한 주식인수에 대하여 상법은 두 가지로 구분하여 규정하고 있다. 첫 번째는 가설인의 명의로 주식을 인수하거나 타인의 승낙 없이 그 명의로 주식을 인수한 경우이다. 이 경우에는 실질적인 주식인수인이 납입책임을 부담한다(제332조 제1항).[166)

두 번째는 타인의 승낙을 얻어 그 명의로 주식을 인수한 경우이다. 이 경우에는 실질적인 주식인수인과 명의대여자가 연대하여 납입할 책임을 진다(제332조 제2항). 제332조의 규정은 타인명의의 주식인수가 유효함을 전제로 한 것이다.

따라서 이 범위 내에서는 발기인과 이사의 주식인수담보책임(제321조 제1항, 제428조 제1항)은 성립하지 아니한다.

3. 주주의 확정

(1) 문제의 소재

타인명의로 주식을 인수한 경우, 특히 타인의 승낙을 얻어 타인명의로 주식을 청약하고 그 후 그 타인에게 주식이 배정된 경우 명의상의 주식인수인과 실질적인 주식인수인 중 누가 주주의 지위를 갖는지 문제된다. 이는 회사와의 관계에서 잔여재산분배청구권·이익배당청구권·신주인수권·의결권 등의 주주권 행사 주체와도 연계된 문제이다.

(2) 학설

타인의 승낙을 얻어 타인명의의 주식인수로 인한 주주권의 귀속에 대하여는 실질설과 형식설이 대립한다.

1) 실질설

이 학설은 명의차용자인 실질적인 주식인수인을 주주로 본다. 행위의 명의자가 누구냐에 관계없이 사실상 행위를 한 자가 권리·의무의 주체가 되어야 한다는 의사주의를 바탕으로 한 견해이다(다수설). 그리고 제332조 제2항은 통모자의 연대책임을 규정하고 있을 뿐 명의대여자가 주주권을 취득한다는 취지의 규정은 아니라고 한다. 또한 동조 제1항과의 균형상 당연히 제2항의 경우에도 명의차용

---

166) 대법원 2017. 12. 5. 선고 2016다265351.

인을 주주로 취급하여야 한다고 설명한다. 이 밖에도 실질적인 투자자를 보호할 필요가 있다는 점도 하나의 논거이다.[167]

2) 형식설

이 학설은 명의대여자인 명의상의 주식인수인을 주주로 본다. 거래의 안전을 고려한 견해이다. 주요 논지는 ① 회사법상 행위는 집단적으로 행하여지므로 법적 안정성이 매우 중요하다. 따라서 그 처리는 객관적·획일적으로 이루어져야 하는데, 이는 주식인수인의 확정에서도 같다. ② 회사 측으로서는 실질적인 주주가 누구인지를 조사하는 것이 불가능하다는 점 등에 있다(소수설).[168]

3) 사견

실질설에 의하면 회사는 명의주주와 실질주주를 구별하여야 하고 그 구별에 대한 위험부담은 회사가 진다. 이는 명의차용자가 창출한 외관으로 인하여 회사의 법률관계가 주주명부제도와 다르게 되어 회사의 법률관계에 혼란을 야기하고 부담을 주므로 부당하다. 그리고 주식의 양수자, 질권의 취득자 또는 명의주주의 압류채권자와 같은 제3자의 이해를 고려하면 형식설이 타당하다.

(3) 판례

종래의 판례는 실질설을 취하여 왔다.[169] 그러나 최근의 판례는 기존의 입장을 변경하였다. 그리하여 "주식을 인수하거나 양수하려는 자가 타인의 명의를 빌려 주식을 인수나 양수하면서 그 타인의 명의로 주주명부에 기재까지 마치는 경우, 명부상 주주 외에 실제 주식을 인수나 양수하고자 하였던 자가 따로 존재한다는 사실이 증명되거나[170] 회사가 알고 있었다고[171] 하더라도 회사에 대한 관계에서는 명부상의 주주만이 주주권을 행사할 수 있다."고 판시하고 있다(형식설).

---

167) 강·임(2009), 534면; 정찬형(2022), 746면; 최준선(2024), 187면; 정동윤(2012), 399면; 송옥렬(2022), 817면; 이·최(2022), 191면; 정경영(2022), 266면; 최기원(2012), 186면; 권기범(2021), 488면.

168) 손주찬(2004), 575면; 이철송(2024), 337면; 채이식(1996), 593면.

169) 대법원 2011. 5. 26. 선고 2010다22552; 1998. 9. 8. 선고 96다45818(이 사건에서 대법원은 '회사가 주주명부상 주주가 형식주주에 불과하다는 것을 알았거나 중대한 과실로 알지 못하였고 또한 이를 용이하게 증명하여 의결권 행사를 거절할 수 있었음에도 의결권 행사를 용인한 경우에 그 의결권 행사는 위법하게 된다.'는 취지로 판시하였다).

170) 대법원 2017. 3. 23. 선고 2015다248342 전원합의체.

171) 대법원 2024. 6. 13. 선고 2018다261322; 2020. 6. 11. 선고 2017다278385·278392.

제3관 주권과 주주명부

I. 주 권

1. 주권의 개념 및 기능

주권(share certificate, Aktienurkunde)이란 주식, 즉 주주의 지위를 표창하는 유가증권을 말한다. 주권은 ① 주식의 유통을 편리하게 하고, ② 그 소지인을 권리자로 추정함으로써(제336조 제2항) 주주권을 증명하는 수단이 되고, ③ 주주의 입장에서는 투하자본을 쉽게 회수할 수 있으며, ④ 회사의 입장에서는 자본조달을 용이하게 하는 기능을 한다. 주식회사의 경우에는 합명회사와 달리 사원의 성명이 정관에 기재되지 아니하고 퇴사제도도 없기 때문에 주식의 유가증권제도가 도입되었다.

따라서 주권의 기능을 다하기 위하여는 공시방법이 중요한데, 상법은 주식의 양도시 주권을 교부하도록 하고(제336조 제1항), 주권에는 법정사항을 기재하도록 하고 있다(제356조). 그리고 2011년 개정상법은 회사가 주권을 발행하는 대신 정관으로 정하는 바에 따라 전자등록기관172)의 전자등록부에 주식을 등록할 수 있도록 하였다(제356조의 2). 이는 무주권주식(uncerticificated shares), 즉 주권이 없는 주식을 발행할 수 있음을 뜻한다.

2. 주권의 성질

주권은 이미 존재하는 주식이나 주주권을 표창한다. 즉 주권의 원인관계인 주식이나 주주권의 존재를 전제로 하므로 要因證券이며, 주권의 작성과 발행에 의거 주주권이 생기는 것이 아니므로 非設權證券이다. 주권은 주주권의 발생과는 무관하지만, 권리의 이전에는 주권의 소지를 요하므로 不完全有價證券이다.

주권에는 법정사항과 번호를 기재하고 대표이사 또는 대표집행임원이 기명날인 혹은 서명을 하여야 하므로(제356조, 제408조의 5 제2항) 일응 要式證券이다. 그러나 대표이사 또는 대표집행임원의 기명날인 또는 서명과 같이 본질적인 것이 아닌 한 법정사항의 기재가 없거나 사실과 다르더라도 유효한 주권이다. 예를 들면, 대표이사가 주권발행에 관한 주주총회나 이사회의 결의 없이 주주명의와 발

---

172) 유가증권 등의 전자등록 업무를 취급하는 것으로 지정된 기관을 말한다.

행일의 기재를 누락한 채 단독으로 주권을 발행하더라도 유효하다.[173] 대표이사가 정관에서 정한 병합주권의 종류(예: 10주권, 100주권)와 다른 종류의 주권(예: 20주권, 200주권)을 발행하였더라도, 회사가 이미 발행한 주식을 표창하는 주권을 발행한 것이라면 마찬가지이다.[174] 이와 같이 주권은 어음·수표보다 요식성이 완화된 유가증권이다. 이는 주권의 비설권증권성과 연관된다.

주주권을 행사하는 때에 주주는 주권에 기재되고 이를 회사에 제시함으로써 확정되는 것이 아니라 주주명부에 의하여 확정되므로 提示證券이 아니다. 그리고 주주권을 행사하는 때에 주권을 회사에 교부하지 않기 때문에 相換證券이 아니다. 또한 주주권은 주권상의 기재사항이 아닌 정관규정과 주주총회의 결의에 의하여 정하여지므로 非文言證券이다.

이러한 주권의 법적 성질은 어음·수표와는 구분되는데, 이는 주권에 대하여는 주식회사라는 사단의 법리가 적용되는 결과이다.

3. 주권의 발행

(1) 주권의 기재사항

주권은 요식증권으로서 법정사항과 번호를 기재하고 대표이사 또는 대표집행임원이 기명날인 또는 서명하여야 한다(제356조, 제408조의 5 제2항). 법정사항에는 ① 회사의 상호, ② 회사의 성립연월일, ③ 회사가 발행할 주식의 총수, ④ 액면주식을 발행하는 경우 1주의 금액, ⑤ 회사의 성립 후 발행된 주식에 관하여는 발행연월일, ⑥ 종류주식이 있는 때에는 그 주식의 종류와 내용, ⑦ 주식의 양도에 관하여 이사회의 승인을 얻도록 정한 때에는 그 규정 등이 해당한다. 그리고 주권에 표창되는 주식의 수량(예: 10주권, 100주권, 1,000주권)과 주주의 성명을 기재하여야 한다. 1주권에 1주식을 표창하는 단일주권, 1주권에 2주 이상의 주식을 표창하는 병합주권의 발행은 회사의 정관에 따른다.

대표이사나 대표집행임원이 주권을 발행하지 아니한다고 하여 다른 임원(예: 전무이사 또는 상무이사)의 명의로 발행한 주권은 무효이다.[175] 따라서 그 주식의 양도는 주권발행 전의 양도로써 회사에 대하여 그 효력이 없다(제335조 제3항). 그리고

---

173) 대법원 1996. 1. 26. 선고 94다24039.
174) 대법원 1996. 1. 26. 선고 94다24039.
175) 대법원 1970. 3. 10. 선고 69다1812.

주권의 발행은 대표이사나 대표집행임원의 권한에 속하므로 주주총회나 이사회의 결의를 요하지 아니한다.[176]

한편 효력발생과는 무관하게 주권에 법정사항을 기재하지 아니하거나 부실기재를 한 때에는 이사와 집행임원은 회사(제399조, 제408조의 8 제1항) 및 제3자(제401조, 제408조의 8 제2항)에게 손해배상책임을 진다. 또 과태료의 제재도 받는다(제635조 제1항 제6호).

(2) 주권의 발행의무와 제한

1) 강제발행

회사는 성립 후 또는 신주의 납입기일 후 지체 없이 주권을 발행하여야 한다(제355조 제1항). 주식의 양도에 있어서는 주권을 교부하여야 하는데(제336조 제1항), 주권을 발행하지 아니하면 주식양도의 자유(제335조 제1항)를 부당하게 제약하게 되므로 주권의 발행을 강제하고 있다.

따라서 이 규정은 회사성립시의 주식발행은 물론 회사존속 중의 신주발행(제416조), 전환주식의 전환, 주식배당, 준비금의 자본전입, 전환사채의 전환 또는 합병에 의한 존속회사의 신주발행 등 모든 주식발행시[177]에 적용된다.

2) 교부청구권

회사가 주권발행의무를 부담하는 결과 주주는 회사에 대하여 주권의 발행 및 교부청구권을 갖는다. 상속인은 주주명부에 등재되어 있지 아니하더라도, 상속사실을 증명하고 자기명의로 주권의 발행교부를 청구할 수 있다.[178] 이와 같이 주권의 교부청구권은 일신전속적인 권리가 아니므로 주주의 채권자가 대위행사(민법 제404조 제1항)할 수 있다.[179]

3) 발행시기의 제한

주권은 회사의 성립 후 또는 신주의 납입기일 후가 아니면 발행하지 못한다(제355조 제2항). 회사의 성립 전이나 납입기일 전에는 아직 주주가 아니고 주식인수인으로서의 권리만이 있기 때문이다. 이에 위반하여 발행한 주권은 무효이고(제355조 제3항 본문), 이를 발행한 발기인, 이사 또는 집행임원 등은 손해를 입은 자에

---

176) 대법원 1996. 1. 26. 선고 94다24039.
177) 제348조, 제442조, 제461조, 제462조의 2, 제515조, 제523조 제3호.
178) 대법원 1966. 9. 6. 선고 66다798.
179) 대법원 1982. 9. 28. 선고 82다카21.

게 손해배상책임을 진다(제355조 제3항 단서, 제322조 제2항, 제401조, 제408조의 8 제2항).

한편 주권의 발행시기를 제한하는 것은 권리주의 양도제한(제319조)의 취지에 따라 주식인수인의 지위, 즉 權利株의 有價證券化를 억제하여 투기를 방지하는 데 그 목적이 있다.

4. 주권의 효력발생시기

(1) 의의

주권은 회사내부의 의사결정으로 발행한다. 그리고 그 표면에 일련번호, 법정사항 및 주주의 이름을 기재하고 대표이사 또는 대표집행임원이 기명날인 또는 서명하여 외형을 갖춘 후 주주에게 교부한다. 주권이 외형을 갖추게 되면, 도난·분실되어 유통될 수도 있고, 주주 아닌 자에게 주권을 잘못 교부할 수도 있다. 따라서 어느 단계에서 주권의 효력이 발생하는지의 여부는 선의취득의 시점, 적법한 공시와 양도시점, 주주의 채권자가 주권을 압류할 수 있는 시점을 결정하는 데 있어 중요하다. 이에 대하여는 다음과 같은 세 가지 학설이 있다.

(2) 학설

1) 교부시설

회사가 주권을 작성하고, 그 의사에 기하여 주권을 주주에게 교부한 때에 주권으로서의 효력이 발생한다는 학설이다(통설). 이 견해에 따르면 주권이 주주에게 교부되기 전에는 제3자의 선의취득, 압류 또는 제권판결은 불가능하게 된다.

2) 작성시설(창조설)

회사가 주권을 작성하면 그 시점부터 주권으로서의 효력이 발생하고 주주에 대한 교부는 권리자에 대한 인도에 지나지 않는다는 학설이다. 따라서 회사의 의사에 반하여 주주 아닌 자에게 유출되더라도 제3자의 선의취득이 성립한다. 주권을 회사에 보관 중인 때에도 주주의 채권자가 이를 압류할 수 있고, 유출된 주권에 대하여 제권판결을 받지 아니하면 주주는 주권의 재발행을 청구할 수 없다.

3) 발행시설

교부시설과 작성시설의 절충적 견해로서 회사가 주권을 작성하고 주주에게 교부한다는 의사로써 누구에게든(주주 또는 그 외의 누구에게든) 교부하면 주권으로서의 효력이 발생한다는 학설이다. 이에 따르면 회사의 의사에 의하지 아니하고 주권을 교부하는 때에는 제3자의 선의취득은 인정되지 아니한다.

4) 사견

주권은 어음·수표와는 달리 不完全有價證券이고, 要因證券性을 가지므로 진정한 권리자를 보호할 필요가 있다. 따라서 교부시설이 타당하다. 주권이 작성되었더라도 주주에게 교부되기 전에는 종잇조각에 불과하다. 그 결과 제3자의 선의취득이 성립할 수 없고, 공시최고에 의한 제권판결의 대상도 될 수 없다. 다만, 주주의 채권자는 주권의 발행 및 교부청구권을 압류할 수 있다.

(3) 판례

판례는 '주권발행에 관한 제356조의 형식을 구비한 문서는 주주에게 교부된 때에 비로소 주권으로서의 효력이 발생한다. 그러므로 회사가 주주권을 표창하는 문서를 작성하여 이를 주주가 아닌 제3자에게 교부하여 주었다 할지라도 위 문서는 아직 회사의 주권으로서의 효력을 가지지 못한다.'고 하고 있다(교부시설).180)

5. 주권불소지제도

(1) 의의

주식의 양도는 주권의 교부에 의하므로(제336조 제1항) 주권의 발행이 필요하다. 그러나 주주의 회사에 대한 권리행사는 주주명부의 기재내용에 따르며(주주명부의 자격수여적 효력 또는 권리추정력) 주권의 제시가 불필요하다. 따라서 주권의 발행은 유통을 원활하게 할 수는 있지만, 분실·도난 또는 제3자의 선의취득으로 인한 권리상실의 위험이 있다. 그리하여 1984년 개정상법은 주주의 신고에 따른 주권불소지제도를 도입하였다(제358조의 2).

(2) 불소지신고의 절차
1) 정관상 미기재

주주의 회사에 대한 주권불소지신고는 정관에 이를 금지하는 규정이 없어야 한다(제358조의 2 제1항).

2) 신고자격

주권불소지신고는 주주명부상의 주주만이 할 수 있다(제358조의 2 제1항). 따라

---

180) 대법원 2000. 3. 23. 선고 99다67529; 1987. 5. 26. 선고 86다카982·983.

서 명의개서를 하지 않은 주주나 질권자(등록질권자)는 불소지신고자격이 없다. 회
사설립시 또는 성립 후 신주발행시의 주식인수인도 사전에 주권불소지신고를 할
수 있다.181)

3) 신고시기

주권불소지신고는 회사의 주권발행 전·후를 불문하고 할 수 있다(제358조의 2
제2항). 그리고 주주는 주주명부폐쇄기간 중이라도 주권불소지신고를 할 수 있다.
주권불소지신고로 주주나 주주권의 내용이 변동되지는 아니하기 때문이다.

4) 일부신고

주주 또는 주식인수인은 자기의 소유주식 중 일부만으로도 불소지신고를 할
수 있다.182) 이는 소유주식을 구분·관리할 필요성에서 인정된다.

5) 신고의 상대방

주권불소지신고의 상대방은 회사인 것이 원칙이지만, 회사가 명의개서대리인
(제337조 제2항)을 두는 때에는 명의개서대리인에게 신고할 수 있다.183)

6) 신고방법 : 주권제출

주주는 회사가 이미 주권을 발행한 후에 불소지신고를 할 때에는 주권을 회
사에 제출하여야 한다(제358조의 2 제3항). 따라서 입질된 주식에 대한 주권은 주주
가 이를 회사에 제출할 수 없으므로 불소지신고를 할 수 없다.

(3) 신고의 효력

1) 주권발행 전

주권이 발행되기 전에 불소지신고가 있는 때에는 회사는 지체 없이 주권을
발행하지 아니한다는 뜻을 주주명부와 그 복본에 기재하고, 그 사실을 주주에게
통보하여야 한다(제358조의 2 제2항 전단). 이 경우 회사는 불소지신고된 주권을 발행
하지 못한다(제358조의 2 제2항 후단). 회사가 불소지신고된 주권을 발행하더라도 효
력이 없고, 설령 그 주권이 유통되더라도 제3자는 선의취득을 할 수 없다.

---

181) 정찬형(2022), 759면; 정동윤(2012), 467면; 이·최(2022), 263면; 장덕조(2023), 151면;
　　최준선(2024), 258면.
182) 同旨 이철송(2024), 345면; 권기범(2021), 667면; 정동윤(2012), 467면.
183) 최기원(2012), 306면; 최준선(2024), 258면; 정동윤(2012), 468면; 정찬형(2022), 759면;
　　송옥렬(2022), 830면; 이·최(2022), 264면; 장덕조(2023), 151면.

2) 주권발행 후

이미 주권이 발행된 상태에서 주권불소지신고를 할 때에는 이를 회사에 제출하여야 한다. 그리고 회사는 ① 제출된 주권을 무효로 하거나 또는, ② 명의개서대리인에게 임치하여야 한다(제358조의 2 제3항). 이 중 ①의 경우는 주권을 폐기함과 아울러 주권발행 전 불소지신고의 경우와 같이 주주명부와 그 복본에 株券不發行의 뜻을 기재하는 것을 의미한다.[184] 따라서 그 주권이 유통되더라도 제3자의 선의취득이나 입질은 불가능하다. 다만, 상속이나 합병 등을 원인으로 주식을 포괄승계하는 것은 가능하다. 이때에는 주권의 교부가 전제되지 아니하기 때문이다(제336조 제1항).

위 ②의 경우는 그 주권이 여전히 유효한 주권이므로 주주명부와 그 복본에 주권불발행의 뜻을 기재하여서는 아니 된다. 그 결과 해당주권이 유통되면 제3자의 선의취득도 가능하다. 이로 인하여 주주는 회사에 대하여 손해배상을 청구할 수 있을 뿐(민법 제756조) 주권의 점유를 회복할 수 없는 문제점이 발생한다.

한편 임치는 회사의 사무관리의 편의를 위한 것이기 때문에 그 비용은 회사가 부담한다. 그리고 회사가 제출받은 주권을 무효로 하거나 임치한 때에는 주주에게 그 사실을 알려야 한다.[185]

(4) 주주의 주권발행청구

주주가 주권불소지신고를 한 경우에도 주식을 양도하거나 입질하기 위하여는 주권이 필요하게 된다. 그러므로 주주는 언제든지 회사에 대하여 주권의 발행 또는 반환을 청구할 수 있다(제358조의 2 제4항). 이 규정의 '언제든지'란 주주명부폐쇄기간 중에도 청구가 가능함을 의미한다.

주권보관에 관한 임치계약은 주주가 아닌 회사와 명의개서대리인간에 체결된다. 따라서 주주는 명의개서대리인에게 직접 주권의 반환청구를 할 수 없고, 회사에 대하여 하여야 한다.

---

184) 同旨 이철송(2024), 346면; 송옥렬(2022), 830면; 권기범(2021), 668면.
185) 정찬형(2022), 760면.

6. 주권의 실효와 재발행

(1) 의의

주권은 주식, 즉 주주의 지위를 표창하는 유가증권이므로 주주권 또는 증권으로서의 물리적 존재의 소멸로 인하여 그 효력을 상실한다.

(2) 실효의 유형

주권의 실효의 유형에 대하여는 세 가지로 대별할 수 있다. 첫째, 주권은 非設權證券이므로 주주권이 소멸함으로써 실효한다. 예를 들면, 회사의 해산으로 인한 법인격의 소멸, 주식의 소각(제343조), 상환주식의 상환(제345조), 주식의 전환(제346조)과 같은 요인으로 주식이 소멸하는 경우 그 주권도 실효한다. 다만, 당사자간의 특약이나 주식포기 의사표시만으로는 주식이 소멸되지 아니한다.186)

둘째, 합병에 따른 주식의 병합(제530조 제3항·제442조), 주식의 분할(제329조의 2 제3항·제442조), 주식의 포괄적 교환(제360조의 8 제2항·제442조) 또는 주식의 포괄적 이전(제360조의 19 제2항·제442조) 등으로 舊株券과 新株券을 交換하는 때에 구주권은 실효한다. 주권불소지신고에 의하여 회사에 제출된 주권도 실효한다(제358조의 2).

셋째, 주권이 도난·분실·멸실 등으로 인하여 상실된 경우 공시최고절차에 의하여 이를 무효로 할 수 있다(제360조 제1항).

이 가운데 셋째의 유형은 제3자와의 권리관계에서 문제가 발생할 수 있다. 상실된 주권을 제3자가 선의취득하는 경우(제359조·수표법 제21조), 종래의 주주가 주주권을 행사하지 못할 수 있기 때문이다. 따라서 이 유형의 경우에는 주권을 상실한 주주에게 상실한 주권을 실효시키고 주권을 재발행하는 절차가 필요하다.

(3) 공시최고

1) 취지

주권이 상실된 때에는 그 주권에 대한 새로운 법률관계가 형성될 수 있다. 상법은 이를 방지하기 위하여 공시최고절차를 두고 있으며, 나아가 除權判決을 얻은 후에만 상실된 주권을 재발행할 수 있도록 강제하고 있다(제360조 제2항).187)

---

186) 대법원 1999. 7. 23. 선고 99다14808.
187) 대법원 1981. 9. 8. 선고 81다141.

2) 절차

도난·분실되거나 없어진 주권, 그 밖에 상법에서 무효로 할 수 있다고 규정한 증서에 대하여는 증권의 무효선고를 위한 공시최고절차 규정인 민사소송법 제493조 내지 제497조를 적용한다(동법 제492조 제1항). 그 내용은 다음과 같다. 첫째, 공시최고절차를 신청할 수 있는 자는 상실된 주권의 최종소지인이다(동법 제493조). 예를 들면, 주주명부상의 주주 또는 최종의 주식양수인인 주주 등이 그에 해당한다.

둘째, 신청인은 신청근거로서 주권의 등본을 제출하거나 또는 증서의 존재 및 그 중요한 취지를 충분히 알리는 데 필요한 사항을 제시하여야 한다(동법 제494조 제1항). 그리고 신청인은 도난·분실되거나 없어진 사실과, 그 밖에 공시최고절차를 신청할 수 있는 이유가 되는 사실 등을 소명하여야 한다(동조 제2항).

셋째, 전속관할법원은 주권에 표시된 이행지, 즉 주권발행회사의 본점소재지의 지방법원이다(동법 제476조 제2항).

넷째, 공시최고의 신청이 있으면 대법원규칙이 정하는 바에 따라 공고하여야 한다(동법 제480조). 공시최고의 기간은 공고가 끝난 날부터 3월 뒤로 정하여야 한다(동법 제481조).

다섯째, 공시최고에는 공시최고기일까지 권리 또는 청구의 신고를 하고 그 주권을 제출하도록 최고하고, 이를 게을리하면 권리를 잃게 되어 주권무효가 선고된다는 것을 경고하여야 한다(동법 제495조, 제479조 제2항).

여섯째, 공시최고를 신청한 자와 권리를 다투고자 하는 자는 공시최고기간(동법 제481조) 동안에 그 취지 및 자기의 권리를 신고하여야 한다. 이 경우 법원은 그 권리에 대한 재판이 확정될 때까지 공시최고절차를 중지하거나, 신고한 권리를 유보하고 제권판결을 하여야 한다. 신고자가 없는 때에는 제권판결을 선고하여야 한다(동법 제485조).

(4) 제권판결의 효력

1) 신청인의 지위

除權判決에서는 주권의 무효를 선고하여야 한다. 이는 형성판결로서 민사소송법상 신청인의 지위와 관련하여 두 가지의 효력이 있다.

가) 소극적 효력　消極的 效力으로서 해당주권은 장래에 대하여 효력을 상실한다(민사소송법 제496조). 따라서 판결 당시의 주권소지인은 권리자로서의 추정력

을, 회사는 면책력을 상실한다. 그리고 해당주권에 대한 선의취득은 인정되지 아니하며, 제3자가 그 주권을 양도받았다고 할지라도 어떠한 권리도 취득할 수 없다.

나) **적극적 효력** 積極的 效力으로서 신청인, 즉 주권상실자는 주권을 소지하는 것과 동일한 지위를 회복하고 회사에 대하여 주권에 따른 권리를 주장할 수 있다(동법 제497조). 다만, 제권판결의 효력은 주권을 소지하는 것과 동일한 지위를 회복시키는 데 그치므로 실체적 권리관계를 창설하거나 확정하는 것은 아니다.

따라서 제권판결은 주주로서의 형식적 자격을 회복하는 데 그치며, 신청인이 정당한 소지인임을 인정하거나 주권 또는 그 표창하는 주식의 내용까지 확정하는 것은 아니다(통설·판례).[188] 주주권의 내용이나 존재 자체 또는 신청인이 정당한 소지인인지의 여부는 별개의 소로 다투어져야 한다.[189] 즉 주권의 정당한 권리자는 제권판결로 인하여 바로 실질적 권리를 상실하는 것이 아니라 주권이 무효가 되었기 때문에 주권에 따른 권리를 행사할 수 없을 뿐이다.

2) **선의취득자와 신청인의 지위**

가) **제권판결 전 주권의 선의취득자가 권리신고를 한 경우** 제권판결이 확정되면 주권은 무효가 된다(민사소송법 제496조). 따라서 제권판결 이후에는 그 주권을 제3자가 선의취득하더라도 보호받을 수 없다. 그러나 제권판결 전에는 상실된 주권을 선의취득할 수 있고, 선의취득자는 공시최고에 의한 공고가 있다고 하더라도 악의나 중과실이 의제되는 것은 아니므로 권리신고에 따른 보호를 받을 수 있다(동법 제495조, 제479조 제2항). 그러므로 회사는 선의취득자가 주권에 의하여 명의개서를 청구하는 경우 이를 거절할 수 없고, 선의취득자는 주주로서의 권리를 행사할 수 있다.

나) **제권판결 전 주권의 선의취득자가 권리신고를 하지 않은 경우** 제권판결 전에 주권을 선의취득한 자가 권리신고를 하지 아니한 경우에는 제권판결에 의하여 그 주권이 무효가 되지만(동법 제496조), 선의취득자가 제권판결에 의하여 주주로서의 권리도 상실하는지에 대하여 학설과 판례가 나뉜다.

① **학설**

ㄱ. **권리상실설**(제권판결취득자우선설)   이 학설은 선의취득자일지라도 권리신고

---

188) 대법원 2013. 12. 12. 선고 2011다112247·11254; 1993. 11. 9. 선고 93다32934.
189) 최기원(2012), 312면; 이철송(2024), 350면; 정동윤(2012), 470면.

를 하지 아니하는 한 제권판결에 의하여 권리를 상실한다고 한다. 그 주요 논거로서는 ① 제권판결은 신청인에게 주권의 점유를 회복시켜 주는 것과 같은 효과를 갖기 때문에 선의취득자는 주권을 반환하는 것과 같은 상태가 되어 권리를 상실한다는 점, ② 제권판결에 의하여 주권이 무효로 되기 때문에 선의취득자가 그 주권에 따른 권리를 증명하는 것은 허용될 수 없다는 점을 든다(소수설).190)

ㄴ. **변형된 권리상실설** 이 학설은 소수설과 같은 입장을 취한다. 다만, 선의취득자가 법원에 권리신고는 하지 아니하고 회사에 명의개서를 청구하여 명의개서를 마친 주권은 법적으로 신주권이므로 제권판결의 효력은 이에 미치지 않는다고 본다(절충설). 따라서 선의취득자가 우선적으로 보호되는 결론에 이른다.191)

ㄷ. **권리유지설**(선의취득자우선설) 이 학설은 선의취득자가 권리신고를 하지 아니하더라도 그 권리를 잃지 않는다고 한다(다수설).192) 그 주요 논거로서는 ① 공시최고에 대한 공고방법이 불완전하여 소수설과 같이 해석한다면 주권의 유통성 보호에 문제가 발생한다는 점, ② 제권판결의 효력은 신청인에게 형식적 자격을 회복시켜 주는 데 그치고, 실체적 권리관계를 창설하거나 확정하는 것은 아니므로 제권판결 후에도 선의취득자의 주주권이 보호되어야 한다는 점 등을 들고 있다.

ㄹ. **사견** 다수설은 주권의 유통성 보호에 중점을 두어 선의취득자를 제권판결취득자보다 우선하여 보호하여야 한다는 입장인데, 제권판결제도는 신청인과 주권의 유통성을 보호하기 위한 타협적 수단으로서 권리신고(공시최고)규정을 두고 있다. 따라서 공시최고기간 중에 선의취득자가 권리신고를 하지 아니하면 그 권리를 상실한다고 본다(권리상실설).

② **판례**

대법원은 선의취득자도 권리신고를 하지 아니하면 제권판결에 의하여 주권소지인으로서의 권리를 상실한다고 해석하고 있다(권리상실설).193)

---

190) 임재연(2019 I), 434면; 임홍근(2000), 228면; 최기원(2012), 313면; 안택식(2012), 230면; 이철송(2024), 350면.
191) 권기범(2021), 665면; 송·박(2014), 843면; 박우동, "제권판결취득자와 선의취득자와의 관계," 법조 제26권 제8호(1977), 76면.
192) 김정호(2023), 228면; 이·최(2022), 267면; 정동윤(2012), 471면; 손주찬(2004), 640면; 강·임(2009), 607면; 김동훈(2010), 160면; 김건식(2015), 194면; 정경영(2022), 295면.
193) 대법원 1993. 11. 9. 선고 93다32934; 1990. 4. 27. 선고 89다카16215; 1976. 6. 22. 선고 75다1010.

(5) 주권의 재발행

주권을 상실한 자는 제권판결을 얻지 아니하면 회사에 대하여 주권의 재발행을 청구할 수 없다(제360조 제2항). 이는 회사가 임의대로 주권을 재발행하면 1개의 주식에 복수의 주권이 존재하여 권리가 충돌하는 것을 방지하기 위한 규정이다. 같은 논리로 주권을 분실한 것이 주주가 아니라 주권발행회사가 보관 중에 분실한 때에도 제권판결이 없는 이상 주주는 회사에게 재발행을 청구할 수 없다.[194]

한편 주권재발행의 청구자가 주주명부상의 주주일 경우에는 회사가 그에게 신주권을 교부하면 면책된다(민사소송법 제497조). 다만, 청구자가 실질적으로 무권리자라는 사실을 회사가 알았을 경우에는 면책되지 않는다는 견해가 있다.[195] 판례도 이러한 맥락 위에 있었는데,[196] 최근에는 그 입장을 바꾸어 주주명부상의 주주가 진정한 주주가 아니더라도 면책된다고 한다.[197]

(6) 불복의 소 및 재발행주권의 무효

제권판결에 대하여는 원칙적으로 상소를 하지 못한다(민사소송법 제490조 제1항). 그러나 ① 공시최고기간을 지키지 아니한 때, ② 거짓 또는 부정한 방법으로 제권판결을 받은 때 등 일정한 사유가 있으면 상소할 수 있다(동조 제2항). 상소권자의 범위에는 주권의 실질적인 권리자는 물론 그 밖의 주권의 소지인은 그가 실질적인 권리자가 아닌 이해관계인이라 할지라도 포함된다.[198]

따라서 불복의 소가 제기되어 제권판결을 취소하는 판결이 확정되면 제권판결은 소급하여 효력을 상실하고, 정당한 권리자가 소지하고 있던 주권도 소급하여 그 효력을 회복하게 된다. 그리고 제권판결에 따라 재발행된 주권은 소급하여 무효가 되고 그 소지인이 그 후에 이를 선의취득할 수 없다. 이러한 효력은 제권판결의 효력이 실체적인 권리를 새롭게 부여하지 못하는 한계에서 나오는 것이다.

---

194) 대법원 1981. 9. 8. 선고 81다141.
195) 이·최(2022), 267면; 정동윤(2012), 471면.
196) 대법원 1998. 9. 8. 선고 96다45818.
197) 대법원 2017. 3. 23. 선고 2015다248342.
198) 대법원 2011. 11. 10. 선고 2009다73868.

7. 주식의 전자등록

(1) 의의

2011년 개정상법은 주식의 전자등록제도를 도입하였다. 이에 따르면 회사는 주권을 발행하는 대신 정관으로 정하는 바에 따라 전자등록기관(유가증권 등의 전자등록업무를 취급하는 기관을 말한다)의 전자등록부에 주식을 등록할 수 있다(제356조의 2 제1항).

(2) 제도의 채택

전자등록제도는 정관에 관련규정을 두어 채택할 수 있다(제356조의 2 제1항). 이는 사채의 등록의 경우 사채등록부와 같다.

(3) 등록의 효력

전자등록부에 등록된 주식의 양도나 入質은 전자등록부에 등록하여야 효력이 발생한다(제356조의 2 제2항). 따라서 지명채권양도방식에 의한 양도(민법 제450조) 또는 지명채권입질방식(민법 제349조·제450조)에 의한 입질은 무효이다. 그리고 전자등록제는 주권발행을 대신하는 것이므로 이 제도를 채택한 회사는 주권을 발행할 수 없다(제356조의 2 제1항).

(4) 등록의 효과

전자등록부에 주식을 등록한 자는 그 등록된 주식에 대한 권리를 적법하게 보유한 것으로 추정하며, 이러한 전자등록부를 선의로, 그리고 중대한 과실 없이 신뢰하고 제356조의 2 제2항의 등록에 따라 권리를 취득한 자는 그 권리를 적법하게 취득한다(제356조의 2 제3항). 이는 전자등록부에 주식을 등록한 주주에게 자격수여적 효력을 부여하고, 제3자의 선의취득을 가능하게 하는 규정이다.

(5) 주식·사채 등의 전자등록에 관한 법률(약칭 '전자증권법')과의 관계

전자증권법은 2016. 3. 22. 제정되어 2019. 9. 16.부터 시행되고 있다. 이에 따라 전자증권법 시행 이후 증권시장에 상장된 주식(자본시장법 제8조의 2 제4항 제1호)에 대해서는 유효한 주권이 발행되거나 존재할 수 없으므로 주권의 발행 및 인도를 청구할 수 없다.[199]

---

199) 대법원 2024. 7. 25. 선고 2020다273403.

II. 주주명부

1. 의의

주주명부(Shareholders' list)는 주주를 기초로 하여 주주 및 주권에 관한 사항을 명확히 하기 위하여 상법의 규정에 따라 회사가 작성하고 비치하는 장부이다(제396 조 제1항). 그러나 회사의 영업에 관한 회계처리를 한 문서는 아니므로 상업장부가 아니다. 회사는 주주명부를 활용함으로써 주주를 대상으로 하는 법률관계를 원활하고 안정적으로 처리할 수 있기 때문에 상법은 이를 작성·비치하게 하고 있다.

2. 기능 및 한계

주식을 양수한 자가 주주명부의 명의개서를 하지 아니하고서는 회사에 대하여 주주임을 주장하지 못한다. 그리고 주식을 양수하려는 자 또는 제3자는 주주명부에 기재된 대로 주주임을 인식하게 된다. 이와 같이 주주명부는 회사에 대하여 진정한 주주라는 별도의 증명 없이 주주권을 주장할 수 있는 형식적 자격의 근거가 되며, 공시적 기능도 수행한다.

한편 주주명부의 기재가 형식적 자격의 근거가 된다는 것은 주주권 자체를 변동시키는 것이 아니며, 본질적인 권리소재의 근거가 되는 것도 아니라는 뜻이다.

3. 작성·비치·공시·열람

주주명부는 사채원부와 마찬가지로 본점에 비치하여야 한다(제396조 제1항 전단). 다만, 주주명부200)를 명의개서대리인의 영업소에 두기로 하면, 본점에 비치하지 아니하여도 된다. 명의개서대리인을 둔 때에는 주주명부나 그 복본을 명의개서대리인의 영업소에 비치할 수 있다(제396조 제1항 후단). 주주 및 회사채권자는 영업시간 내에는 언제든지 주주명부 또는 그 복본의 열람이나 등사를 청구할 수 있다(제396조 제2항). 그리고 자본시장법 제315조의 실질주주는 실질주주명부의 열람 또는 등사를 청구할 수 있다(제396조 제2항 유추적용). 이때 열람 또는 등사청구의 허용 범위는 상법상 '주주명부의 기재사항'에 해당하는 것으로 한정된다.201)

---

200) 그 복본이 아니다.

4. 기재사항

회사가 주식을 발행한 때에는 주주명부에 다음의 사항을 기재하여야 한다. 즉 ① 주주의 성명과 주소, ② 각 주주가 가진 주식의 종류와 그 수, ③ 각 주주가 가진 주식의 주권을 발행한 때에는 그 주권의 번호, ④ 각 주식의 취득년월일을 기재하여야 한다(제352조 제1항). 다만, 회사가 轉換株式을 발행한 때에는 그 외에도 ① 주식을 다른 종류의 주식으로 전환할 수 있다는 뜻, ② 전환의 조건, ③ 전환으로 인하여 발행할 주식의 내용, ④ 전환청구기간 또는 전환의 기간 등도 추가적으로 기재하여야 한다(동조 제2항·제347조).

이 밖에 주주명부에는 登錄質權者의 성명과 주소(제340조 제1항), 주식공유시 주주권행사자(제333조 제2항) 등도 기재하여야 한다. 발기인, 이사 또는 집행임원 등이 주주명부에 기재하여야 할 사항을 기재하지 아니하거나, 부실기재를 한 때에는 과태료의 처분을 받는다(제635조 제1항 제9호).

5. 주주명부의 효력

(1) 주주권의 대항요건

주주명부에 주주의 성명과 소유주식의 종류와 수량을 기재하는 것은 회사에 대하여 주주권을 주장하는 데 필요한 요건이다. 따라서 상법상 주식의 적법한 양도방법인 株券의 交付節次를 밟고 주식을 양수하였더라도(제336조 제1항) 양수자의 성명과 주소를 주주명부에 기재(名義改書)하지 아니하면 회사에 대항하지 못한다(제337조 제1항).

(2) 자격수여적 효력(권리추정력)
1) 개념

주주명부의 資格授與的 效力 또는 權利推定力이라 함은 주주명부에 주주로서 기재된 자는 적법한 주주로 추정되기 때문에 회사에 대하여 자신의 실질적인 권리를 증명함이 없이 단순히 주주명부상의 기재만으로 주주임을 주장할 수 있는 것을 말한다.[202] 따라서 주권을 별도로 제시할 필요도 없다.

---

201) 대법원 2017. 11. 9. 선고 2015다235841.
202) 대법원 2006. 9. 14. 선고 2005다45537.

2) 근거

상법상 주주명부의 자격수여적 효력을 명시한 규정은 없지만, 명의개서의 대항력(제337조 제1항)을 그 근거로 삼을 수 있다. 주권점유의 권리추정력도 하나의 논거로 삼는 견해가 있을 수 있지만, 이는 주권의 소지가 적법하다는 의미이다(제336조 제2항). 즉 주권은 권리의 이전에는 그 소지를 요하지만, 주주권의 발생과는 무관한 不完全有價證券이다. 따라서 주권의 점유를 주주명부의 자격수여적 효력의 근거로 삼는 것은 타당하지 않다.

3) 반증과 입증책임

위와 같이 주주명부의 기재에는 자격수여적 효력만이 인정되고, 창설적 효력은 인정되지 아니한다. 이 때문에 반증에 의하여 실질상 주식을 취득하지 못하였다고 인정되는 자가 명의개서를 하였다고 하여 株主權을 취득하는 것은 아니다. 그러므로 명의개서 된 자가 무권리자라는 사실이 증명되면 당연히 그 자의 주주권이 부인된다.[203] 이 경우 입증책임은 주주명부에 주주로 기재된 자의 주주권을 부인하는 측에 있다.[204] 그리고 주주명부의 기재에는 자격수여적 효력이 인정되지만, 주주명부에 주주로 등재되어 있다는 사실 그 자체는 주주권을 주장하는 측에 입증책임이 있다.[205]

4) 전자등록제도

이에 대하여는 주식의 전자등록에서 기술하였다.

(3) 회사의 면책적 효력

주주명부의 기재에 자격수여적 효력이 인정되는 결과 회사는 주주명부에 주주로 기재된 자를 주주로 보고 권리를 인정하는 경우, 가령 그 자가 진정한 주주가 아닐지라도 면책된다. 예를 들면, 이익배당금청구권, 의결권의 행사 또는 신주인수권 등의 권리를 인정하는 경우에 그러하다. 다만, 종래의 판결은 회사가 명부상의 주주가 진정한 주주가 아님을 알았거나 중대한 과실로 알지 못한 경우에 회사는 책임을 면하지 못한다고 판시하여 왔으나,[206] 현재는 입장을 변경하여 주주

203) 대법원 2006. 9. 14. 선고 2005다45537; 1989. 7. 11. 선고 89다카5345.
204) 대법원 2016. 8. 29. 선고 2014다53745; 2010. 3. 11. 선고 2007다51505; 1985. 3. 26. 선고 84다카2082.
205) 대법원 1993. 1. 26. 선고 92다11008.
206) 대법원 1998. 9. 8. 선고 96다45818.

명부상의 주주가 진정한 주주가 아니더라도 회사는 면책된다고 하고 있다.[207]

회사의 면책적 효력은 주주의 확정은 물론 주주의 주소 등 다른 기재사항에 관하여도 주어진다. 그리하여 주주 또는 질권자에 대한 회사의 통지 혹은 최고는 주주명부에 기재된 주소나 그 자가 회사에 통지한 주소로 하면 된다(제353조 제1항). 때문에 명부상의 주소변경 또는 주소의 신고오류 등으로 인하여 주주 혹은 질권자에게 통지나 최고가 도달하지 못하더라도 회사는 면책된다. 주식의 상속시에는 상속인으로 명의개서가 이루어지지 아니하는 한 피상속인에게 통지나 최고하면 된다.

(4) 주권불발행과 주주명부의 효력

주주가 주권불소지신고를 하고(제358조의 2 제1항), 회사가 주주명부에 주권을 발행하지 아니한다는 뜻을 기재하면 주권을 발행할 수 없고(동조 제2항), 주주가 회사에 제출한 주권은 무효로 한다(동조 제3항). 이 규정도 주주명부의 효력으로 볼 수 있다.

(5) 적법하지 아니한 주주명부기재의 효과

명의개서에 따른 주주명부의 기재가 적법하지 않은 경우 명의개서 직전에 작성된 주주명부가 존재하고, 그 주주명부의 기재가 적법하게 이루어졌다면, 회사에 대한 관계에서는 직전 주주명부상의 주주가 주주권을 행사할 수 있다.[208]

6. 주주명부의 폐쇄와 기준일

(1) 의의 및 취지

주식은 전전유통됨에 따라 주주명부상의 주주 역시 바뀌므로 이익배당이나 주주총회의 소집(제365조)과 같이 주주의 권리를 행사함에 있어 해당권리를 행사할 자를 일정기간이나 일정한 날로 고정시킬 필요가 있다. '주주명부의 폐쇄'와 '기준일' 제도는 이러한 요청에서 도입되었다(제354조). 이러한 제도는 강제되는 것이 아니고, 회사의 주식사무처리의 편의를 추구하기 위한 것이다. 그러나 일단 회사에서 도입하면, 상법규정에 따라야 한다.

---

207) 대법원 2017. 3. 23. 선고 2015다248342.
208) 대법원 2024. 6. 13. 선고 2018다261322.

(2) 주주명부의 폐쇄

1) 개념

이는 의결권행사자, 이익배당권자 그 밖에 주주 또는 질권자로서 권리를 행사할 자를 확정하기 위하여 '일정기간' 주주명부상의 권리변동에 관한 기재를 금지하는 것을 말한다. 주주명부를 폐쇄하면 명의개서가 금지된다. 그러므로 주주권은 폐쇄시점의 주주명부상의 주주가 행사하게 된다.

2) 목적사항

주주명부의 폐쇄는 의결권행사, 이익배당청구 또는 신주인수권의 부여 등 주주권을 행사할 자를 특정할 필요가 있을 때에는 언제든지 인정된다. 다만, 주주명부의 폐쇄는 주주권이 일시에 모든 주주에게 획일적으로 인정되는 경우에만 가능하고, 소수주주권의 행사 또는 각종의 소 제기권과 같이 권리의 행사 여부가 개별적인 주주의 의사에 좌우되는 때에는 인정되지 아니한다. 그리고 주주권의 행사와는 관계없는 다른 사정이나 목적 그리고 주식사무 이외의 회사의 업무처리의 편의를 위하여 폐쇄할 수는 없다.

3) 효력

주주명부의 폐쇄기간 중에는 명의개서가 금지되고, 질권의 등록이나 말소, 신탁재산의 표시나 말소 등 주주 또는 질권자의 권리변동에 관한 사항을 기재할 수 없다. 그 결과 권리변동과 관계없는 사항 예를 들면, 주주·질권자의 주소에 대하여는 변경기재하거나 정정할 수 있다(통설). 그리고 전환주식 또는 전환사채의 전환청구(제350조 제2항·제516조 제2항), 신주인수권부사채의 신주인수권의 행사(제516조의 9) 등은 주주명부폐쇄기간에도 가능하다.

4) 주주명부 폐쇄기간 중의 명의개서

주주명부폐쇄기간 중에 株主 또는 質權者의 청구를 받아들여 회사가 자의로 명의개서를 하는 것은 주주평등의 원칙에도 반할 수 있고, 다른 주주의 권리를 침해할 수도 있기 때문에 허용될 수 없다(통설). 예를 들면, 정기주주총회에서 의결권을 행사할 주주를 정하기 위하여 주주명부를 폐쇄한 후, 폐쇄기간 중 주식양수인의 청구를 받아들여 회사가 명의개서를 하게 되면 양도인이 행사하여야 할 의결권을 양수인이 행사하게 되어 부당하다.

5) 기간제한 및 예고

주주명부의 폐쇄기간 중에는 名義改書를 할 수 없으므로 주식의 유통에 제약을 준다. 그리하여 상법은 폐쇄기간이 3월을 초과할 수 없도록 하여 주주명부 폐쇄기간을 제한하고 있으며(제354조 제2항), 폐쇄기간 2주간 전에 이를 공고하도록 함으로써 주주 또는 질권자에 대한 예고절차를 두고 있다. 그러나 정관으로 그 기간을 지정한 때에는 공고를 요하지 아니한다(제354조 제4항).

(3) 기준일

1) 개념

회사는 의결권을 행사하거나 배당을 받을 자 기타 주주 또는 질권자로서 권리를 행사할 자를 확정하기 위하여 '일정한 날'에 주주명부에 기재된 주주 또는 질권자를 그 권리를 행사할 주주 혹은 질권자로 볼 수 있는데, 여기서의 일정한 날을 기준일(fixed date)이라고 한다. 예를 들면, 2025년 사업연도의 配當金支給은 2025년 12월 31일 18시 현재의 주주로 하는 것과 같다.

2) 주주명부폐쇄와의 비교

기준일은 주주명부의 기재를 정지하지 아니하고도 주주를 확정할 수 있다는 점에서 주주명부의 폐쇄와 다르다. 그리고 기준일은 특정한 '日'을 기준으로 하는 데 비하여 주주명부의 폐쇄는 특정한 '期間'을 기준으로 한다.

3) 기간제한 및 예고

기준일도 주주명부의 폐쇄와 같이 주주 기타 이해관계인의 권리관계에 영향을 미치므로 상법은 기간제한 및 예고에 관한 규정을 두고 있다. 그리하여 주주 또는 질권자로서 권리를 행사할 날(예: 2025년 2월 28일)에 앞선 3월 내의 날(예: 2024년 12월 3일)로 '기준일'을 정하여야 하고(제354조 제3항), 기준일 2주간 전(예: 2024년 11월 19일)에 이를 공고하여야 한다(동조 제4항 본문). 공고를 할 때에는 그 목적도 기재하여야 한다. 다만, 정관으로 그 기간을 지정한 때에는 공고를 요하지 아니한다(동조 제4항 단서).

(4) 양자의 병용 또는 겸용

실무에서는 주주명부의 폐쇄와 기준일을 倂用 또는 兼用하는 사례가 많다. 이는 주주총회의 소집과 배당금지급이 서로 다른 시기에 이루어진다는 점에 착안한 업무처리 방식이다. 즉 정기주주총회에서의 의결권을 행사하여 재무제표를 승인결의할 주주와 배당금을 수령할 주주를 일치시키기 위하여 양자를 병용하는 것이다. 예를 들면, 영업연도 말이 12월 31일인 甲회사가 2024년 결산주주총회를 2025년 2월 28일에 개최하고, 4월 15일에 배당금을 지급하는 경우, 甲회사의 주주명부는 2025년 1월 1일부터 2월 28일까지 폐쇄하고 배당금은 기준일인 2025년 2월 28일의 주주에게 지급한다고 하면, 甲회사의 2024년 사업연도에 관한 2025년 2월 28일 정기주주총회에서 의결권을 행사하는 자와 4월 15일 배당금을 수령하는 주주가 일치하게 된다(겸용). 기준일을 2024년 12월 31일로 설정하더라도 결과는 같다(병용).

한편 주주명부폐쇄기간 중에 신주가 발행되는 경우 새로운 발행주식의 주주가 주주총회에서 의결권을 행사하지 못하게 하기 위하여는 주주명부의 폐쇄와 별도로 기준일을 설정하여야 하는 것은 당연하다.

(5) 위법한 폐쇄·기준일의 효력

1) 일반적 효력

회사가 상법규정에 위반하여 주주명부를 폐쇄하거나 기준일을 정하는 경우의 효력은 우선, 주주명부의 법정폐쇄기간인 3월을 초과하는 제한기간을 설정하였을 때에는 초과하는 일부 기간만이 무효이다. 그리고 기준일이 권리를 행사할 날(예: 2025년 2월 28일)보다 3월을 초과하는 날(예: 2024년 11월 3일)로 정하여지거나 폐쇄 및 기준일의 공고기간인 2주간 전을 위반한 경우의 폐쇄 또는 기준일은 무효이다(통설).

2) 무효인 폐쇄·기준일의 후속적 효력

주주명부의 폐쇄 또는 기준일이 무효가 되면 주주명부의 폐쇄나 기준일은 없었던 것으로 된다. 이 때문에 위법한 주주명부의 폐쇄와 기준일로 인하여 권리행사자로 정하여졌던 주주 또는 질권자는 권리를 행사할 수 없다. 설령 권리행사자로 정하여졌던 주주가 주주총회에서 의결권을 행사하였다면 그 결의는 방법상 하자가 있으므로 그 輕重에 따라 결의취소 또는 결의부존재사유에 해당하며, 그 자에 대한 이익배당이나 신주배정도 무효이다.

결국 주주명부의 폐쇄가 무효인 경우에는 명의개서를 거부당한 주주·질권자를, 그리고 기준일이 무효인 경우에는 권리를 행사할 날의 주주명부상의 주주·질권자를 권리행사자로 보아야 한다.

7. 전자주주명부

(1) 의의

상법은 전자문서가 종이문서를 대체하는 경향에 따라 2009년 개정시 전자주주명부제도를 도입하였다. 주주명부의 유형은 주주에게 중대한 이해가 있으므로 전자문서로 주주명부를 작성할 경우에는 정관으로 정하는 바에 따라야 한다(제352조의 2 제1항). 여기서의 전자문서란 전자거래기본법상 정보처리시스템에 의하여 전자적 형태로 작성, 송신·수신 또는 저장된 정보를 말한다(동법 제2조 제1호).

(2) 효력

정관으로 정하는 바에 따라 전자문서로 주주명부를 작성한 경우(제352조의 2 제1항)에는 그 전자문서가 유일한 주주명부로서의 효력을 갖는다. 따라서 회사가 정관이 정하는 바에 따라 주주명부를 전자문서로 작성하고, 동시에 서면의 주주명부를 작성하였는데, 그 내용이 상이한 때에는 전자주주명부의 내용이 우선하고, 그에 따라 자격수여적 효력이 발생한다.

전자주주명부에는 위에서 기술한 '주주명부의 기재사항'(제352조 제1항) 이외에 전자우편주소를 적어야 한다(제352조의 2 제2항).

한편 주주 또는 질권자에 대한 회사의 통지 혹은 최고는 주주명부에 기재된 주소나 그 자가 회사에 통지한 주소로 하면, 회사는 면책된다(제353조 제1항). 그런데 주주명부의 효력에 관한 제353조 제1항의 규정에서의 주소는 전자우편주소에도 그대로 적용시킬 수는 없다. 다만, 주주 자신이 통지 또는 최고받을 주소로서 전자우편주소를 회사에 통지하는 경우 회사가 그 전자우편주소로 통지하면 제353조 제1항에 의하여 면책된다고 본다.

(3) 비치·공시·열람

주주명부는 회사의 본점 또는 명의개서대리인의 영업소에 비치하여야 하는데(제396조 제1항), 회사가 전자주주명부를 작성하는 경우에는 회사의 본점 혹은 명의개서대리인의 영업소에서 전자주주명부의 내용을 서면으로 인쇄할 수 있으면, 주주명부를 갖추어 둔 것으로 본다(제396조 제1항·시행령 제11조 제1항).

주주와 회사채권자는 영업시간 내에 언제든지 서면 또는 파일의 형태로 전자
주주명부에 기록된 사항의 열람이나 복사를 청구할 수 있다(시행령 제11조 제2항 전
단). 이 과정에서 다른 주주들의 개인정보가 유출될 수 있기 때문에 회사는 다른
주주의 전자우편주소가 열람 또는 복사의 대상에서 제외하는 조치를 취하여야 한
다(동조 동항 후단).

8. 실질주주명부과 주주권

자본시장법상 증권회사 등의 투자중개회사는 자기계산으로 매수한 대부분의
주식의 주권과 고객이 예탁한 주권을 예탁결제원에 예탁한다. 예탁결제원은 자신
에게 예탁된 이러한 주권들을 자기의 명의로 명의개서를 한다(동법 제314조 제2항).
그리고 예탁결제원은 그 주식의 실질주주의 명단을 주권발행회사에 통지한다. 주
권발행회사는 이에 근거하여 '실질주주명부'를 작성한다(동법 제315조 제5항·동법 제
316조 제1항). 실질주주명부에의 기재는 주주명부에 기재된 것과 효력이 같다(동법
제316조 제2항). 그 결과 실질주주가 주주권을 행사한다.

제 4 관   주주지위의 변동

Ⅰ. 변동의 원인

1. 원인의 유형

주식회사 주주의 지위의 변동은 주식을 취득 또는 상실함으로써 발생하거나
소멸한다. 그 밖의 사유로는 주주의 지위를 변동시킬 수 없다.[209] 주식의 취득에
는 일반적인 권리변동과 같이 原始取得과 承繼取得이 있다. 원시취득에는 회사
의 설립시 또는 신주발행시의 주식인수, 준비금의 자본전입, 선의취득, 주식배당,
전환사채의 전환시의 新株發行에 의한 주식취득 등이 있다. 승계취득은 특정승
계와 포괄승계로 나눌 수 있다. 특정승계에는 주식의 포괄적 교환·이전, 양도, 경
매 또는 공매 등에 의한 주식취득이 있다. 포괄승계에는 상속, 회사의 합병·분할,
포괄유증에 의한 주식취득이 있다. 이 외에 주식의 설정적 취득으로서 담보취득

---

209) 대법원 1963. 11. 7. 선고 62다117.

이 있다.

주식의 상실에는 절대적 상실과 상대적 상실이 있다. 절대적 상실은 회사의 해산, 실권절차, 자본금의 감소·상환주식의 상환과 같은 주식의 소각 등으로 인하여 주식 자체가 소멸하는 것을 말한다. 상대적 상실은 주식매수청구권의 행사, 단주의 처리, 주식의 선의취득 또는 승계취득의 반대편의 자의 입장에서 본 상실이다. 전환주식의 전환, 주식병합, 그리고 합병시의 소멸회사의 주주에게는 주식의 상실과 취득이 동시에 발생한다.

한편 株券은 不完全有價證券이자 要因證券이기 때문에 주주가 사실상 주권을 포기하고 주권을 멸각하거나 회사에 주식포기의 의사표시를 하고 반환하더라도 주식이 소멸되거나 주주의 지위를 상실하지 아니한다.[210] 그리고 주식포기의 의사표시 또는 당사자간에 특약을 하더라도 주주권이 상실되지 아니한다.[211] 즉 주주의 지위에는 변동이 없다.

2. 시효취득의 가능성

(1) 판례

판례 중에는 주주권의 시효취득을 인정한 사례가 있다.[212] 이 판례는 '피고가 만 18년간이나 甲회사에 대하여 주주로서 주주권을 행사하여 옴으로써 10년의 취득시효로 인한 사원권적 재산권을 취득하였다는 항변에 대하여 원심이 아무런 심리판단을 하지 아니한 것은 재판에 영향이 있는 중요한 사항에 관하여 판단을 유탈한 경우에 해당한다.'고 해석하였다(긍정설).

(2) 학설

株主權에 대한 시효취득을 인정한 판례에 대하여는 주주권의 시효취득을 인정하는 것은 회사가 출자를 받음이 없이 주식을 발행한 결과를 만들거나 출자를 통하여 주식을 취득한 타인의 권리를 부정하는 결과를 초래하므로 인정할 수 없다는 비판이 있다(부정설).[213]

---

210) 대법원 1999. 7. 23. 선고 99다14808; 1991. 4. 30. 자 90마672 결정.
211) 대법원 2002. 12. 24. 선고 2002다54691; 1999. 7. 23. 선고 99다14808.
212) 대법원 1965. 1. 19. 선고 65다1437.
213) 이철송(2024), 376면.

(3) 사견

판례는 민법상 소유권 이외의 재산권의 취득시효에 관한 규정을 수용한 것으로 분석된다. 민법의 규정에 따르면 소유권 이외의 재산권의 취득에 관하여는 소유의 의사로 평온, 공연하게 부동산을 점유하는 자는 일정기간이 경과하면 그 소유권을 취득한다(민법 제248조·민법 제245조[214]). 이를 해당판례의 사실관계에 적용하게 되면 주주권의 시효취득을 주장하는 자가 소유의 의사로 평온, 공연하게 10년 또는 20년간 주식을 점유하는 자는 주주권을 취득하게 된다.

이 판례는 일본 민법 제163조·제162에 관한 판례의 해석론과 유사하다.[215] 그러나 일본 민법상 소유권 이외의 재산권의 시효취득에 관한 규정에서의 '物'에 관한 개념은 우리나라의 동산, 부동산 및 유가증권의 구분개념과는 다르다. 이 때문에 이에 관한 해석론을 그대로 적용하는 것은 무리가 있다. 다만, 위의 판례의 해석론은 1984년 개정 전의 주권발행 전 주식양도에 관하여는 의미를 가질 수 있을지 모르나, 현행 법체계하에서는 적용되기 어렵다(제335조 제3항[216] 참조).

따라서 주식의 취득원인 없이 주주가 될 수는 없고, 주주권 역시 마찬가지이므로 시효취득에 관한 민법규정이 적용될 여지는 없다.

한편 주주지위의 변동요인 가운데 가장 빈번하게 이루어지는 것이 주식의 양도, 주식의 인수 또는 주식의 담보화(입질 등) 등이다. 이 중 주식인수는 회사설립과 신주발행부분에서 기술하고, 여기에서는 주식양도와 주식의 담보화를 설명한다. 나머지의 변동원인에 대하여는 해당되는 부분에서 다루고자 한다.

---

214) 제245조(점유로 인한 부동산소유권의 취득기간) 제1항 : 20년간 소유의 의사로 평온, 공연하게 부동산을 점유하는 자는 등기함으로써 그 소유권을 취득한다.
제2항 : 부동산의 소유자로 등기한 자가 10년간 소유의 의사로 평온, 공연하게 선의이며 과실없이 그 부동산을 점유한 때에는 소유권을 취득한다.

215) 예를 들면, 東京地法 平成15. 12. 1. 判例タイムズ 1152號 212面; 東京地法 平成21. 3. 30. 判例タイムズ 2048號 45面 참조.

216) 제335조(주식의 양도성) 제3항 : 주권발행 전에 한 주식의 양도는 회사에 대하여 효력이 없다. 그러나 회사성립 후 또는 신주의 납입기일 후 6월이 경과한 때에는 그러하지 아니하다.

II. 주식의 양도

1. 주식양도의 의의

주식의 양도라 함은 법률행위에 의하여 주주의 지위(주식)를 이전하는 행위를 말한다. 주식양도에 의하여 양수인은 양도인으로부터 주주로서의 권리의무를 포괄적으로 승계한다(사원권설). 따라서 주주의 권리는 단독주주권, 공익권 또는 자익권이 모두 양수인에게 이전된다. 그리고 지배주식의 양도와 함께 경영권이 주식양도인으로부터 주식양수인에게 이전하는 경우 그 경영권의 이전은 지배주식의 양도에 따르는 부수적인 효과에 불과하다. 그러므로 지배주식의 양도와 분리하여 경영권만을 이전하는 것은 인정되지 아니한다.[217]

그러나 주식이 양도·양수된다고 함은 회사의 지분권을 양수·양도한다는 의미이므로 계약당사자가 아닌 회사의 자산이나 부채가 이전되는 것은 아니다.[218] 그리고 사원의 지위로부터 분리되어 발생한 독립된 채권자적 권리는 이전되지 아니한다. 예를 들면, 주주총회에서 배당결의에 의하여 발생한 특정결산기의 배당금지급청구권이 그에 해당한다.

주식양도는 주주의 권리의 변동을 직접 발생시키는 법률행위이므로「準物權行爲」[219]이다. 따라서 주식의 양도는 매매·증여·교환과 같은 채권행위(원인행위)의 이행으로써 행하여지므로 원인행위와는 구별된다.

한편 주식은 주권으로 화체되어 양도되므로 주식양도를 주권양도라고 할 수 있으나, 주식의 전자등록제도(제356조의 2) 및 주권불소지제도(제358조의 2)가 일반화되어 있는 오늘날의 현실에서 이러한 斷定的인 표현은 통용되지 아니한다.

2. 주식의 양도성과 양도의 자유

주식은 자유롭게 양도할 수 있는 것이 원칙이다(제335조 제1항).[220] 주식회사는 物的會社의 전형으로서 사원의 개성이 중요하지 않고, 사원의 변동 역시 人的會

---

217) 대법원 2021. 7. 29. 선고 2017다3222·3239; 2014. 10. 27. 선고 2013다29424.
218) 대법원 2007. 6. 1. 선고 2006다80445.
219) 물권 이외의 권리의 변동을 직접 발생시키는 법률행위를 말한다. 예를 들면, 채권의 양도, 채무의 면제, 특허권·저작권 등 무체재산권의 양도, 광업권·어업권 등의 양도와 같은 행위이다.
220) 대법원 2010. 7. 22. 선고 2008다37193.

社와는 달리 중대하지 않기 때문이다. 그리고 주식회사는 퇴사제도가 없으므로[221] 일반적으로 투자자금을 회수할 수 있어야 주식에 투자하게 된다. 또한 대규모회사의 일반주주들은 회사의 경영에 불만이 있을지라도 주주의 권리를 행사하여 이를 시정하기 위한 노력보다는 주식을 매각하는 것이 통상적이다. 이를 월스트리트 룰(wall street rule)이라고 한다. 이를 제한하게 되면 주식회사의 물적회사로서의 특징은 거의 없어지게 된다. 이와 같이 주식회사에서 주식의 양도성은 주주의 기본적 이익과 관련성이 있다. 따라서 가압류된 주식도 양도할 수 있고, 이 경우 양수인은 가압류로 권리가 제한된 상태의 주식을 양수받게 된다.[222]

  그럼에도 불구하고 예외적으로 주식의 양도가 제한되는 경우가 있다. 양도성에 의하여 주주가 가지는 이익을 크게 상회하는 이익을 지킬 필요가 있는 때에는 그 제한이 정당성을 가지게 된다. 그리하여 상법은 ① 회사가 자기주식취득시 財源과 節次 등에 대한 제약(제341조), ② 자회사의 모회사주식취득의 원칙적 금지(제342조의 2), ③ 정관에 의한 주식양도의 제한(제335조 제1항 단서) 등을 인정하고 있다. 나아가 ④ 권리주(제319조) 및 ⑤ 주권발행 전(제335조 제3항 본문)에는 기술적인 이유에서 주식의 양도를 제한하고 있다.

  결국 물적회사의 특성상 주식의 양도가 보장되어야 함은 당연한 것이지만, 그 수준을 결정하는 것은 입법정책의 문제이다.

3. 주식의 양도방법

(1) 양도의 합의

  주식의 양도는 보통 매매·증여·교환 등 채권행위(원인행위)가 선행하고 그 이행으로서 행해지는 준물권행위이기 때문에 당사자간에 양도의 합의[223]가 있어야 한다. 합의에는 특별한 방식을 요하지 않는다.

---

221) 대법원 2007. 5. 10. 선고 2005다60147.
222) 대법원 2022. 3. 17. 선고 2021다238711.
223) 대법원 1994. 6. 28. 선고 93다44906 참조(주식양도양수계약이 적법하게 해제되었다면 신청외 의료법인 甲기독병원 설립위원회는 신청외 주식회사 乙유통의 주주로서의 지위를 상실하였다고 할 것이므로, 같은 회사의 주권을 점유하고 있다고 하더라도, 주주로서의 권리를 행사할 수 있는 것은 아니다).

(2) 주권의 교부

1) 의의

주식의 양도는 양도의 합의와 함께 주권의 교부를 요한다(제336조 제1항). 유가증권은 배서·교부에 의해 양도하는 것이 원칙이지만(민법 제508조, 제523조 참조), 상법은 이에 대한 예외를 규정하고 있다. 주권의 교부는 주식양도의 대항요건이 아니라 성립요건, 즉 효력발생요건이다.[224] 따라서 회사에 대항하기 위하여는 주주명부에 명의개서를 하여야 한다(제337조). 다만, 제3자에 대하여는 주권의 점유만으로도 대항할 수 있다(제336조 제2항).

2) 주권교부의 방법

주권교부의 방법에는 민법상 점유권의 양도방법인 현실의 인도(동법 제188조 제1항), 간이인도(동법 제188조 제2항),[225] 점유개정(동법 제189조)[226] 및 목적물반환청구권의 양도(동법 제190조)[227]를 모두 포함한다.[228] 이는 종래의 판결[229]이 점유개정에 의한 주권의 점유취득을 인정하지 아니하던 것을 변경한 것이다. 이는 후술하는 선의취득의 사례와는 다르다. 그리고 목적물반환청구권의 양도에 의한 인도의 대표적인 예로 증권대체결제제도(자본시장법 제311조 제2항)가 있다.

한편 판례는 주식의 약식질에 관한 제338조와 관련하여 "주식의 질권설정에 필요한 요건인 주권의 점유를 이전하는 방법으로는 반환청구권의 양도도 허용되

---

224) 정찬형(2022), 809면; 이철송(2024), 379면; 이·최(2022), 326면; 대법원 1993. 12. 28. 선고 93다8719.

225) 민법 제188조(동산물권양도의 효력, 간이인도) 제2항 : 양수인이 이미 그 동산을 점유한 때에는 당사자의 의사표시만으로 그 효력이 생긴다. 예를 들면, 임차인이 임대인으로부터 임차물을 매수한 경우와 같이 양수인 또는 그 점유매개자가 이미 목적물을 점유하고 있는 경우에 점유권의 양도는 당사자의 의사표시만으로써 이루어진다. 이 경우에는 양수인의 타주점유는 자주점유로 전환되고, 양수인은 간접점유권을 잃게 된다.

226) 민법 제189조(점유개정) : 동산에 관한 물권을 양도하는 경우에 당사자의 계약으로 양도인이 그 동산의 점유를 계속하는 때에는 양수인이 인도받은 것으로 본다. 즉 점유개정을 하면, 양도인이 점유매개자로 직접 점유를 하게 되고 양수인은 간접점유를 하게 된다.

227) 민법 제190조(목적물반환청구권의 양도) : 제3자가 점유하고 있는 동산에 관한 물권을 양도하는 경우에는 양도인이 그 제3자에 대한 반환청구권을 양수인에게 양도함으로써 동산을 인도한 것으로 본다. 즉 양도인이 점유매개자를 통하여 간접점유를 하고 있는 경우에 양도인이 점유매개자에 대하여 가지는 목적물반환청구권을 양수인에게 양도함으로써 양수인은 점유권을 취득하는 점유권양도방식이다.

228) 대법원 2014. 12. 24. 선고 2014다221258·221265.

229) 대법원 2010. 2. 25. 선고 2008다96963·96970; 2000. 9. 8. 선고 99다58471.

고, 주권을 제3자(丙)에게 보관시킨 경우 주권을 간접점유하고 있는 질권설정자(甲)가 반환청구권의 양도에 의하여 주권의 점유를 이전하려면 질권자(乙)에게 자신의 점유매개자인 제3자(丙)에 대한 반환청구권을 양도하여야 하고, 이 경우 대항요건으로서 그 제3자(丙)의 승낙 또는 질권설정자(甲)의 그 제3자(丙)에 대한 통지를 갖추어야 한다."고 판시하고 있다.230) 이어서 판례는 "…이러한 법리는 그 제3자(丙)가 다시 타인(丁)에게 주권을 보관시킨 경우에도 마찬가지로 적용된다. 그러므로 최상위의 간접점유자인 질권설정자(甲)는 질권자(乙)에게 자신의 점유매개자인 제3자(丙)에 대한 반환청구권을 양도하고, 그 대항요건으로서 그 제3자(丙)의 승낙 또는 그 제3자(丙)에 대한 통지를 갖추면 되고, 직접점유자인 타인(丁)의 승낙이나 그(丁)에 대한 질권설정자(戊) 또는 제3자(己)의 통지까지 갖출 필요는 없다."고 판시하고 있다.231)

위의 판례는 주식의 약식질을 설정하는 경우의 주권교부방법에 관한 것이지만, 기본적인 원리는 주식양도시에도 적용된다.

(3) 적용범위

먼저, 제336조 제1항은 주식의 양도에 관한 규정이므로 상속, 회사의 합병·분할, 포괄유증과 같은 포괄승계에 있어서는 주권교부의 요건은 적용되지 아니한다. 다만, 포괄승계에 의하여 주식을 이전받은 때에도 주주명부에 명의개서를 하여야만 회사에 대항할 수 있다(제337조).

둘째, 제336조 제1항은 주권의 불소지규정(제358조의 2)에 따라 주권을 소지하지 않겠다는 뜻을 회사에 신고한 자가 주식을 양도하는 경우에도 적용된다. 이 경우 주주는 회사에 주권의 발행 또는 반환(예: 명의개서대리인에게 任置하고 있는 경우)을 청구하여 주권을 교부받아 이를 양수인에게 교부하여 양도할 수 있다. 다만, 자본시장법상 예탁결제원이 예탁받아 보관 중인 상장주식은 예탁결제원이 불소지신고를 할 수 있고, 주권의 교부 없이 계좌대체만으로 주식을 양도할 수 있다(동법 제311조 제2항, 동법 제314조 제3항).

셋째, 주식의 양도계약이 해제되거나,232) 주식 명의신탁계약이 해지된 경

230) 대법원 2000. 9. 8. 선고 99다58471.
231) 대법원 2012. 8. 23. 선고 2012다34764.
232) 대법원 1994. 6. 28. 선고 93다44906.

우233)에는 본래의 양도인 또는 신탁자에게 즉시 주주권이 회복된다. 다만, 이때에도 회사에 대항하기 위하여는 양도인이나 신탁자가 주주명부에 명의개서를 하여야 한다(제337조).

넷째, 주권을 발행하기 전에는 원칙적으로 주식을 양도할 수 없다. 그러나 회사성립 또는 신주발행 후 6월이 경과하도록 회사가 주권을 발행하지 아니하는 때에는, 주권의 교부 없이 당사자간의 의사표시만으로 주식을 양도할 수 있다(제335조 제3항 단서).

다섯째, 주식회사가 이사회의 결의로 준비금을 자본에 전입하여 주식을 발행할 경우(제461조) 회사에 대한 관계에서는 이사회의 결의로 정한 일정한 날에 주주명부에 주주로 기재된 자만이 신주의 주주가 된다.234)

여섯째, 주식의 押留는 株券을 占有하여야만 가능하다. 즉 압류명령이 원고가 받은 양도명령과 동시에 제3채무자에 송달되었다고 하더라도 집행관이 해당 주식을 점유하지 않는 한 그 압류명령의 송달 자체만으로는 법률상 아무런 효력이 없다.235)

(4) 주권점유의 권리추정력

상법은 주권의 점유자를 적법한 소지인으로 추정하고 있다(제336조 제2항). 이를 주권점유의 권리추정력이라고 한다. 주권점유의 권리추정력의 결과는 다음과 같은 뜻을 지닌다. ① 주식양도의 제3자에 대한 대항요건은 주권의 소지이다. ② 주권의 점유자는 자기가 권리자임을 증명할 필요 없이 회사에 대하여 권리를 행사할 수 있다. 다만, 명의개서를 하지 아니하면 회사에 대하여 대항하지 못하므로(제337조 제1항) 주권의 점유만으로는 주주권을 행사할 수 없다. 따라서 회사에 대하여 적법한 소지인으로서 권리를 행사할 수 있다는 것은 주권을 제시하여 명의개서를 청구할 수 있다는 의미이다. ③ 주권점유의 권리추정력은 주권을 점유한 자에 대한 형식적 자격만을 부여할 뿐, 실질적 권리를 부여하는 것은 아니다. 따라서 반대의 사실을 주장하는 자는 증명을 하여 그 추정을 깰 수 있다. ④ 회사가 악의나 중대한 과실이 없이 주권의 점유자의 권리행사에 응하는 경우, 그 점유자가 적법

233) 대법원 1992. 10. 27. 선고 92다16386.
234) 대법원 1988. 6. 14. 선고 87다카2599·2066.
235) 대법원 1988. 6. 14. 선고 87다카2599·2066.

한 권리자가 아닐지라도 회사는 책임을 면한다(면책적 효력). ⑤ 주권의 점유자로부터 주권을 교부받은 자는 악의 또는 중대한 과실이 없는 한 주권을 교부한 자가 무권리자일지라도 주권을 선의취득한다.

4. 명의개서

(1) 의의

주주의 名義改書란 주식을 양도하는 경우 그 주식취득자가 주주명부의 기재사항(제352조 제1항) 중 자기의 성명과 주소를 주주명부에 기재하는 것을 말한다. 다만, 명의개서를 하더라도 주주로서 추정되는 것에 불과하고 주주임을 확정하는 것은 아니다. 명의개서는 주주가 교체되었을 때에 발생할 수 있으므로 주주명부상의 誤記의 訂正, 주소의 변경이나 改名 등을 이유로 하는 변경기재, 주권발행의 기재(제358조의 2 제2항) 등은 명의개서에 해당하지 아니한다.

(2) 주식양도의 대항요건

주식의 이전은 취득자의 성명과 주소를 주주명부에 기재하지 아니하면 회사에 대항하지 못한다(제337조 제1항). 따라서 양도인이 주식을 양도하였을지라도 양수인이 명의개서를 하지 아니하면, 회사와의 관계에서는 양도인이 주주이다.236) 상속·합병·분할과 같은 포괄승계사유, 유증 또는 준비금의 자본전입과 같은 원시취득으로 인하여 주식을 이전받은 경우에도 마찬가지이다. 주식매매계약의 해제로 인한 경우에도 매도인이 본인명의로 다시 명의개서를 하지 않는 한 회사에 대항하지 못한다.237)

명의개서를 하지 아니하면 회사와의 관계에서는 주식양도인이 여전히 주주이기 때문에 양도인이 주주로서 권리를 행사할 수 있다. 다만, 이 경우 양수인은 양도계약에 의거 양도인의 대한 채권자의 지위를 가지므로238) 양도인의 권리행사에 따르는 배당금이나 신주 등을 이전해 줄 것을 청구할 수 있다.

---

236) 대법원 2010. 2. 25. 선고 2008다96963·96970; 1988. 6. 14. 선고 87다카2599·2600.
237) 대법원 2015. 7. 23. 선고 2015다1871.
238) 대법원 1991. 5. 28. 선고 90다6774.

(3) 절차

1) 청구권자

주권을 교부받은 양수인은 해당주식의 발행회사에 대하여 주권을 제시하고 단독으로 명의개서를 청구할 수 있다. 따라서 기존 등록주주인 양도인은 특별한 사정이 없는 한, 회사에 대하여 양수인의 명의로 명의개서 하여 줄 것을 청구할 권리가 없다.239) 즉 양수인은 양도인의 협력 없이도 그 주식의 발행회사에 대하여 자신이 주식을 취득한 사실을 증명함으로써 명의개서를 청구할 수 있는 것이다.240) 이 법리는 회사성립 후 6월이 경과하도록 주권이 발행되지 아니하여 당사자간의 의사표시만으로 주식이 양도되는 경우에도 동일하게 적용된다.241) 그리고 제3채무자(乙)242)에 대하여 명의개서를 금지하는 주식가압류가 있는 경우, 이 주식의 양수인은 乙에게서 현실로 명의개서절차를 이행 받을 수는 없지만, 乙에게 그 절차의 이행을 구하는 소를 제기할 수 있고, 법원은 가압류를 이유로 양수인의 청구를 배척할 수 없다.243)

한편 명의개서는 회사만이 가능하므로 양도인은 청구상대방이 아니다.244)

2) 주권의 제시

명의개서를 청구하는 때에는 회사에 주권을 제시하여야 한다. 따라서 단순히 회사에게 주식을 양수한 사실을 통지한 것만으로는 적법한 명의개서청구가 아니다.245) 다만, 상속이나 합병 등과 같이 포괄승계에 의하여 권리를 승계한 자 또는 주권발행 전 주식을 양수한 경우(제335조 제3항 단서) 등에는 주권을 제시함이 없이 포괄승계의 사실·주식의 취득사실을 입증하여 명의개서를 청구할 수 있고, 회사는 명의개서를 하여야 한다.246) 그리고 주권을 상실한 자는 주권의 제시에 갈음하여 제권판결문으로 명의개서를 청구할 수 있다. 다만, 주권발행 전에 주식

---

239) 대법원 2010. 10. 14. 선고 2009다89665.
240) 대법원 2019. 5. 16. 선고 2016다240338; 2012. 11. 29. 선고 2012다38780.
241) 대법원 2019. 4. 25. 선고 2017다21176: 2016. 3. 24. 선고 2015다71795; 2012. 11. 29. 선고 2012다38780.
242) 제3채무자란 채무자(甲)가 제3자(乙)에 대해 채권을 가지고 있고, 이 채권(주식)이 가압류 대상이 되는 경우 그 제3자(乙), 즉 대상이 되는 채권의 채무자를 뜻한다.
243) 대법원 2022. 3. 17. 선고 2021다238711.
244) 서울고법 1976. 6. 19. 선고 78나840.
245) 대법원 1995. 7. 28. 선고 94다25735.
246) 대법원 1995. 3. 24. 선고 94다47728; 1992. 10. 27. 선고 92다16386.

을 양도하는 때에는 주권을 제시할 수 없으므로 다른 방법으로 취득을 증명하여
야 한다.[247]

3) 회사의 심사

주권을 점유한 자는 적법한 소지인으로 추정되므로(제336조 제2항), 회사는 제
시받은 주권 자체의 진정성 여부, 즉 형식적 자격만을 審査할 의무가 있고 명의
개서청구자가 진정한 주주인지에 대한 실질적 자격을 심사할 의무는 없다. 즉 회
사는 형식적 자격만을 심사하고 명의개서를 해 주면 족하다. 예를 들면, 주식의
명의신탁의 경우 주주명부상의 주주는 수탁자이므로, 회사와의 관계에서 주주의
지위를 갖는 자는 수탁자이다. 따라서 실질소유자인 신탁자로 명의개서를 하는
때에는 위법하다.[248] 설령 점유자가 무권리자라 하더라도 형식적 심사에 악의 또
는 중대한 과실이 없으면, 회사는 책임을 면하고, 그 명의개서는 적법한 명의개서
로 보아야 한다(제336조 제2항 참조).[249] 그리고 회사는 주권의 점유자가 적법한 소지
인이 아니라는 사실을 증명하지 못하는 한 명의개서를 거절할 수 없다.

한편 주주명부폐쇄기간 중에 株主 또는 質權者의 청구를 받아들여 회사가
명의개서를 하는 것은 다른 주주의 권리를 침해할 수 있기 때문에(제354조 제1항)
허용될 수 없다(통설).

4) 명의개서요건의 강화허용 여부

회사성립 후 또는 신주의 납입기일 후 6월이 경과하도록 회사가 주권을 발행
하지 아니한 경우 명의개서의 청구시 소정의 서류(예: 인감증명)를 제출하도록 하는
정관의 규정이 있더라도 주식취득자가 그 취득사실을 증명한 이상, 회사는 그 서
류가 갖추어지지 아니하였음을 이유로 명의개서를 거부할 수 없다.[250] 따라서 정
관 등으로 명의개서요건을 강화하는 것은 허용되지 아니하고, 무효이다.

5) 주권상의 성명기재요부

주권을 최초로 발행할 때에는 주권에 주주의 성명을 기재한다. 그리하여 주
식이 이전될 때마다 명의개서를 하면서 동시에 취득자의 성명을 주권에 표시하
여야 하는지 문제될 수 있다. 주권의 점유만으로 권리추정력이 주어지는 이상

---

247) 同旨 이철송(2024), 383면.
248) 대법원 2024. 6. 13. 선고 2018다261322; 2019. 8. 14. 선고 2017다231980.
249) 대법원 2019. 8. 14. 선고 2017다231980; 1974. 5. 28. 선고 73다1320.
250) 대법원 1995. 3. 24. 선고 94다47728.

주식이 이전될 때마다 주권에 취득자의 성명을 기재하는 것은 의미가 없다.251)

(4) 명의개서의 효력

1) 확정적 효력 또는 대항력

주식의 양수인은 명의개서를 하면 회사에 대하여 주주권을 행사할 수 있다(제337조 제1항). 따라서 회사가 명의개서를 하지 아니한 주식양수인에게 소집통지를 하지 않고 이루어진 주주총회결의는 절차상 하자가 없다.252) 이를 명의개서의 효과 중 확정적 효력 또는 대항력이라고 한다. 상속·합병·분할과 같은 포괄승계사유로 주식을 취득한 경우에도 마찬가지이다.253)

2) 권리추정력 또는 자격수여적 효력

명의개서의 추정력 또는 자격수여적 효력에 대하여는 다음과 같이 정리할 수 있다. 첫째, 주권의 점유자는 적법한 소지인으로 추정되는 것에 불과하므로(제336조 제2항) 이를 근거로 명의개서를 하여 주주로 기재되면 역시 적법한 주주로 추정되는 효력만을 가진다. 이 때문에 명의개서 이후에 무권리자라는 사실이 밝혀지면, 종래의 주주권행사는 소급하여 무효이다. 이 경우 입증책임은 주주로 기재된 자의 주주권을 부인하는 자가 부담한다.254) 이와 같이 명의개서를 한다는 것은 주주로서의 형식적 자격을 부여하는 효력, 즉 資格授與的 效力만을 가질 뿐, 무권리자가 주주로 되는 創設的 效力을 갖는 것은 아니다.255) 따라서 실제로 주식을 취득하지 못한 자가 명의개서를 받았다고 하여 주주로 되지 아니함은 물론, 명의개서가 하자를 치유하는 효력이 있는 것도 아니다.256) 결국 명의개서의 이러한 효력은 주식의 소유권 귀속에 관한 권리관계와 주주의 회사에 대한 주주권 행사국면을 구분하는 결과를 가져온다.257)

둘째, 주권발행 전 주식의 이중양도가 문제되는 경우에는, 이중양수인 중 일부가 이미 명의개서를 완료하였는지를 불문하고 우선순위자로서 권리취득자인지를 식별하여야 하고, 이때 이중양수인 상호간의 우열은 이중양도의 경우에 준하

251) 同旨 이철송(2024), 384면.
252) 대법원 2014. 4. 30. 선고 2013다99942; 1996. 12. 23. 선고 96다32768·32775·32782.
253) 송옥렬(2022), 838면; 대법원 2012. 6. 14. 선고 2012다20925.
254) 대법원 1985. 3. 26. 선고 84다카2082.
255) 대법원 2006. 9. 14. 선고 2005다45537; 1989. 7. 11. 선고 89다카5345.
256) 대법원 2006. 9. 14. 선고 2005다45537; 1989. 7. 11. 선고 89다카5345.
257) 대법원 2020. 6. 11. 선고 2017다278385·278392.

여 확정일자 있는 양도통지가 회사(甲)에 '도달'한 일시 또는 확정일자 있는 승낙
의 일시의 선후에 의하여 결정된다.258) 나아가 회사에 대한 양도통지가 확정일
자 없는 증서에 의하여 이루어져 제3자(乙)에 대한 대항력을 갖추지 못하였더라
도 그 증서에 의한 양도통지나 승낙 후에 그 증서에 확정일자를 얻은 경우에는
그 일자이후에 제3자(乙)에 대한 대항력을 취득한다.259) 따라서 이러한 확정일자
제도의 취지에 비추어 볼 때 원본이 아닌 사본에 확정일자를 갖추었다 하더라도
대항력의 판단에 있어서는 아무런 차이가 없다.260)

셋째, 위 둘째의 사례에서 '도달'이란 사회통념상 상대방이 통지의 내용을 알
수 있는 객관적 상태에 놓여 있는 경우를 뜻하므로 상대방이 통지를 현실적으로
수령하거나 그 내용을 알 것까지는 필요로 하지 않는다.261) 따라서 상대방이 정
당한 사유 없이 통지의 수령을 거절한 경우에는 상대방이 그 통지의 내용을 알
수 있는 객관적 상태에 놓여 있는 때에 그 효력이 생긴다.262)

넷째, 둘째의 반대의 사례로써, 회사(甲2)의 주권발행 전 주식을 양수한 乙2
가 회사에 대하여 확정일자 있는 문서에 의하지 않은 양도통지나 승낙의 요건을
갖춘 후, 丙 등이 일부의 주식을 이중으로 양수하여 명의개서를 마쳤으나 확정일
자 있는 문서에 의한 양도통지나 승낙의 요건을 갖추지는 않은 경우, 丙 등은 乙
2에 대한 관계에서 주주로서 우선적 지위를 주장할 수 없다.263)

다섯째, 주식양수인 명의로 명의개서가 이루어진 후에는 그 주식양도약정이
해제되거나 취소되었다 하더라도 주주명부상의 주주명의를 복구하지 않는 한 양
도인은 회사에 대한 관계에서 주주로서 대항할 수 없다.264)

3) 면책적 효력

주주 또는 질권자에 대한 회사의 통지나 최고는 주주명부에 기재된 주소 혹
은 그 자가 회사에 통지한 주소로 하면, 회사는 면책된다(제353조 제1항). 그 자가

258) 대법원 2016. 3. 24. 선고 2015다71795; 2006. 9. 14. 선고 2005다45537.
259) 대법원 2010. 4. 29. 선고 2009다88631; 2006. 9. 14. 선고 2005다45537; 1987. 4. 12.
선고 87다카2429.
260) 대법원 2006. 9. 14. 선고 2005다45537.
261) 대법원 1983. 8. 23. 선고 82다카439 등 참조.
262) 대법원 2016. 3. 24. 선고 2015다71795; 2008. 6. 12. 선고 2008다19973.
263) 대법원 2014. 4. 30. 선고 2013다99942.
264) 대법원 2002. 12. 24. 선고 2000다69927; 1963. 6. 20. 선고 62다685.

진정한 주주가 아니라 하더라도 마찬가지이다. 이를 명의개서의 면책적 효력이라고 한다. 면책적 효력은 명의개서의 자격수여적 효력의 歸納的(inductive) 結論이라고 볼 수 있다. 그리고 여기에서의 통지 또는 최고는 실제로 도달하지 아니하였더라도 보통 그 도달할 시기에 도달한 것으로 본다(제353조 제2항·제304조 제2항).

(5) 명의개서미필주주의 지위

1) 의의 및 쟁점

주식의 양수 또는 기타의 사유로 주식을 취득하였음에도 불구하고 명의개서를 하지 아니한 경우에는 그 취득자의 법적 지위가 문제된다. 먼저, 주식취득자가 명의개서를 하지 아니하더라도 회사 이외의 제3자에 대하여는 주권의 점유만으로도 주주권을 주장할 수 있다(제336조 제2항과 제337조 제1항의 반대해석). 그러나 ① 회사가 명의개서를 하지 않은 실질적인 주주, 즉 양수인 등을 주주로 인정하여 권리행사를 허용할 수 있는지, ② 회사가 부당하게 명의개서를 거절할 경우의 주식취득자의 지위, ③ 양수인이 명의개서를 하지 아니하는 동안에 주주명부상의 주주, 즉 양도인이 주주권을 행사하여 이익배당 또는 신주인수 등의 이익을 얻은 경우(失期株 또는 失念株), 그 이익의 귀속주체 등에 관한 문제가 발생한다.

2) 회사에 의한 권리행사의 허용 여부

가) 문제의 제기　　회사가 명의개서를 하지 않은 실질적인 주주, 즉 양수인 등을 주주로 인정하여 권리행사를 허용할 수 있는지에 대하여는 견해가 나뉜다.

나) 학설

① 편면적 구속설

이 학설은 제337조 제1항은 명의개서를 하지 않으면 「…회사에 대항하지 못한다.」라고 규정하는데, 이의 해석론으로 취득자가 주주임을 주장하지 못할 뿐이고 회사가 스스로 주주임을 인정하는 것은 무방하다고 한다(다수설).[265] 그 취득자에게만 스스로 주주라고 주장하지 못하도록 구속한다는 뜻이다.

② 쌍방적 구속설

이 학설은 편면적 구속설과 같이 해석하면, 회사가 주주명부상의 주주와 실질적인 주주 중 누구를 주주로 인정하더라도 무방하게 되는 선택권을 갖게 되어

---

265) 정찬형(2022), 815면; 최준선(2024), 284면; 정동윤(2012), 512면; 권기범(2021), 601면; 홍·박(2021), 288면; 안택식(2012), 233면; 김정호(2023), 299면.

부당하다고 한다. 또 주주명부상의 주주에게는 실질적인 주주가 아니라는 이유로 권리를 부인하고 실질적인 주주에게는 명의개서를 하지 아니하였다는 이유로 권리를 부인할 수 있게 되어 부당하다고 한다.[266] 따라서 취득자가 스스로 주주임을 주장하지 못할 뿐 아니라 회사도 이를 주주로 인정하지 못한다고 한다(소수설).

　　다) 판례　　　종래의 판례는 ① "舊商法[267] 제337조의 규정상, 명의개서를 하지 아니한 실질상의 주주를 회사 측에서 주주로 인정하는 것은 무방하다."고 하는 판례(片面的 拘束說)[268]와 ② 실질주주의 권리를 부정하고 주주명부상의 주주에게 권리를 귀속시킨 판례(雙方的 拘束說)[269] 등이 혼재되어 왔다.

　　그러나 현행 판례는 회사가 명의개서를 하지 아니한 실질상의 주주를 주주로 인정하는 것은 무방하다고 한 기존의 입장을 변경·정리하였다(雙方的 拘束說).[270] 이는 주주의 확정에 관한 입장을 형식설로 변경한 것과 논리구조가 같다.

　　라) 사견　　　회사가 주주인정 문제에 선택권을 갖고 주주권행사를 허용하는 것은 ① 권리행사의 공백을 초래할 수 있고, ② 단체법적 법률관계의 획일성을 저해하고 회사의 자의성을 초래하여 권리행사자의 불안정을 야기하며, ③ 제337조 제1항의 명의개서는 양수인이 회사에 대하여 주주의 권리를 행사하기 위한 대항요건이라는 한정적인 범위로 해석하여야 하고,[271] ④ 주주명부의 폐쇄기간 등 매우 일정한 사유를 제외하고, 양수인은 언제든지 명의개서를 할 수 있음에도 불구하고 이를 하지 아니한 것은 명부상의 주주에게 권리행사를 인정한 뜻으로 읽힌다. 따라서 제337조 제1항의 규정은 주주의 인정 여부와 관련하여서는 회사에 대하여도 구속력을 갖는다고 보아야 한다(雙方的 拘束說).

　　3) 명의개서의 부당지연 또는 거절

　　주식취득자(양수인)가 주권을 제시하여 회사에게 명의개서를 청구하였음에도 불구하고 회사가 정당한 이유 없이 명의개서를 지연하거나 거절한 경우에 양수인은 명의개서에 갈음하는 소를 제기할 수 있고(민법 제389조 제2항, 민사집행법 제263조 제2항), 이로 인한 손해배상을 회사에게 청구할 수 있다. 필요에 따라서는 임시주주

---

266) 이철송(2024), 388면; 최기원(2012), 398면; 서헌제(2007), 651면.
267) 1984. 4. 10. 법률 제3274호로 개정되기 전의 것.
268) 대법원 2001. 5. 15. 선고 2001다12973; 1989. 10. 24. 선고 89다카14714.
269) 대법원 2010. 2. 25. 선고 2008다96963·96970; 1995. 7. 28. 선고 94다25735.
270) 대법원 2019. 2. 14. 선고 2015다255258; 2017. 3. 23. 선고 2015다248342.
271) 대법원 1995. 5. 23. 선고 94다36421.

의 지위를 정하기 위한 가처분을 청구할 수 있다(민사집행법 제300조 제2항). 그리고 명의개서의 지연 또는 거절에 가담한 발기인, 이사 및 감사 등에게는 벌칙이 적용된다(제635조 제1항 제7호).

부당하게 명의개서를 지연 또는 거부당한 주식취득자는 명의개서 없이도 주주권을 행사할 수 있다. 즉 그 취득자는 명의개서청구 이후에 이루어진 이익배당이나 신주발행에 대하여 권리를 주장할 수 있고, 소집통지를 받지 못한 주주총회에 관하여 결의하자의 소를 제기할 수 있다.272) 즉 회사의 대표이사가 정당한 사유 없이 그 명의개서를 지연·거절하면 회사는 그 명의개서가 없음을 이유로 그 양도의 효력과 주식양수인의 주주로서의 지위를 부인할 수 없는 것이다.273) 따라서 부당하게 명의개서를 지연·거절당한 취득자는 주주권을 행사할 수 있다.

한편 기술한 바와 같이 기존 등록주주인 양도인은 회사에 대하여 양수인의 명의로 명의개서를 하여 줄 것을 청구할 권리가 없고,274) 양수인은 양도인의 협력 없이도 자신이 주식을 취득한 사실을 증명함으로써 명의개서를 청구할 수 있다. 그러므로 회사가 양도인의 명의개서청구를 거절하는 것은 부당거절에 해당하지 아니한다.275)

4) 실기주(실념주)와 명의개서지체 중의 이익귀속관계

가) 의의   양수인이 명의개서를 하지 아니하는 동안에 주주명부상의 주주, 즉 양도인이 주주권을 행사하여 이익배당 또는 신주인수 등의 이익을 얻은 경우, 이 경우의 주식을 失念株 또는 失期株라고 한다.

나) 실기주의 종류   실기주의 종류에는 협의의 실기주와 광의의 실기주가 있다. 협의의 실기주는 모집주식의 주주배정, 주식분할, 주식·신주인수권의 무상배정 등의 사유로 舊주식의 양수인(실질적 주주)이 배정일까지 명의개서를 하지 아니하였기 때문에, 즉 실기하였기 때문에 양도인(주주명부상의 형식적 주주)에게 배정된 주식 또는 신주인수권의 목적인 주식(신주)을 뜻한다.

광의의 실기주는 기본적으로 주식양도의 대상이 되는 주식의 양수인이 소정

---

272) 대법원 2024. 6. 13. 선고 2018다261322; 2001. 12. 21. 자 2001그121 결정; 1993. 7. 13. 선고 92다40952.
273) 대법원 1993. 7. 13. 선고 92다40952.
274) 대법원 2010. 10. 14. 선고 2009다89665.
275) 대법원 2012. 11. 29. 선고 2012다38780; 2010. 10. 14. 선고 2009다89665; 2000. 1. 28. 선고 98다17183; 1992. 10. 27. 선고 92다16386.

의 기일까지 명의개서를 하지 아니한 주식을 말한다. 그리고 이익배당금이나 합병교부금(제523조 제4호, 제524조 제4호)의 지급과 관련하여 소정의 기일까지 명의개서를 하지 않고 기일을 넘긴 주식도 이에 해당한다.[276]

다) 귀속주체   실기주의 경우 회사와의 관계에서는 양도인이 권리행사를 하는 것이 주주명부상의 형식적 자격에 부합한다. 따라서 회사법상 회사에 대한 관계에서는 주주명부상의 형식적 주주인 양도인이 이익배당 또는 신주발행에 대하여 주주로서 권리를 가진다.[277] 양수인이 회사에 대하여 재차 이익배당이나 신주발행을 청구하더라도 회사는 이에 구속될 필요가 없다. 다만, 양도인과 양수인 간의 개인법적 법률관계에서는 다르다. 당사자간에는 주주권이 이미 양수인에게 이전되었기 때문에 다른 합의가 없는 한 그 권리는 양수인에게 귀속된다(통설).

(6) 명의개서대리인

1) 의의

명의개서대리인이란 회사를 위하여 명의개서사무를 대행하는 자이다(제337조 제2항). 이는 미국법상 transfer agent,[278] 일본 회사법상 주주명부관리인(동법 제123조)과 유사한 기능을 하는데, 사법상의 대리인은 아니다. 그리하여 자본시장법에서는 명의개서대행회사라는 명칭을 쓰고 있다(동법 제365조, 제366조 등). 이른바 대리인으로서 법률행위를 하는 것이 아니라 명의개서에 관한 수임인의 지위만을 갖는다는 것을 명확히 하고 있는 것이다(이설 없음).

명의개서는 본래 회사가 하는 것이지만, 주식은 반복적이고 대량적으로 거래되기 때문에 회사가 직접 명의개서업무를 처리하는 경우에는 번잡하고 상당한 비용이 소요된다. 그리하여 상법은 1984년 개정시 명의개서대리인제도를 도입하여 명의개서를 전문으로 하는 자에게 해당업무를 위임할 수 있도록 하고 있다. 즉 이 제도는 회사와 주주의 편익을 위한 것이므로 강제되는 것은 아니다. 그리고 이 제도는 명의개서가 필요한 기명사채에도 적용된다(제497조 제2항).

2) 선임

회사는 정관이 정하는 바에 의하여 명의개서대리인을 둘 수 있다(제337조 제2항

---

276) 정동윤(2012), 512면; 정찬형(2022), 815−816, 1163면.
277) 대법원 2010. 2. 25. 선고 2008다96963·96970; 1995. 7. 28. 선고 94다25735.
278) Harry G. Henn·John R. Alexander(1983), pp.455−456.

전단). 다만, 정관으로 명의개서대리인을 특정할 필요는 없다. 회사와 명의개서대리인은 委任人과 受任人의 관계에 선다. 명의개서대리인의 결정은 회사의 업무집행에 속하므로 이사회의 결의로 하지만, 그 선임에는 쌍방간의 위임계약을 요한다(민법 제680조). 따라서 회사가 일방적으로 주식청약서에 기재하거나 명의개서대리인으로 등기를 하더라도 무효이다.

회사가 명의개서대리인을 둘 경우에는 그 상호, 주소 및 본점소재지를 등기하여야 하며(제317조 제2항 제11호), 주식청약서, 신주인수권증서와 사채청약서에도 기재하여야 한다.[279] 이는 주주, 신주인수권자, 사채권자 및 그 양수인에게 명의개서대리인을 공시하기 위함이다.

3) 자격

명의개서대리인의 자격은 자본시장법에 의거하여 금융위원회에 등록한 예탁결제원 또는 전국적인 점포망을 갖춘 은행에 한한다(부칙 제8조 제2항, 시행령 제8조, 자본시장법 제365조 제1항·제2항). 현재는 예탁결제원, 국민은행 및 하나은행이 이 업무를 수행하고 있다.

4) 업무

명의개서대리인을 둔 때에는 주주명부, 사채원부 또는 그 複本을 명의개서대리인의 영업소에 비치할 수 있다(제396조 제1항). 명의개서대리인의 기본적인 업무는 명의개서 대행업무이다. 寫本에 기재하는 것은 적법한 명의개서가 아니다. 이외에도 자본시장법상 주주총회의 소집통지, 주권과 채권 등 증권의 발행, 이익배당금, 이자 및 상환금의 支給 등의 업무도 대행할 수 있다(동법 제366조). 다만, 이러한 업무를 수행하기 위하여는 회사로부터 별개의 수권행위가 있어야 한다.

5) 명의개서대행의 효과

명의개서대리인이 취득자의 성명과 주소를 주주명부의 원본이나 複本에 기재한 때에는 주주명부에 명의개서가 있는 것으로 본다(제337조 제2항 후단). 따라서 회사는 주식취득자의 명의와 주소가 복본에 기재되었다는 점을 이유로 주주권행사를 거부할 수 없다. 다만, 寫本에 명의개서를 한 때에는 주주권을 행사할 수 없다.

6) 명의개서대리인의 지위 및 책임

명의개서대리인은 회사의 이행보조자의 지위를 갖는다. 그러므로 정당한 사유

---

279) 제302조 제2항 제10호, 제420조 제2호, 제420조의 2 제2항 제2호, 제474조 제2항 제15호.

없이 주권의 명의개서를 거부하는 등 명의개서대리인의 고의나 과실이 있는 경우 회사는 이해관계인에 대하여 손해배상책임을 져야 한다(민법 제391조 참조). 그리고 명의개서대리인이 부당하게 업무를 거부하거나 기재할 사항을 기재하지 아니하거나 또는 부실기재를 한 때에는 과태료의 처분을 받는다(제635조 제1항 제7호·제9호).

이 밖에도 명의개서대리인은 회사의 수임인으로서 선관주의의무위반으로 인한 회사에 대한 책임(민법 제680조, 민법 제681조)뿐만 아니라 주주 및 제3자에 대하여도 불법행위책임을 질 수 있다(민법 제750조).

7) 열람·등사 등의 청구권행사 및 가처분과의 관계

주주는 이사회 의사록의 열람·등사청구권(제391조의 3 제3항) 및 회계장부의 열람·등사를 청구할 수 있다(제466조 제1항). 그리고 주주와 채권자는 회사의 정관, 주주총회의 의사록, 주주명부 또는 사채원부의 열람·등사를 청구할 수 있다(제396조 제2항). 이에 따라 주주는 회사를 상대로 주주명부 등의 열람·등사를 청구하여야 하고, 명의개서대리인에게 직접 이를 청구할 수는 없다. 주주명부의 열람·등사 가처분 신청의 경우에도 마찬가지이다.[280) 기술한 바와 같이 명의개서대리인은 회사의 이행보조자 또는 수임인에 불과하기 때문이다.

5. 주권의 선의취득

(1) 의의

주권의 점유자는 적법한 소지인으로 추정되기 때문에(제336조 제2항) 그 점유자로부터 주식의 양수 또는 질취 등을 위하여 주권을 교부받은 자는 악의 또는 중과실이 없는 한 주권의 점유자가 무권리자이더라도 적법하게 주권과 주주의 지위를 취득하게 된다. 이를 주권의 선의취득이라고 한다(제359조·수표법 제21조). 이와 같이 주권의 선의취득제도는 상법이 수표법을 준용함으로써 인정되고 있지만, 한편으로는 주권점유의 권리추정력(제336조 제2항)에서 나오는 귀납적 결론이다.

한편 상장회사와 달리 폐쇄형회사의 경우에는 주권에 기재된 최종 주주를 조회하고 거래를 하는 것이 통상적이므로 폐쇄형회사의 주권에 대한 선의취득이 성립할 가능성은 비교적 적다고 본다.

---

280) 대법원 2023. 5. 23. 자 2022마6500 결정; 同旨 2011. 4. 18. 자 2010마1576 결정.

(2) 요건

1) 주권의 유효, 주식의 처분가능성

주권의 선의취득은 유효한 주권을 취득할 경우에만 성립한다. 위조주권, 실효된 주권, 아직 발행되지 아니한 예비주권 또는 주주가 불소지신고를 하고 회사에 제출하여 무효가 된 주권(제358조의 2 제3항) 등에 대하여는 선의취득이 성립하지 아니한다.

법률에 의하여 처분이 금지되어 있는 주식은 선의취득이 인정되지 아니한다. 이 경우에는 특히 주식의 특성이나 취득자의 신분이 문제된다.[281] 그러나 외국환관리법, 은행법 또는 자본시장법과 같이 법률에 의한 제한이 단속규정에 불과할 때에는 선의취득이 인정된다.[282] 다만, 그 경우에도 벌칙은 적용될 수 있다.

한편 주권의 효력발생시기에 관하여는 교부시설, 작성시설(창조설) 및 발행시설로 나뉘는데, 통설과 판례의 입장인 교부시설에 의하면 회사가 주권을 발행하여 진정한 주주에게 교부하기 전에 상실된 주권에 대하여는 선의취득이 성립하지 아니한다.[283]

2) 양도인의 무권리

주권의 선의취득이 성립하기 위하여는 양수인이 무권리자인 양도인으로부터 주권을 교부받아야 한다. 제359조가 준용하고 있는 수표법 제21조는 "어떤 事由로든 手票의 占有를 잃은 자가 있는 경우에 그 수표의 소지인은…"이라고 규정하고 있다. 이는 무권리자인 양도인이 주권을 취득하게 된 사유나 과정, 그리고 그 이전에 진정한 권리자가 주권을 상실하게 된 사유나 과정은 선의취득에 영향을 주지 않음을 뜻한다. 즉 盜品이나 遺失物인 주권을 양수하더라도 선의취득이 성립하므로 그 범위는 民法上의 동산의 선의취득보다 넓다(민법 제250조[284]·제249조[285] 참조). 다만, 무권리자인 양도인과 주권의 양수인과의 거래행위 자체는 유

---

281) 대법원 1978. 7. 25. 선고 76다2990(이 판결에서는 일본인 소유로서 대한민국에 귀속된 주권은 귀속재산처리법의 규정위반을 근거로 선의취득을 부정하였다).

282) 대법원 1997. 12. 12. 선고 95다49646 참조; 1978. 9. 26. 선고 77다2289.

283) 대법원 2000. 3. 23. 선고 99다67529.

284) 제250조(도품, 유실물에 대한 특례) 제249조의 경우에 그 동산이 도품이나 유실물인 때에는 피해자 또는 유실자는 도난 또는 유실한 날로부터 2년 내에 그 물건의 반환을 청구할 수 있다. 그러나 도품이나 유실물이 금전인 때에는 그러하지 아니하다.

285) 제249조(선의취득) 평온, 공연하게 동산을 양수한 자가 선의이며 과실없이 그 동산을 점유한 경우에는 양도인이 정당한 소유자가 아닌 때에도 즉시 그 동산의 소유권을 취득한다.

효하여야 한다.

3) 양도인이 제한능력자인 경우의 처리

가) 문제의 제기　　양도인(甲)이 무권리자가 아니고 제한능력자 또는 의사표시의 하자로 인하여 양도행위가 취소되거나, 혹은 무권대리인 등의 사유로 인하여 양도행위가 무효인 경우에도 양수인(乙)에게 선의취득을 인정할 수 있는지 문제된다. 이와 같은 문제는 어음·수표의 경우와 같다.

나) 학설　　학설은 무권리자설(한정설), 확장설(무제한설) 및 절충설(부분적제한설)로 나뉜다. 無權利者說은 양도인이 무권리자인 경우에 한하여 선의취득을 인정하여야 한다는 입장을 취한다.[286] 擴張說은 양도인이 무권리자인 경우에 한하지 아니하고 양도인으로부터의 취득행위자체에 흠이 있는 경우에도 상대방인 취득자가 선의이며 중대한 과실이 없으면, 선의취득을 인정하여야 한다는 입장을 취한다.[287] 折衷說은 양도인이 무권리자, 무권대리인 및 무처분권자인 경우에는 선의취득이 인정되고, 양도인이 제한능력자이거나[288] 의사표시시에 하자가 있는 경우에는[289] 선의취득을 인정할 수 없다고 한다.

다) 판례　　판례는 우선적으로 어음의 선의취득으로 인하여 치유되는 하자의 범위, 즉 양도인의 범위는 양도인이 무권리자인 경우뿐만 아니라 대리권의 흠결이나 하자 등의 경우도 포함된다고 본다.[290] 나아가 주권의 양도인이 무권대리인인 경우에도 양수인에게 선의취득이 인정된다고 한다(확장설).[291]

라) 사견　　확장설은 어음법 제16조 제2항과 수표법 제21조에서 정하는 선의취득의 요건이 "어떤 사유로든 점유를 잃은 자"로부터 주권을 취득하면 선의취득이 성립한다는 점을 기본논지로 한다.[292] 그리고 어음과 수표의 선의취득에는 거래의 안정과 유통의 보호가 극도로 요청된다는 점도 중시한다.[293]

그러나 선의취득제도란 권리의 외관을 신뢰한 자를 보호하기 위하여 양도인

---

286) 이철송(2024), 395면·(2014. 어·수), 374면; 서·정(1996. 하), 104면.
287) 정찬형(2017. 하), 334면; 양승규(1994. 어·수), 165면; 최기원(2008 어·수), 470면; 양명조(2009. 어·수), 291면; 김정호(2023), 294면·(2010. 어·수), 119면.
288) 김홍기(2022), 462면.
289) 정동윤(2011. 하), 113면; 최준선(2011. 어·수), 167면.
290) 대법원 1995. 2. 10. 선고 94다55217; 1993. 9. 24. 선고 93다32118.
291) 대법원 1997. 12. 12. 선고 95다49646.
292) 송옥렬(2022), 851면.
293) 정찬형(2017. 하), 334면.

의 무권리를 치유하기 위한 제도이다. 그러므로 ① 사기·강박으로 인한 의사표시를 한 경우에도 표의자의 진정한 의사표시가 보호를 받지 못하고, ② 제한능력자의 상대방에게 선의취득을 허용하는 것은 제한능력자의 행위를 취소할 수 없도록 함으로써 제한능력자의 보호를 포기하는 것과 같다. 그리고 ③ 어음법이 무권대리의 상대방에 대하여 책임을 지도록 규정한 것은(동법 제8조) 무권대리의 상대방에 대하여는 선의취득이 인정되지 아니함을 뜻하는 것으로 해석한다. 이러한 법리는 주권의 선의취득에도 적용되어야 한다고 본다(무권리자설(한정설)).

4) 양도에 의한 취득

주권의 선의취득제도는 去來의 安全을 보호하는 데 그 취지가 있으므로 주식양도의 경우에만 인정된다. 따라서 상속이나 회사합병 등 포괄승계에 의하여 주권을 취득하는 경우에는 선의취득이 있을 수 없다. 다만, 무권리자(甲)로부터 포괄승계에 의하여 취득한 자(乙)가 그 주권을 양도한 경우 그 양수인(丙)은 선의취득을 할 수 있다.[294]

한편 주권의 선의취득에 관한 제359조는 수표법 제21조를 준용하고 있으나, 주권은 교부만으로 권리가 이전되므로 수표와 달리 배서의 연속은 요하지 아니한다.

5) 양도방법의 구비

선의취득이 성립하려면 무권리자인 양도인과 양수인간의 주식양도행위 자체는 적법하여야 한다. 즉 주식의 양도계약에 따라 양수인에게 주권이 교부되어야 한다. 기술한 바와 같이 통상적인 주권의 교부에는 민법상 현실의 인도(동법 제188조 제1항), 간이인도(동법 제188조 제2항), 점유개정(동법 제189조) 및 목적물반환청구권의 양도(동법 제190조) 방법이 모두 활용될 수 있다.

그러나 통설과 판례는 점유개정에 의한 선의취득을 부정한다. 그 이유는 점유개정은 외관상 종전의 권리상태에 아무런 변화도 가져오지 않기 때문에 외부에서 점유의 이전을 확인할 수 없기 때문이다.[295] 목적물반환청구권의 양도에 의하여 선의취득에 필요한 주권점유의 취득요건을 충족하려면, 양도인이 제3자에 대한 반환청구권을 양수인에게 양도하고 지명채권양도의 대항요건, 즉 채무자에게 통지하거나 또는 채무자의 승낙(민법 제450조)요건을 갖추어야 한다.[296]

---

294) 광주고법 1979. 1. 26. 선고 78나395.
295) 대법원 2000. 9. 8. 선고 99다58471; 1978. 1. 17. 선고 77다1872.
296) 대법원 2000. 9. 8. 선고 99다58471; 1999. 1. 26. 선고 97다48906.

한편 명의개서는 주식취득에 이은 후속행위로써 취득행위자체와는 관계없고 회사에 대한 대항요건(제337조 제1항)에 불과하므로 선의취득의 요건이 아니다.

6) 양수인의 선의·무과실

주권의 선의취득이 성립하려면 주권의 취득시 양수인이 善意이며 重過失이 없어야 한다(제359조, 수표법 제21조 단서). 선의·중과실의 여부는 그 취득시기를 기준으로 결정한다.[297] 선의란 양도인이 무권리자임을 양수인이 알지 못하였음을 의미하고, 알지 못한 데 중대한 과실이 없음을 뜻한다. 양수인이 양도인의 무권리자임을 알았거나 중대한 과실이 있는 때에는 선의취득이 성립하지 아니한다.

중과실은 주식거래상 통상적으로 요구되는 주의를 현저하게 결하였을 경우에 인정된다. 따라서 양도인이 주권을 소지하고 있더라도, 상황에 따라서는 양수인이 양도인의 權原을 조사하지 않은 것이 중대한 과실이 될 수 있다. 예를 들면, A의 주권을 보관하고 있는 B로부터 A의 주식을 무상으로 이전받은 C가 B의 처분권을 증명하는 서면을 제출받지 않고, 또 A에게 양도의 의사를 확인하지 않은 것은 중대한 과실에 해당한다.[298]

주권을 점유한 자는 적법한 소지인으로 추정되는 효력이 있으므로(제336조 제2항) 이를 부인하려면, 선의취득을 부정하는 자가 양수인의 악의 또는 중과실을 증명하여야 한다.

한편 주권불소지제도(제358조의 2) 등의 영향으로 주권을 발행하는 회사의 대부분은 비상장회사인데, 비상장회사의 주식을 취득하고자 하는 자는 주권에 기재된 최종 주주, 즉 주주명부상의 주주를 조회하는 것이 통상적이다. 따라서 폐쇄형회사의 주권을 취득하려는 자가 단순히 양도인이 주권을 점유하고 있다는 외형만을 존중하여 거래를 하는 때에는, 사안에 따라 중대한 과실에 해당될 수도 있다.

(3) 선의취득의 효과

선의취득자는 적법하게 주권을 취득하고, 주주로서 주주권을 행사할 수 있다. 이로 인하여 元권리자는 주주권을 상실하며, 이에 따른 질권 등의 담보권도 소멸한다. 質權 기타 주권을 담보로 하는 권리도 제359조에 따라 선의취득할 수 있다. 다만, 회사에 대하여 주주권을 행사하려면 대항요건(명의개서)을 갖추어야 한다(제

---

297) 대법원 2018. 7. 12. 선고 2015다251812.
298) 대법원 2000. 9. 8. 선고 99다58471.

337조 제1항).

6. 전자등록부에 등록된 주식양도의 효력

회사는 주권을 발행하는 대신 정관으로 정하는 바에 따라 전자등록기관의 전자등록부에 주식을 등록할 수 있다(제356조의 2 제1항). 전자등록부에 등록된 주식의 양도나 입질(入質)은 전자등록부에 등록하여야 효력이 발생한다(제356조의 2 제2항). 전자등록의 절차·방법 및 효과, 전자등록기관에 대한 감독, 그 밖에 주식의 전자등록 등에 필요한 사항은 따로 법률로 정한다(제356조의 2 제4항).

Ⅲ. 정관에 의한 주식양도의 제한

1. 양도제한의 의의

주식은 자유로이 양도할 수 있는 것이 원칙이다(제335조). 주식회사는 주주의 개성이 문제되지 않으므로 주식의 자유양도를 허용하더라도 폐해가 없다. 또한 주식회사에는 인적회사와 같은 퇴사제도(제217조·제218조, 제287조의 24·제285조의 25)가 없기 때문에 주식의 양도는 주주에게 투하자본의 회수, 즉 換價를 위한 중요한 수단이기도 하다. 따라서 회사(甲)와 경쟁관계 또는 분쟁 중에 있어 그 회사(甲)의 경영에 간섭할 목적을 가지고 있는 자(乙)에게 주식을 양도하였다고 하여 그러한 사정만으로 이를 반사회질서 법률행위라고 할 수 없다.299)

그럼에도 불구하고 상법은 법정책적 관점에서 주식의 자유양도성에 대하여 제한을 가하고 있다. 이에 대하여는 크게 ① 정관에 의한 양도제한, ② 법령에 의한 양도제한으로 나눌 수 있다. 이 가운데 ①은 폐쇄적 회사를 염두에 둔 것인데, 상법은 정관에 규정을 두어 주식의 양도시 이사회의 승인을 얻도록 하여 회사에게는 인적 신뢰관계가 있는 주주구성을 유지할 수 있도록 하고(제335조 제1항 단서), 주주에게는 투하자본의 환가방법을 제시하고 있다(제335조의 2·제335조의 3).

---

299) 대법원 2010. 7. 22. 선고 2008다37193.

2. 양도제한의 기본구조

(1) 제한방법

회사가 주식양도를 제한하기 위하여는 먼저 정관에 규정을 두어 주식의 양도 시에 이사회의 승인을 받도록 하여야 한다(제335조 제1항 단서). 이 경우 주식을 양도하는 주주는 이사회에 양도승인을 청구하여야 한다.

(2) 환가기회

상법은 주식양도의 청구를 이사회가 승인하지 않을 경우 주주가 주식을 換價할 수 있는 두 가지 방법을 정하고 있다. 그리하여 주주는 회사에 대하여 예정된 양수인에 갈음하는 양도의 상대방을 지정하여 주거나 또는 회사가 대신하여 그 주식을 買受하여 줄 것을 청구할 수 있다(제335조의 2 제4항).

(3) 승인거부의 상대적 효력

상법은 이사회가 승인을 거부하는 경우 상대적 효력만을 인정하고 있다. 따라서 이사회의 승인 없이 양도할 수는 있지만, 이 경우에는 주식의 양수인이 양수의 승인절차를 밟아야 한다(제335조의 7 제1항). 즉 이사회의 양도승인을 얻지 못한 채 주식을 양수한 자는 사후적으로 이사회에 양수의 승인을 청구하고, 이 경우에도 승인을 받지 못하면 새로운 매수인을 지정하여 주거나 또는 회사가 대신하여 그 주식을 매수하여 줄 것을 청구할 수 있다(제335조의 7 제2항·제335조의 2 제4항).

3. 양도제한의 요건

(1) 정관의 규정

주식의 양도를 제한하려면 반드시 정관에 이에 관한 규정을 두어야 한다(제335조 제1항 단서). 다만, 정관상 주식양도를 전면적으로 제한하는 규정을 둔 경우에는 주식회사의 본질에 반하므로 무효이고, 회사와 주주 또는 주주들간에 이러한 약정을 하였더라도 회사와의 관계에서는 무효이다.[300] 주식의 양도를 제한하는 것은 주주들의 合意에 의한 自治的인 拘束이다. 정관은 원시관이든 변경정관이든 무방하다. 설립 후 정관의 변경으로 양도를 제한하면, 주주들이 자본투하시 예상치 못한 상황이 발생하였다고 볼 수 있다. 이 때문에 정관변경의 특별결의(제434

---

300) 대법원 2000. 9. 26. 선고 99다48429.

조)에 찬성을 하지 아니하는 주주들에게는 투자동인에 변화가 있었다고 볼 수 있지만, 상법은 주식매수청구권과 같은 경과적 보호장치를 두지 않고 있다.

(2) 주식양도약정의 불인정

주주 전원의 동의가 있으면 양도할 수 있다는 약정은 제335조 제1항 단서의 양도제한 요건을 가중하는 것으로서 상법규정의 취지에 반한다. 뿐만 아니라, 사실상 양도를 불가능하게 하거나 현저하게 양도를 곤란하게 하는 것으로서 실질적으로 양도를 금지한 것과 달리 볼 수 없다.301)

(3) 양도제한의 공시

1) 취지

주식양도의 제한은 주주와 주식매수 예정자들에게는 중대한 이해가 있으므로 그에 관한 사항을 등기하여야 한다(제317조 제2항 제3호의 2). 따라서 정관에 그에 관한 규정이 있을 지라도 그 사실을 등기하지 아니하면 善意의 제3자에게 대항하지 못한다(제37조 제1항). 양도인은 제한사실을 알았지만, 양수인이 제한사실을 알지 못한 경우에는 양도의 효력이 인정된다.

2) 공시방법

주식양도의 제한사실은 등기 이외에 회사설립시 주식인수시의 주식청약서(제302조 제2항 제5호의 2) 및 주권에 기재하여야 한다(제356조 제6호의 2). 상법의 규정에는 없지만, 회사설립 후 신주발행시의 주식청약서(제420조 참조) 및 신주인수권을 표창하는 신주인수권증서(제420조의 2 제2항 참조)에도 양도제한의 사실을 기재하여야 한다.302) 그리고 전환사채와 신주인수권부사채의 청약서, 債券, 사채원부 그리고 신주인수권부사채에 대하여 발행하는 신주인수권증권에도 양도제한 사실을 기재해야 한다.303) 그 이유는 전환사채나 신주인수권부사채는 장차 주식으로의 전환 또는 주식인수권을 행사할 수 있는 사채이므로, 양도제한의 사실은 사채 자체의 가치를 결정하는 중요요소가 되기 때문이다.

3) 요건흠결의 효력

가) 효력 주식청약서에 양도제한의 사실을 기재하지 않은 경우에는 주식

---

301) 대법원 2000. 9. 26. 선고 99다48429.
302) 이철송(2024), 399면; 정찬형(2022), 800면 각주2); 권기범(2021), 610면.
303) 제514조 제1항 제5호, 제516조의 4 제4호, 제516조의 5 제2항 제5호.

청약서의 要件欠缺이 됨으로써 주식인수의 무효사유가 된다(제320조, 제427조).

나) 제37조 제2항과의 관계   주식청약서 또는 주권의 요건흠결의 경우를 제37조 제2항의 '정당한 사유'에 해당하는지에 대하여는 학설이 나뉜다.

① 긍정설

긍정설은 주식청약서 요건흠결인 때에는 양도인(주식을 인수한 주주)이 양도제한의 사실을 알지 못한 정당한 사유가 있다고 보아야 하므로 회사는 그 주주에게 등기의 사실을 가지고 대항할 수 없다고 한다(제37조 제2항). 주권기재의 요건흠결의 경우에도 양수인이 양도제한의 사실을 알지 못한 정당한 사유가 있다고 보아야 하므로 회사는 등기의 사실을 가지고 양수인에게 대항할 수 없다고 본다(제37조 제2항).[304)

② 부정설

부정설은 '정당한 사유'란 등기소의 화재 등으로 등기부를 열람할 수 없었던 경우 등으로 한정되므로 주권에 양도제한이 기재되지 않아 사실상 그 등기사항을 알 수 없었던 것만으로는 정당한 사유에 해당하지 아니한다고 본다.[305)

③ 사견

주식의 양도제한을 등기는 하였지만, 주식청약서 또는 주권 등에 기재하지 아니한 경우에는 제37조 제2항의 정당한 사유에 해당하여 회사는 선의의 제3자(양도인 또는 양수인)에게 대항할 수 없다(제37조 제2항)고 본다(긍정설).

(4) 대상주식

1) 비상장회사의 주식

양도가 제한되는 주식은 주주상호간의 인적 관계가 중시되는 비상장회사의 주식이다. 상장회사의 주식은 그 성질상 양도를 제한할 수 없고, 제한하는 때에는 원칙적으로 상장폐지사유가 된다. 다만, 예외적인 경우에 한하여 제한될 수 있다(유가증권시장상장규정 제48조 제1항 제13호).

2) 양도제한 종류주식의 발행가능 여부

회사가 주식양도제한의 종류주식을 발행할 수 있는지에 대하여는 부정설과

---

304) 이철송(2024), 399면.
305) 송옥렬(2022), 853면; 정경영(2022), 339면.

긍정설로 나뉜다.

가) 부정설 부정설은 2011년 상법개정시 정부안에서는 주식양도제한에 관한 종류주식에 대하여 규정하였으나(개정안 제344조 제1항, 제344조의 4), 국회 법제사법위원회의 심의과정에서 삭제되었기 때문에 이를 인정할 수 없다고 한다.306)

나) 긍정설 긍정설은 정관이 정하는 바에 따라 일부 종류의 주식에 대하여만 양도를 제한할 수 있다고 한다.307) 예를 들면, 의결권이 제한되는 우선주의 양도를 제한하는 방식이 그에 해당한다.

다) 사견 2011년 개정시 정부안이 제출되었지만, 국회심의과정에서 삭제되었다. 그러므로 양도제한종류주식이 명문화되지 아니하는 한, 일본회사법(제108조 제4호·제2조 제17호)과는 달리 주식양도의 제한은 모든 주식에 대하여 획일적으로 적용하여야 한다고 본다. 즉 굳이 해석상 허용된다고 할 필요는 없다(부정설).

4. 이사회의 승인

(1) 제한방법 및 내용의 한계

주식양도의 제한방법은 주식양도에 대하여 理事會의 承認을 받게 하는 것이며(제335조 제1항 단서), 그 밖의 방법은 허용되지 아니한다. 따라서 정관으로 주주총회, 특정주주 또는 대표이사의 승인을 받게 하거나 일정기간 주식의 양도를 금지하는 것은 무효이다. 그리고 양도인 또는 양수인의 회사에 대한 주식매수청구권이나 매수인의 지정청구권과 같은 권리는 강행규정으로써(제335조의 2 제4항, 제335조의 7 제2항) 정관으로도 이를 제한할 수 없다.

(2) 제한의 합리성

주식양도의 제한은 모든 주식에 대하여 합리적으로 적용되어야 한다. 따라서 ① 합작회사의 외국인 주주 또는 종업원과 같이 특정한 주주가 주식을 양도하는 때 혹은, ② 소유주식수량의 크기에 따라 차별적으로 이사회의 승인을 얻도록 하는 것은 주주평등에 반하기 때문에 그 정관의 규정은 무효이다. 그리고 ③ 지배주주 이외의 자 또는 특정한 경쟁회사에게 주식을 양도하는 때에는 이사회의 승

---

306) 정찬형(2022), 800면; 임재연(2019 I), 445면.
307) 권기범(2015), 562면; 송옥렬(2022), 853면; 정동윤(2012), 482면; 최준선(2024), 317면; 김·노·천(2024), 207면; 이철송(2024), 400면.

인을 얻도록 제한하는 것도 합리성이 결여되므로 무효이다.308)

　그러나 제한의 합리성이 준수되는 한 회사가 일정한 자에게 주식을 양도하는
경우에만 제한을 가하는 것은 무방하다고 본다. 예를 들면, 외국인에게 주식을 양
도하거나, 기존 주주 또는 회사종업원 이외의 자에게 주식을 양도하는 경우에는
이사회의 승인을 얻도록 정할 수 있다.309)

5. 적용범위

　주식양도시 이사회의 승인을 요구하는 제335조 제1항은 상속·합병·유증과
같은 포괄승계에는 적용되지 아니한다. 그리고 入質이나 讓渡擔保와 같은 담보
제공행위 역시 적용범위에 해당하지 아니한다. 주주의 채권자가 주식을 압류할
때에도 이사회의 승인을 요하지 아니한다. 왜냐하면 주식이 담보로 제공되거나
또는 압류된다고 하여 주주권 행사자가 바뀌지 아니하기 때문이다. 그러나 담보
권자나 압류채권자가 채권실현을 위하여 법원이 주식을 경매할 때에는 그 주식을
취득한 자가 이사회의 승인을 받아야 한다.310) 이 경우에는 주주권 행사자가 바
뀌어 폐쇄적인 주주구성에 영향을 미치기 때문이다.

　양수자가 양도가 제한된 주식을 무권리자로부터 취득한 경우에는 당연히 善
意取得의 대상이 된다. 다만, 양수자가 주식의 양도제한 사실을 알지 못하였다는
것만으로는 회사로부터 보호받을 수 없다. 따라서 선의취득자는 양도가 제한된
주식을 선의취득한 것일 뿐, 자동적으로 주주의 지위를 갖는 것은 아니므로 이사
회의 승인을 얻어야 주주가 된다.

6. 이사회의 승인 없는 양도의 효력(상대적 무효)

(1) 회사에 대한 효력(무효)

1) 상법의 규정

　정관의 규정에 위반하여 이사회의 승인을 얻지 아니한 주식의 양도는 회사에

---

308) 정동윤(2012), 482면; 최기원(2012), 331면; 권기범(2021), 611면; 이철송(2024), 400면;
　　최준선(2024), 317면; 정경영(2022), 341면.
309) 同旨 정동윤(2012), 482면; 정찬형(2022), 800면; 권기범(2015), 563면; 손주찬(2003),
　　650면; 최준선(2024), 317면.
310) 同旨 정찬형(2022), 800면; 정동윤(2012), 482면.

대하여 효력이 없다(제335조 제2항). 이는 회사와의 관계에서는 양도가 무효임을 뜻하므로 주주권은 양도인이 행사하여야 한다. 회사가 임의대로 양수인을 주주로 인정할 수 없다.

2) 1인회사 등의 경우

상법에는 명문의 규정이 없지만 ① 총주주의 동의가 있거나, ② 1인회사의 주주가 이사회의 승인을 얻지 아니하고 양도한 때에는 정관의 규정에도 불구하고 회사와의 관계에서 효력이 있는지에 대하여는 학설이 나뉜다.

가) 긍정설　　이 학설은 주식양도제한의 취지가 기존의 주주들이 원하지 않는 자가 회사의 사원이 되는 것을 방지하는 데에 있으며, 위 ①과 ②의 경우에는 기존 주주들의 의사에 반하지 아니하기 때문에 효력이 있다고 한다(통설).311)

나) 부정설　　이 학설은 ① 조문의 규정 및, ② 주주의 이익을 회사의 이익과 동일시할 수 없다는 점을 근거로 무효라고 한다.312)

다) 사견　　제335조 제1항 단서의 규정은 주식양도인 이외의 다른 주주를 보호하기 위한 규정인데, 총주주의 동의가 있거나 1인회사의 경우에는 보호하여야 할 주주가 없다(긍정설).

(2) 당사자간의 효력(유효)

양도제한주식은 양수인도 회사에 대하여 사후적으로 그 취득의 승인을 청구할 수 있고, 회사가 거절하는 때에는 양도상대방의 지정 또는 회사가 주식을 매수하여 줄 것을 청구할 수 있다(제335조의 7 제2항·제335조의 2 제4항). 그러므로 당사자간에는 양도행위가 유효하다. 즉 정관의 규정에 위반하여 이사회의 승인 없이 주식을 양도한 행위는 회사에 대하여는 효력이 없지만, 당사자간에는 채권적 효력이 있으므로 相對的 無效라고 할 수 있다(통설·판례).313)

7. 승인청구자

(1) 유형

회사에 대하여 주식양도의 승인을 청구할 수 있는 자는 양도인과 양수인 모

---

311) 최기원(2012), 328 – 329면; 정동윤(2012), 481면; 최준선(2024), 316면; 송옥렬(2022), 856면.
312) 정찬형(2022), 801면 각주1).
313) 이·최(2022), 296면; 대법원 2008. 7. 10. 선고 2007다14193.

두 해당된다(제335조의 7 제2항·제335조의 2 제4항). 따라서 양도인의 승인청구는 양도의 사전승인청구이고, 양수인의 승인청구는 주식취득의 사후승인청구이다. 이와 같이 승인청구의 유형은 성질상 차이가 있지만, 그 절차와 효력은 동일하다.

(2) 사전승인청구자

양도인의 승인청구는 주식의 양도 전에 이루어져야 한다(제335조의 2 제1항). 양도인은 사전승인청구가 거절된 경우 회사에 대하여 ① 양도의 상대방의 지정 또는 ② 그 주식의 매수를 청구할 수 있다(제335조의 2 제4항). 그리고 ③ 양도승인의 거부는 상대적 효력만을 갖기 때문에 처음부터 이사회에 사전승인을 청구하지 아니한 채 양도하는 방법을 채택할 수도 있다.

(3) 사후승인청구

양수인의 승인청구는 당사자간에 양도를 완료한 후에 하여야 한다(제335조의 7 제1항). 양도인이 이사회의 승인을 받지 아니한 채 양수인이 주식을 취득한 경우에는 양수인은 주주의 지위를 갖지 못하게 된다. 이 경우 양수인은 양도인과 같이 회사에 대하여 ① 양도상대방의 지정 또는 ② 그 주식의 매수를 청구할 수 있다(제335조의 7 제1항·제335조의 2 제4항).

그 결과 양수인은 회사의 주주가 될 수 없고, 환가만을 성사시키게 된다. 다만, 양수인은 주식취득 당시 적법한 요건(당사자간의 합의와 주권의 교부)을 갖추어야 하고 사후적으로 주식취득의 요건을 갖추게 되더라도 그 하자는 치유될 수 없다. 예를 들면, ① 주식에 관하여 양도담보권을 설정하여 '양도계약의 양수인인 원고(甲)에게 주권 및 주주로서의 권리 일체를 양도한다.'는 취지가 기재된 주식양도담보계약서를 작성하였고, 피고보조참가인(乙)이 '원고(甲)에게 양도한 주식에 대한 소유권을 포기한다.'는 내용이 기재된 주식포기각서를 작성한 사실만으로는 원고(甲)가 주권을 점유개정의 방법으로 양도받았다고 보기는 어렵다. 그러므로 원고가 피고(A회사)에 대하여 주식매수청구권을 행사한 당시(예: 2014. 2. 20.)에는 피고회사의 주식을 취득하였다고 볼 수 없는 이상, 원고의 피고에 대한 주식매수대금청구권은 인정될 수 없다. 그리고 ② 이러한 주식매수청구권은 양수인에게 인정되는 형성권으로서 그 행사로 회사의 승낙 여부와 관계없이 주식에 관한 매매계약이 성립하게 되므로, 주식을 취득하지 못한 양수인이 회사에 대하여 주식매수청구를 하더라도 이는 아무런 효력이 없고, 사후적으로 양수인이 주식 취득의 요건을 갖추게 되더라도 그 하자가 치유될 수는 없다.314)

8. 승인청구 및 승인절차

(1) 승인청구

정관에 주식의 양도제한이 규정된 경우 주식을 양도하고자 하는 주주(양도인)는 회사에 대하여 양도의 상대방 및 양도주식의 종류와 수를 기재한 서면으로, 이미 양도한 경우에는 양수인이 취득한 주식의 종류와 수를 기재한 서면으로 승인을 청구할 수 있다(제335조의 2 제2항·제335조의 7 제1항).

(2) 승인결의

1) 이사회의 주의의무 및 재량권

양도승인 또는 양수승인의 청구를 받은 회사는 이사회의 결의로 승인 여부를 정한다. 이 경우 이사는 주의의무를 부담한다. 예를 들면, ① 회사나 이해관계인의 이익을 해할 우려가 있는 자에게 양도하는 것을 승인한 경우 또는, ② 승인을 거절할 특별한 사유가 없는데도 불구하고 승인을 거절하여 양도인이나 양수인이 주식매수청구권을 행사하게 된 경우 등이 그에 해당한다. 특히 ②의 경우 이사는 회사에 대하여 손해배상책임을 질 수 있다(제399조). 왜냐하면 주식매수청구권을 행사하는 경우에는 회사재산이 사외로 유출되기 때문이다. 그리고 명문의 규정은 없으나, 승인 또는 거절사유나 기준을 미리 정관으로 규정할 수 있다고 본다.315)

이와 같이 이론적으로 보면, 이사는 승인 또는 거절에 관하여 주의의무를 부담하지만, 실제적으로는 그 재량의 여지가 적지 않다.

2) 특별이해관계인의 결의제한

이사회가 양도 또는 양수의 승인결의를 함에 있어 이사가 양도 또는 양수당사자인 경우에는 특별이해관계인으로써 의결권을 행사할 수 없다(제391조 제3항·제368조 제3항).

(3) 승인통지

회사는 주식의 양도 또는 양수의 승인청구가 있는 날부터 1월 이내에 주주

---

314) 대법원 2014. 12. 24. 선고 2014다221258·221265.
315) 同旨 권기범(2021), 613면; 이철송(2024), 403면.

(양도인) 또는 주식양수인에게 그 승인 여부를 서면으로 통지하여야 한다(제335조의 2 제2항·제335조의 7 제2항). 이 통지기간 내에 거부의 통지를 하지 아니한 때에는 주식의 양도 또는 주식의 취득에 관하여 이사회의 승인이 있는 것으로 본다(제335조의 2 제3항·제335조의 7 제2항). 1월 내에 '통지'라고 함은 1월 내에 도달하여야 함을 뜻한다(도달주의. 민법 제111조 제1항).[316] 1월 내에 도달하지 않으면 양도를 승인한 것으로 의제되는 결과 회사는 양수인의 명의개서청구를 거절하지 못한다.

　회사가 승인을 청구한 주식의 일부에 대하여만 또는 조건부로 승인한 때에는 해당주식 모두에 대하여 승인을 거부한 것으로 본다.[317]

　한편 이사회의 승인결의 없이 대표이사 또는 대표집행임원이 양도의 승인의 통지를 한 경우에 이사회의 승인이 없음에 대하여 양도·양수인이 선의라면, 그 승인은 유효하다(이설 없음).[318] 즉 회사는 양수인에게 대항할 수 없다. 양도인은 악의이나 양수인이 선의인 경우에도 그 승인은 유효하다고 본다. 반대인 경우는 승인의 효과가 없기 때문에 양수인이 승인청구를 하여야 한다고 해석한다.

(4) 승인의 효력

　소정의 기간 내에 주주에게 승인통지를 한 경우 주주는 승인청구서에 기재된 내용과 같이 상대방에게 대상주식을 양도할 수 있다. 주식양수인에게 승인통지를 한 때에는 승인청구서에 기재된 내용대로 주식을 취득하게 된다.

9. 양도상대방(양수인)의 지정청구

(1) 지정청구
1) 청구기간 및 방식

　주식양도의 승인거부 통지를 받은 주주(양도인) 또는 주식양수인은 통지를 받은 날로부터 20일 내에 회사에 대하여 양도상대방의 지정을 청구할 수 있다(제335조의 2 제4항·제335조의 7 제2항). 이 통지기간 역시 도달주의에 따른다. 이 청구는 양도 또는 양수의 승인청구(제335조의 2 제2항·제335조의 7 제2항)와는 달리 명문의 규정이 없으므로 서면은 물론 구두로도 가능하다.[319] 다만, 청구사실 및 기간준수의 사

316) 정찬형(2022), 801면 각주3); 이철송(2024), 403면; 정동윤(2012), 483면.
317) 同旨 정동윤(2012), 483면; 최준선(2024), 319면.
318) 정동윤(2012), 483면; 이철송(2024), 403면; 정찬형(2022), 802면; 송옥렬(2022), 854면.
319) 정동윤(2012), 483면; 송옥렬(2022), 854면; 권기범(2015), 566면; 최준선(2024), 319면.

실은 청구인이 증명하여야 한다.[320]

2) 기간 불준수의 효과

주주 또는 주식양수인이 위 '20일 내의 청구기간'을 준수하지 못한 경우에 재청구가 가능한지에 대하여는 긍정설과 부정설로 나뉜다.

가) 긍정설 　긍정설은 주주나 주식양수인이 회사에 대하여 다시 승인을 청구하고, 회사가 이를 거절하는 때에는 양도상대방의 지정 또는 회사가 매수하여 줄 것을 청구할 수 있다고 한다. 또 재청구할 수 없다면 양도가 절대 불가능한 주식을 항구적으로 보유하여야 하는 결과를 초래하여 불합리하다고 한다(소수설).[321]

나) 부정설 　부정설은 양도인 또는 양수인이 위 기간을 준수하지 못하여 20일이 경과한 때에는 양도상대방의 재지정청구나 회사가 주식을 매수하여 줄 것을 청구할 수 없다고 한다. 다만, 양수인은 양도인에게 조건의 불성취를 원인으로 하여 양도계약을 해제하여 그 주식을 환가하면 족하다고 한다(다수설).[322]

다) 사견 　양도상대방의 지정 등의 청구기간은 도달주의를 취하는 결과, 의사표시의 불도착 또는 연착은 모두 표의자인 양도인 또는 양수인의 불이익으로 귀속된다. 따라서 20일이 경과한 경우 양수인은 양도계약의 해제 등의 방법으로 주식을 반환하고 주식매매대금을 환가하는 것으로 족하다고 본다(부정설).

3) 회사 또는 피지정인의 일부양수 허용 여부

주주 또는 주식양수인이 양도상대방의 지정(피지정인) 또는 해당주식의 매수를 청구하는 경우(제335조의 2 제4항·제335조의 7 제2항), 대상주식의 일부에 대하여는 이사회가 양도를 승인하고, 다른 일부에 대하여는 회사 또는 피지정인이 취득하는 것은 허용할 수 없다고 본다. 그것은 당초의 양수인의 권리를 침해할 수 있기 때문이다.

(2) 양도상대방의 기준

1) 일반적 기준

주주 또는 주식양수인이 양도의 상대방을 지정하여 줄 것을 청구한 경우에는 이사회는 이를 지정하여야 한다(제335조의 3 제1항·제335조의 7 제2항). 매수자의 지정

---

320) 이철송(2024), 404면.
321) 이철송(2024), 404면.
322) 정찬형(2022), 803면 각주2); 정동윤(2012), 484면; 최기원(2012), 338면.

도 이사회의 주의의무를 준수하는 범위 내에서 이루어져야 한다. 그리하여 양도
상대방으로서 복수의 자를 지정하는 것은 무방하다.[323] 다만, 양도상대방의 지정
기준과 관련하여서는 다음과 같은 쟁점이 있다.

2) 회사가 양도상대방이 될 수 있는지의 여부

가) 학설　회사가 양도상대방이 될 수 있는지에 대하여는 긍정설과 부정설
이 나뉜다. 긍정설은 회사 스스로가 상대방이 되는 것은 자기주식의 취득이 허용
되는 범위와 기준(제341조)에서 가능하다고 본다.[324] 그러나 부정설은 회사의 자기
주식취득이 원칙적으로 금지된다는 이유로 회사 자신을 상대방으로 지정하는 것
을 인정하지 아니한다.[325]

나) 사견　2011년 개정상법은 거래소에서 시세(時勢)가 있는 주식의 경우에
는 거래소에서 취득하는 방법으로 자기주식취득을 원칙적으로 허용하고 있기 때
문에 이러한 요건을 준수하는 한 회사가 양도상대방이 될 수 있다고 본다(긍정설).

3) 지배권변동의 허용 여부(비례적 배분의 문제)

가) 학설　양도상대방을 지정하는 경우 기존의 지배권의 변동을 초래하는
것을 허용할 수 있는지의 여부에 대하여도 학설이 나뉜다. 먼저, 부정설은 양도상
대방지정에 대하여 이사회는 현재의 주주들이 가지고 있는 주식수에 비례하여 양
도상대방이 될 수 있는 기회를 부여하여야 한다고 본다.[326] 긍정설은 양도상대방
의 지정의 경우에는 이미 발행된 주식을 대상으로 하므로 신주발행의 경우와는
달리 기존의 주주들이 비례적으로 참여할 필요는 없다고 본다.[327]

나) 사견　정관에 부정설의 논지가 규정되어 있지 아니하는 한 주주의 지위
를 그 정도까지 보장할 필요는 없다고 본다(肯定說). 다만, 특정주주의 회사에 대한
영향력을 강화하기 위한 수단으로 양도상대방을 지정하는 것은 이사회의 권한 남
용이다.

(3) 지정통지

양도인 또는 양수인이 양도의 상대방을 지정하여 줄 것을 청구한 경우에는

323) 최준선(2024), 320면; 최기원(2012), 335면; 권기범(2021), 614면; 정동윤(2012), 484면.
324) 권기범(2021), 614면; 정동윤(2012), 484면.
325) 최기원(2012), 335면.
326) 이철송(2024), 394면; 정동윤(2012), 484면; 안택식(2012), 217면.
327) 최기원(2012), 336면; 권기범(2021), 614면; 송옥렬(2022), 855면.

이사회는 이를 지정하고, 그 청구가 있은 날부터 2주간 내에 指定請求人(주주 또는 주식양수인) 및 지정된 상대방에게 서면으로 이를 통지하여야 한다(제335조의 3 제1항·제335조의 7 제2항). 이 통지기간도 도달주의에 따른다. 이 기간 내에 지정청구인에게 상대방지정의 통지를 하지 아니한 때에는 주식의 양도에 관하여 이사회의 승인이 있는 것으로 본다(제335조의 3 제2항·제335조의 7 제2항). 이 규정은 양도상대방의 지정을 청구한 양도인 또는 양수인의 지위가 장기간 불안정한 상태에 놓이게 되는 것을 방지하는 데 그 취지가 있다.

(4) 피지정인(지정매수인)의 매도청구권

1) 행사기간 및 법적 성질

이사회의 결의에 의하여 양도상대방으로 지정된 자(피지정인)는 지정통지를 받은 날로부터 10일 내에 지정청구인에게 서면으로 그 주식을 자기에게 매도할 것을 청구할 수 있다(제335조의 4 제1항·제335조의 7 제2항). 일종의 株式先買權(preemptive right)으로서 형성권이다(이설 없음). 따라서 지정청구인의 승낙을 요하지 않으며, 지정청구인은 피지정인에게 주식을 양도하여야 하는 의무를 부담한다. 즉 피지정인이 매도청구권을 행사하면 지정청구인과 피지정인간에는 매매계약이 성립하는 것이다.[328] 그것은 지정청구인은 회사에 대하여 이미 회사가 지정하는 상대방(피지정인)에게 주식을 매도하겠다는 청약을 하였고, 피지정자는 매도청구권을 행사함으로써 매도의 청약을 승낙하였기 때문이다.

2) 매도청구권의 포기

피지정인은 반드시 주식을 매수하여야 할 의무를 부담하는 것은 아니다. 즉 매도청구권을 포기할 수 있다.[329] 다만, 회사가 사전에 상대방(피지정인)의 동의를 받아 피지정인으로 된 때, 그 피지정인은 회사에 대하여 주식을 매수할 계약상의 의무를 부담한다. 그리고 피지정인이 위 10일의 기간 내에 지정청구인에게 통지(도달주의)를 하지 못하면 매도청구권을 상실하게 되고, 이사회가 주식의 양도를 승인한 것으로 본다(제335조의 4 제2항·제335조의 3 제2항).

3) 회사의 통지기간과의 차이점

회사는 주식의 양도 또는 양수의 승인청구가 있는 날부터 1월 이내에 주주(양

---

328) 정찬형(2022), 805면; 권기범(2021), 615면; 정동윤(2012), 484면; 최기원(2012), 791면; 정경영(2022), 346면; 최준선(2024), 320면; 대법원 2014. 12. 24. 선고 2014다221258·221265.
329) 이철송(2024), 405면; 정찬형(2022), 804면; 정동윤(2012), 484면; 최준선(2024), 320면.

도인) 또는 주식양수인에게 그 승인 여부를 서면으로 통지하여야 한다(제335조의 2 제2항·제335조의 7 제2항). 이에 비하여 피지정인의 경우에는 지정통지를 받은 날로부터 10일 내에 지정청구인에게 서면으로 그 주식을 자기에게 매도할 것을 청구할 수 있다(제335조의 4 제1항·제335조의 7 제2항). 이와 같이 동일한 사안임에도 회사의 통지기간이 장기간인 이유는 이사회의 승인절차가 필요하기 때문이다.

(5) 매도가격의 결정

피지정인이 매도청구권을 행사한 때 그 매도가격은 영업양도나 합병을 반대하는 주주가 주식매수청구권을 행사하는 때와 같은 절차를 밟아서 결정하여야 한다. 그리하여 매도가격은 우선적으로 지정청구인과 피지정인간의 협의에 의하여 결정하여야 한다(제335조의 5 제1항 본문). 그러나 매도청구를 받은 날로부터 30일 이내에 당사자간에 협의가 이루어지지 아니하면, 지정청구인 또는 피지정인은 법원에 매수가격의 결정을 청구할 수 있다(제335조의 5 제2항·제374조의 2 제4항·제5항).

법원이 주식의 매도가격을 결정하는 때에는 회사의 재정상태 그 밖의 사정을 참작하여 公正한 가액으로 이를 산정하여야 한다(제335조의 5 제2항·제374조의 2 제5항). 기본적으로는 그 주식의 자산가치, 시장가치 및 수익가치를 관련규정에 따라 참작하게 될 것이다.[330]

10. 회사에 대한 매수청구

(1) 매수청구권

회사로부터 승인거부의 통지를 받은 주식양도인 또는 양수인(매수청구인)은 통지를 받은 날로부터 20일 이내에 회사에 대하여 그 주식의 매수를 청구할 수 있다(제335조의 2 제4항, 제335조의 7 제2항). 회사는 매수청구를 받은 날로부터 2월 이내에 그 주식을 매수하여야 한다(제335조의 6, 제374조의 2 제2항). 주식매수청구권의 법적 성질은 형성권이고 그 행사기간은 제척기간이다. 또 주식매수청구권의 행사로 성립하는 매매계약은 상행위에 해당하므로, 이때 주식매수청구권은 제64조를 유추적용하여 5년의 제척기간이 지나면 소멸한다.[331]

---

330) 대법원 2011. 2. 10. 선고 2009두19465. 다만, 합병의 사례가 아니기 때문에 상대가치는 고려의 대상이 아니다.
331) 대법원 2022. 7. 14. 선고 2019다271661.

(2) 매수가격의 결정

매수청구인과 회사간의 매수가격은 기술한 매도가격의 경우와 같이 우선적으로 매수청구인과 회사간에 협의에 의하여 결정하여야 한다. 다만, 회사가 매수청구를 받은 날로부터 30일 이내에 당사자간에 협의가 이루어지지 아니하는 때에는 매수청구인 또는 회사는 법원에 대하여 매수가격의 결정을 청구할 수 있다. 법원이 주식의 매도가격을 결정하는 때에는 회사의 재정상태 그 밖의 사정을 참작하여 公正한 가액으로 이를 산정하여야 한다(제335조의 6, 제374조의 2 제4항·제5항). 이 경우 비상장주식의 순자산가치에 대하여는 해당가치를 산정할 객관적인 자료가 없거나, 다른 평가방식과 밀접하게 연관되어 있어 독립적인 산정요소로 반영할 필요가 없으면, 이를 고려하지 않아도 된다.332)

11. 매수청구의 철회 인정 여부

주주 또는 주식양수인은 회사나 피지정인으로부터 매수의 승낙통지(제335조의 2 제2항·제335조의 7 제2항, 제335조의 4 제1항·제335조의 7 제2항)를 받은 후에는 당초의 매수청구를 철회할 수 없다고 해석한다. 피지정인 등이 매수의 승낙통지를 하는 시점에서는 이미 자금조달 등의 절차를 완료한 상태라고 볼 수 있어, 매수청구인이 자유롭게 그 의사를 철회할 수 있게 되면 피지정인 등에게 불측의 손해를 입힐 수 있기 때문이다. 다만, 通知者의 동의를 얻거나 매수의 승낙통지를 받기 전까지는 자유롭게 그 의사를 철회할 수 있다고 본다.

12. 매수통지의 철회 인정 여부

회사·피지정인이 양도주주 또는 주식양수자(승인청구권자)에 대한 대상주식의 매수의 통지는 회사·피지정인과 승인청구권자의 사이에 대상주식의 매매계약을 성립시키는 형성권의 행사이다.333) 따라서 그 이후에 회사나 피지정인은 매수의 통지를 일방적으로 철회할 수 없다고 풀이한다.

---

332) 대법원 2022. 7. 28. 자 2020마5054 결정.
333) 대법원 2014. 12. 24. 선고 2014다221258·221265.

Ⅳ. 주주간 계약에 의한 양도제한

1. 의의

실무에서는 정관에 의한 양도제한 규정(제335조 제1항)을 활용하지 아니하고 ① 주주간, ② 회사와 주주간 또는, ③ 제3자와 주주간의 개별적인 약정에 의하여 회사의 폐쇄성을 유지하고자 하는 사례가 적지 않다. 그러나 주식의 양도에 관한 규정은 단체법적 효력을 가지고 있는 강행규정으로써 이와 다른 주주간의 약정에 의한 양도제한은 무효이다. 이를 주주간의 효력과 회사에 대한 효력으로 분설하면 다음과 같다.

2. 주주간 효력

(1) 판례의 변화

과거의 판결 중에는 '설립 후 5년간 일체 주식의 양도를 금지하는 내용을 정관으로 규정하였더라도 이는 주주의 투하자본회수의 가능성을 전면적으로 부정하는 것으로서 무효이다. 그러므로 정관으로 규정하여도 무효가 되는 내용을 나아가 회사나 주주들 사이에서, 혹은 주주들 사이에서 약정하였더라도 무효이다.' 라고 한 사례가 있다.[334] 그러나 이후의 판결에서는 13년(회사존립기간) 동안 지속될 수 있는 주식양도제한약정이 유효하다고 하였다.[335]

(2) 채권적 효력

과거의 99다48429 판결은 주식양도제한약정의 효력에 대하여 해석상 다소간의 혼란을 야기하였다. 그리하여 이 판례가 5년간의 주식양도약정을 무효로 함으로써 설립 후 일정기간 주주구성의 폐쇄성을 유지할 필요성을 看過하였다는 비판이 제기되었다. 한편으로는 이 판례가 주주간 양도제한약정의 채권적 효력의 한계를 언급하고 있다는 점에 의미를 부여하는 견해도 있다.[336] 그리고 이 판례상의 무효란 주주간의 채권적 효력도 없음을 의미한다고 보는 견해도 있다.[337]

---

334) 대법원 2000. 9. 26. 선고 99다48429.
335) 대법원 2022. 3. 31. 선고 2019다274639; 이에 관한 상세한 내용은 천경훈, "2022년 회사법 판례 회고," 상사판례연구 제36권 제1호(2023. 3), 76-80면.
336) 同旨 권기범(2021), 607면.
337) 정동윤(2012), 487면; 송옥렬(2022), 857면.

그런 연유인지는 모르겠으나, 그 후의 판례들은 주주간 양도제한의 약정은 주주
의 투하자본의 회수가능성을 전면적으로 부정하는 것이 아니고, 공서양속에 반하
지 않는다면 당사자간에는 원칙적으로 유효하다고 한다. 즉 채권적 효력이 있다
는 것이다.[338] 여기서 채권적 효력이란 당사자(甲, 乙)가 양도제한약정에 위반하여
주식을 양도한 경우 다른 당사자인 주주(丙)가 甲 또는 乙과 회사에게 무효를 주
장할 수는 없지만, 위약자인 甲에게 손해배상을 청구할 수 있음을 뜻한다. 이 점
주의를 요한다.

3. 회사에 대한 효력

주주간 양도제한의 약정의 효력이 회사에 대하여 어떠한 효력을 가지는지를
일반적으로 나타내는 판례는 없다. 그러나 주주간의 양도제한의 약정은 주주의
투하자본의 회수가능성의 정도를 불문하고 회사에 대한 효력은 없다. 구체적인
사례를 살펴보면, 1994년 9월 4일 A사와 B사 등 5개의 회사가 공동출자하여 이
동통신업을 영위하는 C라는 회사를 설립하였다. 이때 주주들은 ① 향후 5년간 다
른 당사자 또는 제3자에게 주식을 양도하지 못하며, ② 5년이 경과한 후 매각할
경우에는 5개 주주 중 특정의 주주에게 우선 매각할 것을 약정하였다. 그리고 C
회사의 대표이사도 이 합의의 당사자로 참가하였다.

그러나 5년이 경과하기 전에 일부 주주가 주식을 제3자에게 양도하였고, 양
수인이 회사에 명의개서를 청구하였지만, 회사는 위 합의에 위반함을 이유로 명
의개서를 거부하였다. 이 사건에서 법원은 합의의 내용이 제335조 제1항[339]에 위
반하므로 무효라고 하면서 회사의 명의개서거부는 부당하다고 판시하였다.[340]

이러한 법원의 태도는 당사자간의 채권적 효력을 인정하는 판례의 경우에도
동일하다.[341] 즉 주주간(甲, 乙)의 양도제한의 약정은 회사에 대하여 효력이 없기

---

338) 대법원 2022. 3. 31. 선고 2019다274639; 2013. 5. 9. 선고 2013다7608; 2008. 7. 10. 선고
2007다14193.
339) 제335조(주식의 양도성) 제1항: 주식은 타인에게 양도할 수 있다. 다만, 회사는 정관으
로 정하는 바에 따라 그 발행하는 주식의 양도에 관하여 이사회의 승인을 받도록 할 수
있다.
340) 대법원 2000. 9. 26. 선고 99다48429.
341) 부산고법 2007. 1. 11. 선고 2005나13783(대법원 2008. 7. 10. 선고 2007다14193 판결의
원심).

때문에 양수인(丙)은 선의·악의를 불문하고 적법하게 해당주식을 취득한다. 그리고 그 취득행위는 유효하기 때문에 양수인은 회사에 대하여 명의개서를 청구할수 있고, 회사는 그 명의개서청구를 거절하지 못한다.

V. 법령에 의한 주식양도의 제한

1. 의의 및 유형

법령에 의한 양도제한은 법 정책적 이유에서 주식의 양도를 제한하는 경우이다. 상법은 「權利株」와 「株券發行前株式」의 양도 그리고 재원규제에 의한 회사의 「自己株式」의 취득을 제한하고 있고(제341조의 2), 그 밖에 주식의 양도를 제한하는 특별규정이 상당수 있다.

2. 권리주의 양도제한

(1) 의의

권리주라 함은 출자를 이행함으로써 주주가 될 권리, 즉 주식인수인의 지위를 의미한다.

(2) 제한내용

상법은 회사의 설립시 '주식의 인수로 인한 권리의 양도는 회사에 대하여 효력이 없다.'고 규정하여(제319조) 권리주의 양도를 제한하고 있으며, 이를 신주발행시 준용하고 있다(제425조 제1항). 회사설립절차에서 설립등기를 하기 전까지는 주주란 존재할 수 없고, 주식의 인수자, 즉 주식인수인만이 있게 된다.

신주인수시에도 주주가 되는 것은 납입기일이 아닌 납입기일의 다음 날부터인데, 그 전까지는 신주인수인으로서의 지위만을 갖는다. 제319조와 제425조 제1항은 이러한 권리주의 양도를 금하고 있다. 이에 위반하여 발기인 또는 이사가 권리주를 양도한 때에는 과태료의 제재를 받는다(제635조 제2항).

(3) 제한이유

권리주의 양도를 제한하는 이유로는 다음과 같은 점을 들 수 있다. 먼저, 상법은 주식의 양도방법으로 '株券의 交付'를 요건으로 하고 있는데(제336조 제1항),

권리주는 주권이 없기 때문에 양도할 수 있는 방법이 없다.

둘째, 성립 후 회사의 영업과 이윤과는 관계없이 단기차익을 노리는 투기적 행위를 억제할 필요가 있다.

셋째, 회사설립시에는 양수인이 회사불성립으로 인한 위험에 노출될 수 있으므로 양수인을 보호하는 정책적 고려가 필요하다.

넷째, 권리주의 양도를 허용하면 회사설립시 또는 신주발행시 그 절차가 지나치게 복잡해지고 지체될 수 있다.

그러나 이러한 제한에도 불구하고, 실무계에서는 주금납입영수증이나 또는 청약증거금영수증에 백지위임장을 첨부하는 방법으로 권리주를 양도하는 사례가 적지 아니하다.

(4) 양도의 효력

1) 당사자간의 효력

권리주의 양도는 당사자간에 채권적 효력이 생긴다. 따라서 양도인(권리주주)은 회사설립 후 자신에게 발행된 주식을 양수인에게 이전하여야 하고, 양수인은 회사에 대하여 명의개서를 청구할 수 있다.

2) 회사에 대한 효력

가) 상법의 규정　　당사자간의 효력과 달리 회사와의 관계에서는 法文이 '…회사에 대하여 효력이 없다.'라고만 규정하고 있으므로(제319조) 그 의미에 대하여 학설이 나뉜다.

나) 학설

① 절대적 무효설

이 학설은 법문에 충실하여 양수인이 회사에 대하여 양도의 효력을 주장하거나 주주권을 행사할 수 없다고 한다. 나아가 회사가 자발적으로 양도를 승인하더라도 효력이 없다고 한다(통설).[342]

② 상대적 무효설

이 학설은 권리주의 양도제한의 입법취지가 주식인수인이 교체될 때 생기는 설립절차 또는 신주발행절차가 번잡해지고 지체되는 것을 방지하는 데에 있다면,

---

[342] 정찬형(2022), 773면; 이철송(2024), 413면; 정동윤(2012), 488면; 송옥렬(2022), 858면; 최·김(2014), 609면; 정경영(2022), 351면; 김정호(2023), 252면; 홍·박(2021), 265면.

회사가 불편을 감수하고 자발적으로 권리주의 양도를 인정하는 것은 무방하다고
한다. 그리고 당사자간에는 유효하다고 본다.[343]

③ 판례

판례는 절대적 무효설을 취하고 있다. 그 결과 예를 들면, 구증권거래법 제2
조 제1항 제6호의 유가증권인 주식보관증이 발행된 후 이와 유사한 주권교부청
구권만에 대한 가압류는 회사에 대하여 효력을 미칠 수 없다고 한다.[344]

다) 사견   권리주양도의 제한이유와 주식에 관한 사무처리를 획일적으로
하여야 할 필요성 및 주주평등의 원칙을 감안하면 회사가 자발적으로 권리주의
양도를 인정하는 것은 허용될 수 없다(절대적 무효설).

3. 주권발행 전 주식양도의 제한

(1) 의의

株券發行 前의 株式이란 회사설립등기를 완료한 때로부터 주권을 발행하기
까지, 그리고 신주발행시에는 신주발행의 효력발생일, 즉 납입기일의 다음 날(제
423조 제1항)로부터 주권을 발행하기까지의 주식을 말한다. 즉 권리주의 상태가 소
멸되었지만 주권을 발행하기 전의 주식을 말한다.

(2) 제한취지

상법은 '주권발행 前 주식의 양도는 회사에 대하여 효력이 없다. 그러나 회사
성립 후 또는 신주의 납입기일 후 6월이 경과한 때에는 그러하지 아니하다.'라고
규정하고 있다(제335조 제3항). 이와 같이 주권발행 전의 주식양도를 원칙적으로 제
한하는 이유는 상법상 주식의 양도는 주권의 교부를 요건으로 하고 있는데(제336조 제
1항), 주권의 발행 전에는 적법한 양도방법이 있을 수 없고, 또한 적절한 公示方法
도 없어 주식거래의 안전을 기할 수 없기 때문이다. 예를 들면, 주주의 명의개서
에는 주권의 제시가 필요한데,[345] 주권발행 전에는 이를 제시할 수 없기 때문이
다. 그리고 주권발행사무의 혼잡을 방지하고자 하는 것도 하나의 목적이다.[346]

343) 강·임(2009), 616면; 권기범(2021), 618면; 임홍근(2000), 248면; 안택식(2012), 219면; 김·노·천(2024), 212면.
344) 대법원 2001. 4. 24. 선고 2001다3719; 1965. 12. 7. 선고 65다2069.
345) 대법원 1995. 7. 28. 선고 94다25735.
346) 정찬형(2022), 773면; 정동윤(2012), 489면.

그런데 주권발행 전의 주식양도제한은 법문과 같이 회사의 성립 후 또는 신주의 납입기일 후 지체 없이 주권을 발행하는 경우(제355조 제1항)에 한하여 합리성을 갖는다. 그리하여 상법은 회사의 성립 후 또는 신주납입기일 후 6월간 株券을 발행하지 않은 경우에는 주권의 교부 없이도 유효하게 양도할 수 있게 하고, 회사에 대하여 대항할 수 있도록 명시하고 있다(제335조 제3항 단서). 그 취지는 주주에게 환가의 기회를 부여하고 그 주식의 양수인의 권리를 보호하는 데 있다. 이러한 취지는 투기방지 및 회사설립의 신속성 확보 등을 입법취지로 하는 권리주의 양도제한과는 다르다.

(3) 적용범위

주권발행 전의 주식양도제한에 관한 규정(제335조 제3항)은 주식의 병합에 따른 신주발행(제442조 제1항), 통상적인 신주발행(제416조), 전환주식 또는 전환사채의 전환(제350조, 제515조)에 따른 신주발행, 준비금의 자본금전입에 따른 신주발행(제461조), 주식배당에 따른 신주발행(제462조의 2), 신주인수권부사채권자의 신주인수권행사에 따른 신주발행(제516조의 8), 회사합병(제516조의 9)에 따른 신주발행(제523조 제3호), 주식의 포괄적 교환이나 이전(제360조의 2, 제360조의 15 제1항)에 따른 신주발행(제360조의 2 제2항, 제360조의 15 제2항) 등 신주를 발행하는 모든 경우에 적용된다.[347]

(4) 주권발행 전 주식양도의 효력
1) 6월 경과 전의 양도

가) 법률의 규정   회사성립 후 또는 신주의 납입기일 후 6월이 경과하기 전의 주권발행 전에 행한 주식의 양도는 회사에 대하여 효력이 없다(제335조 제3항 본문). 이는 자본시장법상 상장주식에 대하여도 마찬가지이다.

나) 효력
① 회사에 대한 효력

6월이 경과하기 전의 주권발행 전 양도의 효력은 절대무효이다. 이는 權利株의 양도의 효력과 같다. 그리하여 회사가 임의적으로 주식양도를 승인하고 명의개서까지 완료하더라도 무효이다. 그 결과 양수인은 회사에 대하여 주권의 발

---

347) 同늡 권기범(2021), 619면; 이철송(2024), 414면.

행·교부를 청구할 수 없다.348) 설령 회사가 양수인의 청구에 따라 주주명부를 개서하고 양수인에게 주권을 발행해 주었다고 하더라도 회사에 대한 관계에 있어서는 그 효력이 없다(통설349)·판례350)). 이는 주권의 효력발생시기에 관한 교부시설을 취한 결과이기도 하다. 다만, 이에 대하여는 권리주의 양도의 경우와 마찬가지로 회사가 자발적으로 그 효력을 인정하여 주는 것은 꼭 위법하다고 할 이유가 없다는 소수설이 있다.351)

결국 통설과 판례에 따르면 주권발행 전의 양수인이 주주총회에 참석하여 의결권을 행사하는 때에는 주주 아닌 자의 의결권행사로써 절차상 하자가 있기 때문에 그 정도에 따라 결의취소(제376조) 또는 결의부존재(제380조)의 원인이 된다. 그 결과 주권발행 전에 주식을 양수한 자들(甲, 乙, 丙)이 주주총회를 개최하여 새로 대표이사(丁) 등을 선임하더라도 그 결의는 효력이 없다. 이 경우에는 당초의 대표이사(戊)가 적법한 대표이사가 선임되어 취임할 때까지 대표이사의 권리의무를 갖는다.352)

② 당사자간의 효력

주권발행 전의 주식양도는 회사에 대하여만 효력이 없을 뿐 당사자간에는 채권적 효력이 있다(통설·판례).353) 이 역시 권리주 양도의 효력과 같다. 따라서 ① 양도인은 회사가 자신에게 발행한 주권을 양수인에게 이전하여야 하고, ② 양수인은 양도인에 대하여 주권의 교부를 청구할 수 있다. 그리고 ③ 계약의 내용에 따라서는 양수인이 손해배상을 청구할 수도 있다(예: 양수인이 주권발행 전인 사실을 알지 못한 경우).354)

한편 양수인이 주식양도인의 회사에 대한 주권발행·교부청구권을 대위행사하여 회사로 하여금 양도인에게 주권을 발행하고 교부하여 줄 것을 청구하는 것은 무방하다.355)

---

348) 대법원 1982. 9. 28. 선고 82다카21; 1981. 9. 8. 선고 81다141.
349) 이철송(2024), 415면; 정동윤(2012), 489면; 정찬형(2022), 775면; 송옥렬(2022), 859면; 최준선(2024), 294면; 이·최(2022), 296면; 최기원(2012), 344면.
350) 대법원 2000. 3. 23. 선고 99다67529; 1987. 5. 26. 선고 86다카982·983.
351) 권기범(2021), 620면.
352) 대법원 1983. 9. 27. 선고 83도1622.
353) 대법원 2018. 10. 12. 선고 2017다221501; 2012. 2. 9. 선고 2011다62076·62083.
354) 이철송(2024), 415면.
355) 대법원 1982. 9. 28. 선고 82다카21; 대구고법 1984. 9. 28. 선고 84나12(확정).

다) 하자의 치유

① 문제의 제기

회사의 성립 후 또는 신주의 납입기일 후 6월이 경과하기 전 그리고 주권발행 전에 주식의 양도가 이루어졌으나, 6월이 경과하도록 회사가 주권을 발행하지 아니하는 경우 그 하자가 치유되는지에 관하여 학설이 나뉜다.

② 학설

먼저, ㉠ 긍정설은 6월이 경과하기 전에 주권 없이 주식이 양도되었더라도 회사가 6월이 경과하도록 주권을 발행하지 아니하는 때에는 6월이 경과한 후에 양도계약을 체결하도록 하는 번거로움만 발생시킨다고 한다. 따라서 양도의 하자가 치유되고 유효하다고 본다(통설).356) 이 학설의 주된 논거는 6월이 경과한 후에는 주권 없이 양도하더라도 회사에 대하여 효력이 있다는 제335조 제3항 단서의 규정에 있다. 이에 대하여 ㉡ 부정설은 긍정설과 같이 양도의 하자가 치유된다고 하면 주권 없는 주식의 양도가 조장될 우려가 있다고 한다.357)

③ 판례

법원은 "주권발행 전에 한 주식의 양도가 회사성립 후 또는 신주의 납입기일 후 6월이 경과하기 전에 이루어졌다고 하더라도 그 이후 6월이 경과하고 그때까지 회사가 주권을 발행하지 않았다면, 그 하자는 치유되어 회사에 대하여도 유효한 주식양도가 된다."고 판시하고 있다(긍정설).358)

④ 사견

양도계약의 해제와 같은 특단의 사정이 없는 한 6월이 경과함으로써 하자가 치유된다고 본다. 따라서 양수인이 직접 회사에 대하여 주권의 교부와 명의개서를 청구할 수 있다(긍정설).

356) 정경영(2022), 354면; 이철송(2024), 415면; 최준선(2024), 294면; 정동윤(2012), 489면; 홍·박(2021), 266면; 김정호(2023), 281면; 권기범(2021), 620면.
357) 최기원(2012), 345면.
358) 대법원 2012. 2. 9. 선고 2011다62076; 2002. 3. 15. 선고 2000두1850.

2) 6월 경과 후의 양도

가) 상법의 규정　회사성립 후 또는 신주의 납입기일 후 6월이 경과하도록 회사가 株券을 발행하지 아니하는 때에는 주권 없이 유효하게 주식을 양도할 수 있다(제335조 제3항 단서). 6월이라는 기준은 주권발행사무상의 기술적 이유와 입법상의 편의에서 설정된 것이다. 이 규정은 1984년 개정시 도입되었다. 그 전까지의 판례는 대체로 주권발행 전의 주식양도는 절대적으로 무효라고 보았다.[359] 따라서 그로 인하여 발생하는 불합리를 입법적으로 해결하고자 도입되었다.

나) 양도방법

① 일반원칙

주권발행 전의 주식양도의 방법에 관하여는 상법의 규정이 없기 때문에 지명채권양도의 일반원칙(민법 제450조 제2항)에 따라 당사자의 의사표시만으로 주식을 양도할 수 있다(통설[360]·판례[361]). 그러므로 주권발행 전에 주식의 양도를 명하는 판결은 양도인의 의사표시에 갈음하는 의사의 진술을 명하는 판결에 해당하고, 그 판결이 확정되면 양수인은 주식소유자가 될 수 있다.[362]

② 질권설정

6월이 경과하면 주권 없이 양도할 수 있으므로 質權設定도 가능하다. 다만, 이때에는 株券이 없기 때문에 주식을 약식입질함에 있어서 주권을 질권자에게 교부하는 방법(제338조 제1항)으로는 人質할 수 없고, 權利質權設定의 일반원칙인 民法 제346조(권리질권의 설정방법)[363]와 제349조(지명채권에 대한 질권의 대항요건)[364]에

---

359) 대법원 1981. 9. 8. 선고 81다141; 1977. 10. 11. 선고 77다1244 외 다수. 다만, 상대적 무효설을 취한 판례로는 대법원 1960. 11. 24. 선고 4292민상874·875. 그리고 신의칙을 근거로 주권발행 전의 주식양도의 효력을 승인한 판례로는 1983. 4. 26. 선고 80다580. 이에 관하여는 최준선(2024), 295면; 권기범(2021), 621면.
360) 이철송(2024), 416면; 정찬형(2022), 777면; 서헌제(2007), 670면.
361) 대법원 2008. 10. 23. 선고 2007다72274·72281; 2003. 10. 24. 선고 2003다29661; 1988. 10. 11. 선고 87누481.
362) 대법원 2021. 7. 29. 선고 2017다3222·3239.
363) 제346조(권리질권의 설정방법) 권리질권의 설정은 법률에 다른 규정이 없으면 그 권리의 양도에 관한 방법에 의하여야 한다.
364) 제349조(지명채권에 대한 질권의 대항요건) 제1항 : 지명채권을 목적으로 한 질권의 설정은 설정자가 제450조의 규정에 의하여 제3채무자에게 질권설정의 사실을 통지하거나 제3채무자가 이를 승낙함이 아니면 이로써 제3채무자 기타 제3자에게 대항하지 못한다. 제2항 : (민법)제451조(승낙, 통지의 효과)의 규정은 전항의 경우에 준용한다.

따라야 한다. 그러므로 질권설정의 합의 외에 회사에 대한 통지를 요한다.365)

다) 대항력　　양도방법의 일반원칙은 민법 제450조에 따라 당사자의 의사표시만으로 주식을 양도할 수 있다.366) 그러나 주권발행 전에는 주권이 없기 때문에 주권의 양수자는 적법한 소지인으로 추정되지 아니한다(제336조 제2항 반대해석). 따라서 양수인이 ① 회사에 대항하기 위하여는 채권양도에 준하여 양도인이 회사에 통지하거나 승낙을 얻어야 한다(민법 제450조 제1항). 그리고 ② 주식의 이중양수인, 양도인의 채권자 등과 같은 제3자에게 대항하기 위하여는 確定日字 있는 증서에 의한 양도통지 또는 회사의 승낙을 얻어야 한다(민법 제450조 제2항).367) 확정일자 있는 증서에 의한 통지 또는 승낙의 서면은 원본이 아닌 사본이라도 무방하다.368)

이중양도로 인하여 확정일자에 의한 통지가 수개인 경우에, 그 이중양수인 상호간의 우열은 지명채권 이중양도의 경우에 준하여 확정일자 있는 양도통지가 회사에 도달한 일시 또는 확정일자 있는 증서의 승낙의 일시의 선후에 의하여 결정한다.369)

한편 주식의 양도통지가 확정일자 없는 증서에 의하여 이루어져 제3자에 대한 대항력을 갖추지 못하였더라도 그 증서에 의한 양도통지나 회사의 승낙 후에 확정일자를 얻은 때에는 그 일자 이후에 제3자에 대한 대항력을 취득하게 된다. 다만, 그 대항력취득의 효력은 당초 주식 양도통지일로 소급하지 아니한다.370)

라) 명의개서청구　　주권 없이 주식을 양수한 경우에는 명의개서를 청구할 때 주권이 없으므로 권리추정력을 인정받을 수 없다. 이 때문에 양수인은 양수의 사실을 증명하여야 한다. 그리하여 주권발행 전 주식의 양도가 회사성립 후 6월이 경과한 후에 이루어진 때에는 당사자의 의사표시만으로 회사에 대하여 효력이 있으므로, 양수인은 특별한 사정이 없는 한 양도인의 협력을 받을 필요 없이 단독으로 자신이 주식을 양수한 사실을 증명함으로써 회사에 대하여 그 명의개서를 청구할 수 있다.371) 즉 회사에 대하여 대항할 수 있는 것이다.

---

365) 대법원 2000. 8. 16. 자 99그1 결정.
366) 대법원 2008. 10. 23. 선고 2007다72274·72281; 2003. 10. 24. 선고 2003다29661.
367) 대법원 2018. 10. 12. 선고 2017다221501; 2006. 9. 14. 선고 2005다45537.
368) 대법원 2006. 9. 14. 선고 2005다45537.
369) 대법원 2016. 3. 24. 선고 2015다71795; 2006. 9. 14. 선고 2005다45537.
370) 대법원 2010. 4. 29. 선고 2009다88631; 2006. 9. 14. 선고 2005다45537.

한편 주권발행 전 주식이 양도된 경우 그 주식을 발행한 회사가 확정일자 있는 증서에 의하지 아니한 주식의 양도통지나 승낙의 요건을 갖춘 주식양수인(제1양수인. 甲)에게 명의개서를 마쳐 준 경우, 그 주식을 이중으로 양수한 주식양수인(제2양수인. 乙)이 그 후 회사에 대하여 확정일자 있는 증서에 의하지 아니한 채 양도통지나 승낙의 요건을 갖추었다 하더라도, 그 제2양수인(乙)은 제1양수인(甲)에 대한 관계에서 우선적 지위에 있음을 주장할 수 없다. 이 때문에 회사가 제2양수인(乙)의 청구를 받아들여 그 명의로 명의개서를 하였다고 하더라도 이러한 명의개서는 위법하다. 따라서 이 경우 회사에 대한 관계에서 주주의 권리를 행사할 수 있는 자는 여전히 제1양수인이다(甲).372) 그리고 주권발행 전 주식의 양도인이 그 주식을 다시 제3자(丙)에게 이중으로 양도하고, 제2양수인(乙)이 명의개서를 함으로써 제1양수인(甲)이 회사에 대하여 주주로서의 권리를 제대로 행사할 수 없게 된 경우에는 양도인이 제1양수인(甲)에 대하여 불법행위책임을 진다.373)

마) 효력　기술한 바와 같이 6월이 경과 후에는 주권 없는 양도행위도 당사자간 그리고 회사에 대하여 효력이 있다. 따라서 양수인은 회사에 대하여 명의개서와 주권의 발행·교부를 청구할 수 있다. 그 결과 주권발행 전의 주식양도가 회사성립 후 6월이 경과한 후에 이루어진 경우 그 주식양수인(甲)은 회사에 대한 대항력을 갖추어 주주명부상의 명의개서 여부와 관계없이 회사의 주주가 된다. 그리고 그 후 그 주식양도 사실을 통지받은 바 있는 회사가 주식양도인의 회사에 대한 채무이행을 확보하기 위하여 그 주식에 관하여 제3자(乙)에게 주주명부상의 명의개서절차를 마치고 나아가 그에게 주권을 발행하였다 하더라도, 그 제3자(乙)가 주주가 되는 것은 아니고, 주식양수인(甲)은 주주권을 상실하지 아니한다.374) 다만, 양수인(甲)이 주권을 발행받기 위하여는 명의개서를 마쳐야 한다.

나아가 회사에 대한 양도통지가 확정일자 없는 증서에 의하여 이루어져 제3자(乙)에 대한 대항력을 갖추지 못하였더라도 그 증서에 의한 양도통지나 승낙 후에 그 증서에 확정일자를 얻은 경우, 그 일자 이후에는 제3자(乙)에 대한 대항력을 취득한다.375) 이를 달리 해석하면, 주권발행 전 주식의 양도인이 회사에 대한

371) 대법원 2019. 4. 25. 선고 2017다21176; 2016. 3. 24. 선고 2015다71795.
372) 대법원 2010. 4. 29. 선고 2009다88631.
373) 대법원 2012. 11. 29. 선고 2012다38780.
374) 대법원 2000. 3. 23. 선고 99다67529; 1996. 8. 20. 선고 94다39598.

양도통지 전에 제3자에게 주식을 이중으로 양도한 후 회사에 대하여 확정일자 있는 양도통지를 하는 등 대항요건을 갖추게 되면, 양수인이 그 제3자(乙)에게 대항할 수 없음을 의미한다.376) 다만, 이러한 배임행위에 제3자(乙)가 적극 가담한 경우 제3자에 대한 양도행위의 효력은 인정되지 아니한다.377)

한편 회사가 6월이 경과하도록 주권을 발행하지 아니하였을지라도 주식의 양도일 현재 주권이 발행되었다면, 그 주권을 교부하여야만 효력이 발생한다.378)

바) 배임죄의 성립여부　　주권발행 전의 주식양도는 당사자의 의사표시만으로 할 수 있으므로 양도시기가 불분명하고 이중양도가 가능한 것은 불가피한 현상이다. 그리하여 대법원은 부동산의 경우와는 달리 주권발행 전 주식의 이중양도는 원칙적으로 양도인의 배임죄를 구성하지 않는다고 본다.379) 양도인은 배임죄의 주체인 '타인(양수인)의 사무를 처리하는 자'(형법 제355조 제2항)에 해당하지 않기 때문이다.

4. 자기주식의 취득

(1) 의의

自己株式의 取得이란 회사가 주주로부터 자기가 발행한 주식을 양수받는 것을 의미한다. 2011년 개정 전 상법은 자기주식취득을 엄격히 금지하였었다. 그 이유는 회사가 자기주식을 취득하면 ① 자본금 또는 자본준비금을 재원으로 하는 취득은 주주에 대한 출자를 환급하여 주는 것이므로 자본금유지의 원칙에 반한다(자본금의 공동화 현상). ② 회사의 자산이 감소하여 다른 주주 및 채권자의 이익을 해한다. ③ 회사의 경영이 악화되면 보유하는 자기주식의 가치도 하락하여 경영악화를 가속시킨다(이중의 경영위험). ④ 일부의 특정주주만을 대상으로 자기주식을 취득하면, 매각을 바라는 다른 주주와의 사이에 불공평을 초래한다(주주평등원칙의 위반). ⑤ 반대파주주로부터 주식을 취득함으로써 경영진 또는 이사의 지배권유지 수단이 될 수 있다(회사지배의 불공정). ⑥ 회사의 내부사정에 정통한 이사들에 의

---

376) 대법원 2006. 9. 14. 선고 2005다45537; 1987. 4. 12. 선고 87다카2429.
376) 대법원 2006. 9. 14. 선고 2005다45537.
377) 대법원 2006. 9. 14. 선고 2005다45537.
378) 대법원 1993. 12. 28. 선고 93다8719.
379) 대법원 2020. 10. 15. 선고 2020도9688; 2020. 6. 4. 선고 2015도6057.

한 시세조종(자본시장법 제176조)이나 내부자거래(자본시장법 제172조, 제174조) 등에 이용 될 수 있다(주식거래의 불공정). ⑦ 기업의 인수·합병에 대항하기 위하여 주가가 이상 급등한 시점에서 자기주식을 매입하거나 주주로부터의 고액의 매입요구에 응할 경우 회사에 거액에 손실을 발생시킬 수 있는 폐해가 우려되었기 때문이다.

(2) 자기주식취득 허용의 취지

舊상법과 달리 2011년 개정상법은 주식은 재산권의 일종으로서 유가증권화하여 유통되고, 재산의 취득과 처분은 회사의 일상적인 행위이므로 자기주식의 취득도 다른 재산의 취득과 차별할 이유가 없다고 보아 이를 원칙적으로 허용하고 있다. 재무관리의 유연성과 주식시장의 활성화를 추구하고 있는 것도 또 하나의 허용취지이다. 또 대륙법계 국가들의 입법정책의 변화도 영향을 끼쳤다.

(3) 자기주식의 취득방법과 요건

취득방법에는 두 가지가 있다. 그리하여 회사는 자기의 명의와 계산으로 ① 거래소에서 時勢가 있는 주식의 경우에는 거래소에서 취득하는 방법, 또는 ② 회사상환주식(제345조 제1항)의 경우 외에 각 주주가 가진 주식 수에 따라 균등한 조건으로 취득하는 것으로서 대통령령으로 정하는 방법에 따라 취득할 수 있다(제341조 제1항). 이에 따라 시행령 제9조는 ① 회사가 모든 주주에게 자기주식취득의 통지 또는 공고를 하여 주식을 취득하는 방법, ② 공개매수(자본시장법 제133조 내지 제146조)의 방법을 제시하고 있다. 따라서 특정 주주만을 대상으로 하는 자기주식취득은 허용되지 아니한다.

취득요건으로는 자본적 요건이 있다. 그리하여 회사는 직전결산기 배당가능이익의 범위 내에서 자기주식을 취득할 수 있다(제341조 제1항 단서).

위와 같이 회사는 거래소의 시세가 있는 주식에 대하여는 시세에 따라 주주평등의 원칙을 준수하면서 직전결산기의 배당가능이익한도 내에서만 자기주식을 취득할 수 있다. 그 결과 취득재원이나 이사의 책임원리는 후술하는 중간배당(제462조의 3)의 경우와 유사하다. 다만, '배당가능이익한도'라고 하여 회사가 보유하고 있는 현금으로 취득하라는 뜻은 아니다. 차입을 통하여 취득하더라도 무방하다.[380] 회사가 보유현금으로 자기주식을 취득하든 또는 차입을 통하여 취득하든

---

380) 대법원 2021. 7. 29. 선고 2017두63337.

회사의 당기순자산 및 배당가능이익에 미치는 영향은 같기 때문이다.

(4) 적용범위

1) 취득명의

개정 전 상법은 회사는 '자기의 계산으로' 자기주식을 취득할 수 없다고 규정하였다. 이에 비하여 현행법은 '자기의 명의와 계산'으로 취득하도록 하고 있다. 그러나 표현상의 변화에도 불구하고 회사의 계산으로 제3자의 명의로 자기주식을 취득하는 것은 금지된다(제341조 본문).[381] 이 역시 장부상 가공의 수치만이 유입되어 자본충실을 해하기 때문이다. 취득한 자기주식의 명의개서여부는 불문한다. 다만, 회사가 제3자의 명의로 자기주식을 취득하였을 때 그것이 회사의 계산으로 취득한 것에 해당하기 위하여는 그 주식취득에 소요되는 자금이 회사의 출연에 의한 것이고 그 주식취득에 따른 손익이 회사에 귀속되어야 한다.[382] 따라서 제3자가 회사의 주식을 취득하는데 단순히 신용을 공여하는 행위만으로는 회사의 계산에 해당하지 않는다고 풀이한다.[383]

2) 담보취득 : 질취의 허용범위(5%)

자기주식을 담보의 목적으로 받는 것은 원칙적으로 금지된다. 담보로 취득하더라도 회사의 재산상태가 악화되면 동시에 담보가치도 감소하므로 자본충실을 해할 염려가 있기 때문이다. 다만, 회사는 발행주식총수의 20분의 1 이하에서는 자기의 주식을 질권의 목적으로 취득할 수 있다(제341조의 3 본문). 나아가 ① 회사의 합병 또는 다른 회사의 영업 전부의 양수로 인한 경우, ② 회사의 권리를 실행함에 있어 그 목적을 달성하기 위하여 필요한 경우에는 그 한도를 초과하여 질권의 목적으로 할 수 있다(제341조의 3 단서·제341조의 2 제1호 및 제2호).

3) 신주인수(허용 불가)

특정목적에 의한 자기주식의 취득규정(제341조의 2)은 신주인수에도 적용된다. 왜냐하면 회사가 자기주식을 인수하는 것은 일종의 가장납입이기 때문에 제341조의 2와는 무관하게 당연히 금지되는 것이다.[384]

---

381) 대법원 2007. 7. 26. 선고 2006다33685; 2003. 5. 16. 선고 2001다44109.
382) 대법원 2011. 4. 28. 선고 2009다23610; 2007. 7. 26. 선고 2006다33685.
383) 同旨 대법원 2011. 4. 28. 선고 2009다23610.
384) 대법원 2003. 5. 16. 선고 2001다44109.

4) 신주인수권증서385) · 신주인수권증권386) 등의 취득(허용 불가)

회사는 자기가 발행한 신주인수권증서 또는 신주인수권증권을 취득하여 신주인수권을 행사할 수 없다. 통상적인 신주인수와 같기 때문이다. 설령 회사가 신주인수권을 행사하지 아니한다 하더라도 신주인수권증서나 신주인수권증권의 취득자체도 금지된다고 본다. 자기주식취득의 폐해가 나타날 수 있기 때문이다.

5) 신주인수권부사채 · 전환사채의 취득

회사는 자기가 발행한 사채를 자유롭게 취득할 수 있으므로 자기가 발행한 신주인수권부사채 또는 전환사채도 취득할 수 있다. 그러나 이 사채에 부여된 신주인수권이나 전환청구권을 행사하게 되면, 회사가 자기주식을 인수하게 된다. 따라서 회사는 이러한 社債를 취득하더라도 신주인수권이나 전환청구권은 행사할 수 없다고 본다(일본회사법 제280조 제6호 참조).387)

6) 유 · 무상취득

無償取得은 회사의 자본적 기초를 위태롭게 하거나 자기주식취득으로 인한 폐해가 없으므로 규제 없이 취득할 수 있다.388) 다른 회사로부터 현물배당의 형태로 교부를 받는 경우도 같다. 그러나 회사에 유리한 조건으로 자기주식을 취득하고자 하는 때에도 대가가 지급되는 한 금지된다.389) 부담 있는 증여를 받는 것은 有償取得과 같은 취지로 금지된다.

7) 자기의 주식을 취득하는 제3자에 대한 자금지원(허용 불가)

회사는 자기가 발행하는 주식을 인수하고자 하는 제3자 또는 이미 발행한 주식을 취득하고자 하는 제3자에게 실질적으로 회수할 의사 없이 주식인수대금을 대여하고, 제3자는 그 대여금으로 주식인수대금을 납입한 경우 그 납입의 효력은 인정되지 아니한다. 제3자가 인수한 주식의 액면금액에 상당하는 회사의 자본(순자산)이 증가되었다고 할 수 없으므로 위와 같은 주식인수대금의 납입은 단순히 납입을 가장한 것에 지나지 아니하여 무효이기 때문이다(독일주식법 제71a조).390)

---

385) 통상의 신주발행절차에 의하여 구체화된 주주의 신주인수권을 표창하는 유가증권이다.
386) 신주발행청구권을 표칭하는 유가증권을 말한다. 따라서 사채권자 또는 신주인수권증권의 소지인이 신주인수권, 즉 신주발행청구권을 행사하지 아니하면 신주발행절차가 개시되지 않을 수 있다.
387) 同旨 이철송(2024), 422면; 정경영(2022), 366면; 정찬형(2022), 785면.
388) 대법원 1996. 6. 25. 선고 96다12726; 1989. 11. 28. 선고 88누9268.
389) 同旨 이철송(2024), 422면; 정찬형(2022), 785면.

한편 新株引受 중에는 株式引受人이 회사에 대하여 還買(재매입)청구권을 행사하고, 회사로부터의 대출금과 환매대금을 相計하기로 약정하는 경우는 주식인수의 損益이 모두 회사에 귀속되는데, 이는 자기주식취득의 일종이다.391) 은행법은 해당은행의 주식을 사게 하기 위한 직·간접적인 대출행위를 금지하고 있다(동법 제38조 제5호). 상법과 입법 취지는 다르지만, 결과는 유사할 수 있다.

(5) 특정목적에 의한 자기주식취득

상법은 제341조의 예외로서 재원규제를 받지 아니하고 자기주식을 취득할 수 있는 경우를 열거하고 있다(제341조의 2).

1) 회사의 합병 또는 다른 회사의 영업 전부의 양수로 인한 때(제1호)

흡수합병의 경우 소멸회사의 재산 중에 존속회사의 주식이 포함되어 있거나 영업 전부양도의 경우 양도목적인 영업재산 중에 양수회사의 주식이 포함되어 있으면 존속회사 또는 양수회사는 자기주식을 취득하게 된다. 이는 소멸회사 또는 양도회사 자산을 승계하게 되므로 허용되는 것이다. 다만, 일부양수의 경우에는 양수재산에서 자기주식을 제외할 수 있기 때문에 재원규제를 받는다.

2) 회사의 권리를 실행함에 있어 그 목적달성을 위하여 필요한 때(제2호)

가) 의의 및 허용요건   이는 주식발행회사(甲)가 그 권리를 실행하기 위하여 강제집행, 담보권의 실행 등을 함에 있어 채무자(乙)에게 주식발행회사(甲)의 주식 이외에 재산이 없을 때 회사(甲)가 자기주식을 대물변제로 취득하는 경우 등을 말한다.392) 그러므로 채무자(乙)는 주식발행회사(甲)의 주식을 제외하고는 변제자력이 없어야 한다는 것이 요건사실이다. 채무자의 무자력의 입증책임은 자기주식취득을 주장하는 회사에게 있다.393)

나) 경락의 허용 여부   自己株式이 경매될 때 이를 競落받는 것을 제341조의 2 제2호에 포함되는 취득으로 본 판례가 있다.394) 그러나 이는 새로운 유상취득이기 때문에 금지된다고 풀이한다. 통상적인 관점에서 보면, 주식발행회사가 대물변제 또는 강제집행으로 인하여 자기주식을 취득하는 것은 일종의 유상취득

---

390) 대법원 2003. 5. 16. 선고 2001다44109.
391) 대법원 2003. 5. 16. 선고 2001다44109.
392) 대법원 2006. 10. 12. 선고 2005다75729; 1977. 3. 8. 선고 76다1292.
393) 대법원 1977. 3. 8. 선고 76다1292.
394) 대법원 1977. 3. 8. 선고 76다1292.

이기 때문에 규제의 대상이 된다. 이에 비하여 채무자가 자기주식을 제외하고는
재산이 없는 경우 대물변제나 강제집행의 방법으로 이를 취득하는 것은 일종의
무상취득으로 볼 수 있기 때문에, 즉 회사가 자기주식을 취득하지 아니하면 채권
가치가 零이 되기 때문에 규제 없이 취득할 수 있다고 본다. 그러므로 경매될 때
경락을 받는 것을 제341조의 2 제2호에 해당한다고 해석하는 것은 무리가 있다.

3) 단주의 처리를 위하여 필요한 때(제3호)

端株란 1주 미만의 주식을 말한다. 주식의 포괄적 교환·이전, 자본감소, 합
병, 준비금의 자본전입 또는 주식배당 등과 같이 상법상 단주의 처리방법이 명시
되어 있는 경우에는 회사가 단주를 취득할 수 없다.[395]

따라서 이 규정은 新株發行(제416조), 전환주식·전환사채 또는 신주인수권부
사채권자의 신주인수권의 행사에 따른 신주발행과 같이 단주처리방법이 명시되
지 아니한 경우에 적용된다. 이 경우 회사는 주주의 소유단주에 대하여 환가를
하여 주기 위하여는 그 단주를 취득하여야 한다.

4) 주주가 주식매수청구권을 행사한 때(제4호)

회사가 주식의 양도 또는 양수를 승인하지 아니하여 양도인이나 양수인이 주
식의 매수를 청구하는 경우에는 자기주식을 취득하여야 한다.[396] 그리고 주식의
포괄적 교환·이전,[397] 영업양도·양수·영업 전부의 임대 또는 경영위임·타인과
영업의 손익 전부를 같이 하는 계약·그 밖에 이에 준하는 계약의 체결·변경 또
는 해약(제374조·제374조의 2), 합병 또는 분할합병 등의 승인결의에 반대하는 주주
가 주식매수청구권을 행사하는 경우[398]에도 自己株式을 취득하여야 한다.

그러나 회사가 특정 주주의 주식을 매수하기로 약정함으로써 사실상 매수청
구를 할 수 있는 권리를 부여하고 주주가 그 권리를 행사하는 때에는 제4호의 사
유에 해당하지 아니한다.[399] 그러므로 제341조에 따라 취득하여야 한다.

---

395) 제360조의 11 제1항·제360조의 22, 제443조 제1항, 제530조 제3항, 제461조 제2항, 제
     462조의 2 제3항.
396) 제335조의 2, 제335조의 2 제4항·제335조의 7 제2항.
397) 제360조의 3·제360조의 5, 제360조의 16·제360조의 22·제360조의 5.
398) 제522조 제1항·제522조의 3, 제530조의 11 제2항·제522조의 3.
399) 대법원 2021. 10. 28. 선고 2020다208058.

(6) 기타 자기주식취득의 허용

자기주식의 취득이 불가피하여 상법 또는 다른 특별법에서 明文으로 허용하는 경우도 있고 해석상 허용해야 할 경우도 있다.

1) 상법상 허용

가) 주식을 소각하기 위한 때   이는 ① 자본금감소의 규정에 따라 주식을 소각하거나 이사회의 결의에 의하여 회사가 보유하는 자기주식을 소각하는 경우(제343조 제1항) 또는, ② 상환주식을 상환하는 경우(제345조) 등을 말한다. 회사가 주식을 소각하는 경우에는 주주로부터 株券을 제출받아 소각의 효력이 발생할 때까지, 즉 주식의 소멸시까지 보관하여야 하기 때문에 허용되는 것이다.

한편 판례는 경영권분쟁에 관한 사안에서 장차 주식을 소각할 계획으로 자기주식을 취득하는 것도 소각을 위한 자기주식취득으로 보아 허용된다고 한다.[400]

나) 주식매수선택권부여를 위한 자기주식취득   회사가 이사, 집행임원, 감사 또는 피용자 등에게 주식매수선택권을 부여하고 당해 선택권의 행사에 회사가 자기의 주식을 양도하는 방법으로 응하는 경우(제340조의 2 제1항 참조)에는 미리 자기주식을 취득할 필요가 있다. 다만, 이러한 목적으로 회사가 취득하는 자기주식은 회사의 발행주식총수의 100분의 10을 초과할 수 없다(제340조의 2 제3항).

한편 ① 의결권 없는 주식을 제외한 발행주식총수의 100분의 10 이상의 주식을 가진 주주 또는, ② 이사·집행임원·감사의 선임과 해임 등 회사의 주요 경영사항에 대하여 사실상 영향력을 행사하는 자에게는 주식매수선택권을 부여할 수 없다. 따라서 이러한 자들에게 주식매수선택권을 부여하기 위한 자기주식취득은 금지된다.

2) 특별법상 허용(상장법인 등의 특례)

여기에는 벤처기업육성에 관한 특별조치법 제15조, 자본시장법 제165조의 3의 규정 등이 해당한다.

3) 해석상 허용

自己株式을 ① 무상취득의 경우,[401] ② 委託賣買業者가 위탁자의 계산으로 자기주식을 매수하는 경우(독일주식법 제71조 제1항 제4호), ③ 금융투자업자가 자기주

---

400) 대법원 1992. 4. 14. 선고 90다카22698.
401) 대법원 1996. 6. 25. 선고 96다12726.

식의 신탁을 인수하는 경우, ④ 타인의 계산으로 취득하는 경우 등은 해석상 허용된다. 이러한 예외는 회사의 자본적 기초를 위태롭게 하거나 회사 채권자와 주주의 이익을 해하지 않기 때문이다.[402] 따라서 이러한 경우 외에는 자기주식취득이 허용되지 않는다.[403] 예를 들면, 회사·주주·채권자에게 생길 중대한 손해를 회피하기 위하여 필요한 경우라도 자기주식의 취득은 허용되지 않는다.[404]

(7) 자기주식취득의 결의절차 및 내용

1) 주주총회의 보통결의

회사는 주주총회의 보통결의로 자기주식을 취득할 수 있다. 다만, 정관에서 이사회의 결의로 이익배당을 할 수 있다고 정하고 있는 경우에는 이사회의 결의로서 주주총회의 결의를 갈음할 수 있다(제341조 제2항). 그럼에도 불구하고 자본금 총액이 10억원 미만인 회사로서 이사를 1인 또는 2인만을 선임한 때에는 항상 주주총회의 결의에 의하여야 한다. 이러한 회사는 이사회가 없기 때문이다(제383조 제5항·제341조 제2항 단서). 이사회 또는 주주총회의 결의에서는 ① 취득할 수 있는 주식의 종류 및 수, ② 취득가액의 총액의 한도, ③ 자기주식을 취득할 수 있는 기간을 정하여야 한다(제341조 제2항). 총회의 소집통지서에는 회의의 목적사항으로 기재하여야 한다(제363조 제2항·제3항).

2) 취득시기

주주총회 또는 이사회결의 후 1년을 초과하여서는 아니 된다(제341조 제2항).

(8) 자기주식취득 위반의 효력

1) 채권행위의 효력

주식발행회사와 주주간에는 자기주식취득의 원인행위로서 매매·교환 등 채권적 합의가 이루어질 수 있지만, 이러한 채권행위는 무효이다. 이러한 채권행위는 강행법규에 반하는 것으로써 처음부터 이행이 불가능한 것을 목적으로 한 것이기 때문이다.[405] 다만, 회사가 자기주식을 취득하지 아니하고 이행할 수 있는 약정은 유효하다. 예컨대, 회사(甲)가 자기주식을 이사(乙)에게 공로주로 주기로

---

402) 대법원 2006. 10. 12. 선고 2005다75729; 1996. 6. 25. 선고 96다12726.
403) 대법원 2006. 10. 12. 선고 2005다75729; 2003. 5. 16. 선고 2001다44109.
404) 이철송(2024), 432면; 대법원 2003. 5. 16. 선고 2001다44109.
405) 이철송(2024), 432면; 대법원 2003. 5. 16. 선고 2001다44109.

약정한 경우, 그 약정이 회사(甲)가 주주인 제3자(丙)에게 대가를 지불하고 제3자 (丙)로부터 직접 이사(乙)에게 주식을 양도케 할 수도 있는 것이라면, 강행법규에 반하거나 원시적으로 이행이 불능한 것은 아니다.406) 다만, 이때 회사가 부담하는 대가에는 반대의 대가가 있어야 한다. 그리고 그 반대의 사례, 즉 회사가 제3 자로 하여금 임원이 보유하는 회사주식을 매수하게 하는 약정도 유효하다.407)

2) 취득행위의 사법상의 효력

가) 문제의 제기　　회사가 자기주식취득 규제 규정인 제341조 내지 제341조 의 3에 위반하여 자기주식을 취득 또는 質取한 경우의 사법적 효력에 관하여는 학설이 대립한다.

나) 학설

① 무효설

이 학설은 위 규정은 강행규정이므로 이를 위반하여 자기주식을 취득하는 행위는 자본금충실의 원칙을 저해하고 그 밖에 자기주식취득으로 인한 폐해가 나타날 수 있다는 점을 근거로, 이러한 자기주식의 취득은 상대방(讓渡人)의 선의·악의를 불문하고 무효라고 한다(다수설).408) 이 학설에 따르면 회사의 자본충실을 기할 수 있고, 자기주식취득으로 인한 폐해는 발생하지 아니한다. 다만, 去來의 安全을 해칠 수 있는 문제점이 있다.

② 유효설

이 학설은 제341조 등은 일종의 단속적 규정이므로, 이에 위반하여 자기주식 을 취득하는 행위는 이사 등의 책임을 추궁하는 데 그치고, 유효하다고 한다. 그 리하여 회사의 손해는 理事 등의 손해배상책임으로 해결하면 족하다고 한다.409) 이 학설에 따르면 去來의 安全을 기할 수 있는 장점이 있으나, 이사 등의 손해책 임만으로는 자기주식취득규제의 실효성을 충분히 거둘 수 없는 문제점이 있다. 상대방이 악의일 때에도 취득행위가 유효하게 되는 문제점도 있다.

---

406) 대법원 2021. 10. 28. 선고 2020다208058; 1963. 5. 30. 선고 63다106.
407) 대법원 2021. 10. 28. 선고 2020다208058.
408) 정찬형(2022), 787면; 송옥렬(2022), 876면; 최기원(2012), 363면; 김정호(2023), 260면; 장덕조(2023), 193면; 최준선(2020), 314면; 서·정(1999), 373면.
409) 채이식(1996), 648면; 서헌재(2007), 238면.

③ 상대적 무효설

이는 기본적으로 제341조에 위반한 자기주식의 취득은 무효이지만, 거래의 안전을 위하여 일정한 경우에는 예외를 인정하여야 한다는 학설이다. 이 학설은 다시 다음과 같이 세 가지의 견해로 나뉜다. 첫째, 이 견해는 회사가 타인의 명의로 그러나 회사의 계산으로 자기주식을 취득하는 경우에는 양도인(상대방)을 보호하기 위하여 상대방이 선의인 한 유효하다고 한다(부분적 무효설이라고도 한다).410)

둘째, 이 견해는 자기주식취득의 규제로 인하여 보호를 받아야 할 자는 회사·채권자 및 주주이므로, 양도인은 선의·악의를 불문하고 취득행위의 무효를 주장하지 못하고 회사·채권자 및 주주도 양도인이 선의인 한 무효를 주장하지 못한다고 한다.411) 즉 양도인이 악의인 경우에 한해 무효를 주장할 수 있다고 한다.

셋째, 이 견해는 위법한 자기주식취득의 효력과 관련하여 염려해야 할 것은 자기주식취득이 무효라고 할 때, 회사가 다시 자기주식을 처분하여 이를 전득한 자 및 그 이후의 취득자들이 주주권을 잃게 되는 점과 주식을 압류한 채권자가 권리를 잃게 되는 점이라고 한다. 그러므로 자기주식취득은 양도인의 선의·악의를 묻지 않고 무효이지만, 선의의 제3자(전득자·압류채권자 등)에게는 대항하지 못한다고 한다.412)

다) 판례   제341조는 회사·채권자·주주 및 일반투자자 등의 이익을 보호하기 위한 정책적 이유에서 도입된 강행법이기 때문에, 위법한 자기주식취득은 양도인의 선의·악의를 불문하고 무효라고 한다. 나아가 자기주식의 취득을 和解의 내용으로 하는 것도 무효라고 한다(무효설).413)

라) 사견   회사의 자본금충실의 원칙은 주식회사의 본질적 요청이고, 제341조의 2에서 규제 없이 자기주식을 취득할 수 있는 경우를 열거하고 있는 입법목적을 고려하면, 제341조는 강행규정이며 이에 위반한 자기주식취득은 양도인의 선의·악의를 불문하고 무효이다(무효설).

---

410) 손주찬(2003), 659면; 양·박(1999), 336면; 김·노·천(2024), 702면.
411) 권기범(2021), 630면.
412) 이철송(2024), 434면; 정동윤(2012), 496면.
413) 대법원 2003. 5. 16. 선고 2001다44109; 1964. 11. 12. 64마719 결정.

3) 상대방(양도인)의 무효주장의 가능성

가) 문제의 제기

자기주식취득 규제에 위반한 경우 매도당사자, 즉 양도인이 무효를 주장할 수 있는지에 대하여는 학설이 나뉜다.

나) 학설

부정설은 ① 양도인은 그 위반을 알았거나 알 수 있었을 것이므로 주식취득이 무효로 되더라도 거래의 안정을 해할 염려가 없고, ② 무효인 경우에는 주식을 반환받게 되어 선의의 양도인이라 할지라도 굳이 보호할 필요가 없으며, ③ 회사의 자본충실의 관점에서도 허용될 수 없다고 한다.414) 긍정설은 회사만이 무효를 주장할 수 있다면, ① 양도인의 지위가 장기간 불안정해지고, ② 회사가 가장 유리한 시기에 무효를 주장할 경우 양도인은 불측의 손해를 입을 수 있다고 한다. 그러므로 ③ 조속히 법률관계를 매듭짓기 위하여 양도인도 무효를 주장할 수 있어야 한다고 본다.415)

다) 사견

양도인의 무효주장을 제한하여 지킬 수 있는 것은 회사가 위법하게 자기주식을 취득하여 얻은 이익이므로 이를 보호할 가치가 있는지 의문이다. 또 회사만이 무효를 주장할 수 있다면 위법행위를 한 회사가 무효를 주장할 것으로 기대하기 어렵다. 양도인의 위험부담 하에 회사의 투기적 행태도 조장될 수 있다(긍정설).

4) 회사채권자의 자기주식취득대가 지급청구

회사가 제341조 단서의 재원규제를 위반하여 자기주식을 취득한 경우 양도인은 회사의 위법행위로 인한 이익을 얻게 된다. 이 경우 양도인의 채권자가 자기의 채권액을 상한으로 하여 양도인에게 금전의 지급을 청구할 수 있는지 문제된다. 그러나 명문의 규정도 없고, 자기주식취득과 관련된 판례법리가 정착되지 아니한 현 시점에서는 이를 인정할 수 없다고 본다.416)

---

414) 임재연(2019 I), 488면; 권기범(2021), 630면; 大隅健一郎·今井 宏·小林 量(2009), 416面; 石山卓磨(2009), 162面: 畠田公明외 3인(2020), 293面(종래 일본의 유력설); 東京高判 1989. 2. 27. 判例時報 第1309號, 1989, 137面.
415) 同旨 이철송(2024), 434면; 김·노·천(2024), 703면; 近藤光男외 2인(2015), 105面; 龍田 節, "違法な自己株式取得の效力," 法学論叢 第136卷 第4·5·6號(1995), 34面; 江頭憲 治郎(2021), 261面(최근 일본의 유력설).
416) 일본은 오래 전부터 이를 명문화 있고(2005년 개정 전 상법 제290조 제2항. 현행 회사법

(9) 자기주식취득으로 인한 이사의 책임 및 면책기준

1) 자본금충실책임

가) 결손에 대한 책임 해당영업연도의 결산기에 대차대조표상의 순자산액이 배당가능이익(제462조 제1항 각호의 금액의 합계액)에 미치지 못함에도 불구하고 회사가 자기주식을 취득한 경우 이사는 회사에 대하여 연대하여 그 미치지 못한 금액을 배상할 책임이 있다(제341조 제4항 본문). 즉 자기주식을 취득한 결과 회사에 결손이 발생한 때에는 자기주식의 취득으로 인하여 발생한 결손부분에 관해 이사가 배상책임을 지는 것이다. 이는 결산절차를 거치지 아니하고 자기주식을 취득함으로써 발생한 결손부분만큼의 주주이익을 보호하기 위함이다. 채권자를 보호하는 효과도 있다. 다만, 이 책임은 총주주의 동의로 면제할 수 있다(제400조).

나) 과실책임 이사는 제341조 제4항 본문에 따라 결손에 대한 배상책임이 있다. 그러나 입법취지에 의거 이사가 결손의 우려가 없다고 판단하는 때에 주의를 게을리하지 아니하였음을 증명한 경우에는 그러하지 아니하다(제341조 제4항 단서·제341조 제3항). 즉 결손의 발생 여부에 대한 판단을 이사에게 부담시키고 있지만, 이사가 자기주식을 취득하더라도 결손이 발생하지 아니한다고 판단함에 과실이 없음을 증명한 때에는 취득으로 인한 결손부분에 대하여 책임을 부담하지 아니하는 것이다. 이는 중간배당에서의 이사의 책임과 같다(제462조의 3 제4항).

다) 책임의 범위 책임의 범위에 관하여 제341조 제4항은 자기주식취득금액(예: 50억원)과 무관한 결손금(예: 200억원) 전부에 관하여 손해배상책임을 지우고 있다. 그러나 중간배당에 관한 제462조의 3 제4항417)을 유추적용하여 자기주식취득금액을 한도로 제한하는 것이 합리적이다.418) 자기주식취득과 무관하게 발생한 모든 결손금에 대하여 책임을 지우는 것은 형평에 반하기 때문이다.

라) 이사의 면책기준

제341조 제4항 단서의 '주의를 게을리하지 아니하였음'에 대한 판단은 취득행

제463조 제2항), 판례 역시 같다(大判, 昭和 10. 3. 12. 民集 第14卷, 482面).

417) 당해 결산기 대차대조표상의 순자산액이 제462조 제1항 각호의 금액의 합계액에 미치지 못함에도 불구하고 중간배당을 한 경우 이사는 회사에 대하여 연대하여 그 차액(配當額이 그 差額보다 적을 경우에는 配當額)을 배상할 책임이 있다. 다만, 이사가 제3항의 우려가 없다고 판단함에 있어 주의를 게을리하지 아니하였음을 증명한 때에는 그러하지 아니하다.

418) 同旨 권기범(2021), 626면; 이철송(2024), 429면; 송옥렬(2022), 869면.

위시를 기준으로 삼아야 하고, 취득 후 결손확정시까지의 회사업무집행을 기준으로 삼아서는 아니 된다. 따라서 회사의 취득행위 후 실적악화로 결손이 발생하더라도 이사에게 결손에 대한 책임을 물을 수 없다고 풀이한다.

2) 회사 및 제3자에 대한 책임 등

이사나 집행임원이 고의 또는 중대한 과실로 자기주식을 취득하여 제3자에게 손해를 발생시킨 때에는 그 제3자에 대하여 연대하여 손해배상책임을 진다(제401조 제1항, 제408조의 8 제2항). 그리고 자기주식취득으로 인한 배상책임 이외에 이사가 자기주식취득 과정상의 임무해태로 회사에 손해를 발생시킨 때에는 연대하여 손해배상책임을 진다(제399조, 제408조의 8 제1항). 또한 자기주식의 취득으로 회사에게 회복할 수 없는 손해가 발생할 염려가 있는 때에는 감사 또는 발행주식의 총수의 100분의 1(상장회사: 10만분의 50) 이상에 해당하는 주식을 가진 소수주주권자는 그 이사에 대하여 자기주식취득의 留止를 청구할 수 있다(제402조, 제542조의 6 제5항).

이 밖에도 명의를 불문하고 회사의 계산으로 부정하게 그 주식을 취득하거나 질권의 목적으로 받은 이사나 집행임원은 형벌의 제재를 받는다(제625조 제2호).

(10) 자기주식의 처분

1) 의의

자기주식의 처분에는 ① 매매, 교환 또는 대물변제와 같은 유상의 권리이전, ② 질권설정 또는 신탁과 같은 권리설정, ③ 자기주식을 공익단체에 기부하는 바와 같은 무상의 처분을 포함한다.[419]

2) 이사회의 결의

상법은 회사가 自己株式을 처분하는 경우 ① 처분할 주식의 종류와 수, ② 처분할 주식의 처분가액과 납입기일, ③ 주식을 처분할 상대방 및 처분방법에 관한 사항을 정관으로 정하지 아니하는 때에는 이사회가 자유롭게 결정하여 처분할 수 있도록 하고 있다(제342조 제1항). 본래 2011년 개정 전 상법은 자기주식에 대하여 '지체 없이 주식실효'의 절차를 밟거나 '상당한 시기'에 처분하도록 하여(구상법 제342조) 일시적인 보유만을 인정하였었다. 그러나 현행법은 위와 같이 회사의 선택에 따라 계속 보유하거나 처분할 수 있도록 하고 있다.

---

419) 이철송(2024), 434면.

3) 불공정한 처분의 효력

자기주식을 처분함에 있어서 가격과 상대방 선택시 불공정성이 문제될 수 있다. 그것은 처분방법에 대하여는 별도의 규정이 없기 때문이다. 이로 인하여 불공정한 처분의 효력은 해석론에 의존할 수밖에 없다. 이와 관련하여 대법원은 대표이사가 대표권을 남용하여 자기주식을 매도한 사건에서 "자기주식이 제3자에게 처분되어 기존 주주들의 회사에 대한 비례적 이익(의결권 등)이 감소되어 주식의 가치가 희석되는 것은 회사가 자기주식을 취득하여 기존 주주들의 회사에 대한 비례적 이익이 증가하는 것과 마찬가지로 사실적·경제적 이익에 불과하므로 그 주식매매계약에 대하여는 무효를 구할 이익이 없다."고 판시하였다.[420] 그 이후 삼성물산이 자기주식을 우호적 거래처인 KCC에 처분하고, KCC가 삼성물산과 제일모직에 찬성하여 합병이 성사된 사건에서도, 법원은 동일한 논리로 처분의 적법성을 인정하였다.[421]

(11) 자기주식의 소각

자기주식의 소각은 이사회의 결의만으로 할 수 있다. 이 경우에는 자본금감소에 관한 규정이 적용되지 아니한다(제342조 제1항).

(12) 자기주식의 지위

1) 의결권

상법은 회사가 가진 자기주식은 의결권이 없다고 규정하고 있다(제369조 제2항). 그러므로 회사는 유효하게 취득한 자기주식을 가지고 의결권을 행사할 수 없다. 따라서 자기주식의 수는 의결정족수의 계산상 발행주식총수에 산입하지 아니한다(제369조 제2항·제371조 제1항).

2) 공익권과 자익권

소수주주권이나 각종 소제기권 등과 같은 共益權은 그 성질상 인정될 수 없다(이설 없음). 그리고 이익배당청구권·신주인수권·잔여재산분배청구권 등의 自益權도 모두 휴지된다는 것이 통설이다(全面的 休止說).[422] 그리고 회사(甲)와 다른 회

---

420) 대법원 2014. 7. 10. 선고 2012다29397; 2010. 10. 28. 선고 2010다51413.
421) 서울고법 2015. 7. 16. 자 2015라20503 결정.
422) 장덕조(2023), 194면; 손주찬(2003), 663면; 정동윤(2012), 494면; 정찬형(2022), 788면; 이철송(2024), 438면; 최기원(2012), 358면; 김정호(2023), 262면.

사(乙)가 회사(甲)를 존속회사로 하여 합병을 하는 경우 다른 회사(乙)가 가지고 있었던 회사(甲)의 주식은 취득할 수 있다(제341조의 2 제1호). 그러나 다른 회사(乙)가 가지고 있었던 해당회사(乙)의 자기주식 또는 회사(甲)가 가지고 있었던 다른 회사(乙)의 주식에 대하여는 회사(甲)의 신주를 발행하여 주어서는 아니 된다. 이는 명문의 규정은 없지만, 자기주식의 속성상 당연하다. 이러한 점에서 회사가 보유 중인 자기주식은 양도가능한 목적물로서의 의미가 있을 뿐이다.423) 다만, 주주권행사의 제한은 주식자체의 속성이 아니기 때문에 회사가 자기주식을 양도한 때에는 모든 권리가 부활하여 양수인은 주주권을 행사할 수 있다.

한편 자기주식은 주식분할에 의하여 당연히 증가한다. 왜냐하면 주식분할(액면분할)은 종전의 주주권에 변동을 야기함이 없이 주식의 同一性을 유지하며 세분되는 것에 불과하기 때문이다.

5. 주식의 상호소유규제

(1) 의의

株式의 相互所有란 주식회사간 서로 주식을 소유하는 것을 말한다. 그 형태는 2개의 독립된 회사간(단순상호소유), 3개 이상의 회사간의 순환적인 출자(고리형 상호소유)424) 및 행렬식(matrix type) 상호소유425) 등으로 분류할 수 있다.

(2) 상호소유의 장점

주식의 상호소유(cross ownership of shares)는 ① 기업그룹 내에서 기업간 결합의 강화, ② 기업간의 업무 또는 기술의 제휴, ③ 적대적 M&A로부터의 경영권 방어, ④ 단기적인 주주이익에 얽매이지 아니한 채 장기적인 경영전망에 따른 기업운영을 할 수 있는 장점이 있다.

(3) 상호소유의 폐해

1) 자기주식성

주식의 상호소유는 본질적으로 自己株式의 取得이다. 예를 들면, A社가 B社

---

423) 최기원(2012), 358면.
424) A회사가 B회사에, B회사가 C회사에, C회사가 다시 A회사에 출자하는 형태를 말한다.
425) A회사는 B·C·D회사의 주식을, B회사는 A·C·D회사의 주식을, C회사는 A·B·D회사의 주식을, D회사가 A·B·C회사의 주식을 소유하는 형태를 말한다.

의 주식을 80%, B社가 A社의 주식을 40% 가지고 있다면, A社와 B社는 각기 40%×80%/100＝32%의 자기주식을 갖는 것이다. 그러므로 상호소유는 우회적인 방법을 활용한 自己株式의 취득이다.

2) 회사지배의 왜곡(경영자지배의 영속)

위의 A사와 B사와 같이 주식을 상호소유하는 회사들은 상대방회사의 주주총회에서 의결권을 우호적으로 행사함으로써 쌍방의 경영자의 지위를 공고하게 하여 영구적인 經營支配를 가능하게 한다. 이는 경영자가 출자 없이 주주들을 무시한 채 간접적으로 자기회사의 주주총회를 지배하게 됨을 의미한다.

3) 자본금충실의 저해(자본의 공동화)

상호주는 일종의 자기주식이기 때문에 그에 대한 소유는 사실상 출자의 환급효과를 발생시킨다. 예를 들면, A회사가 B회사의 주주 甲으로부터 B회사 주식을 양수하고, B회사가 A회사의 주주 乙로부터 A회사 주식을 양수하게 되면, A는 B의, B는 A의 대리인으로서 상대방 주주에게 출자를 환급하여 준 효과를 발생시킨다. 그러므로 주식을 상호소유하는 양 회사는 상호주의 합계만큼 자본의 空洞化 현상이 발생한다. 양 회사가 100%에 가까운 주식을 상호소유하는 경우에 회사순자산의 규범적 기준이 되어야 할 자본금은 서류상의 수치에 불과하게 된다.

4) 재무부실의 전이

주식을 상호소유하는 때에는 한 회사의 재무상태가 부실하여지면 다른 회사의 재무상태에도 악영향을 미칠 가능성이 있다.

(4) 상법상 상호소유의 형태

상법은 ① 모자회사간 주식의 상호소유, ② 비모자회사간 주식의 상호소유로 나누고 있다. 그리하여 ①에 대하여는 자기주식취득과 같이 주식의 상호소유를 금지하고 있다(제342조의 2). 그리고 ②에 대하여는 의결권의 행사를 제한하고 있다(제369조 제3항).

(5) 모회사주식의 취득제한

1) 의의

子會社(subsidiary company)는 母會社(parent company)의 주식을 원칙적으로 취득할 수 없다. 자회사는 모회사의 출자를 받고, 주식의 소유를 통하여 모회사의 지배를 받는다. 이 때문에 자회사에 의한 모회사의 주식취득을 자유롭게 인정하면 주식의 상호소유에 따른 폐해가 露呈될 수 있다. 그리하여 상법은 이러한 행위를 위법한 자기주식취득과 동일하게 제한하고 있다.

2) 모자회사의 인정기준

모회사라고 함은 다른 회사(乙회사)의 발행주식총수의 100분의 50을 초과하는 주식을 가진 회사(甲)를 말한다. 이때 모회사(甲) 이외의 그 다른 회사(乙)를 자회사라고 한다(제342조의 2 제1항 본문). 상법은 모자회사 인정기준을 확대하여 ① 자회사(乙)가 또 다른 회사(丙)의 발생주식총수의 100분의 50을 초과하는 주식을 갖거나, ② 자회사(乙)와 모회사(甲)가 가진 주식을 합산하여 또 다른 회사(丙)의 주식을 100분의 50을 초과하는 경우, 또 다른 회사(丙)는 모회사(甲)의 자회사로 본다(제342조의 2 제3항). 이 경우 또 다른 자회사(丙)를 孫會社라고 부르기도 한다.

3) 주식취득제한

가) 원칙

① 자회사의 계산

子會社는 母會社의 주식을 취득할 수 없다(제342조의 2 제1항 본문). 이는 자회사가 자기의 계산으로 취득하는 것을 금지하는 의미이기 때문에 명의를 묻지 아니한다. 따라서 ① 제3자의 명의일지라도 모회사 주식취득의 경제적 효과가 자회사에게 귀속하는 경우와, ② 형식적으로는 담보취득일지라도 실질적으로는 자회사의 계산으로 모회사의 주식을 취득하는 것은 금지된다.

② 신주인수금지 등

자회사는 모회사의 신주인수권부사채나 전환사채를 취득할 수 있다. 그러나 자기주식취득제한에서 본 바와 같이 전환권 또는 신주인수권을 행사하여 모회사의 주식을 취득하는 것은 금지된다. 같은 취지로 자회사는 모회사의 신주를 인수할 수 없다.

③ 사후적 취득·처분

회사(甲)가 다른 회사(乙)의 주식을 50% 이하(예: 45%)로 가지고 있던 중 다른 회사(乙)가 회사(甲)의 주식을 50%를 초과하여 취득하게 되어 회사(甲)가 다른 회사(乙)의 자회사가 되는 경우에는 제342조의 2 제1항의 적용을 받지 아니한다. 다만, 甲이 가지고 있는 乙의 주식은 6월 이내에 처분하여야 한다(동조 제2항).

한편 동시에 상호간 50%를 초과하여 주식을 취득하여 서로 모자관계를 형성하는 경우에는 상호 50% 이하가 되도록 주식을 처분하여야 한다. 이에 반하는 때에는 상호간 주식을 소유할 수 없기 때문이다.

나) 예외 및 처분　① 자회사가 모회사주식을 가지고 있는 다른 회사를 흡수합병하거나 영업전부를 양수하는 때, ② 회사의 권리를 실행함에 있어 그 목적을 달성하기 위하여 필요한 때, ③ 株式의 包括的 交換이나 移轉을 하는 때에는 子會社가 母會社의 주식을 취득할 수 있다. ④ 흡수합병시 존속회사가 소멸회사의 주주에게 합병의 대가로 모회사주식을 제공하는 때(삼각합병방식)에는 사전에 모회사주식을 취득할 수 있다(제523조의 2).

한편 위의 가)원칙 ①의 '자회사의 계산'을 반대로 해석하면, 명의는 자회사일지라도 계산의 주체가 타인일 때에는 모회사의 주식을 취득할 수 있다. 대표적으로는 신탁회사나 위탁매매인(예: 증권회사)이 영업의 일환으로 母會社의 주식을 취득하는 행위를 들 수 있다. 이와 같이 예외적으로 취득한 모회사의 주식은 6월 내에 처분하여야 한다(제342조의 2 제2항). 다만, 위의 나)예외 ④의 사유로 인하여 모회사의 주식을 취득한 때에는 합병의 효력이 발생하는 날부터 6개월 이내에 그 주식을 처분하여야 한다(제523조의 2 제2항).

다) 질취　자회사가 모회사의 주식을 질권의 목적물로 삼을 수 있는지에 대하여는 명문의 규정이 없기 때문에 학설이 나뉜다.

① 긍정설

이 학설은 제342조의 2의 규제는 자회사에 의한 모회사의 주식의 취득에 한정되고, 또 자회사에 의한 모회사의 주식의 질취를 인정하여도 주식취득의 경우와 같은 폐단은 없다고 한다. 따라서 자회사는 모회사의 주식을 질권의 목적으로 취득할 수 있다고 본다(다수설).[426]

② 부정설

이 학설은 자회사가 모회사의 주식을 질취하는 것은 자기주식의 질취와 동질적이므로 제341조의 3(발행주식총수의 20분의 1 이하)의 적용을 받는다고 한다. 또 자회

---

[426] 최준선(2024), 305면; 정동윤(2012), 499면; 이·최(2022), 311면; 손주찬(2005), 666면; 권기범(2021), 646면.

사의 모회사주식 취득금지에 관한 입법취지에도 반한다고 한다(소수설).427)

③ 사견

자회사가 모회사의 주식을 質取하는 것은 자기주식의 질취와 同質의 것이므로 원칙적으로 금지된다고 본다(부정설).

4) 취득한 모회사주식의 지위

자회사가 예외적으로 모회사주식을 취득하더라도 그 주식의 의결권은 인정되지 아니한다(제369조 제3항). 그 밖에 자회사가 취득한 모회사의 주식은 자기주식의 지위와 마찬가지로 일체의 자익권과 공익권을 행사할 수 없다(통설. 全面的 休止說).

5) 위반의 효과(취득행위의 사법상 효력)

자회사에 의한 모회사주식취득의 효력에 대하여는 자기주식취득의 효력과 동일시하는 것이 일반적이다. 따라서 자기주식취득의 사법상의 효력에서와 같이 무효설, 유효설 및 상대적 무효설이 대립한다.

생각건대 자회사가 취득금지규정에 위반하여 모회사의 주식을 취득하는 행위에 대하여는 특정목적에 의한 자기주식의 취득(제341조의 2) 이외의 금지규정(제341조 및 제341조의 3)에 위반하여 취득한 행위와 같이 무효라고 본다(무효설).

6) 이사 등의 책임

子會社의 이사 등이 제342조의 2의 금지규정에 위반하여 母會社의 株式을 취득하거나 또는 예외적으로 취득한 주식을 6개월 이내에 처분하지 아니한 때에는 벌칙이 적용된다(제625조의 2·제342조의 2 제1항 또는 제2항). 그리고 이사는 회사 또는 제3자에 대하여 손해배상책임을 진다(제399조, 제401조).

(6) 비모자회사간의 상호주규제

1) 의의 및 취지

상법상 회사(甲), 모회사(乙)와 자회사(丙) 또는 자회사(丙)가 다른 회사(丁)가 발행한 주식총수의 10분의 1을 초과하는 주식을 가진 경우, 그 다른 회사(丁)가 가지고 있는 회사(甲) 또는 母會社(乙)의 주식은 의결권이 없다(제369조 제3항). 여기서의 회사(甲)와 모회사(乙)는 동일인이어도 무방하다. 이를 비모자회사간 주식의 상호소유규제라고 한다.

---

427) 이철송(2024), 445면; 최기원(2012), 370면.

모자회사간에는 자회사에 의한 *母會社*의 주식취득을 금지하는 데 비하여 *非母子會社間*의 상호주식에 대하여는 의결권만 제한하는 것은 모자회사간에서 나타날 수 있는 폐해보다는 출자 없는 지배라는 폐해가 우려되기 때문이다. 즉 지배권을 왜곡시킬 수 있는 대주주의 권한남용을 억제하기 위하여 의결권만을 제거하고 있는 것이다.

2) 요건

가) 비율요건　회사(甲)가 다른 회사(乙)의 발행주식총수의 10분의 1을 초과하여 소유한 경우, 다른 회사(乙)가 가진 회사(甲)의 주식은 의결권이 없다(제369조 제3항). 이 경우 10분의 1은 의결권이 배제되거나 제한되는 종류주식을 포함한 발행주식총수에 대한 비율이다.

나) 형태　회사(甲)의 소유주식을 계산할 때에는 그 자신이 가진 주식과 자회사(甲1)가 가진 주식을 합산한다. 그러므로 비모자회사간의 상호주규제는 다음과 같은 세 가지 형태로 나타난다. 첫째, 회사(甲)가 단독으로 다른 회사(乙)의 발행주식총수의 10분의 1을 초과하는 주식을 가진 경우. 이 경우 乙이 소유하고 있는 甲의 주식은 의결권이 없다.

둘째, 회사(甲)의 자회사(甲1)가 다른 회사(乙)의 발행주식총수의 10분의 1을 초과하는 주식을 가진 경우. 이 경우 乙이 소유하는 甲과 甲1의 주식은 의결권이 없다.

셋째, (모)회사(甲)가 가진 다른 회사(乙)의 주식과 회사(甲)의 자회사(甲1)가 가진 다른 회사의 주식을 합산하여 다른 회사(乙)의 발행주식총수의 10분의 1을 초과하여 가진 경우. 이 경우에는 乙이 소유하는 甲의 주식은 의결권이 없다. 다만, 여기서의 자회사는 2개 이상 있을 수 있다. 그리고 *孫會社*(甲2)도 *母會社*의 자회사에 해당하기 때문에(제324조의 2 제3항) 손회사(甲2)가 가진 다른 회사(乙)의 주식도 회사(甲)의 소유주식에 합산한다.

한편 회사(甲)가 다른 회사(乙)의 주식을 10%를 초과하여 가지고 있는 경우 다른 회사(乙)의 자회사(乙1)가 회사(甲)의 주식을 소유하고 있으면, 다른 회사(乙)와 그 자회사(乙1)는 의사결정의 일체를 이루는 경우가 대부분이기 때문에 乙1이 소유하는 甲의 주식은 의결권이 없다고 본다(제369조 제3항 유추적용).

다) 100분의 50 이하　회사(및 그 *子會社*와 *孫會社*)가 소유한 다른 회사의 주식

은 발행주식총수의 100분의 50 이하이어야 한다. 회사(甲)가 다른 회사(乙)의 발행주식총수의 100분의 50을 초과하여 소유하면 회사와 다른 회사는 母子會社가 되기 때문에 다른 회사(乙)는 회사(甲)의 주식을 소유할 수 없다(제342조의 2). 이 경우 다른 회사(乙)가 소유하고 있는 회사(甲)의 주식은 취득한 날로부터 6월 이내에 처분하여야 한다(제342조의 2 제2항).

라) 10분의 1 이하　　다른 회사(乙)가 가진 회사(甲)의 주식은 그 회사(甲)의 발행주식총수의 10분의 1 이하이어야 한다. 다른 회사(乙)가 회사(甲)의 발행주식총수의 10분의 1을 초과하여 소유하면, 서로가 비모자회사관계가 성립되므로 쌍방이 의결권을 행사하지 못한다. 이 경우 쌍방간의 취득시기는 문제되지 아니하므로 다른 회사(乙)가 회사(甲)의 영향력에 대항하기 위하여 회사(甲)의 발행주식총수의 10분의 1을 초과하여 취득하는 사례도 있었다(예: 1997년 주식회사 중원 vs. 주식회사 레이디가구).

한편 다른 회사(乙)가 소유한 회사(甲)의 주식수를 계산하는 때에는 다른 회사(乙)의 자회사(乙1)가 소유한 회사(甲)의 소유주식을 합산하여 10분의 1 이상인지를 결정하여야 한다(위의 세 가지 형태 참조).

3) 의결권의 유무와 명의개서

가) 문제의 제기　　회사(甲)가 다른 회사(乙)의 발행주식총수의 10분의 1을 초과하는 주식을 취득하였으나 명의개서를 하지 아니한 경우, 다른 회사(乙)는 자기가 가지고 있는 회사(甲)의 주식에 대한 의결권을 행사할 수 있는지 문제된다. 이는 비모자회사간의 상호주인지의 판단하는 시점에 관한 것이기도 하다. 다만, 이때 다른 회사(乙)가 소유하고 있는 회사(甲)의 주식은 명의개서되어 있어야 한다.

나) 학설

① 긍정설

이 학설은 비모자회사간의 주식의 상호소유규제의 취지가 지배구조를 왜곡시키는 것을 방지하는 데에 있으므로 다른 회사(乙)의 의결권행사에 회사(甲)가 사실상의 영향력을 행사할 수 있는 시점, 즉 주주총회일에 실제로 소유하고 있는 주식수를 기준으로 의결권유무를 판단하여야 한다고 본다.[428]

---

428) 정찬형(2022), 901면; 송옥렬(2022), 885면; 정동윤(2012), 504면.

② 부정설

회사(甲)가 다른 회사(乙)의 주주인지를 판단함에 있어서는 실질소유관계를 기준으로 삼고, 다른 회사(乙)가 회사(甲)의 주주인지를 판단함에 있어서는 주주명부를 기준으로 삼는 것은 동일한 문제에 이중의 잣대를 사용하는 것으로써 타당하지 않다고 한다.429)

다) 판례   판례는 '회사, 모회사 및 자회사 또는 자회사가 다른 회사 발행주식총수의 10분의 1을 초과하는 주식을 가지고 있는지 여부는 실제로 소유하고 있는 주식수를 기준으로 판단하여야 하고, 주주명부상의 명의개서를 하였는지 여부와는 관계가 없다.'고 판시하고 있다(긍정설).430) 즉 형식적 명의개서 여부를 불문하고, 의결권행사 시점에서 비모자회사간의 상호주 요건을 충족하면, 다른 회사(乙)가 회사(甲)의 주주총회에서 의결권을 행사할 수 없다고 보고 있다.

라) 사견   비모자회사간의 주식의 상호소유규제의 목적은 지배구조를 왜곡시킬 수 있는 대주주의 권한남용을 억제하는 데에 있다. 그러므로 주주총회시 지분의 실질을 기준으로 판단하여야 한다고 본다(긍정설).

4) 효과

가) 의결권의 배제   다른 회사(乙)가 가지고 있는 회사(甲)의 소유주식의 의결권이 배제되는 결과(제369조 제3항), 회사(甲)는 다른 회사(乙)에게 주주총회의 소집통지를 할 필요가 없다. 따라서 다른 회사(乙)가 회사(甲)의 주주총회에서 의결권을 행사한 때에는 주주총회결의취소사유(제376조 제1항)에 해당한다. 그리고 다른 회사(乙)의 소유주식은 정족수계산에서도 제외된다(제371조 제1항). 그러나 종류주주총회에서의 의결권은 갖는다고 본다.

한편 다른 회사(乙)가 행사하지 못하는 의결권은 ① 회사(甲)의 다른 회사(乙)의 주식에 대한 소유비율이 10분의 1 이하로 낮아지거나, ② 다른 회사(乙)가 회사(甲)의 주식을 타인에게 양도하는 때에는 부활한다.

나) 공익권 및 자익권   비모자회사간의 상호주식은 의결권만 박탈되므로 자익권은 제한되지 아니한다. 다만, 의결권을 제외한 공익권이 제한되는지에 관하여 학설이 나뉜다. 먼저 ① 부정설은 자기주식(제341조)이나 자회사가 소유하는

429) 이철송(2024), 450면.
430) 대법원 2009. 1. 30. 선고 2006다31269.

모회사의 주식(제342조의 2)과는 달리 의결권을 제외한 기타의 공익권은 제한되지 아니한다고 본다.431) ② 긍정설은 의결권을 제외한 다른 공익권도 모두 제한된다고 한다.432) ③ 절충설은 의결권 및 의결권을 전제로 한 공익권 예를 들면, 소수주주에 의한 총회소집청구권(제366조 제1항)도 행사할 수 없다고 한다.433)

생각건대 비모자회사간의 상호주식은 의결권만이 박탈되므로 의결권을 제외한 기타의 공익권은 인정된다고 본다(부정설). 따라서 무의결권우선주처럼 주주총회에서의 발언권이나 소수주주의 주주총회소집청구권(제366조) 등은 인정된다고 본다.

5) 주식취득의 통지의무

가) 의의　회사(甲)가 다른 회사(乙)의 주식을 그 발행주식총수의 10분의 1을 초과하여 취득한 때에는 지체 없이 그 다른 회사(乙)에 통지하여야 한다(제342조의 3).

나) 취지　주식취득의 통지의무의 취지는 다음과 같다. 첫째, 통지의무는 비모자회사간의 相互株의 규제를 위하여 필요하다. 상호주를 소유하는 회사간에는 의결권이 박탈되는데(제369조 제3항), 이는 의결권이 박탈되는 회사가 자신의 회사의 주식의 10분의 1 이상을 어느 회사가 소유하고 있다는 사실을 알고 있음을 전제로 한 것이다. 그러므로 10분의 1을 초과하여 소유하는 회사는 상대방회사에 대하여 그 사실을 알려야 할 필요가 있는 것이다.

둘째, 회사간의 지배경쟁의 기회를 균등하게 부여하기 위하여도 필요하다. 어느 회사(甲)와 다른 회사(乙)가 발행주식총수의 10분의 1을 초과하여 상호주를 취득하면 쌍방의 의결권이 박탈되기 때문이다. 따라서 다른 회사(乙)가 어느 회사(甲)에게 부지불식간에 경영권이 위협받지 않도록 하여 경영권의 안정을 도모하기 위하여는 자기회사(乙)의 주식분포사실을 알아야 할 필요가 있는 것이다.434)

셋째, 위 두 번째의 논리에 따른 귀결로 '특정 주주총회에 한정하여 각 주주들로부터 개별안건에 대한 의견을 표시하게 하여 의결권을 위임받아 의결권을 대리행사하는 경우에는 회사(甲)가 다른 회사(乙)의 발행주식총수의 10분의 1을 초과하여 의결권을 대리행사할 권한을 취득할지라도 제342조의 3이 유추적용되지 않는다.'435) 특정 주주총회로 한정하는 때에는 10분의 1을 초과하여 취득하더라

---

431) 최기원(2017), 496면; 송옥렬(2022), 885면.
432) 손주찬, "개정상법 제369조 3항에 관한 해석론과 입법론," 고시계(1984. 5), 135면.
433) 이철송(2024), 451면; 정찬형(2022), 903면; 채이식(1996), 469면.
434) 대법원 2001. 5. 15. 선고 2001다12973.

도 경영권에 위협이 되지 않는다고 볼 수 있기 때문이다.

(7) 공정거래법상 상호주규제

公正去來法상 상호출자제한기업집단(자산총액이 5조원 이상인 기업집단)에 속하는 회사는 원칙적으로 자기의 주식을 취득 또는 소유하고 있는 계열회사의 주식을 1주라도 취득 또는 소유하여서는 아니 된다(동법 제21조).

Ⅵ. 주식의 담보화

1. 주식담보화의 자유와 제한

주식은 재산적 가치를 가지며 양도성이 있으므로 담보의 대상이 된다. 상법은 주식을 담보로 하는 방법으로서 입질을 명시하고 있다(제338조 이하). 그 이외에는 양도담보[436]가 자주 이용되고 있다. 이와 같이 주식양도와 마찬가지로 주식의 담보도 원칙적으로 자유롭지만, 다음과 같은 제한이 있다. 첫째, 권리주의 양도는 회사에 대하여 효력이 없기 때문에(제319조) 권리주에 대한 담보설정(예: 질권 또는 양도담보)은 당사자간에는 유효하지만 회사에 대하여는 효력이 없다.

둘째, 주권발행 전의 주식양도가 회사에 대하여 효력이 없는 것과 같이(제335조 제3항 본문) 주권발행 전의 주식에 대한 담보설정(예: 질권 또는 양도담보) 역시 회사에 대하여 효력이 없다.

셋째, 회사는 발행주식총수의 20분의 1을 초과하여 자기의 주식을 질권의 목적으로 받지 못한다(제341조의 3).

넷째, 모자회사간의 주식의 상호소유와 관련하여, 자회사는 원칙적으로 모회사의 주식취득이 금지되지만(제342조의 2), 자회사가 모회사의 주식을 담보(예: 질권 또는 양도담보)의 목적으로 취득하는 것에 대한 제한은 없다. 그리하여 자회사가 모회사의 주식을 담보로 설정할 수 있는지에 대하여는 긍정설(다수설)과 부정설로 나뉜다(기술 참조. 사견: 부정설).

다섯째, 주식의 입질에는 주권의 교부가 필요하므로 권리주나 주권불소지신

---

435) 대법원 2001. 5. 15. 선고 2001다12973.
436) 이는 채무자가 채무보증의 한 방법으로 채권자에게 담보물의 소유권을 이전해 주는 담보로서 일정한 기간 내에 돈을 갚으면 채무자가 소유권을 다시 되돌려 받는 담보이다.

고(제358조의 2)된 주식은 담보의 대상이 될 수 없다(제338조 제1항 참조).

2. 입질

(1) 의의

주식은 상법이 정하는 바에 따라 질권의 목적으로 할 수 있다. 주식의 입질도 기본적으로는 민법상의 질권에 관한 법리에 의거 규율할 수 있지만, 상법은 주식의 특성을 감안하여 주식질의 설정과 효력에 관한 별도의 규정을 두고 있다.

(2) 설정방법

주식에 관한 질권의 설정방법에는 질권설정 여부가 외부로 드러나지 아니하는 略式質과 대외적으로 공시하여야 하는 登錄質이 있다.

1) 약식질

가) 설정절차　　주식의 약식질은 당사자간의 질권설정의 합의와 질권자에게 주권을 교부함으로써 성립한다(제338조 제1항). 이와 같이 약식질은 주주명부에 기재되지 아니하기 때문에 회사 또는 제3자는 입질사실을 알 수 없다. 주권의 교부는 현실의 인도뿐 아니라 간이인도나 목적물반환청구권의 양도에 의한 방법도 허용된다. 다만, 점유개정에 의한 인도는 허용되지 아니한다. 그 이유는 질권자는 설정자로 하여금 질물의 점유(대리점유)를 하게 할 수 없기 때문이다(민법 제332조).

나) 대항요건　　약식질의 질권자는 주권을 계속 점유하지 아니하면 주권발행회사 및 제3자에게 대항하지 못한다(제338조 제2항). 즉 질권자의 계속적인 주권점유가 질권설정자 및 질권설정자의 채권자 등과의 관계에서 轉質權,437) 유치권, 물상대위권 또는 우선변제권을 주장할 수 있는 요건인 것이다.

그러나 주권의 점유를 상실한다 하여 질권 자체를 상실한 것은 아니므로 질권자가 다시 주권의 점유를 회복하면 회사 및 제3자에게 대항할 수 있다.

한편 주권을 제3자(丙)가 점유하는 경우 간접점유자인 질권설정자(甲)가 반환청구권의 양도에 의하여 주권의 점유를 이전하려면, 질권자(乙)에게 자신의 점유매개자인 제3자(직접점유자, 丙)에 대한 반환청구권을 양도하여야 한다. 이 경우 대항요건으로서 질권설정자(甲)는 제3자(丙)의 승낙 또는 제3자에 대한 통지를 갖추

---

437) 질권자가 質物을 자기의 책임으로, 그 권리의 범위 내에서 자기의 채무의 담보로 다시 입질하는 것이다(민법 제336조).

어야 한다.438) 이러한 법리는 제3자(丙)가 다시 주권을 타인(丁)에게 보관시켜 점유매개관계가 중첩적으로 이루어진 경우에도 마찬가지이다. 따라서 질권설정자(甲)는 자신의 매개자인 제3자(丙)에게만 통지하거나 그 승낙을 받는 것으로 충분하고, 직접점유자인 타인(丁)의 승낙을 받거나 그에게 통지할 필요는 없다.439)

2) 등록질

가) 설정절차 등록질은 질권설정의 합의와 주권의 교부에 더하여 회사가 질권설정자의 청구에 의하여 질권자의 성명과 주소를 주주명부에 덧붙여 쓰고 그 성명을 주권에 기재함으로써 성립한다(제340조 제1항).

나) 약식질과의 차이 약식질의 목적은 교환가치의 확보에 있기 때문에 주권의 교부만으로 족한 반면, 등록질의 목적은 주주의 회사에 대한 권리행사에 영향을 미치는 데에 있기 때문에 주주명부에 기재하도록 한다. 따라서 주주명부의 폐쇄기간에는 기재나 말소를 할 수 없다.

다) 대항(및 효력)요건

① 주권발행회사

등록질의 회사에 대한 대항(및 효력)요건은 주주명부상의 기재이다. 주주명부에는 자격수여적 효력이 인정되기 때문이다. 따라서 질권자는 회사에 대한 관계에서는 주권을 제시하거나 그 밖의 방법으로 자기의 권리를 증명할 필요 없이 질권자의 권리를 행사할 수 있다. 그리하여 법문에서는 질권자의 성명을 주권에 기재할 것을 요구하고 있으나, 그 기재가 없더라도 등록질의 성립에는 영향이 없다(이설 없음). 다만, 주권에 성명의 기재가 없으면, 제3자가 주권 또는 질권을 선의취득하는 때에는 주권의 권리추정력(제336조 제2항)으로 인하여 질권자가 권리를 상실할 위험이 있다.

② 제3자

등록질권자가 제3자에게 대항하기 위하여는 약식질과 같이 주권을 계속 점유하여야 하는지에 관하여 학설이 나뉜다. 긍정설은 회사에 대한 관계에서와는 달리 제3자에 대하여는 제338조 제2항440)을 근거로 주권을 계속 점유하여야만

---

438) 대법원 2000. 9. 8. 선고 99다58471.
439) 대법원 2012. 8. 23. 선고 2012다34764.
440) 제338조(주식의 입질) 제2항 : 질권자는 계속하여 주권을 점유하지 아니하면 그 질권으로써 제3자에게 대항하지 못한다.

대항할 수 있다고 한다(통설).441) 부정설은 제340조 제1항442)을 근거로 질권자의 성명을 주권에 기재한 것으로 족하다고 한다.443)

생각건대 주주명부는 회사와의 관계에서는 자격수여적 효력이 인정되므로 등록질권자는 주권을 제시할 필요가 없지만, 제3자와의 관계에서는 이와 같은 효력(예: 대세적 효력)이 없다. 그리고 주권의 권리추정력 역시 주권의 점유를 전제로 하는 것이다(긍정설).

3) 유질약정

상행위로 인하여 생긴 채권을 담보하기 위한 주식의 입질, 즉 유질약정(제59조)이 체결된 경우, 그에 대하여는 별도의 규정이 없다. 그러므로 질권의 실행방법이나 절차는 원칙적으로 질권설정계약에서 정한 바에 따른다.444)

(3) 질권의 효력

1) 의의

주식질은 원칙적으로 민사질과 같이 轉質權, 유치권, 물상대위권 및 우선변제권을 갖는다. 다만, 상법은 주식질의 물상대위권과 우선변제권의 범위와 대상에 관한 별도의 규정을 두고 있다. 그리고 등록질권자는 약식질권자의 모든 권리는 물론 추가적인 권리를 갖는다.

2) 물상대위

가) 범위

① 일반적 범위

ㄱ. 상법의 규정 : 상법은 민사질권의 물상대위의 일반원칙(민법 제342조)445)에 대한 특칙을 두고 있다. 그리하여 질권자는 주식의 소각, 병합, 분할 또는 전환이 있는 때에는 이로 인하여 종전의 주주가 받을 금전이나 주식에 대하여도 종전의

---

441) 이·최(2022), 355면; 홍·박(2021), 302면; 손주찬(2004), 684면; 정동윤(2012), 519면; 권기범(2021), 579면; 최준선(2024), 330면; 송옥렬(2022), 895면; 최기원(2012), 409-410면.
442) 제340조(주식의 등록질) 제1항 : 주식을 질권의 목적으로 한 경우에 회사가 질권설정자의 청구에 따라 그 성명과 주소를 주주명부에 덧붙여 쓰고 그 성명을 株券에 적은 경우 질권자는 회사로부터 이익배당, 잔여재산의 분배 또는 제339조(질권의 물상대위)에 따른 금전의 지급을 받아 다른 채권자에 우선하여 자기채권의 변제에 충당할 수 있다.
443) 정찬형(2022), 835면.
444) 대법원 2021. 11. 25. 선고 2018다304007; 2017. 7. 18. 선고 2017다207499.
445) 질권은 질물의 멸실, 훼손 또는 공용징수로 인하여 질권설정자가 받을 금전 기타 물건에 대하여도 이를 행사할 수 있다. 이 경우에는 그 지급 또는 인도 전에 압류하여야 한다.

주식을 목적으로 한 질권을 행사할 수 있다(제339조). 그리고 ① 유한회사와 주식회사가 합병하여 합병 후 존속하는 회사 또는 합병으로 인하여 설립되는 회사가 유한회사인 경우에 종전의 주주가 받게 되는 유한회사의 지분에도 물상대위가 인정되고(제601조·제339조), ② 주식의 포괄적 교환·이전의 무효판결이 확정된 경우 모회사가 자회사의 주주에게 발행한 모회사의 주식은 무효가 되기 때문에 모회사는 자회사의 주식을 반환하여야 하는데, 이 경우 종전의 모회사의 주식에 설정된 질권은 반환되는 자회사의 주식에 물상대위한다.[446]

이러한 금전이나 주식은 담보된 주식의 代表物 또는 變形物이기 때문에, 상법은 물상대위의 목적물의 범위를 확대하고 있다.

ㄴ. 해석상 인정 : 상법이 물상대위의 목적물의 범위를 확대하는 취지를 감안하면, ① 준비금의 자본금전입에 따라 발행되는 무상신주(제461조 제5항), ② 신주발행의 무효판결에 따라 주주에게 환급하는 주식납입금(제432조 제3항), ③ 주식의 포괄적 교환 또는 이전에 의거 자회사의 주주가 받는 모회사 주식(제360조의 11 제2항, 제360조의 22) 또는 교부금,[447] ④ 회사의 분할시 분할되는 회사의 주주가 받는 금전(분할교부금)이나 분할신주(제530조의 2·제530조의 5), ⑤ 주식매수청구권의 행사에 의하여 주주가 받는 주식의 매수대금,[448] ⑥ 주식회사에서 유한회사로 조직변경시 종전의 주주가 받는 유한회사의 지분(제604조) 및 ⑦ 합병시 소멸법인의 주주에게 지급하는 금전(합병교부금)이나 합병신주에 관하여도 소멸법인의 주식에 의거한 질권의 효력이 미친다(제530조 제4항).

이 밖에도 회사의 회생계획인가 결정시 권리변경으로 인하여 주주가 받는 금전 그 밖의 물건, 주식·출자지분, 채권 또는 그 밖의 권리와 주권 등(파산법 제252조 제2항)에 대하여도 질권의 효력이 미친다.

위에서 기술한 상법 또는 해석상 효력은 등록질과 약식질에 공통으로 주어진다.

---

446) 제360조의 14 제4항·제339조, 제360조의 23 제4항, 제339조.
447) 제360조의 3 제3항 제2호·제4호, 제360조의 16 제1항 제2호·제4호.
448) 제335조의 2 제4항, 제335조의 6, 제374조의 2, 제522조의 3, 제530조의 11 제2항.

② 등록질

등록질의 효력은 위의 일반적 효력에 추가하여 주주가 회사로부터 받을 이익배당(중간배당을 포함한다. 이하 같다), 잔여재산의 분배 그리고 주식배당에도 미친다(제340조 제1항, 제462조의 2 제6항).

③ 자익권

위와 같은 물상대위의 범위 이외에 아래와 같은 자익권에도 질권의 효력이 미치는지 여부에 대하여 해석상 다툼이 있다. 왜냐하면, 본래 자익권은 주주에게 귀속되는 것이며, 질권자는 질권을 행사할 수 있을 뿐이기 때문이다.

ㄱ. 이익배당청구권: 상법은 등록질에 대하여는 이익배당청구권에 그 효력이 미친다고 규정하고 약식질에 대하여는 별도의 규정이 없다. 이로 인하여 약식질에 대하여도 이익배당청구권에 그 효력이 미치는지에 대하여 학설이 나뉜다. 긍정설은 이익배당을 주식의 果實에 준하는 것으로 보고, 果實에도 질권의 효력이 미친다는 일반원칙에 따라 효력이 미친다고 한다.[449] 부정설은 ⓐ 약식질권자는 이익배당에 관한 한 전혀 공시되지 않은 권리를 가지고 일반채권자에 우선하여 변제를 받게 되는데, 이는 채권자평등의 원칙에 어긋나고, ⓑ 약식질이 회사와 무관하게 이루어지고, 주식의 교환가치만을 담보로 하기 때문에 약식질의 효력이 이익배당청구권에 미치게 하는 것은 부당하다고 한다. 그리고 거래의 실정에도 맞는다고 한다.[450]

생각건대 상법은 등록질의 이익배당청구권을 인정하고 있음에도 불구하고, 공시조차 되지 아니하는 약식질을 채택한 경우에는 질권자의 의사에 비추어 그 권리를 인정하는 것은 무리이다(부정설).

ㄴ. 신주인수권에 대한 효력: 등록질 및 약식질의 효력이 신주인수권에도 미치는지에 대하여 학설이 대립한다. 부정설은 신주인수권은 별도의 유상계약에 의하여 질권설정자가 대가를 치르고 행사되므로 종전 주식의 대표물이나 변형물이 아니라고 본다(통설).[451] 긍정설은 신주가 시가보다 낮은 가격으로 발행되는 때에

---

449) 김정호(2023), 306면; 정동윤(2012), 521면; 이·최(2022), 358면; 최기원(2012), 413면; 최준선(2024), 329면.
450) 정찬형(2022), 834면; 이철송(2024), 461면; 홍·박(2021), 303면; 안택식(2012), 238면; 권기범(2021), 583면; 김건식(2015), 219면; 강위두(2000), 378면.
451) 이철송(2024), 462면; 송옥렬(2022), 898면; 정찬형(2022), 834면; 권기범(2021), 584면;

는 입질된 주식의 담보가치를 감소시키므로, 감소분을 보전하기 위하여 신주에 대하여도 질권의 효력이 미친다고 한다.[452)

생각건대 신주를 발행하는 경우에는 權利落으로 인하여 기존 주식의 가치가 하락하는 현상이 발생할 수 있으나, 구체적 신주인수권을 담보된 주식의 변형물이라고 보기 어렵다. 그리고 신주인수권은 유상계약을 요하므로 주주(질권설정자)가 반드시 그 권리를 행사하여야 하는 것도 아니다(부정설).

ㄷ. **잔여재산분배청구권**: 등록질권의 효력은 잔여재산분배청구권에 대하여도 미친다(제340조 제1항). 약식질권의 효력도 잔여재산분배청구권에 미친다(이설 없음). 잔여재산분배청구권은 주식의 대표물 내지는 변형물이고, 잔여재산이 주주에게 분배된 이후에는 주식의 가치가 없게 되기 때문에 약식질권에도 그 효력이 인정되는 것이다.

④ **공익권**

질권의 효력은 주식의 재산적 가치에만 미치기 때문에 주주권을 취득하는 것은 아니다. 따라서 약식질·등록질을 불문하고 질권자는 의결권 등의 공익권을 행사하지 못하고 질권설정자인 주주가 행사한다. 다만, 질권설정계약 등에서 질권자가 담보제공자인 주주로부터 의결권을 위임받아 직접 의결권을 행사하기로 하는 특별한 약정이 있는 경우는 예외이다.[453)

나) **물상대위권의 행사절차**

① **등록질**

물상대위의 목적물이 주식인 경우, 등록질권자는 주식을 압류할 필요 없이 회사에 대하여 그 주권의 교부를 직접 청구할 수 있다(제340조 제3항). 목적물이 금전인 때에도 압류할 필요 없이 회사로부터 지급받아 직접 채권의 변제에 충당할 수 있다(제340조 제1항).

② **약식질**

ㄱ. **문제의 소재**: 상법은 약식질권자의 물상대위권의 행사방법에 관하여 별도의 규정을 두지 않고 있다. 그리고 약식질권자는 주주명부에 기재되어 있지 않

김정호(2023), 306면; 최기원(2012), 414면; 최준선(2024), 329면.

452) 이·최(2022), 358면; 정동윤(2012), 522면.
453) 同旨 대법원 2017. 8. 18. 선고 2015다5569.

다. 이 때문에 회사는 주주명부상의 주주에게 신주나 금전을 지급하게 된다. 이 경우 물상대위의 목적물이 주주의 일반재산에 混入된 후에는 질권자가 구별하여 추급하는 것이 용이하지 않게 된다. 이로 인하여 질권자는 그 이전에 물상대위권을 행사하여야 하는데, 그 방법에 대하여 학설이 나뉜다.

ㄴ. 학설: 종래의 통설은 민사질의 물상대위에 관한 일반원칙(민법 제355조·민법 제342조 후단)에 의거 회사가 주주에게 주권의 교부 또는 금전의 지급 전에 이를 압류하여야 한다고 해석하였다.454) 최근의 유력설은 물상대위의 목적물 중 ① 주권과 교환하여 지급 또는 교부되는 것과, ② 주주명부를 기초로 지급 또는 교부되는 것으로 나누어 ①의 경우에는 질권자가 점유하고 있는 주권을 제시하면 되기 때문에 압류가 필요하지 않고, ②의 경우에는 압류가 필요하다고 한다.455)

ㄷ. 사견: 약식질권자가 물상대위권의 행사에 목적물을 압류하여야 하는 이유가 담보권설정자(채무자)의 일반재산에 혼입되는 것을 방지하는 데에 있다는 점을 고려하면 최근의 유력설이 타당하다고 본다. 따라서 주식의 소각, 병합, 전환 또는 주식매수청구의 경우에는 약식질권자가 그 소지하는 주권을 제시하여 주권의 교부 또는 금전의 지급을 청구하면 되기 때문에 압류가 필요 없다. 그러나 이익배당, 주식배당 또는 준비금의 자본전입에 따른 신주의 무상교부 등은 주주명부를 근거로 하기 때문에 압류를 요한다.

3) 우선변제권

질권의 효력에 의거, 질권이 설정된 주식(질물)에 대하여는 경매하여 우선변제를 받을 수 있다(민법 제355조·민법 제338조 제1항). 물상대위의 목적물이 ① 금전일 때에는 그것을 가지고 우선변제에 충당할 수 있다. ② 주식일 때에는 일반 유가증권질과 같이 경매해야 한다. 경매는 약식질과 등록질 모두에게 요구된다.

한편 약식질권자와 달리 등록질권자는 물상대위의 목적물이 금전인 경우에는 변제기에 이르지 아니한 때에도 회사에 대하여 그 금전의 공탁을 청구할 수 있다. 이 경우에는 질권의 효력이 그 공탁금에 미친다(제340조 제2항·민법 제353조 제3항).

4) 회사의 통지의무

회사는 주식을 변형물화하여 물상대위를 하여야 할 사항이 발생할 때에는 질

---

454) 정찬형(2022), 833면; 최기원(2012), 411면; 권기범(2021), 585면; 최준선(2024), 328면; 서·정(1999), 391면; 채이식(1996), 674면.
455) 이철송(2024), 463면; 송옥렬(2022), 896면; 정동윤(2012), 520면; 이·최(2022), 357면.

권자에게 통지하여야 한다(제440조, 제461조 제5항, 제462조의 2 제5항). 이는 질권자가 적시에 권리를 행사할 수 있도록 하는 데 그 목적이 있다. 이 통지는 등록질권자를 대상으로 한다. 약식질권자는 주주명부에 기재되어 있지 않기 때문에 회사가 알지 못한다. 약식질권자는 통지와 같이 하는 공고에 의하여 물상대위할 사안을 알 수 있는데(예: 제440조),[456] 공고를 하지 않는 경우(예: 제461조 제1항)[457]도 있으므로 질권자의 보호가 불안전할 수 있다.

3. 주식의 양도담보

(1) 의의

주식의 양도담보는 관습법상 인정되는 제도이다. 이는 채권의 담보를 목적으로 채무자가 자기가 가지고 있는 주식을 채권자(양도담보권자)에게 양도한 후 채무를 변제하면 주식을 반환받고, 채무를 변제하지 않을 때에는 채권자가 주식을 확정적으로 취득하기로 약정하는 것을 말한다. 채권자가 우선변제를 위한 경매 등 복잡한 절차를 밟지 않아도 되고, 또 채권자가 채권액보다 고액의 주식을 취득할 가능성도 있기 때문에 주식의 입질보다 자주 이용되고 있다.

(2) 유형 및 효력발생 요건

질권의 설정방법에 약식질과 등록질이 존재하는 것과 같이 양도담보에도 당사자간의 양도담보의 합의와 주권의 교부에 의하여 효력이 발생하는 약식양도담보와 명의개서까지 완료하여야 하는 등록양도담보가 있다.

(3) 약식질과 약식양도담보의 구별

약식질과 약식양도담보는 외형적으로 구별되지 아니하므로 당사자의 의사표시에 따라 구별하여야 한다. 다만, 당사자의 의사가 명확하지 아니한 때에는 ① 실정법상의 근거를 갖는 약식질로 해석하여야 한다는 소수설[458]과, ② 담보권자에

---

456) 제440조(주식병합의 절차) 주식을 병합할 경우에는 회사는 1월 이상의 기간을 정하여 그 뜻과 그 기간 내에 주권을 회사에 제출할 것을 공고하고 주주명부에 기재된 주주와 질권자에 대하여는 각별로 그 통지를 하여야 한다.

457) 제461조(준비금의 자본금 전입) 제1항 : 회사는 이사회의 결의에 의하여 준비금의 전부 또는 일부를 자본금에 전입할 수 있다. 그러나 정관으로 주주총회에서 결정하기로 정한 경우에는 그러하지 아니하다.

458) 이철송(2024), 464면; 송옥렬(2022), 899면.

게 유리한 약식양도담보의 설정으로 추정하여야 한다는 다수설459)이 있다. 판례는 양수인이 양도담보권자에 불과하더라도 회사에 대한 관계에서는 (등록)양도담보권자가 주주의 자격을 갖는다고 판시하고 있다.460) 이를 반대로 해석하면 약식양도담보권자는 명의개서를 하지 아니한 상태이므로 약식질권자와 같은 지위를 갖는 것으로 보고 있는 것이다(소수설).

생각건대 당사자의 의사표시가 명확하지 아니한 때에는 거래의 관습법적 측면과 담보권실행의 용이성을 고려하면 양도담보로 추정하는 것이 타당하다고 본다(다수설).

(4) 담보권의 실행

양도담보의 경우 채권자의 담보권의 실행은 우선변제권이 있지만, 당사자의 약정에 따라 환가처분을 하거나 평가하여 정산을 하는 것인바, 목적물의 소유권을 취득하는 流擔保는 허용되지 아니한다.461) 그 결과 주식의 양도담보권을 실행하기 위하여는 청산절차를 거쳐야 한다. 다만, 상행위로 인한 채권의 담보에 대하여는 유질계약이 허용되므로(제59조), 이러한 형태에서 소유권을 취득할 수 있는 양도담보는 인정된다.

(5) 양도담보권자의 지위

양도담보권자는 대외적으로는 주식의 소유자이다.462) 그러므로 명의개서를 완료한 등록양도담보권자는 주주권을 행사할 수 있고, 약식양도담보권자도 명의개서를 하면 주주권을 행사할 수 있다. 이는 피담보채권이 소멸된 경우도 같다.463) 이 경우에도 대외적으로 주식은 당연히 담보권설정자의 소유가 되는 것이 아니므로 별도의 주식반환조치와 명의개서 등이 필요하기 때문이다(양도담보의 채권적 효력설).464) 그리고 양도담보권자가 회사 및 제3자에게 대항할 수 있는 요건은 입질의 경우와 같다(약식질 : 주권의 계속 점유, 등록질 : 제3자와의 관계에서 주권의 계속 점유).

---

459) 이·최(2022), 355면; 정동윤(2012), 519면; 정찬형(2022), 836면; 최기원(2012), 410면; 최준선(2024), 333면.
460) 대법원 1993. 12. 28. 선고 93다8719.
461) 대법원 1993. 9. 28. 선고 92다32814; 1981. 7. 28. 선고 81다257.
462) 대법원 1993. 12. 28. 선고 93다8719.
463) 대법원 2020. 6. 11. 자 2020마5263 결정; 1992. 5. 26. 선고 92다84.
464) 대법원 2020. 6. 11. 자 2020마5263 결정; 1979. 9. 25. 선고 79다709.

한편 위와 같은 양도담보권자의 지위에도 불구하고 담보권설정자가 제3자에게 해당주식을 매각하더라도 배임죄는 성립하지 않는다.[465] 담보권설정자는 배임죄의 주체인 '타인의 사무를 처리하는 자'(형법 제355조 제2항)에 해당하지 않기 때문이다.

4. 담보화의 특수문제

(1) 주권발행 전 주식의 담보화

양도담보권자는 대외적으로 주주이므로 회사의 성립 후 또는 신주의 납입기일 후 6월이 경과한 경우에는 주권발행 전에도 주식을 양도담보할 수 있다(제335조 제3항 단서).[466] 따라서 주권이 없이도 주식에 담보를 설정하여 회사에 대항할 수 있다. 다만, 이 경우에는 당사자간의 주식양도에 관한 합의가 있어야 하고, 지명채권의 양도방법에 따라 회사에 통지하거나 승낙을 받아야 회사에 대항할 수 있다(민법 제450조). 이를 약식양도담보라고 한다. 등록양도담보가 되기 위하여는 명의개서를 하여야 한다.

양도담보가 아닌 질권설정의 경우에도 회사에 대항하기 위하여는 동일한 절차를 밟아야 한다. 이와 같이 주권발행 전의 주식입질에 관하여는 제338조 제1항의 규정이 아니라 권리질권설정의 일반원칙에 의거한 양도방법(민법 제345조·민법 제346조)에 따라서 질권을 설정하여야 한다.[467]

(2) 집중예탁주식의 입질

예탁원에 예탁된 주식을 담보로 제공하는 때에 주권의 교부는 계좌대체로 갈음한다. 또 이 경우의 담보는 증권회사와 같은 계좌설정자가 예탁주권에 대하여 갖는 공유지분에 대하여 담보권을 설정한 것이라고 할 수 있다(자본시장법 제311조).

---

465) 대법원 2020. 2. 20. 선고 2019도9756 전원합의체.
466) 이철송(2024), 465면; 정찬형(2022), 830면; 정동윤(2012), 517면; 대법원 2018. 10. 12. 선고 2017다221501; 1995. 7. 28. 선고 93다61338.
467) 대법원 2000. 8. 16. 자 99그1 결정.

Ⅶ. 주식의 소각·분할·병합

1. 서

주식의 양도, 상속·합병에 의한 승계, 선의취득 등은 주주가 교체됨에 그치고 주식자체에 변동을 야기하지는 아니한다. 이와 달리 주주의 교체 없이 주식의 일정한 원인으로 인하여 수량적으로 소멸 또는 증감함으로써 주주권에 변동이 생기는 경우가 있다. 주식의 소각·분할·병합이 그 예이다.

2. 주식의 소각

(1) 개념

주식의 소각(cancellation of shares)은 회사의 존속 중에 발행주식의 일부를 절대적으로 소멸시키는 회사의 행위이다. 그러므로 회사의 해산시에 모든 주식을 소멸시키는 것과 구별되며, '주식자체'를 소멸시키는 점에서 주식을 소멸시키지 않고 이를 표창하는 유가증권인 주권만을 무효처리하는 주권의 제권판결(제360조)이나 신주인수인의 자격만을 실효시키는 실권절차(제307조)와 구별된다.[468]

주식이 소각되면 주주의 자격이 절대적으로 소멸하고, 자본금이 감소될 수 있다는 점에서 주주와 채권자에게 중요한 이해관계가 있다. 이 때문에 주식소각에는 일정한 규제가 필요하다. 주식의 소각은 회사의 규모를 줄이거나 새로운 자본금을 형성하기 위한 전 단계로서 특히 유용하다.

(2) 방법

1) 조합형태

주식의 소각은 ① 해당주식 주주의 동의를 요하는지의 여부에 따라 동의를 요하는 임의소각과 그렇지 아니한 강제소각, ② 회사가 주식소각의 대가를 지급하는지의 여부에 따라 유상소각과 무상소각으로 나뉜다. 임의·강제소각과 유상·무상소각이 서로 조합을 이루어 주식을 소각할 수 있다. 그러나 자기의 주식을 무상으로 소각하는 데 동의하는 주주를 상정하기는 어려우므로[469] 임의·유상소각,

---

468) 최준선(2024), 345면; 대법원 2002. 12. 24. 선고2002다54691; 1999. 7. 21. 선고 99다14808; 1991. 4. 30. 자 90마672 결정. 주주권은 주식의 양도나 소각 등 법률에 정하여진 사유에 의하여서만 상실되고 단순히 당사자 사이의 특약이나 주주권 포기의 의사표시만으로 상실되지 않는다. 특별한 사정이 없는 한 그 행사가 제한되지도 않는다.

강제·유상조각, 강제·무상소각 등 세 가지 조합이 보통이다.

2) 주주평등원칙의 준수 및 추첨의 허용 여부

주식의 소각은 어떠한 방법에 의하더라도 주주평등의 원칙이 지켜져야 한다. 강제소각의 경우에는 주주의 소유주식에 비례하여 소각하여야 하며, 임의소각의 경우에도 소각하여야 할 주식보다 소각을 희망하는 주식이 많을 때에는 소각을 원하는 주식수에 비례하여 소각하여야 한다. 다만, 강제소각의 방법으로 추첨을 할 수 있는지에 대하여는 학설의 대립이 있다. 다수설은 추첨의 경우에도 기회의 평등을 주는 것이므로 허용된다고 하는 데 비하여,[470] 소수설은 주주지위의 변동을 초래하는 중대한 법률관계를 사행적 방법으로 해결하는 것은 주주들에게 실질적 평등을 줄 수 없기 때문에 주주평등의 원칙에 반한다고 한다(사견지지).[471]

(3) 유형

1) 유형의 변화

2011년 4월 개정상법은 주식소각에 관한 규정을 적지 아니하게 개정하였다. 우선 개정상법은 개정 전과 같이 ① 자본금 감소규정에 따른 소각(제343조 제1항 본문)과, ② 상환주식의 소각제도(제345조)는 승계하였으나, 정관의 규정에 따른 이익소각 및 주주총회의 특별결의에 의한 이익소각은 폐지하였다. 다만, 예외적으로 ③ 이사회의 결의에 의하여 회사가 보유하는 자기주식의 소각을 신설하였다(제343조 제1항 단서). 그리고 ④ 무액면주식의 소각은 자본금감소를 수반하지 않는 소각의 유형으로 인정하여야 하기 때문에 개정상법하의 주식소각의 유형은 개정 전과는 내용이 다르지만 네 가지 유형으로 분류할 수 있다.

2) 자본금 감소규정에 의한 소각

가) 의의   상법은 자본금 감소규정에 따라서만 주식을 소각할 수 있도록 하고 있다(제343조 제1항 본문). 2011년 개정 전 상법은 자기주식의 취득사유 중의 하나

469) 다만, 친족간의 증여의 방법으로는 이용될 수 있다. 그것은 甲회사의 주식을 父가 33.3%, 子가 66.7%를 소유하고 있는 경우 父의 주식을 소각함에 있어 임의·무상소각의 조합을 활용한다면 甲회사의 재산 3분의 1을 父가 子에게 증여한 것과 같은 효과를 발생시키기 때문이다. 이로 인하여 「상속세 및 증여세법」 제39조의 2는 이를 증여로 보고 과세하고 있다(이철송(2024), 993면 참조).
470) 정찬형(2022), 1205면; 최기원(2012), 248면; 박상조(2000), 764면; 정동윤(2012), 807면; 손주찬(2004), 692면.
471) 이철송(2024), 993면.

로 "주식을 소각하기 위한 때"를 들고 있었으나(개정 전 제341조 제1호), 이를 삭제하였다.

나) 적용범위   주식회사의 자본금은 액면주식을 발행하는 경우에는 「발행주식의 액면총액」이고(제451조 제1항), 무액면주식을 발행하는 경우에는 「주식발행가액의 2분의 1 이상의 금액으로서 이사회에서 자본금으로 계상하기로 한 금액의 총액」이다(제451조 제2항). 따라서 액면주식의 소각은 발행주식수를 감소시켜 자본금의 감소를 수반하지만, 무액면주식의 소각은 발행주식수가 감소하더라도 자본금의 감소를 수반하지 않는다. 이러한 점에서 액면주식의 소각의 경우에는 주주총회의 특별결의와 채권자보호절차를 밟을 필요가 있으나, 무액면주식의 경우에는 그러하지 않다. 그럼에도 불구하고 개정상법이 개정 전 제343조 제1항의 본문을 그대로 명시하고 있는 것은 무액면제도를 도입한 사실을 간과한 입법이다.

결국 제343조 제1항 본문에 따른 주식소각은 액면주식에만 적용된다고 보아야 하기 때문에[472] 동 조항은 수정되어 적용되어야 한다.[473]

다) 절차   자본금 감소규정에 따라 주식을 소각하는 경우(제341조 제1항 본문)는 주주총회의 특별결의를 거쳐야 한다. 이 결의에서는 소각의 방법을 구체적으로 정하여야 한다(제438조 제1항, 제439조 제1항). 총회의 소집을 위한 통지(제363조)에는 자본금감소에 관한 의안의 요령도 기재하여야 한다(제438조 제3항).

자본금감소를 위하여 주식을 소각하는 경우는 채권자에 대한 담보액과 회사재산이 감소되므로 채권자의 이해관계에 직접적인 영향을 미치게 된다. 그리하여 상법은 채권자보호절차를 거치도록 하고 있고, 그러하지 않는 경우에는 과태료를 부과하고 있다(제439조 제2항·제3항, 제635조 제1항 제14호). 그리고 소각을 위하여는 주식병합절차에서와 같이 주주들로부터 주권을 회수하여야 하므로 주주에 대한 주권제출의 공고·통지절차가 요구된다. 그러므로 회사는 주식의 병합과 같이 1월 이상의 기간을 정하여 그 뜻과 그 기간 내에 주권을 회사에 제출할 것을 공고하고, 주주명부에 기재된 주주와 질권자에게는 각별로 그 통지를 하여야 한다(제343조 제2항·제440조).

라) 효력   주식소각의 효력은 위의 주권제출기간이 만료한 때에 생긴다. 다

---

472) 이철송(2011. 축조), 94면.
473) 최준선, "개정이 시급한 상법(회사법) 규정에 대한 연구," 기업법연구 제26권 제1호 (2012), 26면.

만, 채권자보호절차가 종료하지 아니한 때에는 그 절차가 종료한 때에 효력이 발생한다(제343조 제2항·제441조·제232조).

한편 주권제출의 공고·통지규정(제440조), 주식소각의 효력규정(제441조)은 강제병합에 관한 규정이므로 임의소각에는 적용되지 아니한다. 그리고 유상소각의 경우에도 단주가 발생할 수 있으므로 단주처리에 관한 제443조를 유추적용하여야 한다.

3) 자기주식의 소각

가) 의의 상법은 자본금 감소규정에 따른 주식소각에 대한 예외로서 이사회의 결의만으로 자기주식을 소각할 수 있도록 하고 있다(제343조 제1항 단서). 2011년 개정 전 상법에서 규정하고 있던 이익소각(개정 전 제343조 제1항, 제343조의 2, 제345조)은 배당가능이익의 범위 내에서 소각을 하는 것이기 때문에 발행주식수가 감소하지만 자본금에는 영향이 없었다. 따라서 이익소각은 자본금을 발행주식의 액면총액이라는 규정(제451조 제1항)의 예외현상이라고 해석하는 것이 통설이었다. 그러나 개정상법은 이러한 적용대상을 설정하지 않고 있기 때문에 다양한 해석이 전개되고 있다.[474]

① 무액면주식에 한정된다는 견해

이 견해에 따르면, 제343조 제1항의 단서는 자본금 감소절차를 따르지 아니하고 이사회결의만으로 주식을 소각할 수 있는 예외를 설정할 목적에서 둔 규정인데, 이는 무액면주식에 대하여만 타당하고 액면주식에는 적용할 수 없다고 한다. 그 주된 논거는 다음과 같다. 즉 무액면주식을 발행할 경우에는 자기주식을 소각하더라도 자본금에는 영향이 없지만, 액면주식을 발행하는 경우의 주식소각은 바로 자본금의 감소를 뜻하고(제451조 제1항), 자본금의 감소는 주주와 채권자에게 중대한 이해가 걸리므로 이를 이사회의 결의만으로 실행할 수는 없다고 한다.[475] 그러므로 액면주식의 소각은 동 조항 본문을 적용하여 자본금 감소규정에 따라 주주총회의 특별결의로 하여야 한다는 것이다.

② 액면주식과 무액면주식으로 구분하는 견해

이 견해는 제343조 제1항 단서의 소각대상을 액면주식 중 배당가능이익으로

474) 각 학설의 장·단점에 대하여는 오성근(2023), 412-413면 참조.
475) 이철송(2024), 469-470면.

취득한 자기주식의 소각과 무액면주식의 소각으로 본다(사견지지).476)

③ 일반취득과 특정목적 취득을 구분하는 견해

이 견해는 일반적인 자기주식취득(제341조) 경우와 특정목적에 의한 자기주식취득(제341조의 2)을 구분하여 특정목적에 의하여 취득한 자기주식은 배당가능이익으로 취득한 것이 아니므로 소각을 위하여는 제341조 제1항 본문에 따라 자본금감소규정에 의거 소각하여야 한다고 본다.477)

④ 자본거래와 손익거래를 구분하는 견해

이 견해는 회사가 손익거래로 취득한 자기주식의 소각은 회사와 그 거래상대방간의 개인법적 거래에 속하는 영역이어서 정관의 규정이 없으면 이사회결의로 자유롭게 처분하거나 소각할 수 있지만(제343조 제1항 단서), 자본거래로 취득한 자기주식의 소각은 자본금감소에 관한 규정에 준하여 소각하여야 한다고 본다.478) 다만, 이 경우 손익거래와 자본거래를 구분할 수 있는지 의문이 제기된다.479)

나) 자기주식의 범위   액면주식은 제341조 제1항에 의거 배당가능이익으로 취득한 자기주식이어야 한다. 이에 비하여 무액면주식은 제341조 제1항에 의거한 배당가능이익으로 취득한 자기주식이든 제341조의 2 특정목적에 의하여 재원규제를 받지 않고 취득한 자기주식취득이든 어느 것이나 이사회의 결의에 의하여 소각할 수 있다.

다) 배당가능이익   회사가 자기주식을 취득할 때 배당가능이익의 범위 내에서 취득하였다면 소각시점에서는 배당가능이익이 없더라도 자기주식을 소각할 수 있다(통설).

라) 절차 및 효력발생   상법은 자기주식의 소각을 위한 절차에 관하여 별도의 규정을 두지 않고 있다. 회사가 보유한 주식을 소각하는 것이고, 자본금 감소규정에 따라 주식을 소각하는 제343조 제2항의 규정이 적용되지 않으므로 소각을 위한 공고·통지(제440조), 채권자보호절차(제441조·제232조)를 거칠 필요가 없다. 따라서 이사회가 소각할 주식의 종류와 수 및 효력발생일을 결정하여야 하고 회

---

476) 최준선(2024), 346-347면.

476) 최준선(2024), 346-347면.
477) 송옥렬(2022), 905면; 정찬형(2022), 839면.
478) 안성포, "자기주식취득의 허용에 다른 법적 쟁점," 상사법연구 제30권 제2호(2011), 99면.
479) 이철송(2018), 439면; 임재연(2019 I), 573면.

사는 소각대상 주식의 유통을 방지하기 위하여 주권을 폐기하고 주주명부 또는 전자등록부에서 말소하여야 한다.

마) 효과　직전결산기의 배당가능이익으로 취득한 액면의 자기주식이든 재원규제를 받지 아니하고 취득한 무액면의 자기주식은 자본금의 구성과는 무관하므로 소각되어 발행주식총수가 감소하더라도 자본금은 감소하지 않는다.

(4) 효과

1) 효력발생시기

기술한 바와 같이 자본금 감소규정에 따라 주식소각을 한 경우에는 주주총회의 특별결의, 채권자보호절차 및 자본금감소의 실행절차가 모두 종료한 때에 그 효력이 발생한다. 상환주식의 상환, 자기주식의 소각의 경우에는 위와 같은 규정이 준용되지 않고, 회사가 소각을 위하여 취득한 주식을 소멸시킨 때 효력이 발생한다.

2) 자본금의 감소

액면주식의 경우 자본금은 액면주식의 총액이므로 자본금 감소절차에 따라 액면주식이 소각되고 발행주식총수가 감소되면 자본금도 감소한다. 그러나 배당가능이익에 의한 주식소각의 경우에는 발행주식총수가 감소하지만 자본금은 감소하지 않기 때문에 발행주식총수와 자본금간에 예외현상이 발생한다. 무액면주식은 일단 발행이 되면 자본금과는 무관하므로 소각에 의하여 자본금의 감소를 수반하지는 않는다.

(5) 주식의 재발행

1) 문제의 제기

주식을 소각하면 현재의 발행주식총수가 감소하고 발행예정주식총수의 미발행분이 증가한다. 이에 따라 증가한 미발행분에 대하여 통상의 신주발행절차를 밟아 재발행할 수 있는지의 여부가 문제된다. 이와 같은 문제는 상환주식을 상환한 경우와 주식의 병합으로 자본이 감소한 경우에도 발생한다.

2) 학설

가) 재발행불가설　이 학설은 소각한 주식은 이미 활용된 수권주식이므로 미발행분에서 제외하여야 한다고 본다(통설).[480] 이에 따르면 재발행을 허용하면

이사회가 이를 남용하여 소각과 발행을 반복하여 주주들의 권리를 침해하게 된다. 따라서 이 학설은 정관에서 정한 발행예정주식총수를 주주가 이사회에 발행을 수권한 주식수의 누적최대치로 보고, 일단 이사회에서 발행을 결정하여 발행한 주식이 소각에 의하여 소멸하게 되었더라도 그 부분에 관한 수권은 기능을 다한 것이기 때문에 소각된 주식의 재발행을 할 수 없다고 한다.

나) 재발행가능설   이 학설은 발행예정주식총수를 회사가 현 시점에서 발행할 수 있는 주식수의 최대치를 의미하는 것이며, 발행가능한 주식총수를 계산하기 위하여 발행예정주식총수로부터 차감하여야 할 발행주식총수란 과거부터의 누적적으로 산출되는 주식의 총수가 아니라 현재 발행한 주식의 총수를 의미하는 것이라고 한다(소수설). 재발행가능설은 자본조달의 기동성 및 원활성을 중시한다. 따라서 소각된 주식은 발행예정주식총수 중 미발행주식수를 구성하기 때문에 재발행이 가능하다고 한다.[481] 이 학설은 일본의 소수설이기도 하다.[482] 일본의 판례는 재발행불가설을 취한다.[483]

3) 사견

자기주식취득과 처분이 제462조 배당가능이익의 범위 내에서 자유롭게 되었지만, 자기주식의 처분과 신주발행을 별도로 규제하고 있는 현행 상법하에서는 이사회가 주식의 소각과 재발행을 반복할 수 있도록 하는 것은 문제가 있다. 그리고 상환주식은 발행회사의 배당가능이익으로 소각하므로 이의 재발행을 허용하게 되면 그만큼 주주들의 배당이익이 감소하는 문제점도 발생한다(재발행불가설).

3. 주식의 분할

(1) 의의

株式의 分割(share splits, split-ups)이란 10주를 20주로 하는 것과 같이 발행주식수를 세분화하는 행위를 말한다. 이는 주식병합의 역의 형태로써 자본금과 회사재산에 변동을 초래하지 아니한다. 즉 10주를 20주로 분할하면 1주의 경제적 가

---

480) 이·임·이·김(2018), 218면; 송옥렬(2022), 906면; 최기원(2012), 261면; 정찬형(2022), 840면; 손주찬(2004), 695면; 임홍근(2001), 319-320면; 정동윤(2012), 529면.
481) 김·노·천(2024), 240면; 이철송(2024), 471면.
482) 矢沢惇, "株式の消却-特に償還株式について,"「企業法の諸問題」, 商事法務研究會, 1981, 162面.
483) 最高裁判所, 昭和40. 3. 18. 判決, 判例時報 第413號, 75面.

치는 50퍼센트 하락하지만, 주주가 소유하게 되는 주식의 수량이 그에 비례하여 2배 증가하기 때문에 주주와 회사의 재산적 가치에는 변동이 없게 되는 것이다. 그리고 상장주식과 같이 시장가격이 있는 주식에 대하여 1주당 당기순이익, 순자산가치 및 배당액 등을 종래대로 유지할 자신이 있는 회사가 주식분할을 하는 경우에는 1주의 가격은 주식분할에 따른 이론가격만큼 하락하지는 않는다. 따라서 주식분할은 주식의 시장가격이 매우 높거나 유동성이 낮은 회사에서는 1주의 시장가격을 인하하여 그와 같은 문제점을 해결할 목적으로 활용되는 경우가 많다. 때로는 자본시장법상 내부자거래나 시세조종행위(동법 제174조, 제176조)와 결부되어 사회적 문제를 야기하는 부작용도 있다(예: 2001년·2003 일본의 Livedoor 사건).

(2) 액면주식과 무액면주식의 차이

주식분할은 액면주식과 무액면주식의 경우 그 의미가 각각 다르다. 액면주식의 분할은 일반적으로 말하는 액면분할을 의미한다. 10주를 20주로 분할하였다는 것은 액면가 5,000원을 2,500원으로 인하시키고 발행주식수는 2배 증가시켰다는 의미이다. 액면주식을 발행하는 경우 주식회사의 자본금은 「발행주식의 액면총액」(제451조 제1항)이므로 액면분할에 다른 자본금에는 변동이 없게 된다.

무액면주식을 발행하는 경우의 회사자본금은 「주식발행가액의 2분의 1이상의 금액으로서 이사회에서 자본금으로 계상하기로 한 금액의 총액」이다(제451조 제2항). 즉 무액면주식에는 액면이 없기 때문에 무액면주식의 분할은 자본금 및 자산에는 변동이 없고 단지 발행주식총수만을 증가시키게 된다. 다만, 기존에 발행한 주식수에 추가하여 증가시키는 것이 아니고 세분화하는 것이다.

(3) 요건
1) 주주총회의 특별결의

주식을 분할하기 위하여는 주주총회의 특별결의가 있어야 한다(제329조의 2). 무액면주식을 분할하는 경우 무액면주식은 정관의 절대적 기재사항인 액면가(제289조 제1항 제4호)가 없는 주식이므로 발행예정주식총수의 범위(제289조 제1항 제3호) 내에서는 정관변경이 없게 됨에도 불구하고 주주총회 특별결의를 하나의 요건으로 하고 있다. 이에 비하여 액면주식을 분할하는 경우에는 정관변경을 하여야 하므로 주주총회의 특별결의를 거쳐야 한다.

2) 정관변경

주식분할시의 정관변경은 두 가지 방향에서 필요하다. 액면주식을 분할하는 때에는 정관의 절대적 기재사항인 액면가를 변경하여야 하고 발행예정주식총수(제289조 제1항 제3호) 중 미발행분이 분할을 하는 데 충분하지 아니한 경우에도 정관을 변경하여야 한다. 무액면주식을 분할하는 때에는 발행예정주식총수 중 미발행분이 주식을 분할하는 데 충분하지 아니한 경우에는 정관을 변경하여야 한다.

3) 액면주식의 분할금액의 제한

액면주식을 분할하는 경우에는 분할 후의 액면주식 1주의 금액은 100원 이상으로 하여야 한다(제329조의 2 제2항·제329조 제3항). 이러한 제한을 제외하고는 액면가를 자유롭게 인하할 수 있다. 그 결과 단주가 발생하는 경우에는 제443조에 의거 처리하여야 한다.

(4) 절차

1) 공고·통지

주식을 분할하는 경우에 회사는 1월 이상의 기간을 정하여 그 뜻과 그 기간 내에 주권을 회사에 제출할 것을 공고하고 주주명부에 기재된 주주와 질권자에 대하여는 각별로 그 통지를 하여야 한다(제329조의 2 제3항·제440조). 이 공고는 주식분할로 인한 권리의 변동사항을 주주와 질권자들에게 알리는 데 그 목적이 있으므로 주권을 발행하지 않은 회사도 같은 공고를 하여야 한다.[484] 회사는 이 공고와 함께 분할된 주식을 취득할 자를 미리 정하기 위하여 기준일(제354조 제1항)을 설정할 수 있다. 기준일은 주주명부의 기재를 정지시키지 않고서도 주주 또는 질권자로서 권리를 행사할 자를 확정할 수 있기 때문에 주주명부를 폐쇄하는 것보다 간편한 업무처리를 할 수 있다는 장점이 있다.

2) 이의최고절차 및 주권의 교부

주식을 분할하는 경우에는 주권의 기재사항 중 발행예정주식총수, 액면주식의 경우 1주의 금액 또는 회사의 성립 후 발행된 주식의 발행연월일 등(제356조 제3호 내지 제5호)이 변경될 수 있으므로 주주가 제출한 주권에 갈음하여 새로운 주권을 교부하여야 한다. 그리하여 상법은 주식을 분할하는 경우 구주권을 회사에 제출할 수 없는 자가 있는 때에는 회사로 하여금 그 자의 청구에 의하여 3월 이상의

---

484) 이철송(2024), 474면.

기간을 정하고 이해관계인에 대하여 그 주권에 대한 이의가 있으면 그 기간 내에 제출할 뜻을 공고하고 그 기간이 경과한 후에 신주권을 청구자에게 교부할 수 있도록 하고 있다(제329조의 2 제3항·제442조 제1항).

이는 액면주식에만 적용된다. 무액면주식을 분할하는 때에는 추가로 발행되는 주식수를 배정하면 족하고, 주권의 기재사항이 달라져야 하는 것도 아니므로 주권을 제출받을 필요가 없기 때문이다. 문언상으로는 액면·무액면 모두 적용되는 것으로 읽히지만, 무액면주식을 도입하기 전의 규정으로써 입법착오다.

3) 단주의 처리

주식분할의 결과 단주가 있는 때에는 그 부분에 대하여 발행한 신주를 경매하여 각 주수에 따라 그 대금을 종전의 주주에게 지급하여야 한다. 그러나 거래소의 시세 있는 주식은 거래소를 통하여 매각하고, 거래소의 시세 없는 주식은 법원의 허가를 받아 경매외의 방법으로 매각할 수 있다(제329조의 2 제3항·제443조 제1항). 상법의 규정은 없으나 단주의 매각대금을 지급함에 있어서는 구주권과 상환하여야 한다고 본다. 그리고 기술한 이해관계자의 이의최고절차 및 주권의 교부에 관한 규정(제442조 제1항)은 단주를 처리함에 있어서도 동일하게 적용된다.

(5) 효력

주식분할의 효력은 주권제출기간, 즉 주주에 대한 공고기간이 만료한 때에 생긴다(제329조의 2 제3항·제441조 본문). 그러나 무액면주식의 경우에는 주주가 주권을 제출할 필요가 없으므로 제441조가 준용될 수 없다. 따라서 분할을 결의하는 주주총회에서 효력발생일을 정하여야 한다.[485] 주식분할에 따라 회사의 발행주식 총수는 증가한다. 그리고 구주식에 대한 질권은 물상대위에 의하여 신주에 대하여도 행사할 수 있다(제339조). 회사는 효력발생 후 각 주주의 주식수 등을 주주명부에 기재하여야 한다.

(6) 효과

주식분할의 결과 주주의 소유주식수는 비례적으로 증가하게 되므로 각 주주의 지분에는 변동이 없다. 회사의 자본금과 재산에도 영향이 없다. 자기주식도 분할의 효과가 발행하므로 주식수가 증가한다.

---

485) 이철송(2024), 475면.

(7) 절차위반 등의 효과

주식분할을 위한 주주총회의 결의에 하자가 있거나 분할절차에 하자가 있는 경우에는 소급효가 제한되는 형성의 소에 의하여 해결되어야 한다고 본다.[486) 그 이유는 주식분할을 무효로 다루어야 할 경우에는 분할로 인하여 발행한 주식 전부가 무효가 되어 분할 전의 상태로 돌아가야 하므로 모든 주주에게 획일 확정이 요구되고, 분할 후에 형성된 법률관계를 소급해서 부정해서는 아니 되기 때문이다.[487)

4. 주식의 병합

(1) 의의

株式의 倂合(reverse share splits, share split－down)이란 수개의 주식을 합하여 그보다 적은 수의 주식으로 하는 회사의 행위를 말한다. 예를 들어 10주를 1주로 하는 것을 말한다. 주식의 병합은 각 주주의 소유주식수를 일률적이고 안분비례적으로 감소시키기 때문에 각 주주의 지분에는 변동이 없다.

외국에서는 주식병합비율에 비례하여 액면가를 인상시킴으로써 회사의 자본금 및 재산에는 영향이 없는 방식을 이용하기도 한다.[488) 그러나 상법은 제4장 제6절「자본금의 감소」편에 주식병합에 관한 규정을 둠으로써 자본금감소의 하나의 방법으로 정하고 있다. 이 밖에도 주식병합은 합병이나 회사분할의 경우에도 이용될 수 있다(제530조 제3항, 제530조의 11 제1항). 그 목적은 합병비율이나 분할비율을 조정하는 데 있다.

(2) 기능

주식병합은 회사의 결손 등 경영부실로 인하여 주가가 정상적인 수준에서 크게 하락하는 경우에 주당순자산을 액면금액 이상으로 회복시켜 주가의 정상화를 추구할 수 있는 기능을 한다. 그리고 합병당사회사간의 재산상태가 다른 경우에도 주식의 병합이 필요하다.

---

486) 江頭憲治郎(2021), 299面. 일본 회사법 제838조, 제289조는 "주식회사의 성립 후의 주식의 발행"을 신주발행 무효확인의 소의 대상으로 규정하고 있다. 통상의 신주발행이 아닌 주식분할의 경우에도 제838조, 제289조가 유추적용되어야 한다는 것이 통설이다.
487) 이철송(2024), 477면.
488) 江頭憲治郎(2021), 287面. 일본은 주식병합비율에 비례하여 액면가를 인상시키는 경우를 상정하고 있다(예: 5,000원 × 2주＝10,000원 × 1주).

(3) 요건

1) 주주총회의 특별결의

주식병합시 주주총회의 특별결의는 액면주식의 경우에 필요하다. 상법은 주식분할(제329조의 2 제1항)과 달리 주식병합에 대하여는 총회의 특별결의를 요하는 규정을 두지 않고 있지만, 액면가를 변동시키지 않은 상태에서 주식을 병합하는 경우에는 발행주식수의 감소로 자본금의 감소를 수반하므로 자본금의 감소에 관한 특별결의(제438조 제1항)를 거쳐야 한다. 그리고 자본금의 감소 없이 액면금액을 인상시키는 방법으로 주식을 병합하는 때에는 정관의 절대적 기재사항인 1주의 액면금액(제289조 제1항 제4호)을 변경하여야 하므로 정관변경을 위한 특별결의를 요한다.

2) 이사회의 결의

주식병합시 이사회의 결의는 무액면주식을 병합하는 경우에 필요하다고 본다. 무액면주식을 발행한 회사의 자본금은 「주식발행가액의 2분의 1 이상의 금액으로서 이사회에서 자본금으로 계상하기로 한 금액의 총액」이므로, 무액면주식을 병합하게 되더라도 자본금과 주식수의 관계는 없다. 따라서 무액면주식의 병합은 이사회의 결의로서 족하게 된다. 다만, 무액면주식의 병합과 자본금의 감소를 동시에 병행하는 때에는 자본금감소에 관한 규정(제438조·제434조)에 따라 주주총회의 특별결의를 요건으로 한다.

3) 정관변경

액면주식을 병합하여 정관의 절대적 기재사항인 1주의 금액(제289조 제1항 제4호)이 변동되는 때에는 정관변경을 하여야 한다. 무액면주식의 경우에는 액면금액의 변경이라는 요건을 요하지 아니하므로 정관을 변경할 필요가 없다.

(4) 절차

1) 공고·통지

주식을 병합하는 경우에 회사는 1월 이상의 기간을 정하여 그 뜻과 그 기간 내에 주권을 회사에 제출할 것을 공고하고 주주명부에 기재된 주주와 질권자에 대하여는 각별로 그 통지를 하여야 한다(제440조). 회사는 이 공고와 함께 병합된 주식을 취득할 자를 미리 정하기 위하여 기준일(제354조 제1항)을 설정할 수 있다고 본다. 기준일은 주주명부의 기재를 정지시키지 않고서도 주주 또는 질권자로서 권리를 행사할 자를 확정할 수 있기 때문에 주주명부를 폐쇄하는 것보다 간편한 업무처리를 할 수 있다는 장점이 있다.

2) 이의최고절차 및 주권의 교부

주식을 병합하는 경우에는 주권의 기재사항 중 액면주식의 경우 1주의 금액 또는 회사의 성립 후 발행된 주식의 발행연월일 등(제356조 제3호 내지 제5호)이 변경될 수 있으므로 주주가 제출한 주권에 갈음하여 새로운 주권을 교부하여야 한다. 그리하여 상법은 주식을 병합하는 경우에 구주권을 회사에 제출할 수 없는 자가 있는 때에는 회사로 하여금 그 자의 청구에 의하여 3월 이상의 기간을 정하고 이해관계인에 대하여 그 주권에 대한 이의가 있으면 그 기간 내에 제출할 뜻을 공고하고 그 기간이 경과한 후에 신주권을 청구자에게 교부할 수 있도록 하고 있다(제442조 제1항).

공고의 비용은 청구자의 부담으로 하고(제442조 제2항), 단주의 금액을 배분하는 경우에도 회사에 주권을 제출할 수 없는 자가 있는 때에는 같은 절차를 밟아야 한다(제443조 제2항·제444조).

3) 단주의 처리

주식병합의 결과 1주 미만의 단주가 생기는 경우에는 그 부분에 대하여 발행한 신주를 경매하여 각 주수에 따라 그 대금을 종전의 주주에게 지급하여야 한다. 그러나 거래소의 시세 있는 주식은 거래소를 통하여 매각하고, 거래소의 시세 없는 주식은 법원의 허가를 받아 경매외의 방법으로 매각할 수 있다(제443조 제1항). 상법의 규정은 없으나 단주의 매각대금을 지급함에 있어서는 구주권과 상환하여야 한다고 본다. 그리고 기술한 이해관계자의 이의최고절차 및 주권의 교부에 관한 규정(제442조 제1항)은 단주를 처리함에 있어서도 동일하게 적용된다.

한편 주식병합(예: 1만주 vs. 1주)으로 소수주주가 주주의 지위를 상실했다 할지라도 그 자체로 위법은 아니다. 이는 주주평등원칙의 예외이기 때문이다. 다만, 주식병합이 소수주주의 축출을 주목적으로 하거나 엄격한 절차를 요하는 지배주주의 강제매수(제360조의 24)를 통한 소수주주 축출제도를 회피할 목적으로 행하여지는 것은 위법하다.[489]

---

489) 대법원 2020. 11. 26. 선고 2018다283315.

4) 채권자보호절차

액면주식의 경우 액면금액을 변동시키지 않는 주식병합, 액면금액을 변동시키더라도 병합비율에 미치지 못하는 금액으로 변동시키는 주식병합의 경우에는 자본금이 감소하므로 채권자보호절차를 밟아야 한다(제439조·제232조). 무액면주식의 경우에도 주식병합과 동시에 자본금이 감소하게 되면 채권자보호절차를 밟아야 한다고 본다. 다만, 결손보전을 위한 자본금감소의 경우에는 그러하지 않다(제439조 제2항).

따라서 회사는 주식병합의 결의가 있은 날부터 2주 내에 회사채권자에 대하여 병합에 이의가 있으면 일정한 기간 내에 이를 제출할 것을 공고하고 알고 있는 채권자에 대하여는 따로 따로 이를 최고하여야 한다. 이 경우 그 기간은 1월 이상이어야 한다. 만약 채권자가 해당기간 내에 이의를 제출하지 아니한 때에는 주식병합을 승인한 것으로 본다. 이의를 제출한 채권자가 있는 경우 회사는 그 채권자에 대하여 변제 또는 상당한 담보를 제공하거나 이를 목적으로 하여 상당한 재산을 신탁회사에 신탁하여야 한다(제439조·제232조).

(5) 주권불제출의 효과

일부주주가 주권제출기간 내에 주권을 제출하지 아니하더라도 주식병합을 진행할 수 있다. 해당주주에 대하여는 주주명부를 근거로 주식을 병합하고 추후 구주권과 교환하여 신주권을 교부하면 된다.

(6) 변경등기

주식병합을 하는 경우에는 등기사항인 발행주식총수(제317조 제2항 제3호)가 감소할 수 있으므로 변경등기를 하여야 한다.

(7) 효력

1) 효력발생시기

주식병합의 효력은 주권제출기간이 만료한 때에 발생한다(제441조). 그러나 채권자의 이의기간 및 이의에 따른 변제 등 후속절차가 종료하지 아니한 때에는 그 기간 또는 절차가 종료한 때에 효력이 발생한다(제441조 단서·제232조). 이에 따라 구주식은 소멸하고 구주권 또한 실효된다. 이와 같이 주식병합의 효력은 주주의 주권제출유무와는 무관하게 발생한다.

그런데 주권을 제출하도록 공고하는 것은 신주권의 수령권자를 파악하고 구주권의 유통을 방지하기 위함이다. 따라서 1인회사와 같이 그러할 필요가 없는 회사에서는 공고 없이 감자등기를 하였더라도 그 등기시에 주식병합의 효력이 발생한다.490) 주식병합 효력의 발생은 주주의 주권제출유무와는 무관하다.

2) 주식병합 전후의 동일성

주식병합의 효력이 발생하면 회사는 신주권을 발행하게 되고, 주주는 병합된 만큼의 감소된 수의 신주권을 교부받게 된다. 이에 따라 교환된 주권은 병합 전의 주식을 여전히 표창하면서 그와 동일성을 유지한다.491) 따라서 구주식의 질권자는 병합에 의하여 주주가 받을 신주식이나 금전에 대하여 질권을 행사할 수 있다(제339조). 구주식에 대한 분쟁 역시 신주식으로 이어진다.

3) 주식병합무효의 소

상법은 주식병합의 하자를 다투는 소에 관한 규정을 두지 않고 있다. 자본감소를 수반하는 위법한 주식병합에 대하여는 감자무효의 소(제445조)를 제기할 수 있다고 본다. 즉 주식병합으로 인한 자본금감소에 이의가 있는 주주, 이사, 감사, 청산인, 파산관재인 또는 자본금감소를 승인하지 아니한 채권자는 자본금감소로 인한 변경등기가 있는 날로부터 6개월 내에 자본금 감소무효의 소를 제기할 수 있다.492) 이에 비하여 자본금감소를 수반하지 않는 위법한 주식병합에 관하여는 법률관계를 신속하고 획일적으로 확정하기 위하여 제445조를 유추적용할 수 있다고 본다.493)

그러나 주식병합의 실제가 없음에도 주식병합의 등기가 되어 있는 외관이 존재하는 경우 등과 같이 주식병합의 절차적·실체적 하자가 극히 중대하여 주식병합이 존재하지 아니한다고 볼 수 있는 경우에는, 주식병합무효의 소와는 달리 출소기간의 제한이 없이 주식병합부존재확인의 소를 제기할 수 있다.494)

---

490) 대법원 2005. 12. 9. 선고 2004다40306.
491) 대법원 2005. 6. 23. 선고 2004다51887.
492) 同旨 대법원 2020. 11. 26. 선고 2018다283315.
493) 同旨 대법원 2009. 12. 24. 선고 2008다15520.
494) 대법원 2009. 12. 24. 선고 2008다15520.

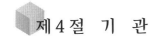

제 4 절 기 관

제 1 관 기관의 구성과 권한배분

Ⅰ. 기관의 의의와 권한

회사는 법인으로서(제169조) 의사와 행위능력을 가진다. 그러나 회사라는 법인에는 수족과 같은 육체와 마음이 없기 때문에 회사조직상의 일정한 지위에 있는 자의 의사와 행위가 회사의 의사 및 행위가 된다. 이와 같이 회사의 의사를 결정하고 행위를 실현하는 회사조직상의 일정한 자를 기관이라 한다. 그리고 그가 실현할 수 있는 행위의 범위를 기관의 권한이라고 한다. 이러한 권한은 기관의 구성에 따라 분배된다.

한편 합명회사 등의 인적회사에서는 사원자격과 기관자격이 일치하여 각 사원이 업무집행권과 대표권을 가지기 때문에 이를 自己機關이라고 한다. 이에 비하여 주식회사는 수개의 기관으로 분화되어 있고, 주주총회 이외의 기관의 구성에는 주주(사원)자격을 전제로 하지 않기 때문에 이를 他人機關이라고 한다.

Ⅱ. 기관의 구성과 권한

1. 주주총회와 이사회

주식회사는 그 운영·관리기관으로서 모든 회사에 주주총회와 이사회를 둔다. 주주총회는 주주들로 구성되며 결의에 의하여 상법과 회사의 정관에서 정하는 주요사항에 대하여 의사결정을 하는 기관이다(제361조). 예를 들면, 이사 또는 감사의 선임, 정관변경이나 합병결의 혹은 이사·발기인의 회사에 대한 책임면제의 결의 등이 그에 해당한다. 주주총회결의 이외의 회사운영·관리상의 의사결정은 이사회가 한다. 이와 같이 주식회사의 운영·관리는 타인에게 위임된다.

2. 이사회 · 대표이사(집행임원) · 위원회

주주총회는 원칙적으로 3인 이상의 이사를 선임하고(제383조 제1항),495) 이사들은 이사회를 구성한다. 이사회는 회사의 업무집행에 관한 의사결정권을 갖는다(제393조 제1항). 그런데 이사회는 회의체기관이므로 현실적으로 업무집행을 할 수 없다. 이 때문에 이사회의 업무집행권한은 의사결정에 그치고 현실적인 집행행위는 이사회 또는 정관의 규정에 의거하여 주주총회에서 선임한 대표이사가 담당한다. 따라서 대표이사는 대외적으로 회사를 대표하여 회사의 영업에 관하여 재판상 또는 재판외의 모든 행위를 할 권한이 있다(제389조 제3항·제209조). 다만, 이사회는 업무집행기관으로서 대표이사를 감독할 권한이 있다(제393조 제2항).

2011년 4월 개정시 집행임원제도가 도입된바, 회사는 대표이사에 갈음하여 집행임원을 둘 수 있다(제408조의 2 제1항·제408조의 4). 그리고 1999년 개정상법은 이사회 내부에 기능별 소위원회를 두도록 하고 있는데(제393조의 2), 이사회는 그 권한을 대폭적으로 위원회에 위임할 수 있다(제393조의 2 제2항).496)

3. 감사기관(감사 또는 감사위원회)

상법은 위에서 기술한 회사의 기관 이외에 監査機關을 두고 있다. 감사기관은 이사회 및 대표이사의 업무집행을 감사하는 기관이다. 상법상 감사기관으로서는 監事와 監査委員會가 있다. 회사는 이 가운데 하나를 선택하여 감사기관을 설치할 수 있다(제415조의 2 제1항).

감사는 주주총회에서 선임되고, 이사회로부터 독립된 기관이다(제409조). 따

---

495) 다만, 자본금 총액이 10억원 미만인 회사는 1명 또는 2명으로 할 수 있다(동항단서).
496) 제393조의 2(이사회 내 위원회) 제1항 : 이사회는 정관이 정한 바에 따라 위원회를 설치할 수 있다.
    제2항 : 이사회는 다음 각호의 사항을 제외하고는 그 권한을 위원회에 위임할 수 있다.
    1. 주주총회의 승인을 요하는 사항의 제안. 2. 대표이사의 선임 및 해임. 3. 위원회의 설치와 그 위원의 선임 및 해임. 4. 정관에서 정하는 사항.
    제3항 : 위원회는 2인 이상의 이사로 구성한다.
    제4항 : 위원회는 결의된 사항을 각 이사에게 통지하여야 한다. 이 경우 이를 통지받은 각 이사는 이사회의 소집을 요구할 수 있으며, 이사회는 위원회가 결의한 사항에 대하여 다시 결의할 수 있다.
    제5항 : 제386조 제1항·제390조·제391조·제391조의 3 및 제392조의 규정은 위원회에 관하여 이를 준용한다.

라서 이사회나 대표이사에 대한 외부통제장치라고 할 수 있다. 감사위원회는 이
사회 내부에 설치하며, 3인 이상의 이사로 구성되는 회의체기관이다(제415조의 2
제2항 전단). 이 점에서 동 위원회는 이사회의 감독하에서 기능하는 자기시정장치
라고 할 수 있다. 감사위원회는 사외이사가 위원의 3분의 2 이상이어야 한다(동조
동항 후단). 감사위원회의 위원은 회사규모에 따라 이사회(예: 비상장회사) 또는 주주
총회(예: 자산총액 1천억원 이상인 회사)에서 선임한다.[497]

Ⅲ. 기관구성의 논리 및 의사결정의 방식

1. 기관구성의 논리

(1) 소유와 경영의 분리
1) 경영의 합리성과 중립성

주식회사의 기관구조의 특징은 업무집행을 타인기관에 위임함으로써 소유와
경영을 분리한다는 데에 있다. 소유와 경영을 분리하는 주요한 동인은 주주들이
유한책임만을 부담하므로 회사채권자를 보호하기 위하여 회사경영의 객관성과
중립성을 유지하고 회사재산을 독립적으로 관리할 필요가 있기 때문이다. 그리고
주주가 집단적으로 경영에 참여하는 때에 발생할 수 있는 비효율성을 제거하는
데에도 소유와 경영의 분리가 유용할 수 있다. 주주 또는 채권자들에 의한 경영
감시비용(monitoring cost) 또는 대리인비용(agency cost)을 낮춤으로써 회사의 자본조
달비용을 줄일 수도 있다.

상법은 이사회의 의사결정에 頭數主義를 채택하고, 이사에게 회사의 수임인
으로서 자기의 책임하에 업무를 집행할 법적 의무를 부담시키고 있는데(제382조 제
2항, 제399조 제1항), 이는 업무집행에 관한 대주주의 간섭을 차단함으로써 경영의 합
리성과 중립성을 보장하기 위한 장치들이다.

2) 전문가경영의 보편성 여부

1920년대 미국의 주요 대기업의 지배구조현실을 토대로 하여 현대주식회사의 지
배구조를 분석한 Berle와 Means는 1932년 「현대주식회사와 사유재산」(The Modern

---

497) 전자 : 제415조의 2 제1항 전단·제393조의 2 제2항 제3호, 후자 : 제542조의 10 제1항
    단서·제542조의 11 제1항·제542조의 12 제1항.

Corporation and Private Property)[498]이라는 저서에서 '경영자지배론'(management control)을 주장하였다. 경영자지배론에 따르면 소유와 경영은 완전히 분리된다. 여기서의 경영자지배는 전문경영인의 현실적인 지배력에 의한 지배를 의미한다. 왜냐하면 이 이론은 회사의 주식을 10% 이상 보유하는 지배주주가 존재하지 아니한다는 요건을 전제로 하기 때문이다.

그러나 경영자지배론에 대하여는 상당수의 주식회사의 경우에는 10% 이상을 소유한 대주주가 존재한다는 사실을 근거로 보편성이 결여된 이론이라고 주장하는 학자도 적지 않다.[499] 실제로 우리나라와 선진주요국의 기업지배구조상의 회사지배는 대중투자자보다 대주주에 의하여 이루어진다는 특징이 있다. 이러한 점에서도 경영자지배론이 보편성을 갖는다는 주장에 의문을 제기할 수밖에 없다. 그리고 실증적인 측면에서도 전문경영자에 의한 경영성과가 소유자경영(owner management)보다 항상 양호하다는 결론이 도출된 적도 없다. 기업경영문화, 성과분석시점 및 사업형태에 따라서 평가결과가 달라질 뿐이다.[500]

3) 상법의 이념과 소유자(또는 전문가)경영

상법의 3대 이념은 ① 기업의 생성·존속·강화의 지원, ② 기업활동의 원활보장 및 ③ 거래안전의 보호에 있다. 이 가운데 기업의 의사결정방식은 기업활동의 원활보장과 관련이 있다. 기업은 대량적, 계속적 그리고 반복적으로 거래를 하므로 그 거래가 신속하게 행하여지고 그로 인한 법률관계가 신속하게 종결되어야 한다. 이를 위하여는 책임경영체제가 요구되는데, 소유와 경영의 일체형구조는 전문가경영체제보다 이에 부합한다. 소유와 경영의 일체형체제는 회사운영을 안정적으로 할 수 있고, 장기적 안목에서의 투자를 결정을 할 수 있는 장점이 있다. 다만, 이 구조는 회사 또는 회사의 자산을 사유물화하고자 하는 유혹을 쉽게 떨쳐 버릴 수가 없다.

전문가경영체제는 전문경영인의 경영능력을 발휘하기에 적합하다. 다만, 이 체제는 필연적으로 경영능력에 부합하는 보상장치를 요구한다. 상법상 주식매수선택권제도(제340조의 2)가 그 대표적이다. 그러나 이러한 장치는 때로 전문경영인들의 회계부정을 초래하여 기업파산의 원인이 되기도 한다. 창업자인 스티브잡스

---

498) Adolf A. Berle·Gardiner C. Means(1932), pp.45, 66−68.

499) 예를 들면, Melvin. A. Eisenberg(1976), pp.37−51.

500) 同旨 Morten Bennedsen 외 3인 "Dynastic Control without Ownership: Evidence from post−war Japan," Journal of Financial Economics(2021), pp. 3, 17, 22.

(Steve Jobs)가 이사직위에서 해임된 후인 1997년 애플사(Apple Inc)의 파산위기 직면 사례, 2001년 미국의 엔론(Enron), 2002년 월드컴(WorldCom) 및 아서 앤더슨(Arthur Andersen)의 파산사례는 그 대표적인 예이다.

따라서 기업의 의사결정방식은 어느 체제가 우월하다고 단언할 수 없고, 국가별 기업의 발전과정과 문화에 맞는 체제를 토착화시키는 것이 중요하다.

(2) 주주의 보호와 업무집행의 통제

유한책임제도에 따른 문제점을 해소하기 위한 방법으로 소유와 경영분리의 효용성이 있지만, 그로 인한 주주보호의 문제가 발생한다. 즉 주주가 회사경영의 국외자가 되면, 이사나 대표이사가 항상 합리적·합법적으로 행동한다는 보장이 없기 때문이다. 이에 따라 주주로 구성되는 주주총회에서는 이사나 대표이사를 견제할 전문적인 감시기관으로서 감사 또는 감사위원회를 설치하게 된다. 그리고 이사나 대표이사가 할 수 없는 처분적 업무 예를 들면, 정관변경·자본금감소·영업양도·회사해산·합병·결산승인 등에 대하여는 주주총회의 결의를 요구함으로써 일정부분 업무집행을 통제하고 있다.

2. 의사결정의 방식

주식회사는 복수의 기관으로 구성되며, 각 기관은 자신의 권한을 행사하고 의무를 부담하는 데 필요한 의사를 결정하여야 한다. 감사와 대표이사는 각자 독임제적 집행기구이기 때문에 독자적으로 의사를 결정하여야 하고, 그 결과에 대한 법적 책임을 진다.

주주총회와 이사회는 회의체기관이기 때문에 공동의 의사를 결정하여야 하고, 다수결의 원칙이 적용된다. 이 경우 주주총회에서는 1株 1議決權이라는 자본다수결의 원칙을 취하는데(제369조 제1항), 이사회에서는 자본다수결이 아닌 1人 1議決權을 행사하게 된다(제391조 제1항). 주주총회에서는 결의사항에 따라 보통결의, 특별결의 및 특수결의 방식을 채택하고 있다.

이사회나 주주총회가 다수결제도를 채택하는 것은 오늘날 민주주의 사회의 일반적인 의사결정방식이며, 그 의사결정이 주주 전원의 이익이 되고 보편적 타당성을 가질 것이라는 가설의 반영이다. 그러나 실제로는 이러한 가설이 어긋나는 경우도 발생한다. 그러한 사례는 대주주들이 주주총회를 지배할 수 있고, 이사와 대표이사는 주주로부터 독립적 지위를 갖는다고 하더라도, 선임과 해임시 지배주주들의 영향력을 의식하지 않을 수 없기 때문에 발생한다. 이사들은 계속적인 지위의 보전을 위하여 지배주주의 신임을 의식하지 않을 수 없어 대주주의 간접적 영향하에 편파적인 결의를 하는 예도 많다. 이러한 편파적인 의사결정이 있는 경우에는 소수주주가 결의취소, 결의무효 또는 부존재확인의 소와 같은 주주총회결의 하자에 관한 소송을 제기할 수 있고(제376조, 제380조), 이사해임청구의 소 또는 이사의 위법행위유지청구권을 행사할 수 있다(제385조, 제402조). 그리고 상법은 정관의 특수한 정함(제344조 제3항) 때문에 어느 종류의 주주에게 손해를 야기하는 때에는 이사회나 주주총회의 결의 이외에 그 종류의 주주만으로 구성된 종류주주총회의 결의를 얻도록 하고 있다(제435조·제436조).[501]

결국 주식회사의 의사결정은 다수결에 의한 보편적 타당성이라는 가설 위에 그 부작용을 예방하거나 사후적으로 교정할 수 있는 방식을 채택하고 있다.

제 2 관 주주총회

I. 의 의

1. 개념

주주총회(general meeting(영), shareholders' meeting(미))란 주주로 구성되고 회사의 기본적 사항에 관한 의사를 결정하는 최고의 필요적 상설기관이다.

2. 주주로 구성

주주총회는 주주로 구성된다. 주주만이 구성원이 될 수 있으므로 이사나 감사가 주주총회에 출석하더라도(제373조 제2항, 제413조) 주주총회의 구성원이 아니다. 그리고 주주가 아닌 자가 총회의 의장으로서 사회를 할 수는 있지만, 이로써 주주총회의 구성원은 되지 못한다. 이 점에 대하여는 정관으로도 달리 정할 수 없다.

---

501) 대법원 2006. 1. 27. 선고 2004다44575·44582.

3. 의사결정기관

주주총회는 법령 및 정관에 정하여진 사항에 관하여 주주의 총의를 반영하여 회사의 의사를 결정한다(제361조). 그 사항에 관한 의사결정은 주주총회의 결의로도 타 기관에 위임하지 못한다. 의사결정은 결의방식에 따른다.

4. 최고기관

주주총회는 회사의 소유자들로 구성되고, 총회의 결의로 다른 회사기관의 구성원을 선임하거나 해임하며, 총회의 결의결과는 회사의 다른 기관 전부를 구속한다는 점에서 회사 내에서의 최고기관이라고 할 수 있다.

5. 필요적 상설기관

주식회사는 사단이기 때문에 주주들의 의사결정기관을 구비하여야 한다. 그런데 합명·합자회사와는 달리 주식회사는 업무집행기관이 타인기관이므로 주주총회는 주주가 회사의 경영에 참여하는 유일한 통로이다. 이러한 필요에서 주주총회는 반드시 존재하여야 하는 기관이다.

6. 결의흠결의 효력

주주총회의 결의는 주식회사의 단체적 의사를 결정하는 방법이다. 그러므로 주주총회의 결의가 요구되는 사항에 관하여 그 결의를 결여하거나 결의에 흠이 있어 무효·취소되면 주식회사의 의사형성 자체에 흠결이 있는 것으로써 절대무효이다. 예를 들면, 이사를 선임하는 주주총회의 결의(제382조)가 없다면 이사는 선임될 수 없으며, 영업양도(제374조 제1항 제1호)가 주주총회의 특별결의 없이 행하여졌다면 그 양도는 당연무효이다.

한편 주주총회결의의 흠결에 관하여서는 선의의 제3자라도 그 효력을 주장하지 못한다. 즉 선의의 제3자를 보호하는 규정이 없는 것이다.

Ⅱ. 주주총회의 권한

1. 의의

주식회사에서는 기관이 분화되어 있다. 그러나 기관간의 권한분배에 대하여는 일정한 원칙이 있는 것은 아니다. 다만, 현대 회사법의 입법례 추세를 보면, 주주총회의 기능은 약화되고, 이사회(또는 이사)의 기능은 강화되고 있다.

상법도 「주주총회는 본법 또는 정관에 정하는 사항에 한하여 결의할 수 있다」(제361조)라고 정함으로써 주주총회의 권한의 범위를 축소하고 이사회의 권한의 범위를 확대하고 있다(제393조).

2. 상법상의 권한

(1) 주주의 중요 이해에 관한 사항

상법은 먼저 주주의 이해에 중요한 영향을 미치는 사항들에 대하여 주주총회의 권한으로 하고 있는데, 이를 열거하면 다음과 같다. 첫째, 성질상 출자자로서의 기본적 권한. 여기에는 이사·감사·청산인·검사인의 선임,502) 재무제표의 승인(제449조 제1항),503) 이익배당의 결정(제462조 제2항) 및 주식배당의 결정(제462조의 2 제1항)에 관한 권한 등이 해당한다.

둘째, 이사 등의 자의를 방지하고 업무감독에 관한 권한. 여기에는 이사·감사·청산인의 보수결정(제388조, 제415조, 제542조의 제2항), 발기인·이사·감사·청산인의 회사에 대한 책임면제(제324조, 제400조·제415조·제542조), 이사·감사·청산인의 책임해제의 유보(제450조·제542조 제2항), 주주 이외의 자(제3자)에 대한 전환사채

---

502) 제382조 제1항, 제409조 제1항, 제531조, 제366조 제3항·제367조 제1항.
503) 제449조의 규정에도 불구하고 2011년 개정상법은 제449조의 2에서 재무제표 등의 승인에 대한 특칙을 두고 있다는 점에 주의하여야 한다. 제449조의 2(재무제표 등의 승인에 대한 특칙) 제1항: 제449조에도 불구하고 회사는 정관으로 정하는 바에 따라 제447조(재무제표의 작성)의 각 서류를 이사회의 결의로 승인할 수 있다. 다만, 이 경우에는 다음 각 호의 요건을 모두 충족하여야 한다.
　1. 제447조의 각 서류가 법령 및 정관에 따라 회사의 재무상태 및 경영성과를 적정하게 표시하고 있다는 외부감사인의 의견이 있을 것
　2. 감사(감사위원회 설치회사의 경우에는 감사위원) 전원의 동의가 있을 것.
　제2항: 제1항에 따라 이사회가 승인한 경우에는 이사는 제447조의 각 서류의 내용을 주주총회에 보고하여야 한다.

또는 신주인수권부사채의 발행(제513조 제3항, 제516조의 2 제4항) 등에 관한 권한 등이 해당한다.

셋째, 회사의 영업이나 기본구조의 변경에 관한 권한. 여기에는 영업양도(제374조 제1항 제1호), 정관변경(제433조 제1항), 자본금감소(제438조), 합병(제522조), 조직변경(제604조 제1항), 회사해산(제518조), 주식의 포괄적 교환(제360조의 3), 주식의 포괄적 이전(제360조의 16) 및 회사의 계속(제519조)에 관한 권한 등이 해당한다.

(2) 법적 기능에 따른 분류

상법상 주주총회의 결의의 효력에 대하여는 법적 기능에 따라 분류할 수 있는데, 이를 열거하면 다음과 같다.

1) 창설적 효력이 있는 결의

이는 새로운 법률관계를 완결적으로 창설하는 효력이 있는 결의를 말한다. 여기에는 이사·감사·청산인의 선임 및 해임결의,504) 회사의 해산결의(제518조), 정관변경의 결의(제434조), 재무제표의 승인결의(제449조 제1항), 이익배당의 결의(제462조 제2항), 주식배당의 결의(제462조의 2 제1항) 및 정관변경의 결의(제434조) 등이 해당한다.

2) 집행행위를 승인하는 효력이 있는 결의

이는 이사회의 결정 또는 대표이사의 집행행위를 승인하는 효력이 있는 결의를 말한다. 영업양도의 승인결의(제374조 제1항 제1호), 자본금감소의 결의(제438조), 회사합병·분할의 승인결의(제522조 제1항, 제530조의 3 제1항), 전환사채·신주인수권부사채의 제3자배정 승인결의(제513조 제3항, 제516조의 2 제4항), 자기주식취득의 승인결의(제341조 제2항), 주식의 포괄적 교환·포괄적 이전의 승인결의(제360조의 3 제1항, 제360조의 16 제1항) 등이 여기에 속한다. 이러한 결의는 창설적 효력이 있는 결의와는 달리 집행행위가 후속적으로 있어야 한다.

3. 정관에 의한 권한 확장

(1) 의의

주주총회의 권한은 법률에 규정된 사항 이외에도 정관의 정함에 따라 확장될 수 있다. 이에 관한 권한은 다음과 같이 분류할 수 있다.

---

504) 제382조, 제385조, 제409조, 제415조, 제531조, 제539조.

(2) 유보조항이 있는 사항

상법이 대표이사의 선임(제389조 제1항), 신주발행(제416조 제1항), 준비금의 자본전입(제461조 제1항), 전환사채의 발행(제513조 제2항) 또는 신주인수권부사채의 발행(제516조의 2 제2항) 등과 같이 원칙적으로 이사회의 권한으로 정하면서, 주주총회의 권한으로 유보할 수 있음을 명시한 사항(예: 앞의 각각의 조항의 단서)은 정관으로 주주총회의 결의사항으로 정할 수 있다.

(3) 유보조항이 없는 사항

1) 문제의 소재

상법이 사채발행(제469조 제1항), 주식양도의 승인(제335조 제1항), 회사의 기회 및 자산의 유용금지(제397조의 2 제1항) 또는 자기거래(제398조) 등과 같이 이사회 등 주주총회 이외의 기관의 권한으로 정하면서 위와 달리 유보조항이 없는 사항에 대하여도 정관에서 규정하면 주주총회의 권한으로 할 수 있는지 문제된다.

2) 학설

가) 긍정설(확장설)　　이 학설은 주주총회의 최고기관성 또는 권한분배의 자율성을 이유로, 주식회사의 본질이나 강행법규에 위반되지 아니하는 한 이사회 등의 권한도 정관의 규정으로 주주총회의 권한으로 할 수 있다고 한다. 다만, 이사회가 갖는 주주총회의 소집권(제362조)만은 성질상 주주총회의 결의사항으로 할 수 없다고 한다(다수설).[505]

나) 부정설(제한설)　　이 학설은 주식회사의 각 기관의 권한분배에 관한 규정은 유한책임제도하에서 회사의 독립적 기능을 확보하기 위한 강행규정으로서, 명문의 규정이 없는 사항에 관하여는 정관의 규정으로도 주주총회의 권한으로 할 수 없다고 한다. 그리고 그 범위 내에서는 자율성이 배제된다고 한다(소수설).[506]

3) 사견

상법상 기관의 권한배분에 관한 규정은 강행규정으로써 그 범위 내에서는 자율성이 배제되어야 한다. 그리고 유보조항이 없는 사항까지 주주총회의 권한으로

---

505) 손주찬(2004), 700면; 정동윤(2012), 541면; 최·김(2014), 688면; 권기범(2021), 701면; 김정호(2023), 324면; 최준선(2024), 356면; 송옥렬(2022), 918면; 김·노·천(2024), 297면; 이·최(2022), 533면.

506) 이철송(2024), 519면; 정찬형(2022), 887면; 장덕조(2023), 227면; 강·임(2009), 710면; 박상조(2000), 444면; 서헌제(2007), 282면.

하여 이사회의 권한을 제약하면 사안마다 회사의 의사결정절차가 지나치게 번거롭게 될 수 있다. 또한 이사회의 권한이 제약되었음을 이유로 선의의 제3자에게 대항할 수 있는 것도 아니다. 따라서 상장회사는 물론 폐쇄형 가족기업의 경우에도 상법에서 명시된 이사회의 권한을 제약할 필요는 없다(부정설).

4) 자기거래와 1인회사에서의 주주 전원의 동의

상법은 자기거래의 승인기관을 이사회로 하면서(제398조), 정관으로 주주총회의 권한으로 유보할 수 있다는 규정을 두지 않고 있다. 그런데 판례는 이에 관한 중대한 예외를 인정하고 있다. 즉 판례는 '이사와 회사 사이의 이익상반거래에 대한 승인은 주주 전원의 동의가 있거나 그 승인이 정관에 주주총회의 권한사항으로 정해져 있다는 등의 특별한 사정이 없는 한 이사회의 전결사항'이라고 하고 있다.[507]

따라서 회사의 이사에 대한 채무부담행위가 제398조 이사의 자기거래에 해당하는 경우라도 사전에 주주 전원의 동의가 있었다면 회사가 이사회의 승인이 없었음을 이유로 책임을 회피할 수 없다.[508] 다만, 이사회의 승인을 받지 못한 이익상반거래에 대하여 승인권한이 없는 주주총회에서 사후적으로 추인결의를 하는 때에는 그 거래가 유효하게 될 수는 없다.[509] 판례의 이러한 태도는 제398조의 취지가 이사가 그 지위를 이용하여 회사와 거래를 함으로써 자기 또는 제3자의 이익을 도모하고 회사 나아가 주주에게 불측의 손해를 입히는 것을 방지하고자 하는 데 있다고 보았기 때문이다.[510]

한편 위에서 소개한 2005다4284 판결의 취지는 마치 유보조항이 없는 사항에 관한 확장설을 취하는 취지로 읽힐 수도 있지만,[511] 동 사건의 쟁점과는 무관한 설시이다. 이는 동 판례가 '이사회의 승인을 받지 못한 이익상반거래에 대하여 승인권한이 없는 주주총회에서 사후적으로 추인결의를 하였다 하여 그 거래가 유효하게 될 수는 없다.'고 밝히고 있는 점에서도 명료하다.[512] 다만, 주주 전원의 동의가 있으면 유효한 자기거래로 보고 있다는 점은 주목된다.

---

507) 대법원 2007. 5. 10. 선고 2005다4284; 同旨 1992. 3. 31. 선고 91다16310.
508) 대법원 2017. 8. 18. 선고 2015다5569; 1992. 3. 31. 선고 91다16310.
509) 대법원 2007. 5. 10. 선고 2005다4284.
510) 대법원 2007. 5. 10. 선고 2005다4284; 1992. 3. 31. 선고 91다16310.
511) 최기원(2012), 435면; 최준선(2024), 356면.
512) 대법원 2007. 5. 10. 선고 2005다4284.

4. 법령이나 정관에 명시되지 아니한 권한

주주총회는 법령이나 정관에 정하는 사항에 한하여 결의할 수 있기 때문에 (제361조) 법령이나 정관에서 명시되지 아니한 사항에 대한 결의는 무효이다. 따라서 이사 및 주주에 대하여 구속력을 가지지 못한다. 그리고 법원은 주식회사 (甲)가 주주회원들 중 일부로 구성된 주주회원모임(乙)과 체결한 '주주회원의 골프장 이용혜택을 변경할 경우 주주회원모임(乙)과 협의하고 중요한 사항은 주주총회에 회부하여야 한다.'는 내용의 약정에 따라 주주총회에서 주주회원의 골프장 이용혜택을 축소하는 결의를 하자, 주주회원들이 주위적으로 주주총회의 무효확인(제380조)과 예비적으로 결의의 취소(제376조)를 구한 사안에서, 모두 부적법하다는 이유로 소를 각하하였다. 그 이유는 해당약정은 甲과 乙 사이의 절차적 요건일 뿐이지 甲과 그 기관 및 주주들 사이의 단체법적 법률관계를 획일적으로 규율하는 의미가 없기 때문이다. 그리고 일반적 민사소송의 한 형태로서 그 무효확인을 구할 소의 이익도 인정되지 아니한다고 하였다.[513] 즉 계약상의 지위(주주회원)나 그 내용(이용혜택)의 확인을 구하면 충분하다는 것이다.

5. 주주의 권한행사와 책임

주주의 의사표시는 주주총회의 결의라는 형식으로 표출된다. 이 때문에 주주는 권한행사에 따른 책임을 지는 일이 없다. 설사 주주총회의 결의가 위법하다고 하더라도 회사나 제3자에 대한 손실은 이사회, 업무집행임원 또는 대표이사의 구체적인 업무집행을 통하여 현실화되기 때문에 집행에 관여한 이사 등이 책임을 진다. 다만, 회사가 신주를 발행할 때에는 인수가액을 납입할 의무는 부담하지만, 이 역시 엄밀히는 주식인수인의 지위에서 나오는 납입의무이다.

6. 주주총회권한의 전속성

(1) 권한위임의 제한

1) 관련규정

상법상 주주총회의 법정권한을 다른 기관에 위임할 수 있는 것은 자기주식의 취득(제341조 제2항),[514] 재무제표의 승인(제449조의 2)[515] 및 이익의 배당에 관한 사

---

513) 대법원 2013. 2. 28. 선고 2010다58223.

항뿐이다(제462조 제2항).516) 이와 같이 법률상 인정되는 사항 이외에 법령이나 정관에 의거, 주주총회의 권한으로 되어 있는 것은 주주총회에서만 결의하여야 한다.517) 이사회 또는 사채권자집회 등 다른 기관이나 제3자에게 위임할 수 없다. 그리고 주주총회의 법정권한은 주주총회의 전권에 속하기 때문에 정관의 규정으로도 이를 제3자에게 위임할 수 없다.

2) 판례

상법의 규정과 법리에 따라 이사·감사의 선임(제382조 제1항·제409조 제1항)을 이사추천위원회 또는 대표이사의 결정에 위임한다거나,518) 이사의 보수(제388조)를 지배주주, 이사회 또는 대표이사가 결정하도록 하는 것은 무효이다.

그런데 최근의 판례는 종전의 유사한 사례에서의 판단519)과는 달리 '주식의 양도가 비출자임원(甲)의 직무집행의 대가로서 공로주 명목의 특별한 보수인 이상 이사의 보수에 관한 규정(제388조)이 적용되어야 하지만, 대표이사가 회사주식의 95%를 소유하고 있어서 그가 비출자임원(甲)에게 주식을 양도하겠다고 할 경우, 주주총회에서 같은 내용의 결의가 이루어질 것은 당연하므로 회사의 비출자임원(甲)에 대한 주식의 양도는 유효하다.'고 하였다.520) 나아가 판례는 98%의 지분을 가진 주주이자 대표이사(乙)가 존재하는 회사는 실질적인 1인회사로 보아,

---

514) 제341조(자기주식의 취득) 제2항 : 제1항에 따라 자기주식을 취득하려는 회사는 미리 주주총회의 결의로 다음 각 호의 사항을 결정하여야 한다. 다만, 이사회의 결의로 이익배당을 할 수 있다고 정관으로 정하고 있는 경우에는 이사회의 결의로써 주주총회의 결의를 갈음할 수 있다. 1. 취득할 수 있는 주식의 종류 및 수, 2. 취득가액의 총액의 한도, 3. 1년을 초과하지 아니하는 범위에서 자기주식을 취득할 수 있는 기간.

515) 제449조의 2(재무제표 등의 승인에 대한 특칙) 제1항 : 제449조(재무제표 등의 승인·공고)에도 불구하고 회사는 정관으로 정하는 바에 따라 제447조(재무제표의 작성)의 각 서류를 이사회의 결의로 승인할 수 있다. 다만, 이 경우에는 일정한 요건을 모두 충족하여야 한다. 제2항 : 제1항에 따라 이사회가 승인한 경우에는 이사는 제447조의 각 서류(대차대조표, 손익계산서 등)의 내용을 주주총회에 보고하여야 한다.

516) 제462조(이익의 배당) 제2항 : 이익배당은 주주총회의 결의로 정한다. 다만, 제449조의 2(재무제표 등의 승인에 대한 특칙) 제1항에 따라 재무제표를 이사회가 승인하는 경우에는 이사회의 결의로 정한다.

517) 대법원 2020. 6. 4. 선고 2016다241515·241522; 2017. 3. 23. 선고 2016다251215.

518) 대법원 2017. 3. 23. 선고 2016다251215.

519) 대법원 1979. 11. 27. 선고 79다1599(발행주식총수의 3,000주 중 2,000주를 보유하고 있는 대표이사의 약정사건).

520) 대법원 1995. 9. 15. 선고 95누4353; 同旨 1978. 1. 10. 선고 77다1788(80% 주식보유주주의 상여금지급 약속사건).

임원퇴직금규정에 관하여 주주총회의 결의 또는 총회의사록이 작성된 적은 없으나, 乙이 결재·승인을 거쳐 관행적으로 지급되었다면 임원퇴직금규정의 승인에 대한 총회의 결의가 있었던 것으로 보고 있다.[521]

생각건대 앞의 95누4354 사례와 같이 지배주주가 존재한다고 할지라도 기관의 분리와 권한 배분에 관한 법리를 감안하면, 타당한지 의문이다.[522]

(2) 제3자 승인의 허부

주주총회의 결의가 효력을 발생하기 위하여 대표이사, 이사회 또는 제3자(모회사 또는 사채권자집회 등)의 승인을 요하는 정관규정이 허용되는지에 대하여는 회사자치의 자주적 제한 등을 논거로 긍정하는 견해가 있다.[523] 그러나 주주총회의 전속권한을 규정한 상법의 법리상 부정되어야 한다.[524]

Ⅲ. 주주총회의 소집

1. 소집의 결정

(1) 결정권자

주주총회는 원칙적으로 이사회가 소집결정을 하며, 그 밖에 상법이 정하는 바에 따라 소수주주, 감사·감사위원회 또는 법원이 소집결정을 할 수 있다.

(2) 이사회의 결의

1) 결의사항

주주총회의 소집은 상법에 다른 규정이 있는 경우 외에는 이사회가 결정한다(제362조). 이는 강행규정으로서, 정관으로도 총회의 권한으로 하는 등 달리 정할 수 없다. 이사회는 ① 총회일시, ② 장소, ③ 회의의 목적사항, ④ 서면 또는 전자적 방법에 의한 의결권행사(제368조의 4 제4항) 및 ⑤ 기타 법령에서 정한 사항 등을 결정하여야 한다. 이 결정에 대하여는 대표이사 또는 집행임원이 집행을 한다(제

---

521) 대법원 2004. 12. 10. 선고 2004다25123 참조(지배주주가 약 98%에 해당하는 주식을 소유하고, 그 이외의 주주는 나머지 약 2%의 주식을 소유한 미국의 Main Street and Main Inc. 법인주주 1인뿐인 가족회사의 사건).
522) 同旨 이철송(2024), 521면; 송옥렬(2022), 916면; 정동윤(2012), 571면.
523) 김·노·천(2024), 299면.
524) 同旨 권기범(2021), 703-704면.

389조 제3항·제209조·제408조의 4 제1호). 공동대표이사가 있는 때에는 정관으로 소집절차를 집행할 대표이사를 정할 수 있다.[525] 회사가 해산한 때에는 청산인회가 총회의 소집을 결정하고 대표청산인이 집행한다(제542조 제2항, 제362조). 총회일시 및 참석주주의 확정 등 소집에 관한 사항은 의결권행사를 불가능 또는 현저히 곤란하도록 정하여서는 아니 된다. 이에 반하는 이사회결의는 무효이다.[526]

한편 자본금 총액이 10억원 미만인 회사는 이사회가 없을 수 있기 때문에(제383조 제1항 단서 참조) 이사회의 기능은 각 이사 또는 정관에 따라 대표이사를 정한 경우에는 그 대표이사가 수행한다(제383조 제6항).

2) 하자 있는 결의

이사회의 결정 없이 소집된 주주총회의 결의는 하자 있는 결의이다. 따라서 이사회의 결정 없이 대표이사가 단독으로 소집한 총회의 결의는 결의취소의 사유가 된다(제376조).[527] 그리고 이사회결의 없이 구두로 소집통지를 하고 법정소집기간을 준수하지 않았으며 일부 주주(예: 발행주식총수의 5,000주 가운데 500주(10%)소유주주)에 대한 소집통지를 빠뜨린 하자 역시 총회결의 취소사유에 해당한다.[528] 정당한 소집권자에 의하여 소집된 주주총회가 아니라면 그 결의는 원칙적으로 결의부존재(제380조)에 해당한다.[529] 다만, 대표이사 아닌 이사가 이사회의 소집결의에 따라 주주총회를 소집한 경우에는 총회의 소집절차상 하자가 있는 것으로써 총회결의의 취소사유에 불과하다. 즉 주주총회결의가 무효이거나 부존재하다고 볼 수 없다.[530]

(3) 소수주주에 의한 소집

1) 취지

주주총회는 소수주주의 청구에 의하여 소집될 수 있다(제366조). 이는 이사의 전횡을 견제하고, 지배주주의 지지를 받는 이사의 세력에 대항하여 회사와 소수주주의 이익을 보호하기 위하여 마련된 규정이다.

---

525) 대법원 1980. 10. 27. 선고 79다카1264.
526) 대법원 2011. 6. 24. 선고 2009다35033.
527) 대법원 1980. 10. 27. 선고 79다카1264.
528) 대법원 2014. 11. 27. 선고 2011다41420; 1987. 4. 28. 선고 86다카553.
529) 대법원 1987. 4. 28. 선고 86다카553.
530) 대법원 2009. 5. 28. 선고 2008다85147; 1993. 9. 10. 선고 93도698.

2) 소수주주의 요건

가) 지주요건　총회의 소집을 청구할 수 있는 주주는 비상장회사인 경우는 소집청구를 하는 시점에서 발행주식총수의 100분의 3 이상에 해당하는 주식을 가진 주주이다(제366조 제1항). 상장회사에 대하여는 1,000분의 15로 요건을 완화하고 있다. 그 대신 해당법인의 주식을 6월 전부터 계속 보유하여야 한다(제542조의 6 제1항). 최근 사업연도 말 자본금이 1천억원 이상인 상장회사의 경우도 같다.

나) 지주요건의 계산방식　소수주주의 주주총회소집을 위한 지주요건은 1인의 보유주식수만 가지고 판단하는 것이 아니다. 수인의 소유주식을 합산하여 100분의 3 또는 1,000분의 15 이상이 되면 공동으로 소집을 청구할 수 있다.

다) 정족수의 계산방식

① 무의결권주식

ㄱ. 문제의 소재: 소수주주의 총회소집청구권의 지주요건인 '발행주식총수'(분모)의 '100분의 3' 또는 '1,000분의 15'(분자)를 계산하는 경우 분모와 분자에 의결권이 배제·제한되는 주식이 포함되는지에 대하여 학설이 나뉜다.

ㄴ. 학설: 부정설은 의결권 없는 주식을 가진 주주는 소집청구권과 소집권이 없다고 보아야 하기 때문에 의결권 없는 주식은 분자와 분모에 포함되지 아니한다고 본다.531) 긍정설은 이 제도는 의결권을 전제로 하지 아니하는 감독기능 또는 공익권으로서의 성격을 가지므로 포함된다고 한다.532)

ㄷ. 사견: 소수주주의 총회소집청구권은 공익권으로서의 성격을 가지고 있기 때문에 '발행주식총수'와 '100분의 3' 또는 '1000분의 15'의 계산시에는 무의결권주식도 모두 포함시켜야 한다고 본다(긍정설). 계산에서 제외하고자 하는 때에는 법문으로 이를 명시하여야 하여야 한다(예: 일본회사법 제297조 제3항). 상법이 공익권인 주주제안권(제363조의 2 제1항·제542조의 6 제2항), 집중투표청구권(제382조의 2 제1항)뿐만 아니라 감사선임권의 행사(제409조 제2항)시 명시적으로 의결권이 없는 주식을 제외하고 있는 것은 그 좋은 예이다.

531) 이철송(2024), 523면; 최준선(2024), 358면; 김정호(2023), 327면; 손주찬(2004), 702면; 안택식(2012), 264면; 채이식(1996), 462면
532) 장덕조(2023), 229면; 정동윤(2012), 542면; 권기범(2021), 707면; 송옥렬(2022), 920면; 이·최(2022), 535면; 최기원(2012), 447면; 홍·박(2021), 344면.

② 자기주식 등

ㄱ. 문제의 소재 : 소수주주의 주주총회소집청구권의 정족수계산시 의결권이 없는 주식의 경우와 같이 자기주식 등이 포함되는지에 관하여도 견해가 나뉜다.

ㄴ. 학설 : 부정설은 총회를 소집할 실익이 없다는 점에서 정족수계산시 포함되지 아니한다고 본다. 나아가 이 학설은 자회사소유의 모회사주식, 비모자회사간 상호소유로 의결권이 제한된 주식도 포함시키지 아니한다.[533] 긍정설은 소수주주는 자본금의 100분의 3이나 1,000분의 15 이상에 해당하는 주식을 가진 주주로 보아야 하기 때문에 자기주식, 자회사소유의 모회사주식, 비모자회사간 상호소유로 의결권이 제한된 주식도 포함된다고 본다.[534]

ㄷ. 사견 : 자기주식이나 자회사가 소유하는 모회사의 주식은 일체의 공익권이 휴지된다. 이 때문에 소수주주의 주주총회소집청구권의 정족수계산시 이를 제외하여야 한다고 본다(부정설). 다만, 비모자회사간의 상호주는 의결권 이외의 공익권은 행사할 수 있다고 해석한다. 따라서 정족수 계산시 이를 포함하여야 한다.

3) 절차

가) 사전청구   소수주주는 회의의 목적사항과 소집의 이유를 기재한 서면 또는 전자문서를 이사회에 제출하여 임시총회의 소집을 청구할 수 있다(제366조 제1항·제542조의 6 제1항). 여기서의 '이사회'는 원칙적으로 대표이사를 의미하고, 대표이사 없는 소규모 회사의 경우에는 각 이사를 의미한다. '전자문서'는 전자거래기본법 제2조 제2호의 정보로서 열람 가능한 전자우편·휴대전화 문자메시지·모바일(예: 카카오톡)메시지 등을 포함한다.[535] 소수주주의 청구가 있은 후 이사회는 지체 없이 주주총회소집의 절차를 밟아야 한다(제366조 제2항). 이때 이사회는 총회소집 이유의 정당성을 검토하기 위하여 이사회를 소집하고 결정을 하여야 한다. 다만, 자본금 총액이 10억원 미만인 회사는 이사회가 없을 수 있기 때문에(제383조 제1항 단서 참조) 이사회의 기능은 각 이사 또는 정관에 따라 대표이사를 정한 경우에는 그 대표이사가 수행한다(제383조 제6항).

533) 정동윤(2012), 542면; 최준선(2024), 358면; 이철송(2024), 523, 599면.
534) 송옥렬(2022), 920면; 최기원(2012), 447면; 권기범(2021), 707면.
535) 대법원 2022. 12. 16. 자 2022그734 결정.

나) 법원의 허가 및 직접소집

① 소집절차 및 소집허가이유의 동일성 등

소수주주의 청구가 있은 후 이사회가 지체 없이 총회소집절차를 밟아야 한다. 그렇지 않을 때에는 소집을 청구한 주주가 법원의 허가를 받아 직접 총회를 소집할 수 있다(제366조 제2항 전단·제542조의 6 제1항). 소수주주가 법원에 총회소집의 허가를 신청하는 때에는 서면으로 이사가 그 소집을 게을리한 사실을 소명하여야 한다(비송사건절차법 제80조 제1항 후단·동조 제2항). 이사회에 제출한 임시총회소집청구서에 기재된 회의의 목적사항과 법원에 제출한 소집허가신청서에 기재된 소집허가이유는 일치하여야 한다. 불일치하는 경우 법원은 신청인에게 그에 관하여 의견을 진술하게 하고 회의 목적사항을 수정·변경할 기회를 주어야 한다.536)

법원이 총회소집을 허가하는 때에는 소수주주의 형식적 자격, 청구한 의안이 총회의 권한에 해당하는지 등의 형식적 요건뿐만 아니라 그 청구가 권리남용에 해당하는지의 여부를 심사하여 허가하여야 한다.537) 그리하여 주주제안을 통하여 총회에 상정하였으나 부결된 안건을 다루기 위하여 3년 내에 소수주주가 총회소집을 청구하는 것은 소수주주의 권리남용에 해당한다(시행령 제12조 제1호).538)

법원은 이유를 붙인 결정으로써 재판을 하여야 한다(비송사건절차법 제81조 제1항). 신청을 인용한 재판에 대하여는 불복신청을 할 수 없다(동법 동조 제2항). 다만, 민사소송법 제449조에 의한 특별항고는 허용된다.539)

한편 제366조 제2항의 '지체 없이'라는 표현은 추상적이기 때문에 분쟁의 소지가 있다. 따라서 이를 수치화하는 입법이 요구된다(일본회사법 제297조 제4항 참조).

② 소집시기 및 상당한 기간

법원이 총회 소집허가결정을 하면서 소집기간을 명시하지 아니하더라도 소수주주는 당연히 소집목적에 상당하는 기간 내에 총회를 소집하여야 한다. 상당한 기간이 경과하였는지는 총회소집의 목적과 소집허가결정이 내려진 경위, 그 결정과 총회소집 시점 사이의 기간, 소집허가결정의 기초가 된 사정의 변경 여부, 뒤늦게 총회가 소집된 경위와 이유 등을 고려하여 판단된다. 대법원은 소집기간

---

536) 대법원 2022. 9. 7. 자 2022마5372 결정.
537) 대법원 1963. 9. 13. 자 63마15 결정.
538) 서울고법 2005. 5. 13. 자 2004라885 결정.
539) 대법원 2001. 12. 21. 자 2001그121 결정; 1991. 4. 30. 자 90마672 결정.

을 정하지 아니하고 소집을 허가한 사안에서 소집허가결정 후 약 7년이 경과하여 총회를 소집하는 것은 '상당한 기간'이 경과하였기 때문에 소집권이 소멸한 것으로 본다.[540]

한편 소집시기와 관련하여 '법원실무제요비송편'에서는 법원이 소집기간을 정하여 허락할 것을 권고하고 있다. 입법적으로 고려할 만하다.

③ 결의하자

소수주주가 법원의 허가를 얻어 총회를 소집하는 경우 이사회와 대표이사는 동일의안에 관하여 소집권이 없다. 따라서 이사회의 소집결정에 따라 대표이사가 총회를 소집하여도 하자 있는 총회이다.[541] 다만, 이에 대하여는 결의부존재사유에 해당한다는 설[542]과 결의취소사유[543]에 해당한다는 설로 나뉜다. 통설은 결의부존재사유설인데, 주요 논거로는 소수주주가 소집권자이므로 이사회가 소집한 총회는 권한 없는 자에 의한 소집이라는 점을 들고 있다.

생각건대 대표이사가 동일의안에 대하여 주주총회를 소집하는 것은 권한 없는 자에 의한 소집으로서 총회소집절차상의 하자가 현저하게 중대하다고 본다(결의부존재사유설).

4) 주주총회 목적사항의 제한

소수주주가 주주총회 소집허가신청을 하는 경우에도, 총회는 상법이나 정관이 정한 사항에 한하여 결의할 수 있고(제361조) 결의사항이 아닌 것을 회의목적사항으로 할 수 없다. 예를 들면, 대표이사는 정관에 특별한 정함이 없는 한 이사회 결의로 선임되므로(제389조), 정관에서 총회의 결의사항으로 '대표이사의 선임 및 해임'을 규정하지 않은 경우에는 이를 회의목적사항으로 삼을 수 없다.[544]

5) 주주총회의 의장 및 검사인의 선임

소수주주의 청구에 의하여 소집된 총회에 관하여는 법원이 이해관계인의 청구나 직권으로 의장을 선임할 수 있다(제366조 제2항 후단·제542조의 6 제1항). 이는 다

---

540) 대법원 2018. 3. 15. 선고 2016다275679.
541) 손주찬(2004), 702면; 권기범(2015), 653면; 이철송(2024), 524면; 정동윤(2012), 542면; 송옥렬(2022), 920면; 최기원(2012), 448면; 수원지법 2007. 8. 30. 자 2007카합392 결정.
542) 손주찬(2004), 702면; 이철송(2024), 524면; 최기원(2012), 448면.
543) 송옥렬(2022), 920면; 수원지법 2007. 8. 30. 자 2007카합392 결정.
544) 대법원 2022. 9. 7. 자 2022마5372 결정; 2022. 4. 19. 자 2022그501 결정.

수결에 따라 지배주주의 세력권에 있는 자가 의장으로 선임되는 경우 소수주주가 아닌 지배주주의 이익을 위하여 의사를 진행할 수 있기 때문에 이를 방지하기 위한 규정이다. 그리고 동 총회에서는 회사의 업무와 재산상태를 조사하게 하기 위하여 검사인을 선임할 수 있다(제366조 제3항·제542조의 6 제1항).

6) 소수주주의 지위 및 소집비용

소수주주가 총회를 소집하는 경우 소수주주는 일시적으로 회사의 업무집행기관의 지위에 있게 된다. 따라서 소수주주는 기준일의 설정, 의안 및 소집통지 등 총회소집을 위한 모든 절차를 취할 수 있다. 그 결과 소집비용은 회사가 부담한다(이설 없음).

(4) 감사 또는 감사위원회에 의한 소집

1) 취지

상법은 감사 또는 감사위원회에 의한 임시총회의 소집을 인정하고 있다. 그 취지는 감사 등은 이사의 직무를 감사하고, 이사에 대하여 영업에 관한 보고를 요구하거나 회사의 재산상태를 조사할 수 있기 때문에(제412조), 그 결과를 총회에 보고하고 회사로 하여금 적절한 조치를 취하도록 하게 하는 데에 있다.

2) 절차 등

감사 또는 감사위원회도 소수주주와 같은 방법으로 주주총회를 소집할 수 있다. 그리하여 감사 또는 감사위원회는 회의의 목적사항과 소집의 이유를 기재한 서면을 이사회에 제출하여 임시총회의 소집을 청구할 수 있다(제412조의 3 제1항·제415조의 2 제7항). 이러한 청구가 있은 후 이사회가 지체 없이 총회소집절차를 밟지 아니한 때에, 감사 또는 감사위원회는 법원의 허가를 받아 직접 총회를 소집할 수 있다(제412조의 3 제2항·제336조 제2항 전단·제415조의 2 제7항). 이 경우의 소집비용 역시 회사가 부담한다.

(5) 법원의 명령에 의한 소집

이를 구체적으로 살펴보면 우선, ① 비상장회사의 경우 발행주식총수의 100분의 3 이상을 가진 주주 또는, ② 상장회사의 경우 6개월 전부터 계속하여 발행주식총수의 1000분의 15 이상을 가진 주주는 회사의 업무집행에 관하여 부정행위 또는 법령이나 정관에 위반한 중대한 사실을 의심할 사유가 있는 때에는 회사의 업무와 재산상태를 조사하게 하기 위하여 법원에 검사인의 선임을 청구할 수 있다(제467조 제1항·제542조의 6 제1항). 검사인은 그 조사결과를 법원에 보고하여야 하는데(제467조 제2항), 법원은 이 조사보고에 의하여 필요하다고 인정한 때에는 대표이사에게 주주총회의 소집을 명할 수 있다(제467조 제3항). 이 경우 이사회의 소집결정은 필요하지 않고 대표이사 또는 (대표)집행임원이 바로 소집하여야 한다(통설).545)

한편 이사와 감사는 지체 없이 검사인의 보고서의 정확 여부를 조사하여 이를 법원의 명령에 의하여 소집된 주주총회에 보고하여야 한다(제467조 제4항).

2. 소집시기

(1) 정기총회

주주총회는 소집시기를 기준으로 하여 정기총회(annual general meeting)와 임시총회(special meeting)로 나뉜다. 정기총회는 매년 1회 일정한 시기에 이를 소집하여야 한다(제365조 제1항). 연 2회 이상의 결산기를 정한 회사는 매결산기에 정기총회를 소집하여야 한다(제365조 제2항). 정기총회는 ① 재무제표 등의 승인(제449조 제1항·제447조), ② 이사에 의한 영업보고서의 보고청취(제449조 제2항·제447조의 2), ③ 이익배당의 결정(제462조 제2항) 및 ④ 주식배당의 결정(제462조의 2 제1항) 등을 주요 의제로 하지만, 그 밖의 의안을 결의하여도 무방하다. 그리고 정기총회도 이사회의 소집결정절차를 거쳐하여야 한다(통설). 정기총회가 무단히 지연되는 경우 소수주주는 이를 소집청구할 수 있다(제366조).

(2) 임시총회

임시총회는 필요시 소집할 수 있다(제365조 제3항). 다만, 상법상 임시소집이 강제되는 경우가 있는데 ① 법원의 명령(제467조 제3항), ② 흡수합병의 보고총회(제526조 제1항), ③ 청산개시시 계산서류의 승인 또는 청산종결시 결산보고서의 승인요구(제533조 제1항, 제540조 제1항) 등이 그에 해당한다. 소수주주의 청구 또는 직접소집에 의하여 소집되는 경우도 임시총회이다.

---

545) 송옥렬(2022), 921면; 정찬형(2022), 890면; 최기원(2012), 449면; 이철송(2024), 526면; 권기범(2021), 708면; 손주찬(2004), 702면; 정동윤(2012), 542면.

3. 소집의 통지

(1) 의의

주주총회를 개최하기 위하여는 회의일을 정하여 소집을 통지하여야 한다(제 363조 제1항). 소집의 통지는 주주들에게 총회의 출석과 준비할 시간을 줌으로써 경영의사결정에 참가하는 기회를 보장하는 절차이다. 따라서 이에 관한 상법규정은 강행규정이다. 또 사채권자집회를 소집할 때에도 준용된다(제491조의 2 제1항).

(2) 통지대상

소집통지는 명의개서된 주주명부상의 주주에게 하여야 한다. 이 때문에 그 취득사유가 무엇이든 명의개서를 하지 아니한 주식양수인에게 통지할 필요가 없다.546) 즉 회사는 면책되고, 총회결의에 절차상 하자도 없다.547)

(3) 통지의 생략

의결권 없는 주주에 대하여는 소집의 통지를 하지 아니한다(제363조 제7항 본문). 의결권 없는 주주란 ① 의결권이 배제되는 주식 또는 총회의 의안에 관하여 의결권이 제한되는 주식(제344조의 3 제1항)을 가진 주주, ② 자기주식(제369조 제2항)을 소유한 회사, ③ 비모자회사간의 상호주(제369조 제3항)를 가진 주주 또는, ④ 기타 상법 또는 특별법에서 의결권을 제한하는 주식을 가진 모든 주주를 의미한다. 다만, 소집통지서에 적은 회의의 목적사항에 ① 주식교환계약서(제360조의 5), ② 주식이전계획서(제360조의 22), ③ 영업의 전부 또는 중요한 일부의 양도, 영업 전부의 임대 또는 경영위임, 타인과 영업의 손익 전부를 같이 하는 계약, 그 밖에 이에 준하는 계약의 체결·변경 또는 해약, 회사의 영업에 중대한 영향을 미치는 다른 회사의 영업 전부 또는 일부의 양수 등, ④ 합병계약서(제522조의 3) 또는, ⑤ 분할계획서 혹은 분할합병계약서를 승인하는 주주총회에서는 의결권이 없는 반대주주에게도 주식매수청구권이 인정되므로 의결권 없는 주주에게도 소집통지를 하여야 한다(제363조 제7항).

한편 특별이해관계가 있는 자는 의안의 내용에 따라 의결권을 행사하지 못하는 자이므로(제368조 제3항) 의결권 없는 주주에 해당하지 아니한다.

---

546) 대법원 2014. 4. 30. 선고 2013다99942; 2012. 6. 14. 선고 2012다20925.
547) 대법원 1996. 12. 23. 선고 96다32768·32775·32782.

(4) 통지기간

주주에 대한 소집통지는 회일의 2주간 전에 하여야 한다(제363조 제1항·제3항). 이 기간은 정관의 규정으로 단축할 수는 없으나 연장할 수 있다(통설). 소집통지는 다수의 주주를 상대로 하는 행위이기 때문에 발신주의를 취한다(제363조 제1항 본문). 따라서 회일 2주간 전에 통지를 발송하면, 주주에게 도달되었는지 여부는 묻지 않는다. 불도달로 인한 불이익은 주주가 부담한다. 다만, 회사는 통지자체 및 기간의 준수 여부에 관한 증명책임을 부담한다.

(5) 통지방법

1) 비상장회사 및 상장회사

주주에 대한 소집통지는 각 주주에게 서면으로 통지를 발송하거나 각 주주의 동의를 받아 전자문서로 통지를 발송하여야 한다(제363조 제1항 본문). 이는 강행규정이므로 정관으로도 달리 정할 수 없다(이설 없음).[548] 따라서 구두·전화 등에 의하여 통지를 하거나 종업원에게 문서로 회람 또는 안내방송 등으로 알리는 것은 허용되지 않는다.

상장회사가 주주총회를 소집하는 때에는 의결권 있는 발행주식총수의 100분의 1 이하의 주식을 소유하는 주주에게는 정관으로 정하는 바에 따라 주주총회일의 2주 전에 주주총회를 소집하는 뜻과 회의의 목적사항을 둘 이상의 일간신문에 각각 2회 이상 공고하거나 대통령령으로 정하는 바에 따라 전자적 방법으로 공고함으로써 제363조 제1항의 소집통지를 갈음할 수 있다(제542조의 4 제1항). 여기서의 전자적 방법이란 금융감독원 또는 한국거래소가 운용하는 전자공시시스템을 통하여 공고하는 것을 말한다(시행령 제31조 제2항). 다만, 이 같은 전자공고로 갈음하기 위하여는 정관에 규정을 두어야 하고, 그렇지 아니하면 위법하다.[549]

2) 소규모회사

가) 통지와 회일의 간격단축   2009년 5월 개정법은 자본금 총액이 10억원 미만인 소규모회사의 주주총회에 대하여 간소한 방법의 특례를 두고 있다. 그리하여 이에 해당하는 회사가 주주총회를 소집하는 경우에는 주주총회일의 10일

---

548) 이철송(2024), 527면; 송옥렬(2022), 923면; 정찬형(2022), 893면; 정동윤(2012), 544면; 손주찬(2014), 705면; 권기범(2021), 712면; 최기원(2012), 456면.

549) 서울고법 2011. 6. 15. 선고 2010나120489; 수원지법 안산지원 2010. 11. 11. 선고 2010가합924.

전에 각 주주에게 서면으로 통지를 발송하거나 각 주주의 동의를 받아 전자문서로 통지를 발송할 수 있다(제363조 제3항).

나) 소집절차의 생략　　자본금 총액이 10억원 미만인 회사는 주주 전원의 동의가 있을 경우, 소집절차 없이 주주총회를 개최할 수 있다(제363조 제4항). 다만, 2009년 개정 전부터 주주 전원의 출석이 있으면 소집절차의 흠이 치유된다는 것이 판례의 입장이었기 때문에550) 이 규정이 소규모회사에 대하여만 특례의 의미를 갖는 것은 아니다.

(6) 통지내용

주주에 대한 소집통지서에는 회일, 총회장소 및 회의의 목적사항을 기재하여야 한다. 다만, 상장회사에 대하여는 다음과 같은 특례규정을 두고 있다. 즉 ① 상장회사가 이사·감사의 선임에 관한 사항을 목적으로 하는 주주총회를 소집통지 또는 공고하는 경우에는 이사·감사후보자의 성명, 약력, 추천인, 그 밖에 ⓐ 후보자와 최대주주의 관계, ⓑ 후보자와 해당회사와의 최근 3년간의 거래 내역 등 대통령령으로 정하는 후보자에 대한 사항을 통지하거나 공고하여야 한다(제542조의 4 제2항·시행령 제31조 제3항). ② 상장회사는 사외이사 등의 활동내역과 보수에 관한 사항, 사업개요 등 대통령령으로 정하는 사항도 통지 또는 공고하여야 한다(제542조의 4 제3항·시행령 제31조 제4항). 다만, 상장회사가 통지 또는 공고에 갈음하여 회사의 인터넷홈페이지에 게재하는 등 대통령령이 정하는 방법으로 일반인에게 열람할 수 있게 하는 경우에는 그러하지 아니하다(제542조의 4 제3항·시행령 제31조 제5항).

(7) 소집통지의 해태

회사가 주주총회의 소집통지 또는 공고를 게을리하거나 부적법하게 하는 때에는 소집절차가 법령 또는 정관에 위반하게 되므로 결의취소의 사유가 된다(제376조 제1항). 이때 이사 또는 청산인에 대하여는 벌칙이 적용된다(제635조 제1항 제2호).

4. 소집통지의 면제(장기 불참주주에 대한 소집통지의 생략)

(1) 의의 및 취지

주주에 대한 총회의 소집통지가 주주명부상 주주의 주소에 계속 3년간 도달

---

550) 대법원 1996. 10. 11. 선고 96다24309; 1966. 9. 20. 선고 66다1187·1188.

하지 아니한 경우에 회사는 해당주주에게 총회의 소집을 통지하지 아니할 수 있
다(제363조 제1항 단서). 이 제도는 특히 다수의 주주가 있는 상장회사의 총회운용의
편익을 위한 것이다. 그리고 통지의 하자와 같은 불필요한 분쟁을 예방하고자 하
는 데에도 그 취지가 있다.

(2) 불도달의 의미

주주총회의 소집통지가 주주에게 도달하지 아니하였다는 사실은 통지의 반
송으로 인하여 인식된다. 따라서 주주가 소집통지를 수령하고 주주총회에 3년 연
속 불참하더라도 이는 不到達에 해당하지 아니한다.

(3) 요건

1) 발송주소

주주명부상의 주주의 주소로 소집통지를 하였어야 한다. 실질주주에 관하여
는 실질주주명부를 주주명부로 보기 때문에(자본시장법 제316조 제2항), 실질주주에게
는 실질주주명부상의 주소로 소집통지를 하여야 한다.

2) 3년간의 불도달

소집통지가 주주의 주소에 3년간 계속 도달하지 아니하여야 한다. 3년 중 1회
라도 도달한 때에는 제363조 제1항이 적용되지 아니한다. 통지회수는 불문한다.

3) 증명책임 및 취소사유

제363조 제1항의 요건이 충족되었는지에 대한 증명책임은 회사가 부담한다.
따라서 회사는 소집통지생략에 대한 증명을 하려면 연속 3년간의 반송우편을 보
존하여야 한다. 주주총회의 소집통지를 받는 것은 주주의 중요한 권리이므로 소
집통지면제요건을 구비하지 못한 채 통지를 생략하면 총회결의취소사유가 된다.

(4) 기타 통지의 경우

제363조 제1항의 규정은 주주총회의 소집통지에만 적용된다. 따라서 다른 사
항에 관한 통지, 예를 들면 주주 또는 질권자에 대한 회사의 통지 혹은 최고(제353
조 제1항), 신주인수권자에 대한 신주인수최고의 통지(제419조), 준비금의 자본전입
에 따른 신주배정통지(제461조 제5항), 주식배당의 통지(제462조의 2 제5항), 전환사채나
신주인수권부사채의 인수권자(주주)에 대한 사채인수최고의 통지(제513조의 3 제1항,
제516조의 3 제1항) 등의 통지는 3년간 불도달하더라도 생략할 수 없다. 다만, 사채권

자집회를 소집할 경우에는 제363조 제1항을 준용한다(제491조의 2 제1항).

5. 소집장소

주주총회의 회의일시 및 소집장소는 이사회에서 결정하여 주주에 대한 통지·공고에 기재하여야 한다. 회의일시와 소집장소는 주주들의 참석의 편의를 고려하여야 한다. 그리하여 상법은 "총회는 정관에 다른 정함이 없으면 본점소재지 또는 이에 인접한 지(地)에 소집하여야 한다."고 명시하여 소집지를 제한하고 있다 (제364조). 따라서 주주가 회의참석을 위하여 비용을 부담하여야 하거나 또는 주주가 참석하기 어려운 곳을 소집장소로 하는 것은 소집절차의 현저한 불공정(제376조 제1항)에 해당한다.

이와 관련하여 주주총회가 본점소재지인 서울특별시 노원구 또는 그 인접한 지(地)가 아닌 고양시 덕양구에서 개최되었으므로, 총회소집지에 하자가 있다고 주장한 사건에서 하급심은 "정관에서 본점소재지를 '서울특별시'로 규정하고 있고, 고양시는 인접한 地이기 때문에 원고들의 주장은 이유 없다."고 하였다.551)

6. 회의일시

회사가 특별한 사정없이 공휴일 또는 심야를 회의일시로 정하는 것은 소집절차가 현저하게 불공정한 것이다(제376조 제1항). 또한 실제의 소집일시나 회의장소가 통지된 일시·장소와 상당한 차이가 있다면 이는 소집절차가 현저히 불공정한 경우로써 결의취소사유에 해당한다.552)

7. 회의의 목적사항

(1) 의의

주주총회의의 목적사항은 총회에서 결의할 의안을 의미한다. 목적사항은 통지서에 결의의안을 알 수 있을 정도로 기재하여야 하며, 또 그것으로 족하다. 예를 들면, 「이사선임의 건」 또는 「재무제표 승인의 건」 정도로 기재하면 되고, 「사외이사선임의 건」이라고 기재하지 아니하더라도 무방하다. 다만, 정관에 의하여

---

551) 서울고법 2006. 4. 12. 선고 2005나74384.
552) 대법원 2003. 7. 11. 선고 2001다45584.

집중투표를 허용하는 회사가 복수의 이사를 선임할 경우에는 선임할 이사의 수를 소집통지서에 기재해야 한다.[553) 주주에게 집중투표를 청구할 수 있는 기회를 주어야 하기 때문이다(제382조의 2 제2항). 그리고 정관변경, 자본금감소 또는 회사합병 등 특별결의사항에 관한 주주총회를 소집할 때에는 의안의 주요내용도 기재하여야 한다(제433조 제2항, 제438조 제2항, 제522조 제2항).

(2) 회의목적과 결의사항의 범위

주주총회는 통지된 목적 이외의 사항에 대하여 결의할 수 없다. 이와 같이 목적사항은 총회에서의 결의사항의 범위를 제약한다. 예를 들면, 감사선임을 위하여 소집된 총회에서 이사를 선임하거나, 합병승인을 위하여 소집된 총회에서 자본금감소의 결의를 하는 것은 위법한 결의로써 결의취소사유에 해당한다. 긴급한 안건이 상정되더라도 마찬가지이다.[554) 그리고 법원이 허가한 목적사항 이외의 사항을 결의하는 것도 취소사유에 해당한다. 예를 들면, 법원은 이사의 선임을 목적으로 하는 총회소집만 허가하였으나, 이사와 감사의 선임을 목적사항으로 하여 소집통지를 하고 이사와 감사를 선임하는 경우가 그에 해당한다.[555)

위와 같이 목적사항에 없는 사항을 결의하면 주주총회결의취소(제376조)의 사유가 된다.[556) 다만, 회사정관으로 주주 전원의 동의가 있으면 미리 주주에게 통지하지 아니한 목적사항에 관하여도 결의할 수 있다고 정하는 때는 예외이다. 이 경우의 주주 전원이란 재적주주 전원을 뜻하며 참석한 주주 전원을 의미하는 것은 아니다. 따라서 미리 주주에게 통지하지 아니한 사항에 관한 결의에 가담한 주주도 그 결의의 취소를 구할 수 있다.[557)

한편 창립총회에서는 정관의 변경 또는 설립의 폐지를 결의할 수 있는데, 이 결의는 소집통지서에 그 뜻의 기재가 없는 경우에도 할 수 있다(제316조 제2항·제3항).

(3) 철회 및 수정·변경

회의목적사항은 그 일부 또는 전부를 철회할 수 있다.[558) 목적사항의 수정·

---

553) 서울고법 2010. 11. 15. 자 2010라1065 결정(확정).
554) 대법원 1969. 2. 4. 선고 68다2284.
555) 서울고법 2008. 7. 30. 선고 2007나66271.
556) 대법원 1979. 3. 27. 선고 79다19.
557) 대법원 1979. 3. 27. 선고 79다19.
558) 이철송(2024), 533면; 권기범(2021), 716면; 정동윤(2012), 546면; 손주찬(2004), 706면.

변경도 그 동일성이 인정되는 범위 내에서 가능하다고 해석한다.559) 예를 들면, 재무제표의 승인결의(제449조 제1항)에서 준비금이나 이익배당금의 증감 등은 동일성이 유지되는 수정이다.

8. 주주제안권

(1) 의의

주주제안권(shareholder proposal right)이란 주주가 일정한 사항을 주주총회의 목적사항으로 할 것을 제안할 수 있는 권리를 말한다.

(2) 취지

주주는 주주총회의 의사결정에 최대의 이해를 갖는다. 그러나 주주총회의 소집은 원칙적으로 이사회가 결정하므로(제362조) 주주가 총회의 장에서 의제나 의안을 추가할 수는 없다. 이로 인하여 회사의 경영에 대한 주주의 소외감이 심화되고, 이사회가 전횡을 하는 폐단이 생긴다. 주주제안권은 이러한 현상을 감안하여 총회에 대한 주주의 관심을 높이고, 이사회의 전횡을 방지하고자 도입되었다.

(3) 제안권자

주주제안권은 비상장회사의 경우는 의결권 없는 주식을 제외한 발행주식총수의 100분의 3 이상에 해당하는 주식을 가진 주주에게 인정된다(제363조의 2 제1항). 상장회사의 경우는 의결권 없는 주식을 제외한 발행주식총수의 1,000분의 10 이상의 주식을 보유한 자에게 인정된다. 그리고 자본금이 1,000억원 이상인 상장회사는 다시 1,000분의 5 이상에 해당하는 주주로 완화하고 있다(제542조의 6 제2항). 다만, 상장회사의 경우는 지주요건을 6개월 전부터 계속하여 보유하고 있어야 한다.

여기서의 '주식을 보유한 자'란 주식을 소유한 자, 주주권행사에 관한 위임을 받은 자, 2명 이상 주주의 주주권을 공동으로 행사하는 자를 말한다(제542조의 6 제8항). 그리고 '6월'은 제안권을 행사하는 시점을 기준으로 산정하여야 한다.

(4) 제안의 내용

주주제안은 의제제안(제363조의 2 제1항)과 의안제안(제363조의 2 제2항)으로 나눌 수 있다(제542조의 6). 의제제안은 총회의 의제로 삼을 사항(목적사항)을 제안하는 것

---

559) 권기범(2021), 716면; 이철송(2024), 533면; 손주찬(2004), 706면.

을 말한다. 예를 들면, '이사선임의 건', '이사보수 개정의 건', 주식배당 또는 자기주식취득을 제안560)하는 것과 같다. 이는 이사회가 결정한 총회의 목적사항 이외에 새로운 목적사항을 추가하도록 요구하는 '추가제안'의 형태를 띤다.

의안제안은 의제에 관한 의안의 요령, 즉 구체적인 결의안을 제출하는 것을 말한다. 예를 들면, 甲을 이사로 선임하자는 안의 제출 또는 이사의 보수를 1억원으로 하자는 안을 제출하는 것을 말한다. 상장회사에서는 이사·감사를 선임하는 때에는 일정한 제한이 있기 때문에(제542조의 5·제542조의 4 제2항) 사전에 주주제안, 특히 의안제안의 필요성이 있다.

(5) 제안내용의 제한

주주제안의 내용의 합리성 또는 그 필요성에 대하여는 별도의 검증절차가 요구되지 아니한다. 따라서 주주제안이 남용되는 때에는 주주총회의 운영에 어려움을 겪을 수 있고, 기관간의 권한배분의 원칙이 훼손될 수 있다. 그리하여 상법은 주주제안의 내용이 법령·정관에 위반되는 경우와 대통령령으로 정하는 경우에는 이사회가 이를 주주총회의 목적사항으로 삼지 않을 수 있음을 규정하고 있다(제363조의 2 제3항, 시행령 제12조). 법령·정관에 위반하는 예로서는 자격이 없는 자를 이사로 선임하는 의안, 손실보전을 위한 추가출자 결의안, 이사선임을 이사회에 위임하는 결의안 또는 이익배당요건을 무시한 이익처분안 등을 들 수 있다.

시행령 제12조에서는 ① 주주총회에서 의결권의 100분의 10 미만의 찬성밖에 얻지 못하여 부결된 내용과 동일한 의안을 부결된 날부터 3년 내에 다시 제안하는 경우, 즉 泡沫提案의 경우(제1호), ② 주주 개인의 고충에 관한 사항(제2호), ③ 주주가 권리를 행사하기 위해서 일정비율을 초과하는 주식을 보유해야 하는 소수주주권에 관한 사항(제3호), ④ 임기 중에 있는 상장회사(제542조의 2 제1항) 임원의 해임에 관한 사항(제4호), ⑤ 회사가 실현할 수 없는 사항 또는 제안이유가 명백히 거짓이거나 특정인의 명예를 훼손하는 사항(제5호) 등을 열거하고 있다. 그러나 제1호와 제3호를 제외하고는 삭제하는 것이 옳다. 이 규정들이 비교법적 관점에서 수용하였다고 하더라도 주주총회운영의 본질적인 사항을 거듭 명시할 필요는 없기 때문이다. 헌법(예: 제11조 제1항)에 반하는 사항(위 제4호)도 마찬가지이다.

한편 주주제안을 통하여 총회에 의안을 상정하였으나, 부결된 안건을 다루기

---

560) 대전지법 2023. 3. 10. 선고 2023카합50070 결정.

위하여 3년 내에 소수수주가 주주총회를 소집한 사건에서 법원은 이를 기각하였다.561) 법원은 기각의 근거를 舊증권거래법시행령의 주주제안의 제한사유(동법 제191조의 14 제3항, 동법시행령 제84조의 21 제3항 제2호)에서 구하고 있다. 동조는 현행 상법시행령 제12조 제1호와 유사한데, 현행법령은 '주주총회에서 의결권의 100분의 10 미만의 찬성밖에 얻지 못하여 부결된 내용'이라는 요건을 추가하고 있다.

(6) 제안의 절차

주주제안권을 행사하고자 하는 주주는 주주총회일(정기주주총회의 경우 직전 연도의 정기주주총회에 해당하는 그 해의 해당일) 6주 전에 서면 또는 전자문서로 이사에게 일정한 사항을 총회의 목적사항으로 할 것을 제안하여야 한다(제363조의 2 제1항). 그리고 제안주주는 이사에게 총회일의 6주 전에 서면 또는 전자문서로 회의의 목적사항에 추가하여 당해 주주가 제출하는 의안의 요령을 소집통지에 기재할 것을 청구할 수 있다(동조 제2항).

(7) 제안에 대한 회사의 조치

주주제안이 있을 때 이사는 이를 이사회에 보고하고, 이사회는 제안내용이 법령·정관에 위반하는 경우와 대통령령으로 정하는 경우(시행령 제12조 각호)를 제외하고는 주주총회의 목적사항으로 상정하여야 한다. 그리고 제안주주의 청구가 있는 때에는 총회에서 당해 의안을 설명할 기회를 주어야 한다(제363조의 2 제3항).

(8) 주주제안을 무시한 결의의 효력

1) 상충 또는 변형결의의 효력

가) 사유   회사가 주주제안을 무시한 채, 즉 주주가 제안한 목적사항을 소집통지에 기재 또는 공고하지도 않고 의제로 상정하지도 아니한 채 주주총회에서 주주가 제안한 내용과 상충되는 결의를 하는 때에는 소집절차나 결의방법에 하자가 있는 것으로써 결의취소의 소(제376조)의 사유가 된다.562) 예를 들면, 주주가 이사의 보수를 삭감할 것을 제안하였는데, 회사가 이를 소집통지·공고하지 아니한

---

561) 서울중앙지법 2004. 12. 15. 자 2004비합347 결정; 서울고법 2005. 5. 13. 자 2004라885 결정(소버린의 SK 주식회사에 대한 임시주주총회 소집허가신청에 관한 결정).

562) 이철송(2024), 538면; 정찬형(2022), 899면; 손주찬(2004), 709면; 정동윤(2012), 548면; 권기범(2021), 728면; 김건식(2015), 282면; 최기원(2012), 522면; 권종호(2024), 100면; 資料版商事法務 第333號(2011. 12), 39面.

채 주주총회에서는 오히려 증액결의를 하는 사례와 같다(이설 없음). 그리고 제안주주의 청구가 있음에도 불구하고 주주총회에서 당해의안을 설명할 기회(제363조의 2 제3항)를 무시한 경우에도 동일하다. 또한 이사회가 제안내용을 변형하여 총회의 목적사항으로 하는 것은 주주제안권을 침해한 것으로써 결의취소의 소(제376조)의 사유가 된다. 다만, 다른 제안사항(예: 정관변경)에 대한 결의는 유효하다.[563]

나) 가처분의 허부　　주주제안을 거부당한 주주가 가처분을 신청할 수 있는지에 대하여는 학설이 나뉜다.

① 학설

肯定說은 주주총회장에서 바로 총회의 의제 또는 의안으로 하라는 명령을 내릴 수 있음에도 불구하고 해당의제 등을 다룰 별개의 주주총회를 다시 소집하라는 것은 비효율적이라고 한다(통설).[564] 否定說은 주주제안권의 요건과 주주총회 소집청구권의 요건(제366조)이 동일하므로 보전의 필요성이 없다고 한다.[565]

② 판례

판례는 임시주주총회 소집청구권은 주주제안권과는 별개의 권리이므로 주주제안을 거부당한 주주는 임시주주총회를 소집하지 아니한 채 거부당한 의안을 주주총회의 목적사항으로 상정시키는 형태의 가처분을 신청할 수 있다고 한다(긍정설).[566]

③ 사견

임시주주총회 소집청구권은 주주제안권과는 그 요건이 반드시 동일하다고 볼 수 없기 때문에 별개의 권리로 해석한다. 따라서 주주제안을 부당하게 거부당한 주주는 해당의안을 총회의 목적사항으로 상정할 수 있다고 본다(긍정설).

2) 미상정 총회의 효력

주주가 제안한 목적사항을 소집통지에 기재하지도 않고 주주총회에서 다루지도 않은 경우에는 주주제안에 대응하는 결의가 없기 때문에 결의취소의 대상이 아니다(이설 없음). 예를 들면, 주주가 재무제표를 승인하는 총회에 이사선임을 제

563) 서울고법 2015. 8. 28. 선고 2015나2019092(확정).
564) 송옥렬(2022), 931면; 권기범(2021), 727면; 김건식(2015), 282면; 최준선(2024), 370면.
565) 이철송(2024), 539면.
566) 대구지법 2014. 12. 31.자 2014카합3048 결정; 서울북부지법 2007. 2. 28. 자 2007카합215 결정.

안하였는데 이를 무시하고 재무제표만 승인한 경우와 같다. 따라서 다른 의안에 대한 총회의 결의는 유효하다.[567] 다만, 주주제안을 거부당한 주주는 이사에게 손해배상을 청구할 수 있다. 이사는 과태료의 제재를 받는다(제635조 제1항 제21호).

9. 소집절차의 하자 및 치유

(1) 통지절차

소집절차는 주주의 주주총회참석권을 보장하기 위한 것이다. 그러므로 통지절차에 하자가 있는 경우 예를 들면, 일부 주주에게 소집통지를 하지 아니하거나 또는 통지기간을 준수하지 아니한 경우와 같이 하자가 일부 주주에 한정된 것이라면 그 주주들의 동의로 치유된다고 본다.[568] 따라서 이 경우에는 다른 주주도 총회결의 취소 또는 부존재를 주장하지 못한다.

유한회사는 총사원의 동의가 있는 경우 소집절차 없이 총회를 개최할 수 있는데(제573조), 이 규정은 주주총회별로 유추적용되어야 한다고 본다(통설).[569] 그리하여 통지의 하자가 모든 주주에 대하여 존재하는 경우 예를 들면, 통지기간을 생략·단축하거나 전화·구두로 통지한 경우에도 총주주의 동의로 치유된다고 본다. 자본금 총액이 10억원 미만인 회사는 주주 전원의 동의가 있을 경우에는 소집절차 없이 주주총회를 개최할 수 있다(제363조 제5항).

(2) 소집결의(전원출석총회)

1) 하자의 치유

가) 문제의 제기   소집결의상의 하자는 소집통지상의 하자와 같이 주주 전원의 동의로 치유될 수 있는지 문제된다. 예를 들면, 이사회의 소집결의를 결여하거나 그 결의자체가 무효인 경우 등이 전원출석총회의 결의로 하자가 치유될 수 있는지 문제이다.

나) 학설   肯定說은 법정의 소집절차는 주주에게 출석의 기회와 준비시간을 주기 위한 것인데, 모든 주주가 그 이익을 포기하고 총회의 개최에 동의한 이상

---

567) 서울고법 2015. 8. 28. 선고 2015나2019092.
568) 송옥렬(2022), 925면; 이철송(2024), 539면.
569) 同旨 이철송(2024), 540면; 송옥렬(2022), 926면; 정찬형(2022), 896면; 정동윤(2012), 549-550면; 최준선(2024), 367면; 대법원 1987. 5. 12. 선고 86다카2705(사단법인 한국 권투위원회사건이지만, 주주총회운영의 원리도 같다고 볼 수 있다).

유효한 총회로 인정한다(통설).570) 否定說은 이사회의 소집결정의 하자는 주주 전원의 동의나 1인주주의 참석으로도 치유될 수 없는 하자라고 한다. 왜냐하면 이를 긍정하면 1인회사에서는 주주가 적법한 절차 없이 언제든지 이사 전원을 교체하거나 기타 상법상의 모든 조직법적 행위를 할 수 있다는 결과가 되어 소유와 경영의 분리원칙에 입각한 「기관의 분화」가 무의미해지기 때문이다.571)

다) 판례

① 일반론

주식회사의 임시주주총회가 법령 및 정관상 요구되는 이사회의 결의나 소집절차 없이 이루어졌다고 하더라도, 주주 전원이 참석하여 총회를 개최하는 데 동의하고 아무런 이의 없이 만장일치로 결의가 이루어졌다면 그 결의는 특별한 사정이 없는 한 유효하다고 한다(긍정설).572)

② 1인회사의 경우

1인회사의 경우는 1인주주가 주주총회에 출석하면 전원총회로서 성립하고 모든 하자가 치유된다고 한다. 그리고 1인회사의 경우 주주총회 개최사실이 없음에도 의결이 있었던 것으로 주주총회의사록이 작성된 경우, 그 내용의 결의가 있었던 것으로 본다.573) 또한 주주총회의사록이 작성되지 않은 경우에도 증거에 의하여 주주총회결의가 있었던 것으로 본다.574)

그러나 1인주주가 발행주식총수의 98%를 보유하였지만, 주식의 소유가 실질적으로 분산되어 있는 경우에는 실제의 소집절차와 결의절차를 거치지 아니한 채 그 지배주주의 의사에 따라 주주총회의 결의가 있었던 것처럼 의사록을 허위로 작성하는 행위는 중대한 하자가 있는 때에 해당하여 그 주주총회의 결의는 부존재하다고 보아야 한다.575)

---

570) 정동윤(2012), 549면; 정찬형(2022), 895면; 권기범(2021), 718면; 송옥렬(2022), 926면; 최준선(2024), 367면; 이·최(2022), 541면; 장덕조(2023), 234면; 안택식(2012), 270면; 김정호(2023), 333면; 최기원(2012), 458면.
571) 이철송(2024), 540면.
572) 대법원 2014. 5. 16. 선고 2013도15895; 2008. 6. 26. 선고 2008도1044; 2002. 12. 24. 선고 2000다69927; 1993. 2. 26. 선고 92다48727.
573) 대법원 2014. 1. 23. 선고 2013다56839; 1993. 6. 11. 선고 93다8702.
574) 대법원 2004. 12. 10. 선고 2004다25123. 다만, 이 사건은 지배주주가 약 98%의 주식을 소유하였고, 그 이외의 나머지 약 2%의 주식은 미국의 Main Street and Main Inc. 법인 주주 1인이 소유한 가족회사의 사건이었다.

③ 의결권의 대리행사

법령 및 정관상 요구되는 이사회의 결의 없이 소집절차를 생략하고 이루어졌지만 의결권의 적법한 수임인을 비롯한 주주 전원이 참석하여 만장일치로 한 전원출석주주총회결의는 유효하다.576) 즉 의결권을 적법하게 위임받은 대리인이 주주총회에 출석한 것을 주주가 직접 출석하여 의결권을 행사하는 것과 마찬가지로 볼 수 있는 것이다.577)

라) 사견　　소집권자가 소집을 하지 아니한 경우에도 총주주가 자기의 이익을 포기하고 총회의 개최에 동의하여 출석하면, 주주총회는 적법하게 성립한다고 본다. 따라서 총회의 권한사항에 대하여 결의를 하면 그 결의는 유효하다(긍정설).

2) 이사의 불출석 총회

주주총회가 전원출석총회로 개최되었지만, 이사에게 소집통지를 하지 아니하고 이사가 참석하지 아니한 총회의 효력에 대하여는 이견이 있을 수 있다. 우선은 이사 및 감사를 배제한 총회의 결의는 취소사유에 해당한다는 견해가 있을 수 있다. 그러나 이사는 총회에서 설명의무를 부담하지만, 그 의무는 참석권을 전제로 하는 것이 아니므로 원칙적으로 결의의 하자는 없다고 해석한다.

(3) 소집통지수령권의 포기 및 통지기간의 단축

주주가 사전에 서면통지의 수령권을 포기하거나 전화나 구두에 의한 통지방법에 동의한 경우에는 서면통지를 생략하더라도 소집절차상의 하자에 해당하지 않는다고 본다.578) 사후에 승인한 때에도 같다. 통지를 받지 아니한 주주가 아무런 이의를 제기함이 없이 총회에 출석하여 결의를 하는 경우에는 통지를 받을 권리를 사후에 포기한 것으로 해석한다.579) 통지기간의 단축 역시 동일하다.

10. 소집의 철회 · 변경

(1) 의의

주주총회소집의 철회는 회사가 총회소집의 통지나 공고를 한 후 주주총회일

---

575) 대법원 2007. 2. 22. 선고 2005다73020.
576) 대법원 2002. 12. 24. 선고 2000다69927; 1993. 2. 26. 선고 92다48727.
577) 최기원(2012), 459면; 대법원 2014. 1. 23. 선고 2013다56839.
578) 이철송(2024), 540면; 정동윤(2012), 550면; 송옥렬(2022), 926면.
579) 권기범(2021), 717면; 정동윤(2012), 550면.

전에 총회의 개최를 중지시키는 것을 말한다. 변경은 소집통지를 발송한 후 회일
을 연기하거나 앞당기는 것을 말한다.

일반적으로 법인이나 사단의 총회의 경우 소집된 총회가 개최되기 전에 당초
의 기초사정에 변경이 생겼을 때에는, 특별한 사정이 없는 한 소집된 총회의 개
최를 연기하거나 소집을 철회·취소할 수 있다.[580] 따라서 주주총회도 당초의 기
초사정에 변경이 생겼을 때에는 이를 철회하거나 변경할 수 있다. 변경에는 소집
장소의 변경도 포함된다.

(2) 절차

1) 민법상 사단과의 차이

주주총회소집을 철회·변경하기 위하여는 소집의 경우에 준하여 이사회의 결
의를 거쳐 대표이사가 그 뜻을 당초 소집에서와 '같은 방법'으로 통지·공고하여
야 한다(다수설·판례).[581] 이는 민법상 사단의 총회소집을 철회·취소하는 방식과
비교하여 다르다.[582] 왜냐하면 민법상 사단은 그 총회의 소집을 철회·취소하는
경우 반드시 총회의 소집과 동일한 방식으로 구성원들에게 통지하여야 할 필요가
없기 때문이다.[583] 따라서 서면에 의한 우편통지의 방법으로 소집통지가 있은 후
주주총회 소집일로부터 3일 전에 이사회가 주주총회 연기를 결정한 후 소집통지
와 같은 서면에 의한 우편통지 방법이 아니라 휴대폰 문자메시지를 발송하는 방
법으로 각 주주들에게 통지하고 일간신문 및 주주총회 장소에 그 연기를 공고하
는 때에는 주주총회가 적법하게 연기되었다고 할 수 없다.[584]

이에 비하여 대표이사가 이사회결의를 거쳐 주주총회 소집통지서를 발송하
였다가 다시 이를 철회하기로 하는 이사회결의를 거친 후 총회 개최장소 출입문
에 총회소집이 철회되었다는 취지의 공고문을 부착하고, 이사회에 참석하지 않은
주주들에게는 퀵서비스를 이용하여 소집철회통지서를 보내는 한편, 전보와 휴대
전화(직접 통화 또는 메시지 녹음)로도 같은 취지를 통지하면, 임시주주총회 소집을 철

---

580) 대법원 2007. 4. 12. 선고 2006다77593.
581) 정찬형(2022), 892, 894면; 권기범(2021), 716면; 최기원(2012), 461면; 대법원 2009. 3.
    26. 선고 2007도8195; 다만, 철회·변경을 구분하는 견해로는 이철송(2024), 542면; 송옥
    렬(2022), 924면.
582) 대법원 2007. 4. 12. 선고 2006다77593.
583) 대법원 2007. 4. 12. 선고 2006다77593.
584) 대법원 2009. 3. 26. 선고 2007도8195.

회하기로 하는 이사회결의를 거친 후 당초의 소집통지와 같은 방법인 서면에 의한 소집철회통지를 하였기 때문에 적법하게 철회되었다고 본다.585)

2) 특징

위와 같이 유사한 사례에서 다른 결론이 내려지는 것은 원칙적으로 소집의 철회 또는 변경의 경우는 당초 소집에 준하는 절차를 밟아야 하기 때문이다. 그리하여 소집일의 변경시에는 당초의 소집과 마찬가지로 변경된 회일의 2주간 전이라는 기간을 준수하여 통지하여야 한다.

(3) 철회·변경의 도달시점

총회소집의 철회·변경의 통지는 당연히 당초에 통지된 회일 전에 도달하여야 한다.586) 그러나 당초의 총회개최예정일보다 늦게 도달하는 때에는 문제될 수 있다. 이 경우에는 일단 예정대로 회의를 개최하고 회일의 연기 또는 중지를 결정하여야 한다고 본다. 이와 달리 당초에 통지한 의안을 상정하지 아니할 수도 있다고 보는데, 그 경우에는 참석주주들에게 그 이유를 설명하고 양해를 구하여야 한다고 풀이한다.

(4) 절차의 하자와 총회결의

소집철회의 통지 후 일부의 주주만으로 당초의 회의를 개최한 경우 그 총회의 효력이 문제된다. 그 결과 첫째, 주주총회의 철회가 적법한 때에는 처음부터 회의가 소집되지 아니한 것과 같기 때문에 일부의 주주가 참석하여 결의를 하였더라도 결의부존재의 사유에 해당한다.587)

둘째, 주주총회의 철회가 부적법한 때에는 일부의 주주는 총회에 참석하고 결의를 할 수 있지만, 한편으로 또 다른 일부의 주주는 부적법한 철회절차를 신뢰하여 총회에 참석하지 못할 수 있다. 이 경우에는 총회에 참석하지 못한 주주들의 참석권을 보호할 필요가 있기 때문에 총회소집절차상의 하자로 처리하여야 한다. 다만, 그 하자가 결의부존재사유 또는 결의취소사유에 해당하는지의 여부는 하자의 정도에 따라 판단하여야 한다고 본다.

---

585) 대법원 2011. 6. 24. 선고 2009다35033.
586) 정동윤(2012), 546면.
587) 同旨 이철송(2024), 543면; 송옥렬(2022), 924면.

11. 연기와 속행

(1) 의의

주주총회의 연기는 총회가 성립한 후 의안을 전혀 다루지 못하고 회일을 후일로 변경하는 것을 말한다. 속행은 의안의 심의에는 착수하였으나 시간의 부족 등으로 결의를 하지 못하고 회일을 다시 정하여 동일의안을 후일에 계속 다루는 것을 뜻한다. 연기나 속행결의에 의하여 재차 개최되는 총회를 연기회 또는 계속회라고 한다. 연기나 속행은 일단 총회가 성립한 후에 이루어진다는 점과 소집절차를 다시 밟지 아니한다는 점에서 소집의 철회·변경과 다르다(이설 없음). 다만, 총회를 '연기'할 때에도 소집의 경우에 준하여 이사회의 결의를 거쳐 대표이사가 그 뜻을 그 소집에서와 '같은 방법으로' 통지하여야 한다는 판례가 있으나,588) 타당한지 의문이다.

(2) 결의주체

주주총회의 속행 또는 연기는 총회의 결의에 따른다(제372조 제1항). 따라서 의장이나 이사회가 연기와 속행을 결정할 수는 없다.589) 다만, 임시주주총회가 그 연기결의를 하면서 그 후속 임시주주총회의 일시 및 장소를 정하지 않은 채 의장에게 그 결정권한을 일임하는 것은 적법하다.590)

(3) 동일성

연기회 또는 계속회는 먼저 개최한 총회의 연장이므로 동일성이 있다. 따라서 이사회의 결의 등 별도의 소집통지절차를 밟을 필요는 없고(제372조 제2항·제363조),591) 그 일시와 장소를 당초의 출석주주에게만 통지하면 된다. 다만, 당초의 총회에 참석하지 아니하였던 주주가 계속회 또는 연기회에 출석하는 것은 무방하다. 그리고 당초 총회의 의결권의 대리행사자는 연기회 또는 계속회에서도 새로운 수권 없이 의결권을 행사할 수 있다.

---

588) 대법원 2009. 3. 26. 선고 2007도8195.
589) 수원지법 2007. 6. 25. 자 2007카합200 결정.
590) 대법원 2014. 11. 27. 선고 2011다41420.
591) 대법원 1989. 2. 14. 선고 87다카3200.

12. 검사인의 선임

주주총회는 이사가 제출한 서류와 감사의 보고서를 조사하게 하기 위하여 檢查人을 선임할 수 있다(제367조 제1항). 이를 書類檢查人이라고 한다. 그리고 회사 또는 발행주식총수의 100분의 1 이상에 해당하는 주식을 가진 주주는 총회의 소집절차나 결의방법의 적법성을 조사하기 위하여 총회 전에 법원에 검사인의 선임을 청구할 수 있다(제367조 제2항). 이를 총회검사인이라고 한다. 상장회사는 總會檢查人의 선임청구요건을 별도로 두지 않고 있다. 소유주식수의 요건은 검사인의 선임청구시에 충족하여야 하며, 검사인을 선임한 후에는 이에 미달하더라도 선임의 효력에는 영향이 없다고 본다. 검사인의 선임청구권은 공익권으로써 청구가 일단 적법하게 이루어진 이상 공익적 절차가 개시되었다고 보아야 하기 때문이다.

Ⅳ. 의결권

1. 의의

의결권(voting right)이란 주주가 주주총회에서 의사표시를 함으로써 주주들의 공동의사결정에 지분적으로 참가하는 권리를 말한다. 조직상의 의사결정은 그 결정으로 인하여 위험을 부담하는 자가 결정권을 갖는다는 것은 條理상의 원칙이다. 이 점에서 주주총회에서는 주주만이 의결권을 행사할 수 있는 당위성이 있다.592) 제3자는 의결권을 대리행사할 수 있을 뿐이다(제368조 제3항).

2. 성질

(1) 공익권 및 고유권

의결권은 주주가 회사의 경영에 참여할 수 있는 권리이므로 주주의 가장 중요한 공익권이며, 고유권의 일종이다. 따라서 법률에 다른 규정이 없는 한 정관의 규정이나 주주총회의 결의로 이를 박탈하거나 제한할 수 없다. 주주도 포기의 의사표시만으로는 의결권이 상실하지 아니한다(이설 없음).593) 주주의 의결권의 행사

---

592) 이철송(2024), 547면.
593) 정찬형(2022), 899면; 이철송(2024), 547면; 송옥렬(2022), 931면; 최준선(2024), 372면; 권기범(2021), 729면; 대법원 2002. 12. 24. 선고 2002다54691.

를 방해한 자는 권리침해로서 불법행위의 책임(민법 제750조)을 질 수 있다. 방해한 자가 회사인 경우에는 총회결의의 하자를 주장할 수 있고(제376조), 그로 인하여 직접 손해가 발생한 경우에는 이사의 책임도 추궁할 수 있다(제401조).

(2) 의결권의 분리양도

주주는 의결권을 주식과 분리하여 양도하거나 포기할 수 있는지에 대하여 학설이 나뉜다. 부정설은 주식과 분리하여 의결권을 양도하거나 포기하지 못한다고 한다(통설).[594] 긍정설은 주주권은 자유롭게 처분할 수 있는 것이고, 공익권이라 하여 그 처분이 제한되는 것은 아니라고 하여 의결권만의 분리양도를 인정하고 있다(판례).[595] 그러나 의결권의 성질을 감안하면 의결권은 주주권과 함께 양도·입질 등의 방법으로 처분하여야 한다고 본다(부정설).

3. 의결권의 수

주주의 의결권은 주식평등의 원칙에 따라 1주마다 1개만이 부여된다(제369조 제1항). 이른바 1株 1議決權제도를 채택하고 있다. 이는 인적회사에서 채택하고 있는 1인 1의결권, 즉 두수주의와 구별된다. 특정주식에 대한 복수의결권은 허용되지 아니한다.[596] 또 1주 1의결권에 관한 규정은 강행규정이므로 정관의 규정이나 주주총회의 결의로도 달리 정할 수 없다. 주주간의 합의가 있더라도 무효이다. 다만, 1주 1의결권제도의 방법론적 변형으로서는 集中投票制가 있다(후술).

4. 의결권의 제한

(1) 의의

기술한 바와 같이 의결권은 주주의 가장 본질적인 권리로써 고유권이다. 따라서 정관의 규정이나 주주총회의 결의로도 이를 제한하거나 박탈할 수 없다. 다만, 상법은 매우 한정된 요건하에서 의결권을 제한하는 규정을 두고 있다.

그러나 의결권행사가 배제되는 종류주식 등 일부의 경우를 제외하고, 대부분의 의결권의 제한은 일정한 요건하에서의 일시적인 休止일 뿐이며, 의결권을 항

---

594) 최준선(2024), 372면; 정찬형(2022), 900면; 권기범(2021), 729면.

595) 대법원 1985. 12. 10. 선고 84다카319.

596) 다만, 벤처기업에 대하여는 손영화, "벤처기업 육성 특별법상의 복수의결권제도에 관한 연구," 기업법연구 제38권 제2호(2024. 6), 135면 이하; 이철송(2024), 550-554면.

구적으로 박탈하거나 제한할 수는 없다. 그 규정을 보면 다음과 같다.

(2) 의결권의 배제 또는 제한에 관한 종류주식

의결권이 배제된 종류주식은 본래 의결권을 행사할 수 없다(제344조의 3 제1항). 타인에게 양도되더라도 마찬가지이다. 다만, 분할계획서 및 분할합병계획서의 승인에 관한 총회에서는 의결권이 배제되는 주주도 의결권이 있다(제530조의 3 제3항). 그리고 특정 사안에 관한 의결권의 행사가 제한된 종류주식은 해당사안에 대하여만 의결권을 행사할 수 없고(제344조의 3 제1항), 결의시 발행주식총수에 산입하지 아니한다(제371조 제1항). 다만, 의결권행사 또는 부활의 조건을 정한 경우에는 그 조건을 충족하면 의결권을 행사할 수 있다(제344조의 3 제1항). 이 유형의 종류주식의 총수는 발행주식총수의 4분의 1을 초과하지 못한다(동조 제2항).

(3) 자기주식

회사가 가진 자기주식은 의결권이 없다(제369조 제2항). 타인이 회사의 자기주식을 가지고 의결권을 대리행사하는 것도 허용될 수 없다. 반대로 회사가 다른 주주의 의결권의 대리행사자로서 자기주식의 의결권을 행사하는 것도 허용될 수 없다. 자기주식은 결의시 발행주식총수에 산입하지 아니한다(제371조 제1항·제369조 제2항). 이는 의결권이 배제되는 종류주식(제344조의 3)과 같다.

그러나 회사가 자기주식을 처분하여 제3자가 취득하는 경우에는 의결권이 부활한다. 이 점은 의결권이 배제되는 종류주식과 구별된다.

(4) 비모자회사간의 상호주

회사(甲), 모회사(乙)와 자회사(丙), 또는 자회사(丙)가 다른 회사(丁)가 발행한 주식총수의 10분의 1을 초과하는 주식을 가진 경우, 그 다른 회사(丁)가 가지고 있는 회사(甲) 또는 모회사(乙)의 주식은 의결권이 없다(제369조 제3항). 이때 회사(甲)와 모회사(乙)는 동일인이어도 무방하다(제369조 제3항). 발행주식총수의 10분의 1이라는 持株率은 의결권이 배제되거나 제한되는 종류주식을 포함한 비율이다. 쌍방이 서로 10분의 1을 초과하여 주식을 소유하는 경우에는 양쪽 모두 의결권이 없다. 이 주식은 주주총회결의시 발행주식총수에 산입하지 아니한다(제371조 제1항·제369조 제3항).

(5) 특별이해관계 있는 주주

1) 의의

주주총회의 결의에 관하여 특별한 이해관계가 있는 자는 의결권을 행사하지 못한다(제368조 제3항). 이는 주주가 개인적인 이익을 위하여 의결권을 남용하는 것을 예방함으로써 결의의 공정성을 확보하기 위한 것이다.

2) 「특별한 이해관계」에 관한 학설·판례

「특별한 이해관계」가 의미하는 바에 대하여는 견해가 나뉜다.

가) 학설

① 법률상이해관계설

이 견해는 총회의 결의에 의하여 주주의 지위에서 직접적으로 권리의무가 발생하거나 상실되는 등 권리의무의 득실이 생기는 경우와 같이 법률상 특별한 이해관계가 있어야 한다는 입장이다.[597]

② 특별이해관계설

주주총회의 결의사항이 모든 주주의 이해에 관련되는 것이 아니라 특정주주의 이해에만 관련되는 경우 특별이해관계에 있다고 보는 견해이다.[598]

③ 개인법설

특정한 주주가 주주의 입장을 떠나서 순수한 개인적 이해관계가 있는 경우에 특별이해관계가 있다고 보는 견해이다(통설).[599]

나) 판례   판례는 주주총회가 재무제표를 승인한 후(제450조) 2년 내에 이사와 감사의 책임을 추궁하는 결의를 하는 경우 당해 이사와 감사인 주주는 회사로부터 책임을 추궁당하는 위치에 서게 되어 주주의 입장을 떠나 개인적으로 이해관계를 가지는 경우로서 그 결의에 관한 특별이해관계인에 해당한다고 하여 개인법설을 취하고 있다.[600] 또 다른 판례는 특별한 이해관계라 함은 특정한 주주가 주주의 입장을 떠나서 개인적으로 이해관계를 갖는 것을 말한다고 풀이하면서 "회사와 주주 사이에 영업양도를 할 경우 그 주주는 특별한 이해관계인에 해당한

---

597) 이병태(1988), 603면.
598) 박·이(1979), 243면.
599) 정동윤(2012), 552면; 정찬형(2022), 903면; 김정호(2023), 336면; 홍·박(2021), 357면; 이·최(2022), 562-563면; 최준선(2024), 385면; 최기원(2012), 494면.
600) 대법원 2007. 9. 6. 선고 2007다40000.

다고 볼 수 있으나, 대주주인 주식회사가 영업을 양도하는 회사와 계열회사 관계에 있는 경우에는 특별이해관계인에 해당하지 아니한다."고 판시하고 있다.[601]

다) 사견 특별이해관계의 적용범위는 가능한 한 좁은 것이 바람직하다. 따라서 특정한 주주가 주주로서의 지위와 관계없이 개인적으로 이해관계를 가질 때를 뜻한다고 본다. 예를 들면, 주주가 총회결의에 의하여 ① 주주의 지위와는 무관하게 권리를 취득하거나 상실하는 경우, ② 의무를 부담하거나 면제받는 경우 등을 들 수 있다(개인법설).

3) 적용범위

가) 책임면제·영업양도·보수결정 결의 통설과 판례에 의하면 특별한 이해관계가 있다고 볼 수 있는 주주에는 ① 발기인, 이사, 집행임원, 감사 또는 감사위원의 책임면제 결의[602]를 하는 경우의 그 결의대상에 해당하는 주주, ② 영업양도, 영업양수 또는 경영위임 등의 결의(제374조 제1항)를 하는 경우의 그 거래상 대방인 주주, ③ 임원의 보수를 정할 때(제388조·제415조)의 임원인 주주 등이 포함된다.

나) 회사지배의 결의

① 문제의 제기

주주가 주주총회에서 주주인 지위에서 이해관계를 가지는 경우 예를 들면, 회사지배와 관련되어 이사·감사의 선임 또는 해임결의에서 당사자이며 주주인 이사·감사가 특별한 이해관계인이라 할 수 있는 지에 대하여는 학설이 나뉜다.

② 학설

부정설은 이를 긍정하게 되면 대주주일수록 자신이 경영에 참가하는 것이 어렵게 되는 불합리한 결과를 초래한다고 한다(통설·판례).[603] 긍정설은 주주총회의 의제가 특정 주주를 이사·감사로 선임하거나 해임하는 건이라는 형식을 취할 때에는 특별이해관계인으로 볼 수 있다고 한다.[604]

---

601) 부산고법 2004. 1. 16. 선고 2003나12328.
602) 제324조, 제400조, 제408조, 제415조, 제415조의 2.
603) 권기범(2021), 734면; 이철송(2024), 556면; 정동윤(2012), 552면; 송옥렬(2022), 934면; 이·최(2022), 563면; 정찬형(2022), 904면; 최준선(2024), 385면; 최기원(2012), 494면; 김정호(2023), 336면; 대법원 2007. 9. 6. 선고 2007다40000.
604) 손주찬(2004), 713면; 채이식(1996), 478면.

③ 사견

회사를 지배할 수 있을 정도의 주식을 가진 주주는 이사의 선임 또는 해임결의 등에 참석하여 스스로 이사가 되거나 임무를 해태한 이사를 해임하는 등의 의결권을 행사하여 회사를 지배할 수 있다고 보기 때문에 부정설이 타당하다.

다) 합병 또는 재무제표의 승인결의　회사합병에서 일방당사자인 회사(甲)가 타방 당사자회사(乙)의 주주인 때 또는 재무제표의 승인결의시 주주인 이사가 의결권을 행사하는 때에 해당이사는 주주지위를 떠난 개인적인 이해관계를 갖지 아니하므로 특별이해관계인에 해당하지 아니한다. 따라서 의결권을 행사할 수 있다.

라) 의결권의 대리행사　특별이해관계가 있는 주주는 특별이해관계가 없는 대리인을 통하여 의결권을 행사할 수 없다(이설 없음). 반대로 주주가 아닌 대리인이 특별이해관계를 가질 경우에도 특별이해관계가 있는 자에 해당하여 의결권이 제한된다(통설).[605] 같은 논리로 주식신탁의 경우 신탁자 혹은 수탁자가 특별한 이해관계인에 해당하면 신탁된 주식의 의결권을 행사할 수 없다.

4) 이해관계의 효과

가) 원칙과 위반의 효과　총회의 결의에 관하여 특별이해관계가 있는 자는 의결권을 행사하지 못한다(제368조 제4항). 이에 반하는 경우에는 결의취소사유가 된다(제376조 제1항). 결의취소사유는 특별한 이해관계 있는 주주가 의결권을 행사하였다는 사실만으로 족하다. 즉 해당주주가 의결권을 행사한 결과 결의가 불공정하였다거나 회사에 손실을 끼쳤다는 사실을 요하지는 아니한다.

나) 발행주식총수와의 관계

① 문제의 제기

1995년 개정상법은 주주총회의 議事定足數(총회성립정족수. 출석정족수)를 폐지하는 대신에 총회의 결의를 '출석한 주주의 의결권의 과반수'와 '발행주식총수의 4분의 1 이상의 수' 등과 같이 하도록 하였다(제368조 제1항). 그리고 상법은 특별이해관계가 있는 주주의 의결권 수는 '출석한 주주의 의결권의 수'에 산입하지 아니한다고만 명시하고 있기 때문에(제371조 제2항·제368조 제3항) '발행주식총수'에 산입되는지 문제되고 있다.

---

605) 강·임(2009), 713면; 이종훈(2021), 138면; 이철송(2024), 556면; 정동윤(2012), 552면; 최기원(2012), 495면; 권기범(2015), 678면; 송옥렬(2022), 935면.

② 학설

ㄱ. 부정설 : 이 학설은 의결권수의 계산에 관한 제371조 제2항은 의결권을 행사할 수 없는 특별이해관계인의 주식수만큼의 결의요건을 완화한 것이므로 '출석한 주주의 의결권의 과반수'와 '발행주식총수'에서 차감하여야 한다고 본다.606)

ㄴ. 긍정설 : 이 학설은 제371조 제1항은 의결권배제 종류주식(제344조의 3), 자기주식(제369조 제2항) 및 상호주(제342조의 2·제369조 제3항)에 대하여는 '의결권수' 및 '발행주식총수'에 산입되지 아니함을 명시하고 있는 데 비하여, 동조 제2항에서 별도의 규정을 두고 있는 것은 제1항과는 달리 보아야 한다고 해석한다.607)

③ 판례

최근의 판례는 감사선임결의시(제409조 제2항) 1인주주가 3% 이상을 보유하는 의결권 없는 주식은 제368조 제1항에서 말하는 '발행주식총수'에 산입되지 아니한다고 해석하였다(부정설).608)

④ 사견

상법이 제371조(정족수, 의결권수의 계산) 제1항과 제2항을 분리 규정한 입법자의 의도를 보면 제371조 제2항의 규정은 의결정족수에만 포함되지 아니한다는 긍정설이 타당할 수 있다. 그러나 이렇게 해석하면, 대주주(甲)의 지분율이 높은 회사의 주주총회에서는 결의를 성립시키기 어렵다. 예를 들면, 임원의 보수결정에 관한 결의시 임원인 甲이 발행주식총수의 76% 이상을 보유하는 경우에 나머지 주식수(24% 이하)만으로는 제368조 제1항의 보통결의 요건인 '출석한 주주의 의결권의 과반수'를 충족할 수는 있겠지만, '발행주식총수의 4분의 1 이상의 수'라는 요건을 충족시킬 수 없게 된다. 이러한 문제점은 영업양도 등 특별결의요건(제434조)을 충족시켜야 하는 사례에서 더욱 현저하게 나타난다.

따라서 제371조의 조문구성에도 불구하고 특별한 이해관계가 있는 자의 주식은 '출석한 주주의 의결권의 과반수'와 '발행주식총수'에서 차감하여야 한다고 해석한다(부정설). 그리고 유한회사에서는 유사한 문제를 명시적으로 해결하고 있는

---

606) 손주찬(2004), 714면; 이철송(2024), 557면; 채이식(1996), 483-484면; 권기범(2021), 736면; 김·노·천(2024), 341면.
607) 최기원(2012), 495면; 정찬형(2022), 904면; 정동윤(2012), 553면.
608) 대법원 2016. 8. 17. 선고 2016다222996.

바(제585조 제2항), 주식회사의 경우에도 입법적 보완이 필요하다.

(6) 감사선임시의 제한

감사의 선임결의시 1인 기준으로 의결권 없는 주식을 제외한 발행주식총수의 100분의 3을 초과하는 수의 주식을 가진 주주는 그 초과하는 수의 주식을 가지고 의결권을 행사하지 못한다(제409조 제2항). 이 경우 100분의 3을 초과하는 1인주주의 주식수는 출석한 주주의 의결권의 수에 산입하지 아니한다(제371조 제2항).

이사의 선임시에는 이러한 제한이 없는데, 감사선임시 제한규정을 두는 것은 감사마저 대주주의 의사에 따라 선임되면, 감사의 효율적인 견제기능을 기대하기 어렵기 때문에 대주주의 영향력을 약화시켜 감사지위의 중립성을 보장하기 위함이다. 이러한 취지에 비추어 정관으로 법정비율보다 낮은 비율(예: 100분의 2)을 정할 수는 있지만(제409조 제3항), 그 비율을 높일 수는 없다(제409조 제3항). 이 경우 낮춘 비율을 초과하는 주식도 출석주주의 의결권의 수에 산입하지 아니한다.

(7) 상장회사 감사위원 등의 선·해임시의 제한

1) 제한의 유형

상장회사 감사위원의 선임유형에 대하여는 세 가지로 구분할 수 있다. 첫째, 감사위원회는 이사회의 결정으로 설치되므로 감사위원도 이사 중에서 이사회의 결의로 선임하고 해임하는 것이 원칙이다(제415조의 2 제1항·제393조의 2 제1항 제3호). 그러나 상법상 이 원칙의 적용을 받는 것은 비상장회사와 최근 사업연도 말 자산총액이 1천억원 미만인 상장회사이다.

둘째, 상근감사 또는 상근감사에 갈음하여 감사위원회를 설치하는 최근 사업연도 말 자산총액이 1천억원 이상인 상장회사[609] 및 감사위원회를 의무적으로 설치하여야 하는 대규모 상장회사[610]의 감사위원은 주주총회의 결의로 선임하고 해임한다(제542조의 12 제1항). 이 경우 상장회사의 감사 또는 사외이사가 아닌 감사위원(예: 상근감사위원)을 선임 또는 해임할 때에는 ① 상장회사에서 상근감사를 선임할 때와 마찬가지로 주주 1인의 의결권은 의결권 없는 주식을 제외한 발행주식총수의 100분의 3 이하로 제한되며, ② 최대주주의 경우에는 최대주주, 특수관계

---

609) 제542조의 10 제1항 본문·시행령 제36조 제1항.

610) 최근 사업연도 말 자산총액이 2조원 이상인 상장회사(제542조의 11 제1항·시행령 제37조 제1항)를 말한다.

인 그 밖에 최대주주와 특수관계인의 계산으로 주식을 보유하는 자 및 최대주주와 특수관계인에게 의결권을 위임한 자가 소유하는 모든 주식을 포함하여 그 의결권이 의결권 없는 주식을 제외한 발행주식총수의 100분의 3 이하로 제한된다. 예를 들면, 최대주주(甲)가 30%, 부인(乙) 10%, 아버지(丙) 5% 및 어머니(丁)가 5%를 갖고 있다고 가정하면, 甲·乙·丙·丁은 모든 지분을 합하여 3%의 의결권만을 행사할 수 있다. 다만, 정관으로 이보다 낮은 보유비율을 정할 수 있다(제542조의 12 제7항·제4항·시행령 제38조 제1항). 이 특례의 적용을 최대주주 이외의 자(예: 2대주주)에게까지 확장하는 정관의 규정은 무효이다.611) 그 이유는 1주 1의결권의 원칙에 반하기 때문이다.

셋째, 대규모 상장회사의 감사위원을 선임 또는 해임할 때는 비상장회사의 감사를 선임할 때(제409조 제2항)와 마찬가지로 단지 주주 1인의 의결권이 의결권 없는 주식을 제외한 발행주식총수의 100분의 3이하로 제한된다. 다만, 정관으로 이보다 낮은 비율을 정하는 것은 무방하다(제542조의 12 제4항·시행령 제38조 제2항 앞 괄호).

2) 발행주식총수와의 관계

위의 제542조의 12 제4항에 따라 그 비율을 초과하여 의결권을 행사할 수 없는 주식의 의결권수는 출석한 주주의 의결권의 수에 포함되지 아니한다(제371조 제2항). 따라서 특별이해관계인이 갖는 주식이나 감사선임시의 비율제한(제409조 제2항)을 초과하는 주식과 마찬가지로 총회시의 '발행주식총수'에 산입되는지 문제된다. 이를 긍정하게 되면, 감사 또는 감사위원의 선임결의시 대주주나 최대주주·특수관계인 등이 79% 이상의 주식을 갖는 경우에는 결의요건을 충족시키지 못하게 된다. 대주주 등의 의결권수는 3%로 제한되므로 나머지 주주들의 의결권의 수(21%)만으로는 의결정족수요건 중의 하나인 '발행주식총수의 4분의 1 이상'(25% 이상)을 충족시키지 못하기 때문이다(산식 : 3%＋21%＝최대 24%).

따라서 2018년 3월 9일 상장회사인 A약품이 최대주주가 52.45%, 소수주주가 47.55%를 소유하고 있는 구조에서 감사위원선임시의 의결정족수를 12.64%로 해석한 것은 올바르다(산식 : (3%＋47.55%)/4).612)

---

611) 대법원 2009. 11. 26. 선고 2009다51820.
612) 이 회사의 주주총회는 섀도보팅(shadow voting) 폐지 이후의 최초의 사례로서 주목을 받았지만, 의결권지분을 12%밖에 확보하지 못하여 감사위원선임이 부결되었다(한국경제신문(2018. 3. 10), A1면).

(8) 특별법상 의결권 제한

1) 자본시장법

집합투자업자(자본시장법 제6조 제4항·제5항)가 운용하는 집합투자재산에 주식이 편입되어 있는 경우 그 주식은 실질적으로 수익자의 재산이라 할 수 있다. 그러므로 집합투자업자는 이 주식의 의결권을 사익을 위하여 이용하여서는 아니 된다. 그리하여 자본시장법은 집합투자업자(투자신탁과 투자익명조합에 한함)가 그 주식을 발행한 회사와 계열관계에 있거나 기타 의결권행사가 불공정해질 가능성이 있는 경우에는 집합투자업자에게 그림자투표(shadow voting)[613]를 강제하고 있다(동법 제87조 제2항). 다만, 주주총회의 의안이 발행회사의 합병, 영업의 양수·도, 임원의 선임 기타 이에 준하는 사항으로서 집합투자재산에 손실을 초래할 것이 명백히 예상되는 경우는 예외이다(동법 제87조 제3항).

2) 파산법

파산법에 의한 회생절차에서 주주는 주식의 수에 비례하여 의결권을 행사함이 원칙이나, 절차개시 당시 회사의 부채총액이 자산총액을 초과하는 때에는 주주는 의결권을 행사하지 못한다(동법 제146조 제3항 본문). 그리고 회생계획의 변경계획안을 제출할 당시 채무자의 부채총액이 자산총액을 초과하는 때에는 주주·지분권자는 그 변경계획안에 대하여 의결권을 가지지 아니한다(동법 제146조 제4항). 주주의 지분가치가 경제적으로 상실된 것을 법적 권리에 반영한 규정이다.

그러나 파산법 제282조의 규정에 의한 회생계획의 변경계획안을 제출할 당시 채무자의 자산총액이 부채총액을 초과하는 때에는 그러하지 않다(동법 제146조 제3항 단서).

3) 공정거래법

공정거래법상 대규모기업집단에 속하는 회사로서 금융업 및 보험업을 영위하는 회사는 자신이 소유하는 계열회사의 주식에 관하여 의결권을 행사할 수 없다(동법 제25조). 이는 금융회사 또는 보험회사가 자금력을 이용하여 기업을 집중시키는 것을 방지하는 데 그 취지가 있다.

4) 은행법

동일인은 은행의 의결권 있는 발행주식 총수의 100분의 10을 초과하여 은행

---

613) 자기의 의결권을 다른 주주의 찬반비율과 동일하게 분할하여 행사하는 것을 말한다.

의 주식을 보유할 수 없다(제15조 제1항). 동일인이 주식의 보유한도를 초과하여 은행의 주식을 보유하는 경우 한도를 초과하는 주식에 대하여는 그 의결권을 행사할 수 없다(제16조 제1항).

5. 의결권의 행사절차·방법

주주가 의결권을 행사하기 위하여는 주주총회일에 주주명부에 주주로 기재되어 있어야 한다. 기준일을 정한 경우에는 기준일 현재 주주명부에 주주로 기재되어 있어야 한다(제354조). 이는 총회개최시의 주주를 확정시켜 총회운영의 혼란을 방지하는 데 그 목적이 있다. 회사는 주주총회의의 참석자가 주주명부에 기재되어 있는 주주인지를 조사하여야 한다. 상장법인은 편의상 총회일에 참석장을 겸하는 소집통지서를 지참한 자를 주주로 보고 총회참석을 허용하는 것이 보통이다.

한편 주주가 자연인이면 본인 또는 그 대리인이 의결권을 행사할 수 있고, 주주가 법인이면 대표기관 또는 법인의 대리인이 의결권을 행사할 수 있다(제368조 제2항 참조). 그리고 주주는 참석의 방법 이외에 서면 또는 전자적 방법으로 의결권을 행사할 수도 있다(제368조의 3·제368조의 4).

6. 의결권의 불통일행사

(1) 의의

의결권의 불통일행사란 주주가 2 이상의 의결권을 가지고 있는 때에 이를 통일하지 아니하고 행사하는 것을 뜻한다(제368조의 2 제1항 전단). 예를 들면, 100주를 가진 주주가 75주는 찬성, 25주는 반대의 의결권을 행사하는 것과 같다.

(2) 취지

의결권의 불통일행사는 명의상의 주주의 배후에 이해관계를 달리하는 다수의 실질주주가 존재하는 경우 그 실질주주들의 의사를 반영하도록 하는 데 그 취지가 있다. 다만, 의결권의 불통일행사를 무제한 허용하는 경우에는 총회운영에 혼란을 주므로 상법은 일정한 제한을 가하고 있다(제368조의 2 제2항).

한편 의결권대리행사자 1인이 복수의 주주를 대리하여 의결권을 행사할 때 주주들의 의사가 일치하지 아니하면 불통일행사할 수 있는데, 이는 수인을 대리한 결과이고 제368조의 2에 의거한 의결권의 불통일행사가 아니다.

(3) 요건

의결권의 불통일행사는 주주가 주식의 신탁을 인수하였거나 기타 타인을 위하여 주식을 가지고 있는 경우에만 인정된다(제368조의 2 제2항). 「타인을 위하여 주식을 가지고 있는 경우」에는 ① 위탁매매인이 보유한 위탁자의 주식(제101조), ② 예탁기관이 발행한 주식예탁증서(Depository Receipts, DR), ③ 공유자 1인이 보유한 공유주식(제333조 제2항), ④ 명의개서미필 상태에서의 양도주식, ⑤ 우리사주조합명의로 되어 있는 종업원지주제에 의거한 주식을 가지고 있는 경우 등이 포함된다.

한편 「타인을 위하여 주식을 가지고 있는 경우」는 명의주주와 실질주주가 분리되어 있는 경우만을 의미하는 것은 아니다. 명의와 실질이 부합하더라도 주식이 타인의 권리의 대상이 되어 사실상 주주의 재산으로부터 구분·관리되는 경우는 제368조의 2 제2항의 적용대상이 된다. 따라서 교환사채를 발행한 회사(甲)가 교환대상으로 보유하고 있는 주식(乙)의 의결권행사를 교환사채권자(丙)의 지시에 따르기로 약정한 경우, 그 사채권자(丙)의 지시에 따라 의결권을 불통일행사하는 때에는 제368조의 2 제2항의 요건을 구비한 것이다.[614]

(4) 불통일행사의 절차

1) 3일 전 이유의 통지

주주가 의결권을 불통일행사하기 위하여는 총회일의 3일 전에 회사에 대하여 서면 또는 전자문서로 그 뜻과 이유를 통지하여야 한다(제368조의 2 제1항 후단). 3일 전에 회사에 도달하여야 한다. 불통일행사의 「이유」는 법문이 말하는 '주주가 주식의 신탁을 인수하였거나 기타 타인을 위하여 주식을 가지고 있다.'는 사실을 말한다. 다만, 주주가 불통일행사를 통지하였더라도 총회일에 통일적으로 행사하는 것은 무방하다(異說 없음).[615]

2) 포괄적 통지의 허부

가) 문제의 제기   의결권의 불통일행사에 관한 1회의 통지로 수회의 총회에서 불통일행사할 수 있는지에 대하여는 긍정설과 부정설이 대립한다.

---

614) 서울북부지법 2007. 10. 25. 자 2007카합1082 결정.
615) 이·최(2022), 555면; 정동윤(2012), 558면; 정찬형(2022), 911면; 최준선(2024), 378면; 손주찬(2004), 718면; 권기범(2021), 754면; 이철송(2024), 560면.

나) 학설

① 긍정설

이 학설은 의결권의 대리행사시의 위임장과 같이 포괄적 통지가 가능하다고 본다.616) 그리고 포괄적인 불통일행사의 통지가 바람직한 것은 아니지만, 이를 위법하다고 할 이유도 없다고 한다(다수설·일본의 통설). 이 학설은 신탁회사가 자기가 소유하는 주식에 대하여는 앞으로 불통일적으로 행사할 수 있음을 이유와 더불어 통지한 때에는 총회 때마다 이를 통지할 필요가 없다고 한다.617)

② 부정설

이 학설은 주주의 확정은 총회 때마다 하여야 하고, 불통일행사의 통지는 실질주주를 확정하는 의미가 있으므로 총회 때마다 하여야 한다고 본다.618)

다) 사견　　의결권의 불통일행사는 총회운영의 편의를 위하여 인정되는 제도에 불과하다. 주주의 확정은 주주명부에 의거 총회별로 하는 것이 원칙이다. 따라서 실질주주를 확정하는 의미가 있는 의결권의 불통일행사의 통지도 총회별로 하여야 한다고 본다(부정설).

(5) 회사의 거부

1) 거부의 시점

회사는 ① 주주가 주식의 신탁을 인수하였거나 또는, ② 타인을 위하여 주식을 가지고 있는 경우 외에는 의결권의 불통일행사를 거부할 수 있다(제368조의 2 제2항). 회사의 거부는 총회의 결의 전에 하여야 한다(통설·판례).619) 결의 후에 거부할 수 있다고 하면 회사가 결의결과를 번복할 수 있게 되어 부당하기 때문이다. 결의의 거부에 관한 입증책임은 회사가 부담한다.

2) 양도제한주식에 대한 거부

정관에 의한 양도제한주식의 경우, 이사회가 그 주식의 양도에 관하여 승인

---

616) 정동윤(2012), 558면; 정찬형(2022), 911면; 권기범(2021), 754면; 손주찬(2004), 171면; 채이식(1996), 476면; 이·최(2022), 555면; 김정호(2023), 345면; 안택식(2012), 261면; 홍·박(2021), 363면; 최준선(2024), 378면.
617) 손주찬(2004), 717면; 정동윤(2012), 558면.
618) 이철송(2024), 560면.
619) 권기범(2021), 754면; 정동윤(2012), 559면; 최준선(2024), 379면; 김정호(2023), 346면; 정찬형(2022), 911면; 대법원 2001. 9. 7. 선고 2001도2917.

을 하지 아니함으로써 명의개서미필인 주식에 대하여는 회사가 양도인에 의한 의결권의 불통일행사를 거절할 수 있다고 본다. 이사회의 승인을 얻지 못한 주식의 양도는 회사에 대하여 효력이 없기 때문이다(제335조 제2항).

3) 미통지결의와 사후승인

회사는 주주가 통지를 하지 아니하고 의결권을 불통일행사한 경우, 이를 사후적으로 승인할 수 없다. 이를 허용한다면 회사가 결의의 성부를 사후에 선택할 수 있게 되어 부당하기 때문이다. 이에 위반한 행위는 결의방법이 법령에 위반한 경우로써 결의취소의 원인이 된다(통설).[620] 따라서 회사는 이 요건을 갖추지 못한 채 의결권을 불통일행사하기 위하여 수인의 대리인을 선임하고자 하는 경우에는 이를 거절할 수 있다.[621]

4) '총회일 3일 전' 기준의 강행성

주주는 회사에게 불통일행사의 뜻과 이유를 총회일의 3일 전에 통지하여야 한다(제368조의 2 제2항). 이를 위반하여 3일 전 이후(예: 회의일 전일 또는 2일 전)에 통지한 경우 회사는 이를 거부하여야 하는지 문제된다.

본래 '3일 전'이라는 기준은 회사로 하여금 불통일행사의 허부를 판단할 수 있는 시간적 여유를 주기 위한 것이다. 따라서 그 통지가 주주총회일의 3일 전이라는 시한보다 늦게 도착하였더라도 회사가 총회운영에 지장이 없다고 판단하여 이를 받아들이고 의결권을 불통일행사한 경우, 그것이 주주평등의 원칙에 반하거나 의결권행사의 결과를 조작하기 위한 것이 아닌 한 유효하다.[622]

5) 거부의 강행성

회사가 적법하게 거부한 경우 주주는 의결권의 불통일행사를 하지 못하며, 이에 위반한 의결권의 행사는 모두 무효이다. 다만, 회사의 거부가 위법인 경우 주주는 의결권을 불통일행사할 수 있다.

한편 회사는 제368조의 2 제2항에 의거 의결권의 불통일행사를 거부할 수는 있지만, 이를 반드시 거부하여야 하는 것은 아니다(통설·판례).[623]

---

620) 송옥렬(2022), 939면; 김정호(2023), 347면; 정동윤(2012), 558면; 최기원(2012), 491면; 정찬형(2022), 911면; 홍·박(2021), 363면; 이철송(2024), 561면.

621) 대법원 2001. 9. 7. 선고 2001도2917.

622) 정찬형(2022), 911면; 대법원 2009. 4. 23. 선고 2005다22701·22718.

623) 정동윤(2012), 559면; 정찬형(2022), 912면; 이·최(2022), 555면; 최기원(2012), 492면; 김·노·천(2024), 330면; 대법원 2009. 4. 23. 선고 2005다22701·22718.

(6) 불통일행사의 효과

적법하게 불통일행사된 의결권은 각기 유효한 찬성표 또는 반대표로 정족수에 산입한다. 명의주주가 불통일행사를 할 의무가 있음에도 불통일행사를 하지 않고 실질주주의 의사에 반하는 표결을 한 경우 그 의결권행사의 효력은 유효하다. 단지 명의주주와 실질주주의 내부적인 문제만이 남게 된다.

불통일행사는 의안별로 이루어지므로 일부 의안에 대하여는 의결권을 불통일행사하고, 그 밖의 의안에 대하여는 통일행사하여도 무방하다. 그리고 불통일행사를 통지한 주식 중에서 일부의 의결권만 불통일행사하고 나머지 의결권은 행사하지 아니할 수도 있다.

7. 의결권의 대리행사

(1) 의의

주주는 제3자인 대리인으로 하여금 그 의결권을 행사하게 할 수 있다(제368조 제2항). 이를 의결권의 대리행사라고 한다. 주주권은 인적회사의 사원권과는 달리 비개성적 성질을 가지고 재산권적 성질을 겸유하며, 인격권적·일신전속적 성질을 갖지도 아니하므로 주주만이 의결권을 행사하여야 할 이유가 없다. 그리하여 상법은 의결권의 대리행사를 명문으로 허용하고 있다.

의결권의 대리행사는 주주의 자유로운 의결권행사를 보장하기 위한 제도이므로[624] 정관으로도 이를 금지할 수 없다(이설 없음). 다만, 의결권의 대리행사로 인하여 총회의 개최가 부당하게 저해되거나 또는 회사의 이익이 침해될 우려가 있는 등의 특별한 사정이 있는 경우에는 그 행사를 거절할 수 있다.[625]

(2) 대리인의 자격

1) 원칙

대리인의 자격에 대하여는 원칙적으로 제한이 없다. 그러므로 제한능력자나 법인도 대리인이 될 수 있다.

2) 특별한 이해관계가 있는 주주 등

기술한 바와 같이 특별한 이해관계가 있는 주주(제368조 제3항)는 특별한 이해

---

624) 대법원 2001. 9. 7. 선고 2001도2917.
625) 대법원 2009. 4. 23. 선고 2005다22701·22718; 2001. 9. 7. 선고 2001도2917.

관계가 없는 대리인을 통하여 의결권을 대리행사할 수 없다(이설 없음). 반대로 주주가 아닌 대리인이 특별이해관계를 가질 경우에도 같은 취지로 의결권이 제한된다(통설).626) 그리하여 주식신탁의 경우 신탁자 혹은 수탁자가 특별한 이해관계인에 해당하면 신탁된 주식의 의결권을 행사할 수 없다. 그리고 자기주식의 의결권은 인정되지 아니하는데(제369조 제2항), 같은 취지에서 회사 자신은 주주의 의결권을 대리행사할 수 없다.

3) 주주로 한정하는 자격제한

회사가 정관의 규정으로 대리인의 자격을 주주로 한정하는 예가 적지 아니한데, 이러한 정관의 규정에 대하여 학설이 나뉜다. 다만, 이러한 논의는 임의대리에 한한다. 제한능력자의 대리인은 법률의 규정에 의하여 대리권이 인정되므로 주주가 아니라도 당연히 대리할 수 있기 때문이다.

가) 학설

① 유효설

이 학설은 정관의 규정은 주주총회가 주주 이외의 제3자에 의하여 교란되는 것을 방지하고 회사의 이익을 보호하기 위한 것이므로 합리성이 충분히 있어 유효하다고 한다. 특히 의결권행사를 위한 위임장의 권유가 인정되고 상법상 서면투표제도가 도입된 점(제368조의 3)을 고려하면 이러한 정관규정은 부당하다고 말할 수 없다고 한다.627)

② 제한적 유효설

이 학설은 정관의 규정은 원칙적으로 유효하지만 주주총회를 교란시킬 위험이 없는 경우, 즉 공공단체나 주주인 법인이 그 직원을 대리인으로 선임하거나 개인주주가 질병 또는 고령 등으로 그 가족을 대리인으로 선임하는 등의 합리적 이유가 있다면 그러한 정관규정은 적용되어서는 아니 된다고 한다.628)

---

626) 강·임(2009), 713면; 이종훈(2021), 138면; 이철송(2024), 556면; 정동윤(2012), 552면; 최기원(2012), 495면; 권기범(2015), 678면; 송옥렬(2022), 935면.

627) 정찬형(2022), 908면; 손주찬(2004), 721면; 권기범(2021), 746면; 서헌제(2007), 332면; 임홍근(2000), 376면; 김·노·천(2024), 326면.

628) 홍·박(2021), 360면; 정동윤(2012), 556면; 최기원(2012), 476면; 최준선(2024), 374면; 이·최(2022), 552-553면; 이종훈(2021), 143면; 권종호(2024), 119면.

③ 무효설

제368조 제2항 제1문은 주주의 의결권을 최대한으로 보장하기 위한 강행법규이므로, 정관의 규정에 의하여도 그것을 제한할 수 없다는 입장이다.[629]

나) 판례　　판례는 대리인의 자격을 주주로 한정하는 정관의 규정은 원칙적으로 무효라고 할 수 없다고 한다. 다만, '그와 같은 정관규정이 있다 하더라도 주주인 국가, 지방공공단체 또는 주식회사 등이 그 소속의 공무원, 직원 또는 피용자 등에게 의결권을 대리행사하도록 하는 때에는 특별한 사정이 없는 한 주주 내부의 의사결정에 따른 대표자의 의사가 반영된다고 할 수 있다. 이에 따라 이들의 대리권행사를 거부하게 되면 사실상 국가 등의 의결권행사기회를 박탈하는 것과 같은 부당한 결과를 초래할 수 있으므로, 이러한 주주들의 소속 공무원, 직원 또는 피용자 등이 대리인으로서 의결권을 행사하는 것은 허용된다. 그러므로 이를 정관규정에 위반한 무효의 대리행사라고 할 수 없다.'고 한다(제한적 유효설).[630]

다) 사견　　대리인의 자격을 주주로 제한한 정관규정은 효력이 없다고 본다. 유효설과 제한적 유효설은 외부인의 개입으로 주주총회의 질서가 문란해지는 것을 막을 필요가 있음을 근거로 제시하나, 법상의 근거가 없을 뿐 아니라, 주주의 권리를 제한할 합리적인 이유가 되지 못한다. 왜냐하면 유효설과 제한적 무효설에 의하면 회사의 총회운영은 보호받을지 모르지만, 주주의 자유로운 의결권행사를 보장하기 위한 동 제도의 취지[631]는 퇴색되기 때문이다. 예를 들면, 서로 대립하는 2인의 주주로만 구성된 회사에서는 그러한 정관이 무효가 아니라면, 총회에 참석하지 못하는 1인은 그의 권리행사를 포기하거나 반대편 주주에게 의결권을 대리행사하도록 하여야 하기 때문이다. 이러한 문제점은 소수의 주주만으로 구성된 폐쇄형회사에서 총회의 의안이 보통결의사항인지 아니면 특별결의사항인지에 따라 더욱 두드러진다(무효설).

---

629) 이철송(2024), 563면; 김정호(2023), 350면; 정경영(2022), 478면; 김동훈(2010), 243면; 정무동(1996), 448면; 채이식(1996), 473면; 장덕조(2023), 253면; 이원석(1985), 426면; 이·임·이·김(2012), 245면; 김두진(2022), 260면.
630) 대법원 2009. 4. 23. 선고 2005다22701·22718.
631) 대법원 2001. 9. 7. 선고 2001도2917.

(3) 대리인의 수

1) 복수의 대리인선임 허용가부

가) 문제의 소재　상법은 대리인의 수에 대하여 별다른 제한이 없다. 따라서 1인이 수인의 주주를 위한 대리인이 될 수 있다. 그러나 증권회사와 같이 실질적으로 다수인의 주식을 보유하는 경우 외의 주주가 복수의 대리인(예: 甲 200주, 乙 100주의 대리권수여)을 선임할 수 있는지 문제된다.

나) 학설　부정설은 1인의 주주가 2인 이상의 대리인을 선임할 수는 있지만, 회사는 총회의 원활한 진행을 위하여 2인 이상의 대리인이 출석하는 경우에 1인만을 인정하고 나머지 대리인들을 거절할 수 있다고 본다(소수설,632) 일본회사법 제310조 제5항). 긍정설은 수인의 대리인을 선임하여 공동으로 의결권을 행사하게 함으로써 1인의 독주를 견제할 필요가 있기 때문에 대리인의 수를 제한할 수 없다고 한다(다수설).633)

다) 사견　일반적으로 공동대리(민법 제119조 후단)와 공동대표(제208조)가 인정되고 있기 때문에 정관에 달리 정함이 없는 한 수인의 대리인을 선임할 수 있다고 본다(긍정설). 다만, 1인의 주주가 총회의 질서를 문란하게 하거나 총회의 개최를 부당하게 저해할 목적으로 다수의 대리인을 선임하는 것은 권리남용으로써 허용될 수 없다.634)

2) 의결권의 불통일행사와 대리인의 수

의결권을 불통일행사하는 때에 주주는 수인의 대리인을 선임하여 각자에게 일부씩 대리행사하게 할 수 있다. 이 경우 일부는 주주 자신이 의결권을 행사하고, 일부는 대리인이 행사하게 할 수도 있다. 이를 반대로 해석하면, 의결권의 불통일행사요건을 구비하지 못한 경우에는 ① 수인의 대리인을 선임하여 각자 대리하게 하거나, ② 일부는 주주가 직접 행사하고 일부는 대리인이 행사하는 것은 의결권의 불통일행사요건(제368조의 2)에 반하므로 허용되지 아니한다.635)

---

632) 권기범(2021), 747면; 정동윤(2012), 556면; 손주찬(2004), 721면.
633) 최기원(2012), 478면; 정찬형(2022), 908면; 최준선(2024), 375면; 채이식(1996), 473면; 김정호(2023), 349면; 정경영(2022), 479면; 송옥렬(2022), 943면.
634) 同旨 이철송(2024), 564면; 대법원 2014. 4. 23. 선고 2005다22701·22718.
635) 대법원 2001. 9. 7. 선고 2001도2917.

(4) 대리권의 증명방법

의결권의 대리행사인은 대리권을 증명하는 서면(위임장 또는 다른 서면)636)을 총회에 제출하여야 한다(제368조 제2항 후단). 대리권을 증명하는 서면은 원본이어야 하고 사본이어서는 아니 된다.637) 팩스를 통하여 출력된 팩스본 위임장도 성질상 원본으로 볼 수 없다.638) 사본을 인정하면 대리권의 존부에 관한 다툼이 생길 경우 회사가 위험을 부담할 수 있기 때문이다. 다만, 위임장 등 서면이 사본이라 하더라도 주주가 그 의결권을 위임하였다는 사실이 충분히 증명되거나 대리권을 수여하였음을 확인할 수 있는 특별한 사정이 있는 경우에 회사는 의결권의 대리행사를 거부할 수 없다.639)

제368조 제2항은 의결권의 대리행사를 사전에 강행법적으로 확인하는 규정이다. 그러므로 주주가 원본인 서면으로 대리권을 증명한 이상 그 외에 신분증의 제시나 기타 신원확인(예: 인감증명서, 주주의 인감도장이 날인된 참석장)을 요구하는 등 대리권증명의 요건을 강화하여서는 아니 된다. 이러한 추가서류가 없음을 이유로 회사가 위임장접수를 거부하면, 이는 의결권의 대리행사를 부당하게 제한하는 것으로써 결의취소의 사유가 된다.640)

한편 대리인이 총회장에는 출석하였으나, 위임장을 의장 또는 회의진행자에게 제출하지 아니한 경우에는 해당주식수를 출석한 주주의 의결권수에 산입하여서는 아니 된다.641)

(5) 백지위임의 법률관계

회사가 주주에게 의결권의 대리행사를 권유할 때에는 우선적으로 대리인란을 백지로 하여 주주의 기명날인을 받고, 회사가 대리할 자의 성명을 보충하고 그로 하여금 의결권을 대리행사하게 하는 사례가 있다. 이 관계에 대하여는 회사가 복임권을 행사한 것으로 보거나(민법 제120조) 또는 주주가 회사에게 자신의 대리인을 선임할 것을 위임하고 회사가 이를 실행한 것으로 볼 수 있다.

---

636) 대법원 2009. 5. 28. 선고 2008다85147.
637) 대법원 2004. 4. 27. 선고 2003다29616; 1995. 7. 28. 선고 94다34579.
638) 대법원 2004. 4. 27. 선고 2003다29616; 1995. 7. 28. 선고 94다34579.
639) 대법원 1995. 2. 28. 선고 94다34579.
640) 대법원 2009. 4. 23. 선고 2005다22701·22718; 2004. 4. 27. 선고 2003다29616.
641) 서울고법 2011. 5. 19. 선고 2010나117469.

(6) 수권의 범위(포괄적 위임의 허부)

1) 문제의 제기

하나의 위임장으로 수회의 주주총회에 걸쳐 포괄적으로 의결권을 대리행사
하게 하는 것이 가능한지에 대하여 학설이 나뉜다.

2) 학설

가) 포괄적 위임긍정설   이 견해는 한번 의결권을 대리행사하면, 그 계속성
을 인정할 수 있다고 한다. 실제적인 편의성을 중시하고 있다. 특히, 은행·신탁
회사 등의 관리를 받고 있는 회사 등의 경우에는 포괄적 위임을 허용할 필요가
있으므로 이를 인정하자는 입장이다(다수설).[642]

나) 포괄적 위임부정설   이 견해는 수개의 총회에 걸친 포괄적 위임을 인정
하는 것은 우리 법상 인정하기 어려운 의결권신탁(voting trust)을 사실상 가능하게
하고, 극단적인 경우에는 의결권만을 주주지위에서 분리하여 양도하는 효과를 발
생시킬 수 있기 때문에 허용될 수 없다고 한다. 따라서 적어도 총회별로 대리권
이 수여되어야 한다고 해석한다(소수설, 일본회사법 제310조 제2항·동법 제315조).[643]

3) 판례

판례 중에는 주주의 대리인에 대한 수권의 범위에 관하여 구체적으로 다룬
것은 없다. 그리하여 사안별로 포괄적 위임긍정설 또는 포괄적 위임부정설의 입
장에 서 있다고 해석될 수 있는 판례가 혼재되어 있다.

가) 포괄적 위임부정설   이에 관한 초기의 판결인 1969년 판결은 "하나의
총회(예: 1969년 2월 28일)에서의 주주권의 행사를 위임함에는 구체적·개별적인 사
항에 국한한다고 해석하여야 할 근거는 없고 주주권행사를 포괄적으로 위임할 수
있다."고 판시하였다.[644] 이를 포괄적 위임긍정설의 입장에 서 있다고 보는 견해
가 적지 아니하지만, 동 판결은 수개의 총회에 관한 포괄적 위임에 관한 것이 아
님이 명백하다.[645] 지배주식을 금융기관 등에 입질함과 동시에 변제자력을 확보
하기 위하여 의결권을 포괄위임받은 것은 적법하다는 판례도 있다.[646] 이 역시

642) 정경영(2022), 477면; 김홍기(2022), 518면; 홍·박(2021), 362면; 손주찬(2004), 722면;
　　　송옥렬(2022), 941면; 정동윤(2012), 555면; 정찬형(2022), 909면; 서·정(1999), 405면;
　　　최기원(2012), 478면; 정무동(1996), 447면; 권기범(2021), 748면; 김정호(2023), 348면.
643) 안택식(2012), 258면; 이·최(2022), 551면; 정희철(1989), 451면.
644) 대법원 1969. 7. 8. 선고 69다688.
645) 정동윤(2012), 555면.

채권자가 담보권을 실행하기 위한 수단이라는 특수성을 고려한 판단이고, 의결권의 포괄적 위임이 일반적으로 적법하다고 본 것은 아니다.[647]

나) 포괄적 위임긍정설   판례 중에는 7년간의 대리권수여를 유효하다고 본 사례도 있다.[648] 이 판례는 포괄적 위임긍정설의 입장을 취하고 있다고 볼 수 있다. 다만, 이 판례에서는 주주가 자신의 주식에 대한 의결권을 행사하게 하였다는 사정만으로는 주주로서의 의결권을 직접 행사할 수 없게 된 것은 아니라고 판단하고 있다.

4) 사견

1회의 대리권수여로 수개의 총회를 대리할 수 있다면, 현 경영진 등 특정인이 의결권대리행사의 제도를 회사의 지배수단으로 남용할 수 있다. 그리고 주주지위에서 분리하여 의결권만을 양도하는 것을 허용하는 결과가 되어 부당하다(포괄적 위임부정설).

(7) 상임대리인과 의결권대리행사

금융위원회의 「금융투자업규정」은 외국인 주주는 국내의 예탁결제원, 투자매매업자 또는 투자중개업자 등을 상임대리인으로 선임하고, 이들에게 의결권 등의 주주권을 행사할 수 있도록 하고 있다(동규정 제6-22조). 따라서 이를 근거로 포괄적 위임긍정설의 논지로 삼는 경우도 있다.[649]

생각건대 상임대리인은 외국인 주주를 위하여 청약신청을 하고, 외국인 통합계좌 내의 외국인별 내부관리내역을 금융감독원장 및 거래소에 보고하는 등의 투자활동에 필요한 업무를 대행하는 자이므로[650] 의결권의 행사만을 위한 대리인이 아니다. 따라서 의결권대리행사의 수권범위와는 무관하다. 그리고 경영진 등에 의한 지배수단으로 남용되는 폐해도 발생하지 아니한다. 이러한 점에서 상임대리인제도를 포괄적 위임긍정설의 논지로 삼기에는 무리가 있다고 본다.

(8) 수권행위의 철회

주주는 총회의 결의가 있기 전까지 임의대리의 수권행위를 철회할 수 있다(민

---

646) 대법원 2014. 1. 23. 선고 2013다56839.
647) 同旨 이철송(2024), 568면.
648) 대법원 2002. 12. 24. 선고 2002다54691.
649) 권기범(2021), 748면.
650) 금융투자업규정 제6-21조·제6-8조·제6-12조 제4항·제6-22조·제6-24조.

법 제128조 후단). 일정기간(예: 7년) 경영권을 타인에게 이전하기로 합의하고 의결권
을 일정기간 위임하는 약정을 하였더라도, 이 수권행위를 철회할 수 있다. 이 경
우 원인관계에 대하여는 채무불이행책임이 발생하지만, 회사법상 그 철회는 유효
하다. 따라서 주주가 자신의 주식에 대한 의결권을 대리행사하게 하였다는 사정
만으로는 주주로서의 의결권을 직접 행사할 수 없는 것은 아니다.651)

한편 주주가 의결권을 수인에게 2중으로 위임한 때에는 앞선 위임을 철회하
고 뒤의 위임을 한 것으로 볼 수 있다.652)

(9) 대리권의 재위임

일반적으로 대리인은 본인의 승낙이 있으면, 복대리인을 선임할 수 있다(민법
제120조). 의결권은 일신전속적인 성질을 갖지 아니한다. 따라서 대리인은 주주가
복대리 금지의 의사를 명시하지 아니하는 한 묵시적 승낙이 있는 것으로써 복대
리인을 선임할 수 있다.653) 즉 대리인은 의결권의 행사를 제3자에게 재위임할
수 있다.654)

(10) 수권행위의 무인성

의결권행사의 대리권의 수권행위는 민법학과는 달리 원인관계의 무효·취소
와 관련하여 유·무인성에 대한 다툼이 없다. 즉 이 제도는 회사의 법률관계의 안
정을 위하여 인정되는 것이므로 무인성을 갖는다.

(11) 자의적 대리행사의 효력

대리인은 주주로부터 수권받은 대로 의결권을 행사하여야 한다. 대리인이 주
주의 명시된 의사에 반하거나 기권하는 등의 방법으로 의결권을 행사하는 경우
주주에 대하여 손해배상책임을 진다. 다만, 주주총회의 결의자체는 유효하다. 그
리하여 대리인이 본인인 주주를 대표이사에서 해임하기 위하여 의결권을 행사한
것도 적법하다.655)

그러나 회사가 의결권의 대리행사의 권유자인 경우에는 회사가 주주의 의사
를 알고 있으므로 그 의사에 반한 의결권행사는 무권대리이론을 적용하여 무효이

---

651) 대법원 2002. 12. 24. 선고 2002다54691.
652) 서울중앙지법 2008. 4. 29. 선고 2008카합1070.
653) 대법원 1996. 1. 26. 선고 94다30690.
654) 대법원 2014. 1. 23. 선고 2013다56389; 2009. 4. 23. 선고 2005다22701·22718.
655) 대법원 2014. 1. 23. 선고 2013다56839.

다(민법 제130조).656) 예를 들면, 회사가 위임장에 기재된 찬반에 위반하여 의결권을 행사하는 경우와 같다. 나아가 이는 결의의 방법이 현저히 불공정한 경우로써 결의취소사유가 된다.

8. 의결권의 대리행사의 권유

의결권의 대리행사제도는 주주 개인의 주주권행사의 편익을 위하여 인정된 것이나, 상장법인에서는 본래의 취지와는 달리 '대리인의 목적달성'을 위하여 활용될 수 있다. 그리하여 이사, 대주주 또는 새로이 경영권을 쟁취하고자 하는 자들은 대리인이 되고자 주주들에게 집단적으로 의결권의 위임을 권유하기도 한다. 특히 상장회사에서는 대주주·이사 등 특정인이 대중투자자들을 상대로 집단적으로 의결권의 대리권수여를 권유하고 그 수권을 받아 의결권을 확보하는 '의결권 대리행사의 권유'가 증가하고 있다.

의결권의 대리행사의 권유는 권유자(수임인)가 위임장을 주주에게 송부하고 주주가 이 위임장에 기명날인 또는 서명하여 반송하는 법적 형식을 취하므로 의결권의 대리행사를 위한 위임계약이 성립한다(민법 제680조). 일반적으로 위임당사자는 언제든지 계약을 해지할 수 있다(민법 제681조).

그러나 이를 의결권대리행사의 권유에 그대로 적용하여 권유자가 총회 이전에 언제든지 사퇴할 수 있다고 해석하는 것은 합리적이지 않다. 위임사항인 의결권의 대리행사는 일반적으로 1회적이고 失期하기가 쉽기 때문이다.657)

한편 의결권대리행사의 권유는 주주의사의 반영을 극대화하는 한편 경영권의 다툼과 연결되어 의결권의 효용을 높이는 긍정적인 측면도 있으나, 회사의 정보에 어두운 소수주주들의 의결권행사를 오도할 우려도 있다. 그리하여 자본시장법은 주주에게 충분한 정보를 제공하고 주주의 의사를 총회의 결의에 반영할 수 있도록 권유의 방식과 정보공시에 관한 규정을 두고 있다(자본시장법 제152조 내지 제157조).

---

656) 최준선(2024), 377면; 이철송(2024), 572면; 정동윤(2012), 557면; 박상조(2000), 477면.
657) 이철송(2024), 572면.

V. 의사운영

1. 의사방법과 질서유지

상법은 주주총회의 의사방법에 관하여 의장의 선임과 권한사항 외에는 명문의 규정을 두지 아니하고 있다. 따라서 의사의 운영은 정관의 규정이나 총회의 결의로 정한 바에 따른다. 이러한 정함이 없는 경우에는 회의의 관행에 따르며 관행이 없으면 회의의 일반원칙에 따른다. 그리고 주식이 분산되어 있어 경영자 또는 지배주주의 전횡이 우려되는 공개회사에서는 의사가 공정하게 진행되어야 할 필요성이 있다. 그리하여 상법은 의사진행의 공정성을 확보하기 위하여 의장에게 秩序維持權을 부여하고 있고(제366조의 2. 1999년 개정),[658] 주주권행사와 관련한 利益供與禁止規定도 두고 있다(제467조의 2. 1984년 개정).

2. 의장

(1) 의장의 자격

의장의 자격에는 제한이 없고, 반드시 주주이어야 할 필요는 없다. 다만, 주주가 아닌 경우에는 이사 또는 감사와 같이 주주총회의 결의에 법적 이해관계를 가진 자이어야 한다.[659] 따라서 총회에 입회하던 공증인이나 그 직원이 의장이 되어 회의를 진행하는 것은 허용되지 아니한다. 주주가 아닌 의장은 의사만 主宰할 수 있을 뿐이다. 의결권은 당연히 행사할 수 없다.

의장이 결의에 관하여 특별한 이해관계를 가질 수 있다. 예를 들면, 의안이 주주인 의장에게 영업을 양도하는 것이라면 의장이 특별한 이해관계인에 해당한다. 이 경우 의장은 의결권을 행사할 수는 없지만(제368조 제3항), 의사는 主宰할 수 있다고 해석한다.[660] 의장의 직무는 의사를 공정하고 원활하게 운영하는 데에 있기 때문이다. 다만, 특별이해관계를 갖는 의장의 구체적인 의사운영이 결의의 방법을 현저하게 불공정하게 하는 경우에는 결의취소사유가 된다고 본다.

---

658) 이 규정은 상장법인의 총회의 효율적 운영을 위하여 의장에게 질서유지권을 부여하였던 舊증권거래법 제191조의 9의 규정을 상법으로 수용한 것이다.
659) 정동윤(2012), 564면; 이철송(2024), 578면; 권기범(2021), 765면; 최준선(2024), 391-392면; 최기원(2012), 508면.
660) 同旨 정찬형(2022), 917면; 최준선(2024), 392면.

(2) 의장의 선임

주주총회는 회의체기관이므로 의사진행을 맡을 의장이 있어야 한다(제366조의 2). 의장은 정관의 규정에 의하여 대표이사 또는 (대표)집행임원이 맡는 것이 보통이지만, 정관에 정함이 없는 때에는 총회에서 주주들이 선임한다(제366조의 2 제1항). 의장의 선임은 보통결의에 의한다(제368조 제1항). 다만, 소수주주들이 법원의 허가를 받아 임시총회를 소집하는 경우, 법원은 이해관계인의 청구나 직권으로 의장을 선임할 수 있다(제366조 제2항).

(3) 의장의 정리권

의장은 총회의 질서를 유지하고 의사를 정리한다(제366조의 2 제2항). 이를 의장의 정리권이라고 한다. 정리권은 의장의 권한이자 의무이다. 여기에는 의장에의 취임선언, 개회의 선언, 의사진행상의 발언의 정리, 표결처리, 찬반표의 점검, 정족수의 확인, 가결 또는 부결의 선언, 폐회선언 등이 중요한 내용을 이룬다. 따라서 이에 반하는 의사의 진행 예를 들면, 찬반표의 미점검 후 가결선언, 찬반의 유도 또는 주주발언의 봉쇄 등과 같은 의사의 진행이 있는 경우에는 결의방법이 현저하게 불공정한 것으로써 결의취소사유에 해당한다(제376조 제1항).[661] 그리고 가부동수인 의안의 결정권을 의장이 행사하는 것은 무효이다.

의사진행에 방해가 되는 물건의 반입제한, 발언권의 제한, 또는 발언시간의 배분 등도 의장의 권한이다.[662] 다만, 의사를 진행하기 전에 의장은 주주 또는 대리인의 자격을 심사하여야 하며, 자격이 의심스러울 때는 총회의 결의를 얻어야 한다. 그리고 의장이 부당하게 개회선언을 미루거나 폐회선언을 서두른 때, 주주들은 의장의 개회선언 전 또는 폐회선언 후에 임의로 결의하더라도 적법하다. 그러나 그 밖의 경우는 결의취소사유에 해당한다.

(4) 의장의 질서유지권

주주총회의 의장은 총회장에서 고의로 의사진행을 방해하기 위한 발언·행동을 하는 등 현저히 질서를 문란하게 하는 자에 대하여 그 발언의 정지 또는 퇴장을 명할 수 있다(제366조의 2 제3항). 이 규정은 국회법상의 의장의 질서유지권(국회법 제145조)과 유사하다. 여기서 '발언의 정지'는 회의의 일반원칙에 따라 허용되는

---

661) 同旨 김정호(2023), 363면; 인천지법 2000. 4. 28. 자 2000카합427 결정.
662) 울산지법 2000. 4. 12. 선고 99가합3033.

것으로써 의장이 안건과 질의내용에 비추어 합리적 판단에 따라 토론을 중단시키거나 추가적인 질문을 제한하는 것을 말한다.[663]

그러나 의장에게 부여한 퇴장명령권은 개인(의장)에게 경찰권을 인정한 것으로써 주주권이라는 재산권의 침해(박탈)이며(헌법 제23조 제1항), 일반적 행동의 자유에 대한 제한(헌법 제10조)이라는 비판[664]이 있다.

(5) 의장의 책임

의장과 회사의 관계는 제382조 제2항을 유추적용하여 위임에 준하는 것으로 볼 수 있다. 따라서 의장은 선량한 관리자의 주의로 의사를 主宰하여야 한다(민법 제681조). 이에 위반하면 회사에 대하여 손해배상책임을 진다. 위임의 상호해지자유의 규정에 따라 주주총회는 언제든 의장을 해임할 수 있으나(민법 제689조 제1항), 의장이 정관의 규정으로 정해진 경우에는 원칙적으로 정관변경이 선행되어야 한다. 다만, 의안에 대한 심사를 마치지 아니한 채 법률상 또는 사실상으로 의사를 진행할 수 있는 상태에서 주주들의 의사에 반하여 의장이 자진하여 퇴장한 경우에는 총회가 폐회 또는 종결되었다고 할 수 없다. 때문에 의장의 퇴장 당시 회의장에 남아 있던 주주들이 임시의장을 선출하여 진행한 총회결의는 적법하다.[665]

(6) 형사벌

상법은 주주총회에서의 발언 또는 의결권의 행사와 관련하여 부정한 청탁을 받고 재산상의 이익을 수수, 요구 또는 약속한 자는 1년 이하의 징역 또는 300만원 이하의 벌금에 처한다고 명시하고 있다(제631조 제1항(권리행사방해 등에 관한 증수뢰죄)). 그리고 주주의 권리행사에 관한 이익공여금지규정(제467조의 2)을 명시하면서, 이에 위반한 경우에도 형사벌로 제재를 하고 있다(제634조의 2).

3. 주주의 설명청구권

(1) 의의

상법은 주주의 설명청구권이나 이에 대응하는 이사, 집행임원 또는 감사의 설명의무에 관한 규정이 없다. 그러나 주주의 설명청구권은 주주권에 내재하는

---

663) 서울고법 2005. 12. 16. 선고 2005나6534.
664) 이철송(2024), 578－560면; 同늡 장덕조(2023), 261면.
665) 최기원(2012), 507면; 권기범(2021), 765면; 대법원 2001. 5. 15. 선고 2001다12973.

권리로서 주주는 의결권행사에 필요한 사항(예: 회사의 운영상태 또는 재산상태)에 관하여 질문을 하고, 임원은 이에 대하여 설명할 의무를 진다.666) 독일주식법 제131조 및 일본회사법 제314조는 이를 명시하고 있다.667)

(2) 범위

주주의 설명청구권은 총회에서 행사할 수 있는 권리이다. 이 때문에 회의의 목적사항과 무관하거나 설명을 하는 것이 주주의 공동이익을 현저히 해하는 등의 사항에 관한 설명을 요구하는 것은 주주의 권리남용에 해당한다. 이 경우 임원은 설명을 거절할 수 있다.668) 다만, 합리적인 이유를 소명해야 한다. 이러한 점에서 주주의 질문권은 무한정 행사할 수 있는 것이 아니라 회의목적사항을 적절하게 판단하는 데 필요한 범위라는 내재적인 한계를 가지고 있다. 그리고 의안을 판단하는 데 필요한 정도인지 여부는 합리적인 평균적 주주를 기준으로 한다.669)

(3) 위반의 효력

회사가 주주의 설명청구권의 행사를 무시한 경우에 그 주주는 관련임원 및 회사에게 손해배상을 청구할 수 있다.670) 그리고 주주의 설명청구권의 행사를 무시한 채 결의가 이루어진 때에는 의안과의 연관성에 따라 결의취소의 사유(제376조 제1항)에 해당할 수 있다.

4. 의사록

(1) 작성, 비치 및 보존

주주총회의 의사에 관하여는 그 증거자료로서 의사록을 작성하여야 한다(제373조 제1항). 의사록에는 의사의 경과요령과 그 결과를 기재하고 의장과 출석한 이사가 기명날인 또는 서명해야 한다(제373조 제2항). 이사 또는 (대표)집행임원은 의사록을 본점과 지점에 비치하여야 한다(제396조 제1항·제408조의 9). 주주와 회사채권자는 영업시간 내에 언제든지 의사록의 열람 또는 등사를 청구할 수 있다(제396조 제2항).

상법은 의사록의 보존기간에 대하여 별도의 규정을 두지 아니하고 있으나, 상

---

666) 同旨 정동윤(2012), 565면; 정경영(2022), 491면; 김정호(2023), 366면.
667) 神田秀樹(2020), 202面; 龍田節·前田雅弘(2017), 200面; 江頭憲治郎(2021), 368面.
668) 江頭憲治郎(2021), 368면; 神田秀樹(2020), 202면; 龍田節·前田雅弘(2017), 201면 참조.
669) 서울고법 2005. 12. 16. 선고 2005나6534.
670) 서울중앙지법 2006. 8. 16. 선고 2004가단65211.

업장부의 보존기간(제33조 제1항)을 유추적용하여 10년간 보존하여야 한다고 본다.

(2) 인증

주주총회에서 결의한 내용이 등기사항인 경우(예: 지배인·이사·감사의 선임 또는 해임, 자본금감소, 회사분할, 주식의 포괄적 이전 등)에는 등기신청서에 그 의사록을 제공하여야 한다(상업등기규칙 제128조 제2항). 이 경우 그 의사록은 공증인의 인증을 받아야 한다(공증인법 제66조의 2 제1항). 이에 따른 인증은 공증인이 총회 등의 결의의 절차 및 내용이 진실에 부합한다는 사실을 확인하고, 촉탁인이나 그 대리인으로 하여금 공증인 앞에서 의사록의 서명 또는 기명날인을 확인하게 한 후 그 사실을 적는 방법으로 한다(공증인법 제66조의 2 제2항).

(3) 효력

의사록은 주주총회의 성립과 결의에 관한 중요한 증거자료이지만 유일한 증거이거나 창설적 효력을 갖는 것은 아니다. 따라서 부실기재가 있는 경우에는 결의의 효력을 다투는 측에서 구체적으로 주장·입증하여 진실을 밝힐 수 있다.[671] 그리고 의사록을 작성하지 않더라도 총회의 결의의 효력에는 영향이 없다(통설).

그런데 대법원은 사실상 회사운영의 지배주식(예: 과반수 또는 그 이하,[672] 72%[673])을 가진 자(또는 대표이사(甲))가 임시총회의 의사록을 작성하여 결의의 외관을 현출하게 하였다면 형식상 회사의 총회결의의 존재를 인정할 수 없다 하더라도, 회사(乙)는 이를 유효한 것으로 믿고 거래한 제3자(丙)에 대하여 책임을 진다고 하고 있다. 회사(乙)에게 지배주주(甲)의 외관창출에 대한 책임을 묻고자 이러한 판단을 한 것으로 풀이된다. 그러나 외관법리를 적용하여 지배주주의 의사를 주주총회의 결론과 동일시하는 것은 1인회사의 법리를 지나치게 확장·해석한 것이다. 또한 종래 '표현결의'의 존재를 인정하는 판결[674]과도 배치된다.

따라서 이러한 경우에는 제39조(부실등기), 제395조(표현대표이사의 행위와 회사의 책임) 또는 민법상 제3자 보호규정 등에 의하여 선의의 제3자를 개별적으로 구제하는 것은 별론으로 하고, 특별한 사정이 없는 한 처음부터 존재하지도 않는 주

671) 대법원 2011. 10. 27. 선고 2010다88682.
672) 대법원 1992. 8. 18. 선고 91다14369.
673) 대법원 1993. 9. 14. 선고 91다33926.
674) 대법원 1992. 8. 18. 선고 91다39924.

주총회의 결의에 대하여 회사가 책임을 부담할 이유는 없다고 본다.[675]

한편 의사록에 기재할 사항을 기재하지 아니하였거나 부실한 기재를 한 때에는 500만원 이하의 과태료를 부과한다(제635조 제1항 제9호).

VI. 결 의

1. 의의

주주총회의 결의는 다수결의 원리에 의하여 형성된 주주총회의 의사표시이다. 총회의 결의사항은 회사내부의 규범이 되어 회사의 대외적 행동을 구속한다. 이 때문에 총회결의에 반대 또는 불참한 모든 주주는 물론 회사의 각 기관과 기관담당자도 이에 구속된다. 총회결의 이후에 회사의 주주나 기관이 된 자도 동일하다. 결의에는 가결(적극적 결의)과 부결(소극적 결의)이 있다.

2. 결의의 법적 성질

(1) 주주총회결의의 성질

1) 학설

주주총회의 결의에 관하여는 ① 합동행위라는 설과 ② 특수한 법률행위라는 설로 나뉜다. 합동행위설은 주주총회의결의는 의결권의 내용에 나타나는 의사표시를 요소로 하는 법률행위이고, 의안에 대한 복수의 의사표시가 결의요건을 충족하여 성립하는 사단법상의 합동행위라고 본다.[676] 이 학설은 총회의 결의를 (전통적인) 법률행위가 아닌 다른 유형의 법률행위로 보는 것은 그 개념이 모호하여 타당하지 않다고 한다. 이에 대하여 특수한 법률행위설은 총회의 결의는 종래의 법률행위의 3분류, 즉 단독행위·계약·합동행위 등의 전통적인 법률행위의 어느 것에도 해당하지 않는 별개의 법률행위의 유형에 속한다고 한다(다수설).[677]

---

675) 同旨 대법원 1992. 8. 18. 선고 91다39924(회사와 전혀 관계없는 자가 총회의사록을 위조한 사건).
676) 정찬형(2022), 912면; 정희철(1989), 455면; 최준선(2024), 394면.
677) 이철송(2024), 583면; 송옥렬(2022), 949면; 정동윤(2012), 566면; 김정호(2023), 375면; 권기범(2021), 769면; 이·최(2022), 567면.

2) 사견

주주총회의 결의는 주주는 물론 회사조직 전체에 대하여 구속력을 갖기 때문에 단독행위 또는 계약과는 다르고, 결의에 찬반이 나뉘어 의사가 상호 합치하지 아니하더라도 다수결의 원칙에 따라 성립한다. 즉 주주들의 의사표시가 설립행위에서와 달리 동일한 방향으로 향하는 것도 아니기 때문에 합동행위라고 볼 수도 없다. 따라서 총회의 결의는 주주들의 의결권의 행사에 근거하여 단체의 의사를 형성하는 '단체법상의 특수한 다면적 법률행위'라고 본다(다수설).

3) 양 학설의 적용상 차이

주주총회결의의 법적 성질을 전통적 법률행위의 일종인 합동행위설로 보는 경우에는 원칙적으로 민법의 의사표시에 관한 규제, 즉 민법 제107조 내지 제112조 등이 적용된다. 이에 대하여 특수한 법률행위설은 이러한 의사표시와 법률행위의 일반원칙이 적용되지 아니한다. 따라서 후자를 따르는 한, 특히 민법상 하자에 관한 규정들인 비진의의사표시(민법 제107조)·허위표시(민법 제108조)임을 이유로 무효를 주장하거나, 착오(민법 제109조)·사기·강박(민법 제110조)을 이유로 주주총회를 취소할 수 없다. 주주총회의 무효나 취소는 제376조, 제380조 또는 제381조에서 정하는 사유 이외에는 인정되지 아니한다.

주주총회의 결의는 성립과 동시에 효력이 발생하므로 의사표시의 도달주의(민법 제111조)나 수령능력(민법 제112조)에 관한 규정도 당연히 적용될 수 없다. 그리고 주주의 개별적인 의사표시에는 의결권의 대리행사가 인정되지만, 주주총회의 의사표시라고 할 수 있는 결의에는 대리가 있을 수 없으므로 대리에 관한 규정(민법 제114조)도 적용될 수 없다.

(2) 주주의 의결권행사의 성질과의 차이점

주주총회의 의사표시인 결의와 주주의 개별적인 의사표시인 의결권의 행사는 다르다. 의결권의 행사는 결의의 구성요소라고 할 수 있다. 따라서 의결권행사에는 의사표시에 관한 일반원칙은 물론 의사표시의 무효·취소에 관한 일반규정(민법 제107조 내지 제111조)도 적용된다. 다만, 의사표시의 수령능력(민법 제112조) 및 의사표시의 철회(민법 제527조)에 관한 일반이론은 그 성질상 적용될 수 없다.[678]

그러나 상법은 주주총회결의의 무효 또는 취소를 소만으로 주장할 수 있도록

---

678) 同旨 김정호(2023), 380면; 최준선(2024), 394면.

하고 있기 때문에 주주 개인의 의사표시의 무효·취소의 주장은 총회결의의 효력에 직접적인 영향을 미치지 아니한다. 설령 주주의 의사표시가 무효나 취소되어 결의요건을 충족시키지 못하는 등의 사유가 발생할지라도 그 결의의 효력은 상법상 결의취소 또는 부존재확인(제376조, 제380조)의 소로써만 다툴 수 있다.

3. 출석주주의 결의방법

(1) 결의의 명확성과 엄격성

주주총회의 결의는 주주 및 회사의 각 기관에 대하여 법적 구속력을 갖기 때문에 단체의사결정의 명확성과 엄격성이라는 일반원칙을 준수하여야 한다. 그리하여 의안의 토의과정 또는 총회의 개최 이전에 다수가 찬성 혹은 반대의 의사표시를 하더라도 그러한 사실만으로는 가부의 결의가 있었던 것으로 볼 수 없다.679) 따라서 총회에서 토의된 안건에 관하여는 참석주주 전원의 의사를 동시에 묻는 표결과정을 반드시 거쳐야 한다.680)

(2) 표결방법

상법은 총회에서의 표결방법에 관하여 별도의 규정을 두지 아니하고 있다. 따라서 정관에 규정이 있으면 그에 의하고, 정관에 규정이 없으면 찬반의 의결권수를 산정할 수 있는 어떠한 방법(예: 거수·기립·기명투표)을 취하여도 무방하다. 그러나 무기명투표는 허용될 수 없다. 무기명투표는 두수주의 결의방식에서 채용가능한 제도라고 보기 때문이다. 그리고 표결에 앞서 반대하는 주주 이외에는 모두 찬성하는 것으로 간주하겠다고 선언한 다음 반대하는 주주만 거수하게 하여 반대하는 주주의 주식수만을 확인한 후 의안이 가결되었다고 선언하는 것은 결의취소의 사유에 해당한다.681) 왜냐하면 주주의 의사는 항상 '찬성' 또는 '반대'로 명확히 구분할 수 있는 것이 아니기 때문이다. 즉 미결정상태에 있을 수도 있기 때문이다.

이에 비하여 주주총회 당일 의장이 은행합병계약 승인의 의안을 상정하고 합병계약의 주요내용을 설명한 뒤 참석한 주주들에게 동의를 구하였는데, 참석주주

---

679) 대법원 1989. 2. 14. 선고 87다카3200.
680) 同旨 홍·박(2021), 374면; 대법원 1989. 2. 14. 선고 87다카3200.
681) 정동윤(2012), 567면; 대법원 2001. 12. 28. 선고 2001다49111.

중 아무도 이의를 제기하지 않고 동의를 한 상황에서 박수로써 합병계약 승인의
의안을 가결한 것은 위법하지 않다.[682] 다만, 이 경우에는 합병계약 승인의 의안
에 대하여 합병 전 해당은행이 미리 통보받아 알고 있는 반대표(약 1%) 외에 참석
주주 중 누구도 의안에 대한 이의를 제기하지 아니하여, 합병 전 해당은행으로서
는 굳이 투·개표의 절차를 거칠 필요가 없이 반대표와 찬성표의 비율을 따져 의
안을 통과시킬 수 있었다는 사실관계가 전제된다.

4. 결의의 요건

(1) 의의

주주총회는 사단적 법률행위로써 의사형성과정에는 다수결의 원리가 지배한
다. 일반적으로 결의는 일정한 수의 주식을 가진 주주가 출석하여야 회의가 성립
하고(성립정족수·의사정족수·출석정족수. quorum), 출석한 주주의 의결권 가운데 일정 수
이상의 찬성을 얻어야 한다(의결정족수·표결수. voting requirement). 그러나 1995년 개정
상법은 정관에 달리 정함이 없는 한 의사정족수의 요건을 폐지하고 의결정족수의
요건만을 존치시켰다. 그리고 의안의 중요도에 따라 결의요건을 달리하고 있다.

(2) 보통결의

1) 요건

주주총회의 보통결의는 상법 또는 정관에 다른 정함이 있는 경우를 제외하고
는 출석한 주주의 의결권의 과반수와 발행주식총수의 4분의 1 이상의 수로써 하
여야 한다(제368조 제1항). 즉 출석한 주식수의 과반수가 찬성하고, 그 찬성한 주식
수가 발행주식총수의 4분의 1 이상이어야 하는 것이다. 다만, 전자투표(제368조의
4) 방식으로 감사 또는 감사위원을 선임할 때에는 출석한 주주의 의결권의 과반
수로 족하다(제409조 제3항, 제542조의 12 제8항). 상법이나 정관에서 특별결의나 총주주
의 동의를 요건으로 정하지 아니한 모든 사항은 보통결의로 한다(제368조 제1항). 법
문에서는 "주주총회에서 정한다."로 표현하고 있다.

2) 요건의 가중

상법은 보통결의의 요건과 관련하여 '정관에 다른 정함이 있는 경우를 제외
하고는'이라는 표현을 사용하고 있기 때문에 결의요건의 가중 또는 완화의 가능

---

682) 대법원 2009. 4. 23. 선고 2005다22701·22718.

성과 그 한계가 문제된다. 우선 결의요건을 가중할 수 있다는 점에 대하여는 의문의 여지가 없다. 그리하여 정관으로 과거와 같이 의사정족수(성립정족수·출석정족수), 즉 '과반수에 해당하는 주식을 가진 주주의 출석'을 요구하는 규정을 두는 것은 무방하다.[683] 다만, 이 경우에도 가중의 한계는 '과반수출석'에 특별결의요건인 '출석한 주주의 의결권의 3분의 2의 찬성'으로 하여야 한다고 본다.

3) 요건의 완화

가) 학설   완화를 하는 경우에는 '출석한 주주의 의결권의 과반수'라는 요건은 결의의 본질상 완화가 불가능하다. 다만, '발행주식총수의 4분의 1 이상'이라는 요건을 완화할 수 있는지에 관하여는 견해가 나뉜다. 긍정설은 사적자치의 원칙상 이 요건을 완화할 수 있다고 한다.[684] 이에 대하여 부정설은 ① 이 요건은 조리상 허용될 수 있는 단체결의의 최소한도의 요건을 규정한 것으로서 그 이상 완화할 수 없고, ② 이 요건에 의하여 1995년 개정 전의 의사정족수의 개념이 사실상 살아 있다고 한다.[685]

나) 사견   상법상 '발행주식총수의 4분의 1 이상'이라는 보통결의의 요건은 문리적으로는 의결정족수를 의미하지만, 사실상 성립(출석)정족수의 기능을 한다고 본다(부정설). 왜냐하면 현행법하에서도 발행주식총수의 4분의 1 이상이 출석하지 아니하면 결의자체가 불가능하기 때문이다. 긍정설 중에도 1995년 개정법이 성립정족수를 폐지하였다고 보지 않고 의결정족수와 동일한 성립정족수를 정한 것이라고 풀이하는 견해가 있다.[686]

4) 가부동수

상법은 '출석주주의 과반수'의 찬성을 요하므로 표결의 결과가 가부동수인 경우에는 부결이다. 가부동수인 경우 총회의 의장에게 결정권(casting vote)을 부여하는 정관규정도 무효이다. 그 이유는 의장이 주주가 아닌 경우에는 주주 아닌 자에게 의결권을 부여한 것이므로 위법하고, 의장이 주주이면 1주 1의결권 원칙에 반하기 때문에 역시 무효이다(이설 없음).

---

683) 대법원 2017. 1. 12. 선고 2016다217741.
684) 정동윤(2012), 568면; 최준선(2024), 395면; 권기범(2021), 776면; 이·최(2022), 569면; 손주찬(2004), 729면; 임홍근(2000), 404면; 송옥렬(2022), 952면.
685) 정경영(2022), 496면; 정찬형(2022), 922면; 이철송(2024), 587면; 최기원(2012), 434면; 임재연(2019Ⅱ), 158면; 장덕조(2023), 264면; 김정호(2023), 376면.
686) 정동윤(2012), 567면.

(3) 특별결의

1) 요건

특별결의는 출석한 주주의 의결권의 3분의 2 이상의 수와 발행주식총수의 3분의 1 이상의 수로써 한다(제434조). 즉 출석한 주식수의 3분의 2가 찬성하고 그 찬성한 주식수가 발행주식총수의 3분의 1 이상이 되어야 하는 것이다.

2) 특별결의사항

상법은 주주의 지위에 중대한 영향을 미치는 사항, 대주주 등 일부의 주주만이 이익을 얻을 우려가 있는 사항 또는 회사의 기초에 중대한 변화를 가져오는 사항에 관하여는 보다 신중한 판단이 필요하다는 취지에서 특별결의를 거치도록 하고 있다. 구체적으로는 정관변경(제434조), 신설합병시 설립위원의 선임(제175조 제2항), 주식의 포괄적 교환·이전(제360조의 3 제2항, 제360조의 16 제2항), 영업의 전부 또는 중요한 일부의 양도(제374조 제1항 제1호), 영업 전부의 임대 또는 경영위임, 타인과 영업의 손익 전부를 같이 하는 계약 기타 이에 준하는 계약의 체결·변경 또는 해약(제374조 제1항 제2호), 회사의 영업에 중대한 영향을 미치는 다른 회사의 영업전부 또는 일부의 양수(제374조 제1항 제3호), 사후설립(제375조), 이사 또는 감사의 해임(제385조 제1항·제415조), 액면미달의 신주발행(제417조 제1항), 자본금의 감소(제438조 제1항),[687] 회사해산(제518조), 회사의 계속(제519조), 합병계약서의 승인(제522조 제3항), 분할계약서 또는 분할합병계약서의 승인(제530조의 3 제2항),[688] 주주 이외의 자에 대한 전환사채·신주인수권부사채의 발행(제513조 제3항, 제516조의 2 제4항) 등이 특별결의사항에 해당한다. 이 가운데 전환사채 등의 발행요건은 신주의 제3자 배정(제418조 제2항)의 경우와 다름에 주의를 요한다.

3) 요건의 완화

특별결의의 요건에 관한 규정은 정관으로도 완화하지 못한다(이설 없음). 그 이유는 특별결의제도의 도입취지에 비추어 제434조의 요건을 완화하는 것은 합리성이나 타당성이 결여되기 때문이다.[689]

---

687) 다만, 결손의 보전을 위한 자본금의 감소는 보통결의(제368조 제1항)에 의한다(제438조 제2항).
688) 이 경우에는 의결권이 배제되는 주주도 의결권이 있다(제530조의 3 제3항).
689) 정경영(2022), 496면; 송옥렬(2022), 952면; 정동윤(2012), 569면; 권기범(2021), 776면; 손주찬(2004), 730면; 정찬형(2022), 923면; 장덕조(2023), 264면; 임재연(2019Ⅱ), 158면; 최기원(2012), 431면; 안택식(2012), 275면.

4) 요건의 가중 및 초다수결의 허용 여부

가) 문제의 제기　　제434조의 특별결의요건을 정관의 규정으로 가중할 수 있는지에 관하여는 과거에는 긍정설과 부정설[690]이 있었지만, 1995년 상법개정 이후에는 이를 긍정하는 데에 이론이 없다. 다만, 그 가중의 한계가 있는지에 대하여 견해가 나뉜다.

나) 학설

① 긍정설

이 학설은 과반수 출석을 요하는 것은 단체의사결정의 조리라고 할 것이므로 제434조의 요건을 정관의 규정으로 발행주식총수의 과반수 출석[691]에 출석주식수의 3분의 2 이상의 찬성으로 강화하는 것은 무방하다고 한다(미국캘리포니아 회사법 제710조[692] 참조). 그리고 이보다 강화된 '초다수결'(supermajority)은 허용할 수 없다고 한다. 초다수결을 허용한다면 ① 일부주주들에게 거부권(power of veto)을 주는 효과가 있어 다른 주주의 의결권을 침해하는 결과를 초래하고, ② 주주간에 의사의 대립이 있으면 회사가 경영상의 교착(deadlock)에 빠지게 되어 결국은 해산판결(제520조 제1항 제1호)에 의하여 해결될 수밖에 없는 상황에 이르게 되어 기업유지의 이념에 반한다고 한다. 뿐만 아니라 주식회사에 인적회사의 운영논리를 적용하는 결과를 가져온다고 주장한다.[693]

② 부정설

이 학설은 특별결의요건을 가중하는 데에는 아무런 제한이 없다고 본다. 그리고 긍정설에서 주장하는 3분의 2라는 숫자에 어떠한 합리적인 근거도 없다고 한다. 또한 소규모 폐쇄회사 등에는 소수파주주에게 거부권을 확보해 줄 필요가 있다고 한다. 나아가 정관으로 주주 전원의 동의를 얻도록 규정할 수도 있다는 견해를 피력한다.[694]

다) 판례　　하급심판례는 이사해임에 관한 제385조 제1항의 특별결의요건을

---

690) 대표적으로는 이병태(1988), 608면.

691) 대법원 2017. 1. 12. 선고 2016다217741.

692) Harold Marsh, Jr.·R. Roy Finkle·Larry W. Sonsini(2016. Vol.4,), A−151; Harold Marsh, Jr.·R. Roy Finkle·Larry W. Sonsini(2016. *Vol.3,*), FM−31.

693) 이철송(2024), 589면; 김두진(2022), 276면.

694) 권기범(2021), 776면; 정동윤(2012), 569면; 안택식(2012), 275면; 송옥렬(2022), 952면; 최기원(2012), 431면; 손주찬(2004), 730면; 최준선(2024), 397면.

출석주식수의 100분의 75 이상, 발행주식총수의 100분의 50 이상으로 강화하는
정관변경안은 상법의 취지에 반한다고 하였다. 그리하여 변경된 성관규정의 효력
을 정지하는 결정을 내렸다(긍정설).[695]

(4) 특수결의(총주주의 동의)

이는 의결권 없는 주식을 포함하여 주주 전원의 동의를 요하는 결의이다. 발
기인의 회사설립에 관한 손해배상책임의 면제(제324조·제400조), 이사·집행임원·감
사·청산인의 회사에 대한 책임면제(제400조·제408조의 9·제415조, 제542조 제2항), 주식
회사에서 유한회사 또는 유한책임회사로의 조직변경(제604조 제1항·제287조의 43 제1
항)에 관한 사항 등이 이에 해당한다. 그리고 유한책임회사가 주식회사로 조직을
변경하는 경우에도 총사원의 동의를 요한다(제287조의 43 제2항). 또한 회사분할 또
는 분할합병시 관련되는 각 회사의 주주의 부담이 가중되는 경우에는 주주 또는
종류주주전원의 동의를 얻도록 하고 있다(제530조의 3 제6항). 이러한 결의요건은 자
본다수결을 일반원칙으로 하는 주식회사에서는 이례적인 것이다.

(5) 창립총회결의요건의 준용

모집설립단계에서 개최되는 창립총회의 결의는 출석한 주식인수인의 의결권
의 3분의 2 이상이며 인수된 주식의 총수의 과반수에 해당하는 다수로 하여야 한
다(제309조). 이 규정은 신설합병, 분할 또는 분할합병 등으로 설립되는 회사의 창
립총회에도 준용된다(제527조 제3항·제530조의 11 제1항·제309조).

5. 서면투표

(1) 도입목적

본래 유한회사는 규모가 작고 간이성을 추구할 필요에서 서면에 의한 결의방
식을 채택하고 있다(제577조). 이에 비하여 주주총회의 결의는 현실의 회의를 통하
여 이루어지는 것이 총회의 형해화를 방지하는 관점에서도 바람직하다. 그럼에도
불구하고 상법은 1999년 개정을 통하여 ① 회사가 주주의 의결권행사의 편의를
제공하고, ② 소수주주의 회사경영에 대한 관심을 높이며, ③ 사표를 방지함으로
써 총회의 성립을 용이하게 할 목적에서 서면투표제도를 도입하였다.[696]

---

[695] 서울중앙지법 2008. 6. 2. 자 2008카합1167 결정; 同旨 전주지법 2020. 10. 29. 선고 2017
가합2297.

(2) 요건

서면투표는 정관이 정한 바에 따라 실시할 수 있다(제368조의 3 제1항). 따라서 회사는 서면투표제도의 채택 여부를 자율적으로 결정할 수 있다. 다만, 정관에 규정한 경우에는 반드시 서면투표제도를 시행하여야 한다. 서면투표제도를 탄력적으로 운영하고자 하는 때에는 정관에 '총회의 소집을 결정하기 위한 이사회에서 서면투표제도의 활용 여부를 결정할 수 있다.'는 뜻을 규정하면 된다. 서면투표제도는 주주평등의 원칙상 주주 전원에게 평등하게 적용되어야 하며, 일부 주주에게만 인정하여서는 아니 된다.

(3) 서면결의와의 구별

서면투표는 총회는 개최를 하되, 총회에 참석하지 아니하고 서면으로 의결권을 행사할 수 있는 방식이다. 이에 대하여 서면결의는 주주들이 대면하는 총회를 생략하고, 주주 전원의 의사를 서면으로 묻는 방식이다. 예를 들면, 주주 전원에게 찬반을 서면으로 알려주도록 하여 그 결과를 집계하여 결론을 내리는 방식을 들 수 있다.

(4) 절차

1) 총회의 소집과 개최

정관의 규정으로 서면투표제도를 채택하더라도 총회의 소집과 개최는 생략할 수 없다. 그리고 회사가 서면투표제도를 채택하였더라도 주주는 총회에 출석하여 의결권을 행사할 수 있다.

2) 주주에게 의결권행사서류의 송부

정관에 규정한 바에 따라 서면투표제도를 채택한 회사는 총회소집통지서에 주주가 '의결권을 행사하는 데 필요한 서면'과 '참고자료'를 첨부하여야 한다(제368조의 3 제2항). 상장회사는 100분의 1 이하의 소수주주들에게는 소집통지 대신 소집공고로 갈음할 수 있는데(제542조의 4 제1항·시행령 제31조 제1항), 서면투표제도를 채택한 때에는 위의 서류를 송부하여야 하므로 소집공고로 갈음할 수 없다.

주주에게 송부하여야 할 '의결권을 행사하는 데 필요한 서면'이란 주주가 출석에 갈음하여 찬반의 의사표시를 할 수 있는 서면 예를 들면, 투표용지를 말한

---

696) 권재열(2019), 192−193면.

다. '참고자료'란 주주가 의사결정시 고려할 만한 사항을 기재한 서류를 말한다. 예를 들면, 회사가 정관으로 신주발행을 주주총회결의사항으로 한 경우(제416조 단서)에는 신주의 종류와 수, 자본금계상액 및 신주의 인수방법 등을 기재한 서류를 말한다. 이사선임의 경우에는 이사후보에 대한 인적사항에 관한 서류를 말한다. 회사가 이러한 서류를 주주에게 송부하지 아니하면 법령위반으로써 결의취소사유에 해당한다(제376조).

3) 주주의 의결권행사서면 제출 및 시기

서면투표제를 활용할 주주는 의결권행사서면에 찬반의 의사를 표기하여 회사에 제출하여야 한다. 제출하는 방법에 대하여는 별도의 제한이 없으므로 우편·직접제출 또는 인편을 통한 전달 등 모두 가능하다. 주주의 의결권서면의 제출은 회사의 총회소집통지와 달리 도달주의가 적용된다. 그러므로 해당서면의 불도달의 위험은 주주가 부담한다.

제출시기에 관하여는 명문의 규정이 없다. 다만, 총회일의 결의직전까지 제출할 수 있다고 하면, 회사가 결의 직전의 시점까지 서면의 도달 여부(예: 우편물의 도착여부)를 확인하여야 하는 등 사무부담이 커지고, 투표결과를 정리할 시간적 여유도 없게 되므로 총회일의 전일까지 도달하여야 한다고 본다(일본회사법 제301조 제1항 참조). 전자투표에 대하여는 그 종료일을 총회의 전날까지로 명시하고 있는데(시행령 제13조 제2항 제2호), 서면투표를 이와 달리 볼 이유도 없다(이설 없음).

4) 의결권대리행사 및 불통일행사 등과의 관계

서면투표제도는 모든 주주에게 적용되어야 한다. 그러므로 회사가 주주 전원에게 의결권행사서류를 송부하면, 동시에 일부의 주주에게 의결권대리행사(제368조 제2항)의 위임장을 송부하는 것은 무방하다고 본다. 의결권의 불통일행사(제368조의 2)도 법정요건을 구비하면 가능하다고 풀이한다.

(5) 효과

1) 서면제출의 효과

주주가 의결권을 행사하기 위하여 서면을 제출하면 그 주주의 의결권은 출석한 의결권의 수에 산입되고, 주주의 의사표시의 내용대로 찬성 또는 반대표에 산입된다. 즉 서면투표는 직접 출석하여 의결권을 행사한 것과 같은 효과가 있다. 서면에 주주의 의사표시가 없이 백지로 제출된 경우의 효력에 대하여는 견해가 나뉜다. 다수설은 위임장의 경우와는 달리 무효가 된다고 한다.[697] 소수설은 찬성하지 아니한 것으로 간주하여야 한다고 본다(사견지지).[698] 회사가 임의로 반대 또는 찬성표로 간주할 수 있다는 취지의 서면 혹은 정관규정도 무효이다.

2) 수정동의의 효과

가) 학설　　서면투표의 대상인 의안이 총회에서 수정동의(修正動議)된 경우에 그 효과에 대하여는 학설이 나뉜다. 제1설은 원안에 찬성한 서면투표는 의안의 수정제안에 대하여 반대한 것으로, 원안에 반대한 서면투표는 수정제안에 대한 찬성·반대가 불분명하므로 기권으로 처리하자고 한다.[699] 제2설은 원안에 대한 찬반에 관계없이 수정제안에 대하여 모두 기권한 것으로 취급하자고 한다.[700]

나) 사견　　서면투표는 직접 출석하여 의결권을 행사하는 경우와는 달리 원안에 찬성 또는 반대한 주주가 수정안에 대하여 어떠한 의사를 표현할지 명확히 알 수 없다. 또 이를 예단하여 처리하는 것은 주주의 의사에 반할 수 있으므로 합리적이지 않다. 따라서 총회에서 수정동의가 있는 때에는 기존의 서면투표는 모두 기권으로 처리하고 의사형성과정을 밟는 것이 타당하다고 본다(제2설).

(6) 서면투표의 철회·수정

주주가 의결권행사를 위한 서면을 회사에 제출한 후 의결권행사를 철회하거나 내용을 변경할 수 있는지 문제된다. 예를 들면, 찬성 또는 반대의 입장을 번복하는 것을 말한다. 주주가 총회에 출석하여 서면투표의 내용을 철회·번복하는 것은 자신의 의사를 바꾸는 것이므로 당연히 인정된다. 그러나 그 밖의 수단으로 철회·번복하는 것은 정관에 별도의 규정이 없는 한 인정되지 아니한다. 결의의 정형성에 반하기 때문이다.[701]

6. 전자투표

(1) 의의

2009년 5월 개정상법은 주주가 주주총회에 출석하지 아니하고 의결권을 행

---

697) 최기원(2012), 489면; 최준선(2024), 380면; 권기범(2015), 684면.
698) 이철송(2024), 594면.
699) 최기원(2012), 489면; 최준선(2024), 380면; 송옥렬(2022), 946면.
700) 권기범(2021), 741면; 정동윤(2012), 560면.
701) 이철송(2024), 595면.

사할 수 있는 또 하나의 방법으로서 전자투표제도를 도입하고 있다. 이에 따라 회사는 이사회의 결의로 주주가 총회에 출석하지 아니하고 전자적 방법으로 의결권을 행사할 수 있음을 정할 수 있다(제368조의 4 제1항).

(2) 서면투표와 요건상 차이

서면투표와 전자투표는 ① 회사가 채택 여부를 선택할 수 있다는 점과, ② 주주총회를 생략할 수 없다는 공통점이 있다. 그러나 서면투표는 정관에 명시하여야 하는 데 비하여 전자투표는 정관과는 무관하게 이사회의 결의만으로 채택할 수 있다는 점에서 다르다.

(3) 시행통지

회사는 주주총회의 소집통지를 할 때에는 주주가 전자투표의 방법으로 의결권을 행사할 수 있다는 내용을 통지하여야 한다(제368조의 4 제2항). 또한 소집통지에는 전자투표를 할 인터넷주소, 전자투표를 할 기간, 기타 전자투표에 필요한 기술적인 사항을 포함하여야 한다(시행령 제13조 제2항). 이러한 점에서 전자투표는 서면투표(제368조의 3)에서 주주가 의결권행사를 위하여 회사에 제출하는 서면을 전자적 방법으로 변형한 것이라고 평가할 수 있다.

(4) 투표방법 및 기간

전자투표를 하고자 하는 주주는 주주 본인임을 확인하고 전자서명법에서 정하는 공인전자서명을 통하여 전자투표를 하여야 한다(제368조의 4 제3항·시행령 제13조 제1항). 이 경우 회사는 '의결권행사에 필요한 양식'과 '참고자료'를 주주에게 전자적 방법으로 제공하여야 한다(제368조의 4 제3항 단서). '의결권행사에 필요한 양식'과 '참고자료'는 서면투표제도에서 설명한 바와 그 내용이 같다.

주주는 회사가 통지나 공고한 인터넷 주소로 회사가 정한 방법에 따라 전자투표를 하여야 한다. 투표할 기간은 주주총회 전날까지 종료하도록 정하여야 한다(제368조의 4 제6항·시행령 제13조 제2항). 회사 또는 전자투표를 관리하는 기관 및 전자투표의 운영을 담당하는 자는 주주총회에서 개표가 있을 때까지 전자투표의 결과를 누설하거나 직무상 목적 외로 사용해서는 아니 된다(시행령 제13조 제5항). 사전에 공개될 경우 총회에서의 표결에 영향을 미칠 수 있기 때문이다.

(5) 서면투표와 전자투표의 관계

회사는 서면투표제도와 전자투표제도를 병용할 수 있는데, 동일한 주식에 관하여는 서면 또는 전자적 방법 중 어느 하나의 방법을 선택하여야 한다(제368조의 4 제4항). 동일주주가 소유주식을 일부는 서면으로, 나머지는 전자적 방법으로 투표하는 때, 투표의 내용이 서로 다르면 의결권의 불통일행사(제368조의 2)에 해당한다. 따라서 그에 관한 요건과 절차를 따라야 한다.

주주가 동일한 주식으로 서면투표와 전자투표를 이중으로 한 경우에는 선착한 투표를 유효한 것으로 보는 것이 순리적이지만, 회사가 그 처리방침을 예고하고 그에 따라 업무를 처리하는 것도 무방하다고 본다.

(6) 기록의 보존

회사는 의결권행사에 관한 전자적 기록을 총회가 끝난 날부터 3개월간 본점에 갖추어 두어 열람하게 하고 총회가 끝난 날부터 5년간 보존하여야 한다(제368조의 2 제5항).

(7) 전자투표관리기관

회사는 전자투표의 효율성 및 공정성을 확보하기 위하여 전자투표를 관리하는 기관을 지정하여 주주 확인절차 등 의결권행사 절차의 운영을 위탁할 수 있다(제368조의 4 제3항·시행령 제13조 제4항). 마치 명의개서대리인에게 명의개서업무를 위임하는 것과 마찬가지의 취지이다. 그리고 회사 또는 전자투표관리기관은 전자투표의 종료일 3일 전까지 주주에게 전자문서로 인터넷주소와 전자투표종료일 등(시행령 제13조 제2항)을 한 번 더 통지할 수 있다. 이때 주주가 동의를 하면 전화번호를 이용할 수 있다(시행령 제13조 제6항).

(8) 효과

전자투표의 효과는 주주가 출석하여 의결권을 행사한 것과 동일한 효력이 있다(제368조의 4 제1항). 따라서 주주는 서면투표의 경우와 같이 주주총회에 참석하여서도 자기의 의사를 철회하거나 번복할 수 있다. 이러한 해석은 전자투표를 한 주주의 의결권행사의 변경·철회를 금지하였던 시행령 제13조 제3항이 2020년 1월에 삭제됨으로써 가능하게 되었다. 다만, 그 밖의 수단으로 철회·번복하는 것은 정관에 별도의 규정이 없는 한 인정되지 아니한다.

(9) 감사·감사위원의 선임에 관한 특례

2020년 12월 개정상법은 전자투표로 감사 또는 감사위원회위원을 선임하는 경우의 특례규정을 도입하였다. 그리하여 보통결의요건 중의 하나인 '발행주식총수의 4분의 1 이상의 찬성'이라는 요건을 적용하지 않고, 출석한 주주의 의결권의 과반수만으로 선임할 수 있도록 하고 있다(제409조 제3항, 제542조의 12 제8항). 동 규정은 총회결의요건을 완화하였다는 긍정적인 측면이 있지만, 그에 따른 부작용도 발생할 소지가 있다.

7. 소규모회사의 서면결의

(1) 의의

2009년 5월 개정상법은 자본금 총액이 10억원 미만인 소규모회사에 대하여 유한회사(제577조)와 마찬가지로 서면에 의한 결의를 허용하였다. 그리하여 소규모회사는 주주 전원의 동의가 있을 경우에는 소집절차 없이 주주총회를 개최할 수 있고, 서면에 의한 결의로써 주주총회의 결의를 갈음할 수 있다(제363조 제4항 전단).

(2) 취지

기술한 바와 같이 서면결의는 주주총회를 현실적으로 개최하지 아니한다는 점에서 서면투표와 구별된다. 이 점에서 서면결의는 ① 총회를 현실적으로 개최하는 경우의 운영비용을 절감시키고, ② 회사와 밀접한 관련이 있는 주주들로 구성된 폐쇄형의 회사(예: 합작회사(joint venture))에 대하여는 의사결정 절차를 간소화하게 하는 데 도입취지가 있다.

(3) 주주총회에 관한 규정 준용

서면결의에 대하여는 주주총회에 관한 규정을 준용한다(제363조 제6항). 그러나 총회의 개최를 전제로 한 규정 예를 들면, 총회의 소집통지(제363조), 소집지(제364조), 총회의 질서유지(제366조의 2) 및 총회의 연기·속행(제372조) 등의 규정은 준용되지 아니한다. 다만, 주주제안(제363조의 2), 소수주주의 총회소집·검사인의 선임(제366조 제2항·제3항) 및 감사·감사위원회의 총회소집(제412조의 3·제415조의 2 제7항)은 특정의 의안에 관한 결의를 얻고자 하는 규정이므로 서면결의에 준용된다고 본다.

주주회의의 개최를 전제로 하지 않는 규정 예를 들면, 총회결의요건(제368조

제1항, 제434조), 의결권의 대리행사(제368조 제2항), 특별이해관계인의 의결권행사금지(제368조 제3항), 의결권의 불통일행사(제368조의 2), 1주 1의결권(제368조 제1항), 자기주식, 상호주식, 의결권이 제한·배제되는 종류주식의 의결권행사의 제한(제341조, 제342조의 2, 제342조의 3, 제344조의 3), 정족수의 계산(제371조), 의사록의 작성(제373조) 등의 규정은 준용된다.

한편 서면결의를 하는 때에도 결의를 실시하는 것 자체는 이사회가 결정하므로 주주총회의 소집결정에 관한 제362조가 준용된다. 따라서 이사가 이사회의 결의를 거치지 아니하고 의안을 제안하고 서면결의를 하는 때에는 결의취소사유(제376조)가 된다. 그리고 서면결의에 관한 규정도 의결권 없는 주주에게는 적용하지 아니한다(제363조 제7항).

(4) 서면결의의 효과

총회결의의 목적사항에 대하여 주주 전원이 서면으로 동의를 한 때에는 서면에 의한 결의가 있는 것으로 본다(제363조 제4항 후단). 즉 서면에 의한 결의는 주주총회와 같은 효력이 있다(제363조 제5항). 따라서 소집절차상의 흠결을 제외한 그 밖의 사유로 총회결의의 하자를 다투는 것 역시 동일하다(제376조 내지 제381조).

8. 정족수와 의결권의 계산

(1) 의의

주주총회의 정족수는 총회의 성립을 위한 정족수와 결의를 위한 정족수로 구분할 수 있다. 그리고 결의에 필요한 정족수는 각 의안별로 그 결의시마다 그 요건을 충족하여야 한다.

(2) 성립정족수(의사정족수·출석정족수)

1995년 개정상법은 의결정족수만을 규정하였으나, 결의에 찬성한 의결권이 동시에 발행주식총수의 4분의 1 이상(제368조 제1항) 또는 3분의 1 이상(제434조)이라는 수를 충족하여야 한다. 그러므로 보통결의시에는 발행주식총수의 4분의 1 이상, 특별결의시에는 발행주식총수의 3분의 1 이상이 출석하지 않으면 결의자체가 불가능하다. 따라서 현행 상법하에서도 보통결의는 발행주식총수의 4분의 1, 특별결의는 발행주식총수의 3분의 1 이상의 출석이 사실상의 성립정족수라고 할 수 있다.

(3) 의결정족수

보통결의시에는 출석한 의결권 있는 주식수의 과반수 이상 그리고 의결권 있는 발행주식총수의 4분의 1 이상이 찬성하여야 하고(제368조 제1항), 특별결의시에는 출석한 의결권 있는 주식총수의 3분의 2 이상 그리고 의결권 있는 발행주식총수의 3분의 1 이상이 되어야 한다(제434조). 이 경우 총회의 성립 또는 결의의 정족수의 충족 여부를 계산할 때에는 '의결권 없는 주주가 가진 주식의 수'는 발행주식총수나 출석한 주주의 의결권의 수에 산입하지 아니한다(제371조 제1항·제2항).

여기서 '의결권 없는 주주가 가진 주식'이란 의결권이 배제·제한되는 종류주식(제344조의 3 제1항), 회사가 가진 자기주식(제369조 제2항), 자회사가 가진 모회사주식(제342조의 2 제1항), 비모자회사간의 상호주(제369조 제3항), 특정사안(예: 신주발행의 효력)에 관한 의결권행사금지 가처분이 내려진 경우의 해당주식702) 및 특별법상 의결권이 휴지되는 주식(자본시장법 제150조 제1항) 등을 포함한다.

(4) 제371조 제2항과 정족수 및 의결권수의 계산

주주총회의 결의에 관하여 특별한 이해관계가 있는 자는 의결권을 행사하지 못한다(제368조 제3항). 그리고 감사·상근감사위원을 선임할 때에는 발행주식총수의 100분의 3 이상을 가진 주주의 의결권은 100분의 3까지로 축소된다(제409조 제2항, 제542조의 12 제4항). 상법은 이러한 규정에 의하여 의결권을 행사할 수 없는 주식은 출석한 주식수에 포함되지 아니한다고 명시하고 있다(제371조 제2항).

그러나 해당주식은 발행주식총수에도 포함되지 아니하는 것으로 보아야 한다.703) 즉 현행법하에서도 제371조 제2항은 성립정족수와 의결정족수에 모두 적용되는 것으로 해석하여야 한다(기술한 '특별이해관계 있는 주주'에서 부정설 참조).

9. 다수결의 역기능과 시정·견제

(1) 대주주의 영향력 약화 및 남용방지

상법상 특별결의제도(제434조)의 목적은 주주들의 이해에 중대한 영향을 주는 사항에 관하여 결의요건을 강화함으로써 대주주의 영향력을 약화시키는 데에 있다. 이사, 집행임원 또는 감사의 회사에 대한 손해배상책임을 면제할 때 특수결의

702) 서울중앙지법 2019. 10. 10. 자 2019카합21290 결정.
703) 대법원 2016. 8. 17. 선고 2016다222996.

를 거치도록 하는 것(제400조·제408조의 9)은 이사 등에 우호적인 대주주의 다수결의 남용을 방지하기 위한 것이다.

감사·상근감사위원의 선임시 대주주의 의결권을 100분의 3으로 축소한 것(제409조 제2항, 제542조의 12 제4항)도 대주주의 유효지분(effective interest)을 축소시켜 감사 선임의 중립성을 확보하기 위한 것이다. 특별이해관계인의 의결권행사금지규정(제368조 제3항)은 결의의 공정성을 확보함과 동시에 대주주가 사적 이익을 위하여 회사재산을 사외로 유출하는 것을 방지하기 위한 것이다.

(2) 이사·집행임원에 대한 견제

상법은 이사·집행임원의 회사에 대한 책임을 엄격하게 물음으로써(제399조, 제408조의 8 제1항) 이사선임결의에 영향력을 행사한 대주주의 부당간섭을 간접적으로 통제하고 있다. 그리고 소수주주는 행위유지청구(제402조·제408조의 9) 또는 (다중)대표소송(제403조·제408조의 9·제406조의 2)을 제기함으로써 대주주와 밀착된 이사 또는 집행임원을 견제할 수 있다. 또한 소수주주가 부정행위 등을 한 이사의 해임을 법원에 청구할 수 있는 규정(제385조 제2항)도 경영에 투영된 대주주의 부당간섭을 사후적으로 중단시키기 위하여 다수결의 효력을 부정하는 제도이다.

(3) 기타

주식매수청구제도(제374조의 2)는 다수결에 반하여 소수주주들이 출자를 회수하여 사단을 이탈할 수 있도록 고안된 제도이다. 총회결의 하자에 관한 소(제376조 내지 제381조)는 다수결제도의 역기능을 사후적으로 시정시키는 장치이다.

10. 주주총회결의의 성립 및 효력발생시기

(1) 성립

1) 학설

주주총회결의의 성립시기, 즉 의장이 가결을 선언하여야 성립하는지에 관하여는 견해가 나뉜다. 否定說은 총회의 결의는 가결된 경우 의장이 가결을 선언하는 것이 통례이지만, 의장의 선언에 의하여 결의가 성립하는 것은 아니라고 한다. 단지 주주들의 의사를 동시에 묻는 표결에 들어가 법상의 결의요건을 충족하는 의결권의 수가 확인되는 순간 결의가 이루어진 것으로 본다.[704] 肯定說은 총회의

---

704) 이철송(2024), 606면.

결의는 창설적 행위로서 집계결과를 확인하고 가결이 선언된 때에 성립한다고 본다.[705] 즉 의장의 선언은 선언적 성격이 아닌 창설적 효력을 갖는다는 것이다.

2) 사견

총회의 결의는 단체의사결정의 일반원칙에 따라 의안의 채택에 필요한 의결정족수를 가진 주주가 결의에 명백히 찬성한 것으로 확인되는 때에 성립한다고 본다(부정설).

(2) 효력발생시기

1) 원칙

주주총회결의의 효력은 결의의 성립과 동시에 발생한다. 총회결의의 내용은 정관변경 또는 이사의 선임과 같이 결의 후 등기를 요하는 것일 수도 있는데, 이때에도 결의의 효력은 등기시점이 아닌 결의의 성립시점부터 발생한다. 특히 원시정관은 공증인의 인증에 의하여 효력이 발생하지만(제292조), 설립 후의 정관은 총회의 특별결의에 의하여 유효하게 변경된다. 따라서 공증인의 인증, 서면의 변경 또는 등기 등이 있어야 변경의 효력이 발생하는 것은 아니다.[706]

2) 기한부 또는 조건부 주주총회결의

주주총회의 결의로 결의의 효력발생시기를 始期附決議[707] 또는 終期附決議와 같이 期限附로 정할 수 있다. 그러나 총회의 결의에는 원칙적으로 조건을 붙일 수 없다. 이를 인정한다면 결의에 따라 형성될 단체법률관계가 불안정해지기 때문이다.[708] 다만, 이에 대하여는 자본금 감소결의와 같이 채권자이의절차 등의 후속절차의 완료를 조건으로 정할 수 있는 등 주식회사의 본질에 반하지 아니하는 한 조건을 붙일 수 있다는 반론이 있다.[709]

(3) 주주총회결의의 철회

주주총회의 효력발생시기를 기한부로 한 때에는 기한이 도래하기 전에 종전의 결의와 동일한 방법으로 재결의를 함으로써 이를 철회할 수 있다. 예를 들면,

---

705) 김정호(2023), 373면; 정찬형(2022), 918면; 정동윤(2012), 566면.
706) 대법원 2007. 6. 28. 선고 2006다62362.
707) 총회결의의 효력을 장래 일정한 시점부터 발생하도록 정하는 경우를 들 수 있다. 예를 들면, 부칙에 '이 정관은 주주총회의 승인결의 후 1월이 경과한 시점(2023년 9월 1일)부터 시행한다.'는 조항을 두는 것을 말한다.
708) 정동윤(2012), 567면; 이철송(2024), 584면.
709) 권기범(2021), 778면; 김건식(2015), 303-304면.

합병의 효력은 합병승인결의를 한 후 합병등기 등의 후속절차를 완료하기 전에는
발생하지 아니하는데, 이 사이에 이를 철회할 수 있다.[710]

11. 소집절차 등의 적법성 검사

회사 또는 발행주식총수의 100분의 1 이상에 해당하는 주식을 가진 주주는
총회의 소집절차나 결의방법의 적법성을 조사하기 위하여 주주총회 전에 법원에
검사인의 선임을 청구할 수 있다(제367조 제2항).

Ⅶ. 주요 특별결의사항

1. 개요

주주총회의 특별결의사항에는 여러 가지가 있다. 여기에서는 회사의 재산과
밀접한 관련이 있는 영업양도, 양수 또는 임대 등(제374조), 사후설립(제375조) 및 간
이영업양도, 양수 혹은 임대 등(제374조의 3)에 대하여 살펴본다. 그 밖의 특별결의
사항에 대하여는 관계되는 곳에서 살펴본다.

2. 영업의 양도와 양수

(1) 의의

회사의 영업의 전부 또는 중요한 일부를 양도하거나 회사의 영업에 중대한
영향을 미치는 다른 회사의 영업 전부 또는 일부를 양수할 경우에는 주주총회의
특별결의를 요한다(제374조 제1항 제1호·제3호). 제374조상의 영업의 양도·양수의
개념은 제41조에서 규정하는 영업의 양도와 같다. 그리하여 영업의 양도란 '일정
한 영업목적을 위하여 조직되고 유기적 일체로 기능하는 재산, 즉 영업재산을 총
체적으로 양도하는 것'을 의미한다.[711] 여기서의 영업재산은 객관적 의미의 영업
을 의미한다. 따라서 양수회사에 의한 양도회사의 영업적 활동의 승계가 수반되
어야 하며, 단순한 영업용재산의 양도는 이에 해당하지 아니한다.[712] 그 결과 회
사채권자는 양도계약으로 인하여 회사의 변제 자력이 감소되어 채권의 일부가 만

---

710) 권기범(2021), 779면; 김건식(2015), 309면; 김정호(2015), 313-316면.
711) 대법원 2014. 10. 15. 선고 2013다38633; 2004. 7. 8. 선고 2004다13717.
712) 대법원 2014. 10. 15. 선고 2013다38633; 2004. 7. 8. 선고 2004다13717.

족될 수 없게 되더라도 그 계약의 무효확인을 구할 이익이 없다.[713) 채권자의 권리나 법적 지위가 구체적으로 침해되거나 영향을 받지 않기 때문이다.

한편 회사의 營業讓渡는 지배주식의 양도를 통한 경영권의 이전과는 구별된다. 이는 단지 개인법적인 거래로서 영업의 양도가 아닌 주식의 양도에 해당하여 회사의 자산이나 부채자체가 이전되지는 아니하기 때문이다.[714)

(2) 영업 전부의 양도

영업의 전부를 양도하면 당초 주주들이 회사와 사업목적을 신뢰하고 출자하였던 動機에 변화를 가져온다. 그리고 당초 기대하였던 사업목적의 수행이 어려워지고, 회사의 수익의 원천이 변동된다. 이와 같이 주주들이 출자 당시에 예상하던 수익과 위험에 중대한 변화를 가져오기 때문에 특별결의사항으로 하였다.

(3) 영업의 중요한 일부의 양도

1) 개념

영업의 일부를 양도하는 때에도 그 양도대상영업이 중요한 부분이라면 주주총회의 특별결의가 필요하다(제374조 제1항 제1호). 영업의 '重要한 一部'란 주주들의 당초 출자동기에 영향을 미치는 정도를 고려해야 할 것이므로 양도로 인하여 회사의 기본적인 사업목적을 변동시킬 정도에 이를 경우를 의미한다.[715) 즉 '중요한 일부'를 판단함에 있어서는 양적 판단 또는 질적 판단을 하거나, 혹은 이러한 판단들을 병용할 수 있다고 본다.

2) 구체적 판단기준

'영업의 중요한 일부의 양도'에 해당하는지를 판단하기 위하여는 양도대상영업의 자산, 매출액, 수익 등이 전체 영업에서 차지하는 비중, 일부 영업의 양도가 장차 회사의 영업규모, 수익성 등에 미치는 영향 등을 종합적으로 고려하여야 한다.[716) 그리하여 甲주식회사가 금융사업부문을 乙주식회사에 양도한 경우, ① 해당부문의 자산가치가 甲회사 전체 자산의 약 33.79%에 달하고 본질가치의 경우 해당부문만이 플러스를 나타내고 있는 점, ② 해당부문은 甲회사내부에서 유일하게 수익 창출 가능성이 높은 사업부문인 점 등의 사정에 비추어 위 양도로

---

713) 대법원 2022. 6. 9. 선고 2018다228462·228479.
714) 대법원 2007. 6. 1. 선고 2006다80445; 1999. 4. 23. 선고 98다45546.
715) 이철송(2024), 608면; 同旨 대법원 2014. 10. 15. 선고 2013다38633.
716) 대법원 2014. 10. 15. 선고 2013다38633.

甲회사에는 회사의 중요한 영업의 일부를 폐지한 것과 같은 결과를 가져오고, 乙회사는 甲회사의 금융사업부문과 관련된 대부분의 자산과 거래처 등을 그대로 인수하여 종전과 동일한 영업을 계속하는 때에는 제374조 제1항 제1호의 '영업의 중요한 일부의 양도'에 해당한다.717)

이에 비하여 어느 회사의 특정사업부문이 회사전체매출액에서 최대 11.5%, 고정자산기준으로는 8.5%, 정규직 직원의 배치기준으로는 17.35%에 해당하는 사업부문이 계속적으로 적자를 내는 경우, 해당부문에 대한 양도는 그 중요성을 인정하기 어렵다.718)

3) 특별법상 판단기준

가) 자본시장법 자본시장법은 ① 영업부문의 자산총액의 100분의 10 이상 또는, ② 영업부문의 매출액의 100분의 10 이상에 해당하는 영업의 양도 등은 영업의 중요한 일부의 양도로 본다(동법 제161조 제1항 제7호·시행령 제171조 제2항 제1호 내지 제2호 등, 동법 제165조의 4 제1항 제2호).

나) 금융산업의 구조개선에 관한 법률 금융산업구조개선에 관한 법률에 따르면 금융위원회는 부실금융기관을 정비하는 과정에서 예금자를 보호하기 위하여 부실금융기관에 대하여 契約移轉의 결정을 할 수 있다(동법 제14조 제2항·제10조 제1항 제8호). 이 역시 예금거래 관한 지위와 자산을 포괄적으로 이전하는 방식이므로 상법상 영업의 일부양도에 해당하는지 문제될 수 있다.

그러나 그 방식의 성질은 금융(감독)위원회의 일방적인 결정에 의하여 금융거래에서 발생한 계약상의 지위가 이전되는 사법상의 법률효과를 가져오는 행정처분이다.719) 그리고 계약이전은 그 결정에 의하여 효력이 발생한다(동법 제14조의 2 제1항). 따라서 금융위원회의 계약이전결정은 주주총회의 특별결의사항이 아니다.

(4) 영업의 양수

1) 의의 및 적용범위

회사의 영업에 '중대한 영향'을 미치는 '다른 회사'의 영업 전부 또는 일부를 양수할 경우에도 주주총회의 특별결의를 요한다(제374조 제1항 제3호). 회사의 영업

---

717) 대법원 2014. 10. 15. 선고 2013다38633.
718) 부산지법 2009. 7. 8. 선고 2009가합1682.
719) 대법원 2007. 11. 16. 선고 2007다36537; 2002. 4. 12. 선고 2001다38807.

에 중대한 영향을 미치는 다른 회사의 영업의 전부양수는 실질적으로 회사합병과 같은 효과를 발생시키므로 합병과 같이 주주총회의 특별결의를 요구한 것으로 풀이된다. 다른 회사영업의 일부양수에 대하여는 회사의 영업에 중대한 영향을 미치는 경우에 한하여 특별결의를 요구하고 있다. '다른 회사'의 영업을 양수할 때에만 총회의 결의를 요하므로 '個人營業'을 양수할 때에는 이를 요하지 아니한다.

2) 영업의 일부양도시의 '중요성'과의 구별

회사의 영업에 '중대한 영향'을 미치는 다른 회사의 영업의 일부양수의 경우 '중대한 영향'의 의미는 '일부양도'에서 설명한 '중요성'의 의미와 크게 다르지 않다. 다만, 영업의 일부양도가 제374조 제1항 제1호의 '중요성'을 충족하는지를 판단함에 있어서는 양적 판단과 질적 판단을 통해서 결정하게 되는데, 영업의 일부양도로 인하여 회사의 목적사업이 어느 정도 위축되는지를 고려하여야 한다.

이에 비하여 영업의 일부양수의 경우에는 양수로 인한 상대방 會社不實의 轉移, 流動性의 萎縮 및 기존의 동일사업부문·채권자·주주에게 미치는 영향 등을 고려하여야 한다. 예를 들면, 영업실적·재무건전성 및 주식의 가격이 양호한 甲전자회사의 사업부문이 반도체·가전제품 및 스마트폰(smart phone)으로 구성되어 있고, 乙전자회사 역시 甲회사와 동일한 사업부문으로 구성되어 있는 경우, 만성적자 상태에 있는 乙회사의 반도체부문을 甲회사가 인수하는 것은 제374조 제1항 제3호에 해당하므로 주주총회의 특별결의를 요한다.

3) 자본시장법상 판단기준

자본시장법은 영업의 양수로 인하여 인수할 부채액이 부채총액의 100분의 10 이상인 양수 등에 대하여는 영업의 중요한 일부의 양수로 본다(동법 제161조 제1항 제7호·동법시행령 제171조 제2항 제3호 등, 동법 제165조의 4 제1항 제2호).

3. 중요재산의 처분

(1) 의의

상법은 '영업의 양도'를 주주총회의 특별결의 대상으로 규정(제374조 제1항 제1호)하고 있다. 이 때문에 영업 자체에 해당하지 아니하면 개별적인 재산의 처분은 그 규모나 가액을 불문하고 주주총회의 결의를 요하지 아니한다.

그러나 이와 같이 문리적인 해석에만 치중하면, 영업양도에 해당하지 아니하

는 한 회사의 전 재산이나 다름없는 재산의 처분은 이사회의 업무결정권 또는 대
표이사의 대표권의 행사만으로 가능하게 된다. 이는 회사, 주주 및 회사채권자에
게 손실을 줄 우려가 있다. 그리하여 중요재산을 처분하는 때에도 주주총회의 특
별결의가 필요한지에 대하여 학설과 판례의 견해가 나뉜다.

(2) 학설

1) 결의필요설(실질설)

이 학설은 회사법상의 영업양도를 제41조의 영업양도와 동일한 의미로 해석
할 필요는 없으므로, 중요한 영업용재산의 양도도 영업양도에 포함되고 주주총회
의 특별결의를 요한다고 한다. 그러하지 아니하면 이사회 또는 대표이사의 자의
에 의하여 회사의 중요한 영업용재산이 처분될 가능성이 있으므로, 기업의 유지
와 주주 및 회사채권자를 보호하기 위하여 주주총회의 특별결의가 필요하다고 한
다.720) 결국 이 학설은 중요재산의 양도와 같은 예외적인 현상에서는 동적(거래)
안전보다 정적 안전, 즉 양도회사의 보호가 더 중요하다고 본다.

2) 결의불요설(형식설)

이 학설은 법해석의 통일을 기하자는 취지에서 제374조에서 말하는 영업의
전부 또는 일부 양도는 제41조에서 규정한 영업양도와 동일한 것으로 본다. 따라
서 영업양도는 ① 일정한 영업목적을 위하여 조직화되고 유기적 일체로서 기능
하는 재산의 전부 또는 중요한 일부의 양도이고, ② 반드시 양수회사에 의한 영
업활동의 승계가 수반되며, ③ 그 결과로 양도회사가 경업금지의무를 부담하는
경우를 가리키는 것으로 해석하고, 단순히 영업용재산을 양도하는 경우에는 그것
이 아무리 중요한 것이라도 여기에서 말하는 영업양도에 포함되지 않는 것으로
본다.721) 이 학설은 결국 거래의 안전을 중시한다.

3) 사실상 영업양도설(절충설)

이 학설은 거래의 안전을 위하여 원칙적으로 주주총회의 특별결의가 필요하
지 않다는 입장(결의불요설)을 취한다. 다만, 주주 등의 이익을 보호하기 위하여 제
374조 제1항 제1호의 적용범위에 사실상의 영업양도를 포함시켜, 중요재산의 양

---

720) 권기범(2021), 243면; 정동윤(2012), 540면; 강위두(2000), 440면; 이·최(2022), 572면;
채이식(1997), 497면.
721) 최기원(2012), 430면; 임홍근(2000), 336면; 김동훈(2010), 257면.

도가 양도회사 영업의 전부 또는 일부를 양도하거나 영업을 폐지하는 결과를 가져오는 경우에는 주주총회의 특별결의가 필요하다고 한다.[722]

(3) 판례(절충설)

1) 기본입장

판례는 기본적으로 제41조와 제374조의 영업양도의 의미를 동일하게 본다. 그리하여 단순한 영업재산만의 양도는 설혹 그것이 회사의 유일한 재산일지라도 주주총회의 특별결의를 요하지 않는다고 한다(결의불요설).[723]

2) 예외

가) 영업의 폐지·중단   판례는 기본적으로 결의불요설(형식설)의 입장을 취하면서도 양도한 재산이 회사의 존속의 기초가 되는 영업용재산인 때에는 입장을 달리한다. 그리하여 영업용재산의 양도가 영업을 廢止하거나 中斷하게 하는 결과를 가져오는 경우에는 제374조 제1항 제1호를 유추적용하여 주주총회의 특별결의를 요한다고 한다(결의필요설·실질설). 이를 달리 해석하면, 재산의 처분 당시 이미 그 존속기간이 만료되거나 사실상 영업이 중단된 상태 등의 경우는 그 처분행위로 인하여 영업의 전부 또는 일부가 폐지나 중단에 이른 것이라고 할 수 없기 때문에 주주총회의 특별결의를 요하지 않는다.[724] 또한 단순히 경영상태의 악화로 일시 영업활동을 중지한 경우도 마찬가지이다.[725]

결국 이러한 판례의 입장에 대하여는 折衷說로 정리할 수 있다.[726]

나) 구체적 사례

① 특별결의를 요하는 사례

판례의 입장을 구체적으로 살펴보면 ① 관광호텔업을 위하여 설립된 회사가 호텔신축부지를 처분한 경우,[727] ② 흄관(hume pipe)[728]의 제작판매를 목적사업으로 하는 회사가 흄관제작에 반드시 필요한 유일한 흄관몰드(형틀)를 처분한 경

---

722) 최준선(2024), 398면; 이철송(2024), 611면; 정찬형(2022), 924면; 손주찬(2004), 1078면.
723) 대법원 2014. 10. 15. 선고 2013다38633; 2004. 7. 8. 선고 2004다13717; 1994. 5. 10. 선고 93다47615; 1964. 7. 23. 선고 63다820.
724) 대법원 1997. 4. 8. 선고 96다54249·54256; 1988. 4. 12. 선고 87다카1662.
725) 대법원 1992. 8. 18. 선고 91다14369.
726) 다만, 이러한 판례의 입장에 대하여는 결의필요설((권기범(2021), 243면; 손주찬(2004), 1079면)로 분류하기도 한다.
727) 대법원 1988. 4. 12. 선고 87다카1662.
728) 원심력을 이용해서 콘크리트를 균일하게 살포하여 만든 철근콘크리트관을 말한다.

우,729) ③ 광산업을 하는 회사가 광업권을 양도한 경우,730) ④ 택시운송사업을 하는 회사가 운송사업면허를 양도하는 경우,731) ⑤ 시장의 점포임대를 업으로 하는 회사가 시장건물을 양도한 경우,732) ⑥ 암반절단의 특허권을 이용한 공사의 수주를 회사의 주된 사업으로 하고, 대차대조표상 자산총계 27억 9,329만원 중 해당 특허권이 25억원으로서 대부분의 비중을 차지하는 경우, 이 특허권을 양도하는 것은 양도회사 영업의 전부 또는 일부를 양도하거나 폐지하는 것과 같은 결과를 가져오는 것이므로 제374조 제1항 제1호를 유추적용하여 주주총회의 특별결의가 필요하다고 한다.733) 그리고 회사의 모든 영업재산을 양도하는 경우에는 회사영업을 전부 폐쇄하는 결과를 가져오는 것으로서 제374조 제1항의 '영업 전부의 양도'에 해당하므로 총회의 특별결의가 있어야 한다는 판례도 있다.734)

② 특별결의를 요하지 아니한 사례

대법원은 ① 아파트 건설회사가 분양목적으로 지은 아파트를 처분한 경우,735) ② 자동차부품, 냉장고 및 에어콘 등 가전부품, 공업용미싱부품 기타 산업기계부품 등의 금속제품생산을 주된 영업으로 하는 회사가 온천개발을 준비하던 부동산을 처분한 경우,736) ③ 회사가 사무실 전세보증금 반환채권을 양도한 경우737)에는 총회의 특별결의를 요하지 아니한다고 판시하고 있다.

3) 담보제공

가) 매도담보에 의한 양도　　종래의 판례는 회사의 존속의 기초가 되는 중요한 재산을 담보로 제공하는 때, 즉 재산을 賣渡擔保로 제공한 때에는 '회사가 還買(재매입)期間 내에 환매하지 못하면 영업의 전부 또는 중요한 일부를 양도 내지 폐지하는 것과 동일한 결과를 초래하므로' 주주총회의 특별결의를 요한다고 하였다.738)

나) 근저당설정계약　　법원은 매도담보에 의한 양도의 경우와는 달리 根抵當

---

729) 대법원 1987. 4. 28. 선고 86다카553.
730) 대법원 1969. 11. 25. 선고 64다569.
731) 대법원 2006. 6. 2. 선고 2004도7112.
732) 대법원 1977. 4. 26. 선고 75다2260.
733) 대법원 2004. 7. 8. 선고 2004다13717.
734) 대법원 1991. 11. 8. 선고 91다11148.
735) 대법원 1991. 1. 15. 선고 90다10308.
736) 대법원 1997. 7. 25. 선고 97다15371.
737) 대법원 1997. 6. 27. 선고 95다40977·40984.
738) 대법원 1987. 4. 28. 선고 86다카553; 1965. 12. 21. 선고 65다2099·2100.

權의 設定契約에 대하여는 제374조 제1항 각 호의 어느 것에도 해당될 수 없어 주주총회의 결의를 요하지 아니한다고 하였다.[739] 이는 근저당의 특성상 회사의 중요한 영업용재산에 근저당권을 설정하더라도 회사의 영업을 폐지하거나 양도하는 것과 동일한 결과를 초래하지 아니한다고 판단한 것으로 풀이된다.

다) 가등기담보법의 제정에 따른 해석   2016년 제정된 '가등기담보법'[740]은 매도담보에 대하여도 청산절차를 거치도록 규정(동법 제2조·제3조)하고 있기 때문에 근저당과 구별되어야 할 이유가 없다. 따라서 매도담보의 경우에도 주주총회의 특별결의를 요하지 아니하는 것으로 해석한다.[741]

4) 예외의 적용범위 및 한계

기술한 바와 같이 영업의 廢止나 中斷을 초래하지 아니하는 영업용재산의 양도에 대하여는 주주총회의 결의가 필요 없다.[742] 그리고 사업용고정자산의 처분에 대하여만 특별결의를 요하고, 재고자산(상품)의 경우에는 양도재산이 회사의 전 재산이라 하더라도 그러하지 않다는 판례도 있다.[743] 재고자산의 처분은 통상적인 영업활동이라고 보는 듯하다.

(4) 사견

법해석의 통일성·안정성을 기할 수 있는 점에서 보면 결의불요설(형식설)이 타당하다. 그러나 회사가 중요한 영업용재산을 양도하는 경우에 이를 이사회의 결의나 대표이사의 대표권행사에 맡기지 않고 총회의 특별결의를 요하도록 하는 것은 회사, 주주 및 회사채권자의 보호를 기할 수 있다는 점에서 결의필요설(실질설)의 견해도 중요하다. 이러한 점에서 판례의 입장이 타당하다고 본다(절충설). 그리하여 중요한 영업용재산의 양도시에는 거래의 안전과 회사 및 주주 등의 이익의 보호를 조화시키는 것이 중요하다고 본다.

4. 중요재산의 양수

회사가 단순히 영업용 중요재산을 양수하는 것은 중요재산의 양도나 '회사의

---

739) 대법원 1971. 4. 30. 선고 71다392.
740) 2016. 12. 27. 법률 제14474호.
741) 同旨 최기원(2012), 430−431면; 송옥렬(2022), 955면.
742) 대법원 1988. 4. 12. 선고 87다카1662.
743) 대법원 1991. 1. 15. 선고 90다10308.

영업에 중대한 영향을 미치는 다른 회사의 영업 전부 또는 일부의 양수'와는 달리 취급하여야 한다고 본다. 그것은 회사가 단순히 중요재산만을 양수함으로써 기존의 영업을 폐지하거나 중단하는 경우를 상정하기 힘들기 때문이다. 따라서 주주총회의 특별결의를 요하지 아니한다고 풀이한다.

5. 영업의 임대·경영위임·손익공통계약 등

(1) 의의 및 취지

상법은 營業全部의 賃貸 또는 經營委任, 타인과 영업의 손익 전부를 같이 하는 계약, 그 밖에 이에 준하는 계약을 체결·변경 또는 해약할 때에도 주주총회의 특별결의를 거치도록 하고 있다(제374조 제1항 제2호). 이러한 형태의 계약은 企業結合에 이용되거나(예: 영업의 임대), 직접 혹은 간접적으로 회사의 영업이 제3자의 지배하에 놓이게 되어 회사의 재산적 기초를 불안하게 할 수 있기 때문이다.

(2) 영업의 임대

1) 개념

'營業의 賃貸'란 임대인이 약정된 임대료를 받기로 하고 영업재산(예: 상호·영업권)과 영업조직(예: 인적설비)을 일괄하여 임차인으로 하여금 이용하게 하는 것을 말한다. 따라서 회사의 영업을 처분하는 것은 아니다. 그리고 임대인은 영업을 임대하더라도 영업소유자로서의 지위는 유지하지만, 영업이윤의 제1차적 귀속자로서의 지위는 상실하고, 약정된 임대료를 받을 수 있을 뿐이다. 그리고 임대인은 임차인으로 하여금 영업을 사용·수익하게 할 의무를 부담하고, 임차인은 임차료를 임대인에게 지급할 의무를 부담한다.

2) 유사개념과의 구별

임차인은 자신의 명의와 계산으로 영업을 하기 때문에 법률상 권리의무의 귀속자이자 경제상 손익의 귀속자이다. 이 점에서 후술하는 경영의 위임과 다르다. 그리고 영업의 임대는 ① 영업재산과 영업조직에 대한 권리자체가 이전되는 것이 아니라 단지 임차인이 이를 자신의 영업을 위하여 이용한다는 점에서 영업양도와도 구별되고, ② 임대회사의 고객관계·영업시설·납품관계·영업비밀 등을 포함한 영업 그 자체를 임차인으로 하여금 이용하게 하므로 단순한 '영업시설의 임대차'와도 다르다.

3) 법적 성질

가) 학설　영업의 임대의 법적 성질에 대하여는 학설이 나뉜다. 우선, 混合契約說은 영업임대는 영업을 一體로서 임대한다는 점에서 민법상의 순수한 임대차(제618조 이하)는 아니지만, 그와 유사한 계약이라고 한다(통설). 그리고 상법에 특별한 규정이 없는 한 민법의 임대차에 관한 규정이 유추적용된다고 한다(통설).[744] 이에 비하여 非典型契約說은 영업의 임대차는 개개의 영업재산을 대차하는 것이 아니라 사실관계를 포함한 영업재산 전부를 포괄적으로 유상으로 사용하며 영업을 영위하게 할 수 있게 하는 계약이므로 민법상의 임대차와는 다른 상법상의 비전형계약이라고 한다.[745]

나) 사견　영업임대차계약은 민법상의 임대차계약(제618조)과는 다른 상법상의 비전형계약이라고 본다. 따라서 경업금지, 채권자·채무자의 보호 등의 문제에 대하여는 민법의 임대차규정을 적용할 것이 아니라 영업양도에 관한 규정을 준용하여야 한다고 본다.

4) 적용범위

제374조 제1항 제2호의 주주총회 특별결의에 관한 규정은 유한회사에 준용된다(제576조 제1항·제585조 제1항). 그리고 영업의 임대 그 자체뿐만 아니라 임대계약을 변경·해약하거나 관리권을 위임약정하는 때[746]에도 적용된다. 다만, 영업의 중요한 일부의 양도와는 달리 영업의 일부를 임대하는 때에는 적용되지 않는다.

5) 절차[747]

영업 전부의 임대는 외부적으로 임대차철자를 밟아야 한다. 상법에는 이에 관한 별도의 규정이 없으므로 당사자간의 계약에 의한다. 내부적으로는 주주총회의 특별결의를 거쳐야 한다. 그 과정에서 임대에 반대하는 주주는 株式買受請求權을 행사할 수 있으므로(제374조의 2), 이에 필요한 절차도 밟아야 한다.

6) 특별법상 규제

영업양도와 같이 영업의 임대도 자유롭게 행할 수 있지만, 일정한 거래분야

744) 정동윤(2012), 128면; 정찬형(2022), 199면; 손주찬(2004), 206면; 권기범(2021), 269면; 최·김(2014), 192면.
745) 이철송(2022. 상총), 309면.
746) 대법원 1997. 5. 23. 선고 95다5790.
747) 이 밖에 영업임대의 효력과 관련된 부분은 상법총칙의 내용이므로 여기에서는 생략한다.

에서 경쟁을 실질적으로 제한하기 위하여 다른 회사의 영업의 전부 또는 주요부
분을 임차하여서는 아니 된다(공정거래법 제7조 제1항 제4호).

(3) 경영의 위임

1) 의의 및 한계

경영의 위임은 회사의 경영을 타인에게 위임하는 것이다. 경영을 위임하면,
영업재산의 관리와 영업활동이 수임인의 관장하에 놓이게 된다. 다만, 단체법상
의 효력이 생기는 사항은 경영위임에서 제외된다(예: 임원선임·신주발행·자본금감소·조
직변경·정관변경·합병 등).

2) 유사개념과 구별

경영의 위임은 대외적으로 경영의 명의와 그 손익이 위임회사에 귀속된다는 점
에서 영업의 임대와 다르다. 다만, 수임인은 경영을 하는 대가로 보수를 받는다.

3) 절차 및 적용범위

경영을 위임하려면 계약을 체결하여야 하는데, 이를 위하여는 주주총회의 특
별결의를 거쳐야 한다(제374조 제1항 제2호). 이 규정은 유한회사에 준용된다(576조 제1
항·제585조 제1항). 그리고 경영위임계약(management contract)의 체결 그 자체뿐만 아
니라 위임계약을 변경 또는 해약하는 때에도 적용된다. 다만, 경영의 일부를 위임
하는 때에는 적용되지 아니한다. 또한 위탁회사의 명의로 경영하면서 계산은 수
탁회사의 명의로 하고, 수탁회사가 위탁회사에게 보수를 지급하는 이른바, 협의
의 경영위임계약은 제374조의 적용대상이 아니다.

(4) 손익공통계약

1) 의의

손익공통계약이란 타인과 영업의 손익 전부를 공통으로 하는 계약(제374조 제1
항 제2호)을 말한다. 즉 독립한 수개의 기업간에 법적 동일성을 유지하면서 일정한
계약기간 내의 營業損益 또는 經常損益(營業損益＋營業外損益) 등을 합산한 후, 투하
자본의 규모 등을 감안하여 사전에 약정한 비율에 따라 손익을 분배하기로 하는
계약이다. 이에 의하여 일종의 이익협동단체로서의 조합이 형성되고, 당사자회사
는 경제적 동일체를 이룬다.[748] 해당계약의 이행방법으로 새로운 회사를 설립할

---

748) 대법원 1965. 6. 29. 선고 65다827.

수도 있다.[749]

2) 취지 및 적용범위

손익공통계약의 체결에 관하여 주주총회의 특별결의를 거치도록 한 것(제374조 제1항 제2호)은 회사영업의 전부에 관하여 합병과 유사한 효과가 발생하기 때문이다. 따라서 영업상의 손익 '전부'를 공통으로 하는 계약에만 해당규정이 적용되고, 영업상 손익의 '일부'만을 공통으로 할 경우에는 적용되지 아니한다. 유한회사의 경우에도 손익공통계약에 관한 주식회사의 규정이 준용된다(576조 제1항·제585조 제1항). 그러나 이익을 半分하기로 하는 동업계약은 손해까지 부담할 정도에 이르지 아니하여 이에 해당하지 아니한다.[750]

(5) 기타 이에 준하는 계약

1) 의의

제374조 제1항 제2호는 영업 전부의 임대 또는 경영위임, 타인과 영업의 손익 전부를 같이 하는 계약, '그 밖에 이에 준하는 계약'의 체결·변경 또는 해약을 하는 경우에도 주주총회의 특별결의를 요하는데, '그 밖에 이에 준하는 계약'의 개념에 대하여는 학설이 나뉜다.

2) 학설

제1설은 '그 밖에 이에 준하는 계약'은 판매카르텔과 같이 회사가 타인의 계산으로 자기의 영업을 하는 계약을 말한다고 한다.[751] 제2설은 영업의 임대·경영의 위임·損益共通契約의 3자 각각에 준하는 계약 모두를 가리킨다고 한다. 그리하여 각종 트러스트·콘체른·판매카르텔, 회사가 자기의 영업을 타인의 계산으로 경영할 것을 허용하는 계약 내지는 손익협동관계의 형성을 위한 계약 중 회사경영의 기초에 중대한 영향을 주는 것을 의미한다고 이해한다.[752] 제3설은 회사가 임금을 받고 타인을 위하여 노무에 종사하는 노무계약, 회사가 자기의 영업을 타인의 계산으로 경영하는 것을 인수하는 계약이라고 한다.[753] 제4설은 손익공통계약에 준하는 계약을 말하는데, 판매카르텔 등과 같이 회사가 타인의 계산으로 자

---

749) 이철송(2024), 615면.
750) 대법원 1965. 6. 29. 선고 65다827.
751) 정동윤(2012), 537-538면.
752) 이철송(2024), 615면.
753) 최기원(2012), 425면.

기의 영업을 하는 계약 등을 의미하는 것으로 본다.[754]

3) 판례

하급심 중에는 '이에 준하는 계약'이라 함은 타인의 계산으로 회사가 자기의 영업을 수행하는 계약으로서, 예컨대 판매카르텔 등을 말한다고 한 판례가 있다.[755] 판례를 문리적으로만 해석하면 제4설을 취하는 것으로 보인다.

4) 사견

제374조의 제1항 제2호의 입법취지는 직접 혹은 간접적으로 회사의 영업이 제3자의 점유하에 놓이게 되어 회사의 재산적 기초를 불안하게 할 수 있는 계약체결에 대하여 주주총회의 특별결의를 거치도록 하는 데에 있다. 이 점을 고려하면 제2설이 옳다고 본다.

6. 간이영업양도 · 양수 · 임대 · 경영위임 · 손익공통계약 등의 특례

(1) 의의

2015년 개정상법은 簡易營業讓渡 · 讓受 · 賃貸 등(이하 '간이영업양도 등'이라고 한다)을 하는 때에는 주주총회의 특별결의를 생략할 수 있도록 하였다(제374조의 3 제1항 · 제374조 제1항). 이는 간이합병에서 회사의 주주총회를 생략할 수 있는 것(제527조의 2 제1항)과 같이 영업양도 등을 신속하게 처리하기 위한 제도이다.

(2) 적용범위 및 요건

간이영업양도 등의 특례규정은 어느 회사(甲)가 ① 영업의 전부 또는 중요한 일부의 양도, ② 영업 전부의 임대 또는 경영위임, 타인과 영업의 손익 전부를 같이하는 계약(손익공통계약), 그 밖에 이에 준하는 계약의 체결 · 변경 또는 해약, ③ 회사의 영업에 중대한 영향을 미치는 다른 회사(乙)의 영업 전부 또는 일부를 양수하는 때에 적용된다. 적용요건은 해당행위(제374조 제1항)를 하는 회사의 총주주의 동의가 있거나 그 회사의 발행주식총수의 100분의 90 이상을 해당행위의 상대방(예: 영업양도의 경우에는 영업양수인)이 소유하고 있어야 충족된다(제374조의 3 제1항).

(3) 특칙

간이영업양도 등의 적용요건이 충족되면 해당행위를 하는 회사의 주주총회

---

754) 정찬형(2022), 927면.
755) 정동윤(2012), 537면; 서울고법 1965. 3. 24. 선고 64나1253.

의 승인은 이를 이사회의 승인으로 갈음할 수 있다(제374조 3 제1항 후단).

(4) 주주에 대한 통지

간이영업양도 등을 하는 때에 회사는 영업양도, 양수 또는 임대 등의 계약서 작성일부터 2주 이내에 주주총회의 승인을 받지 아니하고 영업양도, 양수 혹은 임대 등을 한다는 뜻을 공고하거나 주주에게 통지하여야 한다. 다만, 총주주의 동의가 있는 경우에는 공고나 통지를 생략할 수 있다(제374조의 3 제2항).

(5) 주식매수청구

1) 취지

간이영업양도 등의 경우 영업양도를 한 회사(甲)는 합병 등의 다른 사업재편과는 달리 법인격을 그대로 유지하고 양수회사(乙)로부터 양도의 대가를 수수하게 된다. 그러나 주주(A)는 이를 수수하지 못한다. 그 결과 주주(A)의 입장에서 보면, 주식매수청구권은 영업양도에 의하여 감소되는 주식가치를 양도회사(甲)로부터 보전·상쇄받을 수 있는 수단이 된다.[756]

2) 절차 및 매수가격 등

회사가 간이영업양도 등을 한다는 뜻을 공고하거나 주주에게 통지를 한 날부터 2주 이내에 회사에 대하여 서면으로 영업양도·양수 또는 영업의 임대·경영위임·손익공통계약 등에 반대하는 의사를 통지한 주주는 그 기간이 경과한 날부터 20일 이내에 주식의 종류와 수를 기재한 서면으로 회사에 대하여 자기가 소유하고 있는 주식의 매수를 청구할 수 있다(제374조의 3 제3항 본문). 이 경우 매수청구기간, 매수가격의 협의 또는 매수가액의 결정청구 등에 관한 규정은 반대주주의 주식매수청구권에 관한 제374조의 2 제2항 내지 제5항을 준용한다(제374조의 3 제3항 단서).

[표 4] 간이조직재편의 유형별 주주보호 특칙 등

구 분	간이영업양도 등	간이(흡수)합병	간이(흡수)분할합병	간이주식교환	소규모주식교환	소규모(흡수)합병
물적요소 이전 여부	이전	이전	좌동	이전하지 아니함	이전하지 아니함	이전

---

756) 김성탁, "간이영업양도에 있어서 소수주주 보호," 법학연구 제19집 제4호(2016), 243면.

적용 (주주총회) 대상	양도·양수 등 해당회사 (374조의 3)	흡수합병시 소멸회사 (527조의 2)	흡수분할합병시 분할회사 (530조의 11 제2항·527조의 2)	주식교환으로 완전자회사가 되는 회사 (360조의 9)	주식교환으로 완전모회사가 되는 회사 (360조의 10)	흡수합병시 존속회사 (527조의 3)
주주지위 변경 여부	변경되지 아니함	원칙 : 변경	원칙 : 변경 예외 : 물적분할시는 분할회사에 귀속	원칙 : 변경	좌동	좌동
원칙적인 승인주체	주주총회 (374조의 3)	주주총회 (527조의 2)	주주총회 (530조의 11 제2항·527조의 2)	주주총회 (360조의 9)	주주총회 (360조의 10)	주주총회 (530조의 11 제2항·527조의 3)
(종류) 주주 총회 외에 총주주의 동의규정	없음	좌동	있음(각 회사의 주주의 부담이 가중되는 경우. 530조의 3 제6항)	있음(각 회사의 주주의 부담이 가중되는 경우. 360조의 3 제5항)	좌동	없음
주주 총회승인 대체기관	이사회 (374조의 3)	이사회 (527조의 2)	이사회 (530조의 11 제2항·527조의 2)	이사회 (360조의 9)	이사회 (360조의 10)	이사회 (530조의 11 제2항·527조의 3)
주주 총회승인 대체요건	• 해당회사 : 총주주의 동의 또는 • 상대방회사 : 해당회사의 주식 90% 이상 보유 (374조의 3)	• 소멸회사 : 총주주의 동의 또는 • 존속회사 : 소멸회사의 주식 90% 이상 보유 (527조의 2)	• 분할회사 : 총주주의 동의 또는 • 승계회사 : 분할회사의 주식 90% 이상 보유 (제530조의 11 제2항· 527조의 2)	• 자회사가 되는 회사 : 총주주의 동의 또는 • 모회사 : 자회사의 주식 90% 이상 보유(360조의 9)	• 완전모회사가 되는 회사가 주식교환을 위하여 발행하는 신주 또는 이전하는 자기주식이 모회사 발행주식총수의 100분의 10 이하 • 완전자회사가 되는 주주에게 제공되는 교부금이 완전모회사 순자산액의 100분의 5 이하(360	• 존속회사가 합병으로 인하여 발행하는 신주 또는 이전하는 자기주식이 존속회사발행주식총수의 100분의 10 이하 • 소멸회사의 주주에게 제공되는 교부금이 존속회사 순자산액의 100분의 5 이하 (제527조의 3)

				조의 10)757)	
주식매수 청구권 행사	인정 (374조의 3 제3항)	소멸회사주주 인정 (522조의 3)	소멸회사주주 인정 (530조의 11 제2항·527조의 2)	자회사주주 인정 (360조의 5 제2항·제3항·360조의 9 제2항·제374조의 2)	모회사주주 불인정 (360조의 10 제7항·제360조의 5)	존속회사주주 불인정(527조의 3 제5항·제522조의 3). 소멸회사주주 인정
주식매수 청구권 행사 가능주식	무의결권주식. 의결권제한주식 포함 (374조의 3 제3항·374조의 2)	무의결권주식. 의결권제한주식 포함 (522조의 3·527조의 2 제2항)	무의결권주식. 의결권제한주식 포함 (530조의 11 제2항·522조의 3·527조의 2 제2항)	무의결권주식. 의결권제한주식 포함 (360조의 5 제2항·제3항·360조의 9 제2항·제374조의 2)	–	무의결권주식. 의결권제한주식 포함

7. 사후설립

(1) 의의

事後設立이란 회사가 성립 후 2년 이내에 회사의 성립 전부터 존재하는 高額의 영업용재산으로서 영업을 위하여 계속하여 사용할 것을 자본금의 100분의 5 이상에 해당하는 대가로 취득하는 계약을 말한다(제375조). 이때에는 주주총회의 특별결의를 얻어야 한다(제375조·제374조).

(2) 규제의 취지

사후설립을 규제하는 것은 現物出資와 財産引受에 관한 엄격한 규제를 회피하기 위한 수단으로 이를 이용할 수 있기 때문이다. 예를 들면, 설립 중 회사의 발기인이 회사가 성립한 후 재산을 양수하는 계약을 하였다면 이는 재산인수로써 엄격한 규제를 받게 된다. 그러나 이를 회피하기 위하여 성립 후 대표이사가 회사를 위하여 재산을 양수하는 계약을 체결하면 이는 재산인수로서의 규제를 받지 않게 된다.758) 이때 취득재산이 과대평가될 때에는 재산인수에서와 같은 자본충

---

757) 제360조의 10(소규모 주식교환) 제1항 단서 : 다만, 완전자회사가 되는 회사의 주주에게 제공할 교부금(금전이나 그 밖의 재산)을 정한 경우에 그 교부금이 최종 대차대조표(제360조의 4 제1항 제3호)에 의하여 완전모회사가 되는 회사에 현존하는 순자산액의 100분의 5를 초과하는 때에는 그러하지 아니하다. 즉 주주총회를 생략할 수 없다.

758) 대법원 1989. 2. 14. 선고 87다카1128.

실의 문제가 발생하기 때문에 사후설립을 규제하는 것이다.

그러나 사후설립은 현물출자나 재산인수와 달리 檢査人의 調査·報告(제299조 제1항)가 면제되므로 탈법방지의 실효성이 있는지 의문이다.

(3) 재산인수·현물출자와의 구별

사후설립과 재산인수는 계약이라는 점에서는 동일하다. 그러나 재산인수는 발기인이 회사의 성립을 조건으로 특정재산을 취득하는 계약인 데 비하여, 사후설립은 회사성립 후 대표이사가 회사를 대표하여 특정재산을 취득하는 계약이라는 점에서 다르다. 즉 재산인수는 현물출자와 같은 설립행위와 관련이 있고, 사후설립은 설립행위와 무관하다.

사후설립과 재산인수는 개인법상의 계약인 데 비하여, 현물출자는 단체법상의 출자라는 점에서 다르다. 그리하여 사후설립과 재산인수는 취득의 대가로 금전 등이 지급되는 매매이지만, 현물출자는 주식이 발행된다.

(4) 요건

1) 시기

사후설립은 현물출자나 재산인수에 대한 탈법적 수단으로 이용되는 것을 방지하기 위한 것이므로 성립 후 비교적 가까운 시기인 2년 내에 이루어진 것만을 대상으로 한다.

2) 재산의 존재시기

사후설립은 회사성립 전부터 존재하는 재산을 대상으로 한다. 다만, 그 의미에 대하여는 학설이 나뉜다. 제1설은 회사성립 후에 창설된 것일지라도 회사성립 전부터 이미 회사성립 후 취득이 예정되어 있던 재산도 포함된다고 한다.759) 제2설은 회사성립 후에 제작·창출되는 재산은 사후설립의 대상이 아니라고 한다.760)

생각건대 사후설립의 규제의 취지가 현물출자와 재산인수의 탈법을 방지하는 데에 있다는 점을 감안하면 그 대상은 회사성립 전부터 존재하는 것이어야 한다고 본다(제2설).

---

759) 손주찬(2004), 562면; 최기원(2012), 224면; 최준선(2024), 174면; 神戸地法 平成4. 5. 14. 判決 判例時報 第1439號, 150면.

760) 이철송(2024), 617면; 정동윤(2012), 570면.

3) 영업을 위하여 계속사용

사후설립으로 취득한 재산은 회사의 영업을 위하여 계속하여 사용할 것이어야 한다.[761] 따라서 영업재산인 한 고정자산에 한하지 않고 모든 재산을 대상으로 하고, 현물출자나 재산인수의 대상이 되는 재산은 모두 포함된다. 다만, 영업행위의 목적인 재산(예: 상품 또는 원자재)은 이에 포함되지 아니한다.

4) 취득대가의 제한

사후설립은 그 규제의 취지상 어느 정도 고액의 대가가 지불될 때 규제할 가치가 있다. 그리하여 상법은 자본금의 100분의 5 이상에 해당하는 대가로 취득할 때에만 제375조를 적용하고 있다. 100분의 5는 재산취득 당시의 자본금(제451조)을 기준으로 하고, 총회 당시를 기준으로 하여 계산하여서는 아니 된다.

100분의 5 이상인지 여부는 (동일한 양도인으로부터 또는) 단일계약을 수개의 계약으로 분할하여 양수하는 때에는 그 전부를 합계하여 계산한다. 다만, 계약의 상대방이 각각 다른 때에는 개별적 계약으로 취급하여 개개의 계약을 단위로 계산한다.[762] 취득계약에는 매매·교환 기타의 모든 유상취득이 포함된다.

5) 요건의 형식성

사후설립의 제한은 회사에 손해를 끼쳤음을 요하지 아니한다. 그리고 대표이사나 계약의 상대방인 양도인의 과실 유무나 주관적 동기도 묻지 않는다.

(5) 절차

사후설립의 요건을 충족하면 주주총회의 특별결의를 얻어야 한다(제375조·제

---

761) 최기원(2012), 226면; 대법원 2015. 3. 20. 선고 2013다88829(피고 회사(甲)에 이 사건 토지(A)를 양도하기로 한 원고(乙)와 원심 공동피고 1(丙) 사이의 약정은 재산인수(제290조 제3호)에 해당하기는 하나, 한편으로 위 약정의 체결 경위, 피고 회사(甲) 앞으로 마친 이 사건 토지(A)에 관한 소유권이전등기의 등기원인을 비롯한 이 사건 토지의 이전 경위 등에 비추어 보면, 甲에 대한 A의 현물출자 내지 양도는 甲의 설립 후에 甲과 A의 등기명의인(丁) 또는 현물출자자(戊) 내지 매도인 乙 사이의 매매계약에 의한 방법으로 완성된 것으로 보이고, 乙이 A의 종전 소유자에게 지급한 매수대금 및 甲의 설립 당시 자본금의 규모 등으로 미루어 A의 취득 대가는 甲의 자본의 20분의 1 이상이었다. 따라서 A에 관한 재산인수는 동시에 사후설립(제375조)에도 해당하고, 이에 대하여 甲의 주주총회의 특별결의에 의한 추인이 있었다면 甲은 유효하게 A의 소유권을 취득한 것이다). 이는 乙이 甲이 설립된 때부터 약 15년이 지난 후에 토지 양도의 무효를 주장한 사건이다.

762) 同旨 최준선(2024), 175면; 이철송(2024), 618면; 최기원(2012), 226면.

374조). 계약의 상대방인 양도인이 주주인 경우, 그 주주는 특별한 이해관계가 있는 자라고 할 수 있으므로 의결권을 행사할 수 없다(제368조 제3항).763) 주주총회의 특별결의가 없는 사후설립은 계약상대방의 선의·악의는 묻지 아니하고 무효이다. 특별결의는 사후설립의 효력요건이기 때문이다.

(6) 신설합병·주식의 포괄적 이전 등의 예외

상법은 별도의 규정을 두지 아니하고 있으나, 신설합병(제524조)·신설분할합병(제530조의 6 제2항)·주식의 포괄적 이전(제360조의 15 제1항)에 의하여 설립되는 회사에 대하여는 조직재편을 행한 당사자 회사 중에 회사설립 후 2년을 경과하지 아니한 회사가 있을지라도 사후설립에 관한 제375조를 적용하여서는 아니 된다고 본다.764) 이미 조직재편을 행한 회사에게 재차 주주총회의 특별결의를 요구할 필요성이 없기 때문이다.

Ⅷ. 주주총회결의 반대주주의 주식매수청구권

1. 의의

(1) 개념

주식회사는 원칙적으로 퇴사제도와 출자환급제도가 없다. 이를 자유롭게 인정하면 회사재산을 유지하기 어렵기 때문이다. 단지, 주식양도의 자유가 있을 뿐이다. 이러한 점에서 '反對株主의 株式買受請求權'(appraisal rights of dissenting shareholders)은 주식회사의 재산운용에 관한 예외적인 제도이다.

반대주주의 주식매수청구권이란 영업의 양도나 합병 등 주주의 지위에 중요한 영향을 미치는 특별결의사항이 주주총회에서 승인되었을 때, 그 결의에 반대하는 주주가 자신의 소유주식을 회사로 하여금 매수하도록 청구할 수 있는 권리이다. 즉 주식매수청구권제도는 다수자가 회사를 구조적으로 변화시키고자 할 때, 그 변화에 순응하기를 거부하는 소수자에게 예외적으로 인정되는 주식회사 사원의 퇴사 및 출자의 환급권이다.

---

763) 부산고법 2004. 1. 16. 선고 2003나12328.
764) 일본회사법 제467조 제1항 제5호 괄호 참조.

(2) 기능

주식매수청구권제도는 회사의 의사결정에 영향력이 거의 없는 소수자와 영향력을 행사할 수 있는 다수자간의 타협적 수단이라고 할 수 있다. 이 제도는 특히 시장성이 없는 주식 또는 시장성은 있지만 부당한 조치로 정상적인 가격으로 팔수 없는 주식을 발행하고 있는 회사의 주주들에게는 유용하다. 그리고 회사의 구조적 변화를 초래하는 의안에 주식매수청구권을 인정할지의 여부는 국가별 입법정책에 의한다.

2. 법적 성질

(1) 문제의 제기

상법은 주주가 주식매수청구권을 행사한 때에 회사는 매수청구기간(총회의 결의일로부터 20일 이내)이 종료하는 2월 이내에 그 주식을 매수하여야 한다고 규정하고 있다(제374조의 2 제2항). 이 점에서 주식매수청구권은 형성권의 일종이지만, 매매계약과 관련하여 학설이 나뉜다.

(2) 학설

1) 매매계약성립설

이 학설에 따르면 주식매수청구권은 행사 즉시 해당주식에 관한 매매계약이 성립한다고 한다. 따라서 '회사가 2월 이내에 매수하여야 한다.'는 것은 2월 이내에 이행하여야 한다는 뜻이다. 즉 매수대금을 지급하여야 함을 의미한다(다수설).[765]

2) 매수협의의무발생설

이 학설은 주주의 주식매수청구시점에서는 매매가격이 결정되지 아니하였기 때문에 회사에게 매수가격을 협의할 의무를 발생시킬 뿐이라고 한다. 따라서 '회사가 2월 이내에 매수하여야 한다.'는 뜻은 2월 이내에 매수가격을 협의·결정하여 매매계약을 체결하여야 함을 의미한다(소수설).[766] 그리고 이러한 해석은 제374조의 2 제2항을 준용하고 있는 주식의 양도승인의 청구(제335조의 6), 주식의 포괄적 교환(제360조의 5 제3항), 주식의 포괄적 이전(제360조의 22 제2항), 회사의 합병(제530

765) 이철송(2024), 623면; 송옥렬(2022), 959면; 손주찬(2004), 731면; 정동윤(2012), 574면; 김·노·천(2024), 876면; 최기원(2012), 438면; 권기범(2021), 815면; 서헌제(2007), 755면; 장덕조(2023), 270면; 이·최(2022), 580면.
766) 정찬형(2022), 936면; 정희철(1989), 460면; 정경영(2022), 416면.

조 제2항) 및 분할합병(제530조의 11 제2항)에도 동일하게 적용된다고 한다.

(3) 판례

영업양도에 관한 사건에서 대법원은 "반대주주의 주식매수청구권은 형성권으로서 그 행사로 회사의 승낙 여부와 관계없이 주식에 관한 매매계약이 성립하고, 제374조의 2 제2항의 '회사가 주식매수청구를 받은 날로부터 2월'은 주식매매대금 지급의무의 이행기를 정한 것이다. 그리고 이러한 법리는 위 2월 이내에 주식의 매수가액이 확정되지 아니하였다고 하더라도 다르지 않다."고 하고 있다(매매계약성립설).767) 따라서 위 기간이 경과하면 회사는 이행지체책임을 진다.768)

(4) 사견

주식매수청구권은 형성권으로서 주주가 매수청구권을 행사하면 회사와 매매계약이 성립한다. 즉 회사의 승낙의 의사표시를 필요로 하지 아니하고 주식매매계약이 성립하였다고 본다(매매계약성립설). 따라서 매매가격을 유보한 매매계약도 성립될 수 있고, 이때에는 매수청구를 한 다음 날부터 지연이자가 발생한다.

3. 요건

(1) 특별결의사항

1) 원칙

상법상 특별결의사항은 다양하지만, 주식매수청구권이 인정되는 것은 영업의 양도·양수·경영위임·임대·손익공통계약, 그 밖에 이에 준하는 계약의 체결·변경 또는 해약(제374조 제1항), 합병(제522조의 3), 회사분할·분할합병(제530조의 11 제2항), 주식의 포괄적 교환(제360조의 5), 주식의 포괄적 이전(제360조의 23) 등 주주의 지위에 중요한 영향을 미치는 조직재편사항 등에 한한다.

2) 예외

가) 상법   상법상 특별결의사항 중 정관의 변경(제433조), 사후설립(제375조), 자본금의 감소(제438조 제1항),769) 주식의 분할(제329조의 2 제1항), 주식의 할인발행(제417조 제1항), 회사의 계속(제519조), 임의해산(제518조), 이사·감사의 해임(제385조 제1항·제415

---

767) 대법원 2017. 4. 26. 선고 2015다6517·6524·6531.
768) 대법원 2011. 4. 28. 선고 2010다94953; 2011. 4. 28. 선고 2009다72667.
769) 다만, 결손의 補塡을 위한 자본금의 감소는 보통결의에 의한다(제438조 제2항).

조), 신설합병의 경우 설립위원의 선임(제175조) 또는 제3자에 대한 전환사채·신주인수권부사채의 발행(제513조 제3항, 제516조의 2 제4항) 등에는 주식매수청구권이 인정되지 아니한다. 이와 같이 주식매수청구권은 법령에서 정하는 이외에는 회사가 임의로 이를 인정할 수 없다. 정관의 규정으로 정하는 경우도 마찬가지이다.[770]

회사를 해산한 후에는 영업을 양도하더라도 주식매수청구권을 인정할 수 없다.[771] 왜냐하면 해산시 주주는 잔여재산을 분배받아 투하자본을 회수할 수 있으므로 매수청구권을 행사할 실익이 없기 때문이다. 그리고 해산할 때에 주식매수청구권의 행사를 인정한다면 회사채권자보다 주주가 먼저 환급받는 결과가 되기 때문이다.

나) 특별법　　파산법에 의한 회생절차를 밟는 때에 영업양도, 주식의 교환·이전, 합병, 분할을 함에 있어서도 주식매수청구권은 허용되지 아니한다.[772] 그러나 금융산업의 구조개선에 관한 법률에서는 부실금융기관이 정부출자를 받는 경우 반대주주의 주식매수청구권을 인정하고 있다(동법 제12조 제7항·제8항).

(2) 간이조직재편과 주식매수청구

상법은 간이조직개편을 하는 때에는 주주총회의 승인을 이사회의 승인으로 갈음할 수 있도록 하고 있지만, 반대주주의 주식매수청구권의 인정 여부에 대하여는 각기 입장이 다르다. 첫째, 간이영업양도·양수·임대·경영위임·손익공통계약 등의 경우 해당회사(예: 양도회사)의 주주는 주식매수청구권을 행사할 수 있다(제374조의 3 제3항).

둘째, 소규모합병의 경우 존속회사의 주주는 주식매수청구권을 행사할 수 없지만(제527조의 3 제5항·제522조의 3), 소멸회사의 주주는 이를 행사할 수 있다.

셋째, 간이합병의 경우 소멸회사의 주주는 주식매수청구권을 행사할 수 있다(제522조의 3).

넷째, 간이분할합병의 경우 소멸회사의 주주는 주식매수청구권을 행사할 수 있다(제530조의 11 제2항·제527조의 2).

다섯째, 소규모주식교환의 경우 완전모회사의 주주는 주식매수청구권을 행사할 수 없지만(제360조의 10 제7항·제360조의 5), 자회사의 주주는 이를 행사할 수 있다.

---

770) 대법원 2007. 5. 10. 선고 2005다60147.
771) 일본회사법 제469조 제1항 단서 참조.
772) 파산법 제62조 제4항, 제261조 제2항, 제269조 제3항, 제270조 제3항, 제271조 제5항, 제272조 제4항 등.

여섯째, 간이주식교환 경우 주식교환으로 완전자회사가 되는 회사의 주주는 주식매수청구권을 행사할 수 있다(제360조의 5 제2항·제3항, 제360조의 9 제2항).

위와 같이 간이조직개편에서는 주로 양도회사, 소멸회사 또는 자회사 등의 주주들이 주식매수청구권을 행사할 실익이 있다.

(3) 주주의 반대 및 자격

주식매수청구권은 주주총회에서 승인된 의안에 대하여 반대한 주주에게 인정된다(제360조의 5, 제360조의 22, 제374조의 2 제1항, 제522조의 3 제1항, 제530조의 11 제2항). 다만, 반대주주는 사전에 회사에 결의의안에 대한 반대의 통지를 하여야 한다. 총회에 반드시 출석할 필요는 없다. 그리고 의결권이 없거나 제한되는 주식을 가진 주주도 자격을 가지므로 주식매수청구권을 행사할 수 있다(제374조의 2 제1항).

4. 주주의 반대절차

(1) 총회소집통지

주주는 주주총회의 통지나 공고에 의하여 영업양도나 합병 등이 총회의 목적사항임을 인식하게 되고 반대 여부를 결정한다. 따라서 통지서에는 주식매수청구권의 내용 및 행사방법을 명시해야 한다.[773] 주식매수청구권의 내용과 행사방법의 통지 또는 공고를 누락하거나 부실하게 한 경우에 이사나 업무집행자 등은 500만원 이하의 과태료의 처분을 받는다(제635조 제1항 제20호의 2).

한편 의결권 없는 주주나 제한되는 주주도 매수청구권을 행사할 수 있으므로 총회소집통지나 공고를 하여야 한다.

(2) 사전반대의사의 통지

주주총회결의에 반대하는 주주는 총회 전에 회사에 대하여 서면으로 그 결의에 반대하는 의사를 통지하여야 한다.[774] 다만, 총회소집통지서에 주식매수청구권의 내용 및 행사방법을 명시하지 아니한 때에 주주는 사전반대의사의 통지를 하지 아니하고서도 주식매수청구권을 행사할 수 있다.[775]

---

773) 제374조 제2항, 제360조의 5 제3항, 제530조 제2항, 제530조의 11 제2항.
774) 제360조의 5 제1항, 제360조의 22, 제374조의 2 제1항, 제522조의 3 제1항, 제530조의 11 제2항.
775) 대법원 2012. 3. 30. 자 2012마11 결정(원심 서울고법 2011. 12. 9. 자 2011라1303 결정).

사전반대의사의 통지는 회사로 하여금 매수의 준비를 갖추게 하는 예고적 의미를 갖는다. 반대의사의 통지는 주주총회일 이전에 회사에 도달하여야 하며, 통지사실에 관한 증명책임은 주주가 부담한다. 사전반대는 주주권의 행사이므로 총회일에 주주명부 또는 실질주주명부에 등재된 주주만이 할 수 있다.[776]

한편 간이합병·간이흡수합병·간이영업양수도 등은 주주총회가 이사회로 대체되지만 주식매수청구권이 인정된다. 이 경우에는 간이합병 등에 대하여 통지 또는 공고를 한 날로부터 2주간 내에 회사에 대하여 합병에 반대한다는 의사를 통지할 수 있다(제530조의 11 제2항·제522조의 3, 제374조의 3 제3항).

(3) 서면청구

1) 서

사전반대의사표시를 한 주주가 주식매수청구권을 행사하기 위하여 다시 총회에 출석하여 반대할 필요는 없다. 상법은 서면에 의한 사전반대통지만을 매수청구의 요건으로 하고 있기 때문이다(이설 없음).

2) 의결권정족수에의 가산 여부

가) 문제의 제기   주주가 서면으로 반대의사를 표시한 총회에 출석하지 아니하는 경우 의결정족수에 가산할 수 있는지에 대하여 학설이 나뉜다.

나) 학설   肯定說은 반대주주가 총회에 출석하지 않더라도 결의시에 의결권 있는 주주의 의결권은 반대표에 가산하여야 한다고 본다. 이를 부정하게 되면 반대주주가 더 많은데도 의안이 가결되는 모순이 발생한다고 본다.[777] 예를 들면, 60%의 주주가 사전반대만 하고 총회에 출석하지 아니한 결과 40%의 주주가 출석하여 찬성한 경우 합병의안이 가결되었다고 하는 것은 모순이라는 것이다. 否定說은 주식매수청구권의 행사는 의결권행사의 방법이 아니므로 결의요건상 출석한 주식수나 반대한 주식수로 계산될 수 없다고 한다. 왜냐하면 반대표에 가산한다고 하면, 합병 등의 회사행위가 가결되기가 불가능하게 된다고 한다. 그리고 일부의 주주에게만 서면투표를 인정하는 결과가 되는 문제도 있다고 한다.[778]

다) 사견   사전반대의사의 통지는 주주권행사의 일환이라고 본다. 따라서

---

776) 이철송(2024), 622면; 정찬형(2022), 932면.
777) 이철송(2024), 622면; 최준선(2024), 408면.
778) 송옥렬(2022), 962면; 권기범(2021), 807면.

사전에 반대한 주주의 주식수는 반대표에 가산하여야 한다(긍정설). 이 방식이 단체의사를 합리적으로 수렴하는 것이며, 단체의사결정의 명확성과 엄격성의 준수라는 일반원칙에도 반하지 않는다고 본다.[779] 다만, 일부의 주주에게만 서면투표를 인정하는 셈이 된다는 비판을 피하기 어려우므로 입법적 정리가 요구된다.

3) 의사표시의 번복

서면으로 반대의사를 통지한 반대주주가 총회에 출석하여 다시 의결권을 행사하는 것은 무방하다. 이때 사전반대의 의사를 총회현장에서 번복하여 찬성할 수 있는데, 해당주주는 반대의 의사를 철회한 것이므로 주식매수청구권을 행사할 수 없다(이설 없음).[780]

5. 매수청구

(1) 매수청구권자

매수청구는 사전반대의사의 통지와 총회 후의 매수청구가 모두 동일한 주주에 의하여 이루어져야 한다. 주주가 사전반대의사의 통지를 한 후 소유주식을 양도한 경우에는 양도인과 양수인 모두 매수청구를 할 수 없다. 양도인은 회사구성원의 지위를 상실하여 실익이 없고,[781] 양수인은 매수청구권까지 양도받은 것이 아니기 때문이다. 그리고 매수가격을 예상한 양수인이 투기를 조장할 수도 있다.

(2) 매수청구기간·방식·매수기간

반대의사를 통지한 주주는 해당총회의 결의일부터 20일 내에 서면으로 회사에 대하여 자기가 소유하는 주식의 매수를 청구할 수 있다. 따라서 주주의 청구서면에는 주식의 종류와 수가 기재되어야 한다(제374조의 2 제1항). 다만, 간이합병·간이흡수합병·간이영업양수도 등의 경우 반대의 의사를 표시한 주주는 법정통지기간, 즉 회사의 통지 또는 공고일로부터 2주가 경과한 날로부터 20일 이내에 회사에 대하여 주식의 매수를 청구할 수 있다(제522조의 3, 제530조의 11 제2항·제374조의 3 제3항). 회사는 주주의 '매수청구기간이 종료하는 날로부터' 2월 이내에 그 주식을 매수하여야 한다(제374조의 2 제2항). 2015년 개정상법은 '청구를 받은 날로부터'를

---

779) 대법원 1989. 2. 14. 선고 87다카3200 참조.
780) 이철송(2024), 622면; 정동윤(2012), 573면; 권기범(2021), 806면.
781) 대법원 2010. 7. 22. 선고 2008다37193 참조.

현행과 같이 수정하였다.

(3) 매수청구주식수

사전반대·(총회참석)·매수청구의 모든 단계에서 동일한 주주만이 매수청구권을 행사할 수 있다. 이 때문에 가령, 반대주주의 소유주식수가 증감하는 때에는 최저수량에 관하여만 매수를 청구할 수 있다. 주식을 모두 매도하는 때에는 주주의 지위를 상실하므로 매수청구권을 행사할 수 없다. 다만, 반대주주는 소유주식 중 일부 권리를 포기하고 일부에 대하여만 매수청구를 하여도 무방하다.

(4) 매수청구의 철회

1) 문제의 제기

주주총회 후 매수를 청구한 주주가 이를 철회할 수 있는지에 대하여 견해가 나뉜다.

2) 학설

긍정설은 매수청구권은 주주의 이익을 보호하기 위한 제도이고 매수청구권의 행사·불행사에 관하여 회사가 반대의 이해를 갖는다고 볼 수 없기 때문에 이를 자유롭게 철회할 수 있다고 한다.[782] 부정설은 주식매수를 청구하면 매매계약이 체결되기 때문에 이를 일방적으로 철회할 수 없다고 본다.[783]

3) 사견

기술한 바와 같이 주식매수청구권은 형성권으로서 주주가 매수청구권을 행사하면 회사와 매매계약이 성립한다(매매계약성립설). 따라서 매수청구권자가 이를 일방적으로 철회할 수 있도록 하는 것은 타당하지 않다(부정설). 그리고 주주가 일단 매수청구를 한 후 주가의 동향에 따라 매도 또는 철회를 선택할 수 있도록 하는 것은 일종의 권리남용이다. 따라서 회사의 승낙이 있는 때에만 철회를 허용하는 것이 바람직하다(일본회사법 제116조 제6항 참조).

6. 매수가격의 결정

(1) 의의

주식매수가격의 결정은 가장 중요하다. 매수가격이 적정하지 아니하면 분쟁

---

782) 이철송(2024), 624면.
783) 송옥렬(2022), 963면.

을 초래하게 됨은 물론 소수자를 부당히 축출하는 결과가 되기 때문이다.

(2) 가격결정방법

매수가격은 우선적으로 주주와 회사간의 협의에 의하여 결정한다.[784] 그러나 주식매수청구일로부터 30일 이내에 협의가 이루어지지 아니한 경우에는 회사 또는 매수를 청구한 주주는 법원에 대하여 매수가격의 결정을 청구할 수 있다.[785] 법원이 매수가격을 결정할 경우에는 회사의 재산상태 그 밖의 사정을 참작하여 공정한 가격으로 이를 산정하여야 한다(제374조의 2 제4항).

(3) 법원의 가격결정원칙(공정한 가격)

법원이 결정하는 '공정한 가격'이란 영업양도 또는 합병 등의 결의사항의 예정에 의하여 영향을 받기 전의 주식의 가치를 기준으로 산정한 가격을 말한다. 판례는 '특별한 사정이 없는 한 주식의 가치는 영업양도 등에 의하여 영향을 받기 전의 시점을 기준으로 수익가치를 판단하여야 하며, 이때의 수익가치는 미래에 발생할 추정이익 등을 고려하여 산정하여야 한다.'는 기준을 제시하기도 한다.[786] 구체적인 금액은 그 주식의 시장가치(market value), 순자산가치(asset value), 수익가치(earning value) 및 배당가치(dividend value) 등의 제반요소를 종합적으로 고려하여 결정하고 있다. 그 평가요소의 반영비율도 회사의 상황이나 업종의 특성 등에 비추어 구체적 타당성이 있도록 달리하여야 한다는 원칙을 제시하고 있다.[787] 그리하여 비상장주식의 평가방법을 규정한 관련법규(예: 자본시장법·금융위원회규정, 상속세법·증여세법)가 항상 적용되어야 한다고 단정할 수 없다는 점을 밝히고 있다.[788] 이사회결의일 전일을 기준으로 산정하여야 하는 것도 아니다.

이 원칙은 주권상장법인에게도 적용된다. 다만, 시장주가가 해당법인의 객관적 가치를 반영하지 못한다고 쉽게 단정하여서는 아니 된다. 그 결과 법원은 당사자의 주장에 구애받지 않고 공정한 가격이 얼마인지 직권으로 조사하여 주식매수가격을 산정할 수밖에 없다.[789] 매수가격결정의 재판(비송사건절차법 제86조의 2)은

---

784) 제360조의 5·제374조의 2 제3항, 제530조의 11 제2항.

785) 제360조의 5·제374조의 2 제4항, 제530조의 11 제2항.

786) 대법원 2006. 11. 23. 자 2005마958 결정.

787) 대법원 2006. 11. 24. 자 2004마1022 결정; 2006. 11. 23. 자 2005마958 결정; 2005. 4. 29. 선고 2005도856; 2005. 10. 28. 선고 2003다69638.

788) 대법원 2011. 10. 13. 자 2008마264 결정; 2006. 11. 24. 자 2004마1022 결정.

민사소송절차와 달리 법원이 자기의 권한과 책임으로 재판의 기초자료를 수집하는 직권탐지주의에 의하기 때문이다(비송사건절차법 제11조).

7. 매수의 효력발생

상법은 주식매수의 효력발생시기에 관한 규정을 두지 않고 있으나, 회사가 반대주주에 대한 매수대금의 지급과 주주에 의한 주권의 교부는 동시이행의 관계에 있다고 본다. 즉 회사가 반대주주에게 매수대금을 지급하는 때에 주주의 주식은 회사에 이전된다. 이는 지배주주의 주식매도청구권과 소수주주의 매수청구권에 관한 규정에서도 유추할 수 있다(제360조의 26 제1항·제360조의 24·제360조의 25).

8. 매수주식의 처분

반대주주의 주식매수청구로 인하여 회사는 자기주식을 취득하게 된다(제341조의 2 제4호). 이 주식은 정관에 정함이 없으면 회사가 보유할 수 있고 이사회가 결정한 대로 처분할 수도 있다(제342조).

9. 주식매수청구의 실효

회사가 영업양도 등에 관한 결의를 철회한 때에는 주식매수청구의 원인이 소멸되었으므로 반대주주의 주식매수청구는 失效된다. 총회에서 목적사항에 관한 결의가 성립되지 아니한 때에도 반대주주의 사전통지의사와는 무관하게 주식매수청구는 당연히 실효된다. 그리고 반대주주가 매수청구기간(제374조의 2 제1항) 내에 회사에게 매수청구를 하지 아니하면 매수청구권을 행사할 수 없다. 합병 등의 계약서에 주식매수청구권이 일정금액 이상이 되는 때에는 계약해제사유로 한다는 조항에 따라 계약이 해제되면 주식매수청구도 효력이 없다.

합병무효의 소 등으로 거래가 사후적으로 취소 또는 무효가 되는 경우 매수청구의 효력이 문제되는데, 이에 대하여는 다음과 같이 정리할 수 있다. 첫째, 영업양도, 영업의 임대 또는 손익공통계약 등과 같이 소급효가 인정(제376조 제2항, 제380조)되는 때에는 회사가 매수대금을 지급하였는지의 여부와 무관하게 매수청구는 소급하여 실효된다. 다만, 매수대금이 지급된 때에는 원상회복절차를 밟아야

---

789) 대법원 2022. 4. 14. 자 2016마5394·5395·5396 결정.

한다.

둘째, 소급효가 제한되는 합병, 분할합병, 주식의 포괄적 교환 및 주식의 포괄적 이전 등은790) 매수청구의 효력도 장래에 대하여만 상실된다. 따라서 매수대금이 지급되지 아니한 때에는 매수청구권이 당연히 실효되고 회사는 그 주식을 매수할 수 없지만, 이미 지급된 때에는 회사의 주식매수에는 영향이 없다.

10. 채권자보호

주식매수청구권이 행사되면 회사재산이 사외로 유출된다. 심지어 대주주가 채권자보다 먼저 출자를 환급하는 결과를 초래한다. 합병의 경우와 같이(제527조의 5) 채권자보호절차를 두는 것이 바람직하다.

11. 주식매수청구와 결의하자를 다투는 소의 관계

(1) 문제의 제기

주식매수를 청구하는 주주는 합병 등의 결의를 반대하는 자이므로 매수청구의 원인인 총회의 결의에 대하여 취소, 무효 또는 부존재확인의 소(제376조, 제380조)를 제기할 수 있는지 문제된다.

(2) 학설

위의 문제에 대하여 학설은 擇一說과 並存說로 나뉜다. 택일설은 주식매수청구권은 총회의 결의가 유효하다는 것을 전제로 하기 때문에 결의하자의 소권과 주식매수청구권은 택일적으로 행사되어야 한다는 입장이다. 따라서 주식매수청구권을 행사한 때에는 총회결의의 하자를 다투는 소권은 포기하여야 한다. 병존설은 주식매수청구권을 행사하였다고 하여도 결의의 하자가 치유된 것은 아니므로 양자는 병존한다고 본다(통설).791)

(3) 사견

주식매수청구권을 행사하였다고 하여 총회결의의 하자가 치유되는 것은 아니고, 결의의 효력을 다투는 소권을 포기한 것으로 볼 수 있는 근거도 없다(병존

---

790) 제530조 제2항·제240조·제360조의 14 제4항·제431조·제360조의 23 제4항·제530조의 11 제1항·제190조.

791) 최준선(2024), 411면; 정동윤(2012), 574면; 송옥렬(2022), 967면; 최기원(2012), 442면.

설). 이 경우 주식대금이 지급되기 전에 원소승소의 판결이 확정되면 매수청구는 실효한다. 이에 비하여 원고승소판결이 확정되기 전에 주식대금이 지급된 때에 원고는 주주의 지위를 상실하였기 때문에 그가 제기한 결의하자의 소는 당사자적 격의 흠결로 각하되어야 할 것이다.

IX. 주주총회결의의 하자

1. 총설

주주총회는 그 결의의 내용 또는 절차가 위법할 수 있다. 이에 대하여 하자에 관한 일반원칙을 적용하게 되면 총회의 결의에 무효원인이 있는 경우 특별히 이 를 주장하지 않더라도 결의의 효력은 처음부터 발생하지 않고, 취소원인이 있다 면 취소권자의 일방적 취소로 결의는 소급하여 효력을 잃게 된다.

그러나 주주총회의 결의는 사단적 법률행위로서 집단적 법률관계를 형성하 고 결의의 유효를 전제로 각종의 후속행위를 하게 한다. 따라서 무효나 취소의 일반법리에 따라 그 효력을 인정하게 되면 단체법률관계의 불안정을 초래하여 다 수인의 이익에 반할 수 있다. 그리하여 상법은 총회결의의 효력을 부정할 사유에 해당하는 하자의 유형을 취소의 소, 무효·부존재확인의 소, 부당결의취소·변경 의 소로 법정하고, 그에 대한 판결의 효력을 별도로 규정하고 있다.

2. 소의 유형별 異同

(1) 공통점

상법상의 총회결의에 관한 소는 적극결의(가결)에 대하여만 적용된다. 이 가운 데 ① 취소소송과 부존재확인소송(제376조, 제380조)은 절차상의 하자를 하나의 원인 으로 하는 점에서, ② 무효확인소송과 부당결의취소·변경의 소(제380조, 제381조)는 내용상의 하자를 원인으로 하는 점에서 공통적이다. 그리고 ① 소의 절차 면에서 는 모든 소송이 전속관할,[792] 소제기의 공고,[793] 병합심리,[794] 제소주주의 담보제 공의무[795] 및 등기(제378조·제381조) 등의 면에서 동일하고, ② 소의 효력 면에서는

---

792) 제376조 제2항·제380조·제381조·제186조.
793) 제376조 제2항·제380조·제381조·제187조.
794) 제376조 제2항·제380조·제381조·제188조.

대세적 효력과 소급효가 인정되며,[796] ③ 패소원고가 악의·중과실 있는 경우 회사에 대하여 연대책임을 지는 것(제376조 제2항·제380조·제381조·제191조)도 동일하다.

(2) 차이점

1995년 개정상법에 의하여 결의취소의 소는 절차 및 내용상 경미한 하자를 원인으로 하고, 소집절차 또는 결의방법상의 중대한 하자는 결의부존재확인의 소의 원인이 된다. 이에 비하여 결의무효확인의 소 및 부당결의취소·변경의 소는 중대한 내용상의 하자를 소의 원인으로 한다(제380조, 제381조). 그 밖에 소의 성질, 제소권자 및 법원의 재량기각 등은 소의 유형에 따라 다르다.

[표 5] 주주총회결의 하자에 관한 소의 유형비교

소의 종류 / 비교사항	취소소송	무효확인소송	부존재확인소송	부당결의취소·변경의 소
소의 원인	① 절차상의 하자. 즉 소집절차·결의방법이 법령·정관에 위반 또는 현저히 불공정, ② 결의내용의 정관위반	내용상의 하자. 즉 결의내용이 법령, 사회질서, 주식회사의 본질에 위반	절차상의 하자. 즉 취소원인이 지나쳐 결의가 존재한다고 볼 수 없을 정도	내용상의 하자. 즉 특별이해관계 있는 주주를 배제하고 행한 결의의 내용이 현저히 부당
소의성질	형성의 소	형성소송설 vs. 확인소송설(다수설·판례)		형성의 소
제소권자	주주·이사·감사·청산인	소의 이익이 있는 자		의결권을 행사하지 못한 특별이해관계인(주주)
제소기간	결의일로부터 2월	제한 없음		결의일로부터 2월
절 차	피고, 전속관할, 소제기공고, 병합심리, 제소주주의 담보제공의무 및 등기 등 동일			
법원의 재량기각	가능	불가능		
판결의 효력	대세적 효력, 소급효의 인정 동일			
패소원고의 책임	악의·중과실 있는 경우 회사에 대한 연대책임 동일			

---

795) 제377조 제1항 본문·제2항, 제380조·제381조·제176조 제4항.
796) 제376조 제2항·제380조·제381조·제190조.

3. 주주총회결의 취소의 소

(1) 개념

결의취소의 소는 주주총회의 ① 소집절차나 결의방법이 법령 또는 정관에 위반하거나 현저하게 불공정한 때 혹은, ② 결의내용이 정관에 위반한 때, 주주·이사·감사·청산인이 결의의 날로부터 2월 내에 제기할 수 있는 소를 말한다(제376조 제1항·제542조 제2항).

(2) 소의 원인

1) 소집절차의 유형과 기능

상법상 총회의 소집절차는 크게 보아 이사회의 소집결정과 주주에 대한 통지로 나누어 볼 수 있다. 전자는 총회의 소집권을 이사회에 귀속시킴으로써 주주의 경영간섭을 차단하는 기능을 한다. 후자는 주주로 하여금 주주총회의 의안을 알게 하여 참석 여부를 결정하게 하는 기능을 한다.

결의방법은 현장에서 공정한 결의를 이끌어 내기 위하여 취하여지는 절차와 형식을 말한다. 이와 같이 총회의 소집절차와 결의방법이 적법·공정하여야 하는 것은 결의내용과 무관하게 중요한 단체법적 질서이므로 이에 위반하였을 때에는 취소사유로 삼고 있는 것이다.

2) 소집절차상의 하자

가) 이사회의 소집결의의 하자   이사회의 결의가 없더라도 외관상 이사회의 결의가 있었던 것과 같은 소집형식을 갖추어 소집권한 있는 자가 적법한 소집절차를 밟는 경우에는 총회결의부존재의 사유가 아닌 결의취소의 사유가 된다.[797] 그리고 아예 이사회결의 없이 주주총회를 소집하였으나, 정당한 소집권자에 의하여 소집되었다면 역시 취소사유가 된다.[798]

나) 권한 없는 자에 의한 소집   이사회의 소집결의는 있었으나 대표이사 또는 정관상의 소집권자가 아닌 자가 소집한 경우에는 취소사유가 된다.[799] 소수주주나 감사가 이사회에 청구하여 총회를 소집하는 경우(제366조 제1항·제412조의 3 제2항)에도 정당한 소집권자에 의하여 소집되어야 한다.[800]

---

797) 대법원 1980. 10. 27. 선고 79다1264.
798) 대법원 2014. 11. 27. 선고 2011다41420; 2009. 5. 28. 선고 2008다85147.
799) 대법원 1993. 9. 10. 선고 93도698.

다) 소집통지상의 하자　일부의 주주(예: 발행주식총수의 41%,801) 9.22%802))에게 소집통지를 하지 않은 경우, 통지기간(총회일 2주 전)을 준수하지 않은 경우803) 또는 통지방법상의 하자(예: 구두로 연락), 통지사항의 미비(예: 목적사항의 불기재, 시간·장소의 누락 등) 등은 소집절차의 위법에 해당하여 취소원인이 된다. 그리고 ① 주주의 참석을 어렵게 하는 場所나 時間을 정하여 제364조를 위반하거나, ② 실제의 소집 일시나 회의장소가 통지된 일시·장소와 상당한 차이가 있는 때에도 소집절차가 현저히 불공정한 경우로써 취소사유에 해당한다.804) 그리고 개회시각을 사실상 부정확하게 만들고 소집통지된 시각에 출석한 주주들의 참석을 기대하기 어렵게 한 때에도 소집절차가 현저히 불공정한 경우에 해당한다.805)

회사가 주식양수인(예: 전체 주식의 43%)의 名義改書請求를 거부하고 그에게 소집통지를 하지 아니한 때에는 취소사유에 해당한다.806) 다만, 소집통지를 받지 못한 양수인의 소유주식이 발행주식의 대다수를 이룬다면, 결의부존재사유로 보아야 한다.

정당한 소집권자가 소집한 총회의 결의는 설사 그 소집통지가 서면이 아닌 口頭召集通知로서 法定召集期間을 준수하지 아니하고 또한 극히 일부의 주주에 대하여는 소집통지를 누락하였더라도 총회결의의 취소사유에 해당한다.807) 그리고 정당한 소집권자가 소집한 총회에서 총주식의 과반수를 넘는 주식을 소유한 주주가 참석하여 전원의 찬성결의가 있는 경우에는 일부 주주에 대한 소집통지누락 및 법정기간미준수 등과 같은 소집절차상의 하자가 있더라도 취소사유에 불과하다.808)

라) 목적사항 이외의 결의　목적사항은 총회에서의 결의사항의 범위를 제약한다. 그리하여 목적사항에 없는 사항을 결의하면 총회결의취소(제376조)의 사유가 된다.809) 예를 들면, ① 감사선임을 위하여 소집된 총회에서 이사를 선임하거나,

---

800) 대법원 1975. 7. 8. 선고 74다1969.
801) 대법원 1993. 1. 26. 선고 92다11008; 1981. 7. 28. 선고 80다2745·2746.
802) 대법원 2010. 7. 22. 선고 2008다37193.
803) 대법원 1993. 1. 26. 선고 92다11008; 1981. 7. 28. 선고 80다2745·2746.
804) 대법원 2003. 7. 11. 선고 2001다45584.
805) 대법원 2003. 7. 11. 선고 2001다45584.
806) 대법원 1996. 12. 23. 선고 96다32768·32782·32775.
807) 대법원 2014. 11. 27. 선고 2011다41420; 1987. 4. 28. 선고 86다카553.
808) 대법원 1981. 7. 28. 선고 80다2745·2746.

② 합병승인을 위하여 소집된 총회에서 자본금감소의 결의를 하는 경우 등이 있다. 긴급한 안건이 상정되더라도 마찬가지이다.[810] 법원의 허가를 얻어 총회를 소집하는 때에도 동일하다. 예를 들면, 법원은 이사선임을 목적으로 총회소집을 허가하였는데, 이사와 감사의 선임을 목적사항으로 하여 소집통지를 하고 이사와 감사를 선임하는 경우 등이 그에 해당한다.[811]

그러나 회사정관에 株主全員의 동의가 있으면 통지된 목적사항 이외의 결의를 할 수 있다는 규정이 있는 때는 예외인데, 이 경우의 주주 전원은 參席株主가 아닌 在籍株主全員을 의미한다. 따라서 미리 통지받지 못한 사항에 관한 결의에 가담한 주주도 그 결의의 취소를 구할 수 있다.[812]

한편 창립총회에서는 정관의 변경 또는 설립의 폐지를 결의할 수 있는데, 이 결의는 소집통지서에 그 뜻의 기재가 없는 경우에도 할 수 있다(제316조 제2항·제3항).

마) 1인회사 또는 전원출석총회에 있어 소집절차상의 하자가 있는 경우에 관하여는 기술한 바와 같다.

3) 결의방법의 하자

가) 주주 아닌 자의 결의참가   주주명부상의 주주 또는 그 대리인이 아니어서 의결권이 없는 자가 결의에 참가한 때에는 취소사유에 해당한다.[813] 그러나 그 위반의 정도가 지나친 경우에는 결의부존재사유가 된다.[814]

나) 의결권이 배제·제한되는 주주의 의결권행사   총회의 결의에 특별한 이해관계가 있는 주주가 의결권을 행사한 경우(제368조 제3항),[815] 회사가 자기주식을 가지고 또는 자회사가 모회사주식을 가지고 의결권을 행사한 경우(제341조, 제342조의 2), 다른 회사가 의결권이 휴지되는 상호주(제369조 제3항)를 가지고 의결권을 행사한 경우, 감사선임결의에서 대주주가 100분의 3을 초과하는 의결권을 행사한 경우(제409조 제2항) 등이 이에 해당한다. 의결권의 불통일행사(제368조의 2)가 부적법한 경우에도 같다.

809) 대법원 1979. 3. 27. 선고 79다19.
810) 대법원 1969. 2. 4. 선고 68다2284.
811) 서울고법 2008. 7. 30. 선고 2007나66271.
812) 대법원 1979. 3. 27. 선고 79다19.
813) 대법원 1983. 8. 23. 선고 83도748; 1962. 1. 31. 선고 4292.
814) 대법원 1968. 1. 31. 선고 67다2011.
815) 대법원 1965. 11. 16. 선고 65다1683.

다) **결의요건의 위반**　결의사항에 관한 정족수 또는 의결권의 계산이 위법한 경우 예를 들면, ① 특별결의사항을 보통결의로 가결한 경우, ② 정족수 미달의 하자, 즉 찬성주식수가 발행주식총수의 4분의 1 또는 3분의 1에 미달하였는데도 의장이 가결된 것으로 선포한 경우,816) ③ 찬성과 반대표 계산방법의 착오 등도 결의방법상 위법으로써 취소사유가 된다.817)

라) **불공정한 의사진행**　의장이 주주의 발언을 부당하게 제한하거나 퇴장시키는 경우, 질의응답시간이나 설명시간을 생략하여 결의를 서두른 때에도 취소사유가 된다. 주주가 총회꾼 등을 동원함으로써 다른 주주의 의결권행사를 최대한 보장하는 방법으로 이루어지지 아니하는 경우에도 결의방법이 현저하게 불공정한 때에 해당한다.818) 결의사항에 반대가 예상되는 주주의 회의장 입장을 부당하게 방해하고 이를 틈타 안건을 가결시킨 경우,819) 결의에 필요한 정보를 허위로 제공하거나 제공을 거절함으로써 주주의 의결권행사를 왜곡시키는 경우에도 현저히 불공정한 결의로써 취소대상이 될 수 있다고 본다. 추가서류(예: 인감증명서)가 없음을 이유로 회사가 위임장접수를 거부하는 때에도 결의취소의 사유가 된다.820)

한편 표결에 앞서 반대하는 주주 이외에는 모두 찬성하는 것으로 간주하겠다고 선언한 다음 반대하는 주주의 주식수만을 확인한 후 의안이 가결되었다고 선포하는 것은 결의취소사유에 해당한다.821)

마) **이사·감사·감사위원회 등의 절차위반**　이사는 정기총회 이전에 재무제표(제447조), 영업보고서(제447조의 2) 및 감사보고서를 본점에 비치하여야 할 의무를 부담하는데(제448조 제1항), 이에 위반한 때에는 취소사유가 된다. 그리고 감사·감사위원회는 주주총회의 의안과 재무제표 및 영업보고서 등의 서류를 조사하여 법령·정관에 위반하거나 현저하게 부당한 사항이 있는지의 여부에 관하여 주주총회에 그 의견을 진술하여야 하는데(제413조·제415조의 2 제7항), 이에 위반한 때에도 취소사유가 된다.

한편 법문의 규정은 없지만 대법원은 사전투표를 허용하고 있다. 그 결과 총

---

816) 대법원 1996. 12. 23. 선고 96다32768·32775·32782.
817) 대법원 2014. 11. 27. 선고 2011다41420; 1996. 12. 23. 선고 96다32768·32775·32782.
818) 대법원 1996. 12. 20. 선고 96다39998.
819) 대법원 1996. 12. 20. 선고 96다39998.
820) 대법원 2004. 4. 27. 선고 2003다29616.
821) 정동윤(2012), 567면; 대법원 2001. 12. 28. 선고 2001다49111.

회결의가 정관에 위반하여 사전투표기간을 연장하고, 그 사전투표기간에 전체 투표수의 약 67%(전체 투표수 1,411표 중 942표)에 해당하는 주주들에게 위법한 이익이 제공(제467조의 2 제1항)되는 때에는 결의방법이 법령과 정관에 위반한 하자가 있어 결의취소사유에 해당한다.[822]

바) 의장의 무자격   회사정관에 기재된 의장이 아닌 자 기타 자격이 없는 자가 의장이 되어 회의를 진행하고 이루어진 결의도 취소사유이다.[823] 다만, 의장이 부당하게 퇴장하고 사회를 거부하였기 때문에 주주들이 임시의장을 선출하여 총회를 진행하는 때에는 적법하다.[824]

사) 무효정관에 의거한 결의   주주총회의 소집절차 또는 결의방법을 정한 정관의 규정이 강행법규에 위반하여 무효이면, 그 결의에 따른 결의 역시 소집절차나 방법에 하자 있는 결의로써 취소사유가 된다. 법원도 1주 1의결권을 정한 상법규정(제369조 제1항)이 강행규정임을 확인한 후, 이에 위반하여 감사의 선임 및 해임시 '최대주주가 아닌 주주(예: 2대·3대주주)와 그 특수관계인 등'에 대하여도 일정비율을 초과하여 소유하는 주식에 관하여 의결권을 제한하는 내용의 정관규정이나 주주총회결의 등은 하자 있다고 본다.[825]

4) 결의내용의 정관위반

가) 취지   주주총회의 결의내용이 정관에 위반한 경우에는 결의취소사유에 해당한다(제376조 제1항). 결의내용이 정관에 위반하는 때에는 법령에 위반하는 경우와는 달리 회사내부의 자치규범에 위반한 것에 불과하므로 주주·이사·감사 등의 내부자에게 제소권을 부여하는 것으로 족하다는 취지에서 결의취소사유로 한 것으로 풀이된다. 따라서 결의내용이 정관을 위반함과 동시에 법령을 위반하는 때에는 결의무효사유(제380조)에 해당한다.

나) 정관위반결의   대표적으로는 ① 정관에서 정하는 인원을 초과하는 이사선임결의, ② 정관에서 정하는 理事資格에 적합하지 아니한 자를 이사로 선임한 결의, ③ 정관에서 정한 금액 이상의 보수를 이사에게 지급하는 결의 등이다.

---

822) 대법원 2014. 7. 11. 자 2013마2397 결정.
823) 대법원 1977. 9. 28. 선고 76다2386.
824) 대법원 2001. 5. 15. 선고 2001다13973.
825) 대법원 2009. 11. 26. 선고 2009다51820.

5) 주주의 주관적 또는 집합적인 의사표시의 하자

주주가 의결권을 행사함에 있어서 그 주관적인 사유로 취소하는 경우 예를 들면, 제한능력(민법 제5조·제10조·제13조), 착오(민법 제109조), 사기·강박(제110조) 등의 경우 주주 개개인의 사유는 전체로서의 결의에 영향이 없다. 다만, 주주의 집합적인 의사표시의 무효 또는 취소로 인하여 전체의 결의요건을 충족하지 못하는 때에는 취소의 소를 제기할 수 있다.

(3) 소의 성질

결의취소의 소는 형성의 소이다(이설 없음). 그러므로 총회결의는 판결에 의하여 취소되기 전에는 유효한 것으로 취급되고,826) 소 이외에 다른 청구의 공격·방어방법으로 주장할 수 없다. 그리하여 취소원인이 있는 결의로 인하여 이사로 선임된 자의 보수를 반환받기 위하여는 총회결의의 취소소송을 제기하여 이사선임결의의 취소판결을 받은 후 그 판결에 기초하여 보수의 반환을 청구하여야 한다. 즉 선임결의에 취소사유가 있다는 이유로 처음부터 보수의 반환을 청구할 수는 없다.

형성의 소인 결과 소의 절차나 판결의 효력 등은 법률에 명문의 규정이 있는 경우에 한하여 인정되는 것이고 법률상의 근거가 없는 경우에는 허용될 수 없다.827)

(4) 제소권자

1) 규정 및 취지

주주총회결의취소의 소를 제기할 수 있는 자는 株主, 理事, 監事 또는 淸算人에 한한다(제376조 제1항·제542조 제2항). 회사채권자 등은 결의취소사유를 다툴 실질적 이유가 없기 때문에 배제하고 있다. 이와 같이 상법은 다툼에 이해가 가장 크고 충실한 소송수행을 기대할 수 있는 자에게만 제소권을 인정하고 있다. 따라서 제소권은 정관으로도 제한하거나 박탈할 수 없다.

2) 주주

가) 단독주주권 상법은 제소권을 단독주주권으로 하고 있으므로 결의취소사유가 있으면 1주를 가진 주주일지라도 단독으로 소를 제기할 수 있다.

나) 하자와의 관계 결의취소의 소는 주주총회의 의사형성의 적법성과 공정

---

826) 대법원 1965. 11. 16. 선고 65다1683.
827) 대법원 1993. 9. 14. 선고 92다35462.

성을 회복시키기 위한 제도이다. 이 때문에 현재의 주주는 모두 이해관계를 갖게 된다. 주주가 총회결의에 의하여 개별적으로 불이익을 입었느냐를 묻지 않는다.[828) 따라서 주주가 다른 주주에 대한 소집절차상의 하자를 이유로 결의취소의 소를 제기할 수 있다.[829) 그리고 미리 주주에게 통지하지 아니한 사항에 관한 결의에 가담한 주주도 그 결의의 취소를 구할 수 있다.[830)

다) 주주의 시기   주주는 결의 당시의 주주가 아니더라도 소제기 당시의 주주이면 족하다(통설). 제소를 할 수 있는 주주는 원칙적으로 명의차용인(실질주주)이 아닌 주주명부상의 형식주주이다.[831) 따라서 명의개서를 하지 아니한 주식양수인은 제소권이 없다.[832)

라) 의결권 없는 주주

① 문제의 제기

의결권이 없는 주식을 가진 주주에게도 제소자격을 인정하여야 하는지에 대하여 학설이 나뉜다.

② 학설

부정설은 결의취소권은 의결권을 전제로 하는 공익권이라는 점에서 의결권 없는 주주의 제소자격을 인정하지 아니한다(과거의 다수설).[833) 긍정설은 주주는 누구나 총회의 구성원으로서 그 적정운영에 이익을 갖는다고 보아 의결권 없는 주주의 제소자격을 인정한다(통설).[834)

③ 사견

주주총회의 결의에 형식적 하자가 있고 회사가 현저하게 불공정한 행위를 하였음에도 의결권이 없는 주주라는 이유로 그 하자를 시정하게 할 수 없다는 것은 부당하다(긍정설).

---

828) 대법원 2003. 7. 11. 선고 2001다45584; 1998. 5. 12. 선고 98다4569.
829) 대법원 2003. 7. 11. 선고 2001다45584.
830) 대법원 1979. 3. 27. 선고 79다19.
831) 대법원 2020. 6. 11. 자 2020마5263 결정; 2017. 3. 23. 선고 2015다248342.
832) 대법원 2017. 3. 23. 선고 2015다248342; 1991. 5. 28. 선고 90다6774.
833) 손주찬(2004), 742면; 임홍근(2000), 416면; 정무동(1996), 401면; 안택식(2012), 285면.
834) 최기원(2020), 427면; 정동윤(2012), 579면; 권기범(2021), 787면; 이철송(2024), 638면; 정찬형(2022), 945면; 홍·박(2021), 381면; 김두진(2022), 301면.

3) 이사 · 감사

이 역시 소제기 당시의 이사 · 감사이어야 한다. 주주와 마찬가지로 이사 · 감사도 단독으로 제소할 수 있다. 평이사인지 대표이사인지도 묻지 아니한다. 임기가 만료된 이사 · 감사, 사임한 이사 · 감사는 원칙적으로 원고적격이 없다. 다만, 이사 · 감사의 퇴임으로 인하여 법률 또는 정관에서 정한 원수를 결한 경우에는 새로 선임된 이사 · 감사가 취임할 때까지 이사 · 감사로서의 권리의무가 있는 자 (제386조 제1항)는 제소권이 있다.835)

하자 있는 결의에 의하여 해임당한 이사 · 감사도 소제기 시점에서는 이사 · 감사가 아닐지라도 그 해임결의 취소의 소를 제기할 수 있다.836) 왜냐하면 1995년 개정상법에 의거 총회결의하자에 관한 판결에 대하여는 소급효를 인정하므로 해당결의가 취소되면 이사 · 감사의 지위를 회복할 수 있기 때문이다.

4) 소송계속 중의 주주 등의 지위변동

가) 포괄승계의 경우   소를 제기한 주주 · 이사 · 감사 · 청산인은 소제기 후 변론종결시까지 그 자격을 유지하여야 한다(이설 없음). 주주가 변동되는 경우에는 새로운 주주가 소송을 受繼할 수 있다(민사소송법 제237조 제1항837) 유추적용). 그리하여 상속과 같은 포괄승계의 경우에는 원고주주의 상속인은 원고의 지위를 승계한다(이설 없음).838) 이에 비하여 이사가 소를 제기하였다가 소송계속 중 또는 사실심 변론종결 후 사망한 때, 그 소송은 중단되지 않고 그대로 종료된다. 이사는 회사의 의사결정기관의 구성원으로서 그 지위는 일신전속적인 것이므로 상속의 대상이 되지 않기 때문이다.839)

---

835) 대법원 1992. 8. 14. 선고 91다45141; 1985. 12. 10. 선고 84다카319; 1982. 12. 14. 선고 82다카957. 다만, 이들 판례는 결의부존재확인의 소에 관한 것이다.

836) 안택식(2012), 285면; 최기원(2012), 542면; 강 · 임(2009), 760면; 권기범(2021), 788면; 손주찬(2004), 742면; 이 · 최(2022), 592면; 장덕조(2023), 279면.

837) 제237조(자격상실로 말미암은 중단) 제1항 : 일정한 자격에 의하여 자기 이름으로 남을 위하여 소송당사자가 된 사람이 그 자격을 잃거나 죽은 때에 소송절차는 중단된다. 이 경우 같은 자격을 가진 사람이 소송절차를 수계하여야 한다.

838) 同旨 대법원 2016. 4. 29. 선고 2014다210449.

839) 대법원 2019. 2. 14. 선고 2015다255258. 이와 유사한 판례로는 2019. 8. 30. 선고 2018다224132 참조.

나) 주식양도의 경우

① 학설

주식을 양도한 경우의 소송의 수계에 대하여는 견해가 나뉜다. 否定說은 주식이 양도되면 양도인은 당연히 원고의 지위를 상실하고, 양수인도 그 지위를 승계하지 못한다고 한다(다수설).[840] 일본의 오래된 통설이자 판례의 입장이다.[841] 肯定說은 결의취소의 소는 회사 전체의 이익을 위하여 제기되는 공익적 성격의 소이므로 제소자의 개인적 사정에 결부시켜 종결짓는 것은 부당하다고 한다. 따라서 주주가 사망하거나 양도한 경우를 동일하게 취급하여 다른 주주(예: 주식양수인)가 소송을 수계할 수 있다고 한다.[842]

② 판례

주주총회결의 취소의 소에서 주식양수인이 소송을 수계할 수 있는지를 다룬 판례는 보이지 아니한다. 다만, 공익권의 성격을 갖는 신주발행무효의 소(제429조)에 관한 판결은 주식이 양도된 경우에 주식양수인은 제소기간 등의 요건이 충족된다면 소송에 승계참가(민사소송법 제81조)할 수 있다고 한다.[843]

③ 사견

주주가 제소권을 행사한 경우에는 자기 이름으로 타인, 즉 회사를 위하여 소송당사자가 된 것이므로 민사소송법 제237조 제1항을 유추적용하여 제소기간 등의 요건이 충족되는 때에는 양수인이 소송을 수계할 수 있다고 본다(긍정설).

5) 타 소송에의 적용

결의취소의 소의 제소권자에 관한 설명은 주주·이사·감사 또는 청산인이 결의무효확인소송이나 결의부존재확인소송의 원고가 된 경우에도 적용된다.

(5) 피고

상법에 명문의 규정은 없으나 주주총회결의 취소와 결의무효확인판결 등은 대세적 효력이 있으므로 그와 같은 소송의 피고가 될 수 있는 자는 그 성질상 회사로 한정된다.[844] 왜냐하면 판결의 효력은 회사에 관한 모든 법률관계에 영향을

---

840) 최기원(2012), 541면; 최준선(2024), 422면; 이·최(2022), 592면; 손주찬(2004), 742면.
841) 最高裁判所, 昭和 45. 7. 15. 民集 第24卷 第7號 804면.
842) 이철송(2024), 639-640면.
843) 대법원 2003. 2. 26. 선고 2000다42786.
844) 대법원 1982. 9. 14. 선고 80다2425.

미치는데, 회사 이외의 자가 피고가 된다면 타인간의 소송의 결과가 회사법률관계를 좌우할 수 있기 때문이다.

피고인 회사는 대표이사가 회사를 대표하여 소송을 수행하는 것이 원칙이지만, 이사 또는 이사인 주주가 취소의 소를 제기한 때에는 감사가 회사를 대표한다(제394조). 그리고 회사를 대표하여 소송을 수행하는 대표이사가 취소소송의 대상인 주주총회결의에서 선임된 자일지라도 회사를 대표할 권한은 인정된다.845)

(6) 제소기간

결의취소의 소는 결의가 있는 날로부터 2월 내에 제기해야 한다(제376조 제1항). 이는 제척기간이다. 제소기간을 단기로 한 것은 하자가 비교적 경미한 사항에 대하여 회사의 법률관계를 장기간 불안정한 상태로 방치하는 것은 바람직하지 않기 때문이다. 다만, 주주가 총회결의일(예: 2025년 2월 28일)로부터 2월내(예: 2025년 4월 1일)에 총회결의취소의 소를 제기하였다면, 다른 주주는 총회결의일로부터 2개월 이후에는 해당소송에 공동소송적 보조참가를 할 수 있다(민사소송법 제78조·제67조).

결의취소의 소의 소송물의 단위는 개개의 결의이다. 따라서 동일한 총회에서 수개의 결의가 이루어졌다면 각각의 결의별로 제소기간을 준수하여야 한다.846) 총회결의취소소송의 제기기간(예: 2025년 4월 28일) 내에 해당결의에 관하여 결의무효 또는 부존재확인의 소를 제기(예: 2025년 3월 28일)하였다가 취소소송제기기간의 경과 후(예: 2025년 5월 10일) 동일한 하자를 원인으로 한 취소의 소로 변경하거나 추가할 수 있는데, 이 경우에는 결의무효 또는 부존재확인의 소가 제기된 시점(예: 2025년 3월 28일)에서 취소소송이 제기된 것으로 본다.847)

결의취소의 소가 제기되어 제소기간이 경과한 후에는 새로운 취소사유를 추가하여 주장할 수 없다고 해석한다. 제소기간을 두는 취지가 결의의 효력을 조기에 확정하고 적용하고자 하는 데 있기 때문이다. 대법원은 전환사채발행무효의 소, 신주발행무효의 소 및 감자무효의 소에서 동일한 논지를 채택하고 있는데,848)

---

845) 대법원 1985. 12. 10. 선고 84다카319; 1983. 3. 22. 선고 82다카1810.
846) 대법원 2010. 3. 11. 선고 2007다51505.
847) 대법원 2007. 9. 6. 선고 2007다40000; 2003. 7. 11. 선고 2001다45584.
848) 대법원 2004. 6. 25. 선고 2000다37326(전환사채발행무효의 소); 2012. 11. 15. 선고 2010다49380 및 2007. 2. 22. 선고 2005다77060·77077(신주발행무효의 소); 2010. 4. 29. 선고 2007다12012(감자무효의 소).

타당하다고 본다.

한편 총회의 결의내용이 등기할 사항이든지 또는 주주나 이사가 그 결의가 있었음을 몰랐던 경우일지라도 제소기간의 기산일은 늦춰지지 아니한다.849)

(7) 소의 절차와 판결
1) 소의 절차

가) 관할   총회결의의 취소·무효확인·부존재확인의 소(이하 '결의취소 등의 소'라고 한다)는 회사의 본점소재지의 지방법원의 관할에 전속한다(제376조 제2항·제380조·제186조).

나) 소제기의 공고   결의취소 등의 소가 제기된 때에 회사는 지체 없이 이를 공고하여야 한다(제376조 제2항·제380조·제187조). 현존하는 이해관계인들과 잠재적인 이해관계인들에게 회사의 법률관계의 가변성을 예고하기 위함이다.

다) 소의 병합심리   결의취소 등의 소가 제기된 때에는 법원은 이를 병합심리하여야 한다(제376조 제2항·제380조·제188조). 병합된 소송은 유사필수적 공동소송이다. 그것은 결의취소 등의 소에 관한 판결의 효력은 대세적 효력이 있어 모든 당사자에 대하여 합일적으로만 확정되어야 하기 때문이다.850)

라) 제소주주의 담보제공의무   주주가 결의취소 등의 소를 제기한 때에는 법원은 회사의 청구에 의하여 상당한 담보를 제공할 것을 명할 수 있다(제377조 제1항 본문·제380조·제176조 제4항). 이는 남소를 방지하기 위함이다. 회사가 담보의 제공을 청구함에는 이해관계인의 청구가 악의임을 소명하여야 한다(제377조 제2항·제176조 제4항). 악의란 취소·무효·부존재사유가 없음을 알면서 소를 제기한 것을 뜻한다. 담보액은 회사가 입게 될 불이익을 표준으로 하여 법원의 재량으로 결정한다.851)

그러나 주주가 이사·감사인·청산인인 때에는 담보제공의무가 없다(제377조 제1항 단서·제542조 제2항). 이들은 회사의 공적 기관이고, 직무수행의 일환으로서 소를 제기하는 것이므로 악의의 소명에 의한 담보제공명령제도를 적용하기에 부적합하기 때문이다.

마) 화해·인낙의 가능성   주주총회결의 취소 등의 당사자는 화해나 조정을

849) 대법원 1966. 10. 4. 선고 66다2269.
850) 송·박(2014), 638면; 대법원 2021. 7. 22. 선고 2020다284977.
851) 대법원 1963. 2. 28. 선고 63마2.

할 수 없다. 회사가 청구를 認諾하는 것도 허용되지 아니한다. 따라서 청구인낙 또는 화해·조정이 이루어졌다 하여도 그 인낙조서나 화해·조정조서는 효력이 없다.852) 결의취소 등의 소는 회사법률관계를 대상으로 하고 그 판결의 효력은 당사자는 물론 제3자에게도 미치므로 당사자의 자유로운 처분을 허용할 수 있는 이익이나 권리가 아니기 때문이다.

2) 판결

가) 재량기각

① 취지

결의취소의 소가 제기된 경우에 결의의 내용, 회사의 현황과 제반사정을 참작하여 그 취소가 부적당하다고 인정한 때에는 법원은 그 청구를 기각할 수 있다(제379조). 이 규정은 결의를 취소하여도 회사·주주의 이익이 되지 않든가, 이미 결의가 집행되어 이를 취소하여도 아무런 효과가 없는 등의 경우에 결의를 취소함으로써 오히려 회사에게 손해를 끼치거나 거래의 안전을 해치는 것을 막고 또 남소를 방지하려는 취지에서 둔 것이다.853)

② 기준

재량기각은 매우 엄격한 기준하에서 행하여져야 한다. 그리하여 법원은 제소의 원인인 하자의 성질 및 정도, 피고의 현황, 결의내용, 다른 회사의 실태, 원고들의 제소목적 등 제반사정을 참작하여 기각 여부를 결정하고 있다.854) 이와 같이 제379조 및 판례는 재량기각의 참작요소의 하나로 '결의내용'을 들고 있다. 설령 그렇다고 하더라도 결의내용이 정관에 위반한 때에는 재량기각을 하여서는 아니 된다. 소집절차나 결의방법이 현저하게 불공정한 때에도 마찬가지이다(일본회사법 제831조 제2항 참조).855) 그리고 상장회사와는 달리 폐쇄형회사의 경우에는 다수파 주주의 의사가 사전에 확정되어 있어 절차적 瑕疵가 결의에 영향을 미치지 아니하는 사례가 많지만, 주주총회 운영의 절차적 적정성을 확보하기 위하여 위반사실에 중대성이 없어야만 재량기각을 할 수 있다.

---

852) 대법원 2004. 9. 4. 선고 2004다28047; 1993. 5. 27. 선고 92누14908.

853) 대법원 2003. 7. 11. 선고 2001다45584; 1987. 9. 8. 선고 86다카2971.

854) 대법원 1987. 9. 8. 선고 86다카2971.

855) 최기원(2012), 546면; 이철송(2024), 659면; 神田秀樹(2020), 209－210面; 龍田節·前田雅弘(2017), 209面; 江頭憲治郎(2021), 386面.

따라서 일부 판례가 하자가 중대하고 결의의 결과에 영향을 미칠 수 있는 사안임에도 불구하고[856] 재량기각을 한 것은 재량기각권의 한계를 벗어난 것으로 보인다. 이러한 재량일탈은 1998년 경제위기시 A銀行을 상대로 결의취소의 소가 제기되었을 때 결의에 하자는 있으나 결의내용, 회사현황 및 경제상황 등 여러 사정을 참작할 때 총회결의를 취소하는 것은 부당하다고 한 사례에서 더욱 뚜렷하다.[857] 입법의 불비를 재량기각이라는 수단으로 무마해 버린 사례라고 할 수 있다.

③ 범위

재량기각은 결의취소의 소(제376조)가 주로 제소기간의 경과로 치유될 수 있는 절차적 하자를 원인으로 하기 때문에 인정되는 것이다. 따라서 결의내용상의 하자를 원인으로 하는 결의무효확인의 소나 절차상의 중대한 하자를 원인으로 하는 부존재확인의 소(제380조)에는 인정되지 아니한다.

한편 법문상 법원의 재량기각은 회사의 설립무효의 소, 신주발행무효의 소, 자본금 감소무효의 소, 합병무효의 소 및 분할·분할합병무효의 소에 대하여도 인정되는데,[858] 이러한 소에 대하여는 하자의 보완도 요구하고 있다(제189조).

④ 직권탐지의 요부

학설과 판례 중에는 재량기각은 법원의 職權探知事項(비송사건절차법 제11조)으로 보고 제379조의 사정이 인정되면 당사자의 주장이 없더라도 재량기각할 수 있다는 견해가 있다.[859] 그러나 회사소송은 원칙적으로 직권탐지주의가 적용되지 아니하고, 총회결의에 관한 분쟁 역시 辯論主義가 적용되어야 하므로 직권탐지 사항으로 볼 것은 아니다.

---

856) 대법원 2004. 4. 27. 선고 2003다29616; 1987. 9. 8. 선고 86다카2971; 서울고법 1998. 8. 25. 선고 98나5267.
857) 서울고법 1998. 8. 25. 선고 98나5267.
858) 제328조 제2항, 제430조, 제446조·제445조, 제530조 제2항·제240조, 제530조의 11 제1항·제240조, 189조.
859) 권기범(2021), 790면; 임재연(2019Ⅱ), 242면; 대법원 2003. 7. 11. 선고 2001다45584; 1987. 9. 8. 선고 86다카2971.

나) 원고승소(취소·무효·부존재)판결의 효력

① 대세적 효력

결의취소·무효·부존재 판결(이하 '결의취소 등의 판결'이라 한다)의 효력은 제소자, 주주, 이사, 회사 및 그 밖의 제3자에게도 미친다(제376조 제2항·제190조 본문). 이를 대세적 효력이라고 한다. 따라서 회사가 패소한 경우 누구도 새로이 결의의 유효성을 다투지 못한다. 이는 일반민사소송의 경우 기판력의 주관적 범위를 당사자에게만 국한시키는 원칙(민사소송법 제218조 제1항)에 대한 예외이다.

대세적 효력을 인정하는 것은 다수의 법률관계를 획일적으로 확정하여야 필요성이 있기 때문이다. 예를 들면, 이사 甲의 선임결의에 대하여 주주 乙이 취소소송을 제기하여 승소한 때에 기판력의 일반원칙을 적용하게 되면, 甲은 乙과의 관계에서만 이사로 인정되지 못할 뿐 그 밖에 감사·다른 이사·주주·회사·제3자와의 관계에서는 이사의 지위를 유지하는 矛盾이 생기기 때문이다.

원고승소(피고패소)의 판결은 대세적 효력이 있기 때문에 피고(회사)는 청구의 인낙을 할 수 없다.860)

② 소급효

ㄱ. 상법규정 : 1995년 개정상법에 의거 결의취소 등의 판결은 회사설립무효(제328조), 신주발행의 무효(제429조) 또는 합병무효(제529조)의 소와는 달리 遡及效가 인정된다. 그리하여 결의취소 등의 판결이 확정되면 판결확정 전에 생긴 회사와 사원 및 제3자간의 권리의무에 영향을 미친다(제376조 제2항·제190조 본문). 즉 총회결의의 유효를 전제로 행해졌던 모든 행위는 소급하여 무효가 된다.

ㄴ. 선의의 제3자 등의 보호 : 결의취소 등의 판결에 소급효를 인정하는 때 賣買나 賃貸 등 총회의 결의를 효력발생요건으로 하지 아니하는 행위는 결의의 무효로 인한 영향을 받지 아니한다. 문제는 임원의 보수, 이익배당, 정관변경, 자본금감소, 영업양도 또는 이사·감사 등을 선임한 총회결의에 대하여 취소 등의 판결이 확정되는 때이다. 이때에는 외관적 사실을 신뢰한 제3자의 이익을 해할 수 있기 때문이다. 대표적으로는 이사들을 선임한 총회결의가 취소 등의 판결이 확정된 때 그 이사들이 선임한 대표이사의 행위를 들 수 있다. 이사선임결의취소 등의 판결이 확정된 이사회에서 선정된 대표이사는 소급하여 그 자격을 상실하

---

860) 대법원 2004. 9. 4. 선고 2004다28047.

고, 그 대표이사가 이사선임의 총회결의에 대한 취소 등의 판결이 확정되기 전에
한 행위는 대표권이 없는 자가 한 행위로서 무효가 된다.[861]

그러므로 대표이사의 대외적인 거래에 대하여는 부실등기의 효력에 관한 제
39조[862] 또는 표현대표이사의 행위와 회사의 책임에 관한 제395조[863]를 원용하
여 해결하여야 한다.[864] 왜냐하면 그 선임결의가 취소된 대표이사를 회사의 과거
대표이사로 등기한 것은 부실등기이기 때문에 회사는 그 대표이사와 거래한 제3
자에게 대표이사의 무자격을 주장하지 못하는 것이다.[865] 임원의 보수를 결정한
결의가 취소되면 그 결의에 의하여 임원이 지급받는 보수는 부당이득(민법 제741조)
에 해당하므로 임원은 이를 회사에 반환하여야 한다.

이 밖에도 외관을 신뢰한 자에 대하여는 선의의 제3자 보호규정(민법 제125조[866]·제
126조[867]·제129조[868])이 적용되거나 유추적용될 수 있다고 본다.[869]

③ 등기

결의한 사항이 등기된 경우에 결의취소의 판결이 확정된 때에는 본점소재지
에서 등기하여야 한다(제378조).

다) 원고패소판결의 효력   원고가 패소한 경우, 즉 그 각하 또는 기각판결
의 효력은 취소 등 판결과 달리 대세적 효력이 없고, 당사자에게만 미친다. 따라

861) 대법원 2013. 2. 28. 선고 2012다74298.
862) 제39조(부실의 등기) 고의 또는 과실로 인하여 사실과 상위한 사항을 등기한 자는 그 상
    위를 선의의 제3자에게 대항하지 못한다.
863) 제395조(표현대표이사의 행위와 회사의 책임) 사장, 부사장, 전무, 상무 기타 회사를 대
    표할 권한이 있는 것으로 인정될 만한 명칭을 사용한 이사의 행위에 대하여는 그 이사
    가 회사를 대표할 권한이 없는 경우에도 회사는 선의의 제3자에 대하여 그 책임을 진다.
864) 대법원 2013. 2. 28. 선고 2012다74298; 2004. 2. 27. 선고 2002다19797; 1992. 8. 18. 선
    고 91다39924.
865) 대법원 2004. 2. 27. 선고 2002다19797.
866) 제125조(대리권수여의 표시에 의한 표현대리) 제3자에 대하여 타인에게 대리권을 수여
    함을 표시한 자는 그 대리권의 범위 내에서 행한 그 타인과 그 제3자간의 법률행위에
    대하여 책임이 있다. 그러나 제3자가 대리권 없음을 알았거나 알 수 있었을 때에는 그러
    하지 아니하다.
867) 제126조(권한을 넘은 표현대리) 대리인이 그 권한 외의 법률행위를 한 경우에 제3자가
    그 권한이 있다고 믿을 만한 정당한 이유가 있는 때에는 본인은 그 행위에 대하여 책임
    이 있다.
868) 제129조(대리권소멸 후의 표현대리) 대리권의 소멸은 선의의 제3자에게 대항하지 못한
    다. 그러나 제3자가 과실로 인하여 그 사실을 알지 못한 때에는 그러하지 아니하다.
869) 同旨 대법원 1992. 8. 18. 선고 91다39924.

서 다른 소제기권자가 새로이 소를 제기할 수 있다. 다만, 취소소송의 경우에는 제소기간이 경과하여 제소요건을 충족시키지 못할 수 있다. 원고가 패소하고, 악의 또는 중과실이 있는 때에는 회사에 대하여 연대하여 손해배상책임을 진다(제376조 제2항·제380조·제191조). 이 경우 법원은 회사의 청구에 의하여 원고에게 담보의 제공을 명할 수 있다(제377조).

(8) 변론종결 전 퇴임이사 선임결의의 효력

이사선임결의의 취소, 무효 또는 부존재를 구하는 소송에서 문제된 이사가 변론종결 전 또는 소제기 전에 퇴임한 경우 소의 이익이 문제된다. 1995년 개정 전(구법 제376조 제2항·제190조)870)과는 달리 현행 상법은 판결의 소급효를 인정하므로 퇴임이사에 대하여도 그 선임결의의 효력을 다툴 소의 이익이 있다. 그리하여 선임시부터 지급된 보수의 반환을 청구하거나 해당이사의 대외적 거래의 효력을 부정하는 소를 제기할 수 있다.

4. 주주총회결의 무효확인의 소

(1) 의의

주주총회결의 무효확인의 소라 함은 총회결의의 내용이 법령에 위반한 때에 무효확인을 청구할 수 있는 소를 말한다(제380조).

(2) 무효의 원인

1) 법령의 위반

무효원인을 분석할 수 있는 판례는 거의 없고, 대부분은 결의부존재에 관한 것이다. 다만, 결의내용이 ① 결격사유 있는 자를 사외이사로 선임하는 때(제382조 제3항·제542조의 8 제2항), ② 주주총회의 권한에 속하는 사항이 아닌 때(예: 다음 총회소집의 결의), ③ 주주평등의 원칙에 반하는 때, ④ 주주유한책임의 원칙에 반하는 때(예: 손실전보를 위한 추가출자의 결의), ⑤ 총회권한사항을 타인에게 일임하는 때(예: 이사선임을 이사회에 위임하는 결의), ⑥ 위법한 재무제표를 승인하는 때(제449조), ⑦ 배당가능금액을 초과하는 이익배당결의를 하는 때(제462조), ⑦ 선량한 풍속이나 사회질서(민법 제103조)에 반하는 때(예: 이사·감사의 자격을 특정 姓으로 제한하는 것)에는 무효의

---

870) 대법원 1996. 10. 11. 선고 96다24309.

소의 원인이 된다.

그런데 "주주총회에서 대주주에게는 30%를, 소수주주에게는 33%를 이익배당한 것은 대주주가 배당받을 권리를 포기하거나 양도하는 것과 같아 이익배당의 기준(제464조)[871]에 위배되지 아니한다."고 한 판례가 있으나,[872] 이는 주주평등의 원칙을 해석함에 있어 흠결이 있다.

2) 다수결의 남용

가) 의의 다수결의 남용이란 대주주가 자기 또는 제3자의 이익을 위하여 객관적으로 현저히 불공정한 결의를 다수 지분의 위력으로 성립시키는 것을 의미한다. 예를 들면, 이사보수의 과다책정결의, 매우 불리한 조건의 영업양도, 소수주주의 청구에 의하여 해임판결을 받은 이사의 재선임결의 또는 대주주의 또 다른 지배회사와의 경쟁회피목적의 정관변경 등이 그에 해당한다.

나) 학설과 판례 다수결의 남용이 결의무효의 사유가 되는 지에 대하여는 학설과 판례가 나뉜다. 肯定說은 다수결의 남용에 의하여 이루어진 결의는 그 내용이 불공정하다는 하자를 안고 있기 때문에 결의무효사유가 된다고 한다.[873] 否定說은 다수파주주가 다수결을 남용하는 것은 결의방법의 하자가 있는 것으로써 결의취소의 원인이 된다고 한다.[874]

하급심이기는 하지만, 판례는 불공정거래행위에 해당하거나 다수결 남용 등 신의칙에 반하면 무효사유가 된다고 한다.[875]

(3) 소의 성질

1) 문제의 제기

제380조의 결의무효확인의 소는 결의취소의 소와 같이 전속관할 등 소송절차에 관한 제186조 내지 제188조를 준용하고, 나아가 판결의 대세적 효력과 소급효를 인정하는 제190조 본문을 준용하고 있다. 다만, 제소권자와 제소기간에 관하여는 별도의 규정을 두지 아니하고 있어 그 소의 성질에 관하여 견해가 나뉜다.

---

871) 제464조(이익배당의 기준) 이익배당은 각 주주가 가진 주식의 수에 따라 한다. 다만, 제344조(종류주식) 제1항을 적용하는 경우에는 그러하지 아니하다.

872) 대법원 1980. 8. 26. 선고 80다1263.

873) 이철송(2024), 643면; 권기범(2021), 795면.

874) 정동윤(2012), 578면.

875) 부산고법 2004. 1. 16. 선고 2003나12328.

2) 학설

가) 확인소송설   이 학설은 결의취소소송과 달리 무효확인의 소에 대하여는 제소권자나 제소기간에 제한을 두지 않았으므로 그 성질은 확인의 소로 보고 무효확인의 주장방법에 제한이 없다고 한다. 그리하여 결의의 내용이 법령에 위반하는 경우에는 당연히 무효이므로 누구나 언제든지 또 어떠한 방법(예: 항변)으로도 무효의 확인을 주장할 수 있다고 한다. 그리고 소의 성질을 형성의 소로 보면, 결의의 무효를 소에 의하여만 주장할 수 있기 때문에 선량한 풍속 기타 사회질서에 반하는 경우는 물론 자본충실을 해하는 결의 또는 주식회사의 본질에 반하는 결의를 하더라도 일단 유효하게 되어 부당하다고 본다(통설).876)

나아가 결의무효의 주장방법을 소로써만 제한하면 결의무효를 이유로 하는 청구, 예를 들면 위법배당금의 반환청구(제462조 제3항), 이사나 감사에 대한 손해배상청구(제399조·제401조, 제414조·제415조)를 함에 있어서 2중의 절차를 강요하는 것이 되어 불합리하다는 견해도 있다.877)

나) 형성소송설   이 학설은 결의무효확인의 소는 그 외형적 명칭에도 불구하고 형성의 소로 보고 소에 의하여만 무효의 확인을 주장할 수 있다고 한다. 그리고 제380조가 소의 절차를 법정하고, 판결에 대세적 효력을 부여한 점을 보더라도 형성의 소로 보아야 하며, 이에 기하여 주식회사라는 단체의 법률관계를 획일적으로 처리할 수 있다고 한다.878) 민사소송법학의 다수설이다.879)

다) 절충설   이 학설은 결의의 무효를 주장하려면 원칙적으로 소에 의하여야 하지만, 선량한 풍속 기타 사회질서에 반하거나 주식회사의 본질에 반하는 결의는 소를 제기함이 없이 당연히 무효를 주장할 수 있다고 한다. 현재 이 학설을 취하는 학자는 거의 없다.

라) 확인소송설과 형성소송설의 차이   양설의 중요한 차이는 形成訴訟說은 결의무효의 주장방법이 소만으로써 제한되고, 確認訴訟說은 소 이외의 방법 예

---

876) 송옥렬(2022), 977면; 정찬형(2022), 953면; 최기원(2012), 554면; 손주찬(2004), 748면; 권기범(2021), 793면; 정경영(2022), 516면; 홍·박(2021), 386면; 김정호(2023), 388면; 서·정(1999), 421면; 김두진(2022), 309면.
877) 최기원(2012), 554면.
878) 이철송(2024), 646면; 정동윤(2012), 585면.
879) 송·박(2014), 197면; 정·유(2014), 64면. 그러나 김홍엽(2019), 242면에서는 확인소송설을 취한다.

를 들면, 이행의 소에서의 請求原因이나 抗辯으로도 결의무효를 주장할 수 있다는 점에 있다. 그리하여 형성소송설은 무효판결이 있을 때까지 결의가 유효하다고 보고, 확인소송설은 결의가 처음부터 무효이므로 결의의 무효를 소로 주장함이 없이 그 결의의 무효를 전제로 한 후속행위의 무효를 주장할 수 있다.

이는 다음과 같은 사례에서 뚜렷이 차이가 난다. 즉 甲이 무효인 주주총회결의에서 이사로 선임되어 1년간 보수를 수취하였기 때문에 감사 乙이 회사를 대표하여 甲에게 1년간의 보수를 부당이득으로 반환청구하고자 하는 경우 ① 확인소송설에 의하면 乙은 항변이나 청구원인으로서도 주장할 수 있기 때문에 甲에게 처음부터 부당이득반환을 청구하고, 그 이유로써 甲의 이사선임결의가 무효라고 주장하면 된다. 이에 대하여 ② 형성소송설에 의하면 甲을 이사로 선임한 결의는 일단 유효하기 때문에 乙은 먼저 주주총회결의의 무효확인의 소를 제기하여 승소판결을 받은 후 이를 근거로 甲에게 부당이득반환청구를 할 수 있다.

이러한 차이는 위법한 이익배당결의로 인한 배당금지급청구의 사례에서도 잘 나타난다.

3) 판례

판례도 총회의 결의내용이 법령(또는 정관–1995년 개정 전)에 위반되는 때에는 그 결의는 당연히 무효이므로, 일반원칙에 의하여 누구나 언제든지 여하한 방법으로라도 그 무효를 주장할 수 있고, 주장방법은 소에 한한다고 해석할 수 없다고 하고 있다.880) 나아가 총회결의의 효력이 회사 아닌 제3자 사이의 소송에 있어 선결문제로 된 경우에도 '당사자는 언제든지 당해 소송에서 주주총회결의가 처음부터 무효 또는 부존재하다고 다툴 수 있고, 반드시 먼저 회사를 상대로 제소하여야만 하는 것은 아니다.'라고 하고 있다(확인소송설).881)

4) 사견

총회결의의 내용이 법령에 위반하거나 또는 주식회사의 본질에 반하는 결의(예: 인신매매, 밀무역 또는 손실보전을 위한 주주의 추가출자결의 등)까지 일단 유효하다고 보고, 소만으로 무효확인을 주장할 수 있게 하는 것은 부당하다. 그리고 1995년 개정으로 원고승소판결의 소급효를 인정하게 한 규정(제380조·제190조 본문)은 확인소

---

880) 대법원 1982. 4. 27. 선고 81다358; 1962. 5. 17. 선고 4294민상1114.
881) 대법원 2011. 6. 24. 선고 2009다35033; 1992. 9. 22. 선고 91다5365.

송설의 중요한 논거이다(확인소송설).

(4) 제소권자

1) 상법의 규정

무효확인소송의 제소권자에 대하여는 법문의 규정이 없으므로 소의 이익이 있는 자는 누구든지 무효확인의 소를 제기할 수 있다. 따라서 주주, 이사, 감사, 회사채권자 또는 제3자도 확인의 이익이 있으면 제소할 수 있다.882)

2) 무효확인의 소의 이익

가) 인정한 사례   소의 이익을 인정한 사례를 살펴보면 다음과 같다. 우선, 주주에는 의결권이 없는 주주 및 총회에 참석하여 결의에 찬성한 주주도 포함된다.883) 다만, 여기서의 주주는 주주명부상의 주주이어야 한다.884)

둘째, 임기만료로 퇴임한 이사(제386조)가 후임이사 취임시까지 이사의 권리의무를 보유하는 때에는 후임이사 선임결의의 하자를 주장하여 (부존재 또는) 무효확인을 구할 법률상 이익이 있다.885) 이는 감사와 청산인에 대하여도 같다.886)

셋째, 주주총회의 결의(예: 2025년 4월 13일)에 의하여 임기만료 전에 해임된 이사(甲)는 주주가 아니라도 그 무효(또는 부존재)확인의 청구를 할 수 있다.887) 그러나 무효확인을 구하는 총회결의에 의하여 선임된 이사(乙)가 후에 개최된 주주총회(예: 2025년 5월 11일)에서 재선임된 경우, 당초 선임결의(2025년 4월 13일)의 무효확인을 구할 법률상 이익이 없다.888) 왜냐하면 이사(甲)가 임원해임의 총회결의에 의하여 임기만료 전에 해임당한 직후 後任理事(乙)가 선임되었다고 하더라도, 그 후에 적법한 절차에 의하여 후임이사(乙)가 선임(2025년 5월 11일)되었다면 당초의 이사해임결의(2025년 4월 13일)가 무효라 할지라도 이에 대한 무효확인을 구하는 것은 과거의 법률관계 내지 권리관계의 확인을 구하는 것에 귀착되어 확인의 소로서의 권리보호요건을 결여하기 때문이다.

넷째, 위의 셋째의 단서 판지에도 불구하고, 무효확인을 구하는 제1차(2023년

---

882) 대법원 1985. 12. 10. 선고 84다카319.
883) 대법원 1980. 8. 26. 선고 80다1263.
884) 대법원 2024. 6. 13. 선고 2018다261322; 2017. 3. 23. 선고 2015다248342.
885) 대법원 1982. 12. 14. 선고 82다카957.
886) 대법원 1991. 11. 22. 선고 91다22131.
887) 대법원 1962. 1. 25. 선고 4294민상525.
888) 대법원 1995. 7. 28. 선고 93다61338.

4월 13일) 총회결의 이후 두 차례의 후임이사 선임결의에 순차적으로 결의부존재
사유가 있는 때 당초(제1차) 결의에 의하여 해임된 이사는 그 결의의 무효확인을
구할 법률상 이익이 있다.889) 왜냐하면 제1차 총회결의의 무효(또는 부존재) 여부는
여전히 회사의 현재 임원의 확정과 직접적인 관계가 있기 때문이다.

다섯째, 주식회사가 해산되었다 하더라도 해산 당시의 이사 또는 주주가 해
산 전에 이루어진 총회결의 무효확인을 구하는 청구에 청산인 선임결의의 무효를
다투는 청구가 포함되어 있으면, 이 경우의 쟁점은 회사의 청산인이 될 지위에
관한 것이므로 소의 이익이 있다.890)

여섯째, 회사가 自發的으로 解散하기 전에 임기가 만료된 임원에 의한 총회
결의무효확인의 소는 제소의 이익이 있다.891) 왜냐하면 회사는 해산된 후에도 청
산의 목적범위 내에서 존속하고, 합병 또는 파산의 경우 외에는 정관에 다른 규
정 혹은 총회에서 따로 청산인을 선임하지 아니하면 이사가 당연히 청산인이 되
는 한편, 이사는 임기가 만료되더라도 新任理事가 취임할 때까지 이사로서의 권
리의무를 가져 청산인이 될 이사의 지위에 관하여 다투는 취지가 포함될 수 있기
때문이다.

나) 부인한 사례   이에 관한 사례를 살펴보면 다음과 같다. 우선, 임기만료
로 퇴임한 이사와는 달리 사임한 이사는 소의 이익이 없다.892)

둘째, 회사가 법원의 解散判決로 解散되는 때에 청산인이 선임되면, 해산판
결 이전에 해임된 이사는 그 해임결의를 다툴 수 없다. 주주는 여전히 그 권리를
보유하지만 이사의 지위는 전혀 다르기 때문이다. 즉 이 경우 이사가 당연히 청
산인으로 되는 게 아니라, 법원이 임원 기타 이해관계인·검사의 청구 또는 직권
으로 청산인을 선임하고(제542조 제1항·제252조), 청산법인에서는 이사에 갈음하여
청산인만이 청산사무를 집행하고 회사를 대표하는 기관이 되기 때문이다.893)

셋째, 주식회사(甲)가 주주회원들 중 일부로 구성된 모임(乙)과 체결한 '주주회
원의 골프장 이용혜택을 변경할 경우 당해 모임과 협의하고 중요한 사항은 주주

---

889) 대법원 1995. 7. 28. 선고 93다61338.
890) 대법원 1991. 11. 22. 선고 91다22131; 1982. 4. 27. 선고 81다358.
891) 대법원 1982. 4. 27. 선고 81다358.
892) 대법원 1982. 9. 14. 선고 80다2425 전원합의체.
893) 대법원 1991. 11. 22. 선고 91다22131.

총회에 회부하여야 한다.'는 내용의 약정을 하였음에도 불구하고, 주주총회에서 주주회원의 골프장 이용혜택을 축소하는 결의를 하자, 주주회원들이 주위적으로 총회의 무효확인(제380조)과 예비적으로 결의의 취소(제376조)를 구한 사안에서, 모두 부적법하다는 이유로 소를 각하하였다. 그 이유는 해당약정은 甲과 乙 사이의 절차적 요건일 뿐이지 甲과 그 기관 및 주주들 사이의 단체법적 법률관계를 획일적으로 규율하는 의미가 없기 때문이다. 그리고 일반적 민사소송의 한 형태로서 그 무효확인을 구할 소의 이익도 인정되지 아니한다고 하였다.894) 즉 계약상의 지위(주주회원)나 그 내용(이용혜택)의 확인을 구하면 충분하다는 것이다.

넷째, 주주총회결의(제1차)에 의하여 선임된 임원들이 모두 그 직에 취임하지 아니하거나 사임하고 그 후 새로운 총회(제2차)에서 후임임원이 선출되어 선임등기까지 마쳐진 경우에는 당초 결의(제1차)의 무효확인(또는 부존재나 취소)을 구할 소의 이익은 없다.895) 다만, 이 경우에도 그 새로운 총회(제2차)의 결의가 무권리자에 의하여 소집된 총회라는 하자 이외의 다른 절차상, 내용상의 하자로 인하여 (부존재 또는) 무효임이 인정되거나 그 결의가 취소되는 등의 특별한 사정이 있는 때에는 그러하지 아니하다.896)

(5) 피고

피고는 회사이다.897) 이는 취소의 소와 같다. 그리고 대표이사가 회사를 대표한다. 대표이사가 무효(또는 부존재)확인청구의 대상인 결의에 의하여 선임되었을지라도 그 결의의 무효 등의 확인소송에서는 여전히 회사를 대표한다.898) 다만, 이사가 원고인 때에는 감사가 회사를 대표한다(제394조 제1항).

(6) 제소기간

무효확인의 소는 제소기간에 관한 제한이 없다. 취소의 소와는 달리 하자의 성격이 단기간의 경과로 치유될 수 있는 것이 아니기 때문이다.

(7) 그 밖의 소의 절차 및 판결의 효력

위에서 기술한 내용을 제외하고, 총회결의무효확인의 소의 절차는 결의취소

---

894) 대법원 2013. 2. 28. 선고 2010다58223.
895) 대법원 1995. 2. 24. 선고 94다50427; 1982. 9. 14. 선고 80다2425.
896) 대법원 1995. 2. 24. 선고 94다50427; 1992. 2. 28. 선고 91다8715.
897) 대법원 1982. 9. 14. 선고 80다2425.
898) 대법원 1985. 12. 10. 선고 84다카319; 1983. 3. 22. 선고 82다카1810 전원합의체.

소송의 경우와 동일하다. 그리하여 전속관할(제186조), 소제기의 공고(제187조) 및 소의 병합심리(제188조)에 관한 규정이 준용된다. 판결에 관하여는 법원의 재량기각(제379조)을 제외하고는 동일하다. 그리하여 원고승소의 경우 대세적 효력 및 소급효의 인정(제190조 본문), 패소원고의 책임(제191조), 제소주주의 담보제공의무(제377조) 및 결의사항이 등기된 경우의 확정판결의 등기(제378조)에 관한 규정이 준용된다(제380조).

5. 주주총회결의 부존재확인의 소

(1) 의의

주주총회결의 부존재확인의 소라고 함은 총회의 소집절차 또는 결의방법에 총회결의가 존재한다고 볼 수 없을 정도의 중대한 하자가 있는 것을 이유로 하여 그 부존재의 확인을 청구하는 소를 말한다(제380조). 결의부존재확인의 소는 소집절차와 결의방법에 중대한 하자를 원인으로 한다는 점에서 결의취소의 소보다 瑕疵의 量이 다르다. 그리고 1984년 개정으로 결의무효의 소와 같은 조문(제380조)에서 다루고 있어 제소권자와 제소기간의 제한을 받지 아니한다는 점도 취소의 소와 구별된다.

한편 주주총회결의 자체가 있었는지 및 그 결의에 부존재로 볼 만한 중대한 하자가 있는지 등 총회결의의 존부에 관하여 다툼이 있는 경우, ① 총회결의 자체가 있었다는 점에 관하여는 회사가 증명책임을 부담하고, ② 그 결의에 부존재로 볼 만한 중대한 하자가 있다는 점에 관하여는 주주가 증명책임을 부담한다.899)

(2) 소의 성질

상법은 결의부존재의 소에 대해서도 결의무효확인소송과 같이 소송절차에 관한 제186조 내지 제188조를 준용하고, 판결의 효력도 대세적 효력과 소급효를 인정(제380조·제190조 본문)하고 있지만, 제소권자 및 제소기간 등에 관한 규정을 준용하지 아니하고 있다. 그리하여 결의무효확인의 소와 같이 그 성질론, 즉 확인소송이냐 형성소송이냐 하는 논쟁이 있다.

무효확인의 소의 성질에서 기술한 바와 같이 확인의 소로 보는 것이 타당하다. 무효와 같이 부존재의 경우도 처음부터 결의의 존재를 인정할 수 없으므로

---

899) 대법원 2010. 7. 22. 선고 2008다37193.

소는 물론 소 이외의 방법으로 부존재의 확인을 주장할 수 있어야 하기 때문이
다. 다수설과 판례900)도 같은 입장이다.

(3) 부존재원인

결의부존재확인의 소의 원인은 총회의 소집절차 또는 결의방법에 총회결의
가 존재한다고 볼 수 없을 정도의 중대한 하자가 있는 때이다. 판례를 중심으로
결의부존재의 원인을 열거하면 다음과 같다. 첫 번째, 발행주식총수의 약 72%의
주식을 보유하고 있는 지배주주의 참석 하에 임시주주총회의사록이 작성되어 총
회결의의 외관을 현출하게 하였다면 형식상 총회결의의 존재를 인정할 수 없더라
도 그와 같은 회사내부의 의사결정을 거친 회사의 외부적 행위를 유효한 것으로
믿고 거래한 자에 대하여는 회사의 책임이 인정된다.901)

두 번째, 위와 달리 전체 주식의 43%를 취득하였으나 그 주식취득의 효력이
다투어지고 있는 자의 명의개서 요구에 불응하고, 주주명부만을 기초로 소집통지
한 것은 결의의 (무효 또는) 부존재사유가 되지 아니한다.902) 즉 결의취소사유에 해
당한다.

세 번째, 총회소집을 일부 주주(예: 52.3%)에게만 구두로 통지하였고, 소집권한
이 없는 자가 이사회 소집결정도 없이 소집하여 이루어진 총회결의는 부존재사유
에 해당한다.903)

네 번째, 부존재인 결의에서 선임된 이사들로 구성된 이사회에서 소집결의를
하여 소집된 총회결의는 부존재사유에 해당한다.904)

다섯 번째, 대부분의 주주(예: 70%905) 또는 60%906)의 주주)에게 소집통지를 하지
아니한 채 이루어진 결의는 부존재사유에 해당한다.

여섯 번째, 유효하게 회의가 종료한 후에 ① 같은 날 다른 시각에 다른 장소
에서 일부의 주주들만 모여서 한 결의,907) ② 같은 날 다른 시각에 같은 장소에서

---

900) 대법원 2011. 6. 24. 선고 2009다35033; 1992. 8. 18. 선고 91다39924.
901) 대법원 1993. 9. 14. 선고 91다33926.
902) 대법원 1996. 12. 23. 선고 96다32768·32775·32782.
903) 대법원 2010. 6. 24. 선고 2010다13541; 1973. 6. 29. 선고 72다2611.
904) 대법원 1989. 7. 11. 선고 89다카5345; 1975. 7. 8. 선고 74다1969.
905) 대법원 2024. 6. 13. 선고 2018다261322.
906) 대법원 1980. 12. 9. 선고 80다128.
907) 대법원 1993. 10. 12. 선고 92다28235·28242.

개최된 주주총회의 결의908) 및 ③ 이러한 주주총회결의가 부존재로 된 이상 이에 기하여 대표이사로 선임된 자는 적법한 소집권자가 될 수 없음에도 그 자에 의하여 소집된 주주총회에서 이루어진 총회결의 등은 부존재사유에 해당한다.909)

일곱 번째, 불가항력적인 사유로 대표이사를 포함하여 이사 전원이 총회에 불참한 상태에서 이루어진 결의910) 또는 대부분 주주 아닌 자들로 이루어진 총회결의는 부존재사유에 해당한다.911)

여덟 번째, 1인주주가 발행주식총수의 98%를 보유하였지만, 주식의 소유가 실질적으로 분산되어 있는 경우 실제의 소집절차와 결의절차를 거치지 아니한 채 그 지배주주의 의사에 따라 주주총회의 결의가 있었던 것처럼 의사록을 허위로 작성하는 때는 중대한 하자가 있는 것으로써 그 주주총회의 결의는 부존재하다.912)

아홉 번째, 위의 여덟 번째와는 달리 판례는 지배주주가 약 98%의 주식을 소유하고 있고, 그 이외에 약 2%의 주식을 소유한 법인주주 1인뿐인 가족회사의 사례에서는 주주총회 개최사실이 없음에도 의결이 있었던 것으로 총회의사록이 작성되었다면, 그 내용의 결의가 있었던 것으로 본다.913) 지배주주가 98%의 지분을 가지고 있고 그 밖의 지분이 분산되지 아니한 경우에는 1인회사의 법리914)를 적용하고 있는 것이다.

이 밖에 적법하게 소집되었으나 대부분의 주주가 불참한 가운데 이루어진 결의도 부존재사유에 해당한다고 볼 수 있다. 그리고 주주총회의 개최를 금지하는 가처분에 위반하여 총회가 개최된 경우 그 총회의 결의는 부존재한다고 본다.

(4) 제소권자 및 소의 이익

1) 범위

무효확인의 소에서와 같이 부존재확인의 소는 주주·이사·감사는 물론 제3자

---

908) 대법원 1964. 5. 26. 선고 63다670.
909) 대법원 1993. 10. 12. 선고 92다28235·28242.
910) 대법원 1964. 12. 9. 선고 63다670.
911) 대법원 1968. 1. 31. 선고 67다2011.
912) 대법원 2007. 2. 22. 선고 2005다73020; 대구지법 경주지원 2002. 3. 29. 자 2002카합1 결정에서는 50% 이상의 주주들에게 통지하지 아니한 경우를 중대한 하자의 기준으로 삼고 있다. 그리고 기술한 대법원 1980. 12. 9. 선고 80다128에서는 60% 이상의 주주에게 소집통지를 결한 경우에는 결의부존재의 원인이 있다고 보았다.
913) 대법원 2004. 12. 10. 선고 2004다25123.
914) 대법원 2014. 1. 23. 선고 2013다56839; 1993. 6. 11. 선고 93다8702.

등 소의 이익(확인의 이익)이 있는 자는 누구든지 제기할 수 있다. 다만, 판례는 부존재확인의 소의 성질을 확인의 소라고 보고 있기 때문에 소의 이익을 인정한 사례는 앞에서 기술한 무효확인의 소의 사례와 겹치는 부분이 적지 아니하다.

2) 주주

가) 주주명부상의 주주 여기서의 주주는 주주명부상의 주주를 말한다. 단순한 형식주주(명의대여자)는 제소권이 없다는 것이 과거의 판결이었지만,915) 현재는 기존의 입장을 변경하여 주주명부상의 주주에게 제소권을 인정하고 있다.916)

나) 소의 이익 인정사례 이를 구체적으로 살펴보면, ① 부존재확인의 소의 대상에 해당하는 총회결의에 찬성한 주주도 부존재를 구할 소의 이익이 있다.917) ② 주권발행 전에 주식을 양도한 원시주주는 양수인들의 총회결의의 부존재를 주장할 수 있다.918) 왜냐하면 주권발행 전의 주식의 양도는 회사에 대하여 그 효력이 없기 때문이다(제335조 제3항).

다) 소의 이익 부인사례 첫째, 주식의 양도인이 주권교부의무를 이행하지 아니한 상태에서 양수인이 중심이 되어 개최한 주주총회결의의 부존재를 주장할 수 없다. 그것은 주권교부의무를 불이행한 자가 오히려 그 의무불이행상태를 권리로 주장하는 것으로써 신의칙에 반하는 소권의 행사이기 때문이다.919)

둘째, 주주(甲)가 사실상 1인회사의 주식 전부를 제3자(乙)에게 양도하고, 대표이사직을 사임함과 동시에 위 회사를 어떠한 형태로 처리하여도 이의를 제기하지 않기로 하였다면, 그 후 甲이 一時理事規定(제389조) 등에 의하여 대표이사의 권리의무를 보유하고 있다는 이유로 총회(또는 이사회)결의의 부존재확인을 구하는 것은 신의성실의 원칙에 반하여 소권이 없다.920)

셋째, 주식을 양수하였으나, 제소시점까지 명의개서를 하지 아니한 주주는 부존재를 구할 소의 이익이 없다.921)

넷째, 주식의 포괄적 교환으로 인한 원고 확인의 이익과 관련하여 대법원은

915) 대법원 1980. 12. 9. 선고 79다1989.
916) 대법원 2024. 6. 13. 선고 2018다261322; 2017. 3. 23. 선고 2015다248342.
917) 대법원 1977. 4. 26. 선고 76다1440·1441.
918) 대법원 1970. 3. 10. 선고 69다1812.
919) 대법원 1991. 12. 13. 선고 90다카1158.
920) 대법원 1992. 8. 14. 선고 91다45141.
921) 대법원 1991. 5. 28. 선고 90다6774.

주주총회결의 부존재확인의 소와 같은 확인의 이익은 원고의 권리 또는 법률상의 지위에 현존하는 불안 또는 위험이 있고, 그 불안 또는 위험을 제거함에는 확인판결을 받는 것이 가장 유효하고 적절한 수단일 때에만 인정된다고 한다.[922] 그리고 주주는 주식의 소유자로서 회사의 경영에 이해관계를 가지고 있다고 할 것이나, 회사의 재산관계에 대하여는 단순히 사실상·경제상 또는 일반적·추상적인 이해관계만을 가질 뿐, 구체적 또는 법률상의 이해관계를 가진다고 할 수 없다고 결론내리고 있다.[923] 따라서 예를 들면, ① A회사의 주주이었던 甲이 A회사 대표이사인 乙의 회사에 대한 책임면제결의를 함에 있어 일부주주에게만 구두로 소집통지를 하고 2017년 12월 24일 주주총회를 개최하여 乙의 책임을 면제하였고, ② 2018년 4월 28일 A회사와 B회사는 주주총회의 특별결의를 거쳐 A회사는 주식의 포괄적 교환을 통하여 B회사의 자회사로 편입되었고, 甲은 B회사의 주주로 지위가 변경된 때, ③ 甲이 A회사에 대하여 주주총회결의 부존재확인의 소를 제기하는 경우, 법원은 이를 인용하여서는 아니 된다. 왜냐하면 위 사례의 경우 주식교환계약에 대한 주주총회의 특별결의요건을 충족하여 승인결의가 이루어졌고 (제360조의 3 제1항·제2항), 원고인 甲은 피고(A회사)의 주주에서 모회사(B회사)의 주주로 지위가 변경되었기 때문이다. 그리하여 A회사의 주주총회결의가 부존재한 것으로 확인이 되어 완전모회사(B회사)에 이익이 된다고 하더라도, 이로 인하여 주주인 원고들이 갖는 이익은 사실상·경제상의 것에 불과하다고 할 것이므로, 甲은 위 사례의 부존재의 확인을 구할 법률상의 이익을 가진다고 할 수 없기 때문이다.

다섯째, 위의 넷째와 같은 논리로 甲이 A회사를 상대로 자신이 주주명부상 주식의 소유자인데 위조된 주식매매계약서에 의하여 타인 앞으로 명의개서가 되었다며 주주권 확인을 구하는 경우에는 甲이 A회사를 상대로 자신이 직접 주주임을 증명하여 명의개서절차를 이행할 수 있으므로, 확인의 이익이 없다.[924]

---

922) 대법원 2018. 3. 15. 선고 2016다275679; 2017. 3. 30. 선고 2016다21643.
923) 대법원 2016. 7. 22. 선고 2015다66397; 2001. 2. 28. 자 2000마7839 결정. 이도경, "주식의 포괄적 교환과 주주총회결의의 하자를 다투는 소의 원고적격 및 확인의 이익 : 대상판결 : 대법원 2016. 7. 22. 선고 2015다66397 판결," BFL 제81호(2017), 111－123면.
924) 대법원 2019. 5. 16. 선고 2016다240338.

3) 임원

가) 소의 이익 인정사례　　이를 구체적으로 보면 우선, 임기가 만료된 이사·감사, 사임한 이사·감사는 원칙적으로 제소권이 없다. 다만, 그들의 퇴임으로 인하여 법률 또는 정관에 정한 이사의 원수를 결한 경우에는 새로 선임된 이사·감사가 취임할 때까지 이사·감사로서의 권리의무가 있는 때(제386조 제1항)에는 부존재를 주장할 수 있다.925)

둘째, 총회의 결의에 의하여 임기만료 전에 해임된 이사는 그 부존재(또는 무효)확인의 청구를 할 수 있다.926) 그리고 부존재(또는 무효)인 결의로 인하여 해임된 이사는 주주인지의 여부를 막론하고 그 결의의 부존재(또는 무효)를 주장할 수 있다.927)

셋째, 하자 있는 선임결의에 의하여 선임된 이사라도 재임 중에 있었던 총회결의의 부존재를 구할 소의 이익이 있다.928)

나) 소의 이익 부인사례　　이를 구체적으로 보면, 사임한 이사는 총회결의의 부존재(또는 무효)를 주장할 수 없다. 즉 주주총회결의(제1차)에 의하여 선임된 임원들이 모두 그 직에 취임하지 아니하거나 사임하고 그 후 새로운 총회(제2차)에서 후임임원이 선출되어 선임등기까지 마쳐진 경우에는 당초 결의(제1차)의 부존재확인(또는 무효나 취소)을 구할 소의 이익은 없다.929) 다만, 이 경우에도 그 새로운 총회(제2차)의 결의가 무권리자에 의하여 소집된 총회라는 하자 이외의 다른 절차상, 내용상의 하자로 인하여 부존재(또는 무효)임이 인정되거나 그 결의가 취소되는 등의 특별한 사정이 있는 때에는 그러하지 아니하다.930)

4) 회사채권자

회사채권자도 소의 이익이 있다면 결의부존재를 주장할 수 있다. 그러나 회

---

925) 대법원 1992. 8. 14. 선고 91다45141; 1985. 12. 10. 선고 84다카319; 1982. 12. 14. 선고 82다카957. 다만, 이들 판례는 결의부존재확인의 소에 관한 것이다.
926) 대법원 1962. 1. 25. 선고 4294민상525.
927) 대법원 1982. 4. 27. 선고 81다358; 1966. 9. 27. 선고 66다980; 1962. 1. 25. 선고 4294민상525.
928) 대법원 1969. 9. 27. 선고 66다980.
929) 대법원 2008. 8. 11. 선고 2008다33221; 1995. 2. 24. 선고 94다50427; 1982. 9. 14. 선고 80다2425.
930) 대법원 1995. 2. 24. 선고 94다50427; 1992. 2. 28. 선고 91다8715; 1982. 9. 14. 선고 80다2425 전원합의체.

사채권자의 소의 이익은 주주총회의 결의가 채권자의 권리 또는 법적 지위를 구체적으로 침해하고 직접적으로 이에 영향을 미치는 경우에 한하여 인정되므로[931] 채권자는 이사를 선임하거나 정관에 사업목적을 추가하는 것과 같은 회사의 대내적 사항에 관한 결의에 대하여는 부존재를 주장할 수 없다.[932]

5) 무익한 소

제소권자가 아닌 사안 자체의 성격에 따라 누구도 소의 이익을 갖지 못하는 수가 있다. 이를 살펴보면 우선, 이사의 해임결의(예: 2025년 5월 4일)가 부존재하더라도 그 후 적법한 절차에 의하여 새로운 이사가 선임(예: 2025년 5월 25일)된 경우에는 당초의 해임결의(2025년 5월 4일)의 부존재를 다투는 것은 과거의 법률관계의 확인을 구하는 것에 귀착되어 원칙적으로 확인의 이익이 없다.[933] 다만, 그 후임이사의 선임에 부존재사유가 있다면 당초부존재 해임결의로 해임된 이사가 이사로서의 권리의무가 있으므로(제386조 제1항) 해임결의의 부존재확인을 구할 실익이 있다.[934]

둘째, 정기총회(예: 2025년 3월 30일)에서 적법한 절차로 이사를 선임하였으나, 회사가 등기업무의 편의상 실제 선임한 날 이후의 일자(예: 2025년 4월 9일)에 이사를 선임한 것처럼 의사록을 작성하여 이사의 취임등기를 한 때, 등기의 원인이 된 일자에는 총회결의가 부존재하였지만, 당초(2025년 3월 30일) 적법한 결의에 의거 이사를 선임한 이상 그 부존재를 구할 소의 이익은 없다.[935]

(5) 피고, 제소기간

다른 소와 마찬가지로 피고는 회사이다. 다만, 이와 관련하여 A회사의 일시대표이사인 甲이 A회사의 소수주주가 소집한 주주총회에서 이사로 선임된 乙을 상대로 이사선임결의의 부존재를 주장하며 이사지위의 부존재확인을 구한 사례가 있었다. 이에 대법원은 乙이 회사와 이사간의 소는 제394조 제1항에 따라 감사가 회사를 대표하여야 한다고 주장하였지만, 소제기 前 A회사의 주주가 A회사를 적법하게 대표할 사람이 없다는 이유로 일시대표이사(및 이사)선임을 구하는 신

---

931) 대법원 2022. 6. 9. 선고 2018다228462·228479.
932) 대법원 1992. 8. 14. 선고 91다45141; 1980. 10. 27. 선고 79다2267.
933) 대법원 2002. 9. 24. 선고 2002다8452; 1991. 12. 13. 선고 90다카1158.
934) 대법원 1995. 2. 24. 선고 94다50427; 1991. 12. 13. 선고 90다카1158.
935) 대법원 2006. 11. 9. 선고 2006다50949.

청을 하여 甲이 선임된 것이어서 甲이 A회사를 대표할 수 있다고 하였다.[936] 그 이유는 공정한 소송수행을 저해하는 것이라고 보기는 어렵기 때문이다.

한편 제소기간은 무효확인의 소와 같이 제한이 없다.

(6) 그 밖의 소의 절차 및 판결의 효력

위에서 기술한 내용을 제외하고, 무효확인의 소와 같이 결의부존재확인의 소의 절차 및 판결의 효력은 결의취소소송의 경우와 동일하다. 그리하여 전속관할(제186조), 소제기의 공고(제187조) 및 소의 병합심리(제188조)에 관한 규정이 준용된다. 판결의 효력은 법원의 재량기각(제379조)을 제외하고는 동일하다. 그리하여 원고승소의 경우 대세적 효력 및 소급효의 인정(제190조 본문), 패소원고의 책임(제191조), 제소주주의 담보제공의무(제377조) 및 결의사항이 등기된 경우의 확정판결의 등기(제378조)에 관한 규정이 준용된다(제380조).

(7) 표현결의

1) 의의

表見決議라 함은 판례상의 개념으로서 '주주총회의 의사결정자체가 존재하지 않는 경우'를 의미한다. 그리하여 이 경우에는 제380조상의 주주총회결의 부존재확인의 소에 관한 규정을 적용하지 아니한다.[937] 즉 판례는 결의부존재라 함은 외형상 주주총회로서 소집·개최되어 결의가 성립하였으나 그 소집절차나 결의방법에 중대한 하자가 있어 법률상 결의부존재로 볼 수밖에 없는 경우만을 가리킨다고 한다.[938] 이 때문에 회사와 무관한 자가 의사록을 위조 또는 허위작성하거나,[939] 전혀 주주총회를 소집·개최함이 없이 의사록만 작성하거나 혹은 외형상 주주총회로 볼 수 없는 회의를 개최하여 의사록을 작성한 경우와 같이 외형상 주주총회결의의 존재를 인정하기 어려운 때는 제380조의 총회결의부존재에 해당하지 아니한다. 예를 들면, 주주총회결의가 외형상 총회로서 소집·개최된 회의가 아니라, 이미 퇴직한 종전 대표이사가 주주도 아닌 자들을 다방에 모아 놓고 의사록을 작성하여 총회결의의 외관을 현출시킨 데 지나지 않는다면, 제380조

---

936) 대법원 2018. 3. 15. 선고 2016다275679.
937) 대법원 1996. 6. 11. 선고 95다13982; 1995. 9. 15. 선고 95다13302.
938) 대법원 1995. 9. 15. 선고 95다13302; 1992. 8. 18. 선고 91다39924.
939) 대법원 1994. 3. 25. 선고 93다36097·36103; 1992. 8. 18. 선고 91다39924.

의 총회결의부존재의 범주에 포함되지 아니한다.[940]

따라서 위와 같은 하자가 있는 때에는 제380조가 적용되지 않고 자유롭게 그 효력을 부정할 수 있다.[941]

2) 결의효력

외형상 주주총회의 존재를 인정하기 어려운 경우에도 의사록을 작성하는 등 총회결의의 외관을 현출시킨 자가 ① 회사의 과반수(제434조 소정의 특별결의인 경우에는 3분의 2 이상)의 주식보유 또는, ② 과반수(혹은 3분의 2 이상)의 주식을 보유하지 않더라도 사실상 회사의 운영을 지배하는 주주인 경우에는 그와 같은 회사내부의 의사결정을 거친 회사의 외부적 행위를 유효한 것으로 믿고 거래한 자에 대하여는 회사의 책임이 인정된다.[942]

그러나 이에 대하여는 決議不存在 또는 表見決議에 기초하여 이루어진 대외거래가 부실등기(제39조) 혹은 표현대표이사(제395조)의 행위에 연결되어 제3자가 보호될 수 있는 경우가 아닌 한 결의의 표현적 외관을 기준으로 제3자의 보호를 고려할 것은 아니라는 비판이 있다.[943]

3) 결의효력의 부정

표현결의의 효력을 부정하고자 하는 때에는 제380조(결의무효 및 부존재확인의 소)에 의거한 절차나 판결의 효력 등의 제약을 받지 아니하고 민사소송법상의 일반확인의 소로 주장할 수 있다.

(8) 결의외관의 부존재

결의부존재확인의 소 또는 표현결의의 부존재확인의 소는 적어도 의사록이나 결의에 따른 등기 등 결의의 외관이 존재하는 때에 소송을 진행할 수 있는 것이다. 그러므로 주주총회 자체가 소집된 바 없고, 결의서 등 결의의 존재를 인정할 외관적인 징표도 찾아볼 수 없는 경우에는 부존재확인의 소의 대상이 아니며, 일반확인의 소를 제기할 소의 이익도 없다.[944]

---

940) 대법원 1995. 6. 29. 선고 94다22071.
941) 대법원 1995. 9. 15. 선고 95다13302.
942) 대법원 1996. 6. 11. 선고 95다13982; 1995. 9. 15. 선고 95다13302.
943) 이철송(2024), 653면.
944) 대법원 1993. 3. 26. 선고 92다32876.

6. 주주총회 부당결의취소·변경의 소

(1) 의의

이는 주주가 주주총회의 결의에 관하여 특별한 이해관계가 있어 의결권을 행사하지 못하는 경우에(제368조 제3항) 결의가 현저하게 부당하고 그 주주가 의결권을 행사하였더라면 이를 저지할 수 있었을 때에 그 주주가 결의일로부터 2월 내에 부당한 결의의 취소 또는 변경을 구하는 소이다(제381조 제1항).

(2) 취지 및 소의 성질

이 제도는 이해관계 있는 주주가 의결권을 행사하지 못하는 것을 소수파이자 반대주주들이 악용하여 부당한 결의를 하는 때에 그 결의의 공정성을 사후적으로 회복하는 데 그 취지가 있다. 이 소는 결의취소의 소의 일종이므로 소의 성질은 형성의 소이다.

(3) 제소요건

1) 결의에 특별한 이해관계가 있는 주주

제368조 제3항의 제한으로 인하여 주주가 의결권을 행사하지 못하여야 한다. 그러므로 자신의 질병이나 출장 등의 개인사정으로 총회에 참석하지 못하여 의결권을 행사하지 못한 때에는 본 소송의 대상이 아니다. 나머지 주주들이 정족수를 이루고 결의하면 족하기 때문이다.

2) 결의가 현저하게 부당할 것

이 소는 결의의 내용이 법령이나 정관에 위반하지 않아도 사회통념상 회사나 이해관계 있는 자의 이익을 현저하게 해하는 경우에 제기할 수 있다.[945] 예를 들면, ① 영업양도의 거래상대방인 주주(양수인)가 결의에 참가하지 못한 결과 부당하게 염가로 양수인에게 양도하는 결의를 한 경우, ② 이사·감사의 보수를 정할 때(제388조·제415조) 이사 또는 감사인 주주가 결의에 참가하지 못한 결과 부당하게 낮은 보수를 책정하는 경우를 들 수 있다.

3) 의결권을 행사하였더라면 결의를 저지할 수 있었을 것

이 소는 특별이해관계가 있는 다수파주주가 의결권을 행사하지 못한 결과 부당한 결의가 이루어진 것을 사후적으로 시정할 수 있어야 한다. 이는 이해관계

---

945) 손주찬(2004), 753면; 최준선(2024), 448면; 이철송(2024), 662면.

있는 주주의 소유주식수를 총회일의 출석주주의 의결권수에 산입하고(제371조 제2항
참조), 결의에 찬성한 의결권수가 결의요건(과반수 혹은 3분의 2)에 해당하는지를 기준
으로 판단한다.

(4) 제소권자·피고

원고는 특별이해관계가 있는 주주로서 의결권을 행사할 수 없었던 자이고,
피고는 회사이다.

(5) 소절차·판결의 효력 등

소의 관할, 제소기간, 소의 병합, 원고승소판결의 대세적 효력, 원고패소의 배
상책임, 제소주주의 담보제공의무, 결의취소의 등기 등은 모두 결의취소의 소와
같다(제381조 제2항). 결의취소·무효·부존재확인의 소와 같이 부당결의의 판결에도
소급효가 있다(제381조 제2항·제190조 본문). 다만, 결의취소의 소와는 달리 법원에 의
한 재량기각(제379조)은 인정되지 아니한다.

(6) 현행 규정의 한계

제381조에 의한 부당결의의 취소·변경의 소에 관한 규정은 그 취지에도 불
구하고 거의 이용되지 않고 있다. 그것은 이 규정이 가지고 있는 모순 때문이다.
본래 ① 대자본을 투입하고 있는 주주는 의결권을 행사하지 못하도록 제한된 상
황에서 소액주주가 내린 결의의 내용을 문제삼는 것은 本末이 轉倒된 것이다. ②
소수주주가 결정권을 행사하는 것은 자본다수결의 원리에 반한다.

결국 이 규정은 특별이해관계 있는 주주도 의결권을 행사하고, 그 결과가 현
저하게 부당한 때에 사후적으로 효력을 부정하는 방향으로 조치할 필요가 있다.
이때 ① 주주이자 임원인 경우 그 보수를 과다하게 책정하는 결의, ② 영업양도
의 거래상대방인 주주(양수인)에게 현저하게 염가로 영업을 양도하는 결의, ③ 대
주주가 합당한 이유 없이 현저하게 유리한 조건으로 제3자배정을 받는 결의 등은
부당결의에 해당하게 된다. 다만, 다수결의 남용과 중첩될 수는 있을 것이다.

7. 주주총회결의 하자에 관한 소송과 다른 소송과의 관계

(1) 문제의 제기

주주총회의 결의에 의거하여 이루어지는 후속행위에 대하여 별도로 그 효력

을 다투는 소가 인정되는 경우가 있다. 대표적으로는 신주발행을 주주총회가 결정하는 회사(제416조 제1항 단서)에 있어서의 신주발행무효의 소(제429조), 자본금 감소무효의 소(제445조), 합병무효의 소(제529조), 분할무효·분할합병무효의 소(제530조의 11·제529조), 주식의 포괄적 교환·이전무효의 소(제360조의 3·제360조의 16 참조) 등의 규정을 들 수 있다. 이때 이러한 행위를 결정하는 주주총회의 결의에 하자가 있는 경우에는 그 총회결의의 취소·무효·부존재의 사유가 되는 동시에 총회결의의 후속행위인 신주발행, 합병, 자본금감소 또는 분할 등의 무효사유도 된다. 이로 인하여 선행결의 또는 후속행위에 관한 소송 가운데 중 어느 소를 제기하여야 하는지에 대하여 견해가 나뉜다.

(2) 학설

1) 병존설

이 학설은 두 개의 소는 각각 요건을 달리하므로 그 요건을 충족하면 효력발생시기와 관계없이 당사자는 양자를 선택적으로 제기할 수 있다고 본다(소수설).946) 따라서 합병 또는 분할승인결의의 취소 등의 판결이 확정되면 합병이나 분할은 당연히 효력을 상실하게 되므로, 합병 또는 분할무효의 소를 별도로 제기할 필요가 없게 된다.

2) 흡수설

이 학설은 선행결의는 후속행위의 효력을 발생시키기 위한 하나의 요소에 불과하므로 선행행위인 주주총회의 결의의 하자는 후속행위의 하자로 흡수되어 후속행위의 무효를 주장하는 소만을 제기할 수 있다고 한다. 예를 들면, 총회의 합병승인결의는 합병의 효력을 발생시키기 위한 하나의 요소에 불과하므로 합병결의의 하자를 다투는 소는 합병무효의 소에 흡수된다는 것이다(통설).

(3) 판례

신주발행무효의 소(제429조),947) 전환사채의 발행무효의 소,948) 합병무효의 소,949) 자본금 감소무효의 소(제445조)950) 등에 관한 판례는 吸收說을 취하고 있

---

946) 임홍근(2000), 423면.
947) 대법원 2004. 8. 20. 선고 2003다20060.
948) 대법원 2004. 8. 20. 선고 2003다20060; 2004. 8. 16. 선고 2003다9636.
949) 대법원 1993. 5. 27. 선고 92누14908.
950) 대법원 2010. 2. 11. 선고 2009다83599.

다. 예를 들면, 합병등기에 의하여 합병의 효력이 발생한 후에는 합병무효의 소를
제기하는 외에 합병결의무효확인청구만을 독립된 소로서 구할 수 없다고 한
다.951)

위와 같이 판례에 따르면 총회의 결의(예: 자본금 감소의안)에 취소 또는 무효의 하
자가 있더라도 그 하자가 극히 중대하여 결의의 실체(예: 자본금감소)가 존재하지 아
니하는 등의 특별한 사정이 없는 한 결의(예: 자본금감소)의 효력이 발생한 후에는 원
칙적으로 후속행위(예: 자본금감소) 하자에 관한 소에 의하여만 다툴 수 있다.952)

(4) 사견

竝存說 또는 흡수설을 취할 것인지를 판단함에 있어서는 법률상 후속행위에
주어진 효력에 의하여만 분쟁이 종국적으로 종료된다는 점이 고려되어야 한다.
이는 신주발행무효의 소(제429조), 자본금 감소무효의 소(제445조) 또는 합병무효
의 소(제529조)의 입법취지에도 부합한다. 결의의 취소·무효확인의 판결문만으로
합병무효의 등기(제530조 제2항·제238조)를 할 수는 없다. 따라서 선행결의의 하자
는 후속행위의 하자로 흡수된다(흡수설).

8. 번복결의

종전 총회결의의 효력을 새로운 주주총회의 결의로 부정할 수는 없다. 따라
서 종전의 결의에 하자가 있다고 하더라도 이를 무효로 선언하거나 소급적으로
효력을 부정하는 취소결의는 할 수 없다. 주주총회결의의 하자는 오로지 소만으
로 다툴 수 있기 때문이다.

9. 추인결의

무효인 결의나 부존재한 결의는 사후 새로운 결의로 추인할 수 없다.953) 다
만, 취소원인이 있는 결의는 일반적인 추인의 법리를 원용하여 추인할 수 있다고
본다.954) 추인결의가 있으면, 종전의 흠결 있는 결의는 소급적으로 유효한 결의
가 된다. 종전결의의 하자에 관한 취소소송의 진행 중에 추인결의가 있었지만, 그

---

951) 대법원 1993. 5. 27. 선고 92누14908.
952) 대법원 2010. 2. 11. 선고 2009다83599.
953) 대구고법 1982. 10. 5. 선고 81나1090.
954) 대법원 2010. 7. 22. 선고 2008다37193.

추인결의도 하자가 있는 때 제소자는 추인결의의 효력을 동시에 다툴 수 있다. 이 경우에는 두 개의 청구를 병합심리하여야 한다.

그러나 당초의 하자 있는 결의로 인하여 선임된 이사들로 구성된 이사회가 주주총회를 소집하고, 해당총회에서 당초의 결의를 추인하더라도 후자의 총회는 적법하게 소집된 총회가 아니기 때문에 당초 결의의 하자는 치유되지 아니한다. 그리고 당초의 결의가 취소된다면 후자의 결의는 부존재한 결의가 된다. 따라서 제소자는 후자의 결의를 병행하여 다툴 필요가 없다.[955] 다만, 이 사례에서는 A 銀行의 총회결의가 취소된다면 그 결의로 선임된 이사들로 구성된 이사회에서 행한 일련의 정상화계획, 특별융자, 정부출자 및 부실채권의 매각 등이 무효로 돌아가 A은행의 도산과 그에 따른 금융위기까지 예상된다는 판단에서 총회결의의 취소청구를 裁量棄却하였다. 이 점에 주의를 요한다.

10. 주주총회결의 존재(부결)의 확인

상법은 총회의 적극결의(可決)의 효력을 다투는 소송에 대하여만 규정하고 있고, 소극결의(否決)의 효력을 다투는 소송에 관하여는 규정하지 않고 있다. 그리하여 의안이 실질적으로 가결되었음에도 불구하고 의장이 부결을 선언하고 의사록에도 부결된 것으로 기재되는 등 부결의 외관을 갖춘 경우에 사후적으로 가결된 것으로 주장하는 방법에 관한 규정이 없다. 때문에 위의 부결결의의 효력을 부인하는 다툼에는 결의취소의 소(제376조)의 법리를 적용할 것이 아니며, 결의의 존재 확인은 민사소송법상의 일반 확인의 소에 의하여 주장할 수 있다고 본다.[956]

X. 종류주주총회

1. 의의 및 취지

종류주식을 발행한 회사는 일반주주총회와는 별도로 특정한 종류주식의 주주를 구성원으로 하는 종류주주총회를 운영하여야 한다(제435조 제1항). 종류주주총회를 인정하는 것은 주주총회의 결의사항이 각 종류별 주주들의 이해관계에 미치

---

955) 서울고법 1998. 8. 25. 선고 98나5267.
956) 이철송(2024), 667면; 송박(2014), 194면.

는 영향이 다를 수 있기 때문이다. 이때 불이익을 입을 주주가 동의를 하면 문제가 없지만, 개별적인 동의를 요건으로 하는 때에는 후속행위에 진전이 더디게 된다. 그리하여 상법은 주주총회의 특별결의사항 중 이런 위험이 특히 우려되는 세 가지 항목에 대하여 종류주주총회를 개최하도록 함으로써 집단적인 이해의 조정을 꾀하고 있다.

종류주주총회의 결의는 주주총회의 결의가 효력을 발생하기 위하여 부가적으로 요구되는 요건이다. 따라서 그 자체가 독립한 주주총회가 아니며, 회사의 기관도 아니다. 다만, 그 운영에 주주총회에 관한 규정이 대부분 준용된다(제435조 제3항 참조).

2. 종류주주총회의 결의가 필요한 경우

(1) 정관을 변경함으로써 어느 종류주식의 주주에게 손해를 미치게 될 때
(제435조 제1항)

이는 정관의 변경으로 인하여 다음과 같은 손해를 초래하는 때를 뜻한다. 첫째, 어느 종류주식의 주주 일반이 누리던 법적 지위를 변동시켜 직접적인 불이익을 가져오는 경우이다.[957] 예를 들면, 우선주에 대한 배당률을 인하한다든지, 참가적 우선주를 비참가적 우선주로 변경하는 것과 같이 우선주주권을 제한하거나 축소시키는 경우가 이에 해당한다. 그리고 법적 지위에 변동이 생기는 한 외견상 형식적으로는 평등하더라도 실질적으로는 불평등한 경우는 물론, 같은 종류의 주주들에게 어느 면에서는 유리하고 어느 면에서는 불이익한 면을 수반하는 경우도 이에 해당한다.[958] 예를 들면, 비참가적 누적적 우선주를 참가적 비누적적 우선주로 변경하는 경우가 이에 해당한다.

그러나 정관변경이 악재로 작용하여 우선주의 주가 하락하여 우선주주가 입은 손실은 포함되지 아니한다. 이는 주주들이 회사에 대한 법적 지위와는 무관하게 입은 손실이기 때문이다.

---

957) 대법원 2006. 1. 27. 선고 2004다44575·44582.
958) 대법원 2006. 1. 27. 선고 2004다44575·44582.

(2) 신주의 인수, 주식의 병합·분할·소각 또는 회사의 합병·분할로 인한 주
  식의 배정에 관하여 특수하게 정하는 경우 그 결과가 어느 종류의 주주
  에게 손해를 미치게 될 때(제436조 전단·제344조 제3항)

회사가 종류주식을 발행하는 때에는 정관에 다른 정함이 없는 경우에도 주식
의 종류에 따라 신주의 인수, 주식의 병합·분할·소각 또는 회사의 합병·분할로
인한 주식의 배정에 관하여 특수하게 정할 수 있다(제344조 제3항). 이때 신주의 배
정 등에 관하여 어느 종류의 주주에게 불리하게 정하는 경우 그 불리해지는 주주
들의 종류주주총회를 요한다. 예를 들면, 우선주보다 보통주의 주주들에게 높은
비율의 신주를 배정한다든지, 보통주보다 우선주의 병합비율을 불리하게 책정하
는 경우 등이 그에 해당한다.

위 사항 가운데 신주발행시 그 신주의 인수방법에 대하여는 이사회의 결의만
으로도 정할 수 있다(제416조 제3호). 이 점 종류주주총회의 결의사항 중에는 주주총
회의 결의를 전제로 하지 않는 것도 있음을 의미한다.

그러나 종류주주총회의 결의는 주주총회결의의 효력을 발생시키기 위하여
부가적으로 요구되는 요건임을 고려하면 논리적 타당성이 없다.

(3) 회사의 분할·분할합병, 주식교환·주식이전 및 회사의 합병으로 인하여
  어느 종류의 주주에게 손해를 미치게 될 경우(제436조 후단)

여기에 해당하는 사례로는 합병시의 소멸회사, 분할시의 분할회사, 주식교환·
이전시 자회사의 보통주보다 우선주의 합병비율이 불리할 때를 들 수 있다.

3. 결의의 요건

종류주주총회의 결의는 출석한 그 종류주주의 의결권의 3분의 2 이상의 수와
종류의 발행주식총수의 3분의 1 이상의 수로써 하여야 한다(제435조 제2항). 이와
다른 결의방법을 정할 수는 없다. 종류주주총회에서는 의결권이 없는 주식의 주
주도 의결권을 가진다(제435조 제3항).

4. 소집·운영과 선관주의

(1) 일반주주총회규정의 준용

종류주주총회의 소집과 운영 등에 대하여는 의결권 없는 종류주식에 관한 규

정을 제외하고는 일반주주총회에 관한 규정을 준용한다(제435조 제3항). 그러므로 소집권자는 일반총회와 같이 선량한 관리자의 주의로서 총회개최의 구체적인 방법을 결정하여야 한다.

(2) 종류주주총회의 운영

소집권자는 선관주의의무를 부담하기 때문에 일반주주총회에서 결의한 사항에 대하여 종류주주총회의 승인을 요하는 경우에는 일반주주총회의 성립 내지 총회의 종료 후에 별도로 종류주주만으로 종류주주총회를 개최하는 것이 통상적이다. 다만, 일반총회로부터의 부당한 영향을 받을 우려가 없는 때에는 일반총회와 동시에 병행하여 종류주주총회를 개최하여도 무방하다고 해석한다. 왜냐하면 일반총회의 종료 후에 별도로 종류주주총회를 개최하게 되면 반복적인 개회·폐회, 동일의안에 관한 재차의 설명 및 심의가 이루어져야 하는 불편함이 있기 때문이다.

이러한 불편은 일반총회와 동시에 병행하여 종류주주총회를 개최하면 회피할 수 있다. 다만, 이 경우에는 보통주주로부터 부당한 영향을 받지 아니하고 종류주주가 독립적으로 심의할 수 있는 의사운영을 하여야 한다. 예를 들면, 의안의 심의 및 표결시에는 종류주주에게 영향이 없는지를 확인한 후 이의가 있으면, 그 사항에 대하여는 해당종류주주만의 출석으로 재심의하여 표결을 하면 된다고 해석한다.

5. 결의의 하자

(1) 문제의 제기

종류주주총회에 하자가 있는 경우 이를 별개의 소로 다투어야 하는지에 대하여 학설이 나뉜다.

(2) 학설

肯定說은 주주총회에 관한 규정은 의결권 없는 종류주식에 관한 것을 제외하여 모든 규정이 종류주주총회에 준용되므로(제435조 제3항) 종류주주총회의 결의에 하자가 있을 때에는 종류주주총회결의의 취소의 소 또는 무효 등의 형식으로 독립하여 다툴 수 있다고 한다(다수설).959) 否定說은 종류주주총회의 결의의 하자는

---

959) 권기범(2021), 802면; 손주찬(2004), 739면; 최기원(2012), 525면; 김건식(2015), 328면.

별개의 소로 주장하지 못한다고 본다. 즉 해당결의는 주주총회의 결의의 효력발생 요건에 지나지 않으므로 주주총회결의의 하자로 다투면 된다고 한다(소수설).960)

(3) 사견

주주총회결의 그 자체가 하자가 없음에도 불구하고 종류주주총회의 하자를 주주총회결의의 하자로 다투어야 할 이유는 없다고 본다(긍정설).

6. 종류주주총회 흠결과 주주총회결의의 효력

(1) 문제의 제기

종류주주총회의 결의가 필요함에도 불구하고 이를 거치지 아니한 주주총회 또는 이사회만의 결의(제436조)의 효력에 대하여 다툼이 있다.

(2) 학설

1) 취소사유설

이 학설은 종류주주총회의 결의는 일반주주총회의 결의를 유효하게 하기 위한 절차적 요건이므로 이를 결한 때에는 해당주주총회의 모든 결의가 취소사유(제376조)에 해당한다고 본다. 그리하여 결의의 날로부터 2월 내에 결의취소의 소를 제기하지 않으면 일반주주총회도 유효하다고 본다.961) 이 학설은 회사의 법률관계를 조속히 결말지어 법적 안정을 기하는 것이 바람직한 점 등을 논지로 삼는다.

2) 무효사유설

이 학설은 종류주주총회의 결의가 필요한 사안에서 이를 거치지 아니한 일반주주총회의 모든 결의는 무효사유에 해당하기 때문에 이해관계인은 언제든지 일반주주총회의 무효를 주장할 수 있다고 한다(제380조).962)

3) 결의불발효설(부동적 무효설)

이 학설은 종류주주총회의 결의를 거치지 아니한 상태에서는 決議不發效(不完全)사유가 존재한다고 본다. 이때 일반주주총회결의는 완전한 효력을 발생하지 못하고 浮動的인 상태에 있다가 후에 종류주주총회의 결의가 추가되면 완전히 유효하게 되고, 이를 얻지 못하면 무효가 확정된다고 한다(다수설).963)

---

960) 이철송(2024), 673면; 서헌제(2007), 728면.
961) 이철송(2024), 674면.
962) 서·정(1999) 503면.

(3) 판례(특별요건설)

판례는 불발효라는 개념을 인정하지 않고, 종류주주총회를 결여한 주주총회 또는 이사회의 결의는 단지 민사소송법상의 확인의 소의 형태로 일반주주총회의 결의의 무효를 구하면 족하다고 한다.[963] 즉 대법원은 "종류주주총회의 결의는 정관변경이라는 법률효과를 발생시키기 위한 하나의 특별요건이라고 할 것이므로, 정관변경에 관하여 종류주주총회의 결의가 아직 이루어지지 않았다면 그러한 정관변경의 효력이 아직 발생하지 않은 데에 그칠 뿐이고, 그러한 정관변경을 결의한 주주총회결의 자체의 효력에는 아무런 하자가 없다…그리하여 정관변경에 필요한 특별요건이 구비되지 않았음을 이유로 하여 정면으로 그 정관변경이 무효라는 확인을 구하면 족한 것이지…'불발효 상태'에 있다는 것의 확인을 구할 필요는 없다."라고 판시하였다. 즉 (전체)주주총회 자체의 효력에는 영향이 없고, 특정 사안(예: 정관변경)에 관한 효력만이 발생하지 아니한다는 것이다.

(4) 사견

종류주주총회의 결의는 일반주주총회의 결의 또는 이사회의 결의 등이 완전한 효력을 발생하기 위한 요건이다. 그러므로 일반주주총회의 결의는 종류주주총회결의가 없는 동안에는 확정적 유효, 무효 또는 취소할 수 없는 부동적인 상태에 있게 된다(부동적 무효설). 판례의 취지 역시 부동적 무효설과 본질적으로 차이가 없다. 단지 부동적 무효확인의 대상이 정관변경이라는 점만 다를 뿐이다.

그러나 이 역시 종류주주총회를 거치면 주주총회를 다시 개최할 필요 없이 바로 효력이 발생한다.

제 3 관 이사·이사회·대표이사

I. 개 요

오늘날의 주식회사는 주주총회의 권한을 축소시키고 이사의 권한을 확대시

963) 정동윤(2012), 576면; 최기원(2012), 525면; 손주찬(2004), 739면; 권기범(2021), 803면; 정찬형(2022), 727면; 장덕조(2023), 294면.
964) 대법원 2006. 1. 27. 선고 2004다44575·44582. 이를 지지하는 견해로는 최준선(2024), 404면; 김정호(2023), 395면; 김·노·천(2024), 366면.

키고 있다. 확대되는 이사의 권한을 적정하게 행사하게 할 목적에서 이사회제도를 설치하고, 회사운영에 관한 권한을 이사회에 집중시키고 있다. 이사회는 회의체기관이므로 현실적인 업무집행을 할 수 없다. 그리하여 이사회의 업무집행권한은 의사결정에 그치고 현실적인 집행행위는 이사회 또는 정관의 규정에 의거하여 주주총회에서 선임된 대표이사가 담당한다(제393조·제389조). 주식회사의 기관구조가 이러한 맥락에 있기 때문에 이사회와 그 구성원인 이사의 의무와 책임이 강조되고, 이를 견제하고 책임을 추궁하기 위한 제도적 장치가 중요하다.

오늘날 주식회사는 대규모화되고, 그 경영은 전문화 및 기능주의적 경향을 띠고 있다. 그리하여 현실적으로는 대표이사의 권한이 확장되는 동시에 회사경영이 대표이사 및 대표이사를 중심으로 하는 상근의 업무담당이사에 의하여 이루어지고 있다. 다만, 상법은 대표이사와 상근이사에 집중되기 쉬운 업무집행에 공정성을 확보하기 위하여 비상근이사제도를 두고 있다. 그리고 이 제도를 활성화하기 위한 규정들을 두고 있다. 나아가 이사들 상호간 대등한 지위에서 갖는 감시의무를 부여하고(제393조 제3항), 이사의 상급기관인 이사회에게 이사에 대한 이사회의 감독권을 명문화하고 있다(제393조 제2항). 또한 감사·감사위원회에게 이사·이사회에 대한 광범위한 감시기능을 부여하고 있다.

한편 2011년 4월 개정상법은 대표이사에 갈음하는 집행임원제도를 도입하여 회사로 하여금 이를 선택할 수 있도록 하고 있다(제408조의 2 제1항).

II. 이　사

1. 의의

(1) 개념

이사(director, Vorstandsmitglied)란 회사의 수임자적 지위에서 이사회의 구성원으로서 회사의 업무를 집행하는 등 법정의 권한을 가진 자를 말한다. 이를 분설하면 다음과 같다.

(2) 회사 및 주주와의 관계

1) 회사의 수임인

이사는 주주총회에서 선임한다(제382조 제1항). 그러므로 주주총회에서 선임하지 아니한 채 이사·대우이사 등의 명칭만을 부여받은 자는 등기여부를 불문하고 상법상의 이사가 아니다. 단지 근로기준법상의 근로자에 해당한다.[965] 따라서 이들은 상법상 이사의 권한을 행사할 수 없으며, 이사로서의 책임(제399조·제401조)도 부담하지 아니한다. 다만, 제401조의 2의 업무집행지시자 등의 책임에 해당하는 때에는 그에 따른 책임을 부담한다.[966] 이러한 책임은 미등기임원에게도 당연히 적용된다.

이사는 주주총회에서 선임하지만, 주주총회 또는 주주의 대리인이나 사용인이 아니고 회사의 수임인이다. 그러므로 이사는 오직 회사에 대하여 의무를 부담하고 책임을 진다. 회사와 이사의 관계가 이러하기 때문에 일반적인 위임에 관한 규정(민법 제680조 이하)이 준용된다(제382조 제2항).

2) 주주와의 관계 및 형사상 배임

이사는 주주에 대하여 직접 의무를 부담하거나 책임을 지지 아니한다. 이러한 이사와 주주와의 관계는 형법이론에도 적용된다. 그리하여 신주발행시 대표이사가 납입의 이행을 가장한 경우 상법상 納入假裝罪(제628조)는 성립하지만, 제3자에게 신주를 배정하는 행위는 따로 기존 주주에 대한 業務上背任罪(형법 제356조)에 해당하지 아니한다.[967] 그 이유는 신주발행시 대표이사가 일반주주들의 신주인수권과 기존 주식의 가치를 보존하는 임무를 대행하거나 주주의 재산보전 행위에 협력하는 자로서 타인의 사무를 처리하는 자의 지위에 있다고는 볼 수 없기 때문이다. 이러한 논리는 2010년 론스타펀드(Lone Star Fund)사건 및 2009년 에버랜드사건에서도 확인되고 있다.[968]

(3) 이사의 구분
1) 세 가지 구분

상법상 이사는 '사내이사', '사외이사', '그 밖에 상무에 종사하지 아니하는 이사'로 구분하여 등기하여야 한다(제317조 제2항 제8호). 2009년 개정시 이사를 이와 같이 구분하게 된 것은 비상장회사에서도 사외이사(outsider director)를 많이 선임하

---

965) 대법원 2017. 9. 7. 선고 2017두46899; 2003. 9. 26. 선고 2002다64681; 정찬형(2022), 966면; 이철송(2024), 676면.
966) 대법원 2017. 11. 9. 선고 2012다10959.
967) 대법원 2004. 5. 13. 선고 2002도7340.
968) 대법원 2010. 10. 14. 선고 2010도387; 2009. 5. 29. 선고 2007도4949 전원합의체.

고 있었기 때문에 상법에서 이를 규율하기 위함이다. 법문에서 '이사'라 할 때에는 이상 세 가지 이사를 통칭하는 것이다. 이러한 이사를 분설하면 다음과 같다.

2) 사내이사

주식회사는 대표이사가 업무를 집행하지만 보통은 대표이사 이외의 이사에게도 대내적으로 업무집행권을 부여하는데, 이러한 이사를 사내이사(insider director) 또는 업무집행이사(managing director)라고 한다.

3) 사외이사

사외이사(outsider director)란 사내이사와 달리 회사의 常務, 즉 일상적인 업무에 종사하지 아니하는 이사를 말한다(제382조 제3항 본문). 사외이사는 사내이사와 반대되는 개념으로서 회사의 임원(officer)이나 피용인(employee)이 아닌, 회사의 업무집행자나 업무집행기관으로부터 독립적인 지위를 갖는다. 다만, 권한과 의무 면에서는 사내이사와 동일하다. 상법은 사외이사의 독립성을 확보하기 위하여 일반적인 결격사유를 정하고(제382조 제3항), 상장회사의 사외이사에 대하여는 추가적인 결격사유를 정하고 있다(제542조의 8 제2항). 그리고 상장회사에는 일정 수의 사외이사를 두도록 하고 있으며(제542조의 8 제1항), 나아가 자산총액 2조원 이상인 대규모상장회사의 사외이사에 관하여는 선임절차의 특칙을 두고 있다(제542조의 8 제4항·제5항). 이 점에서 사외이사는 '그 밖에 상무에 종사하지 아니하는 이사'와 구별된다.

4) 그 밖에 상무에 종사하지 아니하는 이사

이 유형은 상무에 종사하지 아니하는 이사로서 사외이사가 아닌 자를 뜻한다. 이 유형의 이사는 실무계에서 활용하고 있었던 平理事 또는 非常勤理事 등을 법제화한 것이다.[969] 이 유형의 이사는 상무에 종사하지 아니하는 점에서는 사외이사와 같지만, 독립성이 요구되지 아니하는 점에서는 사외이사와 구분된다. 즉 상근이사는 그 사실만으로 회사와 밀접한 관련이 있으므로 사외이사가 아니지만, 비상근이사(또는 평이사) 중에는 회사와 밀접한 관련이 있는 자가 있을 수 있으므로 그 모두가 사외이사인 것은 아니다.[970] 이 유형의 이사에게는 사외이사에 관한 규정, 특히 자격제한에 관한 제382조 제3항이 적용되지 아니하고 법적 규율에 있어 사내이사와 다르지 않다.

---

969) 구회근, "이사의 회사에 대한 손해배상책임에 관한 연구―대법원판례를 중심으로," 기업소송연구 제4호(2006. 3), 7면.

970) 정동윤(2012), 601면.

따라서 현행법상 이 유형에 해당하는 이사로는 ① 법적으로 주식회사 이사이지만 회사와의 명시적 또는 묵시적 약정에 따라 이사로서의 실질적인 직무를 수행하지 않는 이른바 명목상 이사(Dummy director),971) ② 사내이사이지만 상무에 종사하지 아니하는 이사를 들 수 있다. 이 가운데 ②는 甲그룹의 A회장이 乙이라는 계열회사의 등기이사이자 사내이사이지만, 乙회사에 거의 출근하지 않고 상무에 종사하지 않는 경우를 들 수 있다.

(4) 이사회의 구성원 및 권한

이사는 이사회의 구성원이므로 회사의 업무집행에 관한 의사결정에 참여할 권한이 있다(제393조 제1항). 이 밖에 이사는 각종 소제기 등 단독으로 몇 가지 권한을 행사할 수 있다(제373조 제2항·제376조 제1항·제390조 제1항 본문 등).

2. 이사의 정원과 자격

(1) 이사의 정원

이사는 3명 이상이어야 한다(제383조 제1항). 법문상 상한수에 대한 제약은 없지만, 정관으로 제한할 수 있다. 이사정원을 3인 이상으로 한 것은 회의체인 이사회의 결의에서 可否同數를 피하기 위함이다. 상장회사는 이사총수의 4분의 1 이상을 사외이사로 하여야 하고, 자산규모 2조원 이상의 대규모상장회사는 사외이사를 3인 이상 그리고 이사총수의 과반수가 되도록 하여야 한다(제542조의 8 제1항·시행령 제34조 제2항). 사외이사의 사임·사망 등의 사유로 인하여 사외이사의 수가 이 구성요건에 미달하게 되면 그 사유가 발생한 후 처음으로 소집되는 주주총회에서 이 요건에 합치되도록 사외이사를 선임하여야 한다(제542조의 8 제3항).

한편 자본금 총액이 10억원 미만인 회사는 이사의 수를 1명 또는 2명으로 할 수 있다(제383조 제1항 단서).

(2) 이사의 자격

1) 자격제한

가) 상법규정   상법상 이사의 자격에 관하여 아무런 제한이 없다. 주주임을 요하지도 아니한다. 다만, 정관은 그 내용이 사회질서에 반하지 아니하는 한 이사

---

971) 대법원 2015. 7. 23. 선고 2014다236311.

의 자격을 제한하는 규정을 둘 수 있다. 예를 들면, 한국인·국내거주자·주주(제387조 참조) 또는 일정한 경력을 갖춘 자로 제한하는 것은 유효하다. 정관으로 이사가 가져야 할 주식(자격주)의 수를 정한 경우에 다른 규정이 없는 때에는 이사는 그 수의 주권을 감사에게 공탁하여야 한다(제387조).

상법은 상업사용인(제17조 제1항), 대리상(제89조 제1항), 무한책임사원(제198조 제1항·제269조), 이사(제397조 제1항·제567조) 및 감사(제411조) 등의 겸직을 금지하고 있으므로 그 범위 내에서는 이사로서의 자격이 제한된다. 그리고 이사가 파산선고나 성년후견개시심판을 받은 때에는 종임사유가 된다(제382조 제2항·민법 제690조).

나) 사외이사의 결격사유

① 일반결격사유

상법은 사외이사의 독립성을 확보하기 위하여 별도의 결격사유를 정하고 있다. 그리하여 이에 해당하는 자는 사외이사가 될 수 없고, 재임 중 이에 해당하게 되면 이사의 직을 상실하게 된다. 상법상 사외이사의 일반적인 결격사유에 해당하는 자는 ① 회사의 상무에 종사하는 이사·집행임원 및 피용자 또는 최근 2년 이내에 회사의 상무에 종사한 이사·감사·집행임원 및 피용자, ② 최대주주가 자연인인 경우 본인과 그 배우자 및 직계 존속·비속, ③ 최대주주가 법인인 경우 그 법인의 이사·감사·집행임원 및 피용자, ④ 이사·감사·집행임원의 배우자 및 직계 존속·비속, ⑤ 회사의 모회사 또는 자회사의 이사·감사·집행임원 및 피용자, ⑥ 회사와 거래관계 등 중요한 이해관계에 있는 법인의 이사·감사·집행임원 및 피용자, ⑦ 회사의 이사·집행임원 및 피용자가 이사·집행임원으로 있는 다른 회사의 이사·감사·집행임원 및 피용자이다(제382조 제3항. 2011년 집행임원관련 자구수정).

② 상장회사의 경우 추가결격사유

나아가 상장회사의 사외이사에 대하여는 일반결격사유(제382조 제3항) 외에 추가적인 결격사유를 정하고 있다. 그리하여 ① 미성년자, 피성년후견인 또는 피한정후견인, ② 파산선고를 받고 복권되지 아니한 자, ③ 금고 이상의 형을 선고받고 그 집행이 끝나거나 집행이 면제된 후 2년이 지나지 아니한 자, ④ 대통령령으로 별도로 정하는 법률을 위반하여 해임되거나 면직된 후 2년이 지나지 아니한 자, ⑤ 상장회사의 주주로서 의결권 없는 주식을 제외한 발행주식총수를 기준으로 본인 및 그와 대통령령으로 정하는 특수한 관계에 있는 자(특수관계인)가 소유하는 주식의 수가 가장 많은 경우 그 본인(최대주주) 및 그의 특수관계인, ⑥ 누구의 명의로 하든지 자기의 계산으로 의결권 없는 주식을 제외한 발행주식총수의 100분의 10 이상의 주식을 소유하거나 이사·집행임원·감사의 선임과 해임 등 상장회사의 주요 경영사항에 대하여 사실상의 영향력을 행사하는 주주(주요주주) 및 그의 배우자와 직계 존속·비속, ⑦ 그 밖에 사외이사로서의 직무를 충실하게 수행하기 곤란하거나 상장회사의 경영에 영향을 미칠 수 있는 자로서 대통령령으로 정하는 자(시행령 제34조 제5항 제1호 내지 제7호) 등은 상장회사의 사외이사가 될 수 없다(제542조의 8 제2항). 이 가운데 ① 내지 ④는 이사로서의 최소한의 자질에 관한 사유이고, ⑤ 내지 ⑦은 일반사외이사와 같이 상장회사사외이사의 독립성을 확보하기 위한 사유이다.

2) 법인이사의 허부

법인이사의 許否에 관하여 이를 긍정하는 설이 있다. 그 논지 중의 하나는 특별법의 규정에 있다. 예를 들면, 파산법상 법인은 발기인이나 회생절차의 관리인이 될 수 있고(동법 제74조), 자본시장법상 投資會社(mutual fund)는 법인이사 1인을 두어야 한다(동법 제197조 제2항).

법인은 이사가 될 수 없다고 본다(否定說. 다수설). 왜냐하면 ① 상법은 법인이사를 인정하는 2006년 영국회사법 제164조[972]와는 달리 이사의 성명과 주민등록번호를 등기하도록 하고 있고(제317조 제2항 제8호), ② 이사는 회사의 업무집행에 관여하는 자이고, 또 자연인이어야 하는 대표이사로서의 피선자격을 갖추어야 하기 때문이다. 그리고 파산법의 발기인이나 관리인은 그 목적달성에 필요한 업무를 수행하는 데 그치고, 투자회사의 법인이사제도는 1998년 등의 펀드환매사태(fund run)시의 경험에 기초하여 투자자를 보다 두텁게 보호하기 위한 조치일 뿐, 일반회사에까지 확대적용할 법리를 갖추고 있지는 않다.

3) 행위능력의 여부

가) 학설　　이에 대하여는 견해가 나뉜다. 통설은 상법상 이사의 자격에는 아무런 제한이 없기 때문에 제한능력자도 이사가 될 수 있다고 본다.[973] 이에 비하여 이사는 전문적인 판단이 요구되는 각종의 법률행위를 하고 회사나 제3자에 대

---

972) Peter Loose·Michael Griffiths·David Impey(2015), pp.68－69.
973) 최준선(2024), 458면; 송옥렬(2022), 996면; 권기범(2021), 825면; 손주찬(2004), 759면; 최기원(2012), 583면; 김동훈(2010), 278면; 강·임(2009), 779면; 서·정(1999), 427면.

하여서 책임을 지므로 제한능력자는 이사가 될 수 없다고 보는 견해도 있다.[974]

　나) 사견　　비교법적 관점에서 일본회사법의 경우 미성년자는 이사가 될 수 있으나, 피성년후견인과 피한정후견인은 결격자에 해당한다(동법 제331조 제1항 제2호). 그리하여 일본회사법과 같이 명문의 자격제한규정이 없는 한 제한능력자도 이사가 될 수 있다고 본다(통설). 다만, 법문에 의거 제한능력자는 상장회사의 사외이사가 될 수 없다(제542조의 8 제2항 제1호).

4) 형의 선고에 의한 자격제한

　사형, 무기징역 또는 무기금고의 판결을 받은 자는 이사의 자격을 상실하며(형법 제43조 제1항 제4호), 유기징역 또는 유기금고에 이사의 자격정지를 병과할 수 있다(형법 제43조 제2항). 또 대법원은 특정경제범죄법에 의거 유죄판결을 받은 자는 집행유예기간에도 취업이 제한(동법 제14조 제1항)된다고 해석하고 있다.[975]

3. 이사의 선임

(1) 선임기관

　발기설립시에는 발기인이 이사를 선임하고(제296조 제1항), 모집설립시에는 창립총회에서 선임한다(제312조). 설립 이후에는 주주총회에서 선임한다(제382조 제1항). 이사의 선임권은 총회의 고유한 권한이기 때문에 정관이나 총회의 결의에 의하여도 타인에게 위임할 수 없다.[976] 그리고 이사후보를 특정주주가 지명 또는 추천하는 자로 제한하는 것과 같이 특정인의 의사와 연계시키는 것도 허용될 수 없다. 다만, 회사의 회생절차에서는 회생계획에서 이사의 선임방법이나 임기를 정할 수 있는 예외를 인정하고 있다(파산법 제203조 제1항).

　한편 비상장회사는 상장회사와는 달리 소집통지서에 선임할 이사후보를 사내이사, 사외이사로 구분할 필요가 없다.[977]

(2) 선임방법(단순투표제)

　이사는 주주총회의 보통결의로 선임한다(제368조 제1항). 이사의 선임결의는 이사후보 1인당 하나씩 존재한다. 이를 單純投票制(straight voting)라고 한다. 따라서

---

974) 이철송(2024), 680면.
975) 대법원 2022. 10. 27. 선고 2022두44354.
976) 서울고법 2012. 4. 6. 선고 2011나82690.
977) 서울고법 2010. 11. 15. 자 2010라1065 결정.

이사후보자 중 일부는 다수결로, 그리고 나머지는 득표순으로 선임하는 결의는 위법하다. 예를 들면, 8인의 후보자를 동시에 투표하여 득표한 순서대로 5인을 이사로 선임하는 방법은 위법하다.[978]

(3) 이사의 동의

이사의 선임은 위임관계를 형성하므로(제382조 제2항) 피선임자의 동의를 요한다. 동의는 묵시적인 방법으로도 할 수 있다(예: 이사회참석).

(4) 임용계약의 체결

1) 문제의 제기

주주총회의 이사선임결의가 있으면 대표이사가 피선임자에게 취임의 청약을 하여 그 승낙을 얻어야 하는지에 대하여 견해가 나뉜다.

2) 학설

必要說은 총회의 이사선임결의는 회사내부의 의사결정에 지나지 아니하므로 대표기관이 취임청약을 하고 피선임자가 이를 승낙하여 임용계약을 체결하여야 한다고 본다(다수설).[979] 不要說은 총회결의는 피선임자의 승낙을 정지조건으로 하는 회사의 단독행위이며, 필요설과 같이 설명하면 대표이사가 이사취임의 청약을 하지 아니하는 때에는 이사취임을 할 수 없게 되어 부당하다고 한다(소수설).[980]

3) 판례

종래의 판례는 이사선임을 위하여는 선임결의 후 대표이사가 피선임자에게 임용계약의 청약을 하고 피선임자가 승낙하여야 한다는 법리를 펴고 있었다.[981] 그러나 2017년 대법원은 주식회사에서 이사 또는 감사의 지위취득은 주주총회의 선임결의와 피선임자의 동의가 있으면 족한 것이고, 이 외에 별도의 임용계약의 체결은 필요하지 않다고 하여 기존 판결을 변경하였다(불요설).[982]

---

978) 서울중앙지법 2015. 3. 12. 자 2015카합80191 결정.
979) 정동윤(2012), 595면; 권기범(2021), 840면; 서헌제(2007), 802면; 손주찬(2004), 761면; 김정호(2015), 463면; 정경영(2022), 546면.
980) 김·노·천(2024), 377면; 이철송(2024), 684면; 송옥렬(2022), 995면; 정찬형(2022), 965면 각주2); 이·최(2022), 373면; 장덕조(2023), 298면.
981) 대법원 2009. 1. 15. 선고 2008도9410; 2005. 11. 8. 자 2005마541 결정.
982) 대법원 2017. 3. 23. 선고 2016다251215 전원합의체. 이 사건은 피고의 주주총회에서 甲(원심 공동원고)과 원고를 각각 사내이사 및 감사로 선임하는 결의가 이루어졌으나, 피고의 대표이사가 총회결의에 하자가 있다는 이유로 이사 및 감사 임용계약의 체결을 거

4) 사견

대표이사가 주주총회의 결정을 따르지 아니할 때에는 그에 따른 책임을 물을 수 있다는 논리로 필요설을 취하게 되면, 적시에 적합한 인물을 이사로 선임하는 데 문제가 발생할 수 있다. 이 때문에 임용계약의 문제는 계약법보다는 조직법적인 논리로 해결하여야 한다.

따라서 이사의 선임결의는 창설적 효력을 갖는 행위로서 그 자체에 청약의 효력이 있다고 보고 피선임자의 동의만으로 임용계약이 체결된다고 해석한다(불요설).

(5) 상장회사의 특칙

1) 취지

상법은 상장회사 이사선임시의 공정성을 높이기 위하여 다음과 같은 특칙을 두고 있다.

2) 사외이사와 사내이사의 구분

상장회사의 사외이사에 대하여는 사내이사와 자격요건(제542조의 8 제2항) 및 선임절차(제542조의 5·제542조의 8 제4항 등)를 달리한다. 그러므로 소집통지 및 총회에서는 양자를 구분하고 선임하여야 한다. 다만, 사내이사와 '그 밖에 상무에 종사하지 않는 이사'(사외이사 이외의 비상근이사)는 구분하여 등기하여야 하지만(제317조 제2항 제8호), 상법상 신분상의 구분은 없다. 이 점 주주총회에서는 양자를 함께 선임하고, 이사회의 결의로 구분하여도 무방함을 의미한다.

3) 사전공시

상법은 비상장회사와는 달리 상장회사가 이사선임총회를 소집하는 경우에는 소집통지 또는 공고에 이사후보의 성명 등 후보자에 대한 소정사항을 기재하도록 하고 있다(제542조의 5·제542조의 4 제2항). 주주총회에서는 사전통지·공고한 후보자 중에서 이사를 선임하여야 한다(제542조의 5). 다만, 주주는 주주제안권(제542조의 6 제2항·제363조의 2 제1항)을 행사하여 이사후보자를 추천할 수는 있다.

4) 사외이사후보추천위원회

상법은 최근 사업연도 말 현재의 자산총액이 2조원 이상인 대규모상장회사

부하자, 갑과 원고는 피고의 총회결의에서 사내이사 또는 감사로 선임됨에 따라 별도의 임용계약 없이도 사내이사 및 감사의 지위를 가지게 되었다고 주장하면서, 피고를 상대로 이사 및 감사 지위확인 등의 소를 제기한 사안이다(甲은 상고심에서 소 취하).

(시행령 제34조 제2항)의 사외이사선임절차에 관하여 특칙을 두고 있다. 대규모상장회사는 제393조의 2에 의거하여 이사회 내부에 사외이사후보추천위원회를 두어야 한다. 사외이사후보추천위원회는 사외이사가 총위원의 과반수가 되도록 구성하고 추천하여야 한다(제542조의 8 제4항).

주주총회에서는 동 위원회의 추천을 받은 자 중에서 사외이사를 선임하여야 한다(제542조의 8 제5항 전단). 이 경우 주주가 상장회사의 주주제안절차(제542조의 6 제2항·제363조의 2 제1항)에 의하여 주주총회일[983] 6주 전에 추천한 사외이사후보가 있으면 동 위원회는 이를 포함하여 추천하여야 한다(제542조의 8 제5항).

이는 이사선임에 관한 지배주주들의 영향력을 제어하고 절차상의 투명성을 높이기 위한 규정들이다.

(6) 집중투표제

1) 의의

집중투표제(cumulative voting)는 미국에서 발달한 제도로서[984] 2인 이상의 이사를 선임하는 때에 각 주주는 1주당 선임할 이사의 수와 동일한 수의 의결권을 가지고, 그 의결권을 1인에게 집중투표하거나 또는 편의상 수인의 후보자에게 분산하여 투표하는 방법을 말한다(제382조의 2 제3항). 예를 들면, 이사 4인(甲, 乙, 丙, 丁)을 선임하는 때에 각 주주는 1주당 4개의 의결권을 가지고, 의결권 4개를 특정이사후보(예: 甲)에게 집중적으로 행사하거나 수인의 후보에게 분산하여 행사(예: ① 甲·乙 각 2개, ② 甲·乙 각 1개·丁 2개, ③ 乙 1개·丁 3개 등)할 수 있다.

2) 취지

이사선임결의는 1인의 이사선임이 하나의 의안을 구성하기 때문에 통상적으로 贊反을 묻는 결의(단순투표제)를 하면 다수파가 이사의 지위를 점하게 된다. 특히 이러한 현상은 대주주 등의 持株數가 50%를 초과하는 때에 더욱 심화된다. 이 경우 집중투표제를 적용하면 소수파도 지주수에 비례하여 이사의 지위를 얻을 수 있으므로 대주주가 이사전원을 독점 선임하는 것을 견제할 수 있다. 이 점에서 집중투표제는 일종의 비례대표제이다. 상법은 경영독점으로 인한 폐해를 사전

---

983) 이 경우 총회가 정기주주총회의 경우 직전 연도의 정기주주총회일에 해당하는 해당연도의 해당일이 주주총회일이 된다(제542조의 8 제5항 괄호).

984) MBCA § 7.28(d); DGCL(Del. Gen. Corp. Law) § 214; N.Y.B.C.L. § 618 등(Jeffrey D. Bauman·Russell B. Stevenson, Jr.(2013), pp.384－385).

에 방지하기 위하여 1998년 개정시 이를 도입하였다(제382조의 2).

그러나 최근에는 헤지펀드(hedge fund) 등이 이 제도를 활용하여 회사경영에 위협을 가하는 사례도 증가하고 있어[985] 그 부작용을 간과할 수는 없다. 그리고 이 제도를 법으로 강제하는 때에는 公的年金 등을 활용하여 國家가 企業을 馴致 시키려고 한다는 비판도 예상된다.

3) 요건

가) 이사선임의 수　　집중투표제는 2인 이상의 이사를 선임할 때에 한하여 채택할 수 있다(제382조 2 제1항). 선임할 이사가 1인이라면 단순투표제에 의할 것이기 때문이다.

나) 정관에 다른 정함이 없을 것　　집중투표제의 채택은 회사의 선택사항이다. 그리하여 회사의 정관에 집중투표제의 적용을 배제하는 규정을 둠으로써 이 제도를 적용하지 아니할 수 있다(제382조의 2 제1항)(opt-out 방식).

다) 소수주주의 청구　　의결권 없는 주식을 제외한 발행주식총수의 100분의 3 이상에 해당하는 주주가 회사에 집중투표제로 이사를 선임할 것을 청구하여야 한다(제382조의 2 제1항). 이 청구는 이사선임을 위한 주주총회의 7일 전까지 서면 또는 전자문서로 하여야 한다(제382조의 2 제2항). 이 서면은 총회가 종결될 때까지 본점에 비치되어야 하고 주주로 하여금 영업시간 내에 열람할 수 있게 하여야 한다(제382조의 2 제6항). 그리고 이 청구가 있는 경우 의장은 의결에 앞서 그러한 청구가 있다는 취지를 알려야 한다(제382조의 2 제5항).

의결권 있는 주식의 100분의 3 이상에 해당하는 주주의 청구가 있으면, 총회에서는 집중투표제를 배제하는 결의를 할 수 없다. 이는 소수주주들을 보호하기 위한 제도이기 때문이다.

라) 집중투표의 방법　　주주의 청구가 있는 경우에 이사의 선임결의에 관하여 각 주주는 1주마다 선임할 이사의 수와 동일한 수의 의결권을 가지며, 그 의결권은 이사후보자 1인 또는 수인에게 집중하여 투표하는 방법으로 행사할 수 있다(제382조의 2 제3항). 이 경우에는 투표의 최다수를 얻은 자부터 순차적으로 예정된

---

985) Brian R. Cheffins(2008), pp.395-397; 국내의 대표적인 사례로는 1999년 미국계 타이거 펀드(tiger fund) vs. SK텔레콤; 2003년 영국계 소버린 헤지펀드(sovereign fund) vs. SK; 2006년 미국계 칼 아이칸 펀드(Carl Icahn fund) vs. KT&G 등.

수의 이사에 선임된다(제382조의 2 제4항). 따라서 집중투표에는 보통결의요건(제368조 제1항)이 적용되지 아니한다.

마) 소집통지의 특례   집중투표를 원하는 주주는 총회일의 7일 전에 청구하여야 하므로(제382조의 2 제2항) 총회의 소집통지·공고를 함에 있어서는 선임할 이사의 수를 기재하여야 한다(통설·판례).986) 주주는 선임될 이사수에 따라 집중투표의 청구를 할 것인지와 총회의 참석 여부를 결정할 수 있기 때문이다. 총회에서는 그 기재된 이사의 수를 초과하거나 미달하는 이사를 선임할 수 없다.

바) 이사선임지주수

① 산식 및 최소요건

집중투표제를 채택하더라도 주주가 원하는 인원의 이사를 선임하기 위하여는 그에 필요한 주식수를 보유하고 있어야 한다. 그리하여 이사를 자기의 의사대로 선임하기 위한 산식은 $X = [S \times d/(D+1)] + 1$이 된다($X$ = 이사선임을 위하여 필요한 주식수, S = 이사선임결의에 출석한 주식수, d = 자기의 의사대로 선임하고자 하는 이사의 수, D = 총회에서 선임할 이사의 총수).987)

그러나 ① 위와 같은 산식에 의하여 이사를 선임하였고, 나아가 ② 집중투표제에는 보통결의요건(제368조 제1항)이 적용되지 아니한다고 하더라도 발행주식총수의 4분의 1 미만의 주식수를 가진 주주만의 출석으로는 이사선임결의를 할 수 없다고 본다.988) 4분의 1이라는 요건은 총회결의의 대표성을 인정하기 위하여 상법이 인정한 최소요건이기 때문이다.

② 의사정족수

정관에서 이사선임을 발행주식총수의 과반수의 주식을 가진 주주의 출석과 출석주주의 의결권의 과반수에 의한다고 규정하는 경우, 집중투표에 관한 제382조의 2의 조항이 정관에 규정된 의사정족수(성립정족수. 출석정족수) 규정을 배제하는 것은 아니다. 그러므로 이사의 선임을 집중투표의 방법으로 하는 경우에도 정관에 규정한 의사정족수는 충족되어야 한다.989) 즉 이 경우에는 ① 집중투표의 방

---

986) 이철송(2024), 689면; 정찬형(2022), 968면; 정동윤(2012), 593면; 최기원(2012), 576면; 최준선(2024), 457면; 홍·박(2021), 414면; 권기범(2021), 836면; 서울고법 2010. 11. 15. 자 2010라1065 결정(확정).

987) Jeffrey D. Bauman·Russell B. Stevenson, Jr.(2013), p.384.

988) 同旨 이철송(2024), 689면; 송옥렬(2022), 995면.

법으로 이사를 선임하고, ② 정관에서 정하는 선임정족수를 충족하여야 하는 두 단계를 거쳐야 하는 것이다.

4) (대규모)상장회사 등의 특례

상장회사의 경우 집중투표의 청구는 주주총회일의 6주 전까지 서면 또는 전자문서로 하여야 한다(제542조의 7 제1항). 이때 총회가 정기주주총회의 경우에는 직전연도의 정기주주총회일에 해당하는 그 해의 해당일이 주주총회일이 된다(동항 괄호).

최근 사업연도 말 현재의 자산총액이 2조원 이상인 대규모상장회사의 경우 집중투표를 청구할 수 있는 자는 의결권 없는 주식을 제외한 발행주식총수의 100분의 1 이상에 해당하는 주식을 보유한 주주이다(제542조의 7 제2항). 대규모상장회사가 정관으로 집중투표를 배제하거나 그 배제된 정관을 변경하려는 경우에 의결권 없는 주식을 제외한 발행주식총수의 100분의 3을 초과하는 주식을 가진 주주의 의결권은 100분의 3 이하로 제한된다(동조 제3항). 다만, 정관에서 이보다 낮은 주식 보유비율을 정할 수 있다(동항 단서). 그러므로 집중투표제를 배제하는 정관변경의안은 그 밖의 정관변경의안과 별도로 상정하여 의결하여야 한다(동조 제4항).

4. 이사의 임기

(1) 원칙

이사의 임기는 3년을 초과하지 못한다(제383조 제2항). 3년은 회사가 정하는 임기의 한계를 의미하고, 회사의 정관에서 "이사의 임기는 3년을 초과하지 못한다."고 규정한 것이 이사의 임기를 3년으로 정하는 취지는 아니다.[989] 그리하여 정관에서는 이사의 임기를 명시하는 것이 일반적이지만, 정하지 아니할 수도 있다. 이사의 임기를 정하지 아니하는 경우에는 이사가 정당한 이유 없이 해임되더라도 회사에 대하여 해임으로 인한 손해배상을 청구할 수 없는 불리함이 있다(제385조 제1항 반대해석). 그리고 임기는 이사별로 달리 정할 수 있다. 임기만료 후의 재선은 당연히 가능하다.

(2) 예외

이사의 임기는 정관의 규정으로 그 임기 중의 최종의 결산기에 관한 정기주

---

989) 대법원 2017. 1. 12. 선고 2016다217741.
990) 대법원 2001. 6. 15. 선고 2001다23928.

주총회의 종결에 이르기까지 연장할 수 있다(제383조 제3항). 예를 들면, 2024년 12월 31일이 결산일이고 정기주주총회가 2025년 2월 28일에 열리는 회사에서 이사 甲의 임기가 2025년 1월 15일에 만료한 때에는, 정관의 규정으로 같은 해 2월 28일까지 연장할 수 있다. 즉 이 규정은 이사의 임기가 최종 결산기의 말일과 당해 결산기에 관한 정기주주총회 사이에 만료되는 경우에 적용되는 것이다.991) 그러므로 사업연도가 1월 1일부터 12월 31일인 회사에서 2024년 12월 25일에 임기가 만료된 이사가 그 임기를 정기주주총회가 개최되는 2025년 2월 28일까지 연장할 수 있다는 뜻은 아니다. 이 규정은 ① 이사에 대하여는 임기 중의 결산에 대한 책임을 지도록 하고, ② 회사에 대하여는 정기총회를 목전에 두고 이사선임을 위한 임시주주총회를 개최하여야 하는 번거로움을 덜어 주는 데 그 취지가 있다.

(3) 임기의 개시(기산점)

1) 문제의 제기

결원이 되어 補闕選任된 이사의 임기는 새로 개시된다. 다만, 보궐선임된 後任理事의 임기를 전임자의 殘任期間으로 하는 것도 유효하다. 문제는 이사의 임기개시의 시점인데, 이에 대하여는 학설이 나뉜다.

2) 학설

승낙시설은 본인이 이사에 취임한 날(승낙일)에 개시한다고 한다. 그 이유는 본인이 승낙하지도 아니한 상태에서 임기가 개시되는 것은 불합리하기 때문이다(다수설).992) 선임결의시설은 이사의 임기개시는 대외적으로 명확하고 수인의 이사 간에 획일적으로 정해져야 한다는 점을 전제로 한다. 그리하여 이사의 임기는 선임결의(예: 2월 15일)에서 정한 임기개시일(예: 3월 1일) 후에 취임동의(예: 3월 15일)가 있으면 선임결의상의 임기개시일(예: 3월 1일)로 소급하여 개시한다고 본다. 다만, 이사선임결의(2월 15일)에서 임기개시일을 정하지 아니하고 결의 후에 취임동의(3월 15일)를 하는 때에는 선임결의일(2월 15일)로 소급하여 개시한다고 본다(소수설).993)

---

991) 대법원 2010. 6. 24. 선고 2010다13541.
992) 이·최(2022), 373면; 정동윤(2012), 595면; 최기원(2012), 581면; 최준선(2024), 459면; 장덕조(2023), 300면; 이·임·이·김(2012), 291면; 임재연(2016Ⅱ), 268면.
993) 정경영(2022), 547면; 이철송(2024), 691면; 손주찬(2004), 760면; 채이식(1996), 547면.

3) 사견

이사선임시의 임용계약에서 기술한 바와 같이 이사의 선임결의는 창설적 효력을 갖는 행위라고 해석한다. 임기의 기산점 역시 같은 맥락에서 이해하여야 한다(소수설).

5. 이사의 종임

이사는 다음과 같은 사유로 종임한다.

(1) 일반적 종임사유

이사와 회사간에는 위임에 관한 규정이 준용된다(제382조 제2항). 그러므로 이사는 위임의 종료사유인 약정종료사유 또는 법정종료사유에 의하여 終任하게 된다. 약정종료사유는 각 당사자의 계약해지(민법 제689조)를 의미하는데, 이사의 사임 또는 회사의 해임 등이 있다. 법정종료사유에는 위임인인 회사의 해산·파산, 이사의 사망·파산 또는 이사가 성년후견개시의 심판을 받은 경우 등이 있다(제382조 제2항·민법 제690조).

이 밖에도 이사는 임기의 만료, 정관에 정한 자격상실사유의 발생, 사외이사의 결격사유의 발생 또는 회사가 해산하는 때에 종임하게 된다.

(2) 임기만료

이는 가장 일반적인 종임사유이다. 그러나 회사가 이사의 법정 원수를 결하는 경우에는 새로 선임된 이사가 취임할 때까지 임기만료된 이사가 이사로서의 권리·의무를 갖는다(제386조 제1항. 후술참조).

(3) 사임

1) 효력발생시기

이사는 위임관계에서의 수임인과 같이 언제든지 사임할 수 있다(민법 제689조 제1항). 사임은 단독행위로서 회사에 대한 일방적 의사표시이므로 의사표시가 상대방(대표이사)에게 도달함과 동시에 그 효력이 발생한다. 따라서 회사 또는 주주총회의 승낙을 요하지 아니하고, 변경등기가 마쳐지지 아니하더라도 이사의 지위를 상실한다.994)

---

994) 대법원 2013. 9. 9. 자 2013마1273 결정.

2) 철회의 허부

사임은 단독행위로써 대표이사에게 의사표시가 도달함과 동시에 효력이 발생하므로 이를 임의대로 철회할 수 없다.995) 다만, ① 사임서 제시 당시 즉각적인 철회권유로 사임서 제출을 미루거나, ② 사임서의 제출일(예: 7월 1일) 이후로 작성일자를 기재(예: 7월 5일)한 경우 등의 특별한 사정이 있는 때에는 별도의 사임서를 제출하여야 사임의 효력이 발생한다. 그리고 ③ 대표자에게 사표처리를 일임한 경우(예: 회사대표자의 재신임을 묻기 위한 경우 등)에는 대표자의 수리행위 등이 있어야 사임의 효력이 발생한다.996) 이사가 대표이사에게 사임의 의사표시에 관한 대리권을 수여한 것으로 보아야 하기 때문이다. 따라서 그 효력이 발생하기 이전에는 사임의사를 철회할 수 있다. 이와 달리 회사의 정관에 이사사임의 의사표시의 효력발생시기를 명문으로 둔 경우에는 그 시기에 이르기 전에 사임이사를 철회할 수 있다고 본다.997)

(4) 해임
1) 해임결의

가) 결의방법   주주총회는 특별결의로 언제든지 그리고 정당한 이유의 유무를 불문하고 이사를 해임할 수 있다(제385조 제1항 본문). 이사에 대한 解任權은 정관으로 이사회의 결의나 대표이사의 결정에 위임할 수 없다. 주주총회가 일방적인 해임권을 갖는 것은 ① 위임의 상호해지자유의 원칙(민법 제689조 제1항)에 따르고, ② 이사는 주주의 출자재산을 관리하는 자이므로 그 지위의 유지 여부는 주주가 결정할 문제이기 때문이다. 즉 주주의 이사에 대한 감독기능이라 할 수 있다.

나) 특별이해관계   이사의 해임결의에 있어서 결의의 대상인 이사가 주주일지라도 그 주주는 특별이해관계인(제368조 제3항)에 해당하지 아니하므로 해임결의에 관한 의결권을 상실하지 아니한다. 그것은 개인법적인 이해관계가 없기 때문이다.

995) 대법원 2011. 9. 8. 선고 2009다31260; 2006. 6. 15. 선고 2004다10909.
996) 대법원 1998. 4. 28. 선고 98다8615.
997) 대법원 2008. 9. 25. 선고 2007다17109.

다) 해임효과의 발생시기

① 문제의 제기

이사의 해임결의의 효과는 선임결의시와는 달리 상대방의 승인여부와 관계 없이 발생한다. 다만, 해임효과의 발생시기에 대하여는 견해가 나뉜다.

② 학설

다수설은 해임의 효과는 해임되는 이사에게 해임의 고지를 한 때에 발생하 는 것으로 본다.[998] 소수설은 해임의 효과는 해임결의에 의하여 즉시 발생한다 고 한다.[999]

③ 사견

이사의 선임이나 사임의 경우와는 달리 해임시에 실제로 문제가 발생하는 것 은 해임대상자의 소재가 불분명한 경우와 같은 이상상황이 대부분이라는 점을 고 려하여야 한다. 따라서 해임결의 즉시 해임의 효과가 발생한다고 본다(소수설).

라) 추인결의의 효과   기술한 바와 같이 무효인 결의나 부존재한 결의에 대 하여는 사후 새로운 결의로 추인할 수 없다.[1000] 따라서 부존재한 이사해임결의 가 사후의 총회결의로 추인되더라도, 전자의 총회결의시로 소급하여 해임이 유효 한 것은 아니다.

2) 손해배상

가) 발생원인   임기가 정해져 있는 이사를 정당한 이유 없이 그 임기만료 전 에 해임한 때에는 그 이사는 회사에 대하여 해임으로 인한 손해의 배상을 청구할 수 있다(제385조 제1항 단서). 이 규정은 이사가 총회의 특별결의에 의하여 그 임기 전에 해임된 경우에 한하여 적용되고 依願免職의 형식으로 해임된 경우에는 적 용되지 아니한다.[1001] 다만, 의원면직형식의 해임발령이 이사의 의사에 반하여 사직서를 작성·제출하게 하고 이루어진 경우, 회사는 불법행위로 인한 손해배상 책임을 진다.[1002]

---

998) 정찬형(2022), 980면; 최기원(2012), 586면; 손주찬(2004), 767면; 정희철(1989), 473면; 권기범(2021), 848면; 김건식(2015), 341면.

999) 정동윤(2012), 596면.

1000) 대구고법 1982. 10. 5. 선고 81나1090.

1001) 대법원 1993. 8. 24. 선고 92다3298.

1002) 대법원 1993. 8. 24. 선고 92다3298.

　　한편 제385조 제1항의 반대해석으로 정관이나 총회의 결의로 이사의 임기를 정하지 아니한 때에는 언제든지 이사를 해임할 수 있고, 이때에는 손해배상을 할 필요가 없다.[1003] 결국 이 규정은 주주의 회사에 대한 지배권 확보와 경영자지위의 안정이라는 주주와 이사의 이익을 조화시키려는 제도라고 할 수 있다.

　나) 정당한 이유

　① 개념

　　제385조 제1항의 '정당한 이유'란 주주와 이사 사이에 불화 등 단순히 주관적인 신뢰관계가 상실된 것만으로는 부족하다. 그리하여 ① 이사(또는 감사)가 법령이나 정관에 위배된 행위를 하였거나 정신적·육체적으로 경영자로서의 직무를 감당하기 현저하게 곤란한 경우, ② 회사의 중요한 사업계획 수립이나 그 추진에 실패함으로써 경영능력에 대한 신뢰관계가 상실된 경우 등과 같이 이사가 경영자로서 업무를 집행하는 데 장해가 될 객관적 상황이 발생한 경우 등이 '정당한 이유'에 해당한다(통설·판례).[1004] 즉 소수주주의 해임청구사유인「부정행위, 법령·정관에 위반한 중대한 사실」(제385조 제2항)은 물론 질병·투자유치실패·중대한 경영실패 등도 포함된다. 예컨대, 이사가 경업금지(제397조)에 위반하면, 총회의 해임결의시 해임사유로 '경업'을 명시하지 않았더라도 '정당한 이유'가 된다.[1005]

　　이사의 재직기간 중 회사실적이 부진한 경우에도 '정당한 이유'에 해당한다. 예를 들면, 이사로 재직하던 기간의 실적을 재직 전의 것과 비교하여 ① 매출액이 40% 정도 감소하고, ② 신규소매펀드의 목표액 대비 실제판매액은 61%, 목표달성률 100%를 초과한 것은 2개 펀드에 불과, 목표달성률 10%에도 미치지 못한 것은 14개 펀드, ③ 회사의 순매출액은 마이너스를 기록한 사례에서는 '정당한 이유'가 존재한다.[1006] 하급심 중에는 경제환경 등 외적 요인으로 야기된 경영위기를 해결하기 위하여 경영전략의 차원에서 이사를 해임하는 것은 정당한 이유가 있다고 한 사례도 있다.[1007]

　　한편 이사(또는 감사)에게 정보비, 업무추진비, 출장비 일부의 부적절한 집행

1003) 대법원 2001. 6. 15. 선고 2001다23928.
1004) 대법원 2023. 8. 31. 선고 2023다220639; 2011. 9. 8. 선고 2009다31260.
1005) 대법원 2023. 8. 31. 선고 2023다220639.
1006) 대법원 2014. 5. 29. 선고 2012다98720.
1007) 서울지법 1997. 2. 14. 선고 96가합36826.

등의 잘못이 있다 하더라도 그러한 사유들만으로는 이사(또는 감사)로서의 업무를 집행하는 데 장해가 될 만한 객관적 상황이 발생하였다고 볼 수 없다. 그러므로 정당한 해임사유가 존재하지 아니한다.[1008]

② 정관규정의 성격

정관상 해임사유에 관한 규정이 있는 경우 그 성격이 문제될 수 있다. 통설·판례는 회사의 정관에 이사의 해임사유에 관한 규정이 있는 경우 회사는 이사의 중대한 의무위반 또는 정상적인 사무집행 불능 등의 특별한 사정이 없는 이상, 정관에서 정하지 아니한 사유로 이사를 해임하는 것은 '정당한 이유'가 없다고 본다.[1009] 소수설은 이 판지가 비영리법인에는 타당하지만, 주식회사에는 적용될 수 없다고 한다.[1010]

생각건대 정관에 이사의 해임사유나 절차 등에 관한 규정이 있는 경우 그 규정은 회사와 이사와의 관계를 명확히 함은 물론 이사의 신분을 보장하려는 의미도 있어 단순히 주의적 규정이라고 할 수 없다고 본다(통설).

③ 판단기준시점 및 입증책임

'정당한 이유'의 존부는 해임결의 당시를 기준으로 객관적으로 존재하는 사유를 참작하여 판단할 수 있고, 주주총회에서 해임사유로 삼거나 해임결의시 참작한 사유에 한정되는 것은 아니다(예: 앞 ①의 경업금지의무위반사례).[1011] '정당한 이유의 존부'에 대한 증명책임은 손해배상을 청구하는 이사가 부담한다.[1012]

다) 손해배상의 범위 및 손익상계　　손해배상의 범위는 임기 중에 받을 수 있는 보수이다(통설·판례).[1013] 따라서 이사의 보수를 주주총회의 결의로 정하도록 한 경우 주주총회가 없으면 이사의 보수청구권은 발생하지 아니하므로 부당한 해임으로 인한 손해배상은 발생하지 아니하게 된다.[1014] 그리고 이사가 부당한 해임으로 인하여 남은 임기 동안 회사의 사무를 처리하지 아니하여도 되는 시간과

1008) 대법원 2013. 9. 26. 선고 2011다42348; 2011. 9. 8. 선고 2009다31260.
1009) 임재연(2024Ⅱ), 340면; 최준선(2024), 461면; 정찬형(2022), 980면; 대법원 2024. 1. 4. 선고 2023다263537; 2013. 11. 28. 선고 2011다41741.
1010) 이철송(2024), 692면.
1011) 대법원 2023. 8. 31. 선고 2023다220639.
1012) 대법원 2012. 9. 27. 선고 2010다94342; 2006. 11. 23. 선고 2004다49570.
1013) 서울고법 2011. 4. 29. 선고 2010나46123; 서울고법 1978. 7. 6. 선고 77나2669.
1014) 대법원 2012. 9. 27. 선고 2010다94342.

노력을 이용하여 다른 직장에 종사하여 얻은 이익이 있는 경우 해임과의 사이에 상당인과관계가 인정되면, 해임으로 인한 손해배상액의 산정시 그 이익은 공제되어야 한다.[1015] 이사의 부당한 해임으로 인한 손해배상의 범위에 손익상계의 법리를 적용하는 것이다. 다만, 이에 대하여는 해임이 새로운 취업을 위한 동기는 되었겠지만, 해임과 손해 사이에 인정되는 인과관계와 등가적인 법적 인과관계를 인정할 수는 없으므로 손익상계론의 대상이 아니라는 반대론이 있다.[1016]

라) 손해배상책임의 법적 성질　　제385조에 따른 배상책임은 회사의 고의나 과실을 요하지 아니하므로 채무불이행책임 또는 불법행위책임이 아니라 법정책임이다(통설·판례).[1017] 즉 이사의 해임은 법에서 허용하는 적법한 행위인 것이다. 그 결과 채무불이행이나 불법행위책임에서와 같은 과실상계의 법리가 적용되지 아니하며, 임기만료 전 해임으로 인하여 이사가 받은 정신적 고통에 대한 위자료도 청구할 수 없다.[1018]

3) 소수주주의 해임청구

가) 관련규정 및 취지　　이사가 그 직무에 관하여 부정행위 또는 법령이나 정관에 위반한 중대한 사실이 있음에도 불구하고 총회에서 그 해임을 부결한 때에는 발행주식총수의 100분의 3 이상을 가진 주주는 총회결의가 있은 날부터 1월 내에 그 이사의 해임을 법원에 청구할 수 있다(제385조 제2항). 이 규정은 이사의 부정행위가 있음에도 불구하고, 대주주가 이를 비호하여 해임결의가 부결되는 때 소수주주가 주도하여 시정할 수 있는 기회를 주는 데 그 취지가 있다.

나) 해임청구권자　　해임청구는 의결권행사를 전제로 하는 것이 아니므로 의결권 없는 주주도 할 수 있다. 이는 기술한 소수주주의 주주총회소집청구권(제366조·제542조의 6 제1항)의 행사와 동일한 논리이다. 상장회사의 경우에는 6개월 전부터 발행주식총수의 10,000분의 50을 가진 주주가 해임청구권을 행사할 수 있다. 다만, 자본금이 1,000억원 이상인 회사는 10,000분의 25 이상으로 주식보유비율이 낮아진다(제542조의 6 제3항·시행령 제32조).

다) 해임청구사유　　부정행위 또는 법령·정관의 위반을 요하므로 단순한 임

1015) 대법원 2013. 9. 26. 선고 2011다42348.
1016) 이철송(2024), 693면.
1017) 서울고법 1990. 7. 6. 선고 89나46297(확정).
1018) 서울고법 1990. 7. 6. 선고 89나46297(확정).

무해태는 해임청구의 사유가 될 수 없다(제399조 제1항 참조). 부정행위란 의무에 위반하여 회사에 손해를 발생시키는 고의의 행위를 말한다. 법령·정관에 위반한 행위란 특정한 위법행위나 정관위반행위를 뜻한다. 대표적으로는 경업금지나 자기거래금지(제397·제398조)를 위반한 행위를 들 수 있다.[1019] 해임청구사유는 이사의 재임 중에 있으면 족하고, 해임청구시에 존재할 필요는 없다.[1020]

라) 대상이사

① 임기 중의 이사

소수주주의 해임청구의 대상이 되는 자는 임기 중의 이사에 한한다. 이 때문에 임기만료 후 이사의 권리의무를 갖는 퇴임이사(제386조 제1항)는 대상이 아니다.[1021] 그것은 퇴임이사가 부정행위 등을 하는 경우에는 ① 소수주주권자가 총회소집청구권을 행사하여 새로운 이사의 선임을 구할 수 있으며(제366조·제542조의6 제1항), ② 이사, 감사 기타 이해관계인(예: 주주)이 법원에 임시이사의 선임을 청구할 수 있어(제386조 제2항) 해임청구를 인정할 실익이 없기 때문이다.[1022]

② 종임 후 재임이사

ㄱ. 사임이사: 해임청구의 소는 특정 이사의 선임결의의 부당함이 아니라 특정인의 이사로서의 부적격성을 이유로 제기되는 것이다. 그러므로 해당이사가 소송이 제기된 후 사임하고 재차 이사로 선임되었다고 하더라도 청구이유가 유지된다고 보아야 하고, 해임청구의 소를 각하하여서는 아니 된다.[1023]

ㄴ. 임기만료이사: 이사해임의 소의 계속 중에 그 이사가 임기만료에 의하여 퇴임하고 다시 이사로 재임된 경우에 소의 이익이 상실되는지에 대하여는 견해가 나뉜다. 肯定說은 이사의 선임은 주주총회의 전속결의사항이고, 재임된 때에는 주주의 신임을 확인한 것이므로 소의 이익을 상실한다고 본다.[1024] 否定說은 이사해임의 소가 대주주의 전횡으로부터 회사와 소수주주의 이익을 보호하기 위한 제도이므로, 총회의 재임결의는 대주주의 권리남용이라고 보고 소의 이익을 상실

1019) 대법원 1993. 4. 9. 선고 92다53583; 1990. 11. 2. 자 90마745 결정.
1020) 대법원 1993. 4. 9. 선고 92다53583; 1990. 11. 2. 자 90마745 결정.
1021) 同旨 대법원 2021. 8. 19. 선고 2020다285406.
1022) 서울서부지법 1998. 6. 12. 선고 97가합11348.
1023) 이철송(2024), 695면; 부산지법 2004. 4. 14. 선고 2002가합16791.
1024) 정동윤(2012), 597면.

하지 아니한다고 본다.[1025]

생각건대 이사자격의 부적격성을 이유로 제기되는 이사해임의 소의 대상이
되는 이사가 임기만료로 종임하였다고 하여 총회에서 재임결의를 하는 것은 소수
주주의 이사해임청구권을 사실상 형해화시키는 것으로써 부당하다(부정설).

마) 관할·가처분   해임청구의 소는 회사의 본점소재지의 지방법원의 관할에
전속한다(제385조 제3항·제186조). 해임판결이 있기 전이라도 법원은 당사자의 신청
에 의하여 가처분으로써 이사의 직무집행을 정지할 수 있고, 직무대행자를 선임
할 수 있다(제407조 제1항 전단).[1026]

바) 소의 성질·피고 등   이 소는 회사와 이사의 위임관계의 해소를 구하는
형성의 소이다. 따라서 원고승소의 판결이 확정되면 총회의 해임결의가 없더라도
즉시 해임의 효력이 발생한다. 피고에 대하여는 과거에는 해당이사가 피고라는
설,[1027] 회사가 피고라는 설[1028]이 있었으나, 현재는 이 소의 성질이 형성의 소라
는 점에서 회사와 이사를 공동피고로 해야 한다(통설).[1029]

생각건대 소수주주의 이사해임청구는 회사와 이사간의 위임관계의 해소를
구하는 소이고, 이사는 절차보장의 관점에서 피고적격이 인정된다고 본다(통설).

(5) 이사재직 중의 보증행위에 대한 책임

회사가 금융기관 등 타인으로부터 차입할 때에 이사가 보증을 하는 수가 있
다. 이 경우 이사가 채무액과 변제기가 특정되어 있는 회사채무에 대하여 보증계
약을 체결하게 되면 이사직 사임이라는 사정변경을 이유로 보증인인 이사가 일방
적으로 보증계약을 해지할 수 없다.[1030] 다만, 판례는 이사가 교체될 때마다 보증
계약을 갱신하였다면 이사의 지위를 전제로 하는 묵시적인 승낙이 있는 것으로
본다.[1031] 그리고 이사라는 지위 때문에 부득이 은행에 대한 채무를 보증하였다
면 퇴직으로 인하여 연대보증계약 성립 당시의 사정에 현저한 변경이 생긴 것으

1025) 최기원(2012), 590면.
1026) 대법원 1997. 1. 10. 자 95마837 결정.
1027) 손주찬(2004), 768면; 강위두(2000), 487면.
1028) 임홍근(2000), 462면.
1029) 송옥렬(2022), 999면; 정찬형(2022), 981면; 이철송(2024), 695면; 최준선(2024), 463면;
      권기범(2021), 849면; 최기원(2012), 590면; 정동윤(2012), 597면.
1030) 대법원 2006. 7. 4. 선고 2004다30675; 1998. 7. 24. 선고 97다35276.
1031) 대법원 1993. 2. 12. 선고 92다45520.

로 보아 보증채무를 해지할 수 있다고 한다.[1032]

(6) 확인의 소와 이사지위확인

주주총회에서 이사(乙)로 선임되었는데도 회사(甲)가 이사임용계약의 체결을 거부하자 회사를 상대로 이사지위의 확인을 구하는 소를 제기하여 다투던 중 환송 후 원심의 심리 도중 이사(乙)의 임기가 만료되어 후임이사(丙)가 선임되는 경우 문제될 수 있다. 일반적으로 과거의 법률관계는 확인의 소의 대상이 될 수 없다. 그러나 그것이 현재의 권리 또는 법률상지위에 영향을 미치고 그 위험이나 불안을 제거하는데 유효·적절한 수단이라고 인정될 때에는 예외이다.[1033]

6. 이사의 결원

(1) 퇴임이사

1) 의의

이사가 퇴임한 결과 법률 또는 정관에 정한 이사의 원수를 결한 경우에는 임기의 만료 또는 사임으로 인하여 퇴임한 이사는 새로 선임된 이사가 취임할 때까지 이사의 권리·의무가 있다(제386조 제1항). 이를 退任理事라 한다.

한편 상법은 '법률 또는 정관에 정한 이사(또는 감사)의 원수를 결한 경우 그 선임절차를 해태한 때'에는 선임을 위한 총회소집절차를 밟아야 할 지위에 있는 자에게 과태료의 제재를 가하고 있는데(제635조 제1항 제8호), 여기서 선임의 대상이 되는 '이사'에 '대표이사'는 포함되지 아니하는 점에 주의를 요한다.[1034]

2) 취지

퇴임이사제도는 이사의 수가 상법상 최저 정원인 3인에 미달하거나 정관에서 정한 이사회 또는 위원회의 成員에 未達되는 때에는 업무집행에 지장을 가져올 수 있으므로 이를 방지하는 데 그 취지가 있다. 그리고 이사의 결원이 생긴 경우 회사는 지체 없이 주주총회를 소집하여 후임이사를 선임하여야 하지만, 소집절차 등을 밟아야 하는 등 시간이 소요되므로 잠정적으로 이 間隙을 메우기 위한 편의

1032) 대법원 2000. 3. 10. 선고 99다61750.
1033) 대법원 2020. 8. 20. 선고 2018다249148. 이는 감사지위확인에 관한 사례이지만, 그 법리를 이사에게 적용하여도 무리 없다; 同旨 2021. 2. 25. 선고 2017다51610.
1034) 대법원 2007. 6. 19. 자 2007마311 결정. 이 판례에 대한 상세한 내용은 채동헌, "주식회사 대표이사의 퇴임으로 인한 변경등기의무," 상장 2008. 1월호(2008), 118–123면.

적 조치이기도 하다.

3) 자격

제386조 제1항에 비추어 임기만료나 사임으로 퇴직한 이사는 당연히 퇴임이 사의 자격을 갖는다. 그러나 사망·해임으로 퇴임한 이사, 법률이나 정관에서 정한 이사로서의 자격을 결하게 된 자는 자격이 없다.[1035] 그리하여 유죄판결이 확정 (예: 특정경제범죄법 위반)된 자는 퇴임이사의 지위를 상실한다.[1036] 집행유예기간에도 마찬가지이다.

4) 정관상 정원을 결하는 경우

민법상 비영리법인에 관하여 판례는 임기가 만료되지 않거나 사임하지 아니 한 다른 이사들로써 정상적인 법인의 활동을 할 수 있는 경우에는 사임한 이사에 게 직무를 계속 행사하게 할 필요는 없다고 한다.[1037] 그리하여 이러한 판례의 논 리를 주식회사에도 적용하여 정관상의 정원을 일부 결하더라도 회사의 운영에 장 애가 없다면 퇴임이사제도를 적용할 필요가 없다는 견해도 있다.[1038]

생각건대 1999년 상법개정 전에는 판례의 해석론을 주식회사에 적용하여도 현실성이 있었다. 그러나 이사회 내부에 위원회를 설치할 수 있도록 한 현행법하 에서는 위의 판례의 해석론을 그대로 적용하는 것은 다소 무리가 있다. 위원회의 구성원인 이사에게는 전문성이 더욱 요구되기 때문이다. 따라서 정관에 정한 員 數를 결한 경우에도 법문과 같이 퇴임이사제도를 적용하여야 한다고 본다. 그렇 지 아니하면 정관변경을 통하여 이사의 정원을 줄여야 한다.

5) 해임결의 및 가처분과의 관계

임기만료 후 이사의 권리의무를 갖는 퇴임이사에 대하여는 해임을 결의할 수 없다.[1039] 그 이유는 기술한 '소수주주의 해임청구'의 '대상이사'에서 본 바와 유사 하다. 그리고 법률 또는 정관에 정한 이사의 원수를 결한 경우에는 퇴임이사를 상 대로 해임사유의 존재나 임기만료·사임 등을 이유로 그 직무집행정지를 구하는 가처분신청은 허용되지 않는다.[1040] 그러나 퇴임할 당시에 법률 또는 정관에 정한

1035) 同旨 권기범(2021), 829면; 정준우(2024), 365면; 이철송(2024), 697면.
1036) 대법원 2022. 11. 10. 선고 2021다271282.
1037) 대법원 2003. 1. 10. 선고 2001다1171; 1988. 3. 22. 선고 88누884.
1038) 이철송(2024), 697면; 정동윤(2012), 597면.
1039) 대법원 2021. 8. 19. 선고 2020다285406.
1040) 대법원 2009. 10. 29. 자 2009마1311 결정.

이사의 원수가 충족되어 있는 때에는 퇴임이사의 권리의무의 부존재확인청구권을
피보전권리로 하여 직무집행정지를 구하는 가처분신청이 허용된다.1041) 이 경우
에는 임기만료나 사임과 동시에 이사로서의 권리의무를 상실하기 때문이다.1042)

6) 주주총회결의 부존재와의 관계

이사(또는 감사)로 선임 혹은 중임되어 온 자는 그를 다시 이사(또는 감사)로 선
임하는 총회결의가 부존재한다고 하더라도 그 후임 이사(또는 감사)가 없는 결과가
되면, 퇴임이사(또는 퇴임감사)로서의 권리·의무를 가진다.1043)

(2) 임시이사

1) 개념

법률 또는 정관에서 정한 이사의 정원을 결한 경우1044) 법원이 필요하다고
인정한 때에는 이사·감사 기타의 이해관계인의 청구에 의하여 臨時理事의 직무
를 행할 자를 선임할 수 있다(제386조 제2항 전단). 이를 「일시이사」, 「가이사」 또는
「임시이사」라고 한다.

2) 자격

법문상 임시이사(및 임시대표이사)의 자격에는 아무런 제한이 없다. 그러므로 회
사와 이해관계가 있는 자만이 임시이사(및 임시대표이사) 등으로 선임될 수 있는 것
은 아니다.1045)

3) 선임사유 및 기준

우선 법원이 임시이사를 선임하는 때에는 선임신청인의 추천에 구속받지 아
니한다. 따라서 법원이 다른 자를 선임하더라도 불복사유는 되지 아니한다.1046)
임시이사의 선임사유에는 임기만료 또는 사임으로 인하여 퇴임한 경우뿐만이 아
니라 이사의 사망·해임·파산 등 어떤 사유에서든 법률 또는 정관에서 정한 정원
을 결한 모든 경우를 포함하는 뜻으로 보아야 한다.1047) 이점은 퇴임이사의 경우

1041) 대법원 2009. 10. 29. 자 2009마1311 결정.
1042) 이에 관한 상세한 내용은 이철기, "퇴임이사에 대한 직무집행정지 가처분," 성균관법학
     제22권 제3호(2010), 969－996면.
1043) 대법원 1991. 12. 27. 선고 91다4409·91다4416.
1044) 대법원 1964. 4. 28. 선고 63다518.
1045) 대법원 1981. 9. 8. 선고 80다2511.
1046) 대법원 2001. 12. 6. 자 2001그113 결정; 1985. 2. 28. 자 85그50 결정.
1047) 대법원 1964. 4. 28. 선고 63다518.

와 다르다. 그리고 이사가 해임·사망·파산 등으로 자격을 상실하는 때에는 그 성질상 이사로서의 권리·의무를 유지할 수 없게 된다. 그러므로 법원이 임시이사를 선임하는 것이다. 이 밖에도 이사가 중병으로 사임하거나 장기간 부재중인 경우도 마찬가지이다.[1048]

이와 같이 '임시이사선임이 필요하다고 인정되는 때'는 퇴임이사로 하여금 이사로서의 권리의무를 가지게 하는 것이 불가능하거나 부적당한 경우를 의미한다. 그리고 그의 필요성은 제도의 취지에 맞게 사안에 따라 개별적으로 판단되어야 한다.[1049] 예를 들면, 퇴임이사가 다른 주주나 이사와 분쟁상태에 있다고 하여 퇴임이사에 갈음하여 임시이사를 선임해야 하는 것은 아니다.[1050] 임시이사를 선임한 경우에는 본점소재지에서 등기하여야 한다(제386조 제2항 후단).

(3) 가처분에 의한 직무대행자·퇴임이사·임시이사의 비교

기술한 바와 같이 퇴임이사와 임시이사제도는 상법상 기업유지의 이념에 기초하여 업무집행의 지장을 초래하는 것을 방지하는 데 그 취지가 있다. 그러므로 퇴임이사·임시이사는 정상적인 이사의 모든 권리·의무를 가진다.[1051] 이 점 가처분결정에 의하여 선임된 이사직무대행자의 권한이 常務로 제한되는 것(제408조 제1항)과 구분된다.

7. 이사의 선임·퇴임과 등기

이사의 선임·퇴임시에는 본점소재지에서 2주일 내에 등기하여야 한다(제317조 제2항 제8호·제4항·제183조). 그러나 이사선임의 효력은 주주총회의 결의와 이사의 동의에 의하여, 퇴임효력은 원인된 사실이 생김으로써 발생한다. 즉 등기의 유무와는 무관하다. 다만, 법인등기부에 이사(또는 감사)로 등재되어 있는 자는 특단의 사정이 없는 한 정당한 절차에 의하여 선임된 적법한 이사(또는 감사)로 추정된다.[1052]

퇴임이사가 이사로서의 권리·의무가 있는 경우(제386조 제1항)에는 후임이사가 취임할 때까지 종전의 등기를 유지하고, 후임이사의 취임일부터 기산하여 위의

1048) 대법원 2001. 12. 6. 자 2001그113 결정; 2000. 11. 17. 자 2000마5632 결정.
1049) 대법원 2001. 12. 6. 자 2001그113 결정; 2000. 11. 17. 자 2000마5632 결정.
1050) 대법원 2000. 11. 17. 자 2000마5632 결정.
1051) 대법원 1968. 5. 22. 자 68마119 결정.
1052) 대법원 1991. 12. 27. 선고 91다4409·91다4416; 1983. 12. 27. 선고 83다카331.

기간 내에 퇴임등기를 하여야 한다. 퇴임 후 즉시 등기를 한다면 이사의 권리·의무에 관한 사실관계와 불일치하는 내용을 공시하는 결과가 되기 때문이다.[1053] 따라서 후임이사가 취임하기 전에는 퇴임한 이사의 퇴임등기만을 따로 신청할 수 없다.[1054]

8. 이사의 보수

(1) 개념

이사의 보수는 정관의 규정 또는 주주총회의 결의로 정한다(제388조). 보수가 결정되면 (특별)성과급·수당·월급·상여금·연봉 등 다양한 명칭으로 이사에게 지급된다. 부정기적으로 지급되더라도 보수에 해당한다. 금전의 급부에 한하지 아니하고 타인에 대한 이익의 제공이라도 궁극적으로 이사의 이익으로 귀속되는 것이라면 이사의 보수이다.[1055]

(2) 취지

이사의 보수를 이사회나 대표이사의 결정이 아닌 정관의 규정 또는 주주총회의 결의로 정하도록 한 것은 이사의 보수가 경영성과에 대한 평가와 보상의 의미가 있으므로 성질상 주주가 정할 사항으로 볼 수 있기 때문이다. 그리고 이사에게 보수를 과도하게 지급하는 경우에는 회사재산을 사외로 유출시켜 회사, 주주 및 회사채권자의 이익을 해할 위험이 있으므로 주주들의 통제를 받도록 하는 것이다.

(3) 직무수행과의 대가성

보수는 이사의 직무수행에 대한 보상으로 지급되는 일체의 대가이다.[1056] 정기적 또는 부정기적임을 불문하고, 경영성과에 따라 혹은 성과달성의 동기부여를 목적으로 지급하는 금원도 같다.[1057] 직무수행에는 소극적인 경우도 포함한다(예: 퇴직위로금).[1058] 그리하여 이사(또는 감사)가 회사와 체결한 약정에 따라 다른 이사

1053) 대법원 2007. 6. 19. 자 2007마311 결정; 2005. 3. 8. 자 2004마800 전원합의체결정.
1054) 대법원 2007. 6. 19. 자 2007마311 결정; 2005. 3. 8. 자 2004마800 전원합의체결정.
1055) 대법원 2007. 10. 11. 선고 2007다34746 참조. 이는 대표이사의 사저에서 일하는 일꾼에게 회사가 급여를 준 것을 대표이사에 대한 보수로 보아 이것이 허용되기 위해서는 주주총회의 결의를 요한다고 본 사례이다.
1056) 대법원 2020. 6. 4. 선고 2016다241515·241522
1057) 대법원 2020. 4. 9. 선고 2018다290436.
1058) 대법원 1977. 11. 22. 선고 77다1742.

등에게 업무를 포괄적으로 위임하여 이사(또는 감사)로서의 소극적인 직무만을 수행한 경우일지라도 총회결의에서 정한 보수청구권의 효력을 부정할 수 없다.[1059] 다만, 소극적 직무수행이 이사선임시 예정하였던 직무내용과 달라 주주총회에서의 선임결의 및 보수지급결의에 위배되는 배임적인 행위에 해당하는 등의 특별한 사정이 있는 경우에는 보수청구권이 부정된다.[1060]

한편 회사와의 명시적·묵시적 약정에 따라 실질적으로 직무를 수행하지 아니하는 명목상 이사(또는 감사)도 상법상의 권한과 의무를 갖고 의무위반에 따른 책임을 부담하므로 보수청구권을 갖는다.[1061]

(4) 결정방법

1) 정관의 규정 또는 주주총회의 결의

보수는 정관의 규정 또는 주주총회의 결의로 정한다(제388조). 주주총회에서 이사의 보수액을 결의하는 경우 주주인 이사는 특별이해관계인으로써 의결권이 제한된다(개인법설. 제368조 제4항). 정관의 규정이나 주주총회의 결의의 내용은 구체성이 있어야 한다. 그 내용에는 보수의 금액·지급방법·지급시기 등이 포함되어야 한다.[1062] 그것은 제388조의 취지에 맞게 과도한 보수의 지급을 통제할 수 있어야 하기 때문이다.[1063] 따라서 정관의 규정이나 주주총회의 결의로 명시적으로 정하지 아니한 경우에는 무상위임의 원칙(민법 제686조 제1항)에 따라 보수청구권을 행사할 수 없다.[1064] 즉 묵시적 특약은 허용되지 아니한다. 만약 정관의 규정이나 총회의 결의가 없음에도 이사에게 지급된 보수는 부당이득으로써 회사에 반환하여야 한다.[1065]

한편 보수에 관하여 정관의 규정 또는 주주총회의 승인결의가 있었다는 사실 및 그 내용에 관한 증명책임은 보수에 관한 권리를 주장하는 이사(또는 감사)가 부

1059) 대법원 2015. 9. 10. 선고 2015다213308. 이 판례에 대한 상세한 내용은 김정호, "경영자보수의 적정성에 관한 연구 : 대판 2015. 9. 10, 2015다213308의 평석을 겸하여," 경영법률 제26집 제1호(2015), 179–242면; 2015.8.27. 선고 2015다214202; 1977. 11. 22. 선고 77다1742.
1060) 대법원 2015. 9. 10. 선고 2015다213308; 2015. 8. 27. 선고 2015다214202.
1061) 대법원 2015. 7. 23. 선고 2014다225359; 2015. 7. 23. 선고 2014다236311.
1062) 대법원 2019. 7. 4. 선고 2017다17436; 2016. 1. 28. 선고 2014다11888.
1063) 서울중앙지법 2008. 7. 24. 선고 2006가합98304.
1064) 同旨 대법원 2014. 5. 29. 선고 2012다98720; 1992. 12. 22. 선고 92다28228.
1065) 대법원 2010. 3. 11. 선고 2007다71271.

담한다.[1066]

2) 금액결정방법

보수규제의 취지에 따라 정관이나 주주총회의 결의에서는 보수의 총액만을 정하고, 개인별 지급금액은 이사회의 결정에 위임할 수도 있다(통설·판례).[1067] 그러나 이사와 감사의 보수를 함께 정하고 그 분배를 이사회에 위임할 수는 없다. 이사회가 감사를 통제하는 수단으로 활용할 수 있기 때문이다.

이사의 보수는 정기총회에서 독립된 안건으로 상정하여 결의하여야 할 필요는 없다. 예를 들면, 재무제표에 이사의 보수를 기재하고 재무제표의 승인결의가 있으면 보수에 대한 결의를 얻은 것이다.[1068] 다만, 상장회사가 총회의 목적사항으로 감사의 보수결정을 위한 의안을 상정하려는 경우에는 이사의 보수결정을 위한 의안과는 별도로 상정하여 의결하여야 한다(제542조의 12 제5항).

한편 정관이나 주주총회에서 보수의 액이 결정되었다면 동일 이사에 대하여는 정관변경이나 주주총회의 결의로 그 보수청구권을 박탈하거나 이를 감액하지 못한다.[1069] 왜냐하면 그 보수액은 회사와 이사간의 계약내용을 이룬다고 보아야 하기 때문이다. 이는 이사의 직무내용에 현저한 변경이 있은 때에도 마찬가지이다. 다만, 직무내용에 현저한 변경이 있고, 해당이사가 동의를 하면 주주총회에서 당초의 보수액을 감액할 수 있다고 해석한다.

3) 포괄적 위임 등의 가능 여부

제388조 규정의 성격이나 취지로 보아 정관 또는 주주총회에서 이사의 보수에 관한 사항을 이사회에 포괄적으로 위임하는 것은 아니 된다.[1070] 다만, 정관이나 총회에서 임원의 보수 총액 내지 한도액만을 정하고 개별 이사에 대한 지급액 등 구체적인 사항을 이사회에 위임하는 것은 가능하다. 그리고 구체적 사항을 이사회에 위임한 경우에도 이를 주주총회에서 직접 정할 수 있다.[1071]

1066) 대법원 2015. 9. 10. 선고 2015다213308.
1067) 대법원 2020. 6. 4. 선고 2016다241515·241522; 2012. 3. 29. 선고 2012다1993.
1068) 인천지법 부천지원 2005. 5. 27. 선고 2004가합3207.
1069) 대법원 1977. 11. 22. 선고 77다1742. 이는 퇴직위로금 지급청구사건이었다.
1070) 대법원 2020. 6. 4. 선고 2016다241515·241522.
1071) 대법원 2020. 6. 4. 선고 2016다241515·241522.

(5) 강행규정성 및 지배주주의 약정

이사의 보수결정에 관한 위의 규정은 강행규정이다. 그러므로 이사회나 대표이사가 이를 결정할 수 없고 또 지배주주 역시 마찬가지이다(통설·판례).[1072] 그리고 판례는 사실상 1인회사(98% 지분을 가진 주주)[1073]가 총회의 결의 없이 1인주주의 결재·승인을 거쳐 관행적으로 이사들에게 보수를 지급해 온 경우 그 관행에 따라 보수를 지급할 의무가 있는 것으로 본다. 다만, 이는 총회의 결의 없이 보수를 지급할 수 있다는 뜻이 아니라, 1인주주의 승인에 따라 지급해 온 관행자체를 주주총회의 결의가 있는 것으로 보는 것이다.[1074] 따라서 1인회사가 아닌 회사에서는 주주총회의 의결정족수를 충족하는 주식을 가진 주주들이 동의하거나 승인하였다고 하여, 총회에서 보수내용의 결의가 이루어질 것이 명백하다거나 또는 주주총회 결의가 있었던 것과 같다고 볼 수 없다고 한다.[1075]

나아가 판례는 발행주식총수의 80%[1076] 또는 95%[1077]를 가진 대표이사가 이사에게 공로상여금의 지급을 약속한 경우에는 주주총회의 결의가 있는 것으로 볼 수 있다고 한다. 이에 비하여 발행주식총수의 3분의 2(3,000주 중 2,000주)를 가진 대표이사가 이사에게 보수와 퇴직금을 약정하였더라도 주주총회의 결의가 없는 이상 그 약정은 회사에 대하여 효력이 없다고 한다.[1078] 특정주주가 발행주식의 3분 2를 소유한 경우에는 특별결의를 가결시킬 수 있다는 점을 고려하면 판례가 획일적인 주식보유기준을 적용하는 것 같지는 않다.

생각건대 대법원의 입장이 명료하지 아니한 것과는 무관하게 지배주주의 약정이 회사를 구속한다고 하면 보수규제에 관한 제388조는 무의미하게 된다. 따라서 이를 인정하기는 어렵다.

1072) 이철송(2024), 701면; 송옥렬(2022), 1003면; 정동윤(2012), 599면; 최준선(2024), 470면; 정경영(2022), 562−563면; 대법원 2020. 6. 4. 선고 2016다241515·241522; 2012. 9. 27. 선고 2010다94342; 1979. 11. 27. 선고 79다1599.
1073) 그 이외의 주주는 나머지 약 2%의 주식을 소유한 미국의 Main Street and Main Inc. 법인주주 1인뿐이었다.
1074) 대법원 2004. 12. 10. 선고 2004다25123.
1075) 대법원 2023. 12. 28. 선고 2023다269818; 2022. 7. 14. 선고 2022다217513.
1076) 대법원 1978. 1. 10. 선고 77다1788.
1077) 대법원 1995. 9. 15. 선고 95누4353.
1078) 대법원 1979. 11. 27. 선고 79다1599.

(6) 보수의 범위

1) 사용인겸무이사의 보수

가) 문제의 제기   회사의 실무에서는 이사에게 지배인이나 일부 부서의 장 등 사용인의 지위를 동시에 갖게 하는 예가 있다. 이 경우 이사가 사용인으로서 수령하는 보수에 대하여도 정관의 규정이나 주주총회의 승인이 필요한 보수에 해당하는지에 대하여 견해가 나뉜다.

나) 학설   包含說은 이사에게 별도의 사용인 몫의 급여를 인정한다면 제388조의 탈법을 허용하게 되므로 이사의 보수에 포함시켜야 한다고 본다.[1079] 不包含說은 사용인 몫의 급여는 사용인의 지위에 기한 근로계약의 대가로서 이사의 보수와는 법적 성질이 다르므로 정관 또는 주주총회의 절차를 거치지 아니하여도 된다고 한다.[1080] 折衷說은 사용인분의 급여는 이사의 보수에 포함되지 않지만, 이사보수를 결정하는 주주총회에 그 급여액을 보고하여야 한다고 본다.[1081]

다) 판례   대법원의 입장은 일관되지는 아니한 것으로 보인다. 그리하여 이사의 퇴직금에 대하여는 이사로 취임하기 전에 직원으로 근무한 기간까지 포함하여 근속연수를 계산하고 산정하여야 한다는 판례(포함설)[1082]가 있는 반면, 대표이사나 사용자의 지휘·감독 아래 일정한 근로를 제공하고 지급받는 대가는 상법상의 보수가 아니라 근로기준법상 賃金이라고 한 판례도 있다(불포함설).[1083]

라) 사견   이에 대하여는 제388조의 취지에 맞게 접근하여야 한다고 본다. 따라서 이사가 사용인으로서 수령하는 보수에 관하여도 주주들의 통제를 받도록 함으로써 사용인분 급여를 과도하게 책정하는 문제점을 방지하는 데 효과적인 포함설이 타당하다고 본다.

한편 금융감독원의 「기업공시서식 작성기준」은 이사가 지배인 기타 사용인을 겸직하는 경우 사용인분 급여를 이사개인의 보수지급금액 중 「보수총액」에

1079) 김·노·천(2024), 483면; 홍·박(2021), 422면; 이철송(2024), 703면; 김정호(2023), 684면; 이·임·이·김(2012), 295면; 정경영(2022), 565면; 정준우(2024), 375면; 윤영신, "이사보수의 회사법적 문제," BFL 제65호(2014), 45면.
1080) 송옥렬(2022), 1004면; 정찬형(2022), 985면; 최준선(2024), 469면; 손주찬(2004), 803면; 이·최(2022), 391면.
1081) 안택식(2012), 307면; 권기범(2021), 909면; 최기원(2012), 603면.
1082) 대법원 2006. 5. 25. 선고 2003다16092·16108.
1083) 대법원 2017. 11. 9. 선고 2012다10959; 2003. 9. 26. 선고 2002다64681.

합산하여 기재하고, 사용인분 급여의 내역을 주석으로 표시하여 공시하도록 하고 있다(동기준 제9-2-1조 제2항 ⅳ).

2) 퇴직(위로)금

이사의 퇴직금(또는 퇴직위로금)도 재직 중의 직무수행의 대가이므로 이사의 보수이고, 따라서 정관 또는 주주총회결의에 의하여만 지급할 수 있다.[1084] 그리고 퇴직위로금에 관하여 회사의 정관에서 이사에 대한 퇴직금액의 범위를 정한 다음, 재임 중 공로 등을 고려하여 이사회가 구체적인 금액을 결정하도록 하는 것은 유효하다. 다만, 이 경우 퇴직하는 이사의 퇴직금액에 관하여 이사회의 결의가 없었음을 이유로 회사가 퇴직금의 지급을 거절할 수는 없다. 왜냐하면 이사회는 정관에서 정한 퇴직금액을 어느 정도 감액할 수 있을 뿐 퇴직금청구권을 박탈하는 결의를 할 수는 없기 때문이다.[1085] 또한 이사퇴직금의 中間精算에 관하여도 정관의 규정이나 총회의 결의를 요한다. 따라서 정관 등에서 퇴직금액만을 정하고 중간정산에 관한 별도의 규정이나 총회결의가 없는 때에는 중간정산금을 청구할 수 없다.[1086]

나아가 퇴직위로금은 제388조의 보수에 포함되므로 정관이나 주주총회결의로 그 금액이 결정되었다면 차후의 총회에서 퇴임한 특정이사의 퇴직위로금을 박탈하거나 감액하는 결의를 할 수 없다.[1087] 그리고 회사의 '퇴직위로금지급규정'에서 그 지급금액을 구체적으로 규정하고 있는 경우에는 주주총회의 결의 없이 퇴직위로금을 지급할 수 있다.[1088]

퇴직금을 정한 정관의 규정이 이사의 재임 중에 변경되는 경우에는 퇴직시의 정관의 규정에 따라 지급하여야 한다.[1089] 왜냐하면 퇴직금청구권은 이사가 퇴직할 때 유효하게 적용되는 정관의 퇴직금규정 또는 총회의 퇴직금지급결의가 있을 때 비로소 발생하는 것이기 때문이다. 다만, 이에 대하여는 이전의 정관의 규정에 의하여 지급이 예상되는 퇴직금이 임용계약의 내용을 이룬다고 하는 반대론이 있다.[1090]

1084) 대법원 2018. 5. 30. 선고 2015다51968; 2016. 1. 28. 선고 2014다11888; 2014. 5. 29. 선고 2012다98720; 1977. 11. 22. 선고 77다1742.
1085) 대법원 2006. 5. 25. 선고 2003다16092·16108.
1086) 대법원 2019. 7. 4. 선고 2017다17436.
1087) 대법원 1977. 11. 22. 선고 77다1742.
1088) 대법원 1977. 11. 22. 선고 77다1742.
1089) 대법원 2006. 5. 25. 선고 2003다16092·16108.

　　한편 정관에 퇴직금의 지급은 총회결의를 거친 '임원퇴직금지급규정'에 의하도록 되어 있더라도, 관련규정이 존재하지 아니한다는 사실만으로 퇴직금의 지급을 거절하는 것은 신의칙상 허용되지 아니한다.[1091)

3) 해직보상금

　　가) 학설　　이사가 해임될 경우 퇴직금과는 별도로 회사가 이사회승인만으로 일정금액의 해직보상금[1092)을 지급하기로 약정하는 수가 있다. 해직보상금은 주주총회의 해임결의를 조건으로 하여 지급되는 것이고 직무수행의 대가가 아닌 일종의 손해배상액의 예정이므로 제388조의 보수라고 볼 수 없다(통설).[1093)

　　나) 판례　　판례도 해직보상금은 퇴직위로금과는 달리 제388조의 보수는 아니라고 보고 있다. 다만, "이사가 과도한 해직보상금약정을 체결하여 개인적 이득을 추구하는 폐해를 야기할 수 있으므로 제388조를 준용 내지 유추적용하여 정관의 규정이나 주주총회의 결의가 없는 한 해직보상금을 지급할 수 없다."고 판시하고 있다.[1094)

　　다) 사견　　해직보상금을 보수가 아니라고 한 판례의 견해는 타당하다. 다만, 제388조를 준용 내지 유추적용하여야 한다는 것은 논리성이 결여되어 있다. 그 대신에 제385조 제1항의 '정당한 이유' 없이 해임되는 경우에 이사가 청구할 수 있는 손해배상액의 범주 내에 있는 약정금액이라고 해석하는 것이 옳다.

4) 용역의 대가

　　회사에 따라서는 이사가 독립적인 지위에서 회사에게 회계자문이나 법률자문 등 특정한 전문지식을 활용한 용역을 공급하고 일정한 대가를 받는 경우가 있다. 이러한 행위는 이사의 자기거래에 해당하므로(제398조) 이사회의 승인 등 자기거래의 요건을 구비하여야 하지만, 그 용역의 공급대가는 통상의 거래대금이므로 제388조의 적용대상은 아니다. 다만, 이 경우 해당이사에게 제공되는 금원이 실질적으로 용역대가인지 아니면 이사의 보수인지를 구분하는 것이 문제될 수 있다. 학설과 판례는 주주총회나 이사회의 결의내용, 용역제공의 실질, 이사로서의

1090)　이철송(2024), 702면.
1091)　인천지법 부천지원 2005. 5. 27. 선고 2004가합3207.
1092)　해직보상금의 성격에 관한 찬반론에 관하여는 윤영신, 앞의 논문, 48－49면.
1093)　이철송(2024), 704면; 윤영신, 앞의 논문, 48면; 정준우(2024), 380면.
1094)　대법원 2006. 11. 23. 선고 2004다49570.

업무의 내용 등을 종합적으로 고려하여 판단하여야 한다고 보고 있다.[1095] 이 점에서 이사가 전문적인 용역을 공급하는 때에는 용역계약서에 대가에 관한 내용을 명시하는 것이 바람직하다.

5) 골프회원권 또는 사택공여 등의 기타급여

회사에 따라서는 이사에게 각종 회원권 또는 전용차의 제공, 주택의 임차료의 보존, 社宅의 무상 또는 저가공여, 이사를 피보험자·보험수취인으로 하는 생명보험금 등을 가입하는 하는 경우가 있다. 이 가운데 골프회원권 등이 업무상 필요한 교제에 사용할 것을 주된 목적으로 제공되는 때에는 그 내용·정도에 따라 교제비로서 보수에 해당하지 아니할 수 있다(예: 접대비. 법인세법 제25조 제1항). 사택의 저가공여도 그 정도·내용에 따라서는 종업원의 복리후생에 준하는 것으로 인정되는 경우에는 필요경비로서 보수에 해당하지 아니할 수 있다(예: 소득세법시행령 제17조의 4 제1호·시행규칙 제9조의 2).

이와 같이 이러한 편익들은 이사가 전적으로 직무를 위하여만 사용한다면 그에 관한 지급은 비용으로 인정될 수 있다. 반면, 개인적으로 사용한다면 보수에 해당한다고 본다.

6) 보조자에 대한 급여

앞에서 기술한 회사가 이사에게 사택을 공여하는 경우 그 관리인을 함께 제공할 수 있다. 이 경우 사택관리인의 편익(예: 사저의 수리·보수, 경비·운전)이 보수에 해당하는지 문제될 수 있다. 판례는 대표이사의 사저에서 일하는 자들에게 급여를 지급한 사건에서 그러한 급여는 보수에 포함된다고 하였다.[1096] 이는 관리인의 제공을 대표이사의 사적 활동에 해당하는 것이라고 본 것으로써 타당하다.

7) 임원배상책임보험

이사가 제3자에 대하여 손해배상책임을 부담하는 경우(제401조)에 이사의 경제적 부담을 해결해 줄 수 있는 방안으로서 임원배상책임보험제도가 이용되고 있다. 이 보험료는 대부분 회사가 부담하고 있는 것이 현실이다. 따라서 그 부분에 대하여는 제388조에 따른 이사의 보수로 보아야 한다.

1095) 이철송(2024), 704면; 대법원 2012. 3. 29. 선고 2012다1993.
1096) 대법원 2007. 10. 11. 선고 2007다34746.

8) 성과급·특별성과급

'이사의 보수'에는 회사가 성과급, 특별성과급 등의 명칭으로 경영성과에 따라 지급하는 금원이나 성과 달성을 위한 동기부여의 목적으로 지급하는 금원도 포함된다. 따라서 대주주의 승인·결재만으로 총회결의를 갈음할 수 없다.[1097)

(7) 이사의 보수와 근로기준법

이사의 보수는 근로계약에 따른 임금이 아니기 때문에 근로기준법의 대상이 아니다. 다만, 이사 등의 임원이 근로기준법상 근로자에 해당하는지의 여부는 계약의 형식에 관계없이 근무의 실질에 따라 임금을 목적으로 종속적 관계[1098)에서 사용자에게 근로를 제공하는지의 여부에 따라 판단하여야 한다.[1099) 그리하여 이사(또는 감사)라고 하더라도 그 명칭이 형식적·명목적이고 실제로는 업무집행권을 가지는 대표이사나 사용자의 지휘·감독 아래 일정한 근로를 제공하면서 그 대가로 보수를 받는 관계에 있거나, 회사로부터 위임받은 사무를 처리하는 외에 대표이사 등의 지휘·감독 아래 일정한 노무를 담당하고 그 대가로 일정한 보수를 받아 왔다면 그 이사는 근로기준법상의 근로자에 해당한다.[1100)

(8) 보수의 적정성

이사의 보수는 직무수행의 대가인 만큼 그 직무와 합리적인 비례관계가 유지되어야 하고, 회사의 재무상황에 비추어 적정해야 한다. 회사의 형편이나 영업실적 등에 비추어 이사의 보수가 과다할 때에는 비록 정관의 규정이나 주주총회의 결의라는 적법한 절차를 거쳤더라도 그 효력을 인정할 수 없다.[1101) 이사의 충실의무(제382조의 3)에 반하여 회사재산을 부당히 유출하는 행위이기 때문이다. 그리고 제388조에 따라 이사회의 결의로 개별적인 보수를 결정하였는데, 해당개별적

1097) 대법원 2020. 6. 4. 선고 2016다241515·241522; 2020. 4. 9. 선고 2018다290436.
1098) 이 경우 취업규칙·복무규정·인사규정 등의 적용을 받는지 여부, 업무수행 과정에서 사용자로부터 구체적이고 직접적인 지휘·감독을 받는지 여부, 보수가 근로자체의 대상적 성격을 갖고 있는지 여부와 근로소득세의 원천징수 여부 등 보수에 관한 사항, 근로제공관계의 계속성과 사용자에의 전속성의 정도 등을 종합적으로 고려하여 판단하여야 한다(대법원 2013. 6. 27. 선고 2010다57459; 2005. 5. 27. 선고 2005두524).
1099) 대법원 2013. 6. 27. 선고 2010다57459; 2005. 5. 27. 선고 2005두524.
1100) 대법원 2017. 11. 9. 선고 2012다10959; 2017. 9. 7. 선고 2017두46899; 2000. 9. 8. 선고 2000다22591; 1997. 12. 23. 선고 97다44393.
1101) 대법원 2016. 1. 28. 선고 2014다11888; 2015. 9. 10. 선고 2015다213308.

인 보수가 과다할 때에는 그 이사회결의가 무효이다.[1102][1103]

보수가 과도하게 정하여진 때에는 이사의 보수청구권의 일부 또는 전부에 대한 행사가 제한되고 회사는 합리적인 범위를 초과하여 지급된 보수의 반환을 구할 수 있다.[1104]

한편 비상근이사나 명목이사 등의 보수는 위의 적정성의 원칙 이외에 실질적인 직무를 수행하는 이사 등의 보수와의 차이, 명목이사 등의 선임한 목적과 선임 및 자격유지의 필요성 등을 종합적으로 고려하여 판단하여야 한다.

9. 주식매수선택권

(1) 의의

주식매수선택권은 이른바 스톡옵션(stock option)의 일종이다. 이는 회사의 임직원 등에게 사전에 정한 기간에 예정된 가격으로 회사가 보유하고 있는 자기주식을 취득 또는 신주를 인수하거나 이를 포기할 수 있는 권리가 부여된 제도이다. 예를 들면, A회사가 이사 甲에게 2023년 8월 25일 기준으로 2년 후부터 3년이내에 선택권부여시점의 시세인 1주당 1,000원씩에 10,000주를 매수할 수 있는 권리를 부여한 경우 2년(예: 2025년 8월 24일) 후 주가가 상승하여 1주당 3,000원이 되었다면, 甲는 주당 1,000원만 치르고 3,000원 가치의 주식을 10,000주 취득할 수 있는 것이다. 반대로 주가가 하락하거나 보합세인 경우 甲은 선택권을 행사하지 아니할 수 있다. 선택권자는 주가가 상승하면 할수록 낮은 가격에 주식을 취득할 수 있기 때문에 회사의 업적을 향상시켜 주가를 상승하게 할 동인이 발생하게 된다.

(2) 양도제한조건부주식과의 차이

양도제한조건부주식(Restricted Stock Units, RSU)은 일정기간(예: 2년 이상)을 근무하고 소정의 조건을 충족하는 임직원에게 자기주식을 무상으로 지급하는 주식이다.[1105] 이 주식은 임직원에 대한 성과보상목적의 보수지급방식이라는 점에서 주

1102) 대법원 2016. 1. 28. 선고 2014다11888. 이에 대한 상세한 내용은 송종준, "이사보수결정의 적법요건과 위반효과 : 대법원 2016.1.28. 선고 2014다11888 판결," 법조 통권 제721호(2017. 2), 789−814면.
1103) 대법원 2015. 9. 10. 선고 2015다213308.
1104) 대법원 2015. 9. 10. 선고 2015다213308.

식매수선택권과 같다. 그러나 ① 총회의 특별결의 등 상법상의 절차를 요하지 않고, ② 주식을 살 수 있는 권리를 부여하는 것이 아니라 주식의 소유권을 제공하며, ③ 주식취득에 대한 납입의무가 없다는 점 등에서는 다르다. 때문에 남용위험, 조세회피 및 단체법적 규율의 측면에서 문제점을 내포하고 있다. 이러한 문제점을 해결하기 위하여는 적어도 보수규정에 관한 제388조에 따라 정관 또는 주주총회의 결의가 있어야 한다고 본다.

(3) 주식매수선택권의 유형과 정산

1) 유형

주식매수선택권의 유형에는 다음과 같은 2가지가 있다.

가) 자기주식양도형   이는 회사가 보유하는 자기주식을 예정된 가격(주식매수선택권행사가액. 이하 '행사가액'이라 한다)으로 매수할 수 있는 권리를 부여하는 방식이다(제340조의 2 제1항 본문). 이 방식으로 주식매수선택권을 부여할 경우 회사는 배당가능이익의 범위 내에서 자기주식을 취득(제341조)하여 교부할 수 있다.

나) 신주발행형   이는 선택권의 행사에 따라 행사가액으로 회사가 신주를 발행하는 방식이다(제340조의 2 제1항 본문). 예를 들면, 행사가액을 5,000원으로 정하고, 장래의 주가의 변동액과는 무관하게 선택권자가 신주발행을 요구할 경우 5,000원에 예정된 수량의 신주를 발행하면 된다. 선택권의 행사로 인한 신주발행에는 불공정한 가액으로 주식을 인수한 자의 책임규정인 제424조의 2가 적용되지 아니한다.[1106] 왜냐하면 주식매수선택권의 행사에는 제424조의 2의 요건인 이사와 인수인의 공모행위가 없기 때문이다.

2) 차액정산

위의 두 가지 유형에 갈음하여 차액을 정산하는 방식도 있다. 이는 주식의 실질가액과 행사가액의 차액을 정산하는 방식이다. 즉 선택권의 행사시점에서 주식의 실질가액(예: 15,000원)이 행사가액(예: 5,000원)을 상회할 경우, 그 차액(주당 10,000)을 회사가 선택권자에게 금전으로 지급하거나, 차액상당액의 자기주식을

1105) 이나래, "지배주주 일가인 이사 또는 경영진에 대한 양도제한조건부 주식 부여의 절차적 통제 강화," 경제법연구 제23권 제2호(2024. 8), 49–56면.

1106) 제424조의 2(불공정한 가액으로 주식을 인수한 자의 책임) ① 이사와 통모하여 현저하게 불공정한 발행가액으로 주식을 인수한 자는 회사에 대하여 공정한 발행가액과의 차액에 상당한 금액을 지급할 의무가 있다.

이전하는 방식을 말한다(제340조의 2 제1항 단서). 이 경우 無償移轉하는 자기주식은 선택권행사시점의 실질가액으로 평가한다(제340조의 2 제1항 후단). 이 점 자기주식양도형과 구별된다.

(4) 주식매수선택권의 부여요건

1) 정관의 규정

선택권을 부여하기 위하여는 정관에 근거를 두어야 한다(제340조의 3 제1항). 정관에 규정할 사항에는 ① 일정한 경우 선택권을 부여할 수 있다는 뜻, ② 선택권의 행사로 발행하거나 양도할 주식의 종류와 수, ③ 선택권을 부여받을 자의 자격요건, ④ 선택권의 행사기간, ⑤ 일정한 경우 이사회결의로 선택권을 취소할 수 있다는 뜻 등이 있다.

2) 권리자의 자격

가) 회사의 업적에 기여할 수 있는 자   선택권자가 될 수 있는 자는 회사의 설립·경영과 기술혁신 등에 기여하거나 기여할 수 있는 이사·집행임원·감사 또는 피용자이다(제340조의 2 제1항 본문). 상장회사는 관계회사(시행령 제30조 제1항)의 이사·집행임원·감사 또는 피용자에게도 선택권을 부여할 수 있다(제542조의 3 제1항).

나) 대주주에 대한 제한   선택권제도는 임직원에게 이익을 가져오므로 대주주 등에 의하여 남용될 수 있다. 이를 방지하기 위하여 상법은 ① 의결권 없는 주식을 제외한 발행주식총수의 100분의 10 이상의 주식을 가진 주주, ② 이사·감사의 선임과 해임 등 회사의 주요경영사항에 대하여 사실상 영향력을 행사하는 자, ③ ①과 ②에 해당하는 자의 배우자와 직계존·비속에 대하여는 선택권을 부여할 수 없도록 하고 있다(제340조의 2 제2항).

3) 선택권부여총량의 제한

선택권의 행사에 따라 발행할 신주 또는 양도할 자기주식은 회사의 발행주식총수의 100분의 10을 초과할 수 없다(제340조의 2 제3항). 상장법인은 100분의 20 이내에서 대통령령이 정하는 범위이다(제542조의 3 제2항). 그리하여 현재는 100분의 15이다(시행령 제30조 제3항). 이 규정에 의거, 정관에 규정할 '주식매수선택권의 행사로 발행하거나 양도할 주식의 수'(제340조의 3 제1항 제2호)는 정관에 주식매수선택권을 규정할 시점뿐만이 아니라 부여시점에서도 발행주식총수의 100분의 10이라는 한도를 넘을 수 없다.

(5) 주식매수선택권의 부여절차

1) 의의

회사의 이사·집행임원·감사 또는 피용자에게 선택권을 부여하기 위하여는 주주총회의 특별결의를 거친 후 계약서를 작성하여야 한다.

2) 주주총회의 결의

가) 결의수량의 한도 선택권은 주주총회의 특별결의에 의하여 부여할 수 있다(제340조의 2 제1항). 다만, 상장회사는 정관으로 정하는 바에 따라 발행주식총수의 100분의 10의 범위에서 대통령령으로 정하는 한도까지 이사회의 결의로 부여할 수 있다(제542조의 3 제3항·시행령 제30조 제4항[1107]).

나) 결의사항 주주총회의 결의에서는 아래의 사항을 정하여야 한다(제340조의 3 제2항). 다만, 상장회사는 정관으로 정하는 바에 따라 이사회결의로 선택권을 부여할 수 있는데, 이때에는 이사회가 해당사항을 결의하여야 한다. 그리고 선택권을 부여한 후 처음으로 소집되는 총회의 승인을 받아야 한다(제542조의 3 제3항).

① **선택권을 부여받을 자의 성명**(제340조의 3 제2항 제1호)

② **선택권의 부여방법**(제2호)

신주발행형 또는 자기주식양도형으로 부여할 것인지를 정하는 것이다.

③ **선택권의 행사가액과 그 조정에 관한 사항**(제3호)

ㄱ. **행사가액의 뜻**: 이는 선택권자의 권리행사에 따라 회사의 자기주식을 양도할 때의 가액 또는 신주인수시의 인수가액을 말한다.

ㄴ. **행사가액의 제한**: 신주발행형으로 선택권을 부여하는 경우 액면주식의 행사가액은 선택권 부여일을 기준으로 한 주식의 실질가액과 권면액(액면가) 중 높은 금액 이상이어야 한다(제340조의 2 제4항 제1호). 다만, 무액면주식을 발행한 경우에는 자본으로 계상되는 금액 중 1주에 해당하는 금액을 券面額으로 본다(2011년 개정. 제340조의 2 제4항 제1호 단서).

1107) 시행령 제30조: ④ 법 제542조의 3 제3항 전단에서 "대통령령으로 정하는 한도"란 다음 각 호의 구분에 따른 주식 수를 말한다.
　　1. 최근 사업연도 말 현재의 자본금이 3천억원 이상인 법인: 발행주식총수의 100분의 1에 해당하는 주식 수
　　2. 최근 사업연도 말 현재의 자본금이 3천억원 미만인 법인: 발행주식총수의 100분의 3에 해당하는 주식 수

자기주식양도형으로 선택권을 부여하는 경우의 행사가액은 선택권의 부여일을 기준으로 한 주식의 실질가액 이상이어야 한다(제340조의 2 제4항 제2호).

여기서의 실질가액이란 상장주식의 경우에는 주식의 時價, 비상장주식의 경우에는 별도의 規程이나 施行規則 등에 따르면 족하다고 본다.

ㄷ. **행사가액의 조정**: 이는 행사가액을 증액시키거나 감액시키는 것을 뜻한다. 유·무상의 신주발행 또는 자본감소 등의 자본거래가 있을 때에는 주식의 실질가치에 변동이 생기고 그 결과는 선택권의 가치로 연동된다. 이 경우 선택권의 행사가액을 변경할 수 있게 한 것이다. 신주발행형의 경우 증액은 가능하지만, 액면가 이하로의 감액은 할 수 없다(제330조).

④ **선택권의 행사기간**(제4호)

이는 선택권자가 권리를 행사할 수 있는 기간을 말한다. 예를 들면, 주주총회의 결의일로부터 2년 후 3년 내에 행사하여야 한다는 것과 같다. 이 기간은 정관으로 정한 행사기간 내이어야 한다. 선택권은 그 권리를 부여하는 주주총회결의일부터 2년 이상 재임 또는 재직하여야 행사할 수 있다(제340조의 4 제1항). 상장회사는 이사회결의로 선택권을 부여할 수도 있는데, 이 경우에는 이사회결의일로부터 2년 이상 재임 또는 재직하여야 선택권을 행사할 수 있다(제542조의 3 제4항). 이 규정들은 정관 및 주주총회의 결의로 정할 수 있는 행사기간의 始期를 제한하는 의미가 있다. 따라서 終期에 관하여는 회사가 자율적으로 결정한다.[1108]

한편 상장회사가 선택권의 행사기한을 해당이사·감사 또는 피용자의 퇴임일 또는 퇴직일로 정하는 경우 이들이 본인의 책임이 아닌 사유로 퇴임하거나 퇴직하였을 때에는 그날부터 3개월 이상의 행사기간을 추가로 부여하여야 한다(제542조의 3·시행령 제30조 제7항).

⑤ **선택권을 부여받을 자 각각에 대하여 선택권의 행사로 발행하거나 교부할 주식의 종류와 수**(제5호)

예를 들면, 이사甲에게 의결권 제한주식 10,000주의 신주인수권을 부여한다는 것과 같다. 이 주식의 종류와 수는 정관에 명시되어 있어야 함은 당연하다.

1108) 대법원 2018. 7. 26. 선고 2016다237714.

3) 선택권계약(부여계약)의 체결 및 공시

주주총회의 결의가 이루어지면 회사는 결의내용에 따라 주식매수선택권을 부여받은 자와 계약을 체결하고 상당한 기간 내에 그에 관한 계약서를 작성하여야 한다(제340조의 3 제3항). 이 규정은 장래의 분쟁을 예방하기 위한 것이다. 그리고 총회결의는 의사결정절차이고, 선택권 자체는 계약에 의하여야 함을 밝히고 있다. 따라서 회사가 계약을 체결할 때 선택권 행사기간 등을 일부 변경·조정한 경우 그것이 선택권을 부여받은 자, 주주 등 이해관계인들 사이의 균형을 해치지 않고 총회결의에서 정한 본질적인 내용을 훼손하는 것이 아니면 유효하다.[1109]

해당계약서는 선택권의 행사기간이 종료할 때까지 본점에 비치하고 주주로 하여금 영업시간 내에 이를 열람할 수 있도록 하여야 한다(제340조의 3 제4항). 이 공시규정을 감안하면 선택권계약서는 서면으로 작성되어야 한다.

4) 등기

회사의 설립시 주식매수선택권을 부여하도록 정한 때에는 그 규정을 등기하여야 한다(제317조 제2항 제3의3호). 그 변경이 있는 때에는 변경등기를 하여야 한다(제317조 제4항·제183조).

(6) 주식매수선택권행사의 법적 성격

선택권의 행사는 회사에게 자기주식의 양도, 신주발행 또는 차액정산의 선택적 이행을 청구하는 것으로서 형성권이다. 따라서 회사의 승낙 여부와 무관하게 효력이 발생하고, 회사는 주식을 이전하거나 또는 차액정산을 하여야 한다.

(7) 주식매수선택권의 양도제한

선택권은 양도할 수 없다(제340조의 4 제2항 본문). 다만, 선택권을 행사할 수 있는 자가 사망한 경우에는 그 상속인이 이를 행사할 수 있다(제340조의 4 제2항 단서). 양도가 제한되기 때문에 입질이나 압류도 불가능하다. 선택권을 행사하여 취득한 주식은 제3자에게 자유롭게 양도할 수 있다.

(8) 주식매수선택권의 상실, 취소 또는 무효

1) 상실

선택권을 부여하는 주주총회(또는 이사회)의 결의일 후 2년 내에 선택권자가

1109) 대법원 2018. 7. 26. 선고 2016다237714.

퇴임하거나 퇴직하면 선택권을 상실하게 된다(제340조의 4 제1항·제542조의 3 제4항). 그러나 상장회사의 경우에는 정년퇴직을 제외하고, 선택권을 부여받은 자가 사망, 그 밖에 본인의 책임이 아닌 사유로 퇴임 또는 퇴직한 때에는 2년 이상 재임하지 못하더라도 선택권을 상실하지 아니한다(제542조의 3 제4항·시행령 제30조 제5항). 이 규정은 비상장회사에는 적용할 수 없다. 그리하여 비상장회사는 상장회사와 달리 정관에 비자발적 퇴임시의 특례규정을 두거나 주주총회에서 결의하는 것도 불가능하다.1110)

2) 취소

회사는 정관으로 일정한 경우 이사회결의로 선택권을 취소할 수 있다는 뜻을 기재할 수 있다(제340조의 3 제1항 제5호·제340조의 2 제1항). 따라서 정관에 정하는 사유가 발생하여 이사회가 선택권을 취소하면 선택권이 소멸한다. 그 사유는 합리적이어야 한다. 법문의 '취소'는 선택권의 부여를 '철회'함을 의미한다. 상장회사는 ① 주식매수선택권을 부여받은 자가 본인의 의사에 따라 사임하거나 사직한 경우, ② 주식매수선택권을 부여받은 자가 고의 또는 과실로 회사에 중대한 손해를 입힌 경우, ③ 회사의 파산 등으로 주식매수선택권 행사에 응할 수 없는 경우, ④ 그 밖에 주식매수선택권을 부여받은 자와 체결한 주식매수선택권 부여계약에서 정한 취소사유가 발생한 경우 등의 어느 하나에 해당하면 정관에서 정하는 바에 따라 이사회결의에 의하여 주식매수선택권의 부여를 취소할 수 있다(제542조의 3 제5항·시행령 제30조 제6항).

3) 선택권부여의 무효

주주총회의 결의가 있더라도 선택권부여계약서를 작성하지 아니하면 부여계약은 무효이다. 그리고 회사가 총회의 특별결의에 따라 이사 등과 주식매수선택권 부여계약을 체결하였더라도, 주주총회결의 부존재확인의 소가 제기되어 '해당 결의가 존재하지 아니함을 확인한다.'는 확정판결을 받은 때에는 그 주식매수선택권 부여계약은 총회의 특별결의 없이 이루어진 것으로써 무효이다.1111)

이와 같이 선택권이 행사되어 자기주식을 양도한 경우 또는 차액정산을 한 경우에는 선택권부여에 무효의 원인이 있다면 총회결의의 하자의 소로 다투어야

1110) 대법원 2011. 3. 24. 선고 2010다85027.
1111) 대법원 2011. 10. 13. 선고 2009다2996.

한다. 다만, 선택권이 행사되어 신주를 발행한 경우에는 吸收說에 따라 신주발행 무효의 소(제429조)로 다루어져야 한다.

(9) 주식매수선택권의 행사절차

1) 청구

선택권을 행사하려는 자는 청구서 2통에 선택권을 행사할 주식의 종류와 수를 기재하고 회사에 제출하여야 한다(제340조의 5·제516조의 9 제1항).

2) 납입

자기주식양도청구권 또는 신주인수권으로 확정된 경우 선택권자는 행사가액의 전액을 납입하여야 한다(제340조의 5·제516조의 9 제1항·제3항). 신주발행형의 경우 행사가액의 납입은 회사가 정한 납입금보관은행 또는 금융기관에 하여야 한다(제340조의 5·제516조의 9 제3항). 납입금보관은행이나 금융기관은 보관금액에 관하여 증명서를 발급하여야 하며, 납입금보관증명서를 발급한 이후에는 납입이 부실하거나 그 금액의 반환에 제한이 있다는 이유로 회사에 대항하지 못한다.1112) 그리고 납입금의 보관자 또는 납입장소를 변경할 때에는 법원의 허가를 얻어야 한다(제340조의 5·제516조의 9 제3항·제4항·제306조).

자기주식양도형의 경우에는 행사가액을 회사에 납입하면 족하다. 선택권을 행사하는 자는 청구와 동시에 행사가액전액을 납입하여야 하는 것은 아니다. 왜냐하면 회사는 자기주식의 양도나 신주발행에 갈음하여 차액을 정산할 권리를 가지고 있기 때문이다.

(10) 주식매수선택권행사의 효과

1) 주주가 되는 시기

주주가 되는 시기에 대하여는 첫째, 신주발행형의 경우 선택권자는 행사가액을 납입한 때에 회사의 주주가 된다(제340조의 5·제516조의 9 제1항·제516조의 10 본문). 이는 통상적인 신주인수권의 행사시에는 주주가 되는 시기가 株金納入의 다음 날(제423조 제1항)인 점과 다른데, 주식매수선택권을 행사하는 때에는 新株引受權附社債權者의 신주인수권의 행사로 인한 효력발생시기를 준용하도록 하고 있기 때문이다.

둘째, 자기주식양도형의 경우에는 별도의 규정이 없으므로 주식양도의 일반

1112) 제340조의 5·제516조의 9 제3항·제4항·제318조.

법리(제336조 제1항)에 따라 선택권자가 행사가액을 회사에 납입하고 회사로부터 주권을 교부받은 때에 주주가 된다.

셋째, 차액정산의 경우 금전을 지급하는 때에는 해당사항이 없지만, 차액상당액의 자기주식을 이전하는 때에는 견해가 나뉜다. 행사시설은 선택권자가 주식매수선택권을 행사하고 행사가액을 납입한 때 주주가 된다고 본다.[1113] 교부시설은 선택권자가 주권을 교부받은 때에 주주가 된다고 한다(제336조 제1항).[1114] 생각건대 이때에도 주식양도의 일반법리에 따라 선택권자가 주권을 교부받은 때에 주주가 된다고 본다(교부시설).

2) 주주명부폐쇄기간 중의 주식매수선택권 행사

주식매수선택권자가 주주명부폐쇄기간 중에 선택권을 행사하여 발행된 신주의 주주는 그 기간 중의 총회의 결의에 관하여는 의결권을 행사할 수 없다(제340조의 5·제350조 제2항). 문구에서 알 수 있듯이 이는 신주발행형에 적용된다.

3) 변경등기

선택권자가 그 권리를 행사하여 신주를 인수하는 경우에는 발행주식수와 자본금이 증가하므로 회사는 그에 따른 변경등기를 하여야 한다(제340조의 5·제351조).

Ⅲ. 이사회

1. 의의

이사회란 이사 전원으로 조직되는 주식회사의 필요적 상설기관이다. 이사회는 업무집행에 관한 의사결정을 하는 회의체기관이다. 인적회사에서는 사원이 직접 업무집행권한을 갖지만(제200조), 주식회사에서는 주주가 아닌 타인기관에 그 권한을 부여하고 있다. 그 타인기관이 이사회이다. 이사회는 회의체기관이므로 업무집행에 관한 의사결정을 하고, 그 집행은 대표이사가 한다. 다만, 이사회는 대표이사를 포함한 모든 이사의 직무집행을 감독함으로써 업무집행의 적정성을 기하고 있다(제393조 제2항).

한편 자본금액이 10억원 미만인 회사에서 이사가 1인 또는 2인인 때에 이사

1113) 최준선(2024), 344면; 정찬형(2022), 828면.
1114) 정동윤(2012), 703면.

회의 기능은 각 이사 또는 주주총회로 대체된다(제383조 제6항·제383조 제4항).

2. 이사회의 권한

(1) 업무집행결정권

이사회의 업무집행결정권은 이사의 직무집행에 관한 감독권과 더불어 이사회의 본질적이고 중요한 권한이다. 회사의 업무집행은 이사회의 결의로 한다(제393조 제1항). 업무집행은 회사의 운영에 관한 모든 사무라고 볼 수 있다. 상법은 이러한 뜻을 반영하여 이사회의 업무집행결정권에 관하여 포괄적인 규정을 두고 있다(제393조 제1항). 다만, 사안에 따라서는 주주의 의사를 반영하여야 하는 것도 있다. 상법 또는 정관은 이러한 사안을 주주총회의 권한으로 하여 이사회의 권한에서 제외하고 있다. 그리고 감사의 권한은 이사회를 견제하는 것이 중심적이기 때문에 역시 이사회의 권한이 미치지 아니한다.

그 밖에 상법 또는 정관의 규정으로 이사회결의를 요하는 사항은 대표이사에게 위임할 수 없다. 그리고 상법이나 정관의 규정으로 열거되어 있지 아니한 업무라도 일상에 속하지 아니하는 중요한 업무는 이사회의 결정을 요한다. 다만, 이사회는 이러한 업무를 일반적·구체적으로 정하여 대표이사에게 위임할 수 있다.[1115]

(2) 감독권

1) 의의

이사회는 이사 또는 집행임원의 직무집행을 감독한다(제393조 제2항·제408조의 2 제3항 제2호). 이사회는 업무집행에 관한 의사결정만을 하고, 그 집행은 대표이사 등이 행한다. 따라서 이사회는 자기시정의 기능으로서 이사의 직무집행에 관한 감독권한을 갖는다.

2) 성격

이사회의 감독권은 그 감독대상인 이사 또는 집행임원과 동일한 사항에 관하여 상하관계에서 행사되는 것이다. 따라서 이사회의 감독권은 ① 이사 상호간 대등한 지위에서 갖는 감시권이나, ② 감사(또는 감사위원회)가 수평적이고 제3자적 지위에서 이사·이사회에 대하여 갖는 감시권과 그 성격이 전혀 다르다.

1115) 대법원 2021. 8. 26. 자 2020마5520 결정; 1997. 6. 13. 선고 96다48282.

3) 감독의 대상

감독의 주된 대상은 대표이사이지만, 이사회의 결의로 업무를 분담하는 때에는 업무담당이사도 감독의 대상이 된다. 이 밖에 평이사는 물론 대표이사를 갈음하는 집행임원(제408조의 2 제1항 후단)도 당연히 감독의 대상이 된다(제408조의 2 제3항 제2호).

4) 감독의 방식 및 범위

가) 방식   이사회의 감독방식에는 이사에게 질문, 보고요구 및 청취뿐만이 아니라 이사의 업무집행의 방법·내용 등이 위법하거나 정관의 규정 혹은 이사회의 결의에 위배되거나 부당할 때에는 이를 중단할 것을 명하고 다른 방법·내용으로 할 것을 지시하는 것을 포함한다. 필요한 경우에는 이사회에서 선임한 대표이사를 해임하거나 이사간의 업무분장을 조정할 수도 있다. 예를 들면, 구매담당이사와 기획담당이사간의 분장업무를 바꾸는 것과 같다.

나) 범위   이사회의 감독은 자기시정을 위한 행위이다. 따라서 이사회의 감독권은 위법·부당한 행위에 대한 시정지시뿐만이 아니라 업무집행의 타당성·합목적성·효율성을 이유로 한 경영정책목적에서도 행사할 수 있다(이설 없음). 이 점에서 원칙적으로 적법성의 감사만으로 한정되는 감사의 감시권과 구별된다. 예를 들면, 재무담당이사에게 영업외손실의 문제점을 지적하고 자본거래정책을 변경하도록 지시하는 것과 같다.

그러나 ① 이사가 이사회에서 의결권을 행사하는 것은 의사결정에 필요한 권한행사로서, ② 각종의 소제기권 등은 이사의 독임제적 권한으로서 성질상 이사회의 감독권의 범위에 포함되지 아니한다.

5) 감독권의 행사방법 및 실효성 확보

가) 이사회의 결의   이사회가 실제 감독권을 행사하는 방법은 이사회를 소집하여 그 결의로써 한다. 다만, 감독권의 행사를 위한 별도의 이사회를 항상 소집하여야 하는 것은 아니고 다른 의안을 위해 소집된 이사회에서 감독권을 발동할 수도 있다.

나) 이사·이사회의 정보접근권   이사회의 감독권행사를 용이하게 하고 이사의 감시권의 실효성을 확보하기 위하여 상법은 이사·이사회의 情報接近權을 주의적으로 규정하고 있다. 그리하여 이사는 대표이사(또는 대표집행임원)로 하여금 다른 이사(또는 다른 집행임원) 혹은 피용자의 업무에 관하여 이사회에 보고할

것을 요구할 수 있다(제393조 제3항·제408조의 6 제3항). 그리고 이사회에 대한 정보제공을 강제하기 위하여 이사 또는 집행임원으로 하여금 3월에 1회 이상 업무의 집행상황을 이사회에 보고하도록 의무화하고 있다(제393조 제4항·제408조의 6 제1항). 이 경우 다른 이사의 보고의 청취나 보고내용에 대한 질문 등은 개별이사가 이사회의 구성원 자격에서 할 수 있다. 다만, 이사 또는 집행임원의 행위의 중지나 시정 등을 지시하는 능동적인 감독행위는 이사회의 결의로써 하여야 한다.

나아가 감사는 필요하면 회의의 목적사항과 소집이유를 서면에 적어 이사(소집권자가 있는 경우에는 소집권자)에게 제출하여 이사회소집을 청구할 수 있는데(제412조의 4), 이 역시 이사회의 감독권과 이사의 감시권의 실효성을 확보하게 한다.

6) 감독위반행위의 효력

이사나 대표이사 등이 이사회의 감독권행사내용에 위반하는 업무집행을 하는 경우에는 그 임무를 게을리한 것으로써 그 이사는 회사에 대하여 연대하여 손해배상책임을 진다(제399조 제1항). 그리고 주주총회에서 손해배상 없이 이사의 지위를 해임할 수 있는 정당한 이유를 구성한다(제385조 제1항 후단).

특히 이사회가 대표이사를 선임하였을 경우에는 '대표'해임사유가 되고, 대표권의 내부적 제한(예: 이사회가 특정행위의 중지 또는 부작위를 지시한 경우)에 위반하는 행위에 해당하게 된다. 다만, 이 경우에도 선의의 제3자에게는 대항하지 못한다(제389조 제3항·제209조 제2항).

(3) 중요자산의 처분 및 양도, 대규모재산의 차입, 지배인의 선임 또는 해임, 지점의 설치·이전 또는 폐지

1) 의의

중요자산의 처분 및 양도, 대규모재산의 차입, 지배인의 선임 또는 해임, 지점의 설치·이전 또는 폐지에 대하여는 이사회에서 결정하여야 한다(제393조 제1항). 이에 관한 사항들은 업무집행의 일환이므로 당연히 이사회의 권한사항이지만, 지배인이나 지점에 관한 사항들은 대표이사의 일상적인 업무집행권에 포함되는 것으로 오해할 소지가 있으므로 이를 주의적으로 규정한 것이다. 그리고 자산의 처분이나 재산의 차입은 일상적인 업무로서 대표이사의 권한에 속하지만, 특히 중요한 자산의 처분 및 양도, 대규모재산의 차입은 일상적이 아닌 중요한 업무로서 대표이사에 일임할 수 없음을 주의적으로 규정한 것이다.

따라서 제393조 제1항 등 법률 또는 정관에 명시되어 있지 아니한 업무라도 일상 업무에 속하지 아니한 중요한 업무에 대하여는 이사회에게 그 결정권한이 있다.1116) 다만, 이 경우 이사회가 일반적·구체적으로 정하여 대표이사에게 위임할 수는 있다.1117)

2) 판단기준

제393조 제1항에서 말하는 중요한 자산이나 중요한 업무에 해당하는지를 판단함에 있어서는 자산의 처분이나 업무가 회사에 미치는 효과와 일상적 업무와의 관련성 등을 기준으로 삼아야 한다.1118) 그리하여 중요한 자산의 처분에 해당하는지의 여부는 당해 재산의 가액, 총자산에서 차지하는 비율, 회사의 규모, 회사의 영업 또는 재산의 상황, 경영상태, 자산의 보유목적, 회사의 일상적 업무와 관련성, 회사에서의 종래의 취급 등에 비추어 대표이사의 결정에 맡기는 것이 상당한지에 따라 판단하여야 한다. 그 결과 중요한 자산의 처분에 해당하는 경우에는 대표이사에게 그 처분에 관한 사항을 일임할 수 없다. 설령 이사회규정상 이사회 부의사항이 아니더라도 반드시 이사회의 결의를 거쳐야 한다.1119) 대규모재산의 차입에 해당하는지의 여부도 차입재산의 규모는 물론 중요한 자산의 처분과 유사한 기준으로 판단하여야 한다.1120)

3) 중요재산의 처분과의 관계

'주요 특별결의사항'에서 기술한 바와 같이 중요재산의 처분과 관련하여서는 판례1121)와 같이 절충설을 취하고 있으므로, 영업에 불가결한 중요재산의 처분행위는 제374조 제1항 제1호가 규정하는 영업의 양도에 포함시켜 주주총회의 특별결의를 거쳐야 한다고 해석한다. 이 점 이사회가 제393조 제1항에 의거하여 영업의 존속에 기초가 되는 중요자산의 처분을 결의하였다고 하더라도 총회의 특별결의를 거쳐야 함을 뜻한다.

1116) 대법원 2021. 8. 26. 자 2020마5520 결정; 2010. 1. 14. 선고 2009다55808.
1117) 대법원 1997. 6. 13. 선고 96다48282.
1118) 대법원 2021. 8. 26. 자 2020마5520 결정; 2016. 7. 14. 선고 2014다213684; 2011. 4. 28. 선고 2009다47791.
1119) 대법원 2005. 7. 28. 선고 2005다3649.
1120) 대법원 2021. 2. 18. 선고 2015다45451 전원합의체; 2008. 5. 15. 선고 2007다23807.
1121) 대법원 2014. 10. 15. 선고 2013다38633; 2004. 7. 8. 선고 2004다13717; 1994. 5. 10. 선고 93다47615; 1964. 7. 23. 선고 63다820.

결국 제393조 제1항의 규정은 이사회와 대표이사의 권한을 구분하는 의미가 있고, 주주총회의 승인 여부와는 무관하다.

(4) 그 밖의 법정권한

이에 관한 주요한 권한으로는 주주제안의 채택(제363조의 2 제3항), 이사회 내의 위원회의 설치(제393조의 2 제1항), 주식매수선택권의 부여의 취소(제340조의 3 제1항 제5호), 대표이사의 선임과 공동대표의 결정(제389조), 집행임원과 대표집행임원의 선임·해임(제408조의 2 제3항 제1호), 주식양도를 제한할 경우 그 승인·양도상대방의 지정(제335조 제1항 단서·제335조의 3), 주주총회의 소집결정(제362조), 이사회소집권자의 특정(제390조 제1항 단서), 이사·집행임원의 경업거래와 겸직의 승인(제397조·제408조의 9), 이사·집행임원의 자기거래의 승인(제398조·제408조의 9), 이사·집행임원의 회사기회 및 자산이용의 승인(제397조의 2·제408조의 9), 재무제표와 영업보고서의 승인(제447조·제447조의 2), 사채발행(제469조), 중간배당의 결정(제462조의 3), 간이합병·분할합병 및 소규모합병·분할합병,[1122] 완전자회사가 되는 회사의 간이주식교환의 승인·완전모회사가 되는 회사의 소규모주식교환의 승인[1123] 등이 있다.

이 규정들은 주주총회와의 권한배분에 따라 법문으로 이사회의 권한사항으로 하는 동시에 대표이사가 단독으로 집행할 수 없음을 밝히고 있다.

(5) 주주총회의 권한으로 유보할 수 있는 사항

상법은 대표이사의 선임(제389조 제1항), 신주발행(제416조 제1항), 준비금의 자본전입(제461조 제1항), 전환사채의 발행(제513조 제2항) 또는 신주인수권부사채의 발행(제516조의 2 제2항) 등은 원칙적으로 이사회의 권한이지만, 정관의 규정으로 주주총회의 권한으로 유보할 수 있다고 정하고 있다(예: 앞의 각각의 조항의 단서).

(6) 이사회의 권한으로 유보할 수 있는 사항

'주주총회권한의 전속성'에서 기술한 바와 같이 자기주식의 취득(제341조 제2항), 재무제표의 승인(제449조 제2항) 및 이익배당(제462조 제2항)에 관한 사항은 원칙적으로 주주총회의 권한이지만, 정관의 규정으로 이사회의 권한으로 전환할 수 있다.

1122) 제527조의 2 제1항, 제527조의 3 제1항, 제530조의 11 제2항.
1123) 제360조의 9 제1항·제360조의 10 제1항.

3. 이사회의 독립성

이사회는 주주총회에서 선임한 이사들로 구성되지만 회사의 필요적 상설기관으로서 총회의 하부기관이 아니다. 이사회는 독립기관으로서 그 권한사항에 관하여 총회의 지시·감독을 받지 않으며, 각 이사는 자기책임하에 직무를 수행한다. 이사회의 결의사항은 타 기관에 의하여 번복되지 아니한다. 주주총회는 이사의 선임·해임권을 행사하여 이사회를 간접적으로 통제할 수 있을 뿐이다.

4. 이사회의 소집

(1) 소집권자
1) 이사

이사회의 소집은 원칙적으로 각 이사가 한다(제390조 제1항 본문). 그러나 이사회의 결의로 소집할 이사를 정한 때에는 그 이사가 소집한다(제390조 제1항 단서). 통상은 정관이나 이사회규칙에 대표이사나 이사회 의장을 소집권자로 지정한다. 소집권자 이외의 다른 이사는 언제든지 소집권자인 이사에게 이사회소집을 요구할 수 있고, 소집권자인 이사가 정당한 이유 없이 소집을 거절할 경우에는 그 소집을 요구한 다른 이사가 이사회를 소집할 수 있다(제390조 제2항). 이는 종래의 통설과 판례를 2011년 개정상법이 명문화한 것이다.

2) 집행임원·감사

2011년 개정상법은 집행임원과 감사에게도 이사회의 소집권을 인정하고 있다. 그리하여 집행임원이나 감사는 필요하면 회의의 목적사항과 소집이유를 적은 서면을 이사(소집권자가 있는 경우에는 소집권자)에게 제출하여 이사회 소집을 청구할 수 있다(제408조의 7 제1항·제412조의 4 제1항). 이러한 청구를 한 후 이사가 지체 없이 이사회소집의 절차를 밟지 아니하면 소집을 청구한 집행임원은 법원의 허가를 받아서, 감사는 직접 이사회를 소집할 수 있다(제408조의 7 제2항·제412조의 4 제2항).

(2) 소집절차
1) 소집기한 및 방식

이사회를 소집함에는 회일을 정하고 그 1주간 전에 각 이사에게 통지를 발송하여야 한다(제390조 제3항 본문). 감사도 이사회에 출석할 권한이 있으므로 감사에게도 소집통지를 하여야 한다(제391조의 2·제390조 제3항). 다만, 이사회의 결의시 감

사의 출석이나 기명날인이 유효요건은 아니다.[1124] 통지기간은 정관으로 단축할
수 있다(제390조 제3항 단서). 이사회는 이사 및 감사 전원의 동의가 있는 때에는 이
러한 절차 없이 언제든지 회의를 할 수 있다(제390조 제4항). 이러한 동의는 회의별
로 구하여야 하는 것은 아니다. 이사회의 규칙 또는 이사회의 전원동의로 다음
회의일시를 정하는 방식도 무방하다.[1125] 통지는 서면, 구두, Fax 또는 E-mail과
같은 의사전달방식도 무방하다. 소집통지에 소집일시와 장소가 포함되어야 한다.

이사회는 소수인의 회의체이므로 일부의 이사에게 통지하지 아니하고 소집
하여, 일부이사들만 참석한 이사회결의는 무효이다.[1126] 통지를 받지 못한 이사
가 출석하여 반대의 표결을 하였더라도 이사회의 성립에 영향이 없었을 것이라는
가정이 성립하더라도 역시 무효이다.[1127]

2) 목적사항의 기재

가) 학설   이사회 소집통지에 회의의 목적사항을 기재하여야 하는지에 대하
여는 학설이 나뉜다. 必要說은 이사회는 常務會와는 다르기 때문에 통지하지 아니
한 사항을 결의한 때에는 모든 이사가 참가한 경우가 아니면 무효라고 한다(소수
설).[1128] 不要說은 이사는 회사의 일상적인 업무수행자로서 이사회에 참석할 의무
가 있고, 주주와는 달리 목적에 따라 회의 참석여부를 선택할 지위에 있는 자가
아니기 때문에 회의의 목적은 통지하지 아니하여도 무방하다고 한다(통설).[1129]

나) 판례   판례는 불요설을 취한다. 다만, 회사의 정관에 이사들에게 회의의 목
적사항을 함께 통지하도록 정하고 있거나 목적사항을 미리 통지하지 아니하면 이사
회에서의 심의·의결에 현저한 지장을 초래하는 등의 특별한 사정이 있는 때에는
목적사항을 함께 통지하여야 한다.[1130]

다) 사견   이사회의 경우는 주주총회에서와 같은 규정(제363조 제2항·제3항)이

1124) 대법원 1992. 4. 14. 선고 90다카22698.
1125) 同旨 권기범(2021), 980면.
1126) 이철송(2024), 724면; 정동윤(2012), 606면; 대법원 2000. 2. 11. 선고 99두2949; 1992.
7. 24. 선고 92다749(모두 재단법인 이사회사건) 참조.
1127) 서헌제(2007), 819면; 송옥렬(2022), 1013면; 대법원 1992. 7. 24. 선고 92다749참조(재
단법인 한국유도원 이사회사건이지만, 주식회사에 적용하기에 무리 없다).
1128) 최기원(2012), 608면.
1129) 안택식(2012), 317면; 송옥렬(2022), 1012면; 정동윤(2012), 606면; 정찬형(2022), 992
면; 최준선(2024), 480면; 장덕조(2023), 325면; 손주찬(2004), 775면.
1130) 대법원 2011. 6. 24. 선고 2009다35033.

없고, 이사회에서는 업무집행의 제반사항을 토의할 수 있다는 점에서 통지에 회의의 목적사항을 기재할 필요가 없다(불요설).

(3) 소집시기·장소, 의장

이사회는 긴급안건이 아닌 한 많은 이사가 출석할 수 있는 시기에 소집하여야 하고 특단의 사정(예: 해외출장)이 없는 한 의장이 회의를 주재하여야 한다. 예를 들면, 의안에 반대의사를 가진 이사들의 해외출장 중 또는 대표이사가 출장 중인 시기에 이루어진 대표이사의 해임결의는 무효이다.[1131] 이사회 의장이 이사회일 전날 귀국하였음에도 상무이사가 이사회를 주재한 것은 무효이다.[1132]

소집장소에 관하여도 주주총회와 달리 별도의 규정이 없다. 회사의 업무집행은 의사결정의 기동성을 요하는 경우가 많다는 특성이 있기 때문이다.[1133] 그리하여 소집장소는 회사 내외를 불문한다.[1134] 다만, 條理상의 제한은 받기 때문에 합리적인 이유 또는 이사들의 동의 없이 일부 이사의 참석이 어려운 장소나 회사와 무관한 장소를 선택하는 것은 위법하다.[1135]

5. 이사회의 결의

(1) 결의요건

1) 의사정족수 및 의결정족수

이사회의 결의는 재임하는 이사과반수의 출석과 출석이사의 과반수로 하여야 한다(제391조 제1항 본문). 이와 같이 이사회는 총회와는 달리 成立定足數(의사정족수, 출석정족수)와 議決定足數 기준을 정하고 있다. 예를 들면, 8인의 이사 중 4인이 출석하여 전원 찬성하더라도 성립정족수의 미달이므로 무효이다.[1136] 다만, 회사기회이용의 승인(제397조의 2 제1항), 자기거래의 승인(제398조) 및 감사위원회의 위원의 해임은 이사 총수의 3분의 2 이상의 결의로 하여야 한다. 이사회결의는 두수주의이므로 1인이 1의결권을 갖는다. 정관으로도 예외규정을 둘 수 없다.

1131) 대법원 1988. 3. 22. 선고 85누884.
1132) 대법원 1988. 3. 22. 선고 85누884.
1133) 대법원 2004. 8. 20. 선고 2003다20060; 2004. 8. 16. 선고 2003다9636.
1134) 대법원 2004. 8. 20. 선고 2003다20060; 2004. 8. 16. 선고 2003다9636.
1135) 이철송(2024), 725면.
1136) 대법원 1995. 4. 11. 선고 94다33903.

2) 대상이사

제391조 제1항의 '이사'는 재임이사를 뜻한다. 따라서 퇴임이사(제386조 제1항) 및 임시이사(제386조 제2항)는 당연히 포함되며,[1137] 직무대행자 역시 포함된다고 본다. 직무집행이 정지된 이사(제407조 제1항)는 제외된다(이설 없음).[1138]

3) 결의요건의 강화

가) 문제의 제기　결의요건은 정관으로 그 비율을 높일 수 있다(제391조 제1항 단서). 반대로 완화하는 것은 허용될 수 없다.[1139] 다만, 결의요건을 강화하는 경우의 한계가 있는지에 대하여 견해가 나뉜다.

나) 학설　制限說은 회사운영이 교착상태(deadlock)에 빠져서는 아니 된다는 논지에서 일부 이사에게 거부권을 줄 수 있는 수준 예를 들면, 이사 전원의 6분의 5 이상의 동의 또는 과반수 출석에 전원동의를 요구하는 것은 무효라고 한다.[1140] 無制限說은 지배권의 분배는 구성원의 자유이며, 폐쇄회사나 합작회사에서는 이사가 거부권을 행사할 수 있을 정도로 결의요건을 강화하더라도 무방하다고 본다.[1141]

다) 사견　결의요건을 강화하는 것은 회사정책의 문제이기는 하지만, 이사회의 회의체로서의 성격과 회사운영의 특성을 외면하여서는 아니 된다고 본다. 회의체는 다수결을 기본원리로 하고, 회사의 업무집행에 관한 의사결정은 기동성을 요하는 특성이 있다. 따라서 이사회의 결의요건은 일부 이사에게 拒否權을 줄 수 있는 수준까지 강화하여서는 아니 된다(制限說).

4) 가부동수

가) 문제의 제기　이사가 절반만 참석하거나 이사회의 결의가 가부동수인 경우에는 성립정족수 또는 의결정족수의 미달로써 부결이다.[1142] 이사회의 결의가 성립은 되었으나, 의결이 가부동수인 경우 특정인(예: 의장)이 결정권을 행사할

1137) 대법원 2009. 10. 29. 자 2009마1311 결정; 1991. 12. 27. 선고 91다4409·91다4416.
1138) 안택식(2012), 318면; 이·최(2022), 418면; 정찬형(2022), 1000면; 최기원(2012), 609면 등.
1139) 대법원 1995. 4. 11. 선고 94다33903.
1140) 同旨 정찬형(2022), 1000면; 이철송(2024), 726면; 최준선(2024), 481면.
1141) 최기원(2012), 610면; 정동윤(2012), 607면; 권기범(2021), 982면; 송옥렬(2022), 1013면; 江頭憲治郎(2021), 435面; 国谷史朗·平野惠稔, "株主間契約による企業(資本)提携·再編," 商事法務 第1534號(1999), 50面.
1142) 대법원 1995. 4. 11. 선고 94다33903.

수 있도록 하는 정관규정이 유효한지에 대하여 견해가 대립한다.

나) 학설   肯定說은 이사회는 의결권 평등이 강하게 요청되지 아니하며, 의사결정이 신속하여야 한다는 점을 근거로 유효하다고 본다.[1143] 否定說은 법적 근거 없이 특정인에게 복수의 의결권을 주거나 결의요건을 완화시키는 결과가 될 뿐 아니라 다수결의 일반원칙에 반하므로 무효라고 한다(통설).

다) 사견   의결결과가 가부동수인 때에 특정인의 의사결정에 따르도록 하는 것이 신속성에 부합한다고 보기는 어렵다(부정설). 같은 논지로 이사회결의가 특정인의 동의(예: 합작투자의 상대방. 대표이사)를 얻어야 발효할 수 있게 하는 것도 이사회운영의 기본원리에 반하므로 무효이다.

5) 성립요건·결의요건의 요구시점

과반수 이사의 출석이라는 이사회 성립요건은 개회, 토의 및 표결의 全과정에서 유지되어야 한다. 그리고 결의요건을 충족하는지 여부는 결의 당시를 기준으로 판단하여야 하고, 그 결의한 행위가 실제로 이루어진 날을 기준으로 판단하여서는 아니 된다.[1144] 따라서 결의 이후 집행단계에서 이사회 인적 구성의 변화 또는 이사수가 증원되더라도 당초의 결의는 유효하다.

(2) 의결권행사의 독립성 및 의결권구속계약

이사는 의결권의 행사결과에 관하여 회사에 책임을 진다(제399조 제2항). 이 점 이사의 의결권은 자기책임성과 독립성을 가지고 행사되어야 함을 의미한다. 그러므로 이사는 회의에 참석하여 직접 의결권을 행사하여야 하고, 그 대리행사는 허용되지 아니한다. 그리고 타인에게 의결권을 위임할 수도 없다. 이에 위배된 이사회의 결의는 무효이며, 이를 주장하는 방법에는 아무런 제한이 없다.[1145] 또한 이사 상호간, 이사와 주주 기타 이사와 제3자간 이사의 의결권을 구속하는 계약은 무효이다. 이사의 업무집행권을 규정한 제393조 제1항에 반하기 때문이다.

(3) 의결권의 제한
1) 특별이해관계 있는 이사

이사회결의에 대하여 특별한 이해관계가 있는 이사는 의결권을 행사할 수 없

1143) 정동윤(2012), 607면; 서헌제(2007), 607면.
1144) 대법원 2003. 1. 24. 선고 2000다20670.
1145) 대법원 1982. 7. 13. 선고 80다2441.

다(제391조 제3항·제368조 제3항). 예를 들면, 경업의 승인(제397조 제1항)·회사의 기회 및 자산유용의 승인(제397조의 2)을 받고자 하거나, 자기거래(제398조)를 하고자 하는 이사는 그 승인 여부에 관한 이사회의 특별이해관계인에 해당한다.[1146] 특별이해 관계 있는 이사는 이사회의 成立定足數(과반수출석)에는 포함되지만(제391조 제3항·제371조 제2항) 議決定足數의 계산에서는 출석이사로 산입하지 아니한다. 그리하여 A 회사의 이사 3명(예: 甲·乙·丙) 중 대표이사(甲)와 특별이해관계 있는 이사(乙) 등 2명(甲·乙)이 출석하여 대표이사 1인(甲)의 찬성으로 이사회결의가 이루어진 경우 그 결의는 유효하다. 이사회의 성립정족수는 甲과 乙 2인의 출석으로, 의결정족 수는 甲 1인으로 충족하였기 때문이다.[1147]

2) 대표이사의 선임·해임

가) 문제의 제기 대표이사의 선임결의시 그 결의의 대상인 이사는 특별이해 관계인에 해당되지 아니한다(이설 없음). 다만, 그 해임에 대하여는 견해가 나뉜다.

나) 학설 否定說은 대표이사를 선임 또는 해임결의시 그 결의의 대상인 이사 또는 대표이사는 특별이해관계인에 해당하지 않는다고 한다(통설).[1148] 대표 이사의 선임 또는 해임은 모두 회사지배에 관한 주주의 비례적 이익이 연장·반영되는 문제라고 보기 때문이다. 肯定說은 대표이사의 해임의 경우에 해임대상 인 대표이사는 특별이해관계인에 해당한다고 본다. 이 점에서 이사해임의 주주총회결의에 있어서 해임대상인 이사가 주주인 경우와 다르다고 한다.[1149]

다) 사견 대표이사의 해임에는 중대한 사유가 존재하여야 하는 것도 아니고, 이사는 개인적 입장이 아닌 회사의 지배권을 방어하기 위하여 의결권을 행사한다. 따라서 대상이사는 특별이해관계인에 해당하지 아니한다고 본다(부정설).

(4) 결의방법

이사회는 주주총회와는 달리 상호간 의견을 교환하여 최적의 결론을 내야 하므로 구체적인 회의를 요한다. 따라서 서면결의, 일반전화, 공람 또는 회람에 의한 결의방법은 인정되지 아니한다(통설). 무기명투표도 허용되지 아니한다. 이사는

[1146] 대법원 1992. 4. 14. 선고 90다카22698.
[1147] 대법원 2009. 4. 9. 선고 2008다1521; 1991. 5. 28. 선고 90다20084.
[1148] 장덕조(2023), 326면; 안택식(2012), 320면; 이철송(2024), 729면; 송옥렬(2022), 1014 면; 최기원(2012), 613면; 최준선(2024), 462면; 이·최(2022), 418면.
[1149] 정동윤(2012), 608면; 김정호(2023), 407면; 손주찬(2004), 776면.

이사회결의에서의 의사표시에 대하여 책임을 져야 하기 때문이다(제399조 제2항).

한편 이사회의사록에 이사들 및 감사가 자신들의 의사에 기하여 날인을 하였다면 이사회결의가 부존재한다고까지 볼 수 없다고 한 판례가 있는데, 이는 이사 전원의 동의가 있으면 소집절차 없이도 이사회 개최가 가능하다는 점(제390조 제4항)에 중점을 두어 부존재가 아니라고 판단한 것이며,[1150) 서면결의가 일반적으로 유효하다고 본 것은 아니다.

(5) 원격통신수단에 의한 회의

최근에는 회사가 대형화 및 국제화됨에 따라 외국인 이사가 증가하고 있다. 이러한 현실을 반영하여 이사회는 정관에서 달리 정하는 경우를 제외하고, 이사의 전부 또는 일부가 직접 회의에 출석하지 아니하고 모든 이사가 '음성을 동시에 송수신하는 원격통신수단'에 의하여 결의에 참가하는 것을 허용할 수 있다(제391조 제2항). 따라서 음성의 동시 송수신이 가능한 통신수단인 인터넷을 통한 화상회의(video conference) 및 전화회의(conference call)는 가능하다.

그러나 일부 이사의 발언만을 송신하거나 중간에서 중개해 주는 방식 또는 단순한 문자회의는 허용되지 아니한다.

(6) 연기·속행

주주총회에서와 같이 연기·속행이 가능하다(제392조·제372조).

6. 이사회의 의사록과 공시

(1) 의의

이사회의 의사에 관하여는 의사록을 작성하여야 한다(제391조의 3 제1항). 주주총회에서 기술한 바와 같이 의사록은 창설적 효력을 갖는 것은 아니다. 그러나 이사회의 성립과 결의에 관한 중요한 증거자료이고, 이사책임(제399조 제3항)의 증거가 되므로 실제상의 의미는 크다.

(2) 의사록의 작성방법과 공시

의사록에는 의사의 안건, 경과요령, 그 결과, 반대하는 자와 그 반대이유를 기재하고 출석한 이사 및 감사가 기명날인 또는 서명하여야 한다(제391조의 3 제2

1150) 대법원 2006. 11. 10. 선고 2005다46223; 2004. 8. 20. 선고 2003다20060.

항). 결의에 참가한 이사로서 이의를 한 기재가 의사록에 없는 자는 그 결의에 찬성한 것으로 추정한다(제399조 제3항). 주주는 영업시간 내에 언제든지 이사회의사록을 열람 또는 등사를 청구할 수 있다(제391조의 3 제3항). 열람청구의 대상이 되는 의사록에는 의사록에 첨부되어 인용되는 서류도 포함한다.[1151]

회사는 주주의 의사록 열람청구에 대하여 정당한 이유를 붙여 이를 거절할 수 있다(제391조의 3 제4항 전단). 이 경우 주주는 법원의 허가를 얻어 이사회의사록을 열람 또는 등사할 수 있다(제391조의 3 제4항 후단). 이에 관한 사건은 비송사건절차법 제72조 제1항의 비송사건이다. 따라서 민사소송의 방법으로 이사회회의록의 열람 또는 등사를 청구하는 것은 허용되지 아니한다.[1152]

(3) 법원의 열람허가 및 제한기준

판례는 우선, 법원이 열람허가(제391조의 3 제4항 후단)를 할 수 없는 기준을 제시하고 있다. 그에 따르면 주주의 열람권 또는 등사권의 행사가 회사업무의 운영 또는 주주공동의 이익을 해치거나 주주가 회사의 경쟁자로서 그 취득한 정보를 경업에 이용할 우려가 있거나 또는 회사에 지나치게 불리한 시기를 택하여 행사하는 경우 등에는 허가하지 않을 수 있다. 그러나 이사에 대한 (다중)대표소송의 제기, 유지청구 및 해임청구와 같이 주주로서의 권리를 행사하고, 회사의 경영을 감독하여 회사와 주주의 이익을 보호하기 위하여 주주의 권리를 행사하는 데에 필요한 경우에는 이사회의사록의 열람 및 등사를 허용하여야 한다.[1153]

7. 이사회결의의 하자

(1) 결의의 효력

상법은 주주총회결의의 하자와는 달리 이사회결의의 하자에 관하여는 유형을 구분하지 않고 이를 다투는 소를 별도로 명시하고 있지도 않다. 따라서 결의내용 또는 절차상의 하자 등 이사회결의에 하자가 있으면 단지 무효의 원인이 될 뿐이고 그 다툼도 일반적인 무효의 법리에 따라야 한다. 그리하여 이사회결의에 하자가 있는 경우에 이해관계인은 언제든지 주장방법에 제한을 받지 아니하고 무

1151) 대법원 2018. 2. 28. 선고 2017다270916; 2014. 7. 21. 자 2013마657 결정.
1152) 대법원 2013. 11. 28. 선고 2013다50367.
1153) 대법원 2014. 7. 21. 자 2013마657 결정.

효를 주장할 수 있다. 원고승소의 확정판결도 기판력의 일반원칙(민사소송법 제218
조)에 따라 대세적 효력은 없다.1154)

무효인 이사회의 결의를 추인하는 것은 있을 수 없으나, 소집절차나 결의방
법에 흠이 있는 때에는 추인할 수 있다. 이때 추인의 효력은 소급효를 인정하는
법률규정이 없는 한 새로운 결의를 한 것으로 보아야 한다.1155)

(2) 후속행위의 효력

1) 의의

회사의 행위에 이사회결의가 필요함에도 이를 결여하거나 그 결의에 하자가
있는 경우 이사회결의에 기초한 후속행위의 효력이 문제될 수 있다.

2) 후속행위의 효력을 다투는 소가 따로 인정되는 때에는 이사회결의의 결여
또는 하자는 그 후속행위의 하자로 흡수된다. 그러므로 절차상 하자 있는 이사회
결의에 따라 소집된 주주총회의 결의, 결의방법상 하자 있는 이사회결의에 따른
신주발행에 대하여는 그 후속행위인 주주총회결의의 취소·부존재확인의 소(제376
조·제380조), 신주발행무효의 소(제429조)에 의하여 그 효력이 다투어진다.

3) 하자 있는 이사회결의에 따른 후속행위가 ① 순수하게 내부적인 성격만
을 갖는 경우는 무효이고, ② 제3자와의 계약 등의 대외적인 거래는 상대방이 선
의인 경우에는 유효, 악의 또는 중과실인 경우에는 무효라는 것이 판례의 태도이
다.1156) 이 가운데 ①의 행위로 지배인, 감사위원, 이사 또는 대표이사의 선임결
의가 무효이면 그 선임행위는 소급하여 무효가 된다. 그리하여 총회의 결의에 의
하여 이사로 선임된 후 이사회에서 대표이사로 선정된 자는 소급하여 자격을 상
실하고, 그 대표이사가 이사 선임의 주주총회 결의에 대한 취소판결이 확정되기
전에 한 행위는 무효이다.1157)

②의 행위로는 중요재산의 처분이나 사채발행 등을 들 수 있다. 악의·중과실
이란 해당거래가 이사회결의를 요한다는 사실 또는 이사회결의의 결여 혹은 무효
인 사실을 거래상대방이 알고 있거나(악의) 조그만 주의를 기울였으면 알 수 있었
음(중과실)을 뜻한다.1158) 증명책임은 회사가 부담한다.1159) 이사회의 결의가 필요

1154) 대법원 2000. 2. 11. 선고 99다30039; 1988. 4. 25. 선고 87누399.
1155) 대법원 2011. 6. 24. 선고 2009다35033.
1156) 대법원 2021. 2. 18. 선고 2015다45451 전원합의체.
1157) 대법원 2013. 2. 28. 선고 2012다74298; 2004. 2. 27. 선고 2002다19797.

하다는 사실을 상대방이 알 수 있었는지의 여부는 해당거래가 대표이사의 日常業務에 속하는지를 기준으로 판단하여야 한다.[1160] 중요한 업무는 이사회의 결의를 거쳐야 하기 때문이다. 상대방(채권자)이 이사회결의 없는 약정(보증거래)임을 알지 못한데 중과실이 있는 경우 그 약정은 무효이지만, 대표이사가 이사회결의 없이 거래한 것은 불법행위를 구성한다. 그러므로 회사는 대표이사와 연대하여 상대방에게 손해를 배상할 책임이 있다(제389조 제3항·제210조).[1161]

한편 위 ②의 행위는 대표이사가 대표권의 내부적 제한을 위반한 행위의 일부로 다루어질 수 있다(후술하는 Ⅳ.4(3)참조).

(3) 무효의 주장

이사회의 결의를 결하거나 무효인 결의로 인하여 후속행위가 진행된 경우 상대방의 악의 또는 과실의 요건이 구비되면, 회사는 무효를 주장할 수 있다. 다만, 거래상대방이나 제3자는 무효를 주장할 수 없다고 본다. 후속행위에 관한 무효의 주장은 대표이사의 專斷的 行爲로부터 회사의 재산을 보호하는 데 그 취지가 있기 때문이다.

8. 이사회 내 위원회

(1) 의의

미국의 회사법은 이사회 내부에 이사회의 기능을 대체하는 위원회를 설치할 수 있게 한다. 예를 들면, 감사위원회, 업무집행위원회, 보수위원회 또는 주주로부터 이사의 책임추궁을 요구하는 청구가 있을 때 제소 여부를 결정하는 대표소송위원회 등과 같은 것이 있다.

상법은 1999년 개정시 정관이 정하는 바에 따라 위원회제도를 도입할 수 있도록 하였다(제393조의 2). 상법은 특히 감사에 대체할 수 있는 기관으로 監査委員會를 제시하고 있고(제415조의 2·제542조의 11 제1항), 자산총액 2조원 이상인 대규모 상장회사는 社外理事候補推薦委員會를 두도록 하고 있다(제542조의 8 제4항).

1158) 대법원 2021. 2. 18. 선고 2015다45451 전원합의체.
1159) 대법원 2014. 6. 26. 선고 2012다73530; 2005. 7. 28. 선고 2005다3649.
1160) 대법원 1997. 6. 13. 선고 96다48282.
1161) 同旨 대법원 2009. 3. 26. 선고 2006다47677(현대증권사건).

(2) 구성

위원회는 원칙적으로 2인 이상의 이사로 구성한다(제393조의 2 제3항). 다만, 감사위원회는 3인 이상으로 구성하며, 사외이사가 3분의 2 이상이어야 한다(제415조의 2 제2항). 위원의 선임과 해임은 원칙적으로 이사회가 결정한다. 위원의 任期는 정관의 규정이 없으면 이사회가 정한다. 다만, 이사를 退任하면 당연히 위원에서 퇴임한다. 위원의 퇴임으로 위원회의 인원이 2인 미만 또는 정관이 정한 定員에 미달하게 되면, 퇴임한 위원은 새로운 위원이 취임할 때까지 위원으로서의 권리와 의무를 갖는다(제393조의 2 제5항·제386조 제1항).

(3) 위원회의 권한

위원회는 원칙적으로 이사회로부터 위임받은 사항에 대하여 권한을 행사할 수 있다. 그리하여 이사회는 ① 주주총회의 승인을 요하는 사항의 제안(예: 영업양도·정관변경·재무제표의 승인·합병 등), ② 대표이사의 선임 및 해임, ③ 위원회의 설치와 그 위원의 선임 및 해임, 그리고 ④ 정관에서 정하는 사항, 즉 정관으로 위임을 금지하는 사항 등을 제외하고는 그 권한을 위원회에 위임할 수 있다(제393조의 2 제2항).

이와 같이 이사회가 위원회에 위임할 수 있는 업무범위는 넓다. 그 결과, 신주발행(제416조 제1항), 사채의 발행(제469조, 제513조 제2항, 제516조의 2 제2항), 이사의 경업·겸직의 승인(제397조), 회사기회 및 자산유용의 승인(제397조의 2), 자기거래의 승인(제398조), 회사의 존속의 기초가 되지는 아니하지만 重要한 財産의 處分, 지배인의 선임·해임을 포함한 업무집행의 결정(제393조 제1항)과 같은 중요사항도 위임할 수 있다.

그러나 주주총회의 소집결정(제362조) 또는 이사에 대한 이사회의 감독권(제393조 제2항)은 그 성질상 위원회에 위임할 수 있는 사항이 아니다.

(4) 위원회의 운영

위원회의 운영방법은 이사회의 경우와 같다. 그리하여 위원회의 소집, 결의방법, 의사록, 연기·속행에 관하여는 이사회에 관한 규정1162)이 준용된다(제393조의 2 제5항).

1162) 제390조, 제391조, 제391조의 3, 제392조.

(5) 위원회결의의 효력

이사회가 위임한 사항에 관한 위원회의 결의는 이사회가 위원회의 결의를 사후적으로 變更하는 결의(제393조의 2 제4항)를 하지 아니하는 한, 이사회의 결의와 같은 효력이 있다.

(6) 위원회결의의 변경

위원회는 이사회로부터 위임받은 사항을 결의하면, 결의된 사항을 각 이사에게 통지하여야 한다(제393조의 2 제4항 전단). 이는 위원회의 결의가 위임의 범위를 벗어나거나 부당할 경우 권한을 위임한 이사회로 하여금 위원회결의를 번복할 수 있도록 하기 위함이다. 통지의 대상이 되는 각 이사는 위원회의 이사가 아니라 회사의 이사 전부이다.

이 통지를 받은 각 이사는 이사회의 소집을 요구할 수 있으며, 소집된 이사회에서는 위원회가 결의한 사항에 대하여 다시 결의할 수 있다(제393조의 2 제4항 후단). 이사회에서 다른 결의를 하는 경우 위원회의 결의는 효력을 상실한다. 따라서 위원회의 결의를 통지받은 이사가 이사회의 소집을 요구하는 경우 당초의 위원회의 결의는 이사회소집에 필요한 상당기간 효력이 정지된다고 본다.[1163] 집행을 요하는 결의라면 대표이사는 상당기간 집행행위를 하여서는 아니 된다.

한편 이사회는 감사위원회의 결의에 대하여는 다시 결의할 수 없다(제415조의 2 제6항). 그리고 대규모상장회사는 社外理事候補推薦委員會를 설치하여야 하고, 주주총회에서는 동 위원회의 추천을 받은 자 중에서 사외이사를 선임하여야 하기 때문에(제542조의 8 제5항), 이사회는 동 위원회의 추천결의에 대하여도 再決議를 할 수 없다고 해석한다.

(7) 이사회의 감독책임

위원회의 결의에 대하여는 각 이사가 감시의무를 지며, 이사회가 감독권을 갖는다. 이사회의 권한 중 위임사항을 위원회가 결의하였기 때문이다. 이사의 감시의무는 위원회결의가 부당할 때 이사회를 소집함으로써, 이사회의 감독권은 위원회의 결의가 부당할 때 이사회에서 변경결의를 함으로써 구체화된다.

따라서 위원회결의를 통지받은 이사가 위원회결의가 부당함에도 이사회의 소집을 게을리하거나, 소집된 이사회에서 위원회결의와 다른 결의를 하는 데에

1163) 이철송(2024), 738면.

반대하는 이사는 임무를 해태한 것으로써 회사 또는 제3자에 대하여 손해배상책임을 진다(제399조 제1항·제2항). 위원회의 결의는 이사회의 결의와 같은 효력이 있기 때문이다.

IV. 대표이사

1. 의의

주식회사의 업무집행에 관한 의사결정권은 이사회가 갖는다(제393조 제1항). 그런데 이사회는 회의체기관이므로 현실적으로 업무집행을 할 수 없다. 이 때문에 현실적인 집행행위는 이사회 또는 정관의 규정에 의거하여 총회에서 선임한 대표이사가 담당한다. 따라서 대표이사는 대외적으로 회사를 대표하여 회사의 영업에 관하여 재판상 또는 재판외의 모든 행위를 할 권한이 있고(제389조 제3항·제209조), 대내적으로 업무집행권한을 가진 이사로서 회사의 필요적 상설기관이다(제389조 제1항). 다만, 이사회는 대표이사를 감독할 권한이 있다(제393조 제2항).

이와 같이 상법은 이사 중에서 대표이사를 선임하게 하여 회사의 대표권과 대내적인 업무집행권을 그에게 집중시키고 있다.

2. 대표이사의 선정과 종임

(1) 선정

1) 선정기관

대표이사는 원칙적으로 이사회에서 선정한다(제389조 제1항 본문). 다만, 정관으로 주주총회에서 선정할 것으로 정할 수 있다(제389조 제1항 단서). 이때의 결의는 보통결의이다(제368조 제1항). 총회결의시 후보자인 이사이자 주주는 특별이해관계인(제368조 제3항)에 해당하지 아니하므로 의결권을 행사할 수 있다. 대표이사의 지위는 이사회 또는 주주총회의 결의가 아닌 다른 방법으로 부여될 수 없다. 그러므로 장기간 사실상 대표이사와 같은 역할을 하였더라도 법률상 회사의 대표자로는 될 수 없다.[1164] 그리고 회사의 운영권을 인수한 자일지라도 대표이사로 선정절차를 밟지 않은 이상 적법한 대표자가 아니다.[1165]

1164) 대법원 1989. 10. 24. 선고 89다카14714.

2) 원수·자격·임기·등기

대표이사의 員數에 대하여는 제한이 없다. 그러므로 1인 또는 수인을 대표이사로 정할 수 있다. 이사 전원을 대표이사로 선정할 수도 있다. 복수의 대표이사를 선정하는 경우, 그 대표이사들은 공동대표이사와는 달리 단독으로 회사를 대표하고 업무를 집행한다.

대표이사의 資格에 관하여는 이사 중에서 선정한다는 제한만이 있을 뿐(제389조 제1항 본문), 그 밖의 제한은 없다. 그러므로 정관으로 대표이사의 자격을 정할 수도 있다. 대표이사의 任期에 대하여는 별도의 규정이 없으나, 대부분의 회사는 정관으로 이를 정한다. 대표이사는 위원회의 위원과 같이 이사의 자격을 전제로 하므로 이사의 임기를 초과할 수 없다.

대표이사(또는 대표집행임원)를 선정하면 그 성명, 주민등록번호 및 주소를 登記하여야 한다(제317조 제2항 제9호). 다만, 등기는 회사로 하여금 제3자에 대한 대항력을 부여하는 것이며, 선정의 효력발생요건이 아니다(제37조 제1항 참조).

(2) 종임
1) 종임사유

대표이사는 임기만료, 해임 또는 사임 등으로 종임한다. 대표이사의 자격을 상실하더라도 이사의 자격까지 당연히 상실되는 것은 아니다. 그러나 이사의 자격을 상실하면 당연히 終任한다. 대표이사를 선정한 이사회 또는 주주총회는 언제든지 대표이사를 해임할 수 있다(제382조 제2항·민법 제689조 제1항). 주주총회가 이사자격까지 포함하여 대표이사를 해임하는 때에는 특별결의를 요한다(제385조 제1항). 대표권만을 박탈하는 때에는 보통결의사항이다.

한편 대표이사가 부존재라고 다투어지는 결의에 의하여 선정되었다 할지라도 판결이 내려질 때까지는 회사를 대표할 수 있다.1166)

2) 해임
가) 정당한 이유 없는 해임
① 문제의 제기

회사가 임기만료 전의 대표이사를 정당한 이유 없이 해임할 경우 대표이사에

게 손해배상책임을 지는지의 여부에 대하여 학설이 나뉜다.

② 학설

肯定說은 회사가 대표이사를 정당한 이유 없이 해임할 경우에 대표이사는 제 385조 제1항 단서(이사의 해임으로 인한 손해배상청구권)를 유추적용하든지 아니면 위임의 해지의 일반원칙(민법 제689조 제2항)에 따라 손해배상을 청구할 수 있다고 한다(다수설).[1167] 否定說은 대표이사는 이사와는 달리 그 업무집행에 있어서 집행임원의 성격이 강하므로 제385조 제1항의 단서를 유추적용할 수 없고, 동 규정에 따른 손해배상을 청구할 수 없다고 한다(소수설).[1168]

③ 판례

판례는 ① 제385조 제1항은 임기가 정하여진 이사가 정당한 이유 없이 해임당한 경우에는 회사에 대하여 손해배상을 청구할 수 있게 함으로써 주주의 회사에 대한 지배권확보와 경영자지위의 안정이라는 주주와 이사의 이익을 조화시키려는 규정이고, 이사의 보수청구권을 보장하는 것을 주된 목적으로 하는 것은 아니라는 점, ② 대표이사는 이사회가 선정·해임하는 것이 원칙이고 통상 별도의 임기를 정하지 아니하는 점에서 이사회가 대표이사를 해임한 경우 제385조 제1항을 유추적용할 것은 아니라고 한다. 해임으로 인하여 무보수·비상근이사로 되었더라도 같다(부정설).[1169]

④ 사견

대표이사는 이사회의 경영판단 등에 따라 언제든지 해임될 수 있어 임기가 큰 의미를 갖지 못한다. 그러므로 주주총회의 이사해임과 이사회의 대표이사해임이 유사하다고 볼 수는 없다. 그리고 이사는 주주의 출자재산을 관리하는 자이고, 그 지위의 유지 여부는 주주가 결정할 문제이기 때문에 제385조 제1항의 의미가 있다. 즉 동 규정은 주주의 이사에 대한 감독기능이라 할 수 있다. 따라서 대표이

1167) 안택식(2012), 325면; 최준선(2024), 494면; 이철송(2024), 741면; 권기범(2021), 1000면; 정동윤(2012), 614면; 최·김(2014), 801면; 송옥렬(2022), 1021면.

1168) 장덕조(2023), 336면; 김·노·천(2024), 404면; 정찬형(2022), 1011면; 정경영(2022), 604면; 김홍기(2022), 588면.

1169) 대법원 2004. 12. 10. 선고 2004다25123. 이 판례에 대하여는 김병연, "이사의 해임과 퇴직금 등의 지급청구 : 대법원 2004. 12. 10. 선고 2004다25123 판결," 상법판례백선, 법문사(2015), 411-418면.

사에 대하여는 제385조 제1항을 유추적용할 것은 아니다(부정설). 다만, 대표이사와 회사의 관계는 위임이므로 위임의 해지에 관한 일반원칙에 따라 손해배상청구는 가능하다고 본다(민법 제689조 제2항). 이 경우 손해배상산정은 이사가 아닌 대표이사로서 지급받은 보수를 기준으로 하여야 한다.

나) 해임의 효력발생시기　　이에 대하여는 이사해임의 경우와 같이 決議時說(소수설)과 告知時說(다수설)로 견해가 나뉘지만, 결의시설을 취한다. 따라서 해임결의 즉시 해임의 효과가 발생한다.

3) 사임

가) 효력발생시기 및 철회　　대표이사의 사임의 의사표시는 권한을 대행하게 될 자에게 도달할 때에 그 효력이 발생한다.[1170] 그 의사표시가 효력을 발생한 후에는 자의적으로 이를 철회할 수 없으나, 사임서 제출 당시 그 권한대행자에게 사표의 처리를 일임한 경우에는 권한대행자의 수리행위가 있어야 사임의 효력이 발생하고 그 이전에는 사임의사를 철회할 수 있다.[1171]

나) 등기 및 소송상 통지　　대표이사가 사임하면 대표권이 소멸하고 등기를 요한다(제317조 제2항 제9호·제183조). 등기에 의하여 사임의 효력이 발생하는 것은 아니지만, 이를 게을리할 경우에는 선의의 제3자에게 대항하지 못한다(제37조 제1항). 소송절차 진행 중에 대표권이 소멸하는 경우 본인 또는 대리인이 그 사실을 상대방에게 통지하지 아니하면 상대방에게 소멸의 효력을 주장하지 못한다. 그리하여 퇴임한 대표이사가 진행한 소송행위도 적법하게 된다(민사소송법 제63조 제1항).[1172] 상대방이 악의인 경우에도 마찬가지이다.[1173]

다) 불리한 시기의 사임효과　　대표이사가 부득이한 사유 없이 회사에 불리한 시기에 사임하여 회사에 손해가 발생한 때에는 이를 배상하여야 한다(제382조 제2항·민법 제689조 제2항).

(3) 대표이사의 결원

1) 퇴임대표이사

대표이사의 임기만료 또는 사임으로 인하여 대표이사가 없게 되거나 법률 또

1170) 대법원 2011. 9. 8. 선고 2009다31260; 2007. 5. 10. 선고 2007다7256.
1171) 대법원 2007. 5. 10. 선고 2007다7256.
1172) 송·박(2014), 159면.
1173) 대법원 1998. 2. 19. 선고 95다52710.

는 정관에 정한 정원을 결한 경우에 퇴임한 대표이사는 새로운 대표이사가 취임할 때까지 대표이사로서의 권리의무가 있다(제389조 제3항·제386조 제1항).

2) 임시(일시)대표이사

법원은 필요하다고 인정할 때에 이사, 감사 기타의 이해관계인의 청구로 일시적으로 대표이사의 직무를 행할 자를 선정할 수 있다(제389조 제3항·제386조 제2항 전단). 따라서 임시(일시)대표이사를 선정할 수 있는 사유는 임기만료 또는 사임의 경우에 한하지 아니하고, 법률 혹은 정관이 정한 이사의 정원을 결한 일체의 경우를 말한다.1174) 법원이 선임하는 임시이사 및 임시대표이사의 자격에는 아무런 제한이 없으므로 회사와 이해관계가 있는 자만이 선정되어야 하는 것은 아니다.1175) 법원이 선임한 임시대표이사는 대표이사직무집행정지 가처분결정과 동시에 선임된 직무대행자와는 달리 일반적인 대표이사와 동일한 권리의무를 갖는다.1176) 그 밖에 퇴임대표이사 및 임시대표이사에 관한 자세한 내용은 이사의 결원에 관하여 설명한 바와 같다.

(4) 대표이사의 유고시 직무대행

대부분의 회사에서는 정관으로 대표이사의 有故時 직무를 대행할 자를 지정하여 둔다. 판례는 대표이사가 정당한 사유 없이 주권발행사무를 수행하지 않은 경우, 이는 대표이사의 '유고시'에 해당하지 아니하므로 정관상 '대표이사 유고시에는 전무이사가 대리한다.'는 규정에 포함되지 아니한다고 보고 있다. 따라서 이 경우 전무이사 명의로 발행한 주권은 무효이다.1177) 이 판례에 따르면, '정당한 사유'란 대표이사가 신병 또는 장기해외여행 등으로 사무를 집행할 수 없는 경우를 뜻한다. 다른 판례는 대표이사 겸 회장이 적법한 소집통지를 받고도 이사회에 출석하지 아니하면 회장이 의장으로서 이사회를 진행할 수 없으므로 이는 정관상 회장 유고시에 해당한다고 본다.1178)

생각건대 대표이사의 '유고시'는 회사의 경영조직에 큰 영향을 미치게 된다. 따라서 판례와 같이 유고로 인한 직무대행권한을 제한적으로 해석하여야 한다.

1174) 대법원 1964. 4. 28. 선고 63다518; 同늘 2007. 3. 29. 선고 2006다83697.
1175) 대법원 1981. 9. 8. 선고 80다2511.
1176) 대법원 1968. 5. 22. 자 68마119 결정.
1177) 대법원 1970. 3. 10. 선고 69다1812.
1178) 대법원 1984. 2. 28. 선고 83다651; 1970. 3. 10. 선고 69다1812.

즉 직무대행자는 일상적인 관리업무만을 수행하여야 하는 것이다.

3. 대표이사의 업무집행권

(1) 범위

대표이사는 회사를 대표하며, 회사의 영업에 관한 재판상 또는 재판 외의 모든 행위를 할 권한을 갖는다(제389조 제3항·제209조). 이는 대표이사가 獨任制的으로 회사의 업무집행권을 갖는 것을 뜻하므로, 수인의 대표이사가 있는 때에는 각자 회사를 대표한다. 다만, 대표이사 이외의 업무집행이사도 포괄적인 업무집행권은 없지만, 일정한 범위 내에서 회사를 대리할 권한을 갖는 경우가 있다.

(2) 이사회와의 관계

1) 의의

이사회는 회사의 업무집행 전반에 관하여 포괄적인 결정권을 갖는다(제393조 제1항). 대표이사 역시 업무집행권을 가진다. 그리하여 이사회와의 관계에서 대표이사의 지위를 어떻게 이해해야 하는지에 대하여 견해가 대립한다.

2) 학설

가) 파생기관설   이 학설은 대표이사는 이사회의 派生機關에 불과하다고 한다. 그리하여 대표이사는 원칙적으로 이사회가 결정한 업무를 단지 집행하는 데 불과하다고 한다. 다만, 이사회의 법정결의사항 이외의 사항들은 이사회가 대표이사에게 위임하고 일상적인 업무집행의 결정도 대표이사를 선정할 때에 위임된 것으로 추정한다.[1179]

나) 독립기관설   이 학설은 대표이사는 이사회와는 독립된 권한을 갖는 기관으로 본다. 그리하여 이사회는 업무집행에 관한 의사결정을 담당하고 대표이사는 업무집행권을 가진다고 한다(다수설).[1180]

다) 어느 설에 의하더라도 대표이사는 주주총회와 이사회에서 결정한 사항을 집행할 권한이 있고, 그 밖의 일상적인 사항에 대한 업무집행의 의사결정을 할 수 있기 때문에 실제적인 차이는 생기지 않는다는 입장도 있다.[1181]

1179) 서·정(1999), 437면; 손주찬(2004), 783면; 채이식(1996), 517면.
1180) 정동윤(2012), 614−615면; 정찬형(2022), 1009면; 최기원(2012), 624면; 정경영(2022), 599면; 김정호(2023), 398면; 이·최(2022), 424면; 김동훈(2010), 310면.
1181) 김홍기(2022), 587면; 이철송(2024), 743면; 권기범(2021), 996면; 이·임·이·김(2012),

3) 판례

판례는 법률·정관 등의 규정으로 총회 또는 이사회의 결의를 요하지 않는 업무 중 이사회가 일반적·구체적으로 대표이사에게 위임하지 아니한 일상업무에 대하여는 대표이사 스스로 그 의사를 결정할 권한이 있다고 한다(독립기관설).[1182]

4) 사견

이사회는 포괄적인 업무집행결정권을 갖지만, 실제의 업무집행권이나 대표권은 없다. 대표이사는 우선적으로 주주총회의 결의로 이사회의 구성원인 이사로서의 지위를 갖고, 대표이사의 선임·해임은 이사회가 아닌 주주총회의 결의로도 가능하다(獨立機關說).

(3) 일상업무

독립기관설과 판례는 이사회가 일반적·구체적으로 대표이사에게 위임하지 아니하였더라도 일상업무에 대하여는 대표이사가 의사를 결정할 수 있다고 한다. 중요한 업무는 이사회의 결의를 요하고 대표이사가 단독으로 결정할 수 없다. 여기서 일상적인 업무란 회사의 목적사업의 수행을 위한 관리업무로서 관례적인 기준에 의거 처리할 수 있는 업무를 말한다. 그러므로 고가의 고정자산을 처분하는 행위, 타인에게 거액의 자산을 증여하는 행위 등은 일상적인 업무가 아니다.[1183] 영업행위라고 하더라도 파격적인 거래조건으로 회사에 손실을 초래하는 행위도 일상적인 업무가 아니다.[1184] 회사가 파산신청을 하는 행위도 원칙적으로 일상적인 업무가 아니다.[1185]

그러나 위와 같은 사례만으로 대표이사의 업무기준을 설정할 수는 없다. 그러므로 이사회규정 또는 규칙으로 이사회의 결의를 요하는 중요사항이나 금액기준을 설정하고 그 이외의 것은 일상적인 업무로 처리하는 것이 합리적이다.

(4) 명시된 권한

상법이 이사의 직무권한으로 규정하고 있는 사항 중 대부분은 그 성질상 대표이사의 권한에 속한다. 이를 나누어 살펴보면, ① 주권과 채권에의 기명날인

345면; 홍·박(2021), 460면; 서·정(1999), 437면.
1182) 대법원 2021. 8. 26.자 2020마5520 결정; 1997. 6. 13. 선고 96다48282.
1183) 대법원 1997. 6. 13. 선고 96다48282.
1184) 이철송(2024), 744면.
1185) 대법원 2021. 8. 26. 자 2020마5520 결정; 2019. 8. 14. 선고 2019다204463.

또는 서명(제356조·제478조 제2항)은 명문으로 대표이사가 하도록 하고 있고, ② 주주총회 또는 이사회의 의사록·정관·주주명부·사채원부의 비치(제396조 제1항), 주식청약서와 사채청약서의 작성(제420조, 제474조), 현물출자시 검사인선임의 청구(제422조 제1항),[1186] 재무제표 등의 작성·제출·비치·공시·공고(제447조·제449조), 신주인수권증서·신주인수권증권의 기명날인 또는 서명 등도 법문에는 이사의 직무처럼 표현되어 있으나, 대표이사의 직무권한에 속한다(이설 없음).

(5) 대표이사 개인의 상인성

회사가 상인으로 의제된다고 하더라도 대표이사 개인은 상인이 아니다. 그러므로 대표이사 개인이 회사자금으로 사용하기 위하여 차용한 채무는 상사채무로 볼 수 없다.[1187]

4. 대표권

(1) 의의

1) 대표권의 범위 및 행사방법

대표이사의 代表權의 範圍는 회사의 영업에 관하여 재판상·재판 외의 모든 행위에 미친다(제389조 제3항·제209조 제1항). 이를 대표권의 포괄성 또는 정형성이라고 한다. 이를 내부적으로 제한하더라도 선의의 제3자에게 대항하지 못한다(제389조 제3항·제209조 제2항). 이를 대표권의 획일성 또는 불가제한성이라고 한다. 이러한 점은 지배인의 대리권과 흡사하다(제11조).

대표권의 行使方法은 상대방에게 의사를 표시하는 能動代表와 상대방의 의사표시를 수령하는 受動代表 모두에 미친다.

1186) 다만, 다음 각 호의 어느 하나에 해당할 경우에는 제422조 제1항을 적용하지 아니한다 (제422조 제2항). (2011. 4. 14. 신설).
   1. 제416조 제4호의 현물출자의 목적인 재산의 가액이 자본금의 5분의 1을 초과하지 아니하고 대통령령으로 정한 금액(5천 만원)을 초과하지 아니하는 경우
   2. 제416조 제4호의 현물출자의 목적인 재산이 거래소의 시세 있는 유가증권인 경우 제416조 본문에 따라 결정된 가격이 대통령령으로 정한 방법으로 산정된 시세를 초과하지 아니하는 경우
   3. 변제기가 돌아온 회사에 대한 금전채권을 출자의 목적으로 하는 경우로서 그 가액이 회사장부에 적혀 있는 가액을 초과하지 아니하는 경우
   4. 그 밖에 제1호부터 제3호까지의 규정에 준하는 경우로서 대통령령으로 정하는 경우
1187) 同旨 대법원 2015. 3. 26. 선고 2014다70184; 2012. 7. 26. 선고 2011다43594.

2) 지배인과 대리와의 구별

우선 대표이사와 지배인이 유사한 점으로는 ① 대표이사의 대표권의 범위·
행사방법과 지배인의 대리권(제11조 제1항·제3항) 및 ② 주식회사의 경우 양자 모두
이사회에서 선임할 수 있는 점(제389조·제393조 제1항) 등을 들 수 있다. 다른 점으로
는 ① 대표권은 회사의 기관으로서 갖는 권한이며, 단체법상 대표기관에 관한 것
이라는 점에서 지배인의 대리권과는 성질이 다르고, ② 대표권은 그 범위가 회사
의 업무전반에 미친다는 점에서 영업에 관한 행위로 한정되는 지배인의 권한(제11
조 제1항) 보다 넓으며, ③ 대표이사의 불법행위에 대하여는 회사가 연대책임(제389
조·제210조)을 지는 데 비하여, 지배인의 불법행위에 대하여는 영업주가 사용자책
임(민법 제756조)을 지며, ④ 대표이사는 영업주인 회사를 대표하여 이사회의 결의
로 지배인을 선·해임할 수 있으나, 지배인은 이에 상응하는 권한이 없다는 점 등
이 있다.

한편 대표이사의 대표권은 사실행위와 불법행위에도 미친다는 점에서 대리
와 다르다. 그리고 대리인과는 달리 회사의 행위를 대신하는 것이 아니라 회사기
관으로서 회사의 행위 자체를 하는 자이다. 예를 들면, 가상화폐거래소의 대표이
사가 회사시스템의 전자기록에 허위정보를 입력한 것은 회사의 의사에 기한 회사
의 행위로서 시스템설치·운영 주체인 회사의 의사에 반한다고 할 수 없다.[1188]

(2) 대표행위의 방법

대표행위의 방식에는 顯名主義와 非顯名主義가 혼용된다. 그리하여 대표이
사는 어음·수표행위와 같은 서면의 요식행위에 대하여는 현명주의에 따라 반드
시 대표자격을 표시하고, 기명날인 또는 서명하여야 한다. 그 밖에 회사의 상행위
가 되는 행위에 대하여는 제48조를 유추적용하여(민법 제59조 제2항) 현명하지 않더
라도 회사의 대표행위로 보아야 한다. 그리하여 대표이사가 자신을 위한 거래를
한 것이 회사의 업무영역에도 속하여 상대방이 회사의 대표행위로 오인한 경우에
는 제48조(대리의 방식)의 법리를 원용하여 상대방이 회사와 거래할 의사를 가지고
거래한 때에는 회사에 대하여 효력이 있다.[1189]

한편 대표이사에 대한 의사표시는 도달주의의 일반원칙(민법 제111조 제1항)에

1188) 대법원 2020. 8. 27. 선고 2019도11294 전원합의체.
1189) 대법원 1990. 3. 23. 선고 89다카555.

따라 의사표시가 대표이사의 지배권 내에 들어간 때에[1190) 도달된 것으로 본다.

(3) 대표권의 제한

1) 유형

대표이사의 대표권에 대하여는 법률이나 회사내부적으로 제한할 수 있다.

가) 법률상의 제한   대표권의 법률상 제한사항 중 ① 영업양도의 전부 또는 중요한 일부의 양도 등(제374조 제1항)·사후설립(제375조) 등과 같은 주주총회의 결의사항이나, ② 사채발행(제469조)·신주발행(제416조)·이사의 경업금지(제397조)·회사의 기회 및 자산의 유용금지(제397조의 2)·이사와 회사간의 거래금지(제398조) 등과 같은 이사회의 결의사항의 경우 대표이사는 주주총회 또는 이사회의 결의를 얻지 못하면 회사를 대표하지 못한다.

위 가운데 ①의 주주총회결의 없이 행한 영업의 전부·중요한 일부의 양도에 관한 제374조 제1항은 강행법규이므로 상대방의 선의 여부를 불문하고 무효이다(통설·판례).[1191) 그러므로 회사가 영업의 전부 등을 양도한 후 총회의 특별결의가 없었다는 이유로 스스로 그 약정의 무효를 주장하더라도, 주주 전원의 동의가 있었다는 등의 특별한 사정이 없다면 그 주장은 신의칙에 반한다고 볼 수 없다. 이에 비하여 ②의 신주발행의 경우는 내부적 의사결정으로 보아 이사회결의가 없거나 또는 이사회결의에 하자가 있더라도 적법한 대표이사가 발행한 이상 유효하다(후술).[1192)

한편 대표이사가 주주총회 또는 이사회의 결의 없이 대표행위를 한 때 그 효력은 하자 있는 이사회결의의 후속행위의 효력에 관하여 설명한 바와 같다. 그리고 이사와 회사간의 소에서는 명문으로 대표이사가 회사를 대표하지 못하도록 하고 있는데(제394조), 이에 대하여는 후술한다.

1190) 예를 들면, ① 우편이 회사의 수신함에 투입된 때, ② 동거하는 친족·가족이나 피용자가 우편을 수령한 때, ③ 전자문서 발신인이 보낸 메시지가 수신인의 컴퓨터 파일에 기록된 때 등을 들 수 있다.

1191) 정찬형(2022), 1019면; 송옥렬(2022), 1025면; 김·노·천(2024), 406면; 대법원 2018. 4. 26. 선고 2017다288757; 2012. 4. 12. 선고 2011다106143.

1192) 대법원 2007. 2. 22. 선고 2005다77060·77077.

나) 내부적 제한

① 방법

법률상으로는 대표이사의 권한에 속하지만, 정관·이사회규칙 또는 이사회결의 등에 의거, 그 권한을 제한하는 수가 있다. 제한방법으로는 ① 일정한 행위의 제한, ② 금액기준의 설정 등이 있다. 일정한 행위의 제한과 관련하여서는 ㉠ 이사회결의로 어음발행권한을 특정한 대표이사에게만 전속시키고, 다른 대표이사에게는 그 권한을 부여하지 아니하는 방법, ㉡ 복수의 대표이사를 선정하여 업무를 분담시키고 자기 부문에서만 대표권을 갖게 하는 것을 들 수 있다. 금액기준의 설정과 관련하여서는 2억원 이상의 부담행위 또는 어음금 1억원 이상의 어음을 발행하는 행위는 이사회의 결의를 얻도록 하는 것을 들 수 있다.

② 제한위반의 효력

대표권의 내부적 제한은 선의(선의·무중과실)의 제3자에 대항하지 못한다(제389조 제3항·제209조 제2항). 그러므로 대표이사가 이 제한을 위반하여 대표행위를 하였을 때 거래상대방이 대표권의 제한이 있음을 알지 못하였다면 회사는 거래의 무효를 주장할 수 없다.[1193) 제3자의 선의는 거래의 시점을 기준으로 판단하여야 한다.

그러나 판례는 회사가 파산자(甲)인 경우 파산관재인(乙)은 모든 파산채권자(丙) 전체의 공동의 이익을 위하여 선량한 관리자의 주의로써 파산자(甲)와는 독립하여 이해관계를 갖는 제3자가 되고, 그 선의·악의도 파산관재인(乙) 개인이 아니라 총파산채권자(丙)의 선의·악의를 기준으로 판단하고 있다.[1194) 이 판례는 거래 이후의 시점에서 선의 여부를 판단하고 있어 올바른지 의문이다. 상대방의 악의에 대한 증명책임은 회사가 부담한다.

다) 무효주장의 제한   내부적 제한을 위반한 대표행위에 관한 무효는 회사만이 주장할 수 있다. 따라서 거래상대방을 포함한 제3자는 무효를 주장할 수 없다.[1195)

1193) 대법원 1997. 8. 29. 선고 97다18059.
1194) 대법원 2014. 8. 20. 선고 2014다206563.
1195) 광주고법 1984. 5. 18. 선고 83나292; 정영진, "대표권의 내부적 제한에 관한 재고찰," 기업법연구 제28권 제2호(2014. 6).

2) 과실의 유무

종래의 대법원은 정관의 규정상 대표이사가 이사회의 결의를 거쳐야 할 대외적 거래행위(예: 대출금연대보증)에 관하여 이를 거치지 아니하고 집행한 경우에 이와 같은 이사회 결의사항은 회사의 내부적 의사결정에 불과하다고 보았다. 그리하여 그 거래행위는 원칙적으로 유효하지만, 상대방이 이사회결의가 없었음을 알았거나(악의) 알 수 있었을 경우(과실)에는 무효라고 보았다.1196)

그러나 이에 대하여는 내부적 제한이 '선의의 제3자'에게 대항할 수 없다고 규정할 뿐 무과실을 요하지 않으므로 상대방이 단지 선의이면 유효하다고 보아야 하는지 문제되었다. 이에 따라 2021년 대법원은 중요한 자산의 처분 및 대규모 재산의 차입과 관련한 사건에서 종래의 입장을 변경하였다. 그리하여 '대표이사의 대표권이 정관 등에 의한 내부적 제한이든 제393조 제1항(이사회의 권한·결의) 등과 같은 법률적 제한이든 상대방은 악의 또는 중과실이 없는 한 보호된다.'고 판시하였다.1197) 그 결과 대표이사의 집행행위에 대하여 거래상대방이 이사회결의가 없거나 무효라는 사실을 알았거나(악의) 중과실로 알지 못한 경우는 무효이고, 상대방이 이에 대하여 선의이거나 중과실이 없으면(무중과실) 유효하다. 이때 상대방이 이사회결의가 없었음을 알았거나(악의) 만연히 이사회결의가 있었다고 믿은 점(중과실)에 대한 입증책임은 이를 주장하는 회사 측이 부담한다.1198) 이러한 법리는 지배인의 권한을 내부적으로 제한(제11조 제3항)하는 경우와 같다.

상대방이 중과실이 있는지는 '이사회결의가 없다는 점에 대한 제3자의 인식가능성, 회사와 거래한 제3자의 경험과 지위, 회사와 제3자의 거래관계, 대표이사가 한 거래행위가 경험칙상 이례에 속하는 것인지' 등을 종합하여 판단한다. 다만, 상대방은 이사회결의가 없었다고 의심할 만한 특별한 사정이 없다면, 그 결의가 있었는지를 확인할 의무는 없다.

한편 새로운 판례도 상대방이 이사회결의가 없음에 관하여 중과실이 있었는지의 여부를 판단함에 있어서 법률상 요구되는 이사회결의(제393조 제1항)와 대표이사의 내부적 제한(제389조 제3항·제2항)에서 요구하는 이사회결의의 내용적 의미가 다름에도 불구하고 같은 결론을 내리고 있다. 이 점 종래와 변함이 없다. 그러나

1196) 대법원 2012. 4. 26. 선고 2010다11415; 1996. 1. 26. 선고 94다42754.
1197) 대법원 2021. 2. 18. 선고 2015다45451 전원합의체.
1198) 대법원 2012. 4. 26. 선고 2010다11415; 1996. 1. 26. 선고 94다42754.

법률적 제한과 내부적 제한에 관한 상대방보호의 규범성의 무게를 동일시하는 해석이 올바른지는 의문이다.[1199]

3) 1인주주와 대표권의 제한

회사의 운영을 실질적으로 장악·통제하고 있는 1인주주가 적법한 대표이사의 권한행사를 사실상 제한하고 있다는 것만으로는 대표이사의 대표권에 적법한 제한이 설정되었다고 할 수는 없다. 그리하여 대표이사가 권한을 행사하는 과정에서 단순히 1인주주의 위임 또는 승낙을 받지 않았다고 하더라도 그 대표권 행사는 적법하다.[1200]

(4) 이사와의 소송에서의 대표

회사가 이사를 상대로 소를 제기하거나 또는 이사가 회사를 상대로 소를 제기하는 때에는 대표이사가 아닌 감사가 회사를 대표한다(제394조 제1항). 이는 이사와 회사간의 소송에 있어서 공정한 소송수행을 확보하기 위함이다. 발행주식총수의 100분의 1 이상에 해당하는 주식을 가진 소수주주가 회사에 대하여 이사의 책임을 추궁하는 소의 제기를 청구할 때에도 감사에게 소의 제기를 청구하여야 한다(제394조 제1항·제403조 제1항).

감사에 갈음하여 감사위원회를 설치한 때에 이사와 회사의 소에 있어서는 감사위원이 회사를 대표한다(제415조의 2 제7항·제394조 제1항). 감사위원이 회사와의 소의 당사자인 경우에 감사위원회 또는 이사는 법원에 회사를 대표할 자를 선임하여 줄 것을 신청하여야 한다(제394조 제2항).

퇴임한 이사를 상대로 소송을 수행하는 때에는 감사가 아닌 대표이사가 회사를 대표한다. 예를 들면, ① 前 이사들을 상대로 하는 소수주주의 (다중)대표소송에 회사가 참가하는 경우,[1201] ② 등기이사이었던 자가 회사를 상대로 사임을 주장하며 이사직을 사임한 취지의 변경등기를 구하는 소를 제기한 경우,[1202] 그 소에 관하여는 제394조 제1항의 적용이 배제되어 대표이사가 회사를 대표한다.

1199) 同늞 권기범(2021), 1006면; 이철송(2024), 751면.
1200) 대법원 2008. 11. 27. 선고 2006도9194.
1201) 대법원 2002. 3. 15. 선고 2000다9086; 권재열(2021), 160면.
1202) 대법원 2013. 9. 9. 자 2013마1273 결정.

(5) 파산신청

기술한 바와 같이 대표이사가 회사를 대표하여 파산신청을 할 경우에는 원칙적으로 이사회결의가 필요하다. 다만, 소규모 주식회사(제383조 제1항 단서)의 경우에는 대표이사가 이사회결의 없이 파산신청을 할 수 있다.1203) 소규모 주식회사는 각 이사(정관으로 대표이사를 정한 때에는 그 대표이사)가 회사를 대표하고 이사회의 기능을 담당하기 때문이다(제383조 제6항·제1항 단서).

(6) 대표권의 남용

1) 의의

대표권의 남용은 외형상으로는 대표이사의 권한 내의 적법한 행위이지만, 주관적으로는 자기 또는 제3자의 이익을 위하여 대표행위를 함으로써 회사에 손해를 입히는 행위이다.

2) 요건

우선, 외형상 대표이사의 권한 내의 적법한 행위이어야 한다. 그러므로 대표이사가 내부적인 대표권의 제한을 위반하거나 법률이 요구하는 절차를 거치지 아니한 행위는 위법한 행위로써 대표권의 남용에 해당하지 아니한다. 예를 들면, ① 제389조 제2항에 반하여 공동대표이사 중 1인이 단독으로 대표행위를 하거나, ② 대표이사가 이사회의 승인 없이 경업·회사의 기회 및 자산의 유용·자기거래를 하는 것은 위법행위이다(제397조·제397조의 2·제398조).

두 번째, 자기 또는 제3자의 이익을 위한 행위이어야 한다. 예를 들면, ① 대표이사가 개인적인 채무를 변제하기 위하여 회사명의로 어음을 발행하거나,1204) ② 대표이사가 자기의 가족이 발행한 어음을 회사명의로 보증하거나, 제3자의 채무를 회사명의로 보증하는 행위1205)는 대표권의 남용이다.

세 번째, 대표행위의 결과 회사에 손해를 입히고 자기 또는 제3자에게 이익이 있어야 한다. 회사가 손해를 입지 아니하면 대표권의 남용은 성립하지 않는다. 예를 들면, 주권발행 전 주식을 양도한 자에게 대표이사가 개인적 이익을 도모할 목적으로 株式保管證을 작성하여 줌으로써 양도행위를 승낙하였더라도 회사에

1203) 대법원 2021. 8. 26. 자 2020마5520 결정.
1204) 대법원 1990. 3. 13. 선고 89다카24360.
1205) 대법원 1988. 8. 9. 선고 86다카1858.

불이익을 발생시키는 것은 아니기 때문에 대표권의 남용이 아니다.[1206]

네 번째, 대표이사가 회사가 설치·운영하는 시스템(예: 가상화폐시스템)의 전자기록에 허위정보를 입력한 것은 회사의사에 기한 회사의 행위로서 회사의 의사에 반한다고 할 수 없어 권한남용이 아니다.[1207]

3) 대외적 효력

가) 문제의 제기 대표권의 남용행위는 상대방이 남용행위임을 알았을 경우에는 회사는 무효를 주장할 수 있고, 알지 못한 때에는 회사의 행위로서 유효하다는 것이 학설·판례의 일치된 견해이다. 다만, 그 법리구성에 대하여 견해가 대립된다.

나) 학설

① 비진의표시설

이는 대표권의 남용행위를 비진의표시와 유사한 것으로 보아 민법 제107조 제1항의 단서규정을 유추적용하자는 설이다. 그리하여 남용행위도 원칙적으로는 유효하지만, 상대방이 권한남용임을 알았거나 알 수 있었을 때에는 무효가 된다고 한다.[1208]

② 권리남용설

이는 대표권의 남용행위도 객관적으로는 대표권의 범위 내의 행위이므로 원칙적으로 유효하지만, 남용의 사실을 알고 있거나(악의이거나) 또는 중과실로 모른 상대방이 남용행위로 인하여 얻은 권리를 회사에 대하여 행사하는 것은 신의칙위반 혹은 권리남용에 해당하므로 허용될 수 없다는 설이다.[1209]

③ 내부적 권한제한설

이는 남용행위를 대표권에 대한 회사의 내부적 제한(제389조 제3항·제209조 제2항)을 위반한 경우와 동일하게 보는 설이다. 그리하여 상대방이 권한남용의 사실

1206) 대법원 2006. 9. 14. 선고 2005다45537.

1207) 대법원 2020. 8. 27. 선고 2019도11294 전원합의체.

1208) 최기원(2012), 639면; 김·노·천(2024), 409면; 서헌제(2007), 832면; 이·임·이·김(2012), 350면; 안택식(2012), 329면.

1209) 김홍기(2022), 598면; 손주찬(2004), 786면; 장덕조(2023), 345면; 홍·박(2021), 468면; 정경영(2022), 613면; 최준선(2024), 504면; 정찬형(2022), 1025면; 이철송(2024), 754면; 송옥렬(2022), 1028면; 이·최(2022), 435면.

을 알았을 때에는 회사가 무효를 주장할 수 있으나, 알지 못하였을 때에는 무효를 주장하지 못한다고 한다.[1210]

④ **이익교량설**(상대적 무효설)

이는 대표권의 남용행위는 법상의 의무인 선관주의의무를 위반한 행위이므로 기본적으로는 무효이지만, 거래의 안전을 위하여 선의의 상대방에 대하여는 무효를 주장할 수 없다고 하는 입장이다.[1211]

다) 판례　　대법원은 대표권의 남용행위를 처음에는 권리남용설로 다루었으나,[1212] 이후에는 非眞意表示說을 취하고 있다. 그리하여 대표이사가 대표권을 남용하는 등 그 임무에 위배하여 회사명의로 의무를 부담하는 행위를 하더라도 일단 회사의 행위로서 유효하다. 다만, 상대방이 대표이사의 진의를 알았거나 알 수 있었을 때에는 회사에 대하여 무효가 된다. 따라서 상대방이 대표권남용 사실을 알았거나 알 수 있었던 경우 대표이사의 의무부담행위는 원칙적으로 회사에 대하여 효력이 없다.[1213]

라) 사견　　이 문제는 대표권의 남용이 있다고 하더라도 대표자가 대표행위를 하고자 하는 의사를 가지고 있는 경우이므로 ① 대표권남용의 행위를 비진의 표시로 보기 곤란하고, ② 대표권남용행위는 외관상 적법한 대표행위이므로, 이익교량설과는 달리 이를 원칙적으로 무효라고 볼 수 없다는 점, ③ 대표권에 대한 내부적 제한에 위반한 행위와는 구분되어야 한다는 점, ④ 거래의 상대방이 대표권남용사실을 알면서도 대표이사와 거래하고 이러한 거래효과의 이행을 청구하는 것은 사법의 이념에 비추어 허용될 수 없는 것이라는 점 등에 비추어 권리남용설이 타당하다고 본다.

4) 증명책임

대표권의 남용을 이유로 대표행위의 무효를 주장하는 때에는 무효를 주장하는 자, 주로 회사가 대표권의 남용이라는 사실, 상대방이 악의 또는 중과실이 있다는 사실을 증명하여야 한다.[1214]

1210) 前田 庸(2008), 481面.
1211) 北沢正啓(2001), 363面.
1212) 대법원 1987. 10. 13. 선고 86다카1522.
1213) 대법원 2021. 4. 15. 선고 2017다253829; 2017. 7. 20. 선고 2014도1104 전원합의체; 2005. 7. 28. 선고 2005다3649.

5) 어음행위

대표이사가 대표권을 남용하여 자기 또는 제3자의 이익을 위하여 회사명의로 발행·배서·보증 등의 어음행위를 한 경우 최초의 어음취득자와의 관계에서는 위에서 설명한 대외적 효력에 따라 유·무효가 결정된다. 그러나 그 이후의 어음소지인과의 관계에서는 종전의 소지인에 대한 인적 항변이 절단되어 현재의 소지인에게 대항하지 못한다(어음법 제17조·제77조). 즉 그 어음발행이 무효라 하더라도 제3자에게 유통되었다면, 선의의 소지인에게 대항하지 못하는 것이다.[1215]

6) 대표권의 위임

대표이사의 대표권은 包括性, 定型性 및 不可制限性을 갖는다(제389조 제3항·제209조 제1항·제2항). 따라서 주식회사의 적법한 대표이사라 하더라도 그 권한을 포괄적으로 위임하여 他人으로 하여금 대표이사의 업무를 처리하게 하는 것은 허용되지 아니한다.[1216] 예를 들면, 타인이 대표이사로부터 권한을 위임받아 회사명의의 문서를 작성하기 위하여는 대표이사로부터 개별적·구체적으로 회사명의의 문서작성에 관하여 위임 또는 승낙을 받아야 한다.[1217] 이에 위반하면 資格冒用私文書作成(형법 제232조) 또는 僞造(형법 제234조)에 해당한다.

5. 대표이사의 불법행위

대표이사가 '업무집행으로 인하여' 타인에게 손해를 가한 때에는 회사는 대표이사와 연대하여 배상할 책임이 있다(제389조 제3항·제210조). 대표이사가 아닌 다른 이사의 행위로 인하여는 회사의 불법행위란 것이 있을 수 없으므로 대표이사 아닌 다른 이사에 관하여는 이런 제도가 없다.

제389조 제3항의 '업무집행으로 인하여'는 '대표행위로 인하여'라는 뜻이므로 대표행위를 할 수 있는 범위에서 회사의 업무집행과 관련이 있고 행위의 외형상 객관적으로 대표이사의 직무범위 내로 보아야 하는 경우는 회사의 불법행위가 성립하고, 회사는 손해배상책임을 진다.[1218] 따라서 대표행위가 있을 수 없는 경

1214) 정찬형(2022), 1026면; 이철송(2024), 755면; 대법원 2012. 4. 26. 선고 2010다11415; 2005. 7. 28. 선고 2005다3649.
1215) 대법원 2017. 7. 20. 선고 2014도1104 전원합의체.
1216) 同旨 권기범(2021), 1011면.
1217) 대법원 2010. 5. 13. 선고 2010도1040; 2008. 11. 27. 선고 2006도2016.
1218) 대법원 2017. 9. 26. 선고 2014다27425; 1990. 11. 13. 선고 89다카26878.

우에는 이 규정의 적용도 없다.

대표권의 남용에서 보았듯이 상대방이 대표이사의 직무가 아님을 알았거나 중대한 과실로 알지 못한 때에는 회사에 대하여 손해배상책임을 물을 수 없다. 여기서의 '중대한 과실'이란 거래의 상대방이 조금만 주의를 기울였더라면 대표자의 행위가 그 직무권한 내에서 적법하게 행하여진 것이 아니라는 사정을 알 수 있었음에도 만연히 이를 직무권한 내의 행위라고 믿음으로써 일반인에게 요구되는 주의의무에 현저히 위반하는 것으로 거의 고의에 가까운 정도의 주의를 결여하고, 공평의 관점에서 상대방을 구태여 보호할 필요가 없다고 봄이 상당하다고 인정되는 상태를 말한다.[1219]

위와 같이 대표이사의 불법행위에 관한 법리는 비영리법인의 이사 기타 대표자가 불법행위를 한 경우 법인의 손해배상책임을 인정하는 것(민법 제35조 제1항)과 취지가 같다.

6. 공동대표이사제도

(1) 의의 및 취지

대표이사가 수인인 때에는 각자가 회사를 대표할 권한이 있다. 다만, 수인의 대표이사를 둘 경우에는 별도의 결의로 공동대표이사를 정할 수 있다(제389조 제2항). 공동대표이사제도는 회사의 업무집행에 전문성과 통일성을 추구할 수 있고, 상호 견제를 가능하게 한다. 이에 위반한 단독의 대표행위는 무효이다. 이 때문에 대표이사의 전횡이나 대표권의 오·남용을 방지하는 기능도 한다. 공동대표도 제3자를 보호하기 위하여 등기하여야 한다(제317조 제2항 제10호).

한편 일본은 우리와 같이 공동대표이사제도를 두고 있었으나(개정 전 일본상법 제261조), 비판이 강하게 제기되어 2005년 회사법제정시 폐지되었다.[1220]

(2) 공동대표이사의 선정

1) 수인의 대표이사와 단독대표

대표이사가 수인인 때에는 각자가 회사를 대표할 권한이 있기 때문에 대표이

1219) 대법원 2012. 6. 28. 선고 2010다73765; 2009. 11. 26. 선고 2009다57033; 2004. 3. 26. 선고 2003다34045.
1220) 神田秀樹(2020), 235면.

사의 선정 이외에 수인을 공동대표이사로 한다는 별도의 결의가 있어야 한다.

2) 선정

공동대표이사를 정함에는 정관의 규정을 요하지 아니한다. 다만, ① 이사회에서 대표이사를 선정하는 경우에는 이사회의 결의로, ② 정관의 규정에 의하여 주주총회에서 대표이사를 선정하는 때에는 주주총회의 결의로 공동으로 회사를 대표할 것을 정한다(제389조 제2항·제389조 제1항).

대표이사의 선정과 공동대표이사로 정하는 것은 이론상 별개의 결의에 속하지만, 하나의 결의로 동시에 처리할 수도 있다. 예를 들면, 甲, 乙 및 丙을 대표이사로 선정하면서 공동대표이사로 정하는 결의를 하는 것을 뜻한다.

3) 공동대표의 유형

공동대표이사를 정하는 방법은 ① 대표이사 전원이 공동으로만 대표하게 하는 것이 일반적이다(眞正共同代表). 그 이외에도 예를 들면, ② 5인의 대표이사 중 그보다 적은 3인 이상의 대표이사들이 공동으로만 대표하게 하는 방법(예: 대표이사 甲·乙·丙·丁·戊 중 3인 이상이 공동으로만 회사대표), ③ 3인의 대표이사 중 1인은 단독대표로, 나머지 대표이사는 공동대표로 하는 방법도 가능하다(예: 甲은 단독대표, 乙·丙은 공동대표)(不眞正共同代表).

4) 등기

정관으로 공동대표이사(또는 공동대표집행임원)를 정한 때에는 그 규정을 등기해야 한다(제317조 제2항 제10호). 이를 등기하지 아니하면 선의의 제3자에게 대항하지 못한다(제37조 제1항). 즉 정관의 규정이 있더라도 공동대표이사에 관한 사항을 등기하지 아니하면 공동대표이사 중 1인이 단독으로 회사를 대표하여 행위를 하더라도 회사는 그 대표행위의 무효를 선의의 제3자에게 주장하지 못한다.[1221]

한편 등기하더라도 제3자가 정당한 사유로 이를 알지 못한 때에는 역시 대항하지 못한다(제37조 제2항).

(3) 공동대표행위의 효력

1) 능동대표

회사가 제3자에게 하는 의사표시를 능동대표라고 하는데, 공동대표이사는 공동으로만 회사를 위하여 제3자에게 의사를 표시할 수 있다(제389조 제2항). 1인의

1221) 대법원 2014. 5. 29. 선고 2013다212295.

공동대표이사가 대표의사를 표시하였더라도 회사의 완성된 대표행위가 아니기 때문에 그에 따른 거래는 무효이다. 상대방의 선의·악의를 불문하고, 소송행위에 대하여도 같다.[1222)

의사표시를 '공동으로' 한다는 것은 공동대표이사들이 동시에 대표행위를 하여야 하는 것은 아니다. 먼저 1인의 공동대표이사가 의사를 표시하고, 나머지 대표이사들의 의사가 순차적으로 보충되어도 무방하다. 공동대표이사 1인이 다른 공동대표이사에게 위임을 하는 때에는 위임인과 수임인의 의사를 같이 표시하여야 한다. 그리고 어음·수표의 발행과 같은 요식행위에서는 공동대표이사 전원이 기명날인(또는 서명)을 하여야 한다.

2) 수동대표

제3자가 회사에 대하여 하는 의사표시, 이른바 수동대표는 공동대표이사 중 1인에게 하여도 효력이 있다(제389조 제3항·제208조 제2항). 수동대표, 즉 의사표시의 수령에는 각자가 대표권을 갖더라도 능동대표보다 권한남용의 소지가 없기 때문이다. 그리고 공동대표 중 일부의 대표이사가 의사표시를 수령할 수 없는 사유가 있는 경우, 거래상대방을 보호하기 위한 측면도 있다.

3) 불법행위

공동대표이사제도는 거래행위에만 적용되고 불법행위에는 적용되지 아니한다. 따라서 공동대표이사 중 1인의 불법행위일지라도 회사의 업무집행으로 타인에게 손해를 가한 때에는 회사의 불법행위로 되어 회사는 그 공동대표이사와 연대하여 책임을 진다(제389조 제3항·제210조).

4) 대내적인 업무집행

공동대표이사의 대내적인 업무집행권도 원칙적으로 공동으로 행사하여야 한다. 다만, 순수한 대내적인 업무집행에 대하여는 이를 단독으로 하더라도 회사에 대한 책임문제는 별론으로 하고, 그 행위는 유효하다.

(4) 공동대표권의 위임

1) 포괄적 위임의 가부

공동대표이사 중 일부가 다른 공동대표이사에게 대표권의 행사를 일반적·포괄적으로 위임하는 것은 실질적으로 단독대표를 가능하게 하는 일이므로 공동대

1222) 이철송(2024), 759면; 인천지법 1997. 8. 22. 선고 97가합7505.

표의 취지에 비추어 볼 때 허용될 수 없다(이설 없음·판례).[1223]

2) 부분적 포괄위임의 가부

가) 문제의 제기   대표권의 범위를 정하거나 일정한 종류(예: 건설회사의 구매업무 또는 아파트분양업무)의 사항에 관하여 부분적으로 포괄위임이 가능한지에 대하여 학설이 나뉜다.

나) 학설

① 긍정설

이 학설은 일정한 종류의 사항에 관하여는 이사 전원의 동의가 있으면 그 결정과 집행을 일부의 자에게 포괄적으로 위임할 수 있다고 한다(소수설).[1224]

② 부정설

이 학설은 대표권의 범위를 정하여 부분적으로 포괄위임을 하는 것도 일반적·포괄적 위임의 경우와 같은 취지에서 허용되지 않는다고 본다(통설).[1225] 따라서 2억원 이하의 거래 또는 구매업무 전부를 위임하는 것과 같이 대표업무를 質 또는 量에 따른 구분에 의하여 포괄위임을 하는 것도 허용되지 아니한다.

다) 판례   판례는 공동대표이사 1인이 특정사항에 관한 대표권의 행사를 개별적으로 다른 공동대표이사에게 위임하는 것은 별론으로 하고, 일반적·포괄적으로 위임하는 것은 불가하다고 한다(부정설).[1226] 즉 특정사항에 대하여도 일반적·포괄적인 위임은 허용되지 아니하는 것이다.

라) 사견   대표권의 범위를 정하거나 일정한 종류의 사항에 관하여 포괄위임을 하는 것은 일반적·포괄적 위임의 경우와 다를 바 없으므로 허용되지 아니한다(부정설).

3) 개별적 위임의 가부

가) 문제의 제기   대표행위의 사안별로 특정거래에 관하여 다른 공동대표이사에게 개별적인 위임을 할 수 있는지에 대하여 견해가 나뉜다.

1223) 대법원 1989. 5. 23. 선고 89다카3677.
1224) 정동윤(2012), 620면.
1225) 송옥렬(2022), 1031면; 이철송(2024), 760면; 채이식(1996), 536면; 권기범(2021), 1014면.
1226) 대법원 1989. 5. 23. 선고 89다카3677.

나) 학설

① 적극설

이 학설은 공동대표이사간에 내부적인 의사합치만 있으면 개별적인 위임을 할 수 있고, 거래상대방에 대한 의사표시는 1인의 공동대표에게 위임할 수 있다고 한다(통설).[1227] 그러나 이 견해는 거래상대방이 공동대표이사간의 합의를 알기가 어려우므로 거래의 안전을 확보하기 어렵다는 단점이 있다.

② 백지위임설

이 학설은 적극설을 변형한 것으로서, 공동대표이사 모두의 합의가 있는 경우에는 내부적인 의사결정과 대외적 의사표시 모두를 위임할 수 있다고 하는 견해이다. 그러나 이 견해에 따르면 포괄위임과 실질상의 차이가 없게 된다.[1228]

③ 표시행위위임설

이 학설은 적극설을 변형한 또 다른 견해로서 대외적 표시를 위임할 수 있으나, 거래의 신속과 조직운영의 효율을 기하기 위하여 그 위임관계를 顯名하여야 한다는 입장이다.[1229] 그러나 이 학설은 위임관계의 현명이라는 요건을 특별히 요구하지 않는 상법과는 입장이 상이하다는 문제점이 있다.

④ 소극설

이 학설은 단지 공동대표이사간의 내부적 의사합치가 있더라도 대외적인 표시행위를 반드시 공동으로 하여야 한다는 견해이다. 이 견해는 공동대표이사제도의 취지가 대표이사간의 업무집행의 통일성을 대외적으로 확보하기 위한 것이라는 데에 주요 논지가 있다. 그러나 모든 대표행위에 공동대표이사들이 사실상 물리적으로 공동참여를 해야 하는 어려움이 있다.[1230]

다) 판례　　판례가 어느 학설을 취하는지는 명확하지 않다. 적극설을 취한 듯한 판례가 있기는 하지만, 단독대표의 가능성에 대한 상대방의 신뢰를 조건으로 하고 있어 분명하지 않다. 즉 판례는 "회사의 공동대표이사 2명 중 1명이 단독

1227) 정동윤(2012), 620면; 최준선(2024), 507면; 최기원(2012), 641면; 정찬형(2022), 1016면; 장덕조(2023), 347면; 정경영(2022), 628면; 이·최(2022), 429면; 홍·박(2021), 472면; 권기범(2021), 1014면; 이·임·이·김(2012), 353면.
1228) 손주찬(2004), 788면.
1229) 이철송(2024), 761면.
1230) 채이식(1996), 536면.

으로 동의한 것이라면 특별한 사정이 없는 한 이를 회사의 동의라고 볼 수 없다. 다만, 나머지 1명의 대표이사가 그로 하여금 건물의 관리에 관한 대표행위를 단독으로 하도록 容忍 내지 放任하였고 또한 상대방이 그에게 단독으로 회사를 대표할 권한이 있다고 믿은 선의의 제3자에 해당한다면 이를 회사의 동의로 볼 수 있다."고 한다.1231)

라) 사견   위와 같이 학설이 나뉘는 것은 조직운영의 능률성과 공동대표이사제의 실효성 중에서 어느 것을 우선할 것인지에 관하여 견해가 다르기 때문이다. 그러나 ① 공동대표이사제의 운영상의 신속성과 능률성을 확보한다는 측면과 ② 공동대표이사간의 내부적인 의사합치가 있으면, 대표권의 오·남용의 위험이 없다는 점에서 그 의사표시를 단독으로 하더라도 무방하다고 본다(적극설).

(5) 단독대표행위의 추인

공동대표이사 중 1인이 단독으로 대표하여 한 행위는 무효이지만, 무권대리에 준하는 것으로 보아 이를 추인할 수 있다(민법 제59조 제2항1232)·제130조1233)). 추인은 나머지 공동대표이사가 하여야 하며, 추인의 의사표시는 거래상대방 또는 단독으로 대표행위를 한 공동대표이사에게 할 수도 있다.1234)

추인은 묵시적으로도 할 수 있다. 예컨대, 대표행위의 무효를 장기간 주장하지 않거나 회사가 유효한 대표행위임을 전제로 하는 행위 등이 이에 해당한다.1235) 판례는 甲주식회사의 공동대표이사 2인 중 1인(丙)이 단독으로 乙과 주차장관리 및 건물경비에 관한 갱신계약을 체결한 사안에서, '甲이 종전계약기간이 만료(2004. 11. 30)된 이후 7개월여가 경과된 시점에서 종전계약의 기간만을 연장한 更新契約(3차계약)이 체결된 사실을 인식하면서 乙에게 기간이 만료된 종전계약의 계속적인 이행을 요구하는 통고서를 발송하여 갱신계약의 효과가 甲에게 귀속되는 것을 승인함으로써 그 갱신계약을 묵시적으로 추인하였다.'고 한다.1236)

1231) 대법원 1996. 10. 25. 선고 95누14190.
1232) 제59조(이사의 대표권) 제2항 : 법인의 대표에 관하여는 대리에 관한 규정을 준용한다.
1233) 제130조(무권대리) 대리권 없는 자가 타인의 대리인으로 한 계약은 본인이 이를 추인하지 아니하면 본인에 대하여 효력이 없다.
1234) 대법원 1992. 10. 27. 선고 92다19033.
1235) 이철송(2024), 761면.
1236) 대법원 2010. 12. 23. 선고 2009다37718.

(6) 단독대표행위와 제3자의 보호

1) 내부적 제한과의 구별

공동대표이사 가운데 1인이 단독대표행위를 한 때에는 상대방의 선의·악의를 불문하고 무효이므로(제389조 제2항) 상대방에게 불측의 손해를 입힐 수 있다. 이점에서 선의의 제3자에게 대항할 수 없는 대표권의 내부적 제한(제389조 제3항·제209조 제2항)과 구별된다. 그리하여 제3자의 보호가 문제된다.

2) 제3자의 보호법리

가) 표현책임　　공동대표이사 가운데 1인이 단독으로 대표권이 있는 것으로 인정될 만한 명칭을 사용하여 거래하고, 그 명칭사용에 회사가 책임이 있는 경우에는 '표현대표이사'의 요건(제395조)을 충족하게 된다. 그러므로 상대방은 회사에 대하여 그 거래책임을 물을 수 있다. 즉 공동대표이사가 단순한 대표이사라는 명칭을 사용하여 법률행위를 하는 것을 容忍 내지 放任한 회사는 제395조에 의한 표현책임을 면할 수 없다.[1237]

나) 불법행위책임　　공동대표이사가 월권하여 단독으로 대표행위를 한 때에는 대체로 불법행위의 요건(민법 제750조)을 충족하게 된다. 그러므로 거래상대방은 제395조에 의거한 회사의 표현책임을 묻지 못하더라도 공동대표이사의 개인적인 불법행위책임을 물어 손해배상을 청구할 수 있다. 뿐만 아니라, 단독대표행위로 인한 손해를 '회사의 업무집행으로 인한 손해'로 보아 회사에 대해서도 연대책임, 즉 불법행위책임(제389조 제3항·제210조)을 물을 수 있다.

다) 제3자에 대한 책임　　공동대표이사가 단독대표행위를 한 때에는 대부분 이사의 제3자에 대한 책임규정(제401조)상의 책임요건을 충족하게 된다. 그러므로 상대방은 이를 근거로 공동대표이사 개인의 책임을 물을 수 있다.

7. 표현대표이사

(1) 의의 및 취지

표현대표이사는 대표이사가 아닌 자가 회사의 승인 아래 대표이사로 오인할 수 있는 명칭을 사용하여 대표행위를 하는 자를 말한다. 그런데 표현대표이사를 대표이사로 믿고 거래한 상대방에게 등기부를 조회하지 아니한 책임을 지도록 하

1237) 대법원 1992. 10. 27. 선고 92다19033; 1991. 11. 12. 선고 91다19111.

여 손해를 입은 경우에도 이를 방치하는 것은 신속성을 특색으로 하는 상거래에서는 비현실적이며 신의칙에도 반한다. 이에 따라 제395조는 '사장, 부사장, 전무, 상무 기타 회사를 대표할 권한이 있는 것으로 인정할 만한 명칭을 사용한 이사의 행위에 대하여는 그 이사가 회사를 대표할 권한이 없는 경우에도 회사는 선의의 제3자에 대하여 그 책임을 진다.'라고 규정하여 회사의 책임을 묻고, 제3자를 보호하고 있다.

(2) 제395조의 성격

1) 근거법리

표현대표이사제도는 영미법상의 禁反言의 법리(estoppel by representation)나 독일법의 外觀理論(Rechtsscheintheorie)에서 그 근거를 찾을 수 있다.[1238] 어느 이론에 바탕을 둔다 하더라도 차이는 없다. 양 이론이 모두 외부에 표현된 것을 기초로 법의 효과를 부여하려는 것이고, 외관에 당사자의 유책을 요구하기 때문이다.

2) 상업등기와의 관계

가) 문제의 제기   상업등기에 관한 일반적 효력에 의하면, 등기할 사항을 등기한 후에는 정당한 사유가 없는 한 그 사항에 관하여 제3자의 악의가 의제된다(제37조 제2항). 그리하여 선의의 제3자를 보호하고자 하는 제395조와의 관계가 문제될 수 있다.

나) 학설

① 예외규정설

例外規定說은 제395조는 외관을 신뢰한 제3자를 보호하기 위하여 특별히 규정된 것으로서 제37조의 예외규정으로 보는 견해이다.[1239] 즉 대표이사와 거래하는 제3자가 거래시마다 등기부를 열람하여 대표권유무를 확인하는 것은 너무 가혹하고 또 집단적·반복적·계속적·대량적인 거래실정에도 맞지 않는다는 것이다. 따라서 제395조가 적용되는 범위에 한해서는 제37조의 상업등기의 공신력이 미치지 않게 된다.

1238) 정찬형(2022), 1026면; 권기범(2021), 1016면; 대법원 2009. 3. 12. 선고 2007다60455; 1998. 3. 27. 선고 97다34709.

1239) 김두진(2022), 359면; 권기범(2021), 1017면; 서헌제(2007), 838면; 정찬형(2022), 1029면; 최기원(2012), 645- 646면; 최준선(2024), 522면; 채이식(1996), 543면; 장덕조(2023), 356면; 홍·박(2021), 475면.

② 이차원설

異次元說은 제395조와 제37조는 서로 차원 내지 법익을 달리한다는 견해이다.[1240] 즉 전자는 외관주의나 금반언의 법리에 바탕을 둔 반면에, 후자는 기업관계의 외부적 공시에 대하여 일정한 범위 내에서 공시자의 면책을 보장한다는 점에서 양자는 별개의 법익, 기능 및 근거를 가지는 제도라는 입장이다.

③ 정당사유설

正當事由說은 표현적 명칭에 의하여 대표권 있다고 믿은 것이 제37조의 정당한 사유에 의한 선의에 해당한다는 견해이다. 즉 상업등기의 공시주의도 외관주의의 한 표현으로 이해한다면 제395조과 동일한 차원에서 조화시킬 수 있다는 입장이다.

다) 판례   대법원은 표현대표이사제도는 상업등기와는 다른 차원의 제도이므로, 표현대표이사의 책임을 물을 때에는 상업등기가 있는지의 여부가 고려의 대상이 아니 된다고 판시하고 있다(이차원설).[1241]

라) 사견   제37조에 의하면 등기사항이 등기된 후에는 정당한 사유가 없는 한 그 사항에 관하여 제3자의 악의가 의제되지만, 양자는 입법취지와 법익을 달리하므로 제395조를 제37조의 예외로 볼 것은 아니다(이차원설). 즉 ① 제37조는 기업관계가 외부에 공시된 후에는 상대방의 희생 아래 공시자의 免責을 보장함으로써 당사자의 이해를 조정하려는 제도이며, ② 표현대표이사제도는 표현적 명칭이라는 부진정한 외관작출에 有責한 자를 희생시키고 외관대로의 법 효과를 인정함으로써 상거래의 신속성과 안전성을 추구하는 제도이기 때문이다.

한편 제37조 제2항의 '정당한 사유'는 천재지변 등의 객관적 불가항력의 경우에만 제한하여야 하므로 이를 표현대표이사제도에 적용하는 '정당사유설'은 무리한 해석이다.

(3) 제395조의 적용요건

1) 개요

대부분의 외관법리는 ① 외관의 존재, ② 회사의 귀책사유(외관에 대한 귀책사유), ③ 제3자의 신뢰 등 세 가지 요건이 필요하다. 표현대표이사제도에는 이와 더불

1240) 정경영(2022), 633면; 이철송(2024), 763면; 송옥렬(2022), 1034면; 이·최(2022), 449면; 정동윤(2012), 623면; 임재연(2019Ⅱ), 432-433면; 강위두(2000), 548면.
1241) 대법원 1979. 2. 13. 선고 77다2436.

어 대표행위, 즉 대표이사의 권한 내의 행위라는 요건이 추가된다.

2) 외관의 존재

가) 표현적 명칭사용

① 예시

표현대표이사제도가 성립하기 위하여는 대표이사가 아닌 자가 회사를 대표할 만한 권한이 있는 것으로 인정할 만한 명칭, 즉 表見的 名稱을 사용하였어야 한다. 법문은 이를 '사장, 부사장, 전무, 상무 기타…'라고 규정하고 있다(제395조). 그러나 이는 예시적인 열거이고 표현적 명칭은 이에 한하지 아니한다. 총재·부총재·은행장·이사장(예: 새마을금고)·회장·부회장 등 기업조직상의 일반적인 거래통념에 비추어 회사를 대표할 권한이 있는 것으로 보이는 명칭은 모두 포함된다.

② 판례의 태도

판례 중에는 '영업담당상무', 운수회사의 '사고처리담당상무'와 같이 회사의 일부업무에 관하여 대표권이 있다고 인정될 만한 명칭을 사용한 경우 그 부분적인 업무에 관련되는 한, 회사는 선의의 제3자에게 제395조에 의거 의사표시(예: 교통사고처리비부담)에 따른 책임을 면할 수 없다고 한 사례가 있다.[1242]

그러나 법문이 사장, 부사장, 전무, 상무 등을 예시하고 있지만, 이러한 명칭이 표현대표이사의 명칭에 해당하는지의 여부는 구체적인 상황과 사회일반의 거래통념에 따라 결정하여야 한다. 그리하여 최근의 판례는 사회 일반인도 회사의 대표이사제도를 접할 기회가 많아져 그 제도를 잘 이해하게 되었음을 감안하여, '대표이사전무' 또는 '대표이사상무' 등의 명칭이 아니라, 단지 ① '전무이사'(甲)나 '상무이사'(乙)가 회사가 가지고 있던 약속어음에 대표이사(丙)의 명의로 배서하여 丁에게 교부한 경우[1243] 또는 ② '경리담당이사'라는 명칭을 사용한 자를 대표이사로 믿은 경우 등은 상대방에게 중과실이 있다고 본다.[1244] 즉 제395조에 따른 회사의 책임을 부정하고 있다.

나) 이사자격의 요부
제395조는 '대표할 권한이 있는 것으로 인정될 만한 명칭을 사용한 이사의 행위에 대하여는 그 이사가 회사를 대표할 권한이 없는 경

1242) 서울고법 1972. 12. 30. 선고 72나2141.
1243) 대법원 1999. 11. 12. 선고 99다19797.
1244) 대법원 2003. 2. 11. 선고 2002다62029.

우에도…'라고 하여 표현적 명칭을 사용하는 자가 이사의 자격만큼은 갖추어야 동조가 적용되는 것처럼 보인다. 그러나 이사자격의 유무는 표현적 지위의 형성에 본질적인 중요성을 가지지 않기 때문에 이사가 아닌 자가 대표행위를 하더라도 제395조를 유추적용하여야 한다.

판례 역시 무효 또는 부존재하는 주주총회결의(제380조)에 의하여 선임된 이사,[1245] 이사가 아닌 사용인,[1246] 회사의 실질적인 1인주주일 뿐 이사로 전혀 선임된 사실조차 없는 주주,[1247] 및 총회의 개최 없이 의사록만을 작성한 총회결의로 대표자로 선임된 자[1248]의 행위에 대하여도 본조를 유추적용하고 있다.

다) 명칭의 사용 · 법인의 설립행위·정관작성 또는 어음·수표행위와 같은 要式行爲에서는 행위자의 표현적 명칭과 자신의 성명이 기재되어야 한다. 다만, 매매와 같은 不要式行爲에서는 행위자가 상대방에게 자신이 대표자라는 인식을 주는 것으로 충분하고, 행위시마다 표현적 명칭을 명시하지 아니하여도 무방하다.

3) 회사의 귀책사유(외관에 대한 귀책사유)

가) 명칭사용의 허용 표현대표이사의 행위로 인하여 회사가 책임을 지기 위하여는 외관에 대한 회사의 귀책사유가 있어야 한다. 즉 대표행위자의 표현적 명칭사용을 회사가 명시적 또는 묵시적으로 허용하였어야 한다. 그러나 행위자가 자의적으로 그러한 명칭을 사용한 경우에는 회사가 책임을 부담하지 아니한다.[1249] 즉 표현적 명칭사용을 승인하지 아니하였는데도 임의로 僭稱한 자의 행위에 대하여 회사가 그 명칭사용을 알지 못하고 제지하지 못한 점에 과실이 있다고 할지라도, 선의의 제3자에 대하여 책임을 부담하지 아니한다.[1250]

회사가 발령·위촉 등의 적극적인 의사표시를 하는 것은 명칭사용의 명시적 허용이다. 허용은 표현적 명칭의 사용을 승인하는 것도 포함한다. 예를 들면, ① 표현대표이사가 한 계약을 이의 없이 이행한다든지 명칭사용의 사실을 알고도 제지하지 않고 방치한 경우,[1251] ② 이사 또는 이사의 자격이 없는 자가 임의로 표현

1245) 대법원 1992. 7. 28. 선고 91다35816.
1246) 대법원 1987. 7. 7. 선고 87다카504.
1247) 대법원 1998. 3. 27. 선고 97다34709; 1985. 6. 11. 선고 84다카963.
1248) 대법원 2009. 3. 12. 선고 2007다60455.
1249) 대법원 1988. 10. 11. 선고 86다카2936.
1250) 대법원 1995. 11. 21. 선고 94다50908; 1975. 5. 27. 선고 74다1366.
1251) 대법원 2005. 9. 9. 선고 2004다17702.

대표자의 명칭을 사용하고 있는 것을 회사가 알면서 이에 동조하거나 아무런 조
치 없이 방치하는 경우,1252) ③ 회사의 대표이사가 장기간 회사업무(예: 각 점포에
대한 분양계약 등)를 방치하고 이사 1인이 실질적인 대표이사로서의 명칭(예: 주식회사
利潤第一代表 甲)을 사용하여 대외거래, 즉 분양계약의 체결 등을 한 경우 등은 회사
가 묵시적으로 허용한 것이다.1253)

한편 이사선임권이 없는 자가 허위의 주주총회결의 등의 외관을 만들어 이사
를 선임한 경우에는 회사가 표현대표이사 책임을 지지 않는다. 이러한 결론은 허
위의 총회결의 등의 외관을 만든 자가 회사의 상당한 지분을 가진 주주라고 하더
라도 같다.1254) 나아가 부실등기의 책임(제39조)도 물을 수 없다.1255)

나) 명칭사용의 허용기관   표현적 명칭의 사용을 회사가 허용하였다고 보기
위하여는 대표이사가 명칭사용을 허용하거나 주주총회 또는 이사회에서 결의하
여야 한다.1256) 다만, 명칭사용의 허용이 이사회 또는 대표이사의 권한 내인지는
불문한다. 따라서 여기서의 이사회의 결의란 이사 전원이 아닐지라도 회사의 정
관에서 정한 이사의 수, 그러한 규정이 없다면 최소한 이사정원의 과반수의 이사
가 적극적 또는 묵시적으로 명칭사용을 허용한 경우를 뜻한다.1257) 그 결과 소수
의 이사 또는 지배주주가 명칭사용을 허용하는 것은 회사의 귀책사유가 되지 아
니한다.

그러나 특별한 명칭사용을 허락하지 않더라도 지배주주 겸 대표이사(甲)가
타인에게 주식을 양도하고 그 타인(乙)에게 경영권 및 운영권 등 회사의 전권을
위임한다는 내용의 위임장을 작성하여 주고, 대표이사(甲)의 인감과 고무인을 인
도하고 사무실까지 넘겨주었고, 이에 따라 乙은 丙에게 副社長의 직함을 주어 회
사의 운영을 돕도록 하는 등 乙이 수개월(예: 4개월)간 사실상의 경영권을 행사하였
다면 회사가 乙에게 표현적 지위를 부여한 것이다.1258)

1252) 대법원 2005. 9. 9. 선고 2004다17702.
1253) 대법원 1988. 10. 11. 선고 86다카2936.
1254) 대법원 2013. 7. 25. 선고 2011다30574.
1255) 대법원 2008. 7. 24. 선고 2006다24100.
1256) 대법원 2013. 9. 26. 선고 2011다870; 1992. 9. 22. 선고 91다5365.
1257) 대법원 2013. 9. 26. 선고 2011다870; 2011. 7. 28. 선고 2010다70018; 1992. 9. 22. 선고
      91다5365.
1258) 대법원 1994. 12. 2. 선고 94다7591.

4) 대표이사의 권한 내의 행위

가) 의의　　회사의 귀책사유가 인정되기 위한 또 다른 요건은 표현대표이사가 대표이사의 권한 내에 속하는 대표행위를 하여야 한다.

나) 대표행위　　제14조의 표현지배인에 관한 법리와 같이 제395조가 적용되는 행위는 대표행위로 한정된다. 따라서 대표행위가 아닌 대내적인 업무집행행위에는 표현대표이사제도가 적용되지 아니한다.

다) 행위　　제395조는 계약·단독행위·합동행위와 같은 법률행위, 準法律行爲[1259] 및 수동적 대표행위에도 적용된다. 불법행위와 소송행위는 거래의 안전과 무관하므로 본조가 적용되지 아니한다. 그럼에도 소송행위와 관련하여 전무이사가 한 抗告審判請求의 취하를 표현대표이사의 행위라고 본 사례가 있다.[1260]

그러나 표현지배인의 권한은 재판상의 행위에는 미치지 아니한다(제14조 제1항). 재판상의 행위는 외관주의보다는 실체적 진실이 중요하기 때문이다. 따라서 명문의 규정은 없으나, 이 법리는 표현대표이사에게도 동일하게 적용되어야 한다.

라) 권한 내의 행위　　표현지배인에 관한 법리와 같이 회사에게 책임을 묻기 위하여는 표현대표이사의 행위가 대표이사의 권한 내의 행위이어야 한다. 따라서 ① 이사나 감사의 선·해임[1261]과 같이 진정한 대표이사도 할 수 없는 행위, ② 주식의 포괄적 교환·이전(제360조의 3·제360조의 16), 회사합병·영업양도(제522조·제

[1259] 법률관계에서 행위자의 의사와는 관계없이 법률에 의하여 일정한 법률효과가 부여되는 행위를 말한다. 이는 일정한 의식내용의 표현과 관련하여 효력이 인정되는 표현행위와 객관적 가치에 중점을 두는 비표현행위로 나뉜다. ① 표현행위에는 의사의 통지, 관념의 통지, 감정의 표시 등이 있다. 그리고 그 성질이 허용하는 한 의사표시에 관한 규정을 유추적용한다. 의사의 통지는 자기의 의사를 타인에게 통지하는 행위로 각종의 최고, 거절 및 이행의 청구 등이 있다. 관념의 통지는 법률관계의 당사자 일방이 상대방에게 과거나 현재의 사실을 알리는 것으로 사실의 통지라고도 한다. 이에는 사원총회소집의 통지(민법 제71조), 채권양도의 통지나 승낙(민법 제450조), 청약자가 하는 승낙연착의 통지(민법 제528조 제2항 본문) 등이 있다. 감정의 표시에는 내적 감정의 실천행위인 용서가 있으며, 민법 제556조 제2항의 용서의 의사와 제841조의 사후용서의 경우 등이 있다. ② 비표현행위, 즉 事實行爲는 의식내용의 여하에 따라 법률이 어떤 의미를 인정하는 것은 아니므로 법률상으로는 사건과 마찬가지로 다루어진다. 사실행위에는 무주물선점(민법 제252조 제1항), 유실물습득(민법 제253조), 사무관리(민법 제734조), 부부의 동거와 같은 혼합사실행위와 주소의 설정(민법 제18조 제1항), 埋藏物의 發見(민법 제254조) 및 가공(민법 제259조)과 같은 순수사실행위가 있다.

[1260] 대법원 1970. 6. 30. 선고 70후7.

[1261] 제382조 제1항·제385조 제1항, 제409조 제1항·제409조의 2.

374조)와 같이 주주총회와 이사회의 결의 등 일정한 절차를 거쳐야 하는 것이 명백한 행위에 대하여는 표현대표이사의 행위가 존재하더라도 상대방이 보호받지 못한다. 즉 이러한 절차를 누락한 때에는 제395조의 요건을 충족하더라도 표현대표행위의 효력은 부인된다.[1262] 그리고 대법원은 이사회결의에 관한 거래상대방의 과실기준을 변경하였다. 즉 종래에는 표현대표이사의 상대방이 이사회결의가 없었음을 알았거나(악의) 알 수 있었을 경우(과실)라면 회사는 그 행위에 대한 책임을 면한다고 하였다.[1263] 그러나 현행 판결은 이사회결의가 필요한 행위를 표현대표이사가 이사회결의 없이 행한 경우 상대방이 이를 알았거나 중과실로 알지 못한 경우에 한하여 회사는 책임을 면한다고 하고 있다.[1264] 표현대표이사의 행위는 대표이사의 권한 내의 행위이어야 하므로 대표권의 내부적 제한에 관한 변경된 법리가 적용되는 것이다.[1265]

표현대표이사가 회사의 유일무이한 재산인 부동산을 양도담보로 제공한 행위는 대표이사도 주주총회의 특별결의를 거쳐야 하는 사안이므로 제395조가 적용되지 아니한다.[1266]

한편 지배인에 관한 법리와 같이 회사가 내부적으로 대표이사의 권한을 제한하더라도 이로서 선의의 제3자에게 대항할 수 없으므로(제389조 제3항·제209조 제2항) 그 제한에 위반한 행위에 대하여도 표현대표이사의 행위가 성립한다.[1267]

5) 제3자의 신뢰

가) 제3자의 범위 표현대표이사의 행위로 회사가 책임을 지기 위하여는 제3자가 선의이어야 한다. 제3자의 범위에는 표현대표이사의 행위의 직접상대방뿐만 아니라 이 행위에 관한 표현적 명칭을 신뢰한 모든 제3자가 포함된다(통설). 그리하여 ① 표현대표이사의 배서행위를 대표이사의 어음행위로 신뢰하여 동 어음을 취득한 상대방은 물론,[1268] ② 그 상대방으로부터 어음을 다시 배서양도받

1262) 同旨 김·노·천(2024), 416면; 이철송(2024), 767면; 대법원 1998. 3. 27. 선고 97다
34709.
1263) 대법원 1998. 3. 27. 선고 97다34709.
1264) 대법원 2021. 2. 18. 선고 2015다45451 전원합의체.
1265) 同旨 송옥렬(2022), 1035면; 이철송(2024), 767면.
1266) 대법원 1964. 5. 19. 선고 63다293.
1267) 同旨 이철송(2024), 767면; 송옥렬(2022), 1035면; 권기범(2021), 1021면.
1268) 대법원 1988. 10. 25. 선고 86다카1228.

은 제3취득자도 보호의 대상이다.[1269]

나) 선의의 의의   제395조에서의 선의는 표현대표이사가 대표권이 없음을 알지 못한 것을 말하고 형식상(법률상) 대표이사가 아니라는 것을 알지 못해야 한다는 뜻이 아니다.[1270]

다) 입증책임의 부담   제3자의 악의에 대한 증명책임 역시 회사가 부담한다(이설 없음·판례).[1271] 따라서 제3자가 표현대표이사에게 대표권이 없음을 알았다는 사실을 회사가 증명하여야 한다.

라) 제3자의 무과실의 요부

① 문제의 제기

회사는 선의의 제3자에 대하여만 책임을 부담한다. 다만, 제3자의 선의에 과실이 없어야 하는지에 관하여 학설이 나뉜다.

② 학설

ㄱ. **중과실면책설**: 이 학설은 제395조가 상대방의 무과실을 요건으로 하지 않으므로 표현적 명의의 신뢰에 제3자에게 경과실이 있는 때는 회사가 책임을 부담하지만, 중과실이 있는 경우 회사는 면책된다고 한다. 그 논거는 제395조는 제3자의 정당한 신뢰를 보호하는 것인데, 표현대표이사의 대표권에 대하여 의심할 만한 중대한 사유가 있음에도 불구하고 등기부 열람이나 어음의 경우 회사의 지급담당자에게 조회 등을 게을리하고 거래를 하였다면 제3자를 보호할 가치가 없다는 데에 있다(통설).[1272]

ㄴ. **악의면책설**: 표현대표이사제도는 상업등기제도와 보호법익을 달리하므로 제3자에게 악의가 있는 경우에 한하여 회사가 면책된다고 한다.

③ 판례

판례는 중과실면책설을 취한다.[1273] 즉 상대방의 무과실을 요하지 않지만,[1274] 제3자의 신뢰에 중대한 과실이 있는 경우 회사는 그 제3자에 대하여 책임

1269) 대법원 2003. 9. 26. 선고 2002다65073.
1270) 대법원 1999. 11. 12. 선고 99다19797; 1998. 3. 27. 선고 97다34709.
1271) 대법원 1971. 6. 29. 선고 71다946.
1272) 손주찬(2004), 790면; 정동윤(2012), 622면; 이철송(2024), 768면; 최준선(2024), 515면; 최기원(2012), 652면; 권기범(2021), 1022면; 안택식(2012), 332면.
1273) 대법원 2003. 9. 26. 선고 2002다65073; 2003. 7. 22. 선고 2002다40432.

을 지지 아니한다고 본다.[1275] 그리고 여기서 제3자의 중대한 과실이라 함은 제3
자가 조금만 주의를 기울였더라면 표현대표이사의 행위가 대표권에 기한 것이 아
니라는 사정을 알 수 있었음에도 막연히 이를 대표권에 기한 행위라고 믿음으로
써 거래통념상 요구되는 주의의무에 현저히 위반하는 것으로, 공평의 관점에서
제3자를 구태여 보호할 필요가 없다고 인정되는 상태를 말한다.[1276] 즉 제3자의
선의나 중과실은 표현대표이사의 대표권 존부에 대한 것이 아니라 대표이사를 대
행하여 법률행위를 할 권한이 있느냐에 대한 것이다.[1277]

④ 사견

제3자의 악의를 입증하기가 용이하지 않을 뿐만 아니라 중과실이 있는 제3자
까지 보호하는 것은 불공평한 위험분배를 허용하는 것이다. 따라서 중과실면책설
이 타당하다.

(4) 적용범위

1) 공동대표와 표현대표이사

가) 의의   공동대표이사 가운데 1인이 회사로부터 허락을 받아 회장, 사장,
대표이사전무 또는 대표이사사장 등 단독으로 회사를 대표할 권한이 있는 듯한
명칭을 사용하면서 회사대표행위를 한 때에는 이를 표현대표이사의 행위로 보고
제395조를 적용한다.

나) '대표이사'라는 명칭의 사용

① 문제의 제기

위와 달리 회사가 단순히 '대표이사'라는 명칭을 부여하고, 이를 사용한 경우
에도 제395조를 적용할 수 있는지에 대하여 긍정설과 부정설로 나뉜다.

② 학설

ㄱ. 긍정설 : 이 학설은 회사의 대표는 단독대표가 원칙이고 공동대표는 예외
적인 현상인데 공동대표이사에게 가장 뚜렷한 대표권의 외관인 '대표이사'란 명
칭을 사용하게 한 때에는 회사의 귀책사유를 인정하여 제395조의 적용을 肯定한

1274) 대법원 1973. 2. 28. 선고 72다946.
1275) 대법원 1999. 11. 12. 선고 99다19797.
1276) 대법원 2013. 7. 11. 선고 2013다16473; 2011. 3. 10. 선고 2010다100339; 2003. 9. 26.
      선고 2002다65073.
1277) 대법원 2003. 7. 22. 선고 2002다40432.

다(擴張說. 통설).1278) 즉 제395조는 대표권이 없는 보통의 이사는 물론 이사가 아닌 자의 표현대표행위에 대하여도 회사의 책임을 인정하고 있는데, 광범위한 대표권의 행사방법에 관하여 제한이 있는 데 불과한 공동대표이사의 단독행위에 대하여 회사가 책임을 지지 않는다면 공평에 반한다는 것이다.

ㄴ. 부정설 : 이 학설은 대표이사란 명칭은 법이 인정하는 것인데 '공동'대표이사라고 명시하지 않았다 하여 회사의 귀책사유가 될 수는 없다는 논거로 제395조의 적용을 否定한다(限定說. 소수설). 그리고 확장설은 대표이사의 권한남용으로 인한 위험을 예방하려는 공동대표제도의 기본취지에 반한다고 한다.1279)

③ 판례

판례는 '회사가 공동대표이사를 정하고 등기한 경우에도, 공동대표이사 중의 1인이 단순한 대표이사라는 명칭을 사용하여 법률행위를 하는 것을 용인하거나 방임한 때에는, 그 공동대표이사의 대표행위에 관하여 회사가 선의의 제3자에게 제395조에 의거한 책임을 진다.'고 한다(긍정설. 확장설).1280)

④ 사견

대표권이 없는 자가 회장 또는 전무 등의 명칭을 사용하여 거래를 하였을지라도 회사가 表見責任을 지는데(제395조), 대표권이 있는 공동대표이사가 '단독으로' 대표이사의 명칭을 사용한 때에는 회사가 면책된다는 것은 불공평하다(肯定說).

2) 선임이 무효·취소된 대표이사의 행위

가) 문제의 제기   1995년 개정법에 의거 대표이사를 선임한 이사회결의가 무효이거나 주주총회의 이사선임결의에 하자가 있는 경우, 대표이사의 선정 이후 무효판결시까지 대표이사로서 한 행위의 효력은 소급하여 무효가 된다(제376조 제2항·제190조 본문). 다만, 이 경우 제3자의 보호가 문제된다.

나) 학설   통설은 대표이사 선정결의에 하자가 있는 경우에도 제395조를 유추적용하여 선의의 제3자를 보호하여야 한다고 본다.1281)

1278) 정동윤(2012), 624면; 최기원(2012), 654면; 송옥렬(2022), 1040면; 정찬형(2022), 1033면; 최준선(2024), 519면; 권기범(2021), 1024면; 이·최(2022), 449면.
1279) 이철송(2024), 769면.
1280) 대법원 1993. 12. 28. 선고 93다47653; 1992. 10. 27. 선고 92다19033.
1281) 정찬형(2022), 1031면; 이철송(2024), 769면; 송옥렬(2022), 1039면; 최준선(2024), 520면; 홍·박(2021), 481면.

다) 판례   종전의 판례는 대표이사의 선임결의가 무효인 경우 대표이사의 선정 이후 무효판결시까지 대표이사로서 한 행위를 표현대표이사의 행위로 보았다.[1282] 최근에는 이사선임에 관한 주주총회결의의 취소판결이 확정된 경우에 그 이사 겸 대표이사가 제3자와 거래한 행위에 대하여는 부실등기에 관한 제39조를 적용하여 선의의 거래상대방을 보호하고 있는 판례도 있다.[1283]

라) 사견   표현대표이사제도는 행위자에게 부여된 명칭에서 대표권한이 있는 것처럼 보이는 외관을 보호하려는 데 그 취지가 있다. 그 외관이 일단 성립한 이상 회사내부의 문제는 고려대상이 아니다. 따라서 위의 경우에도 제395조가 유추적용된다고 해석한다. 이 경우 대표이사의 등기유무는 문제가 되지 아니한다. 만약 회사가 등기한 경우에는 소급하여 부실등기가 되므로 제39조를 근거로 회사의 책임을 물을 수 있기 때문이다(통설).

3) 표현대표이사의 무권대행(표현대표이사가 진정한 대표이사 이름으로 한 행위)

가) 문제의 제기   제395조는 표현대표이사가 표현적 명칭(예: 사장·전무)을 사용하여 제3자와 거래한 경우에 적용된다. 그리하여 표현대표이사가 진정한 대표이사의 명의로 대표행위를 한 경우에도 제395조가 유추적용될 수 있는지에 대하여 견해가 나뉜다.

나) 학설

① **부정설**

이 학설은 표현대표이사가 '표현적 명칭'을 사용하여 행위를 한 경우와 '진정한 대표이사'의 명의로 행위를 한 경우를 구별한다. 왜냐하면 표현대표이사가 표현적 명칭으로 행위를 한 경우의 거래상대방의 신뢰의 대상은 그 명칭에 따른 '대표권'임에 반하여 표현대표이사가 진정한 대표이사의 명의로 행위를 한 경우의 거래상대방의 신뢰의 대상은 그 명칭과는 무관한 '대행권'이기 때문이다(소수설).[1284]

② **긍정설**

이 학설은 ① 행위자 자신이 표현대표이사인 이상 그가 사용한 명칭이 어떠

1282) 대법원 1985. 6. 11. 선고 84다카963.
1283) 대법원 2004. 2. 27. 선고 2002다19797.
1284) 정찬형(2022), 1034면; 이철송(2024), 770면.

한 것이든지를 막론하고 회사의 책임을 인정하는 것이 거래의 안정상 타당하고, ② 제3자의 신뢰를 보호할 필요가 있는 이상 대리와 대행을 엄격하게 구별할 실익이 적다고 한다(다수설).[1285]

　다) 판례　　현재의 판례는 일단 표현대표이사로서의 요건을 갖춘 자가 대표행위를 자기의 이름으로 하지 않고 진정한 대표이사의 이름으로 한 경우에도 제395조의 적용대상으로 보고 있다. 이 경우 회사가 표현대표이사의 행위에 대하여 책임을 면하기 위하여는 제3자가 표현대표이사에게 대표권이 아니라 대표이사를 대리하여 행위할 권한(대행권)이 없음을 알았거나 이를 알지 못한 데 중과실이 있음을 증명하여야 한다(肯定說).[1286]

　라) 사견　　판례와 같이 거래상대방의 신뢰가 대표권이 아니라 대리행위를 할 권한(대행권)이 있는 듯한 외관에 있다면, 이는 제395조의 보호대상이 아니라 표현대리 또는 무권대리(민법 제125조)의 법리로도 제3자를 보호할 수 있다고 본다(否定說). 과거의 판례 역시 이러한 입장을 취한 것이 있다.[1287]

Ⅴ. 소규모회사의 관리구조

1. 의의

　소규모회사는 자본금 총액이 10억원 미만인 회사이다. 상법상 이사는 3인 이상이어야 하나, 소규모회사는 이사를 1인 또는 2인으로 할 수 있고(제383조 제1항 단서), 감사를 선임하지 아니할 수 있다(제409조 제4항). 2009년 5월 개정상법은 우리 기업가들의 주식회사 선호경향을 반영하여 영세한 기업도 주식회사제도를 이용하고 그 규모에 맞는 조직을 운영할 수 있도록 이사의 법정인원과 감사에 대한 특례를 명시하였다. 그리고 상법은 이사가 2인인 때에도 이사회를 두지 않는 것으로 하고 있다. 이 때문에 소규모회사에서는 이사회의 존재를 전제로 한 제도가 대폭 수정되고, 監事를 두지 않는 때에는 그 기능을 대체할 자를 정하여야 한다.

1285) 송옥렬(2022), 1041면; 최준선(2024), 518면; 권기범(2021), 1019면; 정동윤(2012), 621면; 정경영(2022), 635면; 김동훈(2010), 325면; 김두진(2022), 361면.
1286) 대법원 2013. 7. 11. 선고 2013다5091; 2011. 3. 10. 선고 2010다100339; 1998. 3. 27. 선고 97다34709; 1979. 2. 13. 선고 77다2436.
1287) 대법원 1968. 7. 30. 선고 68다127.

2. 소규모회사제도의 채택절차

소규모회사는 별도의 절차 없이 주주총회에서 이사를 1인 또는 2인을 선임하면 된다. 이사회의 결의나 정관의 규정을 요하지도 아니한다. 다만, 주주총회에서 이사를 3인 이상 선임하면 조직규범의 적용대상이 된다.

3. 대표기관

소규모회사는 이사가 1인인 경우 그 이사가 대표기관이 된다. 이사가 2인인 경우에는 원칙적으로 각 이사가 회사를 대표한다(제383조 제6항). 다만, 정관에 따라 대표이사를 정한 경우에는 대표이사가 회사를 대표한다(동조 동항 괄호).

4. 이사회 기능의 대체

(1) 의의

소규모회사에는 이사회가 없다. 따라서 이사회의 기능은 다른 자로 대체된다. 상법은 이사회의 기능을 갈음하는 자로서 이사와 주주총회를 두고 있다. 이 중 이사의 권한남용이 우려되는 사항은 대체로 주주총회의 권한으로 하고 있다.

(2) 대표이사의 단독결정사항

소규모회사에는 이사회가 없다. 이로 인하여 이사회의 업무집행결정권은 이사가 행사한다(제383조 제6항·제393조 제1항). 그리고 주주총회의 소집(제383조 제6항·제362조), 소수주주의 소집청구에 의한 총회소집(제383조 제6항·제366조), 감사의 소집청구에 의한 총회소집(제383조 제6항·제412조의 3), 주주제안의 수리(제383조 제6항·제363조의 2), 전자적 방법에 의한 의결권허용(제383조 제6항·제368조의 4 제1항)도 이사가 단독으로 결정할 권한을 갖는다.

(3) 주주총회의 결정사항

정관으로 주식양도제한에 관한 규정을 두는 경우 주식양도의 승인기관은 이사회에 갈음하여 주주총회가 된다(제383조 제4항·제335조 제1항 단서). 주식매수선택권의 부여를 취소하는 기관도 이사회를 갈음하여 주주총회가 된다(제383조 제4항·제340조의 3 제1항 제5호). 그리고 회사의 기회 및 자산유용금지(제383조 제4항·제397조의 2), 이사의 경업금지·자기거래의 승인(제383조 제4항·제397조 제1항·제398조)기관도 이사회에 갈음하여 주주총회가 된다. 무액면주식의 발행시 자본금으로 계상할 금액의 결정(제383조 제4항·제451조 제2항), 신주의 발행결정·사채의 발행결정권한도 이사회가 아닌 주주총회가 갖는다.1288) 준비금의 자본전입·중간배당도 주주총회가 결정한다(제383조 제4항·제461조 제1항·제462조의 3 제1항).

(4) 적용할 수 없는 사항

1) 의의

소규모회사에 이사회가 없는 특성상 적용할 수 없는 사항도 있다.

2) 합병에 관한 사항

예를 들면, ① 회사합병시의 보고총회 또는 창립총회를 이사회의 공고로 갈음할 수 있는 사항은 소규모회사가 이사회를 갖지 아니하기 때문에 적용할 수 없다(제383조 제5항·제526조 제3항, 제527조 제4항). ② 흡수합병시 주주총회를 이사회의 결의로 갈음할 수 있는 간이합병1289)이나 소규모합병1290)에 관한 사항도 적용할 수 없다(제383조 제5항·제527조의 2, 제527조의 3 제1항, 제527조의 5 제2항). 따라서 이러한 행위에 대하여는 주주총회를 개최하여야 한다.

3) 집행임원에 관한 사항

소규모회사에는 집행임원에 관한 사항을 대부분 적용하지 아니한다. 예를 들면, ① 집행임원 설치회사의 이사회 권한(제383조 제5항·제408조의 2 제3항), ② 집행임원 설치회사의 이사회의장 선임규정(제383조 제5항·제408조의 2 제4항), ③ 집행임원의 임기연장(제383조 제5항·제408조의 3 제2항), ④ 집행임원의 이사회로부터 위임받은 업무집행권한(제383조 제5항·제408조의 4), ⑤ 이사회의 결의에 따른 대표집행임원의 선임(제383조 제5항·제408조의 5 제1항), ⑥ 집행임원의 이사회에 대한 보고(제383조 제5항·제408조의 6), ⑦ 집행임원의 이사회소집청구(제383조 제5항·제408조의 7) 등이 그에 해당한다.

1288) 제383조 제4항·제416조 본문, 제383조 제4항·제469조, 제383조 제4항·제513조 제2항 본문, 제383조 제4항·제516조의 2 제2항 본문.

1289) 흡수합병시에 소멸회사에서 합병결의를 생략할 수 있는 경우이다. 1. 소멸회사의 총주주의 동의가 있는 경우. 2. 존속회사가 소멸회사의 발행주식총수의 100분의 90 이상의 소유하고 있는 경우(제527조의 2 제1항).

1290) 흡수합병을 하는 경우 존속회사에만 인정되는 특례이다. 존속회사가 소멸회사의 주주에게 발행하는 신주 및 이전하는 자기주식의 총수가 존속회사의 발행주식총수의 100분의 10을 초과하지 않는 경우(제527조의 3 제1항 본문).

4) 그 밖의 사항

배당가능이익의 범위 내에서의 자기주식의 취득(제383조 제5항·제341조 제2항 단서), 재무제표 등의 승인에 대한 특칙(제383조 제5항·제449조의 2) 또는 이사회결의에 따른 이익배당(제383조 제5항·제462조 제2항 단서) 등도 원칙적으로는 주주총회가 결정하지만, 정관의 규정에 따라 이사회의 결의로 갈음할 수 있는데, 소규모회사에는 적용할 수 없는 사항이다.

감사의 이사회 소집청구(제383조 제5항·제412조의 4) 역시 이사회가 없는 소규모회사에는 적용할 수 없는 사항이다.

5. 감사 기능의 대체

소규모회사는 감사를 선임하지 아니할 수 있다(제409조 제4항). 이 경우 회사가 이사에 대하여 또는 이사가 그 회사에 대하여 소를 제기하면, 감사가 회사를 대표하여 소송을 수행할 수 없기 때문에 회사, 이사 또는 이해관계인은 법원에 회사를 대표할 자를 선임하여 줄 것을 신청하여야 한다(제409조 제5항). 이때 '특별한 사정'이 없는 이상 대표이사는 회사를 대표할 권한이 없다. 따라서 대표이사가 이사를 상대로 하는 소에서 회사를 대표하는 경우 그 효과는 무효이다. '특별한 사정'이란 법원이 대표이사를 소송에서 회사대표자로 선임하는 등의 사정을 말한다.[1291] 대표권은 소송요건에 관한 것으로서 법원의 직권조사사항이기 때문이다.

감사를 선임하지 아니한 때에는 이사의 직무집행에 대한 감사권·이사에 대한 영업사항 報告要求權 및 회사의 업무와 재산상태조사권(제412조 제1항·제2항), 자회사에 대한 조사권(제412조의 5)은 주주총회가 행사한다(제409조 제6항). 그리고 회사에 현저하게 손해를 미칠 염려가 있는 사실을 발견한 때에 이사는 감사에 갈음하여 주주총회에 즉시 보고하여야 한다(제409조 제6항·제412조의 2).

1291) 대법원 2023. 6. 29. 선고 2023다210953.

Ⅵ. 이사의 의무

1. 선관주의의무

(1) 근거

주식회사와 그 理事의 관계는 일반적으로 委任에 관한 규정이 준용된다. 그러므로 이사는 회사에 대하여 '이사선임의 本旨에 따라 善良한 管理者의 注意'로써 사무를 처리할 의무를 부담한다(제382조 제2항·민법 제681조). 이러한 주의의무의 수준은 그 지위·상황에 있는 자에게 통상적으로 기대되는 정도의 것이며, 특히 전문적 능력을 인정받아 이사로 선임된 자에 대하여는 기대수준이 높다. 왜냐하면 이사는 사용인과는 달리 회사의 업무집행결정의 주체라는 중요한 지위에 있기 때문이다.

(2) 범위

선관주의의무에는 이사 스스로 직무를 수행함에 있어 法令을 준수해야 하는 의무(소극적 의무)는 물론 항상 회사에 최선의 이익이 되는 결과를 추구하여야 할 의무(적극적 의무)도 포함한다.[1292] 그리하여 이사는 의결권행사, 소제기 또는 기타 법상 명문화된 권한행사에도 선관주의의무를 부담한다.

이사의 권한은 회사조직의 운영을 위하여 부여되는 것이므로 그 권한을 행사함에 있어서도 회사에 이익이 되어야 한다. 그러므로 이 의무는 대표이사나 업무담당이사는 물론 상근·비상근, 보수의 유무에 관계없이 모든 이사에게 요구되며, 이에 위반하였을 때에는 회사에 대하여 손해배상책임을 진다(제399조).

그런데 이사는 불확실한 상황에서 신속하게 결단하여야 할 경우가 많다. 이 때문에 그 판단을 사후적·결과론적으로 평가하여 선관주의의무위반의 책임을 묻는 것은 이사의 업무집행을 위축시킨다. 이는 이사가 업무를 적극적으로 집행한 결과 회사에 손해를 입히더라도 그 책임을 물음에 있어서는 신중을 기할 필요가 있음을 의미한다.

따라서 이사가 선관주의의무에 위반한 경우 그 책임추궁을 당할 가능성이 높은 것은 업무집행의 결정보다 다른 이사나 사용인에 대한 감시의무의 위반을 포함한 不作爲(懈怠)의 분야이다.

1292) 이철송(2024), 774면.

2. 충실의무

(1) 의의

기술한 바와 같이 상법은 이사에게 회사의 受任人으로서의 선관주의의무를 지도록 하고 있다(제382조 제2항·민법 제681조). 그런데 1998년 개정상법은 그 규정과는 별도로 理事의 忠實義務라는 표제하에 '理事는 法令과 定款의 규정에 따라 회사를 위하여 그 職務를 충실하게 수행하여야 한다.'는 규정을 두고 있다(제382조의 3).

이는 우리의 종래의 주의의무제도만으로는 이사의 적정한 임무수행을 보장하기 어렵다는 시각에서 영미법상 신인의무(fiduciary duty)의 유형의 하나인 충실의무(duty of loyalty)와 같은 보다 폭넓은 의무(미국의 모범회사법 제8.30조(a))를 부여하기 위하여 도입되었다.

(2) 선관주의의무와의 관계

1) 문제의 제기

충실의무에 관한 규정의 도입으로 상법상 이사의 의무가 선관주의의무와 충실의무로 구분되는 것인지, 즉 제382조의 3에서 말하는 충실의무가 영미법상의 법리를 수용한 것인지에 대하여 견해가 나뉜다.

2) 학설

가) 동질설　　이 학설은 상법상 충실의무는 선관주의의무와 동질적이거나 이를 구체적으로 부연 설명한 것에 불과하다고 한다. 즉 이사가 선량한 관리자라면 회사의 이익보다 자신의 이익을 우선할 수는 없다고 한다. 때문에 선관주의의무보다 고도의 의무 내지 가중된 의무를 규정한 것으로 보기 어렵다고 한다.[1293]

나) 이질설　　이 학설은 선관의무와는 다른 영미법상의 충실의무를 수용한 것이라고 한다. 주요 논지는 ① 선관주의의무는 이사가 직무수행에서 기울여야 할 '주의의 정도'에 관한 것이고, 충실의무는 개인적 이익을 위하여 이사의 지위를 이용하여서는 아니 된다는 '주의의 성격'에 관한 것이다. ② 상법상의 개별규정, 즉 경업금지의무(제397조), 이사와 회사의 자기거래금지(제398조), 이사의 보수결정(제388조), 이사의 회사기회 및 자산유용금지(제397조의 2) 등은 충실의무를 전제로

1293) 장덕조(2023), 362면; 이철송(2024), 786면; 최준선(2024), 527면; 최기원(2012), 660−661면; 김동훈(2010), 326면; 이·임·이·김(2012), 326면; 손주찬(2004), 795면; 정찬형(2022), 1049면; 송옥렬(2022), 1043면; 정경영(2022), 654면; 권종호(2024), 302면.

한 규정이며, 이들 사항은 영미법상 충실의무의 전형을 이룬다고 한다.[1294)

3) 판례

최근의 판례를 보면 '회사의 이사회가 이익이 될 여지가 있는 사업기회에 관하여 충분한 정보를 수집·분석하고 정당한 절차를 거쳐 의사를 결정함으로써 사업기회를 포기하거나 어느 이사가 이를 이용할 수 있도록 승인한 경우에는 이사로서 선관주의의무 또는 충실의무를 위반하였다고 할 수 없다.'라고 하여 同質說을 취하고 있다.[1295) 다만, 퇴직을 앞둔 이사가 회사에서 최대한 많은 보수를 받기 위하여 합리적 수준을 현저히 벗어나는 보수지급 기준을 마련하고, 소수주주의 반대에도 주주총회결의가 성립되도록 한 경우에는 제382조의 3에서 정하는 충실의무에 위반한다고 표현한 판례도 있으나,[1296) 그 판단에 종래의 선관주의의무와 다른 새로운 규범이 제시되고 있는 것은 아니다.

4) 사견

이질설은 이사가 자신의 이익과 회사의 이익이 충돌하는 상황에서 개인적 이익을 우선하여서는 아니 되는 경우라면 충실의무의 범주에 들어가는 것으로 해석하고 있다. 그런데 기술한 바와 같이 우리의 선관주의의무에는 積極的 義務와 消極的 義務가 포함된다. 그러므로 미국과는 달리 이사가 회사와 이해가 대립하는 상황에서 개인적 이익(예: 경업, 자기거래, 회사의 기회·자산유용 등)을 우선하여서는 아니 되는 의무도 선관주의의무로 포섭된다. 따라서 '이사는…충실하게 수행하여야 한다.'는 제382조의 3의 표현만으로는 통상적인 위임관계에 따르는 선관의무와는 별개의 그리고 고도의 의무를 규정한 것이라고 해석할 수 없다(同質說).

(3) 경영권분쟁과 충실의무(또는 선관주의의무)

경영권 승계과정에서 발생할 수 있는 '이익의 충돌'과 관련하여 승계를 위한 '1보 후퇴'가 기업의 '즉시 실현가능한 이익'과 충돌할 때 승계를 택한 이사회의 결정은 배임이 아니다. 대법원도 경영권 승계결정이 모두 존중되어야 한다고 적시하지는 않지만, 경영권 승계에 따르는 이익 또는 손해는 이사회의 결정사항이라고 보고 있다. 즉 경영권 승계과정에서 그룹회장이 계열사주식을 승계자에게

1294) 이·최(2022), 454면; 정동윤(2012), 628면; 권기범(2021), 866면; 홍·박(2021), 491면; 강·임(2009), 836면.
1295) 대법원 2017. 9. 12. 선고 2015다70044; 2013. 9. 12. 선고 2011다57869.
1296) 대법원 2016. 1. 28. 선고 2014다11888.

저가로 매각하여 승계자가 이익을 얻었다고 하더라도, 이사들이 충분한 정보를 수집하고 분석한 후 정당한 절차적 정당성을 거쳐 주식매매를 한 경우 이사들의 행위는 선관주의의무 또는 충실의무에 반하지 아니한다. 그리고 경영권 승계에 따른 이익은 이사회의 경영판단의 결과에 해당한다.[1297]

(4) 증권투자지표와 충실의무(또는 선관주의의무)

1) 문제의 제기

증권투자론에서는 다양한 투자지표가 제시되는데, 이는 주식투자시 합리적인 의사결정자료로 이용되거나 증권관계기관의 시장관리와 정책결정의 참고자료로 활용되기도 한다. 대표적인 지표로는 주가수익비율(Price Earning Ratio, PER), 주가순자산비율(Price Book-value Ratio, PBR), 자기자본이익률(Return on Equity, ROE) 및 총자산이익률(Return on Assets, ROA) 등이 있다. 그런데 최근 미국의 일부학계에서는 이러한 투자지표를 근거로 이사의 충실의무위반을 논하는 사례가 있는 듯하다.[1298] 그리하여 우리나라에서도 이러한 논의를 수용할 수 있을지 의문이 제기되고 있다.

2) 증권투자지표모형의 분석

가) 주가수익비율(PER)과 주가순자산비율(PBR) 및 특징　　대표적인 투자지표 중 PER(배) = 주가(종가) ÷ 1주당세후순이익의 산식으로 산정된다. 즉 주가를 주당순이익으로 나눈 값이다. 여기서의 주당순이익(Earning Per Share, EPS) = 당기순이익 ÷ 가중평균주식수의 산식으로 도출된다. 결국 PER = $Pt = EPSt \times (P \div EPS)^*$로 재산정할 수 있다(여기서 Pt: t 시점의 내재가치. EPS t: t 시점의 주당순이익. (P÷EPS)*: 정상적 주가수익비율).[1299]

PBR(배) = 주가 ÷ 주당순자산의 산식으로 구할 수 있다. 이는 다시 PBR = (주당이익 ÷ 주당순자산) × (주가 ÷ 주당이익) = 자기자본이익률(ROE) × PER(배)의 방식으로 세분화하여 산정할 수 있다. 순자산은 총자산에서 부채를 차감하여 계산한다. 이 산식에서 일수 있는 바와 같이 PBR이 1.0(배)인 기업은 주가와 청산가치가 거의 같다. 1.0미만인 기업은 청산가치보다 적음을 뜻한다.

1297) 대법원 2017. 9. 12. 선고 2015다70044.

1298) 이상훈, "벨류업과 상법개정 – 이사의 충실의무," 증권법학회 제276회 세미나자료(2024. 7), 34 – 35면 참조.

1299) 이 부분에 대하여는 주로 김형규 · 신용재 외 2인(2024); 동서경제연구소(1997)를 참조하여 정리하였다.

위 산식에서 보면, PBR은 기업의 장부가치를 활용하는 만큼 기업의 재무상태 측면에서, PER은 수익성의 측면에서 주가를 판단한다는 차이가 있다. [1300]

나) 총자산이익률(ROA)과 자기자본이익률(ROE) 및 특징   우선, ROA(%) = (당기순이익÷총자산) × 100의 산식으로 산정한다. 이는 다시 ROA = (당기순이익÷매출액) × (매출액÷총자산) = 매출액순이익 × 총자산회전율의 방식으로 세분화하여 산정할 수 있다.

ROE(%) = (당기순이익÷자기자본) × 100의 산식으로 구한다. 이는 다시 ROE = (당기순이익÷매출액) × (매출액÷자기자본) × (자기자본÷납입자본) = 매출액순이익률 × 자기자본회전율 × 재무레버리지 = ROA × 재무레버리지(leverage) 방식으로 세분화하여 산정할 수 있다. [1301]

3) 검토

ROE나 PBR이 낮은 기업의 경우는 대체로 배당성향이 낮다. 그 대신 유보자산이 많기 때문에 적대적 M&A 또는 계열사와의 편법적인 합병의 당사자[1302]가 되기도 한다. [1303] 그리고 미국의 일부학계에서는 낮은 배당성향이 회사재산활용

1300) PER모형의 예를 들면, 2022년도 말 백록담주식회사의 ① 주가는 30,000원, ② 주당순이익(EPS)은 3,000원, 그리고 ③ 주당순이익성장률은 해마다 10%로 기대되고, ④ 정상적 주가수익비율은 6.0(배)로 가정하는 경우, 3년 후인 2025년도 말 이 기업의 이론적 주가는 23,958원이 된다. 따라서 이 기업은 해마다 성장하지만, 이론적 주가는 3년 후 6,000원 정도 하락하게 된다.

1301) 이를 간단히 살펴보면, ① 총자산이 1억원, ② 당기순이익이 2,000만원, ③ 부채가 4,000만원인 乙회사의 ROE = 2,000만원÷(1억원−4,000만원) x 100 = 33.3%가 된다. 그리하여 자기자본 6,000만원으로 2,000만원의 이익이 발생하였다. 같은 조건에서 부채가 6,000만원인 丙회사의 ROE = 2,000만원÷(1억원−6,000만원) x 100 = 50.0%가 된다. 즉 자기자본 4,000만원으로 2,000만원의 이익을 얻었다. 여기에서 알 수 있는 바와 같이 일반적으로는 ROA보다는 ROE 수치가 높게 산정된다. 부채 없이 운영되는 회사는 드물기 때문이다. 그리고 ① 매출액이익률, ② 총자산(자기자본)이익률 또는, ③ ①과 ②가 동시에 상승하는 경우에는 ROE 및 ROA의 지표가 상승하게 된다. 이에 비하여 ④ 같은 재무조건에서는 부채가 많은 회사의 ROE가 높게 산정된다.

1302) 최근의 대표적인 예로는 2024년 추진된 두산밥캣 vs. 두산로보틱스(robotics)간의 인적분할합병 및 주식의 포괄적 교환 추진사례를 들 수 있다(두산, "두산로보틱스/두산밥캣 사업구조개편 및 성장전략," (2024. 7)). 이는 경영성과와 재무상태가 양호한 두산밥캣(Bobcat)을 두산로보틱스의 자회사로 하는 동시에 상장폐지를 추진한 사례이다. 이 사례에서 금융감독원은 2024년 7월 15일 증권신고서의 정정을 요청하는 조치를 취하기도 하였다. 2024년 3월 국제회계기준(IFRS)으로 두산로보틱스의 PBR은 13배에 달하였다. 이에 비하여 두산밥캣의 PBR은 같은 기간 0.85배를 나타내었다.

1303) 두산로보틱스 사례에서 동사의 순이익률은 2024년 3월 IFRS기준으로 −26.16%를 기록

의 비효율성 또는 방만경영의 반증이며, 계열사의 이익을 추구함으로써 이해상충 문제를 야기할 수 있다고 보는 듯하다. 그렇다고 하여 千差萬別인 투자지표를 가지고 이사의 선관주의의무나 충실의무의 위반여부를 논하는 것은 무리가 있다. 그 이유는 다음과 같다. 첫째, 상법의 이념 중의 하나는 주가상승이 아닌 기업의 유지이다. 회사의 합병(제174조), 조직변경제도(제242조, 제269조, 287조의 43 등)는 물론 소수주주의 해산판결청구권 행사에 상장·비상장회사 구분 없이 100분의 10이상으로 하여(제520조) 가장 높은 보유비율요건을 요구하는 것도 이를 반영한 것이다. 그러므로 PBR이 낮은 기업은 기업유지이념에 상대적으로 적합할 수 있다.

둘째, 우리 기업들은 인적자원과 자기자본에 의존하여 장기적인 안목에서 경영을 한다. 따라서 사내유보금이 중요한 의미를 갖는다. 상법이 법정준비금제도 ((이익준비금(제458조) + 자본준비금(제459조))를 두고 있는 것도 같은 맥락이다.

셋째, 제382조의 3의 충실의무규정을 설령, 선관주의의무와는 다르다고 하는 이질설을 취하더라도, ROE나 PBR이 낮다고 하여 이사가 자기의 이익을 추구하였다고 단정할 수도 없다.

넷째, 2011년 이후 상법의 흐름 중 특징적인 점 중의 하나는 채권자의 이익도 함께 보호하는 데 있다(제408조의 2이하 참조). 이는 회사의 부실경영을 방지하고 재무건전성을 확보하기 위함이다. 금융회사와 같은 특수업종의 경우는 그 필요성이 보다 강하다(은행법 제34조, 자본시장법 제30조 이하 등). 따라서 ROE나 PER를 지나치게 중시하는 경영은 이런 흐름에 역행한다.

다섯째, 이사는 회사에 최선의 이익이 되도록 업무를 집행하는 자이지 자본시장법상 집합투자업자의 투자운용인력(Fund Manager)이 아니다(동법 제268조 제1항).

위의 투자자표모형에서 추론할 수 있는 바와 같이 ROE는 ① 분자의 측정지표인 당기순이익이나 경상이익이 현금기준이 아닌 회계상의 이익이어서 경영자가 이를 조작·왜곡할 수 있고, ② 분모인 자기자본은 인플레이션이 반영되지 않은 수치이고, 분자인 당기순이익은 인플레이션이 반영된 수치이므로 기업의 영업·생산·투자활동의 개선 없이 단지 인플레이션으로 인하여 ROE가 개선될 수 있으며, ③ 기업의 내적·외적 위험을 반영하지 못하며, ④ 종업원의 기술력과 교육수준

하였다. 따라서 ROE는 산정할 수 없었다. 이에 비하여 두산밥켓의 순이익률은 9.05%, ROE는 15.90%를 나타냈다.

등의 질적 가치를 반영하지 못하며, ⑤ 계속기업(going concern)으로서 지속적으로 적정성장을 하고 있지만, 이론주가는 하락하는 결과를 도출하게 되며(앞의 백록담주 식회사 사례), ⑥ 부채가 많은 회사의 지표가 높을 수 있는 단점이 있다. 그리고 회 계기준의 차이·회계처리방식 등의 차이 등으로 인하여 각국의 증권시장 및 업종 별로 통일적인 투자표준비율 설정하기도 어렵다.

나아가 사내이사는 장기적인 관점에서 PBR과 ROA를, 주식매수선택권(stock option) 등의 제도를 도입하고 사외이사 중심으로 이사회를 운영하는 국가의 경영 문화에서는 PER이나 ROE를 중시할 수 있다. 이는 국가의 법제나 이사들도 자신 들이 처하여진 입장에 따라 투자지표를 바라보는 관점이 다를 수 있음을 뜻한다. 그리고 주주자본주의 또는 금융자본주의를 중시하는 일부 학설을 원용할 것도 아 니다. 그러므로 주가상승을 통한 투자지표의 개선이 이사의 업무집행의 목표나 목적이 될 수는 없다.

3. 이사회출석의무

이사는 이사회에서 의결권을 행사하는 것이 가장 중요한 직무이므로 이사회 에 출석하여 의결권을 행사할 의무를 부담한다고 본다. 다만, 단순히 출석하지 아 니하였다고 하여 임무를 게을리한 것으로 볼 수는 없고, 정당한 사유 없이 불출 석한 경우에만 임무를 게을리한 것으로 보아야 한다.[1304] 질병, 출장 또는 긴급한 용무 등은 정당한 사유에 해당한다.

정당한 사유 없이 출석하지 아니하여 이사회의 성립을 어렵게 하여 중요한 의사결정을 適時에 하지 못하게 되거나, 위법·부당한 결의를 저지하지 못한 때 에는 임무를 게을리한 것으로써 손해배상책임을 진다. 특히 이사가 이사회에 참 석하지도 아니하고 사후적으로 이사회의 결의를 추인하는 등으로 실질적으로 이 사의 임무를 전혀 수행하지 아니하여 위법·부당한 결의를 방치한 때에는 監視義 務를 게을리한 것으로 해석한다.[1305] 그리고 정당한 사유 없이 장기간 이사회에 출석하지 아니하면 해임사유(제385조)에 해당한다고 본다.

1304) 정동윤(2012), 625-626면; 이철송(2024), 781면.
1305) 대법원 2008. 12. 11. 선고 2005다51471; 同늘 2019. 11. 28. 선고 2017다244115.

4. 이사의 감시의무

(1) 의의

상법은 '이사회의 감독권'(제393조 제2항·제408조의 2 제3항 제2호), '監事·監査委員會의 감사권'(제412조 제1항·제415조 제7항)에 대하여만 명문으로 규정하고, 이사의 감시의무에 관하여는 별도의 규정을 두지 아니하고 있다. 그러나 이사의 감시의무는 선관주의의무의 하나이기 때문에 학설과 판례[1306]는 이사회의 감독권은 이사의 감시의무를 포함하는 개념으로 해석하여 왔다. 2001년 개정상법에서는 '이사는 대표이사로 하여금 다른 이사 또는 피용자의 업무에 관하여 이사회에 보고할 것을 요구할 수 있다.'는 규정을 신설하였는데(제393조 제3항), 이를 이사의 감시의무의 근거규정으로 볼 수 있다.

(2) 이사회의 감독권 및 감사의 감사권과의 구별

이사들 상호간의 監視權 또는 監視義務는 ① 개별적인 이사들간 대등한 지위에서 갖는 것이고, ② 주로 업무집행의 위법·부당성을 발견하여 감독·감사기관에 그 시정을 요청하여 그치는 데 비하여(예: 이사회의 소집·소집요구, 감사에의 정보제공 또는 주주총회에 보고), 이사회의 감독권은 ① 이사의 상급기관의 지위에서 갖는 것이고, ② 업무집행의 능률성·타당성·합목적성까지 감독대상이 되며, ③ 이사회를 소집하여 그 결의를 거쳐 행사한다는 점에서 서로 다르다.

기술한 이사의 감시의무는 이사회의 감독권 또는 감사·감사위원회의 감사권과는 다르다. 예를 들면, 이사회의 監督權은 이사회의 自己是正의 방법으로서 각이사의 업무집행에 대한 수정·지휘까지 포함하는 권한이고, 감사의 監査權은 이사·이사회를 포함하는 업무집행기구 전체에 대하여 제3자적 지위에서 조사하는 권한이다. 따라서 감사의 감사권은 업무집행의 적법성에만 미친다.

(3) 대표이사와 업무담당이사의 감시의무

대표이사는 모든 이사의 업무집행을 감시할 의무가 있다. 공동대표이사와 업무담당이사[1307]들은 사무분장에 따라 각자의 전문분야를 전담한다고 하여 다른 이사들의 업무집행에 관한 감시의무를 면하는 것은 아니다.[1308] 즉 공동대표이사

1306) 대법원 2008. 12. 11. 선고 2005다51471; 1985. 6. 25. 선고 84다카1954.
1307) 대표권이 없는 사내이사를 의미한다.
1308) 대법원 2008. 9. 11. 선고 2007다31518.

와 업무담당이사는 각각 상호 감시의무를 진다. 수인의 대표이사가 회사의 직제나 사무분장에 따라 각자의 분야를 전담하여 처리하는 경우에는 다른 대표이사의 담당업무집행에 대하여도 전반적인 감시의무를 진다.[1309] 그리고 일정한 업무분장하에 회사의 일상적인 업무를 집행하는 업무집행이사는 평이사보다 높은 주의의무를 부담한다. 왜냐하면 회사의 직제나 사무분장에 따라 업무를 담당하는 이사들은 다른 이사를 감시할 기회가 보다 많이 주어지기 때문이다.[1310] 이 때문에 대표이사나 업무담당이사는 다른 대표이사 또는 업무담당이사의 업무집행이 위법하다고 의심할 만한 사유가 있음에도 불구하고 고의 또는 (중)과실로 이를 방치하면, 회사[1311]나 제3자[1312]가 입은 손해에 대하여 배상할 책임을 진다.

한편 이사가 대표이사나 다른 이사의 업무집행으로 인하여 자신이 이익을 얻게 될 가능성이 있는 경우에도 그 이사는 이러한 감시·감독의무를 부담한다.[1313]

(4) 비상근 평이사의 감시의무

1) 수동적 감시의무

회사의 운영은 주로 대표이사와 상근의 업무당당이사(혹은 사내이사)를 중심으로 이루어진다. 이로 인하여 대표권도 없고 업무집행도 담당하지 않는 非常勤의 平理事[1314]는 일상적인 업무집행에서는 배제되는 것이 현실이다. 다만, 이사회에 참석하여 法上의 결의사항에 대하여는 의결권을 행사한다. 따라서 평이사도 이사회에 부의된 사항에 대하여 受動的(혹은 소극적) 監視義務를 진다는 점에는 異論의 여지가 없다.

2) 능동적 감시의무

① 문제의 제기

평이사는 회사의 업무집행을 구체적으로 파악하기 어려운 위치에 있기 때문에 사내이사와 동등한 수준의 감시의무를 부여하는 것이 타당한지 문제될 수 있

1309) 대법원 2012. 7. 12. 선고 2009다61490.
1310) 대법원 2008. 9. 11. 선고 2007다31518.
1311) 대법원 2023. 3. 30. 선고 2019다280481; 2021. 11. 11. 선고 2017다222368; 2011. 4. 14. 선고 2008다14633; 2009. 12. 10. 선고 2007다58285.
1312) 대법원 2012. 7. 12. 선고 2009다61490; 2008. 9. 11. 선고 2007다31518.
1313) 대법원 2023. 3. 30. 선고 2019다280481.
1314) 본래 평이사는 업무를 담당하지 않는 비상근이사를 말한다. 그러나 이사의 감시의무와 관련하여서는 평이사라는 용어를 쓰고 있다.

다. 그리하여 평이사도 이사회에 부의되지 않은 사항, 즉 회사의 업무전반에 대하여 일반적인 감시의무, 이른바 能動的 監視義務를 부담하느냐에 관하여 견해의 대립이 있었다. 현재의 통설과 판례는 평이사도 ⓐ 이사회의 구성원이라는 점 또는, ⓑ 이사로서 선관주의의무를 부담한다는 점에서 평이사의 일반적·능동적 감시의무를 긍정한다.1315) 다만, 긍정설 중에도 평이사가 어느 정도까지 감시활동을 하느냐에 관하여 견해가 나뉜다.

② 학설

ㄱ. 소극설 : 이 학설은 평이사도 대표이사와 업무담당이사(혹은 사내이사)의 직무위반행위를 명백히 알게 된 경우에는 이사회의 안건상정 여부와 무관하게 회사의 손해를 방지하기 위하여 적절한 행동을 취하여야 한다고 본다. 그러나 업무담당이사와는 달리 회사의 경영전반에 관하여 적극적이며 부단한 주의를 기울여야 할 정도의 감시의무까지 부담하는 것은 아니라고 한다. 이에 따르면 평이사가 대표이사나 업무담당이사의 일반적인 직무위반행위에 대하여 알지 못하는 때에는 책임을 지지 않기 때문에 '왜 그것을 알지 못했느냐'는 추궁도 할 수 없게 된다.

ㄴ. 적극설 : 이 학설에 따르면 평이사는 대표이사 등 다른 이사의 직무위반을 알게 된 경우는 물론 회사의 업무집행상황을 파악하고 업무집행이 위법 또는 부당하게 이루어질 위험이 있는 때에는 이를 시정·조치할 의무를 부담한다고 한다.1316) 이 학설은 2008년 A그룹의 분식회계사건 판시를 하나의 논거로 삼는다. 동 판례는 "개개의 이사는…다른 이사(다른 공동대표이사나 업무담당이사 등)의 위법하거나 부적절한 업무집행을 구체적으로 알지 못하였다는 이유만으로 책임을 면할 수는 없고, 지속적이거나 조직적인 감시 소홀의 결과로 발생한 다른 이사나 직원의 위법한 업무집행으로 인한 손해를 배상할 책임이 있다."고 하였다.1317)

이와 같이 적극설은 평이사도 대표이사나 업무담당이사와 거의 같은 수준의 감시의무를 부담한다고 본다. 그리하여 평이사가 알지 못했던 위법·부당한 업무집행행위에 대하여 '그것을 알지 못하였다.'는 사실자체가 과실로써 비난의 근거가 되고, 평이사는 손해배상책임을 지게 된다.

1315) 대법원 2004. 3. 26. 선고 2002다29138; 1985. 6. 25. 선고 84다카1954.
1316) 송옥렬(2022), 1055면.
1317) 대법원 2008. 9. 11. 선고 2006다68636.

ㄷ. **절충설** : 이 학설은 평이사는 경영전반의 개황을 파악하면 족하고 또 그 정도는 파악하여야 한다고 본다. 다만, 평이사가 업무담당이사의 업무집행이 不正·違法하다고 의심할 만한 사유가 있음에도 이를 방치한 경우에는 감시의무를 위반한 것이라고 한다(통설).1318)

③ **판례**

대법원은 평이사의 감시의무에 대하여 일관된 입장을 취하고 있다. 그리하여 '평이사는 대표이사 및 업무담당이사의 업무집행에 관한 감시의무를 부담하므로 다른 이사의 업무집행이 위법함을 알았거나 또는 위법하다고 의심할 만한 사유가 있었음에도 불구하고 고의 또는 과실로 인하여 이를 방치한 때에는 이사의 감시의무를 위반한 것'이라고 하여 책임을 묻고 있다(절충설).1319)

④ **사견**

업무집행을 담당하지 않는 평이사와 대표이사·업무담당이사는 업무에 대한 접촉거리에 차이가 있다. 그러므로 평이사가 회사의 모든 업무집행상황을 파악하고 위법·부당한 위험을 발견할 것을 요구할 수는 없다고 본다. 판례가 "업무집행이사는 회사의 업무집행을 전혀 담당하지 아니하는 평이사에 비하여 보다 높은 주의의무를 부담한다고 보아야 한다."는 입장을 피력1320)하는 데에서도 알 수 있다.1321) 그리고 적극설이 인용하고 있는 2008년의 판례는 그 쟁점 중의 하나가 평이사의 감시의무인 것으로 읽히기도 하지만, 회사내부통제시스템의 구축과 명목상 대표이사의 책임과 감시의무에 보다 큰 비중이 있다. 이 점에서 적극설은 미국의 Caremark사건의 기준을 원용1322)한 것으로 평가된다. 때문에 2008년 판례의 판지를 평이사의 감시의무에 수평적으로 적용하기에는 다소 무리가 있다.

결국 평이사는 업무집행 전반의 개황을 파악하는 것으로 족하고, 그 밖의 구

1318) 정동윤(2012), 627면; 이철송(2024), 779면; 정찬형(2022), 1076면; 최기원(2012), 656면; 박수영, "이사의 선관의무 및 감시의무,"「주식회사법대계Ⅱ」, 한국상사법학회, 법문사(2016), 631－632면.

1319) 대법원 2022. 5. 12. 선고 2021다279347; 2006. 7. 6. 선고 2004다8272; 1985. 6. 25. 선고 84다카1954.

1320) 대법원 2008. 9. 11. 선고 2007다31518.

1321) 정봉진, "이사의 감시의무에 관한 미국법 연구," 비교사법 제10권 제2호(2003. 5), 한국비교사법학회, 358면.

1322) In re Caremark Int'l Inc. Derivative Litigation, 698 A.2d 959(Del. Ch. 1996).

체적인 사항은 판례[1323]가 언급하는 바와 같이 '알았거나 알 수 있을 경우'에만 감시의무를 진다고 본다(절충설).

(5) 내부통제와 이사의 감시의무

1) 내부통제시스템의 구축 · 운영의무

이사는 내부통제시스템을 구축하고 작동하도록 배려할 의무를 부담한다. 그리고 이사가 해당시스템을 이용한 회사운영의 감시 · 감독을 의도적으로 외면하는 경우에는 책임을 면할 수 없다.[1324] 나아가 최근 대법원은 임직원들의 '지속적이고 조직적인' 가격담합행위가 있었음에도 불구하고, 대표이사가 합리적인 내부통제시스템의 구축과 운영을 소홀히 하여 이를 인지하지 못했다면 감시의무위반으로 인한 손해배상책임을 면할 수 없다고 판시하였다.[1325] 이는 이사의 감시의무 범위에 내부통제시스템의 구축 및 작동노력이 포함된다는 종래의 판례의 취지에 따르면서도 공정거래법상 담합행위로 인한 과징금 부분까지도 감시의무위반에 해당될 수 있다고 판단한 것으로서 주목된다. 이에 따르면 '합리적인 내부통제시스템'이란 윤리규범 및 회계관리제도의 운영에 한정되지 않고, 사업운영상의 제반법규준수, 위반사실에 대한 즉시 신고 · 보고체계 및 위법행위를 통제하고 시정조치할 수 있는 총괄적인 시스템을 말한다. 따라서 대표이사에게 내부통제시스템의 구축과 운영에 관한 책임이 강조될 수밖에 없다.

이에 비하여 사외이사 등은 내부통제시스템의 구축을 촉구하는 등의 노력을 하지 않거나 해당시스템이 제대로 운영되고 있지 않다고 의심할 만한 사유가 있는데도 이를 방치하는 경우에 한하여 감시의무위반에 해당한다.[1326]

2) 내부통제시스템의 구축 · 운영의무의 적용상 한계

대법원은 이사의 내부통제체제의 구축 · 운영의무를 한 묶음으로 판단하고 있다. 다만, 특수업종의 특정행위(예: 은행의 DLF상품 · 사모펀드와 같은 복잡한 금융투자상품의 판매)에 관하여는 양 의무를 구별하여 판단하고 있다.[1327] 그렇다고 하여 이사에

1323) 대법원 2019. 11. 28. 선고 2017다244115; 2002. 3. 15. 선고 2000다9086.
1324) 대법원 2022. 7. 28. 선고 2019다202153; 2008. 9. 11. 선고 2006다68636.
1325) 대법원 2022. 5. 12. 선고 2021다279347; 2021. 11. 11. 선고 2017다222368.
1326) 대법원 2022. 5. 12. 선고 2021다279347.
1327) 대법원 2022. 12. 15. 선고 2022두54047; 한웅희, "대법원 2022. 12. 15. 선고 2022두 54047 판결평석,"한양법학 제35권 제2집(2024. 5), 112-124면.

대한 책임추궁시 그 모호성이 완전히 제거되는 것은 아니다. 때문에 이사는 경영판단의 원칙을 가지고 항변할 수 있다. 이때 원고가 이사의 항변에 대하여 반증을 하는 것은 쉽지 않다. 특히 이사의 운영의무와 관련하여 회사내부의 추상적인 대응방안은 규범으로서 기능하지 못한다. 판례도 윤리강령, 윤리세칙 및 기업행동강령 등을 제정하여 임직원을 대상으로 윤리경영교육을 하는 것은 직무수행에 관한 추상적·포괄적 지침 또는 사전 교육에 불과할 뿐, 위법행위를 통제하는 내부통제장치라고는 볼 수 없다고 한다.1328) 따라서 이러한 한계를 해결하기 위하여는 내부통제체제의 구축·운영의무를 명문화할 필요가 있다.1329) 그리하여 이사의 책임원인을 명확히 하여야 한다.

3) 내부통제시스템의 구축 · 운영의무와 경영판단의 원칙

내부통제체제의 구축·운영의무를 한 묶음으로 보고 이사의 책임을 묻는 경우, 이사는 경영판단의 원칙을 가지고 항변하기 쉽다. 그러나 이 경우 내부통제체제 구축단계에서는 동 원칙이 적용될 수 있으나, 운영단계에서는 부정되어야 한다. 운영단계에서는 적극적인 의사결정을 거치지는 않기 때문이다. 그러므로 운영단계에서는 이사의 감시의무의 문제로 다루어야 한다.1330) 판례의 경우 경영판단 원칙과의 관계를 정면으로 다룬 사례는 없지만, 결론은 같은 취지로 읽힌다.1331)

(6) 계열회사와의 관계와 이사의 감시의무

기업집단을 구성하는 회사들은 독립된 법인격을 갖는다. 그러므로 이사는 기업집단이나 다른 계열회사와 관련된 직무를 수행할 때에도 선관주의의무(충실의무)를 부담한다. 이때에는 '이익형량'의 관점에서 직무를 수행하여야 한다. 그러므로 회사가 동일한 기업집단에 속한 계열회사 주식을 취득하거나 제3자가 계열회사 주식을 취득하게 하는 계약을 체결하는 때, 이사는 회사의 입장에서 '이익형량'에 관한 사항을 검토하고 필요한 조치를 하여야 한다. 이는 회사(甲)가 계열회사(乙)의 경영권을 방어하고 나아가 甲을 정점으로 한 그룹의 순환출자구조를 유지하

1328) 대법원 2022. 5. 12. 선고 2021다279347.
1329) 이에 관한 상세한 내용은 오성근, "상법상 이사의 내부통제체제 구축·운영의무의 법적 성질, 한계 및 입법론," 경영법률 제34집 제4호(2024. 7).
1330) 中村直人(2017), 31面; 岩本文男, "取締役のシステム構築義務について,"法科大学院 論集 第14號(2018), 112面; 김정호(2023), 495-496면; 오성근, 앞의 논문, 29면.
1331) 대법원 2022. 7. 28. 선고 2019다202146; 2022. 7. 28. 선고 2019다202153.

기 위하여 乙에 대한 의결권을 추가로 확보할 목적에서 乙의 주식을 기초자산으로 하는 파생상품계약을 체결하는 때에도 같다.[1332]

5. 기업비밀준수의무

(1) 개념

企業秘密(trade secret)이란 기업조직 또는 사업에 관하여 公知되지 아니한 정보로서 그 기업이 배타적으로 관리할 수 있고, 그 기업 또는 제3자가 경제적 가치를 가지고 이용할 수 있는 것을 뜻한다. 오늘날 같은 정보화시대에 기업비밀은 기업의 경쟁력을 구성하는 중요한 자산이므로, 상법은 회사가 배타적으로 누릴 수 있도록 배려하고 있다.

(2) 취지

理事(또는 집행임원)는 회사의 업무집행결정자로서 기업비밀에 접근할 수 있고, 스스로 기업비밀을 창출할 수도 있다. 이사가 기업비밀을 침해하는 때에는 부정경쟁방지법에 의한 민사책임 및 형사책임을 지게 된다. 이에 더하여 제382조의 4는 '이사는 在任 중뿐만 아니라 退任 후에도 직무상 알게 된 회사의 영업상 비밀을 누설하여서는 아니 된다.'라고 규정함으로써 명문으로 이사의 秘密遵守義務를 인정하고 있다. 기업비밀준수의무는 이사의 선관주의의무의 일부라고 볼 수 있지만, 퇴임 후까지도 그 의무를 부담하게 하는데, 이 규정의 취지가 있다.

기업비밀준수의무는 이사가 회사에 가할 수 있는 불이익의 유형과 연계하여 보면, ① 기업비밀을 지킬 의무, 즉 守秘義務, ② 기업비밀을 개인적 이익을 위하여 이용하지 않을 의무, 즉 秘密利用禁止義務로 나눌 수 있다. 그리고 회사에 손실을 줄 가능성이 있기 때문에 이를 차단하는 것이 입법의 취지이지만, 현실적으로 손해가 발생할 것을 요하는 것은 아니다.

(3) 수비의무

1) 기업비밀의 범위

공개된 정보나 법상 공시의무 사항들 예를 들면, 주주총회·이사회의 의사록, 주주명부·사채원부(제396조 제1항) 또는 재무제표(제448조 제1항) 같은 것은 기업비밀

1332) 대법원 2023. 3. 30. 선고 2019다280481(쉰들러홀딩아게 vs. 현대엘리베이터).

이 아니다. 다만, 이러한 사항도 법상 공시를 하는 시점까지는 기업비밀이다. 회계장부는 제한된 조건에서만 소수주주가 열람·등사를 청구할 수 있으므로(제466조 제1항), 기업비밀이다.

2) 수비대상

기업비밀의 성격에 따라서는 업무가 분장된 이사 상호간 또는 이사와 감사간에도 일정 시기까지 공개하여서는 아니 되는 정보들이 있다. 예를 들면, 국가안전보장·기밀과 관련된 기업비밀(예: 특수한 무기·약품의 개발), 기업간 고도의 경쟁성 등을 갖는 기업비밀[1333] 같은 것이 그에 해당한다. 회사와 이사간 소송도 같다.

이사는 일반주주는 물론 지배주주에게도 守秘義務를 진다. 주주총회에서 주주는 질문권을 갖는다. 이에 대응하여 이사는 설명의무를 부담하지만, 회사의 이익이나 공익에 반하는 사항에 대하여는 수비의무를 부담한다.

3) 적용범위

이사의 수비의무는 회사의 적법한 권리나 사실관계에 대하여만 적용된다. 따라서 회사의 범죄행위나 위법한 행위(예: 탈세·횡령·마약취급)에 대하여는 수비하는 것 자체가 위법하다. 수비의 기대가능성이 없는 경우 예를 들면, 이사가 자신의 형사사건에서 자기의 이익을 방어하여야 하거나 소송 중 기업비밀을 증언하여야 할 때에는 수비의무가 없다.

(4) 비밀이용금지

이사의 경업(제397조), 회사의 기회 및 자산의 유용(제397조의 2) 또는 이사 등과 회사간의 자기거래(제398조)는 이사가 개인적 이익을 위하여 기업비밀을 이용할 수 있는 전형적인 수단이므로 이를 금지하는 것이다. 이 이외에도 이사는 어떠한 방법으로든 기업비밀을 개인적 이익을 위하여 이용할 수 없다. 그 이유는 회사에 금전적인 손해가 없다고 하더라도 대외적인 신뢰를 추락시키거나 주주·채권자 등의 이익에 반할 수 있기 때문이다.

자본시장법상 내부자거래(동법 제172조·제174조)는 이사가 기업비밀을 이용하여 개인적 이익을 추구하는 전형적인 경우인데, 이러한 특별법상의 제재와 관계없이 내부자거래는 이사의 주의의무위반에 해당한다(제399조 제1항).

[1333] 예를 들면, 社運을 건 공사의 수주교섭이나 합병교섭 결렬에 대비한 수비계약(confidentiality agreement) 등이 이에 해당한다.

6. 의무와 책임의 독자성

이사는 각자가 회사와 위임관계를 갖고(제382조 제2항), 회사의 이익을 위하여 法上 독자적인 權限을 행사하고 義務를 부담한다. 따라서 이사는 회사의사의 집합체인 주주총회 또는 이사회의 결의를 준수하여야 한다. 그러나 그 결의내용이 법령·정관에 위반하거나 특히 불공정·부당하여 채권자나 주주들의 이익을 해하는 때에는 이를 준수하여서는 아니 된다. 즉 이사는 주주총회나 이사회의 결의가 객관적으로 위법·불공정한 때에는 그 결의에 구속됨이 없이 독자적인 판단으로 회사의 이익을 추구하여야 한다.

결국 이사가 위법·불공정한 행위를 하고, 그 행위가 단순히 주주총회와 이사회의 결의나 지시에 따랐다는 것으로 정당화될 수 없고, 손해배상책임(제399조·제410조) 기타 대내외적 책임을 면치 못한다.[1334) 이사가 대주주의 지시에 따라 그러한 행위를 한 경우에도 당연히 손해배상 등의 책임을 진다. 회사와 그 대주주는 별개의 인격을 갖고 있고, 회사의 이사는 회사와의 위임관계에 따른 임무에 위배하여 대주주의 지시를 따라야 할 법률상 의무가 없기 때문이다.[1335) 대표이사가 지시한 때에도 같다. 이에 위반하여 이사가 회사에 손해를 입힌 경우, 회사의 이사에 대한 손해배상청구는 신의칙에 반하는 것이 아니다.[1336)

Ⅶ. 이사와 회사의 이익충돌방지

1. 의의 및 취지

이사와 회사의 이익충돌방지 규정으로는 제397조(경업금지), 제397조의 2(회사의 기회 및 자산의 유용금지) 및 제398조(이사 등과 회사간의 거래) 등이 있다. 이사는 선관주의의무를 부담하므로 이에 위반하면 회사에 대하여 손해배상책임을 지거나(제399조) 또는 해임될 수 있다(제385조 제1항·제2항). 그럼에도 불구하고 상법이 추가 규정을 둔 것은 ① 이사의 과실을 증명함이 없이 이사의 책임을 추궁할 수 있고, ②

1334) 대법원 2008. 12. 11. 선고 2005다51471; 2000. 11. 24. 선고 99도822; 1989. 10. 13. 선고 89도1012. 이 판례들은 이사의 형사책임을 물은 것이나 같은 논리에서 이사의 손해배상책임을 인정한 하급심판례가 있다(서울지법 2000. 11. 21. 선고 2000가합57165).
1335) 대법원 2008. 12. 11. 선고 2005다51471.
1336) 대법원 2007. 11. 30. 선고 2006다19603.

이에 위반한 행위는 법령위반(제399조 제1항)을 근거로 책임을 추궁할 수도 있기 때문이다. 특히, ③ 제398조에 위반한 회사와 이사간의 거래에 대하여는 그 효력을 무효로 할 수도 있다.[1337] 그리고 제397조, 제397조의 2 및 제398조의 규정은 집행임원에 대하여도 준용된다(제408조의 9).

2. 경업금지의무

(1) 의의 및 취지

이사는 이사회의 승인이 없으면 자기 또는 제3자의 계산으로 회사의 영업부류에 속한 거래를 하거나(競業) 同種營業을 목적으로 하는 다른 회사의 무한책임사원이나 이사(兼職)가 되지 못한다(제397조 제1항). 이를 일반적으로 이사의 競業禁止義務라 하며, 이사의 의무라는 측면에서 競業避止義務라고도 한다.

이 의무는 이사가 그 지위를 이용하여 얻은 회사영업에 관한 비밀 등을 이용하여 자기 또는 제3자의 이익을 추구하는 것을 방지하고, 회사업무에 전념하여야 한다는 당위성을 규범화한 것이다.

(2) 상업사용인 등의 경업금지의무와의 비교

이 의무의 입법취지는 상업사용인(제17조), 대리상(제89조), 합명회사의 사원(제198조), 합자회사의 무한책임사원(제269조), 주식회사의 집행임원(제408조의 9·제397조) 및 유한회사의 이사(제564조 제3항·제397조)의 경업금지의무와 같다. 다만, 상업사용인은 다른 회사, 즉 異種의 영업을 목적으로 하는 회사의 무한책임사원이나 이사까지도 되지 못하는 점에서 이사 등의 경업금지의무보다 그 범위가 넓다.

(3) 승인
1) 승인기관

이사는 이사회의 승인이 있으면 경업이나 겸직을 할 수 있다. 자본금이 10억원 미만으로서 이사가 1인 또는 2인인 소규모회사에서는 주주총회의 보통결의로 승인한다(제383조 제4항·제397조 제1항). 이 경우 競業을 하고자 하는 이사는 특별이해관계인에 해당하여 의결권을 행사하지 못한다(제391조 제3항·제368조 제3항).

1337) 대법원 2012. 12. 27. 선고 2011다67651; 1973. 10. 31. 선고 73다954.

2) 승인시기 : 사후승인(추인)의 인정 여부

가) 문제의 제기   이사회의 승인은 事前承認이 원칙이다. 다만, 사후승인이 인정되는지에 대하여 부정설과 긍정설로 나뉜다.

나) 학설

① 부정설

이 학설은 이사회의 事後承認(추인)은 이사의 책임을 면제시키는 효과를 가져오므로 제400조에서 이사의 책임면제에 총주주의 동의를 요하는 것과 대비하여 균형이 맞지 않다고 한다(다수설).[1338]

② 긍정설

이 학설은 이사회의 사후승인은 단지 이사회의 승인을 얻지 아니하고 행한 법률행위의 하자가 치유되는 데 그치고 손해배상책임이 면제되는 것이 아니라는 점에서 사후승인을 인정한다(소수설).[1339]

다) 판례   이사회가 경업을 사후승인할 수 있는지에 대한 판례는 없다. 다만, 자기거래(제398조)에 대하여는 사후승인을 인정한 적이 있다.[1340] 그러나 2011년 개정법은 '미리' 승인을 받도록 함으로써 그로 인한 문제점을 해결하고 있다.

라) 사견   자기거래와 달리 경업금지위반으로 인한 거래는 일응 유효하게 되는데, 이사회의 사후승인이 이사의 법령위반행위의 하자를 치유하는 데 그치고 손해배상책임이 면제되지 아니한다면 그 의미를 찾기도 어렵다. 따라서 이사회의 사후추인은 이사의 책임을 면제시키는 효과를 가져오고, 제400조의 입법취지를 훼손시킬 수 있다(부정설).

3) 승인의 유형

이사회의 승인은 개별적인 거래에 대하여 이루어지는 것이 원칙이지만, 계속적인 거래를 하고 있는 때에는 포괄적 승인도 가능하다고 본다.[1341] 예를 들면, A회사의 이사 甲이 B회사의 대표이사를 겸직하기 위하여는 A회사 이사회의 승인이 필요하지만, 승인을 얻은 후에는 甲이 B회사를 대표하여 거래를 하는 때마

1338) 이철송(2024), 791면; 송옥렬(2022), 1061면; 정동윤(2012), 630면; 정경영(2022), 658면; 최준선(2024), 530면; 김홍기(2022), 612면; 김정호(2023), 539면.
1339) 최기원(2012), 669면; 김·노·천(2024), 457면; 권기범(2021), 871면.
1340) 대법원 2007. 5. 10. 선고 2005다4284.
1341) 최기원(2012), 670면; 김·노·천(2024), 457면; 권기범(2021), 871면; 최준선(2024), 531면.

다 A회사의 승인을 받을 필요가 없다. 다만, 白地式 承認은 인정되지 아니한다.

4) 중요한 사실의 개시

이사는 이사회의 승인을 얻고자 하는 경우 경업의 대상이 되는 거래 또는 겸직하고자 하는 회사에 관한 중요한 사실을 밝혀야 한다.[1342] 중요한 사실은 승인의 유형에 따라 다소 다를 수 있다. 그리하여 ① 개별적 승인을 얻고자 하는 때에는 목적물, 수량, 가격 및 이행시기 등이, ② 경업회사의 대표이사에 취임을 위한 포괄적 승인을 얻고자 하는 때에는 해당회사의 사업규모, 사업의 종류 및 거래의 범위 등이 이에 해당할 것이다.

이는 이사와 회사 사이의 이익상반거래가 비밀리에 행해지는 것을 방지하고 그 거래의 공정성을 확보함과 아울러 이사회에 의한 적정한 직무감독권의 행사를 보장하기 위하여 요구되는 것이다.[1343] 이사와 회사간의 자기거래의 경우는 2011년 상법개정시 이를 명문화하였다(제398조 제1항 참조).

5) 승인의 효과

이사회의 事前承認은 경업이나 겸직의 절차적 위법성을 조각하는 효과가 있을 뿐, 경업의 타당성이 의제되는 것은 아니다. 따라서 이사회의 승인을 얻더라도 이사의 회사에 대한 책임이 완전히 면제되는 것이 아니다. 즉 경업으로 인하여 회사에 손해가 발생하면, 경업행위로 말미암아 회사의 임무를 게을리한 이사는 그 책임을 면할 수 없다(제399조 제1항).[1344] 그리고 그 승인결의에 찬성한 이사들도 연대하여 손해배상책임을 진다(제399조 제2항).

(4) 금지내용

1) 경업

가) 개요　　이사가 자기 또는 제3자의 계산으로 회사의 영업부류에 속하는 거래를 하는 것은 금지된다.

나) 자기 또는 제3자의 계산　　자기 또는 제3자의 계산이란 경업으로 인한 거래의 명의가 누구이든지 그 경제적 효과가 자기 또는 제3자에게 귀속되는 것을

1342) 송옥렬(2022), 1061면; 정동윤(2012), 630면; 권기범(2021), 871면; 최기원(2012), 670면; 同旨 대법원 2007. 5. 10. 선고 2005다4284 참조.

1343) 同旨 대법원 2007. 5. 10. 선고 2005다4284.

1344) 이철송(2024), 796면; 권기범(2021), 874면; 정찬형(2022), 1051면; 江頭憲治郞(2021), 455면.

말한다. 이 때문에 제3자의 명의로 거래하더라도 自己計算으로 하는 때에는 이에 해당한다. 제3자의 계산으로 하는 거래란 이사가 제3자의 위탁을 받거나 또는 제3자의 代理人으로 거래를 하는 것을 뜻한다.

이사가 회사를 설립하여 그 회사로 하여금 경업거래를 하게 하거나, 이사가 이미 경업을 하고 있는 회사의 주식을 취득하여 지배주주가 되는 행위도 제397조의 적용대상이므로 이사회의 승인을 얻어야 한다.[1345] 이 경우 두 회사간의 행위가 경업에 해당하는지의 여부는 서로 영업지역을 달리하고 있다는 사실만으로 경업관계에 있지 않다고 볼 것은 아니고, 두 회사의 지분소유 상황과 지배구조, 영업형태, 동일하거나 유사한 상호나 상표의 사용여부, 시장에서 두 회사가 경쟁자로 인식되는지 여부 등 거래 전반의 사정에 비추어 서로 이익충돌의 여지가 있는지를 보고 판단하여야 한다. 다만, 경업대상 여부가 문제되는 회사(B)가 실질적으로 이사(甲)가 속한 회사(A)의 지점 내지 영업부문으로 운영되고 공동의 이익을 추구하는 관계에 있다면, 이사(甲)가 다른 회사(B)의 주식을 인수하여 지배주주가 되려는 경우에는 자신이 속한 회사(A) 이사회의 승인을 얻을 필요가 없다.[1346]

다) 회사의 영업부류에 속하는 거래 회사의 '영업부류에 속하는 거래'는 회사의 定款上의 사업목적에 국한되지 않고, 사실상 회사의 영리활동의 대상이 되고 있는 것을 기준으로 판단된다. 따라서 정관상 목적으로 기재되었더라도 이미 폐지한 사업 또는 전혀 준비도 하지 않고 있는 사업은 포함되지 아니한다.[1347] 다만, 개업준비 중인 영업[1348] 및 일시 휴업 중인 영업은 포함된다. 보조적 상행위는 그 자체가 영리활동은 아니므로 포함되지 아니한다.[1349] 경업의 범위도 반드시 동종의 영업에 국한하여 해석할 필요는 없고, 代替財(소고기 vs. 돼지고기) 내지 市場分割의 효과를 야기하는 영업(아디다스 vs. 나이키)도 회사의 이익실현을 방해할 염려가 있으므로 회사의 영업부류에 속하는 거래에 해당한다고 본다.

그러나 동종영업이더라도 회사와 이사의 영업지역이 원격하여 회사의 영업에 영향을 주지 아니하면 경업이 아니다. 위에서 기술한 바와 같이 동종영업이더

1345) 대법원 2013. 9. 12. 선고 2011다57869(신세계백화점 vs. 광주신세계백화점).
1346) 대법원 2013. 9. 12. 선고 2011다57869.
1347) 정동윤(2012), 630면; 송옥렬(2022), 1059면; 권기범(2015), 796면; 최기원(2012), 668면.
1348) 권기범(2021), 868면; 대법원 1993. 4. 9. 선고 92다53583; 1990. 11. 2. 자 90마745 결정.
1349) 이철송(2024), 792면; 정동윤(2012), 630면; 권기범(2021), 869면.

라도 이사의 영업이 본래 자기가 속한 회사에 종속하여 지점 내지 영업부문으로 영위됨에 따라 양자의 영업이 공동의 이익을 추구하는 관계에 있다면 이사의 영업은 경업이 아니다.1350)

2) 겸직

이사는 동종영업을 목적으로 하는 다른 회사의 무한책임사원이나 이사가 되지 못한다(제397조 제1항). 이 점에서 동종영업에 국한되지 아니하고 다른 회사의 무한책임사원·이사 또는 다른 상인의 상업사용인이 되는 것을 금지하는 상업사용인의 겸직금지의무(제17조 제1항)보다는 그 범위가 좁다. '동종영업'의 의미는 競業에서의 '회사의 영업부류'와 같다.

'동종영업을 목적으로 하는 다른 회사'란 반드시 실제 영업을 수행하는 회사이어야 하는 것은 아니다. 동종영업을 준비하는 단계에 있는 회사의 이사를 겸하더라도 겸직금지를 위반한 것이다.1351) 그리하여 영업을 개시하기 전에 그 회사 이사직에서 사임하였다고 하더라도 겸직금지위반사실은 변하지 아니한다.1352) 이는 실제 去來를 수행할 것을 요건으로 하는 경업금지와 다르다.

(5) 위반의 효과

1) 의의

이사가 이사회의 승인 없이 경업 또는 겸직을 하면, 금지위반의 요건은 충족되므로 실제로 회사에 손해를 입힐 것을 요하지 아니한다. 따라서 회사는 손해를 입지 않더라도 다른 효과에 관하여는 주장할 수 있다.

2) 손해배상책임

경업금지위반으로 인하여 이사가 회사에 손해를 입힌 때에는 회사에 대하여 손해배상책임을 진다(제399조).

3) 해임

이사의 경업 또는 겸직은 제385조 제2항에서 말하는 法令에 위반한 중대한 사실이므로 손해배상 없이 이사를 해임할 수 있는 사유가 되며(제385조 제1항), 소수주주가 법원에 그 이사의 해임을 청구할 수 있는 사유가 된다(제385조 제2항).1353)

1350) 대법원 2013. 9. 12. 선고 2011다57869.
1351) 대법원 1993. 4. 9. 선고 92다53583; 1990. 11. 2. 자 90마745 결정.
1352) 대법원 1990. 11. 2. 자 90마745 결정.
1353) 대법원 1993. 4. 9. 선고 92다53583; 1990. 11. 2. 자 90마745 결정.

4) 위반행위자체의 효과

競業禁止에 違反한 거래도 그 자체는 유효하다. 회사가 거래상대방이 아니고 이사회의 승인이 없다는 하자는 거래상대방인 제3자와는 무관하기 때문이다. 거래상대방이 악의, 즉 위반사실을 알고 있어도 같다. 겸직도 마찬가지이다.

5) 개입권

가) 의의 개입권은 이사가 경업을 한 때에만 인정되는 회사의 권리이다. 그리하여 회사는 경업거래가 이사의 계산으로 한 것인 때에는 이를 회사의 계산으로 한 것으로 볼 수 있고, 제3자의 계산으로 한 것인 때에는 그 이사에 대하여 이로 인한 이득의 양도를 청구할 수 있다(제397조 제2항). 이를 奪取權이라고도 한다.

나) 내용 이사의 계산으로 한 경우 '회사의 계산으로 한 것으로 볼 수 있다.'고 함은 이사가 회사에게 去來의 경제적 효과를 귀속시켜야 한다는 의미이고, 회사가 직접 계산의 주체가 되는 것은 아니다. 그리하여 거래로 인한 비용을 회사가 부담하고, 이사가 얻은 이득은 회사에 귀속된다. 이사가 여전히 거래상대방에 대한 계산의 주체가 되는 것이다.

제3자의 計算으로 한 경우 이사가 양도할 '이득'이란 이사가 계산의 주체인 제3자로부터 받은 보수만을 뜻하고, 거래자체로부터 발생한 이득을 뜻하는 것은 아니다.

다) 개입권의 성질과 행사 개입권은 형성권이다. 즉 회사가 이사에 대한 의사표시만으로 효력이 발생한다. 개입권을 행사하기 위하여는 이사회의 결의가 있어야 한다(제397조 제2항). 개입권의 행사는 대표이사가 하여야 하므로 대표이사가 이를 게을리하면 (모회사)소수주주는 (다중)대표소송을 제기할 수 있다(제403조·제406조의 2).

라) 개입권의 행사기간 개입권은 경업거래가 있는 날로부터 1년을 경과하면 소멸한다(제397조 제3항). 이 점 상업사용인의 영업주가 그 거래를 안 날로부터 2주간을 경과하거나 그 거래가 있은 날로부터 1년을 경과하면 소멸하는 것(제17조 재4항)과 다르다. '2주간'을 삭제한 것은 이사회의 결의라는 절차가 필요하기 때문이다. 이 기간은 제척기간이다.

6) 퇴임이사의 경업금지특약

퇴임이사가 경업을 하는 것은 비밀유지의무(제382조의 4)에 반하므로 원칙적으로 금지된다. 그리고 퇴임이사가 재직 중에 알게 된 회사의 영업비밀을 이용하여 경업을 하는 때에는 부정경쟁방지법에 반한다(동법 제2조). 다만, 이사와 회사간에 체결되는 퇴임이사의 경업금지특약은 이사의 직업선택의 자유와 관련이 있다. 이 점에서 그 특약은 ① 이사의 社內에서의 지위, ② 영업비밀·거래처유지의 필요 성, ③ 지역 및 기간 등의 제한 내용, ④ 代償措置 등의 여러 요소를 고려하여 선량한 풍속 기타 사회질서(민법 제103조)에 반하지 아니하는 한 유효하다고 본 다.1354)

3. 회사의 기회 및 자산유용금지의무

(1) 의의

2011년 개정상법은 이사의 위법행위에 대한 책임근거로서 회사의 기회 및 자 산유용금지 규정을 신설하였다. 이 규정은 미국의 판례법상 충실의무의 일환인 회사기회유용금지의 법리(usurpation of corporate opportunity doctrine)를 본받은 것이다. 그리하여 이사는 이사회의 승인 없이 현재 또는 장래에 회사의 이익이 될 수 있 는 회사의 사업기회를 자기 또는 제3자의 이익을 위하여 이용하지 못한다(제397조 의 2 제1항).

(2) 경업 또는 자기거래금지와의 비교

이사의 경업금지는 회사와 '영업상의 경쟁'을 금지하는 것이고, 회사기회유용 금지는 회사의 '현재 또는 장래의 이익'을 보호하기 위한 것이라는 차이는 있으 나, 양자는 본질적으로 유사한 점이 많다. 그리하여 이사의 경업금지의무에 관한 규정에 이어서 기회유용금지에 관한 규정을 두고 있다. 그리고 기회유용은 회사 기회를 회사의 비용으로 만들어진 회사의 재산으로 보고, 이사가 이를 횡령하였 다는 점을 강조한다는 점에서 자기거래와 유사하다. 다만, 자기거래는 이사와 회 사가 거래를 하는 것이기 때문에 회사가 알 수 있지만, 기회유용은 그러한 거래 가 없기 때문에 회사가 알지 못하는 사이에 행하여질 수 있다.1355) 이 점에서 기 회유용을 규제하는 것이 상대적으로 어렵다.

1354) 대법원 2010. 3. 11. 선고 2009다82244 참조; 東京地法 平成21. 5. 19. 判決, 判例タイ ムズ 第1354號, 178面.
1355) 同旨 정경영(2022), 660, 663면; 송옥렬(2022), 1076면; 홍·박(2021), 499면.

(3) 회사기회의 판단기준

미국의 판례법은 회사기회의 판단기준으로 크게 ① 이익 또는 기대기준설 (interest or expectancy test), ② 영업부류기준설(line of business test)을 들고 있다. 이 가운데 ①은 회사가 이미 권리 또는 이해관계를 구체적으로 갖는 사업기회를 유용하는 것을 금한다. ②는 회사의 사업부문에 속하거나 이와 관련되는 사업기회 또는 회사가 이용할 것이 기대되는 사업기회를 유용하는 것을 금한다.[1356]

두 기준을 비교하여 보면, 영업부류기준설이 사업기회를 넓게 해석하고 있다.[1357] 그리하여 이사에게는 이익 또는 기대기준설이 보다 유리한 기준이라고 할 수 있다. 다만, 미국의 판례는 어느 하나의 기준을 채택하기보다는 여러 기준을 종합적으로 적용하여 문제를 해결하고 있다.[1358] 제397조의 2의 사업기회의 유형도 이 범주를 벗어나지 아니한다.

(4) 적용요건

1) 금지행위 및 주체

제397조의 2가 금지하는 것은 이사가 이사회의 승인 없이 현재 또는 장래에 회사의 이익이 될 수 있는 사업기회를 자기 또는 제3자의 이익을 위하여 이용하는 행위이다(제397조의 2 제1항). 주요주주 등은 적용대상이 아니다. 이 점이 이사의 자기거래(제398조)와 다르다. 명문의 규정은 없으나, 이사가 회사를 설립하여 그 회사로 하여금 회사기회를 유용하게 하는 것은 비밀유지의무(제382조의 4)에 반할 가능성이 있음은 별론으로 하고, 동조의 적용대상으로 보아야 한다.

2) 자기 또는 제3자의 계산

경업금지에서 살펴본 바와 같은 의미이다.

3) 회사의 사업기회

제397조의 2 제1항에서 말하는 회사기회는 ① 직무를 수행하는 과정에서 알게 되거나 회사의 정보를 이용한 사업기회(제1호), ② 회사가 수행하고 있거나 수행할 사업과 밀접한 관계가 있는 사업기회(제2호)를 말한다. 이 가운데 ①은 '이익 또는 기대기준설'을, ②는 '영업부류기준설'을 채택한 것으로 본다. 그리하여 동조

1356) 권상로, "현행 상법상 회사기회유용금지 규정에 관한 문제점과 개선방안에 관한 연구," 기업법 연구 제30권 제3호(2016), 132-138면.
1357) 同旨 김·노·천(2024), 473면; 정동윤(2012), 637면.
1358) 정동윤(2012), 637면.

동항 제2호의 내용은 '경업금지의무'(제397조)의 요건인 '영업부류'에 준하는 것으로 해석할 수 있다.

이러한 점에서 예를 들면, ① 호텔업을 하는 회사의 이사가 회사가 구입할 垈地를 물색하던 중 매우 양호한 조건의 대지를 자기가 구입하는 경우, ② 회사가 신규로 진출하고자 관심을 갖고 있던 사업을 이사가 그 정보에 기하여 먼저 진출하는 경우 등은 모두 회사의 사업기회에 해당한다.

4) 기회의 계속성 요부

제397조의 2는 이사가 회사기회를 유용하는 것을 금지하는 것이며, 실제의 영업까지 요구하는 것은 아니다. 그러므로 일회성의 非營業性 거래라고 할지라도 금지의 대상이 된다. 위의 호텔업을 영위하는 이사의 행위가 이에 해당한다.

5) 회사의 이익가능성

가) 개념　제397조의 2가 적용되려면 '회사의 이익가능성' 요건이 충족되어야 하는데, 그 개념이 명확하지는 않다. 다만, 손익계산서상 회사에 이익을 발생시킬 수 있다는 뜻이 아니라 회사가 영리추구의 대상으로 삼을 수 있다는 뜻으로 해석하여야 한다. 왜냐하면 회사가 추진 중인 사업이 원자재가격의 상승으로 손익계산서상 負(-)의 효과를 가져올 것으로 예상된다고 하여 회사기회가 아니라고 할 수는 없기 때문이다. 따라서 이사는 이익이 될 여지가 있는 사업기회가 있으면 이를 회사에 제공하여 회사가 이를 이용할 수 있도록 하여야 하고, 이사회의 승인 없이 스스로 이용하여서는 아니 된다.[1359] 다만, 회사가 진출할 수 없는 업종이나 수익전망이 양호하지 못하여 회사가 명시적으로 포기한 사업 등은 회사의 이익가능성이 없다.

나) 경업금지, 자기거래 및 유망한 사업기회 등과의 관계

① 문제의 제기

회사의 이익과 관련한 회사기회유용이 문제되는 경우에는 동시에 경업금지 또는 자기거래금지규정의 위반여부가 문제될 소지가 있다. 이와 관련된 판례를 살펴보면 다음과 같다.

② 사실관계

서울의 A백화점이 1995년 어느 광역시에서 백화점 등을 운영하기 위하여

1359) 대법원 2017. 9. 12. 선고 2015다70044; 2013. 9. 12. 선고 2011다57869.

완전자회사로서 B백화점을 설립하였다. A백화점은 B백화점 설립 당시부터 계약을 통하여 상품구매를 대행하고 경영일반을 관리하면서 B백화점을 A백화점의 지점처럼 운영하였고, 대외적으로도 그와 같이 인식되었다. B백화점은 1997년 말의 외환위기로 자금조달에 어려움을 겪게 되자 A백화점과 협의하여 유상증자를 하였다. 그러나 당시 A백화점 역시 유상증자에 참여할 형편이 아니 되자 이사회는 B백화점의 유상증자시 신주인수권을 전부 포기하기로 의결하였다. 이에 따라 B백화점의 이사회는 제3자배정방식(제418조 제2항)의 신주발행을 의결하였고, A백화점의 지배주주의 아들이자 이사(甲)는 1998. 4. 23. B백화점의 신주 83.3%를 취득하였다. 이사 甲의 신주인수 후에도 B백화점은 A백화점과 동일한 상표를 사용하고 A백화점에 판매물품의 구매대행을 위탁하였으며, 전과 동일하게 A백화점의 경영지도를 받으면서 협력하였고, A백화점도 B백화점으로부터 매년 일정액의 경영수수료를 받았다. 이러한 사실관계를 기초로 법원은 이사와 회사간의 이해충돌의 요건에 관하여 아래와 같이 판단하였다.

③ 경업금지위반 여부

대법원에 따르면, 이사(甲)가 경업대상 회사(B)의 지배주주가 되어 그 회사(B)의 의사결정과 업무집행에 관여할 수 있게 되는 경우에는 제397조 제1항에 따라 자신이 속한 회사(A) 이사회의 승인을 얻어야 한다. 그러나 이사(甲)가 실질적으로 그가 속한 회사(A)의 지점 내지 영업부문으로 운영되고 공동의 이익을 추구하는 관계에 있는 다른 회사(B)의 지배주주가 되려는 경우에는 그러하지 아니하다. 따라서 위 사례의 B백화점은 이사 甲의 신주인수 후에도 그 전과 마찬가지로 사실상 A백화점의 지점처럼 운영되었고, A백화점과 이익충돌의 염려가 있는 거래를 하지 아니하였기 때문에 이사 甲이 신주인수로 B백화점의 지배주주가 되었더라도 경업금지(제397조)의 규정에 따라 A백화점의 이사회의 승인을 받아야 하는 것은 아니다.[1360)

④ 회사기회유용금지위반 여부

이 사건의 원심판결에 따르면, 이사의 기회유용이 되기 위하여는 회사에 '유망한 사업기회'가 존재하여야 한다. 위 사례의 B백화점은 외환위기로 자본금의 5

1360) 대법원 2013. 9. 12. 선고 2011다57869.

배가 넘는 이자비용을 부담할 정도로 경영이 악화되었고, A백화점 역시 자금사정이 악화되어 다른 계열회사의 신주발행에서도 실권을 하여야 할 상황이었기 때문에 B백화점의 유상증자에 참여하는 것이 유망한 사업기회는 아니었다. 따라서 이사 甲이 A백화점의 사업기회를 '유용'한 것으로도 보기 어렵다.[1361] 이후 대법원은 이를 다음과 같이 표현하고 있다. 즉 이사회가 정당한 절차를 거쳐 회사의 이익을 위하여 회사에 이익이 될 여지가 있는 사업기회를 포기하거나 어느 이사가 그것을 이용할 수 있도록 승인한 경우, 그 이사나 이사회의 승인 결의에 참여한 이사들이 선관주의의무 또는 충실의무를 위반한 것은 아니다.[1362]

⑤ 자기거래금지위반 여부

대법원에 따르면, 모회사의 이사와 자회사의 거래는 제398조의 자기거래에 해당하지 아니하므로 모회사의 이사는 그 거래에 관하여 모회사 이사회의 승인을 받아야 하는 것은 아니다. 설령 완전모자회사의 관계일지라도 모회사와 자회사는 별개의 법인격을 가진 회사이고, 그 거래로 인한 불이익이 있더라도 모회사는 간접적인 영향을 받는 데 지나지 아니하기 때문이다. 즉 자회사의 거래를 모회사의 거래와 동일하게 볼 수는 없는 것이다. 따라서 위 사례의 甲은 신주인수 당시 A백화점의 이사였고, B백화점과 A백화점은 별도의 법인이며, 해당신주인수가 A백화점 이사회의 실권의결이 있은 후 이사 甲과 B백화점 사이에 이루어졌기 때문에 해당신주인수는 A백화점과의 관계에서는 이사 甲의 자기거래에 해당하지 아니한다. 이는 A백화점이 B백화점의 완전모회사였다고 하여도 마찬가지이다.[1363]

(5) 승인

1) 승인기관 및 요건

이사가 회사기회를 유용하기 위하여는 이사회의 승인을 얻어야 한다. 자본금이 10억원 미만인 소규모회사에서는 주주총회의 보통결의로 승인한다(제383조 제4항). 이사회의 승인요건은 '이사 3분의 2 이상'의 수로써 하여야 한다(제397조의 2 제1항 후단). '이사 3분의 2 이상'은 재적이사 중에서 특별이해관계가 있어 결의에 참석할 수 없는 이사(제391조 제3항·제368조 제3항)를 제외한 나머지 재적이사의 3분의

1361) 대법원 2013. 9. 12. 선고 2011다57869.
1362) 대법원 2017. 9. 12. 선고 2015다70044; 2013. 9. 12. 선고 2011다57869.
1363) 대법원 2013. 9. 12. 선고 2011다57869.

2 이상을 뜻한다. 통상의 이사회결의(제391조)보다 결의요건이 엄격하다. 이사의 기회유용이 회사에 미치는 위험성이 그만큼 크다는 뜻이다.

2) 승인시기 : 사후승인(추인)의 인정 여부

이사회의 승인은 事前承認을 뜻한다고 해석한다. 그 이유는 경업금지에서 설명한 바와 같다. 판례에 대한 해석도 변함이 없다.

3) 승인의 유형

경업금지와는 달리 이사회는 각각의 회사기회를 개별적으로 검토하여 승인 여부를 결정하여야 하고 포괄적인 승인은 인정될 수 없다. 경업거래와 달리 그 결과를 예측하기 어렵고, 회사가 직접 사업을 영위하는 것도 아니기 때문이다.

4) 중요한 사실의 개시

이사는 이사회의 승인을 얻고자 하는 경우 기회유용의 대상이 되는 사업의 중요한 사실과 회사와의 이해상반가능성을 알려야 한다. 이는 이사와 회사 사이의 이익상반거래가 비밀리에 행해지는 것을 방지하고 그 거래의 공정성을 확보함과 아울러 이사회에 의한 적정한 직무감독권의 행사를 보장하기 위함이다.[1364]

5) 승인의 효과

경업금지에서 설명한 바와 같이 이사회의 事前承認은 이사의 회사기회유용의 절차적 위법성을 조각하는 효과가 있을 뿐이다. 따라서 이사회의 승인을 얻더라도 이사의 회사에 대한 책임이 완전히 면제되는 것은 아니다. 그리하여 기회유용으로 인하여 회사에 손해가 발생하면, 기회유용행위로 말미암아 회사의 임무를 게을리한 이사는 그 책임을 면할 수 없다(제399조 제1항). 그 승인결의에 찬성한 이사들도 연대하여 손해배상책임을 진다(제399조 제2항).

(6) 위반의 효력

1) 사법상 효력

가) 문제의 제기   이사회의 승인 없는 이사의 자기거래의 효력에 대하여는 유효설, 무효설, 상대적 무효설로 나뉘지만, 통설과 판례는 상대적 무효설을 취하고 있다(상세한 내용은 자기거래에서 후술함).[1365] 이에 반하여 경업금지규정에 위반한 거래는 유효하다고 본다(이설 없음). 그리하여 이사회의 승인 없는 회사기회의 유용

1364) 同旨 대법원 2007. 5. 10. 선고 2005다4284.
1365) 대법원 2012. 12. 27. 선고 2011다67651; 1973. 10. 31. 선고 73다954.

의 효과에 대하여 견해가 나뉜다.

나) 학설

① 상대적 무효설

이 학설은 회사의 기회유용금지규정에 위반한 거래의 사법상의 효력은 자기거래의 경우와 같다고 한다. 그리하여 이사회의 승인이 없는 이사의 기회유용금지규정에 위반한 거래는 회사와 이사간에는 무효이나, 선의의 제3자와의 사이에는 유효하다고 본다.

② 유효설

이 학설은 이사회의 승인 없는 회사기회의 이용은 경업과 같이 다룬다. 자기거래의 경우는 회사가 거래당사자가 되기 때문에 이사회의 승인 없는 자기거래는 회사의 업무집행방법에 하자가 있는 것이고, 이는 거래의 하자를 구성하기 때문이다. 이에 비하여 경업은 이사의 거래로 인한 이득귀속의 문제에 그치고 거래당사자에게는 거래의 효력을 좌우할 흠이 없다고 본다(통설).1366)

다) 사견   이사회의 승인 없이 이사가 회사기회를 이용한 거래 그 자체는 경업의 경우와 같이 유효하다. 회사가 거래상대방이 아니고 이사회의 승인이 없다는 하자는 거래상대방인 제3자와는 무관하기 때문이다. 거래상대방이 악의, 즉 위반사실을 알고 있어도 같다(유효설).

2) 책임의 추궁

이사가 회사기회를 이용하였더라도 그 사법상의 효력은 유효하고, 회사에 손해가 발생하지 아니하면 회사는 손해배상책임을 물을 수는 없다. 그러나 다른 효과는 주장할 수 있다. 따라서 회사는 주주총회에서 이사를 해임하거나(제385조), 발행주식총수의 100분의 3 이상의 소수주주의 이사해임청구에 의하여 이사를 해임할 수 있다(제385조 제2항). 다만, 경업금지규정에 위반한 경우와는 달리 개입권은 행사할 수 없다.

3) 손해배상책임

가) 책임의 주체   제397조의 2 제1항에 위반하여 회사에 '손해를 발생시킨 이사' 및 '승인한 이사'는 연대하여 손해배상책임을 진다. 따라서 이사회의 승인

1366) 이철송(2024), 801면; 송옥렬(2022), 1080면; 최준선(2024), 536면; 정찬형(2022), 1059면; 김·노·천(2024), 479면; 홍·박(2021), 506면; 장덕조(2023), 374면; 권기범(2021), 886면.

없이 회사기회를 이용하여 회사에 손해를 입힌 경우에 책임을 지는 이사는 ① 회사에 '손해를 발생시킨 이사' 및 ② '승인한 이사'이다.

나) 일부면제규정의 적용 여부　회사는 정관으로 정하는 바에 따라 제399조에 따른 이사의 책임을 이사가 그 행위를 한 날 이전 최근 1년간의 보수액(상여금과 주식매수선택권의 행사로 인한 이익 등을 포함한다)의 6배(사외이사의 경우는 3배)를 초과하는 금액에 대하여 면제할 수 있다. 그러나 이사가 고의 또는 중대한 과실로 손해를 발생시킨 경우와 제397조(경업금지)·제398조(자기거래)는 물론 제397조의 2(회사기회유용금지)에 해당하는 경우에는 일부면제를 할 수 없다(제400조 제2항).

다) 손해액의 추정(입증책임의 전환)　이사회의 승인 없는 회사기회유용으로 인하여 이사 또는 제3자가 얻은 이익은 회사의 손해로 추정한다(제397조의 2 제2항). 이사의 행위로 인하여 회사가 입은 손해에 대한 증명책임은 이사의 책임을 추궁하는 자가 부담하는 것이 원칙이다. 그러나 회사기회의 유용으로 인하여 회사에게 발생한 손해는 계량하기 어렵고 이론적으로는 회사의 逸失利益이므로 그 입증이 쉽지 않다. 이 규정은 이를 고려한 것이다. 그리고 손해액의 추정규정은 사실상 개입권행사의 효과를 가진다고 볼 수 있다. 또한 회사가 입증책임을 면한다는 점에서 제399조의 일반 책임규정보다 실익이 있다.

한편 이사는 자신 또는 제3자의 이익이 회사의 손실과 무관하거나, 이익이 없음을 증명하여 책임을 면할 수 있다.

(7) 경영권승계와 기회유용금지

회사가 주식매매를 할 수 있는 사업기회를 포기하고 이를 승계자인 이사에게 이용하게 한 경우 이사의 기회유용금지의무위반에 해당하는지 문제될 수 있다. 그러나 이사회의 승인아래 주식매매가 이루어졌고, 그 의사결정과정에서 '충분한 정보'를 수집·분석하고, '절차적 정당성'이 확보된 후, 회사가 그 사업기회를 포기하거나 이사가 그것을 이용할 수 있도록 승인하였다면 그 의사결정과정에 현저한 불합리가 없는 한 이사들의 경영판단은 존중되어야 한다. 그리하여 이사가 회사기회(주식매매)를 이용하였더라도 그 이사나 이사회의 승인결의에 참여한 이사들이 선관주의의무 또는 충실의무를 위반하였다고 할 수 없다.[1367]

1367) 대법원 2017. 9. 12. 선고 2015다70044; 2013. 9. 12. 선고 2011다57869.

(8) 퇴임이사의 기회유용금지특약

퇴임이사가 회사기회를 유용하는 것은 비밀유지의무(제382조의 4)에 반하므로 원칙적으로 금지된다. 그리고 퇴임이사가 재직 중에 알게 된 회사의 사업기회를 이용하는 때에는 不正競爭防止法에 반한다(동법 제2조). 다만, 이사와 회사간에 체결되는 퇴임이사의 기회유용금지특약은 경업금지에서 설명한 바와 같이 직업선택의 자유와 연관되므로 제반사정을 고려하여 그 유효성 여부를 판단하여야 한다.

4. 이사 등의 자기거래의 제한

(1) 의의 및 취지

自己去來란 이사 등이 회사를 상대방으로 하여 자기 또는 제3자의 계산으로 하는 거래를 말한다(제398조). 이사 등이 회사와 거래한다면 자기 또는 제3자의 이익을 위하여 회사에 손해를 입힐 수 있는 不公正한 去來를 할 수 있다. 즉 自己去來를 회사재산을 흡인해 가는 수단으로 활용함으로써 다른 주주들의 배당기회와 회사채권자의 담보재산을 탈취하는 비행도 가능하다. 그리하여 우리나라는 물론 주요국은 자기거래를 제한함으로써 회사재산의 건전성을 유지하여 주주와 채권자를 보호하고 있다(예: 영국의 2006년 회사법 제190조·196조.[1368] 일본회사법 제356조[1369])).

나아가 2011년 개정상법은 자기거래제한의 대상을 이사 이외에도 주요주주 및 이들의 직계존비속 등으로 확대하는 한편, 이사회의 결의요건을 명확히 하였다.

(2) 자기거래제한의 대상

1) 거래의 주체

자기거래제한의 대상은 이사, 주요주주 및 그들의 특수관계인이다. 이를 분설하면 다음과 같다.

가) 이사 및 그 범위　　이사는 거래당시에 ① 이사 및, ② 이에 준하는 자를 뜻한다(제398조 제1호).[1370] ①에는 상근·비상근이사는 물론 퇴임이사·일시이사(제386조)도 해당된다. ②에는 법원의 가처분에 의하여 선임된 직무대행자(제407조 제1항), 집행임원(제408조의 9·제398조) 또는 청산인(제542조 제2항·제398조) 등이 해당된다.

1368) Mayson·French·Ryon(2021), pp.495－497; Sarah Worthington·Sinéad Agnew(2022), pp.465－466; Saleem Sheikh(2022), pp.181－182.
1369) 龍田 節·前田雅弘(2017), 80－87面.
1370) 대법원 1988. 9. 13. 선고 88다카9098.

다만, 이사의 지위에서 물러난 이사[1371] 또는 실질적으로 회사의 사장이지만 이사가 아닌 자[1372]는 이에 해당하지 아니한다. 같은 논리로 업무집행지시자, 무권대행자 또는 표현이사도 제398조의 이사가 아니다(제401조의 2 참조).

나) 주요주주

① 문제의 제기

2011년 개정상법은 이사에 한정되었던 자기거래제한 대상의 범위를 확대하여 주요주주도 그 범위에 포섭하고 있다(제398조 제1호). 그런데 상법상 주요주주의 개념은 상장회사의 특례규정에 명시되어 있는데, ① 명의를 불문하고 자기의 계산으로 의결권 없는 주식을 제외한 발행주식총수의 100분의 10 이상의 주식을 소유하거나, ② 이사·감사의 선임과 해임 등 상장회사의 주요 경영사항에 대하여 사실상의 영향력을 행사하는 주주를 말한다(제542조의 8 제2항 제6호). 그리하여 제398조에서 뜻하는 주요주주 역시 상장회사의 주요주주에 한정되는지에 대하여 이론이 있다. 이는 특수관계인의 범위와도 직결되는 문제이기도 하다(제398조 제2호 내지 제5호 참조).

② 학설

ㄱ. 한정긍정설 : 이 학설은 법문상 자기거래제한에 해당하는 주요주주는 '제542조의 8 제2항 제6호'에 따른 주요주주이므로 상장회사의 주요주주만이 해당한다고 본다(소수설).[1373]

ㄴ. 한정부정설 : 제542조의 8 제2항 제6호는 개정의 취지를 고려하면 주요주주의 개념을 가져오기 위한 준용에 불과하므로 상장회사와 비상장회사의 주요주주를 차별할 이유가 없다고 한다(다수설).[1374]

ㄷ. 사견 : 2011년 개정법의 입법취지는 상장 여부를 불문하고, 계열사간 거래에서 주요주주의 영향력행사로 인한 불공정한 거래를 차단하는 데에 있다. 그러므로 비상장회사의 주요주주는 물론 법인인 주요주주도 포함된다고 본다(限定否

1371) 대법원 1988. 9. 13. 선고 88다카9098.
1372) 대법원 1981. 4. 14. 선고 80다2950.
1373) 최준선(2024), 540면.
1374) 장덕조(2023), 376면; 송옥렬(2022), 1064면; 이철송(2024), 806면; 정찬형(2022), 1061면 각주4); 홍·박(2021), 510면; 권기범(2021), 888면; 김·노·천(2024), 450면; 법무부(2012), 232면; 임재연(2019 Ⅱ), 496면.

定說). 입법적 보완이 요구된다.

다) 특수관계인   2011년 개정상법은 이사와 주요주주의 직계존비속 등도 자기거래의 제한주체에 포함시키고 있다(제398조). 이 내용을 분설하면 다음과 같다. 우선, 이사 또는 주요주주(제1호).

둘째, 제1호의 자의 배우자 및 직계존비속(제2호). 이에 해당하는 거래주체는 이사 또는 주요주주의 孫子孫女, 子女, 父母 또는 曾祖父母 등의 경우와 같다.

셋째, 제1호의 자의 배우자의 직계존비속(제3호). 이에 해당하는 거래주체는 이사 또는 주요주주의 배우자의 부모(예: 장인, 장모, 시부모) 혹은 배우자의 前婚關係에서 출생한 자녀 등의 경우와 같다.

넷째, 제1호부터 제3호까지의 자가 단독 또는 공동으로 의결권 있는 발행주식총수의 100분의 50 이상을 가진 회사 및 그 자회사(제4호). 이에 해당하는 거래주체는 다양하다. 예를 들면, ① 주요주주의 장인 또는 장모가 단독 혹은 공동으로 의결권 발행주식총수의 100분의 50 이상을 가진 회사(모회사 A) 및 그 자회사(회사 B), ② 이사의 배우자 또는 배우자의 前婚關係에서 출생한 자가 단독 또는 공동으로 의결권 있는 발행주식총수의 100분의 50 이상을 가진 회사(모회사 C) 및 그 자회사(회사 D) 등의 경우와 같다.

다섯째, 제1호부터 제3호까지의 자가 제4호의 회사와 합하여 의결권 있는 발행주식총수의 100분의 50 이상을 가진 회사(동조 제5호) 등이 그에 해당한다. 이에 해당하는 거래주체 역시 다양하다. 예를 들면, ① 이사와 회사 A가 합하여 의결권 있는 발행주식총수의 100분의 50 이상을 가진 회사(회사 E), ② 주요주주가 회사 D와 합하여 의결권 있는 발행주식총수의 100분의 50 이상을 가진 회사(회사 F) 등의 경우와 같다. 개인회사는 제4호와 제5호의 내용에 속한다.

2) 자기 또는 제3자의 계산

가) 유형   이사 등의 자기거래는 '自己 또는 제3자의 계산으로' 하는 경우에 금지된다. 따라서 회사의 거래상대방의 명의는 묻지 아니하고, 경제적 이익의 주체가 '이사 등 또는 제3자'이면 족하다. 이사가 제3자에게 위탁하여 회사와 거래를 하는 것은 자기의 계산으로 하는 거래이다.

이사가 제3자의 대리인이나 대표자로서, 제3자의 위탁을 받아 회사와 하는 거래는 제3자의 계산으로 하는 거래이다.[1375] 이사가 제3자와 회사의 (금전)거래를

중개하는 것 역시 마찬가지이다.[1375)

　나) 겸임이사　　2011년 개정상법이 자기거래제한의 대상을 이사, 주요주주 및 그 특수관계인으로 열거하고 있어서 2개 이상의 이사를 겸하는 兼任理事의 자기거래는 규제의 대상이 아니라고 볼 수 있으나, 입법취지상 겸임이사도 포함하여야 한다고 본다. 그리하여 A회사의 대표이사가 아닌 이사 甲이 B회사의 이사를 겸하고 있는 경우 회사 A와 B가 거래를 하면 自己去來에 해당한다. 그리고 회사 A와 B의 대표이사를 겸하고 있는 甲이 회사 A와 B간의 계약을 체결하면 쌍방에 대하여 自己去來가 된다. 이 때문에 양 회사를 대표하여 어느 일방회사에 불리한 내용의 협약을 체결하려면 그 불리한 입장에 있는 회사의 이사회의 승인을 받아야 한다.[1377) 또 甲이 회사 A의 대표이사와 회사 B의 이사를 겸하고 있는 경우 甲이 회사 A를 대표하여 B와 계약(예: 연대보증계약)을 체결하면 B 회사에 대하여는 당연히 自己去來가 되고, A회사에 대하여도 自己去來가 된다.[1378) 結託去來의 가능성이 있기 때문이다.

　한편 주식회사(A)의 이사(甲)가 비영리법인(예: 사립학교법인 B), 공익법인 또는 정부기관의 장을 겸하고 이러한 기관과 회사가 거래하는 때에도 자기거래에 해당할 수 있다.[1379) 예를 들면, 甲이 A의 계산으로 B에게 매년 기부를 하는 때에는 A의 자기거래에 해당한다. 같은 논리로 형식상 전혀 별개의 법인(예: 택시운송사업조합 vs. 개인택시주식회사) 대표를 겸하고 있는 자가 양쪽 법인을 대표하여 계약을 체결하는 경우에도 마찬가지이다.[1380) 이사의 개인적 이익과 법인의 이익이 충돌할 염려가 있기 때문이다.

3) 직접거래와 간접거래

　가) 직접거래　　자기거래에 있어서의 직접거래는 이사·주요주주 또는 이들의 특수관계인이 직접 자기 또는 제3자(예: 다른 회사)의 이익을 위하여 회사의 직접 상대방이 되는 거래를 말한다. 이사가 제3자로부터 위탁을 받거나, 제3자의 대리

1375) 대법원 2017. 9. 12. 선고 2015다70044.
1376) 이철송(2024), 806면; 대법원 1994. 10. 11. 선고 94다24626; 반대 권기범(2021), 889면. 이사의 충실의무위반으로 해결하여야 한다는 견해를 피력한다.
1377) 대법원 1996. 5. 28. 선고 95다12101·12118; 1969. 11. 11. 선고 69다1374.
1378) 서울지법 1996. 8. 20. 선고 96나2858.
1379) 대법원 2007. 5. 10. 선고 2005다4284.
1380) 대법원 2013. 11. 28. 선고 2010다91831.

인 또는 대표자로서 회사의 직접 상대방이 되는 거래도 직접거래이다. 직접거래의 대표적인 예로서는 이사가 회사로부터 재산을 양수하거나 금전의 貸付를 받는 거래 혹은 그 반대의 거래를 들 수 있다.

그러나 A회사의 이사 甲이 대표이사를 겸하고 있는 B회사와 거래를 할지라도 甲 이외의 대표이사 乙이 B회사를 대표하는 때에는 A회사에 대한 자기거래에 해당하지 아니하므로 A회사의 승인은 불필요하다고 해석한다.

나) 간접거래   자기거래에 있어서의 간접거래는 외형적으로는 회사와 제3자간의 거래이지만, 그 거래로 인한 결과적인 이득이 이사에게 귀속되는 거래를 말한다. 예를 들면, 회사가 이사의 채권자와 이사의 채무에 대하여 (連帶)保證, 物上保證 또는 債務를 引受하는 契約을 체결하는 것과 같다.[1381] 그리고 A회사 및 B회사의 대표이사를 겸하는 甲이 A회사를 대표하여 B회사의 채무를 보증하면 甲과 A회사간에는 자기거래가 성립한다.[1382] 따라서 이 경우에는 A회사의 이사회의 승인을 얻어야 하는데, 이사의 채무보증으로 불리한 입장에 처하게 되는 회사가 A이기 때문이다.

간접거래일지라도 일방당사자는 거래당사자인 이사 등과 제398조의 관계에 있는 회사이어야 한다. 예를 들면, 자회사가 모회사의 이사와 거래(예: 제3자배정방식에 의한 신주발행·인수)를 한 경우에는 설령 모회사가 완전모회사일지라도 모회사의 이사와 자회사의 거래는 모회사와의 관계에서 자기거래에 해당하지 아니한다. 그리하여 해당이사는 그 거래에 관하여 모회사 이사회의 승인을 받아야 하는 것은 아니다.[1383] 이에 비하여 어느 회사(A)의 이사(甲)가 모든 주식을 보유하고 있는 다른 회사(B)의 채무를 보증하는 회사(A)의 행위는 제398조가 규제하는 간접거래에 해당한다고 해석한다.

4) 거래의 의미

제398조의 '去來'는 이사 등과 회사간 모든 재산상의 법률행위를 말한다. 따라서 채권계약·물권계약은 물론 회사의 이사 등에 대한 채무면제 같은 단독행위도 포함된다. 단독행위에는 保險契約者·保險金受取人을 회사로 하고 피보험자를 이사로 하는 生命保險契約에서 보험금수취인을 이사의 배우자로 變更하는 계

1381) 대법원 1973. 10. 31. 선고 73다954.
1382) 대법원 1984. 12. 11. 선고 84다카1591.
1383) 대법원 2013. 9. 12. 선고 2011다57869.

약도 포함된다고 본다. 그리고 회사가 이사를 상대로 하는 채권의 양도, 채무승인, 사무관리, 특허권·저작권 등 무체재산권의 양도, 광업권·어업권 등의 양도와 같은 準法律行爲도 포함한다.

한편 使用人兼務理事가 사용인으로서 받는 보수가 주주총회 또는 정관으로 정하는 보수(제388조)에 포함되는지에 대하여는 包含說과 不包含說이 대립하는데, 包含說을 취하는 결과 사용인분의 급여를 별도로 지급하는 행위는 자기거래에 해당한다고 해석한다.

(3) 자기거래의 제한범위

1) 의의

제398조의 '자기거래'는 이사 등과 회사간의 재산상의 법률행위로서 회사의 이익을 해하는 거래를 뜻한다. 그러므로 거래의 성질상 회사의 이익을 해할 염려가 없는 거래 등은 그 범위에 포함되지 아니한다. 이를 분설하면 다음과 같다.

2) 거래의 성질에 따른 제한

거래의 성질상 이사와 회사간의 이해충돌의 우려가 없는 거래는 이사회의 승인을 요하지 아니한다. 전형적인 예로는 이사의 회사에 대한 무상증여, 상계, 채무의 이행 또는 약관에 의하여 정형적으로 체결되는 거래(예: 전기·가스 등의 공급계약, 항공기·선박 등의 운송계약 또는 보험계약) 등을 들 수 있다. 자기거래가 법령이나 주주총회의 결의를 집행하기 위한 것으로서 이사 등의 재량의 여지가 없는 거래는 이사 등에게 새로운 이득을 발생시키지 아니하므로 이사회의 승인을 요하지 아니한다. 예를 들면, 회사가 이사를 피보험자 및 수익자로 하는 회사명의의 퇴직보험에 가입한 행위는 주주총회의 결의에 의하여 결정된 임원의 보수를 지급하기 위한 수단에 불과하고, 퇴직금지급시기까지는 이사에게 직접적인 이득을 발생시키지 아니하므로 이사회의 승인을 얻을 필요가 없다.[1384]

그러나 회사의 이사에 대한 증여, 상계, 채무의 이행 또는 약관에 의하여 정형적으로 체결되는 거래(예: 은행의 自行理事에 대한 대출)는 개별적·구체적 검토의 결과 이사회의 승인을 요할 수도 있다.

1384) 이철송(2024), 808면; 대법원 2010. 3. 11. 선고 2007다71271.

3) 회사에 불이익이 생길 염려가 없는 거래

여기에 해당하는 ① 기존 채무의 조건을 회사에게 유리하게 변경하는 행위, ② 이사가 회사에 대한 무이자·무담보의 자금대여,[1385] ③ 회사명의의 명의신탁 관계의 해지,[1386] ④ 회사채무의 보증과 같이 행위의 객관적 성질로 보아 회사에 불이익이 생길 염려가 없는 거래는 자기거래에 해당하지 아니하므로 이사회승인을 요하지 아니한다.[1387]

4) 1인주주인 이사의 거래

가) 문제의 제기   1人주주인 이사와 회사간의 거래시 이사회의 승인이 필요한지에 대하여는 1인회사에서 기술한 바와 같이 承認必要說과 承認不要說이 대립한다. 주주 전원이 동의한 경우에도 동일한 문제가 발생한다.

나) 학설   승인불요설은 자기거래로 인하여 침해되는 이익은 전체주주의 이익에 국한되며, 이사에게 채권자의 이익을 고려할 의무는 없다고 한다.[1388] 승인필요설은 회사의 재산은 주주뿐만이 아니라 회사채권자의 책임재산이 되므로 총주주 또는 1人株主인 理事라 하더라도 제398조의 예외가 되지 않는다고 본다(私見支持).[1389] 다만, 1인주주 겸 1인이사만이 존재하는 회사는 제398조의 예외가 된다고 본다.

다) 판례   판례는 승인불요설을 취하고 있다. 총주주의 동의가 있는 경우에도 마찬가지이다.[1390] 다만, 총주주의 동의로 이사의 회사에 대한 책임(제399조)이 면제되더라도 불법행위로 인한 손해배상청구권까지 소멸하는 것은 아니다.[1391]

5) 어음행위

가) 문제의 제기   회사가 ① 이사에게 約束어음을 발행하거나, ② 이사가 발행한 어음에 背書 또는 그 어음을 引受하는 행위도 제398조의 거래에 포함되어 이사회의 승인을 요하는지에 대하여 견해가 나뉜다.

1385) 대법원 2010. 1. 14. 선고 2009다55808.
1386) 서울지법 1992. 12. 22 선고 91가합1139.
1387) 대법원 2013. 9. 12. 선고 2011다57869; 2010. 3. 11. 선고 2007다71271.
1388) 송옥렬(2022), 1069면; 김·노·천(2024), 455면; 최기원(2012), 675-676면; 정동윤(2012), 635면; 최준선(2024), 546면.
1389) 이철송(2024), 810면; 정찬형(2022), 1066면; 홍·박(2021), 525면; 권기범(2021), 897면; 정경영(2022), 675면.
1390) 대법원 2007. 5. 10. 선고 2005다4284; 1992. 3. 31. 선고 91다16310.
1391) 대법원 1989. 1. 31. 선고 87누760.

나) 학설

① 긍정설

이 학설은 어음행위는 원인관계와는 다른 새로운 채무를 발생시키고, 항변의 절단·입증책임의 전환·채무의 독립성 등으로 어음행위자에게 더욱 엄격한 책임이 따르는 거래이므로 이사회의 승인을 요한다고 본다(통설).[1392)

② 부정설

이 학설은 어음행위는 거래의 결제수단에 불과하여 성질상 이해충돌이 있을 수 없기 때문에 원인관계에 대하여 이사회의 승인을 얻으면 새롭게 승인을 얻을 필요가 없다고 본다.[1393)

다) 판례   대법원은 약속어음의 발행에 관하여는 제398조에 의하여 회사의 이사회의 승인이 있어야 함을 확인하고 있다.[1394) 그리고 대표이사 개인의 연대보증채무를 담보하기 위하여 대표이사 본인 앞으로 약속어음을 발행할 때에는 그 어음의 발행에 관하여 회사의 이사회의 승인이 있어야 한다고 판시하고 있다(긍정설).[1395)

라) 사견   어음채무는 원인채무와는 독립적이고 별개의 채무이다. 그리고 어음이 亂發되면 회사가 부도처리될 수 있고, 거래정지처분의 불이익을 입을 수 있다. 이 때문에 회사가 이사를 상대로 하는 어음행위나 이사가 발행한 換어음의 引受人이 되는 행위 등은 이해충돌을 일으키는 거래로써 이사회의 승인을 요한다(肯定說).

(4) 이사회의 승인

1) 의의

이사 등의 자기거래는 회사와 이해충돌이 생길 염려가 없는 거래를 제외하고 모두 이사회의 승인을 요한다. 그리하여 상법은 이사회의 승인시기, 승인결의요건, 결의방법, 거래의 공정성 및 사전정보 개시의무에 대한 규정을 두고 있다.

1392) 이철송(2024), 810면; 최준선(2024), 543면; 최기원(2012), 674면; 장덕조(2023), 380면; 김홍기(2022), 621면.
1393) 서·정(1999), 446면.
1394) 대법원 1966. 9. 6. 선고 66다1146.
1395) 대법원 2004. 3. 25. 선고 2003다64688; 1994. 10. 11. 선고 94다24626.

2) 승인기관

가) 이사회　　자기거래의 승인기관은 이사회이다. 다만, 이사가 1인 또는 2인만 있는 소규모회사는 주주총회의 결의로 갈음한다(제383조 제4항).

나) 주주총회의 가부

① 문제의 제기

기술한 바와 같이 이사회의 승인을 1인회사의 1인주주 또는 총주주의 동의로 갈음할 수 있는지에 대하여는 견해가 나뉜다. 나아가 정관의 규정으로 주주총회의 결의사항으로 할 수 있는지에 대하여도 입장이 나뉜다.

② 학설

肯定說은 주주총회의 최고기관성 및 권한배분의 자율성(제361조 참조)을 근거로 이를 인정한다. 그리고 자기거래로 인하여 보호되어야 할 이익은 주주의 이익이라는 사고도 같이한다.[1396] 否定說은 제398조에는 제416조 단서와 같은 유보조항[1397]이 없으며, 부당하게 이루어진 이사회의 승인에 대하여는 책임을 추궁할 수 있으나(제399조 제2항), 주주총회의 승인에 대하여는 책임추궁이 불가능하다는 점을 근거로 한다. 또 자기거래의 제한은 자본충실의 동기에서 나온 제도로서 회사채권자 보호기능도 수행한다고 본다.[1398]

③ 판례

판례는 특별한 사정이 있는 경우, 즉 '총주주의 동의' 또는 '정관에 주주총회의 권한사항으로 정해져 있는 경우'는 주주총회의 권한사항으로 할 수 있다고 한다(긍정설).[1399] 다만, 1인회사가 아닌 회사에서는 주주총회의 의결정족수를 충족

1396) 송옥렬(2022), 1069면; 김·노·천(2024), 456면; 최기원(2012), 675면; 김정호(2023), 549면; 최준선(2024), 545-546면.

1397) 제416조(발행사항의 결정) 회사가 그 성립 후에 주식을 발행하는 경우에는 다음의 사항으로서 정관에 규정이 없는 것은 이사회가 결정한다. 다만, 이 법에 다른 규정이 있거나 정관으로 주주총회에서 결정하기로 정한 경우에는 그러하지 아니하다. 1. 신주의 종류와 수. 2. 신주의 발행가액과 납입기일. 2의2. 무액면주식의 경우에는 신주의 발행가액 중 자본금으로 계상하는 금액. 3. 신주의 인수방법. 4. 현물출자를 하는 자의 성명과 그 목적인 재산의 종류, 수량, 가액과 이에 대하여 부여할 주식의 종류와 수. 5. 주주가 가지는 신주인수권을 양도할 수 있는 것에 관한 사항. 6. 주주의 청구가 있는 때에만 신주인수권증서를 발행한다는 것과 그 청구기간.

1398) 이철송(2024), 811면; 정찬형(2022), 1066면; 박상조(2000), 638면; 장덕조(2023), 382면; 이종훈(2021), 245면; 권기범(2022), 897면.

하는 주식(예: 65%)을 가진 주주들이 동의하거나 승인하였다 사정만으로는 총회의 승인결의를 생략할 수 없다고 한다.[1400]

④ 사견

자기거래로 인하여 보호받아야 할 이익은 채권자를 포함한 회사의 이익이다. 그리고 제398조에는 유보조항이 없다. 또한 자기거래의 이사회결의요건을 강화하여 이사들의 배임행위를 사전에 차단하고자 하는 입법취지를 고려하더라도 이사회의 승인을 주주총회의 결의로 대체할 수 없다(부정설).

3) 승인시기

이사회의 승인은 거래의 사전에 하여야 한다. 2011년 개정 전에는 事後追認이 가능하다는 학설과 판례가 있었으나,[1401] 제398조에서 '미리' 승인을 받도록 명시하였다. 따라서 이사회의 사후승인은 허용되지 아니하므로 사후승인을 받았다고 하여 무효인 거래가 유효로 되지는 아니한다.[1402]

4) 승인결의요건

이사회의 승인은 재적이사 3분의 2 이상의 찬성을 얻어야 한다. 거래당사자인 이사는 특별한 이해관계가 있는 자이므로 의결권을 행사하지 못한다(제391조 제3항·제368조 제3항). 自己去來에 관한 승인은 성질상 대표이사에게 위임할 수 없다.

5) 승인방법 : 포괄승인의 허부

자기거래에 관한 이사회의 승인은 개개의 거래에 관하여 개별적으로 이루어져야 하는 것이 원칙이다. 이 때문에 일정금액·일정종류의 거래를 포괄적으로 승인하는 것은 허용되지 아니한다. 다만, 관련회사간의 거래와 같이 반복적이고 계속적인 동종·동형의 거래에 대하여는 거래의 종류·수량·기간·금액의 한도 등을 합리적으로 정하여 包括承認할 수 있다(이설 없음). 예를 들면, 회사(A)의 이사(甲)가 다른 회사(B)의 대표이사를 겸임하고, 다른 회사(B)를 대표하여 회사(A)와 거래를 하는 때에는 거래의 종류·기간·금액의 한도 등을 開示하여 사전에 승인을 얻으면, 개개의 거래마다의 승인을 요하지 아니한다. 특히 2011년 개정으로 기업집단 내의 계열사간 거래가 자기거래에 포함되었기 때문에 포괄승인의 방법

1399) 대법원 2020. 7. 9. 선고 2019다205398; 2007. 5. 10. 선고 2005다4284.
1400) 대법원 2020. 7. 9. 선고 2019다205398; 同旨 2020. 6. 4. 선고 2016다241515·24152.
1401) 대법원 2007. 5. 10. 선고 2005다4284.
1402) 대법원 2023. 6. 29. 선고 2021다291712; 2020. 7. 9. 선고 2019다205398.

이 중요하게 되었다.

6) 사전에 중요한 사실의 개시

가) 취지 및 내용   이사 등은 이사회의 승인을 얻고자 하는 경우 자기거래에 관한 중요한 사실과 회사와의 이해상반가능성을 알려야 한다(제398조 제1항). 이는 종래의 학설과 판례1403)에서 해석상 인정되던 것을 2011년 개정시 명문화한 것이다. 그 취지는 이사와 회사 사이의 다른 유형의 이해상반거래의 경우와 같다.

開示義務에 해당하는 중요한 사실은 상장회사의 특례규정을 유추적용할 수 있다고 본다. 그리하여 ① 자기거래의 목적, ② 상대방, ③ 거래의 내용, ④ 날짜, 기간 및 조건, ⑤ 해당사업연도 중 거래상대방과의 거래유형별 총거래금액 및 거래잔액 등이 그 내용에 해당한다(제542조의 9 제4항·시행령 제35조 제8항·제398조 제1항). 만일 중요한 사항들이 이사회에 개시되지 아니한 채 그 거래가 이익상반거래로서 공정한 것인지 여부가 심의된 것이 아니라 통상의 거래로서 이를 허용하는 이사회의 결의가 이루어지는 때에는 제398조상 이사회의 승인이 있다고 할 수는 없다.1404)

나) 예외   상장회사는 회사의 업종에 따른 일상적인 거래로서 ① 약관에 따라 정형화된 거래로서 대통령령으로 정하는 거래. 이는 약관규제법 제2조 제1호의 약관에 따라 이루어지는 거래를 말한다. ② 이사회에서 승인한 거래총액의 범위 안에서 이행하는 거래에 대하여는 이사회의 승인을 받지 아니할 수 있는데, 이 역시 제398조의 자기거래에 유추적용될 수 있다고 본다(제542조의 9 제5항·시행령 제35조 제9항).

7) 거래의 공정성

자기거래의 내용과 절차는 공정하여야 한다(제398조). 그리하여 이사회의 승인이 있었더라도 거래의 내용과 절차가 不公正하면, 이사회의 승인결의는 무효라고 해야 한다. 그리고 이사회의 승인결의가 있더라도 거래가 불공정할 때에는 자기거래를 한 이사는 회사에 대하여 손해배상책임을 지며, 그 결의에 찬성한 이사는 연대책임을 진다. 그리고 그 결의에 참가한 이사로서 이의를 한 기재가 없는 자는 찬성한 것으로 추정한다(제399조). 다만, 거래의 공정성을 판단함에 있어서는 이사회가 '충분한 정보'와 '절차적 정당성'이 확보되어 있다면 그 결과는 경

1403) 同旨 대법원 2007. 5. 10. 선고 2005다4284.
1404) 대법원 2023. 6. 29. 선고 2021다291712; 2007. 5. 10. 선고 2005다4284.

영상판단으로 볼 수 있다.1405)

한편 제398조 제2호 내지 제5호에 열거된 책임주체들은 회사와 불공정한 거래를 하더라도 회사법상 배상책임을 물을 근거가 없다. 때문에 '거래의 공정성' 요건은 이사의 자기거래에 대하여만 의미가 있다. 다만, 주요주주가 업무집행지시자에 해당하는 때에는 제401조의 2에 의거하여 제399조의 책임을 질 수 있다.

(5) 이사회의 승인과 이사의 책임

이사회의 승인은 이사 등의 자기거래의 제한을 해제하기 위한 요건에 불과하므로 그 거래로 인한 이사의 책임이 면제되는 것은 아니다. 따라서 이사회의 승인을 얻어 거래한 결과 회사가 손해를 입게 되는 때에는 회사에 대하여 손해배상책임을 지며, 그 승인결의에 찬성한 이사도 연대하여 책임을 진다. 그리고 그 결의에 참가한 이사로서 이의를 한 기재가 없는 자는 찬성한 것으로 추정한다(제399조). 다만, 소규모회사에서 주주총회의 승인결의에 참가한 주주는 책임을 부담하지 아니한다.

판례 역시 대표이사가 개인적인 용도로 사용할 목적으로 회사명의의 수표를 발행하거나 타인이 발행한 약속어음에 회사명의의 배서를 한 결과 회사에 손해를 입힌 때에는 제398조에 의한 이사회의 승인 여부에도 불구하고, 제399조상의 손해배상청구책임은 물론 대표권남용으로 인한 불법행위책임도 진다고 한다.1406)

(6) 위반의 효과
1) 위반거래의 사법상의 효력

가) 문제의 제기　자기거래가 사전에 이사회의 승인을 얻지 아니하거나 개시의무를 위반하여 이사회의 승인을 얻지 아니한 경우 그 거래의 私法的 效力에 대하여 견해가 나뉜다.

나) 학설

① 유효설

이 학설은 제398조는 효력규정이 아니고 업무집행의 결정방법을 정한 命令的 規定으로 본다. 그리하여 이에 위반한 거래도 대외적으로는 유효하고, 다만 이사의 대내적 책임(제399조)만이 문제된다고 한다. 주요 논거는 이사회의 승인

1405) 대법원 2017. 9. 12. 선고 2015다70044.
1406) 대법원 1989. 1. 31. 선고 87누760.

여부는 순수한 회사내부의 사정인데, 이에 따라 대외적 행위의 효력이 좌우되는 것은 거래의 안전에 비추어 부당하다는 데에 있다.[1407] 그러나 이 학설은 회사의 이익보호를 소홀히 하는 단점이 있다.

② 무효설

이 학설은 제398조를 회사의 이익보호에 중점을 둔 강행규정으로 보고 이사회의 승인 없는 자기거래는 무효라고 한다. 그리고 선의의 제3자는 선의취득규정에 의하여 보호될 수 있고, 이로 족하다고 한다.[1408] 그러나 선의취득의 법리가 적용되지 않는 거래 예를 들면, 부동산물권에 관한 거래 또는 지명채권을 부담하는 거래에 있어서는 보호될 수 없으므로 여전히 거래의 안전에 문제가 있다.

③ 상대적 무효설

이 학설은 제398조에 위반한 自己去來는 회사와 이사간에는 무효이나, 대외적으로는 회사가 이사회의 승인이 없었다는 사실에 대한 제3자의 악의를 증명하지 못하면 유효라고 한다. 즉 회사와 善意의 제3자와의 사이에서는 有效라고 하는 설이다(통설).[1409]

다) 판례　　판례는 상대적 무효설을 취한다. 다만, 제3자가 善意일지라도 이사회의 결의가 필요하다는 사실 또는 이사회의 결의가 없었다는 사실을 알지 못한 데에 重大한 過失이 있는 경우에는 惡意인 경우와 같이 자기거래는 제3자에 대하여도 무효라고 한다.[1410]

라) 사견　　제398조에 위반한 거래의 효과에 대하여 의견이 대립하는 것은 상법에 명시적인 규정이 없기 때문이다. 다만, 법익 면에서 회사의 이익과 거래의 안전 중 어느 것을 중시할지에 따라 입장이 나뉘고 있는 점을 감안하면, 양자를 조화하는 相對的 無效說이 타당하다고 본다.

2) 중대한 과실 및 입증책임

제398조에 위반한 거래의 사법상 효력에 관한 통설과 판례의 '중대한 과실'이라 함은 제3자가 조금만 주의를 기울였더라면 그 거래가 이사와 회사 간의 거

1407) 서·정(1999), 548면.
1408) 최기원(2012), 681면.
1409) 김홍기(2022), 627면; 송옥렬(2022), 1073면; 정찬형(2022), 1070면; 최준선(2024), 547면; 김정호(2023), 554면; 홍·박(2021), 526면; 손주찬(2004), 801면; 권기범(2021), 899면.
1410) 대법원 2014. 6. 26. 선고 2012다73530; 2004. 3. 25. 선고 2003다64688.

래로서 이사회의 승인이 필요하다는 점과 이사회의 승인을 얻지 못하였다는 사정을 알 수 있었음에도 이를 해태한 상태를 말한다. 제3자의 악의에 관련되는 증명책임은 회사가 부담한다. 즉 회사가 자기거래임을 이유로 무효를 주장할 경우, 이사회의 승인이 없었다는 점과 이 점에 대한 상대방의 惡意 또는 重過失을 회사가 증명해야 한다.[1411]

3) 무효주장의 제한

제398조의 위반을 이유로 자기거래의 무효를 주장할 수 있는 자는 회사이다. 제398조의 입법취지가 회사의 이익보호에 있기 때문이다. 거래상대방이나 제3자(예: 전득자)는 무효를 주장할 이익이 없다. 이사가 거래상대방인 경우에도 제398조의 위반을 이유로 그 거래의 무효를 주장할 수 없다(통설·판례).[1412] 그 이유는 거래 후의 사정변화를 보면서, 이사가 거래의 효과를 선택할 수 있기 때문이다.

4) 이사 등의 책임

이사가 이사회의 승인 없이 자기거래를 한 경우에는 회사에 대한 손해배상책임(제399조)을 부담한다. 그리고 이사의 해임사유가 되고, 주주총회에서 그 해임을 부결한 때에는 발행주식총수의 100분의 3 이상을 가진 주주는 그 결의가 있은 날부터 1월 내에 그 이사의 해임을 법원에 청구할 수 있다(제385조 제1항·제2항). 이 경우 총주주의 동의로 이사의 회사에 대한 책임을 면제할 수 있다는 판례[1413]가 있으나, 옳은지 의문이다.[1414] 다만, 이사의 책임을 면제한 경우에도 불법행위로 인한 손해배상청구권까지 소멸하는 것은 아니다(동판례). 또한 이사회의 승인 없이 자기거래를 한 때에는 제397조(경업금지) 및 제397조의 2(회사의 기회 및 자산유용금지)와 마찬가지로 이사의 책임경감제도가 적용되지 아니한다(제400조 제2항). 그리고 이사가 이사회의 승인을 받지 아니하고 자기거래를 한 때에는 민사책임을 부담하는 이외에도 형사상 배임죄[1415] 또는 횡령죄[1416]가 성립할 수 있다.

한편 기술한 바와 같이 주요주주 등 이사 이외의 자는 회사에 대한 책임규정이 없기 때문에 이사회의 승인이 없이 거래를 하거나 승인 후의 거래가 불공정하

1411) 대법원 2014. 6. 26. 선고 2012다73530; 2004. 3. 25. 선고 2003다64688.
1412) 대법원 2012. 12. 27. 선고 2011다67651.
1413) 대법원 1989. 1. 31. 선고 87누760.
1414) 同旨 정찬형(2022), 1071면.
1415) 대법원 2016. 1. 28. 선고 2014다11888; 2005. 10. 28. 선고 2005도4915.
1416) 대법원 2005. 8. 19. 선고 2005도3045.

다고 하더라도 손해배상책임을 지지 아니한다. 다만, 주요주주 등이 업무집행지시자 등(제401조의 2)에 해당하는 때에는 회사에 대한 책임(제399조)을 질 수 있다. 그 책임구조는 이사의 경우와 같다.

(7) 상장회사에 대한 금지 및 제한행위

1) 서

제398조는 업무집행지시자 등(제401조의 2) 및 감사의 자기거래를 제한하고 있지 않으나, 상장회사의 특례규정에서는 이사뿐만이 아니라 이러한 자들과 회사간 거래도 제한하고 있다. 나아가 일정한 거래는 이사회의 승인과 무관하게 금지하고 있다. 그 내용은 다음과 같다(제542조의 9 제1항).

2) 금지행위의 대상자 및 내용

가) 금지대상자　제542조의 9 제1항에 의거 상장회사와 거래가 금지되는 자들은 ① 주요주주 및 그의 특수관계인(제1호), ② 이사·업무집행지시자 등(제401조의 2 제1항) 및 집행임원(제2호), ③ 감사(및 감사위원회의 위원)(제3호) 등이 해당한다. 여기서의 주요주주는 ① 누구의 명의로 하든지 자기의 계산으로 의결권 없는 주식을 제외한 발행주식총수의 100분의 10 이상의 주식을 소유하거나, ② 이사·집행임원·감사의 선임과 해임 등 상장회사의 주요 경영사항에 대하여 사실상의 영향력을 행사하는 주주를 말한다(제542조의 8 제2항 제6호). 특수관계인이란 제542조의 8 제2항 제5호 및 그에 의거한 시행령 제34조 제4항의 자를 말한다.

나) 금지내용 : 신용공여

① 원칙

상장회사는 이사 등의 이익을 위하여 신용공여를 하여서는 아니 된다. 신용공여란 ① 금전 등 경제적 가치가 있는 재산의 대여, ② 채무이행의 보증, ③ 자금지원적 성격의 증권 매입, ④ 그 밖에 거래상의 신용위험이 따르는 직접적·간접적 거래로서 대통령령으로 정하는 거래를 말한다(제542조의 9 제1항 괄호). 이에 따라 대통령령에서는 ① 담보를 제공하는 거래, ② 어음(전자어음 포함)을 배서(어음법 제15조 제1항에 따른 담보적 효력이 없는 배서는 제외)하는 거래, ③ 출자의 이행을 약정하는 거래(시행령 제35조 제1항 제1호 내지 제5호의 거래) 등을 금지하고 있다.

② 예외

상법은 위와 같이 상장회사의 이사 등의 자기거래를 금지하면서 예외적으로 허용되는 경우를 명시하고 있다(제542조의 9 제2항). 그리하여 ① 복리후생을 위한 이사·집행임원 또는 감사에 대한 금전대여 등으로서 대통령령(제35조 제2항)으로 정하는 신용공여(제1호), ② 다른 법령에서 허용하는 신용공여(제2호), ③ 그 밖에 상장회사의 경영건전성을 해칠 우려가 없는 금전대여 등으로서 대통령령(제35조 제3항)으로 정하는 신용공여(제3호) 등은 허용된다.

3) 제한행위의 내용 : 자산규모 2조원 이상의 상장법인에 대한 제한

가) 원칙   자산규모 2조원 이상인 상장회사는 최대주주, 그의 특수관계인 및 그 상장회사의 특수관계인으로서 대통령령으로 정하는 자를 상대방으로 하거나 그를 위하여 소정의 자기거래(제1항에 따라 금지되는 거래는 제외한다)를 하려는 때에는 이사회의 승인을 받아야 한다(제542조의 9 제3항). 소정의 자기거래는 ① 단일 거래규모가 대통령령(제35조 제6항)으로 정하는 규모 이상인 거래(제1호), ② 해당사업연도 중에 특정인과의 해당거래를 포함한 거래총액이 대통령령(제35조 제7항)으로 정하는 규모 이상이 되는 경우의 해당거래(제2호)를 말한다. 이때 해당상장회사는 이사회의 승인결의 후 처음으로 소집되는 정기주주총회에 거래목적, 상대방 및 거래내용 등을 보고하여야 한다(제542조의 9 제3항·제4항, 시행령 제35조 제4항 내지 제8항).

이 경우의 이사회의 승인결의는 제398조와 같이 3분의 2 이상의 찬성이 아니라 이사 과반수의 출석과 출석이사 과반수의 찬성에 의한다.

나) 예외   위와 같은 원칙에도 불구하고, 상장회사가 경영하는 업종에 따른 일상적인 거래로서 ① 약관에 따라 정형화된 거래로서 대통령령(제35조 제9항)으로 정하는 거래, ② 이사회에서 승인한 거래총액의 범위 안에서 이행하는 거래는 이사회의 승인을 받지 아니하고 할 수 있다. 특히 ②에 해당하는 거래에 대하여는 그 거래내용을 주주총회에 보고하지 아니할 수 있다(제542조의 9 제5항).

4) 위반행위의 효력

가) 사법상의 효력   상장회사의 이사·감사 등이 제542조의 9 제1항 또는 제3항에 위반하는 경우 그 거래의 사법상의 효력에 대하여는 유효하다고 판단한 하급심이 있다.[1417] 이 판단은 舊증권거래법[1418] 제191조의 19 제1항을 근거로

1417) 서울중앙지법 2009. 6. 2. 선고 2009가합414.

한다. 하급심은 동규정의 성격을 단속규정으로 보고 그와 같이 판단하였다.

그러나 동규정은 2009년 개정시 표현의 수정을 거쳐 상법으로 수용되었기 때문에 이사 등의 자기거래에 관한 통설이자 판례인 상대적 효력이 있다고 보아야 한다. 대법원의 판단 역시 같다.[1419] 그리하여 대법원은 제542조의 9 제1항을 강행규정으로 보고 이에 위반하여 이루어진 신용공여는 사법상 무효이고, 누구나 그 무효를 주장할 수 있다고 본다. 다만, 동조 제1항을 위반한 신용공여라고 하더라도 제3자가 이를 알지 못하였고 알지 못한 데에 중과실이 없는 때에는 그 제3자에게 무효를 주장할 수 없다고 한다. 그리고 제542조의 9 제1항은 이사의 자기거래(제398조)와 달리 이사회의 승인 유무와 관계없이 금지되는 것이므로, 이사회의 사전승인이나 사후추인이 있어도 유효하지 않다.[1420]

나) 이사·감사 등의 책임   상장회사의 이사·감사·주요주주 등이 제542조의 9 제1항 또는 제3항에 위반하는 경우의 민형사상 책임은 제398조에 위반한 경우와 논리구조가 같다.

(8) 조문의 경합관계

1) 제542조의 9 제3항과 제398조와의 관계

가) 문제의 제기   상장회사의 이사 및 주요주주 등이 제542조의 9 제3항과 제398조에 중복하여 해당하는 경우 그 적용순서에 대하여 견해가 나뉜다.

나) 학설

① 중복적용설

이 학설은 상장회사에 관한 제542조의 9는 과거 적용범위가 좁았던 제398조의 한계를 보완하기 위하여 마련된 것인데, 2011년 개정으로 제398조의 적용범위가 확대됨에 따라 제542조의 9 제3항이 제398조보다 자기거래를 하는 자에게 유리한 경우가 발생하게 되므로 양자를 모두 충족해야 한다고 해석한다.[1421]

② 적용배제설

이 학설은 2011년 개정으로 비상장회사도 강화된 제398조의 적용을 받는데,

1418) 2007. 8. 3, 법률 제8635호 자본시장과 금융투자업에 관한 법률 부칙 제2조로 폐지.
1419) 대법원 2021. 4. 29. 선고 2017다261943.
1420) 同旨 대법원 2021. 4. 29. 선고 2017다261943.
1421) 김·노·천(2024), 465면; 임재연(2019Ⅱ), 528면.

상장회사가 제542조의 9 제3항의 완화된 규정의 적용을 받는 것은 불균형하다고 본다. 그리하여 상장회사도 제398조에 의거한 이사회의 승인을 받아야 한다고 해석한다. 즉 제542조의 9 제3항의 적용을 배제하여야 한다는 것이다.[1422)]

③ 우선적용설

이 학설은 제542조의 9가 주요주주 등 이해관계자와 회사와의 이익충돌을 방지하기 위하여 제398조에서 정하는 자기거래제한을 확대·강화한 것이라고 한다. 그러므로 상장회사에 대하여는 제542조의 9 제3항이 우선 적용된다고 본다.[1423)]

다) 사견   제542조의 9 제3항의 최대주주 및 그의 특수관계인 등은 대부분 제398조에 열거된 이사 또는 주요주주 등에 해당한다. 따라서 이들에게 제542조의 9 제3항의 완화된 규정을 적용하도록 하는 것은 제398조를 형해화시킬 수 있고, 제542조의 9의 당초의 입법취지에도 반한다(적용배제설). 결국 이 규정은 입법과오에서 발생한 것이므로 제542조의 9 제3항 내지 제5항을 폐지하든지 아니면 제398조와 조화될 수 있도록 수정을 요한다.

2) 제542조의 9 제1항과 제398조와의 관계

상장회사의 경우 제398조에서 정하는 이사 또는 주요주주는 제542조의 9 제1항의 이사 또는 주요주주에 해당하고 그 이외의 자들은 대체로 제542조의 9 제1항에서 정하는 주요주주의 특수관계인에 해당한다. 이 점에서 동조 제3항과는 달리 제1항은 신용거래에 대하여는 적용범위가 넓고, 규제 역시 강하다. 따라서 신용공여에 대하여는 제542조의 9 제1항이 배타적으로 적용된다.

(9) 민법 제124조와의 관계

대표이사와 회사간의 자기거래는 민법상 자기계약에 해당한다. 대표이사 겸직의 경우에는 쌍방대리에 해당한다. 그리하여 제398조는 자기계약과 쌍방대리의 경우에 본인의 허락을 받아야 한다는 민법 제124조와의 관계가 문제될 수 있다.

생각건대 제398조는 민법 제124조의 특칙으로 보아야 한다. 2011년 개정 전 제398조 제2항은 그 뜻을 명문화하고 있었으나, 불필요한 주의적 규정이라는 이유로 삭제되었다.

1422) 정찬형(2022), 1072면.
1423) 홍·박(2021), 529면.

Ⅷ. 이사의 책임

1. 서

(1) 의의

넓은 범위의 이사의 責任에는 집행임원과는 달리 자본금충실의 책임(인수담보책임, 제428조 제1항)도 포함하나, 좁게는 직무수행시 임무를 게을리하여 회사 또는 제3자에게 손해를 입혔을 때 부담하는 손해배상책임(제399조, 제401조)을 의미한다. 그리고 1998년 개정시는 대규모기업집단의 대주주가 등기상의 이사는 아니지만, 그룹비서실 또는 기획조정실 등을 통하여 대규모기업집단의 정책을 결정·집행하는 현실을 고려하여 '업무집행지시자 등의 책임' 규정(제401조의 2)을 신설하였다.

(2) 기능

이사의 책임제도는 ① 회사나 제3자 손해의 회복자체를 목적으로 하는지(損害塡補機能) 아니면, ② 이사의 임무해태를 방지하는 수단으로서의 역할을 하는지(抑止機能)에 따라 입법방향이 달라질 수 있다. 상법의 입법태도나 학설은 책임을 부담하는 이사가 복수인 때에는 부진정연대책임성을 강조하는 등 손해전보기능을 중시하는 경향이 있다.

그러나 손해전보기능을 강하게 중시하면 이사로 선임할 수 있는 인재를 확보하는 데 어려움을 겪을 수 있기 때문에 억지기능을 현재보다 강조할 필요성이 있다. 이러한 점에서 2011년 개정상법은 이사의 회사에 대한 책임의 일부를 면제하는 제도를 도입하였다(제400조 제2항). 이 제도하에서는 회사의 임원배상책임보험에 가입하면 소액의 보험료로 이사의 책임을 전부면제하는 것과 같은 효과를 발생시킨다.

2. 회사에 대한 손해배상책임

(1) 의의

이사는 회사에 대하여 선관주의의무(제382조 제2항)와 충실의무(제382조의 3)를 부담하므로 손해를 가하였을 경우에는 위임계약의 불이행으로 인한 손해배상책임을 진다. 또 불법행위의 요건(민법 제750조)을 갖춘 때에는 불법행위로 인한 손해배상책임을 진다. 이와는 별도로 2011년 개정상법은 이사가 고의 또는 과실로 법령 또는 정관에 위반한 행위를 하거나 그 임무를 게을리한 경우에는 그 이사는 회사에 대하여 연대하여 손해를 배상할 책임을 지도록 하고 있다(제399조 제1항).

(2) 법적 성질
1) 문제의 제기
제399조는 이사의 책임내용을 확대하였기 때문에 그 법적 성질이 문제된다.

2) 학설
가) 채무불이행책임설   이 학설은 제399조가 이사의 위임계약의 불이행으로 인한 채무불이행책임을 보다 명확히 규정한 것이라고 한다.[1424]

나) 가중된 법정책임설   이 학설은 제399조와 같은 이사의 책임규정을 둔 것은 이사지위의 중요성을 감안한 것이라고 한다. 즉 이사는 이사회의 구성원으로서 회사의 업무결정에 참여하는 등 그 지위가 매우 중요하기 때문에 제399조는 민법상의 위임계약의 불이행책임이나 불법행위책임과는 다른 특수한 책임을 인정한 것이라고 한다.[1425]

3) 판례
대법원은 제399조 제1항의 이사의 회사에 대한 임무해태로 인한 손해배상책임은 일반불법행위 책임이 아니라 위임관계로 인한 채무불이행책임이라고 판시하고 있다. 즉 제399조가 정하는 이사의 책임은 위임계약의 불이행으로 인한 책임이라는 것이다.[1426]

4) 사견
상법은 제399조와 관련하여 동조 제1항의 손해배상책임이외에도 ① 이사의 有責行爲가 이사회의 결의에 의한 것인 때에는 그 결의에 찬성한 이사들에게도 연대책임을 지우고(제399조 제2항), ② 이사의 有責行爲의 결의에 참가한 이사로서 異議를 제기한 기재가 의사록에 없는 이사는 찬성한 것으로 추정하여 연대책임을 지게하고(제399조 제3항), ③ 회사에 대한 이사의 책임은 주주 전원의 동의로 면제할 수 있는 특별한 절차를 두고 있으며(제400조 제1항), ④ 정기총회에서 재무제표의 승인을 한 후 2년 내에 다른 결의가 없으면 이사의 책임해제를 의제하고 있

1424) 송옥렬(2022), 1083면; 홍·박(2021), 534면.
1425) 이철송(2024), 819면; 정동윤(2012), 638-639면; 정찬형(2022), 1078면; 김정호(2023), 594면; 최준선(2024), 554면; 김홍기(2022), 630면.
1426) 대법원 2006. 8. 25. 선고 2004다24144; 1985. 6. 25. 선고 84다카1954.

다(제450조). 이러한 조항들은 위임계약으로는 설명할 수 없다. 따라서 제399조는 단체법적 법리가 반영된 상법상의 특수한 책임으로 해석한다(가중된 법정책임설).

(3) 책임의 요건

1) 주관적 요건(고의 또는 과실)

이사의 회사에 대한 손해배상책임의 주관적 요건은 이사의 고의 또는 과실이 있어야 한다. 과거에는 이사가 법령 또는 정관의 위반시 부담하는 손해배상책임은 無過失責任이라는 설이 있었다. 이는 개별적이고 구체적인 법령이나 정관규정을 위반한 행위 자체가 과실이라는 사고에 근거한다. 그러나 다수설과 판례[1427]는 이를 과실책임으로 보았다. 이후 2011년 개정상법은 過失責任을 명문화하였다. 다만, 이사가 법령 또는 정관에 위반한 행위 그 자체에 대하여는 과실로 인한 것이라고 추정되므로, 이사가 무과실의 증명책임을 진다.[1428]

2) 객관적 요건

이사의 회사에 대한 손해배상책임의 객관적 요건은 이사가 법령·정관에 위반한 행위를 하거나 그 임무를 게을리하여야 한다(제399조 제1항). 여기서의 법령·정관에 위반한 행위란 법령 또는 정관의 개별적이고 구체적인 규정에 위반한 행위를 말한다. 그리하여 임무를 게을리한 행위와 확연히 구별하여야 한다.

(4) 책임의 원인

1) 법령 또는 정관의 위반

가) 의의　　제399조 제1항에 의거한 이사의 회사에 대한 책임의 발생원인은 고의 또는 과실로 '法令·定款에 違反'한 행위이다. 제399조 제1항에서 말하는 '法令'이란 일반적 의미의 법령, 즉 法律과 法規命令으로서의 大統領令·總理令·部令을 의미하고, 금융기관·회사의 업무지침 및 행정기관의 行政指導·指針은 법령에 해당하지 아니한다.[1429] 이사가 법령이나 정관에 위반하면 당연히 임무를 게을리한 행위(임무해태)에 속하지만, 주의의무위반의 유형이 다르기 때문에 별도의 책임발생 원인으로 하고 있다.[1430]

1427) 서울고법 1980. 8. 18. 선고 79나821.
1428) 대법원 2007. 9. 20. 선고 2007다25865.
1429) 대법원 2006. 11. 9. 선고 2004다41651·41668.
1430) 대법원 2023. 3. 30. 선고 2019다280481(쉰들러홀딩아게 vs. 현대엘리베이터).

나) 유형

① 이사의 자격에 따른 유형

법령 또는 정관의 위반으로 인한 책임은 이사의 자격에 따라 다음과 같이 나눌 수 있다. 첫 번째, 이사가 단독으로 법령 또는 정관의 규정에 반하는 경우를 들 수 있다. 여기에는 경업금지의무의 위반(제397조 제1항), 회사의 기회 및 자산유용(제397조의 2), 이사회의 승인 없는 자기거래(제398조 전단), 사채청약서의 부실기재(제474조 제2항) 등이 해당한다.

두 번째, 이사들이 이사회에서 법령 또는 정관에 위반한 결의를 한 경우를 들 수 있다. 여기에는 발행주식총수를 초과하는 신주발행의 결의, 법이 허용하지 아니하는 사채발행의 결의(제469조 제1항), 주식액면미달발행의 결의(제330조) 등이 해당한다.

세 번째, 이사·대표이사가 법령 또는 정관의 규정에 반하거나 절차를 준수하지 아니한 채 업무를 집행하거나 대표행위를 한 경우를 들 수 있다. 여기에는 ① 정관상의 제한에 반하는 업무집행, ② 주주총회의 결의나 이사회의 결의가 요구됨에도 불구하고 이를 생략한 업무집행, ③ 공동대표가 단독으로 대표하는 행위(제389조 제2항), ④ 주식인수인과 통모하여 현저하게 불공정한 발행가액으로 주식을 인수하게 하는 행위(제424조의 2), ⑤ 회사의 자금으로 뇌물을 공여한 행위,[1431] ⑥ 주주의 권리행사와 관련한 재산상의 利益供與(제467조의 2), ⑦ 배당가능이익(제462조)이 없음에도 있는 것으로 재무제표를 분식하여 이루어진 이익배당[1432] 등이 해당한다.

② 경영판단의 원칙 등의 적용 여부

이사가 법령에 위반한 행위를 한 때에는 후술하는 경영판단의 원칙(business judgement rule)이 적용되지 아니한다.[1433] 상법규정(예: 제341조 자기주식취득)을 잠탈하는 것을 막기 위하여 종금사와 같은 금융기관의 감독규정위반 행위에 대하여도 동 원칙이 적용되지 아니한다.[1434] 그리고 이사가 수임인으로서 부담하는 선관주의의무(또는 충실의무)에 위반하는 경우는 법령위반이 아니라 임무를 게을리한 행위

1431) 대법원 2009. 12. 10. 선고 2007다58285; 2005. 10. 28. 선고 2003다69638.
1432) 대법원 2007. 11. 30. 선고 2006다19603.
1433) 대법원 2011. 4. 14. 선고 2008다14633; 2008. 4. 10. 선고 2004다68519.
1434) 대법원 2007. 7. 26. 선고 2006다33609.

에 해당한다.[1435)

2) 임무해태

가) 의의   제399조 제1항에 의거한 이사의 회사에 대한 책임의 발생원인의 두 번째는 '임무를 게을리한 경우'(임무해태)이다. 任務懈怠는 이사가 직무수행과 관련하여 선관주의의무를 게을리하여 회사에 손해를 입히거나 이를 방지하지 못한 때를 말한다. 따라서 이것은 명백한 과실책임이다. 그리하여 회사가 대표이사의 임무해태를 내세워 손해배상책임을 물음에 있어서 대표이사의 직무수행상의 채무는 미회수금 손해 등의 결과가 전혀 발생하지 않도록 하여야 할 결과채무가 아니라, 회사의 이익을 위하여 선관주의의무를 가지고 필요하고 적절한 조치를 다해야 할 채무를 뜻한다. 그러므로 회사에게 대출금 중 미회수금 손해가 발생하였다는 結果만을 가지고 곧바로 채무불이행사실을 추정할 수는 없다.[1436)

나) 원인

① 법령 등의 준수행위

임무해태는 선량한 관리자의 주의를 게을리하는 것이기 때문에 법령 또는 정관의 개별규정에 위반하지 않더라도 발생할 수 있다. 예를 들면, ① 이사가 이사회의 승인 없이 자기거래를 하거나(제398조), ② 대표이사가 주주총회의 승인 없이 영업을 양도하였다면(제374조 제1항 제1호), 이는 法令에 위반한 행위이다. 이에 비하여 이사회의 승인을 얻은 자기거래나 양도행위가 불공정하여 회사에 손해를 입혔다면, 이는 법령 혹은 정관에 위반한 행위는 아니지만 임무해태에 해당한다.

② 작위 또는 부작위로 인한 임무해태

이사의 선관주의의무는 作爲의 업무집행, 회사에 손해를 입혀서는 아니 되는 不作爲義務 및 회사의 손해방지의무도 포함하므로 임무해태의 발생원인 역시 매우 다양하다. 그리하여 ① (평)이사가 업무담당이사의 위법행위에 대한 감시의무를 게을리하거나,[1437) ② 규모가 큰 회사의 (대표)이사가 직원들의 위법행위 또는 손해발생을 방지하기 위한 내부통제시스템을 구축하지 못한 경우,[1438) ③ (대표)이

1435) 정동윤(2012), 639면; 대법원 2010. 7. 29. 선고 2008다7895.
1436) 대법원 2011. 10. 13. 선고 2009다80521; 1996. 12. 23. 선고 96다30465·30472.
1437) 대법원 2004. 3. 26. 선고 2002다29138; 1985. 6. 25. 선고 84다카1954.
1438) 대법원 2022. 5. 12. 선고 2021다279347; 2008. 9. 11. 선고 2007다31518; 2008. 9. 11. 선고 2006다68636.

사가 私邸근무자들의 급여를 회사자금으로 지급하도록 한 경우,[1439] ④ 이사의 감독소홀로 인하여 지배인이 회사재산을 낭비한 경우, ⑤ 어음금의 추심을 게을리한 경우, ⑥ 회사의 재무상황을 고려하지 아니한 무분별한 투자로 인하여 회사를 파산에 이르게 한 경우도 임무해태이다.

③ 업무지침·행정지침위반으로 인한 임무해태

앞에서 기술한 바와 같이 금융기관·회사의 業務指針·신용대출규정[1440]·신용조사업무시행세칙[1441] 및 행정기관의 行政指導·指針은 법령에는 해당하지 아니한다. 그러나 업무지침 등에는 이사가 직무를 수행함에 있어서 주의를 기울여야 할 사항이 있으므로 이를 위반하는 행위는 임무해태에 해당할 수 있다. 예를 들면, 금융기관의 (대표)이사가 ① 충분한 담보를 확보하지 아니하고 동일인 대출한도를 초과하여 대출함으로써 그 대출금을 회수하지 못한 경우,[1442] ② 회수가능성이 낮은 대출부적격업체라는 심사의견을 무시하고 대출을 한 경우[1443] 등에는 이사로서의 손해배상책임을 부담한다.

다) 주의의 정도 또는 수준　　이사는 영리법인의 업무집행자이므로 통상인이 기울여야 할 주의의무보다 높은 정도 또는 수준의 의무를 부담한다. 그리하여 이사의 주의의무는 회사의 규모나 조직, 업종, 법령의 규제, 영업상황 및 이사의 능력이나 경력 등 제반여건에 따라 다를 수밖에 없다.[1444] 이는 이사의 주의의무에 따른 비용(예: 이사의 보수, 회계사·변호사자문료)과 회사가 얻는 이익간 적정한 비례관계를 유지하여야 하기 때문이다. 그리하여 연간 1억원 정도의 빙과류를 수출하는 회사의 이사(甲)와 연간 1,000억원 정도의 휴대폰을 수출하는 회사의 이사(乙)가 수입국의 수출입법제·정책이나 덤핑관세제도에 관한 이해의 程度나 水準이 같다고 평가하여서는 아니 된다.

라) 주의의 범위　　주식회사는 영리단체이고 이사는 그 영리성을 실현하기 위하여 선임된다. 따라서 주식회사의 이사의 주의의 범위는 업무의 適法性에 그치

1439) 대법원 2007. 10. 11. 선고 2007다34746.
1440) 대법원 2006. 7. 6. 선고 2004다8272.
1441) 대법원 2008. 12. 11. 선고 2005다51471.
1442) 대법원 2002. 2. 26. 선고 2001다76854.
1443) 대법원 2006. 8. 25. 선고 2004다24144.
1444) 대법원 2008. 9. 11. 선고 2007다31518; 2008. 9. 11. 선고 2006다68636.

는 것이 아니라 합리성·효율성까지 포함한다. 즉 이사의 업무의 미숙이나 무능도 비난의 범위에 속한다. 그리하여 유휴자금을 이율이 높은 예금 대신 이율이 낮은 보통예금에 가입하였다면 위법행위는 아니지만, 임무해태에 해당할 수 있다.[1445)

마) 주의의무위반의 판단기준 이사의 업무집행은 불확실한 상황에서 신속하게 이루어져야 하는 경우가 많다. 따라서 이사가 선관주의의무를 다하였는지의 여부에 대한 판단은 ① 행위 당시의 상황에 비추어 합리적인 정보수집·조사·검토를 하였는지, ② 행위 당시의 상황과 이사에게 요구되는 능력수준에 비추어 합리적인 판단을 내렸는지를 기준으로 하여야 하며, 사후적·결과적인 평가만을 하여서는 아니 된다.[1446) 이는 후술하는 경영판단의 원칙과도 논리적 맥이 닿아 있다.

바) 이사의 신뢰보호 주의의무위반에 대한 판단시 이사가 업무를 집행하였을 때 어느 정도의 정보수집·조사 등을 하여야 하는지 문제될 수 있다. 이사가 변호사, 회계사 또는 技師 그 밖의 전문가의 식견을 신뢰한 때에는 그 전문가의 능력을 뛰어넘는 사정이 있었던 경우를 제외하고는 선관주의의무위반에 해당하지 아니한다고 해석한다. 그리고 다른 이사나 사용인 등으로부터 수집한 정보에 대하여는 특별히 의심하여야 할 사정이 없는 한, 그것을 신뢰하고 업무를 집행하면 선관주의의무위반이 아니라고 본다. 다만, 이 경우 이사가 다른 이사의 업무집행에 대한 일반적인 감시의무를 부담하지 아니한다는 의미는 아니다.

사) 입증책임 임무해태로 인한 이사의 책임은 과실책임이므로 주의의무위반(과실)의 입증책임은 이사의 책임을 추궁하는 원고에게 있다(통설·판례).[1447) 회사의 손해, 임무해태와 손해의 인과관계에 대하여도 마찬가지이다.

3) 경영판단의 원칙

가) 개념 미국의 판례법에서는 회사의 경영에는 冒險이 불가피하므로 이사의 경영판단에 대한 재량권을 인정하고, 그 판단의 결과로 인하여 회사 등이 손해를 입었다고 하여도 이사를 비롯한 경영자에게 그 책임을 물어서는 아니 된다는 원칙이 발달되어 왔다.[1448) 이를 經營判斷의 原則(business judgement rule)이라

1445) 이철송(2024), 822면.
1446) 대법원 2011. 10. 13. 선고 2009다80521; 1996. 12. 23. 선고 96다30465·30472.
1447) 정찬형(2022), 1085면; 정동윤(2012), 641면; 이철송(2024), 823면; 홍·박(2021), 539면; 대법원 1996. 12. 23. 선고 96다30465·30472; 헌재 2015. 3. 26. 2014헌바202 결정.

고 한다. 이 원칙은 이사가 회사경영상 매우 넓은 재량권을 갖는다는 것을 전제로 이사의 경영활동 내지 판단을 경영판단의 절차적 측면과 내용적 측면으로 나누어 내용 면에 대한 정직한 실수(honest mistake)에 대하여는 법원의 사후적 심사를 억제하는 원칙을 말한다.

나) 소송법적 의의   경영판단의 원칙은 訴訟法的으로 중요한 의의를 가지고 있다. 이 점이 동 원칙의 실효성을 크게 한다. 소송법적으로 정의하면 경영판단의 원칙이란 '理事 또는 임원 그 밖의 회사의 대리인이 회사의 목적범위 및 권한 내에서 합리적인 근거에 의하여 내린 의사결정에 따라 성실하게(in good faith) 행위를 한 때에, 그 행위는 개인적 이익을 위한 것이 아니고, 회사에 최선의 이익을 가져온다는 정직한 믿음(honest belief)에 따라 이루어진 행위로 추정하는 원칙'을 뜻한다. 그리하여 대표소송으로 주주가 이사의 책임을 묻고자 할 때에는 주주가 이러한 추정을 깨는 사실을 주장·증명하여야 한다.

다) 상법상 경영판단의 원칙

① 도입에 관한 학설

ㄱ. 도입긍정설 : 이 학설은 구체적인 도입방안을 제시하기보다는 미국에서의 경영판단원칙을 인정한 데 대한 취지를 고려하여 상법의 해석에 적용할 수 있다고 한다. 그 주요논거는 다음과 같다. 첫째, 이사의 행위로 인하여 회사에 손해가 생긴 때에는 항상 선관주의의무 위반으로 이사의 책임을 인정하는 것은 가혹하고, 결과적으로 유능한 인재를 이사로 기용할 수 없게 한다.[1449]

둘째, 동 원칙을 도입함으로써 창출되는 효율성 증대의 효과는 궁극적으로 회사와 주주에게 더 많은 이익을 얻을 수 있게 한다. 그리고 사기, 위법 또는 이익충돌, 경영목적의 합리성 결여 혹은 중대한 과실을 입증하는 경우에는 이사의 책임을 추궁할 수 있으므로 소수주주의 보호에도 역행하지 아니한다.[1450]

셋째, 오늘날 주식회사의 경영은 복잡하기 때문에 이사회의 경영판단의 적부를 사후적으로 심사하여 과실의 유무를 판단하는 것은 쉽지 않다. 그러므로 경영

1448) 김상규·이형규, "이사의 책임강화에 따른 대응방안에 관한 연구," 코협연구보고서 02-4, 코스닥등록법인협의회(2002. 12), 90면.
1449) 이형규, "상법 중 회사편(일반)에 대한 개정의견," 상사법연구 제24권 제2호(2005), 193-194면; 송인방, "경영판단원칙의 상법에의 도입여부에 관한 검토," 기업법연구 제5집(2000), 393면.
1450) 유진희, "미국 회사법상 이사의 주의의무," 서강법학연구 제3권(2001), 140면.

판단은 이사의 독자적인 재량에 맡겨져야 하고, 설사 이사의 경영판단으로 인하여 회사가 손해를 입었다고 하더라도 법원이 이에 간섭하지 않는 것이 이사의 창의력과 기업가정신을 고양할 수 있다(다수설).1451)

ㄴ. 도입부정설 : 이 학설은 우리나라는 미국과 법체계나 경영환경이 다르므로 이 원칙의 도입에 신중한 입장을 취한다.1452) 그 근거는 대체로 다음과 같다.

첫째, 동 원칙은 미국과 같이 소유와 경영의 분리를 전제로 한 공개기업에 적용되는 법리이다. 우리나라는 중소기업은 물론 대기업조차 폐쇄적 특징을 가지고 있으므로 소수주주를 보호하기 위하여는 법원의 역할이 중요하다.1453)

둘째, 이사의 의무와 책임에 관하여 명확한 기준이 없음에도 경영판단의 원칙을 도입하는 것은 바람직하지 않다. 또 우리나라의 경우 미국의 (대표)소송제도상 특별소송위원회의 소송각하와 같은 것은 법체계상 적용되기 어렵다.1454)

셋째, 미국법상 동 원칙 자체의 이론적 근거가 미약하다. 따라서 일반적으로 인정되는 이론적 근거를 들어 의사·회계사 등 다른 전문적 직업인의 경우와는 달리 이사에게만 동 원칙을 인정하여 책임을 묻지 않는 것은 문제가 있다(소수설).1455)

② 판례의 동향

법원은 최근 경영판단의 원칙을 적용함에 있어서 적극적인 입장을 보이고 있다. 법원은 '경영판단을 함에 있어서 통상의 합리적인 금융기관 임원으로서…,'1456) 또는 '경영판단에 재량권 남용이 없다.'1457) 혹은 '경영판단으로서 보호될 수 없다.'1458)고 판시함으로써 경영판단의 원칙과 이사의 주의의무와의 관계에 대하여는 비교적 명확한 입장을 보이고 있다. 이 과정에서 판례는 경영판단의 원칙이

1451) 홍복기, "이사의 의무와 경영판단원칙의 적용," KDIC금융연구 제4권 제4호(2003. 12), 56면.
1452) 권재열, "경영판단의 원칙의 도입여부를 다시 논함," 상사법연구 제19권 제2호(2000), 499면; 경익수, "경영판단의 원칙의 적용에 대한 검토," 김인제 박사 정년기념논문집, 현대상사법논집(1997), 72－73면 등.
1453) 최연혜, "세계화시대의 한국형 기업지배제도의 모색," 산업연구원(1997), 97면; 권재열, "미국법상 경영판단의 원칙의 동향에 관한 소고," 법학연구 제15집(2004), 414면.
1454) 권재열, "경영판단의 원칙," 비교사법 제6권 제1호(1999), 32면; 손영화, "미국법상의 경영판단원칙과 그 도입 여부에 관한 일고찰," 상사법연구 제18권 제2호(1999), 322면.
1455) 손영화, 전게논문, 322－323면.
1456) 대법원 2002. 6. 14. 선고 2001다52407.
1457) 대법원 2007. 9. 21. 선고 2005다34797; 2002. 3. 15. 선고 2000다9086.
1458) 수원지법 2001. 12. 27. 선고 98가합22553.

적용되어 책임을 면하기 위하여는 이사의 선관주의의무의 위반이나 충실의무의 위반이 없어야 한다는 점을 밝히고 있다. 그리하여 의무위반 여부에 따라 경영판단원칙에 따른 이사의 책임을 부정하기도 하고,[1459) 긍정하기도 한다.[1460)

나아가 대법원은 동일한 기업집단에 속한 계열회사 사이의 지원행위가 '합리적인 경영판단의 재량범위 내'에서 행하여진 것인지는 ① 지원을 주고받는 계열회사들이 자본과 영업 등 실체적인 측면에서 결합되어 공동이익과 시너지 효과를 추구하는 관계에 있는지 여부, ② 계열회사들 사이의 지원행위가 지원하는 계열회사를 포함하여 기업집단에 속한 계열회사들의 공동이익을 도모하기 위한 것으로서 특정인 또는 특정회사만의 이익을 위한 것은 아닌지 여부, ③ 지원 계열회사의 선정 및 지원규모 등이 당해 계열회사의 의사나 지원능력 등을 충분히 고려하여 객관적이고 합리적으로 결정된 것인지 여부, ④ 구체적인 지원행위가 정상적이고 합법적인 방법으로 시행된 것인지 여부, ⑤ 지원을 하는 계열회사에 지원행위로 인한 부담이나 위험에 상응하는 적절한 보상을 객관적으로 기대할 수 있는 상황이었는지 여부 등까지 충분히 고려하여 판단하고 있다.[1461)

은행의 대출담당임원의 대출결정행위가 '경영판단의 허용된 재량권의 범위' 내에 있는지에 대하여는 "금융기관으로서의 공공적 역할의 관점에서 대출조건과 내용, 규모, 변제계획, 담보의 유무와 내용, 채무자의 재산 및 경영상황, 성장가능성 등 여러 사항에 비추어 종합적으로 판정해야 한다."고 판시하고 있다.[1462)

③ 사견

이사의 책임이 지나치게 엄격하면 유능한 인재의 확보를 어렵게 하고, 이사의 경영활동을 위축시킬 수 있다. 그리하여 우리나라에서는 미국의 경영판단의 원칙을 도입함으로써 이사의 책임을 부정하여야 한다는 견해가 다수이다. 이러한 견해의 대부분은 미국의 경영판단의 원칙을 소개한 후 우리나라에서도 회사의 손해가 있다고 하여도 단순히 경영판단이 잘못되었다는 이유로 이사의 임무해태로 인한 책임을 지울 수는 없다고 하여 간접적으로 경영판단원칙의 도입을 찬성한

1459) 서울고법 2002. 11. 14. 선고 2001나59417.
1460) 대법원 2007. 10. 11. 선고 2006다33333; 2002. 6. 14. 선고 2001다52407.
1461) 대법원 2017. 11. 9. 선고 2015도12633.
1462) 대법원 2017. 11. 23. 선고 2017다251694; 2007. 9. 21. 선고 2005다34797; 2007. 7. 26. 선고 2006다33609; 2002. 6. 14. 선고 2001다52407.

다.[1463) 법원 역시 경영판단의 원칙을 적용하여 이사의 책임을 부정하거나 또는 긍정하고 있지만, 동 원칙의 적용요건 및 적용범위 등에 관하여 명확히 밝히지는 못하고 있다.[1464)

이러한 현상은 우리나라의 학계와 판례에서 경영판단의 원칙에 관한 해석론과 적용판단기준이 아직 확고하게 정립되어 있지 아니함을 의미한다. 이 점에서 판례가 언급하는 '경영판단'은 미국의 판례법상 '경영판단의 원칙'에서 말하는 경영판단이라고 보기는 어렵다. 그 대신 이사의 책임에 관한 상법의 해석론으로서 미국법상 경영판단의 원칙의 이론을 원용하고 있는 것으로 본다.

라) 적용의 한계
① 법령위반행위

이사가 법령에 위반한 행위를 한 때에는 경영판단의 원칙이 적용되지 아니한다.[1465) 동 원칙은 법원의 사후적인 판단에 따라 이사의 행위를 비난하여서는 아니 된다는 이론이기 때문이다. 이러한 성질상 동 원칙은 임무해태에 대하여만 적용될 수 있다.[1466) 상법규정(예: 제341조 자기주식취득)을 잠탈하는 것을 막기 위하여 종금사와 같은 금융기관의 감독규정이나 내부의 심사관리규정 등을 위반한 행위에도 동 원칙은 적용되지 아니한다.[1467) 다만, 판례는 위법행위의 경우 '특별한 사정이 없는 한' 손해배상책임을 면할 수 없다고 한다.[1468) 이 때문에 법령에 위반한 행위로 인하여 회사에 손해가 발생하였더라도 그에 상응하는 이익이 발생하였거나 무형의 이익이 발생하였다면 회사에 실질적인 손해를 입혔다고 단정할 수 없으므로, 이사의 손해배상책임을 배척할 수 있다.[1469)

1463) 이형규, 전계논문, 204-205면에서는 경영판단을 포함한 이사의 회사에 대한 책임은 면제요건(제400조)을 제434조에 의한 주주총회의 특별결의로 완화할 것을 제안하고 있다.

1464) 경영판단원칙의 적용요건을 제시한 문헌으로서는 김상규·이형규, 전계 연구보고서 02-4, 98-104면; 권재열(2019), 303면.

1465) 대법원 2011. 4. 14. 선고 2008다14633; 2008. 4. 10. 선고 2004다68519; 2007. 7. 26. 선고 2006다33609.

1466) 대법원 2005. 10. 2. 선고 2003다69638; 2006. 11. 9. 선고 2004다41651·41668.

1467) 대법원 2007. 7. 26. 선고 2006다33609; 同旨 2023. 3. 30. 선고 2019다280481.

1468) 대법원 2007. 7. 26. 선고 2006다33609; 2006. 7. 6. 선고 2004다8272.

1469) 대법원 2006. 7. 6. 선고 2004다8272.

② 선관주의의무위반행위

상법상 이사가 부담하는 수임인으로서의 善管注意義務는 문제의 해결에 필요한 정보를 확보하고 이를 토대로 신중하고 합리적인 판단을 거쳐 회사에 최선의 이익이 되는 믿음을 가지고 의사결정을 할 것을 요구하는 규범이다. 判例도 동일한 기준으로 경영판단의 한계를 설정하고 있다. 그리하여 회사의 이사가 이러한 과정을 거치지 아니하고, 단순히 회사의 관계회사의 부도 등을 방지하는 것이 회사의 신인도를 유지하고 영업에 이익이 될 것이라는 일반적·추상적인 기대하에 일방적으로 관계회사에 자금을 지원하게 하여 회사에 손해를 입게 한 때에는 경영판단의 재량범위 내에 있는 것이 아니다.[1470] 금융기관의 이사가 이른바 프로젝트 파이낸스 대출 또는 일반대출을 하는 경우도 마찬가지이다.[1471]

(5) 공동행위자의 책임의 성격

수인의 이사가 공동으로 고의 또는 과실로 법령·정관에 위반한 행위 또는 임무해태를 한 때에는 연대책임을 진다(제399조 제1항). 감사가 회사에 대하여 손해를 배상할 책임이 있는 경우에 이사도 그 책임이 있는 때에는 그 감사와 이사는 연대하여 배상할 책임이 있다. 이러한 책임의 성격은 부진정연대책임이다(제414조 제3항).

공동의 행위자가 부진정연대책임을 지더라도 내부관계에서는 형평의 원칙상 일정한 부담부분이 있고, 공동행위자 중 1인이 자기의 부담부분 이상을 변제하여 공동의 면책을 얻게 하였을 때에는 다른 공동행위자에게 그 부담부분의 비율에 따라 求償權을 행사할 수 있다.[1472]

(6) 적용대상이사

제399조의 이사의 회사에 대한 책임은 주주총회에서 적법하게 선임된 이사를 대상으로 한다. 따라서 하자 있는 총회결의로 인하여 이사의 지위가 부정되는 자는 그 대상이 아니다. 다만, 그러한 자도 회사에 대한 불법행위책임이나 업무집행지시자 등의 책임에 관한 제401조의 2에 따른 손해배상책임을 질 수 있다.

한편 퇴임이사(제386조 제1항)나 일시이사(제386조 제2항)는 임시적이기는 하지만, 이사로서의 업무를 수행하기 때문에 제399조에 의거한 책임을 진다.

1470) 대법원 2007. 10. 11. 선고 2006다33333.
1471) 대법원 2011. 10. 13. 선고 2009다80521; 2008. 7. 10. 선고 2006다39935.
1472) 대법원 2013. 11. 14. 선고 2013다46023.

(7) 책임의 확장

1) 책임의 내용

책임을 져야 하는 이사의 행위가 이사회의 결의에 의한 것인 때에는 그 결의에 찬성한 이사도 연대하여 책임을 진다(제399조 제2항). 그 예로는 이사회의 결의로 위법한 액면미달의 신주발행(제417조 제1항)을 한 경우를 들 수 있다. 제399조 제2항의 책임근거에 대하여는 이사의 의결권행사 자체도 이사 본래의 직무이기 때문이라는 견해가 있다.1473) 다만, 판례는 이를 이사의 선관주의의무(또는 감시의무)위반에 따른 책임이라고 본다.1474)

한편 이사회의 결의내용 자체에는 흠이 없으나, 이사가 집행과정에서 법령·정관에 위반하거나 임무를 해태한 때에는 그 업무집행이사만이 책임을 진다.

2) 책임근거의 개별성

이사의 회사에 대한 책임은 이사 개개인이 선관의무를 다하였는지 여부에 의하여 판단하여야 하고, 다른 이사들의 선관의무위반을 전제로 판단할 것은 아니다. 그러므로 이사회의 결의를 얻은 사항에 관하여 이사 개개인에게 배상책임을 묻는 경우, 당해 이사는 누구나 자신이 반대하였다고 해도 가결되었을 것이라고 주장하여 손해배상책임을 면할 수는 없다.1475) 이와 같이 이사책임의 근거는 어디까지나 개별적인 것이며, 다른 찬성이사의 多數性은 고려의 대상이 아니다.

3) 적용범위(사항)

가) 이사회결의   이사의 회사에 대한 책임규정은 중요한 자산의 처분 및 양도에 관한 이사회의 권한규정(제393조), 이사의 경업·자기거래(제397조·제398조), 新株·社債의 발행(제416조·제469조) 등 법문상 이사회의 결의가 필요한 사항에 대하여 적용된다.1476) 대표이사가 일상적인 업무집행권한에 속하는 사항을 이사회의 결의를 거쳐 집행한 경우 그 사항에 대하여도 적용된다. 제399조는 이사회 결의사항을 감시의무의 대상으로 삼고 있기 때문이다.

나) 이사회의 추인결의   회사에 損害를 가하는 행위가 理事에 의하여 집행된 후 집행행위에 대한 이사회의 추인결의에서 찬성한 이사도 제399조의 책임을

1473) 이철송(2024), 834면.
1474) 대법원 2007. 9. 21. 선고 2005다34797; 2002. 3. 15. 선고 2000다9086.
1475) 대법원 2007. 5. 31. 선고 2005다56995.
1476) 대법원 2002. 3. 15. 선고 2000다9086.

진다. 이사의 감시의무는 이사회의 추인결의시에도 부담하는 것이므로 그 시정을 지시하였어야 옳기 때문이다. 예컨대, 대표이사가 이미 실행한 부실대출에 대한 이사회의 추인결의시 이사가 선관의무를 다하지 아니하고 찬성한 경우 그 대출로 인하여 발생한 손해에 관하여 책임을 진다.[1477] 다만, 이 경우 단순히 변제기한의 연장에만 찬성한 이사들은 손해배상책임을 부담하지 아니한다. 그러나 기한 연장 당시에는 대출금을 모두 회수할 수 있었으나 기한을 연장함으로써 채무자의 자금 사정이 악화되어 대출금을 회수할 수 없게 된 때에는 배상책임을 진다.[1478]

4) 찬성의 추정

이사회의 결의에 참가한 이사로서 異議를 한 기재가 의사록에 없는 자는 그 결의에 찬성한 것으로 추정한다(제399조 제3항). 이 조항은 찬반사실의 증명책임을 이사에게 전가시키는 것이다. 다만, 이사는 이사회의 불출석 또는 찬성하지 아니한 사실을 증명하여 책임을 면할 수 있다. 그리고 이사회결의에 기권하였다고 의사록에 기재된 이사는 '이의를 한 기재가 의사록에 없는 자'로 볼 수 없다. 따라서 이사회결의에 찬성한 자로 추정하여서는 아니 된다.[1479]

(8) 책임의 범위

1) 손해의 범위(상당인과관계)

이사는 법령이나 정관의 위반 또는 임무를 게을리하여 회사에 부담하는 손해의 범위는 손해배상의 일반원칙에 따라 법령·정관위반 또는 임무해태와 상당인과관계가 있는 손해로 한정된다(통설·판례).[1480] 회사의 계속성에 비추어 법률적 책임을 무한히 연장할 수는 없기 때문이다. 그리하여 理事(甲)가 임무를 게을리하였다고 하더라도 회사의 손해가 그 이후의 다른 이사(乙)의 행위를 원인으로 하는 경우에는 그 부분에 관한 한 이사 甲은 책임을 지지 아니한다. 회사에 발생한 손해와 이사의 행위간의 사이에 상당인과관계가 인정되지 아니하기 때문이다.[1481]

그러나 일단 이사가 임무를 게을리하여 회사에 손해를 입히면, 그 이후 손해

1477) 대법원 2007. 5. 31. 선고 2005다56995.
1478) 대법원 2007. 5. 31. 선고 2005다56995.
1479) 대법원 2019. 5. 16. 선고 2016다260455; 정찬형(2022), 1087면.
1480) 최준선(2024), 556면; 이철송(2024), 836면; 정동윤(2012), 641면; 이·최(2022), 476면; 손주찬(2004), 806면; 김정호(2023), 599면; 대법원 2021. 1. 14. 선고 2017다245279; 2007. 7. 26. 선고 2006다33609.
1481) 대법원 2007. 7. 26. 선고 2006다33609.

의 관리과정에서 손해액이 변동되거나 확정되더라도 당초 이사의 손해배상액의 산정에는 영향이 없다.1482)

2) 손해인식의 원칙

가) 일반적 원칙 이사가 임무해태로 인한 손해배상책임을 지는 경우에 그 손해는 모든 출연행위라고 볼 수는 없다. 그 출연행위와 반대급부에 따른 이익이 있거나 예측가능한 합리적인 이익 예를 들면, 무형의 이익이 있다면 이는 회사에 실질적인 손해를 입혔다고 보기 어렵기 때문이다. 따라서 이러한 이익은 이사의 회사에 대한 손해를 인식함에 있어서 감안되어야 한다.1483)

나아가 손해배상책임을 물음에 있어서는 이사의 직무수행상의 채무는 결과 채무1484)가 아니라, 선관주의의무에 따른 채무를 뜻한다. 그러므로 회사에게 대출금 중 미회수금 손해가 발생하였다는 결과만을 가지고 곧바로 손해를 인식하여서는 아니 된다.1485) 이사가 회사의 업무를 집행하는 과정에서 영리성을 실현하기 위한 危險의 인수 또는 경영상의 冒險은 불가피하기 때문이다.

이에 비하여 기부행위의 요건은 엄격하여야 한다. 예를 들면, 카지노사업자인 甲회사의 이사회가 주주 중 1인인 폐광지역의 乙지방자치단체에게 기부를 하기로 결의한 경우 기부액(예: 150억원)이 甲회사의 재무상태에 비추어 과다하지 않더라도, 기부행위가 폐광지역 전체의 공익증진이나 甲회사의 장기적 이익창출에 그다지 기여하지 않으면, 이사의 선관주의의무위반에 해당한다.1486)

나) 손해배상액의 제한 이사의 임무해태로 인한 모든 손해를 이사만이 책임지도록 하는 것은 불공평한 면이 있다. 회사는 영리성을 실현하기 위한 활동에서의 위험부담을 일체 면할 수 있기 때문이다. 그리하여 대법원은 어느 정도의 책임제한을 인정하며, 그 판단기준을 다음과 같이 제시하고 있다. 즉 '이사가 회사에 부담하는 손해의 범위를 정함에 있어서는, 당해 사업의 내용과 성격, 당해 이사의 임무위반의 경위 및 임무위반행위의 태양, 회사의 손해발생 및 확대에 관여된 객관적인 사정이나 그 정도, 평소 이사의 회사에 대한 공헌도, 임무위반행위로

1482) 대법원 2007. 7. 26. 선고 2006다33609; 2007. 5. 31. 선고 2005다56995.
1483) 대법원 2006. 7. 6. 선고 2004다8272.
1484) 예를 들면, 미회수금 손해 등의 결과가 전혀 발생하지 않도록 하여야 할 채무를 말한다.
1485) 대법원 2006. 7. 6. 선고 2004다8272; 1996. 12. 23. 선고 96다30465·30472.
1486) 대법원 2019. 5. 16. 선고 2016다260455.

인한 당해 이사의 이득유무, 회사의 조직체계의 흠결유무나 위험관리체계의 구축
여부 등 제반사정을 참작하여 손해분담의 공평이라는 손해배상제도의 이념에 비
추어 그 손해배상액을 제한할 수 있다.'[1487] 이때 손해배상액 제한의 참작사유에
관한 사실인정이나 그 제한비율의 결정은 事實審의 전권사항이다.[1488]

(9) 책임의 면제
1) 총주주의 동의

가) 규정과 판례   이사의 회사에 대한 손해배상책임은 의결권 없는 주식을
포함하여 총주주의 동의로 면제할 수 있다(제400조 제1항). 동의는 주주총회의 결
의로 표현되어야 하는 것이 아니므로 개별적인 동의나 묵시의 의사표시로도 가능
하다. 그리고 사실상의 1人주주인 대표이사(甲)로부터 새로운 경영진(乙)이 주식
을 100% 양수하는 때에 당초 약정된 주식양도가액에서 이사의 임무해태로 발생
한 부실채권가액만큼 차감하여 양도금액을 산정한 경우에도 새로운 주주 乙의
묵시적 동의가 있었다고 보고 甲은 免責된다.[1489]

그러나 위와 유사한 사안이지만, A회사가 B회사의 주식을 100% 인수하여 흡
수합병할 때 부실채권을 할인된 비율로 평가하여 인수금액을 정했다는 사정만으
로는 총주주의 묵시적인 의사표시에 의하여 이사 등의 책임이 면제되었다고 볼
수 없다.[1490] 이러한 사정만으로는 주식 전부의 양수인이 이사 등의 책임으로 발
생한 부실채권에 대하여 그 발생과 회수불능에 대한 책임을 이사 등에게 더 이상
묻지 않기로 하는 의사표시를 하였다고 볼 수 없기 때문이다(同判例). 나아가 다수
의 주주(예: 96.25%)가 동의하거나 또는 대표이사가 일반채무면제절차(민법 제506조)
에 의하는 방법으로는 이사의 책임이 소멸되지 아니한다.[1491]

한편 제400조는 집행임원에 대하여도 적용된다(제408조의 9).

나) 취지   이사의 책임을 추궁하기 위한 주주의 提訴權이 단독주주권이 아니
라 대표소송이라는 소수주주권임을 감안하면, 이사의 책임면제에 총주주의 동의

1487) 대법원 2019. 5. 16. 선고 2016다260455; 2014. 4. 10. 선고 2012다82220; 2007. 10. 11.
　　　선고 2007다34746.
1488) 대법원 2014. 4. 10. 선고 2012다82220; 2007. 7. 26. 선고 2006다33609.
1489) 대법원 2008. 12. 11. 선고 2005다51471; 2002. 6. 14. 선고 2002다11441.
1490) 대법원 2008. 12. 11. 선고 2005다51471.
1491) 대법원 2004. 12. 10. 선고 2002다60467·60474.

를 요하는 것은 균형이 맞지 않는 입법이다. 단지 이사에 대한 손해배상청구권은 총주주에게 사실상·경제상 또는 일반적·추상적 이해관계를 갖는 회사의 재산권이므로1492) 총주주의 동의를 요한다고 해석한다.

다) 예외   총주주의 동의에 의한 면제의 예외로서 정기주주총회에서 재무제표를 승인결의를 한 후 2년 내에 다른 결의가 없으면, 이사(또는 감사)의 부정행위가 없는 한 이사(또는 감사)의 책임을 해제한 것으로 본다(제450조). 그리하여 '보통결의'로 이사(또는 감사)의 책임을 면제하게 된다. 이때의 '이사의 책임'은 이미 발생한 책임이며, 장래의 책임은 해제의 대상이 아니다. 그리고 책임해제는 재무제표 등에 그 책임사유가 기재되어 정기총회에서 승인을 얻은 경우에 한정된다.1493) 따라서 금융기관의 대표이사가 충분한 담보를 확보하지 아니하고 동일인 대출한도를 초과하여 대출한 사실이 재무제표에 기재되지 아니한 이상, 정기총회에서 재무제표 등을 승인한 후 2년 내에 다른 결의가 없었다고 하여 대표이사의 손해배상책임이 해제되는 것은 아니다.1494)

'다른 결의'에는 주주총회의 결의, 이사회의 결의나 회사의 소제기 등이 포함된다.

2) 일부이사의 책임면제

책임을 져야 할 이사가 수인(甲, 乙, 丙, 丁)인 때에는 총주주의 동의로 일부이사의 책임만 면제시킬 수도 있다. 이때 면제받은 이사(甲)의 부담부분은 면제받지 못한 다른 이사들(乙, 丙, 丁)이 부담한다.1495) 이사들의 책임은 부진정연대책임으로써 채무면제의 절대적 효력이 없기 때문이다(민법 제419조). 다만, 다른 이사들(乙, 丙, 丁)은 전액배상을 한 후 자신의 부담부분을 초과하여 변제한 부분에 대하여는 그 부담비율에 따라 면제받은 이사(甲)에게 구상할 수 있다.1496)

3) 불법행위책임과의 경합

총주주의 동의로 면제할 수 있는 것은 이사의 회사에 대한 책임(제399조)에 한하며, 민법상의 일반불법행위책임이 면제되는 것은 아니다. 일반불법행위책임을 면제하려면 일반채무면제(민법 제506조)의 절차를 밟아야 한다.1497) 이와 같이 이사

1492) 대법원 2016. 7. 22. 선고 2015다66397; 2001. 2. 28. 자 2000마7839 결정.
1493) 대법원 2007. 12. 13. 선고 2007다60080.
1494) 대법원 2002. 2. 26. 선고 2001다76854.
1495) 대법원 2006. 1. 27. 선고 2005다19378.
1496) 대법원 2006. 1. 27. 선고 2005다19378.
1497) 대법원 1989. 1. 31. 선고 87누760.

의 임무해태가 동시에 不法行爲의 요건을 충족할 경우에는 양 책임이 경합한다. 따라서 어느 하나(예: 제399조)의 책임을 묻는 訴의 제기는 다른 채권 그 자체를 행사한 것은 아니므로 다른 책임(예: 불법행위책임)에 대한 소멸시효를 중단하는 효력은 없다.[1498]

(10) 책임의 시효

이사의 회사에 대한 책임을 법정책임 또는 위임계약의 불이행책임으로 볼 때 그 소멸시효기간은 채권의 일반소멸시효(민법 제162조 제1항) 기간인 10년이다(통설·판례).[1499] 소멸시효의 기산점은 불법행위로 인한 손해배상청구권의 단기소멸시효의 기산점을 원용할 필요가 있다.[1500] 따라서 제399조에 의거한 책임의 시효는 '손해 및 가해자(이사)를 안 날'로부터 진행되며, 통상 대표이사가 이를 안 날을 뜻한다.[1501] 다만, 대표이사(甲)가 회사에 대하여 책임을 지는 때에는 대표이사(甲)가 그로 인한 손해배상청구권을 행사하리라고 기대하기 어려울 뿐만 아니라 일반적으로 대표권도 부인된다.

따라서 이 경우에는 회사의 이익을 정당하게 보전할 권한을 가진 다른 대표이사(乙) 또는 임원(이사 丙·감사 丁) 등이 손해배상청구권을 행사할 수 있을 정도로 이를 안 때에 비로소 소멸시효가 진행된다. 만약 다른 대표이사(乙)나 임원(丙·丁) 등이 대표이사(甲)와 공동행위자인 때에는 그 다른 대표이사(乙)나 임원(丙·丁) 등을 배제하고 단기소멸시효 기산점을 판단하여야 한다(앞의 판례).

(11) 책임의 경감(일부 면제)

1) 원칙

회사는 제400조 제1항의 규정에도 불구하고, 정관이 정하는 바에 따라 이사의 회사에 대한 손해배상책임에 대하여 이사가 법령 또는 정관에 위반한 행위를 하거나 그 임무를 게을리한 날 이전 최근 1년간의 보수액의 6배(사외이사는 3배)를 초과하는 금액에 대하여 면제할 수 있다(제400조 제2항). 즉 그 한도로 이사의 책임

1498) 대법원 2014. 6. 26. 선고 2013다45716; 2002. 6. 14. 선고 2002다11441.
1499) 정찬형(2022), 1093면; 최준선(2024), 560면; 정동윤(2012), 643면; 장덕조(2023), 391면; 정경영(2022), 695면; 대법원 2023. 10. 26. 선고 2020다236848; 2006. 8. 25. 선고 2004다24144; 1985. 6. 25. 선고 84다카1954.
1500) 이철송(2024), 843면; 최준선(2024), 560면.
1501) 대법원 2015. 1. 15. 선고 2013다50435; 2012. 7. 12. 선고 2012다20475.

액을 제한할 수 있는 것이다. 1년간의 보수액에는 제388조에 의거 정관 또는 주주총회의 결의에 의하여 정해지는 보수 이외에 상여금과 주식매수선택권의 행사로 인한 이익 등을 포함한다. 행사를 하지 아니한 평가이익은 포함되지 아니한다.

2) 취지 및 적용제외

가) 고의 또는 과실　　이사의 책임경감제도는 경영위험을 이사와 회사가 분담하고, 경과실로 거액의 손해배상책임을 부담하는 것을 두려워하는 이사의 업무집행이 위축되는 것은 것을 방지하며, 이사회구성에 필요한 인재를 용이하게 확보하는 데 그 취지가 있다. 따라서 이사책임의 경감제도는 이사가 고의 또는 중대한 과실로 회사에 손해를 발생시킨 경우에는 적용되지 아니한다(제400조 제2항).

나) 사익추구행위　　이사의 책임경감제도는 이사가 제397조(경업금지), 제397조의 2(회사의 기회 및 자산유용금지) 및 제398조(자기거래)에 해당하는 행위를 하여 회사에 손해를 입힌 때에도 적용되지 아니한다(제400조 제2항). 여기에서는 ① 제397조 등에 위반한 행위, 즉 제3자의 계산 또는 이사회의 승인 없는 행위를 하여 회사가 손해를 입은 것이 문제되는 것이 아니라, ② 승인유무 등과는 무관하게 이러한 행위로 인하여 회사가 손해를 입은 때에는 제400조 제2항의 면제조항이 적용되지 아니한다는 점에 주의를 요한다.

3) 근거

이사의 책임을 경감하기 위하여는 정관에 규정을 두어야 한다(제400조 제2항). 그리하여 정관에 경감되는 倍數 및 金額을 정하여야 한다. 배수는 '사내이사의 경우 최근 1년간의 보수액의 7배 또는 8배'로 정하는 것과 같다. 사내이사의 경우 '6배', 사외이사의 경우는 '3배' 미만으로 책임경감 배수를 정할 수는 없다. 법문상 '6배', '3배'는 이사의 책임을 제한할 수 있는 최저한계이기 때문이다.

4) 절차

가) 문제의 제기　　회사의 정관은 이사책임면제의 근거 및 범위를 정하는 데 불과하므로 이사책임이 확정된 때에 자동적으로 책임이 일부 면제되는 것은 아니다. 따라서 이사의 회사에 대한 손해배상책임이 확정된 다음 사후적으로 누가 어떠한 절차를 밟아 그 면제의 여부를 결정하여 하여야 하는지에 관하여 견해가 나뉜다.

나) 학설

① **이사회결의설**: 이 학설은 ㉠ 조문의 해석상 그리고, ㉡ 정관에 주주총회의 결의에 의한다는 규정이 없으면 이사회의 결의로 이사의 책임을 일부 면제할 수 있다고 한다.[1502]

② **주주총회의 보통결의설**: 이 학설은 정관에 책임제한규정을 도입할 때 이미 특별결의에 의하여 다수 주주들의 의사를 확인한 이상 구체적인 책임제한에 다시 특별결의를 요할 필요는 없을 것이므로 주주총회의 보통결의로 족하다고 본다.[1503]

③ **주주총회의 특별결의설**: 이 학설은 이사의 책임경감은 회사의 권리를 포기하는 결정이므로 중요의사결정의 일반적 절차라고 할 수 있는 주주총회의 특별결의에 의하여야 한다고 본다.[1504]

다) 사견   이사의 책임경감제도는 이사 상호간 이해를 같이 하는 것으로써 업무집행이나 상호 감시권과 그 성격이 전혀 다르다. 따라서 이를 이사회의 결의로 결정하도록 하는 것은 타당하지 아니하다. 그리고 이 제도는 회사의 재산과 권리를 일부 포기하는 것이므로 주주로서는 중대한 이해관계가 있다고 본다. 따라서 주주총회의 특별결의를 거쳐야 한다고 본다.

한편 이사책임경감 절차에 관한 규정을 두지 아니한 것은 입법의 不備이다. 비교법적으로 일본회사법은 이에 관하여 비교적 상세한 규정을 두고 있다.[1505]

(12) 책임의 이행지체

본래 이행의 기한이 없는 채무는 이행청구를 받은 때부터 지체책임이 있다(민법 제387조 제2항). 채무불이행으로 인한 배상채무가 대표적인 예이다. 제399조에 따른 이사의 회사에 대한 책임은 위임계약의 불이행으로 인한 과실책임인 면도 있다.[1506] 따라서 그에 대한 배상채무는 이행기의 정함이 없는 채무로서 특별한 사정이 없는 한 이사는 이행청구를 받은 때부터 지체책임을 진다.[1507]

1502) 최준선(2024), 558면; 송옥렬(2022), 1089면; 同旨 김·노·천(2024), 505면.
1503) 임재연(2019Ⅱ), 541면; 권기범(2021), 941면; 이종훈(2021), 259면.
1504) 장덕조(2023), 393면; 이철송(2024), 842면.
1505) 일본회사법 제425조 제1항 내지 제3항, 제426조 및 제427조.
1506) 同旨 정찬형(2022), 1085면.
1507) 대법원 2021. 7. 15. 선고 2018다298744; 2021. 5. 7. 선고 2018다275888.

(13) 이사의 형사책임

이사의 임무해태는 제399조의 책임만을 발생시키는 것이 아니라 특별배임죄에 관한 제622조[1508] 및 형법 제356조의 업무상배임죄나 횡령죄[1509]를 구성하게 된다. 제622조와 형법 제356조는 법조경합의 관계에 있으므로 법리적으로는 제622조만이 적용되어야 하는 것으로 보이지만, 대법원은 형법 제356조를 적용하고 있다. 예를 들면, 회사의 이사 등이 보관 중인 회사자금으로 뇌물을 공여하거나 회사자금으로 부정한 청탁을 하고 배임증재를 한 경우에는 업무상횡령죄에 해당한다고 하였다.[1510]

나아가 대법원은 현저하게 불공정한 가액으로 제3자배정방식에 의하여 신주 등을 발행하는 행위는 이사의 임무위배행위에 해당하는 것으로서 그로 인하여 회사에 손해를 입히면 이사에 대하여 배임죄의 책임을 물을 수 있다고 하였다.[1511] 다만, 이사가 주주배정의 방법으로 신주를 발행하는 때에는 원칙적으로 액면가를 하회하여서는 아니 된다는 제약(제330조·제417조) 외에는 경영판단에 따라 자유로이 그 발행조건을 정할 수 있으므로, 시가보다 낮게 발행가액 등을 정함으로써 주주들로부터 가능한 최대한의 자금을 유치하지 못하였다고 하여 배임죄의 구성요건인 임무위배, 즉 회사의 재산보호의무를 위반한 것은 아니다.[1512]

이러한 현상은 특정경제범죄 가중처벌 등에 관한 법률 제3조상 '특정재산범죄의 가중처벌의 대상'에서 제622조를 제외하고 있기 때문에 나타나는 것이다. 그러나 형사처벌을 과다하게 하면 상법상 각종 규정에도 불구하고, 이사의 경영활동이 위축될 수 있으므로 행위유형별로 형사책임의 기준을 정교하게 하여야 하고, 포괄적인 형식을 띠어서는 아니 된다.

1508) 제622조 제1항: 회사의 발기인, 업무집행사원, 이사, 집행임원, 감사위원회 위원, 감사 또는 제386조 제2항, 제407조 제1항, 제415조 또는 제567조의 직무대행자, 지배인 기타 회사영업에 관한 어느 종류 또는 특정한 사항의 위임을 받은 사용인이 그 임무에 위배한 행위로써 재산상의 이익을 취하거나 제3자로 하여금 이를 취득하게 하여 회사에 손해를 가한 때에는 10년 이하의 징역 또는 3천만원 이하의 벌금에 처한다.
제2항: 회사의 청산인 또는 제542조 제2항의 직무대행자, 제175조의 설립위원이 제1항의 행위를 한 때에도 제1항과 같다.
1509) 업무상의 임무에 위배하여 제355조(횡령, 배임)의 죄를 범한 자는 10년 이하의 징역 또는 3천만원 이하의 벌금에 처한다.
1510) 대법원 2013. 4. 25. 선고 2011도9238.
1511) 대법원 2009. 5. 29. 선고 2007도4949.
1512) 대법원 2009. 5. 29. 선고 2007도4949.

3. 제3자에 대한 책임

(1) 의의

대표이사가 그 업무집행으로 인하여 타인에게 손해를 가한 때에는 회사와 대표이사는 연대하여 배상할 책임이 있다(제389조 제3항·제210조). 이는 불법행위 책임이다. 이 밖에도 이사가 고의 또는 중대한 과실로 인하여 그 임무를 게을리한 때에는 그 이사는 제3자에 대하여 연대하여 손해를 배상할 책임이 있다(제401조 제1항).

(2) 입법취지

이사는 회사에 대한 수임자로서 선관주의의무를 질 뿐 제3자와 직접적인 법률관계를 갖지 아니한다. 그러므로 임무를 게을리함으로 인하여 제3자에게 책임을 진다는 것은 이례적인 일이다. 그러나 상법은 주식회사가 경제생활에서 다수인과 이해관계를 맺는 중요한 위치에 있고, 주식회사의 활동은 이사의 직무수행에 의존하고 있기 때문에 그 직무수행의 결과로 제3자에게 손해를 입힌 때에는 이사의 책임을 인정하여 제3자를 보호하고 있다.[1513]

(3) 책임의 성질

이사의 제3자에 대한 책임의 성질에 관하여는 학설이 갈린다.

1) 학설

가) 법정책임설   이 학설은 이사의 제3자에 대한 책임은 법률이 제3자 보호를 위하여 특별히 인정한 책임이라고 한다.[1514] 이 견해는 이사의 제3자에 대한 책임을 민법상 불법행위책임과는 별개의 책임으로 보므로, 민법상 불법행위책임과의 경합을 인정한다. 그리고 고의 또는 중과실은 회사에 대한 이사의 임무해태에 존재하면 족하다고 한다. 이사의 책임의 소멸시효기간은 일반채권과 같은 10년이라고 한다(통설).

나) 불법행위책임설   이 학설은 이사의 제3자에 대한 책임은 불법행위의 요건 중에서 경과실을 면제한 불법행위책임이라고 한다.[1515] 불법행위책임설은 다시 불법행위특칙설과 특수불법행위책임설로 나뉜다.

1513) 대법원 1985. 11. 12. 선고 84다카2490.
1514) 이철송(2024), 846면; 정동윤(2012), 644면; 정찬형(2022), 1100면; 최기원(2012), 697면; 권기범(2021), 944면; 김정호(2023), 612면.
1515) 서·정(1999), 455면.

① 불법행위특칙설

이 학설은 민법상 불법행위책임과의 경합을 인정하지 않는다. 그리고 제3자에 대한 가해행위에 이사의 고의·중과실이 존재하여야 한다고 한다. 그리하여 민법 제750조와 비교하여 이사의 책임이 경감된다. 제3자의 손해는 직접손해에 한하며, 이사의 책임의 소멸시효기간은 불법행위책임과 같이 3년이라고 한다. 현재 우리나라에서 이 견해를 취하는 학자는 없다.

② 특수불법행위책임설

이 학설은 책임의 소멸시효기간을 3년으로 보고 있는 점 이외에는 법정책임설과 내용이 같다. 그러므로 민법상 불법행위책임과의 경합을 인정하는 점도 법정책임설과 같다.

다) 학설상 차이 법정책임설과 특수불법행위책임설은 일반불법행위책임과의 경합을 인정하고 있지만, 불법행위특칙설은 일반불법행위책임과의 경합을 인정하지 아니한다. 그리고 법정책임설은 이사책임의 소멸시효기간을 10년으로 보지만, 불법행위특칙설과 특수불법행위책임설은 3년으로 본다.

2) 판례

대법원은 "이사의 제3자에 대한 손해배상책임은 제3자를 보호하기 위하여 상법이 인정하는 특수한 책임이라는 점을 감안할 때, 일반채권으로서 그 소멸시효기간은 10년"이라고 하여 법정책임설을 취한다.[1516]

3) 사견

이사의 제3자에 대한 책임은 이사가 직접 제3자와의 관계에서 고의 또는 중과실로 인하여 부담하는 책임이 아니다. 그러므로 이 책임의 성질은 일반불법행위책임과 다르고 제3자를 보호하기 위한 상법상 특별책임으로 본다(법정책임설).

1516) 대법원 2008. 2. 14. 선고 2006다82601; 2006. 12. 22. 선고 2004다63354.

[표 6] 이사의 제3자에 대한 책임에 관한 학설상 차이

학 설	법정책임설	특수불법행위책임설	불법행위특칙설
책임의 성질	제3자를 보호하기 위하여 상법이 인정한 특별책임	민법상 일반불법행위 요건으로 규율할 수 없는 경우, 제3자를 보호하기 위하여 이사책임을 강화한 특수한 불법행위책임	민법상 일반불법행위성립요건에서 경과실을 제외, 이사의 책임을 경감한 불법행위특칙
고의 또는 중과실	임무해태에만 있으면 족함		임무해태 및 가해행위에 있어야 함
손해의 범위	직접손해·간접손해(판례는 주주 제외) 불문		직접손해
제3자의 범위	주주 포함(판례는 간접손해를 입은 주주 제외)		
민법상 불법행위 책임과의 경합	경합인정		경합불인정
소멸시효기간	10년(민법 제162조 제1항)	3년(민법 제766조 제1항)	

(4) 책임의 원인

1) 고의 또는 중과실

제401조는 이사가 '고의 또는 중대한 과실로 인하여 임무를 게을리한 때'라고 규정하고 있다. 고의란 임무를 게을리한 것을 아는 것을 말하고, 중과실은 현저한 부주의로 임무를 게을리한 것을 알지 못하는 것을 말한다.

이사의 고의 또는 중과실은 제3자에 대한 가해행위에 관하여 요구되는 것이 아니라 회사의 임무에 관하여 요구된다. 예를 들면, 주식청약서(제302조) 또는 사채청약서(제474조)의 기재사항을 허위로 작성하는 경우를 들 수 있다. 고의 또는 중과실에 대한 입증책임은 제3자가 부담한다.

2) 임무해태

가) 개념   임무를 게을리한다고 함은 이사의 회사에 대한 책임(제399조 제1항)과는 달리 선관주의의무를 위반한 경우뿐만 아니라 법령 또는 정관에 위반하는 행위를 포함한다. 회사가 제3자에 대하여 부담하는 채무의 이행을 이사가 게을리함으로써 제3자에게 손해를 입힌 경우에는 제401조의 임무해태에 해당하지 아니한다. 즉 통상의 거래행위로 인하여 부담하는 회사의 채무를 이행할 능력이 있

었음에도 단순히 그 이행을 지체하고 있는 사실로 인하여 상대방에게 손해를 끼치는 사실만으로는 이를 임무를 해태한 위법한 경우라고 할 수 없지만, 이사의 선관의무를 위반한 행위로서 위법성이 있는 경우에는 고의 또는 중대한 과실로 그 임무를 해태한 경우에 해당한다.[1517]

나) 감시의무위반 또는 배임적 행위 등　제401조는 이사의 감시의무를 소홀히 한 이사에 대하여도 적용된다. 그리하여 대표이사가 다른 이사의 업무집행이 위법하다고 의심할 만한 사유가 있음에도 이를 방치한 경우, 그로 인하여 제3자가 입은 손해에 대하여 배상책임을 진다.[1518] (대표)이사가 이사 또는 감사 등에게 업무 일체를 위임하고, 이사로서의 직무를 전혀 집행하지 아니한 방임행위는 위법성이 있고, 그로 인하여 제3자에게 손해를 발생시킨 때에는 제401조의 책임을 부담한다.[1519] 이사가 분식회계에 가담한 경우에도 마찬가지이다.[1520] 또 부동산의 매수인인 회사의 대표이사가 매도인과의 사이에 매매잔대금의 지급방법으로 매수부동산을 금융기관에 담보로 제공하여 그 대출금으로 잔금을 지급하기로 약정하였으나, 대출 후 대출금 중 일부만을 매매잔대금으로 지급하고 나머지는 다른 용도로 사용하여 결과적으로 매도인이 손해를 입은 경우에도 제401조의 책임이 인정된다.[1521]

어음이 결제되지 않을 가능성이 있음을 쉽게 예견할 수 있었음에도 불구하고 어음을 발행하거나,[1522] 회사의 경영상태로 보아 계약상 채무의 이행기에 이행이 불가능하거나 불가능할 것을 예견할 수 있었음에도 이를 감추고 상대방과 계약을 체결하고 일정한 급부를 미리 받았으나 그 이행불능이 된 경우와 같이 회사가 제3자에 대하여 사기 또는 배임적 행위를 하는 때에도 제401조의 책임이 인정된다.[1523]

그러나 회사(A)가 舊회사채의 상환자금(예: 10억원)을 마련하기 위하여 新회사채(예: 10억원)를 발행(借換發行)하고, 구회사채를 지급보증한 금융기관(B)이 신회사

1517) 대법원 2006. 8. 25. 선고 2004다26119; 2002. 3. 29. 선고 2000다47316.
1518) 대법원 2008. 9. 11. 선고 2006다68636.
1519) 대법원 2010. 2. 11. 선고 2009다95981; 2003. 4. 11. 선고 2002다70044.
1520) 대법원 2008. 1. 18. 선고 2005다65579.
1521) 대법원 2002. 3. 29. 선고 2000다47316.
1522) 대법원 2003. 4. 11. 선고 2002다70044.
1523) 대법원 1985. 11. 12. 선고 84다카2490.

채를 다시 지급보증한 경우, 그 발행으로 마련한 자금으로 구회사채채무(예: 10억 원)가 소멸하였다면 두 번째 지급보증으로 금융기관(B)에는 새로운 손해가 발생하였다고 볼 수 없고, 금융기관의 대표이사(甲)는 제401조에 의한 책임을 지지 아니한다.[1524]

(5) 불법행위책임과의 경합

법정책임설은 이사의 책임이 불법행위와는 관계가 없기 때문에 이사가 불법행위의 요건까지 갖추면 불법행위책임과의 경합을 인정한다. 특수불법행위책임설 역시 양자의 경합을 대부분 인정한다. 제401조의 책임이 경과실을 제외하므로 일반불법행위책임을 배제한다고 해석하면 오히려 이사의 책임이 경감될 수 있기 때문이다.

(6) 직접손해와 간접손해

이사는 제3자에게 발생한 直接損害뿐만이 아니라 間接損害도 배상해야 한다. 직접손해는 이사의 임무해태로 직접 제3자가 입은 손해를 말한다. 예를 들면, ① 이사가 작성한 허위의 사채청약서나 주식청약서 또는 부실공시를 믿고 제3자가 사채나 주식을 인수하거나 매도할 기회를 잃어 손해를 입은 경우,[1525] ② 도산이 불가피한 상황에 있는 회사가 분식회계를 통하여 제3자의 대출 또는 지급보증을 받아 그 제3자에게 손해를 입힌 경우[1526]와 같다.

간접손해는 이사의 임무해태로 우선 회사가 손해를 입고, 그 결과 다른 제3자가 입은 손해를 말한다. 예를 들면, 이사의 임무해태(예: 회사재산횡령)로 회사재산이 감소하여 회사가 손해를 입고 결과적으로 회사채권자가 입는 손해(예: 채권회수불능) 또는 주주의 경제적 이익이 침해되는 손해와 같다.[1527]

(7) 제3자의 범위

1) 문제의 제기

제401조 제1항의 제3자의 범위에는 주주, 주식인수인, 회사채권자 및 이해관

1524) 대법원 2008. 2. 28. 선고 2005다60369; 2007. 6. 28. 선고 2006다52259.
1525) 대법원 2012. 12. 13. 선고 2010다77743; 서울고법 2006. 9. 13. 선고 2006나14648; 유주선(2016), 466면.
1526) 대법원 2007. 6. 28. 선고 2006다52259.
1527) 대법원 2012. 12. 13. 선고 2010다77743 참조; 유주선(2016), 467−479면.

계인이 포함되는 것이 원칙이다. 다만, 간접손해를 입은 주주도 '제3자'에 포함되는지에 대하여 견해가 나뉜다. 예를 들면, 이사가 회사재산을 횡령하여 회사의 재산이 감소함으로써 회사가 손해를 입고 주가가 하락하거나 이익배당 등을 받지 못함으로써 주주가 손해를 입은 경우와 같다.

2) 학설

가) 불포함설 이 학설은 주주가 제3자의 자격에서 입은 간접손해에 대하여는 이사의 책임을 직접 추궁할 수 없다고 한다. 주요 논거는 ① 회사가 제399조에 의한 손해의 배상을 받음으로써 주주의 손해는 간접적으로 전보되고, ② 주주의 간접손해도 제3자에 포함시키면 주주가 회사채권자를 우선하여 변제를 받는 결과가 되며, ③ 주주가 대표소송(제403조)을 통하여 회사의 손해를 회복시키면 주주의 손해는 전보될 수 있다는 점에 있다(소수설).[1528]

나) 포함설 이 학설의 주요논거는 ① 대표소송권과 제401조에 의한 권리는 그 요건이 서로 달라 이를 별도로 인정할 실익이 있고, ② 대표소송으로 구제받을 수 없는 손해도 있을 수 있다는 점에 있다. 따라서 간접손해를 입은 주주도 제3자의 범위에 포함된다고 한다(다수설).[1529]

3) 판례

대법원은 불포함설을 취하고 있다. 그리하여 이사가 회사재산을 횡령하여 회사재산이 감소함으로써 회사가 손해를 입고 주가가 하락하더라도 이사는 이에 대한 책임을 지지 아니한다고 본다.[1530] 다만, 회사재산을 횡령한 이사가 악의 또는 중대한 과실로 부실공시를 하였는데, 재무구조 악화사실이 시장에 알려지지 아니함으로써 매수인이 그 사실을 모른 채 주식을 취득하였다가 그 후 그 사실이 증권시장에 공표되어 주가가 하락한 때에는 직접손해에 해당한다고 판시하고 있다.[1531] 이는 직접손해의 범위를 확장한 판례로서 의미가 있는 것으로 평가된다.

4) 사견

가) 해석론 손해유형을 불문하고 제3자의 범위에는 주주나 주식인수인도

1528) 최준선(2024), 568면; 서·정(1999), 468면; 안택식(2012), 367면.
1529) 이철송(2024), 848면; 정찬형(2022), 1101면; 정동윤(2012), 645면; 최기원(2012), 703면; 정경영(2022), 700면; 김정호(2023), 614면; 권기범(2021), 947면.
1530) 대법원 2012. 12. 13. 선고 2010다77743; 1993. 1. 26. 선고 91다36093.
1531) 대법원 2012. 12. 13. 선고 2010다77743.

포함된다고 본다. 대표소송은 단독주주권이 아니므로 제소요건에 제한이 있고, 담보가 요구될 수 있으므로 용이한 구제수단이 아니기 때문이다. 또 대표소송으로 구제받을 수 없는 손해도 있을 수 있다. 예를 들면, 이사가 제3자에게 주식을 저가로 발행하는 경우, 기존 주주의 소유주식은 權利落으로 인하여 주가가 하락하고 주주는 손해를 입게 된다. 그러나 이 경우는 이사가 제399조나 제403조에 의하여 당연히 손해배상책임을 진다고 볼 수는 없다(포함설).

나) 불공정한 가액으로 주식을 인수한 자의 책임과의 관계　　제424조의 2 제1항은 불공정한 가액으로 신주를 인수한 자의 책임을 규정하고 있고,[1532] 동조 제3항은 '제1항의 규정은 이사의 회사 또는 주주에 대한 손해배상책임에 영향을 미치지 아니한다.'고 명시하고 있다. 여기에서의 '주주에 대한 손해배상책임'은 신주인수인이 불공정가액(예: 時價 10,000원 vs. 신주인수가액 1,000원)으로 인수함으로써 주주가 입은 손해를 말하므로, 이는 명백한 간접손해이며, 제401조 이사의 책임을 전제로 하는 것이다.[1533]

다) 폐쇄회사 및 이익충돌방지규정과의 관계　　이사의 행위로 인하여 회사와 주주 쌍방이 손해를 입은 경우에 제399조나 제403조에 의하여 자동적으로 회사의 손해를 회복시키고 주주의 손해는 전보될 수 있는 것은 아니다. 예를 들면, ① 폐쇄회사의 경우 주주가 대표소송에서 승소한다고 하더라도 회사가 이사의 재산을 강제집행할 수 있는지 의문이고, ② 이사와 지배주주가 일체형인 폐쇄회사인 경우 대표소송으로 소수주주에 대한 가해행위를 구제한다고 하더라도 가해행위가 반복되면 구제의 실효성을 거두기 어렵고, ③ 이사의 이해충돌방지규정의 위반행위로 회사와 주주에게 손해가 발생하였음에도 주주가 구제를 받을 수 없다는 것은 불합리하므로 제401조에 의한 이사의 책임을 인정하여야 한다.

(8) 책임의 확장

퇴임이사(제386조 제1항)나 일시이사(제386조 제2항)는 임시적이기는 하지만, 이사로서의 업무를 수행하기 때문에 제401조에 의거한 책임을 진다. 책임을 져야 하는 이사의 행위가 이사회의 결의에 의한 것인 때에는 그 결의에 찬성한 이사도

1532) 제424조의 2(불공정한 가액으로 주식을 인수한 자의 책임) ① 이사와 통모하여 현저하게 불공정한 발행가액으로 주식을 인수한 자는 회사에 대하여 공정한 발행가액과의 차액에 상당한 금액을 지급할 의무가 있다.

1533) 同旨 이철송(2024), 849면.

연대하여 책임을 진다(제401조·제399조 제2항). 그리고 이사회의 의사록에 이의를 한 기재가 없는 때에는 찬성한 것으로 추정한다(제401조·제399조 제3항).

(9) 책임의 시효

이사의 제3자에 대한 책임은 법정책임이므로 회사에 대한 책임과 같이 일반 채권의 소멸시효기간인 10년의 시효에 걸린다(민법 제162조 제1항).1534)

4. 업무집행지시자 등의 책임

(1) 의의

理事는 자신의 任務懈怠를 이유로 회사 또는 제3자에 대해 손해배상책임을 부담한다(제399조·제401조). 이 책임은 이사라는 회사조직의 구성원으로서 업무집행을 하는 자에게 묻는 것이다.

그러나 이사와 같은 회사법상 회사조직의 구성원은 아니지만, 회사내부에서 사실상의 힘을 갖는 자는 그 힘을 원천으로 이사에게 업무집행을 지시하거나 혹은 이사의 이름으로 직접 업무를 집행함으로써 회사에 손해를 입힐 수도 있다. 이러한 현상은 이사 선·해임시 영향력을 행사할 수 있는 지배주주가 존재하는 회사에서 발생하기 쉽다. 그리하여 1998년 개정상법은 독일주식법 제117조의 '영향력행사자'1535) 내지 2006년 영국회사법 제251조의 배후이사(shadow director)1536)와 같이 회사법상 이사가 아니면서 업무집행을 지시한 자 등에 대하여 책임을 묻는 제도를 도입하였다(제401조의 2).

한편 제401조의 2는 집행임원에 대하여도 적용된다(제408조의 9).

(2) 유형

1) 상법의 규정

제401조의 2에 의거한 책임발생의 유형은 세 가지이다. 즉 ① 회사에 대한 자신의 영향력을 이용하여 이사에게 業務執行을 指示하거나(업무집행지시자), ② 이사의 이름으로 직접 회사의 업무를 집행하거나(무권대행자), ③ 이사가 아니면서 명예회장·회장·사장·부사장·전무·상무·이사 기타 회사의 업무를 집행할 권한이

1534) 대법원 2008. 1. 18. 선고 2005다65579; 2006. 12. 22. 선고 2004다63354.
1535) 권기범(2021), 950면.
1536) Eilis Ferran·Look Chan Ho(2014), p.298; Peter Loose·Michael Griffiths·David Impey(2015), pp.317-318; Lee Roach(2022), pp.183-186.

있는 것으로 인정될 만한 명칭을 사용하여 회사의 업무를 집행한 자(표현이사)는 그 지시하거나 집행한 업무에 관하여 제399조(회사에 대한 책임), 제401조(제3자에 대한 책임), 제403조(주주의 대표소송) 및 제406조의 2(모회사주주의 다중대표소송)의 적용에 있어서 理事로 본다(제401조의 2 제1항). 그리하여 업무집행지시자 등은 이사와 같이 회사 또는 제3자에 대한 손해배상책임을 지고 (다중)대표소송의 상대방이 될 수 있다.

2) 업무집행지시자

가) 개념 및 취지 업무집행지시자는 회사에 대한 자신의 영향력을 이용하여 이사에게 업무집행을 지시한 자를 말한다. 업무집행지시자는 그 지시한 업무에 관하여 理事로 간주한다(제401조의 2 제1항 제1호). 支配株主와 같이 회사의 업무집행의 실질적인 주체이면서도 법상의 책임에서 제외되는 자를 책임주체로 부상시키기 위하여 理事로 보는 것이다. 이는 회사의 조직구성원이 아닌 자에게 책임을 묻는 것으로써 이례적인 제도이다. 과거 우리나라의 경영행태에 폐단이 심각하였음을 나타내는 것이다.

나) 요건

① 회사에 대한 영향력

ㄱ. **영향력의 정의**: 제401조의 2 제1호에 의거, 책임을 추궁함에 있어서는 '영향력'의 행사에 관한 증명 여부가 성패를 좌우한다. 그러나 영향력은 '어떤 사물의 효과나 작용이 다른 것에 미치는 힘, 또는 그 크기나 정도'라는 語義에서 보듯이, 이를 법적으로 정의하여 그 경계를 확정하기가 매우 어렵다. 다만, '지배주주 등이 자신이 의도하는 바대로 회사의 의사결정을 유도할 수 있는 사실상의 힘'을 의미한다는 점에는 이론이 없다.

ㄴ. **영향력 보유자의 범위**

a. **문제의 제기**

회사에 대한 영향력을 보유한 자는 자연인에 한하지 아니하고, 회사의 母會社 또는 지배적 지분을 가진 법인도 포함된다.[1537] 다만, 영향력에 관한 법적인 정의를 명확하게 내리기 어려운 만큼 영향력 보유자의 범위에 대한 견해가 나뉜다.

1537) 대법원 2006. 8. 25. 선고 2004다26119.

b. 학설

우선 擴張說은 영향력의 정의가 그러하다면 다양한 유형의 영향력 보유자가 존재할 수 있다고 한다. 그리하여 제401조의 2는 주로 지배주주를 겨냥하여 만들어졌지만, 회사의 채권자나 지속적인 거래에서 우월한 지위를 갖는 자(예: 하청업체에 대한 도급기업)도 영향력을 가진 자가 될 수 있다고 한다. 공법적이거나 정치적으로 우월한 힘을 가진 자도 제401조의 2의 적용대상이 될 수 있다고 한다. 그리고 영향력의 보유는 계속적이어야 하는 것은 아니고, 일시적이더라도 적용대상으로 본다(소수설).[1538] 狹義說은 제401조의 2의 입법배경이 지배주주·1인주주·대주주 등 주식소유에 의거하여 회사 경영에 영향력을 행사하는 자가 법률상의 이사가 아니면서 업무지시를 하는 것에 대하여 책임을 묻는 데에 있으므로 영향력 보유자의 범위를 좁게 보아야 한다고 본다.[1539] 그리하여 주거래은행, 노동조합 또는 도급업체 등은 포함되지 아니한다. 그리고 이러한 자의 지시는 1회에 한하는 것이 아니라 통상적·관행적인 것이어야 한다고 본다(다수설).

c. 판례

한국전력공사의 전기요금인상사건에서 소수주주들은 공사의 요금결정에 행정지도를 통하여 관여한 정부에 대하여 제401조의 2 제1항 제1호 및 제399조 제1항의 책임을 물었는데, 하급심 법원은 적법한 행정지도라고 판단하여 청구를 배척하였다.[1540] 이 점에서 보면 판례는 狹義說을 취하는 것으로 보인다. 이 판례와 관련하여서는 지배주주가 주주총회에서 의결권의 행사를 통하여 영향력을 행사하는 것은 정당한 주주권의 행사이므로, 이를 통하여 지배주주가 사익을 추구하더라도 제401조의 2에 의한 책임을 물을 수 없다는 견해도 있다.[1541]

d. 사견

제401조의 2는 회사법상의 조직구성원은 아니지만, 사실상의 힘을 원천으로 업무를 지시하는 자이거나 비법률적인 수단을 이용하여 영향력을 행사하는 자에게 책임을 묻는 조문이다. 따라서 정치가나 정부관료 등 지배주주 이외의 자가

1538) 이철송(2024), 855면.
1539) 정찬형(2022), 1089면; 권기범(2021), 952면; 정동윤(2012), 649면; 송옥렬(2022), 1103면; 최준선(2024), 572면; 손주찬(2004), 814면; 장덕조(2023), 401면; 정경영(2022), 703면.
1540) 서울중앙지법 2012. 10. 5. 선고 2012가합1011.
1541) 송옥렬(2022), 1103면.

금융기관에 압력을 가하여 일시적으로 대출을 강요하는 행위도 영향력 보유자의 범위에 포함된다고 본다(廣義說). 또 위 하급심의 판단에도 불구하고 금융·통신·철강분야 등 유사한 분쟁이 발생할 수 있는 분야와 사안이 상당하다는 현실을 간과하여서는 아니 된다. 특히 한계를 일탈한 행정지도로 인하여 상대방이나 회사에 손해가 발생한 경우1542)에는 제401조의 2에 의한 책임이 인정된다고 본다.

② 업무집행의 지시

제401조의 2 제1항 제1호는 회사에 대하여 영향력을 가진 자가 자신의 영향력을 이용하여 이사에게 업무집행을 지시한 자를 책임주체로 보고 있다. 그런데 '指示'한다는 의미는 법적인 지휘·감독관계에 있을 때 가능한 표현이다. 이 때문에 여기에서의 '지시'는 기술한 영향력을 행사하는 것을 뜻한다. 영향력을 가진 자에 대한 책임을 물음에 있어서는 '사익추구'를 요건으로 하지 아니한다. 이를 요건으로 할 때에는 업무집행지시자의 면책의 가능성을 부당하게 넓혀줄 수 있기 때문이다. 지시의 존재에 대한 입증책임은 원고에게 있는데, 입증을 위하여는 서류 또는 기록 등의 존재가 요구된다.

③ 이사의 업무집행과 책임발생

제401조의 2에 의하여 업무집행지시자에게 책임을 묻기 위하여는 지시가 구속력을 가져야 한다. 그리고 이사가 그 지시에 복종하여 업무를 집행한 것이 임무해태에 해당하고 회사나 제3자에게 손해를 입히는 등 제399조 또는 제401조의 책임요건을 구비하여야 한다. 이사의 업무집행이 정당하다면 영향력 행사자의 책임을 물을 필요가 없다. 따라서 지배주주 등이 자문에 응하여 의견을 표명하거나 참고자료를 제공하는 데 그쳤음에도 불구하고 이사 등이 자율적으로 이에 복종한 때에는 제401조의 2에 의한 책임을 물을 수 없다.

다) 책임 : 회사 또는 제3자에 대하여 이사로 간주   이상의 요건을 충족하면 업무집행지시자는 제399조(이사의 회사에 대한 손해배상책임), 제401조(제3자에 대한 책임), 제403조(대표소송) 및 제406조의 2(다중대표소송)의 적용에 있어 이사로 본다. 제399조와 제401조를 적용함에 있어 업무집행지시자를 理事로 본다고 함은, 업무집행지시자의 지시를 받은 理事의 업무집행으로 인하여 회사 또는 제3자가 손해

1542) 대법원 2008. 9. 25. 선고 2006다18228 참조.

를 입을 경우 그 손해에 관하여 업무집행지시자에게도 그 배상책임을 묻는다는
의미이다. 그리하여 이사와 업무집행지시자는 회사 또는 제3자에 대하여 연대하
여 손해배상책임을 진다(제401조의 2 제2항).

3) 무권대행자

무권대행자라 함은 법률상 理事가 아니면서 '理事(예: 명목상 이사)의 이름으로
직접 업무를 집행한 자'를 말한다. 무권대행자도 업무집행지시자와 같이 제399조,
제401조, 제403조 및 제406조의 2의 적용에 있어서 이사로 보기 때문에 책임주체
가 된다(제401조의 2 제1항 제2호). 다만, 법문에서는 무권대행자의 영향력의 행사를
요건으로 하지 않고 있지만, 제401조의 2 제1항 제2호는 제1호의 업무집행지시자
의 요건을 구비하는 자가 이사에게 지시하는 대신 자신의 영향력을 이용하여 이
사의 이름으로 직접 업무를 집행한 자를 뜻한다(통설·판례).[1543] 그 예로는 지배주
주가 계열회사 이사의 인감을 보관하면서 직접 그 이사의 명의로 업무를 집행하
는 자를 들 수 있다. 이때 진정한 이사의 개인적인 위임이 있었는지의 여부는 묻
지 아니한다.

무권대행자에게 제399조 또는 제401조를 적용하려면 임무해태라는 요건을
충족하여야 하는데, 무권대행자는 조직법상의 지위를 갖지 아니하는 자이므로 회
사에 대하여 임무를 해태한다는 일은 있을 수 없다. 이는 입법의 착오이다.

4) 표현이사

가) 개념   표현이사라 함은 법률상 이사가 아니면서 명예회장, 회장, 사장,
부사장, 전무, 상무 기타 회사의 업무를 집행할 권한이 있는 것으로 인정될 만한
명칭을 사용하여 회사의 업무를 집행한 자를 말한다. 표현이사가 회사의 업무를
집행한 때에는 그 집행한 업무에 관하여는 제399조, 제401조, 제403조 및 제
406조의 2를 적용함에 있어 이사로 본다(제401조의 2 제1항 제3호). 다만, 표현이사의
명칭은 제3호에서 열거하는 것 이외에 그룹 기획조정실장 또는 비서실장 등 회사
의 업무를 집행할 것으로 인정되는 명칭이라면 그에 해당한다(통설·판례).[1544] '대우

1543) 이철송(2024), 859면; 송옥렬(2022), 1103면; 정찬형(2022), 1089면; 김·노·천(2024),
      516면; 장덕조(2023), 402면; 대법원 2009. 11. 26. 선고 2009다39240.
1544) 김·노·천(2024), 517면; 최준선(2024), 574면; 손주찬(2004), 816면; 정동윤(2012), 649
      면; 최기원(2012), 710면; 송옥렬(2022), 1104면; 서울고법 2009. 5. 8. 선고 2008나
      103443.

이사', '집행임원'이라는 직책으로 근무하면서 동시에 여신심의위원회와 경영위원
회의 위원인 자 역시 표현이사에 해당한다.[1545)

나) 요건: 영향력의 행사 불요　표현이사의 책임을 물음에 있어서는 업무집
행지시자와 달리 영향력의 행사를 요건으로 하지 않는다. 직명(예: 임원인 (비등기)이
사) 자체에 업무집행권이 표상되어 있어 그에 더하여 회사에 영향력을 가진 자일
것까지 요건으로 할 필요가 없기 때문이다.[1546) 즉 실제로 회사에 대한 막강한 영
향력까지 요구하는 것은 아닌 것이다.[1547) 그리고 제3호는 회장 또는 전무 등의
직명을 사용하여 업무를 집행한 것에 관하여 이사와 동등한 책임을 묻는 제도이
므로, 실제로 이사와 동등한 권한이 있을 것까지는 요하지 않는다.[1548)

한편 표현이사 역시 회사법상 조직구성원이 아니므로 회사에 대한 '임무해태'
란 있을 수 없다. 이 때문에 제399조와 제401조를 적용함에 있어서는 무권대행자
에서 볼 수 있는 바와 같은 문제가 생긴다. 역시 불법행위책임을 주의적으로 규
정한 것으로 보아야 한다.

다) 감시의무　표현이사는 회사법상 기관이거나 조직구성원이 아니므로 감시
의무가 없다. 다만, 표현이사가 회사내부, 그리고 일정한 범위 내에서 조직을 관
리하면서 업무를 집행하였다면, 그 조직 내의 종업원들의 임무해태는 표현이사의
과실을 구성하므로 종업원들에 대한 감독책임을 진다.[1549) 즉 이사로서의 감시의
무를 부담하는 것이다.[1550)

라) 표현대표이사와의 비교　표현이사와 표현대표이사(제395조)는 서로 다른
제도이다. 즉 ① 표현이사는 개인에게 행위책임을 묻기 위한 것이고, 표현대표이
사는 외관창출에 대한 회사의 책임을 묻기 위한 제도이다. 따라서 표현이사에 대
하여는 제401조의 2 제1항에 의거 (다중)대표소송을 제기할 수 있지만, 표현대표
이사에 대하여는 제기할 수 없다. ② 표현이사는 자신의 행위에 대한 책임을 지

1545) 대법원 2019. 1. 17. 선고 2016다236131.
1546) 대법원 2009. 11. 26. 선고 2009다39240.
1547) 서울고법 2009. 5. 8. 선고 2008나103443. 이는 위 2009다39240의 원심판결이다.
1548) 이철송(2024), 834면; 송옥렬(2022), 1105면; 서울중앙지법 2009. 1. 9. 선고 2006가합
7871.
1549) 서울중앙지법 2009. 1. 9. 선고 2006가합7871.
1550) 대법원 2019. 1. 17. 선고 2016다236131('대우이사', '집행임원'이라는 직책으로 근무하
면서 동시에 여신심의위원회와 경영위원회의 위원인 자의 사례).

도록 하는 것이고, 표현대표이사는 외관법리에 따라 외관을 신뢰한 자를 보호하기 위한 제도이다. 따라서 이사의 선임결의가 무효 또는 취소된 경우 그 결의에 의하여 이사로 선임되어 직무를 수행한 자에 대하여는 종전의 판례와 같이 표현대표이사로 볼 여지가 있으나(私見支持),[1551] 표현이사로 볼 수는 없다.

(3) 책임의 성질

1) 문제의 제기

제401조의 2 제1항은 명문으로 업무집행지시자 등에게 제399조와 제401조의 요건인 임무해태를 요구하지는 않는다. 그리하여 업무집행지시자 등이 부담하는 책임의 성질이 무엇인가에 관하여 견해가 나뉜다. 이는 특히 제401조의 2 제1항 제1호의 업무집행지시자의 경우에 뚜렷하다.

2) 학설

가) 법정책임설　　이 학설은 업무집행지시자의 '지시'라는 원인행위로 인하여 이사의 업무집행이 회사나 제3자에 대한 임무해태에 해당하면, 업무집행지시자의 책임요건을 충족하게 된다고 한다. 그 이유는 업무집행지시자는 회사의 조직구성원이 아니므로 회사에 대한 임무해태가 있을 수 없기 때문이다(소수설).[1552]

나) 기관책임설　　이 학설은 업무집행지시자의 책임은 실질적으로 이사와 같이 업무를 집행한 데 대한 책임이므로 그 지위에 따른 기관으로서의 책임이라고 한다(다수설).[1553]

3) 사견

업무집행지시자나 사실상의 업무집행자 등은 회사의 조직구성원이 아니므로 회사에 대한 임무해태가 있을 수 없다. 그리하여 업무집행지시자 등의 책임은 이사에게 임무해태를 지시하였다는 사실을 원인으로 하여 발생한다. 그러므로 상법이 특별히 인정한 책임이라고 본다(법정책임설). 그리고 양 학설의 차이는 관념적인 차이에 불과하고 실제 결론은 다르지 않다는 견해도 있으나,[1554] 실제 결론이 다

1551) 대법원 1985. 6. 11. 선고 84다카963; 다만, 최근의 판례는 부실등기에 관한 제39조를 적용하여 선의의 거래상대방을 보호하고 있다(대법원 2004. 2. 27. 선고 2002다19797). 판례의 태도 변화에는 1995년 개정상법이 결의취소의 소에 소급효를 인정하게 된 것(제376조 제2항·제190조 본문)과 무관하지 않다.

1552) 이철송(2024), 858면; 권기범(2021), 949면; 홍·박(2021), 556면.

1553) 송옥렬(2022), 1102면; 최기원(2012) 707면; 정동윤(2012), 469면; 손주찬(2004), 812면; 김정호(2023), 620면; 정찬형(2022), 1090면.

를 수도 있다.

(4) 책임의 내용 및 성질

업무집행지시자 등은 회사(제399조) 또는 제3자(제400조)에 대하여 손해배상책임을 진다(제401조의 2 제1항). 이때 이사가 회사 또는 제3자에 대하여 손해를 배상할 책임이 있는 경우에 업무집행지시자 등은 그 이사와 연대하여 그 책임을 진다(제401조의 2 제2항). 책임의 성질은 부진정연대책임이다.

한편 제401조의 2의 업무집행지시자 등은 제397조(경업금지), 제397조의 2(회사의 기회 및 자산의 유용금지) 및 제398조(이사 등과 회사간의 거래)의 적용을 받지 아니한다. 따라서 업무집행지시자 등은 경업, 회사기회 및 자산유용 또는 회사와의 거래를 하고자 하는 경우 이사회의 승인을 받을 필요가 없다. 다만, 그 결과 손해가 발생하는 때에는 제399조 또는 제401조에 의한 책임을 면할 수 없다.

(5) 책임의 면제 또는 경감
1) 문제의 제기

업무집행지시자 등에 대하여도 제400조 제1항 및 제2항을 적용하여 회사에 대한 책임을 면제 또는 경감할 수 있는지에 대하여 학설이 대립한다.

2) 학설
가) 긍정설
① 이사회결의요구설

이 학설은 업무집행지시자 등에게는 제400조가 준용되지 아니하므로 회사가 그 책임을 면제할 때에는 주주 전원의 동의가 필요하지 않고 이사회의 결의만으로 충분하다고 한다.[1555]

② 제400조 유추적용설

이 학설은 이사의 책임은 면제할 수 있으면서도 이사로 의제된 자의 책임을 면할 수 없다는 것은 타당하지 않다고 한다. 그리하여 업무집행지시자 등에 대하여도 제400조를 유추적용하여 동조 제1항에 의한 전부면제 또는 제2항에 의한 경감을 할 수 있다고 한다.[1556]

1554) 송옥렬(2022), 1102면.
1555) 김·노·천(2024), 517면.
1556) 장덕조(2023), 404면; 송옥렬(2022), 1105면; 손주찬(2004), 817면.

나) 부정설   이 학설은 제401조의 2가 제400조를 준용하지 아니하기 때문에 업무집행지시자 등의 책임은 이사회 또는 주주총회의 동의로도 경감·면제할 수 없다고 본다. 보수를 받지 아니하는 업무집행지시자 등에게 免除額 자체를 산정할 수 없다는 점도 주요 논거이다.[1557]

다) 사견   지배주주나 명예회장 등의 책임을 총회나 이사회에서 면제·경감하는 것은 이들에 대한 조직법적 통제장치(제401조의 2)를 형해화시키고, 입법취지에 반한다. 자기의 행위에 대하여 스스로 경감·면제할 수 있기 때문이다(부정설).

(6) 책임의 추궁

업무집행지시자 등의 행위로 인하여 회사가 손해를 입은 때에는 회사가 그 책임을 물을 수 있고, 회사가 책임을 묻지 아니하면 소수주주(또는 모회사주주)가 (다중)대표소송을 제기할 수 있다(제401조의 2 제1항·제403조). 제3자가 손해를 입은 때에는 제3자가 책임을 물을 수 있다.

Ⅸ. 이사의 위법행위에 대한 견제와 책임추궁

1. 위법행위유지청구권

(1) 의의

이사의 違法行爲留止請求權이란 理事가 법령 또는 정관에 위반한 행위를 함으로써 회사에 회복할 수 없는 손해가 생길 염려가 있는 경우에 監事(또는 감사위원회. 제415조의 2 제7항) 또는 소수주주가 회사를 위하여 이사에 대하여 그 행위를 유지할 것을 청구할 수 있는 권리(제402조)를 말한다. 주주의 유지청구권은 주주의 공익권이다. 이는 영미법상 법원이 원고의 청구에 의하여 피고에게 일정한 행위의 금지명령을 내릴 수 있는 유지명령제도(injunction)를 도입한 것이다. 그리고 이 제도는 집행임원에 대하여 준용된다(제408조의 9·제402조).

(2) 취지

본래 이사의 위법행위는 이사 상호간의 감시권 또는 이사회가 감독권(제393조 제2항)을 행사하여 사전에 저지하여야 한다. 그러나 상법은 회사의 내부에서 이러

1557) 이철송(2024), 858면; 권기범(2021), 957면; 홍·박(2021), 557면.

한 기능이 제대로 작동되지 아니할 때에 대비하여 감사는 물론 주주에게도 대표소송과 같은 발상에서 유지청구권을 인정하고 있다.

(3) 유사개념과의 비교

1) 신주발행유지청구권

이사의 위법행위유지청구권과 신주발행유지청구권(제424조)은 법령 또는 정관에 위반한 이사 또는 이사회의 행위를 사전에 차단하기 위한 권리라는 공통점이 있다. 그러나 ① 전자는 소수주주권이지만, 후자는 단독주주권이고, ② 전자는 법령·정관위반행위를 대상으로 하지만, 후자에는 '현저하게 불공정한 방법'이 더하여지며, ③ 전자는 감사 또는 감사위원회도 권리를 행사할 수 있지만, 후자는 행사할 수 없다. ④ 전자의 상대방은 이사 개인이지만, 후자의 상대방은 회사이다. ⑤ 전자는 회사에 회복할 수 없는 손해가 생길 염려가 있는 때에 행사할 수 있지만, 후자는 전자의 요건에 덧붙여 주주 자신이 불이익을 받을 염려가 있는 때에도 행사할 수 있으며, ⑥ 전자는 주주의 공익권이나 후자는 자익권이라는 점 등에서 차이가 있다. 그러므로 서로 대체 행사하여 같은 효과를 거둘 수 있는 성격의 것이 못 된다. 다만, 병용할 수는 있을 것이다.

2) 직무집행정지제도

위법행위유지청구권은 일종의 保全行爲이기 때문에 직무집행정지제도(제407조)와 목적이 같다. 그러나 ① 전자는 반드시 訴에 의하지 아니하고도 행사할 수 있지만, 후자는 본안소송의 제기시 처분을 내는 것이 원칙이고, ② 전자는 이사의 개별적 행위를 저지하지만, 후자는 이사의 권한을 일반적으로 정지시킨다는 점에서 차이가 있다.

3) 대표소송

위법행위유지청구권은 소수주주나 감사가 회사를 위하여 행사하고, 상대방이 이사라는 점에서 대표소송(제403조)과 유사하다. 그러나 전자는 사전적 예방수단이지만, 후자는 사후적 구제수단이라는 점에서 차이가 있다.

(4) 위법행위유지청구의 요건

1) 법령 또는 정관에 위반한 행위

유지청구권을 행사하기 위하여는 이사가 法令 또는 定款에 위반한 행위를 하여야 한다(제402조). 유지청구의 대상은 정관에 정한 회사의 목적범위와 무관하다. '회사의 목적범위 외의 행위'를 포함하는 것은 違法한 募集株式의 發行 등의 경우와 같이 주주는 물론 회사에게도 직접적인 손해를 가할 수 있는 행위를 예방하기 위함이다. 그리고 대내·외의 행위 여부를 묻지 아니하며, 不法行爲, 법률행위, 준법률행위 또는 사실행위도 대상이 된다. 이사의 고의·과실도 묻지 않는다.

이사가 법령 또는 정관을 위반하여 체결한 계약이 유효한 때에는 그 채무의 이행을 저지하기 위하여 유지청구를 할 필요가 있다. 계약이 무효일지라도 일단 이행되면 회복이 어려울 수 있으면 유지청구를 할 수 있다. 원인행위와 그 이행행위가 분리되어 있을 경우에는 원인행위뿐만 아니라 원인행위가 이루어진 후에는 그 이행행위(예: 부동산매매계약을 하고 등기 이전)도 유지청구의 대상이 된다.

2) 회사의 회복할 수 없는 손해발생의 염려

유지청구권을 행사하기 위하여는 이사가 法令이나 定款에 위반한 행위를 함으로써 회사에 회복할 수 없는 손해가 생길 염려가 있어야 한다(제402조). '회복할 수 없는 손해'는 사회통념에 따라 판단되어야 하는데, 법률상 회복이 불가능한 것만을 의미하는 것은 아니다. 예를 들면, ① A회사의 대표이사 甲이 이사회결의 등 적법한 절차를 거치지 않은 채 乙의 A회사에 대한 채무를 면제해 주거나,[1558] 금융기관의 이사가 선관주의의무에 위반하여 대출을 함에 있어서 형식적인 신용조사만을 거치고 충분한 채권보전조치를 하지 아니하여 A회사에 회복할 수 없는 손해가 발생한 경우와 같다.[1559]

한편, 손해의 회복을 위한 비용이나 절차 등에 비추어 회복이 곤란하거나 상당한 시일을 요하는 경우에도 유지청구를 할 수 있다(이설 없음).

(5) 위법행위유지청구의 당사자

1) 청구권자

유지청구권자는 ① 감사 또는 감사위원회(제415조의 2 제7항·제402조), ② 비상장법인인 경우에는 발행주식총수의 100분의 1 이상에 해당하는 주식을 가진 소수주주, ③ 상장법인의 경우에는 10만분의 50, 자본금이 1,000억원 이상인 회사는 10만분의 25 이상을 6월 전부터 소유한 주주이다(제542조의 6 제5항·시행령 제32조). 소

1558) 대법원 2012. 7. 12. 선고 2012다20475.
1559) 대법원 2017. 11. 23. 선고 2017다251694.

유주식수에는 의결권 없는 주식 또는 제한주식도 포함된다(이설 없음). 그리고 주식 보유비율은 유지청구 당시에 충족하면 된다.

한편 주주의 유지청구권은 임의이지만, 감사 또는 감사위원회의 유지청구권은 직무의 성격상 반드시 행사되어야 한다. 그렇지 아니하면 임무해태가 된다.[1560]

2) 피청구자

유지청구의 상대방은 法令·定款에 위반한 행위를 하려는 이사이다.

(6) 절차

1) 의사표시·소·만족적 가처분

유지청구권의 행사는 이사에 대한 의사표시 또는 訴로써 할 수 있다. 소의 성격은 이행의 소 또는 장래이행의 소이다(민사소송법 제251조). 訴에 의하는 경우는 이 소를 본안으로 하여 가처분으로 이사의 행위를 중지시킬 수도 있다(민사집행법 제300조 제2항). 이 가처분은 피보전권리, 즉 유지청구권 그 자체를 실현하기 위한 滿足的 假處分이다(민사집행법 제305조 제2항·제308조·제309조 참조).

2) 대표소송에 관한 규정의 유추적용 여부

가) 문제의 제기   상법은 이사의 위법행위유지청구에 관한 규정을 두고는 있으나, 소제기시의 절차 등에 관하여는 별도의 조문이 없어 대표소송에 관한 규정이 유추적용되는지에 대하여 견해가 나뉜다.

나) 학설   肯定說은 유지청구의 소는 대표소송과 마찬가지로 주주가 회사의 대표기관적 지위에서 제기하는 것이므로 소의 관할, 소송참가, 승소주주의 권리 및 패소주주의 책임 등에 관한 규정(제403조 내지 제406조)이 유추적용된다고 한다(통설).[1561] 否定說은 대표소송에 관한 규정을 유추적용하는 것은 명문의 규정이 없고, 실익도 없다고 한다.[1562]

다) 판례   대표소송상 법원의 제소주주에 대한 담보제공명령은 유지청구에는 준용되지 아니한다는 하급심판례가 있다.[1563]

1560) 이철송(2024), 863면; 정찬형(2022), 1105면; 송옥렬(2022), 1108면; 대법원 2017. 11. 23. 선고 2017다251694; 2012. 7. 12. 선고 2012다20475.

1561) 최준선(2024), 577면; 송옥렬(2022), 1108면; 이철송(2024), 864면; 정찬형(2022), 1105면; 최기원(2012), 715면; 손주찬(2004), 820면; 권기범(2021), 961면; 이·최 (2022), 498면.

1562) 김·노·천(2024), 533면.

1563) 서울고법 1997. 11. 4. 자 97라174 결정.

라) 사견　이사의 위법행위유지청구권은 대표소송과 동일한 입법취지에서 주주에게도 인정된다고 본다. 따라서 대표소송에 관한 규정이 유추적용된다고 본다(肯定說).

(7) 위법행위유지청구의 효과

1) 소에 의한 효과

유지청구의 소는 회사자체의 이익을 위하여 제기하는 것이므로 그 판결의 효력은 회사에 미친다(민사소송법 제218조 제3항). 그리고 판결에 따라 그 효과가 주어진다. 다만, 유지청구의 대상행위는 소의 판결이 내려지기 전에 종료하여 訴의 利益이 없어질 수 있으므로 假處分制度를 함께 이용하는 것이 효과적이다.

2) 의사표시에 의한 효과

가) 의의　이사에 대한 의사표시로써 유지청구를 하는 때에 이사가 반드시 이에 응할 의무는 없다. 유지청구가 부당할 수도 있기 때문이다. 그러므로 이사는 자신의 행위가 법령 또는 정관에 위반한 것인지를 숙고하여 그 행위의 유지 여부를 결정할 주의의무를 진다.

나) 위법행위유지청구무시의 효력

① 이사의 책임

이사가 유지청구를 받고도 法令 또는 定款에 위반한 행위를 유지하지 아니하고, 그 행위를 함으로써 회사에 회복할 수 없는 손해를 입힌 때에는 사후적으로 회사에 대하여 책임을 진다(제399조). 다만, 이는 법령·정관에 위반한 행위의 효과이지 유지청구 자체의 효과는 아니다. 그리고 다음과 같은 두 가지의 의미를 갖는다. 즉 ① 유지청구를 무시한 효과로서 이사의 중과실이 의제되고,[1564] ② 의사표시에 의한 유지청구는 이사의 주의를 촉구하는 정도의 의미를 갖는다.

② 사법적 효과

ㄱ. 문제의 제기 : 유지청구의 대상인 행위가 본래 무효인 경우에는 유지청구의 무시 여부를 불문하고 무효이다. 다만, 이사의 행위가 유효인 경우 주주나 감사의 유지청구를 무시하였다는 이유로 사법적 효과를 무효로 할 수 있는지에 대하여 견해가 나뉜다.

1564) 최준선(2024), 578면; 이철송(2024), 864면; 정찬형(2022), 1105면; 정경영(2022), 712면.

ㄴ. **학설**: 우선 制限的 無效說은 ① 신주발행이나 사채발행과 같은 단체법적 행위는 상대방이 유지청구의 사실을 알든 모르든, 즉 선의·악의를 불문하고 유효하고, ② 매매·대차와 같은 개인법적 거래행위는 상대방이 유지청구의 사실을 안 경우, 즉 악의인 경우 회사가 무효를 주장할 수 있다고 한다(소수설).[1565] 有效說은 위와 같이 해석한다면 대외적으로 감사나 주주의 유지청구는 適法性의 推定을 받는 결과가 되는데, 그렇게 해석할 실정법적 근거는 없다고 한다. 그리하여 유지청구의 유무 및 상대방의 선의·악의는 행위의 효력에 영향을 미치지 않는다고 본다(다수설).[1566]

ㄷ. **사견**: 이사의 행위가 유효함에도 불구하고 주주나 감사의 유지청구를 무시하였다고 하여 그 행위를 위법하다고 추정할 만한 근거는 없다. 그리고 현행법상 그러한 유지청구에 관하여 실효성을 부여할 만한 근거도 없다. 따라서 사법상의 효과는 항상 유효하다고 본다(유효설).

다) 유지청구수용의 효력 유지청구권의 행사가 정당한 때에 이사는 행위를 유지하여야 한다. 그러나 유지청구가 부당함에도 그에 따라서 이사가 행위를 유지하는 때 그 유지가 오히려 법령이나 정관에 위반하거나 임무를 해태한 경우에 해당되어 회사에 대하여 책임을 질 수 있다(제399조 제1항).

(8) 유지청구와 관련한 벌칙

유지청구권의 행사와 관련하여 부정한 청탁을 받고 재산상의 이익을 수수, 요구 또는 약속한 자는 權利行使妨害 등에 관한 贈收賂罪의 제재를 받는다(제631조 제1항 제3호).

2. 대표소송

(1) 의의

대표소송(derivative suit)은 주주가 회사를 위하여 이사의 책임을 추궁할 목적으로 제기하는 소송이다(제403조). 대표소송은 이사 외에도 발기인(제324조), 업무집행

[1565] 최준선(2024), 578면; 손주찬(2004), 821면; 안택식(2012), 383면; 강·임(2009), 881면; 홍·박(2021), 560면.

[1566] 이철송(2024), 865면; 정동윤(2012), 653면; 권기범(2021), 962면; 임재연(2019 Ⅱ), 567면; 송옥렬(2022), 1109면; 정경영(2022), 713면; 정찬형(2022), 1105면; 이·임·이·김(2012), 325면.

지시자 등(제401조의 2), 감사·감사위원회(제415조·제415조의 2 제7항) 또는 청산인(제542조 제2항) 등의 책임을 추궁하기 위하여도 제기할 수 있다. 그리고 불공정한 가액으로 新株를 인수한 자(제424조의 2), 주주권의 행사와 관련하여 이익을 공여받은 자(제467조의 2)의 반환의무에 대하여도 동일한 권리를 행사할 수 있다. 다만, 여기서는 이사의 책임을 추궁하기 위한 대표소송에 관하여 설명하고, 나머지는 해당하는 부분에서 살펴본다.

(2) 취지 및 기능

본래 이사의 책임을 추궁하는 소는 회사의 권리이므로 회사를 대표하는 자가 수행한다. 그리하여 회사가 이사에 대하여 또는 이사가 회사에 대하여 소를 제기하는 경우에 감사(또는 감사위원회)가 그 소에 관하여 회사를 대표하는 것이 원칙이다(제394조 제1항·제415조의 2 제7항).

그러나 임원간의 동료의식으로 인하여 회사가 권리를 행사하지 아니하면 회사자산인 손해배상청구권이 실현되지 아니한다. 시효완성이나 이사의 고의적인 無資力化로 회사의 권리실현이 어려워질 수도 있다. 이때에는 회사와 주주의 이익을 해하게 된다. 그리하여 상법은 주요 이해관계자인 주주로 하여금 회사를 대위하여 직접 이사의 책임을 추궁하는 소를 제기할 수 있도록 하고 있다.

한편 대표소송의 결과 승소함으로써 얻은 이익이 크지 않더라도, 위법행위를 방치하지 아니한다는 지배구조의 體制 및 그 예방효과에 대한 기대감이 이 제도의 실효성을 확보하게 한다.

(3) 성질

대표소송의 성질은 본래 회사가 이사에 대하여 제기할 수 있는 소를 주주가 대신하는 데 불과하므로 履行의 訴이다. 제3자인 주주가 회사의 대표기관으로서 當事者適格을 가지고 소송을 수행하는 것이므로 제3자 소송담당의 일종이다. 그 가운데 법정소송담당에 해당한다.[1567] 따라서 제3자인 주주가 소송수행권을 행사하여 판결을 받으면 그 기판력은 소송당사자는 아니었지만 실질적 권리주체인 회사에게 미친다(민사소송법 제218조 제3항). 즉 주주가 승소한 경우의 손해배상액은 주주 아닌 회사에 귀속된다. 그 반사적 효과로서 다른 주주에게도 제소한 것과 같

1567) 송·박(2014), 138면; 대법원 2013. 9. 12. 선고 2011다57869.

은 효과가 있다.

法定訴訟擔當은 주로 공익상의 이유로 인정되는 것이니만큼 대표소송은 회사와 주주 전체의 이익을 위하여 제기되어야 하며, 소제기권은 주주의 공익권이다.

(4) 대표소송의 제소요건

1) 이사의 책임

가) 회사에 대한 책임 대표소송은 이사의 회사에 대한 책임을 추궁하기 위한 소이다. 따라서 주주자신의 손실회복 또는 이사의 제3자의 책임(제401조)을 추궁할 목적으로 제기할 수 없다. 대표소송은 소로써 제기하여야 하므로, 주주가 직접 회사와 이사간의 거래관계에 개입하여 회사가 체결한 계약의 무효를 주장할 수는 없다.[1568] 이는 주주가 회사의 재산관계에 대하여 법률상 이해관계를 가진다고 평가할 수 없음을 뜻하기도 한다. 그리고 회사의 등기말소청구권 등 물권적 청구권은 주주가 회사를 대위하여 행사할 수 없으므로 대표소송의 인정범위를 벗어나는 것이다.[1569]

나) 이사책임의 범위

① 문제의 제기

대표소송의 대상이 되는 이사의 회사에 대한 책임범위에 대하여는 학설이 나뉜다.

② 학설

制限說은 이사의 고의 또는 과실로 법령·정관위반 혹은 임무해태로 인한 책임(제399조)과 신주발행시 이사의 인수담보책임(제428조)을 추궁하기 위하여만 대표소송을 제기할 수 있다고 한다(소수설).[1570] 無制限說은 제399조 및 제428조의 책임은 물론 널리 이사와 회사간의 거래상의 채무 등 이사가 회사에 부담하는 모든 채무에 관하여 대표소송을 제기할 수 있다고 한다(통설).[1571]

1568) 대법원 2022. 6. 9. 선고 2018다228462·228479; 2001. 2. 28. 자 2000마7839 결정.

1569) 대법원 1998. 3. 24. 선고 95다6885.

1570) 정희철(1989), 498면; 강·임(2009), 881면.

1571) 정찬형(2022), 1107면; 이철송(2024), 868면; 정동윤(2012), 655면; 최기원(2012), 720면; 김·노·천(2024), 522면; 이병태(1988), 701면.

③ 사견

대표소송은 이사의 행위에 따른 회사의 손실이 임원간의 동료의식으로 인하여 방치되는 것을 사후적으로 구제하기 위한 수단이다. 따라서 이사가 회사에게 부담하는 모든 채무를 대상으로 할 수 있다(무제한설). 따라서 ① 이사의 회사에 대한 차용금 채무, ② 이사와 회사간의 거래로 인하여 발생한 이사의 채무에 대하여도 대표소송을 제기할 수 있다.

다) 발생시점　대표소송은 이사의 지위에 있는 동안에 발생한 모든 책임에 관하여 제기할 수 있다. 그리하여 재임 중에 발생한 책임에 대하여는 종임하더라도 추궁할 수 있다. 그리고 이사가 취임 전에 회사에 부담한 채무, 상속 또는 채무인수에 의하여 승계취득한 채무에 대하여도 대표소송을 제기할 수 있다. 이사의 취임 후에 회사가 권리행사를 게을리할 수 있기 때문이다.

2) 제소 전 주주의 소제기 청구 및 회사의 해태

가) 소수주주의 소제기 청구

① **사전제소청구의 요건성**　주주는 대표소송을 제기하기 전에 이유를 기재한 서면으로 회사에 대하여 이사의 책임을 추궁할 訴를 제기할 것을 청구하여야 한다(제403조 제1항·제2항). 본래 이사에 대한 책임추궁은 회사의 권리이므로 먼저 회사에게 소송을 제기할지의 여부를 판단할 수 있는 기회를 주기 위함이다. 이 점에서 회사에 대한 사전청구는 소수주주의 권리이자 제소요건이다. 주주의 사전제소청구는 강행규정으로서 이에 반하는 대표소송은 회사에 회복할 수 없는 손해가 발생할 염려가 있는 등의(제403조 제4항) 특별한 사정이 없는 한 부적법하다.[1572]

② **이유의 기재**　제소청구서의 '이유'에는 책임추궁 대상이사, 책임발생 원인사실에 관한 내용이 포함되어야 한다. 다만, 해당이사의 성명이 기재되어 있지 않았거나 또는 원인사실이 개략적으로 기재되었지만, 회사가 위 서면의 내용·회사 보유자료(예: 이사회의사록) 등을 종합하여 이를 특정할 수 있다면, 제403조 제2항의 요건을 충족한 것으로 본다.[1573] 주주가 갖는 정보가 제한적일 수 있기 때문이다. 또 주주가 대표소송에서 주장한 이사의 손해배상책임이 제소청구서와 차이가 있더라도 제소청구서의 책임발생 원인사실을 기초로 법적 평가만을 달리한 것이라

1572) 대법원 2021. 7. 15. 선고 2018다298744.
1573) 대법원 2021. 7. 15. 선고 2018다298744; 2021. 5. 13. 선고 2019다291399;.

면 그 소송은 적법하다. 그 결과 주주는 소송 계속 중에 제소청구서의 책임발생 원인사실을 기초로 법적 평가만을 달리한 청구를 추가할 수 있다.1574)

③ **청구대상**　소제기의 청구는 감사(또는 감사위원회. 제415조의 2 제7항)에게 하여야 한다. 회사가 이사를 상대로 하는 소송은 감사(또는 감사위원회)가 회사를 대표하기 때문이다(제394조 제1항). 감사를 선임하지 아니한 소규모 회사의 경우는 법원이 선임한 회사대표자에게 하여야 한다(제409조 제4항·제5항).

나) 회사의 해태 및 하자의 치유　회사가 위의 제소청구를 받은 날로부터 30일 내에 訴를 제기하지 아니한 때에는 소수주주는 즉시 회사를 위하여 訴를 제기할 수 있다(제403조 제3항). 그러나 30일의 기간이 경과함으로써 회사에 회복할 수 없는 손해가 생길 염려가 있는 경우에는 회사에 대하여 청구하지 아니하고, 또 청구를 했더라도 30일의 경과를 기다리지 아니하고 즉시 訴를 제기할 수 있다(제403조 제4항).

'회복할 수 없는 손해가 생길 염려가 있는 경우'란 이사에 대한 손해배상청구권의 시효가 곧 완성한다든지, 이사가 도피하거나 재산을 처분하려 하는 등 법률상 또는 사실상 이사에 대한 책임추궁이 불가능 또는 무익해질 염려가 있는 경우를 뜻한다.1575) 그리고 제소청구 후 주주가 30일의 결과를 기다리지 아니하고 소를 제기한 경우, 만약 회사가 소를 제기하지 아니하고 30일이 경과하면 소제기 전의 절차상의 하자가 치유되고 법원은 소를 각하할 수 없다.1576) 이 점 주주가 제소청구를 하면, 30일의 대기기간은 큰 제약조건이 되지 못함을 의미한다.1577)

(5) 대표소송의 당사자

1) 원고

가) 주주　비상장회사에서의 대표소송은 발행주식총수의 100분의 1 이상의 주식을 가진 주주에 한하여 제기할 수 있다. 상장회사에서는 발행주식총수의 1만분의 1 이상을 가진 주주가 제기할 수 있다. 다만, 이 주식을 6개월 이상 계속 보유한 자에 한한다(제542조의 6 제6항). 이 계산에는 이사의 위법행위유지청구권과 같이 의결권이 없거나 제한된 종류주식을 포함한다. 그리고 주주명부상의 주주이어

1574) 대법원 2021. 7. 15. 선고 2018다298744.
1575) 대법원 2010. 4. 15. 선고 2009다98058.
1576) 정동윤(2012), 657면; 대법원 2002. 3. 15. 선고 2000다9086.
1577) 同旨 송옥렬(2022), 1112면.

야 한다(形式說). 종래에는 회사에 대한 관계에서 주주의 확정에 관한 實質說을 취한 결과 실질주주(명의차용인)가 제소할 수 있다고 보았으나,[1578] 전원합의체판결에서 형식설로 변경하였다.[1579] 다만, 주주의 명의개서가 부당하게 거절된 경우에는 해당주주가 원고적격이 있다.

持株要件은 변론종결시가 아닌 제소청구 및 제소 당시에 구비하면 족하다. 제소 후에는 지주요건 미만으로 감소하여도 제소의 효력에는 영향이 없다(제403조 제5항).[1580] 다만, 소송의 계속 중 발행주식을 전혀 보유하지 않게 된 경우는 원고적격이 없으므로 訴를 각하하여야 한다(제403조 제5항). 발행주식을 전혀 보유하지 않게 된 이유가 비자발적인 사유로 인한 것일지라도 마찬가지이다.[1581] 그 예로는 소송의 계속 중에 ① 보유주식 무상소각 또는, ② 주식의 포괄적 교환으로 인하여 주주의 주식이 다른 회사의 주식으로 변경되는 경우 등을 들 수 있다.[1582]

원고주주 중 일부가 주식을 전혀 보유하지 않게 된 경우 그 주주는 원고적격을 상실하여 그 부분의 소는 부적법하게 된다. 이는 함께 대표소송을 제기한 다른 원고들이 주주의 지위를 유지하고 있어도 마찬가지이다.[1583] 다만, 다른 주주 또는 회사가 공동소송참가를 하고 있는 때에는 그 참가인에 의하여 소송은 계속된다.[1584] 그리고 주주가 사망한 때에는 상속인, 회사합병 후에는 존속법인 등이 수계할 수 있다(민사소송법 제233조·제234조).

나) 주식양수인

① 문제의 제기

소를 제기한 주주가 자신이 보유한 주식을 매각한 경우에 소송을 受繼할 수 있는지에 대하여 학설이 나뉜다.

1578) 대법원 2011. 5. 26. 선고 2010다22552.
1579) 대법원 2017. 3. 23. 선고 2015다248342.
1580) 대법원 2013. 9. 12. 선고 2011다57869.
1581) 대법원 2002. 3. 15. 선고 2000다9086.
1582) 대법원 2019. 5. 10. 선고 2017다279326.
1583) 대법원 2013. 9. 12. 선고 2011다57869.
1584) 이에 관한 민사소송법학계의 논의는 이시윤(2016), 798면; 김일룡, "공동소송적 보조참가인의 소송법상 지위에 관한 고찰," 서울법학 제24권 제1호(2016. 5), 354면.

② 학설

肯定說은 양수인이 제소요건을 갖추고 있는 경우 군이 처음 제기된 소를 각하하고, 양수인이 새로운 소를 제기하도록 하여야 할 이유가 없다고 본다. 따라서 민사소송법 제81조 및 제82조에 의하여 양수인이 승계할 수 있다고 한다.[1585] 그리고 신주발행무효의 사례[1586]에서는 이를 인정하고 있다고 한다. 否定說은 대표소송제기권은 공익권이므로 원고인 주주가 주식을 양도하더라도 양수인이 소송에 참가 또는 인수(민사소송법 제81조·제82조)할 수 없다고 한다.[1587]

③ 사견

주주가 양도한 주식은 소송담당자로서의 자격요건에 불과하고 소송목적인 권리의무는 아니므로 민사소송법 제81조 및 제82조를 직접 적용할 수는 없다. 그리고 신주발행무효의 소와 대표소송의 법리가 같다고 할 수는 없다(否定說).

2) 피고

대표소송의 피고는 회사에 대해 책임이 있는 이사 또는 전직 이사이다.

3) 파산관재인

회사에 대한 파산절차가 개시되면 파산재단의 관리·처분권은 파산관재인에게 전속한다(파산법 제384조). 파산재단에 관한 소송에서는 파산관재인이 당사자적격이 있다(제359조). 이 때문에 회사 자신이 이사의 책임을 추궁하는 소를 제기할 수는 없고, 주주 역시 대표소송을 제기할 수 없다.[1588] 이미 제기된 대표소송은 중단된다. 다만, 파산관재인의 受繼는 가능하다고 본다.[1589]

(6) 대표소송의 절차

1) 관할

대표소송은 회사 본점소재지의 지방법원의 관할에 전속한다(제403조 제7항·제186조).

2) 고지

주주가 대표소송을 제기한 때에는 지체 없이 회사에 대하여 소송의 告知를

1585) 송옥렬(2022), 1113면; 김·노·천(2024), 521면; 임재연(2019Ⅱ), 582면.
1586) 대법원 2003. 2. 26. 선고 2000다42786.
1587) 이철송(2024), 870면; 최준선(2024), 579면.
1588) 대법원 2002. 7. 12. 선고 2001다2617.
1589) 同旨 송옥렬(2022), 1114면.

하여야 한다(제404조 제2항). 이는 대표소송제기의 사실을 알려서 회사에게 참가의 기회를 주기 위함이다. 일반적인 소송고지는 고지자의 의무는 아니지만(민사소송법 제84조) 대표소송의 고지는 법상의 의무이다. 따라서 주주가 고지를 게을리한 때에는 회사에 대하여 손해배상책임을 진다(이설 없음).1590)

3) 참가

위의 고지의 유무에도 불구하고 회사는 주주가 제기한 대표소송에 참가할 수 있다(제404조 제1항). 이는 주주가 대표소송을 제기하면 회사는 동일한 소를 제기할 수 없기 때문에(重複提訴禁止. 민사소송법 제259조) 주주와 피고인 이사의 통모에 의한 부당한 소송진행을 막기 위함이다. 소송참가의 법적 성질은 공동소송참가(민사소송법 제83조)이다(통설·판례1591)). 회사는 원고가 제소요건을 결하여 각하판결이 선고되기 전에 공동소송참가를 할 수 있다.1592) 회사가 공동소송참가를 하게 되면, 원고로서 소를 제기한 것과 같으므로 원고주주가 소를 취하하거나 또는 소가 각하되더라도 그 참가인에 의하여 소송은 계속된다.

회사의 소송참가 역시 이사를 상대로 한 소송행위이므로 감사가 회사를 대표한다. 그러나 퇴임이사들을 상대로 하는 대표소송에 참가하는 경우에는 제394조 제1항의 적용이 배제되어 회사를 대표하는 자는 감사가 아닌 대표이사이다.1593)

4) 주주의 담보제공

법원은 피고인 이사의 청구가 있으면 주주에게 상당한 담보를 제공할 것을 명할 수 있다(제403조 제7항·제176조 제3항·제4항). 이는 濫訴를 억지하기 위함이다. 이 청구를 함에는 주주의 악의를 소명하여야 한다. 주주의 악의란 피고이사를 해할 것을 알고 제소한 것을 의미한다. 담보액은 소송물 가액을 기준으로 산정하는데, 이때 소송물의 가액은 피고가 패소시 실제로 지급하여야 할 손해배상액이 아니라 인지규칙상의 소송물 가액을 의미한다.1594) 왜냐하면 여기서의 담보제공은 원고패소시 피고인 이사가 대표소송의 수행으로 입은 손해배상액을 담보하기 위한 것이기 때문이다.

1590) 이철송(2024), 871면; 정동윤(2012), 657면; 권기범(2021), 968면; 손주찬(2004), 823면; 최준선(2024), 583면.
1591) 대법원 2002. 3. 15. 선고 2000다9086.
1592) 대법원 2002. 3. 15. 선고 2000다9086.
1593) 대법원 2002. 3. 15. 선고 2000다9086; 권재열(2021), 160면.
1594) 대법원 2009. 6. 25. 자 2008마1930 결정.

한편 주주가 법원이 명한 담보를 제공하지 아니하면, 법원은 변론 없이 판결로 소를 각하할 수 있다(민사소송법 제124조).

5) 소의 취하, 청구의 포기·화해 등

제소주주는 소송물에 대한 처분권이 없으므로 법원의 허가가 없으면 소의 取下·抛棄·和解 등을 할 수 없다(제403조 제6항). 화해 등을 제한하는 것은 원고주주와 피고이사가 통모하여 이사의 책임을 경감하거나 면제시켜 주고 소송을 종료시킬 우려가 있기 때문이다. 법원의 허가요건은 주주의 제소청구(제403조 제1항)에 따라 회사가 이사를 상대로 소를 제기한 경우에도 적용된다(제403조 제6항 전단).

(7) 재심의 소

대표소송은 제3자의 소송담당에 해당하므로 원고와 피고가 결탁을 하면, 회사의 권리가 침해될 수 있다. 예를 들면, 고의적으로 원고의 敗訴를 유도하는 것과 같다. 그리하여 상법은 회사의 권리회복수단으로, 원고주주와 피고이사가 共謀하여 소송의 목적인 회사의 권리를 詐害할 목적으로서 판결을 하게 한 때에는 회사 또는 다른 주주는 확정된 종국판결에 대하여 再審의 訴를 제기할 수 있도록 하고 있다(제406조). 그리고 재심의 소에서도 새로운 원고는 대표소송의 제소주주와 동일한 권리의무가 있다(제406조 제2항·제405조).

(8) 제소주주의 권리의무

1) 승소주주의 권리

가) 규정 및 취지　　대표소송 또는 재심의 소에서 주주가 승소하면 그 주주는 회사에 대하여 소송비용 및 소송으로 인하여 지출한 비용 중 상당한 금액의 지급을 청구할 수 있다(제405조 제1항 전단, 제406조 제2항). 회사가 이 소송비용을 지급한 때에는 피고인 이사에게 구상할 수 있다(405조 제1항 후단). 소송비용은 패소한 당사자가 부담하는 것이 원칙이지만(민사소송법 제98조), 2011년 개정상법은 우선 회사가 주주에게 지급한 후 패소이사에게 구상할 수 있도록 함으로써 대표소송의 제기를 쉽게 할 수 있도록 하였다.

나) 비용의 범위　　제405조의 비용은 소송비용 및 변호사비용에 한정되지 아니하고, 회사가 직접 소송을 제기하였더라면 지출하였을 모든 유형의 비용으로 해석한다(舊증권거래법 제191조의 13 제6항 참조·통설).[1595] 대표소송을 제기한 주주가 지

출한 비용은 회사를 代位한 것이기 때문이다.[1595] 다만, 이와 같이 해석하면 주주와 변호사간 비용을 과다하게 약정하는 등의 폐해가 없지 않겠지만, 제405조 제1항의 '상당성기준'을 적용함으로써 통제할 수 있다고 본다.[1597]

2) 패소주주의 책임

대표소송에서 주주가 敗訴한 때에는 회사에 대하여 손해배상책임을 부담하지 아니하는 것이 원칙이다(제405조 제2항). 이는 대표소송을 손쉽게 제기할 수 있는 動因을 제공하기 위함이다. 그러나 주주가 惡意인 경우에는 회사에 대하여 손해배상책임을 진다(제405조 제2항). 악의란 회사를 해할 것을 알고 부적당한 소송을 수행한 것을 말한다. 예를 들면, ① 패소하면 회사의 권리를 상실시킬 수 있다고 인식하면서 또는, ② 소송제기만으로도 회사의 신용을 실추시키는 등의 손해를 인식하면서 부적당한 소송을 수행한 것을 말한다.

3) 집행채권자

주주대표소송의 주주와 같이 다른 사람을 위하여 원고가 된 사람이 받은 확정판결의 집행력은 확정판결의 당사자인 원고와 다른 사람 모두에게 미친다. 그러므로 주주대표소송의 주주는 執行債權者가 될 수 있다.[1598]

(9) 벌칙

대표소송의 제기에 관하여 부정한 청탁을 받고 재산상의 이익을 수수, 요구 또는 약속한 자에게는 罰則이 적용된다(제631조 제1항 제2호·제2항).

부정한 청탁을 받고 재산상의 이익을 수수, 요구 또는 약속한 자는 1년 이하의 징역 또는 300만원 이하의 벌금에 처한다.

3. 다중대표소송

(1) 의의

다중대표소송(multiple derivative claims)이란 자회사 이사의 임무해태 등으로 인

1595) 이철송(2024), 874면; 정동윤(2012), 657−658면; 송옥렬(2022), 1118면; 최기원(2012), 722−723면; 장덕조(2023), 414면; 권재열(2021), 200면.
1596) 이 논리는 소송비용 중 변호사보수에 관하여도 동일하게 적용된다. 대법원 2020. 4. 24. 자 2019마6990 결정 및 「변호사보수의 소송비용 산입에 관한 규칙」 제3조 제1항.
1597) 서울중앙지법 2008. 6. 20. 선고 2007가합43745.
1598) 대법원 2014. 2. 19. 자 2013마2316 결정; 권재열(2021), 204−205면.

하여 자회사에 손해가 발생한 경우에 모회사의 주주가 그 이사를 상대로 대표소송을 제기하는 것을 뜻한다.[1599] 다중대표소송은 대표소송의 경우와 같이 이사 외에도 발기인(제324조), 업무집행지시자 등(제401조의 2), 감사·감사위원회(제415조·제415조의 2 제7항) 또는 청산인(제542조 제2항) 등의 책임을 추궁하기 위하여도 제기할 수 있다. 종래 우리나라의 다수설과 판례는 다중대표소송을 부정하여 왔으나,[1600] 2020년 12월 개정시 이를 도입하였다(제406조의 2·제542조의 6 제7항).

(2) 취지 및 성질

다중대표소송은 대표소송의 순기능을 자회사로 확대하기 위하여 도입되었다. 즉 모회사의 대주주가 자회사를 설립하여 자회사의 자산이나 사업기회를 유용하는 것을 방지하여 자회사의 이익을 보호하기 위하여 도입되었다.[1601] 그 성질 역시 대표소송과 다를 바 없다. 입법취지 및 성질이 이러하므로 제소요건, 주주의 담보제공, 소의 취하·청구의 포기·화해 등의 면은 대표소송과 같거나 유사하다.

(3) 제소요건

1) 이사의 책임

가) 회사에 대한 책임   다중대표소송은 자회사 이사의 해당회사에 대한 책임을 추궁하기 위한 소이다. 그러므로 모회사주주(원고주주) 자신의 손실회복 또는 자회사 이사의 제3자에 대한 책임(제401조)을 추궁할 목적으로 제기할 수 없다. 다중대표소송은 소로써 제기하여야 하므로, 모회사의 주주가 직접 자회사와 이사간의 거래관계에 개입하여 자회사가 체결한 계약의 무효를 주장할 수는 없다.[1602] 모회사 주주는 자회사의 재산관계에 대하여 법률상 이해관계를 가진다고 볼 수 없기 때문이다. 또한 명문의 규정은 없으나, 원고주주 또는 제3자가 부정한 이익을 추구하거나 피고인 자회사에게 손해를 가할 목적으로 다중대표소송을 제기할 수는 없다.

나) 책임의 범위 및 발생시점   다중대표소송의 대상인 이사의 책임이나 발생시점은 대표소송에 준하는 것으로 해석한다. 따라서 책임의 범위에는 자회사의

1599) Andrew Charman·Johan du Toit SC(2022), pp.144-145.
1600) 대법원 2004. 9. 23. 선고 2003다49221.
1601) 국회법제사법위원회, "상법 일부개정법률안(대안)," 의안번호 6223(2020. 12), 2면.
1602) 대법원 2022. 6. 9. 선고 2018다228462·228479; 2001. 2. 28. 자 2000마7839 결정 참조.

이사가 해당회사에게 부담하는 모든 채무가 포함된다. 그리고 발생시점은 자회사의 이사가 그 지위에 있는 동안에 발생한 모든 책임을 포함한다. 그 밖의 내용은 대표소송에서 상술하였다.

2) 제소 전 주주의 소제기 청구 및 회사의 해태

이 역시 대표소송과 그 내용이 유사하다.

가) 모회사주주의 소제기 청구　모회사의 소수주주는 다중대표소송을 제기하기 전에 이유를 기재한 서면으로 자회사에 대하여 자회사이사의 책임을 추궁할 訴를 제기할 것을 청구하여야 한다(제406조의 2 제1항·제2항, 제403조 제2항).

나) 회사의 해태　자회사가 위의 제소청구를 받은 날로부터 30일 내에 訴를 제기하지 아니한 때에는 모회사의 주주는 즉시 자회사를 위하여 訴를 제기할 수 있다(제406조의 2 제2항). 그러나 30일의 기간이 경과함으로써 회사에 회복할 수 없는 손해가 생길 염려가 있는 경우에는 회사에 대하여 청구하지 아니하고, 또 청구를 했더라도 30일의 경과를 기다리지 아니하고 즉시 訴를 제기할 수 있다(제406조의 2 제3항·제403조 제4항).

(4) 소송의 당사자

1) 원고 : 모회사의 주주

비상장회사에서의 다중대표소송은 모회사 발행주식총수의 100분의 1 이상의 주식을 가진 주주에 한하여 제기할 수 있다. 상장회사에서는 모회사 발행주식총수의 1만분의 50 이상을 가진 주주가 제기할 수 있다. 다만, 이 주식을 6개월 이상 계속 보유한 자에 한한다(제542조의 6 제7항). 이 계산에는 이사의 위법행위유지청구권과 같이 의결권이 없거나 제한된 종류주식을 포함한다.

持株要件은 변론종결시가 아닌 제소청구 및 제소당시에 구비하면 족하다. 제소 후에는 지주요건 미만으로 감소하여도 제소의 효력에는 영향이 없다(제406조의 2 제3항·제403조 제5항).[1603] 다만, 소송의 계속 중 모회사의 발행주식을 전혀 보유하지 않게 된 경우는 원고적격이 없으므로 訴를 각하하여야 한다(제406조의 2 제5항·제403조 제5항 괄호). 나아가 개정상법은 모회사주주 개인의 원고적격의 요건을 모-자회사관계로 확대 적용하고 있다. 그리하여 모회사의 주주가 자회사에 대하여 이사책임추궁의 소를 제기할 것을 청구(제소청구) 또는 직접 제소한 후 모회사가 보

1603) 대법원 2013. 9. 12. 선고 2011다57869 참조.

유한 자회사의 주식이 자회사 발행주식총수의 100분의 50 이하로 감소한 경우에
도 그 제소청구 또는 제소의 효력에는 영향이 없다. 다만, 모회사가 자회사의 발
행주식을 보유하지 아니하게 된 경우에는 예외이다(제406조의 2 제4항).

2) 피고

다중대표소송의 피고는 자회사에 대해 책임이 있는 이사 또는 전직 이사이다.

(5) 소송의 절차

다중대표소송은 자회사 본점소재지의 지방법원의 관할에 전속한다(제406조의
제5항). 그 밖에 자회사에 대한 다중대표소송의 고지(제406조의 2 제3항·제404조 제2항),
자회사의 소송의 참가(제406조의 2 제3항·제404조 제1항), 피고인 자회사의 청구에 따른
모회사주주의 담보제공 및 자회사에 의한 악의의 소명(제406조의 2 제3항·제176조 제3
항·제4항), 제소주주의 소의 취하, 청구의 포기·인락 또는 화해의 원칙적 금지(제
406조의 2 제3항·제403조 제6항) 등에 관한 규정은 대표소송의 경우와 같다.

(6) 재심의 소

대표소송의 경우와 같이 다중대표소송에도 자회사 또는 모회사의 다른 주주
에게 재심의 소가 허용된다(제406조의 2 제3항·제406조). 그리고 재심의 소에서도 새로
운 원고는 다중대표소송의 제소주주와 동일한 권리의무가 있다(제406조의 2 제3항·제
406조 제2항·제405조).

(7) 제소주주의 권리의무

다중대표소송에서는 제소주주의 권리의무에 관하여 위의 '소송의 절차' 및
'재심의 소'의 경우와 같이 대표소송에 관한 규정을 준용하고 있다. 다만, 주주는
'모회사주주'로, 회사는 '자회사'로, '이사'는 '자회사이사'로 換置하여 읽어야 한다.

X. 직무집행정지가처분 및 직무대행자

1. 의의 및 취지

이사선임결의취소의 소(제376조), 무효·부존재확인의 소(제380조) 또는 이사해
임의 소(제385조 제2항) 등이 제기된 것만으로는 해당이사의 지위에 영향이 없다. 그
러나 그 이사에게 직무를 계속 수행하게 한다면 회사의 업무집행이 적정하지 아

니할 수도 있다. 이 경우 이사의 직무수행권한을 정지시키는 것이 職務執行停止假處分제도이다. 그 결과 회사의 직무를 대행할 자로 직무대행자를 선임할 수 있다(제407조).

제407조는 집행임원(제408조의 9), 監事(제415조), 감사위원(제415조의 2 제7항) 및 淸算人(제542조 제2항) 등에 준용된다. 최근에는 기업경영권분쟁이나 이사책임을 추궁하는 과정에서 자주 이용된다.

2. 직무정지가처분

(1) 성질

민사집행법은 다툼이 있는 권리관계에 대하여 '임시의 지위'를 정하기 위한 假處分制度를 두고 있다(동법 제300조 제2항). 그리하여 제407조상 이사의 직무집행정지가처분의 성질도 保全訴訟으로서 민사집행법상 '임시의 지위를 정하기 위한 가처분'의 일종이다(민사집행법 제300조 제2항·제304조)(통설·판례)[1604].

(2) 가처분의 요건

1) 본안소송의 제기

이사의 직무집행정지가처분을 신청하기 위하여는 그 지위를 다투는 本案訴訟이 제기되어 있어야 한다. 제407조 제1항이 제시하는 본안소송으로는 이사선임에 관한 총회결의무효의 訴(제380조), 총회결의취소의 訴(제376조 제1항) 또는 이사해임의 訴(제385조 제2항) 등이 있다. 이사선임결의의 부존재확인의 訴(제380조)도 당연히 가처분의 본안소송이다.[1605]

2) 본안 전의 가처분

가처분은 본안소송이 제기되어 있어야 하는 것이 원칙이지만, '급박한 사정이 있는 때'에는 본안소송의 제기 전에도 가처분을 할 수 있다(제407조 제1항 단서). '급박한 사정'은 이사의 직무수행의 상황에 비추어 본안소송까지 기다릴 여유가 없는 사정을 뜻한다. 구체적으로는 이사해임의 소 등 본안소송을 제기할 수 있을 정도의 절차요건을 거친 흔적이 소명되어야 피보전권리의 존재가 소명되는 것이

1604) 이철송(2024), 881면; 송옥렬(2022), 1001면; 최기원(2012), 592면; 김홍엽(2022), 512-520면; 대법원 2020. 4. 24.자 2019마6918 결정; 1982. 2. 9. 선고 80다2424; 1972. 1. 31. 선고 71다2351.

1605) 대법원 1989. 9. 12. 선고 87다카2691; 1989. 5. 23. 선고 88다카9883.

고, 本案前假處分의 필요성도 인정될 수 있다.1606) 이사의 직무정지가처분은 이사의 직무권한을 잠정적이나마 박탈하는 것으로서 그 보전의 필요성을 인정하는 데 신중을 기해야 하기 때문이다.

3) 보전의 필요

이사의 직무집행정지가처분은 민사집행법상의 가처분과 같이 '保全의 必要性'이 있어야 한다. 보전의 필요란 '특히 계속하는 권리관계에 현저한 손해를 피하거나 급박한 위험을 막기 위하여 또는 그 밖의 필요한 이유'가 있음을 뜻한다(민사집행법 제300조 제2항 단서). 이 가운데 ① '현저한 손해'는 해당이사가 직무를 계속 수행하면 회사에 회복할 수 없는 손해가 발생하는 것을 뜻한다. ② '급박한 위험'은 해당이사의 직무수행을 방치하면 本案判決을 받더라도 그 효과가 무익하게 됨을 뜻한다. ③ '그 밖에 필요한 이유'는 ①과 ②에 준하는 사유 예를 들면, 이사선임결의의 하자 또는 이사의 부정행위 등을 뜻한다. 그리하여 신청인이 이러한 被保全權利를 소명할 수 있으면 가처분을 할 수 있다(민사집행법 제301조·제279조 제2항).

그러나 대표이사 등 임원의 선임절차에 하자가 있더라도 주식 60% 이상을 소유한 대주주에 의하여 선임된 임원에 대하여는 직무정지가처분을 할 수 없다. 보전의 필요성이 없기 때문이다.1607)

4) 이사의 지위유지

가처분의 대상인 이사는 가처분시점까지 그 지위를 유지하여야 한다. 가처분 결정 전에 이사가 사임·퇴임하거나 해임된다면 법원은 가처분신청을 却下하여야 한다. 본안소송에 관한 피보전권리가 없어지기 때문이다. 이사가 사임하여 동일인이 새로운 총회에서 이사로 선임되더라도, 법원은 가처분신청을 棄却하여야 한다. 본안소송은 그 이전의 이사선임결의에 관한 것이어서 피보전권리가 없기 때문이다.1608) 그리고 퇴임이사를 상대로 해임사유의 존재나 임기만료·사임 등을 이유로 그 직무집행정지를 구하는 가처분신청은 허용되지 아니한다. 퇴임이사를 직무에서 배제하고자 할 경우에는 제386조 제2항에 의거 법원에 일시이사의 직무를 수행할 자를 청구할 수 있기 때문이다.1609) 다만, 법률 또는 정관에 정한 이

1606) 대법원 1997. 1. 10. 자 95마837 결정.
1607) 대법원 1991. 3. 5. 자 90마818 결정.
1608) 대법원 1982. 2. 9. 선고 80다2424.
1609) 대법원 2009. 10. 29. 자 2009마1311 결정.

사의 원수가 충족되어 있는데도 퇴임이사가 여전히 이사로서의 권리의무를 실제로 행사하고 있는 경우, 그 직무집행정지를 구하는 가처분신청은 가능하다.[1610]

(3) 당사자

가처분을 신청할 수 있는 자는 본안소송 중에는 원고 또는 본안소송 前에는 원고가 될 수 있는 자이다. 피신청인은 신청인의 지위가 다투어지는 자 예를 들면, 이사선임결의의 무효나 취소소송의 대상이 되는 이사이다. 회사는 피신청인이 될 수 없다.[1611]

(4) 절차

1) 관할 및 변경

이사의 직무정지가처분의 절차는 민사집행법상 가처분 절차를 따른다. 그리하여 ① 관할은 본안의 관할법원 또는 다툼의 대상이 있는 곳을 관할하는 지방법원에 속한다(민사집행법 제303조). ② 법원은 당사자의 신청에 의하여 가처분을 변경 또는 취소할 수 있다(제407조 제2항).

2) 등기

이사직무집행정지 또는 직무대행자선임의 가처분이 있거나 가처분의 변경·취소가 있는 때에는 본점소재지에서 등기하여야 한다(제407조 제3항). 가처분결정 등은 제3자의 이해관계에도 영향을 미치기 때문에 이를 公示하도록 하는 것이다.

(5) 가처분의 효력

직무집행정지가처분이 내려지면 이사(감사) 또는 대표이사는 일체의 직무집행을 할 수 없다. 다만, 이사 또는 대표이사의 지위를 상실하는 것은 아니기 때문에 주주총회에서 해임할 수 있다. 직무집행이 정지된 이사의 집무행위는 절대적 무효이다. 이후에 가처분이 취소되더라도 소급하여 유효하게 되지 아니한다.[1612] 따라서 선의의 제3자도 보호받지 못한다.[1613]

직무집행이 정지된 (대표)이사가 주주총회에서 다시 이사로 선임되고, 등기가 완료되더라도 직무집행정지가처분이 취소되지 아니하면 이사로서의 권한을 행사할 수

1610) 대법원 2009. 10. 29. 자 2009마1311 결정.
1611) 대법원 1982. 2. 9. 선고 80다2351; 1972. 1. 31. 선고 71다2351.
1612) 대법원 2008. 5. 29. 선고 2008다4537.
1613) 대법원 2020. 8. 20. 선고 2018다249148; 1992. 5. 12. 선고 92다5638.

없다. 가처분결정에 의하여 선임된 직무대행자의 권한이 유효하게 존속하기 때문이다.[1614] 직무집행정지가처분은 정지기간이 만료함으로써 효력을 상실하고, 정지기간의 정함이 없는 경우는 본안승소판결의 확정과 동시에 효력을 상실한다.[1615]

한편 가처분결정은 이사 등의 직무집행을 정지시킬 뿐 그 지위나 자격을 박탈하는 것은 아니다. 그러므로 특별한 사정이 없는 한 그 결정으로 이사 등의 임기가 정지되거나 가처분결정이 존속하는 기간만큼 연장되는 것은 아니다. 즉 임기진행에 영향을 주지 않는다.[1616]

3. 직무대행자

(1) 선임

법원은 이사의 직무집행정지가처분과 함께 직무대행자를 선임할 수 있다(제407조 제1항 전단). 선임행위도 가처분의 결정이다. 선임의 필요성이 없는 때에는 선임하지 아니하여도 무방하다. 다만, 직무집행정지를 하지 아니하고서는 직무대행자만을 선임할 수는 없다. 가처분으로 직무집행이 정지된 이사 또는 감사는 직무대행자로 선임될 수 없다.[1617]

(2) 직무대행자선임의 효력

법원이 직무대행자를 선임하는 경우에는 이사의 직무집행이 정지된다. 그리고 해당이사가 퇴임하고 후임이사가 선임되더라도 가처분이 취소되기까지는 직무대행자의 권한이 존속한다. 따라서 직무집행이 정지된 (대표)이사 또는 그 후임자가 한 대외적 행위는 절대적 무효이고, 선의의 제3자일지라도 유효를 주장하지 못한다.[1618] 다만, 가처분결정 등은 등기사항이므로(제407조 제3항), 이를 등기하지 아니하면 선의의 제3자에게 대항하지 못한다(제37조 제1항).[1619]

같은 논리로 청산인 직무대행자선임 가처분결정 후 주주총회에서 회사계속의 결의 및 새로운 이사선임 결의가 있더라도 청산인 직무대행자의 권한은 소멸

1614) 대법원 2014. 3. 27. 선고 2013다39551; 1992. 5. 12. 선고 92다5638.
1615) 대법원 1989. 9. 12. 선고 87다카2691; 1989. 5. 23. 선고 88다카9883.
1616) 대법원 2020. 8. 20. 선고 2018다249148; 1987. 8. 18. 선고 87도145.
1617) 대법원 1990. 10. 31. 자 90그44 결정.
1618) 대법원 2014. 3. 27. 선고 2013다39551; 1992. 5. 12. 선고 92다5638.
1619) 대법원 2014. 3. 27. 선고 2013다39551.

하지 아니한다.[1620) 그리고 회사해산 전에 선임된 직무대행자는 회사가 해산하면 당연히 청산인 직무대행자가 되고(제531조 제1항), 그 선임행위가 취소되지 아니하는 한 새로이 청산인 직무대행자를 선임할 수 없다.[1621)

(3) 권한범위

1) 회사의 상무

직무대행자는 회사운영의 공백을 일시적으로 메우기 위하여 선임된 자이다. 그러므로 가처분명령에 다른 정함이 있는 경우 외에는 회사의 상무에 속하지 아니한 행위를 하지 못한다. 그러나 법원의 허가를 얻은 경우에는 그러하지 아니하다(제408조 제1항 본문). 여기서 '常務'의 뜻이 명확하지는 않다. 다만, 그 지위의 성격상 회사의 정상적인 운영에 있어 최소·불가피한의 관리업무(예: 변호사선임계약. 소송대리위임. 보수계약체결 등)만 할 수 있다고 해석한다.[1622) 판례는 '회사의 영업을 계속함에 있어 통상의 업무범위 내의 사무, 즉 회사의 경영에 중요한 영향을 미치지 않는 보통의 업무'라고 상무를 정의하고 있다.[1623)

한편 법원이 이사직무대행자에 대하여 제408조 제1항에 따라 상무 외 행위를 허가할 것인지 여부는 일반적으로 당해 행위의 필요성과 회사의 경영, 업무 및 재산에 미치는 영향 등을 종합적으로 고려하여 결정하여야 한다.[1624)

2) 구체적인 사례

常務의 범위에 관한 주요 사례를 살펴보면 다음과 같다. 즉 ① 총회의 안건이 상무에 속한 것이 아닌 경우(예: 정관변경 등 특별결의사항(제374조))에는 총회의 소집 자체도 상무에 속하지 않은 것으로 보고 법원의 허가 없이 소집하면 결의의 취소 사유에 해당한다.[1625) 즉 법원의 허가를 요한다. ② 가처분에 의하여 선임된 (대표)이사직무대행자의 변호사선임행위는 상무에 속하지만, 회사의 상대방 당사자의 변호인의 보수지급에 관한 약정은 상무에 속하지 않는다.[1626) ③ 상대방의 청구를 인락하거나,[1627) 항소를 취하하는 것도 상무에 속하지 않는다.[1628) ④ (대표)

1620) 대법원 1997. 9. 9. 선고 97다12167.
1621) 대법원 1991. 12. 24. 선고 91다4355.
1622) 同旨 이철송(2024), 886면; 대법원 1991. 12. 24. 선고 91다4355.
1623) 대법원 1991. 12. 24. 선고 91다4355.
1624) 대법원 2008. 4. 14. 자 2008마277 결정.
1625) 대법원 2007. 6. 28. 선고 2006다62362.
1626) 대법원 1989. 9. 12. 선고 87다카2691; 1970. 4. 14. 선고 69다1613.

이사직무대행자가 타인(예: 가처분신청인)에게 회사의 경영권한의 전부를 위임할 수
는 없다. 이는 가처분명령에 위배되고, 회사업무의 통상적인 과정을 일탈하는 것
으로서 회사의 상무라고 할 수 없기 때문이다. 다만, 법원의 허가를 얻은 때에는
가능하다.[1629] ⑤ 회사의 사업 또는 영업목적을 근본적으로 변경하거나 중요한
영업재산을 처분하는 것과 같은 행위가 아닌 한 직무대행자의 상무에 속한
다.[1630] 위 사례들을 정리하면, 신주발행, 사채발행, 영업양도 또는 정관변경 등과
같은 조직법적 변경을 가져오는 행위나 처분행위는 상무에 속하지 않는다.

기술한 바와 같이 판례는 정기 또는 임시총회를 불문하고 소집과 관련하여서
는 법원의 허가를 요한다고 본다.[1631] 이에 대하여는 총회의 유형을 불문하고 소
집자체는 상무에 속하는 것으로 보아야 한다는 견해가 있다.[1632] 그러나 임시총
회의 소집도 결의에 이르기 위한 행위이고 합병, 이사의 선·해임 등과 같이 조직
법적 변경을 가져오는 중요한 사항도 있으므로 상무에 속한다고 볼 수 없다.

3) 위반행위의 효력

직무대행자가 법원의 허가 없이 常務에서 벗어난 행위를 한 경우에 회사는
선의의 제3자에 대하여 책임을 진다(제408조 제2항). 이는 거래의 안전을 위한 규정
인데, 선의라는 점에 대한 주장과 입증책임은 상대방인 제3자에게 있다.[1633]

4) 직무대행자의 책임

이사직무대행자의 책임은 이사의 책임과 동일하므로 제399조(이사의 회사에 대한
책임)와 제401조(이사의 제3자에 대한 책임)를 유추적용하여야 한다(통설).[1634]

1627) 대법원 1975. 5. 27. 선고 75다120.
1628) 대법원 1982. 4. 27. 선고 81다358.
1629) 대법원 1984. 2. 14. 선고 83다카875·876·877.
1630) 대법원 1991. 12. 24. 선고 91다4355.
1631) 대법원 2007. 6. 28. 선고 2006다62362.
1632) 이철송(2024), 887면.
1633) 대법원 1965. 10. 26. 선고 65다1677.
1634) 정동윤(2012), 603면; 최기원(2012), 596면; 손주찬(2004), 766–767면; 최준선(2024),
     467면.

XI. 집행임원

1. 의의

집행임원은 대표이사에 갈음하는 기구로서 회사의 업무집행과 회사대표에 관한 권한을 행사할 수 있는 기관이다(제408조의 2 제1항·제408조의 4). 집행임원의 선임은 회사의 임의사항이고, 강제사항은 아니다. 집행임원은 회사와 위임관계에 있다. 이 점 법적 신분이 사용인인 실무상의 집행임원(실무집행임원)과 다르다.1635)

2. 도입배경

집행임원제도는 2011년 개정시 주식회사의 지배구조의 개선책의 일환으로 도입되었다. 즉 이사회의 업무집행기능과 감독기능을 분리하여 업무집행기능은 집행임원에게 맡기고, 이사회는 감독기능을 담당하도록 하는 데 그 도입배경이 있다. 그리고 非登記理事인 실무상의 執行任員(예: 집행이사·경영임원)의 의무와 책임 등을 명확히 하여 회사와 실무집행임원간에 야기되는 문제점1636)을 해결하여 기업경영의 책임소재와 범위를 명확히 하고자 하는 것도 하나의 입법배경이다.

3. 실무집행임원과 집행임원

집행임원제도의 도입배경 중의 하나는 실무집행임원과의 관계를 명확히 하는 데에 있다. 즉 실무집행임원은 업무집행에 관하여 상당한 재량권을 갖지만, 회사의 법적 기관은 아니다. 법적 신분은 사용인이다.1637) 회사와는 주로 고용계약을 체결하게 된다. 다만, 위임계약을 체결할 수 없는 것은 아니라고 본다.

4. 입법례

집행임원제도는 기업의 지배구조를 주로 사외이사(outside director), 위원회

1635) 근로기준법상의 지위는 대법원 2005. 5. 27. 선고 2005두524 참조.
1636) 국회법사위, "상법 일부개정법률안(회사편) 검토보고,"(2008. 11), 161면. 이 보고서에 따르면 대법원은 집행임원이 주주총회에서 선임되지도 않았고, 등기도 되지 않았다는 이유로 이를 근로자로 보고 회사가 실적부진 등을 이유로 집행임원을 해임한 경우 노동법상 부당해고라 판시하고 있다. 이에 따라 회사와 집행임원 간에 분쟁이 수시로 내재되어 있었다(대법원 2003. 9. 26. 선고 2002다64681 참조).
1637) 대법원 2013. 6. 27. 선고 2010다57459; 2005. 5. 27. 선고 2005두524.

(committees), 집행임원(officers, executive directors)에 의존하고 있는 영미식에서 유래한다. 다만, 상법상 집행임원은 위원회등설치회사에서 인정하고 있는 2002년 일본의 개정회사법상 執行役1638)과 유사하다. 그리고 일본에서의 執行任員(동법 제362조 제4항 제3호)은 우리나라에서의 실무집행임원과 유사하다.

5. 집행임원제도의 특징

상법상 집행임원제도의 특징에 대하여는 다음과 같이 정리할 수 있다. 즉 ① 집행임원의 설치는 회사의 임의사항이다. 다만, 집행임원을 둘 경우에는 대표이사를 두지 못한다(제408조의 2 제1항 후단). ② 집행임원은 이사회에서 선임된다(제408조의 2 제3항). 이 점 대표이사와 같다(제389조 제1항). 다만, 대표이사는 이사 중에서 선임되지만, 집행임원은 이사 아닌 자로도 선임할 수 있다. ③ 집행임원은 인적사항을 등기하여야 한다(제317조 제2항 제8호). 따라서 실무에서 널리 이용되던 비등기이사인 부사장, 전무, 상무 또는 상무보 등을 뜻하는 것이 아니다. ④ 일본과 같이 집행임원제도가 효용성을 갖기 위하여는 위원회제도를 전제로 하여야 하는데, 상법은 위원회제도를 채택하지 아니하고 있다.

6. 집행임원의 선임 및 종임

(1) 선임

1) 방법

집행임원 및 대표집행임원은 이사회의 결의로서 선임한다(제408조의 2 제3항 제1호). (대표)집행임원의 성명·주민등록번호 및 주소는 등기하여야 한다(제317조 제2항 제8호 내지 제10호). 다만, 집행임원은 이사와는 달리 퇴임집행임원·일시집행임원(제386조)이 인정되지 아니한다.

2) 자격

집행임원의 資格에 대하여는 특별한 제한이 없다. 그러나 집행임원은 업무집행을 담당하는 자이므로 이사와 같은 자격제한을 할 수 있다고 본다. 그리하여 그 자격은 이사와 같이 自然人에 한한다고 본다. 주주임을 요하지도 아니한다. 다만, 정관은 그 내용이 사회질서에 반하지 아니하는 한 집행임원의 자격을 제한

1638) 일본회사법 제402조 제1항·제2항, 제403조, 제416조 제4항·제418조.

하는 규정을 둘 수 있다. 예를 들면, 한국인·국내거주자·주주(제387조 참조) 또는 일정한 경력을 갖춘 자로 제한하는 것은 유효하다. 정관으로 집행임원이 가져야 할 주식(자격주)의 수를 정할 수도 있다고 본다. 다만, 이 경우 다른 규정이 없는 때에는 집행임원은 그 수의 주권을 감사에게 공탁하여야 한다(제387조 참조).

3) 인수

집행임원의 수에는 제한이 없다(제408조의 5 제1항). 2인 이상의 집행임원이 있는 때에는 이사회가 그 직무분담 등에 대하여 결의를 하지 아니하는 한(제408조의 2 제3항 제5호 참조), 각자가 업무를 집행한다. 다수의 집행임원이 있는 경우에 법문상 이사회와 같이 집행임원의 회의체를 구성하여야 하는 것은 아니다. 다만, 이사회 또는 집행임원들의 결의로 집행임원회의를 구성하여 운영할 수는 있다고 본다.

4) 임기

집행임원의 임기는 정관에 다른 규정이 없으면 2년을 초과할 수 없다(408조의 3 제1항). 회사가 2년 내의 기간에서 정할 수 있는 것이다. 다만, 정관에 달리 정함이 있으면 3년 이하에서 자유롭게 정할 수 있다고 해석한다. 이사의 임기가 3년을 초과하지 못하기 때문이다(제383조 제2항). 그리고 임기는 정관에 그 임기 중의 최종결산기에 관한 정기주주총회가 종결한 후 가장 먼저 소집하는 이사회의 종결시까지로 정할 수 있다(408조의 3 제2항). 이사회가 집행임원을 선임하는 관계를 고려하여 이사의 임기와 連動시키고자 함이다(제383조 제2항 참조).

5) 겸직

가) 일반론   집행임원은 이사와 마찬가지로 사용인의 지위를 겸할 수 있다. 그리고 사내이사나 다른 집행임원을 겸할 수도 있다(제382조 제3항 제1호, 제408조의 2 제3항 제5호). 예를 들면, 위험관리집행임원(chief risk officer)이 자산운용집행임원(chief asset management officer)을 겸하는 것과 같다.

나) 감사·감사위원의 겸직

① 문제의 제기

업무의 특성상 집행임원은 감사의 지위를 겸할 수 없다(제411조 참조). 집행임원 자신이 집행한 업무를 자신이 감사하는 것은 모순이기 때문이다. 다만, 감사위원의 지위를 겸할 수 있는지에 대하여는 이론이 있다.

② 학설

肯定說은 ① 상법은 감사위원회의 3분의 2 이상을 사외이사로 구성할 것을 요구하고 있을 뿐이므로(제415조의 2 제2항), 사내이사도 감사위원이 될 수 있고, 執行任員 兼務監查委員을 명문으로 금지하는 규정이 없는 점, ② 감사위원회는 회의체기관이므로 모든 감사위원이 독립적일 필요가 없다는 점 등으로 겸직을 허용할 수 있다고 한다.1639) 否定說은 현행법상 감사위원은 이사의 지위를 전제로 하므로 이사의 지위를 겸하지 아니하는 집행임원도 감사위원이 될 수 있다는 것은 합리적이지 않다고 한다.1640)

③ 사견

文理的으로는 겸직을 금지하는 규정이 없기 때문에 집행임원도 감사위원이 될 수 있다고 해석할 수도 있을 것이다. 그러나 집행임원이 감사위원의 지위를 겸한다면 감사의 대체기관인 감사위원회 도입취지가 몰각된다. 나아가 사내이사가 감사위원이 될 수 있도록 한 것은 회의체기관인 감사위원회의 원활한 운영과 충분한 정보의 제공에 그 취지가 있다고 풀이한다. 따라서 이를 가지고 감사위원회의 독립성, 중립성 및 객관성을 부인하여서는 아니 된다(否定說).

(2) 종임

1) 위임관계에 따르는 종임

집행임원의 종임사유는 이사와 같다. 집행임원과 회사는 위임관계에 있기 때문이다(제408조의 2 제2항). 따라서 約定終了事由인 집행임원의 사임 또는 해임결의로 종임한다. 그리고 法定終了事由인 ① 집행임원의 사망, 파산 또는 성년후견개시, ② 회사의 해산 또는 파산에 의하여도 종임한다(민법 제690조 참조).

2) 해임

집행임원 및 대표집행임원은 이사와는 달리 이사회의 결의로서 해임한다(제408조의 2 제3항 제1호). 집행임원의 해임에는 제385조 제1항이 적용되지 아니한다. 따라서 집행임원은 임기 중에 정당한 이유 없이 해임되더라도 회사에 대하여 해

1639) 송옥렬(2022), 1123면; 김·노·천(2024), 411면; 신동찬·황윤영·최용환, "개정상법상 집행임원제도," BFL 제51호(2012. 1), 78면.
1640) 최기원(2012), 724면; 정준우(2024), 534면; 장덕조(2023), 417면; 권종호(2024), 287면; 江頭憲治郎(2021), 599面(일본회사법 제400조 제4항).

임으로 인한 손해의 배상을 청구할 수 없다. 제385조가 대표이사의 해임에는 적용되지 아니한다는 논리와 같다.1641) 다만, 집행임원은 회사에 대하여 계약위반으로 인한 채무불이행책임 또는 불법행위책임을 물을 수는 있다.

7. 집행임원의 권한

(1) 업무집행권

집행임원의 권한은 ① 집행임원 설치회사의 업무집행, ② 정관이나 이사회의 결의에 의하여 위임받은 업무집행에 관한 의사결정 등의 사항으로 한다(제408조의 4). 이 가운데 ①의 업무집행이란 대표이사의 업무집행권한으로 인정되는 회사의 관리업무를 뜻한다. ②와 관련하여 법문은 집행임원 설치회사의 이사회가 갖는 권한사항 중의 하나로 '집행임원에게 업무집행에 관한 의사결정의 위임'을 명시하고 있다. 다만, 상법에서 이사회 권한사항으로 정한 경우는 제외하고 있다(제408조의 2 제3항 제4호).

따라서 신주발행의 결정(제416조 본문), 경업·회사의 기회 및 자산유용·자기거래의 승인(제397조·제397조의 2·제398조), 재무제표의 승인(제447조), 재무제표를 이사회가 승인하는 경우의 이익배당(제462조 제2항) 및 사채발행(제469조) 등에 관한 의사결정의 주체는 이사회이므로 집행임원에게 위임할 수 없다. 그리고 '중요한 자산의 처분 및 양도', '대규모 재산의 차입', '지배인의 선임 또는 해임' 또는 '지점의 설치, 이전 혹은 폐지' 등에 관한 업무집행은 이사회의 결의에 의하도록 하고 있기 때문에(제393조 제1항) 집행임원에게 위임할 수 없다. 결국 제408조의 4 제2호에 의거 이사회가 집행임원에게 위임할 수 있는 업무집행에 관한 결정사항은 제393조 제1항이 규정하는 포괄적인 업무집행 결정사항 중 법문에서 명시적으로 열거한 이사회 권한사항을 제외한 사항을 뜻한다.

한편 제408조의 4 제2호는 정관으로 위임받은 업무집행에 관한 의사결정을 집행임원의 권한사항으로 하고 있다. 이로 인하여 위에서 기술한 '집행임원에게 위임할 수 없는 사항'도 정관으로 집행임원에게 위임할 수 있는지 문제될 수 있다. 그러나 ① 제408조의 2 제3항 제4호의 괄호는 집행임원제를 채택한 회사의 권한배분을 劃定하기 위한 强行規定이고, ② 제408조의 4 제2호는 '정관이나 이

1641) 대법원 2004. 12. 10. 선고 2004다25123; 정찬형(2024), 181면.

사회의 결의'라고 하여 정관과 이사회의 결의가 對等關係임을 밝히고 있기 때문에 제393조 제1항에서 정하는 사항 역시 제외된다. 이러한 면에서 정관이나 이사회결의로 집행임원에게 위임할 수 있는 사항은 매우 제한적이라고 할 수 있다. 이는 집행임원이 중요한 의사결정보다는 기본적으로 업무집행기관임을 뜻한다.

(2) 이사회 소집권

집행임원은 필요하면 이사회의 소집을 청구할 수 있는데, 이 경우 회의의 목적사항과 소집이유를 적은 서면을 이사에게 제출하여야 한다. 다만, 소집권자가 있는 경우에는 소집권자에게 제출하여야 한다(제408조의 7 제1항). 집행임원이 이사회의 소집청구를 한 후 이사가 지체 없이 이사회 소집의 절차를 밟지 아니하면 소집을 청구한 집행임원은 법원의 허가를 받아 이사회를 소집할 수 있다. 이 경우 이사회 의장은 법원이 이해관계자의 청구에 의하여 또는 직권으로 선임할 수 있다(제408조의 7 제2항).

그런데 이와 유사한 조항으로 제412조의 4를 들 수 있다. 이에 따르면, 감사는 이사(소집권자가 있는 경우에는 소집권자)에게 이사회 소집을 청구할 수 있고(동조 제1항), 청구를 한 후 이사가 지체 없이 이사회를 소집하지 아니하면 그 청구한 감사가 이사회를 소집할 수 있다(제412조의 4 제2항). 업무감시기관인 감사에게는 법원의 허가를 받지 아니하고 직접 이사회를 소집할 수 있는 권한을 부여하면서, 업무집행기관인 집행임원에게 부여하지 아니하는 것은 不均衡한 입법이다.

한편 '필요하면'이란 집행임원으로서의 업무집행을 위하여 필요한 경우를 뜻한다. 예를 들면, ① 경업·회사의 기회 및 자산유용·자기거래를 허용하기 위한 이사회결의가 필요한 경우, ② 정관의 변경이나 합병을 하고자 하는 때에는 총회의 결의가 요구되므로 이사회에 총회소집결의를 구하고자 하는 경우 등을 뜻한다.

(3) 대표권
1) 유형

집행임원이 1인인 경우에는 그 집행임원이 대표집행임원이 된다. 집행임원이 2인 이상인 경우에는 이사회결의로 회사를 대표할 대표집행임원을 선임하여야 한다(제408조의 5 제1항). 이 경우의 대표집행임원은 수인 또는 전원으로 선임할 수 있다. 수인의 대표집행임원을 선임한 때에는 원칙적으로 각자가 대표권을 행사하지만, 수인의 대표집행임원이 공동으로 회사를 대표하도록 할 수 있다. 이때에는 공동대표이사의 법리가 적용된다(제408조의 5 제2항·제389조 제2항).

2) 범위

대표집행임원에 대하여는 대표이사에 관한 규정이 준용된다. 그리하여 집행임원의 대표권은 회사의 영업에 관한 재판상·재판 외의 모든 행위에 미치며, 대표권의 제한은 선의의 제3자에게 대항하지 못한다(제408조의 5 제2항·제389조 제3항·제209조).

8. 집행임원의 의무

(1) 선관주의의무

집행임원과 집행임원 설치회사와의 관계는 민법 중 위임에 관한 규정을 준용한다(제408조의 2 제2항·민법 제681조). 그러므로 집행임원은 집행임원제도 및 그 선임의 本旨에 따라 선량한 관리자의 주의로서 회사의 사무를 처리하여야 한다. 이는 일반적으로 회사와 이사의 관계와 같지만, 후술하는 바와 같이 監視義務의 측면에서는 다르다.

(2) 파생적 의무

상법은 선관주의의무에서 파생되는 주의의무로서 이사의 의무에 관한 규정을 집행임원에 준용하고 있다. 그리하여 집행임원은 회사에 대한 충실의무(제382조의 3), 비밀준수의무(제382조의 4) 및 정관 등의 비치공시의무(제396조)를 부담한다(제408조의 9). 그리고 집행임원은 업무집행을 하는 기관이므로 회사와의 利益衝突을 방지하기 위한 경업금지(제397조), 회사의 기회 및 자산유용금지(제397조의 2) 및 자기거래금지(제398조)에 관한 규정도 준용된다(제408조의 9).

(3) 감시의무

1) 문제의 제기

수인의 집행임원이 있는 경우에 이사와 같이 상호 監視義務를 인정할 수 있는지 문제된다. 이는 이사회가 수인의 집행임원의 직무를 횡적 또는 상하로 분담시켰을 경우 각 집행임원의 주의의무가 자신의 담당업무에 국한되는지 여부에 관한 것이기도 하다.

2) 학설

현재까지 학계에서는 이에 관한 논의가 활발한 편은 아니다. 다만, 긍정설은 원칙적으로 집행임원은 제408조의 2 제2항에 의거 회사 업무전반에 걸쳐 위임받은 자이므로 업무분담은 편의적인 것에 불과하고, 모든 집행임원은 회사의 업무에 대하여 注意義務를 지므로, 다른 집행임원의 분장업무에 관하여는 요구되는 주의의 정도가 완화될 수는 있지만 원칙적으로 감시의무를 진다고 한다.[1642] 부정설은 집행임원은 회의체도 구성하지 않고 각자 자기가 담당하는 업무를 집행하므로, 특히 지휘·명령관계에서 감시의무를 부담하지 않는 한 다른 집행임원에 대하여 감시의무를 부담하지 않는다고 한다.[1643]

3) 사견

집행임원은 이사와 같이 선관주의의무를 부담하지만, 일반적인 감시의무를 부담한다고 볼 수는 없다. 회사의 이사를 주주총회에서 선임하는 것은 회사의 업무집행 전반에 대한 감시의무를 부담한다는 뜻을 내포하고 있다. 이에 비하여 1인 또는 수인의 집행임원은 직무분담을 정하는 형태로 이사회에서 선임되고(제408조의 2 제3항 제5호), 이사·이사회 및 감사·감사위원회로부터 감시·감독을 받는다.[1644]

따라서 집행임원은 상호간 일반적인 감시의무를 부담하지 아니한다고 본다(否定說). 다만, 집행임원이 수인인 경우 이사회는 집행임원의 직무분담 및 '指揮·命令關係'에 관한 사항을 결정할 수 있도록 하고 있기 때문에(제408조의 2 제3항 제5호), (대표)집행임원도 자기의 지시를 받는 집행임원에 대하여는 직무분담의 내용의 일환으로 감시의무를 부담한다.

(4) 이사회에 대한 보고의무

1) 능동적 보고의무

이사의 이사회에 대한 보고의무(제393조 제4항)와 마찬가지로 집행임원은 3개월에 1회 이상 업무의 집행상황을 이사회에 보고하여야 한다(제408조의 6 제1항). 그리고 집행임원은 회사에 현저하게 손해를 미칠 염려가 있는 사실을 발견한 때에는

[1642] 이철송(2024), 895면.
[1643] 정찬형(2024), 193면.
[1644] 제408조의 6, 제408조의 9·제412조·제412조의 2, 제415조의 2 제7항·제412조.

즉시 감사 또는 감사위원회에 보고하여야 한다(제408조의 9·제412조의 2).

2) 수동적 보고의무(수시보고의무 및 대표집행임원의 보고의무)

집행임원은 이사회의 요구가 있으면 언제든지 이사회에 출석하여 요구사항을 보고하여야 한다(제408조의 6 제2항). 그리고 대표이사의 이사회에 대한 보고의무(제393조 제3항)와 마찬가지로 대표집행임원은 다른 집행임원 또는 피용자의 업무에 관하여 이사의 요구가 있으면 이사회에 보고하여야 한다(제408조의 6 제3항).

9. 집행임원에 관한 이사회의 감독권

(1) 일반적인 감독권

이사회는 집행임원의 업무집행감독권을 갖는다(제408조의 2 제3항 제2호). 이는 이사회가 대표이사를 감독하는 것과 같다(제393조 제2항). 다만, 상법은 후술하는 바와 같이 집행임원제도의 특징과 입법취지를 감안하여 대표이사에 대한 감독보다 강화된 내용을 추가하고 있다.

(2) 수인의 집행임원의 관리

집행임원이 여러 명인 경우 이사회는 집행임원의 직무분담 및 지휘·명령관계, 그 밖의 집행임원의 상호관계에 관한 사항을 결정할 수 있다(제408조의 2 제3항 제5호). '직무분담'은 회사의 업무를 횡적으로 나누어 각 집행임원에게 관장하도록 하는 것이고, '지휘·명령관계'는 수인의 집행임원간에 상명하복의 系線關係를 설정하여 각 집행임원을 배치하는 것이다. 이 점에서 상법은 종래의 회사의 계선적 경영체제를 집행임원제도하에서도 운영할 수 있는 길을 열어 놓고 있다고 평가할 수 있다. 여기에는 업무집행기간의 모든 구성원에게 회사법적 지위와 책임을 부여한다는 의미도 내포되어 있다.

(3) 집행임원의 보수결정

이사회는 그 권한의 하나로 정관에 규정이 없거나 주주총회의 승인이 없는 경우 집행임원의 보수를 결정할 수 있다(제408조의 2 제3항 제6호). 이 규정은 이사의 보수에 관한 제388조[1645]와 균형을 맞추어 집행임원의 보수도 우선적으로는 정관 또는 주주총회에서 정하도록 하고, 그렇지 아니하는 때에는 이사회가 후순위

[1645] 제388조(이사의 보수) 이사의 보수는 정관에 그 액을 정하지 아니한 때에는 주주총회의 결의로 이를 정한다.

적으로 정할 수 있도록 하는 것이다. 이에 따라 이사회는 집행임원의 업무실적을 평가할 수 있고, 집행임원을 감독하고 통제할 수 있다.

10. 집행임원에 대한 감사

이사를 상대로 하는 監事의 監査業務에 관한 규정(제412조 및 제412조의 2)은 집행임원에 대하여도 준용된다. 그리하여 감사는 집행임원의 직무를 감사하며, 집행임원에 대하여 언제든지 영업에 관한 報告를 요구하거나 회사의 업무와 재산상태를 調査할 수 있다(제408조의 9·제412조). 이에 대응하여 집행임원은 회사에 현저한 손해를 미칠 염려가 있는 사실을 발견한 때에는 즉시 감사에게 보고하여야 한다(제408조의 9·제412조의 2).

11. 집행임원의 책임

(1) 책임발생원인

집행임원이 업무집행과 관련하여 회사 또는 제3자에게 손해를 입혔을 때의 책임법리는 이사의 경우와 같다. 그리하여 집행임원이 고의 또는 과실로 법령이나 정관을 위반한 행위를 하거나 그 임무를 게을리한 경우에는 회사에 손해를 배상할 책임이 있다(제408조의 8 제1항). 집행임원이 고의 또는 중대한 과실로 그 임무를 게을리한 경우에는 제3자에게 손해를 배상할 책임이 있다(408조의 8 제2항).

(2) 업무집행지시자 등의 책임

업무집행지시자 등의 책임은 집행임원에게도 적용된다. 그리하여 ① 회사에 대한 자신의 영향력을 이용하여 집행임원에게 업무집행을 지시하거나, ② 집행임원의 이름으로 직접 업무를 집행하거나, ③ 집행임원이 아니면서 회장·사장 등 업무집행권이 있는 것으로 인정될 만한 명칭으로 업무를 집행한 자는 집행임원으로 보고 그 책임을 물을 수 있다(제408조의 9·제401조의 2).

(3) (다중)대표소송

대표소송 기타 집행임원과 회사간의 소송에서는 이사회가 회사를 대표할 자를 선임한다(제408조의 2 제3항 제3호). 그리고 집행임원에 대하여는 다중대표소송에 관한 규정도 준용된다(제408조의 9·제406조의 2). 이 경우 집행임원은 '자회사의 집행임원'으로, 주주는 '모회사의 주주'로, 회사는 '자회사'로 換置하여 읽으면 족하다.

(4) 위법행위유지청구

이사에 대한 위법행위유지청구제도는 집행임원에게도 준용된다. 그리하여 집행임원이 법령 또는 정관에 위반한 행위를 함으로써 회사에 회복할 수 없는 손해가 생길 염려가 있는 경우에는 감사 또는 발행주식총수의 100분의 1 이상에 해당하는 주식을 가진 주주는 집행임원에 대하여 그 행위를 유지할 것을 청구할 수 있다(제408조의 9·제402조).

(5) 책임면제 또는 감경

회사에 대한 이사책임의 免除·減輕에 관한 규정(제400조)은 집행임원에도 준용된다. 그리하여 회사에 대한 집행임원의 책임은 총주주의 동의로 면제할 수 있고, 정관이 정하는 바에 따라 책임을 감경할 수 있다(제408조의 9·제400조).

(6) 이익공여로 인한 책임

회사는 주주의 권리행사와 관련하여 재산상의 이익을 공여할 수 없다(제467조의 2). 이에 위반하여 집행임원이 이익을 공여한 때에는, 제408조의 9의 준용규정은 없으나 그에 따른 책임을 진다고 해석한다.

(7) 연대책임

집행임원이 회사 또는 제3자에게 손해배상책임을 부담하는 경우에 다른 집행임원·이사 또는 감사도 그 책임이 있으면 다른 집행임원·이사 또는 감사와 연대하여 배상할 책임이 있다(408조의 8 제3항).

(8) 직무집행정지 및 직무대행자

직무집행정지 및 직무대행자에 관한 규정은 집행임원에게도 준용된다(제408조의 9·제407조·제408조). 그리하여 집행임원 선임결의의 무효나 취소 또는 집행임원 해임의 소가 제기된 경우에는 법원은 당사자의 신청에 의하여 가처분으로써 집행임원의 직무집행을 정지할 수 있고 또는 직무대행자를 선임할 수 있다. 급박한 사정이 있는 때에는 본안소송의 제기 전에도 그 처분을 할 수 있다. 직무대행자는 가처분명령에 다른 정함이 있거나 법원의 허가를 얻은 경우 외에는 회사의 상무에 속하지 아니한 행위를 하지 못한다.

(9) 책임의 해제

재무제표의 승인을 한 2년 내에 다른 결의가 없으면 회사는 이사와 감사(또는 감사위원회)의 책임을 해제한 것으로 본다(제415조의 2 제7항·제450조). 집행임원에 대하여는 이를 준용하는 규정이 없다. 그러나 집행임원은 ① 대표이사를 갈음하여 재무제표를 작성하여 주주총회에 제출하고, ② 제408조의 8 및 제408조의 9·제401조의 2에 의거하여 엄중한 책임을 부담한다. 이 때문에 집행임원의 책임의 존부에 관한 불안정한 상태가 지속되는 것은 바람직하지 않고, 신속한 책임소멸원인을 정하고 있는 이사·감사의 경우와 균형도 맞지 않다. 따라서 집행임원에 대하여도 제450조를 준용하는 것이 바람직하다.

12. 표현대표집행임원에 대한 책임

대표집행임원에 대하여는 표현대표이사에 관한 규정도 준용된다. 그리하여 사장, 부사장, 전무, 상무 기타 회사를 대표할 권한이 있는 것으로 인정될 만한 명칭을 사용한 집행임원의 행위에 대하여는 그 집행임원이 회사를 대표할 권한이 없는 경우에도 회사는 선의의 제3자에 대하여 그 책임을 진다(제408조의 5 제3항·제395조). 그리고 표현대표이사의 법리와 같이 표현집행임원이 자기의 명칭을 사용하여 법률행위를 한 경우는 물론, 다른 대표집행임원의 명칭을 사용하여 행위를 한 때에도 회사는 선의의 제3자에 대하여 책임을 진다.[1646]

제 4 관 감사제도

I. 개 설

1. 의의

회사의 감사는 크게 업무감사와 회계감사로 나눌 수 있다. 업무감사는 이사·집행임원의 업무집행, 대표행위의 適法性에 대하여 감사하는 것을 뜻한다. 회계감사는 회사의 재산상태 및 경영성적을 회계원칙과 법령에 의하여 올바르게 표시하였는지를 감사하는 것이다. 그리하여 감사는 주주총회 및 이사회와 수평적

1646) 대법원 2013. 7. 11. 선고 2013다5091; 1998. 3. 27. 선고 97다34709 참조.

으로 위치하는 필요·상설의 감독기관이다. 그리고 1999년 개정상법은 회사의 선택에 따라 감사를 대체할 수 있는 기관으로서 이사회 내부에 감사위원회(auditing committee)를 설치할 수 있게 하였다(제415조의 2).

2. 업무감사기관

상법상 대표적인 업무감사기관은 감사(또는 감사위원회)이다. 이사회는 이사 각자의 업무집행에 대한 업무감독권을 갖는다. 주주들도 업무감사기능을 갖는다. 즉 주주총회는 이사의 선·해임(제382조·제385조), 영업양도·양수 등(제374조), 사후설립(제375조), 회사의 업무·재산상태의 검사(제467조 제3항), 재무제표 등의 승인(제449조 제1항) 또는 합병승인(제522조) 등에 관한 결의를 통하여 직·간접적으로 업무감사기능을 수행한다. 소수주주도 회사의 업무와 재산상태를 조사하기 위한 총회의 소집 또는 검사인선임의 청구(제366조, 제467조 제1항), 대표소송(제403조), 다중대표소송(제406조의 2) 또는 위법행위유지청구(제402조) 등을 통하여 회사경영의 위법성 유무를 가리는 업무감사기능을 수행한다. 이 밖에도 임시적 업무감사기관인 檢査人이 있다.

3. 회계감사기관

주식회사는 회사내부의 회계감사를 받는다. 그리고 회사규모에 따라서는 외부기관으로부터의 회계감사도 받아야 한다. 내부감사는 회사의 실무가인 감사직원, 법률상 감사기관인 감사(또는 감사위원회)에 의한다. 외부감사는 후술하는 「주식회사 등의 외부감사에 관한 법률」(이하 '외감법'이라고 한다)에 의거한 외부감사제도가 있다. 업무감사와 회계감사는 그 성질상 명확히 구별하기 어렵다. 회계감사는 업무집행결과가 반영된 서류를 감사하는 것이며, 업무감사 역시 회계적 수치가 뒷받침 되어야 소기의 목적을 달성할 수 있기 때문이다. 이는 상법이 감사에게 업무감사권과 회계감사권을 함께 부여한 이유이기도 하다.

주주총회도 회계감사기능을 수행한다. 재무제표 등의 승인(제449조 제1항) 또는 업무와 재산상태를 조사하기 위한 임시총회의 개최(제366조, 제467조 제3항) 등은 주주총회가 회계감사의 최고기관임을 나타내는 규정이다. 그러나 이에 관한 총회 자체의 형식화로 인하여 실질적인 감사기능을 기대하기는 어렵다. 감사인도 임시

기관이지만, 업무감사는 물론 회계감사기능을 수행한다. 단독주주 또는 소수주주
도 회계감사적 기능에 참여한다. 회계상태를 조사하기 위한 임시총회의 소집청구
(제366조 제1항), 회계장부의 열람(제466조), 회사재산상태를 조사하기 위한 검사인선
임청구(제467조 제1항), 각종 장부의 열람(제396조 제2항, 제448조 제2항) 등에 관한 규정
은 이를 뒷받침한다.

II. 감 사

1. 의의 및 입법례

감사는 회사의 업무감사와 회계감사의 직무를 수행하는 하는 주식회사의 필
요적 상설기관이다. 감사가 필수적 기관이라는 점에서 주식회사의 검사인이나 유
한회사의 감사와 다르다(제568조). 자본금의 총액이 10억원 미만인 소규모 주식회
사의 경우에는 감사를 선임하지 아니할 수 있다(제409조 제4항).

입법례에 따라서는 필요적 상설기관으로서의 감사가 아니라 이사회 내부에
감사 또는 감사위원회를 두기도 하고(예: 미국), 복수의 감사로 하여금 감사회를 구
성하고 이사를 선임·감독하게 하는 국가도 있다(예: 독일). 상법상의 감사는 이사
회와 양립하며 감사업무만을 전담하는 기관인데, 우리와 일본에 특유한 제도이
다. 다만, 1999년 개정법은 미국식의 감사위원회를 둘 수 있도록 하였다.

2. 선임과 종임

(1) 자격

감사의 자격은 이사와 마찬가지로 원칙적으로 제한이 없다. 그러나 정관에
의하여 주주 등으로 자격을 정할 수 있다(통설).[1647] 그리고 감사는 자연인에 한한
다(제317조 제2항 제8호 참조. 다수설). 다만, 이에 대하여는 반대설이 있다.[1648]

이와 달리 시행령으로 정하는 상장회사(자산총액이 1천억원 이상)의 상근감사에 대
하여는 상장회사의 사외이사와 유사한 자격제한이 있다. 그리하여 ① 미성년자,
피성년후견인 또는 피한정후견인, ② 파산선고를 받고 복권되지 아니한 자, ③ 금

1647) 정동윤(2012), 667면; 정찬형(2022), 1123면; 최준선(2024), 601면; 김·노·천(2024),
537면.
1648) 정동윤(2012), 667면; 홍·박(2021), 586면.

고 이상의 형을 선고받고 그 집행이 끝나거나 집행이 면제된 후 2년이 지나지 아니한 자, ④ 시행령에서 별도로 정하는 법률을 위반하여 해임되거나 면직된 후 2년이 지나지 아니한 자, ⑤ 회사의 주요 경영사항에 대하여 사실상의 영향력을 행사하는 주주(주요주주) 및 그의 배우자와 직계 존속·비속 등은 상근감사가 될 수 없으며, 이에 해당하는 때에는 그 직을 상실한다(제542조의 10 제2항·제542조의 8 제2항·시행령 제36조 제2항). 최대주주 및 그의 특수관계인은 상장회사의 사외이사는 될 수 없으나, 상근감사는 될 수 있다(제542조의 10 제2항·제542조의 8 제2항, 시행령 제36조 제2항).

(2) 선임

1) 일반적 요건 및 발행주식총수의 산정

감사는 주주총회의 보통결의로 선임한다(제409조 제1항). 이때 의결권 없는 주식을 제외한 발행주식총수의 100분의 3을 초과하는 수의 주식을 가진 주주는 그 초과하는 주식에 관하여 의결권을 행사하지 못한다(제409조 제2항). 정관으로 이 비율보다 낮출 수는 있지만, 높일 수는 없다(제409조 제3항). 100분의 3이라는 요건은 1인이 소유한 주식수를 기준으로 판단한다. 100분의 3이라는 제한은 이에 해당하는 주주가 수인인 경우 모두에게 적용된다. 그리고 감사선임결의에만 적용된다. 선임감사의 수 및 감사를 추가로 선임할지를 결정하는 결의에는 적용되지 아니한다.[1649] 그것은 감사선임결의시 대주주의 영향력을 억제하여 선임 후 감사업무의 객관성을 확보하는 데 제409조 제1항의 취지가 있기 때문이다.

한편 감사선임시의 3% 초과 주식은 제371조 제1항[1650]의 규정에도 불구하고 제368조 제1항의 '발행주식총수'에 산입되지 아니한다. 이는 자본금 총액이 10억 원 미만이어서 감사를 반드시 선임하지 않아도 되는 회사에 대하여도 마찬가지이다.[1651]

2) 상장회사에 대한 특례

모든 상장회사에 대하여는 100분의 3이라는 요건이 달리 판단된다. 즉 ① 최대주주에 관한 한 최대주주 1인, 최대주주의 특수관계인 및 그 밖에 대통령령으로 정하는 자가 소유하는 의결권 있는 주식수를 합산하여 1인이 소유한 것으로

1649) 대법원 2015. 7. 23. 선고 2015다213216.
1650) 제371조(정족수, 의결권수의 계산) ① 총회의 결의에 관하여는 제344조의 3 제1항과 제369조 제2항 및 제3항의 의결권 없는 주식의 수는 발행주식총수에 산입하지 아니한다.
1651) 대법원 2016. 8. 17. 선고 2016다222996.

보고 100분의 3 초과 여부를 판단한다(제542조의 12 제7항). ② 제409조 제2항은 100분의 3을 초과하는 '주식을 가진 주주'를 대상으로 함으로써 그 해석상 주주가 타인으로부터 의결권행사를 위임받은 주식은 포함시킬 수 없다. 그러나 상장회사의 최대주주의 의결권수를 계산할 때에는 의결권행사를 위임받은 주식도 포함한다(제542조의 12 제7항·시행령 제38조 제1항). 이때의 위임이란 최대주주의 의사에 따라 의결권을 행사할 수 있도록 白紙委任한 경우를 의미하고, 委任株主가 표시한 의사를 代理行使하는 경우는 除外한다.1652) ③ 최대주주가 아닌 다른 주주(예: 2대 또는 3대주주)에게 이 특례규정들을 적용하는 정관규정은 무효이다.1653)

100분의 3의 비율은 정관으로 낮출 수는 있지만, 높일 수는 없다(제542조의 12 제4항·제7항). 주주평등의 원칙과 1주 1의결권 원칙에 반하기 때문이다. 상장회사는 감사선임을 위한 주주총회를 소집하는 때에도 이사선임시와 마찬가지로 소집통지·공고에 감사후보자의 성명, 약력 및 추천인 등을 기재하여야 한다(제542조의 4 제2항). 주주총회에서는 이사와 마찬가지로 통지하거나 공고한 후보자 중에서 감사를 선임하여야 한다(제542조의 5).

3) 집중투표제의 허부 및 등기

감사는 1인이라도 족하므로 집중투표의 대상이 아니다(제382조의 2) 정관에 집중투표를 허용하는 규정을 두더라도 무효이다.1654) 감사를 선임한 때에는 그 성명과 주민등록번호를 등기하여야 한다(제317조 제2항 제8호).

4) 대표이사의 청약의 요부

감사의 선임을 위하여는 대표이사가 피선임자에게 임용계약의 청약을 하고 피선임자가 승낙을 하여야 한다는 주장이 있지만, 감사선임결의와 피선임자의 동의만 있으면 족하다.1655)

5) 이사가 감사로 선임된 경우의 자기감사

사업연도 중에 이사이었던 자가 그 직을 사임하고, 주주총회에서 감사로 선임되면 자기가 이사이었던 기간에 자기를 포함한 이사의 직무수행을 감독하게 되어 自己監査의 문제가 발생한다. 이 때문에 이를 금지하여야 하는지 문제된다.

1652) 서울중앙지법 2008. 4. 28. 자 2008카합1306 결정.
1653) 대법원 2009. 11. 26. 선고 2009다51820.
1654) 대구지법 2014. 8. 19. 선고 2014가합3249.
1655) 대법원 2017. 3. 23. 선고 2016다251215.

명문의 규정은 없으나, 이 정도는 허용되어야 한다고 본다.[1656]

(3) 임기

감사의 임기는 「취임 후 3년 내의 최종의 결산기에 관한 정기총회의 종결일까지」이다(제410조). 이는 3년 내에 도래하는 결산기 말일이 기준이 되는 것이며, 3년 내에 도래하는 정기총회일이 기준이 되는 것은 아니다. 그 결과 경우에 따라서는 감사의 임기가 3년을 초과할 수도 있고, 3년에 미달할 수도 있다. 예를 들어 사업연도가 1년이고 12월 말 결산인 회사에서 2022년 1월 20일 감사가 선임되었다면, 이 감사의 임기만료일은 취임 3년 후인 2025년 1월 20일 이전에 도래하는 결산기인 2024년도 결산기에 관한 정기총회 종료일이 된다. 그리하여 정기총회가 2025년 2월 25일에 끝난다면 임기가 3년을 초과하게 된다. 같은 회사에서 2022년 5월 1일에 선임된 감사는 2025년 2월 25일이 임기만료일이므로 3년에 약 2개월 미달하게 된다.

법정의 감사임기는 정관이나 주주총회의 결의로 연장하거나 단축할 수 없다. 이는 감사지위를 강화하여 독립성을 담보하기 위한 것이다.

(4) 종임

감사는 임기만료와 위임의 종료사유(민법 제690조)로 퇴임한다. 종임사유는 이사의 경우와 같다. 다만, 이사의 경우와는 달리 회사가 해산하여도 청산 중의 회사의 감사를 위하여 그 자격을 잃지 않는다(제531조·제534조 참조). 그 이외에 주주총회 특별결의에 의한 해임(제385조 제1항), 소수주주에 의한 해임청구의 소(제385조 제2항), 직무집행정지·직무대행자선임의 가처분(제407조), 일시감사의 선임 등 결원의 처리(제386조 제2항) 등은 모두 이사의 방법을 준용한다(제415조).

그러나 감사를 주주총회에서 해임결의하는 때에는 ① 감사의 의견진술권이 보장되고(제409조의 2), ② 선임시와는 달리 의결권 없는 주식을 제외한 발행주식 총수의 100분의 3을 초과하는 주식의 의결권의 행사가 제한되지 아니한다는 특징이 있다. 다만, 상장회사의 경우에는 감사의 선임시와 마찬가지로 의결권 있는 총주식의 3%를 초과하여 의결권을 행사할 수 없다. 이때의 3% 산정시는 최대주주 1인, 그의 특수관계인 및 기타 대통령령으로 정하는 자가 소유하는 주식수를

1656) 東京高判, 昭和61. 6. 26. 判決, 判例時報 第1200號, 154面.

합산한다(제542조의 12 제4항). 이 규정은 최대주주에 관한 규정이므로 제2대 이하의 주주 및 그의 특수관계인 등에게는 적용되지 아니한다.[1657]

(5) 확인의 소와 감사지위확인

이에 관하여는 제6장 제4절 제3관 Ⅱ.5.(6) '확인의 소와 이사지위확인'에서 상세히 설명하였는데, 감사에게 같은 법리를 적용하더라도 무리가 없다.[1658]

(6) 감사의 인수

감사의 인원수에 대하여는 제한이 없다. 따라서 1인 또는 수인의 감사도 둘 수 있다. 그리고 감사에 대하여는 다수결을 전제로 하는 회의체를 강제하지도 아니한다. 따라서 감사가 수인 있을 때에는 독립하여 권한을 행사한다.

3. 겸직제한

감사는 당해 회사 및 자회사의 이사, 지배인 또는 그 밖의 사용인의 직무를 겸하지 못한다(제411조). 감사를 하는 자와 감사를 받는 자가 동일하여서는 감사업무의 객관성을 확보할 수 없기 때문이다. 다만, 회사의 감사가 모회사의 이사나 감사 등을 겸직하거나, 모회사의 이사 등이 자회사의 감사를 겸직하는 것은 허용된다. 그리고 감사가 회사(A) 또는 자회사(B)의 이사·지배인 등에 선임되거나, 반대로 회사(A) 또는 자회사(B)의 이사·지배인 기타의 사용인이 회사(A)의 감사에 선임된 때에는 그 선임행위는 선임 당시의 現職을 辭任하는 조건으로 하여 효력을 가진다. 즉 피선임자가 새로이 선임된 지위에 취임할 것을 승낙한 때에는 從前의 職을 辭任하는 의사를 표시한 것으로 해석하여야 한다.[1659]

4. 감사와 회사의 관계

(1) 선관주의의무

감사와 회사의 관계는 위임의 규정에 따른다(제415조·제382조 제2항). 감사는 회사의 업무집행에 관여하지 않는 까닭에 이사와는 달리 회사와의 이해충돌을 방지하기 위한 규정(예: 제397조·제397조의 2·제398조)은 없다. 다만, 이것은 예방적·형식

1657) 대법원 2009. 11. 26. 선고 2009다51820.
1658) 대법원 2020. 8. 20. 선고 2018다249148; 同旨 2022. 6. 16. 선고 2022다207967.
1659) 대법원 2007. 12. 13. 선고 2007다60080.

적 규제가 없다는 뜻이며, 감사가 직무상 알게 된 회사의 영업비밀을 이용하여 사익을 추구함으로써 회사에 손해를 발생시킨 때에는 선관주의의무 위반책임을 면할 수 없다.

(2) 감사의 보수

감사의 보수는 이사의 보수와 마찬가지로 정관에서 그 액을 정하지 아니한 때에는 주주총회의 결의로 정한다(제415조·제388조). 총회의 결의를 요하는 것은 이사의 보수와 같다. 다만, ① 이사에 대하여는 고액의 보수를 책정함으로써 주주의 이익을 해할 위험을 배제하는 데 그 규제의 목적이 있는 데 비하여, ② 감사에 대하여는 적정한 보수를 지급할 수 있도록 하여 감사의 독립성을 보장하는 데 그 규제의 목적이 있다. 따라서 주주총회는 이사와 감사의 보수를 총액이 아니라 구분하여 정하여야 한다. 이사회에서 감사의 보수액을 정하도록 위임하는 것도 위법이다. 감사의 독립성에 영향을 미치기 때문이다.

상법은 상장회사에 대하여는 감사의 보수를 별도로 정하도록 하는데(제542조의 12 제5항), 이는 주의적 규정으로서 비상장회사에도 적용된다.

(3) 감사비용

감사는 업무의 수행을 위하여 회사의 비용으로 전문가의 도움을 구할 수 있다(제412조 제3항). 여기서의 전문가에는 변호사·회계사 등을 포함한다. 그 밖의 비용에 대하여는 별도의 규정이 없다. 이 때문에 감사는 위임의 일반법리에 따라 회사에 대하여 직무수행에 필요한 비용의 지급을 청구할 수 있다(민법 제687조·제688조). 다만, 그 비용의 필요성은 감사가 증명하여야 한다. 그리하여 비용 면에서 보면, 監事는 충분한 監査를 수행할 수 없게 될 수도 있다. 證明責任을 轉換하는 立法이 要求된다(일본회사법 제388조 참조).

5. 감사의 직무·권한

(1) 업무 및 회계감사권

1) 범위 및 내용

監事는 이사의 직무의 집행을 監査한다(제412조 제1항·제408조의 2 제3항 제2호). 업무의 집행이 아닌 '직무의 집행'이라고 한 것은 감사의 범위가 일상적인 업무집행에 한정되지 아니하고 이사의 職務에 속하는 모든 사항을 포함한다는 점을 밝힌 것이다. 그러므로 이사 개인의 직무집행, 이사회의 권한사항(제393조 제1항)에 대한 감사 또는 회계감사도 업무감사권에 포함된다.

자본금의 총액이 10억원 미만으로서 감사를 선임하지 아니한 회사는 이러한 감사의 업무를 주주총회가 수행한다(제409조 제6항·제409조 제4항).

2) 영업보고요구·업무재산상태조사권

업무감사를 위하여 감사는 언제든지 이사에 대하여 영업에 관한 보고를 요구하거나 회사의 업무와 재산상태를 조사할 수 있다(제412조 제2항). 보고요구·조사권은 감사를 위한 실행권한이므로, 감사의 권한행사가 권리남용이 아닌 한 이사는 회사의 기밀 또는 시기가 적당하지 않다는 등의 이유로 이를 거부할 수 없다. 이를 방해·거부한 때에는 과태료를 부과한다(제635조 제1항 제3호·제4호). 이에 대응하여 이사(및 집행임원)는 회사에 현저하게 손해를 미칠 염려가 있는 사실을 발견한 때에는 즉시 감사에게 이를 보고하여야 한다(제412조의 2·제408조의 9). 감사는 결산감사를 위하여 정기총회일의 6주간 전에 이사로부터 재무제표와 영업보고서를 제출받아 감사를 하여야 하는데(제447의 3), 이때에도 보고요구·조사권을 행사할 수 있다.

감사결과는 이사회에서의 의견진술·보고(제391조의 2), 위법행위유지청구(제402조), 주주총회에서의 의견진술(제413조) 또는 감사록(제413조의 2)·감사보고서(제447조의 4)의 작성·제출의 형태로 표출된다. 그리고 감사는 감사에 필요한 조사를 할 수 없었던 경우에는 감사보고서에 그 뜻과 이유를 적어야 한다(제447조의 4 제3항).

(2) 자회사에 대한 조사권

1) 의의 및 취지

모회사의 감사는 그 직무를 수행하기 위하여 필요한 때에는 자회사에 대하여 영업의 보고를 요구할 수 있다(제412조의 5 제1항). 자회사는 독립적인 법인격을 가지고 있지만, 모회사의 지배에 복종하는 것이 일반적이다. 그리하여 모회사의 현황은 자회사의 영업과 함께 파악하지 아니하면, 모회사에 대한 적정한 감사를 수행하기 어렵기 때문에 인정된다.

2) 자회사

모자회사를 정하는 기준은 제342조의 2에서 정하는 지주비율에 따른다.

3) 요건

자회사에 대한 조사권은 자회사가 아닌 모회사를 효과적으로 감사하기 위하여 인정된다. 그러므로 모회사의 감사는 '모회사의 직무수행을 위한 필요성'을 소명하여야 한다. 예를 들면, 모자회사간의 거래, 분식결산을 하거나 또는 자기주식 취득규제(제341조) 등을 회피하기 위한 수단으로 자회사가 이용되었음을 소명하는 경우와 같다. 그리고 자회사의 지배·관리를 목적으로 하는 지주회사의 경우에는 ① 자회사의 정보가 필요하고, ② (완전)자회사의 이사의 책임을 추궁하는 소(예: 유지청구·대표소송)에서 회사를 대표할 권한은 감사에게 있기 때문에(제394조 제1항·제402조·제403조 제1항·제406조의 2 제1항) 이를 소명하면 족하다고 해석한다.

4) 보고요구 및 조사권

모회사의 감사는 원칙적으로 자회사에 대하여 영업의 보고를 요구할 수 있을 뿐이다(제412조의 5 제1항). 보고요구권의 행사는 모회사의 감사를 위하여 한 사항'에 그치고 자회사를 감사한다는 의미는 아니다. 따라서 포괄적인 사항에 관한 보고를 요구할 수는 없다. 모회사의 감사는 자회사가 지체 없이 보고를 하지 아니할 때 또는 그 보고의 내용을 확인할 필요가 있는 때에는 자회사의 업무와 재산상태를 직접 조사할 수 있다(제412조의 5 제2항). 보고요구가 실효를 거두지 못할 때를 대비한 규정이다. 조사권의 범위도 보고요구권과 같다.

5) 자회사의 수인의무

자회사는 정당한 이유가 없는 한 모회사 감사의 보고요구 및 조사를 거부할 수 없다(제412조의 5 제3항). 이른바 受忍義務를 부담한다. 정당한 이유란 자기 또는 제3자를 위한 권한남용 또는 자회사의 영업비밀의 요구 등 자회사의 고유한 이익을 침해하는 행위를 뜻한다. 정당한 이유 없이 거부하는 때에는 과태료를 부과한다(제635조 제1항 제25호).

(3) 이사회출석권·의견진술권·소집청구권

1) 이사회출석권

가) 의의   감사는 이사회에 출석하여 의견을 진술할 수 있다(제391조의 2 제1항). 그러므로 이사회를 소집할 때에는 감사에게도 소집통지를 발송하여야 한다(제390조 제3항). 소집통지를 생략하고자 할 때에는 감사 전원의 동의를 얻어야 한다(제390조 제4항). 이는 감사가 이사회의 결의사항을 알아야 감사업무를 적정하게 수

행할 수 있기 때문에 인정된다. 업무재산상태조사권의 일환으로 볼 수도 있다.

나) 이사회출석권의 성격   理事會出席의 성격에 대하여는 견해가 나뉜다. 다수설은 감사의 권한이자 의무라고 한다.[1660] 이에 대하여 소수설은 감사의 의무가 아니라고 한다.[1661] 생각건대 감사는 이사회출석권이 있을 뿐만 아니라 선관주의의무를 부담하므로 이사회의 출석은 권한이자 의무라고 본다(다수설). 다만, 감사가 이사회에 불출석한 사실만으로는 임무해태라고 볼 수 없지만 합리적인 사유 없이 불출석하고, 그 결과 감사활동 등 기본적인 직무조차 이행하지 않는다면 임무해태가 된다고 본다. 판례도 같은 입장이다.[1662]

다) 불통지·불출석의 효과   감사의 이사회 출석은 감사권을 수행하기 위한 것이고, 이사회의 의사형성을 위한 것은 아니다. 그러므로 감사에게 소집통지를 발송하지 않았거나, 감사가 출석하지 않았다고 하여 이사회의 결의에 하자가 있는 것은 아니다.[1663] 다만, 감사가 적절한 사유 없이 불출석하여 감사권의 행사가 미진한 경우 예를 들면, 이사회의 부적법한 결의를 알지 못하여 감사권의 행사를 게을리한 경우에는 임무해태가 된다.[1664]

2) 이사회의견진술권

意見陳述權은 이사회에서의 의결권이 아니라 감사의견을 이사회에 표시하기 위하여 인정된다. 즉 감사업무 수행결과에 대한 의견 또는 이사회의안의 적법성 여부에 관한 의견을 밝히기 위한 권리이다.

3) 이사회소집청구권

가) 의의   감사는 필요하면 회의의 목적사항과 소집이유를 서면에 적어 이사에게 제출하여 이사회 소집을 청구할 수 있다(제412조의 4 제1항). 다만, 소집권자가 있는 경우에는 소집권자에게 제출하여야 한다. 여기에서의 '필요성'은 감사의 이사회출석권의 행사 또는 이사회에 대한 보고의무(제391조의 2 제1항·제2항)를 이행하기 위한 경우를 말한다(통설). 따라서 감사의 직무가 아닌 사항을 이유로 소집을 청구할 수 없다. 예를 들면, 감사가 이사의 선·해임을 목적사항으로 하는 주주총

1660) 이철송(2024), 908면; 김·노·천(2024), 543면; 정동윤(2012), 671면; 최준선(2024), 607면; 손주찬(2004), 832면.
1661) 권기범(2021), 1049면; 최기원(2012), 741면; 홍·박(2021), 595면.
1662) 대법원 2019. 11. 28. 선고 2017다244115.
1663) 대법원 1992. 4. 14. 선고 90다카22698.
1664) 대법원 2019. 11. 28. 선고 2017다244115; 이철송(2024), 908면; 정동윤(2012), 671면.

회의 소집허가를 위한 가처분을 신청할 수는 없다.[1665]

나) 집행임원의 이사회소집청구권과의 비교　감사가 이사회소집청구를 하였는데도 이사가 지체 없이 이사회를 소집하지 아니하면 그 청구를 한 감사가 이사회를 소집할 수 있다(제412조의 4 제2항). 이는 법원의 허가절차를 거쳐야 하는 집행임원의 이사회소집청구권(제408조의 7 제2항)과 다르다.

(4) 이사회의사록의 기명날인권

이사회에 출석한 감사는 이사회의 의사록에 기명날인(또는 서명)해야 한다. 의사록에는 의사의 안건, 경과요령, 그 결과, 반대하는 자와 그 반대이유를 기재하여야 한다(제391조의 3 제2항). 이는 감사의 의견이 의사록의 기재에서 누락되는 것을 방지하고, 의사록작성의 공정성과 정확성을 확인하기 위함이다.

(5) 이사의 보고수령권

이사는 회사에 현저한 손해를 미칠 염려가 있는 사실을 발견한 때에는 즉시 감사에게 이를 보고하여야 한다(제412조의 2). 감사가 회사업무에 대한 정보를 충분히 갖지 못하는 경우에는 그 직무를 적정하게 수행할 수 없다. 이 때문에 상법은 이사로 하여금 특히 긴급한 상황(예: 어음의 부도·거래기업의 도산 등)이 발생하거나 이미 발생한 사실(예: 보유주식평가기준의 오류)을 발견한 때에는 그 정보를 감사에게 제공하도록 하여 감사의 보고수령권을 인정하고 있다. 감사의 보고수령권은 이사의 의무를 뜻하고, 이사가 보고의무를 게을리한 경우에는 법령에 위반한 것으로써 손해배상책임(제399조) 및 해임(제385조)의 사유가 된다.

(6) 주주총회소집청구권

감사는 회의의 목적사항과 소집의 이유를 기재한 서면을 이사회에 제출하여 임시총회의 소집을 청구할 수 있다(제412조의 3 제1항). 이 청구가 있은 후 이사회가 지체 없이 총회소집절차를 밟지 않는 경우에는 감사가 법원의 허가를 얻어 총회를 소집할 수 있다(제412조의 3 제2항·제366조 제2항). 이 권한은 감사업무의 실효성을 확보하기 위한 것이다. 그리하여 감사가 ① 이사회에 적절한 조치를 요구하여도 받아들여지지 아니하거나, ② 감사업무와 관련한 긴급한 의견진술이나 총회의 결의가 필요한 경우에 행사할 수 있다.[1666] 다만, 이사해임을 위하여도 총회소

1665) 서울중앙지법 2016. 1. 14. 자 2015비합30056 결정.

집청구권을 행사할 수 있다는 견해가 있으나,[1667] 타당성은 의문이다.

한편 소규모회사(제383조 제1항 단서)로서 이사회가 없는 회사의 경우는 각 이사 또는 대표이사를 정한 때에는 대표에게 총회소집을 청구하면 된다.

(7) 위법행위유지청구권

이사의 법령 또는 정관에 위반한 행위로 인하여 회사에 회복할 수 없는 손해가 생길 염려가 있는 경우에는 감사(또는 감사위원회)는 회사를 위하여 이사에 대하여 그 행위의 유지를 청구할 수 있다(제402조). 상세한 내용은 기술한 바와 같다.

(8) 감사해임에 관한 의견진술권

감사는 주주총회에서 감사의 해임에 관하여 의견을 진술할 수 있다(제409조의 2). 이는 감사가 ① 정당한 이유 없이 해임되는 것을 방지하고, ② 자기의 의사와는 무관하게 해임을 강요받지 않도록 하여 감사의 지위를 강화하는 데 그 취지가 있다. 이 권한은 감사 자신의 해임은 물론 다른 감사의 해임에 관하여도 행사할 수 있다. 주주총회는 감사가 의견진술을 원하면 반드시 의견진술의 기회를 주어야 하며, 이를 간과하는 때에는 결의취소사유가 된다.[1668] 다만, 이 권한의 행사는 직접 주주총회를 구속하지는 아니한다.

(9) 회사와 이사간 소의 대표권

1) 의의 및 취지

회사가 이사에 대하여 또는 이사가 회사에 대하여 소를 제기하는 경우에 감사는 그 소에 관하여 회사를 대표한다(제394조 제1항 전단). 원래는 대표이사가 회사를 대표하여야 하지만, 소송수행의 공정성을 확보하기 위하여 객관적·중립적 기구인 감사에게 대표권을 부여한 것이다. 따라서 소제기 여부의 결정도 감사가 단독으로 할 수 있다.

2) 권한의 범위 및 위반의 효과

감사의 회사대표권의 범위는 (모회사)주주의 (다중)대표소송제기시의 訴訟參加(제404조 제1항)에도 미치기 때문에(제394조 전단) 제소주주로부터의 訴訟告知(제404조

1666) 정동윤(2012), 672면; 이철송(2024), 910면; 송옥렬(2022), 1132면; 홍·박(2021), 596면; 서울중앙지법 2016. 1. 14. 자 2015비합30056 결정.
1667) 김·노·천(2024), 545면; 최기원(2012), 745면.
1668) 同旨 최기원(2012), 742면; 이철송(2024), 910면; 권기범(2021), 1048면.

제2항)도 감사가 수령하는 것으로 해석한다.

회사와 이사간의 소의 대표권에 관한 규정은 강행규정으로써 이에 반하여 대표이사가 회사를 대표하여 수행한 소송행위의 효력은 무효이다. 그리고 감사가 아닌 대표이사에 대하여 제기한 소송행위의 효력도 무효이다.[1669] 다만, 원고인 이사가 법원의 명령에 따라 회사를 대표할 자를 감사로 보정하면, 감사가 무효인 종전의 소송행위를 추인하였는지 여부와 관계없이 그 소는 적법하게 된다.[1670]

한편 소규모회사는 감사를 선임하지 않을 수 있다(제409조 제4항). 이때 회사가 이사를 상대로 소송을 제기하거나 그 반대 경우의 소송수행이 문제될 수 있는데, 이에 대하여는 이미 설명하였다(제6장 제4절 제3관 V. 소규모회사의 관리구조 참조).[1671]

3) 감사가 수인인 경우의 대표행위

감사가 수인이 있는 때에는 그 중의 1인이 회사를 대표하면 족하다고 본다. 다만, 별도의 규정이 없으면, 감사과반수의 동의로 대표자를 정할 수 있다고 본다. 이사회나 대표이사가 정할 것은 아니다.

(10) 각종의 소제기권

감사는 회사설립무효의 소(제328조), 주식교환 및 이전무효의 소(제360조의 14 제1항·제360조의 23 제1항), 총회결의취소의 소(제376조 제1항), 신주발행무효의 소(제429조), 減資無效의 訴(제445조), 합병무효의 소(제529조 제1항) 또는 회사분할·분할합병무효의 소(제530조의 11 제1항·제529조 제1항) 등을 제기할 수 있다.

이 가운데 총회결의취소의 소, 신주발행무효의 소 또는 감자무효의 소를 제기한 때에는 주주인 이사가 소를 제기한 때와 같이 담보제공의무가 면제된다(제377조·제430조·제446조). 이러한 소의 제기는 회사의 조직변경이 아닌 업무집행의 적정성을 확보하기 위한 시정조치로 보기 때문이다.

(11) 이사회의 감독권과 감사의 감사권의 비교
1) 학설

감사의 감사권의 범위는 이사회의 감독권의 범위와 대조된다. 그리하여 ① 다수설은 이사회의 감독권은 일종의 자기시정기능이므로 적법성, 이사의 업무집행

1669) 대법원 2011. 7. 28. 선고 2009다86918; 1990. 5. 11. 선고 89다카15199.
1670) 대법원 1990. 5. 11. 선고 89다카15199; 同늘 2024. 4. 12. 선고 2023다313241.
1671) 대법원 2023. 6. 29. 선고 2023다210953.

의 합목적성, 타당성 및 능률성에 관하여도 미치지만, 감사의 감사권은 이사의 업무집행의 적법성에만 미친다고 한다. 다만, 명문의 규정이 있는 때에는 예외적으로 타당성감사에까지 미친다고 한다. 이에 대하여 ② 소수설은 감사의 감사권은 일반적으로 적법성 및 타당성의 감사에도 미친다고 한다. ③ 절충설은 감사의 감사권은 원칙적으로는 적법성감사에만 미치지만, 현저히 부당한 업무집행에 대하여는 타당성감사도 할 수 있다고 한다.

2) 사견

감사의 감사권이 일반적으로 타당성감사에까지 미친다고 하면, 이사회의 경영판단과 충돌할 수 있어 상법의 기관분화와 권한분배의 기본취지에 어긋난다. 따라서 감사의 감사권은 명문으로 타당성검사를 규정한 경우(예: 제413조, 제447조의4 제2항 제5호·제8호) 외에는 적법성감사에 한정된다고 본다(다수설).

6. 감사의 의무

(1) 개요

감사는 이사와 같이 회사의 수임인으로서 선관주의의무를 부담하며(민법 제680조), 회사의 영업비밀을 유지할 의무를 진다(제415조·제382조의 4). 그 밖에 감사의 업무에 관한 개별적인 의무는 다음과 같다.

(2) 이사회에 대한 보고의무

감사는 이사가 법령 또는 정관에 위반한 행위를 하거나 그 행위를 할 '염려'가 있다고 인정한 때에는 이사회에 이를 보고하여야 한다(제391조의 2 제2항). 그리고 이를 위하여 이사회의 소집을 청구(제412조의 4)할 수 있는지에 대하여 통설은 이를 긍정한다(사견 지지).[1672] 그러나 이를 부정하는 일부 견해도 있다.[1673] 이 의무는 업무감사권에 수반하는 의무라 할 수 있으며, 이사회가 감독권을 발동하여 이사의 행위를 시정하게 하려는 데 그 취지가 있다.

(3) 주주총회에서의 의견진술의무(주주총회에 대한 조사·보고의무)

감사는 이사가 주주총회에 제출한 의안 및 서류를 조사하여 법령 또는 정관에 위반하거나 현저하게 부당한 사항이 있는지의 여부에 관하여 주주총회에 그

1672) 최기원(2012), 747면; 홍·박(2021), 598면; 정동윤(2012), 673면.
1673) 정찬형(2022), 1131면.

의견을 진술하여야 한다(제413조). 결산감사보고서에 관하여는 별도의 상세한 규정이 있지만(제447조의 4), 이 규정은 감사의 총회에 대한 보고의무를 정한 것인데, 위법결의를 방지함으로써 감사결과의 실효성을 확보하기 위한 가장 중요하고 최종적인 것이다.

'현저하게 부당한 사항'은 명백히 위법은 아니지만 사회통념상 현저히 부당하다고 인정되는 사항이다. '의견의 진술'은 書面 또는 口頭로 하여도 무방하며, 勸告나 助言도 포함된다.

(4) 감사록의 작성

감사는 감사에 관한 監査錄을 작성하여야 한다(제413조의 2 제1항). 감사록에는 감사의 실시요령과 그 결과를 기재하고, 감사를 실시한 감사가 기명날인 또는 서명하여야 한다(제413조의 2 제2항). 이는 감사기준을 정하여 적정하고 성실한 감사업무를 확보하기 위한 규정이다. '실시요령'에는 감사일시, 기간, 장소, 피감사자 및 감사내용 등이 포함되며, '결과'에는 감사내용의 적법성 여부 및 그 사실 등이 포함된다.

(5) 감사보고서의 작성 · 제출의무

결산감사를 할 때에 감사는 재무제표와 영업보고서 등(제447조의 3 · 제447조 · 제447조의 2)의 서류를 받은 날부터 4주 내에 감사보고서를 작성하여 이사에게 제출하여야 한다(제447조의 4 제1항).

(6) 비밀유지의무

감사는 이사와 마찬가지로 직무상 알게 된 영업비밀을 유지할 의무를 진다(제415조 · 제382조의 4). 그 내용은 이사의 경우와 같다.

(7) 외부감사인의 감사와 감사의 감시의무

監事의 監査는 외감법상 外部監査人의 監査와 중복되는 면이 있다. 그러나 양자는 상호 독립적이므로 외부감사인의 감사가 있다고 하여 그 부분에 관한 감사의 감시의무가 경감되거나 면제되지 않는다.[1674]

1674) 대법원 2019. 11. 28. 선고 2017다244115.

7. 감사의 책임

(1) 의의

감사는 이사와 마찬가지로 회사 또는 제3자에 대하여 책임을 진다.

(2) 회사에 대한 책임

1) 책임의 원인·공동행위자의 책임형태·면제

감사가 그 '임무를 해태'한 때에는 그 감사는 회사에 대하여 연대하여 손해를 배상할 책임을 진다(제414조 제1항). 임무해태에는 고의·과실로 앞에서 설명한 각종 의무를 위반한 경우 외에도 각종의 권한행사를 게을리한 경우도 포함된다. 감사가 회사에 대하여 손해를 배상할 책임이 있고, 이사·집행임원도 그 책임이 있는 때에는 그 감사와 이사·집행임원은 연대하여 배상할 책임이 있다(제414조 제3항·제408조의 8 제3항). 다만, 그 책임에 대하여는 총주주의 동의로 면제할 수 있고, 정관에 규정으로 감경할 수 있다(제415조·제400조).

감사의 임무해태가 동시에 불법행위를 구성하면, 총주주의 동의로도 그 책임을 면제할 수 없다는 점 등은 이사의 경우와 같다. 이는 사실상의 1인주주가 면제의 의사표시를 하더라도 동일하다.[1675] 감사가 회사에 손해배상책임을 지는 경우, 법원은 임무위반의 경위 등 제반사정을 참작하여 손해배상액을 제한할 수 있다. 이는 이사의 책임제한의 경우와 같다.[1676]

이사의 법령 위반행위에 대하여 감사는 이사의 경영판단의 재량권을 이유로 감사의무를 면할 수 없다. 그리고 회사의 감사직무규정에서 최종결재자의 결재에 앞서 사전감사의무를 정하고 있는 사항에 대하여는 결재절차의 미비 또는 이사의 임의적인 업무처리를 이유로 감사의 책임을 면할 수 없다. 그리하여 감사는 회사가 입은 손해를 배상할 책임이 있다.[1677]

한편 감사는 監査錄의 작성의무를 부담하지만, 이사와는 달리 감사로서 이의를 한 기재가 없더라도 그 내용에 찬성한 것으로 추정하는 규정(제399조 제3항 참조)이 없기 때문에 감사록의 기명날인 또는 서명(제413조의 2 제2항)을 가지고 임무해태를 추정할 수는 없다. 기타 상세한 내용은 이사의 책임과 같다.

1675) 대법원 1996. 4. 9. 선고 95다56316.
1676) 대법원 2007. 11. 30. 선고 2006다19603.
1677) 대법원 2007. 11. 16. 선고 2005다58830.

2) 책임추궁의 방법

(모회사)소수주주는 (다중)대표소송으로 (자회사)감사의 (자)회사에 대한 책임을 추궁할 수 있다(제415조·제403조·제406조의 2·제542조의 6 제7항). 회사가 감사를 상대로 소송을 할 때에는 대표이사가 회사를 대표한다. 다만, 감사는 업무집행기관이 아니므로 이사와 달리 위법행위유지청구(제402조)의 대상은 아니다.

(3) 제3자에 대한 책임

1) 책임의 원인 및 공동행위자의 책임

감사가 악의 또는 중대한 과실로 그 임무를 해태한 때에는 그 감사는 제3자에 대하여도 손해를 배상할 책임이 있다(제414조 제2항). 감사가 제3자에 대하여 손해를 배상할 책임이 있는 경우에 이사·집행임원도 그 책임이 있는 때에는 그 감사와 이사·집행임원은 연대하여 배상할 책임이 있다(제414조 제3항·제408조의 8 제3항). 이는 이사의 제3자에 대한 책임과 같은데, 그 밖의 책임의 성질, 제3자의 범위, 직접손해와 간접손해 등에 대한 상세한 내용도 이사의 책임과 같다.

2) 중대한 과실

가) 주요사례   감사의 '중대한 과실'의 개념은 명확한 것은 아니므로 사안별로 판단할 수밖에 없는데, 최근까지는 회계에 관한 사례가 대부분이다. 그리하여 ① 감사가 감사로서의 직무를 수행할 의사가 전혀 없으면서도 자신의 도장을 이사에게 맡기는 등의 방식으로 그 명의만을 빌려주고, 이사로 하여금 분식재무제표를 작성·이용하여 제3자에게 손해를 입히도록 묵인·방치한 경우, 감사의 악의 또는 중대한 과실이 인정된다.[1678] ② 감사가 결산업무를 수행하는 경우 조금만 주의를 기울였더라면 분식결산사실을 알아낼 수 있었음에도 이러한 주의를 게을리한 경우 중대한 과실이 인정된다.[1679] ③ 감사가 회사의 사정(예: 재무상태의 악화)에 비추어 회계감사 등의 필요성이 있음을 충분히 인식하고 있었고 또 경리업무담당자의 부정행위의 수법이 교묘한 것이 아니어서 어음용지의 수량과 발행매수를 조사하거나 은행의 어음결제량을 확인하는 정도의 조사만 했다면 경리업무담당자의 부정행위를 쉽게 발견할 수 있었음에도 아무런 조사도 하지 아니한 경우에는 중대한 과실이 인정된다. 이 경우 회사의 경리업무담당자의 부정행위로 발

1678) 대법원 2008. 2. 14. 선고 2006다82601.
1679) 대법원 2009. 7. 23. 선고 2008다26131; 2008. 2. 14. 선고 2006다82601.

행된 어음을 취득한 소지인들에 대하여 감사는 손해배상책임을 진다.[1680] 그러나
④ 분식결산이 회사 임직원들에 의하여 조직적으로 교묘하게 이루어져 감사가
쉽게 발견할 수 없었던 때에는 중대한 과실이 인정되지 아니한다.[1681]

나) 판단방법   감사에게 중대한 과실이 있는지 여부는 개인적인 사정에 의해
가릴 것이 아니라 분식회계의 내용, 분식의 정도와 방법, 그 노출정도와 발견가능
성, 업무수행의 실태 등 여러 사항을 고려하여 종합적으로 판단하여야 한다.[1682]

(4) 비상근감사 및 명목상감사 등의 책임

감사에 대하여는 상근감사와 비상근감사를 구분하지 아니하고 회사와 제3자
에 대하여 동일한 요건과 책임 법리를 적용한다.[1683] 명의만 빌려준 명목상 감사
도 책임을 면할 수 없다.[1684] 무보수의 명예직이거나 혹은 전문지식을 갖추지 못
하였다는 사정으로 그 주의의무를 면할 수 없다. 그리고 감사로서의 전문지식을
갖추지 못하였다는 사정 등은 감사들의 책임을 제한할 근거는 될 수 있지만, 법
령과 정관의 규정에 의한 주의의무를 면하게 할 사유는 될 수 없다.[1685]

Ⅲ. 감사위원회

1. 의의

監査委員會는 정관이 정하는 바에 따라 감사에 갈음하는 이사회 내의 기구
이다. 감사위원회를 설치하는 때에는 監事를 둘 수 없다(제415조의 2 제1항). 이는
1999년 개정상법에서 도입되었는데, 업무감사권과 회계감사권 등의 면에서 감사
와 동등한 권한을 갖는다.

2. 감사와 감사위원회의 비교

(1) 법적 위상

감사는 주주총회에서 선임되지만, 감사위원은 대규모상장회사(제542조의 10 제1

1680) 대법원 1988. 10. 25. 선고 87다카1370.
1681) 대법원 2009. 7. 23. 선고 2008다26131; 2008. 2. 14. 선고 2006다82601.
1682) 대법원 2008. 7. 10. 선고 2006다39935; 2006. 9. 14. 선고 2005다22879.
1683) 대법원 2004. 3. 25. 선고 2003다18838.
1684) 대법원 2009. 11. 12. 선고 2007다53785; 2008. 2. 14. 선고 2006다82601.
1685) 대법원 2008. 9. 11. 선고 2006다57926.

항·제542조의 12 제1항) 등을 제외하고는 원칙적으로 이사회에서 선임된다(제415조의
2 제2항·제393조의 2 제2항 제3호). 이 점에서 보면, 감사의 법적 위상이 높다고 할 수
있다.

(2) 독립성

감사는 주주총회의 결의로 선·해임된다(제409조, 제415조·제385조). 그러나 감사
위원은 대규모상장회사를 제외하고는 이사회가 선·해임(제415조의 2 제2항·제3항·제
393조의 2 제2항 제3호)하고 감독권을 행사하기 때문에 이사회와의 관계에서의 독립
성은 감사보다 劣位하다.

(3) 중립성·객관성

감사는 업무집행기관에 대하여 타인기관이므로 중립적이고 객관적인 지위에
있지만, 감사위원회는 이사회 내부기구이므로 이론상 중립성과 객관성을 가지기
어렵다.

3. 설치근거와 구성

(1) 설치근거

회사는 정관이 정한 바에 따라 감사에 갈음하여 이사회 내의 위원회(제393조의
2)로서 감사위원회를 설치할 수 있다(제415조의 2). 정관에 감사위원회를 둔다는 규
정이 없으면 감사를 두어야 한다. 그러나 ① 자산총액이 2조원 이상인 대규모상
장회사는 원칙적으로 감사위원회를 설치하여야 한다(제542조의 11 제1항·시행령 제37조
제1항). ② 자산총액이 1천억원 이상 2조원 미만인 상장회사는 상근감사를 1명 이
상 두어야 한다. 다만, 그에 갈음하여 감사위원회를 설치하는 때에는 대규모상장
회사와 같은 감사위원회를 설치하여야 한다(제542조의 10 제1항 단서·제542조의 11).

(2) 감사위원의 자격

비상장회사의 감사위원의 자격에 대하여는 특별한 규정이 없다. 다만, 감사
위원회의 독립성과 중립성을 확보하기 위하여 사외이사가 감사위원의 3분의 2
이상이어야 한다(제415조의 2 제2항). 이때의 일반 사외이사는 이사의 자격에서 기술
한 바와 같이 제382조 제3항 각호의 결격사유에 해당하여서는 아니 된다. 그리고
상장회사의 사외이사인 경우에는 일반 사외이사의 결격사유 외에 추가적인 결격

사유를 정하고 있는 제542조의 8 제2항에 해당하여서는 아니 된다.

이 밖에 감사위원회를 의무적으로 두어야 하는 대규모상장회사는 ① 감사위원의 3분의 2 이상인 사외이사가 제542조의 8 제2항에서 정하는 결격사유에 해당하지 아니하여야 하고, 동시에 위원 중 1명 이상은 회계 또는 재무전문가이어야 한다(제542조의 11 제2항·제415조의 2 제2항·시행령 제37조 제2항). ② 감사위원회의 대표는 사외이사이어야 하며(제542조의 11 제2항 제2호), ③ 사외이사가 아닌 감사위원에 대하여는 상근감사의 결격사유가 동일하게 적용된다(제542조의 11 제3항·제542조의 10 제2항).

(3) 구성, 선임과 해임

1) 구성

이사회 내의 위원회는 2인 이상의 이사로 구성하지만(제393조의 2 제3항), 감사위원회는 3인 이상의 이사로 구성한다. 그리고 사외이사가 위원의 3분의 2 이상이어야 한다(제415조의 2 제2항).

2) 선임과 해임

가) 회사규모와 유형별 선임과 해임   감사위원의 선임과 해임은 회사의 규모와 유형에 따라 그 방법을 달리한다. 구체적으로는 ① 일반 비상장회상, ② 자산총액이 1천억원 미만인 (상장·비상장)회사, ③ 상근감사에 갈음하여 자율적으로 감사위원회를 설치하는 자산총액이 1천억원 이상 2조원 미만인 상장회사(제542조의 10 제1항·시행령 제36조 제1항·제542조의 11 제1항 참조), ④ 감사위원회를 의무적으로 설치하여야 하는 자산총액 2조원 이상인 대규모상장회사(제542조의 11 제1항)로 세분할 수 있다.

나) 자산총액 1천억원 미만인 회사   이 유형에 해당하는 회사는 위의 ①과 ②의 회사이다. 이러한 회사의 감사위원은 이사회결의로 선·해임한다(제415조의 2 제2항·제393조의 2 제2항 제3호). 다만, 감사위원의 해임은 이사총수의 3분의 2 이상의 결의로 하여야 한다(제415조의 2 제3항).

다) 자산총액 1천억원 이상인 상장회사

① 선·해임방식

이 유형에 해당하는 회사는 위의 ③과 ④의 회사이다. 이러한 회사의 감사위원은 주주총회의 결의로 선·해임한다(제542조의 11 제1항·시행령 제37조, 제542조의 10 제1

항·시행령 제36조, 제542조의 12 제1항). 그리고 ④ 유형의 대규모상장회사는 총회에서 먼저 이사를 선임한 후 선임된 이사 중에서 감사위원을 선임하여야 하는 것이 원칙이다(제542조의 12 제2항). 이를 일괄선출방식이라고 하는데, 2009년 개정시 선임방법을 명확하게 하기 위하여 도입되었다. 이후 2020년 12월 개정상법은 예외적으로 분리선출방식을 도입하였다(동조 동항 단서).

② 의결권행사의 제한

자산규모가 2조원 이상인 대규모상장회사의 감사위원을 선·해임하는 때에는 감사의 경우와 같이 의결권행사에 제한이 있다. 즉 대규모상장회사의 감사위원을 선임 또는 해임할 때에는 상장회사의 의결권 없는 주식을 제외한 발행주식총수의 100분의 3을 초과하는 주식을 가진 주주는 그 초과하는 주식에 관하여 의결권을 행사하지 못한다(제542조의 12 제4항). 다만, 사외이사가 아닌 감사위원(비사외이사감사위원)을 선임 또는 해임하는 때에는 최대주주에 관한 한 최대주주 1인, 최대주주의 특수관계인 및 그 밖에 대통령령으로 정하는 자가 소유하는 의결권 있는 주식수를 합산하여 1인이 소유한 것으로 보고 100분의 3 초과 여부를 판단한다(동조 동항 뒤 괄호). 그 결과 사외이사인 감사위원을 선임하는 때, 최대주주는 다른 주주와 마찬가지로 1인주주로서 의결권을 행사할 수 있고, 특수관계인 등의 소유주식은 합산하지 아니한다(동조 동항 괄호의 반대해석). 이러한 보유비율은 정관에서 낮출 수는 있지만 높일 수는 없다(제542조의 12 제4항 앞 괄호).

나아가 대규모상장회사의 감사위원을 해임하는 때에는 주주총회의 특별결의(제434조)에 의한다(제542조의 12 제3항).

한편 제542조의 12 제4항의 규정은 상장회사의 감사를 선임하거나 해임할 때에 준용된다. 이 경우 주주가 최대주주인 경우에는 그의 특수관계인 및 그 밖에 대통령령으로 정하는 자가 소유하는 주식을 합산하여 100분의 3을 계산한다(제542조의 12 제7항).

③ 감사위원 분리선출에 관한 특례

ㄱ. 의의

2020년 12월 개정상법의 특징 중의 하나는 대규모상장회사의 감사위원을 선임하는 경우, 분리선출제도를 예외적으로 도입하였다는 데에 있다. 분리선출방식이란 특정 신분이나 지위를 가질 자를 다른 자와 구분하여 선출하는 방식을 말한다.

ㄴ. 관련규정 및 특징

대규모상장회사가 주주총회에서 이사를 선임하는 때에는 감사위원회의 구성원 중 1인을 다른 이사들과 분리하여 감사위원으로 선임하여야 한다(제542조의 12 제2항 단서). 다만, 정관에서 2인 이상을 분리선출하도록 정하는 경우에는 그에 따른다(동조 동항 괄호). 그리고 대규모상장회사의 감사위원을 해임하는 때에는 주주총회의 특별결의에 의한다. 이 경우 분리선출된 감사위원은 이사와 감사위원의 지위를 모두 상실한다(제542조의 12 제3항 후단). 이 점은 다른 규모회사의 감사위원의 지위상실의 원리와 상이하다.

④ 감사·감사위원의 선임에 관한 특례

ㄱ. 도입배경

기술한 바와 같이 2020년 12월 개정상법은 전자투표로 감사 또는 감사위원의 선임시 결의요건을 완화하는 특례규정을 도입하였다. 개정상법이 결의요건을 완화한 것은 ① 2017년 말 자본시장법상 그림자투표제도(shadow voting)가 폐지되고, ② 자산총액 2조원 이상인 대규모상장회사의 감사위원의 선임시 분리선출방식이 도입되고(제542조의 12 제2항), ③ 대규모상장회사의 경우 사외이사가 아닌 감사위원(비사외이사감사위원) 또는 상장회사의 감사를 선임·해임하는 때에 최대주주의 의결권을 그 특수관계인 및 그 밖에 대통령령으로 정하는 자가 소유하는 주식을 합산하여 의결권 없는 주식을 제외한 발행주식총수의 100분의 3 이하로 제한(제542조의 12 제4항·제7항)하는 등의 강화된 규정이 도입됨에 따라 이에 대응하고자 하는데 그 배경이 있는 것으로 이해된다.

ㄴ. 관련규정

위와 같은 도입배경에 따라 상법은 전자투표로 감사 또는 감사위원의 선임시 출석한 주주의 의결권의 과반수만으로 선임할 수 있도록 하고 있다(제409조 제3항·제542조의 12 제8항). 즉 보통결의요건 중의 하나인 '발행주식총수의 4분의 1 이상의 찬성'이라는 요건을 적용하지 않고 있다. 이 요건은 분리선출제를 채택하고 있는 대규모상장회사의 감사위원을 전자투표로 선임하는 때에도(제542조의 12 제2항 단서) 당연히 적용된다(제542조의 12 제8항).

4. 감사위원회의 운영

(1) 회의체운영

감사위원회는 이사회와 같이 회의체기관이다. 그러므로 그 권한의 행사는 위원회의 결의를 통하여 한다. 감사위원회의 소집이나 결의방법 등 감사위원회의 운영은 이사회 내 위원회의 운영방법에 따라 한다(제393조의 2 제4항·제5항). 다만, 대표감사위원을 선정하여야 하는 점은 다른 위원회와 구별된다. 이 경우 수인의 위원으로 하여금 공동으로 위원회를 대표하게 할 수 있다(제415조의 2 제4항).

이와 같이 감사위원회는 회의체기관이며 대표위원을 두기 때문에 이사회의 운영논리와 같이 감사위원회는 감사업무에 관한 의사결정을 하고, 그 집행은 대표위원이 하는 방식이 합리적이다. 대규모상장회사의 대표감사위원은 사외이사이어야 한다(제542조의 11 제2항 제2호).

(2) 이사회의 번복결의금지

이사회는 이사회 내부 위원회의 결의사항을 다시 결의할 수 있다(제393조의 2 제4항). 이 규정을 감사위원회에 적용하면 감사업무의 독립성과 객관성을 훼손하게 된다. 그리하여 2009년 개정상법은 감사위원회의 결의에 대하여는 이사회에서 翻覆決議를 할 수 없도록 명시하였다(제415조의 2 제6항).

5. 감사위원회의 권한 및 감사권의 범위

(1) 권한

감사위원회의 권한에 대하여는 별도의 규정이 없다. 다만, 감사의 권한, 의무 및 책임에 관한 규정인 제412조 내지 제414조의 규정을 감사위원회에 준용하도록 하여 감사와 동등한 권한을 행사할 수 있도록 하고 있다(제415조의 2 제7항). 이에 따라 감사위원회는 감사와 같이 검사인선임청구권(제367조 제2항), 자격주공탁수령권(제387조), 이사회출석·의견진술권(제391조의 2 제1항), 이사와의 소송에서 회사를 대표할 권한(제394조 1항), 이사의 위법행위유지청구권(제402조), 업무감사권(제412조 제1항), 이사에 대한 영업보고요구·업무재산상태조사권(제412조 제2항), 전문가의 조력을 받을 권한(제412조 제3항), 이사로부터의 중요한 사항에 관한 보고수령권(제412조의 2), 주주총회의 소집청구권(제412조의 3), 자회사의 조사권(제412조의 4), 재무제표의 감사권(제447조의 3) 등을 가진다.

(2) 감사권의 범위

감사에서 살펴본 바와 같이 監査委員會의 監査權의 범위에 관하여도 동일한 논의가 있다. 그러나 감사위원회는 감사를 대체하는 기구이므로 감사위원회의 감사권의 범위도 감사와 동일하게 이사의 업무집행의 적법성에만 미친다(다수설).

6. 감사위원의 의무

(1) 선관주의의무

감사위원회의 감사위원은 이사의 신분을 가지므로 회사와의 관계는 위임관계에 있다(제382조 제2항). 그러므로 회사에 대하여 선량한 관리자의 주의로써 위임사무를 처리하여야 한다.

(2) 그 밖의 의무

감사위원회의 권한과 같이 그 의무 역시 감사의 의무와 동일하다. 그리하여 감사위원회는 이사의 위법행위 등을 이사회에 보고할 의무(제391조의 2 제2항), 주주총회에서의 의견진술의무(제413조), 감사록 작성의무(제413조의 2), 감사보고서의 작성·제출의무(제447조의 4) 등을 부담한다(제415조의 2 제7항).

한편 감사위원에 대하여는 감사와는 달리 兼職禁止規定(제411조)이 준용되지 아니한다(제415조의 2 제7항 참조). 이는 감사위원이 이사의 신분을 가지고 있는 데에서 연유한다.

7. 감사위원의 책임

(1) 책임의 원인·공동행위자의 책임형태

감사위원회의 책임은 감사의 책임에 관한 제414조의 규정이 준용된다(제415조의 2 제7항). 다만, 책임추궁은 감사위원회가 아니라 구성원인 감사위원을 상대로 하여야 하므로 정확히는 감사위원에 준용된다. 그리하여 감사위원이 그 임무를 해태한 때에는 회사에 대하여 연대하여 손해를 배상할 책임이 있다(제415조의 2 제7항·제414조 제1항).[1686] 그리고 감사위원이 악의 또는 중대한 과실로 인하여 그 임무

1686) 대법원 2020. 5. 28. 선고 2016다243399; 2007. 11. 16. 선고 2005다58830.

를 해태한 때에 그 위원은 제3자에 대하여 연대하여 손해를 배상할 책임이 있다(제415조의 2 제7항·제414조 제2항). 이때 감사위원이 회사 또는 제3자에 대하여 손해를 배상할 책임이 있는 경우에 이사·집행임원도 그 책임이 있는 때에는 그 위원과 이사·집행임원은 연대하여 배상할 책임이 있다(제415조의 2 제7항·제414조 제3항·제408조의 8 제3항).

(2) 책임면제 및 추궁

감사위원의 회사에 대한 책임은 총주주의 동의로 면제하거나 감경할 수 있다(제415조의 2 제7항·제400조). (모회사)소수주주는 (다중)대표소송으로 (자회사)감사위원의 회사에 대한 책임을 추궁할 수 있으며(제415조의 2 제7항·제403조·제406조의 2), 회사가 감사위원을 상대로 소송을 할 때에는 대표이사가 회사를 대표한다고 해석한다. 그리고 감사위원은 이사로서 감사와는 달리 위법행위유지청구(제402조)의 대상이다. 감사위원의 신분에 관한 소가 제기될 경우에는 감사위원으로서의 직무집행정지·직무대행자선임의 가처분의 대상이 된다(제415조의 2 제7항·제407조).

한편 2020년 12월 개정상법은 감사에 관한 준용규정인 제415조와는 달리 감사위원에 관한 제415조의 2에서는 多重代表訴訟에 관한 제406조의 2 및 제542조의 6 제7항을 준용한다는 규정이 없다. 감사위원은 이사의 지위를 갖고 있어 다중대표소송의 기본적인 제소요건을 충족하고 있으므로 重複規定할 필요가 없다는 뜻으로 읽힌다.

(3) 감사위원 책임의 시효

이사와 마찬가지로 감사의 회사에 대한 임무해태로 인한 손해배상책임은 위임관계로 인한 채무불이행책임이므로 그 소멸시효기간은 채권의 일반소멸시효(민법 제162조 제1항) 기간인 10년이다(통설·판례[1687]). 감사위원의 경우도 같다.

Ⅳ. 외부감사제도

회사는 그 규모나 업종에 따라서 공익성이 뚜렷하고 국민경제에 미치는 영향이 크다. 이 때문에 이러한 회사가 자체 감사에만 의존하는 것은 부적당하고 보

1687) 대법원 2023. 10. 26. 선고 2020다236848; 2006. 8. 25. 선고 2004다24144; 1985. 6. 25. 선고 84다카1954.

다 선명한 회계처리와 공정하고 객관적인 감사에 필요한 법제가 요구된다. 그리하여 외감법[1688]이 제정되었다. 현행법은 2017년 10월[1689]에 전면 개정되어 2018년 11월부터 시행되고 있다. 이 법의 적용대상은 ① 직전 사업연도 말 현재 자산총액 또는 매출액이 500억원 이상인 회사, ② 상장법인 및, ③ 해당사업연도 또는 다음 사업연도 중에 상장법인이 되고자 하는 회사 등이다(동법 제4조·동법시행령 제5조 제1항). 외감법상의 회사는 주식회사 및 유한회사를 뜻한다(동법 제2조).

V. 검사인

1. 의의

檢査人(inspector)은 회사의 설립절차, 회사의 업무나 재산상태 또는 주주총회의 소집절차나 결의방법의 적법성 등 일정한 법정사항을 조사하기 위하여 선임되는 임시의 감사기관이다. 그 지위는 감사 또는 감사위원회와 유사하지만, 개별적인 사항에 관하여 일시적으로 선임되는 점에서는 외부감사인과 유사하다.

2. 회사와의 관계

주주총회에서 선임하는 검사인과 회사와의 관계는 위임이다. 따라서 검사인은 회사에 대해 선량한 관리자의 주의의무를 진다. 법원이 선임하는 검사인은 이와 같은 계약관계가 없고, 그 권한도 법률의 규정으로 부여된다. 다만, 그 기능은 주주총회에서 선임하는 검사인과 유사하므로 위임에 관한 규정을 유추적용할 수 있다고 본다.[1690] 다만, 이를 부정하는 일부 견해도 있다.[1691]

3. 검사인의 자격

검사인의 자격에는 제한이 없으나 감사와 같이 자연인이어야 한다(통설).[1692] 다만, 이에 대하여는 법인도 검사인이 될 수 있다는 견해가 있다.[1693] 또 직무의

1688) 1980. 12. 31, 법률 제3297호.
1689) 2017. 10. 31, 법률 제15022호.
1690) 최기원(2012), 762면; 최준선(2024), 619면; 이철송(2024), 926면.
1691) 권기범(2021), 1062면.
1692) 최기원(2012), 762면; 최준선(2024), 619면; 정찬형(2022), 1144면.
1693) 이·임·이·김(2018), 399면; 이철송(2024), 926면.

성질상 회사의 이사, 집행임원, 감사 또는 상업사용인은 검사인이 될 수 없다.

4. 검사인의 선임과 직무

(1) 법원의 선임

1) 회사설립시

변태설립사항이 있을 때(제290조), 법원은 이를 조사하게 하기 위하여 發起設立의 경우는 이사, 그리고 募集設立의 경우는 발기인의 청구에 의하여 검사인을 선임한다(제298조 제4항·제310조 제1항). 발기설립의 검사인은 변태설립사항 및 현물출자의 이행 여부를 조사하여 법원에 보고하여야 한다(제299조 제1항). 이에 비하여 모집설립의 검사인은 보고서를 創立總會에 제출하여야 한다(제310조 제2항).

2) 액면미달의 신주발행시

법원은 최저발행가액을 변경하여 인가하고자 하는 때, 회사의 재산상태, 기타 필요한 사항을 조사하게 하기 위하여 검사인을 선임할 수 있다(제417조 제3항).

3) 신주발행시의 현물출자

신주발행시 현물출자를 하는 자가 있는 경우, 현물출자의 내용을 조사하게 하기 위하여 이사의 청구로 검사인을 선임한다(제422조 제1항).

4) 회사의 업무집행에 관하여 부정행위 또는 법령·정관에 위반한 중대한 사실이 있음을 의심할 만한 사유가 있을 때

발행주식총수의 100분의 3 이상의 주식을 가진 주주의 청구에 의하여 회사의 업무와 재산상태를 조사하게 하기 위하여 검사인을 선임할 수 있다(제467조 제1항).

5) 총회소집절차나 결의방법의 적법성 조사

주주총회 전에 회사 또는 발행주식총수의 100분의 1 이상의 주식을 가진 주주의 청구에 의하여 총회의 소집절차·결의방법의 적법성을 조사하게 하기 위하여 검사인을 선임할 수 있다(제367조 제2항).

(2) 주주총회에서의 선임

주주총회에서 검사인이 선임되는 경우는 다음과 같다. 즉 ① 소수주주의 청구에 의하여 소집된 주주총회에서 회사의 업무와 재산상태를 조사하게 하기 위한 경우(제366조 제3항), ② 이사가 제출한 서류와 감사의 보고서를 조사하게 하기 위한 경우(제367조), ③ 청산 중인 회사의 이사가 제출한 서류와 감사의 보고서를 조사하게 하기 위한 경우(제542조 제2항·제367조) 등이 그에 해당한다.

5. 검사인의 종임

주주총회에서 선임된 검사인은 위임관계의 종료사유가 발생하면 終任한다. 검사인은 법정임기가 없다. 그리하여 종료하면, 그 지위가 소멸하는 것이 일반적이다. 다만, 그 전이라도 총회에서 선임한 경우에는 총회의 결의로, 법원이 선임한 경우에는 법원이 해임할 수 있다.

6. 검사인의 보수

법원이 검사인을 선임한 경우, 법원은 회사로 하여금 검사인의 보수를 지급하게 할 수 있다. 이 경우 그 보수액은 이사와 감사의 의견을 들어 법원이 정한다(비송사건절차법 제77조). 주주총회에서 선임한 경우에는 총회의 결의로 검사인의 보수를 정한다(민법 제686조 제1항 참조).

7. 검사인의 의무와 책임

주주총회에서 선임된 검사인은 회사에 대하여 선관주의의무를 부담하므로 이에 위반하면 회사에 대하여 임무해태로 인한 손해배상책임을 진다(민법 제390조). 제3자에 대해서는 직접적인 법률관계가 없기 때문에 채무불이행책임은 발생하지 아니하지만, 불법행위요건을 구비하면 그로 인한 손해배상책임을 진다.

법원이 설립경과를 조사하게 하기 위하여 선임한 검사인(제298조 제4항, 제310조 제1항)이 악의 또는 중대한 과실로 인하여 그 임무를 해태한 때에는 회사 또는 제3자에 대하여 손해를 배상할 책임이 있다(제325조). 이는 회사설립시의 다수의 이해관계인을 보호하기 위한 법정책임이다.

8. 등기

검사인은 임시기관이므로 선임 또는 종임등기를 요하지 아니한다.

VI. 준법통제 및 준법지원인

1. 준법통제

상장회사는 법령을 준수하고 회사경영을 적정하게 하기 위하여 임직원이 그 직무를 수행할 때 따라야 할 기준 및 절차를 마련하여야 하여야 하는데(제542조의 13 제1항·제12항·시행령 제40조), 이를 준법통제라고 한다. 상장회사는 遵法統制基準의 준수에 관한 업무를 담당하는 遵法支援人을 1명 이상 두어야 한다(제542조의 13 제2항). 이 제도는 2011년 개정시 신설되었는데, 자산총액이 5,000억원 이상인 회사를 적용대상으로 한다(시행령 제39조).

2. 준법지원인

(1) 의의

준법지원인은 준법통제기준의 준수에 관한 업무를 담당하는 자를 말한다. 5,000억원 이상의 상장회사는 1인 이상의 준법지원인을 두어야 하지만, 다른 법률에 따라 내부통제기준 및 준법감시인(compliance officer)을 두어야 하는 상장회사는 제외한다(제542조의 13 제1항·제2항·시행령 제39조).

(2) 준법지원인과 회사간의 관계

준법지원인의 지위는 상법에 의하여 정하여지고, 법이 정한 업무를 독립적으로 수행한다. 다만, 준법지원인의 지위는 회사의 선임행위에 의하여 주어지므로 회사와의 관계는 위임으로 보아야 한다. 이를 반영하여 상법도 준법지원인의 선관주의의무를 명시하고 있다(제542조의 13 제7항).

(3) 선임과 퇴임

1) 자격과 임면

준법지원인의 任免은 이사회의 결의로 한다(제542조의 13 제4항). 그리고 준법지원인은 ① 변호사, ②「고등교육법」제2조에 따른 학교에서 법률학을 가르치는 조교수 이상의 직에 5년 이상 근무한 사람, ③ 그 밖에 법률적 지식과 경험이 풍부한 사람으로서 대통령령으로 정하는 사람 중 하나 이상의 자격을 갖추어야 한다(동조 제5항).

2) 퇴임

준법지원인은 임기의 만료 또는 위임의 일반적 종료사유로 퇴임한다(민법 제690조). 준법지원인은 위임의 상호해지의 자유(민법 제689조)에 따라 언제든지 사임할 수 있다. 다만, 회사가 언제든지 준법지원인을 해임할 수 있는지 문제되는데, 제542조의 13 제4항에 근거하여 이사회결의로 해임할 수 있다고 본다. 다만, 준법지원인의 임기는 보장되어 있으므로(제542조의 13 제6항), 정당한 이유가 없이 해임할 때에 그 준법지원인은 제385조를 유추적용하여 회사에 대하여 해임으로 인한 손해배상을 청구할 수 있다고 본다.

3) 임기

준법지원인의 임기는 3년으로 하고, 상근으로 한다(제542조의 13 제6항). 그리고 다른 법률의 규정이 준법지원인의 임기를 제6항보다 단기로 정하고 있는 경우에는 제6항을 다른 법률에 우선하여 적용한다(제542조의 13 제11항 단서).

(4) 직무

1) 직무의 범위

준법지원인의 직무는 '준법통제기준의 준수여부를 점검하는 업무'이다(제542조의 13 제2항·제3항). 그 점검결과는 이사회에 보고되어야 한다(제542조의 13 제3항).

2) 직무수행방법

상장회사는 준법지원인이 그 직무를 독립적으로 수행할 수 있도록 하여야 하고 는데(제542조의 13 제9항), 이는 준법지원인이 독임제적 기관임을 밝힌 규정이다. 따라서 준법지원인은 이사회나 대표이사의 감독을 받지 않는다.[1694] 그러나 이에 대하여는 이사회 및 최고경영자를 보좌하기 위한 집행조직에 불과하다는 견해가 있다.[1695]

한편 상장회사의 임직원은 준법지원인이 그 직무를 수행할 때 자료나 정보의 제출을 요구하는 경우 이에 성실하게 응하여야 한다(제542조의 13 제9항).

(5) 신분보장

상장회사는 준법지원인이었던 사람에 대하여 그 직무수행과 관련된 사유로 부당한 인사상의 불이익을 주어서는 아니 된다(제542조의 13 제10항). 이 규정은 준법

1694) 同旨 정동윤(2012), 840면; 이철송(2024), 929면.
1695) 권기범(2021), 1070면; 김·노·천(2024), 560면.

지원인의 임기가 종료되어 다른 임직원의 신분을 가지게 되는 경우 준법지원인의 지위에서 행하여졌던 업무를 가지고 부당한 대우를 받아서는 아니 됨을 밝히고 있다. 그리고 준법지원인의 직무가 회사의 경영이 법령에 부합하는지를 밝히는 등 매우 실무적임을 반증하는 것이다.

(6) 제도의 강제성 및 회사의 혜택

준법지원인을 도입하지 않은 회사에 대한 벌칙이나 기타 불이익 규정은 없다. 그러나 준법지원인은 법정기구로서 그 선임이 강제된다. 따라서 준법지원인을 선임하지 아니하는 때에는 법령위반행위로써 이사들의 임무해태를 구성한다.

한편 회사가 준법통제기준 및 준법지원인제도에 따른 의무를 성실히 이행한 경우에는 양벌규정(예: 업무주체인 회사 및 위반행위자인 대표자 함께 처벌) 중 회사의 벌금형을 면한다(제634조의 3).

(7) 감사와 준법지원인 역할의 중복성 여부

준법통제는 경영활동과 관련된 법규제에 대한 준수 여부의 확인·점검과 사전예방을 그 주된 목적으로 한다. 이에 비하여 감사 또는 감사위원회는 주주 등 이해관계인의 관점에서 경영진의 업무집행 전반에 대한 적법성 확인·점검을 목적으로 한다는 점에서 구별된다.

(8) 준법지원인의 의무

준법지원인은 선관주의의무를 부담하므로 자신의 업무수행에 영향을 줄 수 있는 영업관련 업무를 담당해서는 아니 된다(제542조의 13 제12항·시행령 제42조). 이는 준법지원인의 자격과도 연관성이 있다. 그리고 재임 중뿐만 아니라 퇴임 후에도 직무상 알게 된 회사의 영업상 비밀을 누설하여서는 아니 된다(제542조의 13 제8항). 또한 준법통제기준의 준수 여부를 점검하여 그 결과를 이사회에 보고할 의무를 부담한다(제542조의 13 제3항).

제 5 절 자본금의 변동

제 1 관 서 설

Ⅰ. 법적 의의

1. 액면주식의 발행회사

액면주식을 발행한 회사의 경우 자본금의 변동은 資本의「증가」또는「감소」를 뜻한다. 資本金은 발행주식의 액면총액이므로(제451조), 자본금증가의 방법에는 ① 액면가의 증액, ② 발행주식수의 확대 등이 있다. 이 가운데 ①의 방법은 불가능하다. 액면가를 증액한다면 추가로 株金을 납입하여야 하므로 당초의 주주유한책임의 원칙에 반하기 때문이다. 자본금감소의 방법에는 ① 액면가의 감액, ② 발행주식수의 축소 등이 있다. 자본금의 증가는 신주발행을 뜻한다.

2. 무액면주식의 발행회사

무액면주식을 발행한 회사의 자본금증가에는 ① 신주발행가의 일부 또는 전부를 추가로 계상, ② 준비금을 전입하여 증액하는 방법 등이 있다. 자본금의 감소는 이미 계상된 자본금액을 축소시키는 방법이 있다.

Ⅱ. 자본금의 변동방식

1. 신주발행

신주발행은 크게 통상적인 신주발행과 특수한 신주발행으로 나눌 수 있다.

(1) 통상적인 신주발행

제416조 이하에서 규정하는 것이 통상의 신주발행이다. 이 형태는 주주 또는 제3자에게 유상으로 신주를 발행한다(유상증자). 액면주식을 발행하는 때에는 발행신주의 수에 액면가를 곱한 만큼 자본금이 증가하고, 순자산도 증가한다. 그러나 자본금의 증가와 순자산의 증가는 반드시 일치하는 것은 아니다. 액면미달발행은

미달액만큼 그리고 액면초과발행은 초과액만큼 자본금과 순자산의 증가에 괴리가 발생하기 때문이다. 무액면주식을 발행하는 때에는 이사회가 정하는 바에 따라 신주발행가액 중 2분의 1 이상에 해당하는 금액만큼 자본금이 증가한다.

[표 7] 신주발행시 자본금과 순자산의 괴리[일반회계기준 제5장]

조건) 1. 액면: 5000원(ⓐ), 2. 신주발행주식수: 3000주(ⓑ)

구 분	발행금액	자본금변동액(A)	주식발행할인차금/초과금(B)	순자산변동액(A+B)	B의 회계처리항목
액면미달발행	2000원(ⓒ)	1,500만원 (ⓐ×ⓑ)	(−)900만원 [ⓑ×(ⓒ−ⓐ)]	600만원	자본조정
액면초과발행	7000원(ⓓ)	1,500만원 (ⓐ×ⓑ)	600만원 [ⓑ×(ⓓ−ⓐ)]	2,100만원	자본잉여금

(2) 특수한 신주발행

1) 의의

특수한 신주발행의 원인은 여러 가지가 있으나 새로운 자산이 유입되지 아니한다는 공통점이 있다. 즉 특수한 신주발행은 자금조달을 목적으로 하지 아니한다.

2) 주식분할(제329조의 2) 및 주식병합(제440조)

주식을 분할하면 분할비율의 역배수로 발행주식의 수가 증가한다. 그러나 외부의 새로운 자금은 유입되지 아니하고, 액면주식의 자본금에는 변동이 없다. 무액면주식의 주식분할의 경우에도 자본금은 변동이 없다. 주식병합을 할 경우 자본금을 감소시키면서 신주를 발행할 수 있다.

3) 신주발행형 주식매수선택권의 행사(제340조의 2 제1항 본문·제542조의 3)

회사는 선택권의 행사에 따라 행사가액을 발행가액으로 하여 신주를 발행할 수 있다. 이 경우 행사가액에 신주발행수를 곱한 금액만큼 자본금이 증가하고, 순자산이 변동된다.

4) 전환주식의 전환(제346조 이하)

전환주식을 전환하면 전환주식이 소멸하고 신주가 발행된다. 전환조건에 따라 신주가 전환 전의 주식수보다 많으면 자본금이 증가한다. 반대의 경우 자본금이 감소한다. 다만, 어느 경우에나 순자산은 증감하지 않는다. 전환 전 주식의 總發行價額과 신주식의 總發行價額이 같아야 하기 때문이다(제348조).

5) 주식의 포괄적 교환(제360조의 2)

주식의 포괄적 교환에 의하여 모회사를 창설할 경우, 자회사의 주주들이 소유하는 자회사의 주식은 모회사로 이전되고, 모회사는 자회사의 주주들에게 신주를 발행한다. 이 경우 모회사의 자본금과 순자산이 증가하지만(제360조의 7 제1항), 이는 주식교환의 효과이며 신주발행의 효과는 아니다.

6) 준비금의 자본전입(제461조)·주식배당(제462조의 2)

준비금의 자본금의 전입은 실무적으로 無償增資라고 한다. 준비금을 자본금으로 전입하게 되면 전입된 금액만큼 자본금이 증액되고, 액면주식의 경우에는 이를 액면가로 나눈 수만큼 신주가 발행된다. 자본금의 증가분은 준비금의 감소분과 상쇄되므로 순자산에는 아무런 변화가 없다. 주식배당은 준비금이 아닌 이익잉여금을 자본금으로 전입하는 것이다. 이 역시 자본금이 증가하는 만큼 잉여금이 감소하므로 순자산의 변동은 없다.

7) 신주인수권부사채권자의 신주인수권행사(제516조의 2)·전환사채의 전환
   (제513조 이하)

신주인수권부사채권자가 신주인수권을 행사하거나 전환사채를 주식으로 전환하면 사채의 발행조건에 따른 신주가 발행된다. 이 경우 액면주식은 액면가를 곱한 금액만큼 자본금이 증가한다. 자본금이 증가한다고 하더라도 외부의 새로운 자금이 유입되는 것은 아니다(제516조의 2 제3항). 다만, 사채라는 부채가 감소하고 순자산이 증가하므로 자본조달의 효과라는 면에서는 통상의 신주발행과 흡사하다.

8) 합병으로 인한 신주발행(제523조 제3호)

흡수합병의 경우 존속법인은 소멸법인의 주주에게 합병조건에 따라 신주를 발행한다. 이 경우 액면주식은 신주의 수에 액면가를 곱한 금액만큼 자본금이 증가하지만, 순자산에는 아무런 변화가 없다.

(3) 특징

특수한 신주발행형의 경우에도 신주가 발행되므로 자본금이 증가하지만, 신주발행형 주식매수선택권의 행사 및 신주인수권부사채권자의 신주인수·전환사채의 전환의 경우를 제외하고는 순자산에 변동이 없다.

2. 자본금에 영향 없는 주식·재산의 감소

상환주식을 상환하면 주식수는 물론 상환가액만큼 순자산도 감소한다. 무액
면주식을 발행한 회사의 주식수의 감소는 자본금과 관계가 없다. 액면주식의 경
우에도 주식상환은 이익으로써 하므로 자본금에는 변동이 없다(제345조).

제 2 관 신주발행

I. 의 의

1. 개념

신주발행(new issuance)은 광의로는 회사설립 후에 이루어지는 일체의 주식발
행을 뜻하고, 협의로는 자금조달을 목적으로 하는 신주발행, 즉 통상의 신주발행
(제416조)을 뜻한다. 여기서는 통상의 신주발행에 대하여 기술한다.

2. 자본조달방법으로서의 신주발행

주식회사는 대중자본의 집중을 위한 기구이므로 신주발행과 사채발행이라는
자본조달수단이 있다. 사채는 타인자본이므로 회사의 부채이다. 이 때문에 약정
일자에 상환하여야 하는 부담이 있다. 이에 비하여 신주발행은 상환주식이 아닌
한 영구적인 자기자본이므로 상환의 부담이 없다. 그러나 신주를 발행하면 이익
배당의 부담이 늘어나고, 지분의 변화에 따라 회사의 지배구조에 영향을 초래하
므로 회사로서는 중대한 조직법적 변화이다.

II. 신주발행사항의 결정

1. 결정기관

통상의 신주발행은 수권자본제의 법리상 이사회가 결정한다(제416조 본문). 따
라서 대표이사나 그 밖의 기관에 위임할 수 없다(통설). 다만, 이사회 내의 위원회
에는 위임할 수 있다(제393조의 2 제2항). 그리고 상법에 다른 규정이 있거나 정관으
로 주주총회에서 결정하기로 정한 경우에는 그에 따른다(제416조 단서). 주주총회의

결의사항으로 허용한 것은 주주에게 중대한 이해관계가 있기 때문이다.

2. 결정사항

(1) 신주의 종류와 수(제416조 제1호)

신주의 종류와 수는 정관에서 정하는 수권범위 내이어야 한다(제344조 제2항). 상환주식 또는 전환주식을 발행하는 경우에는 그 상환조건이나 전환조건을 정하여야 한다.

(2) 신주의 발행가액과 납입기일(제416조 제2호)

주주가 인수하는 주식의 발행가액은 균등하여야 한다. 다만, 제3자배정의 주식에 대하여는 달리 정할 수 있다고 본다. 그리고 발행시기가 다르거나 종류가 다른 주식은 당연히 발행가를 달리 정할 수 있다. 구체적인 발행가액은 이사회의 경영판단사항이다. 다만, 액면미달발행은 자본충실의 요청에서 제약을 받는다(제417조).

(3) 자본금 계상액(제416조 제2호의 2)

이는 무액면주식을 발행하는 경우에 해당하는 사항이다. 따라서 이사회가 신주발행사항의 결정시 자본금으로 삼을 금액을 정하여야 한다.

(4) 신주의 인수방법(제416조 제3호)

주주배정방식(제418조 제1항)의 경우에는 신주인수권을 행사할 수 있는 주주를 정하기 위한 배정기준일, 즉 제418조 제3항의 '일정한 날'을 이사회에서 결정한다. 그리고 제3자배정방식(제418조 제2항)의 경우에는 이사회결의로 신주인수권을 행사할 자를 정한다. 어느 방식이든 청약단위, 청약증거금의 징수, 주금납입금 취급 금융기관, 납입의 일정·요령, 실권주 및 단주의 처리방법도 정하여야 한다.

(5) 현물출자에 관한 사항(제416조 제4호)

이는 회사설립시(제290조 제2호)와는 달리 정관의 기재사항은 아니지만, 현물출자가 있는 경우에는 현물출자자의 성명과 출자의 목적인 재산의 종류·수량·가격과 이에 대하여 부여할 주식의 종류와 수를 정하여야 한다.

(6) 주주가 가지는 신주인수권을 양도할 수 있는 것에 관한 사항(제416조 제5호)

주주의 (구체적) 신주인수권은 양도가능한 것으로 전제하고, 발행사항의 하나로 정할 수 있도록 하였다. 이는 임의사항이므로 신주인수권이 양도되기를 바라지 아니하는 때에는 이를 정하지 아니할 수 있다.

(7) 주주의 청구가 있는 때에만 신주인수권증서를 발행한다는 것과 그 청구기간(제416조 제6호)

신주인수권의 양도는 신주인수권증서를 교부하는 방법으로 하여야 한다(제420조의 3 제1항). 그러므로 회사는 주주에게 신주인수권증서를 발행하여야 한다(제420조의 2 제1항). 그러나 모든 주주가 신주인수권의 양도를 원하는 것은 아니므로 그 발행을 청구하는 주주에게만 발행할 수 있도록 하고 있다.

Ⅲ. 발행가액

1. 액면미달발행

(1) 의의

액면주식을 발행하는 경우에는 액면가액 이상으로 발행하는 것이 통례이다. 순자산을 증가시킬 수 있기 때문이다. 그러나 회사의 경영성과가 부진하거나 증권시장이 침체된 시기에는 액면미달발행이 불가피할 경우가 있다. 그리하여 상법은 액면미달발행을 허용하면서 자본충실의 요청에서 일정한 제약을 가하고 있다(제417조).[1696)]

(2) 요건

회사가 액면미달주식을 발행하기 위하여는 ① 회사성립 후 2년이 경과하여야 하고(제417조 제1항), ② 주주총회의 특별결의를 요하며, ③ 법원의 인가를 받아야 한다. 이 가운데 ②의 총회에서는 단순히 액면미달발행 여부뿐만이 아니라 최저발행가액도 정하여야 한다(제417조 제2항). 따라서 이사회가 발행가액을 결정하는 때에는 총회결의에 따라 하한금액의 제한을 받는다. ③은 액면미달발행이 자본충실의 원칙을 해하므로 필요한 요건이다. 법원은 회사의 현황과 제반사정을 참작하여 최저발행가액을 변경하여 인가할 수 있다. 이 경우 법원은 회사의

1696) 기업회계기준에서는 액면미달금액을 이미 계상된 주식발행초과금과 상계하도록 하고, 미상계잔액은 자본조정의 주식할인발행차금으로 처리한 후, 향후 발생하는 주식발행초과금과 우선 상계하도록 한다(일반기업회계기준 15.3).

재산상태 기타 필요한 사항을 조사하기 위하여 검사인을 선임할 수 있다(제417조 제3항 후단).

한편, 상장회사가 액면미달발행을 할 때에는 법원의 인가를 요하지 아니하며, 주주총회의 특별결의만으로 족하다(자본시장법 제165조의 8 제1항). 총회의 결의에서는 최저발행가액도 정하여야 한다(동조 제2항).

(3) 발행시기

액면미달주식은 법원의 인가를 얻은 날로부터 1월 내에 발행하여야 한다(제417조 제4항 전단). 법원은 이 기간을 연장하여 인가할 수 있다(제417조 제4항 후단).

2. 시가발행

(1) 의의

時價發行이란 주주에게 손해를 입히지 아니하도록 신주발행가액을 기존의 발행주식의 현재 가격 또는 이를 약간 하회하는 금액으로 발행하는 것을 말한다. 따라서 상장주식과 같이 市場價格이 있는 주식을 대상으로 한다.

(2) 상장회사의 시가발행

상장회사는 금융위원회가 정하는 「증권의 발행 및 공시 등에 관한 규정」에 의거하여 주식을 시가발행을 할 수 있다(동 규정 제5-18조).

Ⅳ. 신주인수권

1. 의의

신주인수권(preemptive right)이란 회사의 성립 후 신주를 발행할 경우 그 전부 또는 일부를 다른 자에 우선하여 배정받을 수 있는 권리를 말한다. 인수에 관한 우선권이므로 발행가액이나 그 밖의 인수조건에 관하여 우대받을 수 있는 권리는 아니다. 신주인수권은 주식의 果實, 기존 주식의 대표물이나 변형물이 아니며, 유상신주를 발행을 할 수도 있다. 이 때문에 신주인수권을 행사하여 인수한 주식에는 질권의 효력이 미치지 아니한다(통설).

통상의 신주발행은 신주인수권을 주주가 가지거나 또는 제3자가 가지게 된다. 이하에서는 이를 나누어 기술한다.

2. 주주의 신주인수권

(1) 개념

주주의 신주인수권이란 성립 후의 회사가 신주를 발행할 경우에 주주가 가진 주식수에 비례하여 신주를 배정받을 수 있는 권리를 말한다(제418조 제1항). 이는 주주의 권리이므로 반드시 신주인수권을 행사할 필요는 없다. 그리고 이 권리는 抽象的 新株引受權과 具體的 新株引受權으로 구분할 수 있다.

(2) 유형, 법적 성질 및 양도성

1) 추상적 신주인수권

추상적 신주인수권은 상법상 주주가 우선하여 '신주의 배정을 받을 권리'(제418조 제1항)를 뜻한다. 즉 추상적 신주인수권은 원칙적으로 주주의 지분에 따라 비례적으로 주식을 인수할 수 있는 期待權이다. 따라서 이 권리는 법률상 당연히 인정되며, 정관의 규정이나 이사회의 결의로 생기는 것이 아니다. 그리고 이 권리는 ① 주주에게만 인정되고, ② 아직 구체화된 권리가 아니며, ③ 주주권의 일부로써 주식과 분리하여 양도·포기하거나 담보에 제공할 수 없고, ④ 시효에 걸리지도 아니한다. 또한 ⑤ 법적 성질은 비고유권이므로 원시정관이나 정관변경으로 일정한 한도에서 제한을 가할 수 있다.

2) 구체적 신주인수권

구체적 신주인수권은 이사회가 구체적으로 주주 또는 제3자배정을 위한 신주발행을 결정함으로써, 신주인수의 청약을 할 수 있는 債權的 權利를 뜻한다. 이 권리는 이사회에서 정한 신주배정기준일에 발생한다. 이는 추상적 신주인수권에 근거하여 구체화된 持分權으로써 회사에 대한 독립된 권리이다. 따라서 구체적 신주인수권은 ① 주식과 별도로 양도할 수 있고, ② 주주권이 이전되더라도 이에 수반하여 이전되지 아니하며,[1697] ③ 구체적 신주인수권의 귀속주체는 실질주주가 아니라 기준일 당시 주주명부상의 주주이다.[1698] 그리고 ④ 이사회, 주주총회 또는 정관의 규정으로서도 이를 제한하거나 변경할 수 없고, ⑤ 제3자는 주주가

1697) 대법원 2010. 2. 25. 선고 2008다96963·96970.
1698) 대법원 2010. 2. 25. 선고 2008다96963·96970.

아니므로 生來的으로는 구체적 신주인수권만을 갖는다.

한편 상법상 ① 제416조 제5호, 제420조 제5호에서의 신주인수권, ② 제420조의 2 내지 제420조의 5 등의 신주인수권증서, ③ 제516조의 2 이하의 신주인수권부사채 등에서의 신주인수권은 구체적 신주인수권을 뜻한다.

(3) 신주인수권의 부여·제한

주주는 그가 가진 주식수에 따라서 신주의 배정을 받을 권리가 있다(제418조 제1항). 이는 주주의 신주인수권을 보호하기 위함이다. 다만, ① 기존의 주주들이 신주인수에 필요한 자금을 확보하지 못하거나, ② 시장확보나 기타 경영전략상의 필요성이 있는 경우에는 제3자의 참여가 바람직한 경우도 있다. 그리고 市場價格이 높고 장래성이 유망한 회사는 時價發行方式을 선호하게 되는데, 이 경우에는 일반대중을 상대로 한 公募增資方式이 일반적이다. 이러한 측면에서 상법은 '정관에 정하는 바에 따라 주주 외의 자에게 신주를 배정할 수 있다.'고 규정하고 있다(제418조 제2항 본문). 그리하여 주주의 신주인수권(추상적 신주인수권)을 정관으로 제한할 수 있도록 하여 제3자의 참여의 길을 열어 놓았다.

(4) 주식평등의 원칙의 적용 및 배제

주주에게 신주인수권을 부여하거나 제한하는 때에는 주식평등의 원칙에 따라야 한다. 다만, ① 자기주식과 자회사가 갖는 모회사의 주식에는 신주인수권이 없고(통설·판례),[1699] ② 회사가 종류주식을 발행한 때에는 정관에 다른 정함이 없는 경우에도 주식의 종류에 따라 신주의 인수에 관하여 특수하게 정한 때(제344조 제3항)에는 주식평등의 원칙이 적용되지 아니한다.

정관상 주식평등원칙에 위반하는 신주인수권의 부여·제한규정은 무효이다. 때문에 그 규정에 의거하여 신주를 발행하면, 주주는 신주발행유지청구(제424조) 또는 신주발행무효의 소(제429조)를 제기할 수 있고, 회사 혹은 이사를 상대로 손해배상을 청구할 수 있다(제399조·제210조·제401조).

(5) 법령상 신주인수권의 배제

회사는 정관의 규정으로 주주의 신주인수권을 배제할 수 있는데, 법령상 배

[1699] 수원지법 성남지원 2007. 1. 30. 선고 2007카합30; 서울북부지법 2007. 10. 25. 자 2007카합1082 결정.

제하는 경우도 있다. 예를 들면, ① 전환주식·전환사채의 전환 또는 신주인수권
부사채의 신주인수권행사(제348조·제513조·제516조의 2), ② 주식매수선택권의 행사
(제340조의 2), ③ 준비금의 자본전입(제461조), ④ 주식배당(제462조의 2)·주식병합(제
440조·제442조), ⑤ 흡수합병·주식교환(제523조 제3호·제360조의 2 제2항) 등은 신주인수
권자가 사전에 특정되어 있기 때문에 주주의 신주인수권이 배제된다.

(6) 현물출자와 신주인수권

다수설과 판례는 ① 신주발행시에 현물출자를 받는다면 실무적으로 각 주주
의 신주인수권에 따른 주식수를 정확히 안배하기가 어렵고, ② 회사가 특정인으
로부터 특정재산을 출자받기 위한 목적으로 신주발행을 할 수 있으므로 다른 주
주에게는 신주를 배정하지 아니할 수도 있다. 때문에 현물출자자에게 발행하는
신주에 대하여는 일반주주의 신주인수권(제418조 제1항)이 미치지 않는다고 한
다.1700) 그러나 이러한 견해로 인하여 제3자배정이 당연히 배제되는 것은 아니다.
그리하여 현물출자자에 대하여는 주주의 신주인수권이 미치지 아니함에도 불구
하고, 회사가 제3자에게 현물출자를 받기 위하여는 신기술의 도입 또는 재무구조
의 개선 등 회사의 경영상 목적요건을 갖추어야 한다(제418조 제2항).1701)

3. 제3자의 신주인수권(제3자배정)

(1) 의의

제3자의 신주인수권은 주주 이외의 자에게 부여되는 신주인수권을 말한다.
이를 제3자배정이라고 한다. 주주가 주식지분에 비례하는 권리를 초과하여 신주
를 추가로 인수한다면 이 역시 제3자배정이다.

(2) 제3자배정의 근거

1) 법률

상법상 전환사채 또는 신주인수권부사채를 발행한 경우에는 제3자가 신주인
수권을 갖는다. 주주 아닌 피용자 등이 신주발행형의 주식매수선택권을 행사(제
340조의 2)하는 경우에도 제3자배정에 해당한다. 일반대중을 상대로 一般公募를
하고 제3자인 청약자에게 주식을 배정하는 행위는 청약자에게 우선배정을 인정

1700) 대법원 1989. 3. 14. 선고 88누889.
1701) 서울남부지법 2010. 11. 26. 선고 2010가합3538.

하는 것이 아니므로 상법상 제3자배정이 아니다. 다만, 일반공모와 상법상 제3자배정을 비교하면, 일반공모에는 일반적으로 지배주주의 이동을 초래하는 형식을 사실상 취하기 어렵다는 점을 제외하고는 그 절차상의 차이는 없다.

2) 정관

제3자에 대한 신주인수권의 부여는 기존 주주의 신주인수권에 대한 제한을 뜻한다. 그러므로 법률상 근거가 없는 경우에는 정관에 근거규정이 있어야 한다(제418조 제2항). 제3자에게 신주인수권을 부여하는 경우에는 주식청약서에도 그 사항을 기재하여야 한다(제420조 제5호). 주식매수선택권제도상 신주발행형 신주인수권은 법률상 인정되는 것이지만, 상세한 내용은 정관에 근거규정이 있어야 한다(제340조의 2·제340조의 3). 다만, 주주가 신주의 인수를 포기하거나 청약을 하지 아니하여 실권된 신주에 대하여는 이사회 결의로 제3자에게 처분할 수 있는데, 이 경우 실권된 신주를 제3자에게 발행하는 것에 관하여 정관에 근거규정이 있어야 하는 것은 아니다.[1702]

3) 주주총회

가) 문제의 제기   정관의 규정이 없더라도 주주총회의 결의로 제3자배정을 할 수 있는지에 대하여 학설이 나뉜다.

나) 학설   肯定說은 정관에 규정이 없더라도 정관변경과 같은 요건인 주주총회의 특별결의에 의해 부여할 수 있다고 본다.[1703] 否定說은 결의요건은 동일하더라도 제418조 제2항의 문언에 반한다고 한다.[1704]

다) 사견   상법상 정관의 규정을 요건으로 하는 것을 주주총회의 특별결의로 치환하여 해석하는 것은 무리가 있다(부정설). 정관은 자치규범으로서 공시기능도 있기 때문이다.

(3) 포이즌 필의 허부

포이즌 필(poison pill)이란 회사가 주주들에게 회사의 신주 또는 자기주식을 시가보다 낮은 가격으로 매수할 수 있는 권리(call option)를 부여하는 것을 말한다. 현행법상 포이즌 필은 주주의 신주인수권을 해하고 주주평등의 원칙에 반하기 때

1702) 대법원 2012. 11. 15. 선고 2010다49380.
1703) 이철송(2024), 947면; 정동윤(2012), 692면; 이종훈(2021), 369면.
1704) 최준선(2024), 645면; 송옥렬(2022), 1145면; 최기원(2012), 776면.

문에 허용될 수 없다. 하급심 중에도 포이즌 필을 도입하는 것을 내용으로 하는 정관변경을 금지하였다. 주요 논지는 그 정관변경의안은 제340조의 2(주식매수선택권), 제417조 제1항(액면미달발행) 등을 위반하여 제418조 제1항의 주주의 신주인수권을 침해한다는 점에 있다.[1705]

(4) 정관규정의 구체성

정관상 제3자에게 신주인수권을 부여하는 근거규정을 둘 때에는 부여대상·주식의 종류와 수 등을 명시하여 주주들이 예측할 수 있어야 한다. 다만, 제3자를 특정하여도 무방하지만 예를 들면, 이사·전임이사·피용인·외국합자투자자 등과 같이 그 범위가 명확하면 된다. 또 주식의 수도 미리 확정할 필요는 없고 예를 들면, '신주의 20% 이내' 등과 같이 범위를 명시하면 족하다.[1706]

(5) 제3자배정의 합리성

1) 상법

상법상 제3자배정은 신기술의 도입, 재무구조의 개선 등 회사의 경영상목적을 달성하기 위하여 필요한 경우에 한한다(제418조 제2항). 재무구조의 개선에는 회사가 자금난을 해결하기 위하여 주주와 추가 출자협의를 하였으나 여의치 않아 제3자에게 신주를 발행한 행위도 포함된다.[1707] 그러나 경영권의 방어를 위하여 제3자에게 신주를 발행하는 것은 무효이다.

판례도 제418조 제2항에서 정한 사유가 없음에도 경영권 분쟁이 현실화된 상황에서 경영진의 경영권이나 지배권 방어라는 목적을 달성하기 위하여 제3자에게 신주를 배정하는 것은 주주의 신주인수권을 침해한다고 하고, 신주인수권부사채를 제3자에게 발행하는 경우에도 이 법리를 동일하게 적용하고 있다.[1708] 다만, 제3자에게 전환사채를 배정한 것이 경영권 방어목적이 아니라 사전 상속이나 증여 또는 회사 경영권 내지 지배권의 이양이라는 목적에서 이루어진 것이라고 의심할 여지가 있다고 하더라도, 그러한 사유만으로 전환사채의 발행을 무효로 볼 수는 없다고 한다.[1709]

1705) 수원지법 안산지원 2010. 3. 25. 자 2010카합50 결정.
1706) 이철송(2024), 948면; 한국타이어정관 등.
1707) 대법원 2002. 9. 6. 선고 2002다12697.
1708) 대법원 2015. 12. 10. 선고 2015다202919; 2009. 1. 30. 선고 2008다50776.
1709) 대법원 2004. 6. 25. 선고 2000다37326.

2) 자본시장법

자본시장법 제165조의 6 제4항에 의거 상장회사는 정관의 규정에 의거 이사회의 결의만으로 일반공모증자방식의 신주를 발행할 수 있다. 그리고 동조는 '상법 제418조 제1항 및 제2항의 당서를 적용하지 아니한다.'고 규정하고 있다. 즉 경영상의 목적이 없어도 일반공모증자방식의 제3자배정을 허용하고 있는 것이다.

(6) 발행가의 공정성

제3자배정을 하는 때에 발행가격이 현저하게 낮으면, 이사의 임무해태에 해당하고,[1710] 지나친 權利落 현상으로 인하여 주주의 이익을 해하게 된다. 그리하여 발행가가 불공정할 경우에는 이사의 책임추궁(제401조), 신주발행유지청구(제424조), 신주발행무효의 소(제429조) 등의 원인이 되며, 제3자에게 직접 출자책임을 물을 수도 있다(제424조의 2).

(7) 제3자의 신주인수권의 법적 성질과 양도가능성

1) 법적 성질

가) 문제의 제기　　제3자의 신주인수권의 법적 성질에 대하여는 계약절차가 필요한지에 관하여 학설이 나뉜다.

나) 학설　　契約必要說은 제3자의 신주인수권은 정관의 규정만으로 발생하는 것이 아니라 제3자와 회사간의 별도의 계약에 의하여 발생한다는 입장이다(통설. 사견지지).[1711] 주요 논지는 제3자는 회사의 사단관계와는 무방한 자이므로 회사의 정관에 구속되지 아니한다는 점에 있다. 이 학설에 따르면, 제3자의 신주인수권을 무시하고 신주를 발행하더라도 회사는 채무불이행으로 인한 손해배상책임만을 부담한다. 통설의 설명은 정관의 규정으로 제3자에게 신주인수권을 부여할 경우에 한정되는 것이고, 신주인수권부사채권자의 신주인수권이나 종업원지주제도에 의한 신주인수권과 같이 법률에 의하여 부여되는 경우에는 적용될 수 없다.

契約不要說은 제3자의 신주인수권은 정관규정의 효력으로서 인정되는 권리이며, 계약상의 권리는 아니라고 한다. 이 학설은 제3자에게 신주인수권을 부여

1710) 대법원 2009. 5. 29. 선고 2007도4949.
1711) 최준선(2024), 644면; 정찬형(2022), 1170면; 김동훈(2010), 382면; 손주찬(2004), 860면; 이·임·이·김(2018), 415면; 정동윤(2012), 699면; 김정호(2023), 788면; 김·노·천(2024), 668면.

하기로 하는 계약이 체결되고 그 이행으로 정관에 그의 신주인수권에 관한 규정 (예: 합작투자자)을 두거나(전자), 또는 이러한 계약 없이 바로 정관에 규정을 두는 경우도 있다고 한다(후자). 후자의 예를 들면, ① 발기인에게 특별이익으로서 신주인수권을 부여하기 위하여 변태설립사항의 하나로 정관에 규정한 경우(제290조 제1호), ② 회사가 이사에 대한 보상의 의미로 신주인수권을 부여한 경우(제388조)와 같이 제3자라도 발기인·이사와 같이 회사조직상의 지위로 특정되어 있는 경우가 있다는 것이다. 그리하여 후자의 경우에 인수권 부여에 관한 계약이 없다고 하여 그 제3자가 신주인수권을 갖지 않는다고 할 수는 없고, 이 경우에 그 제3자는 정관의 규정에 의거 신주인수권을 취득한다고 본다. 전자의 경우, 즉 계약에 의하여 정관에 신주인수권 부여에 관한 규정을 두게 된 경우에도 제3자가 우선적으로 신주를 인수할 수 있고 회사로서도 주주의 신주인수권을 제쳐 놓고 이를 받아들일 수 있게 되는 것은 명백히 단체법적인 효력이며, 이는 정관규정의 효력이지 계약의 효력이 아니라고 한다(소수설).[1712]

2) 양도가능성

가) 문제의 제기 신주인수권을 가진 제3자가 다른 자에게 자기의 권리를 양도할 수 있는지 문제된다.

나) 학설 肯定說은 제3자의 신주인수권은 계약상의 권리이므로 양도할 수 있다고 한다(소수설).[1713] 否定說은 크게 두 가지로 나뉜다(다수설). 우선 계약필요설을 취하는 입장 중에서도 제3자의 신주인수권은 계약상의 권리이지만, 회사와 제3자간의 특별한 관계를 고려하여 인정된 것이고, 환가를 전제로 한 것이 아니므로 양도할 수 없다고 한다.[1714] 계약불요설의 입장에서는 제3자의 신주인수권도 당연히 주주의 추상적 신주인수권처럼 양도할 수 없다고 본다.[1715]

다) 사견 제3자의 신주인수권은 계약에 의한 권리이기는 하지만, 제3자의 범위가 정관에서 명확하게 된다는 점에서 정관에서 정한 제3자 이외의 자에게 양도할 수 없다고 본다(부정설).

1712) 이철송(2024), 953면; 서헌제(2007), 952면.
1713) 최준선(2024), 647면; 정찬형(2022), 1171면; 김동훈(2010), 382면; 이·임·이·김(2018), 415면.
1714) 정동윤(2012), 699면; 김정호(2023), 790면; 최기원(2012), 777면; 강·임(2009), 928면; 이·최(2022), 659면.
1715) 이철송(2024), 953면; 서헌제(2007), 952면.

(8) 현물출자

기술한 바와 같이 현물출자자에 대하여는 주주의 신주인수권이 미치지 아니함에도 불구하고, 회사가 제3자에게 현물출자를 받기 위하여는 신기술의 도입 또는 재무구조의 개선 등 회사의 경영상 목적요건을 갖추어야 한다.[1716)]

(9) 제3자배정시 신주인수권의 내용 및 배정일의 지정·공고

신주의 제3자배정은 기존주주들에게 중대한 이해관계가 있다. 이 때문에 제3자에게 신주를 배정하는 경우 회사는 ① 신주의 종류와 수, ② 신주의 발행가액과 납입기일, ③ 무액면주식의 경우에는 신주의 발행가액 중 자본금으로 계상하는 금액, ④ 신주의 인수방법 및 ⑤ 현물출자를 하는 자의 성명과 목적인 재산의 종류, 수량, 가액과 이에 대하여 부여할 주식의 종류와 수에 관한 사항을 그 납입기일의 2주 전까지 주주에게 통지하거나 공고하여야 한다(제418조 제4항). 이 규정의 도입 배경에 따라 제3자배정이 불공정한 때에는 신주발행유지청구의 대상이 되므로 통지·공고를 게을리한 때에는 신주발행무효사유가 된다고 풀이한다.[1717)]

4. 신주인수권의 침해

회사가 주주의 신주인수권을 무시하고 신주를 발행할 때에 주주는 신주발행유지청구(제424조) 또는 신주발행무효의 소(제429조)를 제기할 수 있고, 회사 또는 이사를 상대로 손해배상을 청구할 수 있다(제399조·제210조·제401조).

회사가 제3자의 신주인수권을 무시한 경우에는 신주발행무효의 소의 원인이 되지는 아니한다. 신주발행무효의 소는 주주·이사 또는 감사에 한하여 제기할 수 있기 때문이다(제429조). 그러므로 제3자는 이사 또는 회사에 대하여 손해배상을 청구할 수 있을 뿐이다.

5. 구체적 신주인수권의 양도

(1) 양도성

구체적 신주인수권은 회사에 대한 독립된 채권적 권리로서 이론상 양도할 수

1716) 서울남부지법 2010. 11. 26. 선고 2010가합3538.
1717) 同旨 이철송(2024), 961면; 김·노·천(2024), 671면; 江頭憲治郎(2021), 789面.

있다. 그리고 제416조 제5호와 제6호는 이를 명문으로 인정하고 있다. 신주인수권은 그 배정기준일과 청약일간에 최단기간을 설정한다고 하더라도 2주간의 간격이 불가피하다(제419조 제2항 참조). 이 때문에 권리의 존속기간의 측면에서 보더라도 양도를 허용할 실익이 있다. 그리하여 상법은 신주인수권자가 신주인수권을 환가하여 신주의 발행가와 시가의 차액을 획득할 수 있도록 신주인수권증서에 의하여 이를 양도할 수 있도록 하였다(제420조의 3).

(2) 양도성의 요건

1) 관련규정

회사는 정관의 규정 또는 이사회의 결의로 '주주가 가지는 신주인수권을 양도할 수 있는 것에 관한 사항'을 정할 수 있다. 다만, 정관으로 주주총회에서 신주발행을 결정하도록 한 때에는 이 사항도 주주총회가 정하게 된다(제416조 제5호). 이와 같이 신주인수권 양도의 許否는 회사의 자율사항이다.

2) 양도성의 범위

주주의 신주인수권에 대하여만 양도성이 인정된다. 기술한 바와 같이 제3자의 신주인수권은 특별한 경영정책적인 목적에서 부여되는 것인데, 정관상 범위가 명확하지 아니한 또 다른 제3자가 이를 취득하여 인수권을 행사하는 것은 당초의 인수권부여의 취지에 반하기 때문이다(부정설. 다수설). 다만, 예외적으로 신주인수권부사채권자는 이사회에서 신주인수권만을 양도할 수 있음을 정한 때에는 그 조건에 따라 신주인수권만을 별도로 양도할 수 있다(제516조의 2 제2항 제4호).

3) 양도방법

정관의 규정 또는 이사회가 신주인수권을 양도할 수 있음을 정한 경우 그 양도는 회사가 주주의 신주인수권에 대하여 발행한 신주인수권증서(제415조 제5호·제6호)의 교부에 의하여서만 할 수 있다(제420조의 3 제1항). 이는 신주인수권의 양도방법을 정형화하는 데 그 취지가 있다. 신주인수권부사채권자의 신주인수권은 신주인수권증권의 교부에 의하여 양도할 수 있다(제516조의 6 제1항).

(3) 정관의 규정·이사회의 결의가 없는 경우의 양도가능성

신주인수권은 정관의 규정 또는 이사회의 정함이 없더라도 양도할 수 있다. 다만, 이 경우에는 신주인수권증서가 발행되지 아니하였으므로 주권발행 전의 주식양도에 준하여 지명채권양도의 방법과 효력으로 양도할 수 있다.1718) 따라서 신주인수권 양도의 제3자에 대한 대항요건은 指名債權의 양도와 마찬가지로 확정일자 있는 증서에 의한 양도통지 또는 회사의 승낙이고, 주주명부상의 명의개서는 신주인수권의 양수인들 상호간의 대항요건이 아니라 적법한 양수인이 회사에 대한 관계에서 주주의 권리를 행사하기 위한 대항요건에 불과하다.1719)

6. 신주인수권증서

(1) 의의 및 성질

신주인수권증서(stock subscription warrants)란 주주의 신주인수권을 표창하는 유가증권이다. 이사회가 신주의 주주배정을 결의한 경우(제416조 제5호·제6호), 이로서 신주의 청약 또는 신주인수권을 양도하게 된다. 이 증서는 주주에게 발행되는 것이므로 신주인수권부 사채권자에게 발행되는 신주인수권증권(제516조의 5)과 구별된다. 이 증서는 非設權證券性을 갖는다. 이 증서의 작성에 의하여 신주인수권이 발생하는 것이 아니라 이미 발생한 신주인수권을 표창하기 때문이다. 그리고 무기명증권이다. 증서의 점유자는 적법한 소지인으로 추정하기 때문이다(제420조의 3 제2항·제336조 제2항). 또한 이 증서는 요식증권이다. 기재사항이 법정되어 있기 때문이다(제420조의 2 제2항 제1호 내지 제4호).

(2) 발행

1) 요건

신주인수권증서는 정관 또는 이사회(혹은 주주총회)가 주주의 신주인수권을 양도할 수 있음을 정한 경우(제416조 제5호)에 한하여 발행한다(제420조의 2 제1항). 이 증서는 주주의 신주인수권에 대하여만 발행할 수 있고, 제3자의 신주인수권에 대하여는 발행할 수 없다(제416조 제5호·제6호). 제3자의 신주인수권은 그 양도성 자체가 부정되기 때문이다.

2) 시기

신주인수권증서는 성질상 신주인수권자가 확정된 후에 발행할 수 있다. 그러므로 신주배정기준일(제418조 제3항) 이후에 발행하여야 한다. '주주의 청구가 있는

1718) 대법원 1995. 5. 23. 선고 94다36421.
1719) 대법원 1995. 5. 23. 선고 94다36421.

때에만 신주인수권증서를 발행한다는 것과 그 청구기간'을 정한 경우에는(제416조 제6호) 그 청구기간에 주주의 청구를 받아 발행할 수 있다. 다만, 이를 정하지 아니한 때에는 청약기일의 2주간 전에 발행하여야 한다(제420조의 2 제1항).

3) 기재사항

신주인수권증서에는 ① 신주인수권증서라는 뜻의 표시, ② 주식청약서 소정의 사항, ③ 신주인수권의 목적인 주식의 종류와 수, ④ 일정기일까지 주식의 청약을 하지 아니할 때에는 그 권리를 잃는다는 뜻(제420조의 2 제2항 제1호 내지 제4호)을 기재하고 대표이사(혹은 대표집행임원)가 기명날인 또는 서명하여야 한다(제420조의 2 제2항 본문·제408조의 5 제2항). 이 증서는 요식증권이므로 중요사항(예: 앞 ③의 사항)을 기재하지 않으면 무효이다. 그러나 경미한 사항(예: 앞 ④의 사항)을 기재하지 아니한 경우까지 무효로 볼 것은 아니다.

4) 발행단위

신주인수권증서는 주주별이 아닌 신주인수권의 대상이 되는 주식을 기준으로 발행한다. 그리하여 1주당 1장의 신주인수권증서를 발행할 수도 있고, 수개의 주식을 1장의 신주인수권증서에 표창할 수도 있다. 어떤 형태이든 주주의 청구에 따라야 한다.

(3) 효력

1) 권리추정력

신주인수권증서의 점유자는 적법한 소지인으로 추정한다(제420조의 3 제2항·제336조 제2항). 즉 신주인수권의 점유에는 권리추정력이 인정되는 결과 ① 신주인수권증서를 점유한 자는 실질적인 권리를 증명함이 없이 신주인수권을 행사할 수 있고, ② 신주인수권증서의 선의취득도 가능하다(제420조의 3 제2항·수표법 제21조).

2) 신주인수권의 양도방법

정관의 규정 또는 이사회가 신주인수권을 양도할 수 있음을 정한 경우 그 양도는 회사가 발행한 신주인수권증서의 교부에 의하여서만 할 수 있다(제420조의 3 제1항). 신주인수권증서에는 인수권자의 성명을 기재할 필요가 없다. 설령 기재하더라도 지시증권이 되는 것은 아니기 때문에 단순한 교부만으로 양도할 수 있다.

3) 신주의 청약방법

신주인수권증서를 발행한 경우에는 신주인수권증서에 의하여 신주의 청약을 한다(제420조의 5 제1항). 주주의 청구가 있는 때에만 신주인수권증서를 발행하기로 정한 경우(제416조 제6호), 주주가 그 발행을 청구하지 아니하면, 주주는 주식청약서에 의하여 청약하여야 한다.

신주인수권증서를 상실한 경우에는 원칙적으로 공시최고절차를 밟아 除權判決을 얻은 후 주식청약서에 의하여 신주의 청약을 할 수 있다(제420조의 5 제2항 본문). 그것은 신주인수권증서는 약 2주 정도의 단기간에 유통되는 유가증권이기 때문이다(제420조의 2 제1항). 다만, 그 이후 상실된 신주인수권증서를 가지고 제3자가 신주의 청약을 하면 주식청약서에 의한 신주의 청약은 그 효력을 잃는다(제420조의 5 제2항 단서). 따라서 회사는 이미 주식청약서에 의한 청약이 있었음을 이유로 신주인수권증서의 점유자의 청약을 거절하지 못한다. 이는 신주인수권증서의 점유에 권리추정력이 인정되는 데 따른 논리적 귀결이다. 다만, 신주인수권의 실체적인 권리관계는 별도로 다루어진다.

(4) 유통시장

신주인수권증서는 증권시장에서 유통될 수 있다(자본시장법 제4조 제4항). 다만, 원칙적으로 청약기일 전 약 2주간 정도만 유통될 수 있는 단명한 유가증권이다(제420조의 2 제1항).

(5) 미발행에 따른 책임과 벌칙

회사가 신주인수권증서를 적시에 발행하지 아니하거나 부실기재를 한 경우, 이사는 이로 인하여 손해를 입은 주주나 제3자에 대하여 손해배상책임(제401조)을 지며 또 회사에 대하여도 손해배상책임을 진다(제399조). 그리고 이사가 제420조의 2에 위반하여 신주인수권증서를 발행하지 아니하거나 기재의 누락 또는 부실기재를 한 때에는 5백만원 이하의 과태료에 처한다(제635조 제1항 제16호).

(6) 신주인수권의 전자등록의 효력 및 청약방법

회사는 신주인수권증서를 발행하는 대신 정관으로 정하는 바에 따라 전자등록기관의 전자등록부에 신주인수권을 등록할 수 있다(제420조의 4). 전자등록부에 등록을 하는 경우에는 주권의 전자등록에 관한 규정(제356조의 2)이 준용되어, ① 전자등록부에 등록된 신주인수권의 양도나 入質은 전자등록부에 등록하여야 효력이 발생하고, ② 권리추정력이 인정되며, ③ 선의취득도 가능하다(제420조의 4ㆍ제

356조의 2 제2항 내지 4항).

신주인수권을 전자등록을 한 경우 신주의 청약방법에 대하여는 명문의 규정이 없지만, 신주인수권증서가 없기 때문에 일반 신주청약과 같은 방법으로 청약을 할 수 있다(제420조). 그리고 신주인수권을 증명할 수 있는 자료, 즉 전자등록증명서를 첨부하여 회사에 제출하여야 한다(제516조의 9 제2한 단서 유추적용).

V. 신주발행절차

1. 개요

신주발행의 절차는 모집설립의 경우와 유사하므로 주요내용을 중심으로 살펴보면 다음과 같다.

2. 배정기준일의 공고

회사는 신주인수권자를 확정하기 위하여 일정한 날(신주배정기준일)을 정하여 그 날에 주주명부에 기재된 주주가 신주인수권을 가진다는 뜻을 그 날의 2주간 전에 공고하여야 한다(제418조 제3항 본문). 신주인수권을 양도할 수 있을 경우(예: 정관의 규정, 이사회의 결정 또는 정관의 규정에 의한 총회의 결의로 정한 경우)에는 그 뜻도 같이 공고한다. 배정기준일이 주주명부폐쇄기간 중인 때에는 폐쇄기간의 초일의 2주간 전에 공고하여야 한다(제418조 제3항 단서·제354조 제1항). 주주명부를 폐쇄하면 명의개서가 불가능하기 때문에 신주인수권의 귀속관계는 명부폐쇄기간의 초일을 배정기준일으로 의제하는 것이다.

3. 신주인수권자에 대한 청약의 최고

신주인수권을 가지는 자가 확정되면 회사는 일정한 기일, 즉 請約期日을 정하고 그 기일의 2주간 전에 신주인수권자에게 ① 그 인수권을 가지는 주식의 종류와 수, ② 그 기일까지 주식인수의 청약을 하지 아니하면 그 권리를 잃는다는 뜻을 통지하여야 한다(제419조 제1항). 그리고 ③ 신주인수권을 양도할 수 있는 것에 관한 사항과 주주의 청구에 의하여 신주인수권증서를 발행한다는 사항을 정한 때(제416조 제5호·제6호)에는 그 사항도 통지하여야 한다(제419조 제1항·제2항). 정관의 규정으로 발행주식을 모두 공모하는 때에는 이러한 절차가 요구되지 아니한다. 그리고 위의 기일까지 청약을 하지 아니하면 신주인수권자는 그 권리를 잃는다(제419조 제3항). 즉 失權株로 처리된다.

4. 주주에 대한 제3자배정의 통지·공고

위의 통지 및 공고는 주주배정방식으로 신주를 발행하는 때에 요구되는 절차이고, 제3자배정방식을 취할 때에는 주주 및 제3자로 하여금 이 절차를 따르도록 할 필요가 없다. 그러나 주주는 신주발행 그 자체에 중대한 이해가 있고 제3자배정은 공정하여야 한다. 그러므로 회사는 기술한 바와 같이 신주의 종류와 수 등 제416조 제1호 내지 제4호에서 정하는 사항을 납입기일의 2주 전까지 주주에게 통지하거나 공고하여야 한다(제418조 제4항). 이 통지·공고를 게을리하는 행위는 주주의 신주발행유지청구권의 행사기회를 박탈하는 것으로써 원칙적으로 그 신주발행은 무효라고 해석한다.[1720)]

5. 신주인수권증서의 발행

이에 관하여는 기술하였다.

6. 인수

(1) 절차 및 법적 성질

회사의 모집설립시와 마찬가지로 신주인수권자의 청약과 배정에 의하여 주식인수가 이루어진다. 그 법적 성질은 입사계약이다(통설·판례).

(2) 청약

이사는 주식청약서를 작성하여야 하고(제420조), 주식을 인수하고자 하는 자는 이 주식청약서에 의하여 청약하여야 한다(제425조·제302조 제1항). 다만, 기술한 바와 같이 신주인수권증서를 발행한 경우에는 그 증서를 가지고 청약하여야 한다(제420조의 5 제1항). 신주인수권증서를 상실한 자는 주식청약서에 의하여 주식의 청약을 할 수 있다. 그러나 그 청약은 그 이후에 신주인수권증서에 의한 청약이 있으면 그 효력을 잃는다(제420조의 5 제2항).

1720) 일본의 통설·판례이기도 하다.

한편 민법 제107조 제1항 단서(비진의표시의 무효)가 적용되지 아니하는 점은 모집설립의 경우와 같다(제425조·제302조 제3항).

(3) 배정

주식인수의 청약이 있으면 이사가 신주를 배정하는데(제421조), 주주 또는 제3자를 불문하고 신주인수권을 가지는 자에게 배정을 하는 때에는 이사의 재량이 없다. 다만, 공모부분의 배정에는 이사의 재량을 인정할 수 있다. 배정에 의하여 신주인수는 완결되는데, 배정주식수는 청약한 주식수에 미달할 수 있다. 다만, 청약한 주식수보다 많은 주식을 배정하여서는 아니 됨은 모집설립과 같다.

7. 납입

신주인수인은 인수가액을 납입할 의무를 부담한다(제425조·제303조). 이사는 신주인수인으로 하여금 그 배정한 주식수에 따라 납입기일에 그 인수한 각 주식에 대한 인수가액의 전액을 납입시켜야 한다(제421조). 납입장소, 납입보관자의 증명과 책임, 현물출자의 이행방법 등은 모두 모집설립시와 같다(제425조·제306조, 제305조 제2항·제3항·제295조 제2항). 다만, 회사설립의 절차(제307조)와는 달리 인수인이 납입기일에 납입하지 아니하면 인수인으로서의 권리를 잃는다(제423조 제2항). 별도의 실권절차는 요구되지 아니한다. 실권부분에 대하여는 인수인을 재모집할 수도 있고, 발행예정주식총수의 미발행부분으로 하여 차후에 발행할 수도 있다. 신주인수인이 인수가액의 일부만을 납입한 경우에는 일부의 이행이므로 잔여분에 대하여만 실권처리할 수 있다고 본다.

신주인수인이 납입기일에 납입 또는 현물출자의 이행을 하지 아니하면 손해배상을 청구할 수 있다(제423조 제3항). 회사가 신주인수대금을 지원(대출)하는 사례가 있는데, 이러한 사례 중에는 인수인이 회사에 환매청구권을 행사하여 회사의 지원금과 상계하기로 약정하는 예가 있다. 이는 신주인수로 인한 손익을 모두 회사에 귀속시키기로 하는 계약이므로 자기주식취득에 해당한다.[1721]

8. 이행방법 및 상계의 제한

신주납입방법은 자본충실의 원칙이 준수되어야 한다. 그러므로 ① 회사가 주

1721) 대법원 2003. 5. 16. 선고 2001다44109.

주의 납입의무를 대체하여 이행하여서는 아니 되고,1722) ② 설립시와 마찬가지로 대물변제나 更改도 인정되지 아니하며, ③ 어음·수표로 납입하는 때에는 지급인이 지급을 하여야만 유효한 납입이 있는 것으로 보는 것도 설립시와 동일하다.1723) 그리고 ④ 인수인의 납입의무는 회사의 동의가 있으면 회사에 대한 채권과 상계할 수 있다(제421조 제2항). 그리하여 금융기관의 대출채권은 출자전환(debt-equity swap)할 수 있다. 이 규정은 2011년 개정 상법시 도입된 것으로써 당시의 세계적인 금융위기가 입법에 영향을 미쳤다. 이때 회사의 동의는 상계의 일반원칙(민법 제493조 제1항)에 따라 회사의 일방적 의사표시로 족하다. 그리고 이사가 동의 또는 상계의 여부를 결정함에 있어 고의 혹은 과실로 법령이나 정관에 위반한 행위를 하거나 그 임무를 게을리한 경우에는 회사에 대한 손해배상책임을 진다(제399조).

9. 현물출자의 검사

(1) 검사인의 선임 및 검사

기술한 바와 같이 회사설립의 경우(제290조 제2호)와는 달리, 신주발행시의 현물출자에 관한 사항은 정관의 기재사항이 아니다. 그러나 현물출자자가 있는 때에 이사는 이를 조사하게 하기 위하여 법원에 검사인의 선임을 청구하여야 한다(제422조 제1항). 검사인의 조사는 공인된 감정인의 감정으로 갈음할 수 있다(제422조 제1항 단서). 법원은 검사인의 보고서 또는 감정인의 감정결과를 심사하여 현물출자 사항이 부당하다고 인정한 때에는 이를 변경하여 이사와 현물출자자에게 통고할 수 있다(동조 제3항). 이에 불복하는 현물출자자는 주식의 인수를 취소할 수 있다(동조 제4항). 법원의 통고 후 2주 내에 주식의 인수를 취소한 현물출자를 한 자가 없는 때에는 통고에 따라 변경된 것으로 본다(동조 제5항).

한편 현물출자에 관하여 이러한 검사절차를 거치지 아니한 신주발행 및 변경등기가 당연무효로 되는 것은 아니다.1724) 즉 평가가 객관적이었다면 신주발행이 유효할 수 있다.

1722) 대법원 1963. 10. 22. 선고 63다494.
1723) 대법원 1977. 4. 12. 선고 76다943.
1724) 대법원 1980. 2. 12. 선고 79다509.

(2) 검사의 면제

1) 의의

2011년 개정법은 자본충실을 해할 위험이 크지 않거나, 시세가 존재하여 출자가액의 평가가 불공정해질 염려가 없는 현물출자에 대하여 검사절차를 면제하고 있다. 구체적인 사유는 다음과 같다(제422조 제2항).

2) 소액출자

현물출자의 목적인 재산의 가액이 자본금의 5분의 1을 초과하지 아니하고 대통령령으로 정한 금액(5천만원)을 초과하지 아니하는 경우(제422조 제2항 제1호·시행령 제14조 제1항).

3) 시세 있는 유가증권

현물출자의 목적재산이 거래소의 시세 있는 유가증권인 경우에는 이사회가 정한 평가액이(제416조) 대통령령으로 정한 방법으로 산정된 시세를 초과하지 아니하는 경우(제422조 제2항 제2호). 다만, 현물출자의 목적재산에 그 사용, 수익, 담보 제공, 소유권 이전 등에 대한 물권적 또는 채권적 제한이나 부담이 설정된 경우에는 검사절차를 면제할 수 없다(시행령 제14조 제3항).

4) 출자전환

변제기가 도래한 회사에 대한 금전채권을 출자의 목적으로 하는 경우로서 그 가액이 회사의 장부가를 초과하지 아니하는 경우(제422조 제2항 제3호). 제421조 제2항에 의거 회사가 동의하는 경우 금전채권을 출자전환하는 것이 이에 해당한다. 그리고 이 규정은 ① 신주발행시에만 적용되고 설립시에는 적용되지 아니하고, ② 이행기에 이르지 아니한 채권에 대하여는 회사의 동의가 있더라도 적용되지 아니하며, ③ 출자전환에 의한 신주의 발행가액이 회사장부상의 채권의 장부와 균형을 맞추어야 함을 뜻한다.

5) 기타

그 밖에 제422조 제2항 제1호부터 제3호까지의 규정에 준하는 경우로서 대통령령으로 정하는 경우.

10. 실권주의 처리

신주인수권자가 청약기일까지 주식인수의 청약을 하지 아니하거나(제419조 제

3항) 또는 청약 후 납입기일에 납입 또는 현물출자의 이행을 하지 아니한 때에는 그 권리를 상실하게 된다(제423조 제2항). 이로 인하여 발생하는 주식을 失權株라고 한다. 신주발행시의 실권주는 미발행부분으로 남겨 두어도 무방하다. 설립시와는 달리 자본금이 전액 확정되어야 하는 것은 아니기 때문이다. 회사는 이사회의 결의로 실권된 주식을 제3자에게 배정할 수도 있다(통설·판례).[1725] 그리고 주주들이 실권한 신주를 제3자에게 배정하는 때에는 제418조 제2항에 따른 요건을 충족할 필요는 없고, 발행조건을 변경할 필요도 없다.[1726] 그리고 실권된 신주의 제3자배정에 관한 정관규정이 있어야 하는 것도 아니다.[1727]

11. 단주의 처리

신주발행시에도 1주 미만의 주식인 端株가 발생할 수 있다. 그러나 상법은 주식교환(제360조의 11 제1항), 주식배당(제462조의 2 제3항), 무상주의 교부(제461조 제2항), 주식의 병합(제443조 제1항), 주식의 분할(제329조의 2 제3항), 회사의 합병으로 인한 주식의 병합 또는 분할(제530조 제3항)과 달리 그 처리방법에 관한 별도의 규정을 두지 않고 있다. 그러므로 실권주와 같이 미발행부분으로 유보하여도 무방하고, 이사회의 결의로 임의처분할 수도 있다. 다만, 시가로 처분하여 시가와 발행가의 차액을 단주의 주주에게 배분하여 주는 것이 가장 공평하다(통설).[1728]

12. 변경등기 및 그 효력

(1) 등기사항

신주발행의 효력이 발생하면 자본금과 발행주식총수가 늘어나고 주식의 종류에도 변경이 생기므로, 회사는 납입기일로부터 본점소재지에서 2주일 내에 변경등기를 요한다(제317조 제2항·제4항·제183조).

(2) 효력

신주발행에 따른 변경등기는 단지 공시적 효력만을 가질 뿐, 자본증가의 효력발생요건은 아니다. 이 밖에도 주식인수의 무효·취소를 제한하는 부수적 효력

1725) 대법원 2012. 11. 15. 선고 2010다49380; 2009. 5. 29. 선고 2007도4949.
1726) 대법원 2009. 5. 29. 선고 2007도4949.
1727) 대법원 2012. 11. 15. 선고 2010다49380.
1728) 정동윤(2012), 709면; 이철송(2024), 965면; 최기원(2012), 807면.

이 있다. 그리하여 변경등기를 한 날로부터 1년을 경과한 후에는 ① 신주를 인수한 자는 주식청약서 또는 신주인수권증서의 요건의 흠결을 이유로 하여 그 인수의 무효를 주장하거나, ② 사기, 강박 또는 착오를 이유로 하여 그 인수를 취소하지 못한다. 즉 신주인수인의 주관적 하자가 치유된다. 그 주식에 대하여 주주의 권리를 행사한 때에도 같다(제427조). 그리고 신주발행시의 이사의 인수담보책임도 변경등기를 전제로 한다(제428조 제1항).

13. 포괄증자(유·무상포괄발행)

包括增資란 신주의 발행시 발행가액 중 일부는 준비금의 자본전입에 의한 무상증자로 충당하고, 나머지 일부만 기존주주로 하여금 납입하게 하는 방법을 말한다. 이에 따라 기존주주는 유상신주와 무상신주를 동시에 취득하는 셈이 된다. 제3자는 무상증자에 참여할 권리가 없기 때문에 이 방법을 활용할 수 없다. 기존주주가 납입 또는 이행을 하지 아니하면 무상신주를 배정받을 수 없게 된다. 그리하여 이 방법은 주주로 하여금 적극적으로 신주인수권을 행사하게 하는 동인을 갖게 한다.

그러나 이러한 동인은 주식의 가격이 매우 낮게 형성되어 있는 시점에서는 주주에게 불리하게 되어 주주권을 침해하는 효과가 있다. 따라서 상법상 명문의 규정이 없는 한 이를 허용할 수 없다. 다만, 상장회사의 실무에서는 약간의 시차를 둔 사실상의 포괄증자를 하는 사례가 있다.

Ⅵ. 신주발행의 효력발생

1. 일부인수의 영향

신주인수인이 인수가액의 일부만을 납입·이행한 경우에는 그 부분에 한하여 신주발행의 효력이 발생한다. 설립시와는 달리 자본금이 전액 확정되어야 하는 것은 아니기 때문이다. 잔여분에 대하여는 그 이후에 주식을 발행할 수 있다.

2. 효력발생시기

신주의 인수인은 납입 또는 현물출자의 이행을 한 때에는 납입기일의 다음 날로부터 주주의 권리의무가 있다(제423조 제1항). 이로써 신주인수인의 지위, 즉 권리주의 상태가 종료된다(제425조 제1항·제319조). 납입기일이 다음 날이 공휴일이더라도 신주의 주주가 된다. 따라서 주식을 양도할 수 있고, 회사는 지체 없이 주권을 발행하여야 한다(제355조 제1항). 주권을 발행하기 전에는 양도제한을 받는다(제335조 제3항). 납입기일의 다음 날부터 효력이 발생하는 결과, 신주의 주주는 그 날이 속하는 영업연도의 이익배당에도 참여한다.

Ⅶ. 이사의 자본충실책임

1. 인수담보책임

회사설립시 자본구성에 결함이 발생하면, 발기인이 인수담보책임과 납입담보책임을 진다(제321조 제1항·제2항). 그러나 설립 후의 이사는 인수담보책임만을 진다. 그리하여 신주발행으로 인한 변경등기(제317조 제2항·제4항, 제183조)가 있은 후에 아직 인수되지 아니한 주식이 있거나 주식인수의 청약이 취소된 때에 이사가 이를 공동으로 인수한 것으로 본다(제428조 제1항). 이사가 인수담보책임만을 지는 것은 신주발행시에는 납입기일에 납입 또는 현물출자가 이행되지 아니하면, 별도의 절차없이 실권처리되기 때문이다(제423조 제2항). 이 점 설립시 인수인이 납입하지 아니하면 실권절차를 거쳐 실권시켜야 하는 것(제307조 제1항)[1729]과 다르다.

2. 손해배상책임

이사가 인수담보책임을 지는 결과, 인수가 의제되기 때문에 인수에 관한 이사의 의사표시는 필요하지 않다. 바로 해당주식에 대한 납입의무가 발생한다. 이는 무과실책임이다. 따라서 총주주의 동의로서도 이를 면제할 수 없다. 이 점 발기인의 인수담보책임과 같다. 그리고 인수담보책임과는 별도로, 이로 인하여 회사에 그 이외의 손해가 발생하면 회사에 대하여 손해배상책임을 지는 점도(제428조 제2항·제399조) 발기인의 경우와 같다.

[1729] 주식인수인이 제305조의 규정에 의한 납입을 하지 아니한 때에는 발기인은 일정한 기일을 정하여 그 기일 내에 납입을 하지 아니하면 그 권리를 잃는다는 뜻을 기일의 2주간 전에 그 주식인수인에게 통지하여야 한다.

VIII. 신주발행유지청구권

1. 의의

회사가 법령 또는 정관에 위반하거나 현저하게 불공정한 방법으로 주식을 발행함으로써 주주가 불이익을 받을 염려가 있는 경우에는 그 주주는 회사에 대하여 그 발행을 유지할 것을 청구할 수 있다(제424조). 이는 이사의 위법행위유지청구권과 같이 미국의 留止命令(injunction)제도를 본받은 것인데, 현 주주의 비례적 이익을 보호하는 데 그 취지가 있다.

2. 이사의 위법행위유지청구권과의 비교

이에 대하여는 제6장 제4절 제3관 IX.1.(3)에서 기술하였다.

3. 요건

(1) 신주발행의 위법·불공정

1) 법령·정관에 위반사례

이는 회사가 법령·정관에 위반하거나 현저하게 불공정한 방법에 의하여 주식을 발행하는 사례이다(제424조). 그리하여 법령위반의 사례로는 ① 법정요건을 갖추지 아니한 액면미달발행(제417조·제330조), ② 주주의 신주인수권을 무시한 제3자배정 및 주주간의 非비례적 주식배정(제418조 제1항), ③ 신주인수권자에 대한 최고절차 없이 불청약을 이유로 하는 실권처리(제419조 제3항), ④ 형식상으로는 경영상 목적을 갖추었으나(제418조 제2항), 실질적으로는 경영권방어목적의 제3자배정1730) 등이 있다. 정관위반의 사례로는 ① 종류주식에 관한 정관의 규정(제344조 제2항)과 다른 신주배정, ② 주주총회의 결의를 얻도록 한 정관의 규정(제416조)에 반하여 이사회결의만으로 신주발행, ③ 정관에서 정한 방법과 다른 방법으로 단주처리, ④ 정관의 규정(제418조 제2항)과 다른 신주인수권의 부여 등이 있다.

2) 현저하게 불공정한 사례

현저하게 불공정한 사례로는 ① 청약자들간의 신주청약증거금을 차별하여 납부하게 하는 경우(예: 소수주주는 100%, 대주주는 10% 납부), ② 현물출자를 과대하게

1730) 대법원 2009. 1. 30. 선고 2008다50776.

평가한 경우, ③ 이사 또는 특정주주에게 부당하게 다수의 주식을 배정하는 경우, ④ 소수파주주를 축출하기 위하여 불필요하게 대량의 端株를 발생시키는 신주발행의 경우 등이 해당한다. 다만, 다소간 불공정한 신주발행은 유지청구권의 대상이 아니라고 해석하는 것이 문리해석상 그리고 입법취지상 옳다.

(2) 주주의 불이익

신주발행이 위법·불공정하여야 하고 그로 인하여 특정주주가 불이익을 받을 염려가 있어야 한다(제424조). 따라서 신주발행이 위법·불공정하다고 하여 모든 주주가 유지청구권을 행사할 수 있는 것은 아니다. 예를 들면, ① 신주인수권을 불공정하게 부여하여 발행하는 때에는 그로 인하여 불이익을 받는 주주가 있겠지만, ② 주주총회의 결의를 얻도록 한 정관의 규정(제416조)에 반하여 이사회결의만으로 신주를 발행한 때에는 반드시 특정주주에게 불이익이 생기는 것은 아니다. 따라서 후자의 경우는 유지청구권의 행사요건에 해당하지 아니한다.

나아가 신주발행이 위법하여 회사에 손해를 입히고, 주주가 간접적으로 손실을 입는다고 하여(예: 액면미달발행), 개별주주가 유지청구권을 행사할 수는 없다. 이 경우에는 공익권에 관한 문제이므로 이사의 위법행위유지청구(제402조), 신주발행무효의 소(제429조) 또는 이사의 책임추궁(제399조)에 의하여 해결하여야 한다.

한편 이사가 주주배정의 방법으로 신주를 발행하는 때에는 액면가를 하회하여서는 아니 된다는 제약(제330조·제417조)을 준수하는 한 시가보다 낮게 발행함으로써 최대한의 자금을 유치하지 못하였다고 하여 배임죄의 구성요건인 임무위배, 즉 회사의 재산보호의무를 위반한 것은 아니다.[1731]

4. 신주발행유지청구의 절차

(1) 청구권자와 상대방

신주발행유지청구권은 불이익을 입을 염려가 있는 주주가 이사가 아닌 회사를 상대로 행사한다(제424조). 이 점 이사의 위법행위유지청구(제402조)와 다르다. 단독주주도 행사할 수 있으며, 신주인수권·의결권의 유무를 묻지 아니한다. 제3자가 이사회의 결의로 회사와 계약을 체결하여 신주인수권을 부여받았더라도 유지청구권을 행사할 수 없다. 회사에 대한 손해배상문제에 그친다.

1731) 대법원 2009. 5. 29. 선고 2007도4949.

(2) 청구내용

법문은 '그 발행을 유지할 것'을 청구할 수 있다고 규정한다(제424조). 이는 법령·정관에 위반한 사항, 불공정한 방법·내용을 시정할 것을 청구할 수 있다는 뜻이다. 그리하여 회사는 해당사항만 시정하면 신주발행을 속행할 수 있다.

(3) 청구방법

이사의 위법행위유지청구(제402조)와 마찬가지로 의사표시 또는 제소의 방법 모두 가능하다. 가처분을 구하여 임시의 지위를 정할 수도 있다(민사집행법 제300조 제2항). 가처분은 신주발행유지의 이유가 일부에만 있는 경우에는 그 부분만을 가처분명령에 의한 유지의 대상이 된다.

(4) 청구시기

1) 문제의 제기

유지청구는 신주발행의 효력이 발행하기 전, 즉 납입기일까지 하여야 한다(제423조 참조 제1항). 다만, 신주발행이 무효인 경우 사후적 유지청구가 가능한지에 관하여 학설이 나뉜다.

2) 학설

肯定說은 신주발행에 무효원인이 있는 경우에는 신주의 효력발생 후에도 주권발행 등을 유지할 수 있다고 한다(소수설).[1732] 否定說은 신주발행의 효력발생일이 경과한 이상 신주발행이 무효인지의 여부는 신주발행무효의 소로 다루어야 한다고 본다(다수설).[1733]

3) 판례

대법원은 이사회나 주주총회의 신주발행결의에 취소 또는 무효의 하자가 있더라도 신주발행의 효력이 발생한 후에는 신주발행무효의 소로 다투어야 한다고 본다(부정설).[1734]

4) 사견

신주발행유지청구권의 연혁은 미국의 유지명령인 까닭에 사전적 구제에 그

1732) 이·최(2022), 670면; 정동윤(2012), 711면.
1733) 정준우(2024), 660면; 송옥렬(2022), 1162면; 정찬형(2020), 1160면; 최기원(2012), 820면; 권기범(2021), 1124면; 이철송(2024), 972면.
1734) 대법원 2004. 8. 20. 선고 2003다20060.

쳐야 한다. 신주발행의 효력발생일 이후에 그 하자를 다투기 위하여는 사후적 구제수단인 신주발행무효의 소(제429조)에 의하여야 한다(부정설).

5. 신주발행유지청구의 효과

주주가 유지청구를 하면, 회사는 신주발행의 위법·불공정을 시정하여야 할 주의의무를 진다. 유지 여부는 이사회에서 결정한다. 그리하여 위법·불공정함에도 신주발행을 완료하는 때에는 대표이사 등에게 중과실이 있다고 해야 하고, 주주는 회사를 상대로 손해배상을 청구하거나 이사의 제3자에 대한 책임(제401조)을 근거로 손해배상을 청구할 수도 있다. 이로 인하여 회사가 손해를 입었다면 대표이사 등은 회사에 대하여 손해배상책임을 진다(제399조).

유지청구에 불응하여 이루어진 신주발행은 무효가 되는 것은 아니다.[1735] 따라서 신주발행무효의 소를 제기할 수 없다. 그리고 유지청구를 받았다고 하여 유지사유가 없음에도 불구하고, 신주발행을 유지한 경우에는 역시 대표이사 등에게 과실이 있다고 해야 한다. 이로 인하여 회사가 손해를 입었다면 대표이사 등은 회사에 대하여 손해배상책임을 진다(제399조).

6. 신주발행유지청구의 무시의 효과

기술한 바와 같이 주주가 소 이외의 방법으로 유지청구를 한 경우에는 무효가 되지 않고, 손해배상의 원인이 된다. 그러나 유지의 가처분이나 판결을 무시한 신주발행은 무효이다(통설).[1736] 그리고 신주발행을 결의한 회사(A)의 이사회에 참여한 이사들(甲, 乙, 丙)이 하자 있는 주주총회에서 선임된 이사들이어서, 그 후 이사선임에 관한 주주총회결의가 확정판결로 취소되었고, 위와 같은 하자를 지적한 신주발행금지가처분이 발령되었음에도 위 이사들(甲, 乙, 丙)을 동원하여 위 이사회를 진행한 측만이 신주를 인수한 신주발행은 무효이다.[1737]

1735) 서울고법 1977. 4. 7. 선고 76나2887.
1736) 김·노·천(2024), 685면; 정동윤(2012), 712면; 권기범(2021), 1125면; 최기원(2012), 821면.
1737) 대법원 2010. 4. 29. 선고 2008다65860.

Ⅸ. 불공정한 가액으로 인수한 자의 책임

1. 의의

이사와 통모하여 현저하게 불공정한 발행가액으로 주식을 인수한 자는 회사에 대하여 공정한 발행가액과의 차액에 상당한 금액을 지급할 의무가 있다(제424조의 2 제1항). 이사가 특정주주 또는 제3자에게 불공정한 발행가액, 즉 현저한 저가로 주식을 인수시키면 비합리적인 權利落 현상으로 다른 주주들이 보유하는 주식의 가치를 떨어뜨리게 된다. 이 때문에 상법은 ① 이사가 회사 또는 다른 주주들에게 손해배상책임을 지고(제399·제401조), ② 신주인수인도 요건 충족시의 불법행위로 인한 손해배상책임을 지는(민법 제750조) 일반적인 법리에 추가하여, ③ 회사가 직접 인수인에 대하여 출자의무에 기초한 지급책임을 물음으로써 직접 전보받을 수 있는 수단을 제공하고 있다.

2. 통모인수인의 책임의 성질

인수인의 책임은 통모를 요건으로 하므로 불법행위책임의 일종이라고 할 수 있다. 그러나 책임의 내용이 불공정한 발행가액과 공정한 발행가액과의 차액을 지급하는 것이므로 자본금충실을 위한 추가출자의무의 성질을 가진다. 따라서 주주의 유한책임의 예외에 해당한다(통설).

3. 책임발행의 요건

(1) 이사와의 통모

주식인수인이 이사와 통모하여야 한다. 통모를 하지 아니한 인수인이 현저하게 불공정한 가액임을 알고 있었다는 사실만으로는 그 책임을 물을 수 없다.

(2) 현저하게 불공정한 발행가액

통모행위 이외에 발행가액이 현저하게 불공정하여야 한다. 그 뜻을 풀이하면 다음과 같다.

1) 발행가액

가) 개념   발행가액이란 이사회에서 발행사항으로 정하는 발행가액(제416조 제2호)이 아니라 인수인이 실제 납입한 인수가액(제421조)을 뜻한다. 따라서 이사회

에서 정하는 발행가액이 불공정하더라도 인수가액(실제 발행가액)이 공정하다면 인수인의 책임은 발생하지 아니한다.

　나) 인수가액의 불공정으로 인한 책임　　이사회가 정한 발행가액은 공정하지만, 실제 인수가액이 이보다 현저히 낮은 가액인 경우 인수인이 책임을 부담하는지에 대하여는 학설이 나뉜다. 否定說은 현저히 낮은 가액으로 인수시킨 경우에는 인수행위가 위법하므로 신주발행무효의 원인으로 보아야 한다고 하여 통모인수인의 책임을 부정한다(소수설).[1738] 肯定說은 인수가액이 이사회에서 결정한 발행가액을 하회한다고 하여도 액면미달발행(제330조)이 아닌 한 그 인수행위는 무효가 아니고, 납입기일에 발행가액을 납입하였으므로 실권처리 하여서도 아니 되며 통모인수인의 책임이 발생한다고 한다(다수설).[1739]

　2) 현저하게 불공정한 가액

　'현저하게 불공정한 가액'이란 구주의 時價를 현저히 하회하는 가액을 뜻한다. 시가가 없는 주식은 순자산가치·수익가치·시장가치 등을 고려하여 계산한 가액을 기준으로 삼아야 한다. 현물출자의 과대평가 또는 단주·실권주에 대하여도 같은 기준이 적용된다. 다만, 실제 발행가액이 주식의 시가나 실질가치보다 낮게 책정되더라도 경영상의 합리적인 목적에 따른 것이라면 제424조의 2의 적용대상이 아니라고 하는 견해가 있다.[1740]

　4. 적용범위

　(1) 문제의 제기

　이 제도는 제3자가 신주를 인수하거나 특정 주주가 신주인수권에 기하지 않고 제3자적 지위에서 인수할 때(제3자배정)에 적용된다는 데에 이론이 없다. 다만, 주주배정에 의한 신주발행에도 적용되는 지에 대하여 학설이 나뉜다.

1738) 이철송(2024), 973면; 최·김(2014), 947면; 권재열(2021), 226면.

1739) 최준선(2024), 661면; 정동윤(2012), 715면; 이·임·이·김(2018), 427면; 정찬형(2022), 1187면; 이·최(2022), 677면; 손주찬(2004), 875면; 송옥렬(2022), 1169면.

1740) 大阪地法, 1990. 2. 28 判例, 判例タイムズ 第737號(1990. 11. 15), 219面(주당 평가가액이 1만엔인 주식을 액면가 5백엔에 대표이사에 배정한 후 같은 가격으로 종업원들에게 양도한 사건); 이철송(2024), 974면.

(2) 학설

肯定說은 이사회가 정한 발행가액은 공정하지만, 인수가액이 불공정한 경우의 통모인수인의 책임을 인정하는 입장과 유사하다. 그리하여 주주배정의 경우에도 통모인수인에게 차액을 지급하도록 하여 자본금충실을 기하는 것이 타당하다고 한다(다수설). 否定說은 제424조의 2는 현 주주의 주식가치의 희석화를 방지하는 데 그 목적이 있으므로 발행주식 전부를 주주에게 배정하는 때에는 적용되지 않는다고 본다(소수설).

(3) 판례

판례는 주주배정의 방법으로 신주를 발행하는 때에는 액면가를 하회하여서는 아니 된다는 제약(제330조·제417조)을 준수하는 한 시가보다 낮게 발행하였다고 하여 임무위배, 즉 회사의 재산보호의무를 위반한 것은 아니라고 한다(否定說).[1741]

(4) 사견

신주를 모든 주주에게 배정하는 때에는 주주가 아무런 불이익을 입지 아니한다. 따라서 자본금충실의 원칙을 강조하여 주주에게 추가출자의무를 부담시키는 것은 옳지 않다(否定說).

5. 통모인수인의 책임

(1) 책임의 내용 및 회계상 처리

통모인수인은 공정한 발행가액과의 인수가액(실제 발행가액)과의 차액을 회사에 지급하여야 한다. 이 책임은 통모인수인이 부담하는 것이므로 주식이 양도되더라도 이전되지 아니한다. 통모인수인의 책임액은 인수할 때의 공정한 가액을 기준으로 계산하여야 한다. 인수인으로부터 지급받은 차액은 액면초과발행금에 준하는 것으로 보아 자본준비금으로 계상하여야 한다(제459조 제1항)(통설).

(2) 책임의 추궁

통모인수인의 책임은 회사에 대한 것이므로 그 추궁도 회사가 하여야 한다. 그러나 회사의 대표이사가 이사와 이미 통모한 자를 상대로 책임을 추궁할 것으로 기대하기는 어렵다. 회사가 책임추궁을 게을리할 때에는 주주가 대표소송을

[1741] 대법원 2009. 5. 29. 선고 2007도4949.

제기할 수 있다(제424조의 2 제2항·제403조 내지 제406조).

(3) 이사의 책임과의 관계

통모인수인의 책임은 이사의 회사에 대한 손해배상책임(제399조) 또는 제3자, 즉 주주에 대한 책임(제401조)에 영향을 미치지 아니한다(제424조의 2 제3항). 이러한 이사의 책임의 성질에 대하여 학설이 나뉜다. 우선, 獨立責任說은 인수인이 불공정한 가액을 지급하더라도 이와는 별도로 이사의 책임을 추궁할 수 있다고 본다.[1742] 不眞正連帶責任說은 이사의 손해배상책임과 인수인의 지급책임은 부진정연대책임의 관계에 있다고 본다(통설).[1743]

생각건대 상법이 제424조의 2 제3항의 규정을 두고 있는 한 양 책임은 서로 영향을 주지 아니한다고 본다. 따라서 그 하나의 이행으로 타방의 책임이 소멸하지 아니한다(獨立責任說). 그리고 제3항은 우리와 같은 통설의 근거가 되고 있는 일본회사법 제212조에는 없는 규정이다.

X. 신주발행무효의 소

1. 개설

신주발행에 법적 하자가 있는 때에 무효의 일반원칙에 의하면 주장의 방법, 상대방 및 시기에 관한 제한이 없을 뿐만 아니라 대세적 효력이 없고 소급효가 인정되기 때문에 법적 안정성을 결하게 된다. 그리하여 상법은 신주발행에 법적 하자가 있는 때에는 형성판결에 의하여만 주장하게 하고(제429조), 무효판결의 대세적 효력을 인정하고 소급효를 제한하고 있다. 이 점에서 신주발행무효의 소는 후술하는 신주발행의 부존재, 개별 인수인의 무효·취소의 주장과 구별된다.

2. 무효원인

(1) 원칙

신주발행의 무효원인은 법정되어 있지 않고 해석에 맡겨져 있다. 그러나 주

1742) 최준선(2024), 662면.
1743) 권기범(2021), 1117면; 손주찬(2004), 876면; 정동윤(2012), 715면; 정찬형(2022), 1188면; 최기원(2012), 834면.

식양수인의 거래안정의 요청 및 영업활동이 개시된 후에 자금조달이 무효가 되는 경우에 발생할 수 있는 혼란을 방지하기 위하여는 무효원인을 엄격하게 해석하여야 한다. 그러므로 위법·불공정한 신주발행을 모두 무효로 보아서는 아니 되고, 중대한 하자가 있거나 주식회사의 본질 또는 회사법상 기본적인 법익을 침해한 경우로 국한하여 무효로 하여야 한다.[1744) 신주발행과 관련된 기본적인 법익으로는 수권자본제, 자본충실 및 주주의 신주인수권 등이 있다. 따라서 이 세 가지 법익을 해하였을 때에 한하여 무효로 다루고, 그 밖의 위법·불공정은 신주발행유지청구의 대상으로 삼거나(제424조) 이사 또는 회사의 손해배상책임으로 해결하는 것이 바람직하다.

1) 수권자본제의 한계일탈

가) 일반적 기준   주식발행으로 ① 정관상 발행예정주식총수를 초과하거나, ② 정관의 규정이 없는 종류주식이 발행된 경우에는 법령·정관에 관한 중대한 위반에 해당하여 무효원인이 된다. 발행예정주식총수를 초과한 경우에는 초과부분의 주식을 특정할 수 없으므로 신주발행주식 전부가 무효이다. 다만, 사후에 회사가 정관을 변경하여 발행예정주식총수를 늘리거나 발행된 주식의 종류를 정하여 하자를 치유할 수 있다. 이는 정관변경에 소급효를 인정한다는 취지는 아니다.

한편 의결권배제·제한종류주식의 수가 법정한도(제344조의 3 제2항)를 초과하더라도 그 주식발행의 무효원인이 되지 않는다. 한도초과 주식에 대해서는 상환주식의 상환(제345조), 주식소각 또는 의결권 있는 주식의 추가발행 등의 방식으로 법문에 따라 필요한 조치를 취하는 것으로 족하다.

나) 대표이사의 전단적 신주발행

① 문제의 제기

이사회의 결의 없이 대표이사가 專斷的으로 신주를 발행한 경우 그 효력에 관하여는 학설이 나뉜다.

② 학설

有效說은 수권자본제를 취하는 현행법상 신주발행을 일상적인 업무집행에 준하는 것으로 보고 거래의 안전을 중시하여 신주발행의 효력을 인정한다.[1745) 無效

1744) 대법원 2019. 4. 3. 선고 2018다289542; 2015. 12. 10. 선고 2015다202919.
1745) 정찬형(2022), 1190면; 정동윤(2012), 712면; 최준선(2024), 667면; 송옥렬(2018), 1151

說은 신주발행은 중요한 조직법적 변화를 가져오기 때문에 일상의 업무집행과 같이 취급할 수는 없다고 보고, 이사회의 결의가 없으면 회사에 신주발행의 의사가 존재하지 않는 것으로 본다.[1746]

③ 판례

판례는 기본적으로는 유효설을 취하고 있다. 그리하여 신주발행에 관한 이사회결의가 없거나 또는 결의에 하자가 있더라도 이사회결의는 회사의 내부적 의사결정에 불과하므로 신주발행의 효력에는 영향이 없다고 한다.[1747] 이는 대표이사의 전단적 행위에 관한 거래상대방의 보호 법리(선의. 무중과실)와는 다르다.[1748] 신주발행의 경우는 인수인에 따라 그 효력을 달리 정하여서는 아니 되기 때문이다. 다만, 판례는 하자 있는 총회에서 선임된 이사들이 신주발행을 결의한 흠결에 추가하여 신주인수권을 무시하거나 신주발행금지가처분에 위반한 결과 지배권의 변동 등을 초래한 신주발행 사건에서는 이사회결의의 흠결도 중대한 하자라 하며 무효판결의 한 원인으로 삼고 있다.[1749] 이 점에서 대법원은 유효설로 일관하고 있다고 보기 어렵다.

④ 사견

신주발행은 거래법상의 행위인 사채발행과는 달리 회사의 인적 구성과 물적 규모를 변화시키는 중요한 조직법적인 행위이므로 일상의 업무집행과 같이 다룰 수는 없다(無效說).

2) 자본충실의 위반

가) 무효인정기준　　법정의 절차를 거치지 아니하고 액면미달발행을 한 경우에는 원칙적으로 무효이다(통설). 그러나 미달금액이 근소하여 이사의 손해배상책임으로 전보될 수 있는 경우에는 유효하다고 본다. 현물출자가 과대하게 평가된 경우에도 '불공정한 가액으로 주식을 인수한 자의 책임'(제424조의 2 제1항) 요건

　　면; 김·노·천(2024), 684면; 권기범(2021), 1128면; 이·최(2022), 673면; 강·임(2009), 937면; 박상조(2000), 722면; 김정호(2023), 796면.
1746) 이병태(1988), 759면; 손주찬(2004), 878면; 이철송(2024), 977면; 이·임·이·김(2018), 434면; 서·정(1999), 500면; 채이식(1996), 714면; 정준우(2024), 666면; 최기원(2012), 824면; 장덕조(2023), 474면.
1747) 대법원 2007. 2. 22. 선고 2005다77060·77077.
1748) 대법원 2021. 2. 28. 선고 2015다45451 전원합의체.
1749) 대법원 2010. 4. 29. 선고 2008다65860; 이철송(2024), 977면.

이 충족되지 아니하는 한 현물출자자에게 추가출자를 청구하여 전보시킬 수단이 없다. 따라서 이 경우에는 무효이다. 그러나 그 부족액이 근소하여 이사의 손해배상책임으로 전보될 수 있는 때에는 유효하다고 본다.

회사가 대여금을 회수할 의사 없이 제3자에게 신주인수대금을 대여하고 실질적으로 자기계산과 동일한 방법으로 인수하게 하는 경우, 그러한 주식인수대금의 납입은 자본의 증가가 없이 납입을 가장한 것에 지나지 아니하여 그 신주발행은 무효이다.[1750] 또 제3자배정방식의 유상증자를 하면서 주주의 지위를 갖게 되는 자의 납입금을 보전 또는 별도의 수익금을 지급하기로 약정하는 행위도 무효이다.[1751] 다만, 후자의 채권계약의 무효는 신주인수의 효력에는 영향이 없고, 손실보전의 이행을 청구할 수 없을 뿐이다.

나) 무효불인정기준   현물출자를 받으며 검사절차를 거치지 아니한 신주발행 및 변경등기가 자본충실을 해하지 않는 한 당연무효가 되는 것은 아니다.[1752] 납입기일까지의 납입 또는 현물출자가 이행되지 아니한 경우에는 실권처리되므로(제423조 제2항) 무효원인에 해당하지 아니한다. 현물출자가 과대평가된 경우 '불공정한 가액으로 주식을 인수한 자의 책임'(제424조)요건을 충족하면 그에 따른 금전적 처리에 맡겨야 하므로 무효원인은 되지 아니한다고 해석한다.

3) 신주인수권의 무시

가) 의의   인수인수권을 부당하게 무시하는 행위는 주로 배정업무와 관련되어 발생한다. 예를 들면, 배정기준일(제418조 제3항)을 공고하지 않거나 신주인수권자에게 최고나 공고(제419조 제1항·제2항)를 하지 아니하고 청약기일에 청약이 없었다고 실권을 시킨 행위는 신주발행유지청구권의 행사기회를 박탈한 것으로써 주주의 신주인수권을 무시한 것이다. 그리고 공모의 경우 특정인에게 집중적으로 배정하는 행위 역시 같다.

나) 학설과 판례

① 학설

회사가 주주의 신주인수권을 부당하게 무시하고 신주발행을 한 행위에 대하여는 거래의 안전을 중시하여 유효하다는 입장도 있으나, 일반적으로는 주주의

1750) 대법원 2003. 5. 16. 선고 2001다44109.
1751) 대법원 2020. 8. 13. 선고 2018다236241.
1752) 대법원 1980. 2. 12. 선고 79다509.

이익를 중시하여 무효라고 본다.[1753] 다만, 그 이외에 지배권의 변동과 관련하여서는 학설이 나뉜다. 우선, 제1설은 신주인수권의 무시의 결과 지배권이 변동된 경우에는 무효이고, 근소한 일부만이 무시된 경우에는 유효라고 본다.[1754] 후자에는 이사의 손해배상책임의 문제만이 남는다. 제2설은 신주인수권을 부당하게 해한 결과 회사지배에 대한 영향력에 변동을 줄 정도에 이르면 무효이고, 그렇지 않은 경우에는 유효라고 본다(사견지지). 이에 따르면, 회사가 일부 주주의 신주인수권을 무시하고 특정주주에게 집중 배정함으로써 새로운 지배주주가 등장하게 되거나 또는 대주주의 순위가 바뀌는 때에는 무시된 신주인수권이 개별적으로는 근소하더라도 무효사유가 된다(예: 회사에서 신주인수권을 무시하고 발행한 결과 51%를 소유하는 A는 49%, B는 51%의 주주가 된 경우).[1755]

② **판례**

대법원은 신주발행이 법령이나 정관을 위반하고, 이에 더하여 기존 주주들의 이익과 회사경영권 내지 지배권에 중대한 영향을 미치는 경우에 무효라고 본다(제2설).[1756]

다) 계약위반 등의 경우

회사가 제3자와 계약을 체결하여 신주인수권을 부여한 후 이를 무시하더라도 회사의 계약위반문제에 그치고 신주발행의 무효원인이 되지는 아니한다. 특정주주의 신주인수권이 불법하게 침해받은 경우라 하더라도, 그 주주는 직접 회사를 상대로 불법하게 배정한 신주에 관하여 개별적인 신주인수절차이행의 소를 제기할 수 없다.[1757] 그 대신 신주발행무효의 소를 제기하여 신주발행 전체의 효력을 다툴 수는 있다.

4) 기타 : 현저하게 불공정한 방법에 의한 신주발행

가) 무효인정사례 대법원은 A회사의 대주주 甲이 회사의 경영권을 유지할 목적으로 A회사가 소유한 주식을 해외에 매각하면서 300억원을 횡령하여 그 자금으로 서류상의 회사(paper company)인 B회사를 설립하고, B회사는 이 자금으로

1753) 최·김(2014), 939면; 최준선(2024), 666면; 정찬형(2022), 1191면; 이철송(2024), 979면.
1754) 정찬형(2022), 1191면; 정동윤(2012), 712면; 이·최(2022), 659면.
1755) 이철송(2024), 953, 979면; 최준선(2024), 666면; 정준우(2024), 637, 664면.
1756) 대법원 2022. 11. 17. 선고 2021다205650; 2022. 10. 27. 선고 2021다201054; 2019. 4. 3. 선고 2018다289542; 2015. 12. 10. 선고 2015다202919.
1757) 서울고법 1987. 4. 2. 선고 86나3345.

A회사에 출자하고 A회사로 하여금 B회사에 300억원 상당의 신주를 발행하게 한 사건에서 이 신주발행은 대주주의 범죄수단으로 행하여진, 현저히 불공정한 방법으로 이루어진 것으로서 무효로 보아야 한다고 판단하였다.¹⁷⁵⁸⁾ 대법원은 여기서 '현저히 불공정'한 근거로서 선량한 풍속 기타 사회질서(민법 제103조)에 반한다는 점을 들었다. 그러나 甲이 A회사의 자금을 횡령하여 A회사 신주의 주금으로 납입한 것은 자본충실원칙에 반하는 행위이므로 이를 근거로 신주발행의 무효를 선고할 수 있다고 본다.

나아가 신주발행을 결의한 회사(A)의 이사회에 참여한 이사들(甲, 乙, 丙)이 하자 있는 주주총회에서 선임된 이사들이어서, 그 후 이사선임에 관한 주주총회결의가 확정판결로 취소되었고, 이러한 하자를 지적한 신주발행금지가처분이 발령되었음에도 위 이사들(甲, 乙, 丙)을 동원하여 위 이사회를 진행한 측만이 신주를 인수한 것은 현저하게 불공정한 방법의 신주발행으로써 무효이다.¹⁷⁵⁹⁾

나) **무효불인정사례** 주주 甲이 신주배정 주식대금을 납입하지 아니하여 실권된 경우, 가령 발행주식총수를 증가시키는 정관변경의 주주총회결의 이전에 甲과 대표이사 乙, 丙 사이에 회사의 경영권에 관하여 분쟁이 있었고, 甲이 소유주식을 乙과 丙에게 양도하고 회사경영에서 탈퇴하려고 하였지만 그 양도대금에 관한 합의가 이루어지지 않은 상태에서 발행주식총수를 현저하게 증가시키는 신주발행이 이루어짐으로써 회사에 대한 甲의 지배력이 현저하게 약화되고, 그로 인하여 甲이 적정한 주식대금을 받고 주식을 양도하는 것이 더욱 어려워지게 되었다고 하더라도, 그 사유만으로는 현저하게 불공정한 방법에 의한 신주발행으로써 무효라고 볼 수 없다.¹⁷⁶⁰⁾

신주의 발행가액이 불공정하다고 하더라도 액면미달 또는 그 발행조건이 주주들에게 불균등하여 회사의 지배구조에 영향을 미치지 아니하는 이상 이러한 사유만으로는 신주발행무효의 원인이 되는 '현저하게 불공정한 신주발행'에 해당한다고 볼 수 없다.¹⁷⁶¹⁾

이와 같이 신주발행무효의 소의 원인은 '현저하게 불공정한 방법에 의한' 경

1758) 대법원 2003. 2. 26. 선고 2000다42786.
1759) 대법원 2010. 4. 29. 선고 2008다65860.
1760) 대법원 1995. 2. 28. 선고 94다34579.
1761) 서울고법 1996. 11. 29. 선고 95나45653.

우이다. 이 점에서 제424조의 2 '불공정한 가액'으로 주식을 인수한 자의 책임과 그 전제요건이 다르다.

(2) 무효판단의 엄격성

신주발행의 무효는 신주인수인의 보호 및 거래안전을 고려하여 엄격하게 적용하여야 한다. 판례 역시 거래의 안전을 고려하더라도 도저히 묵과할 수 없는 정도로 주식회사의 본질 또는 회사법의 기본원칙에 반하거나 주주들의 이익과 경영권 내지 지배권에 중대한 영향을 미치는 경우에 한하여 무효로 보고 있다.[1762] 전환사채·신주인수권부사채의 발행에 관하여도 같은 논리를 펴고 있다. 이에 따라 전환사채의 발행이 사전 상속·증여 또는 회사 경영권·지배권의 이양 목적에서 이루어진 것이라고 의심할 여지가 있더라도, 그러한 사유만으로 전환사채의 발행을 무효로 볼 수는 없다.[1763]

나아가 신주발행절차상 제418조 제2항 및 신주인수대금의 납입시기·장소에 관한 이사회의 결의에 위반한 하자만으로는 신주발행이 무효가 되지 않는다.[1764]

3. 다른 소송과의 관계

'주주총회결의의 하자' 부분에서 기술한 바와 같이 신주발행을 위한 선행결의인 이사회 또는 주주총회의 결의에 하자가 있는 경우에는 후속행위인 신주발행의 하자에 흡수되어 신주발행무효의 訴만 제기할 수 있다(흡수설).[1765]

그러나 신주발행 자체에 관한 결의가 아니라 그 전제요건인 발행예정주식총수 또는 종류주식 등에 관한 정관의 규정을 변경하는 총회의 결의에 하자가 있는데도 이를 근거로 신주를 발행하는 때에는 총회결의의 하자가 신주발행의 무효원인에 흡수될 수 없다. 이 때문에 결의에 관한 하자의 소를 제기하여 판결이 내려진 후 신주발행무효의 소를 제기하게 되면 제429조의 제소기간이 경과될 수 있다. 따라서 이 경우는 편의상 兩訴를 동시에 제기할 수 있고, 併合審理하여야 한다고 본다.[1766]

1762) 대법원 2019. 4. 3. 선고 2018다289542; 2015. 12. 10. 선고 2015다202919; 2010. 4. 29. 선고 2008다65860.
1763) 대법원 2004. 6. 25. 선고 2000다37326.
1764) 서울고법 1996. 11. 29. 선고 95나45653.
1765) 대법원 2004. 8. 20. 선고 2003다20060.

4. 당사자

신주발행무효의 소는 주주, 이사 또는 감사에 한하여 소를 제기할 수 있다(제429조). 피고는 회사이다. 여기서의 주주는 주주명부에 등재된 자로 한정되며,[1767] 무효주장의 대상인 신주의 주주 및 구주의 주주를 포함한다. 이사·감사는 제소 당시의 이사·감사이면 족하다. 주주가 주식의 양도 또는 사망으로 인하여 제소자격을 잃거나, 이사 또는 감사가 임기만료로 퇴임하는 경우에는 같은 자격을 가진 주주, 이사 또는 감사가 소송절차를 수계하여야 한다(민사소송법 제237조 제1항). 신주의 양수인도 소를 제기할 수 있다.

5. 제소기간

소는 신주를 발행한 날로부터 6월 내에 제기하여야 한다(제429조). 그러므로 제소기간은 신주발행일로부터 기산한다. 설령 신주발행이 신주인수권부사채 또는 전환사채에 부여된 권리의 행사결과에 따른 것이라 할지라도 해당사채 발행일부터 기산되는 것은 아니다.[1768] 그리고 '6월 내'는 제소기간을 제한하는 뜻과 6월 내에 제기한 소에서 6월 이후에 새로운 무효원인을 청구원인으로 추가할 수 없다는 뜻을 포함한다.[1769] 이는 전환사채에도 적용된다. 따라서 전환사채를 발행한 후 6월 내에 주주총회결의의 결여 등을 사유로 전환사채발행의 무효의 소를 제기하고, 전환사채발행 후 6월이 경과한 후에 이사회결의의 하자를 무효사유로 추가할 수는 없다.[1770]

6. 소의 절차

소의 관할, 소제기의 공고, 병합심리, 하자보완시 법원의 청구기각, 판결의 효과, 패소원고의 책임, 무효판결의 등기 등에 관하여는 합명회사의 설립무효의 소에 관한 규정이 준용된다(제430조·제186조 내지 제192조). 제소주주의 담보제공의무에 관하여는 총회결의취소의 소에 관한 규정이 준용된다(제430조·제377조).

1766) 정찬형(2022), 1191면; 최준선(2024), 668면; 이철송(2024), 982면.
1767) 대법원 2003. 2. 26. 선고 2000다42786.
1768) 대법원 2022. 10. 27. 선고 2021다201054; 同旨 2022. 11. 17. 선고 2021다205650.
1769) 대법원 2012. 11. 15. 선고 2010다49380; 2004. 6. 25. 선고 2000다37326.
1770) 대법원 2022. 11. 17. 선고 2021다205650; 2004. 6. 25. 선고 2000다37326.

7. 무효판결의 효과

(1) 대세적 효력

신주발행무효의 판결이 확정된 때에는 제3자에게도 효력이 미친다(제430조·제190조 본문). 신주발행에 따른 법률관계를 획일적으로 처리하기 위함이다.

(2) 소급효의 부정

신주발행무효의 판결이 확정된 때에는 신주는 장래에 대하여 그 효력을 잃는다(제431조 제1항). 즉 소급효가 부정된다. 따라서 신주발행의 유효를 전제로 그 이후 판결시까지 이루어진 모든 행위는 유효하다. 예를 들면, 인수인의 주금납입·현물출자의 이행, 그 사이에 행하여진 신주에 대한 이익배당, 신주의 주주의 의결권행사, 입질 및 신주의 양도 등은 모두 유효하다. 제1차 신주발행시의 신주인수인이 그 신주를 가지고 판결시까지 이루어진 제2차·제3차 신주발행시의 신주인수권을 행사한 것도 유효하다.

한편 신주발행무효의 소의 준용규정인 제430조는 소급효를 인정하는 제190조 본문만을 신주발행무효의 소에 관한 제429조에 준용하도록 함으로써, 소급효를 부정하는 제431조 제1항과 충돌되고 있다. 입법의 착오인데, 명시규정인 제431조 제1항이 있는 이상 소급효가 인정된다는 해석을 할 수는 없다.

(3) 판결확정 후의 효력

1) 일반적 효력

신주발행무효의 판결이 확정되면 신주는 효력을 잃고 신주의 주주는 주주권을 상실한다. 따라서 주식양도가 불가능하고 주권은 무효가 된다. 선의취득의 대상이 될 수 없음은 물론이다. 이 때문에 그 주권에 대한 공시최고는 불필요하다.

2) 주권의 회수

신주발행무효의 판결이 확정되면 해당신주는 장래에 대하여 효력이 없으므로 유통 중인 해당주권을 회수·소각하여 선의의 피해자가 생기는 것을 방지하여야 한다. 그러므로 회사는 지체 없이 신주무효의 뜻과 일정한 기간 내에 신주의 주권을 회사에 제출할 것을 공고하고 주주명부에 기재된 주주와 실권자에 대하여는 각별로 그 통지를 하여야 한다(제431조 제2항 본문). 일정한 기간은 3월 이상으로 정하여야 한다(제431조 제2항 단서). 이 절차를 게을리한 때에 회사 또는 이사는 이로 인한 제3자의 손해에 대하여 배상책임을 진다.

3) 주금액의 반환

가) 의의　무효판결이 확정되면 해당주식이 실효되므로 회사는 신주의 주주에게 그 납입금액을 반환하여야 한다(제432조 제1항). 주주가 납입한 주금액은 부당이득이라 할 수 있기 때문이다.

나) 반환청구권자　'신주의 주주'는 신주발행무효의 판결 당시의 주주를 뜻한다. 신주가 양도된 때에는 그 양수인에게 반환하여야 한다.

다) 주금액　주금액의 반환이란 본래는 금전출자시의 인수가액 또는 현물출자시의 평가액의 반환을 뜻한다. 그런데 신주주는 이익배당 또는 후속적인 신주인수 등으로 투자금액을 회수하였을 수 있고, 회사는 증가된 자본금을 토대로 이윤을 축적하였을 수도 있다. 이러한 경우에도 원래의 인수가액을 반환하도록 하는 것은 부당하다. 따라서 주금액의 반환이 무효판결의 확정시의 회사의 재산상태에 비추어 현저하게 부당한 때에는 회사는 환급금액의 감액을, 신주주는 그 증액을 법원에 청구할 수 있다. 법원은 회사 또는 주주의 청구에 의하여 그 금액의 증감을 명할 수 있다(제432조 제2항).

4) 질권의 물상대위

신주주에게 반환된 주금액은 실효한 주식의 변형물이다. 그러므로 실효된 주식의 질권자는 신주주가 반환받는 금액에 대하여 질권을 행사하며, 등록질권자는 그 금액으로 우선변제에 충당할 수 있다(제432조 제3항·제339조, 제340조 제1항·제2항).

(4) 주식수·자본금의 감소와 변경등기의 경정

액면주식의 신주발행이 무효가 되면 신주발행으로 인하여 늘어난 발행주식수와 자본금은 감소하여 발행 전의 상태로 돌아간다. 따라서 발행예정주식총수의 미발행부분은 부활되고, 다시 신주를 발행할 수 있다. 무효판결로 자본금이 감소하는 것은 법률상 의무의 이행이므로 채권자보호절차(제439조 제2항·제3항)를 요하지 아니한다. 무액면주식의 신주발행이 무효가 되면 늘어난 주식수는 감소하여 발행 전의 주식수로 돌아가지만, 자본금에는 영향이 없다.

한편 액면·무액면주식을 불문하고 신주발행이 무효로 인하여 주식수나 자본금 등은 신주발행에 따른 변경등기의 내용과 다르게 되므로 변경등기를 更正하여야 한다(제317조 제2항 제2호·제3호).

8. 원고패소판결의 효과

신주발행무효의 소에서 원고가 패소한 경우의 효과는 당사자간에만 미치고, 원고가 손해배상책임을 질 수 있음은 다른 회사관계소송과 같다(제430조·제191조).

XI. 신주발행의 부존재

1. 의의

신주발행의 절차나 실체가 존재하지 아니함에도 불구하고 신주발행으로 인한 등기가 되어 있는 등 신주발행의 외관이 존재하는 경우를 신주발행의 부존재라 한다. 이를 인정하는 취지는 신주발행의 실체가 없이 형성된 외관을 제거하는데 있다.

2. 원인

신주발행부존재의 원인으로는 ① 신주발행을 위한 이사회의 결의 등 법정의 신주발행절차가 전혀 없거나, ② 신주발행의 결의가 있더라도 주식의 인수·납입 기일에 납입도 전혀 이루어지지 아니한 채 신주발행의 변경등기라는 외관만이 존재하는 경우, ③ 회사의 적법한 기관(이사회, 대표이사)이 아닌 조직에서 신주발행의 결의 및 이에 의거한 인수·납입 등이 이루어진 경우 등을 들 수 있다.

판례도 주주 아닌 자들이 이사를 선임하여 이사회와 대표이사를 구성하고 이들이 신주발행절차를 밟은 경우에는 그 발행에 있어 절차적·실체적 하자가 극히 중대하여 신주발행이 존재하지 아니한다고 하였다.[1771]

이와 같이 신주발행의 부존재를 다투기 위하여는 신주발행이 있었다고 오해할 수 있는 외관이 존재해야 한다. 예를 들면, 신주발행을 전제로 한 변경등기, 주권발행 또는 주주명부에 인수자가 기재되어 권리분쟁의 소지가 있어야 하는 것이다.

1771) 대법원 2006. 6. 2. 선고 2006도48; 2004. 8. 20. 선고 2003다20060; 1989. 7. 25. 선고 87다카2316.

3. 주장방법이나 시기

신주발행의 부존재는 신주발행무효의 소와 달리 제429조에 의한 주장자, 주장방법 및 주장시기의 제한을 받지 아니한다. 따라서 누구라도 제소기간이나 방법에 구애를 받지 아니하고 부존재를 주장할 수 있다. 소로써 주장하고자 할 때에는 민사소송법상의 일반확인의 소로써 제기할 수 있다.

4. 판결의 효력 및 가장납입죄의 불성립

신주발행부존재에 관한 판결은 신주발행무효의 소의 판결과 달리 대세적 효력이 없고 소급효가 인정된다.[1772] 그리고 제628조 제1항의 납입가장죄도 성립하지 아니한다. 신주발행이 부존재한 때에는 처음부터 신주발행의 효력이 없고 신주인수인들의 주금납입의무도 발생하지 않으며 증자로 인한 자본충실의 문제도 생기지 않기 때문이다.[1773]

XII. 신주인수행위의 하자와 주장

1. 하자의 효과

신주인수는 주주와 회사간의 법률행위이다. 그러므로 인수인이나 회사의 의사표시상의 하자 또는 무권대리 등으로 인하여 무효로 되거나 취소할 수 있다. 다만, 상법은 전액확정주의를 채택하지 아니하고 있기 때문에 개별적인 신주인수가 무효·취소되더라도 나머지 유효하게 인수된 부분만으로 신주발행의 효과가 발생한다. 그리고 이사가 인수담보책임을 지므로 신주발행 전체가 무효로 되지 아니함은 물론이다. 같은 맥락에서 회사가 직원들을 유상증자에 참여시키면서 퇴직시 출자손실금을 보전하여 주기로 약정한 경우, 그 손실보전약정은 주식평등 및 자본금충실의 원칙에 반하므로 무효이지만, 신주발행의 효력에는 영향이 없다.[1774]

1772) 대법원 1989. 7. 25. 선고 87다카2316.
1773) 대법원 2006. 6. 2. 선고 2006도48.
1774) 대법원 2007. 6. 28. 선고 2006다38161·38178; 2005. 6. 10. 선고 2002다63671.

2. 하자의 주장제한

신주인수자는 신주의 발행으로 인한 변경등기를 한 날로부터 1년을 경과하거나, 그 이전이라도 신주의 주주권을 행사한 때에는 주식청약서 또는 신주인수권증서의 요건의 흠결을 이유로 하여 인수의 무효를 주장하거나 사기, 강박 또는 착오를 이유로 하여 인수를 취소하지 못한다(제427조). 그 취지는 회사설립시에 주식인수의 무효·취소의 주장을 제한하는 것(제320조)과 같이 주식인수를 둘러싼 법률관계를 안정시키는 데에 있다. 주장제한의 기산점은 신주의 효력발생일(제423조)로 삼는 것이 옳다.

3. 주장방법

신주인수인이 인수를 취소하거나, 인수가 무효임에도 반대의 다툼이 있어 제소를 하는 때에 그 소는 개별적인 인수행위의 효력을 부정하고자 하는 것이다. 그러므로 일반 확인소송의 형태를 취하거나 주금의 반환을 구하는 이행의 소로써 하여야 한다고 본다.

그러나 신주발행에 대한 무효의 주장은 신주발행무효의 소로서만 할 수 있고, 신주발행절차의 일부로서 이루어진 특정인의 신주인수에 대하여 일반 민사소송절차로서 신주인수무효의 소를 제기하는 것은 허용되지 아니한다는 판례가 있다.[1775] 판례를 그대로 적용하면 인수인의 무효주장은 신주발행 후 6월 내로 제한되는데(제429조 참조), 제427조가 변경등기 후 1년까지 인수인의 무효·취소주장을 허용하고 있는 것과 상충된다.

제 3 관 자본금의 감소

Ⅰ. 의 의

자본금의 감소(약칭 '減資')란 자본금의 금액을 축소시키는 것을 뜻한다. 자본금은 회사의 설립과 기업유지를 위한 물적 기초가 되고, 잉여금의 처분시 회사에 유보하여야 할 순자산액을 뜻하며, 기간손익계산의 기준이 된다. 그러므로 자본

1775) 서울고법 1987. 4. 2. 선고 86나3345(확정).

금충실원칙을 구현하는 규범적 규준이 된다. 감자는 이러한 규범적 규준을 낮추어 회사의 잠재적인 자금력, 사업능력 및 신용을 축소시키며 자본구조에 변화를 초래한다. 때문에 주주와 채권자에게는 중대한 변화이자 이해관계를 갖는다. 그리하여 상법은 감자의 절차로서 주주총회의 결의와 채권자보호절차를 두고 있다.

II. 분 류

1. 실질감자와 명목감자

회사가 액면주식을 발행한 경우에 감자는 實質減資와 名目減資로 분류할 수 있다. 실질감자는 자본액이 감소함에 따라 순자산도 감소시킨다. 자본금의 감소와 더불어 일정한 금액을 주주에게 되돌려 주기 때문이다. 자본금이 과다한 경우 有償減資의 형태를 취한다. 명목감자는 순자산을 감소시키지는 아니한다. 자본금의 액만 낮추고 순자산은 사외에 유출시키지 않기 때문이다. 자본금의 결손이 있는 경우 無償減資의 형태를 취한다.

회사가 무액면주식을 발행한 때에는 실질감자는 불가능하다. 주식의 수와 연계 없이 자본금만 감소시키므로 주주에게 일정 주금을 환급하는 실질감자가 있을 수 없기 때문이다. 다만, 실질감자와 같은 효과를 거둘 수 있는 방법으로는 자기주식의 취득(제341조 제1항), 자본금감소(명목감자. 무상감자) 후 늘어난 배당가능이익을 재원으로 하는 이익배당 등이 있다.

2. 결손보전감자와 통상적인 감자

위와 같은 일반적인 분류 이외에 상법은 '결손의 보전을 위한 자본금감소'와 그 밖의 자본금감소로 분류한다. 이는 2011년 개정시 도입되었는데, 자본금감소의 절차가 다르다. 즉 전자는 주주총회의 보통결의로 족하고 채권자보호절차를 요하지 아니한다(제438조 제2항·제439조 제2항 단서). 반면, 후자는 주주총회의 특별결의 및 채권자보호절차를 밟아야 한다(제438조 제1항·제439조 제1항 본문).

Ⅲ. 방 법

액면주식을 발행하는 경우와 무액면주식을 발행한 경우 각기 자본금감소의 구체적 방법을 달리한다.

1. 액면주식을 발행한 경우

회사가 액면주식을 발행하면 자본금은 발행주식의 액면총액이다(제451조). 그러므로 자본금의 감소는 발행주식수의 감소, 액면가의 감액 또는 양자의 병행 등의 방법으로 할 수 있다. 발행주식수의 감소에는 주식의 병합이나 소각 등이 있다.

2. 무액면주식을 발행한 경우

무액면주식을 발행한 경우에는 액면이 없으므로 액면가의 감액으로 인한 감자는 물론 주식의 병합·소각도 불필요하다. 자본과 주식이 연결되어 자본을 형성하지 아니하기 때문이다. 그 대신 자본금감소에 관한 회사의 의사결정으로 족하다.

Ⅳ. 절 차

1. 주주총회의 결의

자본금감소는 주주총회의 특별결의에 의하여야 한다(제438조 제1항). 특별결의에 의하도록 한 것은 사업규모의 축소 등 회사의 기초에 관한 문제, 즉 '회사의 一部淸算'을 발생시킬 수 있기 때문이다. 감자에 관한 총회의 소집의 통지와 공고에는 회의의 목적사항 이외에 의안의 요령을 기재하여야 한다(제438조 제3항). 그러나 결손보전을 위한 자본금감소(무상감자)에 그치므로 주주총회의 보통결의에 의한다(제438조 제2항). 회사의 자산이 사외로 유출되지 아니하고, 대차대조표상의 계정간 수치조정에 그치기 때문이다. 주주총회의결의는 이사회결의로 대체할 수 없다. 다만, 「금융산업의 구조개선에 관한 법률」상 정부 등이 출자한 부실금융기관은 이사회의 결의만으로 자본금을 감소시킬 수 있다(동법 제12조 제3항·제4항). 그리하여 이 제도가 주주의 재산권을 본질적으로 침해하여 위헌이라는 주장이 있었으나, 받아들여지지 아니하였다.1776)

2. 정관변경의 요부

(1) 액면가 감액의 경우

자본금감소의 결의에서는 감소금액과 방법을 동시에 정하여야 한다(제439조 제1항). 자본금감소의 방법 역시 이사회에 위임할 수 없다. 액면가는 정관의 기재 사항이므로(제289조 제1항 제4호) 액면가를 감액하는 방법으로 감자를 하는 때에는 정관변경절차를 거쳐야 하는데, 별도의 결의 없이 자본금감소의 결의로 갈음할 수 있다고 본다(통설).

(2) 주식수 축소의 경우

또 다른 감자방법인 주식수를 감소시키는 것은 정관변경을 요하지 아니한다. 정관에는 주식소각시의 주식수가 기재되어야 하는 것은 아니기 때문이다(제289조 제1항 제5호 참조). 다만, 등기변경사유에는 해당한다(제317조 제2항 제3호, 제4항·제183조).

그런데 자본금의 감소 없이 액면금액을 인상시키는 방법으로 주식을 병합하는 경우에는 1주의 액면금액(제289조 제1항 제4호)을 변경하여야 하므로 정관변경을 위한 특별결의를 요한다.

3. 채권자보호절차

(1) 의의

자본금감소는 채권자를 보호하기 위한 담보재산의 감소를 뜻하므로 채권자보호절차를 밟아야 한다. 그러나 결손보전을 위한 감자에는 채권자보호절차를 요하지 않는다(제439조 제2항 단서). 회사의 자산이 사외유출을 동반하지 아니하여 채권자의 이해와는 무관하기 때문이다.

(2) 공고와 최고 및 채권자의 범위

회사는 자본금감소의 결의가 있은 날부터 2주 내에 회사채권자에 대하여 자본감소에 이의가 있으면 일정한 기간 내에 제출할 것을 공고하고, 알고 있는 채권자에게는 따로따로 최고하여야 한다. 일정한 기간은 1월 이상이어야 한다(제439조 제2항·제232조 제1항). 채권자의 범위에는 공고 이전의 채권자, 이의제출기간 중에 발생한 채권의 채권자를 포함한다. 다만, 제도의 취지상 공고기간이 경과한

1776) 대법원 2010. 4. 29. 선고 2007다12012.

후 발생한 채권의 채권자는 제외한다.

(3) 이의불제출의 효과

채권자가 이의제출기간 내에 이의를 제출하지 아니하면 자본금감소를 승인한 것으로 본다(제439조 제2항·제232조 제2항).

(4) 이의제출의 효과

채권자의 이의제출은 특별한 방식이나 이유를 요하지 아니한다. 이의는 자본금감소자체뿐만 아니라, 시기·소각할 주식수·감소액·1주당환급금액과 같은 감소방법에 관하여도 제출할 수 있다. 이의를 제출한 채권자가 있으면, 회사는 그 채무를 변제하거나, 상당한 담보를 제공하거나, 또는 이를 목적으로 상당한 재산을 신탁회사에 신탁하여야 한다(제439조 제2항·제232조 제3항). 이에 위반한 때에는 자본금 감소무효의 소의 사유가 되고(제445조), 과태료의 처분을 받는다(제635조 제1항 제14호). 다만, 채권을 만족시킬 수 있는 담보가 제공되어 있는 때에는 담보를 다시 제공하거나 신탁을 할 필요가 없다.

사채권자가 이의를 함에는 사채권자집회의 결의가 있어야 하며, 이 경우 법원은 이해관계인의 청구에 의하여 이의기간을 연장할 수 있다. 이 기간연장은 사채권자만을 위하여 효력이 있다(제439조 제3항).

4. 주식 수의 축소

이는 액면주식의 병합·소각절차와 관련이 있다. 이에 관하여는 '주식의 소각·분할·병합' 부분에서 기술하였다(제6장 제3절 제4관 Ⅶ. 참조).

5. 액면가의 감액

액면가를 감액하는 경우에는 회사가 그 뜻을 통지·공고하고 주권을 제출받아 권면액을 정정하거나 신주권을 교부하여야 한다. 그 절차와 효력발생 등은 주식병합의 경우와 같다(제440조·제441조·제442조). 이때 단주처리의 문제는 생기지 아니한다. 다만, 기술한 바와 같이 1인회사의 경우에는 공고 없이 감자등기를 하더라도 그 등기시에 주식병합의 효력이 발생한다.1777)

1777) 대법원 2005. 12. 9. 선고 2004다40306.

6. 무액면주식의 감자의 효력발생일

무액면주식을 발행한 회사가 자본금감소를 하는 때에는 주식의 소각·병합절차를 요하지 아니한다. 따라서 주권에 관한 처리도 불필요하고, 주주총회에서 감소되는 자본금액을 정하고 채권자보호절차를 밟으면 된다. 자본금액이 주식수와는 무관하기 때문이다. 주식의 소각·병합 등의 처리가 불필요하므로 자본금감소의 효력발생일에 관한 제441조 본문이 적용되지도 아니한다. 이 때문에 자본금감소를 위한 주주총회에서 자본금감소의 효력발행일을 별도로 정하여야 한다. 다만, 주주총회가 정한 효력발생일에 아직 채권자보호절차가 종료되지 아니한 때에는 제441조 단서를 유추적용하여 채권자보호절차가 종료한 때에 효력이 생긴다고 본다(통설).1778) 이 점에서는 기술한 액면주식의 병합의 효력발생시기와 같다.

한편 감자의 효력이 발생할 때까지는 주주총회의 특별결의로 자본금 감소결의를 철회할 수 있다.1779)

7. 등기

자본금이 감소하면 발행주식총수, 주금액 또는 자본금의 액(제317조 제2항·제289조 제1항)이 변동된다. 그러므로 자본금감소의 효력이 생긴 때로부터 본점소재지에서 2주일 내에 변경등기를 하여야 한다(제317조 제4항·제183조). 자본금감소의 효력은 액면주식의 경우 주식의 소각·병합의 절차가 종료한 때에, 무액면주식의 경우 주주총회가 정한 날에 발생하므로 이 등기가 효력발생요건은 아니다. 제3자에 대한 대항요건이 될 뿐이다.

8. 절차상의 하자

자본금감소를 위한 주식소각절차(예: 제343조 제2항·제440조·제441조)에 하자가 있고, 이사가 그 과정에서 법령을 위반하여 회사에 손해를 끼친 때(예: 감자대금의 지급)에는 감자무효판결의 확정 여부와 관계없이 회사에 대하여 손해배상책임을 진다. 주주는 이를 대표소송으로 추궁할 수 있다.1780)

1778) 정찬형(2022), 1209면; 이철송(2024), 998면; 권기범(2021), 1216면; 정동윤(2012), 810면.
1779) 정동윤(2012), 810면; 정찬형(2022), 1209면.
1780) 대법원 2021. 7. 15. 선고 2018다298744; 2019. 11. 14. 선고 2018다282756.

V. 부수적 효과

1. 질권의 효력

액면주식의 경우 액면가가 감액되더라도 주식의 동일성은 변함이 없으므로 질권에는 영향이 없다. 단지 신주권과 교환하면 된다. 같은 논리로 주식소각·병합에 따라 수령하는 주식이나 금액에 대하여도 질권이 미치므로 등록질권자는 그 금전으로 우선하여 변제에 충당할 수 있다(제339조·제340조).

2. 수권자본(미발행주식수)과의 관계

주식소각이나 병합을 하는 때에는 발행주식총수가 감소하는데, 그만큼 주식을 재발행할 수 있느냐에 관하여는 再發行可能說과 再發行不可說이 대립한다. 이미 상환주식에서 설명한 바와 같은 이유로 재발행을 할 수 없다(통설).

3. 감자차익 및 차손의 처리

액면주식을 발행한 회사가 자본금감소를 한 때에는 감소되는 자본금에 비하여 주주에게 환급하는 금액이 적을 경우 그 차액은 결손의 전보에 충당하는데, 그 후에도 잔액이 있으면 減資差益이 된다. 감자차익은 자본거래에서 생긴 잉여금이므로 자본준비금으로 적립한다(제459조 제1항). 무액면주식을 발행한 회사에서는 감자차익이 생길 수 없다. 주주에게 환급하는 금액이 없고 자본금의 계수만 낮추기 때문이다. 減資差損은 감자차익의 반대개념인데, 자본의 감소액보다 주주에게 환급하는 금액이 클 경우의 차액을 뜻한다. 실무에서는 이를 자본조정항목으로 처리한다.

VI. 감자무효의 소

1. 의의

자본금감소의 절차나 내용에 있어 하자가 있을 경우 그 무효는 회사법상 법률관계를 획일적으로 확정하기 위하여 소로써만 주장할 수 있다. 즉 주주총회의 자본금 감소결의에 취소 또는 무효의 하자가 있더라도 자본금감소의 효력이 발생

한 후에는 자본금 감소무효의 소에 의하여만 다툴 수 있다.[1781]

2. 무효사유

법문에서는 개별적인 무효사유를 열거하지 않고 있다. 그러므로 일반원칙에 따라 자본금감소의 절차, 방법 또는 내용이 법령·정관에 위반하거나 현저하게 불공정한 때에는 무효사유에 해당한다. 구체적으로는 ① 자본금감소를 위한 총회 결의에 무효원인이 있는 경우. 예를 들면, 결의내용의 결정을 이사회에 위임하는 경우(제438조 제1항 참조), ② 채권자보호절차를 밟지 않은 경우. 예를 들면, 알고 있는 채권자에게 따로따로 최고하지 아니한 경우(제439조 제2항·제232조), ③ 자본금 감소의 방법 또는 기타 절차가 주식평등의 원칙에 반하는 경우 등이 있다.

3. 당사자

감자무효의 소의 제소권자는 주주, 이사, 감사, 청산인, 파산관재인 또는 자본금감소를 승인하지 아니한 채권자이다(제445조). 채권자에는 회사가 알고 있는 채권자로서 개별적인 최고를 받지 아니한 자를 포함한다. 주주에는 감자로 인하여 자기가 소유하는 주식 전부를 소각당한 자도 포함한다. 이 점에서 제소권자의 범위는 신주발행무효의 소의 경우보다 넓다. 피고는 회사이다.

4. 제소기간

제소기간은 자본금감소로 인한 변경등기가 된 날로부터 6개월 내이다(제445조). 신주발행무효의 소와 같이, 제소기간의 제한은 무효사유의 주장시기도 제한하는 취지이다. 따라서 제소 후 6개월이 경과한 후에 새로운 무효사유를 추가하여 주장하는 것은 아니 된다.[1782]

5. 절차

감자무효의 소의 관할, 소제기의 공고, 병합심리, 하자의 보완과 청구의 기각,[1783] 패소원고의 책임, 무효판결의 등기 및 제소자의 담보제공의무 등은 신주

1781) 대법원 2010. 2. 11. 선고 2009다83599.
1782) 대법원 2010. 4. 29. 선고 2007다12012.
1783) 감자무효의 소를 재량기각하기 위하여는 하자의 보완이 필요하나(제446조·제189조),

발행무효의 소에서와 같다(제446조).

6. 판결의 효과

(1) 원고승소의 경우

1) 대세적 효력

가) 의의   감자무효의 소에서 원고가 승소하면 그 판결의 효력은 신주발행무효 또는 총회결의하자의 소의 경우와 같이 제3자에게도 미친다(제446조·제190조 본문). 그러므로 소송을 제기하지 아니한 자들에게도 자본금감소는 무효이다. 그런데 그 효력에 따른 처리방식은 액면주식의 경우와 무액면주식의 경우 다소 다르다.

나) 액면주식의 경우   자본금감소가 무효가 됨에 따라 자본금은 감소 이전의 상태로 회복된다. 액면가를 감액한 경우에는 감소 전의 액면가로 돌아간다. 소각된 주식은 부활하며, 병합된 주식은 병합 전 주식으로 분할된다. 이러한 효과는 무상증자의 경우, 확정판결 당시의 주주가 누리게 된다.

그런데 유상감자를 한 때에 회사가 감자 전의 상태로 회복하기 위하여는 감자 당시의 주주로부터 지급대금을 회수하여야 한다. 소각된 주식의 부활, 병합된 주식의 분할로 인한 주식수의 증가도 감소 당시의 주주에게 생긴다. 그리고 액면가를 감액한 때에는 액면가의 회복과 동시에 현재의 주주에게는 주식병합을 하고, 감소 당시의 주주에게는 당시의 감소율에 따른 주식을 발행해 주어야 할 것이다. 예를 들면, 액면가 10,000원을 5,000원으로 감액하여 감자를 한 때에 그 당시 주주이었던 甲에 대하여는 감소율에 따라 액면가 10,000원인 주식을 발행해 주어야 하고, 확정판결 당시의 주주인 乙에게는 액면가 5,000원인 주식을 액면가 10,000인 주식으로 재발행해 주어야 하는 것이다. 乙의 경우 액면가가 2배 인상되면 병합비율은 2:1이 되므로 재산상의 침해나 증가는 없다.

자본금감소의 무효판결 후 주주로부터 감소대가의 회수가 불가능하여 회사가 손해를 볼 수가 있다. 이때에는 이사의 회사에 대한 책임이 문제가 생기고(제399조), 주주나 회사채권자가 손해를 입으면, 회사 또는 이사에 대하여 손해배상을 청구할 수 있다(제389조 제3항·제210조·제401조).

하자의 보완이 없이 재량기각을 허용한 판례가 있다(대법원 2004. 4. 27. 선고 2003다29616).

다) 무액면주식의 경우   무액면주식을 발행한 회사의 경우에는 자본금감소의 무효판결이 확정되더라도 자본금의 계수가 감자 전으로 회복되는 데 그친다.

2) 소급효의 인정

가) 문제의 제기   1995년 개정법 제446조는 제190조 단서를 제외하고 본문만을 준용함으로써 감자무효판결에 소급효를 부여하고 있다. 그러나 이 조문의 해석에 관하여는 여전히 견해가 나뉜다.

나) 학설   遡及效否定說은 신주발행과 자본금감소는 발행주식의 증가와 감소라는 짝을 이루는 행위이므로 전자의 무효판결에는 장래효만 인정하면서 후자의 무효판결에 소급효를 부여하는 것은 균형이 맞지 않는다고 한다. 그리고 소급효를 인정하면 자본감소과정에서 이루어진 채권자에 대한 채무변제, 병합된 주식의 양도무효 및 자본금감소 후에 개최한 주주총회의 결의가 전부 취소 또는 부존재사유를 갖게 된다고 한다(소수설).1784) 따라서 입법실수로 보고 소급효를 부정하여야 한다고 본다. 遡及效認定說은 회사채권자와 자본금감소로 인하여 손해를 입은 주주의 이익을 배려하여 소급효를 인정한 것이라고 한다(통설).1785) 折衷說은 소급효의 인정여부는 구체적 문제에 따라 개별적으로 판단하여야 한다고 본다.1786)

다) 판례   법원은 제446조에 의거 자본금감소 무효판결의 소급효를 인정하고 있다.1787) 그리고 소급효와 대세효를 감안하면 그 무효 사유를 제한적으로 인정해야 한다고 본다.

라) 사견   소급효부정설은 액면주식제도하에서는 타당한 이론이다. 왜냐하면 액면주식제도하에서는 자본금감소에는 주식의 병합을 수반하므로 자본금 감소절차에 의하여 발행된 주식이 유통된 경우, 거래의 안전을 해하기 때문이다.

그러나 무액면주식이 인정되는 등 자본금의 감액과 주식의 병합이 단절된 현 시점에서의 소급효의 부정은 무효판결의 확정 전에 자본금감소의 유효성을 전제로 이루어진 잉여금의 배당이 유효함을 의미하는 것에 불과하다. 따라서 회사채

1784) 이철송(2024), 1001면; 권기범(2021), 1219면; 김정호(2023), 859면.
1785) 최기원(2012), 905면; 송옥렬(2022), 905면; 김·노·천(2024), 901면; 정찬형(2022), 1212면; 이·최(2022), 732면; 안택식(2012), 417면; 손주찬(2004), 904면.
1786) 정동윤(2012), 812면; 최준선(2024), 721면.
1787) 서울고법 2007. 1. 17. 선고 2004나7394.

권자보호의 관점에서 보면, 회사법이 판결의 효력에 소급효를 부정하는 것이 입법론적으로 타당한지 의문이다(소급효인정설).

(2) 원고패소의 경우

원고패소의 판결은 당사자에게만 효력이 있다(민사소송법 제218조 제1항). 패소한 경우에 악의 또는 중대한 과실이 있는 때에는 회사에 대하여 연대하여 손해를 배상할 책임이 있다(제446조·제191조).

제 6 절 정관의 변경

I. 의 의

1. 개념

정관의 변경은 주식회사의 조직과 활동에 관한 근본규범인 정관을 변경하는 회사의 행위이다. 절대적 기재사항이건 임의적 기재사항이건 정관에 기재된 내용을 변경하는 것은 모두 정관의 변경이다. 정관은 회사의 근본규범 자체를 뜻하는 실질적 의의의 정관(規則定款)과 그것이 기재된 서면을 뜻하는 형식적 의의의 정관(書面定款)으로 구분된다. 정관의 변경은 실질적 의의의 정관을 변경하는 행위이다(통설). 형식적 의의의 정관을 변경한다는 것은 변경된 내용을 집행기관에서 변경하는 사실행위에 불과하기 때문이다.

2. 실질적 의의의 정관변경의 범위

정관변경의 범위에는 제한이 없다. 목적·상호 등 어떤 사항이든 변경할 수 있으며 내용 전부를 변경할 수도 있다. 그리고 현행 조항의 수정·변경·삭제, 새로운 조항의 추가 등은 물론 정관내용의 일부변경·규정의 순서와 형식의 변경·자구의 訂正·句讀點의 변경도 정관의 변경에 포함된다. 그러나 새로운 용지로의 改書, 縱書에서 橫書로의 변경 및 常用漢字의 사용 등은 형식적 의의의 정관의 更正·變更에 지나지 아니하므로 여기서 말하는 정관의 변경이 아니다. 정관

이 어떠한 사실관계나 법령에 기초하고, 그 기초관계에 변화가 생겨 정관이 자동
적으로 변경되는 것은 회사법상 정관의 변경이 아니다. 그 예로는 ① 회사가 공
고하는 일간신문의 명칭이 변경(예: A일보→A신보 또는 B일보)되는 경우, ② 본점·지점
의 지명과 지번의 변경이나 법령의 개폐로 인하여 정관의 일부규정이 실효되는
경우 등이 있다. 이와 같이 정관변경의 범위에는 제한이 없으므로 원시정관에 전
부 또는 일부조항에 한하여 변경금지규정을 두었더라도 그 규정은 무효이다.

Ⅱ. 정관변경의 절차

1. 주주총회의 결의

정관의 변경은 주주총회의 특별결의에 의하여야 한다(제433조 제1항·제434조). 정
관변경을 위하여 주주총회를 소집할 때에는 정관변경에 관한 의안의 요령도 소집
통지와 공고에 기재하여야 한다(제433조 제2항·제363조).

2. 종류주주총회

종류주식을 발행한 회사가 정관을 변경함으로써 어느 종류주식의 주주에게
손해를 미치게 될 때에는 주주총회의 결의 외에 그 종류주식 주주의 총회결의가
있어야 한다(제435조). 예를 들면 ① 우선주의 우선배당액을 감액하는 정관변경,
② 주식의 종류의 추가, ③ 주식의 내용의 변경 또는, ④ 발행예정주식총수·발행
예정종류주식총수를 늘리는 정관의 변경을 함으로써 어느 종류의 주주에게 손해
를 미치게 될 우려가 있는 경우에는 해당종류주식의 주주의 총회를 거쳐야 한다.
그럼에도 불구하고 정관변경에 관한 주주총회의 특별결의만이 있고, 종류주주총
회의 결의가 없는 경우에 그 주주총회의 결의는 불발효하게 되어 정관의 효력이
발생하지 아니한다. 따라서 정관변경의 무효확인을 구하여야 한다.1788)

3. 등기

정관의 변경자체는 등기를 요하지 않지만, 정관의 변경으로 등기사항이 변동
된 때에는 변경등기를 하여야 한다(제317조 제4항·제183조). 그렇다고 하여 등기가 정

1788) 대법원 2006. 1. 27. 선고 2004마44575·44582.

관변경의 효력발생요건은 아니다.[1789]

Ⅲ. 정관변경의 한계

1. 주금액의 변경

(1) 주금액의 인하

액면주식을 발행한 회사가 액면가를 인하하여 자본금을 감소시킨다면 자본금 감소절차를 밟아야 한다. 자본금의 감소 없이 주금액을 인하(예: 주식분할)하는 때에는 주주총회의 정관변경의 결의만으로 가능하다. 다만, 분할 후의 액면가는 법정최저액인 100원 이상이어야 한다(제329조의 2 제2항·제329조 제3항). 그리고 단주가 생기는 분할도 가능하다(제329조의 2 제3항·제443조).

(2) 주금액의 인상

주금액을 인상하기 위하여는 ① 주주는 인상한 비율만큼 주금액을 추가로 납입하거나, ② 주식을 병합하여야 한다. 주주에게 추가로 납입하게 하는 것은 주주의 유한책임의 원칙에 반하므로 총주주의 동의를 요한다(이설 없음). 주식의 병합도 단주를 발생시키는 때에는 주주평등의 원칙에 반하므로 총주주의 동의를 요한다(통설). 다만, 단주를 발생시키는 자본감소가 널리 이용되고 있는 것이 현실이므로 기존주주의 지분을 현저히 감소시키지 않는 한, 주식병합으로 주금액을 인상시키는 정관변경은 가능하다는 견해도 있다.[1790] 준비금을 자본전입(무상증자)하여 신주를 발행하는 동시에 신주의 비율대로 신·구주를 병합하는 것은 허용된다(이설 없음). 단주가 생기지 않기 때문이다. 그 예로는 무상증자하여 1주당 0.3주의 신주를 배정하면서 액면가를 1.3배로 인상하는 동시에 신·구주를 병합하는 경우를 들 수 있다.

2. 역사적 사실

설립 당시에 발행하는 주식의 총수(제289조 제1항 제5호), 발기인의 성명·주민등록번호와 주소(제289조 제1항 제8호), 변태설립사항(제290조)은 변경이라는 행위가 있

1789) 대법원 1978. 12. 26. 선고 78누167.
1790) 이철송(2024), 1004면.

을 수 없다. 그러므로 이 사항들은 정관에 항구적으로 남게 된다.

3. 강행법규위반

정관의 변경이 사회질서나 강행법규에 위반한 내용이어서는 아니 된다. 변경된 내용이 주식회사의 본질이나 주주의 고유권을 침해하는 것이어서도 아니 된다. 또한 주식평등의 원칙이 준수되어야 한다.

Ⅳ. 정관변경의 효력발생

1. 효력발생시기

설립시의 원시정관은 공증인의 인증에 의하여 효력이 발생한다(제292조). 그러나 설립 후의 정관변경은 주주총회의 결의로 즉시 효력이 발생한다. 따라서 공증인의 인증, 서면의 변경이나 등기 등은 효력발생요건이 아니다.1791) 예컨대, 이사를 增員하는 정관변경결의를 한 후 해당총회에서 이사를 선임할 수 있다.

2. 소급효

정관변경에 소급효를 부여할 수는 없다(이설 없음). 소급효를 부여하게 되면, 현행 정관을 신뢰한 이해관계인의 이익을 해하고 회사의 법률관계의 불안정을 초래하기 때문이다. 설령 총회에서 정관변경의 소급적용을 결의한다 할지라도 소급효를 부여할 수 없다. 예를 들면, 대표이사의 권한을 소급적으로 제한하거나, 신주발행을 소급적으로 주주총회의 권한으로 하는 때에는 회사법률관계의 혼란을 초래한다.

3. 회사의 동일성

정관이 변경되더라도 회사의 동일성에는 영향이 없다. 회사의 동일성은 법인격의 변화와 관련이 있고, 정관의 변경과는 무관하기 때문이다.

1791) 대법원 2007. 6. 28. 선고 2006다62362.

제 7 절   회사의 회계

제 1 관   개   설

Ⅰ. 회계규정의 체계

상법은 회계방법의 대부분을 일반회계원리에 미루고(제29조 제2항·제446조의 2) 주로 計算에 필요한 조직법적 절차와 資本充實을 위한 회사재산의 보전에 필요한 규정을 두고 있다. '자본금은 발행주식의 액면총액으로 한다.'(제451조)는 규정은 회사의 재산상태와 손익을 인식하는 기초규정이다.

상법은 회사의 재산상태와 손익의 인식의 기초가 되는 財務諸表(예: 대차대조표, 손익계산서)의 종류를 法定하고(제447조), 그 작성에서 확정까지 회사의 여러 기관들을 관여시켜 평가의 공정성·신뢰성(진실성)을 확보하고 있다(제447조 내지 제449조). 그리고 이익준비금과 자본준비금적립을 강제하고(제458조·제459조), 자본금의 결손보전에 충당하는 경우 외에는 처분하지 못하도록 하여 준비금의 사용을 제한하며(제460조), 배당의 요건을 법정하고 있다(제462조). 회사의 자본충실과 자본조달의 능률성을 확보하기 위하여 주식배당제도를 두고 있다(제462조의 2). 이는 계속기업으로서의 재산적 기초와 채권자를 위한 책임재산을 유지하기 위함이다.

나아가 상법은 計算을 계기로 여러 가지 부수적인 목적을 추구하고 있다. 재무제표 등의 비치·공시제도를 두어(제448조, 제449조 제3항) 이해관계인에게 회계정보를 제공하며, 재무제표의 승인을 계기로 이사와 감사의 책임문제를 매듭짓고(제450조), 배당시 주주들의 이기적 대립을 예방하고 公平을 기하기 위하여 이익배당의 기준을 주식의 수에 따르도록 하고 있다(제464조). 그리고 투자자인 주주의 이익을 보호하기 위하여 이익배당금 지급시기를 明文化하고(제464조의 2), 理事들의 자의적인 財産運營을 방지하기 위하여 소수주주들에게 회계장부열람권(제466조)과 회사의 업무·재산상태의 檢査權(제467조)을 인정하고 있다. 또한 준비금의 자본전입(제461조), 주주권의 행사와 관련한 利益供與禁止(제467조의 2), 사용인이 갖는 고용관계채권의 優先辨濟權을 인정하는 규정(제468조) 등은 회사의 計算과는 직접 관련되지 않지만, 회사의 재산운영의 주의를 촉구하는 등의 관점에서 計算에 관한 節에서 다루고 있다.

Ⅱ. 계산구조

企業計算은 주로 재산의 현황을 파악하는 데 비중을 두는 財産計算主義(財産法)와 수익력의 측정을 중시하는 損益計算主義로 나뉜다. 이 가운데 주식회사의 회계원칙은 손익계산주의를 채택하여 회사의 경영성적을 명확히 하고 그 수익력의 산정을 중시하고 있다. 그리하여 상법도 회계장부에 의하여 유도되는 貸借對照表와 損益計算書, 그리고 이를 토대로 결정되는 이익잉여금처분계산서(결손시에는 결손금처리계산서)를 計算의 기본도구(재무제표)로 삼고 聯結財務諸表를 보조도구로 삼고 있다(제447조).

제 2 관 재무제표 및 영업보고서

Ⅰ. 재무제표의 종류와 개념

재무제표(financial statement)는 주식회사의 재무보고에 관한 가장 핵심적인 수단으로서 회사의 決算을 위하여 작성하여 총회의 承認을 받아 확정되는 회계서류이다. 상법은 ① 대차대조표, ② 손익계산서, ③ 자본변동표, ④ 이익잉여금처분계산서·결손금처리계산서, ⑤ 현금흐름표 및 註釋 등 5개의 유형의 재무제표를 법정하고 있다(제447조·시행령 제16조 제1항).

대차대조표는 일정시점에서 회사의 자산과 부채 및 자본(순자산)을 일정한 기준 및 배열에 따라 기재함으로써 회사의 재무상태를 나타내는 장부이다. 손익계산서는 회사의 영업연도별 수입과 비용을 인식하고 기재하여 결산시 손익을 표시하는 장부이다. 자본변동표(statement of changes in equity)는 대차대조표에 표시되는 자본의 크기와 그 변동에 관한 정보를 제공하는 보고서이다. 이익잉여금처분계산서(surplus statement)는 대차대조표나 손익계산서에 나타난 이익금 처리에 관한 의사결정을 기재한 문서이고 결손금처리계산서(deficit reconciliation statement)는 반대로 손실금의 처리에 관한 의사결정을 기재한 문서이다.

현금흐름표(statement of cash flows)는 일정기간 동안 회사의 현금흐름을 나타내는 표이다. 회사가 현금을 어디에서 창출하였고 어떻게 사용하였는지를 보여 준다.

Ⅱ. 연결재무제표 및 부속명세서

연결재무제표(consolidated financial statements)는 지배·종속 관계에 있는 2개 이상의 회사를 하나의 실체로 보아 각 회사의 재무제표를 종합하여 작성하는 재무제표를 말한다. 즉 지배회사와 종속회사의 자산, 부채 및 당기손익 등을 합쳐서 하나의 재무제표를 작성하는 개념으로, 연결재무상태표, 연결포괄손익계산서, 연결자본변동표, 연결현금흐름표, 연결주석으로 구성된다(제447조 제2항).

부속명세서(supplementary schedules)는 대차대조표와 손익계산서 등 재무제표의 중요항목을 추가적으로 자세하게 보고하기 위하여 작성하는 보조적 성격의 명세서이다. 부속명세서에는 추가적으로 경영분석보고서나 검토보고서 등의 설명자료를 첨부할 수 있다.

Ⅲ. 영업보고서

營業報告書(business reports)는 재무제표가 아니다. 일정한 영업연도에 있어서의 영업상태 등 회사의 현황을 설명하는 서면이다. 그리하여 이 보고서는 計數的인 것이 아니라 그 숫자의 의미 혹은 숫자로 표현되지 않는 현황을 설명하는 것이다. 이사는 매결산기에 영업보고서를 작성하여 이사회의 승인을 얻어야 하고, 그 기재사항은 대통령령으로 정한다(제447조의 2·시행령 제17조).

Ⅳ. 재무제표의 승인절차

1. 재무제표 등의 작성

(대표)이사는 每결산기에 재무제표와 그 부속명세서 및 영업보고서를 작성하여 이사회의 승인을 얻어야 한다(제447조, 제447조의 2 제1항). 이 절차는 監事 및 정기총회에 제출하기 전에 재무제표 및 영업보고서 案의 내용을 확정하기 위하여 요

구된다.

2. 감사의 감사

(1) 시기

(대표)이사는 정기총회일의 6주간 전에 이사회의 승인을 얻은 재무제표, 그 부속명세서 및 영업보고서를 監事 또는 監査委員會(이하 '감사'라고 한다)에 제출하여야 한다(제447조의 3). 監事는 재무제표 등의 서류를 監査하고, 이들 서류를 받은 날부터 4주 내에 감사보고서를 작성하여 대표이사에게 제출하여야 한다(제447조의 4 제1항). 다만, 상장회사의 감사는 이사에게 감사보고서를 주주총회일의 1주 전까지 제출할 수 있다(제542조의 12 제6항).

(2) 감사보고서의 내용

감사보고서에는 감사방법의 개요 등 10개 사항을 기재해야 한다(제447조의 4 제2항 제1호 내지 제10호). 이는 이들 사항에 대한 감사를 전제하여야 함을 뜻한다. 그 사항에는 ① 감사방법의 개요, ② 회계장부에 기재될 사항이 기재되지 아니하거나 부실기재된 경우 또는 대차대조표나 손익계산서의 기재내용이 회계장부와 맞지 아니하는 경우에는 그 뜻, ③ 대차대조표 및 손익계산서가 법령과 정관에 따라 회사의 재무상태와 경영성과를 적정하게 표시하고 있는 경우에는 그 뜻, ④ 대차대조표 또는 손익계산서가 법령이나 정관을 위반하여 회사의 재무상태와 경영성과를 적정하게 표시하지 아니하는 경우에는 그 뜻과 이유, ⑤ 대차대조표 또는 손익계산서의 작성에 관한 회계방침의 변경이 타당한지 여부와 그 이유, ⑥ 영업보고서가 법령과 정관에 따라 회사의 상황을 적정하게 표시하고 있는지 여부, ⑦ 이익잉여금의 처분 또는 결손금의 처리가 법령 또는 정관에 맞는지 여부, ⑧ 이익잉여금의 처분 또는 결손금의 처리가 회사의 재무상태나 그 밖의 사정에 비추어 현저하게 부당한 경우에는 그 뜻, ⑨ 제447조의 부속명세서에 기재할 사항이 기재되지 아니하거나 부실기재된 경우 또는 회계장부·대차대조표·손익계산서나 영업보고서의 기재 내용과 맞지 아니하게 기재된 경우에는 그 뜻, ⑩ 이사의 직무수행에 관하여 부정한 행위 또는 법령이나 정관의 규정을 위반하는 중대한 사실이 있는 경우에는 그 사실 등이 해당한다. 이 가운데 ② 내지 ⑦, ⑨는 회계감사에 관한 것이고, ⑧과 ⑩은 업무감사에 관한 것이다.

3. 재무제표 등의 승인

(1) 승인기관

재무제표의 승인은 주주총회가 하는 것이 원칙이지만, 법정요건을 갖추면 이 사회가 할 수도 있다(제449조 제1항·제449조의 2 제1항). 영업보고서는 대표이사가 작성하여 이사회의 승인을 얻어(제447조의 2 제1항) 주주총회에 보고하여야 한다(제449조 제2항). 총회의 승인사항은 아니다.

(2) 주주총회

대표이사는 이사회의 승인과 監事의 감사를 경유한 후 재무제표를 정기총회에 제출하여 그 승인을 요구하여야 하며(제449조 제1항), 영업보고서를 제출하고 그 내용을 보고하여야 한다(제449조 제2항). 재무제표의 승인은 원칙적으로 정기총회의 목적사항이지만, 정기총회의 소집이 지연되는 등의 사유로 임시총회의 성격을 띠더라도 그 총회의 결의는 유효하다.

(3) 이사회

회사는 정관으로 정하는 바에 따라 이사회의 결의로 재무제표의 각 서류를 승인할 수 있다. 재무관리의 자율성을 높이기 위함이다. 다만, 이 경우에는 ① 재무제표의 각 서류가 법령 및 정관에 따라 회사의 재무상태와 경영성과를 적정하게 표시하고 있다는 외부감사인의 의견이 있을 것, ② 감사 또는 감사위원 전원의 동의가 있을 것 등의 요건을 모두 충족하여야 한다(제449조의 2 제1항). 이사회가 승인한 경우에는 이사는 재무제표 각 서류의 내용을 주주총회에 보고하여야 한다(동조 제2항).

(4) 승인방법

주주총회는 승인을 거부할 수 있음은 물론 내용을 수정·승인할 수도 있다. 예를 들면, 액면가의 5%로 제출된 배당률을 10%로 수정·결의하는 것과 같다.

대차대조표·손익계산서·회사의 재무상태와 경영성과를 표시하는 것으로서 대통령령으로 정하는 서류(제447조 제1항 제3호)는 각별로 승인할 수 있다(제447조 제1항). 각자 독립성이 있기 때문이다. 따라서 일부만을 승인할 수도 있다. 그러나 배당 등 잉여금의 처분은 대차대조표와 손익계산서의 확정을 전제로 하기 때문에 대차대조표와 손익계산서를 승인하지 않은 상태에서 이익잉여금처분계산서만을 승인할 수는 없다. 결의요건은 보통결의이다.

(5) 승인의 효력

1) 재무제표의 확정

정기총회 또는 이사회가 재무제표를 승인한 때에는 그 결산기에 관한 재무제표는 대내외적으로 확정된다. 이에 따라 이익 또는 손익처분안도 확정되고, 이사는 준비금을 적립하고 이익을 배당하는 등 승인내용을 실행한다. 주주총회 또는 이사회가 재무제표를 승인한 때에 이사는 지체 없이 대차대조표를 공고하여야 한다(제449조 제3항).

2) 이사·감사의 책임해제

가) 의의 및 취지 정기총회가 재무제표에 관한 승인결의 후 2년 내에 다른 결의가 없으면 회사는 이사, 감사·감사위원의 책임을 해제한 것으로 본다(제450조 본문). 제399조와 제414조에 의거 이사 및 감사는 무거운 책임을 부담하고 있으므로, 이들의 책임의 존부에 관한 불안정한 상태를 종결지어 주는데 그 취지가 있다.

나) 법적 성질 이 제도는 理事와 監事의 책임이 총주주의 동의로만 면제될 수 있도록 하는 제400조와 제415조에 대한 중대한 예외이다. 따라서 여기서 2년이란 결의시를 기산점으로 하는 제척기간이다(통설).

다) 해제의 범위 책임이 해제되는 것은 재무제표에 기재되었거나 그 기재로부터 알 수 있는 사항에 한한다(통설·판례).[1792] 따라서 재무제표에 수입·지출금액이 명시되어 있다 하더라도 그 원인된 행위에 관한 책임까지 해제되는 것은 아니다. 즉 총회에서 이사의 有責事實을 알고 승인한 사항에 한하여 책임이 해제될 수 있다.[1793] 그리하여 감사보고서에 자기계열집단에 대한 대출한도 초과 등으로 임원이 주의적 경고를 받은 사실이 기재되었다고 이사의 임무해태를 알 수 있는 것은 아니므로 이사의 책임이 해제되었다고 볼 수 없다.[1794]

라) 증명책임 책임해제에 관한 증명책임은 이사와 감사가 부담한다. 즉 이사·감사는 문제된 사항이 재무제표에 기재되었고, 총회가 재무제표를 승인하였

1792) 대법원 2002. 2. 26. 선고 2001다76854.
1793) 대법원 2007. 12. 13. 선고 2007다60080.
1794) 대법원 2008. 12. 11. 선고 2005다51471.

다는 사실을 증명하여야 한다.[1795]

　마) **적용제외**　이사·감사의 不正行爲에 대하여는 책임을 해제할 수 없다(제 450조 단서). 부정행위란 횡령·배임·문서위조와 같은 범죄행위, 이사·감사가 不正 한 행위를 한 경우 예를 들면, 外部監査人을 매수하여 적정의견을 받아내는 행위 도 포함한다(통설). 승인결의 후 2년 내에 '다른 결의' 예를 들면, ① 이사의 책임를 추궁하는 결의, ② 승인결의를 철회하는 결의가 있으면 책임이 해제되지 아니한 다(제450조 본문). 이와 같이 '다른 결의'에는 이사·감사의 책임이 존속함을 전제로 하는 결의를 포함한다.

　한편 총회가 아닌 이사회에서 재무제표를 승인한 경우에는 이사와 감사의 책 임이 면제되지 아니한다(제450조의 반대해석).

제 3 관　준비금

I. 서　설

1. 의의

　준비금(reserve)이란 영업연도 말에 회사가 보유하는 순자산액 중 자본금을 초 과하는 금액 중 회사가 주주에게 배당하지 않고 회사 내에 유보하는 금액을 말한 다. 이를 附加資本 또는 積立金이라고도 한다. 준비금은 대차대조표의 貸邊인 '부채 및 자본의 부'에 자본금과 함께 계상되고, 배당가능이익의 산정시 순자산액 으로부터 자본금과 함께 공제되는 공제항목이므로(제462조 제1항) 이익배당을 통한 재산의 사외유출을 억제하는 작용을 한다. 즉 회사는 순자산이 자본금과 준비금 의 합계액을 초과하지 아니하면 배당가능이익이 있을 수 없으므로(제462조 제1항 제 2호·제3호), 준비금이 증가하면 그만큼 회사에 유보·적립되는 순자산이 증가한다.

2. 종류

　준비금에는 ① 상법 또는 특별법의 규정에 의하여 적립이 강제되는 법정준비금, ② 정관의 규정 또는 총회의 결의에 의하여 적립하는 임의준비금이 있다. 이 밖에 ①

1795) 대법원 1969. 1. 28. 선고 68다305.

실질적으로는 준비금이지만, 형식상 준비금으로 계상되지 않는 비밀준비금1796)과, ② 형식상으로는 준비금이지만, 그 실질은 대손충당금(손실대비충당금)·감가상각충당금 등의 가액광정(價額匡正)항목(회수불능항목)에 불과한 의사준비금(부진정준비금)이 있다. 그리고 자산재평가법에서 규정하는 재평가적립금(revaluation reserve)이 있다. 상법이 단순히 준비금이라고 규정하는 때(제461조·제461조의 2)에는 법정준비금을 가리킨다.

II. 법정준비금

1. 유형

(법정)준비금은 적립의 재원에 따라 이익준비금(earned reserve)과 자본준비금(capital reserve)으로 나뉜다.

2. 이익준비금

이익준비금은 영업거래로부터 발생하는 이익을 재원으로 하여 적립하는 법정준비금이다. 주로 자본금의 결손을 전보할 목적으로 적립이 강제되는 준비금이다. 회사는 자본금의 2분의 1이 될 때까지 매결산기에 이익배당액의 10분의 1 이상의 금액을 이익준비금으로 적립하여야 한다(제458조 본문). 다만, 주식배당의 경우에는 그러하지 아니하다(제458조 단서). 주식배당은 주식을 추가 발행하는 데 그치고 회사재산을 社外로 유출시키는 행위가 아니기 때문이다.

여기서의 '이익배당액'은 금전배당액 및 현물배당액(제462조의 4)을 가리킨다. 그리고 이익준비금의 적립한도는 '자본금의 2분의 1'이므로 이를 초과하여 적립할 때에 그 초과액은 정관의 규정에도 불구하고 임의준비금의 성질을 갖는다. '이익배당액의 10분의 1' 이상의 금액을 적립하여야 한다는 것은 이익배당을 할 때에 적립하여야 할 이익준비금의 최저한도를 정한 뜻이고, 배당을 하지 않을 때에 적립할 수 없다는 의미는 아니다. 즉 이익배당 여부를 불문하고 자본금의 2분의 1에 달할 때까지는 이익준비금으로 적립할 수 있고, 배당을 하지 않는다고 하여 이 준비금이 임의준비금으로 되는 것은 아니다.1797)

1796) 대차대조표에 기재된 순자산보다 큰 금액의 순자산이 회사에 유보되어 있을 때, 이 초과금액을 말한다.

1797) 재정경제부 유권해석 : 증권 22325 – 57, 1986. 2. 4.

3. 자본준비금

(1) 자본준비금의 재원

자본준비금은 매결산기의 영업이익 이외의 자본거래에서 발생한 잉여금을 재원으로 하여 적립하는 법정준비금이다(제459조 제1항). 즉 자본거래에서 발생한 잉여금을 재원으로 하기 때문에 자본금에 준하는 성질을 갖는다. 이와 같이 자본거래로부터 발생한 이익은 영업이익과 무관한 것으로써 주주에게 배당할 수 있는 성질의 이익이 아니다. 그러므로 자본준비금의 적립한도에 제한이 없다. 자본준비금의 구체적인 범위는 대통령령으로 정하는 회계기준에 따른다(제459조 제1항·시행령 제18조).

(2) 합병·분할 등에 의한 법정준비금의 승계

합병·분할에서 발생하는 합병차익1798) 또는 분할차익에 소멸 혹은 분할회사의 이익준비금이나 그 밖의 법정준비금이 포함되어 있는 경우 합병·분할·분할합병 후의 존속회사 또는 신설회사는 이를 승계할 수 있다(제459조 제2항). 만약 이를 허용하지 아니하는 때에는 합병차익을 전액 자본준비금으로 적립하여야 하므로, 소멸회사가 적립한 이익준비금이나 다른 법에 의한 준비금을 존속회사가 다시 적립하여야 하는 문제점이 발생한다. 그리하여 상법은 존속회사가 소멸회사의 법정준비금을 같은 형태로 승계할 수 있도록 한 것이다. 승계를 함에 있어서는 소멸회사의 준비금을 같은 명목의 준비금으로 승계하여야 한다. 그러므로 자본준비금은 자본준비금으로, 이익준비금은 이익준비금으로 승계하여야 하며, 타 법률에 의거한 법정준비금(예: 재평가적립금)도 역시 같은 성격의 준비금으로 승계하여야 한다.

4. 법정준비금의 사용

(1) 의의

법정준비금은 자본금의 缺損의 補塡에 충당하거나(제460조) 자본금에 전입하

1798) 회사합병시 소멸회사로부터 승계한 재산의 가액이 그 회사로부터 승계한 채무액, 즉 소멸회사의 주주에게 지급한 금액과 합병 후 존속회사의 자본증가액 또는 합병으로 인하여 신설된 회사의 자본액을 초과한 때에 그 초과금액을 합병차익이라고 한다. 이의 반대는 영업권이다.

는(제461조) 외에는 이를 사용할 수 없다. 전자가 법정준비금의 원칙적 용도이다.

(2) 자본금결손의 보전

자본금의 결손이란 결산기 말의 회사의 순자산액이 자본금과 법정준비금의 합계액 보다 적은 경우를 말한다. 영업연도 도중에 일시적으로 이와 같은 상태가 되더라도 기말의 손익이 未定이므로 결손으로 되지는 아니한다. 다만, 손실이 발생하더라도 임의준비금으로 보전할 수 있는 때에는 자본금의 결손이 아니다. 법정준비금 중 이익준비금 또는 자본준비금 어느 것을 먼저 사용하더라도 무방하다(제460조). 그리고 법정준비금의 사용 여부는 회사의 임의이므로 결손이 있는 경우에 이를 보전하지 않고 이월결손금으로 처리하여 차기로 이월할 수도 있다.

(3) 자본금전입

1) 의의

준비금의 자본전입이란 준비금계정의 금액을 일정액 차감하고 같은 금액을 자본금계정에 가산하는 것이다. 위에서 기술한 결손보전은 준비금항목에서 이익잉여금(earned surplus)항목으로 자금을 이동시키는 행위인 데 비하여, 자본금전입은 준비금항목에서 자본금항목으로 자금을 이동시키는 행위이다. 따라서 회사의 실제재산에는 변동이 없다. 자본금전입은 액면주식 또는 무액면주식의 발행 여부에 따라 그 모습과 절차가 다를 수 있다.

2) 취지

결손보전의 필요성이 없는 상황에서 자본금보다 지나치게 거액의 준비금을 고정시키는 것은 재무관리의 관점에서 바람직하지 아니하므로 이를 개선하는 데 그 취지가 있다(제461조 제1항). 왜냐하면 발행주식총수를 증가시켜 주식의 유동성을 향상시키고, 주식의 가격을 하락시켜 주식거래와 추가적인 신주발행을 쉽게 할 수 있기 때문이다.

3) 액면주식을 발행한 회사의 자본금전입

가) 취지 및 절차 준비금의 자본금전입은 계수상의 조작에 불과하지만, 자본금의 증가로 이익준비금의 적립한도가 높아지는 등 회사의 규모성장과 채권자 보호에 도움이 된다. 자본금전입의 의사결정은 원칙적으로 이사회의 결의에 의한다(제461조 제1항 본문). 다만, 정관으로 주주총회의 결의사항으로 할 수 있다(제461조

제1항 단서). 그 이유는 준비금을 ① 자본금으로 전입하면 새로운 준비금적립이 필요하거나 또는, ② 적립하여야 할 준비금의 금액이 증가하여 주주에 대한 배당을 감소시키는 효과가 있기 때문이다. 회사채권자의 이의절차는 없다.

나) 전입재원　　전입재원은 법정준비금에 한하기 때문에 자본준비금 또는 이익준비금 모두 가능하다(제461조 제1항). 임의준비금은 주주에게 배당할 이익이므로 이를 자본금으로 전입·계상하면 주주의 이익배당청구권을 害하기 때문에 금지된다.

다) 기준과 기한　　자본금으로 전입할 수 있는 준비금은 주주총회(예: 2025년 3월 21일)에서 직전 결산기(예: 2024년 영업연도)의 대차대조표상 확정한 준비금에 한하여 전입할 수 있다. 따라서 영업연도중간(예: 2025년 7월)에 발생한 준비금은 당해 영업연도의 자본금전입의 대상이 될 수 없다.

라) 전입의 효과

① 신주발행

액면주식의 발행회사가 준비금을 자본금으로 전입하면 자본금이 증가한다. 자본금증가는 전입액을 액면가로 나눈 수의 新株를 발행함으로써 달성된다. 실무에서는 이를 '無償增資', 이때 발행되는 신주를 '무상주'라고 한다. 액면미달 또는 액면초과발행은 허용되지 아니한다. 발행주식수는 증가하지만 회사의 순자산(실제재산)에는 변동이 없다. 다만, 발행주식수가 늘어나므로 회사의 발행예정주식총수에 여분이 있어야 신주를 발행할 수 있다.

신주는 각 주주가 가진 주식수에 비례하여 발행된다(제461조 제2항 전단). 주주는 별도의 신주인수 절차 없이 준비금을 자본전입하는 의사결정과 동시에 또는 기준일에 바로 新株의 주주가 되므로 제3자배정은 불가능하다. 이때 端株가 생기면 이를 매각하여 그 금액을 단주의 주주에게 분배하여야 한다(제461조 제2항 후단·제443조 제1항[1799]).

신주는 액면가로 발행하며, 보통주주 또는 우선주주를 불문하고 모두 보

[1799] 제443조(단주의 처리) ① 병합에 적당하지 아니한 수의 주식이 있는 때에는 그 병합에 적당하지 아니한 부분에 대하여 발행한 신주를 경매하여 각 주수에 따라 그 대금을 종전의 주주에게 지급하여야 한다. 그러나 거래소의 시세 있는 주식은 거래소를 통하여 매각하고, 거래소의 시세 없는 주식은 법원의 허가를 받아 경매외의 방법으로 매각할 수 있다.

통주식으로 발행하여야 한다. 준비금의 자본금전입은 내부의 유보자금을 액면가로 환산하여 無償新株를 발행하는 것인 만큼, 이를 우선주로 발행할 동인이 없다.

한편 제461조 제2항 전단에도 불구하고 公共的 法人은 준비금을 자본금으로 전입할 때에 정부에게 발행할 주식의 전부 또는 일부를 당해 법인의 주식을 일정기간 소유하는 자에게 발행할 수 있다(자본시장법 제165조의 14 제2항).

② 신주의 효력발생시기

신주의 효력발생시기는 자본금전입의 결의를 이사회에서 하는 경우와 주주총회에서 하는 경우에 각각 다르다.

ㄱ. 이사회에서 결의하는 경우: 회사는 일정한 날(配定基準日)을 정하여 그 날에 주주명부에 기재된 주주가 新株의 株主가 된다는 뜻을 배정기준일의 2주간 전에 公告하여야 한다(제461조 제3항). 즉 신주의 주주가 되는 시기는 이사회결의일이 아니라 배정기준일이다. 다만, 배정기준일이 주주명부폐쇄기간 중인 때에는 폐쇄기간 初日의 2주간 전에 공고하여야 한다(제461조 제3항 단서). 이와 같이 신주의 배정기준일을 별도로 정한 것은 이사회의 결의는 회사의 내부업무이어서 주주가 즉시 알 수 없으므로 자본금전입을 예고함으로써 주주에게 명의개서의 기회를 주고 주식의 양도·양수에 유의하게 하기 위함이다.

ㄴ. 주주총회에서 결의할 경우: 주주총회의 결의가 있은 때로부터 바로 新株의 株主가 된다(제461조 제4항). 이사회에서 결의하는 경우와 달리 총회의 소집통지를 통하여 주주에게 자본금전입의 사실이 예고되므로 배정기준일을 따로 정할 필요가 없기 때문이다.

③ 통지·공고

신주가 효력을 발생하면 이사는 지체 없이 신주를 받은 주주와 주주명부에 기재된 질권자(등록질권자)에게 주주가 받은 주식의 종류와 수를 통지하여야 한다(제461조 제5항).

④ 물상대위

종전의 주식의 등록질권자 또는 略式質權者는 신주 및 단주의 처분에 따른 賣得金에 대하여 질권을 행사할 수 있고, 物上代位가 인정된다(제461조 제6항·제339조).

⑤ 구주와 신주의 관계

자본금전입으로 인하여 발생되는 구체적 신주인수권은 주주의 고유권이 아니고 주주총회나 이사회의 결의에 의하여 귀속이 확정되는 구체적 권리에 불과하다. 그러므로 귀속의 확정 이후에 舊株式이 양도되더라도 그 신주인수권은 양도에 수반되어 이전되지 아니한다.[1800]

⑥ 변경등기

무상신주의 발행으로 자본금의 액과 발행주식총수가 증가하므로 변경등기를 하여야 한다(제317조 제4항·제183조). 다만, 신주발행 이후에도 발행주식총수가 이사회의 수권범위 내인 경우에 정관변경은 요하지 않는다.

4) 무액면주식을 발행한 회사의 자본금전입

무액면주식이 발행되어 그 가액의 전부 또는 일부가 자본금으로 계상된 후에는 주식수의 변동과 자본금은 무관하다(제451조 제2항). 그러므로 무액면주식을 발행한 회사가 준비금을 자본금으로 전입하는 때에는 반드시 신주가 발행되는 것은 아니다. 준비금을 자본금으로 전입한다는 이사회 또는 주주총회의 결의만으로 족하다. 그리하여 준비금의 자본금전입에 관한 제461조의 조문 중에서 무액면주식을 발행한 회사에 적용되는 것은 통상적으로 제1항이다. 다만, 준비금의 자본금전입을 계기로 新株를 발행할 수도 있다. 이 경우에는 액면주식을 발행한 회사와 마찬가지로 제461조의 모든 조문이 적용된다.

5) 위법한 자본금전입의 효과

이사회 또는 주주총회의 결의 없는 자본금전입, 하자 있는 결의에 의한 자본금전입, 준비금이 존재하지 아니하는 자본금전입의 결의 또는 발행예정주식총수를 초과하는 자본금전입은 위법하다. 이에 의하여 발행된 신주도 무효이다. 따라서 회사가 신주를 발행하고자 하는 경우 주주는 신주발행유지청구(제424조)를 할 수 있다. 다만, 자본금전입에 흠이 있더라도 자본금전입의 결의가 있고, 이에 따라 新株의 효력이 발생한 이후에는 신주발행무효의 訴에 관한 규정(제429조)을 유추적용하여 자본금전입의 무효를 주장하여야 한다(통설).[1801]

1800) 대법원 2010. 2. 25. 선고 2008다96963·96970; 1974. 6. 25. 선고 74다164.
1801) 최기원(2012), 926면; 이철송(2024), 1030면; 김·노·천(2024), 605면; 권기범(2021), 1229면.

5. 준비금의 감소

(1) 의의

(법정)준비금의 감소란 법정준비금액을 줄이고 같은 금액을 미처분잉여금으로 전환하는 것을 말한다. 회사는 적립된 자본준비금 및 이익준비금의 총액이 자본금의 1.5배를 초과하는 경우에 주주총회의 결의에 따라 그 초과한 금액범위에서 자본준비금과 이익준비금을 감액할 수 있다(제461조의 2). 이에 따라 준비금은 감소하지만 배당가능이익이 증가하기 때문에 회사재산에 실질적인 변동은 없다.

(2) 취지

기술한 바와 같이 준비금은 자본금의 결손전보(제460조) 및 자본금에 전입(제461조)할 경우에도 사용할 수 있고, 이러한 행위 역시 넓은 의미에서 준비금의 감소라고 할 수 있다. 그러나 제461조의 2의 규정은 회사내부에 쌓여 있는 거액의 법정준비금을 줄이고 배당성향을 높이는 것이 바람직하다는 취지에서 2011년 개정시 도입되었다. 이러한 의미에서 제461조의 2는 자본금의 결손전보 및 자본금에 전입하기 위한 준비금의 감소와는 그 취지가 다르다.

(3) 요건

1) 감소가능

법정준비금(자본준비금＋이익준비금)의 합계액이 자본금의 1.5배를 초과할 때 초과하는 금액의 범위 내에서 감액할 수 있다. 자본준비금과 이익준비금 중 어느 것을 먼저 감소시켜도 무방하다.

2) 결손과의 상계

기술한 바와 같이 결손이 발생하더라도 준비금으로 이를 전보하지 않고 준비금을 유지할 수 있다. 따라서 '법정준비금이 자본금의 1.5배를 초과'하는지의 여부를 판단하는 때에는 법정준비금에서 결손금을 차감한 잔액이 자본금의 1.5를 초과하여야 한다(자본금의 1.5배 ＞ 법정준비금－결손금).

3) 준비금의 시기적 제한

제461조의 2에 의하여 감소할 수 있는 준비금은 직전 결산기의 대차대조표에서 확정된 준비금을 말한다. 영업연도 중에는 자본준비금이 발생하더라도 결손금을 인식할 수 없어 감소시킬 수 있는 금액을 계산할 수 없기 때문이다. 이는 자본

금전입에 관해 설명한 것과 같은 이치이다.

(4) 절차

준비금의 감소는 주주총회의 보통결의에 의한다(제461조의 2). 특별결의를 요하는 자본금의 감소와는 달리 회사재산에 실질적인 변화가 없기 때문이다. 준비금은 이익배당액의 산정시 공제항목이 되므로 채권자를 위한 책임재산의 확보에 기여한다. 이 때문에 준비금의 감소는 채권자에게는 불리한 자본거래이다. 다만, 상법은 준비금감소의 한도를 자본금의 1.5배로 설정하고, 이 수준이 채권자보호에 충분하다고 보아 별도의 채권자이의절차를 두지 않고 있다.

이와 관련하여 日本의 會社法은 원칙적으로 채권자이의절차를 두고 있으나, 정기주주총회에서 ① 감소하는 준비금의 액 및, ② 준비금감소의 효력발생일 등을 정한 경우에는 예외이다(동법 제449조 제1항·제448조 제1항).

(5) 결손보전의 병행

준비금을 감소하는 결의에서는 결손의 보전을 병행할 수도 있다. 예를 들면, 1,000만원의 자본금결손이 있는 회사에서 1,500만원의 준비금을 감소하면서 1,000만원은 결손금을 보전하고, 500만원은 미처분잉여금으로 전환시키는 것과 같다.

(6) 준비금감소의 무효

상법은 준비금감소무효의 소에 관한 규정을 두지 않고 있다. 예를 들면, 법정준비금을 '자본금의 1.5배 이하'로 감소시키는 행위가 그에 해당한다. 준비금의 감소가 무효일 때에는 종전의 준비금이 회복되어야 하며, 준비금감소 후의 이익배당도 환원되어야 하므로 준비금감소의 무효는 形成의 訴에 의하여 다루어져야 한다. 따라서 별도의 규정이 도입될 때까지는 감자무효의 소에 관한 규정(제445조)을 유추적용하여야 한다고 본다(통설).[1802] 다만, 총회결의의 하자를 이유로 한 소를 제기할 수 있다는 견해가 있다(소수설).[1803]

1802) 이철송(2024), 1033면; 정동윤(2012), 779면; 최준선(2024), 740면; 김홍기(2022), 725면; 정준우(2024), 772면.
1803) 권기범(2021), 1231-1232면.

제 4 관 이익배당

Ⅰ. 서 설

이익배당은 영리를 목적으로 하는 주식회사의 본질적 요소이다. 따라서 주주의 이익배당청구권은 주주의 固有權이다. 이익의 분배는 잔여재산분배의 방법(제538조)을 따를 수도 있지만, 이는 해산을 전제로 하는 것이므로 계속기업(going concern)의 이익배당과는 다르다. 이익배당은 그 財源인 배당가능이익이 확정되어야 가능하다. 그러므로 재무제표의 확정을 위한 定期株主總會(또는 이사회)에서 이익배당을 결정한다. 이를 定期配當이라고 한다. 나아가 상법은 영업연도 중간의 中間配當을 인정한다. 그리고 상장회사는 3월 말, 6월 말, 9월 말 주주를 대상으로 정기배당 외에 연 3회의 분기배당도 가능하다(자본시장법 제165조의 12 제1항).

이익배당은 금전배당이 일반적이고, 주식배당도 가능하다(제462조의 2). 나아가 2011년 개정상법은 기타의 재산을 분배하는 현물배당도 허용하고 있다(제462조의 4).

Ⅱ. 정기배당

1. 이익배당의 요건(배당가능이익)

이익배당은 이익이 있어야 한다. 따라서 이익이 없으면 배당은 없다. 優先株도 같다. 여기서 이익이란 配當可能利益을 뜻한다. 배당가능이익이란 대차대조표상의 순자산액(총자산액 − 부채액)으로부터 ① 자본금의 액, ② 그 결산기까지 적립된 法定準備金의 합계액, ③ 그 결산기에 적립하여야 할 이익준비금의 액, ④ 대통령령으로 정하는 미실현이익(대차대조표상의 순자산액으로서, 미실현손실과 相計하지 아니한 금액) 등을 공제한 금액이다. 따라서 이를 한도로 하여 이익배당을 할 수 있다(제462조 제1항·시행령 제19조).

순자산액이 배당가능이익산출의 기초금액인 것은 채권자를 위한 책임재산을 확보한 후에야 배당이 가능하다는 의미이다. 그리고 다시 자본금과 법정준비금을 공제하는 것은 회사에게 요구되는 재산적 기초를 확보한 후 그 잉여재산으로 배당해야 함을 밝힌 것이다. 그러므로 이 요건은 회사채권자의 보호와 회사의 존속

을 위하여 반드시 지켜져야 할 기준으로서 이에 위반하여 이익배당을 결의하면 그 결의는 무효이다.[1804]

2. 결정

(1) 결정기관

1) 주주총회의 결의

이익배당은 원칙적으로 주주총회의 보통결의로 정한다(이익배당의 결의. 제462조 제2항 본문). 재무제표에 관한 승인권은 주주총회가 가지므로(재무제표의 승인결의. 제449조 제1항), 총회에서 회사의 전반적인 재산상태를 인식한 후 배당 여부 및 배당금액에 관한 의사결정을 내리도록 한 것이다. 다만, 이에 앞서 이사는 매결산기에 이익잉여금처분계산서를 작성하여 이사회의 승인과 감사의 감사를 받은 후에 정기주주총회에 제출하여야 한다(제447조·제447조의 4).

2) 이사회의 결의

회사는 정관이 정하는 바에 따라 ① 제447조의 각 서류(재무제표·연결재무제표)가 법령 및 정관에 따라 회사의 재무상태 및 경영성과를 적정하게 표시하고 있다는 외부감사인의 의견이 있고, ② 감사(또는 감사위원) 전원의 동의가 있는 때에는 주주총회에 갈음하여 이사회가 재무제표를 승인할 수 있는데(제449조의 2 제1항), 이 경우에는 이사회의 결의로 이익배당을 정한다(제462조 제2항 단서). 다만, 제462조 제2항 단서는 주식배당에는 적용되지 아니하므로 이사회의 결의로 정한 이익배당을 주식배당으로 하고자 할 때는 다시 주주총회의 결의를 거쳐야 한다(제462조의 2 제1항).

(2) 배당확정시기

이익배당은 주주총회 또는 이사회결의가 있는 때에 확정된다. 주주는 회사에 대하여 확정배당금의 지급청구권을 취득한다. 다만, 정관에서 회사에 배당의무를 부과하면서 배당금의 지급조건이나 배당금액 산정방식 등을 구체적으로 정하고 있어 그에 따라 개별 주주에게 배당할 금액이 일의적으로 산정되고, 대표이사나 이사회가 이를 달리 정할 수 있는 규정이 없는 때에는 주주총회의 결의 없이 예외적으로 주주에게 구체적이고 확정적인 배당금지급청구권이 인정된다.[1805] 이는

1804) 이철송(2024), 1036면.
1805) 대법원 2022. 8. 19. 선고 2020다263574.

정관의 규정과 달리 이익배당을 거부하는 총회결의를 하더라도 같다.

3. 현물배당

(1) 의의

현물배당이란 금전 이외에 회사가 소유하고 있는 현물로 배당하는 것을 말한다. 2011년 개정상법은 이익배당의 유형의 하나로 현물배당을 인정하고 있다(제462조의 4). 그리고 상환주식의 상환 또는 합병교부금의 지급도 현물로 할 수 있도록 하였다(제345조 제3항·제523조 제4호).

한편 배당이 금전으로 확정된 후 회사와 주주간의 합의에 의하여 금전에 갈음하여 현물로 지급하는 것은 代物辨濟(민법 제466조)이며 현물배당이 아니다.

(2) 기능

현물배당제도는 금전배당에 따르는 자금조달의 어려움과 주식배당으로 인한 복잡한 절차를 피하는 데 유용하다.

(3) 현물의 개념

현물이란 금전이 아닌 경제적 가치가 있는 재산을 말한다. 그러므로 그 종류에는 제한이 없다. 다만, 주주간의 배당액이 다르기 때문에 배당으로 사용하는 현물은 可分的이어야 한다. 따라서 회사가 보유하는 타회사(예: 계열회사, 모회사, 자회사, 손회사)의 주식, 社債 등이 배당의 주요 재산이 된다. 제조회사인 경우에는 스스로 제조한 물품을 배당할 수 있다. 회사가 발행하는 주식을 배당하는 것은 주식배당에 해당하고(제462조의 2) 현물배당이 아니다. 다만, 회사가 보유 중인 自己株式·사채 및 새로이 발행하는 사채도 현물배당의 대상이 된다.

(4) 요건

1) 정관의 규정

정관으로 금전 외의 재산으로 배당을 할 수 있음을 정하여야 한다(제462조의 4 제1항).

2) 의사결정

정관으로 현물배당에 관한 근거규정을 두더라도 특정배당을 현물로 한다는 의사결정이 필요하다. 이에 관하여 상법은 별도의 규정을 두지 않고 있으므로 이익배당을 결정하는 주주총회(제462조 제2항 본문) 또는 이사회의 결의(제462조 제2항 단서)에서 현물배당을 정하여야 한다.

(5) 예외 : 금전배당과 현물배당의 혼합

배당은 예외적으로 금전과 현물을 혼합하는 형태로도 가능하다. 즉 현물배당을 결정한 회사는 ① 주주가 배당되는 현물 대신 금전의 지급을 회사에 청구할 수 있도록 한 경우에는 그 금액 및 청구할 수 있는 기간, ② 일정 수 미만의 주식을 보유한 주주에게 현물 대신 금전을 지급하기로 한 경우에는 그 일정 수 및 금액을 정하여야 한다(제462조의 4 제2항). 이 가운데 ②는 예를 들면, 배당현물인 자회사의 주식의 1주당 가격이 500,000원인데, 어느 주주가 배당받을 금액이 10,000원이어서 현물배당을 할 수 없는 경우에는 현물배당을 실시하는 중에도 일부 소액의 주주에게는 금전으로 배당할 수 있도록 한 것이다. 이에 대비하여 회사는 그 기준을 정하여야 하는데, 이 결정 역시 배당을 정하는 결의의 몫이다.

그런데 위와 같이 어떤 주주(甲)에게는 현물이, 다른 주주(乙)에게는 금전이 교부되더라도 양자의 가치가 균형을 이루어야 한다. 그리하여 현물이 시장가격이 있는 재산이라면 시장가격으로 균형을 이루면 된다. 시장가격이 없는 재산은 회사의 청구에 의하여 법원이 정하는 가액으로 평가하여야 한다고 해석한다(일본회사법 제455조 제2항 제2호·제456조 참조).

Ⅲ. 중간배당

1. 의의

중간배당(interim dividends)이란 사업연도 도중에 직전 결산기의 미처분이익을 재원으로 하는 이익분배를 말한다. 이는 주주에 대한 배당횟수를 늘림으로써 주주 친화적인 경영을 하고, 자본시장을 활성화 시킬 목적에서 1998년 개정시 도입되었다. 다만, 중간배당은 사업연도의 손익이 확정되기 이전에 회사의 재산을 사외로 유출시키는 행위이므로 법률상의 요건을 충족하는 경우에만 허용될 수 있다. 그리고 이사가 무거운 책임을 지는 수도 있다.

2. 요건

(1) 결산기 및 정관규정

중간배당은 연 1회의 결산기를 정한 회사만이 실행할 수 있다. 따라서 결산기를 연 2회 이상으로 정한 회사는 대상이 아니다. 그리고 정관에 근거규정이 있어야 한다(제462조의 3 제1항).

(2) 이사회의 결의 및 기준일

중간배당은 영업연도 중 1회에 한하여 할 수 있고, 이사회의 결의로 중간배당의 기준일인 '일정한 날'을 정하여야 한다(제462조의 3 제1항). 따라서 주주총회의 추인을 요하지 아니한다. 이사회가 중간배당을 결의하면, 추상적으로 존재하던 주주의 중간배당청구권은 채권적 권리인 구체적인 배당금지급청구권으로 확정되므로 이사회일지라도 그 청구권의 내용을 변경하지 못한다.[1806]

(3) 방법 및 대상

중간배당은 금전배당 또는 현물배당으로 할 수 있다. 중간배당을 받을 수 있는 자는 이사회가 정한 일정한 날의 주주이다(제462조의 3 제5항).

(4) 배당의 재원

중간배당은 직전 결산기의 대차대조표상의 순자산액에서 (직전 결산기의 자본금의 액＋직전 결산기까지 적립된 법정준비금＋직전 결산기의 정기총회에서 이익으로 배당하거나 또는 지급하기로 정한 금액＋중간배당에 따라 적립하여야 할 이익준비금)을 공제한 액을 한도로 한다(제462조의 3 제2항). 즉 중간배당은 직전 결산기에 관한 정기총회에서 이익잉여금을 처분하고 남은 잔액을 한도로 할 수 있다. 예를 들면, 12월 결산법인인 A회사가 2025년 2월 정기총회에서 2024년도의 재무제표를 승인하여 배당가능이익이 20억원인데, 주주총회에서 14억원의 배당의안을 가결한 경우 A회사가 2025년에 중간배당을 하고자 하는 때, 배당가능금액은 미처분이익 6억원이 된다. 그리고 이익배당을 하면 그 금액의 10분의 1을 利益準備金으로 적립하여야 하므로 이 금액의 적립을 감안한 잔액 5억 4천만원에 한해 중간배당을 할 수 있다.

한편 제462조 제1항 제4호는 통상적인 배당가능이익을 산출하는 데 필요한 공제항목으로서 '대통령령으로 정하는 미실현이익'을 명시하고 있는데, 중간배당

[1806] 대법원 2022. 9. 7. 선고 2022다223778.

에는 이 내용이 누락되어 있다. 입법의 오류이다.

3. 성질

(1) 문제의 제기

상법은 중간배당에 관하여 '이익을 배당'한다는 표현을 사용하고 있어서 중간배당의 성질에 관하여 前期利益後給說과 當期利益先給說로 견해가 나뉜다.

(2) 학설

前期利益後給說은 중간배당의 財源에 관한 규정(제462조의 3 제2항)을 보면, 중간배당은 실질적으로는 전기에 발생한 이익의 後給이라고 한다(다수설).[1807] 當期利益先給說은 당해 영업연도에 발생할 이익의 선급이라고 설명한다.[1808] 주요 근거로서는 당해 영업연도 말 결산에서 손실이 생길 우려가 있는 때에는 중간배당을 하여서는 아니 된다는 규정(제462조의 3 제3항)과 당해 결산기의 결손과 관련되어 중간배당을 결정한 이사의 손해배상책임규정(제462조의 3 제4항)을 들고 있다.

(3) 사견

當期利益先給說은 중간배당의 재원에 관한 제462조의 3 제2항에 반하는 해석이다. 이익배당이란 원래 결산이익을 가지고 실행되어야 하는 것이므로 중간배당은 법률적인 의미에서의 이익배당은 아니다. 그리하여 상법이 중간배당에 관하여 ① 利益의 配當이라는 용어를 쓰고 있는 것은 편의상 語法이고, ② 주주총회의 결의를 제외하고 이익배당에 관한 모든 규정을 준용하고 있을 뿐이다.

한편 당기이익선급설의 주요 논거인 제462조의 3 제3항과 제4항은 전기이월금이 있는 경우에 중간배당을 하지 아니하였으면, 회사에 손실이 발생하지 않았거나 최소화시켜 당해 결산기에도 배당가능이익이 있을 수 있었는데, 중간배당을 함으로써 발생한 책임을 이사에게 묻는 것으로 해석하여야 한다(전기이익후급설).

1807) 정찬형(2022), 1254면; 이철송(2024), 1041면; 정동윤(2012), 792면; 권기범(2021), 1249면; 최기원(2012), 936면; 김정호(2023), 838면.
1808) 최준선(2024), 753면; 송옥렬(2022), 1224면; 손주찬(2004), 941면.

4. 배당의 제한

회사는 당해 결산기의 대차대조표상의 순자산액이 배당가능이익(제462조 제1항 각호의 금액의 합계액)에 미치지 못할 우려가 있는 때, 즉 당해 결산기에 손실이 발생할 우려가 있을 때에는 중간배당을 하여서는 아니 된다(제462조의 3 제3항). 중간배당이 비록 직전 결산기의 재원으로 실행하는 것일지라도 이로 인하여 자본충실의 원칙이 침해되는 것을 방지하기 위한 규정이다.

5. 이사의 책임

중간배당의 결과 당해 결산기의 대차대조표상의 순자산액이 배당가능이익(제462조 제1항 각호의 금액의 합계액)에 미치지 못하게 된 경우 이사는 회사에 대하여 연대하여 그 차액을 배상할 책임을 진다. 배당액이 그 차액보다 적을 경우에는 배당액을 배상할 책임이 있다(제462조의 3 제4항 본문). 이는 중간배당의 제한에 관한 제462조의 3 제3항의 실효성을 확보하기 위한 규정이다. 이 규정을 예를 들어 풀이하면, ① A회사는 2025년 3월 28일 정기주주총회에서 4억원을 次期로 이월하기로 결의하였고, 2025년 7월 5일 이사회에서 3억원의 중간배당을 결의하였으며, 3,000만원의 이익준비금을 적립한 결과 미처분이익은 7,000만원이 되었다. 그런데 2025년 12월 말 결산시 A회사는 2억원의 손실이 발생하였다. 이 경우 이사들이 부담하게 되는 배상액은 1억 3,000만원(2억원−7,000만원)이 된다. ② 앞의 ①과 같은 조건에서 단지 2025년 12월 말 결산시 A회사의 손실을 5억원이라고 가정할 경우, 이사들이 부담하여야 할 배상액은 4억 3,000만원(5억원−7,000만원)이 아니라 중간배당금액인 3억원이다.

이와 같이 중간배당은 이사가 당해 결산기에 이익이 발생하거나 또는 손실이 발생하지 않는다는 확신이 있는 때에 실시하여야 한다. 다만, 이사가 제462조의 3 제3항, 즉 당해 결산기에 손실이 발생할 우려가 없다고 판단함에 있어 주의를 게을리하지 아니하였음을 증명한 때에는 배상책임을 면한다(제462조의 3 제4항 본문). 이사의 책임을 추궁함에 있어서는 원고가 이사의 임무해태에 관한 증명책임을 지는 것이 일반원칙인데(제399조 제1항), 중간배당에 대하여는 이사가 무과실의 입증책임을 지도록 하고 있으므로 이사의 책임에 관한 일반원칙의 예외에 해당한다.

한편 이사회의 중간배당결의에 찬성한 이사도 연대책임을 진다(제462조의 3 제6

항·제399조 제2항). 이사의 책임은 總株主의 同意로 면제할 수 있고, 정관으로 이사의 책임액을 경감할 수 있다(제462조의 3 제6항·제400조).

6. 배당금지급시기

중간배당금은 이사회의 결의가 있은 날로부터 1개월 이내에 지급하여야 한다. 다만, 이사회의 결의로 지급시기를 따로 정한 때에는 그에 따른다(제464조의 2 제1항). 이는 중간배당금지급의 지연에 따른 주주의 손해를 방지하기 위함이다.

7. 위법중간배당의 효과(채권자의 반환청구)

위법한 중간배당은 무효이므로 회사는 부당이득반환의 법리에 따라 주주에게 수령액의 반환을 청구할 수 있다(민법 제741조). 나아가 제462조의 3 제6항은 '동조 제3항'에 위반하여 중간배당을 한 경우 제462조 제3항과 제4항을 준용한다고 규정하고 있다. 그리하여 중간배당을 한 결과 당해 결산기에 결손이 생겼음에도 불구하고 주주 스스로가 반환하지 않거나 회사에서 반환청구를 하지 아니하는 때에는 채권자가 직접 주주에게 위법배당으로 인한 配當金의 반환을 청구할 수 있다. 그 밖의 사항은 위법한 이익배당의 경우와 같다.

8. 이익배당과의 비교

위에서 살펴본 바와 같이 중간배당은 회사의 이익을 주주에게 분배한다는 점에서 이익배당과 같은 경제적 기능을 한다. 그러나 ① 중간배당의 결정기관이 주주총회가 아닌 이사회라는 점, ② 주식배당이 불가능하며, ③ 배당재원을 직전 결산기의 재무제표를 기준으로 산정한다는 점에서 다르다.

9. 준용규정

(1) 의의

상법은 중간배당을 이익의 배당으로 보도록 규정하고 있다(제462조의 3 제5항). 구체적으로는 다음과 같다.

(2) 등록의 효과

등록질권자는 入質된 주식에 대한 이익배당을 받아 자기 채권의 변제에 충당

할 수 있다(340조 제1항). 이 권리는 중간배당에 대하여도 동일하게 행사할 수 있다
(제462조의 3 제5항·제340조 제1항).

(3) 종류주식의 특례

회사는 이익의 배당에 관하여 내용이 다른 주식을 발행할 수 있다. 이 경우의
이익배당에는 중간배당도 포함된다(제462조의 3 제5항·제344조 제1항).

(4) 주주명부의 폐쇄

주주명부의 폐쇄와 기준일에 관한 제354조 제1항은 중간배당에도 준용한다
(제462조의 3 제5항).

(5) 이익준비금

회사는 중간배당을 할 때에도 그 자본금의 2분의 1이 될 때까지 중간배당액
의 10분의 1 이상을 이익준비금으로 적립하여야 한다(제462조의 3 제5항·제458조).

IV. 이익배당청구권(배당금지급청구권)

1. 승인결의 전의 이익배당청구권

주주는 자익권의 하나의 유형으로서 이익의 배당을 받을 권리, 즉 이익배당
청구권을 갖는다. 그러나 배당결의에 의하여 배당재산의 금액 등의 권리내용이
확정되기 전의 이익배당청구권, 이른바 抽象的 利益配當請求權은 관념적인 기대
권의 일종이다. 그러므로 주식으로부터 분리하여 양도·입질·처분의 대상이 되지
못한다. 다만, 장래에 발생할 具體的 利益配當請求權을 배당결의 전에 압류할 수
는 있지만, 대금을 회수하기 전에 해당주식이 양도되는 경우 그 압류는 효력을
잃게 된다. 흔히 주주의 고유권이라고 불리는 이익배당청구권은 추상적 이익배당
청구권을 뜻한다. 따라서 시효에 걸리지도 아니한다.

2. 승인결의 후의 이익배당청구권

주주총회가 배당의안을 승인결의(제449조 제1항·제462조 제2항 본문)하거나 이사회
가 승인결의(제449조의 2 제1항·제462조 제2항 단서)를 하면, 각 기준일의 주주는 회사에
대하여 확정된 금액의 配當金支給請求權을 취득한다. 이를 具體的 利益配當請

求權이라고 한다. 이 청구권은 주주를 채권자로 하는 구체적 채권(예: 금전채권 등)이며, 주식과 분리·독립적이다. 그리하여 승인결의 후에 해당주식이 양도되더라도 이 청구권은 양수인에게 이전되지 아니하고, 양도·압류·처분·전부명령 등의 대상이 되며, 소멸시효에도 걸린다.

3. 장기적인 무배당결의와 이익배당청구권

회사가 배당 여부와 배당규모 등을 결정하는 것은 고유한 경영정책에 속하는 명제로써 주주총회 또는 이사회에서 다수결로 정하여지며, 법적으로 구속할 것은 아니다. 이익이 많다 하여 반드시 배당결의를 하여야 하는 것은 아니고, 주주가 배당결의를 청구할 수 있는 것도 아니기 때문에 주주는 구체적 배당청구권을 갖지 못한다.[1809] 배당가능이익이 누적되고 있음에도 장기간 無配當決議를 한다고 하여 법적·윤리적으로 비난할 것도 못된다. 그러므로 상법상 회사의 채무불이행이나 불법행위가 될 수 없다.[1810] (대)주주들이 누구보다도 배당의 유·불리에 대하여 합리적으로 판단할 수 있기 때문이다. 다만, 소수주주들의 입장을 감안하면, 장기간의 무배당현상이 반드시 바람직하다고 볼 수도 없다. 결국 자치규범인 정관으로 그에 관한 일정한 기준을 제시하는 것이 올바른 방법이다.

V. 기 준

1. 주주평등의 원칙

이익배당은 주주평등의 원칙에 따라야 한다. 그리하여 이익배당은 각 주주가 가진 주식의 수에 따라 비례적으로 평등하게 하여야 한다(제464조 본문). 이는 강행규정으로서 정관의 규정 또는 주주총회의 결의로도 달리 정할 수 없다. 다만, 우선주·상환주와 같은 종류주식을 발행한 경우(제344조 제1항)에는 정관의 규정에 따라 종류주식간에 차등배당을 할 수 있다(제464조 단서). 이때에도 같은 종류의 주식간에는 주주평등의 원칙이 지켜져야 한다. 그리고 자본시장법상 공공적 법인은 주주인 정부에게 지급할 배당금의 일부 또는 전부를 우리사주조합원 등에게 지급

1809) 대법원 2022. 8. 19. 선고 2020다263574; 2010. 10. 28. 선고 2010다53792.
1810) 서울고법 1976. 6. 11. 선고 75나1555.

할 수 있다(동법 제165조의 14 제1항).

2. 일할배당·동액(균등)배당

日割配當이란 영업연도 중간에 신주가 발행된 경우 신주의 효력발생일로부터 결산일까지의 일수를 계산하여 이익배당을 하는 것을 말한다.

3. 대소주주의 차등배당

大株主들이 스스로 양보하여 자신들의 배당률을 소액주주보다 낮게 하거나, 소액주주에게만 배당하고 자신들에게는 배당을 하지 않기로 결의를 하는 수가 있다. 이러한 행위는 대주주 스스로의 이익배당청구권의 일부포기라고 해석할 수 있는 경우에 한하여 유효하다.[1811] 즉 이를 가지고 총회에서 주주의 차등배당률을 결의할 수 있는 것으로 보는 것은 올바르지 않다.

따라서 대주주 중에서 이러한 결의를 반대하거나 총회에 불참한 자가 있는 경우에는 소액주주와 같은 배당률을 적용하여야 한다. 다만, 대주주가 배당결의 후에 자신의 배당금 중 전부 또는 일부를 포기할 수는 있다. 포기를 하는 대주주가 회사인 경우에는 대표이사가 배당포기의 의사표시를 하게 되는데, 이는 회사의 이익을 부당하게 포기하는 행위이므로 회사, 때로는 제3자에게 임무해태로 인한 배상책임을 진다(제399조 제1항·제401조 제1항). 설령 이사회의 결의로 포기하였다고 하더라도 같은 결론에 이르고, 찬성한 이사들의 책임도 같다(제399조 제1항·제401조 제1항·제399조 제2항).

Ⅵ. 배당금지급시기·책임과 시효

정기배당금은 주주총회 또는 이사회의 배당결의(제462조 제2항)가 있는 날로부터 1월 이내에, 中間配當金은 이사회의 결의가 있는 날로부터 1월 이내에 지급하여야 한다(제464조의 2 제1항 본문). 이는 배당금지급의 지연에 따른 주주의 손해를 방지하기 위함이다. 다만, 배당결의시 배당금의 지급시기를 따로 정한 경우에는 그에 따른다(제464조의 2 제1항 단서). 배당금지급이 지연되면 회사는 채무불이행책임을

1811) 대법원 1980. 8. 26. 선고 80다1263.

지므로 주주는 회사에게 배당금과 지연손해금의 지급을 청구할 수 있다(민법 제397조). 이사는 주주에게 손해배상책임을 진다(제401조). 배당금지급청구권은 5년의 消滅時效에 걸린다(제464조의 2 제2항). 다만, 이 청구권은 상사채권이 아니다. 이익배당은 내부적 분배행위로써 영업으로 또는 영업을 위하여 하는 행위가 아니기 때문이다.[1812] 그 기산일은 배당결의시가 아니라 위 1개월이 경과한 때 또는 배당결의시 지급시기를 따로 정한 기한이 경과한 때이다.

VII. 주식배당

1. 의의

(1) 주식배당의 개념

주식배당(Stock dividends)은 금전이나 현물 대신 새로이 발행하는 주식으로 하는 이익배당이다(제462조의 2 제1항). 주식배당은 먼저, 주주에게 배당할 이익을 금전으로 확정하고, 이를 주식으로 환산하여 배당한다. 그리고 '새로이 주식을 발행'하여야 하기 때문에 회사가 보유하고 있는 자기주식(treasury stock)으로 배당하는 것은 현물배당이지 주식배당이 아니다.

주식배당은 '이익배당'이므로 주주평등의 원칙에 따라야 한다. 또한 배당할 이익이 자본금으로 전입되고, 그에 따라 新株가 발행되어 분배되는 것이니, 엄밀히는 법률적 의미의 '無償'은 아니다. 다만, 주주가 대가를 지급함이 없이 새로운 주식을 취득한다는 경제적 의미에서는 '無償'이라고 할 수 있다.

(2) 한계

주식배당제도는 1984년 개정시 도입되었는데, 당시에는 액면주식만이 존재하였다. 그리고 현행법에도 무액면주식을 발행한 회사의 주식배당제도에 관한 규정이 없다.[1813] 제462조의 2 제2항 역시 '주식배당은 주식의 권면액으로 한다.'고 명시하고 있다. 이와 같이 현행법상 주식배당제도는 배당할 이익을 액면가로 나눈 수의 주식을 발행하는 구조이므로 무액면주식에 적용할 수 있는 근거규정이

1812) 이철송(2024), 1048면; 대법원 2021. 6. 24. 선고 2020다208621.
1813) 참고로 일본에서는 1990년 개정상법에서 주식배당제도를 주식분할제도에 흡수하였는데, 그 이전에는 무액면주식에 주식배당제도를 적용하는 규정을 두고 있었다(舊일본상법 제293조의 2 제2항).

없다.

따라서 무액면주식을 발행한 회사에서 금전 대신 주식으로 이익을 분배하는 하고자 하는 때에는 주식분할(제329조의 2)방식을 활용하여 주주의 소유주식수를 증가시키면 족하고, 주식배당에 관한 제462조의 2의 요건이나 절차에 구속될 필요는 없다.

2. 주식배당의 법적 성질

(1) 의의

주식배당제도가 도입된 이후부터 주식배당의 법적 성질을 어떻게 볼 것인가에 관하여 이익배당설과 주식분할설이 대립하여 왔다.

(2) 학설

1) 이익배당설

이 학설은 ① 이익배당의 규정과 주식배당의 규정이 나란히 규정되어 있고, ② 배당가능이익의 존재를 전제로 하며, ③ 절차 면에서도 주주는 이익배당결의에 의하여 배당금지급청구권을 취득하고, 이것이 주식발행으로 置換되었을 뿐이고, ④ 총회의 배당결의시에 이익배당과 신주발행이 함께 결정되므로 주식배당을 이익배당의 한 형태로 본다(통설).[1814]

2) 주식분할설(자본전입설)

이 학설은 주식배당은 배당가능이익을 자본금으로 전입하는 주식분할이라고 설명한다. 주식배당을 하더라도 회사재산이나 지분비율에 아무런 변동이 없다는 점을 주요 논거를 제시한다.[1815]

3) 논의의 실익

주식배당의 성질론에 따라 제도의 운영과 해석론상 차이가 있다. 그 내용은 다음과 같다. 첫째, 회사가 종류주식을 발행한 경우(제344조 제1항), 주식분할설을 취하면 주식배당으로 교부할 신주를 舊株와 같은 종류의 주식(예: 우선주 vs. 우선주, 상환주 vs. 상환주)을 발행하여야 하지만, 이익배당설을 취하면 舊株의 종류를 무시

1814) 정찬형(2022), 1243면; 이철송(2024), 1048면; 최기원(2012), 944면; 권기범(2021), 1259면; 최준선(2024), 746면; 손주찬(2004), 944면; 홍·박(2021), 710면; 이·최(2022), 757면; 강·임(2009), 991면.

1815) 송옥렬(2022), 1228면; 김·노·천(2024), 630면; 정동윤(2012), 786면.

하고 모든 주주에게 동일한 주식(예: 전환주 또는 우선주)을 발행할 수 있다.

둘째, 주식을 略式入質한 경우, 주식배당에도 質權의 효력이 미치는지에 대하여는 학설이 나뉜다. 주식분할설에 따르면 신주에 물상대위권이 미치지만(제461조 제7항·제339조), 이익배당설에 따르면 약식질의 효력이 이익배당청구권에도 미치는지에 대하여 학설이 나뉘고 있는데, 이를 부정하는 것이 다수설이다. 그러나 이러한 두 가지 문제는 명문으로 해결되고 있다. 즉 ① 주식배당에 다른 신주의 교부는 구주의 종류와 무관하게 원칙적으로 '같은 종류의 주식'(예: 보통주)으로 하여야 하며, 예외적으로 기존의 주식과 같은 종류의 주식으로 배당할 수 있고(제462조의 2 제2항), ② 주식배당은 등록질에만 그 효력이 미치는 것으로 정리하고 있다(제462조의 2 제6항). 따라서 이 점에 관한 한 논의의 실익이 없다.

셋째, 회사가 自己株式을 발행하고 있는 경우 주식분할설을 따르면 다른 주식이 분할되면 자기주식도 따라서 分割되어야 하므로, 자기주식에 대하여도 주식배당을 하여야 한다. 그러나 이익배당설에 따르면 자기주식에 대하여 배당하는 것은 가공의 자본에 배당하는 것이므로 부정된다는 것이 다수설이다. 따라서 주식배당도 부정된다.

(3) 사견

주식배당은 발행주식수를 증가시킨다는 점에서 주식분할과 같은 효과를 야기하는 면이 있다. 그러나 주식배당제도의 도입취지는 사내에 축적된 이익을 분배하고, 배당가능이익을 社內에 유보하는 데 있으며, 그 수단으로 발행주식수 및 자본금의 증액이 수반되는 것이다. 그리고 주주의 배당금지급청구권이 주식발행으로 置換되었을 뿐이라는 점도 부정할 수 없다. 또한 영국의 2006년 회사법 제829조(2)(a)[1816]와는 달리 주식배당을 이익배당에서 규정하고 점에서도 이익배당설이 타당하다. 따라서 자기주식에 대한 배당도 부정된다.

3. 주식배당의 요건

(1) 배당가능이익의 존재

주식배당은 '이익의 배당'을 주식으로 하는 것이므로 금전배당과 마찬가지로

[1816] 이 규정에 따르면, 주식배당은 준비금의 자본전입과 매우 유사하다(Eilis Ferran·Look Chan Ho(2014), pp.212−215).

제462조 제1항에 의하여 산출된 배당가능이익이 있어야 한다. 주식배당을 하는 부분에 대하여는 이익준비금을 적립할 필요가 없다(제458조 단서). 그 이유는 금전배당과 달리 회사재산이 사외로 유출되지도 않기 때문이다. 그러므로 이익준비금을 적립하도록 함으로써 주식배당가능이익을 줄어들게 할 필요가 없는 것이다.

(2) 주식배당범위의 제한

주식배당은 '이익배당총액의 2분의 1'에 상당하는 금액을 초과하지 못한다(제462조의 2 제1항 단서). 따라서 주식배당액은 항상 금전배당 및 현물배당의 합계액을 초과할 수 없다. 이러한 제한을 두는 것은 換金性이 떨어지는 비상장회사의 주가가 액면가를 하회하는 흐름에서 기업들이 이를 악용하여 주식배당을 하는 경우에는 주주들의 이익배당청구권이 침해될 수 있기 때문이다. 이 점 비상장회사에서도 총주주가 동의한다면 전액 주식배당을 할 수 있음을 뜻한다. 그리고 이 한도가 준수되는 범위 내에서는 매결산기마다 주식배당을 할 수 있다.

한편 상장회사는 주식의 시가가 액면가 이상이면 이익배당총액에 상당하는 금액까지 주식배당을 할 수 있다(자본시장법 제165조의 13 제1항). 상장주식은 환금성이 양호하기 때문이다.

(3) 미발행수권주식의 존재

주식배당을 하는 경우 신주는 발행예정주식총수의 범위 내에서 발행되어야 한다. 발행예정주식총수 중 未發行部分이 부족할 때에는 정관을 변경하여 주식배당 전에 발행예정주식총수를 늘려야 한다.

4. 주식배당의 절차

(1) 배당의안의 작성·승인

회사는 금전배당 또는 현물배당, 그리고 이익준비금과 함께 배당의안에 주식배당에 관한 내용을 기재하여 이사회의 승인을 받아야 한다.

(2) 주주총회의 결의

주식배당은 주주총회의 보통결의에 의한다(제462조의 2 제1항 본문). 이 결의에서는 주식배당을 한다는 뜻, 신주의 종류와 수 등을 결정하여야 한다. 총회에서 주식배당액을 결의하여야 함은 당연하지만, 그에 따른 발행가액은 일반신주발행과 달리 결의사항이 아니다. 법문에서 권면액(액면)으로 하도록 정하고 있기 때문이다(제462조의 2 제2항).

이사회가 재무제표를 승인하는 경우 이익배당도 이사회의 결의로 정한다(제462조 제2항 단서). 다만, 이 규정은 주식배당에는 적용되지 아니하므로 이사회가 재무제표를 승인하고 이익배당을 결의하여, 이를 주식배당으로 하고자 할 때에는 다시 주주총회의 결의를 거쳐야 한다(제462조의 2 제1항).

(3) 주주평등의 원칙(혼합배당 등의 금지)

주식배당을 함에 있어서도 주주평등의 원칙에 따라야 한다(제464조). 따라서 주주간에 차등을 두어 어떤 주주에게는 금전배당을, 다른 주주에게는 주식배당을 하는 것은 위법하다. 설령 주주들의 희망에 의하여 혼합배당을 하였다고 하더라도 위법하다. 이는 현물배당시 예외적으로 혼합배당을 인정하는 것과 다르다(제462조의 4 제2항). 또한 주식의 종류에 따라 금전배당과 주식배당의 비율을 달리하는 것도 위법하다.

(4) 발행가

주식배당으로 발행하는 신주의 발행가액에 대하여는 주식의 卷面額으로 한다(제462조의 2 제2항). 따라서 주주총회에서 이를 정할 여지는 없다. 이는 자본금이 회사의 발행주식수의 액면총액(제451조)이라는 원칙을 지키기 위한 규정이다. 그리하여 주가가 권면액을 하회하면 주주에게 불리하고, 상회하면 이익이 된다.

(5) 단주의 처리

주식배당을 한 결과 端株가 생길 수가 있다. 단주는 경매하거나 또는 去來所의 時勢가 있는 주식은 거래소를 통하여 매각하고, 거래소의 시세 없는 주식은 법원의 허가를 받아 경매 외의 방법으로 매각하여 그 대금을 주주에게 지급하여야 한다(제462조의 2 제3항·제443조 제1항).

(6) 종류주식과 주식배당

1) 문제의 제기

제462조의 2 제2항은 종류주식을 발행한 회사가 주식배당을 하는 경우 '각각 그와 같은 종류의 주식으로 할 수 있다.'고 규정하고 있다. 그리하여 종류주식을 발행한 회사가 주식배당을 하는 경우 종류가 다른 주식 사이에는 배당주식의 종

류를 달리하여야 하는지에 대하여 견해가 나뉜다.

2) 학설

제462조의 2 제2항의 규정에 대하여는 ① 문언에 충실하여 단일한 종류의 주식(예: 우선주)로 배당할 수도 있고, 기존의 주식과 같은 종류의 주식으로도 배당할 수 있다는 견해(다수설),[1817] ② 기존의 주식과 같은 주식으로만 배당하여야 한다는 견해,[1818] ③ 명문에도 불구하고 모두 같은 종류의 주식(예: 우선주)로만 배당할 수 있다는 견해로 나뉜다.

3) 사견

주식배당의 법적 성질에 관하여 이익배당설을 취하는 결과 종류가 다른 주식 간에도 당연히 단일한 종류의 주식(예: 우선주)로 배당하여야 한다. 주식배당은 각 주식에 대하여 정해진 이익배당금을 주식으로 치환하여 신주를 발행하는 것인데, 주식으로 치환하는 단계에서 종류별로 차별하는 것은 주식평등의 원칙에 반하기 때문이다. 다만, 제462조의 2 제2항이 '각각 같은 종류의 주식으로 할 수 있다.'고 규정하여 주식종류별 차별을 허용하고 있으므로 ①설이 타당하다고 본다.

(7) 자기주식에 대한 주식배당

기술한 바와 같이 주식배당의 법적 성질에 따라 회사가 보유하는 자기주식도 주식배당을 받을 수 있는지에 대하여는 다른 결론이 도출된다. 다만, 개인적으로 이익배당설을 취하는 결과 자기주식은 이익배당에 참가할 수 없기 때문에 주식배당도 받을 수 없다고 본다. 주식분할설을 취하면, 반대의 결론에 이른다.

(8) 배당통지·공고

이사는 주식배당의 결의가 있는 때에는 지체 없이 배당을 받을 주주와 주주명부에 기재된 (등록)질권자에게 그 주주가 받을 주식의 종류와 수를 통지하여야 한다(제462조의 2 제5항).

(9) 등기

주식배당이 실행되면 발행주식총수와 자본금의 액이 증가하게 되므로 주주총회의 결의가 있은 날로부터 본점소재지에서 2주일 내에 변경등기를 하여야 한

1817) 이철송(2024), 1053면; 정찬형(2022), 1245면; 권기범(2021), 1262면; 손주찬(2004), 946면; 최기원(2012), 946면.
1817) 이철송(2024), 1053면; 정찬형(2022), 1245면; 권기범(2021), 1262면; 손주찬(2004), 946면; 최기원(2012), 946면.
1818) 정동윤(2012), 788면; 정경영(2022), 857면; 정무동(1996), 586면.

다(제317조 제4항·제183조, 제317조 제2항 제2호·제3호).

(10) 주권의 발행

주식배당에 의하여 주주가 취득한 新株에 관하여 회사는 지체 없이 株券을 발행하여야 한다(제355조 제1항 유추적용).

5. 주식배당의 효과

(1) 주식수와 자본금의 증가

주식배당에 의하여 신주가 발행되면 배당가능이익이 資本化되어 자본금이 증가하고, 이를 액면가로 나눈 수만큼 발행주식총수가 증가한다. 주주의 지분에는 변동이 없는 것이 원칙이다. 다만, ① 端株가 발행되면 이를 단주처리방법(제443조 제1항)에 따라 환가하여 배당을 하는 경우 및 ② 종류주식을 발행한 경우 종류에 따라 배당금이 다를 수 있는 것과 같이 이에 비례하여 배당되는 주식수도 달라질 수 있으므로(제462조의 2 제2항 후단), 주주간의 지분율이 달라질 수 있다. 예를 들면, 주주총회에서 보통주 1주당 배당액을 500원으로 하고, 우선주 1주당 배당액을 1,000원으로 정한 후 구주와 관계없이 보통주를 발행하여 주식배당을 하는 경우에는 우선주를 가진 주주의 지분이 증가하게 된다.

(2) 신주의 효력발생시기

주식배당을 받은 주주는 주식배당에 관한 결의가 있는 주주총회가 종결한 때부터 신주의 주주가 된다(제462조의 2 제4항). 주주총회의 결의시에 신주발행의 효력이 생긴다고 하면, 총회의 개최기간 중에 발행주식수가 증가하여 출석주주의 정족수에 변동을 야기하고 권리행사 또는 결의절차상 번잡함이 있기 때문이다.

(3) 질권의 효력

登錄質權者의 권리는 주주가 배당받은 신주에 미친다(제462조의 2 제6항 전단). 그리하여 등록질권자는 회사에게 신주에 대한 주권의 교부를 청구할 수 있다(제462조의 2 제6항 후단·제340조 제3항). 주식배당의 법적 성질을 이익배당으로 보아 略式質의 효력은 이익배당에 효력이 미치지 아니한다고 해석한다. 그러므로 주식배당에도 略式質의 효력이 미치지 아니한다고 본다.

Ⅷ. 위법배당의 효과

1. 서설

위법배당이란 법령이나 정관에 위반하여 이루어진 이익배당을 말한다. 배당가능이익이 없음에도 불구하고 또는 배당가능이익을 초과하여 행한 배당 등이 전형적인 예이다. 위법배당을 하면 이사, 감사 또는 외부감사인 등은 민사상 배상책임을 부담함은 물론 형사상 벌칙이 적용된다. 그리고 배당 자체의 사법적 효과역시 문제된다. 이 밖에도 절차상의 하자를 원인으로 하는 위법배당도 있다. 이를 금전배당·현물배당 및 주식배당으로 분설하면 아래와 같다.

2. 금전배당 또는 현물배당의 위법

(1) 배당가능이익이 없는 배당

1) 의의

제462조에 의거한 배당가능이익이 없음에도 배당을 하거나, 직전 결산기에 미처분이익이 없음에도 중간배당을 하는 것(제462조의 3 제2항)은 강행법적 원칙에 반하므로 무효이다. 이때 회사 또는 회사채권자는 반환청구권을 행사할 수 있다.

2) 회사의 반환청구

위법배당도 주주총회의 배당결의를 거쳐서 실행된다. 따라서 회사가 반환을 청구할 경우, 먼저 총회결의무효확인의 訴를 제기하여 無效判決을 받은 후에 반환을 청구하여야 하는지 아니면 무효판결 없이 직접 반환을 청구할 수 있는지 문제된다. 그러나 배당가능이익이 없음에도 불구하고 배당금을 지급하는 행위는 그 자체가 자본금충실의 원칙 및 강행규정인 제462조 제1항에 반한다. 이 때문에 그 위법성에 관하여는 배당결의와 무관하게 판단되어야 한다. 그리하여 회사는 총회결의무효확인의 訴와 무관하게 부당이득반환의 법리(민법 제741)에 따라 주주를 상대로 직접 반환을 청구할 수 있다고 본다. 설령 위법배당을 받은 주주가 善意일지라도 마찬가지이다. 이 경우 주주가 반환하여야 하는 금액은 반환 당시의 현존하는 이익(민법 제748조 제1항)이 아니라, 배당으로 인하여 얻는 전액이다(통설).1819)
이익배당은 출자자와 회사간의 자본거래로서 선의자의 보호법리가 관여할 수 있

1819) 이철송(2024), 1056면; 정찬형(2022), 1031면; 정동윤(2012), 784면; 권기범(2015), 1135면.

는 성질이 것이 못되기 때문이다.

3) 채권자의 반환청구

배당가능이익이 없거나 배당가능이익을 초과하여 실행되는 위법배당은 채권자에 대한 책임재산을 감소시킨다. 이 때문에 상법은 회사채권자도 직접 주주에게 배당금의 반환을 청구할 수 있는 규정을 두고 있다(제462조 제3항). 중간배당의 경우에도 동일하다(제462조의 3 제6항·제462조 제3항). 다만, 채권자는 자기가 아닌 회사에 반환하라고 청구하여야 한다. 채권자에는 이익배당 당시의 채권자뿐만 아니라 그 이후의 채권자도 포함된다(통설).

채권자의 반환청구권도 배당결의의 無效確認의 訴와 무관하게 행사할 수 있다. 그러므로 소 이외의 의사표시의 방법으로도 가능하다. 다만, 訴의 방법으로 하는 때에는 회사의 본점소재지를 관할하는 지방법원에 제기해야 한다(제462조 제4항·제186조). 회사의 반환청구와 마찬가지로 주주의 善意 여부를 묻지 아니하고, 반환청구금액은 채권자의 채권액으로 제한되지 아니하고 위법배당을 받은 전액이다. 그리고 회사의 반환청구권의 행사 여부와 무관하게 반환을 청구할 수 있다.

위와 같이 채권자의 반환청구권은 회사의 권리를 代位하는 것이 아니라 法定의 권능이다. 그러므로 債權者代位의 요건(민법 제404조)의 구비 여부와 관계없이 반환청구권을 행사할 수 있다. 그리하여 변제기에 이르지 아니한 채권의 채권자라도 법원의 허가 없이 반환을 청구할 수 있다(민법 제404조 제2항 참조).

(2) 절차 등의 위법

이익배당이 배당가능이익의 범위 내에서 실행되었더라도 배당결의절차, 기준, 시기 또는 결의방법 등에 하자가 있거나 주주평등의 원칙에 반하는 배당 등도 위법하다. 따라서 그 효력은 부정된다. 다만, 이 경우 회사채권자는 반환청구권을 갖지 못한다. 법문상의 배당가능이익의 범위 내에서 배당이 실행되어 채권자의 責任財産의 보전에는 문제가 없고, 채권자는 그 효력을 다툴 法益이 없기 때문이다(제462조 제1항·제3항).

회사가 배당금액에 관한 반환을 청구할 때에는 이를 분리·처리하여야 한다. 먼저, ① 배당자체가 실체법적인 위법성이 있는 경우 예를 들면, 주주평등의 원칙에 위반하는 차등배당이나 정관에 근거가 없는 중간배당 등의 경우에는 배당결의의 효력을 다툴 필요 없이 배당금액의 반환을 청구할 수 있다고 본다. ② 소집절차상의 하자 등 배당결의에 관한 하자가 있는 때에는 우선적으로 배당결의의 효력을 다투는 訴를 제기하여 결론을 얻어야 한다.

3. 주식배당의 위법

주식배당이 위법한 경우에는 이로 인하여 발행된 新株의 效力이 함께 판단되어야 하므로 신주발행무효의 訴에 관한 제429조를 유추적용하여 訴에 의하여만 주식배당의 무효를 주장할 수 있다고 본다(통설). 다만, 주주가 株金을 납입한 바가 없으므로 株金을 반환하여야 하는(제432조 제1항) 문제는 발생하지 아니한다. 이익배당 자체는 유효한데 이를 주식으로 환산·발행하는 절차가 무효인 경우(예: 정관의 수권주식수를 초과하는 발행, 정관의 규정이 없는 신주의 발행)에는 신주발행이 무효가 되므로 주식에 갈음하여 배당금을 지급하여야 한다. 그리고 어떠한 경우이든 신주발행무효의 판결의 효력은 장래에만 미치고 소급효가 제한되는 까닭에(제431조 제1항) 판결시까지 배당된 신주가 유효함을 전제로 한 모든 행위는 유효하다.

한편 주식배당에 의하여는 회사재산이 현실적으로 사외로 유출되어 주주에게 이전된 바가 없고, 신주발행무효판결에 의거 주주의 配當新株는 소멸되기 때문에 배당가능이익이 없이 주식배당을 하더라도 채권자는 그 주식의 반환을 청구(제462조 제3항)할 수 없다.

4. 이사 등의 책임과 벌칙

위법한 내용의 배당의안을 작성하고 집행한 理事는 법령이나 정관에 위반한 행위를 하였으므로 회사는 물론 주주·채권자 등에 대하여 손해배상책임을 진다(제399조·제401조). 이사회에서 위법한 배당안에 찬성한 이사들 그리고 결의에 참가한 이사로서 이의를 한 기재가 의사록에 없는 이사도 손해배상책임을 진다(제399조 제2항·제3항). 監査를 게을리한 監事(또는 감사위원회 위원)도 회사 또는 제3자에게 손해배상책임을 진다(제414조·제415조의 2 제7항). 그리고 관련 임원들에게는 罰則(제625조 제3호·제462조의 3 제5항)이 적용되고 解任事由(제385조)에 해당한다.

5. 소멸시효

위법배당반환청구권은 상사시효(제64조)가 아니라 10년의 민사소멸시효에 걸린다.1820) 상행위계약에 기초하여 이루어진 급부자체의 반환을 구하거나 상거래와 같이 법률관계를 신속하게 해결할 필요성이 있는 것도 아니기 때문이다.

제 5 관 재무제표 등의 공시 및 주주 등의 권리

Ⅰ. 서 설

기업공시제도(disclosure)는 주주 또는 채권자 등의 이해관계인들을 위하여 회사의 재산상태 및 사업성과 등 기업의 내용을 알림으로서 권리행사나 투자판단에 도움을 주고자 하는 제도이다. 그리하여 주주는 公示된 기업의 내용을 보고 투자회수의 여부 또는 이사 등의 교체 여부를 결정하고, 회사채권자는 채권회수 또는 추가적인 자금공여에 관한 의사결정을 한다. 그리고 공시자료는 주주 또는 채권자의 감시권를 행사하는 데 필요한 정보를 제공함으로써 업무집행자의 합리적인 직무수행을 유도하는 계기가 되기도 한다. 특히 상장회사가 발행한 증권이 공정한 가격형성을 위하여도 기업공시는 중요하다.

Ⅱ. 공시제도

1. 의의

(1) 서

공시는 주식이나 사채와 같은 증권의 발행시장 및 유통시장에서 요구된다. 그러나 상법은 주주와 채권자의 권리보호나 경영감시의 문제를 다룰 목적에서 공시규정을 두고 있으므로, 대부분의 규정은 유통시장에서 발생하는 것이다.

(2) 정관 등 서류의 비치
1) 방법

이사는 회사의 정관 및 주주총회의 의사록을 본점과 지점에, 주주명부 및 사채원부를 본점에 비치하여야 한다. 이 경우 名義改書代理人을 둔 때에는 주주명부나 사채원부 또는 그 복본을 명의개서대리인의 영업소에 비치할 수 있다(제396

1820) 대법원 2021. 6. 24. 선고 2020다208621; 2019. 9. 10. 선고 2016다271257.

조 제1항).

2) 열람청구 및 열람·등사

회사의 주주와 채권자는 영업시간 내에 언제든지 이 서류의 열람 또는 등사를 청구할 수 있다(제396조 제2항). 이는 주주 및 회사의 이익을 보호하려는 데에 그 목적이 있다. 그와 함께 소수주주들로 하여금 다른 주주들과 주주권(예: 대표소송, 이사행위유지청구)의 공동행사나 의결권대리행사 권유 등을 할 수 있게 하여 지배주주의 주주권 남용을 방지하는 기능도 담당한다. 이 경우 회사는 그 청구에 정당한 목적이 없는 등의 특별한 사정이 없는 한 이를 거절할 수 없고, '정당한 목적이 없다.'는 점에 관한 증명책임을 부담한다. 즉 회사가 그 청구의 목적이 정당하지 아니함을 주장·입증하는 경우에는 이를 거부할 수 있다.[1821]

목적이 정당하지 아니하다는 것은 열람·등사의 청구권이 회사의 영업방해의 목적 또는 다른 정치적인 목적에서[1822] 행사되었음을 말한다. 적대적 합병을 시도하고 있는 상대방회사에 이를 거부하는 것은 회사의 청구거부사유가 아니다.

3) 실질주주명부에 대한 열람·등사

예탁원이 보관하고 있는 주식에 대한 주주의 현황은 실질주주명부를 통하여만 파악할 수 있다. 이와 관련하여 자본시장법은 실질주주명부가 상법상 주주명부와 동일한 효력이 있음을 명시하고 있다(동법 제316조 제2항). 판례 역시 제396조 제2항을 유추적용하여 형식주주 또는 실질주주가 실질주주명부를 열람 또는 등사를 청구할 수 있다고 본다.[1823] 열람 또는 등사청구가 허용되는 범위도 위와 같은 유추적용에 따라 '실질주주명부상의 기재사항 전부'가 아니라 실질주주의 성명 및 주소, 실질주주별 주식의 종류 및 수와 같이 '주주명부의 기재사항'에 해당하는 것에 한정된다.[1824]

4) 주주명부의 열람과 개인정보보호법

주주의 성명·주소, 주주별 주식의 종류 및 수 등 주주명부에 기재된 사항은 개인정보보호법의 대상이다. 그러나 이러한 범위 내에서 행해지는 (실질)주주명부의 열람·등사행위는 개인정보보호법에 위반된다고 볼 수 없다. 역으로 주주명부

1821) 대법원 2017. 11. 9. 선고 2015다235841; 1997. 3. 19. 자 선고 97그7 결정.
1822) 서울중앙지법 2008. 4. 4. 자 2008카합721 결정.
1823) 대법원 2017. 11. 9. 선고 2015다235841.
1824) 대법원 2017. 11. 9. 선고 2015다235841.

의 기재사항이 아닌 실질주주의 전자우편주소는 열람·등사의 대상에 포함되지 아니하므로 개인정보보호법의 대상이다.[1825]

(3) 재무제표 등의 공시

이사는 정기총회회일의 1주간 전부터 대차대조표, 손익계산서, 자본변동표, 이익잉여금 처분계산서·결손금 처리계산서, 연결재무제표(제447조), 영업보고서(제447조의 2) 및 감사보고서를 본점에 5년간, 그 등본을 지점에 3년간 비치하여야 한다(제448조 제1항). 주주와 회사채권자는 영업시간 내에 언제든지 이들 서류를 열람할 수 있으며, 회사가 정한 비용을 지급하고 그 서류의 등본이나 초본의 교부를 청구할 수 있다(제448조 제2항). 상장법인은 사업보고서를 금융위원회와 거래소에 제출하는 추가절차를 밟아야 한다(자본시장법 제159조·제160조).

(4) 대차대조표의 공고

이사는 주주총회에서 대차대조표, 손익계산서, 자본변동표, 이익잉여금 처분계산서·결손금 처리계산서(제447조 제1항)에 대한 승인을 얻은 때에는 지체 없이 대차대조표를 公告하여야 한다(제449조 제3항).

(5) 특별법상 적시공시

상법상의 공시행위는 정기적인 것이어서 수시로 일어나는 회사의 변동상황을 적시에 알림으로써 합리적인 투자판단의 재료로 삼기에는 충분하지 않다. 그리하여 자본시장법은 상장법인으로 하여금 특히 株價의 형성에 영향을 미칠 중요한 사실이 발생한 경우에는 원칙적으로 그 사실이 발생한 날의 다음 날까지 그 내용을 기재한 주요사항보고서를 금융위원회에 제출하도록 하여 적시공시제도(timely disclosure)를 도입하고 있다(동법 제161조 제1항).

(6) 공시에 관한 책임

公示를 게을리한 경우 이로 인하여 손해를 입은 주주 또는 채권자 등 이해관계인은 회사 또는 이사에게 손해배상책임을 물을 수 있다(제401조). 자본시장법 등 특별법에 의한 책임추궁도 가능하다.

1825) 대법원 2017. 11. 9. 선고 2015다235841.

Ⅲ. 회사의 재산 및 업무에 관한 소수주주권

1. 회계장부열람 · 등사청구권

(1) 의의

재무제표 등 공시서류는 분식의 가능성이 있고 간접적인 정보에 불과하다는 한계가 있다. 이 때문에 상법은 소수주주에게 직접 '會計帳簿와 書類'를 閱覽할 수 있는 권리를 부여하고 있다. 소수주주는 이유를 붙인 서면으로 회계장부와 서류의 열람 또는 謄寫를 청구할 수 있다(제466조 제1항). 이 권리는 미국 각주의 회사법상 '장부 및 기록열람청구권'(inspection right of books and records)을 참조하여 1998년 개정시 도입되었다.

(2) 기능

회계장부열람청구권은 주주가 이사의 책임을 추궁하기 위한 소를 제기하기 위하여 필요한 조사를 행하는 경우 등에 회사의 업무 · 재산상태를 조사하기 위한 檢査人選任請求權(제467조)과 함께 중요한 역할을 담당한다.

(3) 행사요건

1) 주식보유요건

이 권리는 소수주주권이다. 그리하여 발행주식총수의 100분의 3 이상을 가진 주주만이 회계장부열람 또는 등사청구권을 행사할 수 있다. 상장회사의 경우에는 6월간 계속하여 발행주식총수의 1만분의 10(자본금이 1,000억 원 이상인 경우에는 1만분의 5) 이상을 소유한 소수주주만이 회계장부열람 · 등사를 청구할 수 있다(제542조의 6 제4항). 소수주주에 한하여 이 권리를 허용하는 것은 회계장부가 법정공시서류(제396조 제1항 · 제448조 제1항)보다 기밀도가 높기 때문이다. 따라서 회계장부의 열람과 등사에 시간이 소요되는 경우에는 열람 · 등사를 청구한 주주가 전 기간을 통하여 주식 보유요건을 충족하여야 하고, 열람 · 등사를 재판상 청구하는 경우에는 소송이 계속되는 동안 주식 보유요건을 구비하여야 한다.[1826)

2) 청구의 정당성

회사는 주주의 열람 · 등사청구가 부당함을 증명하지 못하면 소수주주의 회계

1826) 대법원 2017. 11. 9. 선고 2015다252037.

장부열람청구를 거부하지 못한다(제466조 제2항). 열람·등사청구의 정당성 여부는 주주의 알 권리와 회사의 불이익(예: 영업비밀의 누출 등)을 비교교량하여 판단되어야 한다. 그러므로 단순히 '경영감시의 필요성'과 같이 추상적인 이유만으로는 열람을 허용할 사유가 못되지만, 이사의 부정을 의심할 만한 사유가 있는 경우에는 열람을 청구할 정당한 사유가 된다.[1827) 이와 같이 주주는 이 권리의 행사시 그 이유를 구체적으로 기재하여야 한다.[1828)

따라서 회계정부열람·등사를 청구한 소수주주가 적대적 인수·합병을 시도하고 있다는 사정만으로도 그 청구가 부당하지 않다.[1829) 회사가 파산법상의 회생절차를 개시한 경우에도 동일하다. 영업양도결의에 반대하는 주주가 주식매수청구권을 행사하고, 회사로부터 주식의 매매대금을 지급받지 아니한 동안 이 권리를 행사한 경우도 같다.[1830)

이에 비하여 주주의 이 권리의 행사가 회사업무의 운영 또는 주주공동의 이익을 해치거나 주주가 회사의 경쟁자로서 그 취득한 정보를 경업에 이용할 우려가 있거나, 또는 회사에 지나치게 불리한 시기를 택하여 행사하는 경우 등에는 정당한 목적을 결하여 부당하다.[1831) 또 회사(甲)의 이사를 상대로 대표소송을 제기하고, 회사(甲)를 상대로 사해행위취소소송을 제기하여 각 소송이 계속 중에 사해행위취소소송을 제기한 것을 내세워 회계장부열람·등사를 청구하는 것은 부당하다. 사해행위취소소송은 甲에 대한 주주의 지위가 아니라 금전채권자의 지위에서 제기한 것이기 때문이다.[1832)

3) 기재하는 이유의 구체성

기술한 바와 같이 주주가 열람·등사청구서에 붙일 이유는 구체적이어야 한다. 회사가 청구에 응하여야 할 의무의 존부 및 열람·등사를 허용하여야 하는 회계장부 및 서류의 범위 등을 판단할 수 있어야 하기 때문이다. 그리고 회계장부와 서류를 열람 또는 등사시키는 것은 회계운영상 중대한 일이므로 그 절차를 신중하게 할 필요도 있기 때문이다. 구체성의 정도는 ① 회사업무집행이 부정 또는

1827) 대법원 1999. 12. 21. 선고 99다137; 서울지법 1998. 4. 1. 선고 97가합68790.
1828) 대법원 1999. 12. 21. 선고 99다137.
1829) 대법원 2014. 7. 21. 자 2013마657 결정.
1830) 대법원 2020. 10. 20. 자 2020마6195 결정; 2018. 2. 28. 선고 2017다270916.
1831) 대법원 2020. 10. 20. 자 2020마6195 결정; 2018. 2. 28. 선고 2017다270916.
1832) 대법원 2018. 2. 28. 선고 2017다270916.

부적정한 행위에 해당하는 것인지를 파악할 수 있어야 하지만,[1833] ② 그러한 부정행위 등이 사실인지 모른다는 합리적인 의심이 생기게 하는 정도의 기재는 부당하다. 또한 ③ 청구이유를 뒷받침하는 자료를 첨부할 필요는 없다. 따라서 주주의 열람·등사권 행사가 부당한 것인지 여부는 그 행사에 이르게 된 경위, 행사의 목적, 악의성 유무 등 제반사정을 종합적으로 고려하여 판단하면 족하다.[1834] 이러한 정도를 요구하는 것은 ① 이 권리가 회사의 업무 등에 관한 정보가 부족한 주주에게 필요한 정보획득과 자료 수집을 위한 기회는 부여하는 것이라는 점을 고려하고, ② 주주에게 과중한 부담을 줌으로써 주주의 권리를 제한하는 것을 방지하기 위함이다.

(3) 열람의 대상

열람청구의 대상이 되는 회계장부나 서류는 반드시 청구대상이 되는 회사가 작성한 것에 국한되는 것이 아니다. 모회사가 보관하고 있고 모회사의 회계상황을 파악하기 위한 근거자료로 필요한 경우에는 다른 회사 예를 들면, 자회사가 작성한 서류도 열람·등사청구의 대상이 된다.[1835] 자회사를 이용한 이사의 부정행위 등을 방지할 필요가 있기 때문이다.

(4) 횟수의 무제한 및 주주의 가처분신청의 허용

회계정부열람청구권은 그 권리행사에 필요한 범위 내에서 허용되어야 하므로 열람 및 등사의 횟수를 1회로 국한하는 등으로 사전에 제한될 성질의 것은 아니다.[1836] 그리고 회사가 거절사유에 해당한다는 점을 입증하지 아니한 채 열람·등사청구를 거절하는 경우, 주주는 보전의 필요성을 소명하고 열람·등사를 구하는 (만족적) 가처분을 신청할 수 있다. 법원이 임시적인 조치로서 이 권리를 피보전권리로 하는 가처분을 허용함에 있어서는 피신청인인 회사에 대하여 직접 열람·등사를 허용하라는 명령을 내리는 방법뿐만 아니라, 열람·등사의 대상 장부 등에 관하여 훼손, 폐기, 은닉, 개찬이 행하여질 위험이 있는 때에는 이를 방지하기 위하여 그 장부 등을 집행관에게 이전 보관시키는 가처분을 허용할 수

1833) 대구지법 2002. 5. 31. 선고 2002카합144.
1834) 대법원 2022. 5. 13. 선고 2019다270163; 2020. 10. 20. 자 2020마6195 결정.
1835) 대법원 2001. 10. 26. 선고 99다58051.
1836) 대법원 1999. 12. 21. 선고 99다137.

도 있다.[1837]

한편 가처분 재판이 취소 또는 변경되어질 가능성이 예견되는 경우라고 하더라도 원칙적으로 그 집행의 정지는 허용될 수 없다. 그러나 구체적인 가처분의 내용이 그 집행에 의하여 채무자(회사)에게 회복할 수 없는 손해를 생기게 할 우려가 있는 때에는 예외적으로 민사소송법 제501조·제500조를 유추적용하여 채무자를 위한 일시적 응급조치로서 그 집행을 정지할 수 있다. 그리하여 채권자들에게 회계장부 등의 열람·등사를 허용하는 것이 채무자에게 회복할 수 없는 손해를 생기게 할 우려가 있는 때에는 그 집행을 정지시킬 수 있다.[1838] 그리고 간접강제조건의 성취, 즉 가처분에 기재된 서류의 열람·등사를 청구하였다가 거절된 때에는 그 사실을 증명하여(민사집행법 제30조 제2항) 회사에 배상금을 청구할 수 있다(민사집행법 제261조 제1항). 다만, 이 경우에도 가처분결정에서 정한 의무이행 기간이 경과하면, 가처분의 효력이 소멸하여 그 배상금에 대한 집행권원으로서의 효력도 없어지게 된다.[1839]

2. 검사인선임청구권

(1) 의의

檢查人選任請求權은 주주의 회계장부열람청구권만으로는 회사의 업무와 재산상태를 충분히 조사할 수 없다고 판단되는 경우에 지배주주의 권리남용을 방지하고 조사의 공정성을 기하기 위하여 소수주주에게 인정되는 권리이다.

(2) 행사요건

회사의 업무집행에 관하여 부정행위 또는 법령이나 정관에 위반한 중대한 사실이 있음을 의심할 사유가 있는 때에는 발행주식의 총수의 100분의 3 이상에 해당하는 주식을 가진 주주는 회사의 업무와 재산상태를 조사하게 하기 위하여 법원에 검사인의 선임을 청구할 수 있다(제467조). 다만, 상장회사는 6개월 전부터 계속하여 발행주식총수의 1,000분의 15 이상에 해당하는 주식을 보유한 자로 완화하고 있다(제542조의 6 제1항).

1837) 대법원 1999. 12. 21. 선고 99다137.
1838) 대법원 1997. 3. 19. 자 97그7 결정.
1839) 대법원 2021. 6. 24. 선고 2016다268695; 2017. 4. 7. 선고 2013다80627.

(3) 선임청구사유 및 피선자격

검사인선임청구 사유인 '회사의 업무집행에 관하여 부정행위 또는 법령이나 정관에 위반한 중대한 사실이 있음을 의심할 사유가 있는 때'에 대하여는, 그 내용을 구체적으로 명확히 적시하여 입증하여야 한다. 즉 단순히 일반적으로 그러한 의심이 간다는 정도의 막연한 것만으로는 그 사유로 삼을 수 없다.[1840] 검사인선임청구는 이사회의 업무집행권을 침해하는 행위이므로 단순한 임무해태는 선임사유가 될 수 없어 이를 구체적으로 소명하여야 하는 것이다.

한편 이사, 집행임원, 감사, 지배인 기타 상업사용인은 그 성질상 그리고 검사인업무의 속성상 검사인으로 선임될 수 없다. 그 밖에는 아무런 제한이 없다.[1841]

(4) 검사인의 보고의무 및 업무의 처리

법원이 검사인을 선임한 경우 검사인은 업무와 재산상태에 관한 조사의 결과를 법원에 보고하여야 한다(제467조 제2항). 법원은 검사인의 보고에 의하여 필요하다고 인정한 때에는 대표이사에게 주주총회의 소집을 명할 수 있다. 검사인은 주주총회에 보고서를 제출하여야 한다(제467조 제3항·제310조 제2항). 이사와 감사는 지체 없이 검사인의 보고서의 정확 여부를 조사하여 이를 주주총회에 보고하여야 한다(제467조 제4항). 그 결과에 따라 총회에서는 소집목적에 구애받지 아니하고 이사의 해임·선임, 손해배상책임의 추궁 등의 대책을 강구하게 된다.

제 6 관   주주권행사와 관련한 이익공여의 금지

I. 의의 및 취지

1984년 개정상법은 利益供與의 금지규정을 신설하였다(제467조의 2). 이 규정은 주주권의 행사와 관련하여 이른바 '총회꾼'을 규제하여 주주총회운영의 건전화 및 정상화를 도모하고, 회사와 총회꾼간의 부당한 거래로 인하여 일실된 회사의 재산을 회복시키기 위한 私法的 手段을 제공하고자 마련되었다. 1999년 6월 당시 세계적인 증권회사이었던 야마이치증권(山一證券)회사의 파산의 배경에는 총

1840) 대법원 1996. 7. 3. 자 95마1335 결정; 1985. 7. 31. 선고 85마214.
1841) 대법원 1960. 8. 18. 선고 4293재항고167.

회꾼들의 그림자가 짙게 드리워져 있었다. 이와 같이 총회꾼의 폐해는 단기간에 는 외형상 쉽게 드러나지 않지만, 장기간에 걸쳐 회사경영에 부담을 주므로 이를 규제하는 것이다.

Ⅱ. 요 건

1. 관련규정

회사는 누구에게든지 주주의 권리행사와 관련하여 재산상의 이익을 공여할 수 없다(제467조의 2 제1항).

2. 주주권행사와의 관련성

(1) 개요

재산상의 이익은 주주권행사와 관련하여 공여되어야 한다. 이 요건이 가장 중요하다. 주주권의 행사와 관련하여 이익을 공여한다 함은 주주권의 행사·불행 사·행사방법 등을 합의하고 이에 의거 이익이 공여되는 것을 말한다. 예를 들면, 주주총회에 참석하여 회사의 의사진행에 협조할 약속하고 이익을 제공받는 것과 같다. 제467조의 2는 주주총회에서 주주권행사에만 적용되는 것은 아니다. 예를 들면, 총회결의취소·무효의 訴(제376조·제380조) 또는 대표소송(제403조)을 제기하지 않을 것을 약속하는 등 의결권 이외의 주주권행사와 관련하여 이익이 공여되는 것도 금지된다. 그리고 주주권행사 자체의 適法性 여부는 이와 무관하다.

(2) 주주의 권리

제467조의 2 제1항의 '주주의 권리'란 법률 및 정관으로 정하는 모든 권리를 의미하고, 공익권뿐만 아니라 자익권도 포함한다. 다만, 주주가 회사에 대하여 갖 는 계약상의 권리 기타 사법상의 권리는 포함되지 아니한다. 예를 들면, 甲 주식 회사가 乙과 체결한 주식매매약정에서 乙이 甲의 주식을 매수하고, 별도로 甲에 게 6억원을 대여하는 대가로 임원추천권을 가진다고 정한 이후, 乙이 임원추천권 을 포기하는 대신 甲이 乙에게 매월 200만원을 지급하기로 하는 支給約定을 체 결한 경우, 乙이 가지는 임원추천권은 주식매매약정에서 정한 계약상의 특수한 권리이고 이를 주주의 자격에서 가지는 공익권이나 자익권이라고 볼 수는 없다.

따라서 제467조의 2 제1항의 '주주의 권리'에 해당하지 아니한다.[1842]

(3) 주주의 권리행사와의 관련성

제467조의 2 제1항의 '주주의 권리행사와 관련하여'란 주주의 권리행사에 영향을 미치기 위한 것을 뜻한다. 위의 판례에서 乙이 임원추천권을 포기한 후 체결된 지급약정은 乙이 甲에게 운영자금을 조달하여 준 것에 대한 대가일 뿐 주주의 권리행사에 영향을 미치기 위하여 금전을 공여하기로 한 것이라고 할 수 없다. 그러므로 지급약정은 제467조의 2 제1항에 위배된다고 볼 수 없다.[1843] 그리고 또 다른 판례는 회사가 사전투표에 참여하거나 주주총회에서 직접 투표권을 행사한 주주들에게 무상으로 1회의 골프장 예약권과 20만원 상품권을 제공한 것은 사회통념상 허용범위를 넘어서 '주주의 권리행사와 관련하여' 공여한 것으로 추정하였다. 나아가 이 사건의 사전투표기간에 이익공여를 받은 주주들 중 약 75%에 해당하는 주주가 이익제공의 당사자에게 투표하였고, 그 결과 대표이사 후보들의 당락이 좌우되었다는 점에서 이러한 이익은 투표율이나 정족수 제고의 목적이 아닌 의결권이라는 '주주의 권리행사에 영향을 미치기 위한 의도'로 공여된 것으로 보았다.[1844]

3. 이익공여의 상대방

제467조의 2 제1항은 '누구에게든지'라고 표현하고 있다. 그러므로 이익을 공여받는 상대방에는 제한이 없다. 주주뿐만이 아니라 주주권의 대리행사자도 포함된다. 주주가 아니면서 장래 회사의 주식을 취득하지 않을 것을 조건으로 이익을 공여받는 자는 물론 회사·주주에게 영향력을 행사할 수 있는 자가 이익을 공여받는 것도 포함된다.

4. 회사에 의한 이익공여

이는 이익을 회사의 명의가 아니라 회사의 계산으로 제공하는 행위를 금지한다는 뜻이다. 따라서 제3자의 계산에 의한 이익공여는 허용된다. 예를 들면, 이사

1842) 대법원 2017. 1. 12. 선고 2015다68355·68362; 권재열(2021), 235면.
1843) 대법원 2017. 1. 12. 선고 2015다68355·68362.
1844) 대법원 2014. 7. 11. 자 2013마2397 결정.

가 연임을 위하여 사사로이 주주에게 이익을 제공하는 것은 적용 밖이다. 그러나 이 경우에도 회사의 자금이 이용되었다면 적용대상이다.

5. 재산상의 이익공여

'재산상의 이익'에는 널리 금전·물품·신용·용역의 제공, 채무의 면제, 채권의 포기, 신주인수권의 부여 또는 재산상의 이익이 따르는 지위의 부여 등이 포함된다. 무상은 물론 회사가 제공한 이익보다 그 반대급부가 적은 경우도 포함된다. 상대방의 대가가 상당하더라도 그 거래자체가 利權이 될 경우 예를 들면, 長期低利貸出, 納品, 都給 역시 포함된다. 다만, 총회에 참석한 주주들에게 나누어 주는 간단한 기념품이나 음식의 접대는 사회통념상 이익공여라 할 수 없다(반대사례: 앞의 대법원 2013마2397 결정).

Ⅲ. 금지위반의 효과

1. 서

제467조의 2에 위반하여 회사가 이익을 공여하였을 경우 이사와 감사는 민사책임은 물론 형사책임도 진다. 공여된 이익은 반환하여야 한다.

2. 주주 등의 이익반환의무

회사가 주주의 권리행사와 관련하여 재산상의 이익을 공여한 때 그 이익을 공여받은 자는 이를 회사에 반환하여야 한다(제467조의 2 제3항 전단). 제467조의 2에 위반한 이익공여는 강행법규에 위반한 행위로써 무효이고, 공여받은 이익은 부당이득(민법 제741조)이 된다. 부당이득의 법리를 적용한다면 이익공여는 不法原因給與(민법 제746조) 또는 非債辨濟(민법 제742조)가 되어 반환을 청구할 수 없게 된다. 때문에 상법은 부당이득에 대한 특칙으로서 공여이익을 반환시키고 있다.

이익반환의 청구는 회사의 몫이나, 회사가 이를 게을리할 수 있다. 이 경우 소수주주는 이익반환청구에 관한 代表訴訟을 제기할 수 있다(제467조의 2 제4항). 그 절차는 통상의 대표소송과 같다(제403조 내지 제406조).

3. 회사의 대가반환

회사가 이익을 공여하고 받은 대가가 있다면 그 대가를 반환하여야 한다(제467조의 2 제3항 후단). 대가의 반환과 공여된 이익의 반환은 동시이행의 관계에 선다.

4. 주주권행사의 효력

제467조의 2에 위반한 이익공여는 주주권행사 자체의 효력에는 영향이 없다. 동조의 목적이 주주권행사와 관련된 불공정 거래를 방지하자는 데에 있기 때문이다. 다만, 이익이 '주주의 권리행사에 영향을 미치기 위한 의도'가 있어 위법한 경우 그 총회의 결의방법은 법령을 위반한 것으로써 결의취소사유(제376조)에 해당한다. 그리고 이익제공으로 인하여 대표이사에 선임된 당사자에 대한 직무집행정지가처분을 구할 수도 있다.1845)

5. 이사 등의 책임

제467조의 2 제1항에 위반하여 이사가 회사의 계산으로 재산상의 이익을 제공한 때 이사와 감사는 회사에 대하여 손해배상책임을 진다(제399조·제414조). 그리고 벌칙이 적용된다(제634조의 2 제1항). 이익을 수수하거나 제3자에게 이를 공여한 자에 대하여도 벌칙이 적용된다(동조 제2항).

Ⅳ. 입증책임의 전환

회사 또는 대표소송을 제기한 주주가 제467조의 2 제1항의 위반을 이유로 이익반환을 청구하는 때에는 회사와 특정인간에 '주주의 권리행사와 관련하여' 이익이 공여되었음을 증명하여야 한다. 다만, ① 이익공여의 상대방이 주주이고, ② 회사가 그 주주에 대하여 무상 또는 유상으로 이익을 공여하였더라도 회사가 얻은 이익이 공여한 이익에 비하여 현저하게 적은 때에는 '주주의 권리행사와 관련하여' 공여한 것으로 추정한다(제467조의 2 제2항). 즉 입증책임을 전환시키고 있는 것이다. 따라서 이 경우에는 이익공여를 받은 자가 '주주의 권리행사와 관련이 없음'을 증명하여야 한다. 이는 회사 또는 주주가 '주주의 권리행사와 관련하여'라는

1845) 대법원 2014. 7. 11. 자 2013마2397 결정.

사실을 증명하기 어렵다는 점을 감안한 규정이다.

제 7 관 사용인의 우선변제권

사용인이 고용관계에 의거 회사에 대하여 갖는 채권은 우선변제를 받을 수 있다. 이는 근로자의 보호라는 사회정책적 배려에서 인정되는 권리이다. 그리하여 신원보증금의 반환을 받을 채권 기타 회사와 사용인간의 고용관계로 인한 채권이 있는 자는 회사의 총재산에 대하여 우선변제를 받을 권리가 있다(제468조 본문). 다만, 채권발생의 선후를 불문하고 질권·저당권이나 「동산·채권 등의 담보에 관한 법률」에 따른 담보권에 우선하지 못한다(제468조 단서). 고용관계로 인한 채권에는 정기적으로 지급하는 보수, 비정기적인 상여금, 퇴직금 등이 모두 포함된다. 고용관계 이외의 사유로 발행하는 채권 예를 들면, 위임관계에 의거한 이사·감사의 보수는 포함되지 아니한다.

이 우선변제권은 일종의 법정담보권으로서, 회사의 일반재산에 대한 경매청구권을 포함한다(통설).

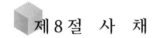

제 8 절   사 채

Ⅰ. 개 설

1. 의의

社債는 주식회사가 불특정다수인으로부터 주식발행 이외의 방법으로 집단적·대량적으로 자금을 조달할 목적에서 債券이라는 유가증권을 발행하여 부담하는 단위화된 債務이다. 사채는 주식과는 달리 타인자본이므로 발행조건에 따라 원칙적으로 원리금을 상환하여야 한다. 사채는 주식처럼 액면가로 세분화되어 있다. 이는 사채도 주식과 마찬가지로 자금을 조달할 목적으로 발행되는 것이니만큼 그 인수와 유통을 용이하게 하기 위함이다.

2. 주식과 사채

(1) 다른 점

사채와 주식은 여러 면에서 차이가 있다. ① 기본적으로 법적 성질이 다르다. 社債는 사채권자의 입장에서 보면 일종의 금전채권인데, 주식은 사단구성원으로서의 주주지위를 가지는 사원권이다. ② 사채권자는 회사외부의 제3자로서 회사의 운영에 관여할 수 없지만, 주주는 의결권 기타 공익권을 통하여 회사의 지배·경영·감독권을 갖는다. ③ 사채권자는 회사의 이익의 유무에 불구하고 발행조건에 따른 利子를 청구할 수 있지만, 주주는 불확정의 이익배당을 받는 데 그친다. ④ 자본의 회수에 있어서 사채는 상환기에 회수되고 회사가 해산한 때에는 주식에 우선하여 변제되지만, 주주는 모든 채무를 변제한 후 잔여재산의 분배(제538조)만을 받는다. 주식의 환급은 원칙적으로 인정되지 아니함은 당연하다.

(2) 유사한 점

社債와 주식은 어느 것이나 경제적으로 주식회사가 공중으로부터 대량의 장기자금을 조달하는 수단이다. 그리하여 兩者는 법적 성질이 다르지만, 법률관계는 필연적으로 계속성·집단성·공중성을 지니고 있으며, 이에 대응하여 그 법적 규율에 있어서도 신속·확실한 발행절차, 고도의 유통성을 부여하기 위한 有價證券化, 권리자의 단체적 취급(사채권자집회·주주총회) 등 여러 면에서 유사성을 지니고 있다.

(3) 양자의 접근

주식회사의 거대화와 고도의 주식분산으로 인하여 일반주주는 회사운영 자체에는 관심을 잃게 되었다. 그리고 배당준비금 등에 의한 배당률은 일반적으로 평준화되고 있으며, 주식양도자유의 원칙이 확립됨에 따라 투하자본의 회수도 용이하게 되었다. 그 결과 사회적·경제적 측면에서는 주주의 社債權者化現象이 나타나고 있다. 이에 대응하여 법률상으로도 무의결권주식·상환주식·누적적 우선주식과 같이 株式의 社債化라고 할 수 있는 제도가 마련되어 있다. 다른 한편 전환사채·신주인수권부사채·이익참가부사채·교환사채와 같이 社債의 株式化現象도 나타나고 있다. 그리하여 주식과 사채의 접근화 현상을 보이고 있다.

3. 사채발행제한의 폐지

1984년 개정상법은 사채의 권면액을 1만원 이상으로 제한하였고(구법 제472조), 1995년 개정상법은 기업들의 과다한 채무조정을 위하여 사채의 총액을 회사의 순자산액의 4배 이하로 제한하였었다. 그러나 2008년 세계적인 경제·금융위기를 기화로 '기업하기 좋은 나라 만들기'를 모토로 하였던 2011년 개정상법은 기업들의 자금조달을 원활하게 할 수 있도록 이러한 제한을 폐지하였다.

Ⅱ. 사채계약의 성질

사채를 발행하면 회사와 사채를 인수하는 자 사이에는 社債契約이 성립한다. 이 계약의 성질에 대하여는 ① 消費貸借라는 說, ② 소비대차와 유사한 無名契約이라는 說, ③ 債券의 賣買라는 說 및, ④ 賣出發行의 경우에는 債券賣買이지만, 그 밖의 경우에는 소비대차와 유사한 무명계약이라는 설로 나뉜다.

생각건대 사채를 발행하고 인수를 함에 있어 당사자의 목적은 경제적·법적으로 금전채권·채무를 발생시키고자 하는 데 있으므로 소비대차설이 타당하다고 본다.

Ⅲ. 사채발행의 방법

1. 신주발행과의 차이점

사채의 발행시에는 신주발행시의 신주인수권에 해당하는 것이 없다. 따라서 주주배정이나 제3자배정이 허용되지 아니한다. 후술하는 총액인수나 모집방식을 거쳐야 한다.

2. 총액인수

특정인이 사채발행회사(起債會社)와 계약을 체결하여 사채총액을 인수하는 방법으로서, 사채청약서의 작성을 요하지 아니한다(제475조 전단). 인수인(예: 금융투자회사)은 이후 일반공중에게 債券을 매출하여 인수가액과 매출가액과의 차익을 기대하고 인수를 한다. 그러나 발행된 사채를 모두 매각하지 못하는 때에는 인수인이 그 위험을 부담한다. 따라서 이 방식은 사채발행인의 입장에서는 발행과 관련된 위험을 인수인에게 전가하는 이점이 있는 대신 다른 인수방법에 비하여 수수료가 비싸다.

3. 공모

(1) 의의

사채를 일반공중으로부터 모집하는, 이른바 公募를 하는 때에는 원칙적으로 사채청약서의 작성을 요한다(제474조 제2항). 공모는 다음과 같은 방법으로 세분할 수 있다.

(2) 직접공모

이는 사채발행회사가 직접 공중으로부터 사채를 모집하는 방법이다. 이 경우 발행회사가 스스로 모집을 할 수도 있지만, 은행이나 금융투자회사 등을 代理人으로 삼아 모집할 수도 있다. 사채의 미매각에 대한 부담을 발행회사가 부담하기 때문에 활용도가 떨어진다.

(3) 위탁모집

이는 受託會社가 단순히 모집을 주선하는 방법이다. 수탁회사는 위탁회사인 사채발행회사를 위하여 自己名義로 사채발행회사의 계산으로 모집에 필요한 행위를 한다(제476조 제2항). 사채청약서의 작성을 요한다.

(4) 인수모집(도급모집·위탁도급모집)

이는 위탁모집에 있어서 사채의 모집액이 사채총액에 이르지 않을 때 수탁회사가 그 잔액을 인수할 것을 약정하는 방법이다(제474조 제2항 제14호). 원칙적으로 사채청약서의 작성을 요하나, 수탁회사가 인수하는 부분에 대하여는 사채청약서를 요하지 않는다(제475조 후단). 실무계에서 가장 많이 이용되는 殘額引受의 방식이다.

4. 사채의 공동발행

사채는 2개 이상의 회사가 공동으로 발행할 수 있다. 이 경우에는 발행회사들은 제57조 제1항에 따라 연대하여 상환책임을 진다. 사채의 발행은 보조적 상행위이기 때문이다.

5. 채권매출

이는 일정기간을 정하여 미리 작성된 債券을 매출하는 방법이다. 공모와는 달리 사채청약서의 작성·배정·납입·채권교부 등의 절차를 요하지 아니한다. 국가의 특별한 감독대상인 특수은행에 한하여 허용된다(예: 韓國産業銀行法에 의한 産業金融債券).

Ⅳ. 사채발행의 절차

1. 발행의 결정

(1) 결정기관

사채의 발행은 이사회의 결의로 한다(제469조 제1항). 신주발행을 이사회의 권한으로 한 것(제416조)과 같은 취지이다. 전환사채·신주인수권부사채의 발행도 원칙적으로 이사회의 결의로 한다. 다만, 정관으로 주주총회에서 이를 결정하기로 정한 경우에는 그러하지 아니하다(제513조 제2항·제516조의 2 제2항).

(2) 발행의 위임

이사회는 정관에서 정하는 바에 따라 대표이사에게 사채의 금액 및 종류를 정하여 1년을 초과하지 아니하는 기간 내에 사채를 발행할 것을 위임할 수 있다(제469조 제4항). 이는 회사의 자금수급상황, 자본시장에서의 사채발행예정회사에 대한 선호도 및 사채발행의 특수성을 감안하여 대표이사로 하여금 적시에 효율적으로 자금조달을 할 수 있도록 하기 위한 규정이다. 다만, 이사회가 '사채의 금액 및 종류를 정하라 함'은 사채의 발행사항에 관하여 구체적이고 명확한 범위를 설정하라는 뜻이다.

따라서 사채의 종류·총액, 각 사채의 금액·이율·상환방법·상환기한·발행방법·발행조건 등의 범위를 설정하여 대표이사에게 위임하여야 한다.

(3) 집행임원에 대한 위임의 허부

상법에서 이사회 권한사항으로 정한 사항은 집행임원에게 업무집행에 관한 의사결정의 위임을 할 수 없다(제408조의 2 제3항 제4호). 그리고 제469조 제4항은 (대표)집행임원에게 위임할 수 있다는 명시규정이 없기 때문에 집행임원에게는 사채발행을 위임할 수 없다. 집행임원이 대표이사에 갈음하는 기관임을 감안하면 입법의 불비이다.

2. 증권신고와 공시

자본시장법상 사채의 모집·매출은 상장회사의 신주발행과 같은 절차 이외에 법상 요구되는 절차를 거쳐야 한다(동법 제119조·제121조, 제123조, 제169조).

3. 인수

사채의 인수는 총액인수·일부인수의 경우 그 인수분(제475조) 및 채권매출의 외에는 사채청약서에 의한다. 그리하여 사채모집에 응하고자 하는 者는 사채청약서 2통에 인수할 사채의 수와 주소를 기재하고 기명날인 또는 서명하여야 한다(제474조 제1항). 사채청약서는 이사가 작성하는 것이 원칙이지만, 委託募集의 경우에는 수탁회사가 자기의 명의로 작성할 수도 있으며, 법정사항의 기재를 요한다(제474조 제2항·제476조 제2항). 청약에 대하여 배정을 하면 사채인수가 확정되고 사채계약이 성립한다.

한편 사채발행에는 신주발행과 같은 마감발행, 즉 신주의 전부에 대하여 인수·납입이 없어도 인수·납입된 부분에 대하여만 발행의 효력이 발생한다(제423조 제1항·제2항)는 규정이 없다. 이 때문에 사채계약의 통일성·일체성을 중시하는 입장에서는 모집총액에 대한 응모가 없으면 사채는 성립하지 않는다고 한다. 그러나 사채발행도 신주발행과 같이 자금조달의 수단이고, 회사의 입장에서는 차입금에 불과하므로 응모를 일단 마감하고 응모분에 한하여 사채를 성립시킬 수 있다고 본다(통설).

4. 납입

사채의 모집을 완료하면 대표이사 또는 수탁회사는 지체 없이 인수인에 대하여 각 사채의 전액 또는 분할납입의 경우에는 제1회의 납입을 시켜야 한다(제476조 제1항). 납입방식에는 제한이 없다. 그리하여 현금납입은 물론 相計·更改(예: 상환되는 舊사채로서 新사채의 납입에 충당)·代物辨濟도 가능하다. 납입장소에 관한 제한(제302조)도 없다.

5. 등기

일반적인 사채는 발행조건에 따라 회사가 상환하여야 할 채무이므로 公示의 실익이 없다. 따라서 사채의 발행은 등기를 요하지 않는다. 그러나 전환사채, 신주인수권부사채, 이익참가부사채, 교환사채 등 특수사채는 등기를 요한다.

V. 사채의 유통

1. 의의

사채는 3년 이상을 만기로 하여 발행하는 것이 통상적이므로 그 이전에 사채권자에게 투하자금을 회수할 길을 열어 줄 필요가 있다. 그리하여 상법은 사채를 社債券으로 유가증권화하여 유통을 용이하게 하는 한편 社債原簿를 갖추도록 하여 거래의 안전을 추구하고 있다.

2. 사채권

채권 또는 사채권(bond certificate)은 사채를 표창하는 要式의 유가증권이다(제478조 제2항). 사채권은 사채전액의 납입이 완료한 후가 아니면 이를 발행하지 못한다(제478조 제1항). 회사는 사채권을 발행하는 대신 정관으로 정하는 바에 따라 전자등록기관의 電子登錄簿에 사채를 등록할 수 있다. 이 경우에는 주권의 전자등록제도에 관한 규정(제356조의 2 제2항 내지 제4항)을 준용한다(제478조 제3항).

사채에는 기명식과 무기명식이 있다. 사채권자는 언제든지 기명식의 채권을 무기명식으로, 무기명식의 채권을 기명식으로 할 것을 회사에 청구할 수 있다. 그러나 채권의 종류를 한정할 것으로 정한 때에는 그러하지 아니하다(제480조).

3. 사채원부

사채원부는 주식의 주주명부에 대응하는 것으로서 무기명사채를 발행한 때에는 '사채 및 債券에 관한 사항', 기명사채를 발행한 때에는 추가적으로 '사채권자에 관한 사항'을 명백히 하기 위한 장부이다. 사채원부는 회사가 작성(제488조)·이사가 본점에 비치하여야 한다. 명의개서대리인의 영업소에 비치할 수도 있다(제396조). 명문에는 없지만, 대표집행임원도 작성·비치할 수 있다고 본다. 사채원부는 기명사채이전의 대항요건(제479조), 통지 및 최고(제489조 제1항·제353조), 신탁의 공시(신탁법 제4조 제1항) 등에 관하여 법률상 의의를 갖게 되는데, 실제로는 무기명사채를 발행하는 것이 대부분이므로 오늘날 사채원부의 의의는 거의 없다.

4. 양도·입질

(1) 무기명사채

상법은 무기명사채의 양도나 입질에 관한 규정을 두지 않고 있다. 그러므로 무기명사채의 경우 그 양도는 양수인에게 債券을 交付하여야 하고(민법 제523조), 入質은 질권자에게 債券을 交付함으로써(민법 제351조) 그 효력이 생긴다. 그리고 회사 또는 제3자에게 대항하기 위하여는 사채를 계속 점유하여야 한다.

(2) 기명사채

1) 양도

기명사채는 당연한 指示債券은 아니므로 그 양도는 指示式으로 되어 있지 않는 한 당사자의 의사표시와 社債券의 교부로서 효력이 생긴다. 다만, 회사 또는 제3자에게 대항하기 위하여는 취득자의 성명과 주소를 사채원부에 기재하고 (명의개서), 그 성명을 債券에 기재하여야 한다(제479조 제1항). 명의개서대리인이 있는 경우에는 명의개서대리인의 영업소에 비치된 사채원부 또는 복본에 명의개서를 하여도 무방하다(제479조 제2항·제337조 제2항).

2) 입질

가) **효력요건**　기명사채의 입질방법은 기명주식의 입질에 관한 상법규정을 유추적용하지 아니하고, 위의 양도방법에 따른다(민법 제346조).[1846] 그리하여 질권설정의 의사표시와 사채권을 질권자에게 교부함으로써 질권설정의 효력이 생긴다.

나) **대항요건**

① 문제의 제기

효력요건과는 달리 회사 또는 제3자에 대한 대항요건에 관하여는 학설이 나뉜다. 그 쟁점은 지명채권의 대항요건에 관한 제479조를 유추적용할지의 여부에 있다.

1846) 민법 제346조(권리질권의 설정방법) 권리질권의 설정은 법률에 다른 규정이 없으면 그 권리의 양도에 관한 방법에 의하여야 한다.

② 학설

否定說은 회사 또는 제3자에 대항하기 위하여는 민법 제349조(권리질의 대항요건)에 따라 지명채권양도의 대항요건에 관한 민법 제450조의 절차를 취하여야 한다고 보고, 회사에 대하여 질권설정의 사실을 통지하거나 회사로부터 이의 승낙을 얻어야 한다고 주장한다(다수설).[1847] 肯定說은 入質의 대항요건을 양도의 대항요건과 달리할 이유가 없다고 주장한다. 그러므로 민법 제346조의 일반원칙에 따라 제479조를 유추적용해야 한다고 본다(소수설).[1848]

③ 사견

사채에 질권을 설정하는 방식과 그 효력은 양도의 경우와 같다고 본다(肯定說).[1849] 따라서 회사 또는 제3자에 대항하기 위하여는 질권자의 성명과 주소를 사채원부에 기재하고(명의개서), 그 성명을 債券에 기재하여야 한다(제479조).

3) 자기사채의 취득 등

사채발행회사는 자기주식의 경우(제341조·제341조의 3)와는 달리 제한 없이 自己社債를 취득 또는 質取할 수 있다. 발행회사가 債券의 발행에 갈음하여 전자등록기관의 전자등록부에 등록한 때에 그 사채의 양도 또는 입질은 전자등록부에 등록하는 방법으로 한다(제478조 제3항·제356조의 2 제2항 내지 제4항).

5. 전자단기사채의 유통

2013년 1월부터 시행된 「전자단기사채등의 발행 및 유통에 관한 법률」은 전자단기사채의 발행과 유통을 허용하고 있다. 이 사채는 전자식으로 등록된다(동법 제2조 제1호). 이 사채를 발행하고자 하는 자는 한국예탁결제원에 발행인관리계좌를 등록하는 등의 절차를 밟아야 하고(동법 제8조), 결제원에 등록된 계좌간의 대체방식으로 양도된다(동법 제9조 제1항).

1847) 손주찬(2004), 970면; 정찬형(2022), 1284면; 최기원(2012), 856면; 정동윤(2012), 728면; 최준선(2024), 681면; 송옥렬(2022), 1189면.
1848) 채이식(1996), 730면; 이철송(2024), 1082면.
1849) 龍田 節·前田雅弘(2017), 373面.

Ⅵ. 사채의 원리금상환

1. 이자와 이권

(1) 부리방법

社債의 附利方法은 반드시 利子를 붙이는 것은 아니다. 利子가 없는 사채(zero coupon)는 액면가에서 이자상당액을 할인하는 방식으로 발행한다. 이자부사채는 先給 또는 후급의 방식으로 발행할 수 있다. 利子率은 확정금리부방식일 필요는 없다. 그리하여 발행 후 일정기간은 확정금리로, 잔여기간은 예금금리, 국채금리 또는 기술한 KOFR금리(제6장 제3절 제1관 Ⅳ. 5. 참조)와 이자율을 연동시키는 방식도 가능하다. 현재 우리나라의 사채는 대부분 3년만기의 무보증, 3개월 후급으로 이자를 지급하는 확정금리부사채이다.

(2) 이자의 지급 및 이권

기명채권을 발행한 때에는 사채원부에 기재된 사채권자에게 이자를 지급하면 된다. 이에 대하여 무기명사채권자에게 이자를 지급하는 때에는 사채권자는 지급받을 때마다 社債券을 제시하여야 하고, 회사는 2중의 지급을 방지하기 위하여 社債券에 이자가 지급되었음을 기재하여야 하는 것이 원칙이다. 이러한 방식은 번거롭다. 그리하여 회사는 社債券에 利券(coupon)을 첨부하여 사채를 발행한다. 利券의 소지인은 債券을 제시함이 없이 이자를 지급받을 수 있다. 회사는 이권의 소지인에게 그 利券과 상환하여 이자를 지급하면 면책된다. 이 利券은 기간별(예: 통상 3개월) 이자지급청구권을 표창하는 독립된 무기명식의 유가증권이다. 따라서 이권의 발행은 사채권에 부속되는 형식을 띠지만, 유통은 사채권과 분리·개별적이다.

(3) 이권의 흠결과 상환

利券附無記名社債를 상환하는 경우에 利券이 欠缺된 때에는 그 利券에 상당하는 이자금액을 상환액으로부터 공제한다. 다만, 이권소지인은 따로이 언제든지 그 利券과 상환하여 공제액의 지급을 청구할 수 있다(제486조 제1항·제2항). 이는 利券이 債券과 분리된 경우 이권의 소지인을 보호하기 위한 규정이다. 그러므로 이는 이자지급시기가 도래하지 않은 이권, 즉 회사가 사채를 조기에 상환하는 경우에만 적용된다. 본래 회사가 사채를 조기상환하는 때에는 장래의 이자를 지급할 필요가 없다. 그러나 利券은 장래에 지급될 것일지라도 사채권과 분리·유통될 수 있으므로, 회사가 사채를 조기상환하는 때에도 제3자가 이권을 소지할 수 있다. 그리고 제3자는 債券의 소지인에게 대가를 지급하고 利券을 취득하는 것이 통상이다. 이 때문에 제3자의 권리를 보호할 필요가 있다. 이를 위하여는 그 利券을 양도한 채권소지인이 그 이자를 부담하는 것이 공평하므로 제486조 제1항은 利券상당액을 공제하고 있는 것이다. 이 공제액은 이권을 취득한 소지인의 몫이다. 그러므로 이권소지인은 언제든지 利券과 상환하여 이 공제금액을 지급받을 수 있는 것이다(동조 제2항).

2. 사채의 상환

(1) 의의

사채의 상환은 발행회사가 사채권자에게 채무를 변제하고 사채의 법률관계를 종료시키는 행위이다. 사채상환의 방법, 기한 및 금액 등은 사채발행조건에서 정하여지며, 사채청약서·사채권 및 사채원부에 기재된다(제474조 제2항 제8호·제478조 제2항·제488조 제3호).

(2) 상환금액·시기 등

사채의 상환은 사채의 금액(권면액·액면가액)과 일치하는 것이 일반적이지만, 이자를 붙이는 방식으로 사채금액보다 초과하는 금액 또는 사채금액에 미달하는 금액으로 약정할 수도 있다(제469조 제2항 제3호). 그리고 2011년 개정으로 제473조가 폐지되었기 때문에 상환금액이 사채금액을 초과하더라도 각 사채별로 같은 금액일 필요는 없다. 상환은 일시상환이 보통이지만, 分割償還도 무방하다.

(3) 만기 전 상환

상환시 이자금액을 일시에 지급하는 割引債에 대하여는 회사만이 기한의 이익을 가진다. 그러므로 발행회사는 만기 전이라도 기한의 이익을 포기하고 사채를 상환할 수 있다. 다만, 실무적으로는 금리의 손실을 입으면서 만기 전에 상환하는 일은 드물다.

이자가 붙여진 사채일지라도 만기(예: 2025년 12월 31일) 전에 상환할 수 있다고 본다. 기한은 채무자(발행회사)의 이익을 위한 것으로 추정되기 때문이다(민법 제153

조 제1항). 다만, 발행회사가 기한의 이익을 포기하더라도 상대방의 이익을 해하지
못하므로(민법 제153조 제2항), 이자가 붙여진 사채를 만기 전(예: 2025년 8월 31일)에 상
환하는 때에는 잔존기간(예: 4개월)에 대한 이자를 지급하는 것이 원칙이다. 그런데
만기 전에 사채를 상환하는 목적은 만기까지의 이자를 부담하지 않으면서 자금운
용의 융통성을 확보하려는 데 있다. 그러므로 회사가 잔존기간의 이자를 지급함
이 없이 만기 전 상환을 하기 위하여는 사채발행시의 상환조항에 이를 명시해 두
어야 한다. 이는 사채권자와 개별적인 합의에 의할 것이 아니라 사채발행조건의
하나로서 이사회가 정하고 사채청약서와 채권에 기재하면 된다(제474조 제2항 제8호
· 제478조 제2항 제2호).

(4) 매입소각

社債는 자기주식의 경우(제341조 · 제341조의 3 · 제343조)와는 달리 취득, 질취 또는
소각에 관한 제한이 없다. 그러므로 발행회사는 사채권자와의 계약으로 자기사채
를 매입하여 자유롭게 파기함으로써 상환에 갈음할 수 있다. 이를 매입소각이라
고 한다. 매입소각은 상환공고를 요하지 아니하며 사채의 시세가 하락했을 때, 즉
채권수익률이 시중의 금리보다 높을 때에 만기상환보다 유리하다.

(5) 기한의 이익의 상실

종래에는 발행회사가 社債의 利子支給을 해태한 때 또는 정기에 사채의 일
부를 상환하여야 할 경우 그 상환을 해태한 때에는 사채권자집회 결의에 의하여
사채의 총액에 관하여 회사의 기한의 이익을 상실시킬 수 있도록 하였으나(2011년
개정 전 제505조), 폐지되었다.

그러나 社債契約의 내용으로 ① 상환기금의 적립과 이익배당의 상관관계 등
에 관한 財務制限條項의 위반 또는, ② 이자지급의 지연 등과 같은 기한의 이익
의 상실사유를 정할 수 있음은 당연하다. 그리고 사채계약에는 그에 관한 규정이
없더라도 발행회사와 수탁회사의 사채모집위탁계약 및 인수계약에서 발행회사의
기한의 이익상실규정을 두고, 그 규정이 사채권자의 권리의무에도 미친다는 점을
명시한 경우에는 제3자인 사채권자를 위한 규정으로 보아 수익자인 사채권자는
受益의 意思表示(민법 제539조 제2항)를 하고 이 규정을 원용할 수 있다.[1850]

1850) 대법원 2005. 9. 15. 선고 2005다15550. 그리하여 위탁모집 또는 인수모집의 방식으로
　　　사채를 발행할 때에는 발행회사와 수탁회사는 사채모집위탁계약서에 발행회사가 발행,

3. 소멸시효

사채는 보조적 상행위로 인한 채무이므로 5年의 소멸시효(제64조)에 걸리는 것이 원칙이다. 그러나 상법은 사채의 公衆性과 계속성을 고려하여 발행회사와 사채관리회사에 대한 사채상환청구권(사채원금)의 시효를 10년으로 하고 있다(제487조 제1항·제2항). 다만, 이자와 利券所持人의 이권공제액지급청구권에 대한 시효는 5년이다(제487조 제3항). 회사가 사채의 원리금상환을 게을리하면 지연손해금이 발생하는데, 그 시효는 원본채권과 같다. 그 결과 사채의 상환청구권(사채원금)의 지연손해금에 대한 시효는 10년, 이자의 지연손해금에 대한 시효는 5년이다.[1851]

VII. 사채의 관리기구

1. 사채관리회사

(1) 의의
1) 개념

사채관리회사란 사채발행 후 사채권자를 위하여 사채의 관리를 하는 회사를 말한다. 사채발행회사가 이를 선임하고, 사채의 상환청구, 변제수령 또는 채권의 보전 등 사채권의 관리에 필요한 사무의 집행을 한다(제480조의 2).

2) 연혁

2011년 4월 개정 전에는 수탁회사가 이 업무를 담당하여 왔다(구법 제484조). 그러나 수탁회사는 기본적으로 발행회사로부터 수탁보수를 받고 사채모집을 주선하는 자인데, 동시에 그 사채를 취득한 사채권자를 위하여 사채를 관리함으로써 사채권자의 이익을 충분히 보호할 수 없었다. 그리하여 이해충돌을 야기하여 왔다. 1997년의 경제위기로 채권가격이 폭락하고, 금리가 폭등하자 그 부작용은 현저하게 되었다. 이 때문에 실무계, 특히 資産運用業界(asset (fund) management industry)에서는 1998년부터 이의 개선을 위한 노력을 기울여 왔다. 그리하여 2011년 개정법은 사채발행사무를 담당하는 수탁회사와 사채발행 후에 관리사무를 담

배서 또는 보증한 어음이 부도나는 경우에는 기한의 이익이 상실된다는 약정을 하는 것이 보통이다.

1851) 대법원 2010. 9. 9. 선고 2010다28031.

당하는 사채관리회사를 분리하여 독립적으로 행위하도록 하였다.

(2) 선임 및 지위의 특수성

사채관리회사는 발행회사에 의하여 선임되므로 발행회사의 受任人으로서 발행회사에 대하여 선관주의의무를 진다(민법 제681조). 그리고 후술하는 바와 같이 사채권자에 대하여도 선관주의의무(공평·성실의무)를 지며, 직접 손해배상책임을 부담한다(제484조의 2). 이는 위임계약상의 책임이 아니라 상법이 특별히 설정한 法定責任이다. 즉 상법은 사채권자 전체의 이익을 보호하기 위하여 사채관리에 적합한 조직과 전문성을 가진 法定代理人으로서 사채관리회사라는 지위를 창설하고, 각종 의무를 부여하고 권한을 행사하도록 하고 있는 것이다.

그런데 사채관리회사의 선임 여부는 발행회사의 자유이다(제480조의 2).1852) 이로 인하여 발행회사가 사채발행을 위한 수탁보수 이외에 사채관리를 위한 별도의 보수를 지급하며 사채관리회사를 지정하고자 할지는 의문이다.1853)

(3) 자격

사채관리회사는 은행, 신탁회사 그 밖에 시행령으로 정하는 자가 아니면 될 수 없다(제480조의 3 제1항). 시행령에서는 한국산업은행법상의 산업은행, 자본시장법상의 소정의 신탁업자·투자매매업자 등을 적격자로 규정하고 있다(시행령 제26조). 그러나 자격을 구비했더라도 ① 사채의 인수인 및, ② 발행회사와 특수한 이해관계가 있는 자로서 대통령령으로 정하는 자는 사채관리회사가 될 수 없다(제480조의 3 제2항·제3항). 시행령에서는 ① 발행회사의 최대주주 또는 주요주주인 자, ② 발행회사가 대주주로 있는 자, ③ 발행회사의 계열회사, ④ 발행회사의 주식을 보유하거나 임원을 겸임하는 등으로 인하여 사채권자의 이익과 충돌할 수 있는 자 등 사채발행회사와 특수한 관계에 있는 자를 부적격자로 열거하고 있다(시행령 제27조). 시행령은 발행회사의 수탁회사를 부적격자로 명시하지 않고 있지만, 개정법의 취지상 당연히 부적격자로 다루어야 한다.

1852) 다만, 금융투자협회의 「증권인수업무 등에 관한 규정」은 금융투자회사가 무보증사채를 인수하는 때에는 발행회사와 사채관리회사간에 사채관리계약을 체결할 것을 사실상 강제하고 있다.
1853) 비교법적으로 보면, 일본회사법 제702조는 사채관리회사의 선임을 강제하고 있다.

(4) 권한

1) 사채상환에 관한 권한

사채관리회사는 사채권자를 위하여 사채에 관한 채권을 변제받거나 채권의 실현을 보전하기 위하여 필요한 재판상·재판 외의 모든 행위를 할 권한이 있다(제484조 제1항).

가) 권한의 의의   사채관리회사는 일종의 법정대리권을 가지므로 사채권자의 별도의 授權 없이 발행회사에게 사채의 상환을 청구하거나 사채권자의 이름으로 訴를 제기할 수 있다. 다만, 사채관리회사가 법정대리권을 행사할 수 있다 하여 사채권자의 개별적인 상환청구권이 소멸하는 것은 아니다. 즉 각 사채권자는 사채관리회사와 별개로 발행회사에 상환을 청구할 수 있다. 단지 사채관리회사가 발행회사로부터 상환을 받은 때에는 각 사채권자는 사채관리회사에게만 상환을 청구할 수 있을 뿐이다.

나) 권한의 범위   법문상 '채권을 변제받거나 채권의 실현을 보전하기 위하여 필요한 행위'(제484조 제1항)는 사채원리금의 상환청구와 그 변제의 수령, 사채원리금의 상환을 위한 제소, 상환청구권과 책임재산의 보전처분, 강제집행의 신청, 발행회사의 다른 채권자에 의한 강제집행에서의 배당요구 및 파산법상 파산절차에서의 채권신고, 관계인집회·채권자집회에서의 의결권행사(동법 제188조 제1항, 제373조 제1항) 등을 포함한다.

다) 사채원리금의 변제수령권(및 조치)   이는 사채관리회사의 매우 중요한 권한이다(제484조 제1항). 그리고 사채관리회사는 발행회사로부터 사채에 관한 채권을 변제(상환)받으면 지체 없이 그 뜻을 공고하고, 알고 있는 사채권자에게 이를 통지하여야 한다(제484조 제2항). 발행회사가 사채관리회사에게 사채를 상환하면 발행회사의 채무는 소멸하고, 사채권자는 사채관리회사에게 사채상환액 및 이자의 지급을 청구할 수 있다. 이 경우 社債券이 발행된 때에는 사채권과 상환하여 상환액지급청구를 하고, 利券과 상환하여 이자지급청구를 하여야 한다(제484조 3항).

2) 사채권자집회의 소집권·결의집행권 등

사채관리회사는 사채권자집회와 관련된 권한을 갖는다. 그리하여 사채관리회사는 사채권자집회를 소집하고(제491조 제1항), 그 대표자를 집회에 출석시키거나 서면으로 의견을 제출할 수 있고(제493조 제1항), 발행회사의 대표자의 출석을 청구하고(제494조), 집회의 결의를 집행한다(제501조).

3) 조사권

이는 개정 전의 수탁회사에게도 인정되지 아니하였었는데, 기관투자가 등의 의견을 수용하여 사채관리회사의 권한행사에 실효성을 확보하기 위하여 도입되었다. 본래 사채관리회사는 사채권자의 법정대리인으로서의 지위에 있으므로 사채상환에 관한 발행회사의 지급능력을 정확하고 입체적으로 파악할 수 있어야 한다. 그리하여 2011년 개정상법은 사채관리회사에게 그에 필요한 업무와 재산상태에 관한 조사권을 부여하고 있다(제484조). 이를 구체적으로 보면, 사채관리회사는 ① 관리를 위탁받은 사채에 관하여 채권을 변제받거나 채권의 실현을 보전하는 데 필요한 행위(동조 제1항) 또는, ② ㉠ 해당사채 전부에 대한 지급의 유예, 그 채무의 불이행으로 발생한 책임의 면제·화해, ㉡ 해당사채 전부에 관한 소송이나 채무자회생 및 파산에 관한 절차에 속하는 행위(동조 제4항)를 하고자 할 때에는 법원의 허가를 받아 사채발행회사의 업무와 재산상태를 조사할 수 있다(동조 제7항).

4) 불공정한 변제에 관한 취소의 소 제기권

사채발행회사가 어느 社債權者에게 한 변제, 화해 그 밖의 행위가 현저하게 불공정한 때에는 사채관리회사는 그 행위의 취소를 청구할 수 있다(제511조 제1항). 이 취소는 訴에 의해서만 할 수 있다. 회사의 불공정한 변제 등으로 인하여 사채권자의 권리가 침해된 경우에는 각 사채권자가 직접 채권자취소권(민법 제406조 제1항)을 행사하는 것도 하나의 방법이다. 그러나 제511조는 채권자의 권리구제측면에서 채권자취소제도에 비하여 다음과 같은 편의성을 제공하고 있다. 즉 ① 취소청구권의 행사주체를 채권자가 아닌 사채관리회사로 함으로써 사채권자의 권리를 집단적으로 보호하고 있고, ② 채권자취소권은 채무자(발행회사)가 '사채권자를 해할 것을 안다.'라고 하는 주관적 요소를 요구하지만, 제511조는 이를 배제하고 단지 변제 또는 화해 등이 불공정하다는 객관적 요건만을 요구하고 있다. 그리하여 취소권의 행사를 용이하게 하고 있다. 다만, 변제 등을 받은 채권자(甲)가 그 당시에 다른 사채권자(乙)를 해함을 알지 못한 경우에는 그 변제행위 등을 취소할 수 없다(제511조 제3항·민법 제406조 제1항 단서). 이는 이 제도에 의하여 정당하게 권리를 행사한 채권자가 부당한 불이익을 입지 않도록 하기 위함이다.

위와 같이 상법은 민법상의 채권자취소권보다 행사요건을 완화하고 있다. 그 대신에 제소기간을 단기로 하고 있다. 즉 민법상 채권자취소의 소는 채권자가 취소원인을 안 날로부터 1년, 법률행위 있은 날로부터 5년 내에 제기하여야 하는데 비하여(동법 제406조 제2항), 상법은 사채관리회사가 취소의 원인인 사실을 안 때부터 6개월, 행위가 있은 때부터 1년 내에 제소하도록 하고 있다(제511조 제2항).

위와 같이 이 취소권은 사채권자의 이익을 위한 것이므로 사채권자집회의 결의에 의하여서도 행사할 수 있다. 이때에는 그 대표자 또는 집행자가 제소할 수 있고, 취소의 원인된 행위가 있은 때로부터 1년 내에 한한다(제512조).

5) 보수·비용의 우선권

사채관리회사는 사채권자에 우선하여 보수와 비용을 변제받는다(제507조 제2항). 그만큼 사채관리회사의 권한과 책무가 중대함을 뜻한다. 이에 관한 상세한 내용은 후술한다.

6) 공동사채관리회사의 특칙

사채관리회사가 둘 이상인 때에 그 권한은 共同으로 행사하여야 하며, 발행회사로부터 社債에 관한 변제를 받은 때에는 사채권자에 대하여 연대하여 변제액을 지급할 책임을 진다(제485조 제1항·제2항).

(5) 사채관리회사의 주의의무

1) 선관주의의무

사채관리회사는 사채권자에 대하여 선량한 관리자의 주의로 사채를 관리하여야 한다(제484조의 2 제2항). 사채관리회사는 사채권자와 위임관계를 갖지 아니하므로 이 의무와 후술하는 손해배상책임의 성질은 상법이 특별히 설정한 法定責任이다. 사채관리회사가 선량한 관리자로서의 주의를 다하여야 할 대상은 주로 사채권자를 위하여 사채에 관한 채권을 변제받거나 채권의 실현을 보전하기 위한 행위 예를 들면, ① 원리금채권의 시효중단, ② 발행회사에 대한 적시의 이행청구 및 적시의 집행 등이 해당한다. 그리고 이러한 사무수행에 필요한 일체의 부수적인 행위도 포함된다.

그러나 사채관리의 판단에 관한 사채관리회사의 선관주의의무를 적용함에 있어서는 이사의 경영판단의 원칙과 같은 재량을 허용하여서는 아니 된다.

2) 공평·성실의무

사채관리회사는 사채권자를 위하여 공평하고 성실하게 사채를 관리하여야 한다(제484조의 2 제1항). 이러한 공평·성실의무도 계약상의 의무가 아니라 *法定義務*이다. 여기서 '공평의무'란 사채권의 내용 및 *數額*에 따라 사채권자를 공평하게 관리할 의무를 말한다. 따라서 사채관리회사는 ① 발행회사로부터 원리금의 일부만 변제받더라도 이를 채권액에 비례하여 배분하여야 하고, ② 사채권자들의 권리행사를 불공평하게 관리하여서는 아니 된다. '성실의무'란 사채관리회사 또는 제3자의 이익과 사채권자의 이익이 충돌하는 때에는 사채관리회사가 자기 또는 제3자의 이익을 위하여 사채권자의 이익을 해하여서는 아니 된다는 의무이다. 따라서 사채관리회사가 발행회사의 *債券*을 가지고 있는 경우 다른 사채권자에 우선하여 자기 또는 제3자의 사채에 관한 채권을 변제받아서는 아니 된다.

사채관리회사가 예금금융기관일 경우에는 성실의무에 위반하는 사례가 상대적으로 발생하기 쉽다. 예를 들면, 발행회사가 재무상의 특약위반사항이 발생한 경우 사채관리회사가 기한의 이익을 상실시키지 아니하고, 오히려 은행거래약정서에 의거하여 자기의 대출채권에 대하여 기한의 이익을 상실시키면서 대출채권과 예금채무를 상계하고, 그 후 발행회사가 도산하여 사채의 대부분을 회수할 수 없는 경우 등이 이에 해당한다.

3) 양 의무의 관계

선관주의의무와 공평·성실의무의 관계에 대하여는 선관주의의무와 충실의무와 같이 *異見*이 있을 수 있다. 즉 상법이 양 의무를 나란히 규정하고 있다는 점을 이유로 다른 성질의 의무라는 견해(*異質說*)도 예상된다. 그러나 공평·성실의무는 선관주의의무(제484조의 2 제2항)를 사채관리회사의 특성에 맞게 구체화한 의무라고 보는 것이 옳다(*同質說*).

(6) 행위제한

사채관리회사는 사채권자를 위하여 포괄적인 권한을 행사할 수 있다(제484조 제1항). 이로 인하여 사채관리회사가 구체적인 행위를 할 때에 권한을 남용하면, 사채권자의 권리가 크게 침해될 수 있다. 그리하여 상법은 사채관리회사가 사채에 관한 채권을 변제받거나 채권의 실현을 보전하기 위한 것을 제외하고, ① 해당사채 전부에 대한 지급의 유예, 그 채무의 불이행으로 발생한 책임의 면제·화해, ② 해당사채 전부에 관한 소송행위 또는 채무자회생 및 파산에 관한 절차에 속하는 행위를 하고자 할 때에는 *社債權者集會*의 결의에 의하도록 명시하고 있다. 다만, 이 가운데 ②의 행위는 사채발행회사가 사채권자집회의 결의에 의하지 아니하고 사채관리회사가 할 수 있음을 정할 수 있다(제484조 제4항). 이를 위하여 사채발행회사는 사채관리회사의 선임시 그 뜻을 정하여야 한다. 사채관리회사가 사채권자집회의 결의에 의하지 아니하고 ②의 행위를 한 때에는 지체 없이 그 뜻을 공고하고, 알고 있는 사채권자에게 따로 통지하여야 한다(제484조 제5항).

(7) 손해배상책임

사채관리회사가 상법이나 사채권자집회결의를 위반한 행위를 한 때에는 사채권자에 대하여 연대하여 이로 인하여 발생한 손해를 배상할 책임이 있다(제484조의 2 제3항). 이 책임 역시 사채권자를 보호하기 위하여 상법이 특별히 설정한 법정책임이다. 그리고 '상법…위반한 행위'라고 명시하고 있기 때문에, 개별 책임규정은 물론 공평·성실의무(동조 제1항) 또는 선관주의의무(동조 제2항)와 같은 의무조항에 위반한 경우에도 배상책임을 진다.

(8) 지위의 종료

1) 해임과 사임

사채관리회사는 발행회사에 의하여 선임되므로 발행회사의 수임인의 지위에 있지만, 그 사임은 자유롭지 않다. 즉 위임의 상호해지의 자유에 관한 일반규정(민법 제689조)이 적용되지 아니한다. 그 이유는 사채관리회사가 상법에 의거 사채권자를 보호하는 공익적 성격의 업무를 수행하기 때문이다. 그리하여 사채관리회사는 ① 사채발행회사와 사채권자집회의 동의를 받든가, ② 부득이한 사유가 있어 법원의 허가를 받은 경우에 한하여 사임할 수 있다(제481조). 여기서의 '부득이한 사유'란 사채관리회사에 이해충돌의 사유가 발생한 때 등이 있다.

상법은 사채관리회사의 해임사유를 규정하고 있다. 즉 법원은 사채관리회사가 그 사무를 처리하기에 적임이 아니거나 그 밖에 정당한 사유가 있을 때에, 사채를 발행하는 회사 또는 사채권자집회의 청구에 의하여 이를 해임할 수 있다(제482조). 여기서의 '적임이 아니거나 그 밖의 정당한 사유가 있을 때'란 사채관리회사가 ① 이해충돌의 국면에 처할 때, ② 선관주의의무 또는 공평·성실의무를 위반한 때(제484조의 2), ③ 재산상태의 악화(예: 채무초과) 또는 신용등급이 크게 하락하는 등의 사유로 그 직무를 수행하는 것이 적당하지 아니한 경우 등을 말한다.

2) 사무승계자

사채관리회사의 사임 또는 해임으로 인하여 사채관리회사가 없게 된 때에 사
채발행회사는 그 사무를 승계할 사채관리회사를 정하여 사채권자를 위하여 사채
관리를 위탁하여야 한다. 이 경우 회사는 지체 없이 사채권자집회를 소집하여 동
의를 받아야 한다(제483조 제1항). 다만, 부득이한 사유가 있을 경우에는 이해관계인
이 사무승계자의 선임을 법원에 청구할 수 있다(동조 제2항). 여기서의 '부득이한 사
유'란 ① 발행회사가 사무승계자의 선임을 게을리하거나, ② 그간의 행태로 보아
발행회사가 적임의 사채발행회사를 선임할 것으로 기대하기 어려운 경우 등을 말
한다. 이 경우 이해관계인은 발행회사의 선임행위에 앞서 또는 별도로 법원에 사
무승계자의 선임을 청구할 수 있다. 사무승계자의 자격, 권리와 의무는 사채관리
회사와 같다.

2. 사채권자집회

(1) 의의

사채권자집회(meeting of debt security holders)는 사채권자로 조직되며, 자본금감
소의 異議 등 사채권자의 이해에 중대한 관계가 있는 사항에 관하여 같은 종류의
社債權者(제509조)의 總意를 결정하기 위하여 소집되는 임시적 의결기관이며, 회
사내부의 상설기관이 아니다. 이와 같이 사채권자집회는 사채권자들의 利害를 집
단적으로 관리할 필요에서 조직된 의결회사 밖의 기관이다.

(2) 사채권자집회의 운영

1) 소집·결의방식

2011년 개정법은 사채권자집회에 대하여 전반적으로 사채의 종류별로 소집
및 결의함을 전제로 하고 있다(제491조 제2항·제492조·제498조 등).

2) 사채의 종류 구분기준

상법은 '사채의 종류'에 대한 정의규정을 두지 않고 있다. 다만, 외국에서는
사채의 종류를 구분하는 기준으로서 ① 사채의 이율, ② 사채의 상환방법 및 기
한, ③ 이자지급의 방법 및 기한, ④ 社債券의 발행 여부, ⑤ 사채권자가 기명식·무
기명식간의 전환청구를 할 수 있는지의 여부, ⑥ 사채관리회사가 사채권자집회의
결의에 의하지 아니하고, 파산절차에 속하는 행위 등을 할 수 있는지의 여부, ⑦

다른 회사와 합동으로 발행하는 때는 상대방 및 각 회사의 분담부분, ⑧ 사채관리회사를 정한 때는 그 명칭 및 위탁관리계약의 내용, ⑨ 사채원부관리인을 정한 때는 그 명칭, ⑩ 담보부사채인 때는 담보의 목적재산 등의 각 사항, ⑪ 기타 회사법규칙으로 정하는 사항으로 열거하는 입법례도 있다(일본회사법 제681조 제1호·시행규칙 제165조). 그리하여 이러한 각 사항이 같으면 동일 종류의 사채이다.

사채권자집회를 종류별로 하는 것은 종류가 다른 사채권자들은 사채에 관한 利害를 달리하기 때문에 동일한 의사결정의 단위로 합의체를 구성하게 되면 사채권자들의 의사결정이 왜곡될 수 있기 때문이다. 이 점에서 사채의 종류에 대하여는 입법적으로 해결하는 것이 바람직하다. 다만, 사채종류의 구분기준은 지나치게 세분화하기보다는 대체적인 동질성을 배열할 수 있는 것으로 족하다고 본다.

(3) 사채권자집회의 소집권자

사채권자집회는 발행회사 또는 사채관리회사가 소집한다(제491조 제1항). 다만, 해당종류의 사채총액(상환받은 액은 제외한다)의 10분의 1 이상에 해당하는 소수사채권자도 회의의 목적사항과 소집이유를 적은 서면 또는 전자문서를 발행회사 또는 사채관리회사에 제출하여 사채권자집회의 소집을 청구할 수 있다(제491조 제2항). 발행회사가 이 소집청구에 응하지 않을 때, 소집을 청구하였던 소수사채권자는 법원의 허가를 얻어 사채권자집회를 직접 소집할 수 있다(제491조 제3항·제366조 제2항). 다만, 무기명식채권을 가진 자는 그 채권을 공탁하지 아니하면 집회소집청구권을 행사하지 못한다(제491조 제4항).

(4) 소집시기 및 소집지

소집시기는 수시로 할 수 있고, 소집지에 대하여는 별도의 제한이 없다.

(5) 사채권자집회의 구성

사채권자집회를 구성하고 의결권을 행사하는 자는 사채권자이다(제492조 제1항). 발행회사나 사채관리회사는 의결권이 없다. 다만, 이들 회사는 집회의 결의에 중대한 이해를 가지므로 그 대표자를 집회에 출석시키거나 서면으로 의견을 제출할 수 있다(제493조 제1항). 그러므로 집회의 소집시에는 이들 회사에 대하여도 통지를 하여야 한다(제493조 제2항·제3항, 제363조 제1항·제2항). 그리고 사채권자집회 또는 소집권자는 필요한 경우 발행회사에 대하여 그 대표자의 출석을 청구할 수 있다 (제494조).

(6) 사채권자집회의 의결권

각 사채권자는 그가 가지는 해당종류의 사채금액의 합계액(상환받은 액은 제외한 다)에 따라 의결권을 가진다(제492조 제1항). 무기명식의 채권을 가진 자는 회일로부터 1주간 전에 채권을 공탁하지 아니하면 그 의결권을 행사하지 못한다(제492조 제2항). 의결권의 대리행사는 가능하며, 대리권은 서면으로 증명해야 한다(제510조 제1항·제368조 제3항).

그 밖에 회사가 소유하는 자기사채의 의결권행사의 제한(제510조 제1항·제369조 제2항), 특별이해관계인이 가진 사채권의 의결권행사의 제한(제510조 제1항·제368조 제4항) 및 정족수와 의결권수의 계산방식·총회의 연기와 속행의 결의·총회의 의사록(제510조 제1항·제371조 내지 제373조) 등은 주주총회의 규정을 준용한다.

(7) 사채권자집회의 권한

사채권자집회의 권한은 법률이 규정한 ① 자본금감소의 異議(제439조 제3항), ② 합병의 이의(제530조 제2항·제439조 제3항), ③ 사채권자집회의 代表者 및 결의집행자의 선임·해임(제500조 제1항·제501조·제504조), ④ 발행회사의 불공정한 변제·화해 등의 행위를 취소하기 위한 訴의 제기(제512조), ⑤ 사채관리회사의 사임동의·해임청구(제481조·제482조), ⑥ 사채관리회사의 사무승계자결정(제483조) 등에 미친다.

이 밖에도 사채권자에게 이해관계가 있는 사항에 관하여 결의할 수 있다(제490조). 발행회사가 채무불이행(예: 사채원리금지급의 지체·재무특약의 위반)인 경우 기존의 사채계약에 따라 바로 기한의 이익을 상실시키는 조치를 취하기보다는 원리금지급의 유예, 이율의 인하 또는 채권을 일부 포기하는 것이 사채권자의 이익이되는 사례가 많다. 그러나 채권의 일부포기 등은 사채권자에게 중대한 이해관계가 있으므로 이를 집회의 결의사항으로 하는 것이다. 이러한 사채권자집회의 권한에 속하는 사항은 사채권자가 단독으로 하지 못한다.

(8) 결의방법

사채의 일부포기 등 사채계약의 내용을 변경하는 것은 모든 사채권자의 동의를 얻기 어렵다. 그리하여 사채권자집회의 결의는 원칙적으로 출석한 의결권의 3분의 2 이상의 찬성과 (종류별) 총사채의결권의 3분의 1 이상으로 한다(제495조 제1항). 다만, ① 사채관리회사의 사임동의·해임청구(제481조·제482조), ② 사채관리회사의 사무승계자결정(제483조), ③ 발행회사 대표자출석의 청구결정은 출석한 사채권자의결권의 과반수의 찬성으로 할 수 있다(제495조 제2항·제481조 내지 제483조·제494조).

한편 사채권자는 집회에 출석하지 아니하고 서면결의(제495조 제3항) 또는 이사회의 정함에 따른 전자투표도 가능하다(제495조 제6항·제368조의 4).

(9) 사채권자집회결의의 효력

사채권자집회의 결의는 그 자체로 효력이 발생하지 아니한다. 그리하여 소집자가 결의한 날로부터 1주 내에 법원에 인가를 청구하여야 하며(제496조), 법원이 인가를 하면 효력이 발생한다(제498조 제1항). 이는 사채권자집회의 결의는 원리금지급의 유예, 이자율인하 또는 채권의 일부포기 등 사채권자의 양보를 요구하는 내용이 많기 때문에 법원의 강한 후견적 기능을 기대하기 위함이다. 따라서 해당 종류의 사채권자 전원이 동의한 결의는 법원의 인가를 받음이 없이 효력이 발생한다(제498조 제1항 단서).

그러나 법원은 ① 사채권자집회의 소집절차나 결의방법이 법령이나 사채모집계획서의 기재에 위반한 때, ② 결의가 부당한 방법으로 인하여 성립하게 된 때, ③ 결의가 현저하게 불공정한 때, ④ 결의가 사채권자 일반의 이익에 반하는 때에는 인가를 하여서는 아니 된다(제497조 제1항). 이 중 ①과 ②에 대하여 법원은 결의내용 기타 모든 사정을 참작하여 결의를 인가할 수 있다(제497조 제2항). 이는 결의의 절차적 하자에 관한 것이므로 주주총회결의 취소의 소가 제기된 경우 법원의 재량에 의한 청구기각규정(제379조)과 균형을 맞춘 것이다. 사채권자집회의 결의는 모든 社債權者를 구속함은 물론이다(제498조 제2항).

(10) 결의의 위임

사채권자집회는 해당종류의 사채총액(상환받은 금액은 제외한다)의 500분의 1 이상을 가진 사채권자 중에서 1인 또는 여러 명의 대표자를 선임하여 그 결의할 사항의 결정을 위임할 수 있다(제500조 제1항). 대표자가 수인인 때에는 그 결정은 그 과반수로 한다(동조 제2항).

(11) 결의의 집행

사채권자집회의 결의는 사채관리회사가 집행하고, 사채관리회사가 없는 때에는 사채권자집회의 대표자가 집행한다(제501조). 그러나 사채권자집회의 결의로 따로 執行者를 선임한 때에는 그 자가 집행한다(제501조 단서). 사채권자집회는 언제든지 대표자나 집행자를 해임할 수 있고 위임한 사항을 변경할 수 있다(제504조). 이 밖에 사채권자집회의 운영에 관하여는 주주총회의 여러 규정을 준용한다(제510조).

(12) 사채권자집회의 비용의 부담

사채권자집회에 관한 비용은 원칙적으로 사채발행회사가 부담한다(제508조 제1항). 그리고 집회의 소집자는 결의일로부터 1주 내에 결의의 인가를 법원에 청구하여야 하는데(제496조), 이러한 인가청구의 비용도 발행회사가 부담한다. 다만, 이 경우 법원은 이해관계인의 신청에 의하여 또는 직권으로 그 전부 혹은 일부에 관하여 부담자를 따로 정할 수 있다(제508조 제2항).

3. 사채관리 관련자의 보수 및 비용

(1) 발행회사의 지급의무

사채관리회사, 대표자 또는 집행자 등 사채관리 관련자에게 줄 보수와 그 사무처리에 필요한 비용은 발행회사와의 계약에 의하여 약정된 경우에는 그에 따른다. 다만, 약정된 경우 외에는 법원의 허가를 받아 발행회사로 하여금 부담하게 할 수 있다(제507조 제1항). 여기서 '약정된 경우 외'라 함은 약정이 없거나 약정된 보수와 비용 이상의 것을 말한다. 발행회사가 이러한 비용과 보수를 부담하는 이유는 사채관리 관련자의 직무수행은 궁극적으로 발행회사에도 이익이 되기 때문이다. 이와 달리 오직 사채권자에게만 이익이 되는 관리회사 등의 직무수행은 발행회사의 채무불이행 등을 원인으로 하므로 발행회사에 문책적으로 위의 부담을 지우는 것이라고 풀이한다.

(2) 우선변제 및 그 의미

사채관리회사, 대표자 또는 사채권자집회결의의 집행자는 사채에 관한 채권을 변제받은 금액에서 사채권자보다 우선하여 위 보수와 비용을 변제받을 수 있다(제507조 제2항). '우선하여 변제받을 수 있다.'는 것은 발행회사의 재산의 매각대금에 대한 우선변제권을 뜻하는 것이 아니라, 사채권자가 발행회사로부터 상환받는 금액이 있을 경우 사채권자에 앞서 보수와 비용을 변제받을 수 있는 권리를 뜻한다.

Ⅷ. 특수한 사채

1. 전환사채

(1) 의의

1) 개념 및 기능

轉換社債(convertible bond, CB)란 발행회사의 주식으로 전환할 수 있는 권리가 인정된 사채를 말한다. 투자자로서는 사채의 안정적인 이자수익과 주식의 投資性을 비교하여 자산유형을 선택할 수 있고, 회사로서는 사채를 주식으로 전환시킴으로써 사채상환의 효과를 누리면서 자기자본을 조달할 수 있는 장점이 있다. 이러한 장점은 국내외 자본시장에서의 전환사채발행을 용이하게 한다.

2) 법적 특징

전환사채의 발행시는 우선적으로 사채권자의 권리를 보호하는 것이 중요하다. 그리고 전환사채의 전환은 기존 주주들이 가지는 新株引受權의 잠식을 뜻하므로 주주의 보호도 고려되어야 한다. 그리하여 상법은 ① 전환사채의 발행은 일반사채와 같이 이사회가 결정하지만, 주주에게 社債의 引受權을 부여함을 원칙으로 하고, ② 만약 주주 아닌 제3자에게 전환사채를 발행할 때에는 주주총회의 특별결의를 거치도록 함으로써 사채발행에 관한 이사회의 결정권(제469조)과 주주의 신주인수권(제418조 제1항)간의 조화를 추구하고 있다. 그리고 주식으로 전환할 때에는 신주발행에 대한 별도의 납입행위 없이 사채의 소멸로 그 대가를 치르는 것으로 하고, 전환절차와 효력발생시기 등에 관한 규정을 두어 규율하고 있다.

(2) 전환사채의 발행

1) 결정기관

전환사채의 발행사항에 관하여 정관에 규정이 없는 것은 일반사채와 같이 이사회가 결정한다(제513조 제2항 본문). 그러나 정관으로 주주총회의 결의사항으로 정할 수도 있다(제513조 제2항 단서). 이처럼 전환사채를 소유주식수에 비례하여 주주에게 인수시키는 방법으로 발행할 때에는 이사회의 결의만으로 발행할 수 있는데, 이는 신주발행을 이사회결의만으로 할 수 있게 한 제416조와 균형을 맞춘 것이다. 따라서 동일회사의 신주발행 및 인수에 관하여는 정관으로 주주총회의 (특별)결의사항으로 정하여져 있지만(제416조 단서), 전환사채의 발행에 대하여는 정관에 별도의 규정이 없으면, 이사회의 결의뿐만이 아니라 주주총회의 (특별)결의를 거쳐야 한다.[1854] 전환사채가 주식으로 전환되어 이를 발행하는 것은 사실상 신주발행으로서의 의미를 가지기 때문이다. 이 점 주의를 요한다.

2) 발행사항

가) 구체성   전환사채의 발행시 정관 또는 이사회(혹은 주주총회)의 결의로 정하여야 하는 구체적인 발행사항은 아래와 같다(제513조 제2항).

나) 전환사채의 총액(제1호)   전환사채의 발행한도에는 제한이 없다. 이는 일반사채와 같지만, 정관으로 그 총액을 정하면 그 한도를 준수하여야 한다.

다) 전환의 조건(제2호)   이는 전환가액으로써 전환사채와 전환으로 인하여 발행되는 주식의 비율을 뜻한다. 예를 들면, '사채 10,000원을 보통주식 1주로 전환'하는 것과 같다. 이는 사채의 전환으로 인한 경제적 대가의 중심을 이룬다. 전환사채의 총발행가와 전환으로 인한 발행주식의 총발행가는 같아야 한다(제516조 제2항·제348조). 이는 이사회 등이 무모한 조건으로 전환사채를 발행함으로써 자본충실을 해하는 것을 방지하기 위함이다. 왜냐하면 사채의 전환으로 신주가 발행되더라도 신규자금이 회사로 유입되지 않기 때문이다.

라) 전환으로 인하여 발행할 주식의 내용(제3호)   예를 들면, 우선주, 보통주, 의결권의 배제·제한 등의 내용을 정하여야 한다.

마) 전환을 청구할 수 있는 기간(제4호)   社債權者가 전환청구권을 행사할 수 있는 始期와 終期를 정하여야 한다. 예를 들면, '사채발행일의 2년 후부터 3년 내'와 같다.

바) 주주에게 전환사채의 인수권을 준다는 뜻과 인수권의 목적인 전환사채의 액(제5호)   반드시 주주에게만 인수권을 부여하여야 하는지에 관하여는 근거규정이 미약하다.[1855] 이와 관련하여 제513조 제2항은 원칙적으로 이사회의 결의로

대법원 1999. 6. 25. 선고 99다18435.
1855) 제513조의 2 제1항 본문과 제418조 제1항의 비교분석.

전환사채를 발행할 수 있도록 하고, 동조 제3항은 제3자배정에 필요한 요건을 규정하고 있다. 이를 반대로 해석하면, 제513조 제3항에 의거한 제3자배정의 절차를 밟지 않는 한, 즉 이사회의 결의로 전환사채를 발행하는 때에는 주주가 전환사채의 引受權을 갖는다고 보고, 그 근거규정으로 삼을 수 있다. 다만, 주주의 인수권의 일부 또는 전부를 제한하기 위하여는 후술하는 바와 같은 특별한 절차를 밟아야 한다.

사) 주주 이외의 자에게 전환사채를 발행하는 것과 이에 대하여 발행할 전환의 액(제6호)　　이는 주주 아닌 제3자에게 인수권을 부여하는 때에 추가되는 사항이다.

3) 제3자배정의 요건

가) 주주의 보호 및 발행절차 등　　전환사채를 주주 아닌 제3자에게 발행할 때에 중요한 것은 주주의 보호이다. 제3자에게 전환사채를 발행하는 것은 실질적으로 주주 이외의 자에게 신주인수권을 부여하는 것과 같아 기존 주주의 지배력이 희석된다. 그리고 주가가 액면가를 초과하는 시점에서 전환의 조건을 額面等價轉換 예를 들면, 전환조건을 사채액면 1만원에 대하여 액면 5,000원인 주식 2주로 하는 때에는 제3자에게 유리한 가액으로 新株를 발행하는 것과 같고 기존 주주의 이익에 반하기 때문이다. 그러므로 전환사채의 발행은 원칙적으로 이사회가 결정하고, 이 경우에는 기존 주주가 전환사채의 인수권을 가진다.

그 밖의 제3자에게 전환사채를 발행할 때(제513조 제2항 제6호)에는 정관에 규정을 두거나 주주총회의 특별결의를 거쳐야 한다. 구체적으로는 제3자에게 발행할 수 있는 전환사채의 액, 전환의 조건, 전환으로 인하여 발행할 주식의 내용과 전환을 청구할 수 있는 기간을 정관의 규정 또는 총회의 특별결의로 정하여야 한다(제513조 제3항). 이를 결의할 목적으로 주주총회를 소집할 때에는 소집통지에 전환사채의 발행에 관한 의안의 요령을 기재하여야 한다(제513조 제4항·제363조).

한편 제513조 제2항 단서는 정관으로 주주총회에서 전환사채의 발행을 정할 수 있도록 하고 있는데, 이 주주총회는 보통결의에 의한다. 그런데 이 결의는 이사회의 결정을 갈음하는 데 불과하므로 보통결의로 전환사채의 발행을 결정하더라도 재차 제3자에게 사채의 인수권을 부여할 때에는 다시 정관에 근거규정이 있거나 또는 총회의 특별결의를 거쳐야 한다(제513조 제3항). 또 전환사채(또는 신주인수권부사채)를 제3자에게 발행하는 때에는 신주의 제3자배정의 경우와 같이 기존 주주들에 대한 통지·공고(제418조 제4항)가 필요한데, 입법의 불비상태이다.[1856]

나) 포괄위임의 허용 여부

① 판례의 태도

정관의 규정이나 주주총회의 특별결의로 제3자의 인수권을 정할 때에는 그 내용이 구체적이고 확정적이어야 한다. 그리하여 '사채총액의 2분의 1의 범위에서 주주가 아닌 자에게 인수권을 부여한다.'든지, 또는 '전환가액(전환조건)은 주식의 액면가 이상으로 이사회가 정한다.'는 식의 포괄위임(예: 상장회사표준정관 제14조의 2)은 허용되지 아니한다는 판례가 있다.[1857] 이에 비하여 대법원은 전환의 조건 등에 관한 정관의 규정이 구체적이어야 한다는 점은 인정하면서도, 전환의 조건을 "이자율과 시장상황 등 경제사정에 즉응하여 신축적으로 결정할 수 있도록 정관에 일응의 기준을 정해 놓은 다음 구체적인 전환의 조건은 발행시마다 정관을 벗어나지 않는 범위에서 이사회가 결정하도록 위임하는 것도 허용된다."고 보고 있다. 그리하여 "전환가액은 주식의 액면금액 또는 그 이상의 가액으로 사채발행시 이사회가 정한다."라고 정한 정관규정[1858]은 전환가액에 관하여 일응의 기준을 정한 후 구체적인 전환가액은 발행시마다 이사회에서 결정하도록 위임한 것인데, 이는 제513조 제3항의 최소한도의 요건을 충족하고 있다고 판시하였다.[1859]

그러나 이에 대하여는 "정관에 전환사채의 액, 전환의 조건…에 관한 대부분의 사항이 공란으로 되어 있으면, 제513조 제3항에 따라 제3자에게 전환사채를 발행하기 위하여 정관에서 규정하여야 할 사항이 제대로 규정되어 있다고 볼 수 없으므로, 주주총회 특별결의 없이 이사회결의만으로 전환사채를 발행할 수 없다."고 한 판례가 있다.[1860]

1856) 하급심도 불비상태로 판단한다(서울고법 2023. 11. 23. 선고 2022나2042878).
1857) 서울고법 2000. 5. 9. 자 200라77 결정. 이는 신주인수권부사채에 관한 판례이나, 전환사채에도 같은 법리가 적용된다고 본다(이철송(2024), 1100면).
1858) 이는 상장회사표준정관 제14조의 2에 따른 것이다.
1859) 대법원 2004. 6. 25. 선고 2000다37326.
1860) 서울고법 2008. 7. 30. 선고 2007나66271.

② 판례의 검토

전환조건 등을 이자율이나 시장상황 등 경제사정에 맞게 정하기 위하여는 이사회에 위임하는 것이 어느 정도 불가피한 측면이 있다. 그러나 주식의 액면가 이하로의 전환은 원칙적으로 허용되지 아니하므로(제417조), 대법원이 "전환가액은 액면가 이상으로 이사회가 정한다."는 식의 수권을 인정한 것은 사실상 백지위임을 허용하는 것이나 같다.[1861]

다) 선관주의의무의 부담   이사회가 전환조건 등을 정하는 경우에는 회사에 대하여 선관주의의무를 부담한다. 따라서 시가보다 현저히 낮은 전환가액으로 제3자에게 배정한 경우는 이사에게 배임죄가 성립할 수 있다. 다만, 전환사채발행을 위한 이사회결의에는 하자가 있었지만, 실권된 전환사채를 제3자에게 배정하기로 의결한 이사회결의에는 하자가 없는 경우, 전환사채 발행절차를 진행한 것은 업무상배임죄에 해당하지 아니한다.[1862]

라) 경영상 목적달성   전환사채를 제3자에게 배정하는 때에는 신주발행시의 제3자배정의 요건에 관한 제418조 제2항 단서의 규정이 적용된다(제513조 제3항 후단). 따라서 주주 아닌 자에게 전환사채를 발행하는 때에는 정관의 규정이나 주주총회의 특별결의 등의 절차적 요건을 갖추는 외에 경영상 목적달성이라는 요건을 충족하여야 한다. 다만, 회사지배권을 제3자에게 이전할 목적으로 한 전환사채의 발행은 이사의 임무위배에 해당하지 아니한다. 이는 기존 주주의 이익을 침해하는 행위일 뿐 지배권의 객체인 주식회사의 이익을 침해하는 것으로는 볼 수 없기 때문이다.[1863]

마) 발행조건의 변경 등   주주배정의 방법으로 전환사채인수권을 부여하였지만 주주들이 인수청약하지 아니하여 실권된 부분을 제3자에게 발행하는 때에는 당초의 주주배정의 경우와 같은 조건으로 발행하여야 한다. 이러한 법리는 주주들의 실권의 규모에 따라 달라지는 것은 아니다.[1864]

1861) 同旨 이철송(2024), 1099면; 反對 송옥렬(2022), 1192면.
1862) 대법원 2009. 5. 29. 선고 2007도4949 전원합의체.
1863) 대법원 2009. 5. 29. 선고 2007도4949 전원합의체.
1864) 대법원 2009. 5. 29. 선고 2007도4949 전원합의체.

(3) 발행절차

1) 배정일의 지정·공고

주주가 인수할 전환사채의 액(제513조 제2항 제5호)이 결정되면, 주주는 그가 가진 株式의 수에 따라서 전환사채를 배정받을 권리를 가진다(제513조의 2 제1항 본문). 이에 따라 회사는 配定日을 정하여 그 날에 주주명부에 기재된 주주가 전환사채의 인수권을 가진다는 뜻을 그 배정일의 2주간 전에 공고하여야 한다. 배정일이 주주명부폐쇄기간 중인 때에는 그 기간의 초일의 2주간 전에 이를 공고하여야 한다(제513조의 2 제2항·제418조 제3항). 배정기준일이 경과하면, 전환사채의 인수권을 갖는 주주 및 각 주주가 인수권을 갖는 사채총액이 확정되는데, 이때 각 전환사채의 금액 중 최저액(예: 각 사채액면가 100만원과 300만원인 경우 100만원)에 미달하는 端數에 대하여는 인수권이 미치지 아니한다(제513조의 2 제1항 단서). 예를 들면, ① 주주에게 100주당 최저액의 전환사채 100만원의 인수권을 부여한다고 가정하면, ② 전환조건은 사채 100만원당 100주, 즉 전환가격은 10,000원이 된다. 이때 99주를 소유하는 주주 甲에게 돌아오는 사채인수권은 최저액의 0.99, 즉 99만원어치이므로 甲은 전환사채의 인수권을 갖지 못한다. 이와 같이 이 단서규정은 전환사채의 최저액을 고액으로 정할 경우 소액주주들의 지분율을 떨어뜨리는 수단이 될 수 있다.

2) 주주에 대한 최고·실권

배정일기준일에 의하여 인수권이 확정된 주주에게는 그 인수권을 가지는 전환사채의 액, 발행가액, 전환의 조건, 전환으로 인하여 발행할 주식의 내용, 전환을 청구할 수 있는 기간과 일정한 기일(청약일)까지 전환사채의 청약을 하지 아니하면 권리를 잃는다는 뜻을 통지하여야 한다(제513조의 3 제1항). 그 통지는 청약일의 2주간 전에 하여야 한다(제513조의 3 제2항·제419조 제2항). 회사가 정한 청약기일까지 청약을 하지 아니하는 때에는 失權한다(제513조의 3 제2항·제419조 제3항). 실권한 사채는 이사회의 결의로 제3자에게 배정할 수 있다. 다만, 상장회사가 발행하는 전환사채의 실권사채는 신주의 실권주와 같은 이유, 즉 대주주의 지분을 강화하는 수단으로 남용되는 것을 방지하기 위하여 원칙적으로 발행을 철회하여야 한다(자본시장법 제165조의 10 제1항·제165조의 6 제2항).

3) 인수·납입

일반사채와 같은 절차를 밟는다.

4) 사채청약서 등의 기재사항

전환사채의 청약서·債券·社債原簿에는 ① 사채를 주식으로 전환할 수 있다는 뜻, ② 전환의 조건, ③ 전환으로 인하여 발행하는 주식의 내용, ④ 전환을 청구할 수 있는 기간, ⑤ 주식의 양도에 관하여 이사회의 승인을 얻도록 정한 때에는 그 규정 등을 기재하여야 한다(제514조).

한편 전환사채발행 후 주가가 하락하면, 전환사채권자는 손실을 입게 된다. 이때 주가하락이 회사의 資本去來로 인한 것이라면,[1865] 제도적으로 사채권자의 보호방법을 강구할 필요가 있다. 그리하여 금융위원회의 「증권의 발행 및 공시 등에 관한 규정」에서는 사채발행 후 주가하락의 경우에 전환가격의 조정을 허용하고 있다(동규정 5-23). 그러나 주가하락이 경제상황, 시장의 수급상황 또는 회사의 영업실적의 부진으로 인한 때에는 사채권자가 감수해야 할 일이다. 그럼에도 불구하고 일률적으로 전환가격조정을 허용하는 것은 올바르다고 보기 어렵다.

5) 수권주식과의 관계

전환사채는 발행예정주식총수에 未發行部分이 있어야 주식으로 전환할 수 있다. 따라서 전환청구기간 동안에는 미발행부분에 대한 신주발행을 유보하여야 한다(제516조 제1항·제346조 제4항). 그리고 정관을 변경하여 발행예정주식총수를 늘릴 것을 예정하고 전환사채를 발행하여서도 아니 된다.

(4) 전환의 절차

전환을 청구하는 자는 「전환을 청구할 수 있는 기간」 중 언제든지 請求書 2통에 債券을 첨부하여 회사에 제출하여야 한다(제515조 제1항 본문). 회사가 債券을 발행하지 않고 전자등록부에 채권(債權)을 등록한 경우에는 그 사채권을 증명할 수 있는 자료를 첨부하여 회사에 제출하여야 한다(제515조 제1항 단서). 그리고 주주명부 폐쇄기간 중에도 전환청구를 할 수 있다(제516조 제2항·제350조 제1항). 전환청구

1865) 예를 들면, 회사가 전환사채를 발행한 후 저가의 신주발행, 준비금의 자본전입 또는 주식배당을 하는 때에는 권리락 등의 현상으로 기존 주식의 가치가 희석되므로 사채권자가 당초의 전환조건에 따라 주식으로 전환하는 것이 의미가 없어지게 된다. 그것은 株價가 적어도 전환가액 이상을 유지할 경우에만 전환사채를 주식으로 전환할 실익이 있기 때문이다.

기간이 경과하기까지 전환청구를 하지 않으면 전환청구권을 상실하게 되고, 그 기간 전에도 전환청구권을 포기할 수 있다. 이때에는 일반사채로 확정된다.[1866)

(5) 전환의 효력

전환청구권은 형성권이므로 사채권자가 청구서를 회사에 제출함으로써 전환의 효력이 생긴다(제516조 제2항·제350조 제1항). 즉 사채권자는 전환청구와 동시에 주주가 되는 것이다. 다만, 주주명부의 폐쇄기간 중에 전환된 주식의 주주는 그 기간 중의 총회의 결의에 관하여는 의결권을 행사할 수 없다(제516조 제2항·제350조 제2항·제354조 제1항). 주주명부 폐쇄시점에서의 지배구조의 변화를 방지하기 위함이다. 그리고 전환사채의 質權者는 전환 후의 주식에 대하여 질권을 행사할 수 있다(제516조 제2항·제339조).

(6) 등기

일반적인 사채와 달리 전환사채를 발행한 때에는 납입이 완료된 날로부터 본점소재지에서 2주간 내에 전환사채의 등기를 하여야 한다. 등기사항에는 전환사채의 총액·각 전환사채의 금액·각 전환사채의 납입금액 등이 있다(제514조의 2 제1항 내지 제3항). 전환사채의 전환은 전환사채의 등기사항 및 자본금에 변화를 야기하므로 변경등기를 하여야 한다(제514조의 2 제3항·제183조). 전환으로 인한 변경등기는 전환을 청구한 날이 속하는 달의 마지막 날부터 2주 내에 본점소재지에서 하여야 한다(제516조 제2항·제351조).

(7) 전환사채발행의 무효

1) 무효의 주장방법

가) 신주발행무효의 소에 관한 규정 유추적용   상법은 신주발행의 경우와는 달리 전환사채의 발행무효의 소에 관한 규정을 두지 않고 있다. 이에 대하여 판례는 전환사채발행의 경우에도 新株發行無效의 訴에 관한 규정(제429조)이 유추적용되어 전환사채발행무효의 訴를 제기할 수 있다고 한다.[1867) 이는 전환사채의 발행이 회사의 물적 기초와 기존 주주들의 이해관계에 영향을 미친다는 점에서 사실상 신주를 발행하는 것과 유사하다고 본 것이다.

1866) 서울지법 1999. 2. 4. 선고 98가합69295.
1867) 대법원 2004. 8. 20. 선고 2003다20060; 2004. 6. 25. 선고 2000다37326.

제429조를 유추적용하는 경우 전환사채발행의 효력은 일반확인의 訴로서는 다투지 못하고, 제429조의 요건을 갖춘 訴로써만 다툴 수 있다. 그 무효판결은 形成判決로서 對世的 效力이 있지만, 소급효가 제한된다. 따라서 新株는 장래에 대하여만 무효가 된다(제430조·제190조 본문, 제431조 제1항). 전환사채발행무효의 소에 제429조가 적용되는 결과, 전환사채발행의 무효원인이 이사회결의의 하자나 주주총회결의의 하자에서 기인하더라도 전환사채발행의 효력을 부인하기 위하여는 후행행위인 전환사채발행무효의 소에 의하여 다투어야 한다.[1868]

전환사채발행의 효력은 ① 전환사채가 아직 전환되지 않은 상태에 있는 社債의 효력과, ② 전환청구권이 행사되어 발행된 新株의 효력으로 구분할 수 있다. 判例는 이 두 가지 유형을 구분하지 않고 일괄하여 전환사채발행의 효력의 문제로 다루고 있다.[1869] 일반 無效確認의 訴는 그 법리(예: 판결의 효력이 개별사채로 한정. 대세적 효력의 제한)상 궁극적인 해결책이 되지 못하므로 판례와 같이 전환여부를 불문하고 전환사채발행의 효력 자체를 形成의 訴(제429조)로 다루는 것이 합리적이다.

나) 제소기간 및 전환사채발행부존재확인의 소와의 비교　　전환사채발행무효확인의 소에 제429조가 적용되는 결과 제소기간도 사채발행 후 6월 내로 제한된다. 그리고 신주발행무효의 소의 경우와 같이 전환사채를 발행한 날로부터 6월의 출소기간이 경과한 후에는 새로운 무효사유를 추가하여 주장할 수 없다.[1870] 그리고 전환사채발행의 실체가 없음에도 전환사채발행의 등기가 되어 있는 외관이 존재하는 경우, 이를 '전환사채발행의 부존재'라고 한다. 전환사채발행부존재확인의 소에는 제429조가 유추적용되지 아니하므로 6월의 제소기간의 제한을 받지 아니한다.[1871]

2) 무효원인

전환사채의 발행은 그 효과가 신주발행과 유사하므로 신주발행의 무효원인에 관한 해석론을 적용하여야 한다. 판례는 전환사채발행의 무효원인을 엄격하게 해석하는 경향이 있다. 그리하여 ① 전환사채의 인수인이 지배주주와 특별한 관계에 있는 자라거나 그 전환가액이 발행시점의 주가 등에 비추어 다소 낮은 가격

1868) 대법원 2004. 8. 16. 선고 2003다9636.
1869) 대법원 2004. 6. 25. 선고 2000다37326.
1870) 대법원 2022. 11. 17. 선고 2021다205650; 2004. 6. 25. 선고 2000다37326.
1871) 대법원 2004. 8. 16. 선고 2003다9636.

이라는 것과 같은 사유는 전환사채발행유지청구의 원인이 될 수는 있지만, 이미 발행된 전환사채 또는 그 전환권의 행사로 발행된 주식의 무효원인은 되지 못한다.[1872] ② 전환사채의 발행이 사전상속·증여, 회사의 경영권 내지 지배권의 이양이라는 목적이나 의도 아래 이루어진 것이라고 의심할 여지가 있더라도, 그러한 사유만으로 전환사채의 발행을 무효로 볼 수는 없다.[1873]

이와 같이 전환사채발행의 무효원인은 가급적 엄격하게 해석되고 있고, 법령이나 정관의 중대한 위반 또는 현저한 불공정이 있어 주식회사의 본질이나 회사법의 기본원칙에 반하거나 기존 주주들의 이익과 회사의 경영권 내지 지배권에 중대한 영향을 미치는 경우로서 전환사채와 관련된 거래의 안전, 주주 기타 이해관계인의 이익 등을 고려하더라도 도저히 묵과할 수 없는 정도라고 평가되는 경우에 한하여 전환사채의 발행 또는 그 전환권의 행사에 의한 주식의 발행을 무효라고 할 수 있다.

이러한 판단은 전환사채발행유지청구권은 사전적 구제수단이고 전환사채발행무효의 소는 사후적 구제수단이라는 점에 착안한 것이다. 즉 전환사채발행이 사후에 무효로 되면 거래의 안전을 해할 수 있으므로 거래의 안전과 이익교량을 할 수 없을 정도로 중대한 법령이나 정관의 위반 또는 현저한 불공정이 있을 때에 한하여 무효로 할 수 있다고 보는 것이다. 같은 논리로 舊지배세력이나 대주주 등의 경영권 방어를 위한 경우와 같이 합리적인 이유 없이 제3자에게 전환사채를 발행한 경우에는 무효이다.[1874] 이 경우 전환권을 행사하여 신주를 취득하였다면, 신주발행무효의 소로도 신주발행의 무효를 주장할 수 있다.[1875]

3) 전환권의 약정

주식회사가 타인으로부터 돈을 빌리는 소비대차계약을 체결하면서 "채권자는 만기까지 대여금액의 일부 또는 전부를 회사주식으로 액면가에 따라 언제든지 전환할 수 있는 권한을 갖는다."는 계약조항을 둔 경우, 이는 전환청구를 한 때에 그 효력이 생기는 형성권으로서의 전환권을 부여하는 조항이라고 보아야 한다. 따라서 신주의 발행과 관련하여 특별법에서 달리 정한 경우를 제외하고는, 상법

1872) 대법원 2004. 6. 25. 선고 2000다37326.
1873) 대법원 2004. 6. 25. 선고 2000다37326.
1874) 대법원 2022. 10. 27. 선고 2021다201054; 서울고법 1997. 5. 13. 자 97라36 결정.
1875) 대법원 2022. 11. 17. 선고 2021다205650; 2022. 10. 27. 선고 2021다201054.

이 정한 방법과 절차에 의하지 아니한 신주발행 내지 주식으로의 전환을 예정하는 것이어서 효력이 없다.[1876] 다만, 이러한 약정에 의거 전환사채가 발행되고 주식으로 전환된 때의 효력에 관하여는 별개의 법리로 다루어야 한다.

(8) 불공정한 발행에 대한 구제조치

1) 전환사채발행의 유지청구

회사가 법령 또는 정관에 위반하거나 현저하게 불공정한 방법으로 전환사채를 발행함으로써 주주가 불이익을 받을 염려가 있는 경우에는 신주발행의 경우와 마찬가지로, 소수주주는 그 발행을 留止할 것을 청구할 수 있다(제516조 제1항·제424조). 전환사채발행의 유지청구는 사전적 구제수단이므로 그 발행의 효력이 생기기 전, 즉 전환사채의 納入期日까지 행사해야 한다.[1877] 기타 상세한 내용은 신주발행의 유지청구와 같다.

한편 일반사채의 발행시에는 주주에게 사채인수권이 부여되지 아니하므로 이러한 구제조치는 인정되지 아니한다.

2) 이사의 책임 및 대표소송 등

이사와 통모하여 不公正한 발행가액으로 전환사채를 인수한 자는 회사에게 공정한 발행가액과의 차액에 상당한 금액을 지급할 의무가 있다. 그 지급청구에 관하여는 代表訴訟이 인정되고, 그러한 사채의 발행으로 인하여 이사가 회사 또는 주주에 대한 손해배상책임을 지는 것은 불공정한 가액으로 주식을 引受한 경우와 같다(제516조 제1항·제424조의 2).

2. 신주인수권부사채

(1) 의의

신주인수권부사채(bond with warrant, BW)는 사채권자에게 발행회사의 신주인수권이 부여된 사채이다. 이 사채를 일반사채와 비교하면, 사채대로 존속하여 만기에 상환되는 점은 같지만, 신주인수권이 부여되어 있다는 점에서 다르다. 이러한 특성으로 인하여 사채자체가 소멸하고 주식으로 전환되는 전환사채와 다르다. 여기서의 신주인수권은 추상적 신주인수권(제418조 제1항)이 아니라 회사에 대하여 신

[1876] 대법원 2007. 2. 22. 선고 2005다73020.
[1877] 대법원 2004. 8. 16. 선고 2003다9636.

주발행을 청구할 수 있는 구체적인 권리(warrant)를 뜻한다. 사채권자는 사채의 안
정성과 수익성을 누리면서 주가가 상승하면 신주인수권을 행사하여 주식의 양도
차익을 얻을 수 있다. 회사는 낮은 이율의 사채를 발행함으로써 자금조달비용을
줄일 수 있다. 다만, 이 사채도 전환사채와 같이 株主의 신주인수권의 보호가 문
제되는데, 상법은 전환사채와 같은 방식으로 주주의 권리를 보호하고 있다.

(2) 유형

신주인수권부사채에는 분리형과 결합형이 있다. 결합형은 사채권과 신주인수
권이 하나의 社債券에 표창된 것이고, 분리형은 사채권에는 사채권만을 표창하
고 신주인수권은 별도의 (신주인수권)증권에 표창하여 양자를 분리하여 양도할 수
있게 한다.

(3) 신주인수권증서·신주인수권증권의 비교

1) 같은 점

신주인수권증서(stock subscription warrants)는 주주의 신주인수권을 표창하는 유가
증권이다. 신주인수권증권은 분리형 신주인수권부사채의 신주인수권을 표창하는
증권이다. 신주인수권증서(제420조의 2)와 신주인수권증권(제516조의 5)은 모두 ① 신
주인수권을 표창하고, ② 무기명유가증권으로써 신주인수권의 행사에 증권을 요
하며(제420조의 2 제1항·제516조의 6 제2항), 신주인수권의 양도는 증권의 교부에 의하여
야 하고(제420조의 3 제1항·제516조의 6 제1항), ③ 선의취득이 인정되고(제420조의 3 제2항·제
516조의 6 제2항·수표법 제21조), ④ 증권의 소지에 권리추정력이 인정되는 점1878)에서
같다.

2) 다른 점

신주인수권증서와 신주인수권증권은 다음과 같은 점에서는 다르다. 즉 ① 전
자는 통상의 신주발행절차에 의하여 이미 구체화된 신주인수권을 표창하는 증권
인 데 비하여, 후자는 신주발행청구권을 표창하는 증권이다. 따라서 사채권자 또
는 신주인수권증권의 所持人이 신주인수권(발행청구권)을 행사하지 아니하면 신주
발행의 절차가 개시되지 않을 수 있다. ② 전자는 신주발행절차를 밟는 기간에만
존속하고, 신주발행시에 주금납입의 여력이 없는 주주가 주식의 時價와 發行價

1878) 제420조의 3 제2항·제516조의 6 제2항·제336조 제2항·수표법 제21조.

와의 차액을 취득할 수 있게 함으로써 종전 지분의 비례적 이익을 얻을 수 있도록 하는 목적에서 발행되는 데 비하여, 후자는 신주인수권을 신주인수권부사채와 별도로 유통시켜 독자적인 시장가치를 갖도록 할 목적에서 발행한다. ③ 전자는 원칙적으로 주주의 청구가 있는 때에만 발행할 수 있지만(제420조의 2·제416조 제6호), 후자는 신주인수권부사채를 분리형으로 발행한다고 결정하면, 회사는 債券과 함께 모든 사채권자에게 의무적으로 발행하여야 한다(제516조의 5 제1항). ④ 전자는 그 증서에 의하여 주식인수의 청약을 하지만(제420조의 5 제1항), 후자는 청구서의 제출을 통하여 신주인수권을 행사하기 때문에 그 증권을 첨부할 뿐이다. 다만, 이를 발행하지 아니한 때에는 채권을 제시하여야 한다(제516조의 9 제2항). ⑤ 전자의 상실은 공시최고나 除權判決(제360조)에 의한 재발행이 인정되지 않지만, 후자는 제권판결에 의한 재발행을 할 수 있다(제516조의 6 제2항·제360조). 왜냐하면 전자는 이용기간이 단기(약 2주간)이어서 공시최고나 제권판결을 이용할 실익이 없을뿐더러 신주인수권의 전자등록에 의한 구제수단이 인정되지만(제420조의 4·제356조의 2 제2항 내지 제4항), 후자는 장기간 독자적으로 유통시키기 위하여 발행하기 때문이다. ⑥ 전자는 주주에게 발행하지만, 후자는 사채권자에게 발행한다.

(4) 발행

1) 발행의 결정

신주인수권부사채의 발행은 이사회가 결정하나, 정관으로 주주총회에서 결정하도록 정할 수 있다(제516조의 2 제2항). 그리고 ① 신주인수권부사채의 총액, ② 각 신주인수권부사채에 부여된 신주인수권의 내용, ③ 신주인수권을 행사할 수 있는 기간, ④ 신주인수권만을 양도할 수 있는 것에 관한 사항, ⑤ 신주인수권을 행사하려는 자의 청구가 있는 때에는 신주인수권부사채의 상환에 갈음하여 그 발행가액(사채권면액)으로 제516조의 9 제1항의 신주발행가액의 납입(대용납입)이 있는 것으로 본다는 뜻, ⑥ 주주에게 신주인수권부사채의 인수권을 준다는 뜻과 인수권의 목적인 신주인수권부사채의 액, ⑦ 주주 외의 자에게 신주인수권부사채를 발행하는 것과 이에 대하여 발행한 신주인수권부사채의 액에 관한 사항 중 정관에 규정이 없는 것은 이사회(또는 주주총회)에서 결정하여야 한다(제516조의 2 제2항).

2) 신주인수권부사채의 인수권자

신주인수권부사채의 발행은 통상의 신주발행·전환사채의 발행과 같이 주주에게 중대한 이해가 있다. 그 인수인이 신주인수권을 갖게 되기 때문이다. 그리하여 상법은 신주인수권부사채의 인수권도 신주발행·전환사채의 발행과 같이 원칙적으로 주주가 갖는 것으로 정하고 있다.

주주 외의 제3자에게 신주인수권부사채를 발행하는 경우에는 신주인수권부사채의 액, 신주인수권의 내용과 신주인수권을 행사할 수 있는 기간에 관하여 정관으로 정하고, 정관의 규정이 없으면 주주총회의 특별결의로 정하여야 한다(제516조의 2 제4항 전단). 제3자에 대한 발행은 신기술의 도입, 재무구조의 개선 등 회사의 경영상 목적을 달성하기 위하여 필요한 경우에 한한다(제516조의 2 제4항 후단·제418조 제2항). 이를 위하여 주주총회를 소집할 때에는 소집통지에 신주인수권부사채의 발행에 관한 의안의 요령도 기재하여야 한다(제516조의 2 제5항·제513조 제4항·제363조).

3) 발행사항

정관 또는 이사회(혹은 주주총회)의 결의로 정할 구체적인 사항(제516조의 2 제2항)은 전환사채의 발행(제513조)에서 기술한 바와 같다.

4) 배정일공고

정관 또는 이사회(혹은 주주총회)의 결의로 주주가 인수할 신주인수권부사채의 액(제516조의 2 제2항 제7호)이 결정되면, 주주는 그가 가진 주식수에 비례하여 신주인수권부사채를 배정받을 권리가 있다(제516조의 11·제513조의 2 제1항 본문). 그러므로 통상의 신주 또는 전환사채의 발행과 마찬가지로 사채인수권을 행사할 주주를 확정하기 위하여 배정기준일을 정하고 그 날의 2주간 전에 배정기준일에 ① 주주명부에 기재된 주주가 사채인수권을 갖는다는 뜻과, ② 신주인수권을 양도할 수 있을 경우에는 그 뜻을 공고하여야 한다(제516조의 11·제513조의 2 제2항·제418조 제3항).

배정기준일이 경과하면 신주인수권부사채의 인수권을 갖는 주주 및 각 주주가 인수할 사채액이 확정되는데, 이때 각 신주인수권부사채의 금액 중 최저액에 미달하는 端數에는 인수권이 미치지 아니한다(제516조의 11·제513조의 2 제1항 단서). 그 의미는 전환사채에서 설명한 바와 같다.

5) 주주에 대한 최고·실권

주주가 신주인수권부사채의 인수권을 가진 경우에는 각 주주에 대하여 인수권을 가지는 신주인수권부사채의 액, 발행가액, 신주인수권의 내용, 신주인수권을 행사할 수 있는 기간과 일정한 기일(청약일)까지 신주인수권부사채의 청약을 하지 아니하면 그 권리를 잃는다는 뜻을, 그 청약일의 2주간 전에 통지하여야 한다(제516조의 3 제1항 전단·제2항·제419조 제2항·제3항). 이 경우 ① 신주인수권만을 양도할 수 있다는 뜻, ② 신주인수권자의 청약이 있는 때에는 社債의 상환에 갈음하여 그 발행가액으로 신주발행가액의 납입이 있는 것으로 본다는 뜻의 정함이 있는 때에는 그 내용도 통지하여야 한다(제516조의 3 제1항 후단·제516조의 2 제2항 제4호·제5호). 이와 같은 통지에도 불구하고 청약기일까지 주식인수의 청약을 하지 아니하면 失權한다(제516조의 3 제2항·제419조 제3항). 실권사채의 처리는 이사회의 결의로 제3자에게 배정할 수 있지만, 상장회사에서는 발행을 철회하여야 하므로 제3자배정이 제한되는 것 등은 전환사채의 경우와 같다.[1879]

6) 인수·납입

이는 기술한 일반사채와 같은 절차에 따른다.

7) 사채청약서 등의 기재사항

신주인수권부사채의 청약서·債券·사채원부에는 ① 신주인수권부사채라는 뜻, ② 발행결정사항 중 제516조의 2 제2항 제2호 내지 5호의 사항,[1880] ③ 신주인수권을 행사할 때의 납입을 맡을 은행 기타 금융기관과 납입장소, ④ 신주의 양도에 관하여 이사회의 승인을 얻도록 정한 때에는 그 규정을 기재하여야 한다(제516조의 4 제1호 내지 제4호). 그러나 신주인수권증권을 발행할 경우 債券에는 이 사항들을 기재하지 아니한다(제516조의 4 단서).

8) 수권주식과의 관계

발행예정주식총수 중 未發行部分이 있어야 사채권자의 신주인수권행사가 가능하는 등 기술한 전환사채의 규정이 준용된다(제516조의 11·제516조 제1항·제346조 제4항).

9) 신주인수권부사채 발행유지청구권 등 불공정한 발행에 대한 구제조치

이 부분은 기술한 통상의 신주발행 및 전환사채의 발행의 경우와 같다(제516조의 11·제516조 제1항·제424조·제424조의 2).

1879) 대법원 2009. 5. 29. 선고 2007도4949 전원합의체; 자본시장법 제165조의 10 제1항·제165조의 6 제2항.

1880) 제516조의 4(사채청약서·채권·사채원부의 기재사항) 제2항 : 2. 각 신주인수권부사채에 부여된 신주인수권의 내용, 3. 신주인수권을 행사할 수 있는 기간, 4. 신주인수권만을 양도할 수 있는 것에 관한 사항, 5. 신주인수권을 행사하려는 자의 청구가 있는 때에는 신주인수권부사채의 상환에 갈음하여 그 발행가액으로 제516조의 9 제1항의 납입(신주발행가액의 납입)이 있는 것으로 본다는 뜻.

(5) 신주인수권증권
1) 발행

신주인수권부사채의 발행시 신주인수권만을 양도할 수 있다는 것을 정한 때에는 신주인수권증권을 발행하여야 한다(제516조의 5 제1항·제516조의 2 제2항 제4호). 신주인수권증권에는 ① 신주인수권증권이라는 뜻의 표시, ② 회사의 상호 ③ 각 사채에 부여된 신주인수권의 내용, 신주인수권을 행사할 수 있는 기간, 신주인수권을 행사하려는 자의 청구가 있는 때에는 신주인수권부사채의 상환에 갈음하여 그 발행가액으로 제516조의 9 제1항의 신주발행가액의 납입이 있는 것으로 본다는 뜻(제516조의 2 제2항 제2호·제3호·제5호), ④ 주금납입을 맡을 은행 기타 금융기관과 납입장소(제516조의 4 제3호), ⑤ 주식의 양도에 관하여 이사회의 승인을 얻도록 정한 때에는 그 규정에 관한 사항과 番號를 기재하고 이사가 기명날인 또는 서명하여야 한다(제516조의 5 제2항 제1호 내지 제5호).

회사는 신주인수권증권을 발행하는 대신 정관으로 정하는 바에 따라 전자등록기관의 전자등록부에 신주인수권을 등록할 수 있다. 이 경우 신주인수권의 양도나 입질은 전자등록부에의 등록으로 한다(제516조의 7·제356조의 2 제2항).

한편 상장회사는 신주인수권부사채를 분리형으로, 즉 신주인수권증권만을 양도할 수 있는 사채를 사모의 방법으로 발행하지 못하기 때문에 신주인수권증권도 발행하지 못한다(자본시장법 제165조의 10 제2항).

2) 성질

신주인수권증권은 신주인수권을 표창하는 유가증권이다. 그러므로 상법의 규정 이외에는 유가증권에 관한 일반법리가 적용된다. 또한 유가증권이므로 신주인수권의 행사나 양도는 신주인수권증서(제420조의 2)와 같이 증권에 의하여야 한다. 그리고 신주인수권증권에는 증권인수권자의 성명이 기재되지 아니하므로(제516조의 5 제2항), 신주인수권증서와 같이 無記名證券이다.

3) 신주인수권증권의 발행효력

신주인수권증권을 발행하면 신주인수권부사채는 分離型社債가 되어 신주인수권은 사채와 분리되므로 별도로 양도할 수 있다. 그 양도는 신주인수권증권의 교부에 의한다(제516조의 6 제1항). 신주인수권증권을 발행하지 아니한 때에는 신주인수권은 社債의 양도에 의하여만 이전된다. 또 증권의 소지에 권리추정력이 인

정되므로 신주인수권증권을 占有한 자는 적법한 소지인으로 추정된다(제516조의 6
제2항·제336조 제2항). 선의취득도 인정된다(제516조의 6 제2항·수표법 제21조). 이 점 株券
이나 신주인수권증서와 같으므로 상세한 설명은 생략한다. 신주인수권의 행사는
후술하는 바와 같이 신주인수권증권에 의한다(제516조의 2 제2항·제516조의 9).

(6) 신주인수권의 행사

1) 개요

신주인수권부사채권자 또는 신주인수권증권의 소지인은 신주인수권부사채에
부여된 내용(제516조의 2 제2항 제2호)에 따라 신주인수권의 行使期間(제516조의 2 제2항
제3호)에 신주인수권을 행사할 수 있다.

2) 행사방법

가) 관련규정 및 신주발행과의 비교   신주인수권을 행사하려는 자는 청구
서 2통을 회사에 제출하고 신주발행가액의 전액을 납입하여야 한다(제516조의 9 제1
항). 이 점에서 통상의 신주발행의 경우와는 달리 주금의 납입이 신주인수권행사
의 요소가 된다.

나) 청구   신주인수권자는 청구서 2통에 인수할 주식의 종류 및 수와 주소
를 기재하고 記名捺印 또는 서명을 하여 회사에 제출하여야 한다(제516조의 9 제4항
·제302조 제1항). 이때 신주인수권증권이 발행된 때, 즉 분리형인 경우에는 신주인
수권증권을 첨부하고, 사채권과 신주인수권이 결합형(비분리형)인 경우에는 債券을
제시하여야 한다(제516조의 9 제2항 본문). 이때 결합형인 까닭에 제시된 채권에는 신
주인수권이 행사된 사실을 기재하고 사채권자에게 반환하여야 한다. 신주인수권
이 행사된 까닭에 이 사채는 보통의 社債券으로 유통된다.

그러나 회사가 債券 또는 신주인수권증권을 발행하는 대신에 전자등록기관
의 전자등록부에 社債權이나 신주인수권을 전자등록을 한 경우에, 신주인수권을
행사하려는 자는 社債權이나 신주인수권을 증명할 수 있는 자료를 첨부하여 회
사에 제출하여야 한다(제516조의 9 제2항 단서).

한편 신주인수권은 일부만을 행사하는 것도 이론상으로는 가능하지만, 일부
를 행사하면 나머지 부분은 소멸한다고 보아야 한다. 일부행사 후의 권리관계가
불분명하여 거래의 안전을 해칠 수 있기 때문이다.[1881]

1881) 이철송(2024), 1114면.

다) 납입   신주인수권을 행사할 때에는 신주발행가액 전액을 납입하여야
한다(제516조의 9 제1항).

① 납입장소

신주발행가액의 납입은 債券 또는 신주인수권부증권에 기재된 은행 기타 금
융기관의 납입장소에서 하여야 한다(제516조의 9 제3항). 납입금보관자와 납입장소의
변경, 납입금보관자의 증명과 책임은 모집설립에서와 같이 은행 기타 금융기관에
준용한다(제516조의 9 제4항·제306조·제318조).

② 대용납입

신주발행가액의 납입은 금전으로 하지만, 사채발행시에 '신주인수권을 행사
하려는 자의 청구가 있는 때에는 신주인수권부사채의 상환에 갈음하여 그 발행가
액으로 제519조의 9 제1항의 신주발행가액의 납입이 있은 것으로 본다는 뜻'을
정할 수 있다(제516조의 2 제2항 제5호). 이에 따라 신주인수권부사채권자는 사채의 발
행가로 代用納入(혹은 代替納入)을 할 수 있다. 대용납입은 사채의 상환기한이 도래
하지 아니한 때에도 가능하다. 그리고 이 경우에는 사채가 소멸하므로 債券을 회
사에 제출하여야 한다. 이 점 전환사채의 전환과 유사하다.

③ 상계

상법은 신주발행시와는 달리 신주인수권부사채가 분리형으로 발행되어 유통
되는 도중에 신주인수권증권만을 취득한 자가 회사에 대하여 가지고 있는 금전채
권과 납입채무를 상계할 수 있는지에 관한 규정을 두지 않고 있다. 그런데 신주
발행시의 주금납입과 신주인수권행사에 의한 주금납입은 같은 성격의 것으로서
신주발행에 관한 제421조 제2항을 유추적용할 수 있다고 풀이한다. 따라서 신주
인수권증권의 취득자는 신주발행시 회사의 동의를 얻어 회사에 대한 채권을 가지
고 주금의 납입채무와 상계할 수 있다.

3) 발행가의 제한

각 신주인수권부사채에 부여된 신주인수권의 행사로 인하여 발행할 주식의
발행가액의 합계액은 각 신주인수권부사채의 금액을 초과할 수 없다(제516조의 2 제
3항). 그리하여 사채금액(예: 10,000원)을 1주당 신주발행가액(예: 1,000원)으로 나눈 수
량(예: 10주)의 주식에 대하여만 신주인수권을 부여할 수 있다. 이는 소액의 사채에

다량의 신주인수권을 부여하는 것은 사실상의 신주인수권의 부여와 다름없기 때문에 이를 방지하기 위한 규정이다. 이러한 제한은 사채의 발행시점부터 적용된다고 해석한다(발행시설). 그리하여 사채발행 후 사채의 일부가 상환·소각되더라도 신주인수권을 행사하려는 자가 인수할 주식의 수량에는 변함이 없다.

4) 신주인수권행사의 효과

가) 신주의 효력발생시기　신주인수권을 행사한 자는 주금을 전액납입한 때에 주주가 되며(제516조의 10 본문), 신주발행의 효력이 발생한다. 이는 전환사채의 경우 주주가 전환권을 행사한 때에 신주의 효력이 발생하는 규정(제516조 제2항·제350조 제1항)과 균형을 맞춘 것이다. 이로 인하여 통상의 신주발행의 경우에는 납입기일의 다음 날부터 주주가 되는 것(제423조 제1항)과 다르다. 다만, 대용납입의 경우에는 주금납입절차가 없기 때문에 신주인수권을 행사하는 자가 회사에 청구서를 제출한 시점에서 주주가 된다고 볼 수 있다(제516조의 9 제4항·제302조 제1항).

신주인수권은 形成權이므로 회사의 승낙을 요하지 아니한다. 주주명부의 폐쇄기간 중에 신주인수권을 행사한 경우에는 그 기간 중에 의결권을 행사할 수 없다(제516조의 10·제350조 제2항).

나) 자본금 및 재산의 증가　신주인수권행사의 효과로 신주가 발행되면 신주수량의 액면총액 또는 이사회가 계상하기로 결정한 금액만큼 자본금이 증가한다(제451조). 그리고 대용납입을 제외하고는 회사재산이 증가한다.

5) 질권의 효력

신주인수권부사채에 설정된 質權은 인수권행사로 발행된 신주에는 미치지 아니한다. 이는 전환사채의 전환의 효력(제516조 제2항·제183조)과 다르다. 신주인수권을 행사한 때에도 社債가 존속하기 때문이다. 다만, 사채의 상환에 갈음하여 代用納入한 때(제516조의 2 제2항 제5호)에는 사채가 소멸하는 까닭에 신주에 대하여 질권을 행사할 수 있다고 본다.

6) 신주발행가의 조정

전환사채에서 기술한 바와 같은 이유로 신주인수권부사채의 발행 후 주가가 하락하는 경우에는 신주인수권의 가치가 희석된다. 그리하여 실무에서는 전환사채의 전환가격의 조정과 같은 算式에 의하여 新株發行價를 낮춤으로써 사채권자를 보호하고 있다.

(7) 등기 및 변경등기

회사가 신주인수권부사채를 발행한 때에는 사채납입이 완료된 날로부터 2주 내에 본점소재지에서 소정 사항을 등기하여야 한다(제516조의 8 제2항·제514조의 2 제1항). 그리고 신주인수권을 행사한 때에는 등기사항인 신주인수권부사채총액(제516조의 8 제1항 제5호·제516조의 2 제2항 제1호)이 감소하고, 자본금의 액 및 발행주식총수(제317조 제2항 제2호·제3호)가 증가하므로 변경등기를 하여야 한다(제516조의 8 제2항·제514조의 2 제3항·제183조). 신주인수권의 행사가 있는 때에도 변경등기가 요구된다(제516조의 11·제351조).

(8) 신주인수권부사채발행의 무효

신주인수권부사채의 발행의 경우에도 신주발행무효의 소에 관한 제429조가 유추적용되고, 신주발행의 무효원인에 관한 법리 또한 같다. 그리하여 ① 법령이나 정관을 위반하고, 그것이 주식회사의 본질 또는 회사법의 기본원칙에 반하거나 기존 주주들의 이익과 회사의 경영권 내지 지배권에 중대한 영향을 미치는 경우, ② 합리적인 이유 없이 제3자에게 신주인수권부사채를 발행하는 행위는 무효이다. 주주의 사채인수권을 침해하기 때문이다. 예를 들면, 경영권 분쟁이 현실화된 상황에서 경영진의 경영권이나 지배권 방어라는 목적을 달성하기 위하여 제3자에게 신주인수권부사채를 발행하는 것은 발행무효사유에 해당한다. 제소기간은 신주인수권부사채 발행일로부터 기산하여 6월 내이다.[1882]

3. 그 밖의 특수사채

(1) 개요

2011년 개정상법은 종래의 전환사채와 신주인수권부사채 이외에 특수한 사채로서 ① 利益參加附社債(participating bonds), ② 交換 또는 償還社債, ③ 派生結合社債를 발행할 수 있도록 하였다(제469조 제2항). 이 중 ①의 이익참가부사채 및 ②의 교환사채는 1988년부터 상장법인에게 발행을 허용하여 오던 것(舊자본시장육성에관한법률 제9조)을 상법상의 특수사채로 수용하였다.

1882) 대법원 2022. 10. 27. 선고 2021다201054; 2015. 12. 10. 선고 2015다202919.

(2) 이익참가부사채

1) 의의

이익참가부사채라 함은 사채권자가 사채이자를 지급받는 이외에 그 사채발행회사의 이익배당에도 참가할 수 있는 사채를 말한다(제469조 제2항 제1호·시행령 제21조 제1항 본문). 우리나라의 경우 이익참가부라 하더라도 수익력의 면에서 일반사채와 크게 다르지 않기 때문에 선호도가 높지 않다. 향후 매년 영업실적을 충분히 반영하는 배당성향을 보이면 동 사채에 대한 선호도가 높아질 가능성이 있다. 다만, 이 경우에도 기업은 사채이자의 지급과 배당이라고 하는 2중의 부담을 갖게 되므로 해당사채의 발행동인이 크지 않을 수 있다.

2) 발행의 결정

동 사채에 대한 발행의 결정은 전환사채·신주인수권부사채와 같다. 그리하여 정관에 규정을 두어 발행하되, 정관에 규정이 없으면 이사회가 결정한다. 다만, 정관에서 주주총회의 결의로 결정하도록 정할 수도 있다(시행령 제21조 제1항).

3) 발행사항 및 절차

가) 주주에게 발행하는 경우　　이 경우에는 정관 또는 이사회(혹은 주주총회)에서는 다음의 사항을 결정하여야 하며, 이는 社債請約書, 債券 및 사채원부에도 기재해야 한다(시행령 제21조 제1항·제25조). 즉 ① 이익참가부사채의 총액, ② 이익배당참가의 조건과 내용(예: 배당률, 배당률결정방식, 우선배당 또는 주식배당포함 여부 등), ③ 주주에게 이익참가부사채의 인수권을 준다는 뜻과 인수권의 목적인 이익참가부사채의 금액(시행령 제21조 제1항 제3호) 등을 결정하여야 한다.

나) 주주 외의 자에게 발행하는 경우　　이익참가부사채의 발행은 기존 주주의 배당이익을 잠식할 수 있으므로 주주에게 중대한 이해관계가 있다. 그리하여 상법은 제3자에게 동 사채를 발행하는 경우에는 정관으로 주주 이외의 자에게 발행할 수 있는 이익참가부사채의 가액과 이익배당참가의 내용을 결정하도록 하고, 이에 관하여 정관에 규정이 없으면 주주총회의 특별결의로 정하도록 한다(시행령 제21조 제2항). 이 결의를 위한 주주총회를 소집할 때에는 이익참가부사채의 발행에 관한 의안의 요령을 소집통지와 공고에 기재하여야 한다(시행령 제21조 제3항).

4) 발행절차

발행절차는 일반사채의 경우와 같지만, 주주에게 발행할 경우에는 주주배정의 절차, 催告·失權절차를 밟아야 하는데, 이는 전환사채의 경우와 같다(시행령 제 21조 제4항·제5항·제6항).

5) 등기 및 변경등기

이익참가부사채를 발행한 때에는 納入이 완료된 날부터 2주일 내에 本店所在地에 ① 이익참가부사채의 총액, ② 각 이익참가부사채의 금액, ③ 각 이익참가부사채의 납입금액, ④ 이익배당에 참가할 수 있다는 뜻과 이익배당 참가의 조건 및 내용에 관한 사항을 등기해야 한다(시행령 제21조 제10항).

등기한 사항이 변경된 때에는 법정기간 내에 변경등기를 하여야 한다(시행령 제21조 제11항). 외국에서 이익참가부사채를 모집하여 등기할 사항이 외국에서 생겼을 때에 그 등기기간은 그 통지가 도달한 날부터 起算한다(시행령 제21조 제12항).

(3) 교환사채

1) 개념

상법은 특수사채의 한 유형으로서 '주식이나 그 밖의 다른 유가증권으로 交換 또는 償還할 수 있는 사채'를 규정하고 있다(제469조 제2항 제2호). 이 규정에 근거하여 발행되는 교환사채(exchangeable bond)는 '사채권자가 회사소유의 주식이나 그 밖의 다른 유가증권으로 교환을 청구할 수 있는 사채'를 말한다(시행령 제22조 제1항). 교환사채는 1966년 舊프랑스법 상사회사법 제200조 내지 제208조에서 도입되었다(obligation échangeables contre des action). 교환사채나 후술하는 상환사채는 기업의 지배권의 변동과 관련한 발행수요가 있다고 본다.

2) 발행의 결정

교환사채는 이익참가부사채와는 달리 이사회의 결의만으로 발행할 수 있다(시행령 제22조 제1항 본문). 교환사채는 현존하는 유가증권으로 교환할 수 있는 사채에 불과하므로 동 사채의 발행으로 장래 新株가 발행되는 등 주주의 이익이 침해될 우려가 없기 때문이다.

3) 발행사항

이사회는 다음의 각 사항을 결정하여야 한다. 이는 사채청약서·債券·社債原簿에 기재하여야 한다(시행령 제22조 제1항·제25조 제2호).

가) 교환할 주식이나 유가증권의 종류 및 내용　교환대상이 되는 주식에는 신주를 발행하는 것은 포함되지 아니한다(시행령 제23조 제1항 본문). 회사가 소유하는

自己株式은 교환대상의 주식에 해당한다(시행령 제22조 제2항). 그리고 사채발행회사가 소유하는 다른 회사의 주식(예: 계열회사의 주식)이나 전환사채·신주인수권부사채 등도 당연히 교환대상 유가증권이다. 만약 발행회사의 신주를 교환대상으로 삼고자 하면, 전환사채를 발행하여야 한다.

나) **교환의 조건**   이는 교환사채 대비 부여할 증권의 수량을 뜻한다. 예를 들면, 교환사채가액 200만원에 대하여 발행회사가 소유하는 다른 회사의 보통주식을 50,000원으로 평가하여 40주를 교환한다는 것과 같다. 교환사채의 발행을 결정하는 데 중요한 요소이다.

한편 교환대상증권이 사채발행회사의 자기주식 또는 다른 회사의 주식인 경우, 그 주식의 발행회사가 주식배당, 준비금의 자본전입을 하거나 또는 교환사채 발행시점에서 정한 교환가격보다 낮은 가액으로 신주(제416조)를 발행하는 때에는 전환사채의 경우와 같이 교환가격을 조정할 필요가 있다.

다) **교환을 청구할 수 있는 기간**   이는 사채의 상환기간에 갈음하는 사항이다. 주로 始期와 終期가 될 것이다.

4) 제3자에 대한 발행

교환사채를 발행회사의 自己株式으로 교환하는 때에는 기존 주주들의 비례적 지분이 감소한다. 그럼에도 상법은 주주 외의 자에게 발행회사의 자기주식으로 교환할 수 있는 사채를 발행하는 때에는 발행할 상대방에 관하여 정관으로 정하고, 정관에 규정이 없으면 이사회가 결정하도록 하고 있다(시행령 제22조 제2항). 그리고 그 이상 주주의 지분적 이해를 보호하기 위한 규정은 두지 않고 있다. 이는 自己株式을 처분하는 경우 처분에 관한 사항은 정관으로 정하도록 하되, 정관에 규정이 없으면 이사회가 결정하도록 하는 것(제342조)과 균형을 고려한 조치이다.

5) 교환대상증권의 예탁

교환사채 발행회사는 사채권자의 교환청구가 있는 때 또는 그 사채의 교환청구기간이 끝나는 때까지 교환에 필요한 주식 또는 유가증권을 한국예탁결제원에 예탁하여야 한다. 이 경우 한국예탁결제원 또는 전자등록기관은 그 주식이나 유가증권을 신탁재산임을 표시하여 관리하여야 한다(시행령 제23조 제3항). 이 점에서 발행회사의 입장에서 보면, 교환사채의 발행은 경제적으로는 증권을 담보로 하는 擔保附社債를 발행하는 것과 같다.

6) 교환절차

사채권자가 교환을 청구할 때에는 청구서 2통에 社債券을 첨부하여 회사에 제출하여야 한다(시행령 제22조 제4항). 청구서에는 교환하려는 주식이나 유가증권의 종류 및 내용, 수와 청구 연월일을 적고 기명날인 또는 서명하여야 한다(시행령 제22조 제5항).

(4) 상환사채

1) 의의

상환사채(redeemable bond)는 회사의 권리로서 사채상환가액에 갈음하여 회사가 그 소유의 주식이나 그 밖의 다른 유가증권으로 상환(지급)할 수 있는 사채를 말한다(시행령 제23조 제1항).

2) 발행의 결정

상환사채 역시 이사회의 결의만으로 발행할 수 있다(시행령 제23조 제1항 본문). 그 이유는 교환사채와 같다.

3) 발행사항

이사회는 ① 상환할 주식이나 유가증권의 종류 및 내용, ② 상환의 조건, ③ 회사의 선택 또는 일정한 조건의 성취나 기한의 도래에 따라 주식이나 그 밖의 다른 유가증권으로 상환한다는 뜻에 관한 사항을 결정하여야 한다(시행령 제23조 제1항 제1호 내지 제3호). 이 중 ③의 '회사의 선택'은 사채를 금전 또는 유가증권 등으로의 상환 여부를 회사가 선택한다는 뜻이다. '일정한 조건의 성취'는 유가증권으로 상환하는 것을 특정의 조건에 연결시킬 수 있다는 뜻이다. '기한의 도래'는 발행시부터 일정한 시기에 유가증권으로 상환할 것을 예정함을 뜻한다. 이러한 발행사항은 사채청약서·債券·사채원부에 기재하여야 한다(시행령 제25조 제3호).

4) 제3자에 대한 발행

이에 관한 내용과 이유는 교환사채에서 설명한 바와 같다(시행령 제23조 제2항·제22조 제2항).

5) 상환대상증권의 예탁

상환사채가 제 기능을 발휘하기 위하여는 상환이 보장되어야 한다. 그리하여 일정한 조건의 성취나 기한의 도래에 따라 상환할 수 있는 경우에는 상환사채를 발행하는 회사는 '조건이 성취되는 때' 또는 '기한이 도래'하는 때까지 상환에 필요한 주식 또는 유가증권을 한국예탁결제원에 예탁하여야 한다. 이 경우 한국예탁결제원 또는 전자등록기관은 그 주식이나 유가증권을 신탁재산임을 표시하여 관리하여야 한다(시행령 제23조 제3항).

6) 상환절차

회사가 선택하여 상환하는 경우나 조건의 성취로 상환하는 경우에는 사채권자에게 공시하여야 한다. 그리고 상환을 위하여는 債券을 회사에 제출하여야 한다.

(5) 파생결합사채

파생결합사채(derivative linked bond)는 '유가증권이나 통화 또는 그 밖에 대통령령으로 정하는 자산이나 지표 등의 변동과 연계하여 미리 정하여진 방법에 따라 상환 또는 지급금액이 결정되는 사채'이다(제469조 제2항 제3호), 시행령은 이 규정을 인용할 뿐 더 상세한 정의를 하지 않고 있다(시행령 제24조). 따라서 이러한 사채를 발행할 수 있는 유형은 매우 다양하다고 할 수 있다. 발행할 수 있는 사채의 범위는 매우 넓다고 할 수 있다. 파생결합사채권자에게는 신주 또는 자기주식과 같은 지분증권이 귀속되지 아니하기 때문에 주주와 이해관계를 갖지 아니한다. 그리하여 이사회의 결의만으로 이를 발행할 수 있다. 이 경우 이사회는 ① 상환 또는 지급금액을 결정하는 데 연계할 유가증권이나 통화 또는 그 밖의 자산이나 지표, ② 앞 ①의 자산이나 지표와 연계하여 상환 또는 지급금액을 결정하는 방법을 결정하여야 한다(시행령 제24조). 이러한 발행사항은 사채청약서·債券·사채원부에 기재하여야 한다(시행령 제25조 제4호).

그런데 기초자산의 변동성의 정도는 예측할 수 없는 것이므로, 경우에 따라서는 동 사채가 투기대상이 될 수 있다. 그러므로 사채권자를 보호하고 활용성을 높이기 위하여는 입법적 보완이 요구된다.

4. 특별법상의 특수사채

(1) 담보부사채

擔保附社債란 사채권자가 담보하기 위하여 물상담보가 붙어 있는 사채를 말한다. 이 점에서 동 사채는 일반 보증사채와 다르다. 擔保附社債信託法은 동 사채의 발행에 관한 상세한 규정을 두고 있다. 담보부사채는 사채의 인수·상환 등을 확실하게 하기 위하여 이용된다.

(2) 조건부자본증권

條件附資本證券(contingent convertible bond, CoCo bond)이란 '사채의 발행 당시 객관적이고 합리적인 기준에 따라 미리 정하는 사유가 발생하는 경우 주식으로 전환되거나 그 사채의 원금상환과 이자지급의무가 감면된다는 조건이 붙은 사채'를 말한다(자본시장법 제165조의 11 제1항). 이와 같이 조건부자본증권의 유형에는 ① 주식으로 전환되는 조건이 붙은 전환형(출자전환형)조건부자본증권과, ② 사채의 원금상환과 이자지급의무가 감면되는 조건이 붙은 상각형(채무조정형)조건부자본증권이 있다. 이는 2013년 5월 자본시장법 개정시 도입되었다. 그 배경에는 2007년 7월 말부터 시작된 전 세계적인 경제·금융위기로 인하여 부실(금융)회사의 구제제도가 Bail Out(공적구제)에서 Bail In(채권자손실부담)방식으로 바뀐 흐름이 있었다. 또 이 증권은 영구사채와 함께 일반사채와는 달리 자본지분적 성격이 내재되어 있는 대표적인 하이브리드 증권(hybrid bond)이다.

(3) 영구사채

永久社債(perpetual corporate bond)는 보통의 사채와 같이 이자지급이 약속되어 있고 의결권은 없지만, 상환기한이 없거나 매우 장기(국내는 보통 30년)인 사채를 말한다. 이 때문에 발행회사의 청산 또는 중요한 의무불이행이 있을 경우 이외에는 상환되지 아니한다. 이 점은 주식과 같다. 회사의 청산시에는 후순위사채보다도 열위한 지위에 놓이는 것이 일반적이다. 회사는 영구사채를 발행하면 타인자본을 영구적으로 활용할 수 있는 이점이 있다. 그리하여 국제회계기준에서는 영구자본을 자기자본으로 취급하고 있다. 사채권자의 입장에서 보면, 설령 사채에 담보물건이 제공되어 있어도 영구적으로 그 담보가치가 유지된다는 보장이 없기 때문에 채권자의 보호가 미흡할 수 있다. 영국에서는 영구사채를 활용하는 사례가 있지만, 미국에서는 상환기간이 80년, 100년 또는 그 이상인 특별장기사채가 활용된다. 후자도 실질적으로는 영구사채라고 할 수 있다.

(4) 전자단기사채

電子短期社債는 ① 각 사채의 금액이 1억원 이상일 것, ② 만기가 1년 이내일 것, ③ 사채금액을 한꺼번에 납입할 것, ④ 만기에 원리금 전액을 한꺼번에 지급한다는 취지가 정하여져 있을 것, ⑤ 사채에 전환권, 신주인수권, 그 밖에 다른 증권으로 전환하거나 다른 증권을 취득할 수 있는 권리가 부여되지 아니할 것, ⑥ 사채에 「담보부사채신탁법」에 따른 物上擔保를 붙이지 아니할 것 등의 요건을 모두 갖추고 전자적 방식으로 등록된 사채를 말한다. 동 사채는 주로 「전자단기사채등의 발행 및 유통에 관한 법률」에서 다루어지고 있다.

　　동 사채는 하이브리드적인 성격을 갖지 아니하고, 전자적인 방법으로 증권화하므로 권리의 유통이나 관리가 전자적 방법으로 이루어진다.

제 9 절 해산과 청산

I. 해　산

1. 의의

　　해산(dissolution)은 회사의 법인격의 소멸을 야기하는 원인이 되는 법률사실이다. 청산(liquidation)은 회사의 법인격이 소멸하기 전에 해산에 이어서 회사의 법률관계를 정리하고 그 재산을 처분하는 재판 외의 절차를 말한다. 會社解散에 관한 각종의 회사에 공통사항은 기술하였으므로 여기서는 주식회사에 특유한 사항에 대하여만 간단히 설명한다.

2. 해산원인 및 요건

　　주식회사는 다음과 같은 사유로 해산한다(제517조). 즉 ① 존립기간의 만료 기타 정관으로 정한 사유의 발생, ② 합병, ③ 회사분할·분할합병, ④ 파산, ⑤ 법원의 해산명령(제176조) 또는 해산판결(제520조), ⑥ 주주총회의 특별결의에 의한 해산결의(제518조) 등이 그에 해당한다. 그리고 주식회사에 특유한 사유로서 장기간 휴면회사에 대한 해산의제가 있다(제520조의 2).

　　회사는 법이 정한 해산사유의 발생으로 해산하고, 해산등기나 그 밖의 절차는 해산요건이 아니다. 다만, 제3자에게 대항하기 위하여는 해산등기를 하여야 한다.[1883)]

3. 해산·청산과 법인격의 소멸

해산을 하면 회사의 법인격이 바로 소멸하는 것이 아니라 청산절차가 개시되며, 청산절차가 종료하여야 법인격이 소멸한다. 회사가 부채과다로 사실상 파산지경에 있어 업무도 수행하지 아니하고 대표이사나 그 외의 이사도 없는 상태에 있다고 하여도 해산절차를 거쳐 청산을 종결하기까지는 법인으로서의 권리능력이 소멸하지 아니한다.1884) 그러나 해산사유가 합병(제517조·제227조 제4호), 분할·분할합병(제517조·제227조·제530조의 2)에는 청산절차를 거치지 아니하고 해산회사가 소멸한다. 해산사유가 파산이면(제517조·제227조 제5호), 청산절차가 아닌 파산절차를 밟게 되고, 파산절차가 종료하면 법인격이 소멸한다.

4. 휴면회사의 해산의제

(1) 개념 및 취지

休眠會社란 주식회사의 영업을 폐지하고도 상업등기부상으로는 존속하고 있는 회사를 말한다. 이를 방치하면 다른 회사의 상호선정(제22조)에 제약을 주고, 사실과 등기의 불일치로 인하여 등기의 신뢰성을 저해하며, 등기사무의 비능률을 초래한다. 사기적 수법을 활용한 賣買의 대상이 되는 등 회사범죄의 수단으로 악용되기도 쉽다. 그리하여 상법은 거래의 안전을 보호하고, 주식회사와 등기제도에 대한 신뢰를 확보하고자 휴면회사의 해산의제제도를 두고 있다(제520조의 2).

(2) 대상

법원행정처장이 최후의 등기 후 5년이 경과한 회사는 본점의 소재지를 관할하는 법원에 아직 영업을 폐지하지 아니하였다는 뜻의 신고를 할 것을 官報로써 公告한 경우, 그 공고한 날에 이미 최후의 등기 후 5년을 경과한 회사가 해산의제의 대상이다(제520조의 2 제1항). 이사·감사의 임기는 3년이고, 그 성명 등은 등기사항이므로(제317조 제2항) 통상적으로는 최후의 등기로부터 최소한 5년 내에 1회 이상은 등기를 하게 된다. 그리하여 5년이라는 기간은 휴면회사로 보아야 하는 기준을 설정한 것이다. 이 공고가 있는 때에 법원은 해당회사에게 그 공고가 있었다는 뜻의 통지를 발송하여야 한다(제520조의 2 제2항).

1883) 대법원 1964. 5. 5. 자 63마29 결정.
1884) 대법원 1985. 6. 25. 선고 84다카1954.

(3) 해산의제

영업을 폐지하지 아니하였다는 뜻의 신고를 할 것을 公告한 날로부터 2월 이내에 대통령령이 정하는 바에 의하여 신고를 하지 아니한 때에는 그 회사는 그 신고기간이 만료된 때에 해산한 것으로 본다. 그러나 그 기간 내에 등기를 한 회사에 대하여는 그러하지 아니하다(제520조의 2 제1항, 시행령 제28조 참조).

(4) 회사계속

해산이 의제된 회사는 3년 이내에 주주총회의 특별결의에 의하여 회사를 계속할 수 있다(제520조의 2 제3항). 기업의 유지이념에 부합하기 위함이다. 이 경우에는 계속등기를 하여야 한다(제521조의 2·제229조 제3항).

(5) 청산의제

해산이 의제된 회사가 3년 이내에 회사를 계속하지 아니한 경우에는 그 회사는 3년이 경과한 때에 청산이 종결된 것으로 본다(제520조의 2 제4항). 그러나 이 규정에 의하여 주식회사가 해산되고 그 청산이 종결된 것으로 보게 되는 회사라도 어떤 권리관계가 남아 있어 현실적으로 정리할 필요가 있으면 그 범위 내에서는 법인격이 소멸되지 아니한다.[1885] 이 경우 정관에 다른 정함이 있거나 주주총회에서 따로이 청산인을 선임하지 아니하면 해산으로 의제하는 당시의 이사가 청산인이 되어 청산사무를 집행하는 대표기관이 된다. 그러한 청산인이 없는 때에는 이해관계인의 청구에 의하여 법원이 선임한 자가 청산인이 된다.[1886]

5. 해산의 공시

회사가 해산한 때에 合併과 破産의 경우 외에는 이사는 지체 없이 주주에게 해산의 통지를 하여야 한다(제521조). 그리고 해산사유가 있은 날로부터 2주일 내에 본점소재지에서 해산 등기를 하여야 한다(제521조의 2·제228조).

6. 해산의 효과

해산된 후에도 회사의 권리능력은 청산의 목적범위 내에서 존속하는 것으로 본다(제542조 제1항·제245조). 그리고 합병 및 파산 이외의 사유에 의하여 해산한 때

1885) 대법원 2001. 7. 13. 선고 2000두5333; 1994. 5. 27. 선고 94다7607.
1886) 대법원 1994. 5. 27. 선고 94다7607.

에는 해산등기와 함께 채권자보호를 위한 法定의 청산절차를 밟아야 한다. 그 후에는 이사에 갈음하여 청산인이 청산사무를 집행하고 회사의 대표기관이 된다.

7. 회사의 계속

해산사유 중 존립기간의 만료, 정관으로 정한 사유의 발생 또는 총회의 결의에 의하여 해산한 경우에는 주주총회의 특별결의로써 회사를 계속할 수 있다(제519조). 그리고 해산이 의제된 휴면회사도 기술한 바와 같다(제520조의 2 제3항).

회사가 이미 해산등기를 한 때에는 회사의 계속등기를 하여야 한다(제521조의 2·제229조 제3항). 파산선고에 의하여 해산한 회사는 파산폐지결정이 있는 때 회사를 계속할 수 있다(파산법 제540조).

회사설립시에 실제로 일정기간 후 해산할 의사 없이 형식적으로 존립기간을 정하는 경우에는 그 기간을 도과하여 종전의 영업을 계속하는 수가 있다. 그러나 해산할 의사가 없다면 존립기간이 만료한 경우 반드시 회사계속의 특별결의를 하여야 하며, 그 결의가 없으면 해산하고 청산 중의 회사가 된다.1887)

Ⅱ. 청 산

1. 개요

(1) 의의

주식회사가 해산하면 합병과 파산의 경우를 제외하고는 청산절차를 밟아야 한다(제531조 제1항). 즉 해산사유가 합병(제517조·제227조 제4호), 분할·분할합병(제517조·제227조·제530조의 2)에는 청산절차를 거치지 아니하고 회사가 소멸한다. 해산사유가 파산이면(제517조·제227조 제5호) 청산절차가 아닌 파산절차를 밟게 되고, 파산절차가 종료하면 법인격이 소멸한다.

(2) 청산의 방식

주식회사의 청산의 의의 및 청산 중의 회사의 성질에 관하여는 합명회사에서 본 바와 같다. 그 결과 청산절차 역시 합명회사의 청산에 관한 규정을 준용한다(제542조 제1항). 다만, 합명회사나 합자회사와는 달리 任意淸算은 인정되지 아니한

1887) 대법원 1968. 4. 22. 자 67마659 결정.

다. 주식회사에서는 주주가 유한책임을 질뿐이고, 회사재산만이 회사채권자에 대한 책임재산이 되기 때문에, 청산은 엄격한 절차에 의하여 공정하게 이행되어야 한다는 취지에서 法定淸算만을 인정하는 것이다.

2. 청산회사의 권리능력

청산회사의 권리능력은 청산의 목적범위 내로 제한되는 까닭에 그 목적 이외의 행위를 하는 때에는 권리능력 없는 자의 행위가 되어 무효이다.[1888] 그러나 청산 중의 회사라도 民事訴訟 또는 刑事訴訟에서의 당사자(예: 피고)능력은 있다. 그리하여 회사가 해산 및 청산등기 전에 재산형의 사건으로 소추당한 후 청산종결의 등기가 경료되었다고 하여도 그 피고사건이 종결되기까지는 회사의 청산사무는 종료되지 아니하고 당사자능력도 존속한다.[1889]

3. 청산인

(1) 의의

청산인은 청산 중인 회사의 청산사무의 의사결정기관인 청산인회의 구성원이다. 주식회사의 청산과정에서도 청산사무의 의사결정과 집행행위를 구분하여 전자는 청산인회의 권한사항이고, 후자는 원칙적으로 대표청산인이 직무에 속한다. 즉 청산절차가 개시되면 업무집행과 관계없는 주주총회 및 감사의 지위는 그대로 유지·존속되고 검사인도 선임할 수 있으나, 이사·이사회·대표이사는 그 지위를 잃고 청산인·청산인회·대표청산인이 각각 이에 갈음하게 된다.

(2) 취임

청산인이 되는 자는 원칙적으로 해산 전의 이사이다(제531조 제1항 본문). 일시이사 및 일시대표이사(제386조 제2항)도 청산인 및 대표청산인의 자격이 있다.[1890] 회사의 해산 전에 가처분에 의하여 선임된 이사직무대행자도 회사가 해산하는 경우 당연히 청산인 직무대행자가 된다.[1891] 그러나 이러한 當爲性은 회사가 합병·분할·분할합병 또는 파산의 경우에는 적용되지 아니한다(제531조 제1항). 그리고 정관

1888) 대법원 1959. 5. 6. 자 4292민재항8 결정.
1889) 대법원 1982. 3. 23. 선고 81도1450.
1890) 대법원 1981. 9. 8. 선고 80다2511.
1891) 대법원 1991. 12. 24. 선고 91다4355.

에 다른 정함이 있거나 주주총회에서 타인을 선임한 때에는 그에 따른다(제531조 제1항 단서). 회사 내에서 청산인이 정하여지지 아니할 때에는 법원은 이해관계인 의 청구에 의하여 청산인을 선임한다(제531조 제2항).

회사가 해산명령 또는 해산판결로 인하여 해산하는 때에는 이사가 청산인이 되는 것이 아니라 주주 등 이해관계인이나 검사의 청구 또는 직권으로 법원이 청산 인을 선임한다(제542조 제1항·제252조). 감사는 청산인을 겸할 수 없다(제542조 제2항· 제411조).

(3) 인수 및 임기

청산인의 員數에 관하여는 별도의 규정이 없다. 그러므로 1인이라도 무방하 고, 그 1人이 대표청산인이 된다.[1892] 결원시의 퇴임청산인의 권리의무 및 청산인 의 직무를 행할 자의 선임은 이사의 경우와 같다(제542조 제2항·제386조). 청산인의 任期는 이사와 달리 법정되어 있지 않다. 그러므로 정관 또는 주주총회의 선임결 의에서 임기를 정하지 아니한 때에는 청산의 종결시까지이다.

(4) 종임

청산인은 ① 회사에 대하여 위임관계에 있으므로 사망·파산·성년후견개시 등의 위임관계의 종료사유(민법 제690조), ② 자격의 상실(비송사건절차법 제121조), ③ 사임(민법 제689조) 등으로 퇴임한다. 그리고 ① 법원이 청산인을 선임한 경우 외에 는 주주총회의 보통결의로 언제든지 해임할 수 있으며(제539조 제1항), ② 법원이 선임한 청산인을 포함하여 청산인이 그 업무를 집행함에 현저히 부적임하거나 중 대한 임무에 위반한 행위가 있는 때에는 100분의 3 이상의 주식을 가진 소수주주 는 법원에 그 청산인의 해임을 청구할 수 있다(제539조 제2항). 상장회사에 대하여는 이 지주요건이 10,000분의 50 그리고 자본금이 1,000억원 이상인 회사인 경우에 는 10,000분의 25로 완화되어 있다(제542조의 6 제3항).

(5) 취임·종임등기

청산인이 취임하면 청산인의 성명 등 일정사항을 등기하여야 하며(제542조 제1 항·제253조 제1항), 종임시에는 변경등기를 요한다(제542조 제1항·제253조 제2항·제183조).

1892) 대법원 1989. 9. 12. 선고 87다카2691.

(6) 회사와의 관계

회사와 청산인의 관계는 이사와 회사의 관계와 같이 委任에 준한다(제542조 제2항·제382조 제2항). 그리하여 총회의 소집(제362조), 소수주주에 의한 총회소집청구(제366조), 결원의 경우의 조치(제386조), 청산인의 보수(제388조), 청산인과 회사의 소에서의 회사대표(제394조), 청산인의 자기거래(제398조), 직무집행정지·직무대행자의 권한(제407조·제408조), 회사나 제3자에 대한 책임(제399조 내지 제401조), 위법행위유지청구(제402조), 대표소송(제403조 내지 제406조), 다중대표소송(제406조의 2), 재무제표 등의 승인·공고(제449조) 또는 청산인의 책임해제(제450조) 등에 관해서는 모두 이사·이사회에 관한 규정이 준용된다(제542조 제2항). 다만, 보수의 결정에 관하여는 특칙규정이 있는데, 법원이 선임한 청산인의 보수는 법원이 정하고, 회사가 지급한다(비송사건절차법 제123조·제77조). 그리고 청산인의 책임해제에 관하여도 특칙이 있는데, 청산이 종결된 경우에는 주주총회의 결산보고서의 승인을 한 후 2년이 경과하지 아니하였더라도 청산인의 책임을 해제한 것으로 본다. 다만, 청산인의 부정행위에 대하여는 그러하지 않다(제540조 제2항).

4. 청산인회·대표청산인

청산인회는 청산사무의 집행에 대한 의사결정을 한다(제542조 제2항·제393조). 대표청산인은 청산인회의 의사결정에 따라 청산사무에 관한 재판상·재판 외의 모든 행위를 할 권한이 있다(제542조 제2항·제389조 제3항·제209조). 해산 전의 회사의 이사가 청산인이 된 때에는 종전의 대표이사가 대표청산인이 되며, 법원이 청산인을 선임하는 경우에는 법원이 대표청산인을 정할 수 있다(제542조 제2항·제255조). 그 밖의 경우에는 청산인회의 결의로 대표청산인을 정한다(제389조 제1항). 회사대표, 청산인회의 소집, 결의방법, 감사의 청산인회출석·의견진술, 청산인회의 의사록 등 청산인회와 대표청산인에 관하여는 이사회와 대표이사에 관한 규정이 준용된다(제542조 제2항·제389조 내지 제393조).

5. 청산인의 직무

(1) 유형

청산인의 직무, 즉 청산사무의 내용에 대하여는 기본적인 것과 부수적인 것으로 나눌 수 있다.

(2) 기본적 직무

1) 유형

청산인의 청산사무는 현존사무의 종결, 債權의 推尋과 채무의 변제, 재산의 換價處分, 잔여재산의 분배 등으로서 합명회사 청산인의 사무와 같다(제542조 제1항·제254조 제1항). 다만, 채무의 변제와 잔여재산의 분배에 관하여는 채권자에 대한 공평한 변제와 신속한 청산사무의 집행을 위한 특별규정을 두고 있다.

2) 현존사무의 종결

이는 해산 전부터 존재하여 온 여러 가지 사무를 마무리하는 것을 말한다. 현존사무의 종결을 위하여는 신규거래를 할 수 있는데, 이는 在庫資産의 매각, 계약이행에 필요한 물품의 매입 등에 한한다.

3) 재산의 환가처분

채무의 변제·잔여재산의 분배를 위하여는 회사재산을 금전으로 환가하여야 한다. 환가방법은 임의매각에 의하므로 재산을 개별적으로 매각할 수 있다. 환가를 위하여 영업의 전부 또는 중요한 일부를 양도하는 때에는 주주총회의 특별결의를 요한다(제374조 제1항). 재산환가를 위한 영업양도를 예정하는 경우에는 영업의 감가를 방지하기 위한 범위 내에서 영업을 계속할 수 있다.

4) 채권자에 대한 최고

청산인은 취임한 날로부터 2월 내에 회사채권자에 대하여 일정한 기간 내에 채권을 신고할 것과 그 기간 내에 신고하지 아니하면 청산에서 제외된다는 뜻을 2회 이상의 공고로써 최고하여야 한다(제535조 제1항 본문). 이 채권의 신고기간은 2월 이상이어야 한다(제535조 제1항 단서). 청산인은 알고 있는 채권자에 대하여는 각별로 그 채권의 신고를 최고하여야 하며 그 채권자가 신고하지 아니하더라도 이를 청산에서 제외하지 못한다(제535조 제2항). 소를 제기한 채권자는 알고 있는 채권자에 해당한다.[1893]

5) 채권신고기간 내의 변제금지

청산인은 채권신고기간 내에는 채권자에 대하여 변제를 하지 못한다(제536조 제1항). 이는 계획성 없이 변제를 하는 경우에는 회사재산이 채무변제에 부족할 수도 있어, 신고를 받은 후 모든 채권자들에게 공평하게 변제할 수 있게 하기 위한

1893) 대법원 1968. 6. 18. 선고 67다2528.

규정이다. 다만, 예외적으로 소액의 채권, 담보 있는 채권 또는 기타 변제로 인하여 다른 채권자를 해할 염려가 없는 채권은 법원의 허가를 얻어 변제할 수 있다(제536조 제2항). 변제가 금지된다 하여 채권자에 대한 채무불이행책임이 면제되는 것은 아니다. 그리하여 회사는 그 변제의 지연으로 인한 손해배상의 책임을 면하지 못한다(제536조 제1항 단서).

6) 변제

채권신고기간이 경과하면, 청산인은 채권을 신고한 채권자 및 未申告債權者이지만 알고 있는 채권자에게 변제하여야 한다. 完濟不能인 경우를 제외하고, 변제순서는 임의사항이다. 청산인은 변제기에 이르지 않은 채무도 변제할 수 있다. 다만, 이 경우에는 中間利子를 공제하여야 한다. 조건부채권, 존속기간이 불확정한 채권 기타 가액이 불확정한 채권에 대하여는 법원이 선임한 감정인의 평가에 의하여 변제하여야 한다. 이점 합명회사의 경우와 같다(제542조 제1항·제259조).

한편 회사재산이 채무를 완제하기에 부족한 것이 분명하게 된 때에는 청산인은 지체 없이 파산선고를 신청하고 이를 공고하여야 한다(제542조 제1항·제254조 제4항·민법 제93조).

7) 잔여재산분배

청산인은 채무를 완제하고 남은 재산이 있으면 주주에게 분배한다(제542조 1항·제260조). 잔여재산은 주주평등의 원칙에 따라 주식의 수에 비례하여 분배하여야 한다(제538조 본문). 그러나 잔여재산분배에 관한 優先株·劣後株와 같이 내용이 다른 주식을 발행한 경우에는 그에 따른다(제538조 단서·제344조 제1항).

8) 제외된 채권자의 권리

채권신고기간 내에 신고를 하지 아니함으로써 청산에서 제외된 채권자는 주주에게 분배되지 아니한 잔여재산에 대하여만 변제를 청구할 수 있다(제537조 제1항). 일부의 주주(예: A, B)에 대하여만 분배하고, 다른 일부의 주주(예: C, D, E)에게는 분배하지 아니한 경우 그 주주들(C, D, E)이 이미 분배받은 주주(A, B)와 같은 비율로 분배받을 수 있는 몫(예: 10억원)은 제1항의 청산에서 제외된 채권자에게 분배하는 잔여재산(예: 100억원)에서 공제한다(제537조 제2항). 잔여재산의 분배가 개시되면 주주의 권리가 청산에서 제외된 채권자보다 우선하기 때문이다. 따라서 채권자일지라도 채권신고기간에 신고를 하지 아니할 때에는 권리를 상실할 수 있다.

(3) 부수적 직무

1) 법원에 대한 신고

청산인은 취임 후 2주간 내에 ① 해산의 사유와 연월일, ② 청산인의 성명·주민등록번호 및 주소를 법원에 신고하여야 한다(제532조).

2) 청산재산에 관한 조사보고의무

청산인은 취임한 후 지체 없이 회사의 재산상태를 조사하여 재산목록과 대차대조표를 작성하고 이를 주주총회에 제출하여 그 승인을 얻어야 한다. 승인을 얻은 후에는 지체 없이 법원에 제출하여야 한다(제533조).

(4) 청산대차대조표 등의 제출

청산인은 정기총회일로부터 4주간 전에 대차대조표 및 그 부속명세서와 사무보고서를 작성하여 監事에게 제출하여야 한다(제534조 제1항). 감사는 정기총회일의 1주간 전에 이 서류들에 관한 감사보고서를 청산인에게 제출하여야 한다(동조 제2항). 청산인은 정기총회일의 1주간 전부터 대차대조표·부속명세서·사무보고서·감사보고서를 본점에 비치하여야 한다(동조 제3항). 주주와 회사채권자는 이 서류들을 열람할 수 있고 등·초본의 교부를 청구할 수 있다(동조 제4항). 청산인은 대차대조표 및 사무보고서를 정기총회에 제출하여 그 승인을 요구하여야 한다(제534조 제5항).

6. 청산의 종결

(1) 결산보고서의 제출·승인

청산사무가 종결한 때에는 청산인은 지체 없이 결산보고서를 작성하고 이를 주주총회에 제출하여 승인을 얻어야 한다(제540조 제1항). 총회의 승인이 있는 때에는 부정행위에 대한 부분을 제외하고는 회사가 청산인의 책임을 해제한 것으로 본다(제540조 제2항).

(2) 청산종결의 등기

청산인은 주주총회에서 결산보고서에 대하여 승인을 얻으면 청산종결의 등기를 하여야 한다(제542조 제1항·제264조).

(3) 장부서류의 보존

회사의 장부 기타 영업과 청산에 관한 중요한 서류는 청산인 기타 이해관계인의 청구에 의하여 법원이 정하는 보존인과 보존방법에 따라 청산종결의 등기 후 10년간 보존하여야 한다(제541조). 다만, 전표 또는 이와 유사한 서류는 5년간 이를 보존하여야 한다(제541조 제1항 단서).

(4) 청산의 종결시기

청산은 청산사무가 종료한 때에 종결된다. 따라서 청산종결의 등기를 하였더라도 청산사무, 즉 在庫資産의 매각·채권추심·채무변제·잔여재산분배 등과 같은 사무가 일부 남아 있는 때에는 종결하지 아니한다. 그리하여 해당사무의 범위 내에서는 아직 법인격이 소멸되지 아니하고,[1894] 소송법상 당사자능력을 가지므로[1895] 소송대리인을 선임할 수 있으며,[1896] 그 결과 청산인의 의무도 존속한다.

(5) 잔여재산분배의 착오

잔여재산의 분배과정에서 착오가 있어 주주가 아닌 타인에게 분배한 금전은 부당이득(민법 제741조)으로써 반환을 청구할 수 있다고 본다.[1897]

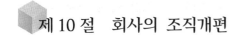

제 10 절 회사의 조직개편

제 1 관 총 설

회사의 組織改編이란 회사경영의 효율성을 높이기 위한 대폭적인 개혁작업을 뜻한다. 構造調整이라고 표현되기도 한다. 1980년대 이후 미국에서 사용되어 왔던 리스트럭처링(restructuring)의 우리식 표현이기도 하다. 조직개편의 유형은 매우 다양한데, 이곳에서는 회사법적 조직개편의 대표적인 사례인 합병, 회사분할, 주식의 포괄적 교환 및 주식의 포괄적 이전에 대하여 설명한다.

1894) 대법원 2001. 7. 13. 선고 2000두5333.
1895) 대법원 1968. 6. 18. 선고 67다2528.
1896) 대법원 2019. 10. 23. 선고 2012다46170 전원합의체.
1897) 同旨 이철송(2024), 1134면; 법무법 810-2038. 1965. 12. 30.

제2관 합 병

I. 범 위

합병에 관하여 각종 회사에 공통적인 사항은 이미 기술하였으므로 여기서는 합병과 분할의 組織離合의 관계와 주식회사의 합병에 특유한 사항만을 설명한다.

II. 합병과 분할의 조직이합의 관계

합병과 분할은 조직이합의 기능적인 측면에서 정반대의 목적을 가진다. 합병은 2개 이상의 회사가 그 영업과 재산을 하나의 회사로 귀속시키는 행위이고, 분할은 하나의 회사의 영업과 재산을 2개 이상의 회사로 나누는 행위이기 때문이다. 그리하여 합병은 규모의 경제(economies of scale)를 실현하는 수단이고, 분할은 규모의 비경제(diseconomics of scale)를 해소하는 수단이다. 즉 분할은 비대하여진 기업의 사업부문을 분리하여 그 규모를 적정하게 줄이고, 부문별 사업의 효율성을 추구하는 데 적합한 수단이다. 특히 부문별 사업의 효율성을 극대화하는 수단으로서는 분할합병방식이 활용되기도 한다.

III. 합병의 중요절차의 개요

합병에 관한 절차 중 중요한 요소를 살펴보면 다음과 같다. 첫째, 합병계약을 체결하여야 한다. 합병은 2개 이상의 별도의 법인격간의 거래이므로 양 회사의 의사의 합치가 있어야 하기 때문이다. 합병계약의 내용은 문서(합병계약서)로 작성되어야 한다.

둘째, 주주총회의 특별결의를 거쳐야 한다. 대외적으로 회사를 대표하는 자는 대표이사 또는 대표집행임원이므로 합병계약도 대표이사(또는 대표집행임원)간의 합의로 체결되지만, 합병은 주주들에게 중대한 이해관계가 있으므로 주주총회의 승인을 받도록 하는 것이다.

셋째, 채권자보호절차를 거쳐야 한다. 합병은 종래의 합병당사회사들의 채권자들을 위한 책임재산에 변동을 가져오므로 이러한 절차를 요구하는 것이다.

넷째, 주식매수청구권이 인정된다. 주주의 입장에서 보면, 합병은 예상하지 못한 회사의 조직개편이므로 투자동인에 변화를 야기하고, 때로는 합병으로 인한 위험을 부담하여야 한다. 따라서 상법은 주주들로 하여금 투하자본을 회수할 수 있는 주식매수청구권을 인정한다.

다섯째, 합병계약서 등을 備置·公示하여야 한다. 합병은 주주와 채권자들은 물론 기타 일반공중의 이해에도 영향을 미치므로 합병을 전후하여 합병에 관한 중요한 정보를 공시할 필요성이 있는 것이다.

여섯째, 소멸회사의 주주 등에게 금전 등의 합병대가를 교부하여야 한다.

Ⅳ. 합병의 일반적 절차

1. 합병계약서의 작성

(1) 의의

주식회사의 합병시에는 합병조건 및 합병절차의 진행 등에 관한 법률관계를 명확히 하고 이해관계인들에게 정확한 정보를 제공하기 위하여 법정사항 등을 기재한 合倂契約書를 작성하여야 한다(제522조 제1항). 그 내용은 아래와 같다.

(2) 흡수합병시 계약사항(제523조)

1) 합병조건(합병대가)

가) 의의 및 특징   합병조건 또는 합병대가라고 함은 존속회사가 소멸회사의 주주에게 소멸주식과 교환하여 그 대가지급에 관하여 정하는 것을 말한다. 2011년 개정상법은 종전과는 달리 합병대가의 전부 또는 일부를 합병교부금으로 갈음할 수 있도록 하고 있다. 합병교부금에는 금전 또는 다른 재산이 있다. 또 2015년 개정상법은 신주발행에 갈음하여 자기주식을 이전할 수 있도록 허용하였다.

나) 존속회사의 수권주식수   존속회사는 합병으로 인하여 소멸하는 회사의 주주에게 존속회사의 신주를 발행하는 경우에는 존속회사의 발행예정주식총수에 그만한 여분이 있어야 한다. 여분이 없으면 그 수를 늘려야 한다. 존속회사가 합병에 의거하여 발행예정주식총수를 증가시키는 때에는 증가하는 주식의 총수, 종류 및 수를 합병계약서에 기재하여야 한다(제523조 제1호).

다) 존속회사의 증가하는 자본금액 또는 준비금액에 관한 사항   존속회사

가 소멸회사의 주주들에게 신주를 발행하여야 하므로 존속회사의 자본금이 증가한다. 자신이 이월하는 준비금이 있을 수 있고, 합병차익이 있으면 자본준비금으로 적립해야 하며, 소멸회사의 법정준비금을 그대로 승계할 수도 있는데, 이를 합병계약서에 반영하여야 한다(제523조 제2호). 이때 무액면주식을 발행한 회사이면 존속회사가 소멸회사로부터 승계하는 순자산가액이 소멸회사의 주주에게 발행하는 신주의 발행가액이 된다. 때문에 이 발행가액 중 2분의 1 이상은 자본금으로 계상하여야 하고, 나머지 금액은 자본준비금으로 적립하여야 한다(제451조 제2항).

그러나 신주를 발행하지 아니하고 합병교부금을 금전으로 지급하는 때에는 無增資合倂이 성립한다. 그리고 존속회사가 ① 채무초과회사를 무증자합병을 하거나, ② 승계하는 순자산보다 많은 금액의 신주를 발행하는 경우에도 그 합병은 유효하다. 대법원 역시 '흡수합병시 존속회사가 단순히 소멸회사의 순자산만큼의 자산을 증대시키는 것에 그치지 아니하고 소멸회사의 영업상의 기능 내지 특성으로 높은 초과수익력을 갖게 되는 등 합병으로 인한 상승작용효과(synergistic effect)를 기대할 수 있다면 존속회사가 발행하는 합병신주의 액면총액이 소멸회사의 순자산가액을 초과하는 경우 그 초과부분은 소멸회사의 위의 무형적 가치에 대한 대가로 지급되는 것이라고 볼 수 있다.'고 하여 소멸하는 회사에 대하여 순자산액보다 고평가하여 하는 합병도 허용하고 있다.[1898]

라) 신주의 발행과 배정 또는 자기주식의 이전에 관한 사항   존속회사가 합병을 하면서 그 대가로 소멸회사의 주주에게 ① 신주를 발행하거나, ② 자기주식을 이전하는 경우에는 발행하는 신주 또는 이전하는 자기주식의 총수, 종류와 수 및 합병으로 인하여 소멸하는 회사의 주주에 대한 신주의 배정 혹은 자기주식의 이전에 관한 사항을 합병계약서에 기재하여야 한다(제523조 제3호). 이때 소멸회사의 주식 1주당 교부하는 존속회사의 주식의 비율을 합병비율이라고 한다.

한편 소멸회사가 존속회사의 주식을 소유한 경우, 그 주식은 존속회사가 합병에 의하여 이를 승계하므로 자기주식이 된다(제341조의 2 제1호). 반대로 존속회사가 보유하던 소멸회사의 주식에 대하여는 반드시 신주를 배정하여야 하는 것은 아니다.[1899]

1898) 대법원 2008. 1. 10. 선고 2007다64136.
1899) 대법원 2004. 12. 9. 선고 2003다69355.

마) **합병교부금** 합병교부금이란 존속회사가 소멸회사의 주주에게 배정할 신주(또는 자기주식)의 일부 또는 전부를 금전 또는 그 밖의 자산으로 갈음하여 지급하는 것을 말한다. 합병교부금을 지급하기로 정한 때에는 그에 관한 사항을 합병계약서에 기재하여야 한다(제523조 제4호). 합병교부금제도는 ① 주식의 배정비율을 조정하거나, ② 端株에 갈음하거나, ③ 소멸회사의 이익배당에 갈음하거나 또는, ④ 실질적 감자를 하고자 하는 경우 그 효용성이 있다.

합병교부금은 소멸회사의 모든 주주에게 주주평등의 원칙에 따라 교부되어야 하므로 교부하기에 적합한 재산이 그 대상이 될 수 있다. 대표적으로는 존속회사가 보유하고 있는 자회사의 주식이나 사채, 존속회사의 사채, 모회사의 사채나 주식 등을 들 수 있다. 본래 母會社의 주식은 취득할 수 없지만(제342조의 2) 합병교부금의 지급을 목적으로 취득하는 행위는 허용된다(제523조의 2 제1항). 다만, 존속회사가 교부금합병을 위하여 취득한 모회사의 주식을 합병에 전부 또는 일부를 사용하지 않고, 합병 후에도 계속 보유하고 있는 경우에는 합병의 효력이 발생하는 날부터 6개월 이내에 처분하여야 한다(제523조의 2 제2항).

2) **합병실행 등에 관한 사항**

가) **승인결의총회기일** 합병은 당사자회사의 사원총회 또는 주주총회에서 승인하여야 한다(예: 합명회사 vs. 주식회사). 이를 위하여는 총회를 소집하여야 하므로 각 회사가 총회의 기일을 합병계약사항으로 기재하여야 한다(제523조 제5호).

나) **합병을 할 날** 합병의 효력은 합병등기를 한 날에 발생한다(제528조). 그러므로 '합병을 할 날'은 합병의 효력발생일을 의미하는 것은 아니다. 消滅會社의 재산을 存續會社로 인계하고 소멸회사의 주주에게 금전의 지급, 주권의 발행 또는 자기주식을 이전하는 등 실질적으로 양 회사를 합체하기 위한 실무적인 절차를 완료할 날을 뜻한다(제523조 제6호).

다) **존속회사의 정관변경사항** 소멸회사의 입장에서는 합병 후의 존속회사의 실체와 사업내용에 관하여 이해관계가 크기 때문에 존속회사의 정관을 변경할 것을 합의할 수 있다. 그리하여 이에 대한 구속력을 확인하기 위하여 존속회사가 합병으로 인하여 정관을 변경하기로 정한 때에는 그 규정을 합병계약서에 기재하여야 한다(제523조 제7호). 예를 들면, 소멸회사의 사업을 승계한 존속회사가 그에 부합하도록 ① 상호나 목적을 변경하거나, ② 소멸회사의 이사들을 존속회사의

이사로 선임하기 위하여 이사의 정원을 늘리거나, ③ 본점소재지를 이전하는 경우 등을 예정할 수 있다. 이러한 사항은 존속회사의 정관변경절차를 거쳐야 그 효력이 발생하는데, 존속회사의 주주총회에서 합병계약서를 승인하면 정관변경의 결의를 겸한 것으로 볼 수 있다.[1900]

라) 각 회사가 합병으로 이익배당을 할 때에는 그 한도액　존속회사 또는 소멸회사는 합병계약을 체결한 후 합병기일, 즉 합병등기 이전에 이익배당을 하는 경우가 있다. 이 경우에는 합병계약체결 당시 회사의 재무상태 등을 기준으로 정하여진 합병비율이 각 회사가 예정에 없었던 이익배당을 함으로써 불공정해질 수 있다. 때문에 그러한 상황을 방지하고 공정한 합병비율이 정해질 수 있도록 합병계약서에 그 한도액을 기재하도록 하는 것이다(제523조 제8호).

마) 합병으로 인하여 존속하는 회사에 취임할 이사와 감사 또는 감사위원회의 위원을 정한 때에는 그 성명 및 주민등록번호　합병계약서에 합병 후의 이사 또는 감사 등에 관하여 별도의 정함이 없는 때에는 존속회사의 이사 또는 감사가 계속하여 그 지위를 유지하게 되고, 소멸회사의 이사 또는 감사 등은 그 지위를 상실하게 된다. 이러한 사항은 합병보고총회에서 보고되어야 할 사항이지만, 상법은 보고총회를 신문공고로 갈음할 수 있도록 하고 있기 때문에(제526조 제3항), 합병 후 취임이 예정된 이사 또는 감사 등을 합병계약서에 명시하고, 합병계약의 승인결의로 선임할 수 있도록 한 것이다(제523조 제9호).

바) 임의적 기재사항　합병계약서에는 법정사항 외에 합병당사회사의 선관의무, 사정변경으로 인한 합병조건의 변경·합병계약의 해제, 합병기일까지의 재산관리·재산의 인계·영업활동에 관한 사항 또는 소멸회사 임원의 퇴직금, 소멸회사 종업원의 인계·처우에 관한 사항 등을 기재하여 구속력을 부여할 수 있다. 이에 위반하는 때에는 법정기재사항과는 달리 합병무효사유가 되는 것이 아니라 해당기재사항만이 무효가 될 뿐이다. 다만, 임의적 기재사항이 합병 여부를 판단함에 있어서 중요한 사항이라고 객관적으로 인정되거나 어느 일방회사를 현저하게 희생시키는 사항인 때에는 무효의 사유가 된다고 본다.[1901]

한편 합병으로 근로관계를 승계하는 경우에는 종전의 근로계약상의 지위가

1900) 이철송(2024), 1143면.
1901) 최기원(2012), 1103면.

그대로 포괄적으로 승계된다. 그러므로 새로운 합의가 없는 한 합병 후 존속회사나 신설회사는 소멸회사의 취업규칙 등에서 정한 근로조건을 같은 내용으로 승계한다.[1902] 다만, 합병 후 노동조합과의 사이에 근로관계 내용의 단일화에 관한 새로운 합의가 있는 경우에는 새로운 단체협약 등이 유효하게 적용된다.[1903]

(3) 신설합병의 경우

합병으로 회사를 설립하는 경우에는 합병계약서에 다음의 사항을 적어야 한다. 즉 ① 설립되는 회사에 대하여 목적, 상호, 발행예정주식총수, 1주의 금액(제289조 제1항 제1호부터 제4호) 및 종류주식을 발행할 때에는 그 종류, 수 및 본점소재지, ② 설립되는 회사가 합병 당시에 발행하는 주식의 총수와 종류, 수 및 각 회사의 주주에 대한 주식의 배정에 관한 사항, ③ 설립되는 회사의 자본금과 준비금의 총액, ④ 각 회사의 주주에게 금전이나 그 밖의 재산(합병교부금)을 제공하는 경우에는 그 내용 및 배정에 관한 사항, ⑤ 각 회사에서 합병의 승인결의를 할 사원총회 또는 주주총회의 기일, ⑥ 합병을 할 날, ⑦ 합병으로 인하여 설립되는 회사의 이사, 감사 또는 감사위원회의 위원을 정한 때에는 그 성명 및 주민등록번호 등을 합병계약서에 기재하여야 한다(제524조). 이와 같이 신설합병의 경우에는 신설회사의 설립목적, 상호, 수권자본, 1주의 금액, 종류주식을 발행할 때에는 그 종류 및 총수, 본점소재지를 기재하여야 하며, 그 밖의 자본금과 자본준비금에 관한 기재사항을 제외하고는 吸收合倂의 경우(제523조)와 같다.

(4) 삼각합병 및 역삼각합병

1) 의의 및 기능

앞선 통칙편에서 기술한 바와 같이 2015년 개정상법은 삼각합병제도를 도입하였다. 이 유형에는 三角合倂(triangular merger)(제523조의 2 제1항)과 이에 반대되는 逆三角合倂(reverse–triangular merger)[1904] 두 가지가 있다.

삼각합병이나 역삼각합병은 글로벌기업이 외국에서의 사업을 확장하는 데 유용하다. 다만, 소액주주들의 권리를 축소시키고, 합병시 모회사의 주주총회의 개최를 회피하는 수단으로 활용될 수 있고, 그 결과 주주들은 주식매수청구권을

1902) 대법원 1994. 3. 8. 선고 93다1589.
1903) 대법원 2001. 10. 30. 선고 2001다24051.
1904) 입법례로 미국의 Internal Revenue Code 368(a)(1)(A)와 368(a)(2)(E)가 있다.

행사할 수 없게 된다.

2) 활용례

가) 삼각합병 삼각합병의 예를 살펴보면, P(모회사)가 T라는 회사를 합병하고자 하는 때에 S라는 자회사를 활용하여, S는 T회사를 흡수합병하면서 T회사의 주주들에게 P회사의 주식을 교부한다. 그리하여 P는 T가 합체된 S의 모회사가 되고, T의 주주는 P의 주주가 된다.

나) 역삼각합병 역삼각합병의 예를 살펴보면, P(모회사)가 T라는 회사를 합병하고자 하는 때에 P의 자회사 S는 자기가 소유하는 P회사 주식을 전부 T의 주주에게 이전하고, 그 대가로 T의 주주가 소유하는 T회사 주식은 모두 P에게 이전한다. 그리고 S는 주식이 없어졌으므로 소멸한다. 그 결과 P가 모회사가 되고, T가 자회사가 된다. 다만, 상법상 1회적인 절차만으로는 역삼각합병을 할 수 없고, 삼각주식교환(제360조의 3 제항 제4호, 제6항)[1905]을 먼저 행한 후 2단계로 역삼각합병을 할 수 있다.

2. 합병계약서 등의 공시

이사(또는 집행임원)는 합병승인결의(제522조 제1항)를 위한 주주총회의 회일의 2주 전부터 합병을 한 날 이후 6개월이 경과하는 날까지 ① 합병계약서, ② 합병을 위하여 신주를 발행하거나 자기주식을 이전하는 경우에는 합병으로 인하여 소멸하는 회사의 주주에 대한 신주의 배정 또는 자기주식의 이전에 관하여 그 이유를 기재한 서면, ③ 합병당사회사의 최종의 대차대조표와 손익계산서를 본점에 비치하여야 한다(제522조의 2 제1항). 주주 및 회사채권자는 영업시간 내에는 언제든지 이들 서류의 열람을 청구하거나, 회사가 정한 비용을 지급하고 그 등본 또는 초본의 교부를 청구할 수 있다(동조 제2항).

3. 합병계약서의 승인(합병승인결의)

주식회사의 합병은 각 당사회사가 주주총회에서 합병을 승인하는 결의를 하여야 완결된다. 합병승인결의는 합병계약서를 승인하는 형식을 취하는데, 주주총

1905) 주식교환을 하는 경우 완전모회사가 되는 회사(S)가 그 주식이 아니라 그의 모회사(P)의 주식을 교부하는 것을 말한다.

회 특별결의에 의한다(제522조 제1항·제3항, 제434조). 합병총회의 소집통지에는 합병계약의 요령을 기재하여야 한다(제522조 제2항). 합병계약의 요령에는 단순히 '합병의 건'이라고 하는 의제만이 아니라 합병상대회사 및 합병비율 등 중요사항을 기재하여야 한다. 어느 주주총회의 합병결의로 어느 종류주주들이 불이익을 받게 될 때에는 해당종류주주의 총회의 결의도 추가로 얻어야 한다(제436조).

합병 후 존속하는 회사 또는 신설회사가 주식회사인 경우, 합병할 회사의 일방 또는 쌍방이 합명회사 혹은 합자회사인 때에는 총사원의 동의를 얻어 합병계약서를 작성하여야 한다(제525조). 총사원의 동의를 얻기 때문에 여기서의 '작성'은 승인을 뜻한다. 합병당사회사의 일방 또는 쌍방이 유한책임회사인 때에는 합명회사에 관한 규정을 준용하기 때문에 총사원의 동의로 합병계약서를 승인하여야 한다(제287조의 18, 제525조).

4. 주식매수의 청구

합병에 관한 이사회의 결의가 있은 후 합병에 반대하는 주주는 주주총회 전에 회사에 대하여 서면으로 합병결의에 반대하는 의사를 통지하고, 합병을 승인하는 총회의 결의일로부터 20일 내에 주식의 종류와 수를 기재한 서면으로 회사에 대하여 자기가 소유하고 있는 주식의 매수를 청구할 수 있다(제522조의 3 제1항). 다만, 회사는 주주의 청구가 있다고 하여 주식을 즉시 매수하여서는 아니 되고, 채권자보호절차를 종료한 때에 주식을 매수할 수 있다. 그 밖의 내용은 기술한 영업양도시의 반대주주의 주식청구권의 경우와 같다.

5. 채권자보호절차

(1) 의의

합병은 상대방회사의 재무상태가 부실한 때에는 채권회수불능의 위험이 증가하므로 다른 상대방회사의 채권자에게 불이익을 줄 수 있다. 그리고 당사자 쌍방회사의 채권자에 대한 책임재산에 중대한 변화를 가져오는 조직개편수단이므로 채권자들로 하여금 이의를 제기할 수 있는 기회를 부여하여야 한다.

(2) 이의제출절차

회사는 주주총회의 합병결의 후 2주 내에 회사채권자에 대하여 합병에 이의가 있으면 1월 이상의 일정한 기간 내에 이의를 제출할 것을 공고하고, 알고 있는 채권자에게는 각별로 통지하여야 한다(제527조의 5 제1항). 그러나 후술하는 簡易合倂(제527조의 2)이나 小規模合倂(제527조의 3)의 경우에는 주주총회를 소집하지 않는 까닭에 이사회가 합병결의를 한 날을 주주총회의 결의일로 보고 그로부터 2주간 내에 채권자에 대한 공고·통지를 한다.

(3) 이의제출·불제출의 효과

위의 일정한 기간 내에 이의를 제출하지 않는 채권자는 합병을 승인한 것으로 보며(제527조의 5 제3항·제232조 제2항), 이의를 제출한 채권자에게는 채무를 변제하거나, 상당한 담보를 제공하거나 이를 목적으로 상당한 재산을 신탁하여야 한다(제527조의 5 제3항·제232조 제3항).

채권자가 社債權者일 경우에는 사채권자집회의 결의가 있어야 이의를 제출할 수 있다. 이 경우 법원은 이해관계인(사채권자 등)의 청구에 의하여 이의제출기간을 연장할 수 있는데, 이 기간연장은 사채권자만을 위하여 효력이 있다(제530조 제2항·제439조 제3항).

6. 주식의 병합과 주권의 제출

흡수합병의 경우에는 합병비율에 따라 소멸회사의 주주에게 배정되는 주식수가 합병 전에 소멸회사의 주주가 가지고 있던 주식수보다 감소할 수도 있다. 이때에는 주식의 배정을 위한 준비행위로서 주식을 병합할 수 있고, 이를 위하여 자본금감소의 경우와 같이 주식병합의 절차가 준용된다(제530조 제3항·제440조 내지 제443조). 신설합병의 경우에는 합병의 쌍방회사에서 선임한 설립위원이 공동으로 정관의 작성 기타 설립에 관한 행위를 하여야 한다(제175조).

7. 합병보고총회와 창립총회의 개최

(1) 합병보고총회

흡수합병의 경우 존속회사의 이사(또는 집행임원)는 채권자보호절차(제527조의 5)의 종료 후 ① 주식병합이 필요할 때에는 그 효력이 생긴 후 또는, ② 병합에 적당하지 아니한 주식이 있을 때에는 이에 대한 端株의 처분(제443조)을 한 후, ③ 소규모합병의 경우에는 존속회사가 이에 관한 사항을 공고하거나 주주에게 통지를 하고 이로 인한 주주의 합병반대의사의 통지절차(제527조의 3 제3항·제4항)를 종료한 후 지체 없이 주주총회(보고총회)를 소집하여 합병에 관한 사항을 보고하여야 한다(제526조 제1항). 합병당시에 발행하는 신주의 인수인은 보고총회에서 주주와 동일한 권리가 있다(동조 제2항). 이 보고에 관한 승인결의는 요구되지 아니한다(통설). 다만, 주주에 대한 보고총회는 이사회의 공고로써 갈음할 수 있다(동조 제3항).

한편 이사를 2명 이하로 둔 소규모 주식회사(제383조 제1항 단서)에 대하여는 위의 규정이 적용되지 아니한다. 이사회가 없기 때문이다.

(2) 창립총회

신설합병의 경우 설립위원(제175조)은 흡수합병과 같은 절차를 종료한 후 지체 없이 창립총회를 소집하여야 한다(제527조 제1항). 창립총회에서는 설립에 관한 설립위원의 보고를 듣고, 임원을 선임한다(제527조 제3항·제311조·제312조). 이 총회에서는 소집통지서에 기재가 없더라도 정관변경의 결의를 할 수 있다(제527조 제2항·제3항·제316조 제2항). 다만, 합병계약의 취지에 위반하는 결의(예: 설립폐지·합병무효)는 하지 못한다(제527조 제2항 단서).

창립총회 역시 보고총회와 마찬가지로 이사회의 공고로 창립총회에 대한 보고에 갈음할 수 있는데(제527조 제4항), 이와 같이 창립총회를 생략하려면 합병계약서에 이사·감사를 선임하여 두어야 한다(제524조 제6호). 합병계약서에서 이사·감사를 정하는 때에는 합병계약을 승인하는 주주총회의 승인결의에서 이사·감사를 선임하는 결의가 포함되므로 이사·감사를 선임하기 위한 창립총회를 거칠 필요는 없다. 이사를 2인 이하로 둔 자본금 총액이 10억원 미만의 소규모 주식회사(제383조 제1항 단서)는 이사회가 없으므로 이사회의 공고로 창립총회를 갈음할 수 없다(제383조 제5항).

한편 신설합병창립총회는 모집설립시의 창립총회에 관한 규정이 준용된다(제527조 제3항). 이에 해당하는 규정으로는 총회소집통지 및 소집지(제363조 제1항·제2항, 제364조), 의결권의 대리행사 및 특별이해관계인의 의결권제한(제368조 제2항·제3항), 의결권의 수(제369조 제1항), 총회의 연기·속행(제372조), 총회결의하자의 소(제376조 내지 제381조), 정관변경시의 종류주주총회(제435조), 총회결의방법(제309조), 설립위원의 보고사항(제311조), 임원(이사와 감사)의 선임(제312조) 등이 있다(제527조 제3항).

8. 이사·감사의 임기의 특례

吸收合倂의 경우에 존속회사의 理事·監事로서 합병 전에 취임한 자는 합병계약서에 다른 정함이 있는 경우를 제외하고는 합병 후 최초로 도래하는 결산기의 정기총회가 종료한 때에 퇴임한다(제527조의 4). 合倂을 하게 되면 주주구성이 변화하게 되므로 그에 맞게 임원을 새로이 구성할 수 있게 한 것이다.

9. 합병등기

합병의 효력은 등기를 함으로써 생긴다(제530조 제2항·제234조). 이때 존속회사는 변경등기, 소멸회사는 해산등기, 신설회사는 설립등기를 하여야 한다(제528조 제1항). 존속회사 또는 신설회사가 합병으로 인하여 전환사채나 신주인수권부사채를 승계한 때에는 합병등기와 동시에 사채의 등기도 하여야 한다(제528조 제2항).

10. 합병에 관한 서면의 사후공시

합병 후 존속회사 또는 신설회사의 이사는 채권자보호절차의 경과, 합병을 한 날, 합병으로 인하여 소멸하는 회사로부터 승계한 재산의 가액과 채무의 액 기타 합병에 관한 사항을 기재한 서면을 합병을 한 날로부터 6월간 본점에 비치하여야 한다(제527조의 6 제1항). 주주 및 채권자는 영업시간 내에는 이 서류를 열람 또는 등·초본의 교부를 청구할 수 있다(동조 제2항).

11. 주식회사와 유한회사의 합병의 특례

유한회사가 주식회사와 합병하는 경우에 합병 후 존속회사 또는 신설회사가 주식회사인 때에는 법원의 인가를 얻지 아니하면 합병의 효력이 없다(제600조 제1항). 이는 주식회사의 설립절차가 엄격한 점을 악용하거나 또는 주식회사의 증자에 관한 여러 규정을 潛脫하는 조직개편을 방지하기 위한 규정이다. 그리고 유한회사와 합병을 하는 회사의 일방이 사채의 상환을 완료하지 아니한 주식회사인 때에는 합병 후 존속회사 또는 신설회사는 유한회사로 하지 못한다(동조 제2항). 유한회사는 사채를 발행하지 못하기 때문이다.

12. 질권의 효력

소멸회사 주주의 주식에 대한 질권은 합병으로 인하여 병합된 주식이나 발행신주 또는 교부금에 미친다(제530조 제4항·제339조). 교부금을 금전에 갈음하여 그 밖의 재산으로 제공할 경우(제523조 제4호)에는 명문의 규정은 없지만, 해당재산에 당연히 질권의 효력이 미친다.[1906] 등록질권자는 회사에 대하여 직접 주권의 교부를 청구할 수 있다.

V. 합병의 특수절차(간이합병 및 소규모합병)

1. 의의

합병은 합병계약서의 작성 이외에도 주주총회의 특별결의와 주식매수청구권의 행사절차를 거치는 등 시간적 또는 업무적으로 부담이 적지 않다. 그리하여 상법은 주주총회의 승인결의를 거치지 아니하고 이사회의 결의만으로 합병을 할 수 있는 簡易合倂 및 小規模合倂이라는 두 가지 特例를 두고 있다.

2. 간이합병

(1) 의의

이는 흡수합병시 소멸회사에서 합병주주총회의 승인결의를 생략하고 이사회의 승인으로 갈음할 수 있는 합병방식이다. 따라서 신설합병을 하거나 흡수합병시 존속회사에서는 허용되지 아니한다. 일본회사법에서는 이를 略式合倂이라고 한다(동법 제784조 제1항 본문·제796조 제1항 본문).

(2) 적용요건

간이합병은 ① 소멸하는 회사의 총주주의 동의가 있을 경우, ② 존속하는 회사가 이미 소멸하는 회사의 발행주식총수의 100분의 90 이상을 소유하고 있는 때에 적용된다(제527조의 2 제1항).

(3) 주식매수청구

간이합병의 적용요건 중 소멸회사의 총주주가 동의하는 경우에는 이에 반대

1906) 이철송(2024), 1149면.

하는 주주가 없기 때문에 주식매수청구권은 발생하지 아니한다(제527조의 2 제2항 단서). 그러나 존속회사가 소멸회사의 주식을 100분의 90 이상 소유하는 경우에는 반대주주가 있을 수 있으므로 주식매수청구절차를 생략할 수 없다(제522조의 3 제2항). 이 경우 소멸하는 회사는 합병계약서를 작성한 날부터 2주 내에 주주총회의 승인을 얻지 아니하고 합병을 한다는 뜻을 공고하거나 주주에게 통지하여야 한다(제527조의 2 제2항). 이때 간이합병에 반대하는 주주는 이사회결의로 합병한다는 통지·공고를 한 날로부터 2주 내에 회사에 대하여 합병에 반대하는 의사를 통지하여야 하고, 그 기간이 경과한 날부터 20일 이내에 주식의 종류와 수를 기재한 서면으로 회사에 대하여 자기가 소유하고 있는 주식의 매수를 청구할 수 있다(제522조의 3 제2항). 여기에는 의결권이 없거나 배제되는 주식의 주주도 포함된다(제522조의 3 제1항 괄호).

한편 이러한 통지·공고를 할 때에는 사전에 기준일을 설정하든지 아니면 공고 후에 주주명부를 폐쇄하여야 한다. 간이합병사실을 모르는 자에게 주식이 양도되는 것을 방지하기 위함이다.

3. 소규모합병

(1) 의의

합병 중에는 존속회사에 비하여 소멸하는 회사의 규모가 매우 작아서 존속회사의 주주에게 미치는 영향이 경미한 경우가 있다. 그리하여 상법은 존속회사가 일정한 소규모의 회사를 흡수합병하는 경우 존속회사의 주주총회의 승인결의를 이사회의 결의로 갈음할 수 있도록 하고 있다(제527조의 3). 이를 소규모합병이라고 한다. 이 합병방식은 신설합병을 하거나 흡수합병시 소멸회사에서는 허용되지 아니한다. 일본회사법에서는 이를 簡易合併이라고 한다(동법 제796조 제3항).

(2) 효용성

소규모합병제도는 모회사가 자회사를 합병하는 경우 등에 매우 편리하게 활용될 수 있다. 그리고 주주총회를 기동적으로 개최하기가 쉽지 아니한 상장회사에서의 합병에도 유용하다. 상법은 이러한 효용성을 높이는 수단으로써 존속회사의 반대주주에게는 주식매수청구권을 인정하지 않고 있다(제527조의 3 제5항).

(3) 적용요건

소규모합병은 ① 합병 후 존속하는 회사가 합병으로 인하여 소멸하는 회사의 주주에게 발행하는 신주 및 이전하는 자기주식의 총수가 존속회사의 발행주식총수의 100분의 10을 초과하지 아니하는 경우 및, ② 합병으로 인하여 소멸하는 회사의 주주에게 제공할 금전의 액이나 그 밖의 재산의 가액이 존속회사의 순자산액의 100분의 5 이하인 경우에 인정된다(제527조의 3 제1항). 종래의 판결은 소규모합병의 적용요건을 판단함에 있어서 신주발행과 자기주식의 교부를 엄격하게 구분하였으나,[1907] 2015년 개정상법은 이러한 구분을 없앴다.

(4) 절차

존속하는 회사의 합병계약서에 주주총회의 승인을 얻지 아니한다는 뜻을 기재하여야 한다(제527조의 3 제2항). 그리고 주주에 대한 공시절차로서 존속하는 회사는 합병계약서를 작성한 날로부터 2주 내에 소멸회사의 상호, 본점소재지, 합병을 할 날, 주주총회의 승인을 얻지 아니하고 합병을 한다는 뜻을 공고하거나 주주에게 통지하여야 한다(제527조의 3 제3항). 그러나 소멸회사는 주주총회의 승인결의를 거쳐야 한다.

(5) 소규모합병의 제한

상법은 소규모합병절차에 대한 예외로서 두 가지 경우를 들고 있는데, 그 내용은 다음과 같다.

1) 존속회사의 순자산액의 100분의 5를 초과하는 경우

가) 관련규정 및 해석론   消滅會社의 주주에게 交付金, 즉 금전이나 그 밖의 재산을 지급하는 경우에 교부금이 존속회사의 순자산액의 100분의 5를 초과하면 기술한 발행주식총수의 적용요건이 충족되더라도 주주총회의 승인결의를 생략할 수 없다(제527조의 3 제1항 단서). 이는 거액의 교부금을 지급함으로 인하여 자본충실의 원칙이 저해되는 것을 방지하기 위함이다. 따라서 ① 존속회사의 정관으로 100분에 5의 요건을 낮추는 것은 가능하다고 풀이한다. 회사 스스로 정상적인 합병절차를 밟겠다는 것은 주주나 채권자보호에 도움이 되기 때문이다. 그리고 ② 100분의 5의 요건은 원칙적으로 합병계약을 체결한 날에 충족되어야 한다

[1907] 대법원 2004. 12. 9. 선고 2003다69355.

고 본다. 다만, 합병계약으로 합병의 효력이 발생하기 전에 이와 다른 날을 정하는 것은 무방하다고 풀이한다.

나) 한계   우선 합병교부금 100분의 5의 요건과 관련하여서는 다음과 같은 문제점이 있다. 즉 ① 대법원은 합병교부금을 합병결의로 실제 소멸회사의 주주에게 지급된 금전으로만 제한한다.[1908) 이에 따르면 존속회사가 합병결의에 의거하여 소멸대상회사의 주식을 사전에 매수하면서 지급한 매매대금은 이에 해당하지 아니하게 된다. 사전의 주식취득을 통하여 소규모합병에 대한 법적 제한을 回避할 수 있는 방법을 보여 준 셈이다. 그리고 적용요건을 '존속회사의 순자산규모'만으로 함으로써 거액의 부채로 인하여 자본잠식상태에 빠진 대규모 부실회사를 흡수합병할 경우에도 주주총회의 승인결의를 거치지 아니하는 문제점이 있다. 따라서 존속회사나 소멸회사의 자산규모를 고려하는 입법이 바람직하다.

2) 존속회사의 발행주식총수의 100분의 20 이상에 해당하는 주식의 소유자의 반대의사통지

합병 후 존속회사의 발행주식총수의 100분의 20 이상에 해당하는 주식을 소유한 주주가 위의 제527조의 3 제3항에 의거한 공고·통지를 한 날부터 2주 내에 회사에 서면으로 소규모합병에 반대하는 의사를 통지한 때에는 주주총회의 승인결의를 생략할 수 없다(동조 제4항).

(6) 주식매수청구의 문제

소규모합병시 존속회사의 반대주주는 주식매수청구권을 행사할 수 없다(제527조의 3 제5항). 이로 인하여 소멸회사가 거액의 부채가 있는 경우에는 존속회사의 영업 및 재무구조에 중대한 영향을 줄 수 있으므로 반대주주의 주식매수청구권을 인정하여야 한다는 견해가 있다.[1909)

생각건대 소규모합병은 존속회사의 주주에게 미치는 영향이 경미한 경우에 허용된다. 그리고 소규모합병을 기화로 기관투자가 등이 거액의 주식매수청구권을 행사하는 경우에는 그 남용의 폐해가 적지 않다. 따라서 소규모합병에는 존속회사의 주주에 의한 주식매수청구권의 행사를 인정하지 않는 것이 옳다. 부실회사의 합병으로 인하여 존속회사의 주주에게 손해를 입히는 때에는 ① 이사의 책임

1908) 대법원 2004. 12. 9. 선고 2003다69355.
1909) 이철송(2024), 1153면; 최기원(2012), 1097면.

을 추궁하거나 또는, ② 합병무효의 소를 제기하여 구제를 받으면 족하다고 본다. 다만, ②의 경우에는 자본잠식상태에 있는 소멸회사를 합병하는 경우 존속회사가 합병의 대가를 지급하지 아니하면 합병무효의 사유가 되지 않는다고 풀이한다.

4. 채권자보호절차

간이합병이나 소규모합병의 경우도 통상의 합병과 마찬가지로 채권자보호절차를 밟아야 한다. 다만, 원칙적으로는 주주총회의 승인결의를 거치지 아니하므로 이사회의 승인결의가 있은 날로부터 2주간 내에 채권자에 대하여 이의제출을 할 것을 공고하고 최고하여야 한다(제527조의 5).

VI. 합병의 무효

1. 개요

합병무효의 소에 관하여는 이미 「회사통칙」편에서 기술하였으므로 여기에서는 제소권자 및 무효원인에 대하여 실례를 살펴본다.

2. 당사자

합병에 무효사유가 있는 경우 주주, 이사, 감사, 청산인, 파산관재인 또는 합병을 승인하지 아니한 채권자에 한하여 합병무효의 소를 제기할 수 있다. 합병무효의 소는 합병등기 후 6월 내에 제기하여야 한다(제529조). 여기서 채권자는 존속회사와 소멸회사의 모든 채권자를 포함한다. 다만, 합병등기 전에 변제를 받은 채권자와 담보를 제공받거나 신탁을 받은 채권자(제232조 제3항)는 제외된다. 합병등기 후 변론종결 전에 변제를 받은 경우에는 변론자격을 잃게 된다. 채권자는 채권자보호절차의 불이행을 이유로 하여 제소하여야 하며, 다른 사유(예: 합병절차의 하자)로는 제소할 수 없다. 피고는 존속회사 또는 신설회사이다.

합병이 공정거래법을 위반한 경우에는 공정거래위원회가 합병무효의 소를 제기할 수 있다(동법 제19조 제2항).

3. 합병무효의 원인

합병무효의 원인으로서는 주주총회 승인결의의 흠과 같은 합병절차의 하자, 기타 강행법규에 위반한 경우 등이 있다. 합병비율이 불공정한 경우에도 무효원인이 될 수 있다. 법원은 순자산가치가 17 : 1임에도 불구하고 합병비율을 1 : 1로 한 것에 대하여 기업과 주식의 가치가 장래의 사업전망이나 경기변동 등 불확실한 요인에 의하여 영향을 받는다는 점을 감안하더라도 무효라고 한다.1910)

Ⅶ. 합병비율의 공정성과 이사의 의무

1. 공정성의 판단기준

합병비율을 결정하는 때에는 1주당 순자산가치(Bookvalue Per Share, BPS)가 중요한 기준이라고 할 수 있다. 주주의 이익과 권리를 보호할 수 있는 가장 기본적인 척도이기 때문이다. 그러나 합병비율은 유일한 수치로 확정할 수 없고, 자산가치 이외에 시장가치(Market value), 수익가치 및 상대가치 등의 다양한 요소들을 합리적인 범위 내에서 고려하여 결정되어야 한다.1911)

한편 판례 중에는 비상장회사간의 합병시 법인세법상의 주식가치평가액(구 법인세법 제52조)을 기준으로 정한 합병비율을 공정하다고 본 사례가 있다.1912) 이를 가지고 상법상의 공정한 합병비율을 산정하는 데 구속력이 있다고 보기는 어렵지만, 회계법인이나 법무법인 등 실무상 활용되고 있는 보편적인 평가방법이라고 할 수 있다.

2. 이사의 주의의무

불공정한 합병비율을 산정하는 것은 이사의 선관주의의무에 위반하는 행위이다.1913) 때문에 합병무효의 원인이 되고, 이사는 회사에 대하여 책임을 부담함은 물론(제399조) 손해를 입은 주주에게도 배상책임을 진다(제401조).

1910) 대법원 2008. 1. 10. 선고 2007다64136.
1911) 대법원 2008. 1. 10. 선고 2007다64136.
1912) 대법원 2015. 7. 23. 선고 2013다62278.
1913) 대법원 2015. 7. 23. 선고 2013다62278.

제 3 관 회사분할

Ⅰ. 회사분할의 의의

會社分割(corporate divestiture)은 회사의 사업에 관한 권리의무의 전부 또는 일부를 분할 후 다른 회사(승계회사) 또는 분할에 의하여 설립되는 신설회사에 승계시킬 것을 목적으로 하는 회사의 행위이다. 회사분할은 크게 ① 분할회사(분할되는 회사)는 그대로 존속하면서 그 일부의 권리의무를 신설회사가 승계하는 單純分割과, ② 분할된 일부분을 기존의 다른 회사에 흡수합병(승계)시키거나 또는 기존의 회사들과 신설합병하는 分割合倂으로 나눌 수 있다.

Ⅱ. 상법상 분할의 종류

1. 단순분할

상법은 "회사는 분할에 의하여 1개 또는 수개의 회사를 설립할 수 있다."고 규정하고 있다. 이는 단순분할을 뜻하는 것으로서 회사의 사업부문(예: 반도체, 인공지능, 스마트폰)을 수개로 분할하고 분할한 사업부문에 출자하여 1개 또는 수개의 회사를 신설하는 방식이다(제530조의 2 제1항).

2. 분할합병

상법은 "회사는 분할에 의하여 1개 또는 수개의 존립 중의 회사와 합병할 수 있다."(제530조의 2 제2항)고 규정하고 있다. 이는 分割合倂을 뜻하는 것으로서 회사의 영업을 1개 또는 수개로 분할하고 분할한 사업을 존립 중의 다른 회사에 흡수합병시키거나 분할한 사업과 다른 존립 중의 회사가 다른 회사를 설립하는 방식이다.

3. 신설 및 분할합병

(1) 의의

상법은 "회사는 분할에 의하여 1개 또는 수개의 회사를 설립함과 동시에 분할합병할 수 있다."고 규정하고 있다(제530조의 2 제3항). 이는 위의 단순분할과 분할합병을 두 가지를 병행하는 방법을 뜻하는 것으로서 분할한 사업의 일부로는 회사를 신설하고 다른 일부로는 다른 존립 중의 회사와 합병시키는 방식이다.

(2) 단순분할

1) 방식

단순분할의 방식에는 분할되는 회사(분할회사)의 소멸여부에 따라 분할회사가 소멸하는 消滅分割과 소멸하지 않는 存續分割이 있다.

2) 소멸분할

이 방식은 분할회사가 자기의 사업을 분리, 출자하여 2개 이상의 회사를 설립하고 자기는 해산한다. 예를 들면, 스마트폰사업과 반도체사업을 하는 회사 甲이 사업을 둘로 나누고, 여기에 출자하여 乙회사(스마트폰회사)와 丙회사(반도체회사)를 신설하고 회사 甲은 소멸하는 것과 같다. 이 방식에 의하여 신설되는 회사는 그 자본금을 소멸회사가 출자한 재산만으로 조성할 수도 있고, 제3자로부터 함께 출자를 받아 조성할 수도 있다. 어느 방법을 취하느냐에 따라 신설회사의 설립절차가 달라진다.

[그림 1] 소멸분할(1)

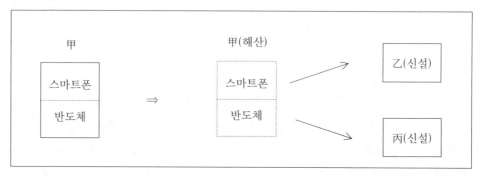

[그림 2] 소멸분할(2)

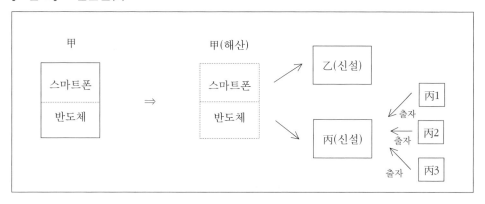

3) 존속분할

이 방식은 분할회사의 사업 중 일부를 신설회사에 출자하고 나머지 사업은 분할회사가 영위하고 존속한다. 예를 들면, 스마트폰사업과 반도체사업을 하는 회사 甲이 자기 재산의 일부를 가지고 스마트폰사업을 하는 乙회사를 설립하고 자기는 반도체사업을 하는 회사로 존속하는 것이다(제530조의 2 제1항).

[그림 3] 존속분할

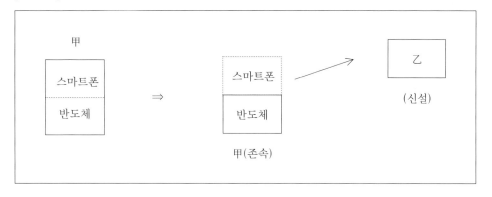

한편 존속분할을 하는 때에도 2개 이상의 회사를 설립할 수 있다. 위의 예에서 甲회사가 반도체, 가전제품, 스마트폰사업을 영위하던 중 자신은 반도체사업부문만 영위하고, 가전제품과 스마트폰사업부문을 각각 분리하여 2개의 회사를 신설하는 것과 같다.

4. 분할합병

(1) 의의

회사의 사업을 1개 또는 수개로 분할하고 분할한 사업을 존립 중의 다른 회사에 흡수합병시키거나 또는 분할한 사업과 다른 존립 중의 회사가 다른 회사를 설립하는 방식이다(제530조의 2 제2항).

(2) 방식

분할합병에도 분할회사가 소멸하는 消滅分割合倂과 분할회사가 존속하는 存續分割合倂이 있다. 이 밖에도 吸收分割合倂과 新設分割合倂이 있다.

(3) 소멸분할합병

이 방식은 분할회사(甲)가 자신의 사업을 존속 중인 2개 이상의 회사와 합병시키면서 자기는 해산한다. 그 결과 다른 회사(乙, 丙)는 신주를 발행(제416조)하여야 한다. 예를 들면, 반도체사업과 스마트폰사업을 하는 회사 甲이 스마트폰사업부문은 회사 乙과 합병시키고, 반도체사업부문은 회사 丙과 합병시키면서 자기는 해산하는 것과 같다.

[그림 4] 소멸분할합병

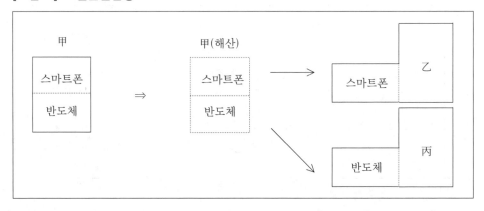

(4) 존속분할합병

이 방식은 消滅分割合倂과 다르다(소멸분할방식 vs. 존속분할방식). 그리하여 분할회사는 자신의 영업의 일부를 다른 회사에 출자하고 자신은 나머지 영업으로 존속한다(제530조의 2 제2항). 예를 들면, 반도체사업과 스마트폰사업을 하는 회사 甲이 스마트폰사업부문을 분리하여 회사 乙에 출자를 하고 자기는 반도체사업만을 영위하는 것과 같다. 존속분할합병도 존속분할의 경우와 같이 2개 이상의 회사를 설립할 수 있다.

[그림 5] 존속분할합병

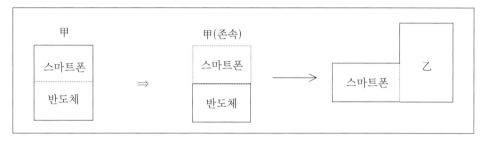

(5) 흡수분할합병

이는 분할회사가 사업부문의 일부를 다른 회사에 출자하고 그 다른 회사에 승계시킴으로써 자기의 사업을 분할하는 방식이다. 기술한 소멸분할합병과 존속분할합병에 관한 사례는 모두 이 방식에 해당한다. 상법에서 "분할회사의 일부가 다른 회사와 합병하여 그 다른 회사(분할합병의 상대방회사)가 존속하는 경우에는…"이라고 규정한 것은 흡수분할합병을 뜻한다. 그 구체적인 내용은 분할합병계약서에 의한다(제530조의 6 제1항).

(6) 신설분할합병

이는 吸收分割合倂과 다르다(흡수분할방식 vs. 신설분할방식). 이 방식은 분할회사의 사업부문의 일부와 다른 회사의 사업의 전부 또는 일부를 합하여 회사를 신설하는 방식이다. 상법에서 "분할회사의 일부가 다른 분할회사의 일부 또는 다른 회사와 분할합병을 하여 회사를 설립하는 경우에는…"이라고 규정한 것은 신설분할합병을 뜻한다. 구체적인 내용은 분할합병계약서에 의한다(제530조의 6 제2항). 예를 들면, ① 반도체사업과 스마트폰사업을 영위하는 회사 甲이 스마트폰사업부문을 분리하고(이하 'A'), 이 A를 다른 회사 乙과 합하여 신설합병의 방법으로 회사 丙을 설립할 수도 있고, ② 회사 乙의 일부사업부문과 합하여 丙이라는 회사로 신설합병을 할 수도 있다. 즉 회사 乙이 스마트폰사업을 영위하는 회사인 경우 회사 甲은 스마트폰사업부문을 분리하여 乙과 합병시키면 되고, 乙에 흡수되는 것이 바람직하지 않다면 A와 乙 전부를 합하여 新設合倂을 하는 것과 같다.

[그림 6] 신설분할합병(1)

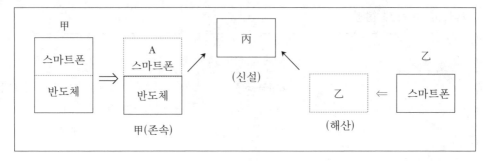

[그림 7] 신설분할합병(2)

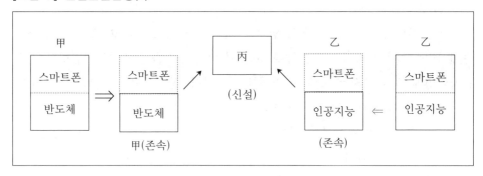

(7) 분할합병방식의 조합
기술한 소멸분할합병·존속분할합병의 두 가지 방법과 흡수분할합병·신설분할합병의 두 가지의 방식은 서로 조합을 이룬다. 그리하여 이를 조합한 방식으로는 소멸흡수분할합병, 존속흡수분할합병, 소멸신설분할합병, 존속신설분할합병의 네 가지 형태를 창출할 수 있다.

5. 단순분할과 분할합병의 병행
기술한 단순분할과 분할합병을 동시에 병행하는 것도 가능하다. 예를 들면,

반도체사업과 스마트폰사업을 영위하는 회사 甲이 스마트폰사업부문은 기존의
회사 乙에 출자하고 반도체사업부문은 丙이라는 회사를 신설하면서 출자하는 것
과 같다. 회사 甲이 전 재산을 분할하여 분할 및 신설합병을 하면 회사 甲은 해산
하겠지만, 일부재산을 남겨 두는 때에는 해산하지 않을 수도 있다.

[그림 8] 단순분할 및 분할합병

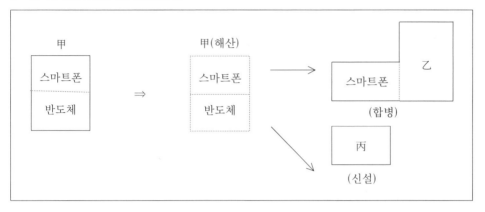

6. 물적분할

　　회사분할시에는 회사의 사업을 분할시키는 한편, 분할의 결과 합병상대방회
사 또는 신설되는 회사가 발행하는 신주를 분할되는 회사(분할회사)의 주주들에게
귀속시키는 것이 통례이다. 그러나 상법은 "분할되는 회사가 분할 또는 분할합병
으로 인하여 설립되는 회사의 주식의 총수를 취득하는 경우에…"라는 규정을 두
고 있다(제530조의 12). 이에 따라 합병상대방회사 또는 신설되는 회사가 발행하는
신주를 분할회사와 주주에게 귀속시키지 아니한 채 분할회사가 그대로 소유하는
방식의 회사분할이 허용된다. 이를 物的分割이라고 한다. 즉 물적분할을 하면,
분할회사는 A회사와 B회사로 나뉘게 되고, A기업은 B기업을 100% 소유한 모회
사가 된다. 이 방식은 분할 전 사업부를 B회사라는 별도의 법인으로 독립시키는
데 유용하다. 이와 같이 물적분할을 하면, 분할회사가 신설회사나 합병회사의 주
식을 소유하는 까닭에 종래와 같은 지분가치를 유지할 수 있게 된다. 그리고 이
러한 장점은 분할회사의 대주주나 지배주주도 누릴 수 있다. 분할회사가 신설회
사나 합병상대방회사의 완전모회사가 되기 때문이다.

그런데 제530조의 12의 규정은 회사가 '설립되는' 분할을 전제로 하여 흡수분할합병의 경우에는 물적분할이 허용되지 아니하는 것처럼 해석될 소지가 있다. 그러나 물적분할이라 해서 다른 분할방법 이외에 별도로 인정되는 분할방법은 아니다. 따라서 이는 입법의 착오로 보고 흡수분할합병의 경우에도 물적분할이 허용된다(이설 없음).1914) 즉 물적분할 자체는 분할로 인하여 취득하는 주식을 종래의 분할회사가 소유한다는 점을 제외하고 그 절차는 후술하는 (단순)분할 또는 분할합병의 절차와 같다(제530조의 12). 다만, 상장회사가 분할합병을 제외한 물적분할을 하는 경우에는 주식매수청구권이 인정된다(자본시장법시행령 제176조의 7 제1항).

7. 인적분할

학계에서는 人的分割이라는 표현을 사용한다. 이는 분할회사의 종래의 주주가 신설회사나 합병상대방회사의 주식을 소유하는 분할방식이다. 이에 따라 분할회사의 주주는 신설회사나 합병상대방회사의 주주가 된다. 예를 들면, 분할회사이자 존속기업인 A회사의 기존 주주는 인적분할 후 그 지분에 비례하여 신설기업 B의 주식을 동시에 취득하게 된다. 이 방식은 지주회사체제로의 전환이나 이를 통한 경영권강화 등의 목적으로 사용된다. 다만, 현행 상법하에서는 회사 甲이 스마트폰사업부문과 반도체사업부문을 분리하여 두 개의 회사(乙, 丙)를 신설하고, 일부의 주주들에게는 乙회사의 주식을 배정하고, 다른 주주들에게는 丙회사의 주식을 배정하는 사례(제530조의 2)에 한하여 이 방식을 활용할 수 있다.

8. 해산회사의 분할제한

(1) 의의 및 취지

해산 후의 회사는 존립 중의 회사를 존속하는 회사로 하거나 새로운 회사를 설립하는 경우에 한하여 분할 또는 분할합병을 할 수 있다(제530조의 2 제4항). 이 점에서 해산한 회사는 자신이 존속하는 방법으로 분할 또는 분할합병을 할 수 없다. 해산한 회사는 이미 淸算을 예정하고 있으므로 해산회사가 존속하는 분할을 하거나 타 회사를 흡수분할합병하는 것은 무의미하기 때문이다.

1914) 同旨 대법원 2003. 10. 8. 공탁법인 3402-239 질의회답.

(2) 존속분할의 가능성

해산회사의 분할제한에 관한 제530조의 2 제4항의 규정은 모든 해산회사의 경우에 적용되는 것은 아니다. 예를 들면, 합병, 해산명령(제176조), 해산판결(제520조) 또는 파산으로 인하여 해산하는 경우에는 별도의 절차가 진행되므로 회사분할이 있을 수 없다. 반면, 존립기간의 만료 기타 정관에 정한 사유로 해산하는 경우(제517조 제1호, 제227조 제1호) 또는 주주총회의 결의로 해산하는 때에는 주주총회의 특별결의로 회사를 계속할 수 있다(제519조). 그러므로 그 결의에서 동시에 분할을 결의한다면 제530조의 2 제4항의 제한을 받지 아니하고 회사를 존속분할할 수 있다.

나아가 회사계속을 하지 않는 경우에도 청산의 목적을 달성하기 위하여 해산회사가 존속회사로 되면서 분할할 수도 있다. 예를 들면, 회사 甲이 해산을 하는데 바로 재산의 환가절차를 밟으면, 회사재산의 청산가치만을 얻을 수 있을 뿐이다. 그 대신에 물적분할이자 존속분할의 방식으로 새로운 회사(乙)를 설립하여 사업부문을 이전하고 회사 乙의 주식을 발행받아 환가하면, 계속기업인 회사 乙의 가치를 보존하여 회사 甲의 청산가치를 높일 수 있게 된다.[1915]

9. 회사분할의 대상

법문에서는 회사분할대상에 대하여 언급을 하지 않고 있다. 다만, 분할계획서 및 분할합병계약서상의 기재사항의 하나로 '재산과 그 가액'을 명시하고 있다(제530조의 5 제1항 제7호·제530조의 6 제1항 제6호). 이 점에서 분할의 대상은 그 재산이라고 할 수 있다. 다만, 영리를 목적으로 하는 회사에서 개개의 재산을 분할하거나 합병을 시키는 것은 있을 수 없으므로 여기서의 '재산'은 회사의 영업목적을 위하여 조직화되고 유기적 일체로서 기능하는 재산, 즉 제41조의 영업 또는 영업재산이라고 할 수 있다. 따라서 회사분할의 대상이 되는 것은 개개의 재산이 아니라 상법상의 영업이라고 할 수 있다.

10. 존속분할·영업의 현물출자·물적분할

회사가 영업을 이전한다는 측면에서 보면, 회사분할은 영업양도에 의한 현물

1915) 이철송(2024), 1171면.

출자와 유사하다. 다만, 회사가 영업양도를 하면 원칙적으로 소멸하지 않지만, 소멸분할방식의 영업이전은 분할회사가 소멸하므로 소멸분할과 영업양도는 차이가 있다. 이에 비하여 회사가 존속분할을 하는 경우에는 스스로 존속하면서 영업의 일부가 이전되기 때문에 영업의 일부양도에 의하여도 회사분할과 같이 영업을 분할하는 효과를 거둘 수 있다. 그리고 영업일부의 양도절차를 밟는 때에는 회사분할에 따른 연대채무의 발생이나 주주에 대한 주식의 귀속과 같은 효과가 생기지는 아니한다. 또한 회사가 物的分割을 하는 때에는 분할회사가 직접 분할상대방회사의 주식을 소유하게 되므로 영업의 일부양도와 보다 더 흡사하게 된다. 그러나 물적분할을 하면 분할상대방회사가 분할회사의 채무에 관하여 연대책임을 부담하므로 역시 영업의 일부양도와 그 효과를 달리한다.

위와 같이 회사는 자신의 존속을 전제로 영업의 일부를 분할하고자 하는 때에는 분할기능은 같지만, 그 효과는 다른 존속분할, 물적분할, 영업양도라는 세 가지 방법을 선택할 수 있다.

11. 안분형분할과 비안분형분할

按分型分割은 신설회사 또는 승계회사가 발행하는 주식을 주주평등의 원칙에 따라 종래의 분할회사의 주주에게 배정하는 분할방식이다(제530조의 4 참조). 非按分型分割은 분할회사의 주주의 일부에게만 신설회사 또는 승계회사의 주식을 배정하는 방식이다. 이를 인적분할의 유형으로 해석하는 견해가 있으나,[1916] 이에 국한할 필요가 없다. 현행법하에서는 안분형분할의 경우에는 물적분할과 잉여금의 배당을 조합하여 처리할 수 있고, 비안분형분할의 경우에는 일부의 주주에 대한 잉여금의 처리로서 해결할 수 있다고 해석하기 때문이다.

Ⅲ. 분할절차

1. 의의

회사를 분할하기 위하여는 분할되는 회사(분할회사) 내에서 의사결정절차를 거쳐야 한다. 그리고 분할합병을 위하여는 분할상대방회사(분할승계회사) 내에서의 의

1916) 정동윤(2012), 969면.

사결정절차도 밟아야 한다. 단순분할이나 신설분할합병을 하는 때에는 회사의 설립절차를 밟아야 한다. 이러한 면에서 회사분할에서 당사회사, 즉 분할회사와 승계회사(양수회사)가 되는 절차는 합병과 유사한 점이 있다.

2. 분할의 의사결정(공통절차)

(1) 이사회의 결정

상법의 규정은 없지만, 분할회사는 분할계획서(단순분할의 경우) 또는 분할합병계약서(분할합병의 경우)를 작성하고, 이사회에서 그 내용을 결정하여야 한다.

(2) 분할회사의 주주총회의 결의

이사회에서 내용을 결정한 분할계획서 또는 분할합병계약서는 주주총회의 특별결의에 의한 승인을 얻어야 한다(제530조의 3 제1항·제2항). 이를 위한 주주총회를 소집할 때에는 분할계획 또는 분할합병계약의 요령을 소집통지 또는 소집공고에 기재하여야 한다(제530조의 3 제4항). 이 총회에서는 의결권이 배제되는 주식을 가진 주주(제344조의 3 제1항)도 의결권이 있다(제530조의 3 제3항). 이는 합병의 경우 의결권이 없는 주식은 의결권을 행사하지 못하는 점(제522조 제3항·제434조)과 대조된다.

(3) 종류주주총회

분할회사가 종류주식을 발행한 경우에 분할로 인하여 어느 종류주식의 주주에게 손해를 미치게 될 때에는 주주총회의 결의 외에 그 종류주식의 주주총회의 결의를 얻어야 한다(제436항·제435조).

(4) 주주의 부담가중에 관한 절차

상법은 회사의 분할 또는 분할합병으로 인하여 분할에 관련되는 각 회사의 주주의 부담이 가중되는 때에는 주주총회의 특별결의 및 종류주주총회의 결의 외에 그 주주 전원의 동의를 얻도록 하고 있다(제530조의 3 제6항). 여기서의 '부담의 가중'은 주주책임의 증대를 뜻한다. 그리하여 회사분할을 계기로 주주에게 추가출자를 요구할 경우 관련 주주 전원의 동의를 얻으라는 뜻이다. 주주유한책임의 원칙상 당연한 규정이다. 다만, 이는 주주를 보호하기 위한 규정일 뿐, 회사채권자를 보호하기 위한 규정은 아니다. 따라서 회사의 채권자가 분할로 신설된 회사에게 분할 전 회사채무에 대한 연대책임을 주장할 수 없다.[1917]

3. 단순분할절차

(1) 의의

單純分割을 하는 경우 분할회사는 두 가지 절차를 밟아야 한다. 우선, 회사분할에 필요한 의사결정절차를 밟아야 하고, 이를 근거로 회사설립절차를 밟아야 한다. 그 과정에서는 분할계획서를 작성하여 주주총회의 승인을 얻어야 한다.

(2) 분할계획서

1) 분할계획서의 내용

가) 소멸회사의 분할계획서(제530조의 5 제1항)   소멸회사의 분할계획서에는 다음과 같은 사항을 기재하여야 한다(제530조의 5 제1항). ① 분할에 의하여 설립되는 회사(이하 '단순분할신설회사'라고 한다)의 상호, 목적, 본점소재지 및 공고의 방법(제1호). ② 단순분할신설회사가 발행할 주식의 총수 및 액면주식·무액면주식의 구분(제2호). ③ 단순분할신설회사가 분할 당시에 발행하는 주식의 총수, 종류 및 종류주식의 수, 액면주식·무액면주식의 구분(제3호). 이러한 ①, ②, ③의 내용은 회사설립시 정관의 절대적 기재사항(제289조)과 같다. 특히 소멸분할에 의하여 회사가 신설되기 때문에 분할계획서에도 자본금에 관한 규정이 당연히 기재되어야 한다(제289조 제1항 제3호·제5호).

④ 분할회사의 주주에 대한 단순분할신설회사의 주식의 배정에 관한 사항 및 배정에 따른 주식의 병합 또는 분할을 하는 경우에는 그에 관한 사항(제4호)

분할로 인하여 회사를 신설하면 그 신설회사의 주식을 종래의 분할회사의 주주에게 발행하여야 한다. 그리하여 제4호는 종래의 분할회사의 주주에게 신설회사의 주식배정에 관한 사항을 정하도록 하고 있는 것이다(예: 분할회사 보통주 1주 : 신설회사 보통주 2주). 후단의 '배정에 따른 주식의 병합 또는 분할을 하는 경우에는 그에 관한 사항'은 신설회사의 주식을 병합하거나 분할에 관한 사항이 아니라, 존속분할을 하는 경우에 분할회사의 주식을 병합하거나 분할하는 경우 그에 관한 사항을 분할계획서에 기재하라는 뜻으로 해석하여야 한다. 존속분할의 경우에는 분할회사의 자산규모가 감소되므로 그와 균형을 맞추어 자본금, 즉 발행주식수를 줄일 필요가 있기 때문이다. 다만, 제4호의 법문상으로는 그 대상이 신설회사인

1917) 대법원 2010. 8. 19. 선고 2008다92336.

지 아니면 존속회사인지 모호한 점이 있다.

⑤ 분할회사의 주주에게 제4호에도 불구하고 금전이나 그 밖의 재산을 제공하는
   경우에는 그 내용 및 배정에 관한 사항(제5호)

이는 분할회사의 주주에게 신설회사의 주식을 교부함에 있어 주주의 소유주
식 일부에 대하여 신설회사의 금전 등으로 지급할 수도 있음을 정한 것이다. 이
를 合倂交付金에 비견하여 分割交付金이라고 할 수 있다. 그리고 그 밖의 재산
으로는 관련회사의 주식이나 사채 등을 생각할 수 있다. 다만, 합병과는 달리 분
할교부금만을 지급하는 형태의 회사분할은 있을 수 없다. 주주가 없는 상태로 회
사를 신설할 수는 없기 때문이다. 따라서 '제4호에도 불구하고'라는 문언은 분할
대가의 일부를 신설회사의 주식이 아닌 교부금으로 지급할 수 있다는 뜻으로 풀
이하여야 한다.

⑥ 단순분할신설회사의 자본금과 준비금에 관한 사항(제6호)

회사를 분할하는 경우에 일부는 신설회사의 자본금으로 하고 일부는 신설회
사의 준비금으로 할 수 있다. 여기서의 준비금은 분할차익이므로 자본준비금의
성질을 갖는다. 신설회사가 무액면주식을 발행할 경우에는 분할회사로부터 이전
받은 순자산이 발행가액이 되므로 그 가액의 2분의 1 이상은 자본금으로 계상하
고 나머지는 자본준비금으로 계상할 수 있다. 그리고 분할회사의 법정준비금에
대하여는 신설회사가 승계할 수 있는데(제459조 제2항), 그 내용도 분할계획서에 기
재되어야 한다.

⑦ 단순분할신설회사에 이전될 재산과 그 가액(제7호)

合倂時에는 소멸회사의 모든 재산, 즉 소극재산(채무)과 적극재산(채권)이 포괄
적으로 존속회사 또는 신설회사에 승계되는 데 비하여 會社分割時에는 분할회사
의 영업과 재산을 신설회사에 인위적으로 배분하게 된다. 이 때문에 어떠한 재산
을 어느 신설회사에 승계시킬 것인가를 정할 필요가 있다. 이 재산에는 소극재산
을 포함한다. 그리고 개개의 특정재산을 의미하는 것이 아니라 특정의 영업과 그
영업을 위하여 조직화된 재산(제41조)을 뜻한다.

⑧ 제530조의 9 제2항의 정함이 있는 경우에는 그 내용(제8호)

이에 대하여는 제530조의 9의 '분할 및 분할합병 후의 회사의 책임'에 관한

해설부분에서 기술한다.

⑨ **분할을 할 날**(제8호의 2)

이는 제530조의 6 제9호의 '분할합병을 할 날' 및 제530조 제6호의 '합병을 할 날'과 균형을 맞추기 위한 규정이다. 다만, 합병의 효력과 마찬가지로 분할의 효력은 등기에 의하여 발생하므로, 이는 재산의 이전 등 회사분할의 실행일을 뜻한다.

⑩ **단순분할신설회사의 이사와 감사를 정한 경우에는 그 성명과 주민등록번호**(제9호)

이는 분할계획에 의하여 분할회사의 우호적인 인사를 신설회사의 임원으로 선임하고자 하는 수요를 반영한 것이다. 이 규정은 분할회사의 권리의무를 승계하는 신설회사가 분할회사의 재산만으로 설립되는 경우에만 적용되어야 한다. 가령 신설되는 회사가 모집설립절차를 취하여 일반 공중으로부터 주주를 모집하는 경우에 이사와 감사를 분할계획에 의하여 선임하게 되면, 주주의 본질적인 권리를 침해하기 때문이다.

⑪ **단순분할회사의 정관변경을 가져오게 하는 그 밖의 사항**(제10호)

이 규정은 위의 기재사항 이외에 신설회사의 정관에 임의적 기재사항이 있는 경우에 적용된다.

⑫ **설립방법의 기재**

법문에는 이에 관한 규정이 없으나, 분할계획서에서 빼놓을 수 없는 기재사항이다. 신설회사의 자본금은 분할회사로부터 승계하는 재산만으로 구성할 수도 있고 그 밖에 주주를 모집하여 구성할 수도 있기 때문이다.

나) 존속분할의 추가분할계획서(제530조의 5 제2항)　분할회사가 존속분할을 하는 경우, 즉 분할회사가 존속하면서 그 영업의 일부만으로 1개 또는 수개의 회사를 신설할 경우에는 위의 분할계획서에 추가하여 다음과 같은 사항을 기재하여야 한다. 즉 ① 감소할 자본금과 준비금의 액(제1호), ② 자본금감소의 방법(제2호), ③ 분할로 인하여 이전할 재산과 그 價額(제3호), ④ 분할 후의 발행주식의 총수(제4호), ⑤ 회사가 발행할 주식의 총수를 감소하는 경우에는 그 감소할 주식의 수, 종류 및 종류별 주식의 수(제5호), ⑥ 정관변경을 가져오게 하는 그 밖의 사항(제6호) 등이 그에 해당한다. 이 가운데 ③은 제530조의 6 제1항 제7호에 의하여 신설

할 회사에 관한 계획사항으로 반영되어야 할 사항과 같다. ④는 ①의 자본금감소 후의 발행주식총수를 기재하도록 하는 것이다. ⑥의 경우에는 분할로 인하여 사업목적에 변경이 있거나 상호를 바꾸려는 경우 등 정관기재 사항의 변동이 있을 경우 분할계획서에 반영하도록 하는 것이다.

2) 분할계획서의 효력

분할계획서가 주주총회의 승인을 얻게 되면, 모든 분할절차는 그 계획서에 기재된 대로 실행되어야 한다. 이에 어긋나는 내용으로 분할을 하는 때에는 후술하는 분할의 무효원인이 된다.

(3) 회사설립

1) 설립방법

회사분할의 방법에는 분할회사의 출자만으로 회사를 설립하는 '단독분할설립'(제530조의 4 단서)과 분할회사의 출자에 덧붙여 제3의 주식인수인으로부터 출자를 받는 '모집분할설립'(제530조의 4 단서의 반대해석)이 있다. 이하에서는 분할에 의한 회사설립시의 몇 가지 유의사항을 설명한다.

2) 주식발행 및 배정

가) 특징   출자와 주식취득은 대가관계를 형성하므로 출자를 하는 자가 주식을 인수하고 배정받는 것이 원칙이다. 그러나 회사분할시에는 출자를 하는 자는 분할회사인데 주식을 취득하는 자는 종래의 분할회사의 주주라는 괴리현상이 생긴다.

나) 단독분할설립   단독분할설립을 하는 경우의 주식발행과 배정에 대하여는 분할계획서에서 정해지므로(제530조의 5 제1항 제4호) 회사설립에 관한 규정이 적용되지 아니한다.

다) 모집분할설립   모집분할설립의 경우 분할회사가 출자하는 부분에 대한 주식발행과 배정은 단독분할설립의 경우와 같다. 다만, 제3자의 주식인수인에 대한 주식발행과 배정에 대하여는 회사설립에 관한 규정이 준용된다. 이 경우 주식인수의 성격은 설립시와 같이 입사계약이다.

3) 현물출자의 조사

신설회사는 분할회사의 재산을 승계받아 설립되므로 현물출자가 따르게 마련이다. 회사설립시 현물출자는 법원이 선임하는 검사인에 의한 조사절차를 밟아야 하나(제299조 제1항), 상법은 회사분할의 경우 이 조사규정에 대한 特例를 두고 있다. 그리하여 單獨分割設立을 함에 있어 주주에게 그가 가진 주식수에 비례하여 신설회사의 주식을 발행하는 경우에는 법원이 선임하는 검사인에 의한 조사절차가 면제된다(제530조의 4 단서). 다만, 모집분할설립은 물론 단독분할설립의 경우에도 신설회사의 주식을 종래 분할회사의 지분율에 비례하지 아니한 채 발행하고 배정하는 경우에는 검사인의 조사를 요한다.

4) 임원의 선임

단독분할설립시에는 이사·감사를 분할계획에 따라 선임하지만 일반설립절차에 의할 때에는 발기인 또는 창립총회에서 선임하여야 한다.

5) 창립총회

단독분할설립의 경우는 창립총회를 요하지 아니한다. 모집분할설립의 경우에도 이사회의 공고로 창립총회에 갈음할 수 있다(제530조의 11 제1항·제527조 제4항).

4. 주권의 제출·공고

신설회사의 주식을 분할회사의 주주들에게 발행하는 경우, 분할회사의 주주들이 보유하고 있던 분할회사의 주식수에 영향을 미치지 않는 때에는 종래의 주권을 회수함이 없이 배정하는 것으로 족하다. 그러나 분할회사의 주주들이 가지고 있는 분할회사 주식의 병합·소각 등으로 인하여 보유주식 수에 변동이 있을 때에는 그 주권을 회수하여야 한다. 이 과정에서는 자본금감소시의 주식병합에 관한 주권제출의 공고절차(제440조 내지 제443조)를 준용한다(제530조의 11 제1항).

5. 분할합병절차

(1) 의의

분할합병은 우선, 분할회사의 분할과 이를 근거로 한 회사의 합병이라는 두 가지 절차를 거쳐야 한다. 다만, 회사분할과 회사합병을 위한 절차는 분할회사와 합병할 상대방회사의 대표기관간에 분할합병계약서를 작성하여 이사회와 주주총회의 승인을 받아야 한다.

(2) 분할합병계약서

1) 유형

분할합병계약서는 흡수분할합병 또는 신설분할합병에 따라 그 기재 내용이 다르다.

2) 흡수분할합병의 분할합병계약서(제530조의 6 제1항)

분할회사의 일부 영업을 다른 회사가 흡수합병하는 때에 그 분할합병계약서에는 다음과 같은 사항이 기재되어야 한다. 그 내용은 소멸분할합병과 존속분할합병의 경우 모두 같다. ① 분할합병의 상대방회사로서 존속하는 회사(이하 '분할승계회사'라 한다)가 분할합병으로 인하여 발행할 주식의 총수를 증가하는 경우에는 증가할 주식의 총수, 종류주식 및 종류별 주식(예: 액면·무액면)의 수(제1호).

② 분할승계회사가 분할합병을 하면서 신주를 발행하거나 자기주식을 이전하는 경우에는 그 발행하는 신주 또는 이전하는 자기주식의 총수, 종류주식 및 종류별 주식의 수(제2호). 이는 2015년 개정법이 흡수합병계약서상 존속회사의 신주발행에 갈음하여 자기주식을 교부할 수 있도록 한 것(제523조 제3호)과 균형을 맞춘 것이다. 또 단순분할의 경우와 같이 액면·무액면주식의 구분도 필요하다.

③ 분할승계회사가 분할합병을 하면서 신주를 발행하거나 자기주식을 이전하는 경우에는 분할회사의 주주에 대한 분할승계회사의 신주의 배정 또는 자기주식의 이전에 관한 사항 및 주식의 병합 또는 분할을 하는 경우에는 그에 관한 사항(제3호). 이 역시 흡수합병시 존속회사의 신주발행 또는 자기주식의 이전에 관한 제523조 제3호의 법리와 같다.

④ 분할승계회사가 분할회사의 주주에게 위의 ③(제3호)에도 불구하고 그 대가의 전부 또는 일부로서 금전이나 그 밖의 재산을 제공하는 경우에는 그 내용 및 배정에 관한 사항(제4호). 이 규정은 다음과 같은 뜻을 지닌다. 첫째, 交付金分割合併을 허용하고 있다. 즉 흡수합병에 관한 2011년 개정법 제523조 제3호와 신설합병에 관한 2015년 개정법 제524조 제4호에서 교부금만을 지급하는 합병을 허용한 것과 같은 법리로 2015년 개정법은 교부금만을 지급하는 분할합병을 허용하였다.

둘째, '그 밖의 재산'을 활용한 三角分割合併을 허용하고 있다. 2015년 개정법에서 '그 밖의 재산'을 활용한 분할합병을 허용한 것은 2011년 개정법에서 삼각합병을 허용한 것(제523조의 2)과 균형에 맞게 삼각분할합병을 허용하는 것이다. 그리하여 모회사인 甲이 다른 회사 乙의 電子商去來 사업부문을 지배하고자 하는 경우, 甲의 자회사 丙(분할승계예정회사)으로 하여금 甲의 주식을 취득하게 하고,[1918] 분할회사 乙로부터 분할된 전자상거래 사업부문을 흡수하게 하여, 종래 乙의 주주에게 甲의 주식을 교부하게 하는 삼각분할합병을 할 수 있다. 그 결과 甲은 乙의 전자상거래 사업부문을 자신의 자회사인 丙의 사업부문의 일부로 편입시킬 수 있게 된다. 그 과정에서 甲은 주주총회를 개최할 필요가 없는 까닭에 반대주주들은 주식매수청구권을 행사할 수 없게 된다. 삼각합병과 같이 모회사에게는 유용한 분할방식이라고 평가할 수 있다. 다만, 자회사 丙이 모회사 甲의 주식을 분할합병에 사용하지 아니하거나 일부의 주식을 분할합병 후에도 계속 보유하는 것은 모회사주식의 취득을 금지하는 제342조의 2의 규정에 반한다. 이 때문에 丙은 분할합병의 효력이 발생하는 날부터 6개월 이내에 그 주식을 처분하여야 한다(제530조의 6 제5항).

⑤ 분할승계회사의 자본금 또는 준비금이 증가하는 경우에는 증가할 자본금 또는 준비금에 관한 사항(제5호). 이 규정은 흡수합병시 존속회사의 자본금증가 및 준비금에 관한 제523조 제2호와 균형을 이룬다.

⑥ 분할회사가 분할합병의 상대방회사(분할승계회사)에 이전할 재산과 그 가액(제6호).

⑦ 제530조의 9 제3항[1919]의 정함이 있는 경우에는 그 내용(제7호).

⑧ 각 회사에서 제530조의 3 제2항의 분할합병계약서에 관한 승인결의를 할 株主總會의 期日(제8호). 분할합병계약서는 분할회사뿐 아니라 상대방회사에서도 주주총회의 결의를 얻어야만 한다. 그러므로 쌍방회사에서 주주총회를 언제 소집할 것인가를 합의하고 이를 계약서에 기재하여야 한다.

⑨ 분할합병을 할 날(제9호). 분할합병의 효과는 등기를 한 날에 발생하므로,

[1918] 삼각분할합병을 실행하기 직전에 甲이 자기주식을 출자하여 자회사 丙을 설립할 수도 있다.

[1919] 제530조의 9(분할 및 분할합병 후의 회사의 책임) ③ 분할합병의 경우에 분할회사는 제530조의 3 제2항에 따른 결의로 분할합병에 따른 출자를 받는 분할승계회사 또는 분할합병신설회사가 분할회사의 채무 중에서 분할합병계약서에 승계하기로 정한 채무에 대한 책임만을 부담하는 것으로 정할 수 있다. 이 경우 제2항 후단을 준용한다.

이는 財産移轉의 실행시기를 기재하라고 하는 뜻으로 해석하여야 한다.

⑩ 분할승계회사의 이사와 감사를 정한 때에는 그 성명과 주민등록번호(제10호). 흡수합병의 경우와 마찬가지로 흡수분할합병을 하는 경우에도 상대방회사(분할승계회사)의 조직구조에는 변동이 없다. 다만, 분할회사가 상대방회사의 경영에 참여하기 위하여 분할회사에 우호적인 인사를 상대방회사의 임원으로 정할 것을 요구할 수 있다. 이에 관한 사항이 합의되는 때에는 그 합의에 대한 구속력을 부여하는 수단으로서 그 사항을 분할합병계약서에 기재하게 한 것이다.

⑪ 분할승계회사의 정관변경을 가져오게 하는 그 밖의 사항(제11호). 흡수분할합병의 경우에는 필연적으로 분할상대방회사(분할승계회사)의 정관의 변경을 수반한다. 예를 들면, 상대방회사가 승계하는 사업부문이 회사의 목적사항으로 정관에 기재(제289조 제1항 제1호)되어 있지 아니한 경우에는 정관상의 사업목적을 추가·변경하여야 하고, 그에 따라 상호를 변경하여야 할 필요성도 있을 것이다. 나아가 제10호의 결과 정관상의 이사 또는 감사의 정원을 초과하는 때에도 같다. 분할승계회사의 분할계약승인결의는 정관변경결의를 포함하는 것이므로 별도의 정관변경결의 절차를 밟을 필요가 없다. 다만, 그 정관변경의 효력은 분할승계회사가 분할로 인한 변경등기를 한 시점에서 발생한다.

3) 신설분할합병의 분할합병계약서(제530조의 6 제2항)

분할회사의 일부의 사업부문이 다른 회사 또는 다른 분할회사의 일부 사업부문과 합병을 하여 회사를 신설하는 경우 분할합병계약서에는 다음과 같은 사항을 기재하여야 한다. ① 제530조의 5 제1항 제1호, 제2호, 제6호 내지 제10호에 규정된 사항(제1호). 이 규정은 기술한 바와 같이 신설분할합병은 회사를 새롭게 설립하여야 하므로 단순분할시 신설회사에 관하여 기재할 사항과 일부 공통되는 사항을 기재하도록 하는 것이다.

② 분할합병을 하여 설립되는 회사(이하 '분할합병신설회사'라 한다)가 분할합병을 하면서 발행하는 주식의 총수, 종류 및 종류별 주식의 수(제2호). 이 규정은 신설회사의 설립시 발행하는 주식에 관한 사항으로서, 단순분할시의 신설회사의 주식발행에 관한 설명과 같다.

③ 각 회사의 주주에 대한 주식의 배정에 관한 사항과 배정에 따른 주식의 병합 또는 분할을 하는 경우에는 그 규정(제3호). 이 규정은 신설분할합병의 당사

자 회사의 주주들에게 신설회사주식의 배정에 관한 사항으로서, 단순분할시의 신설회사의 주식배정에 관한 설명과 같다.

④ 각 회사가 분할합병신설회사에 이전할 재산과 그 가액(제4호). ⑤ 각 회사의 주주에게 지급할 금액을 정한 때에는 그 규정(제5호). ⑥ 각 회사에게 제530조의 3 제2항의 분할합병계약서의 승인결의를 할 주주총회의 期日(제6호). ⑦ 분할합병을 할 날(제7호). 이는 기술한 제530조의 6 제1항 제9호의 내용과 같다.

4) 분할회사의 분할계획서

제530조의 6 제3항은 '제530조의 5의 규정은 제1항 및 제2항의 경우에 각 회사의 분할합병을 하지 아니하는 부분의 기재에 관하여 이를 준용한다.'고 규정하고 있다. 분할합병시 합병의 대상이 되는 것은 분할회사의 영업의 일부이다. 그러므로 분할회사에는 분할합병의 대상에서 제외된 나머지 영업재산이 있게 된다. 분할회사는 나머지 영업재산만을 가지고 존속하거나 또는 새로운 회사를 설립하여 해산할 수도 있다. 분할회사가 새로운 회사를 설립하는 때에는 신설회사를 위하여 분할계획서를 작성하여야 한다는 것이 제530조의 5 제1항을 준용하는 취지이다. 반면, 분할회사가 존속할 경우에는 제530조의 6 제1항과 제2항이 정하는 분할합병계약서에 기재할 사항 외에 존속하는 분할회사에 자본금의 감소 기타 주식발행과 관련된 사항에 변동이 있을 경우 그에 관한 사항을 분할합병계획서에 추가로 기재하라는 것이 제530조의 5 제2항을 준용하는 취지이다.

한편 분할회사는 수개로 분할한 영업을 각각 다른 회사에 합병시키고 해산할 수도 있는데, 이 경우에는 분할계획서를 작성할 필요 없이 분할합병의 건수별로 분할합병계약서만 작성하는 것으로 족하다.

5) 분할합병계약서의 효력

분할합병계약서는 주주총회의 승인을 얻게 되면, 분할 및 합병과정에서의 실행규범이 된다. 그리하여 분할 및 합병의 절차는 분할합병계약서에 기재된 바와 같이 실행되어야 한다. 이 계약서의 내용에 반하는 분할합병을 하는 때에는 분할 또는 합병의 무효원인이 된다. 이는 기술한 신설분할의 분할계획서의 효력과 흡사하다.

(3) 분할합병상대방회사의 의사결정

분할회사가 단순분할을 하는 때에는 분할회사의 주주총회결의만으로 분할절차가 진행될 수 있다. 이에 비하여 분할합병의 경우에는 상대방회사의 주주총회의 특별결의도 필요하다. 왜냐하면 ① 신설분할합병의 경우에는 상대방회사도 소멸하는 등 조직변경의 실질이 신설합병과 차이가 없으므로 당연히 분할상대방회사도 주주총회의 특별결의를 거쳐야 한다고 해석하고(제522조 제1항·제3항 참조), ② 흡수분할합병의 경우에도 상대방회사로서는 자본구조의 변동은 물론 분할회사의 채무에 관하여 연대하여 변제할 책임을 지므로(제530조의 9) 조직변경의 실질이 흡수합병과 차이가 없어서 주주총회의 특별결의를 거쳐야 한다고 보기 때문이다(제522조 제1항·제3항 참조). 그리고 분할합병계약서에는 '각 회사에서 제530조의 3 제2항의 분할합병계약서 승인결의를 할 주주총회의 기일'을 기재하여야 하는데(제530조의 6 제1항 제8호), 이는 흡수분할합병의 경우에도 상대방회사의 주주총회의 특별결의가 필요함을 전제로 한 규정이다.

(4) 간이분할합병 및 소규모분할합병 : 간이합병 및 소규모합병규정의 준용

1) 의의

상법은 간이합병(제527조의 2) 및 소규모합병(제527조의 3)에 관한 규정을 흡수분할합병에도 준용하고 있다(제530조의 11 제2항).

2) 간이분할합병

흡수분할합병을 하는 경우에 ① 분할합병의 상대방회사(분할승계회사)가 이미 분할회사의 주식을 100분의 90 이상 소유하고 있거나, ② 분할회사의 총주주의 동의가 있을 경우 분할회사의 주주총회의 승인결의는 이를 이사회의 결의로 갈음할 수 있다(제530조의 11 제2항·제527조의 2 제1항). 이사회의 승인결의로 갈음하는 경우에 분할회사는 분할합병계약서를 작성한 날부터 2주 내에 주주총회의 승인을 얻지 아니하고 합병을 한다는 뜻을 공고하거나 주주에게 통지하여야 하는데, 총주주의 동의가 있는 때에는 그러하지 아니하다(제530조의 11 제2항·제527조의 2 제2항).

3) 소규모분할합병

흡수분할합병을 하는 경우에 흡수분할합병시 분할승계회사가 분할합병의 대가로 발행하는 신주 및 이전하는 자기주식의 총수가 분할승계회사의 발행주식총수의 100분의 10을 초과하지 아니하는 경우에는 분할승계회사의 주주총회의 승인결의는 이사회의 결의로 갈음할 수 있다. 다만, 종래 분할회사의 주주에게 제공할 금전이나 그 밖의 재산을 정한 경우에 그 금액 및 그 밖의 재산의 가액이 분할승계회사의 순자산액의 100분의 5를 초과하는 경우에는 분할승계회사의 주주총회의 승인결의를 생략할 수 없다(제530조의 11 제2항·제527조의 3 제1항). 이사회의 승인결의로 갈음하는 경우에 분할승계회사의 합병계약서에는 주주총회의 승인을 얻지 아니하고 합병을 한다는 뜻을 기재하여야 한다(제530조의 11 제2항·제527조의 3 제2항). 그리고 이 경우에 분할승계회사는 분할합병계약서를 작성한 날부터 2주 내에 분할회사의 상호 및 본점의 소재지, 분할합병을 할 날, 주주총회의 승인을 얻지 아니하고 분할합병을 한다는 뜻을 공고하거나 주주에게 통지하여야 한다(제530조의 11 제2항·제527조의 3 제3항). 그러나 이러한 공고 또는 통지를 한 날부터 2주 내에 분할승계회사의 발행주식총수의 100분의 20 이상에 해당하는 주식을 소유한 주주가 (분할승계)회사에 대하여 서면으로 분할합병에 반대하는 의사를 통지한 때에는 주주총회의 개최 등 정식 분할합병절차를 밟아야 한다(제530조의 11 제2항·제527조의 3 제4항).

(5) 창립총회

신설분할합병의 경우에는 제527조의 5의 채권자보호절차의 종료 후, 주식의 병합이 있을 때에는 그 효력이 생긴 후, 병합에 적당하지 아니한 주식이 있을 때에는 제443조의 단주의 처리를 한 후 지체 없이 창립총회를 소집하여야 한다. 다만, 이사회는 공고로써 창립총회를 갈음할 수 있다. 창립총회에서는 정관변경의 결의를 할 수 있다. 그러나 신설분할합병계약의 취지에 위반하는 결의(예: 설립폐지)는 하지 못한다(제530조의 11·제527조). 그 밖의 상세한 내용은 합병절차에서의 창립총회와 같다.

6. 채권자보호절차

(1) 의의

분할회사의 채무가 신설회사 또는 분할승계회사 등의 채무로 되는 것은 분할회사의 채권자에게 불이익을 줄 수 있다. 우선, 경영상태가 양호한데도 회사가 분할되면, 각 사업부문 상호간에 존재하던 위험헤지(risk hedge)기능이 상실되어, 분할회사 채권자의 위험이 커질 수 있다. 반면, 회사분할로 不實資産을 승계하는 때에는 승계회사의 채권자에게 불이익을 줄 수 있다. 회사분할이 不採算部門을 분리하여 다른 부분을 생존시키는 수단으로 남용되는 때에는 신설회사의 채권자에게 큰 불이익을 줄 수 있다. 다만, 회사분할은 기업매수 등을 위하여 신속히 진행될 필요가 있으므로, 분할의 유형에 따라 채권자보호절차가 다소 다를 수 있다.

(2) 단순분할과 채권자보호

단순분할의 경우에는 분할회사의 채권자를 위한 책임재산이 없어지거나 줄어드는 모습을 보이지만, 신설회사들이 분할회사의 채권자에 대한 연대책임을 지므로(제530조의 9) 책임재산에는 변동이 없고 책임주체에도 실질적인 변동은 없다고 할 수 있다. 그러므로 상법은 단순분할에 대하여는 원칙적으로 채권자보호절차를 적용하지 않는다. 다만, 단순분할의 경우에도 신설회사의 책임이 제한되는 경우(제530조의 9 제2항)에는 책임주체에 변동이 생기기 때문에, 후술하는 바와 같이 채권자보호절차를 밟아야 한다(제530조의 9 제4항). 그리고 단순분할신설회사가 종래의 분할회사의 주주에게 교부금을 지급하는 때(제530조의 5 제1항 제5호)에도 담보재산이 감소하게 되므로 채권자보호절차를 밟아야 한다(제439조 유추적용).

(3) 분할합병과 채권자보호

분할합병을 하면, 양 당사자회사의 채권자는 책임재산을 공유하게 된다. 이 때문에 분할합병은 당사자회사의 채권자에게 담보재산과 책임주체에 관하여 중대한 변화를 초래한다. 따라서 분할합병을 하는 때에는 모든 당사자회사가 채권자보호절차를 밟아야 한다(제530조의 11 제2항·제527조의 5). 제530조의 11 제2항과 준용규정인 제527조의 5는 분할회사뿐만이 아니라 분할합병의 상대방회사의 채권자의 보호에도 적용되어야 함은 위(1)에서 설명한 바와 같다.

7. 주식매수청구권

단순분할의 경우 주주의 종래의 권리는 신설회사에 그대로 투영되어 구조적인 변화가 없기 때문에 반대주주에게 주식매수청구권이 인정되지 않는다. 그러나 분할합병의 경우에는 분할회사의 영업재산이 다른 회사와 통합되므로 주주의 관점에서는 합병과 같은 구조변화이다. 따라서 이에 반대하는 주주는 주식매수청구권을 갖는다(제530조의 11 제2항·제522조의 3). 반대절차와 매수절차는 합병의 경우와 같다. 다만, 소규모분할합병의 경우에는 분할승계회사(존속회사)의 반대주주에게 주식매수청구권이 인정되지 아니한다(제530조의 11 제2항·제527조의 3 제5항·제522조의 3). 반면, 분할회사의 주주에게는 인정된다.

Ⅳ. 분할의 등기 및 효력발생시기

회사분할은 분할등기를 함으로써 효력이 발생한다(제530조의 11 제1항·제234조). 따라서 분할로 인한 모든 법률관계도 등기를 함으로써 그 효력이 발생한다. 제530조의 11 제1항은 합병의 등기시기에 관한 제528조를 분할에 준용하고 있다. 그러므로 등기는 단순분할 및 신설분할합병의 경우 신설되는 회사의 창립총회가 종결한 날로부터 2주일 내에 본점소재지에서 완료하여야 한다. 흡수분할합병의 경우에는 분할합병계약에 관한 주주총회의 결의가 종료한 날로부터 기산하여 같은 기간 내에 등기를 하여야 한다. 등기할 사항은 신설되는 회사는 회사설립등기(제317조)를, 분할회사가 존속분할을 하는 경우에는 변경등기를, 소멸분할의 경우에는 해산등기를 하여야 한다. 그리고 흡수합병분할의 경우 분할승계회사는 변경등기를 하여야 한다. 왜냐하면 분할승계회사의 사업목적, 상호 또는 본점소재지 등에 변화가 있을 수 있기 때문이다.

Ⅴ. 분할공시

1. 의의

상법은 회사분할이 공정하고 투명하게 진행되어 주주나 채권자가 예측하지 못한 피해를 입지 않도록 하기 위하여 분할의 사전공시 및 사후공시에 관한 규정을 두고 있다.

2. 사전비치서류에 의한 공시

분할회사의 이사는 주주 및 채권자의 열람이 가능하도록 분할계획서 또는 분할합병계약서의 승인을 위한 주주총회의 회일의 2주간 전부터 분할의 등기를 한 날 또는 분할합병의 등기를 한 날 이후 6월간 ① 분할계획서 또는 분할합병계약서, ② 분할되는 부분의 대차대조표, ③ 분할합병의 경우 분할합병 상대방회사의 대차대조표, ④ 분할 또는 분할합병을 하면서 신주가 발행되거나 자기주식이 이전되는 경우에는 분할회사의 주주에 대한 신주의 배정 또는 자기주식의 이전에 관하여 그 이유를 기재한 서면을 본점에 비치하여야 한다(제530조의 7 제1항). 그리

고 분할승계회사의 이사는 분할합병을 승인하는 주주총회의 회일의 2주간 전부
터 분할합병의 등기를 한 후 6월간 ① 분할합병계약서, ② 분할회사의 분할되는
부분의 대차대조표, ③ 분할합병을 하면서 신주를 발행하거나 자기주식을 이전하
는 경우에는 분할회사의 주주에 대한 신주의 배정 또는 자기주식의 이전에 관하
여 그 이유를 기재한 서면을 본점에 비치하여야 한다(제530조의 7 제2항).

3. 사후비치서류에 의한 공시 등

주주 및 채권자는 영업시간 내에 언제든지 위의 분할회사 또는 분할승계회사
의 이사가 공시하는 사전비치서류의 열람을 청구하거나, 회사가 정한 비용을 지
급하고 그 등·초본의 교부를 청구할 수 있다(제530조의 7 제3항·제522조의 2 제2항).

4. 채무초과에 대한 공시

2009년 5월 개정상법은 최저자본제도를 폐지하였다. 그리하여 회사분할이 용
이해진 측면이 있다. 그런데 회사분할은 특히 분할회사의 채권자에게는 합병보다
중대한 영향을 미칠 수도 있는 조직개편행위이다. 이 때문에 입법적으로 '채무이
행의 전망'에 관한 공시가 추가적으로 필요하다고 본다.

Ⅵ. 분할의 효과

1. 법인격에 관한 효과

합병의 본질은 인격(실체)의 합일이므로 합병 전 회사의 법인격은 합병 후의
회사에서 그 同一性이 유지된다. 이에 대하여 분할의 본질은 영업재산의 권리의
무의 이전과 승계이므로 합병과 같은 인격의 승계라는 현상은 생기지 않는다. 더
욱이 분할회사가 존속하는 분할(존속분할)의 경우는 분할 전 회사의 법인격은 분할
후의 존속회사에서 그 동일성을 유지한다. 그리고 분할로 인한 신설회사 또는 흡
수분할합병의 분할승계회사는 분할회사의 법인격을 승계하지 아니하므로 법인격
의 동일성이 없다. 설령 분할회사가 소멸하는 소멸분할의 경우일지라도 마찬가지
이다.[1920)]

1920) 대법원 2012. 7. 26. 선고 2010다37813.

2. 권리의무의 포괄적 이전

(1) 영업재산의 이전시기

분할로 인하여 분할계획서 또는 분할합병계약서에서 특정된 분할회사의 권리와 의무는 단순분할신설회사, 분할승계회사 또는 분할합병신설회사에게 부분적·포괄적으로 이전한다(제530조의 10). 이 점 영업양도와 다르다. 이는 법률의 규정에 의한 이전이므로(민법 제187조 참조), 분할회사의 재산은 별도의 이전행위나 공시방법을 요하지 않고 분할로 인한 등기를 한 때에 이전한다. 즉 민법 제454조 채무자와의 계약에 의한 채무인수절차를 거칠 필요가 없이 분할등기일에 영업재산이 신설회사 또는 흡수분할회사의 상대방회사에게 부분적·포괄적으로 자동승계된다는 의미이다.

(2) 구체적인 범위가 불명확한 경우의 해석방법

회사의 분할로 인하여 설립되는 신설회사는 분할계획서가 정하는 바에 따라 분할회사의 권리를 승계한다(제530조의 10). 따라서 분할계획서의 문언에 의하여 그 객관적인 의미가 명확하게 드러나지 아니하는 경우에는 분할계획서에 기재된 분할의 원칙과 승계대상 권리의 내용, 분할회사의 존속 여부, 분할계획서를 작성한 분할회사 및 이를 승인한 주주들의 합리적 의사, 분할의 경위 및 분할에 의하여 달성하려는 목적과 진정한 의사, 거래의 관행 등을 종합적으로 고려하여 사회정의와 형평의 이념에 맞도록 논리와 경험의 법칙, 그리고 사회일반의 상식과 거래의 통념에 따라 합리적으로 해석하여야 한다.[1921]

(3) 분할로 인한 재산승계의 성질 및 소송의 수계

회사의 분할계획 또는 분할합병계약서에 따라 분할회사의 권리의무는 사법상 관계나 공법상 관계를 불문하고 성질상 이전을 허용하지 않는 것을 제외하고는 신설회사 또는 분할합병으로 인하여 존속하는 회사에게 포괄승계된다(제530조의 10).[1922] 이를 반대로 해석하면, 법률이 이전을 금지하는 권리나 일신전속적인 권리는 분할계획 또는 분할합병계약서에 이전대상으로 기재되어 있다고 하더라도 이전될 수 없다. 예를 들면, 공동수급체는 민법상 조합의 성질을 가지므로, 그

1921) 대법원 2023. 6. 29. 선고 2021다285090; 2014. 8. 28. 선고 2012다99679.
1922) 대법원 2023. 11. 2. 선고 2023다238029; 2011. 8. 25. 선고 2010다44002.

구성원 사이에서 구성원의 지위를 제3자에게 양도할 수 있기로 약정하지 아니한 이상, 그 지위는 상속이 되지 않고 다른 구성원들의 동의가 없으면 이전이 허용되지 않는 일신전속적인 권리의무에 해당한다. 그러므로 회사의 분할합병으로 인한 포괄승계의 대상이 되지 아니한다.[1923]

한편 회사의 권리의무가 법률의 규정에 의하여 새로 설립된 법인에게 승계되는 경우 소송상 지위도 승계된다. 따라서 분할계획 또는 분할합병계약서에 의하여 승계된 영업재산에 관한 소송도 승계회사가 수계한다.[1924] 회생회사의 분할로 인하여 설립되는 신설회사는 회생계획이 정하는 바에 따라 회생회사의 권리와 의무를 승계한다.[1925]

(4) 분할회사의 경업피지의무

회사분할을 하면 영업이 이전되는데, 분할당사회사들을 보호하기 위하여는 영업양도에 준하는 것으로 보고 분할회사는 이전한 영업에 관해 경업피지의무를 진다고 본다(제41조 유추적용).[1926] 따라서 분할회사가 경업피지약정을 회피할 목적으로 회사를 설립하여 동종영업을 한 경우에도 이 의무에 위반하게 된다. 이때에는 해당회사와 채무자인 설립자가 동시에 이 의무를 부담한다.[1927] 이 논리는 신설회사 또는 흡수분할합병의 승계회사에게도 적용된다고 본다. 다만, 이는 서로 다른 사업부문(예: 甲중공업의 건설장비 vs. 로봇부문)을 분할하는 경우에만 해당하고 동일 사업부문을 양적으로 분할(로봇부문 7:3)하는 경우에는 예외이다. 이에 대하여는 단순분할이나 신설분할합병의 경우 신설회사는 분할회사의 영업재산을 기초로 하여 설립되므로 분할회사는 신설회사에 대하여 이 의무를 부담하지 아니한다는 반대설이 있다.[1928]

3. 주식의 귀속 및 주주권의 변동

기술한 바와 같이 회사분할을 하는 경우 분할회사의 종래의 주주는 신설회사

1923) 대법원 2011. 8. 25. 선고 2010다44002.
1924) 대법원 2002. 11. 26. 선고 2001다44352.
1925) 대법원 2023. 6. 29. 선고 2021다285090.
1926) 同旨 이철송(2024), 1196면; 江頭憲治郎(2021), 937面.
1927) 대법원 2005. 4. 7. 자 2003마473 결정. 또한 최초의 분할회사는 그 후 제3의 영업양수인에게도 이 의무를 부담한다(대법원 2022. 11. 30. 선고 2021다227629 참조).
1928) 최기원(2012), 1211면.

의 주식 또는 흡수분할합병의 승계회사의 주식을 취득한다. 그리고 소멸분할을 하는 경우에는 분할회사가 해산하게 되므로 주주는 당연히 분할회사의 주주권을 상실한다. 존속분할을 하는 경우 자본금이 감소하게 되면 그 방법과 정도에 따라 주주권이 변동된다.

4. 이사·감사의 선임 및 정관변경의 효과

(1) 단순분할 또는 신설분할합병

「단순분할절차」의 「분할계획서」에서 기술한 바와 같이 단순분할 또는 신설 분할합병을 하는 때에는 분할계획서 또는 분할합병계약서에 신설회사의 이사와 감사를 정하여 기재할 수 있다(제530조의 5 제1항 제9호, 제530조의 6 제2항 제1호). 이와 같이 정하여진 이사와 감사는 별도의 선임절차 없이 설립등기를 함으로써 신설회사의 이사 또는 감사가 된다. 다만, 이 규정은 신설되는 회사가 모집설립절차를 취하여 일반공중으로부터 주주를 모집하는 경우에는 적용되지 아니하는 이유 등에 대하여도 설명한 바와 같다.

(2) 흡수분할합병

「분할합병절차」의 「분할합병계약서」에서 기술한 바와 같이 흡수분할합병을 하는 때에도 분할합병계약서에 분할승계회사의 이사와 감사를 정하여 기재할 수 있다(제530조의 6 제1항 제10호). 또 흡수분할합병계약서에는 분할승계회사의 정관변경사항을 기재할 수 있다(제530조의 6 제1항 제11호). 정관변경의 효력은 분할승계회사가 분할로 인한 변경등기를 한 시점에 발생한다는 사실도 기술한 바와 같다.

5. 근로관계의 이전·승계

일반적으로 근로계약에는 전속성이 있어 근로관계의 이전에는 근로자의 동의를 얻어야 한다(민법 제657조 제1항). 그러나 이를 회사분할에 적용하면, 회사를 분할하기가 쉽지 않게 된다. 그리하여 상법은 단순분할신설회사, 분할승계회사 또는 분할합병신설회사는 분할계획서 혹은 분할합병계약서에서 정하는 바에 따라 분할회사의 권리와 의무를 승계한다고 규정하고 있다(제530조의 10). 즉 분할시에는 부분적 포괄승계가 이루어짐을 명시하고 있는 것이다. 이 규정에 의거 근로관계 역시 분할계획서 또는 분할합병계약서에서 정하는 바에 따라 개별근로자의 동의 없이 당연히 승계된다.

대법원은 일정한 요건을 갖춘 때에는 근로자의 개별적인 동의를 받지 못한 경우라도 신설회사에 승계되는 것이 원칙임을 확인하고 있다.[1929] 이 판시는 제530조의 10의 입법취지에 부합한다. 또 대법원은 근로자의 개별동의를 면제하기 위한 요건으로 '분할회사가 분할계획서에 대한 주주총회의 승인을 얻기 전에 노동조합과 근로자들에게 분할의 배경, 목적·시기, 승계되는 근로관계의 범위와 내용, 신설회사의 개요 및 업무내용 등을 설명하고 이해·협력을 구하는 절차를 거칠 것'을 요구하고 있다. 다만, 이 경우에도 '회사분할이 근로자를 해고하기 위한 방편으로 이용되는 등의 특별한 사정이 있으면, 근로자는 근로관계의 승계를 통지받거나 이를 알게 된 때부터 사회통념상 상당한 기간 내에 반대의사를 표시하여 근로관계의 승계를 거부하고 분할회사에 잔류할 수 있다.'고 하고 있다.[1930] 이는 회사분할이 근로자에게 중대한 이해관계가 있음을 의식한 판단이다.

6. 분할회사의 채무의 승계와 책임

(1) 채무의 승계 및 채권자의 승낙

신설회사 또는 흡수분할합병의 상대방회사는 분할계획 또는 분할합병계약에서 정하는 채무를 포괄적으로 승계한다(제530조의 10). 그리고 분할회사, 단순분할신설회사, 분할승계회사 또는 분할합병신설회사는 분할 혹은 분할합병 전의 분할회사 채무에 관하여 연대하여 변제할 책임이 있다(제530조의 9 제1항). 이 경우 분할승계회사 등 제3자의 채무인수에 관하여 채권자의 승낙(민법 제454조 제1항)이 필요한지의 여부가 문제된다. 우선, 제530조의 10과 관련하여 분할합병의 경우에는 채권자이의절차를 거치기 때문에(제530조의 11 제2항·제527조의 5) 이의를 제기하지 아니하는 채권자는 채무가 승계되어 채무자가 변경되는 것을 승낙한 것으로 볼 수 있다.

두 번째, 채무자이의절차가 없는 단순분할의 경우에는 제530조의 9 제1항에 의거 분할 전 분할회사의 채무에 대하여 승계회사 등에게 연대책임을 지게하고 있으므로 채권자는 회사분할로 인한 채무자의 변경으로 불이익을 받지 아니한다.

1929) 대법원 2013. 12. 12. 선고 2011두4282.
1930) 대법원 2013. 12. 12. 선고 2011두4282.

세 번째, 소멸분할 등에는 채권자가 채무의 승계를 승낙하지 아니할 합리적인 이유가 없다. 결국 분할로 인하여 채무가 승계되는 때에는 채권자의 승낙을 요하지 아니한다(민법 제454조 제1항1931)에 대한 특칙).

(2) 연대책임

1) 의의

위에서 설명한 바와 같이 분할 전 분할회사의 채무에 대하여는 분할회사, 신설회사 또는 승계회사가 연대책임을 진다(제530조의 9 제1항). 이 규정의 취지는 분할당사회사간의 채무승계의 유형과는 관계없이 분할 전의 책임재산이 감소됨으로 인하여 채권자가 불이익을 입는 것을 방지하는 데에 있다.

2) 책임의 성질 및 시효

여기서의 연대책임은 회사분할로 인하여 채무자의 책임재산에 변동이 생기게 되어 채권회수에 불이익한 영향을 받는 채권자를 보호하기 위한 법정책임이다. 그리고 분할당사회사가 분할계획서나 분할합병계약서에서 부담하기로 정한 채무 이외의 채무에 대하여는 당연히 '부진정연대책임'을 부담한다.1932)

이와 같이 연대책임의 법적 성질이 부진정연대책임이므로 채권자가 분할 또는 분할합병 후에 분할회사를 상대로 분할 혹은 분할합병 전의 분할회사 채무에 관한 소를 제기한 결과 그 소멸시효가 중단되거나 확정판결을 받아 소멸시효기간이 연장된 경우일지라도, 그 효과는 신설회사 또는 분할승계회사에 미치지 아니한다.1933) 그리고 신설회사 또는 분할승계회사가 부담하는 채무는 분할 전의 분할회사의 채무와 동일의 것이므로 연대채무의 소멸시효기간과 기산점도 당초의 채무를 기준으로 한다.1934)

3) 책임의 대상 및 판단기준

제530조의 9 제1항의 연대책임의 대상이 되는 「회사채무」란 분할 또는 분할합병 전의 분할회사에서 발생한 채무를 말한다. 여기서의 '분할 전'은 '분할등기 전'을 의미한다. 그리고 회사채무가 분할 또는 분할합병의 효력발생 전에 발생하

1931) 제454조(채무자와의 계약에 의한 채무인수) ① 제3자가 채무자와의 계약으로 채무를 인수한 경우에는 채권자의 승낙에 의하여 그 효력이 생긴다.
1932) 대법원 2017. 5. 30. 선고 2016다34687; 2010. 8. 26. 선고 2009다95769.
1933) 대법원 2017. 5. 30. 선고 2016다34687.
1934) 대법원 2017. 5. 30. 선고 2016다34687.

였으나 분할 또는 분할합병 당시에 아직 변제기가 도래하지 아니한 채무도 포함된다.[1935] 이 점에서 분할 전에는 단순히 채무발생의 가능성 또는 사실관계만이 있고, 채무가 구체적으로 발생한 시점이 분할 이후인 경우에는 연대책임이 성립하지 않는다.[1936]

이에 비하여 분할합병의 효력발생 전에는 발생하지 아니하였으나 이미 그 성립의 기초가 되는 법률관계가 성립되어 있는 채무도 연대책임의 대상이다. 그리하여 분할 전에 이미 채무발생의 기초가 되는 신용보증약정 및 대출계약이 성립하고, 구상금채무(구상권채권)의 직접원인이 되는 대출채무의 대위변제가 분할 이후에 발생한 경우에도 연대책임의 대상이 된다.[1937]

한편 이 연대책임은 채권자에 대하여 개별최고를 거쳤는지 여부와 관계없이 부담하게 되는 법정책임이다. 그러므로 채권자에게 개별최고를 하였는데 채권자가 이의를 제출하지 아니하였다거나 채권자가 분할 또는 분할합병에 동의하였기 때문에 개별최고를 생략하였다는 등의 사정은 이 연대책임(제530조의 9 제1항)의 성부에 영향을 미치지 못한다.[1938]

(3) 연대책임의 제한(분할책임)

1) 책임의 분할

분할당사회사들에게 분할회사의 분할 전 채무에 대하여 연대책임을 지도록 하는 것은 채권자를 보호하기 위함이기는 하지만, 분할제도의 활용도를 반감시킬 수 있다. 그리하여 상법은 제530조의 9 제1항의 연대책임의 규정에도 불구하고 "단순분할신설회사는 분할회사의 채무 중에서 분할계획서에서 승계하기로 정한 채무에 대한 책임만을 부담하는 것으로 정할 수 있다. 이 경우 분할회사가 분할 후에 존속하는 경우에는 단순분할신설회사가 부담하지 아니하는 채무에 대한 책

1935) 대법원 2008. 2. 14. 선고 2007다73321.
1936) 대법원 2007. 11. 29. 선고 2006두18928; 다만, 2012년 개정공정거래법은 분할회사의 분할 전 동법 위반행위를 근거로 신설회사에 과징금부과 또는 시정조치를 할 수 있게 하였다(동법 제102조 제2항·제3항). 그러나 이러한 특례, 즉 시정조치의 제재사유가 신설회사에 승계되는 규정이 없는 사안에 대하여는 앞의 판지가 여전히 유효하다(대법원 2023. 6. 15. 선고 2021두55159. 하도급대금미지급에 대한 시정조치 기각사건).
1937) 대법원 2010. 12. 23. 선고 2010다71660; 同旨 대법원 2023. 4. 27. 선고 2020두47892 (한화에스엔씨 하도급법위반행위로 인한 벌점승계 인정사건).
1938) 대법원 2010. 8. 26. 선고 2009다95769.

임만을 부담한다."고 정하고 있다(제530조의 9 제2항). 이어서 동조 제3항에서는 "분할합병의 경우에 분할회사는 분할계획서 또는 분할합병계약서에 관한 승인총회의 특별결의(제530조의 3 제2항)로 분할합병에 따른 출자를 받는 분할승계회사 또는 분할합병신설회사가 분할회사의 채무 중에서 분할합병계약서에 승계하기로 정한 채무에 대한 책임만을 부담하는 것으로 정할 수 있다. 이 경우 제2항 후단을 준용한다."고 명시하고 있다.

이들 규정은 원칙적으로는 분할당사회사들이 연대책임을 부담하지만(제530조의 9 제1항), 각기 승계한 채무에 관하여 분할책임을 지도록 정할 수 있음을 뜻하는 것이다.

2) 요건

가) 내용의 특정 및 총회의 특별결의   신설회사나 분할승계회사 등이 연대책임을 제한하기 위하여는 분할계획서나 분할합병계약서에 그 내용이 특정되어야 하고(제530조의 5 제8호·제530조의 6 제7호), 주주총회의 특별결의를 얻어야 한다(제530조의 9 제2항·제3항, 제530조의 3 제1항·제2항). 이러한 주주총회는 분할계획이나 분할합병계약의 승인총회결의와 같은 총회에서 이루어지는 것이 일반적이지만, 그 뜻은 명확히 구분된다. 즉 분할회사가 분할합병의 상대방회사에 이전할 재산과 그 가액 등을 기재하여 총회의 승인을 얻었다는 사정만으로는 분할책임관계를 형성하기 위한 요건이 충족되었다고 할 수 없다.[1939] 이 요건의 충족에 관한 증명책임은 분할채무관계를 주장하는 회사에게 있다.

한편 분할합병계약서에 아무런 기재가 없고 총회의 승인을 얻은 적이 없는데도 채권자이의절차를 최고하는 공고에서 분할책임을 진다는 뜻을 밝혔다고 하여 책임분할의 효과가 발생하는 것은 아니다.[1940]

나) 채권자보호절차   분할당사회사들이 연대책임을 제한하기 위하여는 채권자보호절차를 밟아야 한다(제530조의 9 제3항·제527조의 5). 단순분할을 하며 연대책임을 제한할 때에도 같다. 단순분할을 하면 분할회사가 수개의 신설회사로 분리되고, 채권자를 위한 담보재산 역시 그에 따라 분리·감소됨은 물론 책임주체가 특정회사로 제한되는 것도 채권자에 대한 책임재산의 감소를 가져오기 때문이다.

1939) 대법원 2010. 8. 26. 선고 2009다95769.
1940) 대법원 2010. 8. 26. 선고 2009다95769.

연대책임을 제한하기 위하여 분할회사는 분할에 관한 주주총회의 특별결의가 있은 날부터 2주 내에 채권자에 대하여 분할에 이의가 있으면 1월 이상의 기간 내에 이를 제출할 것을 공고하고 분할회사가 알고 있는 채권자에 대하여는 따로따로 이를 최고하여야 한다(제530조의 9 제4항·제527조의 5 제1항). 분할회사가 최고를 게을리한 경우에는 원칙으로 돌아가 제530조의 9 제1항의 연대책임이 부활한다.[1941] 그리고 분할회사가 '알고 있는 채권자'에는 회사의 장부 기타 근거에 의하여 성명과 주소가 회사에 알려져 있는 자는 물론 회사의 대표이사 개인이 알고 있는 채권자도 포함된다.[1942] 다만, 채권자가 회사분할에 관여되어 있고 회사분할을 미리 알고 있는 지위에 있는 등 예측하지 못한 손해를 입을 우려가 없다고 인정되는 경우, '알고 있는 채권자에 대한 개별최고의 절차'를 누락하였다고 하여 신설회사와 분할회사의 채권자에 대한 연대책임이 부활하는 것은 아니다.[1943]

채권자가 이의를 제기하지 아니한 때에는 이를 승인한 것으로 본다. 이의를 제출한 채권자가 있는 때에 회사는 그 채권자에 대하여 변제 또는 상당한 담보를 제공하거나 이를 목적으로 하여 상당한 재산을 신탁회사에 신탁하여야 한다(제530조의 9 제4항·제527조의 5 제3항·제232조 제2항·제3항).

결국 분할회사가 채권자보호절차를 밟지 아니하면, 분할계획서 또는 분할합병계약서에 연대책임을 제한하는 규정을 두었더라도 이는 무효이고, 분할당사회사들은 채권자에게 제530조의 9 제1항에 따라 연대책임을 진다.[1944]

7. 질권의 물상대위

분할이 있는 경우 분할회사의 종전의 주식에 대한 질권자는 분할로 인하여 그 주식의 주주가 취득하는 신설회사의 주식 또는 흡수분할합병의 상대방회사의 주식, 금전 또는 그 밖의 재산에 대하여 物上代位의 효력이 있다(제339조 참조).

1941) 대법원 2011. 9. 29. 선고 2011다38516; 2004. 8. 30. 선고 2003다25973.
1942) 대법원 2011. 9. 29. 선고 2011다38516.
1943) 대법원 2010. 2. 25. 선고 2008다74963; 반대 이철송(2024), 1203면.
1944) 대법원 2011. 9. 29. 선고 2011다38516; 2004. 8. 30. 선고 2003다25973.

Ⅶ. 회사분할의 무효

1. 의의

회사분할에 무효의 원인이 있는 때에는 분할무효의 소를 제기할 수 있는데, 그 경우에는 합병무효의 소에 관한 규정이 준용된다(제530조의 11 제1항·제529조).

2. 원인

상법은 합병무효의 원인에 대하여 별도의 규정을 두지 않고 있지만, 분할계획서 또는 분할합병계약서의 내용이 강행법규에 위반되거나 현저하게 불공정한 경우 등이 그 원인이 된다. 예를 들면, 분할계획서 또는 분할합병계약서의 미작성, 분할계획 또는 분할합병계약의 승인결의에 흠이 있는 경우, 채권자보호절차의 생략, 반대주주에게 주식매수청구권의 기회를 부여하지 아니한 경우 또는 분할계획서에 기재된 대로 분할이 실행되지 아니한 경우 등이 그에 해당한다.

3. 소의 성질

분할무효는 소 이외의 다른 방법으로 주장할 수 없다. 그러므로 소의 성질은 형성의 소이다.

4. 제소권자 및 제소기간

분할의 무효는 주주, 이사, 감사, 청산인, 파산관재인 또는 분할을 승인하지 않은 채권자에 한하여 제기할 수 있다(제530조의 11 제1항 → 제529조 제1항). 여기서 주주 또는 이사는 존속하는 분할회사, 신설회사 또는 분할합병에 있어서의 상대방 회사의 주주 또는 이사 등을 뜻한다. 그리고 제소기간은 분할등기 후 6월 이내이다(제530조의 11 제1항·제529조 제2항).

5. 피고

분할무효의 소의 피고는 당연히 회사이지만, 분할을 하는 경우에는 신설회사 또는 존속회사가 수개이므로 분할과 관련된 모든 회사에 판결의 효력이 획일적으로 확정되어야 한다. 따라서 그 성격은 필수적 공동소송이어야 하므로 분할로 인한 신설회사 및 존속회사 모두를 공동피고로 하여야 한다.

6. 병합심리·재량기각 등

분할무효의 소가 제기되면, 이를 공고하여야 하고, 수개의 소가 제기되면 병합심리를 하여야 하며, 법원의 재량기각이 인정되는 점 등은 합명회사의 설립무효의 소에서 설명한 바와 같다(제530조의 11 제1항·제240조·제187조 내지 제189조). 그리고 법원은 회사의 청구에 의하여 소 제기자에게 상당한 담보의 제공을 명할 수 있고, 이 청구를 함에는 이해관계인의 청구가 악의임을 소명하여야 한다(제530조의 11 제1항·제237조·제176조 제3항·제4항).

7. 무효판결의 효력

(1) 의의

분할무효판결의 효력에 관하여도 합병무효판결의 효력이 준용되므로 對世的 效力이 있다(제530조의 11 제1항·240조·제190조 본문). 그리고 합명회사의 합병무효의 판결의 효력에 관한 제239조를 준용하고 있다(제530조의 11 제1항·제239조). 그러나 이러한 규정만으로는 분할무효의 효력에 관한 모든 문제를 해결할 수 없다. 이 경우에는 합병무효판결의 효력에 관한 원리를 원용하는 것이 바람직하다.

(2) 단순분할의 무효

단순분할의 경우에 무효판결은 신설회사의 설립이 무효라는 것을 의미한다. 이 때문에 신설회사의 설립은 무효가 되고, 분할회사가 소멸하는 때에는 분할회사가 부활한다. 그 결과 신설회사의 재산은 분할회사에 복귀한다. 분할 후에 발생한 채무는 분할회사의 채무가 된다.

(3) 분할합병의 무효

분할합병이 무효가 되는 때에는 일반합병이 무효가 된 경우의 법리를 원용하여야 한다고 본다. 그리하여 신설분할합병이 무효가 되면, 신설회사의 설립이 무효가 되는 것은 단순분할의 경우와 같다. 그리고 신설회사가 분할회사 및 상대방 회사로부터 승계한 재산과 채무는 각기 분할 전의 상태로 복귀한다.

분할 후에 존속한 회사 또는 신설회사가 부담한 채무에 대하여는 양 회사의 연대채무로 한다(제530조의 11 제1항·제239조 제1항). 그리고 분할 후에 존속한 회사 또는 신설회사가 취득한 재산은 분할회사 및 그 상대방회사의 共有로 하고(제530조의 11 제1항·제239조 제2항), 이 공유재산에 대한 持分 또는 연대채무로 인한 부담부분은 쌍방의 협의로 정할 수 있다. 쌍방간의 협의가 이루어지지 아니하면, 법원은 그 청구에 의하여 회사의 재산상태 그 밖의 사정을 참작하여 이를 정한다(제530조의 11 제1항·제239조 제3항).

흡수분할합병의 경우에 분할승계회사가 승계한 재산과 채무는 분할회사로 복귀하고, 분할 이후에 취득한 재산과 채무의 처리는 신설분할의 경우와 같은 방식으로 처리한다(제530조의 11 제1항·제239조 제3항).

(4) 소급효의 배제

분할무효의 판결에는 遡及效가 없다(제530조의 11 제1항·제240조·제190조 단서). 그리하여 판결확정 전에 생긴 사원 및 제3자간의 권리의무에 영향을 미치지 아니한다. 예를 들면, 분할로 인하여 신설된 회사의 모든 대내외적인 행위, 분할 후의 주식의 양도 및 사채의 발행 등의 행위는 모두 유효하다.

(5) 패소원고의 책임

원고가 패소한 경우 원고에게 악의 또는 중대한 과실이 있는 때에는 회사에 대하여 연대하여 손해배상책임을 지는 점 등은 합명회사의 설립무효의 소에서 설명한 바와 같다(제530조의 11 제1항·제240조·제191조).

제4관 주식의 포괄적 교환과 이전

I. 의 의

1. 개념

주식의 포괄적 교환(이하 '주식교환'이라고 한다)과 포괄적 이전(이하 '주식이전'이라고 한다)은 기존의 주식회사를 완전자회사로 하여 완전모자관계를 창설하는 것을 목적으로 하는 회사의 행위이다. 이 가운데 주식교환이란 기존의 회사(甲)와 다른 회사(乙)가 계약을 체결하여 乙의 주주가 가지고 있는 모든 주식을 甲에게 이전하여 회사 甲이 완전모회사가 되는 방식을 말한다(제360조의 2 제2항). 이때 회사 甲은 회사 乙의 주식을 재원으로 하여 甲 회사가 乙 회사의 주주들에게 신주를 배정하거나 자기주식을 교부하게 된다.

주식이전은 위의 사례에서 회사 甲이 신설된다는 점만 다르다. 그리하여 회사 乙(및 회사 丙 등)의 계획에 의하여 회사 甲을 신설하고, 乙의 주주가 가진 모든 주식을 甲에게 이전하는 방식이다(제360조의 15). 그 결과 甲은 乙의 완전모회사가 되고, 그 대가로 甲은 설립시 발행하는 주식을 乙의 주주에게 배정하고 乙의 주주는 甲의 주주가 된다.

주식교환과 이전은 모두 회사간의 계약(주식교환) 또는 회사의 일방적인 계획(주식이전)에 의하여 주식을 타 회사(모회사)에게 강제로 이전시킨다는 점에서 특징적이다. 그 과정에서 주주들은 주식교환 또는 주식이전을 승인하는 결의에 참가는 하지만, 이는 주주들의 개인법적인 주식처분의사를 표시하는 것이 아니다.

2. 도입배경

종래의 공정거래법은 지주회사의 설립을 금지하여 왔으나(舊공정거래법 제8조), 1999년 제7차 개정시 이를 허용하였다(동법 제2조). 이에 따라 주식교환과 이전에 관한 규정도 도입되었다(동법 제22조·제27조). 그러나 공정거래법은 회사법의 특별법으로써 지주회사의 설립에 관한 일반적인 근거규정이 요구되었다. 그리하여 2001년 개정상법은 이에 관한 일반적인 근거규정으로서 주식교환과 주식이전제도를 도입하게 되었다.

3. 효용성

주식교환과 주식이전제도가 없다고 하여 지주회사의 창설이 불가능한 것은 아니지만, 다른 방식보다 적은 비용으로 강력한 母子關係를 창설할 수 있다는 점에서 두 제도는 유용하다. 예를 들면, 2001년에 설립된 新韓金融持株會社 등은 금융위기로 인한 구조조정의 수단으로서 주식이전을 활용한 대표적인 사례이다. 이들 제도에 의하여 완전모자관계가 창설되면, 완전자회사는 1인회사가 된다. 그 결과 소수주주권의 행사로 인한 대응비용, 영업양도·합병·회사분할 등에 따른 조직개편비용(예: 주식매수청구권의 행사에 따른 비용), 회사의사결정의 지연에 따른 유·무형의 비용 및 적대적 인수합병에 대한 방어비용 등을 지출하지 아니하여도 된다. 특히 주식교환과 주식이전에 의하여 기존의 회사가 완전자회사 가 되더라도, 기존의 법인격은 그대로 유지되므로 합병과는 달리 소멸회사의 권리의무의 승계로 인한 복잡한 문제는 원칙적으로 발생하지 아니한다는 장점도 있다.

II. 주식의 포괄적 교환(주식교환)

1. 의의

주식의 포괄적 교환에 의하여 완전자회사가 되는 회사의 주주는 자신의 주식을 완전모회사가 되는 회사에 이전하고, 그 완전모회사가 되는 회사가 주식교환을 위하여 발행하는 신주를 배정받거나 그 회사의 자기주식을 이전받음으로써 완전모회사의 주주가 된다(제360조의 2 제2항). 이 점에서 법문에서는 주식의 '교환'이라는 용어를 사용하고 있지만, 이는 모회사와 자회사의 계약에 의한 주식의 상호이전을 뜻하는 것은 아니다. 그러므로 주식교환에 의한 주주권의 변동은 완전모자회사관계를 형성하기 위한 특수한 조직법적인 권리변동이라고 할 수 있다.

한편 법문은 주식이전에 대하여는 수개의 회사가 공동으로 모회사를 설립하는 것을 예정하고 있으나(제360조의 16 제1항 제8호), 주식교환에 관하여는 명시하고 있지 않다. 주식교환의 당사자가 되는 모회사는 그 성질상 한 개의 회사이어야하나, 주식을 이전하는 회사는 수개일지라도 무방하다고 본다.

2. 절차

(1) 주식교환계약서의 작성

주식교환을 하는 때에는 먼저 모회사가 될 회사와 자회사가 될 회사는 이사회의 결의를 거쳐 주식교환계약을 체결하고 주식교환계약서를 작성하여야 한다. 주식교환계약서에는 아래의 사항을 기재하여야 하는데(제360조의 3 제3항), 그 내용은 흡수합병의 계약서와 유사하다. 동 계약서는 양 회사의 대표이사가 체결한다.

(2) 주식교환계약서의 기재사항

주식교환계약서에 기재할 사항은 다음과 같다(제360조의 3 제3항). 즉 ① 완전모회사가 되는 회사가 주식교환으로 인하여 정관을 변경하는 경우에는 그 규정(제1호), ② 완전모회사가 되는 회사가 주식교환을 위하여 신주를 발행하거나 자기주식을 이전하는 경우에는 발행하는 신주 또는 이전하는 자기주식의 총수·종류, 종류별 주식의 수 및 완전자회사가 되는 회사의 주주에 대한 신주의 배정 또는 자기주식의 이전에 관한 사항(제2호), ③ 완전모회사가 되는 회사의 자본금 또는 준비금이 증가하는 경우에는 증가할 자본금 또는 준비금에 관한 사항(제3호), ④ 완전자회사가 되는 회사의 주주에게 제2호에도 불구하고 그 대가의 전부 또는 일부로서 금전이나 그 밖의 재산을 제공하는 경우에는 그 내용 및 배정에 관한 사항(제4호), ⑤ 각 회사가 주식교환에 관한 결의를 할 주주총회의 기일(제5호), ⑥ 주식교환을 할 날(제6호), ⑦ 각 회사가 주식교환을 할 날까지 이익배당을 할 때에는 그 한도액(제7호), ⑧ 완전모회사가 되는 회사에 취임할 이사와 감사 또는 감사위원회의 위원을 정한 때에는 그 성명 및 주민등록번호(제9호) 등이 그에 해당한다.

(3) 주주총회의 승인

완전모회사가 될 회사와 완전자회사가 될 회사는 각각 주주총회의 특별결의로 주식교환계약서를 승인하여야 한다(제360조의 3 제1항·제2항). 주식교환을 현물출자로 이해한다면 자회사의 주주총회결의만 있으면 족하게 된다. 그러나 상법은 주식교환의 성질을 특수한 조직법적 행위로 보기 때문에 모회사의 주주총회결의도 요구하고 있다. 주식교환으로 인하여 어느 종류의 주주에게 손해를 미치게 될 때에는 그 종류주식주주의 총회결의가 있어야 한다(제436조·제435조).

주주총회를 소집할 때에는 소집통지서에 ① 주식교환계약서의 주요내용, ② 주주총회결의에 반대하는 주주의 주식매수청구권(제360조의 5 제1항)의 내용 및 행사방법, ③ 일방회사의 정관에 주식의 양도에 관하여 이사회의 승인을 요한다는 뜻의 규정이 있고 다른 회사의 정관에 그 규정이 없는 경우에는 그 뜻도 기재하여야 한다(제360조의 3 제4항).

(4) 주식교환계약서 등의 주주총회 전 사전공시

1) 의의 및 취지

주식교환을 하고자 하는 각 당사회사의 이사는 주식교환의 승인을 위한 주주총회일(제360조의 3 제1항)의 2주 전부터 주식교환의 날 이후 6월이 경과하는 날까지 주식교환과 관련된 아래의 서류를 본점에 비치하여야 한다(제360조의 4 제1항). 이러한 사전공시제도의 취지는 주주로 하여금 주식교환에 찬성, 반대의 의사표시를

통한 주식매수청구권의 행사 또는 주식교환의 무효소송을 제기할지를 판단하는
자료를 제공하는 데에 있다.

2) 비치·공시서류

제360조의 4 제1항에 의거 주식교환 당사자회사의 이사가 비치하여야 할 서
류에는 ① 주식교환계약서, ② 완전모회사가 되는 회사가 주식교환을 위하여 신
주를 발행하거나 자기주식을 이전하는 경우에는 완전자회사가 되는 회사의 주주
에 대한 신주의 배정 또는 자기주식의 이전에 관하여 그 이유를 기재한 서면, ③
제360조의 3 제1항의 주식교환의 승인을 위한 주주총회의 회일(제360조의 9의 규정에
의한 간이주식교환의 경우에는 동조 제2항의 규정에 의하여 공고 또는 통지를 한 날) 전 6월 이내에
작성한 각 회사의 최종 대차대조표 및 손익계산서 등이 있다.

3) 열람 또는 등사의 청구

주주는 영업시간 내에 언제든지 이들 서류의 열람 또는 등사를 청구할 수 있
다(제360조의 4 제2항·제391조의 3 제3항). 채권자의 열람은 허용되지 아니한다(제360조의
4 제2항 반대해석). 주식교환은 원칙적으로 채권자를 위한 회사의 책임재산에 변동을
야기하지는 아니하여 채권자로서는 달리 이해관계가 없기 때문이다. 그러나 후술
하는 바와 같이 완전모회사의 교부금의 교부를 통한 주식교환의 경우에는 모회사
의 채권자에게도 열람 또는 등사를 청구할 수 있도록 개정하여야 한다고 본다.

(5) 채권자보호절차

1) 원칙

주식교환의 경우 완전자회사가 되는 회사의 채권자는 그 지위에 변동이 없을
뿐만 아니라 자회사 자산자체에도 변동이 없다. 따라서 채권자보호절차를 요하지
않는다. 완전모회사가 되는 회사의 채권자도 그 지위에 변동이 없고 자회사가 될
주주들에게 완전모회사의 주식을 교부하는 한(제360조의 3 제3항 제2호) 재산상태가
악화되지 아니하므로 채권자보호절차를 요하지 않는다. 또 주식교환에 의하여 완
전모회사가 취득하는 완전자회사의 주식이 무가치(零)한 경우는 있을 수 있지만,
負(-)인 경우는 없기 때문에 완전모회사의 채무가 증가할 가능성은 없다. 이 점
은 합병에 따른 존속회사 또는 회사분할에 따른 승계회사의 경우와 다르다.

2) 예외

상법은 모회사가 완전자회사가 되는 회사의 주주들에게 그 대가의 전부 또는

일부를 금전이나 그 밖의 재산을 제공하는 것을 허용하고 있다(제360조의 3 제3항 제4호). 이때에는 완전모회사의 재산이 악화될 수 있다. 따라서 이 경우 완전모회 사는 채권자보호절차를 밟아야 한다고 본다.[1945]

3. 주식의 이전과 신주발행

(1) 주식의 이전

1) 이전방법

주식교환을 하는 쌍방회사의 주주총회에서 주식교환계약서에 대한 승인결의 가 있는 경우 완전자회사가 되는 회사의 주주가 소유하는 회사의 주식은 교환계 약서에 정한 '주식을 교환하는 날'에 모회사가 되는 회사로 이전된다(제360조의 2 제 2항). 따라서 일반적인 주식의 양도방법인 주권의 교부(제336조 제1항)와 같은 이전 절차는 요하지 아니한다.

2) 주권의 실효절차

완전자회사의 주식은 주권의 교부 없이 법률의 규정(제360조의 2 제2항)에 의하 여 모회사에 이전되므로 자회사의 주주가 보유하는 종래의 주권은 효력을 상실한 다. 그러므로 자회사의 주주총회에서 주식교환을 승인한 때에는 주권을 실효시키 는 데 필요한 법정사항을 주식교환의 날 1월 전에 공고하고, 주주명부에 기재된 주주와 질권자에 대하여 따로따로 그 통지를 하여야 한다(360조의 8 제1항). 공고를 요하는 법정사항에는 ① 주주총회에서 주식교환계약서에 대하여 승인을 한 뜻, ② 주식교환의 날의 전날까지 주권을 회사에 제출하여야 한다는 뜻, ③ 주식교환 의 날에 주권이 무효가 된다는 뜻 등이 해당한다. 이때 주권을 제출할 수 없는 자 가 있는 경우 그에 대한 처리는 주식병합시의 신주권의 교부절차를 준용한다(제 360조의 8 제2항·제442조).

(2) 신주의 발행

1) 신주발행의 성질

주식교환으로 인하여 완전모회사가 하는 자회사 주주에 대한 신주의 발행은 통상의 신주발행(제416조)이 아니라, 자회사의 주주로부터 이전받은 자회사주식을

재원으로 하여 '주식을 교환하는 날'에 자동으로 모회사의 주식을 배정하는 것이다. 따라서 통상의 신주발행시에 요구되는 검사인의 선임 등 현물출자의 검사절차를 요하지 아니한다(제422조·제416조 제4호).

2) 완전모회사가 되는 회사의 자본금의 증가 및 그 한도

가) 교부금 또는 자기주식의 교부시   완전모회사가 되는 회사가 완전자회사가 되는 회사의 주주에게 신주를 발행하면 자본금이 증가하게 되는데, 그 재원이 되는 것은 모회사에 이전되는 자회사주식의 가치이다. 이 때문에 주식교환에 의한 완전모회사의 자본금은 실제로 유입된 자회사의 재산의 가액을 넘어서는 아니된다. 즉 완전모회사가 되는 회사의 자본금은 주식교환의 날에 완전자회사가 되는 회사에 현존하는 순자산액에서 ① 완전자회사가 되는 회사의 주주에게 제공할 금전이나 그 밖의 재산의 가액(주식교환교부금 또는 주식교환교부물의 가액) 및 ② 완전모회사가 완전자회사가 되는 회사의 주주에게 신주의 배정 대신에 자기주식을 이전하는 경우 그 주식의 장부가액의 합계액을 뺀 금액을 초과할 수 없다(제360조의 7 제1항 제1호).1946)

나) 완전모회사가 이미 완전자회사의 주식을 소유하고 있는 경우   완전모회사가 이미 완전자회사의 주식의 일부를 소유하고 있는 때에는 완전자회사의 순자산에 대하여도 지분을 일부 소유하고 있는 것이므로 그 부분에 해당하는 순자산, 즉 未이전부분에 해당하는 순자산에 기초하여 신주를 배정하여서는 아니 된다. 이 경우에 완전모회사가 되는 회사(甲)의 자본금은 주식교환의 날에 완전자회사가 되는 회사(乙)에 현존하는 순자산액에 그 회사(乙)의 발행주식총수에 대한 주식교환으로 인하여 완전모회사가 되는 회사에 이전하는 주식의 수의 비율을 곱한 금액에서 ① 완전자회사가 되는 회사의 주주에게 제공할 금전이나 그 밖의 재산의 가액(주식교환교부금 또는 주식교환교부물의 가액) 및 ② 완전모회사가 완전자회사가 되는 회사의 주주에게 신주의 배정 대신에 자기주식을 이전하는 경우 그 주식의 장부가액의 합계액을 뺀 금액의 한도를 초과할 수 없다(제360조의 7 제2항).1947)

1946) 算式 : 주식교환에 의한 완전모회사의 자본금 ≤ 완전자회사가 되는 회사의 현존하는 순자산액-(주식교환교부금 또는 주식교환교부물의 가액+완전자회사의 주주에게 이전하는 자기주식의 장부가액의 합계액)

1947) 算式 : 주식교환에 의한 완전모회사의 자본금≤완전자회사가 되는 회사의 현존하는 순자산액×주식교환에 의하여 완전모회사에 이전하는 주식의 수/완전자회사가 되는 회

3) 단주의 처리 및 질권의 물상대위

주식교환에 의하여 완전자회사가 되는 회사의 주식 1주에 대하여 완전모회사가 되는 회사의 주식 1주를 교환할 수 없는 경우에는 단주처리의 절차를 밟아야 하는데, 그 절차는 주식병합의 경우와 같다(제360조의 11 제1항·제443조).

완전모회사가 되는 회사가 완전자회사가 되는 회사의 주주에게 배정하는 신주 또는 교부하는 자기주식에 관하여는 완전자회사가 되는 회사의 주식을 목적으로 한 질권을 행사할 수 있다. 그리하여 질권자는 완전모회사가 되는 회사에 대하여 자기에게 주권을 교부할 것을 청구할 수 있다(제360조의 11 제2항·제339조·제340조 제3항).

4) 교환차익의 처리

완전모회사가 되는 회사의 자본금증가액은 완전자회사가 되는 회사의 순자산액을 초과할 수 없다. 이로 인하여 완전모회사가 되는 회사의 자본금증가액(예: 5,000만원)이 완전자회사가 되는 회사의 순자산액(예: 7,000만원)에 미달(△2,000만원)하는 경우에는 완전모회사의 순자산의 항목 중 자본금 이외의 項目의 금액이 반사적으로 증가(+2,000만원)하게 된다(交換差益). 이러한 이익은 자본준비금으로 적립하여야 한다(제459조 제1항).

4. 반대주주의 주식매수청구권

주식교환에 관하여 이사회의 결의가 있는 때에 그 결의에 반대하는 쌍방회사의 주주는 주주총회 전에 회사에 대하여 서면으로 그 결의에 반대하는 의사를 통지하고, 그 총회의 결의일로부터 20일 이내에 주식의 종류와 수를 기재한 서면으로 회사에게 자기가 소유하고 있는 주식의 매수를 청구할 수 있다(제360조의 5 제1항). 이 주주에는 의결권이 없거나 제한되는 주주도 포함된다.

후술하는 간이주식교환의 경우에는 완전자회사가 되는 회사의 주주총회의 결의가 없으므로 반대주주는 주주총회의 승인 없이 주식교환을 한다는 뜻의 공고 또는 통지(제360조의 9 제2항)를 한 날부터 2주 내에 교환에 반대하는 의사를 통지하여야 하고 그 기간이 경과한 날부터 20일 이내에 주식의 매수를 청구하여야 한다

___
사의 발행주식총수-(주식교환교부금 또는 주식교환교부물의 가액+완전자회사의 주주에게 이전하는 자기주식의 장부가액의 합계액)

(제360조의 5 제2항).

주식매수의 청구가 있는 경우, 회사는 그 청구를 받은 후 2월 내에 매수하여야 하고, 매수가격은 영업양도에 반대하는 주주의 매수청구의 경우와 같은 방법으로 한다(제360조의 5 제3항·제374조의 2 제2항 내지 제5항). 그 밖의 절차도 영업양도의 경우와 같다.

5. 특수절차

(1) 의의

상법은 간이영업양수도(제374조의 3)·간이(흡수)합병(제527조의 2)·간이(흡수)분할합병(제530조의 11·제527조의 2), 소규모(흡수)합병(제527조의 3)·소규모분할합병(제530조의 11·제527조의 3)과 같은 간이조직개편의 유형의 하나로서 간이주식교환(제360조의 6) 및 소규모주식교환(제360조의 10) 제도를 두어 일정한 요건을 충족하는 경우에는 주주총회의 승인을 이사회의 승인으로 갈음할 수 있도록 하고 있다.

(2) 간이주식교환

1) 요건

簡易株式交換이란 ① 완전자회사가 되는 회사(乙)의 총주주의 동의가 있거나, ② 그 회사(乙)의 발행주식총수의 100분의 90 이상을 완전모회사가 되는 회사(甲)가 소유하고 있는 때에는 완전자회사(乙)가 되는 회사의 주주총회의 승인은 이를 이사회의 승인으로 갈음할 수 있는 주식교환제도를 말한다(제360조의 9 제1항). 이 제도의 취지는 簡易合併(제527조의 2)과 같다. 이 경우 완전자회사가 되는 회사는 주식교환계약서를 작성한 날부터 2주 내에 총회의 승인을 얻지 아니하고 주식교환을 한다는 뜻을 공고하거나 주주에게 통지하여야 한다. 다만, 총주주의 동의가 있는 때에는 그러하지 아니하다(제360조의 9 제2항).

2) 주식매수청구권

간이주식교환은 완전자회사가 되는 회사(甲)의 주주가 발행주식총수의 100분의 10 미만의 주식을 소유하는 때에도 성사된다. 이때 간이주식교환에 반대하는 甲회사의 주주는 기술한 절차에 따라 주식매수청구권을 행사할 수 있다(제360조의 9 제2항 본문·제360조의 5 제2항·제3항·제374조의 2 제2항 내지 제5항).

(3) 소규모주식교환

1) 요건

小規模株式交換은 완전모회사가 되는 회사(甲)가 주식교환을 위하여 발행하는 신주 및 이전하는 자기주식의 총수가 그 회사(甲)의 발행주식총수의 100분의 10을 초과하지 아니하는 경우에는 그 회사(甲)에서의 주주총회의 승인(제360조의 3 제1항)을 이사회의 승인으로 갈음할 수 있는 주식교환제도를 뜻한다(제360조의 10 제1항 본문). 이 제도의 취지는 소규모합병(제527조의 3)의 경우와 같다. 다만, 자회사가 되는 회사의 주주에게 지급할 교부금(금전이나 그 밖의 재산)이 최종 대차대조표(제360조의 4 제1항 제3호)에 의하여 완전모회사가 되는 회사에 현존하는 순자산액의 100분의 5를 초과하는 때에는 총회의 승인절차를 생략할 수 없다(제360조의 10 제1항 단서).

2) 교환계약서

소규모주식교환을 하는 경우 주식교환계약서에 완전모회사가 되는 회사에 관하여는 주주총회의 승인을 얻지 아니하고 주식교환을 할 수 있다는 뜻을 기재하여야 한다(제360조의 10 제3항). 일반적으로 완전모회사가 되는 회사가 주식교환으로 인하여 정관을 변경하는 경우에는 주식교환계약서에 이를 기재하면 주식교환계약의 승인결의만으로 정관이 변경된다(제360조의 3 제3항 제1호). 이에 비하여 소규모주식교환을 하는 경우에는 주주총회의 승인결의가 생략되므로 정관을 변경하지 못한다. 따라서 주식교환계약서에 완전모회사가 되는 회사의 정관변경에 관한 사항을 기재할 수 없다(제360조의 10 제3항).

3) 공시 및 적용제외

완전모회사가 되는 회사는 주식교환계약서를 작성한 날부터 2주 내에 완전자회사가 되는 회사의 상호와 본점, 주식교환을 할 날 및 주주총회의 승인를 얻지 아니하고 주식교환을 한다는 뜻을 공고하거나 주주에게 통지하여야 한다(제360조의 10 제4항). 소규모주식교환을 함에 있어서 주식교환계약서 등을 사전공시(제360조의 4)하는 경우 공시기간의 起算日은 '주주총회일'이 아니라 '소규모주식교환의 공고 또는 통지의 날'로 갈음한다(제360조의 10 제6항).

그러나 완전모회사가 되는 회사의 발행주식총수의 100분의 20 이상에 해당하는 주식을 가지는 주주가 이러한 공고 또는 통지(제360조의 10 제4항)를 한 날부터 2주 내에 회사에 대하여 서면으로 소규모주식교환에 반대하는 의사를 통지한 경우에는 주주총회의 결의를 생략하여 주식교환을 할 수 없다(제360조의 10 제5항).

4) 반대주주의 주식매수청구권

소규모주식교환의 경우 소규모주식교환에 반대하는 주주에게는 주식매수청구권이 인정되지 아니한다(제360조의 10 제7항). 이는 이 제도의 큰 실익이지만, 소규모주식교환에 반대하는 주주의 보호를 간과한 입법이다.

6. 주식교환의 효과

(1) 효력발생시기

주식교환은 합병이나 회사분할의 경우와는 달리 회사의 법인격이나 구조에는 변화가 없고 주주의 신분만이 변동되므로 별도의 등기를 요하지 않는다. 완전모회사가 되는 회사는 신주를 발행하면, 자본금과 발행주식총수가 증가하므로 변경등기를 하여야 하지만, 이는 주식교환의 효력발생과는 무관하다.

주식교환계약서에는 '주식교환을 할 날'을 기재하여야 하는데(제360조의 3 제3항 제6호), 주식교환은 완전자회사가 되는 회사의 주주가 보유하는 주식이 이전행위(교부) 없이 완전모회사가 되는 회사로 이전되고 그에 대한 대가로서, 같은 날에 완전자회사가 되는 회사의 주주에게 신주를 발행하는 행위를 뜻한다. 이러한 점에서 제360조의 3 제3항 제6호의 '주식교환을 할 날'은 제360조의 2 제2항의 '주식을 교환하는 날'과 같은 뜻으로 이해하여야 한다. 따라서 완전자회사가 되는 회사의 주주와 완전모회사가 되는 회사의 관계에서 일반적인 신주의 청약(제419조 제1항)이나 신주의 배정절차(제421조)는 요구되지 아니한다.

(2) 완전모회사의 이사·감사의 임기

완전모회사가 되는 회사의 이사 및 감사로서 주식교환 전에 취임한 자는 주식교환계약서에 다른 정함이 있는 경우를 제외하고는 주식교환 후 최초로 도래하는 결산기에 관한 정기총회가 종료하는 때에 퇴임한다(제360조의 13). 이 규정은 주식교환을 하면, 완전모회사의 주주구성에 변화가 생기므로 이를 반영하여 주주총회에서 이사 및 감사를 선임할 수 있도록 하는 데 그 취지가 있다.

(3) 주식교환사항을 기재한 서면의 사후공시

주식교환을 하는 경우 쌍방회사의 이사는 주식교환의 날로부터 6월간 ① 주식교환의 날, ② 주식교환의 날에 완전자회사가 되는 회사에 현존하는 순자산액, ③ 주식교환으로 인하여 완전모회사에 이전한 완전자회사의 주식의 수, ④ 그 밖에 주식교환에 관한 사항을 기재한 서면을 본점에 비치하여야 한다(제360조의 12 제1항). 주주들은 영업시간 내에 이러한 서면의 열람 또는 등사를 청구할 수 있다(제360조의 12 제2항·제391조의 3 제3항). 이는 주식교환의 적정성을 확보하고, 주식교환무효의 소를 제기하기 위한 판단자료를 제공하는 데 그 취지가 있다.

(4) 이사의 책임

주식교환은 통상적인 신주발행(제416조)이 아니므로 이사의 자본금충실책임에 관한 규정(제428조)은 적용되지 아니한다. 그러나 주식교환과 관련하여 이사의 임무해태로 완전모회사에 손해가 발생하는 때에 완전모회사의 이사들은 회사에 대한 손해배상책임(제399조)을 진다. 완전자회사의 주주들에게 손해를 입힌 때에 완전자회사 및 완전모회사의 이사들은 제401조에 따른 책임을 질 수 있다. 완전모회사에 손해가 발생하는 예로는 완전자회사의 순자산을 초과하여 완전모회사의 자본금을 증가시킨 경우를 들 수 있다. 완전자회사의 주주들에게 손해를 입히는 예로는 교환비율이 완전자회사의 주주에게 현저히 불리한 경우를 들 수 있다.

7. 주식교환무효의 소

(1) 무효원인

주식교환에 관한 법령을 위반하면 무효원인이 된다. 구체적으로는 ① 교환절차의 위반, ② 법정요건의 결여 또는, ③ 교환의 실질적 제약을 위반한 경우 등을 들 수 있다. 이 가운데 ①의 예로는 총회결의의 취소, 무효 또는 부존재 등을, ②의 예로는 주식교환계약서의 부작성, 교환계약서상 기재사항의 누락 등을 들 수 있다. ③의 예로는 완전자회사의 순자산액을 초과하는 완전모회사의 자본금의 증가, 교환비율의 불공정(예: 완전모회사의 주주에게 유리하고 완전자회사의 주주에게 불리한 교환비율 또는 반대의 경우)한 경우 등을 들 수 있다.

(2) 제소권자·소의 성질

주식교환의 무효는 각 회사의 주주·이사·감사·감사위원회의 위원 또는 청산인에 한하여 주식교환의 날부터 6월 내에 訴만으로 주장할 수 있다(제360조의

14 제1항). 따라서 소의 성질은 形成의 訴이다. 합병과는 달리 파산관재인 또는 교환을 승인하지 아니한 채권자는 제소권이 없다. 그 논거로 주식교환은 채권자의 권리에 영향이 없다는 점을 드는 견해가 있다.[1948] 그러나 금전이나 그 밖의 재산을 제공하는 주식교환을 인정하는 제360조의 3 제3항 제4호에 비추어 보면 무효의 주장을 가급적 제한하는 취지로 읽어야 한다. 그 이유는 주식교환비율이 어느 회사에게 불공정한 경우도 무효원인이 되므로 채권자도 제소의 이익이 있을 수 있기 때문이다.

(3) 피고 및 소의 성질

피고에 대하여는 명문의 규정이 없으나, 완전모회사와 완전자회사 쌍방이다.[1949] 이는 固有必須的 共同訴訟이기 때문이다(민사소송법 제67조).[1950]

(4) 소의 절차

주식교환의 무효의 소는 완전모회사가 되는 회사의 본점소재지의 지방법원의 관할에 전속한다(제360조의 14 제2항). 소가 제기되면 회사는 지체 없이 공고하여야 하고, 수개의 주식교환무효의 소가 제기되면 병합심리를 하여야 한다. 그리고 법원이 소의 심리 중에 원인이 된 하자가 보완되면 회사의 제반사정을 참작하여 이를 무효로 하는 것이 부적당하다고 인정한 때에는 재량으로 기각할 수 있는 것 등은 다른 회사법상의 형성의 소와 같다(제360조의 14 제4항·제187조·제188조·제189조). 주주가 주식교환무효의 소를 제기한 때에는 법원은 회사의 청구에 의하여 상당한 담보를 제공할 것을 명할 수 있다(제360조의 14 제4항·제377조).

(5) 판결의 효력

1) 대세적 효력

주식교환무효의 판결은 對世的 效力이 있으므로 소를 제기하지 아니한 제3자에 대하여도 효력이 미친다(제360조의 14 제4항·제190조 본문).

1948) 정찬형(2022), 851면; 최기원(2012), 1144면.
1949) 同旨 최기원(2012), 1144면; 권기범(2021), 228면.
1950) 필수적 공동소송은 당사자적격을 갖는 자 전원이 또 전원에 대하여 소를 제기하여야 하는 固有必須的 共同訴訟과 당사자적격자 전원이 전원에 대하여 소를 제기하지 않아도 상관없는 類似必須的 共同訴訟으로 나뉜다.

2) 소급효의 배제

주식교환무효의 판결은 장래에 대하여만 효력이 있다(제360조의 14 제4항·제190조 본문). 법률관계의 안정을 위한 조치이다. 이에 따라 완전모회사의 신주발행의 무효는 장래에 대하여만 효력이 미치고, 무효판결이 확정되기 전까지 이 신주에 의거한 권리의 행사행위(예: 이익배당·의결권의 행사·주식의 양도·질권설정)는 모두 유효하다 (제360조의 14 제4항·제431조). 이 경우 완전모회사가 되는 회사는 지체 없이 그 뜻과 3월 이상의 기간 내에 교환된 완전모회사가 되는 회사의 신주의 주권을 그 회사에 제출할 것을 공고하고, 주주명부에 기재된 주주와 질권자에 대하여는 각별로 통지하여야 한다(제360조의 14 제4항·제431조 제2항).

한편 별도의 명문의 규정이 없는 까닭에, 제360조의 14 제4항과 준용규정인 제431조는 완전모회사가 되는 회사(甲)가 완전자회사가 되는 회사(乙)의 주주에게 교부한 자기주식이나 甲이 보유하여 온 乙의 주식에 대한 교환무효의 판결의 효력도 동일하게 적용되어 소급효가 제한된다. 그 결과 ① 乙의 주주가 甲으로부터 받은 甲의 자기주식을 가지고 무효판결의 확정 전에 행사한 권리나 주식양도, ② 甲이 乙의 주식을 가지고 행사한 권리나 주식양도는 모두 유효하다.

3) 자회사주식에 대한 효력

주식교환무효의 판결이 확정되면, 주식의 소유관계는 교환 전의 상태로 회복되어야 한다. 그리하여 완전모회사가 된 회사(甲)는 주식교환을 위하여 발행한 신주 또는 이전한 자기주식의 주주(A)에게 그(甲)가 소유하였던 완전자회사가 된 회사(乙)의 주식을 이전하여야 한다(제360조의 14 제3항). 이 경우 해당신주 등의 질권자는 자회사의 주주가 이전받은 주식에 대하여 물상대위 및 주권교부청구권을 행사할 수 있다(동조 제4항·제339조·제340조 제3항). 그리고 甲이 乙의 주식을 반환하여야 할 상대방은 '주식교환시점'의 乙의 주주 A가 아니라, '판결확정시점'에 甲이 발행한 신주 또는 교부한 자기주식을 소유하는 자이다. 예를 들면, 甲은 주식교환시점에 乙의 주주 A에게 신주를 발행하였는데, A가 그 주식을 양도하여 판결확정시점에서는 제3자인 B가 소유하고 있다면, 甲이 乙의 주식을 반환하여야 할 상대방은 B이다. 이러한 결론은 주식교환무효의 판결의 효력에 소급효가 없기 때문에 도출될 수 있는 것이다.

한편 상법은 甲이 乙의 주식을 처분하거나 소각한 경우의 처리방법에 대하여는 별도의 규정을 두지 않고 있다. 그러므로 原物返還不能의 경우로 보아 乙의 주식의 가액을 지급할 수밖에 없다(민법 제747조 제1항).

4) 모회사주식에 대한 효력

상법은 완전모회사(甲)가 완전자회사(乙)의 주주에게 발행한 신주 또는 이전한 자기주식의 처리에 대한 규정을 두지 않고 있다. 주식교환이 무효라는 의미에는 주식교환에 따른 신주발행이나 자기주식의 이전행위가 무효라는 뜻을 포함한다. 그러므로 甲이 발행한 신주는 무효가 되고, 甲이 乙의 주주에게 이전한 자기주식은 다시 甲으로 반환되어야 한다. 이 경우 甲은 주식교환이 무효라는 뜻 및 주권의 제출기간을 공고·통지하여야 한다(제360조의 14 제4항·제431조 제2항).

5) 주식교환무효의 등기

주식교환무효의 판결이 확정된 때에는 본점소재지에서 등기하여야 한다(제360조의 14 제4항·제192조).

(6) 패소원고의 책임

주식교환무효의 소를 제기한 자가 패소한 경우에 악의 또는 중과실이 있는 때에는 회사에 대하여 연대하여 손해배상책임을 진다(제360조의 14 제4항·제191조).

Ⅲ. 주식의 포괄적 이전(주식이전)

1. 의의

회사는 株式移轉에 의하여 완전모회사를 설립하고 완전자회사가 될 수 있다(제360조의 15 제1항). 주식이전에 의하여 완전자회사가 되는 회사의 주주가 소유하는 그 회사의 주식은 주식이전에 의하여 설립하는 완전모회사로 이전하고, 그 완전자회사가 되는 회사의 주주는 그 완전모회사가 주식이전을 위하여 발행하는 주식을 배정받음으로써 완전모회사의 주주가 된다(동조 제2항). 법문은 '이전'이라는 용어를 사용하지만, 그 뜻과 법적 성질은 주식교환의 경우와 같다.

2. 절차

(1) 주식이전계획서의 작성

주식교환과는 달리 주식이전은 어느 회사가 자신의 일방적인 계획에 따라 자신의 모회사를 새롭게 설립하는 제도이므로 주식교환시와 같은 계약절차는 없다. 그러므로 주식이전을 하고자 하는 회사는 다음 사항을 기재한 주식이전계획서를 작성하여야 한다(제360조의 16 제1항). 그 사항에는 ① 설립하는 완전모회사의 정관의 규정, ② 설립하는 완전모회사가 주식이전에 있어서 발행하는 주식의 종류와 수 및 완전자회사가 되는 회사의 주주에 대한 주식의 배정에 관한 사항(주식교환시 참조), ③ 설립하는 완전모회사의 자본금 및 자본준비금에 관한 사항(주식교환시 참조), ④ 완전자회사가 되는 회사의 주주에게 위 ②에도 불구하고 금전(주식이전교부금)이나 그 밖의 재산(예: 완전모회사의 사채)을 제공하는 경우에는 그 내용 및 배정에 관한 사항, ⑤ 주식이전을 할 시기, ⑥ 완전자회사가 되는 회사가 주식이전의 날까지 이익을 배당하거나 제462조의 3의 규정에 의하여 금전으로 이익배당을 할 때에는 그 한도액(주식교환시 참조), ⑦ 설립하는 완전모회사의 이사와 감사 또는 감사위원회의 위원의 성명 및 주민등록번호, ⑧ 회사가 공동으로 주식이전에 의하여 완전모회사를 설립하는 때에는 그 뜻(후술참조) 등이 해당한다. 이 가운데 ⑤에 대하여는 주의를 요한다. 이는 주식교환시의 '주식을 교환할 날'에 상응하는 시기라 할 수 있으나, 그 법적 효과는 다르다. 그것은 주식이전은 회사를 신설하므로 주식이전의 효력은 設立登記에 의하여 발생하고, 주식교환과 달리 이전계획에서 정한 날에 발생하는 것이 아니기 때문이다. 이 점에서 '주식을 이전할 시기'는 완전모회사가 설립등기를 할 수 있을 정도로 절차를 종료하는 예정일, 즉 후술하는 株券의 失效節次를 종료하는 날을 의미한다. ⑦은 주식이전에 의한 완전모회사를 설립하는 때에는 별도의 설립절차를 밟지 아니하므로 이전계획서에서 신설하는 완전모회사의 이사와 감사 등을 확정할 필요가 있기 때문이다.

(2) 승인결의

완전자회사가 되는 회사는 주식이전계획서를 작성하여 주주총회의 특별결의에 의한 승인을 얻어야 한다(제369조의 16 제1항·제2항). 이때 주주총회의 소집통지서에 기재할 사항은 주식교환의 경우와 같다(제369조의 16 제3항·제360조의 3 제4항).

그런데 주식이전으로 인하여 ① 완전자회사가 되는 회사의 어느 종류의 주주에게 손해를 미치게 될 경우에는 해당종류주주로 구성된 종류주주총회의 결의를 추가적으로 얻어야 하고(제436조), ② 주식이전에 관련되는 각 회사의 주주의 부담이 가중되는 경우에는 주주총회 및 종류주주총회의 결의 이외에 그 주주 전원의 동의가 있어야 한다(제360조의 16 제4항).

(3) 주식이전계획서 등의 사전공시

완전자회사가 되는 회사의 이사는 주식이전승인을 위한 주주총회일의 2주 전부터 주식이전의 날 이후 6월을 경과하는 날까지 다음과 같은 서류를 본점에 비치하여야 한다(제360조의 17 제1항). 이 서류에는 ① 주식이전계획서, ② 완전자회사가 되는 회사의 주주에 대한 주식의 배정에 관하여 그 이유를 기재한 서면, ③ 주식이전승인을 위한 총회(제360조의 16 제1항)의 회일 전 6월 이내의 날에 작성한 완전자회사가 되는 회사의 최종 대차대조표 및 손익계산서 등이 해당한다. 주주는 영업시간 내에 이 서류의 열람 또는 등사를 청구할 수 있다(제360조의 17 제2항·제391조의 3 제3항). 채권자에게는 이러한 권리가 인정되지 아니한다.

(4) 주식교환사항을 기재한 서면의 사후공시

이는 주식교환에 관한 규정이 준용된다(제360조의 22·제360조의 12).

3. 복수회사에 의한 공동의 주식이전

(1) 문제의 제기

주식이전계획서에는 「회사가 공동으로 株式移轉에 의하여 완전모회사를 설립하는 때에는 그 뜻」을 기재하여야 하는데(제360조의 16 제1항 제8호), 이는 수개의 회사가 주식이전방식을 활용하여 공통의 모회사를 설립할 수 있도록 하는 규정이다. 이 경우 주식이전계획은 각 회사별로 정해지는데, 일부의 회사에서 주주총회의 승인을 받지 못하거나 무효가 되는 경우 나머지 회사의 주식이전의 효력이 문제될 수 있다. 이에 대하여는 학설이 나뉜다.

(2) 학설

無效說은 주식이전의 경우에는 설립할 모회사의 자본, 발행할 주식수 등이 모든 자회사에서 공통으로 정하여지므로(제360조의 16 제1항 제2호·제3호) 일부 자회사의 주식이전이 무효이거나 주주총회의 승인을 받지 못하면 당초의 주식이전계획에 따른 모회사의 설립이 불가능해진다고 한다. 따라서 일부 회사의 주식이전의 무효나 불승인은 전체 자회사의 주식이전을 무효로 한다고 본다.[1951]

1951) 이철송(2024), 1233면.

有效說은 주식이전에 관하여 주주총회의 승인을 얻은 회사들은 공동으로 완전모회사를 설립하고, 완전모회사로의 주식이전이 성립한다고 한다. 다만, 특약으로 한 개의 회사라도 주주총회의 승인을 얻지 못한 때에는 모든 주식이전이 성립하지 아니한다는 내용이 있으면, 모든 주식이전이 무효라고 한다.[1952]

(3) 사견

일부 회사의 주식이전이 무효인 경우에는 공동으로 설립하기로 한 회사의 자본구성에 결함이 생겨, 제360조의 16 제1항 제2호·제3호의 법정요건을 충족시키지 못하게 된다. 따라서 이 경우에는 모든 회사의 주식이전을 무효로 하여야 한다(무효설).

4. 완전모회사의 설립과 주식이전

(1) 완전모회사의 설립

주식이전의 법적 성질은 주식교환과 같이 '완전모자관계를 형성하기 위한 특수한 조직법적 행위'이다. 그러므로 회사설립시의 발기인에 의한 정관작성이나 주식의 청약·배정이라는 절차는 밟지 않는다. 그리고 완전자회사의 주식은 설립등기와 동시에 별도의 이전행위 없이 완전모회사의 소유가 되므로 주권의 교부(제336조) 또는 납입절차도 필요 없다. 이사와 감사(또는 감사위원)도 주식이전계획서에 기재하여 주주총회의 특별결의로 확정되므로(제360조의 16 제1항 제7호·제2항) 별도의 선임절차를 요하지 아니한다. 단지 주권실효절차를 밟은 후 설립등기를 하면 완전모회사가 설립된다(제360조의 19, 제360조의 21).

(2) 완전모회사의 자본금의 한도

완전모회사의 자본은 주식이전의 날에 완전자회사가 되는 회사에 현존하는 순자산액에서 그 회사의 주주에게 지급할 금전 및 그 밖의 재산의 가액(주식이전교부금 또는 주식이전교부물의 가액)을 공제한 액을 초과하지 못한다(제360조의 18). 그 취지는 주식교환의 경우와 같다. 다만, 주식이전에서는 주식교환과는 달리 완전모회사의 자기주식을 자회사의 주주에게 이전하거나, 완전모회사가 자회사의 주식을 사전에 보유할 수 없으므로 이를 자회사의 순자산액에서 공제할 필요도 없다(제

1952) 최기원(2012), 1150−1151면.

360조의 7 제2항).

(3) 주권의 실효절차

株式移轉을 하면, 완전자회사의 주주가 보유하던 기존의 주권은 효력을 잃으므로 이를 실효시켜야 한다. 이를 위하여 완전자회사가 되는 회사는 주주총회에서 주식이전계획서에 관한 승인결의(제360조의 16 제1항)를 한 때에는 다음과 같은 사항을 공고하고, 주주명부에 기재된 주주와 질권자에 대하여 따로따로 그 통지를 하여야 한다(제360조의 19 제1항). 그 사항에는 ① 주주총회에서 이전승인결의를 하였다는 뜻, ② 1월을 초과하여 정한 기간 내에 주권을 회사에 제출하여야 한다는 뜻, ③ 주식이전의 날에 주권이 무효가 된다는 뜻 등이 해당한다. 주권을 제출할 수 없는 자에 대한 처리는 주식병합시의 신주권의 교부절차를 준용한다(제360조의 19 제2항·제442조).

(4) 단주의 처리 및 질권의 물상대위

주식이전시의 단주의 처리절차는 주식교환의 규정을 준용한다(제360조의 22·제360조의 11 제1항·제443조). 그리고 완전모회사가 되는 회사가 완전자회사가 되는 회사의 주주에게 발행하는 주식에 대하여는 완전자회사가 되는 회사의 주식을 목적으로 한 질권을 행사할 수 있다. 그리하여 질권자는 완전모회사가 되는 회사에 대하여 자기에게 주권을 교부할 것을 청구할 수 있다(제360조의 11 제2항·제339조·제340조 제3항).

(5) 이전차익의 처리

株式移轉差益은 주식교환에서 설명한 경우와 같이 발생할 수 있다. 이러한 이익은 자본준비금으로 적립하여야 한다(제459조 제1항).

5. 반대주주의 주식매수청구권

주식이전에 관하여 이사회의 결의가 있는 때에 그 결의에 반대하는 완전자회사가 되는 회사의 주주는 주식매수청구권을 행사할 수 있다. 그 내용과 절차는 주식교환에서 설명한 바와 같다(제360조의 22·제360조의 5). 다만, 완전모회사는 신설하는 회사이므로 주식매수청구권이 있을 수 없다.

6. 간이주식이전 및 소규모주식이전의 부재

주식교환의 경우와는 달리 주식이전은 완전모회사의 신설을 전제로 하는 것이므로 이미 존재하는 완전모회사를 전제로 하는 간이주식이전이나 소규모주식이전은 없다.

7. 주식이전의 효과

주식이전을 한 때에는 설립한 완전모회사의 본점소재지에서 2주일 내에 제317조 제2항에서 정하는 사항을 등기하여야 한다(제360조의 20). 주식이전은 완전모회사가 그 본점소재지에서 설립등기를 함으로써 그 효력이 발생한다(제360조의 21). 즉 설립등기를 한 날에 완전모회사가 설립하며, 완전자회사의 주주가 소유하는 자회사주식은 완전모회사에 귀속되고, 완전자회사의 주주는 완전모회사의 주주가 된다. 이와 같이 완전자회사의 경우에는 주주가 변경될 뿐이므로 원칙적으로 등기사항에 변동이 없다.

8. 주식이전무효의 소

(1) 무효원인

주식이전무효의 소의 원인은 주식교환의 경우와 유사하나, 교환비율의 불공정성은 해당되지 아니한다.

(2) 제소권자

주식이전의 무효는 각 회사의 주주·이사·감사·감사위원회의 위원 또는 청산인에 한하여 주식이전의 날부터 6월내에 訴만으로 이를 주장할 수 있다(제360조의 23 제1항). '각 회사의 주주' 등은 모회사와 자회사 쌍방의 주주 등을 뜻한다.

(3) 소의 성질, 절차 및 판결의 효력

소의 성질, 관할, 소송절차, 판결의 대세적 효력, 소급효의 배제, 담보제공의 명령 등은 주식교환에서 설명한 바와 같다(제360조의 23 제2항·제3항·제4항 참조).

(4) 자회사주식에 대한 효력

주식이전 무효판결이 확정된 때에는 완전모회사(甲)는 주식이전을 위하여 발행한 주식의 주주(A)에게 그(甲)가 소유하였던 완전자회사(乙)의 주식을 이전하여야 한다(제360조의 23 제3항). 반환의 대상은 주식교환의 무효에서와 같이 '판결확정시점'의 주주이다. 이때 주식이전을 위하여 발행한 주식의 질권자는 완전자회사의 주주가 이전받은 주식에 대하여 물상대위 및 주권교부청구권을 행사할 수 있다(제360조의 23 제4항 후단·제339조·제340조 제3항).

(5) 모회사의 설립무효의 효과

주식이전의 무효는 완전모회사에 대하여는 설립이 무효임을 뜻한다. 이 때문에 완전모회사는 해산의 경우에 준하여 청산하여야 한다(제360조의 23 제4항·제193조). 청산을 하는 때에는 현존하는 재산을 환가하여 채권자들에게 채무를 변제하고 잔여재산이 있으면 주주들에게 분배한다(제542조 제1항·제260조 제1항 본문). 따라서 제360조의 23 제3항의 규정에도 불구하고, 완전자회사의 주주에 대한 주식의 이전은 채무를 변제한 후에 가능하다. 완전모회사가 소유하는 완전자회사의 주식도 채권자를 위한 책임재산을 구성하기 때문이다.

제 5 관   지배주주에 의한 소수주식의 전부취득

I. 의   의

2011년 개정상법은 지배주주가 영세한 소수주주들이 보유하는 주식의 매도를 청구할 수 있는 권리(squeez-out)를 부여하는(제360조의 24) 한편, 소수주주들이 지배주주를 상대로 자신이 보유하고 있는 주식의 매수를 청구(sell-out)할 수 있는 권리를 인정하였다(제360조의 25). 이 권리들의 법적 성질은 형성권이다. 전자는 2006년 영국회사법 제979조, 후자는 동법 제983조에서 연유한다.[1953]

1953) Paul L. Davies·Sarah Worthington·Christopher Hare(2021), pp.1058-1064; John Birds·Daniel Attenborough 외 4인(2019), pp.773-780.

II. 지배주주의 주식매도청구권

1. 매도청구의 요건

(1) 매도청구권자

회사의 발행주식총수의 100분의 95 이상을 자기의 계산으로 보유하고 있는 지배주주는 회사의 경영상 목적을 달성하기 위하여 필요한 경우에는 회사의 다른 주주(소수주주)에게 그 보유하는 주식의 매도를 청구할 수 있다(제360조의 24). 보유주식의 수는 지배주주가 회사인 경우에는 그 모회사와 자회사가 보유한 주식을 합산하여 계산한다. 지배주주가 회사가 아닌 주주(甲)인 경우에는 그 주주(甲)가 발행주식총수의 100분의 50을 초과하는 주식을 가진 회사(乙)가 보유하는 주식도 그 주주가 보유하는 주식과 합산한다(제360조의 24 제2항). 그리고 지배주주의 매도청구권은 반드시 소수주주가 보유하고 있는 주식 전부에 대하여 행사하여야 한다.[1954] 이른바 주주평등의 원칙이 적용되는 것이다.

(2) 자기주식의 처리

상법은 회사가 보유하는 자기주식의 처리방법에 대하여는 명시를 하지 않고 있다. 만일 자기주식을 발행주식총수에 포함시키는 반면 지배주주의 소유주식수에는 포함시키지 아니한다면, 회사가 자기주식을 100분의 5 이상을 보유하고 있는 경우에는 소수주주의 지분이 아무리 적더라도 지배주주는 100분의 95 이상이라는 요건을 충족시킬 수 없다. 따라서 회사가 보유하는 자기주식은 발행주식총수와 지배주주의 소유주식수에도 포함시키는 것이 합리적이다.[1955]

(3) 주주총회의 승인

지배주주가 소수주주에게 매도청구를 할 때에는 미리 주주총회의 승인을 받아야 한다(제360조의 24 제3항). 주주총회의 소집을 통지할 때에는 ① 지배주주의 회사 주식의 보유 현황, ② 매도청구의 목적, ③ 매매가액의 산정 근거와 적정성에 관한 공인된 감정인의 평가, ④ 매매가액의 지급보증에 관한 사항을 적어야 하고, 매도를

[1954] 대법원 2020. 6. 11. 선고 2018다224699.
[1955] 장덕조(2023), 610면; 김홍기(2022), 495면; 홍·박(2021), 298면; 정찬형(2022), 859면; 대법원 2020. 6. 11. 선고 2018다224699; 2017. 7. 14. 자 2016마230 결정; 반대설 송옥렬(2022), 890면; 김·노·천(2024), 885면.

청구하는 지배주주는 주주총회에서 그 내용을 설명하여야 한다(제360조의 24 제4항).

(4) 경영상 목적 달성

이 요건은 신주, 전환사채 또는 신주인수권부사채를 제3자에게 배정하는 경우와 동일한 것이므로 그 해석도 동일하게 하여야 할 것이다. 다만, 이 제도가 소수주주의 축출의 수단으로 활용될 수 있고, 그 경우에는 지배주주 자신의 회사비용을 절감하기 위하여 소수주주들을 축출한 것은 사유재산권 침해라는 위헌적 요소가 있음을 의식하여, 최대한 합리적으로 이 규정을 운영할 것을 담보하기 위한 표현이라고 볼 수 있다. 그러므로 여기서의 '경영상 목적'이란 소수주주들의 재산권 박탈을 정당화할 수 있는 회사이익의 실질적인 증대를 뜻한다.[1956)]

2. 사전공고·통지

지배주주는 매도청구의 날 1개월 전까지 ① 소수주주는 매매가액의 수령과 동시에 주권을 지배주주에게 교부하여야 한다는 뜻, ② 교부하지 아니할 경우 매매가액을 수령하거나 지배주주가 매매가액을 供託한 날에 주권은 무효가 된다는 뜻을 공고하고, 주주명부에 적힌 주주와 질권자에게 따로 그 통지를 하여야 한다(제360조의 24 제5항).

3. 주식매도청구권의 행사효과

지배주주로부터 매도청구를 받은 소수주주는 매도청구를 받은 날부터 2개월 내에 지배주주에게 그 주식을 매도하여야 한다(제360조의 24 제6항). 여기서의 '2개월'은 가격협의의 종결을 조건으로 지배주주에 대한 매도의 이행시기로 해석하여야 한다. 이는 반대주주의 주식매수청구권(제374조의 2)에서의 해석론과 같다.[1957)] 주식매매가액은 매도청구를 받은 소수주주와 매도를 청구한 지배주주간의 협의로 결정한다(제360조의 24 제7항). 매도청구를 받은 날부터 30일 내에 매매가액에 대한 협의가 이루어지지 아니한 경우에는 매도청구를 받은 소수주주 또는 매도청구를 한 지배주주는 법원에 매매가액의 결정을 청구할 수 있다(제360조의 24 제8항). 법원이 주식의 매매가액을 결정하는 경우에는 회사의 재산상태와 그 밖의 사정을

1956) 서울중앙지법 2015. 6.11. 선고 2014가합578720.
1957) 이철송(2024), 1243면; 대법원 2017. 4. 26. 선고 2015다6517·6524·6531 참조.

고려하여 공정한 가액으로 산정하여야 한다(제360조의 24 제9항).

Ⅲ. 소수주주의 매수청구권

회사의 발행주식총수의 100분의 95 이상을 보유하고 지배주주가 있는 회사의 소수주주는 언제든지 지배주주에게 그 보유주식의 매수를 청구할 수 있다(제360조의 25 제1항). 청구는 일부의 주주, 주주집단 또는 모든 주주가 할 수 있다. 매수청구를 받은 지배주주는 매수를 청구한 날을 기준으로 2개월 내에 매수를 청구한 주주로부터 그 주식을 매수하여야 한다(제360조의 25 제2항). 그 매매가액은 매수를 청구한 주주와 매수청구를 받은 지배주주간의 협의로 결정한다(제360조의 25 제3항). 다만, 매수청구를 받은 날부터 30일 내에 제3항의 매매가액에 대한 협의가 이루어지지 아니한 경우에는 매수청구를 받은 지배주주 또는 매수청구를 한 소수주주는 법원에 대하여 매매가액의 결정을 청구할 수 있다(제360조의 25 제4항). 이에 따라 법원이 주식의 매매가액을 결정하는 경우에는 회사의 재산상태와 그 밖의 사정을 고려하여 공정한 가액으로 산정하여야 한다(제360조의 25 제5항).

Ⅳ. 주식의 이전 등

지배주주의 매도청구 또는 소수주주의 매수청구에 따라 주식을 취득하는 지배주주가 매매가액을 소수주주에게 지급한 때에 주식이 이전된 것으로 본다(제360조의 26 제1항). 그러나 매매가액을 지급할 소수주주를 알 수 없거나 소수주주가 수령을 거부할 경우에는 지배주주는 그 가액을 공탁할 수 있다. 이 경우 주식은 공탁한 날에 지배주주에게 이전된 것으로 본다(동조 제2항). 이 이전행위는 법률에 의한 것이므로, 일반적인 주식양도와는 달리 주권의 교부(제336조 제1항)를 요하지 않는다.

한편 '공탁할 매매가액'은 지배주주가 소수주주와 협의하여 결정된 금액 또는 법원이 제360조의 24 제9항에 따라 산정한 공정가액으로 보아야 한다.[1958]

1958) 대법원 2020. 6. 11. 선고 2018다224699.

참고문헌

[국내]

1. 단행본 저자·서명·출판사·발행연도   인용약어

강위두·임재호, 상법강의(상), 형설출판사, 2009.   강·임(2009)

강위두, 전정판 회사법, 형설출판사, 2000.   강위두(2000)

강희갑, 회사법강의, 책과 사람들, 2004.   강희갑(2004)

권기범, 현대회사법론, 삼영사, 2021.   권기범(2021)

권기범, 현대회사법론, 삼영사, 2015.   권기범(2015)

권순일[편집대표]. 주석 상법[회사 6], 한국사법행정학회, 2021.

                                     권순일[편집대표](2021)

권재열, 주주대표소송론, 정독, 2021.   권재열(2021)

권재열, 한국 회사법의 경제학, 2019.   권재열(2019)

권종호, 기업지배구조의 법리, 피앤씨미디어, 2024.   권종호(2024)

김건식·노혁준·천경훈, 회사법, 박영사, 2024.   김·노·천(2024)

김건식, 회사법, 박영사, 2015.   김건식(2015)

김동훈, 회사법, 한국외대출판부, 2010.   김동훈(2010)

김두진, 회사법강의, 동방문화사, 2022.   김두진(2022)

김정호, 어음법·수표법, 법문사, 2010.   김정호(2010. 어·수)

김정호, 회사법, 법문사, 2023.   김정호(2023)

김형규·신용재·이의택·김연규, 증권투자론, 율곡출판사, 2024.

                                  김형규·신용재 외 2인(2024)

김홍기, 상법강의, 박영사, 2022.   김홍기(2022)

김홍엽, 민사집행법, 박영사, 2022.   김홍엽(2022)

김홍엽, 민사소송법, 박영사, 2019.   김홍엽(2019)

동서경제연구소, 증권투자 이론과 실제, 1997.   동서경제연구소(1997)

박상조, 신회사법론, 형설출판사, 2000.   박상조(2000)

박원선·이정한, 전정회사법, 수학사, 1979.   박·이(1979)

법무부, 상법 회사편 해설, 2012.   법무부(2012)

법무부, 상법회사편해설(2011 개정내용).   법무부(2011)

서돈각·정완용, 상법강의(상), 법문사, 1999.   서·정(1999)

서돈각·정완용, 상법강의(하), 법문사, 1996.   서·정(1996. 하)

서헌제, 사례중심체계상법강의(상), 법문사, 2007.   서헌제(2007)

손주찬, 상법(상), 박영사, 2004.   손주찬(2004)

송상현·박익환, 민사소송법, 박영사, 2014.   송·박(2014)

송옥렬, 상법강의, 홍문사, 2022.   송옥렬(2022)

송옥렬, 상법강의, 홍문사, 2017.   송옥렬(2017)

안택식, 회사법강의, 형설출판사, 2012.   안택식(2012)

양명조, 어음법·수표법, 법문사, 2009.   양명조(2009. 어·수)

양승규·박길준, 상법요론, 삼영사, 1999.   양·박(1999)

양승규, 어음법·수표법, 삼지원, 1994.   양승규(1994)

유주선, 회사법, 형지사, 2016.   형지사(2016)

이기수·최병규, 회사법, 박영사, 2022.   이·최(2022)

이범찬·임충희·이영종·김지환, 회사법, 삼영사, 2018.

     이·임·이·김(2018)

이범찬·임충희·이영종·김지환, 회사법, 삼영사, 2012.

     이·임·이·김(2012)

이병태, 상법(상), 법원사, 1988.   이병태(1988)

이상복, 판례회사법, 박영사, 2023.   이상복(2023)

이시윤, 신민사소송법, 2016.   이시윤(2016)

이시윤, 민사집행법, 2014.   이시윤(2014)

이원석, 신상법(상), 법지사, 1985.   이원석(1985)

이종훈, 회사법, 박영사, 2021.   이종훈(2021)

이철송, 2011 개정상법 축조해설, 박영사, 2011.   이철송(2011. 축조)

이철송, 상법총칙·상행위, 박영사, 2022.   이철송(2022. 상총)

이철송, 회사법강의, 박영사, 2024.   이철송(2024)

이철송, 어음·수표법, 박영사, 2014.   이철송(2017. 어·수)

이형규역, 독일주식법, 법무부, 2014.   이형규(2014)

임재연, 회사법Ⅰ, 박영사, 2024.   임재연(2024Ⅰ)

임재연, 회사법Ⅱ, 박영사, 2024.   임재연(2024Ⅱ)

임재연, 회사법Ⅰ, 박영사, 2019.   임재연(2019Ⅰ)

임재연, 회사법Ⅱ, 박영사, 2019.   임재연(2019Ⅱ)

임재연, 회사법Ⅰ, 박영사, 2018.   임재연(2018Ⅰ)

임재연, 회사법Ⅱ, 박영사, 2018.   임재연(2018Ⅱ)

임홍근, 회사법, 법문사, 2001.   임홍근(2001)

장덕조, 상법강의, 법문사, 2021.   장덕조(2021)

장덕조, 회사법, 법문사, 2023.   장덕조(2023)

정경영, 회사법학, 박영사, 2022.   정경영(2022)

정동윤·유병현, 민사소송법, 법문사, 2014.   정·유(2014)

정동윤, 상법(상), 법문사, 2012.   정동윤(2012)

정동윤, 상법(하), 법문사, 2011.   정동윤(2011. 하)

정동윤, 제7판 회사법, 법문사, 2001.   정동윤(2001)

정무동, 상법강의(상), 박영사, 1996.   정무동(1996)

정응기, 회사법판례강의, 박영사, 2015.   정응기(2015)

정준우, 주식회사법, 정독, 2024.   정준우(2024)

정찬형, 주식회사의 집행임원제도, 박영사, 2024.   정찬형(2024)

정찬형, 상법강의(상), 박영사, 2022.   정찬형(2022)

정찬형, 상법강의(상), 박영사, 2020.   정찬형(2020)

정찬형, 상법강의(하), 박영사, 2017.   정찬형(2017. 하)

정희철, 상법학(상), 박영사, 1989.   정희철(1989)

채이식, 상법강의(상), 박영사, 1996.   채이식(1996)

최기원·김동민, 상법학신론(상), 박영사, 2014.   최·김(2014)

최기원, 신회사법론, 박영사, 2012.   최기원(2012)

최기원, 신회사법론, 박영사, 2009.   최기원(2009)

최기원, 신회사법론, 박영사, 2005.   최기원(2005)

최기원, 어음·수표법, 박영사, 2008.   최기원(2008. 어·수)

최준선, 어음·수표법, 삼영사, 2011.   최준선(2011. 어·수)

최준선, 회사법, 삼영사, 2024.   최준선(2024)

최준선, 회사법, 삼영사, 2020.   최준선(2020)

홍복기·박세화, 회사법강의, 법문사, 2021.   홍·박(2021)

2. 논문 등

구회근, "이사의 회사에 대한 손해배상책임에 관한 연구 – 대법원판례를 중심으로," 기업소송연구 제4호(2006. 3).

권상로, "현행 상법상 회사기회유용금지 규정에 관한 문제점과 개선방안에 관한 연구," 기업법연구 제30권 제3호(2016).

권재열, "개정상법상 주식관련제도의 개선내용과 향후과제," 선진상사법률 제56호(2011).

김병연, "이사의 해임과 퇴직금 등의 지급청구 : 대법원 2004. 12. 10. 선고 2004다25123 판결," 상법판례백선, 법문사(2015).

김상규·이형규, "이사의 책임강화에 따른 대응방안에 관한 연구," 코협연구보고서 02–4, 코스닥등록법인협의회(2002. 12).

김성탁, "간이영업양도에 있어서 소수주주 보호," 법학연구 제19집 제4호(2016).

김순석, "종류주식,"「주식회사법대계 I」, 한국상사법학회, 법문사(2019).

김일룡, "공동소송적 보조참가인의 소송법상 지위에 관한 고찰," 서울법학 제24권 제1호(2016. 5).

김정호 "경영자보수의 적정성에 관한 연구 : 대판 2015.9.10, 2015다213308의 평석을 겸하여," 경영법률 제26집 제1호(2015).

두산, "두산로보틱스/두산밥켓 사업구조개편 및 성장전략,"(2024. 7).

박상근, "공유주식의 권리행사," 강원법학 제10권(1998).

박수영, "이사의 선관의무 및 감시의무,"「주식회사법대계 II」, 한국상사법학회, 법문사(2016).

박수영, "형식주주의 주주권 – 대법원 2017. 3. 23. 선고," 경제법연구 제16권 제2호(2017. 8).

박우동, "제권판결취득자와 선의취득자와의 관계," 법조 제26권 제8호(법조협회, 1977).

법무부유권해석, 상사법무과–446, 2012. 2. 16.

손영화, "미국법상의 경영판단원칙과 그 도입 여부에 관한 일고찰," 상사법연구 제18권 제2호(1999).

손영화, "벤처기업 육성 특별법상의 복수의결권제도에 관한 연구," 기업법연구 제38권 제2호(2024. 6).

송종준, "이사보수결정의 적법요건과 위반효과 : 대법원 2016.1.28. 선고 2014다11888 판결," 법조 통권 제721호(2017. 2).

양승규, "판례평석 : 주식회사의 해산명령 -대법원 2002. 8. 28. 2001마6947결정-," 법학연구 1권1호(2002. 12).

오성근, "상법상 종류주식에 관한 고찰-영국 회사법과의 비교를 중심으로," 증권법연구 제17권 제1호(2016).

오성근, "기업의 사회적 책임(CSR)과 사회적 책임투자(SRI)에 관한 고찰," 비교사법 제13권 제4호(2006. 12).

오성근, "기업의 ESG경영에서의 인덱스 펀드의 역할 및 입법적 개선방안," 한양법학 제35권 제2집(2024. 5).

오성근, "상법상 이사의 내부통제체제 구축·운영의무의 법적 성질, 한계 및 입법론," 경영법률 제34집 제4호(2024. 7).

윤영신, "이사보수의 회사법적 문제," BFL 제65호(2014).

윤영신, "집중투표와 결합한 이사선임 주주제안 변형상정의 경우 주주권리 침해 여부 및 주주총회 결의의 효력," 비교사법 제24권 제2호(2017. 5).

이나래, "지배주주 일가인 이사 또는 경영진에 대한 양도제한조건부 주식 부여의 절차적 통제 강화," 경제법연구 제23권 제2호(2024. 8).

이도경, "주식의 포괄적 교환과 주주총회결의의 하자를 다투는 소의 원고적격 및 확인의 이익 : 대상판결: 대법원 2016. 7. 22. 선고 2015다66397 판결," BFL 제81호(2017).

이상훈, "벨류업과 상법개정-이사의 충실의무," 증권법학회 제276회 세미나자료(2024. 7).

이철기, "퇴임이사에 대한 직무집행정지 가처분," 성균관법학 제22권 제3호(2010).

이형규, "ESG 정보공시와 상장회사의 대응," 비교사법 제29권 제4호(2022. 11).

이형규, "상법개정안상 거부권부주식의 도입에 관한 검토," 상사법연구 제25권 제4호(2007).

이형규, "상법 중 회사편(일반)에 대한 개정의견," 상사법연구 제24권 제2호(2005).

전원열, "임시지위 가처분에서의 입증의 정도," 비교사법 제29권 제4호(2022. 11).

정수용·김광복, "개정상법상 종류주식의 다양화," BFL 제51호(2012).

정영진, "대표권의 내부적 제한에 관한 재고찰," 기업법연구 제28권 제2호(2014. 6).

정준우, "법인격부인론에 관한 최근 판례의 비판적 검토," 한양법학 제34권 제4집(2023. 11).

정준우, "이사의 보수에 관한 쟁점사항의 입법론적 검토," 경제법연구 제15권 제2호(2016. 8).

천경훈, "2022년 회사법 판례 회고," 상사판례연구 제36권 제1호(2023. 3).

채동헌, "주식회사 대표이사의 퇴임으로 인한 변경등기의무," 상장 2008. 1월호(2008).

최준선, "개정이 시급한 상법(회사법) 규정에 대한 연구," 기업법연구 제26권 제1호(2012).

한웅희, "대법원 2022. 12. 15. 선고 2022두54047 판결평석," 한양법학 제35권 제2집(2024. 5).

[외국]

Adolf A. Berle·Gardiner C. Means, *The Modern Corporation and Private Property*, The Macmillian Co(1932) ·············· Adolf A. Berle·Gardiner C. Means (1932)

Andrew Charman·Johan du Toit SC, *Shareholder Action*, Bloomsbury Professional(2022) ····················· Andrew Charman·Johan du Toit SC(2022)

Brian R. Cheffins, *Corporate Ownership and Control*, OUP(2008)
·· Brian R. Cheffins(2008)

Eilis Ferran·Look Chan Ho, *Principle of Corporate Finance Law*, OUP(2014)
·· Eilis Ferran·Look Chan Ho(2014)

Harold Marsh, Jr.·R. Roy Finkle·Larry W. Sonsini, *Marsh's California Corporation Law Vol.3*, Wolters Kluwer(4th ed., 2016)
··················· Harold Marsh, Jr.·R. Roy Finkle·Larry W. Sonsini(2016. *Vol.3*)

Harold Marsh, Jr.·R. Roy Finkle·Larry W. Sonsini, *Marsh's California Corporation Law Vol.4*, Wolters Kluwer(4th ed., 2016)
··················· Harold Marsh, Jr.·R. Roy Finkle·Larry W. Sonsini(2016. *Vol.4*)

Harry G. Henn·John R. Alexander, *Laws of Corporation and Other Business Enterprises*, West Publishing Company(1983)
·· Harry G. Henn·John R. Alexander(1983)

Jeffrey D. Bauman·Russell B. Stevenson, Jr., *Corporations Law and Policy Materials and Problems*, WEST(18th ed., 2013)
····························· Jeffrey D. Bauman·Russell B. Stevenson, Jr.(2013)

John Birds·Daniel Attenborough 외 4인, *Boyle & Birds' Company Law*, Lexis−Nexis(10th ed., 2019) ·············· John Birds·Daniel Attenborough 외 4인(2019)

John. H. Farrar, *Farrar's Company Law*, Butterworths(2nd ed., 1988)

·· John. H. Farrar(1988)

Lee Roach, *Company Law*, OUP(2nd ed., 2022) ························· Lee Roach(2022)

Ligia Catherine Arias－Barrera, *The Law of ESG Derivatives: Risk, Uncertainty and Sustainable Finance*, Routledge(2025) ························· Ligia Catherine(2025)

Mayson·French·Ryon, *Company Law*, OUP(37th ed., 2021)
·· Mayson·French·Ryon(2021)

Melvin. A. Eisenberg, *The Structure of the Corporation－A Legal Analysis*, Little, Brown and Company(1976) ······························· Melvin. A. Eisenberg(1976)

Paul L. Davies·Sarah Worthington·Christopher Hare, *Principles of Modern Company Law*, Sweet & Maxwell(11th ed., 2021)
································ Paul L. Davies·Sarah Worthington·Christopher Hare(2021)

Peter Loose·Michael Griffiths·David Impey, *The Company Director Power, Duties and Liabilities*, Jordan(12th ed., 2015)
··························· Peter Loose·Michael Griffiths·David Impey(2015)

Peter Yeoh, Enviromental, *Social and Governance(ESG) Laws, Regulations and Practices in the Digital Era*, Wolters Kluter(2022) ··············· Peter Yeoh(2022)

Saleem Sheikh, *Company Law Handbook*, Bloomsbury Professional(2022)
·· Saleem Sheikh(2022)

Sarah Worthington·Sinéad Agnew, *Sealy & Worthington's Company Law*, OUP (12th ed., 2022) ····························· Sarah Worthington·Sinéad Agnew(2022)

W. R. Scott, Joint Stock Companies to 1720(1921. *Vol.1*).

IFC, "Who Cares Wins", Issue Brief 2004－8(2004).

Morten Bennedsen 외 3인 "Dynastic Control without Ownership: Evidence from post－war Japan," Journal of Financial Economics(2021).

江頭憲治郎, 株式会社法, 有斐閣, 2021.   江頭憲治郎(2021)

畠田公明·前越俊之·嘉村雄司·後藤浩士, 中央経済社, 2020.   畠田公明외 3인 (2020)

近藤光男·柴田和史·野田 博, 会社法, 有斐閣, 2015.   近藤光男외 2인(2015)

大隅健一郎·今井 宏·小林 量, 新会社法解説, 有斐閣, 2009.   大隅健一郎외 2인 (2009)

龍田 節·前田雅弘, 会社法大要, 有斐閣, 2017.   龍田 節·前田雅弘(2017)

北沢正啓, 会社法, 青林書院, 2001.   北沢正啓(2001)

石山卓麿, 現代会社法講義, 成文堂, 2009.   石山卓麿(2009)

神田秀樹, 会社法, 弘文堂, 2020.   神田秀樹(2020)

前田 庸, 会社法入門, 有斐閣, 2008.   前田 庸(2008)

中村直人, ケースから考える内部統制システム構築, 商事法務, 2017.
 中村直人(2017)

黒沼悦郎, 会社法, 商事法務, 2020.   黒沼悦郎(2020)

国谷史朗・平野恵稔, "株主間契約による企業(資本)提携・再編," 商事法務 第1534
 號(1999).

龍田 節, "違法な自己株式取得の効力," 法学論叢 第136巻 第4・5・6號(1995)

鈴木竹雄, "歴史はくり返す," ジュリスト No.578.

矢沢惇, "株式の消却－特に償還株式について,"「企業法の諸問題」, 商事法務研究
 会(1981).

岩本文男, "取締役のシステム構築義務について," 法科大学院論集 第14號(2018).

竹内昭夫, "会社法の根本的改正の問題点," ジュリスト No.573.

東京高判 1989. 2. 27. 判例時報 第1309號.

大判, 昭和 10. 3. 12. 民集 第14巻.

神戸地法 平成4. 5. 14. 判決, 判例時報 第1439號.

最高裁判所, 昭和 45. 7. 15. 民集 第24巻 第7號.

最高裁判所, 昭和40. 3. 18. 判決, 判例時報 第413號.

조문색인

판례색인

회/사/법/

사항색인

[저자 약력]

■ 오 성 근(吳性根)
한양대학교 법대졸업
한양대학교 법학석사
한양대학교 법학박사
현재) 제주대학교 법학전문대학원 교수

■ 주요 경력
일본 고베(神戸)대학 대학원 법학연구과 초빙연구원
일본 와세다(早稲田)대학 Law School 초빙교수
영국 BBSI Diploma
영국 케임브리지대학교 Faculty of Law 초빙교수
영국 킹스컬리지런던 The Dickson Poon School of Law 초빙교수
일본 동경(東京)대학 대학원 법학정치연구과 객원연구원
일본 교토(京都)대학 Law School 초빙교수
일본 동지사(同志社)대학 초빙교수
일본 홋카이도(北海道)대학 Law School 객원연구원
일본 후쿠오카서남학원(福岡西南学院)대학 법학부 객원연구원

■ 주요 저서
회사법(박영사)
상법총칙·상행위법(박영사)
자본시장법총설(박영사)

제4판
회사법

초판발행	2019년 2월 20일
제4판발행	2025년 2월 7일

지은이	오성근
펴낸이	안종만·안상준
편　집	이수연
기획/마케팅	박부하
표지디자인	이은지
제　작	고철민·김원표
펴낸곳	(주) 박영사
	서울특별시 금천구 가산디지털2로 53, 210호(가산동, 한라시그마밸리)
	등록 1959. 3. 11. 제300-1959-1호(倫)
전　화	02)733-6771
f a x	02)736-4818
e-mail	pys@pybook.co.kr
homepage	www.pybook.co.kr
I S B N	979-11-303-4880-3　93360

정　가　　　60,000원